毕节市七星关区年鉴

BI JIE SHI QI XING GUAN QU NIAN JIAN

2016

毕节市七星关区年鉴编纂委员会 编

方志出版社
Publishing House of Local Records

图书在版编目（CIP）数据

毕节市七星关区年鉴．2016 / 毕节市七星关区年鉴编纂委员会编．—北京：方志出版社，2016.12
ISBN 978-7-5144-2279-5

Ⅰ．①毕… Ⅱ．①毕… Ⅲ．①区（城市）—毕节—2016—年鉴 Ⅳ．① Z527.34

中国版本图书馆 CIP 数据核字（2016）第 304876 号

毕节市七星关区年鉴（2016）

编　　者　毕节市七星关区年鉴编纂委员会
责任编辑　冯　松
装帧设计　舒菊丽

出 版 人　冀祥德
出 版 者　方志出版社
地址　北京市朝阳区潘家园东里 9 号（国家方志馆 4 层）
邮编　100732
网址　http：//www.fzph.org
发　　行　方志出版社发行部
电话（010）67110500
经　　销　各地新华书店
印　　刷　昆明鹰达印刷有限公司

开　　本　889 × 1194　1/16
印　　张　34.75
字　　数　1024 千
版　　次　2016 年 12 月第 1 版　　2016 年 12 月第 1 次印刷
印　　数　001 ～ 500 册

ISBN　978-7-5144-2279-5　　定价：180.00 元

《毕节市七星关区年鉴》编纂委员会

《毕节市七星关区年鉴》编辑部

编辑说明

一、《毕节市七星关区年鉴2016》是经毕节市七星关区委、区人民政府研究决定，由七星关区年鉴编辑部编纂出版，系统记述本行政区域2015年度自然、政治、经济、文化、社会等方面情况的年度资料性文献，是具有公报性、权威性、资料性的大型工具书。其功能是“存史、资政、信息、教化”，其宗旨是“为建设有中国特色社会主义服务，为建设毕节试验区、振兴七星关区服务”。

二、《毕节市七星关区年鉴》从2012年起，每年一卷，本卷为第五卷，总属（含县级毕节市）第十五卷，内容主要是记述2015年七星关区的基本情况、最新成就、重大事件、发展趋势等。本年鉴将为社会各界了解七星关、建设七星关、开发七星关和研究七星关提供全面、详实的区情资料。

三、本卷分为18个部分，即《大事记》、《文件选编》、《区概况》、《领导名录》、《政治》、《军事　国防教育》、《法制》、《经济管理与监督》、《财政　税务》、《金融　保险》、《农业》、《工业　能源》、《城乡建设　环境保护》、《交通　通讯》、《教育　文化　科技》、《医疗卫生　食品药品监督　红十字会》、《社会生活》、《镇 乡 办事处概况》。各类目由分目和条目组成，分目在概述后，按“一事一条”的原则记述条目。

四、本卷按年度时限，客观、准确地记载全区各部门和各镇、乡、办事处贯彻落实党的方针、政策，实现国民经济持续、健康发展和社会全面进步的业绩。着重反映深化体制改革，扩大对外开放，加强三个文明建设的新举措、新发展、新成果、新经验以及出现的新问题，全方位、多角度、客观真实地反映七星关区的新面貌。

五、年鉴编辑力求资料收集、甄别、考证与资料的整理、利用、编辑同步进行。本卷所用稿件，均由区直各工作部门，各镇、乡、办事处及有关单位提供，并经主要领导审阅，单位签章。主要数据由统计部门提供，由于口径与资料来源不同，使用时请以统计部门为准。

六、本卷《七星关区年鉴》因资料报送时限要求和特殊原因限制，个别类目略有缺省。

七、编纂出版《七星关区年鉴》是一项复杂的文字工程，涉及面广，工作量大，时效性强。工作中，区委、区政府高度重视，各部门和各镇、乡、办事处全力配合。在此，谨向支持和关心《七星关区年鉴》工作的各级领导及社会各界人士表示衷心的感谢！

《毕节市七星关区年鉴编辑部》

市委常委、区委书记宫晓农（前排左一）视察七星关区北大附校

区人大常委会主任周延（右二）深入重点项目施工现场调研

区委副书记、区长胡敬斌（右一）慰问离退休老干部

区政协主席吴坚在政协毕节市七星关区第一届委员会第五次会议开幕式上讲话

区委常委、常务副区长胡书龙（左一）慰问困难群众

区委常委、区委宣传部部长、区委办公室主任吴贤耀（前排中）调研红堰村

区委常委、区委组织部部长郑荣在2015年组织工作会议上作工作安排

区委常委、区纪委书记何友谊（左二）到团结乡草坝村走访群众

区委常委、区人武部政委王华国（右一）到林口镇走访调研

区委常委、区委统战部部长安旺（右一）到大银镇遍访贫困村贫困户

区委常委、区政法委书记何万学（前）深入七星关区“吉普龙”片区调研精准扶贫工作

区人大常委会副主任安慧（左一）到朱昌镇调研农业生产

区人大常委会副主任张媛（右二）在清水铺镇调研精准扶贫

区人大常委会副主任王大庆（中）到小吉场镇调研并看望慰问贫困党员

区人大常委会副主任胡家敬（前排右一）参加代表视察活动

区人大常委会副主任张骅（中）到杨家湾镇调研

区人大常委会副主任肖世华（前排中）在明钧玻璃调研

区人大常委会副主任林学方（左一）调研城市建设

副区长周祖华（前排中）检查消防安全工作

副区长付波（左二）调研老年活动中心

副区长胡卫国（前排左二）走访慰问群众

副区长刘鑫（右一）调研怡景新城项目建设

区政协副主席邹芝桦（前排中）到鸭池镇敬老院慰问

区政协副主席王林中（右三）陪同市政协领导调研区文物保护工作情况

区政协副主席周光乔（左三）调研夹岩水利枢纽工程上游水质污染源情况

区政协副主席燕金祥（左一）赴纳雍县马场、姑开等地调研夹岩水利工程上游水质污染源情况

区政协副主席江晓燕（中）和苗族同胞一起欢度节日

区政协副主席、市东街道办党工委书记周遵林陪同区长胡敬斌调研龙山廉租房建设情况

区政协副主席吕艺华（右四）陪同市政协主席郭正良调研七星关区调研农村综合环境整治工作

国土资源局

6月27日，全国第三届国土资源节约集约模范县(市)表彰会在京召开，贵州省7个县（市）、区获全国国土资源节约集约模范县（市）荣誉称号，七星关区榜上有名。

近年来，七星关区面对国土资源“两难局面”和“双重压力”，创新管理模式，不断适应国土资源工作新常态，通过各项综合管理措施，国土资源节约集约利用取得了阶段性成效。一是加强规划管理，坚持节约优先理念。严格执行土地利用总体规划，优化产业结构、促进产业集聚、提高土地产出和利用效率；加强矿业秩序整顿和规范，非法采煤采矿实现常态化管理，通过矿产资源整合提升产能　提高矿产资源开发利用的效益。二是狠抓各项措施落实，切实保护耕地。实施土地综合整治　落实耕地占补平衡，实施耕作层剥离再利用，开展永久性基本农田划定，严厉打击非法占用耕地。三是构建长效机制，促进国土资源可持续利用。落实耕地保护政府负责制，构建“党委领导、政府负责、部门协同、公众参与、上下联动、合力推进”的资源利用新格局。四是创新土地利用方式，节约集约用地。实施低丘缓坡土地综合利用试点，引入循环经济理念，盘活存量土地，开展城乡建设用地增减挂钩和工矿废弃地复垦利用试点，统筹推进生态环境保护和扶贫开发。五是全力推进国土资源管理探索和创新。推进工作制度、工作模式、工作管理创新、工作技术创新，走“科技国土”创新管理的路子，从土地、矿产、测绘、地质灾害防治等方面融入科技化、信息化手段，增强管理的及时性、有效性，实现了资源无序扩张、粗放浪费向节约集约利用的转变。

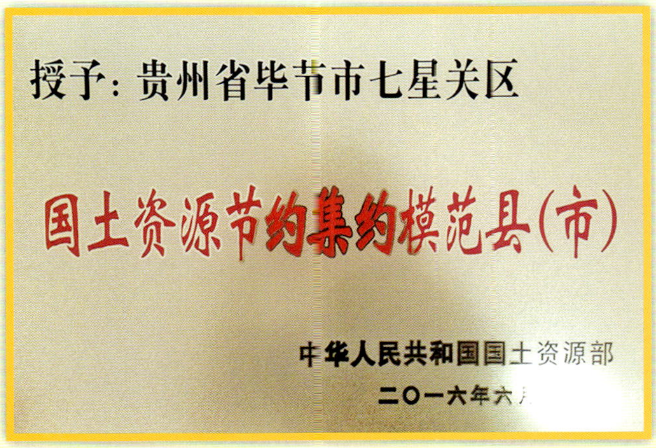

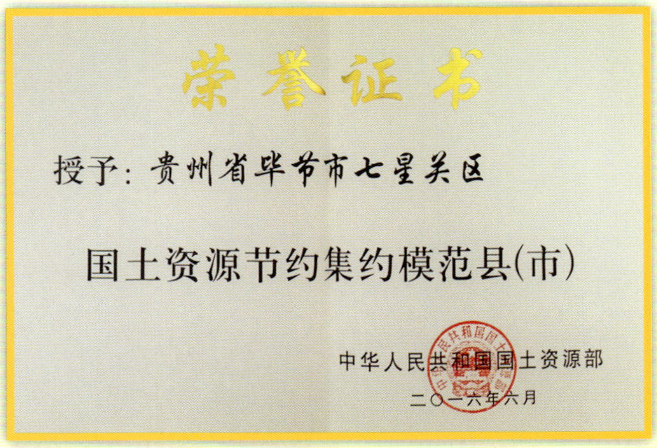

获奖情况

民政局

“七一”在烈士陵园开展的缅怀先烈感恩幸福活动

2015年，区民政局始终把围绕中心抓党建、抓好党建促发展作为机关党建工作指导思想，按照“以民为本、为民解困、为民服务”工作理念，通过抓制度、强基础，抓教育、提素质，抓载体、求实效，抓行风、促效能，抓廉政、树新风，抓突破、促发展六大措施做实做细机关党建工作。

2015年先后建立完善党建工作制度和效能建设制度10余个，保证了党建工作步入科学发展和规范化管理轨道。组织学习培训44次，在全局掀起了认真学习、创建学习型党组织的热潮，极大地提高了全局党员的政治素养。为增强党建工作实效性，开展了党员进社区、“缅怀先烈、感恩幸福”、“庆七一送温暖”及联镇帮扶等活动，活动中共计帮扶困难群众800余人，解决医疗救助、临时救助近300余万元。围绕“五个零”目标建立了“接待零距离、受理零推诿、事项零积压、工作零差错、行风零投诉”的服务体系，提高了办事效率。通过党建工作的开展，进一步完善了机制体制，提升了服务水平，增强了组织凝聚力，同时也增强了干部职工干事创业的决心和信心，民政工作取得了新成效，2015年目标考核在全市全区均名列前茅。真正实现了党建工作和民政工作协调发展，抓党建工作和抓业务工作两不误、双促进。

党员进社区，服务暖民心活动。为洪山社区贫困户送去棉被，让其冬天不再寒冷

房屋征收管理局

2015年年初，区房屋征收管理局根据七星关区回迁安置房建设严重滞后，绝大多数被征收人不能按时回迁、区政府被迫支付高额超期过渡费、财政压力逐年增大，房地产市场不景气的实际，结合全国经济增长速度减缓趋势，经认真研究，向区政府提出房屋征收项目全力推行货币化和向市场购买商品房安置被征收人的建议。在获得区委、区政府的同意和支持后，该局先后与贵州中鼎华城房地产开发有限公司、毕节市瑞丰房地产有限责任公司、贵州省毕节福明房地产开发有限责任公司等5家房地产商签订商品房购买协议9个，购买住宅20.33万平方米和商铺1.73万平方米，购买金额合计6.9亿元。

2015年6月，《国务院关于进一步做好城镇棚户区和城乡危房改造及配套基础设施建设有关工作的意见》印发，明确提出：“各省（区、市）应根据棚改目标任务，统筹考虑财政承受能力等因素，制定本地区政府购买棚改服务的管理办法。市、县人民政府要公开择优选择棚改实施主体，并与实施主体签订购买棚改服务协议。” 8月，住房城乡建设部、国家开发银行联合下发《关于进一步推进棚改货币化安置的通知》，再次强调：“各地区在安排棚改计划和项目时，应当结合地方实际，综合考虑当地商品住宅库存情况和居民意愿，按照原则上不低于50%的比例确定本地区棚改货币化安置目标，并把目标分解到市、县，落实到具体项目上。商品住宅库存量大，消化周期长的市、县，要进一步提高货币化安置比例。”

实践证明，该局提出的房屋征收项目推行货币化和向市场购买商品房安置被征收人的建议，符合中央关于城棚改推行货币化安置和购买棚改服务的管理办法，是稳增长、惠民生的一项有效措施，工作实际做法得到省住建厅高度肯定；同时，达到了避免支付超期过渡费，减轻了财政压力，推动了七星关区房地产市场健康发展的目的。

城市综合执法大队

为主动适应党要管党、从严治党的新要求，2015年以来七星关区城市综合执法大队按照“围绕中心抓党建，抓好党建促发展”的工作思路，有效促进了城管业务工作和党建工作的双提。

一、加强学习，提升素质

强化政治理论学习，提高机关党员干部的思想政治水平。强化业务培训，提高文明执法意识，打造政治合格、作风过硬的执法队伍。强化专题教育，大队领导以身作则，引导干部职工践行“三严三实”自觉履职尽责。组织广大党员干部观看警示教育片，开展学习党章党纪知识竞赛等。

二、强化意识，转变作风

坚持从制度建设入手，做到“实行有规范、监督有措施、考核有标准、处理有规定”，形成了党建、工作行为规范、日常管理、组织人事、财务等20余项规章制度。强化责任意识。对城管工作不厌其烦，“烦琐为贵”；面对城市管理矛盾、困难、压力“敢”字当头，排除万难，应对险阻；综合运用各种方法争取市民的最大支持，做好城市市容环境“美化、洁化、亮化”管理。强化作风意识。改变门难进、脸难看、事难办作风，以文明服务创文明单位。

三、围绕中心，服务大局

抓好民心工程。先后投入750余万元对城区破损人行地砖进行翻修改造，对城区雨水箅、窨井盖等破损情况进行清理排查；投入35余万元对全城区路灯进行维修维护；对贵州市城区人行天桥和立交桥进行全面清理登记。开展专项整治行动。包括校园周边环境和夜市摊点专项整治，户外广告、招牌、标识牌专项整治、运输遗撒、大气污染防治专项行动，联合相关部门开展非法运输专项行动。

校园周边环境整治

流动摊点整治

洪山街道办事处

金桂社区在职党员义务护林

洪山街道充分发挥党建引领作用，抓基层，打基层，通过开展在职党员到社区报到活动凝聚了党心民心，有力推进了“和谐洪山·幸福家园”的建设。

2014年12月19日，全办启动在职党员到社区报到工作，并按照一月一主题的模式开展工作。截至2015年年底，共有2733名在职党员和133家党组织到社区报到，开展各类活动173次，参加志愿服务的党员5650人次，党组织和在职党员向社区和群众捐赠物资金额达260000元。通过在职党员到社区报到工作的开展，有效发挥了在职党员在社区建设中的先锋模范作用，树立了党员和党组织的良好形象，并取得了明显成效——洪山社区、桂花社区、拥军社区建成了社区服务中心、在职党员联络站和书香书屋，拉近了党群关系。

2015年9月10日，拥军社区书香书屋挂牌成立，投入使用，举办了“四点半学校”“歆歆妈妈故事会”“书画交流”“亲子阅读”等，并定期开展各类活动，丰富居民的精神文化生活。书香书屋的建设，收到很好的社会效益。一是弥补了辖区居民丰富精神文化空白，二是对壮大集体经济的有效探索，三是实现了社会资源共享。为社区更好地服务居民提供有力保障。

毕节一中在职党员到金桂社区报道

书香书屋歆歆妈妈故事会开讲

对坡镇

法泥村民居建设

法泥村位于对坡镇西北部，对坡至云南省黑树镇公路横贯其中，东临田边村，南接乐海村，西靠云南省黑树镇，北与大银镇相毗邻，离镇中心10余公里，全村辖8个村民组，728户村民3200余人。

2015年，法泥村以“四在农家·美丽乡村”建设为契机，整合“一事一议”、扶贫项目等实施建设村级特色小集镇“小康大道”项目，该项目全长250米，路面宽10米，两旁人行步道4米。整合“一事一议”财政奖补资金4.75万元及农民健身工程资金3万元，修建1000平米的文体广场，配套建设文化长廊、休闲亭、公厕及其他文娱设施等，在鸭子塘组及金家寨组实施“贵州民居”建设72户，并将易地扶贫搬迁农户全部安置在小康大道两旁。

在工作开展中，部分群众认为村级小城镇建设不是民生工程，而是政绩工程，是政府行为；有的群众认为搬迁后离开了赖以生存的土地，今后的生活难以保障。面对种种的担心和疑虑，村“两委”召开班子会、党员代表大会、群众代表大会、板凳会达60余次，并逐户走访座谈达100余次，电话劝返外出人员近200余人次，向群众讲政策、谈规划，通过心与心的交流，群众的思想通了，积极性高了，主动性强了。

在村“两委”的带动下，按民居建设风格，部分建设材料统一由村“两委”联系厂家定制，最大程度减轻群众负担，降低建设成本；组建村技术性工程队，将普通劳动力转化为技术性劳动力，无偿聘请技术人员指导设计罗马柱等建筑材料，贫困农户以劳代资。同时按照“缺什么帮什么”的原则，“因户施策”推进村级小城镇建设，进一步带动了“四在农家、美丽乡村”建设及易地扶贫搬迁。将法泥由一个偏远贫困村逐渐变迁为生产生活富裕、村容村貌整洁的示范村，村路、组路、串户路通了，群众出门不再烦恼了，环境整洁了，百姓也逐渐富裕起来了。

法泥村文体广场

建设中的小康大道

鸭池镇

为了进一步加强和规范镇档案管理工作，完善档案管理制度，确保档案查找及时使用便利，该镇以“三化”实现档案工作的管理规范化：

一、档案管理工作数字化。

为了方便查阅档案，投入10万余元打造档案办公阵地，专门用2间办公室来存放档案资料，购置办公电脑一台、办公桌椅若干、购买高清扫描仪一台和专门的数字化处理软件对2008年以来的档案进行了数字化加工。实现了档案工作的数字化管理。

二、档案管理工作信息化。

随着科技的发展，传统的橱柜式档案管理已经满足不了新时期档案管理工作的需求。将具有参考利用价值的档案以数码形式记录于磁带、磁盘、光盘等，依赖计算机系统阅读、处理并可以在通信网络上传输，实现档案工作的信息化管理。到2016年6月份为止，共计完成档案信息化10万余件。

三、档案管理工作精准化。

为解决以前档案管理工作混乱的问题，加大投入，购买大量的档案柜和档案盒。对档案进行分类管理。人事档案、民生档案、精准扶贫档案、项目档案、民政档案等各类档案管理按照“一人一号、一人一档、专人负责、规范示准”的原则进行规范管理。

鸭池镇档案数字化、信息化、精准化工作已初步完成，今后，档案查阅将更加便捷，档案管理更加安全。

档案管理规范有序

档案管理制度完善

清水铺镇

建成后的通村水泥路

清水铺镇橙满园村位于四川省和贵州省交界处，地处赤水河河谷地带，海拔在580米至1100米之间，立体气候特点明显。近年来，橙满园村着力以《毕节市全面小康村居五条》为引领，“四抓四着力”，充分发挥资源优势，及时调整产业结构，大力发展水果等多种产业，壮大了村级经济实力，夯实全面小康建设基础。截至目前，种植果树8300余亩，水果总产值达2000余万元，年人均收入达6100元以上。

2015年村支两委组织村干部召开会议，抽调工作能力和责任心强的村干部组成“防范和处理邪教工作领导小组”，并与小组成员逐一签订了反邪防邪工作责任书，再由小组成员组织群众签订了“家庭拒绝邪教承诺卡”，把责任层层落实下来，全村13个村民组明确了18名反邪教信息员，不定期开展巡逻清查工作。同时还建立了信息预警机制、快速应急处置机制、定期回访等制度，健全完善了帮教巩固体系。村办公中心设置了反邪教宣传橱窗；村里建立了农家书屋，同时利用农民讲师、道德讲堂、远程教育等平台，给群众普及科普知识，有效提高了群众的科学文化水平。村里还建立了一个娱乐活动室，丰富了村民的精神文化生活。橙满园村把“无邪教创建”活动纳入全村经济社会发展大局来谋划和推进，把反邪防邪人民战争纳入党的基层组织建设、纳入基层社会治安综合治理工作、纳入社会主义精神文明建设、纳入普法宣传工作等五大常规工作，融入到新农村建设中来，有效遏制了邪教的滋生蔓延。

2015年橙满园村还投入资金430万完成了茶店子组至河坝组的8.6公里的通村水泥路建设，很大程度上解决了村民出行难的问题。

农民讲师在橙满园村村公所为村干部、村民组长和村党员进行反邪防邪知识宣讲

田坎彝族乡

2015年，田坎彝族乡针对群众法治意识不强，法制观念淡薄的现状，从抓群众普法着手，切实提高群众的学法、懂法、用法、守法意识。至开展“法治田坎”创建工作以来，群众的法治观念、思想意识得到了提高，乡容乡貌得到了极大的改变。全乡开展“民主法治示范村”创建有3个村，分别是“民主法治白沙河村”“民主法治田坎村”及“民主法治茨竹村”，主要做法有：

一、强化经费投入。投资60余万元安装了200盏路灯，在路灯上制作法律法规宣传灯箱400个；投入25万元建设茨竹村村级广播站，在14个村民组安装法治宣传喇叭14个，每天按时宣传党的方针政策和法律法规知识；投资15万元建大型固定宣传牌10快；投资3万元在每个村民组建法治宣传专栏15块；投资10万余元制法治宣传读本、政策宣传海报等宣传资料；真正把法治知识送到群众家门口。

二、强化群众参与。开发手机信息宣传平台，定期为群众免费发送法治宣传知识；利用法治宣传车，定期到村组进行义务宣传；同时，以群众喜闻乐见的方式，大力宣传法治知识，调动群众参与法治村创建的积极性。特别是1月30日茨竹村举办了首届文艺演出，把创建“民主法治茨竹”编为小品节目搬上舞台，赢得了广大群众的点赞欢迎。

三、强化宣传实效。以发放公开信等形式向群众宣传法律知识，先后向村民发放公开信4000余份，出黑板报15期，大型固定宣传牌10块，累计普及各类法律、法规10余部，举办法制宣传教育培训班和法制讲座2期，培训干部群众1000人次，印发各种宣传资料4000余份，大型文艺演出1次，使“民主法治茨竹村”创建工作家喻户晓，人人皆知，极大提高了群众的法治意识，为茨竹村下一步的发展打下了良好的思想基础和法治基础。

四、大力抓治安环境改善。针对社会治安较差，打架斗殴、偷牛盗马等现象时有发生的问题，茨竹村与引进到村的皂角公司共同成立了由40人组成的治安巡逻队，既看护产业基地巡逻，又推进治安防范，现已筹措社会资金20余万元，为治安巡逻队订购了20辆警用摩托车和相关器材。目前，茨竹村无刑事案件发生、无一例新增吸毒人员、无邪教组织及人员、未发生偷牛盗马现象、治安环境持续向好，群众安全感和满意度大大提升。

五、大力抓矛盾纠纷调处。充分发挥村级警务助理、村民组长、中心户长、自治协会作用，将社会治理触角往组、户延伸，积极发挥农村寨老、族长等说话办事威信高的作用，引导其参与社会治理，帮助宣传政策法规，有效疏导群众情绪，化解矛盾纠纷，进一步密切了党群干群关系。1年来，共排查、化解矛盾纠纷30余起，没有出现一例上访事件，真正实现了矛盾纠纷不出村。

六、强化民主监督管理。全面推行政务公开、村务公开和党务公开，规范民主“议事”“理事”和“监事”，推进基层民主实践。建立健全农村集体资金、资产、资源管理制度以及村干部监督管理制度，通过目标管理、年度评议、离任审计等措施，不断规范村干部的行为。并充分发动群众，尊重民意，引导群众参与村级事务，切实保障群众的参与权和知情权。

文艺演出

组建义务巡逻队伍

野角乡

市长陈昌旭（中）一行到野角乡天星村调研精准扶贫工作

野角乡党政领导班子带领全乡干部和群众，按照“粮烟稳乡、畜牧富乡、科教强乡、生态美乡”的发展思路。依靠得天独厚的自然资源，大力发展生态畜牧业。目前，全乡牛存栏数4000余头，羊存栏7000余只，生猪存栏8000余头，家禽存栏数万羽，为群众脱贫致富奔小康奠定了坚实的基础。为认真落实好七星区探索出来的精准扶贫“一市五金多套餐”小额贴息贷款养牛项目惠民政策，切实做到“真扶贫、扶真贫”，确保全乡贫困人口到2018年全部脱贫。野角乡因地制宜，采取“四到户四把关九措施”实施办法（“四到户四把关九措施”就是指：精准识别到户，把好对象审核关——实行“四不贷两具有”审核制度；精准发动到户，把好政策宣传关——实行干部精准到户宣传责任制度；精准放贷到户，把好资金使用关——实行“约时定人”放贷、保证金管理、干部“联户保购”等制度；精准管理到户，把好帮扶成效关——实行小额贴息贷款养牛“一户一档”管理、按季度走访帮扶和召开例会动态跟踪管理、始量保本审核销售管理、技术干部专职服务和合作社运行等多项制度）。和“三合三分”养牛模式（“三合三分”养牛模式就是指：合伙放养、分户圈养，合力联防、分户管理，合作社运行，分户受益）。大力推进“一市五金多套餐”小额贴息贷款养牛项目落到实处。同时，充分发挥帮扶干部的作用，帮助贫困户理清发展思路，结合实际找准发展路子，大力发展“多套餐”中的其他套餐助农增收。

该乡在认真做好“建档立卡”回头看工作的基础上，认真开展了精准扶贫“大排查大走访”工作。专门制定了“野角乡精准扶贫工作回头看大排查大走访工作记录表”。对建档立卡的1943户贫困户在主要领导的带领下做到户户见面，户户核对信息，帮助每一户贫困户理清发展思路和制定脱贫计划，做到户户精准。统筹推进精准扶贫各项工作。

该乡小额贴息贷款养牛项目自2015年8月20日启动以来，全乡已收到符合条件且有养牛意愿的贫困户申请693户，已发放贫困户贴息贷款508户，协调农商行放贷1219.2万元，购买能繁母牛1044头。目前，正在按照习近平总书记关于扶贫工作“四个切实”“五个一批”“六个精准”的指示要求，以贵州省小康建设“六小行动”计划和精准扶贫“十项行动”、毕节市决战贫困各项行动、七星关区精准扶贫“一市五金多套餐”惠民政策为载体和抓手，引导贫困户认真运用好“一市五金多套餐”的优先优惠政策。努力拓宽群众增收渠道。为实现“决战贫困提速赶超同步小康”目标而努力奋斗！

野角乡黑山羊养殖

目　录

大事记

文件选编

区概况

领导名录

政　治

军事·国防教育

法　　制

经济管理与监督

财政·税务

金融·保险

农　　业

工　　业

城乡建设·环保

交通·通讯·贸易

教育·文化·科技

卫生食药监督·人口计生

社会生活

镇乡办事处概况

大事记

一月

3日 七星关区安全生产委员会成员会议在区行政办公中心八楼中间会议室召开，副区长周祖华出席会议，区教育局、环保局等安全生产委员会成员单位主要负责人参加会议。

5日 中共毕节市七星关区委一届三次全会在区行政办公中心召开。会议号召各级党委（党组）和广大党员干部群众要紧密团结在以习近平同志为总书记的党中央周围，坚定不移地走中国特色社会主义法治道路，深化改革、锐意创新、埋头苦干、同心攻坚，努力开创依法治区新局面，为建设富裕和谐美丽七星关提供坚强有力的法治保障，奋力打造经济社会跨越发展、全面发展的首善之区。

市委常委、区委书记宫晓农出席会议并代表区委常委会向全会作报告。区委副书记、代理区长胡敬斌就《七星关区委关于贯彻落实〈党的十八届四中全会精神、省委十一届五次全会精神和市委一届六次全会精神全面推进依法治区的实施意见〉（草案）》作说明。区委副书记聂忠智主持会议。区委常委胡书龙、吴贤耀、郑荣、何友谊、王华国、安旺、唐兴全、何万学、赵泽英出席会议。区人大常委会主任周延，区政协主席吴坚，区委委员、候补委员，区纪委委员，非区委委员的区四大班子领导、法检“两长”及其他实职副县级领导，各乡镇街道主要负责人及区直各部门主要负责人列席会议。与会人员分组对大会报告及实施意见（草案）进行讨论。

是日 七星关区议警议军议消防会议在区行政办公中心召开。市委常委、区委书记宫晓农出席会议并作重要讲话。区委副书记、代理区长胡敬斌主持会议。区领导周延、吴坚、胡书龙、吴贤耀、郑荣、王华国、安旺、何万学、周祖华、邹芝桦及区人武部部长柏松出席会议，武警毕节市支队七星关区中队、七星关区消防大队及区直有关部门负责人参加会议。

6日 七星关区经济工作会议在区行政办公中心九楼大会议室召开。会议的主要任务是认真学习贯彻落实中央和全省、全市经济工作会议精神，总结2014年经济工作，分析当前经济发展形势，部署2015年经济工作。

市委常委、区委书记宫晓农，区委副书记、代理区长胡敬斌作重要讲话，区人大常委会主任周延、区政协主席吴坚及区四大班子领导出席会议。会议由区委副书记聂忠智主持。各乡镇街道办事处和区直各部门主要负责人参加会议。

是日 七星关区党的建设工作会议在区行政办公中心九楼会议室召开。会议的主要任务是，深入贯彻中央、省委关于党委（党组）抓党建工作会议精神和市委党的建设工作会议精神，研究部署七星关区从严管党治党工作，全面提高党的建设科学化水平，为全面建成小康、全面深化改革、全面依法治区提供坚强的组织保证。坚持党要管党从严治党，提高党建工作水平。奋力打造跨越发展全面发展的首善之区。

市委常委、区委书记宫晓农作重要讲话。区人大常委会主任周延、区政协主席吴坚等区四大班子领导、区人民法院院长、区人民检察院检察长出席会议。区委副书记聂忠智主持会议。区直各部门主要负责人，各乡镇街道党委（党工委）书记、组织委员、宣传委员，党建办、群教活动主要负责人等参加会议。

是日 为深入学习领会习近平总书记系列

重要讲话精神，认真贯彻落实省市书记抓党建工作述职评议会议精神，安排部署党建工作。全区2014年度乡镇（街道）党委（党工委）书记抓党建工作述职评议会议在区行政办公中心九楼会议室召开。市委常委、区委书记宫晓农出席并讲话。市委组织部常务副部长罗昌琪到会指导。区人大常委会主任周延，区政协主席吴坚，区四大班子领导及区人民法院院长、区人民检察院检察长等出席会议。区委副书记聂忠智主持会议。区纪委委员，区直各部门主要负责人，各乡镇（街道）党委（党工委）书记、组织委员，部分“两代表一委员”、基层干部群众代表及区党建办、群教活动办主要负责人等参加会议。

6日至7日 毕节市考核组赴七星关区考评督导2014年通村油路（水泥路）工作，并在区行政办公中心八楼会议室召开专题汇报会。区委常委、组织部部长郑荣，区人大常委会副主任胡家敬、区政协副主席周光乔出席会议，会议由副区长周祖华主持，区直相关部门及部分乡镇街道负责人参加会议。

7日 七星关区荒山绿化和新一轮退耕还林启动会在区行政办公中心九楼大会议室召开。市委常委、区委书记宫晓农出席会议并讲话。区委副书记聂忠智主持会议。区人大常委会副主任张媛，副区长高守军，区政协副主席王林中、周遵林等出席会议。区直相关单位负责人，各乡镇街道主要领导、分管领导、林业站站长，重点区域的村“两委”负责人及部分农业企业代表参加会议。

是日 “名誉村主任”工作推进会在区行政办公中心九楼大会议室召开。市委常委、区委书记宫晓农出席会议并作重要讲话，市委统战部副部长、市工商联党组书记何植林到会指导。区委常委、统战部部长安旺主持会议。区委常委、副区长赵泽英，区人大常委会副主任王大庆，区政协副主席江晓燕、周遵林等出席会议。各乡镇、街道主要负责人，区党建办负责人，拟聘任的非公有制经济人士，部分村干部代表、村民代表及统战部、工商联全体干部职工等参加会议。

是日 七星关区人民政府与社会各界人士代表座谈会在区行政办公中心八楼会议室召开。区委副书记、代理区长胡敬斌主持会议并讲话。副区长周祖华、高守军出席会议。民盟毕节市七星关区委总支盟员代表、致公党毕节市七星关区支部委员会委员代表、九三学社社员代表以及部分区人大代表、政协委员，部分党群部门负责人，部分基层群众代表、党员代表等社会各界人士参加座谈会。

是日 七星关区森林防火工作督促会议在区行政办公中心九楼大会议室召开。区委副书记聂忠智主持会议，副区长高守军出席会议并作讲话，区领导张媛、周祖华、王林中、周遵林出席会议，区森林防火各成员单位相关负责人参加会议。

是日 毕节实验区多党合作建设工作座谈会在贵阳召开。省委常委、省委统战部部长刘晓凯，省政协副主席、民进贵州省委主委左定超，省委统战部常务副部长陈庆义，省委统战部副部长、省社会主义学院党组书记何萍，省委统战部机关党委书记张天斌，各民主党派省委、省工商联、省社会主义学院有关负责同志出席会议，市领导陈昌旭、胡吉宏、袁晓玉、冉霞、肖远福、秦天志、辜康乐、谢定敏参加会议。

8日 七星关区社会各界人士代表座谈会在区委统战部会议室召开。区委常委、统战部部长安旺主持会议。非公界代表、宗教界代表、台胞台属代表、民盟盟员代表、致公党党员代表、党外干部代表、政协委员代表等应邀参加会议，区委统战部、区工商联、区民宗局等部门有关负责人参加会议。

9日 团省委书记涂妍到七星关区调研。团市委书记何旭，区委常委、副区长唐兴全及团区委主要负责人陪同调研。

是日 七星关区人员密集场所消防安全告知会暨第一季度消防安全联席会在区行政办公中心八楼会议室召开。副区长周祖华出席会议并讲话，中心城区街道办事处、区消防安全委员会主要成员单位、部分防火点单位及区直各部门相关负责人参加会议。

14日 贵州省公安厅常务副厅长赵翔率省政府考核组赴七星关区考核消防安全工作。毕节市委常委、政法委书记、公安局局长周全富，市政府副秘书长、消防支队队长孟吴恒，七星关区副区长周祖华以及市区公安局、消防支队等部门负责人陪同。

是日 文朝荣先进事迹在中央电视台《新闻联播》播出，七星关区积极组织全区干部收看，再次掀起学习文朝荣精神的热潮。

16日 毕节市七星关区第一届人民代表大会第四次会议召集人会议在区政府九楼会议室召开。区领导周延、张媛、王大庆、胡家敬、张骅、肖世华、林学方出席会议，区人大常委会副主任安慧主持会议，市区有关领导和各乡镇街道办事处书记、人大主席、人大工委主任参加会议。

是日 中国人民政治协商会议第一届毕节市七星关区委员会第四次会议在区政协五楼会议室隆重开幕。来自全区各族各界的政协委员汇聚一堂，怀着强烈的政治责任感和历史使命感，积极履行政治协商、民主监督、参政议政的神圣职责，共商全区经济社会发展大计，助推全区经济社会持续发展、转型发展、协调发展、和谐发展。

17日 毕节市七星关区一届人大四次会议全体党员代表会议召开。市委常委、区委书记宫晓农出席会议并讲话。会议由区委副书记聂忠智主持。全体党员代表参加会议。

18日 中国人民政治协商会议第一届毕节市七星关区委员会第四次会议圆满完成各项议程后，在区政协五楼会议室闭幕。

19日 毕节市七星关区第一届人民代表大会第四次会议圆满完成各项议程后在区行政办公中心大礼堂胜利闭幕。宫晓农、周延、胡敬斌、吴坚、聂忠智、胡书龙、吴贤耀、郑荣、何友谊、安慧、张媛、王大庆、胡家敬、张骅、肖世华、林学方在主席台前排就座。大会主席团全体成员在主席台就座。闭幕式由主席团常务主席、大会执行主席周延主持。会议应到代表351名，实到代表307名，符合法定人数。经过选举，胡敬斌当选七星关区人民政府区长。会上，周延向胡敬斌颁发当选证书。

19日至20日 贵州省政协副主席黄康生到七星关区调研帮扶工作并召开座谈会。省政协秘书长李月成、常务副秘书长肖向阳、副秘书长李跃荣、省农信社副主任汪洋、贵州银行副行长柴柏林等参加调研，毕节市委副书记、市长陈昌旭参加座谈会，市委常委、区委书记宫晓农陪同调研并参加座谈会。市政协副主席辜康乐，区委副书记、区长胡敬斌，区政协主席吴坚，区委常委、区委办主任、区委宣传部部长吴贤耀，区政协副主席江晓燕等参加座谈会。

21日 国家文物局副局长张柏在赫章县县委书记刘建平陪同下，到七星关区博物馆参观。区委常委、区委办主任、宣传部部长吴贤耀，毕节市、七星关区、赫章县等市、县（区）的相关部门负责人陪同。

23日 由贵州省煤矿安监局、能源局、国土资源厅等部门组成的安全生产检查组到七星关区检查工作。区长助理房公波，市、区相关部门及长春堡镇负责人陪同。

25日 在第62个“世界防治麻风病日”暨28个“中国麻风节”到来之际，七星关区副区长杨黔在区民政局、卫计局、红十字会、疾控中心、残联等单位负责人的陪同下，到七星关区大坪子医院开展“世界防治麻风病日”慰问活动，和麻风病防治工作者。

26日 贵州省政协委员支持毕节市七星关区经济社会发展招商引资座谈会在省政协会议室召开。省政协副主席黄康生出席座谈会，市委常委、区委书记宫晓农系统全面地介绍了七星关区基本情况和对招商引资重点项目作了推介，来自省扶贫办、道路运输局、水利厅等部门的省政协委员，部分企业董事长为七星关区发展建言献策。区委副书记、区长胡敬斌，区政协主席吴坚，副区长付波及区招商局、发改局、扶贫办等部门主要负责人参加座谈会。

28日 开展致福送诊活动座谈会在七星关区人民医院召开。致公党广东省委专职副主委、广东省人大常委会委员吴毅，致公党广东省社会服务委员会联络处处长、秘书长许国强，致公党华南农业大学总支主委、致公党广东省农业委员会主任、华南农业大学主任年海等出席。七星关区委常委、统战部部长安旺作讲话，区长助理朱雅亮主持座谈会。

二月

5日 由毕节市委、市政府，七星关区委、区政府主办，市、区宣传部、市区文明办及市区文体广电局等部门承办的以“文化惠民·圆梦中国”为主题的2015年文化科技卫生“三下乡”示范活动在长春中学举行。市委常委、市委秘书长、市委宣传部部长王开俊出席活动并讲话。市人大常委会副主任杨海琰，副市长冉霞，区委常委、区委办主任、区委宣传部部长吴贤耀，副区长杨黔出席仪式。仪式由冉霞主持，吴贤耀致辞。

是日 七星关区安全生产委员会成员单位会议在区行政办公中心八楼会议室召开，副区长周祖华出席会议并讲话，区安委会成员单位相关负责人参加会议。

6日 七星关区直机关民兵应急分队在毕节军分区进行。区委副书记聂忠智，区委常委、人武部政委王华国及副区长高守军等到现场指导，区应急分队90余名民兵参加演练。

8日 纪念“鸡鸣三省”会议80周年座谈会在七星关区召开，来自中央党史研究室、中国人民解放军军事科学院、云贵川三省党史研究系统的专家学者和毕节市直有关部门、遵义会议纪念馆、四渡赤水纪念馆、七星关区有关单位的负责同志齐聚一堂，共同回顾党的奋斗历程，重温党的光辉历史，弘扬伟大的长征精神，继承和发扬革命优良传统，为谱写革命老区改革发展的新篇章、践行中国梦凝聚正能量。

是日 七星关区光彩事业促进会成立大会召开。毕节市委常委、统战部部长袁晓玉，区委常委、统战部部长安旺出席会议并讲话，全区光彩事业促进会会长、常务副会长、副会长、秘书长及理事参加会议。

10日 副市长马炼到七星关区检查指导春运道路交通安全工作，副区长周祖华及市、区相关部门负责人陪同检查。

是日 七星关区2015年市场监督管理工作会议在区行政办公中心九楼大会议室召开，区委常委、常务副区长胡书龙出席会议并讲话，相关部门负责人参加会议。

是日 七星关区食品药品安全、质量兴区、消费维权工作会议在区行政办公中心召开。区委副书记、区长胡敬斌出席会议并讲话，区委常委、常务副区长胡书龙主持会议。各乡镇街道、区直有关部门主要负责人，区市场监督管理局中层以上干部参加会议。

11日 贵州省人大调研组调研《贵州省公路条例（草案）》座谈会在七星关区行政办公中心八楼会议室召开。贵州省人大常委会法工委副主任王霞、市人大常委会副主任马培译、省人大调研组成员、市人大相关成员出席座谈会。座谈会由区人大常委会副主任胡家敬主持。副区长周祖华作情况汇报。区直相关部门负责人、区人大代表等参加会议。

12日 七星关区委副书记、区长胡敬斌在副区长高守军及区森林防火指挥部部分成员单位相关负责人的陪同下，先后到朱昌镇花厂村、鸭池镇石桥村等实地检查两镇的绿化造林和森林防火工作。在巡查过程中，胡敬斌强调，各乡镇街道要加强巡查，做到森林防火早发现早处置，确保森林平安。

13日 中国共产党毕节市七星关区第一届纪律检查委员会第五次全体会议在区行政办公中心举行，市委常委、区委书记宫晓农出席开幕式并作重要讲话。区人大常委会主任周延，区委副书记、区长胡敬斌，区政协主席吴坚，区委常委、常务副区长胡书龙，区委常委、区委办主任、宣传部部长吴贤耀，区委常委、组织部部长郑荣，区委常委、人武部政委王华国，区委常委、统战部部长安旺出席会议。区委常委、纪委书记何友谊主持会议并作工作报告。

是日 七星关区计划生育工作会议在区行政办公中心九楼大会议室召开，市委常委、区委书记宫晓农出席会议并作讲话，区委常委、组织部部长郑荣，区人大常委会副主任张骅，副区长杨黔，区政协副主席周遵林、吕艺华出席会议。各乡镇街道党委（党工委）主要负责人、协管负责人、计生办主任和区直有关单位主要负责人参加会议。

14日 由毕节市人大常委会主任吴安玉带队的“绿化毕节”行动现场观摩会第二观摩组赴七星关区观摩。市委副书记胡言宏，市委常委、市纪委书记蒋兴勇，市政协副主席秦天志，七星关区委副书记、区长胡敬斌，区委副书记聂忠智陪同。

15日 毕节市安全生产工作电视电话会议召开，市委常委、常务副市长罗建强出席会议并讲话，市委常委、区委书记宫晓农在主会场出席会议，副市长马炼主持会议。

16日 在一年一度的新春佳节来临之际，毕节市委、市政府和七星关区委、区政府为毕节城区环卫工人、城管协勤队员、市政招聘电工、垃圾处理费征收所人员共1911名环卫工人发放789400元红包。其中市委、市政府慰问金30万元，区委、区政府慰问金489400元。

是日 七星关区春节期间森林防火工作紧急电视电话会议在区行政办公中心九楼电视电话会议室召开。副区长周祖华主持会议，副区长高守军出席会议并讲话。区直相关部门负责人在主会场参加会议，各乡镇街道主要负责人及分管负责人、武装部长、派出所所长、林业站站长、安监站站长在各乡镇街道分会场参加会议。

16至17日 在七星关区人民喜迎新春佳节之际，市委常委、区委书记宫晓农，区人大常委会主任周延，区委副书记、区长胡敬斌，区政协主席吴坚分别率队走访慰问春节坚守在工作岗位的干部职工，向他们致以新春问候和诚挚祝福，区领导郑荣、王华国、何万学、安慧、王大庆、张骅、肖世华、林学方、周祖华、高守军、周光乔、燕金祥、周遵林、吕艺华，区人民检察院检察长徐永、区人民法院院长禄智华及区直相关部门负责人陪同走访慰问。

17日 七星关区民生整治铸廉行动动员部署会议在区行政办公中心八楼会议室召开。区直相关部门及各纪工委（监察分局）书记（局长）、各民生特派组组长参加会议。

26日 毕节市委常委、七星关区委书记宫晓农在七星关区委常委、区委办主任、宣传部部长吴贤耀的陪同下，到区政协调研指导工作。

27日 七星关区政法和群众（信访）工作会议在区行政办公中心召开。市委常委、区委书记宫晓农出席会议并作重要讲话。区委副书记、区长胡敬斌主持会议。区领导周延、吴坚、胡书龙、吴贤耀、王华国、安旺、何万学、周祖华在主席台就座。区四大班子相关领导出席会议，区直各部门、各镇乡（街道）主要负责人及分管此项工作的有关负责人参加会议。

28日 毕节市人大常委会副主任王炳荣在七星关区人大常委会副主任张媛以及市人大农业农村委员会相关负责人的陪同下，到七星关区团结乡调研精准扶贫工作，为该乡2015年扶贫工作“把脉问诊”。

是日 清镇市委常委、纪委书记王跃红率考察组一行赴七星关区考察派驻统管工作。毕节市监察局副局长张超，七星关区委常委、纪委书记何友谊及区纪委监察局有关人员陪同考察。

是日 毕节市督导组赴七星关区检查指导2015年春运期间打击非法营运工作，并在区行政办公中心八楼会议室召开汇报会。区政府办、市场监管局、交通局、残联、交警大队、治安大队等相关负责人参加汇报会。

是日 七星关区政府2015年第一次全体会议暨廉政工作会议在区行政办公中心召开。区委副书记、区长胡敬斌主持会议并讲话。区委常委、常务副区长胡书龙，区委常委、副区长唐兴全，副区长周祖华、高守军、付波、杨黔出席会议。区委常委、纪委书记何友谊，区人大常委会副主任张骅，区政协副主席邹芝桦应邀出席会议。各乡镇乡镇长、街道办事处主任，区政府各组成部门主要负责人参加会议。

三月

2日 七星关区消费者协会第一届理事会第四次会议暨2015年“3·15”宣传活动动员部署会议在区行政办公中心九楼大会议室召开。会议改选了区委常委、常务副区长胡书龙为区消费者协会会长，同时总结过去一年的工作，并对2015年“3·15”国际消费者权益日系列宣传活动进行动员部署。副区长、区消费者协会原会长周祖华出席会议。区直有关单位负责人，各乡镇、街道办事处相关负责人，相关企业、协会负责人参加会议。

3日 七星关区2015年安全生产工作会议在区行政办公中心九楼大会议室召开。区委副书记、区长胡敬斌出席并讲话，副区长周祖华主持。各乡镇街道、区安委会各成员单位主要负责人参加会议。

是日 七星关区委常委、区委办主任、宣传部部长吴贤耀，区政协副主席、民盟七星关区主委周光乔在区委统战部、长春堡镇等相关负责人的陪同下，到干堰塘村指导工作。

5日 由毕节市委宣传部和七星关区委宣传部牵头，毕节市武警支队、市卫计局、区文明办、七星关区武警大队、区科协等10余家单位在人民公园联合开展主题为“弘扬雷锋精神、传递社会正能量”学雷锋志愿服务系列活动。

6日 七星关区2015年国土资源工作会议在区行政中心九楼大会议室召开。区委常委、常务副区长胡书龙出席并讲话，各乡镇街道，区直相关部门负责人参加会议。

是日 七星关区2015年教育工作会议在区思源实验学校多功能室召开，副区长杨黔出席会议并讲话。各乡镇、街道分管领导、教管中心主任、中学校长，区直各学校校长，教育局班子成员及相关股室负责人参加会议。

是日 七星关区统一战线参与“绿化毕节”行动、“同心林”建设启动仪式在八寨镇金银山举行。区委常委、统战部部长安旺，区人大常委会副主任王大庆，区政协副主席周光乔、王林中出席。副区长高守军主持。致公党毕节市七星关区支部代表、民盟七星关区总支代表、光彩事业促进会代表，区委统战部、工商联、民宗局、八寨镇及部分党外代表等100余人参加植树。

7日 七星关区委副书记、区长胡敬斌在区政府办、交通局、水利局等部门主要负责人的陪同下，到大银、林口等乡镇调研通村公路建设、旅游发展等工作。

7日至8日 致公党福建省委秘书长吴棉国率调研组赴七星关区调研，并在区行政办公中心八楼会议室召开座谈会。致公党贵州省委秘书长、省侨联副主席潘志军，致公党省委副巡视员史武钢，区委常委、统战部部长安旺，区长助理朱雅亮及区直相关部门、杨家湾镇、致公党七星关支部负责人陪同并参加座谈。

8日 毕节市委常委、常务副市长罗建强，副市长蒋从跃一行赴七星关区调研，并在区行政办公中心八楼会议室召开座谈会。区委副书记、区长胡敬斌，区委常委、常务副区长胡书龙，副区长高守军等陪同调研并出席座谈会。市政府办、消防支队、发改委、城管局、商务局等市直有关部门主要负责人，区直相关部门负责人陪同调研并参加座谈会。

是日 七星关区人大常委会关于城区环境综合治理工作调研座谈会在区人大二楼会议室召开。区人大常委会副主任林学方出席会议，区直相关部门负责人，部分区人大代表，城区街道及社区负责人参加座谈会。

9日 中共毕节市七星关区委2015年第四次常委办公会议在区行政办公中心八楼会议室召开。会议传达学习了毕节市委书记陈志七星关区考察调研时的重要讲话精神；传达学习了市委常委、常务副市长罗建强，副市长蒋从跃在我区调研时的讲话精神。市委常委、区委书记宫晓农主持会议并作重要讲话。区委副书记、区长胡敬斌作了发言。区人大常委会主任周延、区政协主席吴坚等四大班子领导出席会议。区委副书记聂忠智、区委常委胡书龙、何友谊、安旺、王华国、何万学、赵泽英出席。区直有关部门负责人列席。

12日 贵州省双拥办副主任、民政厅副厅长邹志强率省双拥模范城考核组赴七星关区考评双拥模范城创建工作。毕节市委常委、区委书记宫晓农，市人大常委会副主任马培译，市长助理王建峰，市政府副秘书长骆丽红，区委常委、人武部政委王华国，副区长杨黔，区政协副主席周遵林，区人武部部长柏松及市、区相关部门负责人陪同检查并参加汇报会。

是日 贵州省远程办专职副主任、省委组织部党员教育中心主任、省委群众路线教育实践活动办公室专职副主任党的群众路线教育实践活动整改落实情况“回头看”工作。毕节市委常委、区委书记宫晓农，市委组织部副部长黄家忠，区委常委、组织部部长郑荣等陪同调研。

13日　七星关区委常委办公会在区行政办公中心八楼会议室召开。市委常委、区委书记宫晓农，区人大常委会主任周延、区政协主席吴坚，区委常委胡书龙、吴贤耀、郑荣、王华国、安旺、唐兴全、何万学等出席会议。会议由区委副书记聂忠智主持。区几大班子领导及区直相关部门主要负责人参加会议。

是日　七星关区刺梨产业发展研讨会在区行政办公中心九楼大会议室召开。贵州大学教授、省刺梨学会理事长樊卫国作刺梨产业发展主题报告。市委常委、区委书记宫晓农出席会议并作重要讲话。区委副书记聂忠智主持会议。副区长高守军，区政协副主席王户林、周遵林出席会议。区直相关部门、各乡镇街道主要负责人及企业代表参加会议。

15日　七星关区“3·15”消费者权益保护日主题公益活动在人民公园举行。区委常委、常务副区长、区消费者协会会长胡书龙出席活动并讲话，区人大常委会副主任肖世华、区政协副主席王林中及市质量技术监督局、食品药品监督管理局相关负责人出席活动，区直有关部门负责人及辖区内企业负责人参加活动。

17日　七星关区“一报告两评议”会议在区行政办公中心九楼会议室召开。市委常委、区委书记宫晓农主持会议并代表区委常委会向大会作2014年度干部选拔任用工作报告。

是日　七星关区宣传工作业务培训会在区委宣传部会议室召开。区委常委、区委办主任、宣传部部长吴贤耀出席会议并讲话，各乡镇街道宣传委员参加培训。

是日　七星关区农业农村工作、扶贫开发工作暨春耕生产工作会在区行政办公中心九楼会议室召开。市委常委、区委书记宫晓农出席会议并讲话。区委副书记聂忠智主持会议。副区长高守军，区政协副主席王林中、周遵林等出席会议。区直相关部门及各乡镇街道主要负责人参加会议。

是日　七星关区2015年度武装工作会议在区行政办公中心九楼会议室召开。区委常委、人武部政委王华国主持会议，区委常委、副区长唐兴全出席会议并讲话，区政协副主席周遵林、区人武部部长柏松等出席会议。各乡镇街道党委（党工委）书记、武装部部长及企事业人民武装部主要负责人参加会议。

18日　七星关区全面深化改革暨全面小康创建工作会在区行政办公中心九楼会议室召开。区委副书记聂忠智出席会议并讲话，区委常委、区委办主任、宣传部部长吴贤耀出席会议，区委常委、组织部部长郑荣主持会议。区直相关部门、各乡镇街道相关负责人参加会议。

20日　七星关区同步小康驻村工作2014年总结表彰暨2015年动员部署电视电话会在区行政办公中心九楼会议室召开。贵州省政协办公厅副巡视员、七星关区2015年同步小康驻村工作队队长李光平，区委副书记聂忠智，副区长高守军等在主会场出席会议，区委常委、区委组织部部长郑荣主持会议。区直各部门相关负责人在主会场参加会议，各乡镇街道主要负责人在各自分会场参加会议。

是日　毕节市委党校党委书记王向东、常务副校长谢平贵等在职党员在区委常委、区委组织部部长郑荣的陪同下，到拥军社区与街道干部、社区干部等座谈，共同研讨如何更好地管理、服务社区等。

22日　七星关区2014年高速公路建设工作总结会暨毕镇高速开工动员会在区行政办公中心八楼会议室召开。区人大常委会副主任、高速公路建设指挥部专职副指挥长张媛出席会议，副区长、高速公路建设指挥部副指挥长周祖华主持会议。区直相关部门，毕生、毕都、毕镇高速涉建乡镇街道相关负责人，毕镇高速项目部及相关施工标段主要负责人参加会议。

24日　毕节市政协副主席、交通局局长安顺才在七星关区人大常委会副主任张媛陪同下，到七星关区团结乡调研厦蓉高速公路建设工作。

26日　毕节市委常委、常务副市长罗建强赴七星关区调研区公安局业务用房项目开工建设情况，区委副书记、区长胡敬斌，副区长付波等陪同调研。

27日 七星关区委副书记、区长胡敬斌在区人大常委会副主任林学方、区政府主席周光乔以及区直相关部门负责人陪同下，就城区环境综合整治进行调研，并召开专题会议。

是日 七星关区副区长杨黔率政府办、民政及第二批新增火化区乡镇街道主要负责人赴金沙县考察殡葬改革工作。

28日 七星关区委副书记、区长胡敬斌冒雨前往野角、青场调研，协调解决两地经济社会发展中存在的问题和困难，为两地经济社会发展现场“把脉问诊”。区政府办、交通局、水利局、农牧局等主要负责人陪同调研。

31日 “中国梦·七星大课堂”在区行政中心大礼堂举行。深圳首届社科普及专家、深圳市委党校文史部主任许剑波作了主题为“磨砺务实风·助推中国梦”的讲座。区委常委、区委组织部部长郑荣主持。区四大班子领导及各乡镇街道、区直部门相关负责人聆听讲座。

四月

1日 毕节市人大常委会副主任马培译一行赴七星关区市西街道办检查《中华人民共和国老年人权益保护法》工作，区领导张媛、杨黔以及市人大相关人员等陪同。

2日 毕节市委常委、组织部部长文松波到七星关区对通村油路建设工作进行调研。区领导郑荣、王大庆、张骅、周祖华、王林中及区交通局、生态办等相关负责人陪同调研并参加座谈会。

是日 毕节市人大常委会副主任马培译在七星关区领导张媛、杨黔以及区民政局、老龄办等相关负责人的陪同下，到长春堡镇调研老年工作。

7日 七星关区安全生产暨道路交通安全紧急会议在区行政办公中心八楼会议室召开。副区长周祖华出席会议并讲话，区安委会成员单位及道路交通联席会议成员单位相关负责人参加会议。

8日 七星关区刺梨产业发展专家论证会召开。省、市、区专家组分别就七星关区刺梨产业发展进行论证。区领导聂忠智、胡书龙、高守军及区直相关部门负责人参加论证会。

9号 七星关区通村公路建设督查反馈会召开。区委常委、组织部部长郑荣主持会议，区领导王大庆、张骅、周祖华、王林中、周光乔等出席会议。

是日 七星关区2015年度卫生工作会议召开。区委常委、统战部部长安旺出席会议并讲话，副区长杨黔主持会议。

10日 七星关区政策法规大宣传、矛盾纠纷大排查、社会治安大整治、安全生产大整顿专项行动动员会议在区行政办公中心九楼大会议室召开。市委常委、区委书记宫晓农出席会议并作重要讲话，宫晓农强调，开展此次专项行动是深化“平安七星关”“法治七星关”建设的重大举措，是促进社会平安的有效途径，各级各部门要切实增强政治意识、责任意识，扎实工作，全面提升人民群众法治意识，引导广大人民群众依法维护自身合法权益，着力化解矛盾纠纷，维护社会治安秩序。

会议由区委常委、区委办主任、宣传部部长吴贤耀主持。区人大常委会副主任胡家敬，副区长高守军，区政协副主席周光乔、周遵林，区人民检察院检察长徐永等在主会场出席会议。

13日 全国人大常委、民盟中央副主席张平一行赴七星关区调研，并在区行政办公中心八楼会议室召开座谈会。座谈会由市委常委、区委书记宫晓农主持，市、区领导冉霞、安旺、姜玲玲、周光乔及市委统战部、区委统战部、区联络联系办、区教育局、长春堡镇相关负责人参加座谈会。

是日 中共七星关区委中心学习会议举行。市委常委、区委书记宫晓农主持会议并讲话。他强调，全区上下坚持依法治区与全面建成小康相结合、坚持依法治区与深化改革相结合、坚持依法治区与从严治党相结合，依法严打各类违法犯罪活动、依法做好信访维稳工作，不断推进基层治理法治化、不断深化改革、全面从严治党，全面推进依法治区进程。

14日 七星关区党政办公室主任会议暨办公室工作培训会议在区行政办公中心九楼大会议室

召开。区委常委、区委办主任、宣传部部长、吴贤耀出席会议并讲话。各乡镇、街道分管办公室领导和党政办公室负责人、区直各部门分管办公室领导和办公室负责人参加会议。

15日 七星关区委副书记聂忠智到长春堡镇调研工业园区建设、农业产业结构调整、农发项目建设、村级便民利民服务体系建设等工作。

15日至16日 山东省广饶县政协主席杜惠林率队到七星关区政协考察学习政协工作。区政协主席吴坚、副主席周光乔以及相关科室负责人陪同考察。

16日 毕节市督查考评组赴七星关区检查指导煤矿安全生产关键环节管控工作汇报反馈会召开。区长助理房公波对七星关区煤矿安全生产关键环节管控工作进行汇报。区安监局、煤安局、国土局等部门相关负责人参加会议。

17日 七星关区“提升素质、服务基层、送教下乡”活动在海子街镇正式启动，海子街镇镇、村干部100余人参加启动仪式并参加培训。

20日 民盟中央社会服务部部长郭勇在民盟贵州省委秘书长范祖燕、民盟毕节市委主委卢凤礼的陪同下，深入七星关区干堰村调研，并在干堰村同心便民服务中心召开座谈会。区委常委、统战部部长安旺，副区长姜玲玲及市、区相关部门负责人陪同调研并参加座谈会。

是日 七星关区碧瑶云天殡仪服务中心全部建设完成并投入使用。

是日 节市政协副主席肖远福率队到七星关区开展构建医养结合养老模式专题调研并召开座谈会。区政协副主席燕金祥，区政协文教委、卫计局、民政局、人社局等部门相关负责人陪同调研并参加座谈会。

20日至21日 民政部社会救助司副巡视员周萍率低保绩效评价核查组一行赴七星关区检查2014年低保绩效评价工作。贵州省民政厅党组成员、省社会救助局局长王斌，毕节市民政局局长张义萍、副区长杨黔分别率省、市、区迎检组陪同检查。

21日 贵州省水库和生态移民局赴七星关区督促检查和调研移民安置工作座谈会在区行政办公中心八楼会议室召开。省水库和生态移民局巡视员陈万桥出席会议并作重要讲话。区委副书记、区长胡敬斌主持会议。省水库和生态移民局相关负责人等省领导及区领导周延、王大庆、张骅、付波、燕金祥等出席会议。区移民局、国土局、放珠镇、田坝镇、阴底乡、杨家湾镇等相关成员单位主要负责人参加会议。

22日 毕节市道路交通安全“百日整治”工作电视电话会议召开。市委常委、政法委书记、公安局局长周全富，副市长马炼在主会场出席会议。七星关区副区长周祖华及区直相关部门负责人在区分会场参加会议。

是日 七星关区全民科学素质工作领导小组第四次会议暨创建贵州省公民科学素质先进调度会召开，副区长杨黔、姜玲玲出席会议。

24日 七星关区第一季度纪检监察工作调度会召开。会议通报了第一季度案件查办情况、民生监督组的工作开展情况等，全面总结了现有的好经验、好做法，认真分析了存在的问题和不足，并就今后的工作进行安排部署。区委常委、纪委书记何友谊出席会议并讲话。区纪委监察局班子成员，各纪工委监察分局书记、局长，各民生监督组组长，委局机关各室（中心）负责人参加会议。

26日 2015年七星关区知识产权周宣传活动在人民公园举行。本届知识产权周于4月21日至27日举办，主题为“尊重知识、崇尚创新、诚信守法”。市、区二十多个相关单位参加了活动。

是日 七星关区委副书记、区长胡敬斌，区政协副主席邹芝桦到燕子口镇调研。

27日 毕节市2015年一季度安全生产工作电视电话会议召开，副市长马炼在主会场出席会议并讲话。七星关区长助理房公波及区直部门相关负责人在七星关区分会场参加会议。

28日 川黔第三轮行政区域毕节市七星关区与古蔺段联检启动工作会议在七星关区召开。此次会议旨在检查界桩、界桩方位物是否完好，边界线走向所依附的地形是否发生重大改变。清除界桩周边杂草，用线油漆对界桩上的文字进行刷新，界桩损坏了的能修复的尽量修复，不能修复的由原保护单位在原处重竖和修复，并对界桩情况作好记载。

29日 七星关区2015年第一季度安全生产暨道路交通安全百日整治工作推进会召开。副区长周祖华出席会议并讲话。各乡镇街道分管负责人、区安委会成员单位相关负责人、道路交通安全联席会各成员单位相关负责人参加会议。

29日 七星关区推进课堂教学改革现场会在千溪中学举行，来自全区120名中小学校长齐聚一堂，就课改相关事宜进行交流沟通。

30日 七星关区政府2015年第二次全体会议在区行政办公中心九楼大会议室召开。会议就加快区刺梨产业发展的相关问题进行研究和就《关于加快推进经济持续稳定健康发展的若干措施》进行讨论，并对其他工作进行安排部署。

是日 毕节市副市长李玉平、市政协副主席辜康乐到七星关区洪山街道洪山社区检查指导在职党员进社区工作。

是日 六盘水市考察团到七星关区参观考察。区委常委、常务副区长胡书龙及区直相关部门主要负责人陪同考察。

五月

1日 七星关区委副书记、区长胡敬斌一行深入龙场营镇调研。胡敬斌要求，龙场营镇要据实做好灾情的统计和上报工作，迅速组织技术骨干深入灾区指导群众开展灾后补损；要安置好受灾群众，并确保受灾群众日常生活得到保障；要进一步加大地灾隐患点排查和监控工作，做好应急预案，确保群众生命财产安全。

3日 七星关区召开“4·30”风雹自然灾害救助工作紧急会议，对灾后救助工作作出具体安排部署。副区长杨黔主持会议并讲话，区政府办、区农牧局、区民政局等单位负责人参加会议。

4日 七星关区2015年民政工作会议召开。副区长杨黔出席会议并讲话。各乡镇、街道分管领导、社会事务办主任、救助站负责人及区直各单位负责人参加会议。

6日 贵州省委宣传部副巡视员刘正品率省委调研组深入七星关区对坡镇调研全面落实从严治党工作。毕节市委副秘书长、政研室主任陈贤，毕节市、七星关区相关部门负责人陪同调研。

是日 致公党镇江市委赴七星关区调研座谈会召开。致公党江苏省委常委、镇江市委主委、镇江市政协副主席卢章平，致公党丹阳市支部副主委、江苏吟春碧芽股份有限公司茶研所所长崔桂玲，致公党贵州省委专职副主委宋平，区政协主席吴坚等出席座谈会。区委常委、统战部部长安旺主持会议。区委统战部、区联络联系办、杨家湾镇等部门及乡镇主要负责人参加座谈会。

7日 毕节市政协主席郭正良在七星关区政协主席吴坚的陪同下，到燕子口镇调研农村环境整治工作。

是日 七星关区2015年5月综治宣传月暨见义勇为宣传周活动在人民公园举行。老领导吕开邦出席活动并向市民发放宣传册，区政法委、区公安局等10余家单位负责人参加活动。

9日 七星关区禁毒工作暨信访维稳“百日攻坚战”推进会召开。区委副书记、区长胡敬斌出席会议并讲话，区人大常委会副主任、区禁毒委副主任胡家敬主持会议，区领导何万学、周祖华、周光乔等出席会议。各乡镇长、街道主任，政法委书记，派出所长，区直各部门主要负责人，受表彰的阳光企业负责人参加会议。

12日 七星关区经济运行分析会议在区行政办公中心八楼会议室召开。区委副书记、区长胡敬斌出席会议并讲话。区委常委、副区长唐兴全，区人大常委会副主任肖世华，副区长周祖华、付波，区政协副主席王林中，区长助理房公波及区直相关部门主要负责人参加会议。

13日 毕节市政协副主席杜鹃一行赴七星关区，就提案工作开展情况进行专题调研，并在区政协二楼会议室召开座谈会。区政协副主席周光乔主持会议，区长助理房公波出席会议。区政府办、政协办、政协提案法制委、督办督查局相关负责人以及部分区政协委员参加座谈。

14日 国家烟草专卖局局长凌成兴到七星关区田坝桥镇调研。

毕节市委书记陈志刚，市委常委、七星关区

区委书记宫晓农，副市长李玉平以及田坝桥镇主要负责人陪同调研。

是日　七星关区2015年建议提案交办工作会议召开。区委常委、副区长唐兴全讲话，区人大办副主任张媛、区政协副主席吕艺华等出席会议。区政府、区人大、区政协、区督办督查局相关负责人和相关科室负责人及各承办（协办）单位分管负责人参加会议。

15日　中国农业发展银行副董事长、行长、党委副书记祝树民率国农业发展银行客户三部总经理李玉，中国农业发展银行贵州省分行党委书记、行长董明到七星关区调研倒天河二期整治项目。毕节市委常委、常务副市长罗建强，七星关区委副书记、区长胡敬斌，区委常委、副区长唐兴全陪同调研。

是日　七星关区第一届人民政府第28次常务会议在区行政办公中心八楼会议室召开。区委副书记、区长胡敬斌，区委常委、常务副区长胡书龙，区委常委、副区长唐兴全、赵泽英，副区长高守军等出席会议。区人武部部长柏松及区法制办、监察局、发改局、财政局、审计局、教育局、气象局、扶贫办等主要负责人列席会议。

是日　2015年毕节市老年人象棋比赛开幕。原地区人大工委主任、市老体协名誉主席李效敬，老领导吴学香、吕开邦、周长琦、李远贵、熊和先以及七星关副区长付波等出席活动。来自全市30名选手参加活动。

18日　七星关区防震减灾演练活动在长春中学举行。第十二届全国政协常委、民盟中央委员、民盟贵州省委副主委、副市长冉霞出席演练活动并讲话。市长助理王建峰，区委常委、人武部政委王华国，副区长卜令冲，区人武部部长柏松等出席活动。市科技局、地震局，区直相关部门及长春堡镇等负责人参加演练。

是日　七星关区政协副主席王林中在区政协办、交通局等有关人员的陪同下，到野角乡督导2015年通村水泥路建设工作。

19日　国家工商总局商标评审委员会巡视员黄家华、副主任李志军、党委专职副书记杨萍等一行赴七星关区调研并召开座谈会。毕节市副市长马炼出席会议，副区长周祖华汇报了区商标战略发展情况，区长助理房公波主持会议。区直有关部门及相关企业负责人参加会议。

20日　中共七星关区委以专题党课的形式启动全区“三严三实”专题教育工作。市委常委、区委书记宫晓农在题为《践行“三严三实”、整治“为官不为”，形成作风建设新常态，开创首善之区新篇章》的党课报告中强调，要深入学习贯彻习近平总书记系列重要讲话精神，按照中央“三严三实”专题教育工作座谈会和省委、市委专题党课要求，动员全区上下深刻认识整治“为官不为”、深化作风建设的极端重要性和紧迫性，进一步认清形势，统一思想，强化措施，以铁的决心、铁的手段、铁的纪律推进作风建设，用作风建设的新成效、新常态，开创全区经济社会发展的新局面、新篇章。

是日　七星关区安全生产暨道路交通安全紧急会议在区行政办公中心八楼会议室召开。副区长周祖华出席会议并讲话，区安委会成员单位参加会议。

21日　毕节市政协副主席秦天志及市政协相关科室负责人组成调研组，到七星关区调研城市管理综合执法工作。区政协副主席周光乔、区长助理房公波及区直有关部门负责人陪同调研。

是日　七星关区委常委、统战部部长安旺召集统战部全体干部职工在会议室传达学习。区台办、工商联、民宗局、联络联系办、民盟七星关区总支、致公党七星关区支部、光彩事业促进会及部分宗教界代表参加学习。

是日　七星关区委统战部组织开展“三严三实”专题党课教育活动。区委常委、统战部部长安旺作了以《践行“三严三实”，深化作风建设，以忠诚廉洁务实开创统一战线工作新局面》为题的党课报告。

23日　七星关区地质灾害防治工作会议在区行政办公中心九楼大会议室召开。区委副书记、区长胡敬斌出席会议并讲话。副区长周祖华、高守军出席会议。各乡镇街道及区直相关部门主要负责人参加会议。

25日　七星关区纪检监察干部“三严三实”

专题党课警示教育暨业务培训会在区委党校召开。区委常委、纪委书记何友谊以讲党课的形式，为全区纪检监察干部作了专题教育。

26日 七星关区委办、区委宣传部、生态办“三严三实”专题党课在区行政办公中心九楼大会议室召开。区委常委、区委办主任、区委宣传部部长吴贤耀出席会议并讲话。区委办、区委宣传部、生态办全体干部参加会议。

是日 毕节市第二次道路交通安全“百日整治”工作电视电话会议召开，市委常委、市委政法委书记、市公安局局长周全富，副市长马炼出席会议。七星关区副区长周祖华，区“百日整治”行动领导小组办公室成员，区道路交通安全联席会议成员单位负责人在区分会场参加会议。

26日至28日 贵州省委教育工委原副书记陈光文率省扶贫办机关党办工作员李彤，黔南州非公党工委办公室主任张弘等调研组一行到七星关区调研基层党建工作。毕节市委组织部副部长、党建办主任黄家忠，七星关区委常委、区委组织部部长郑荣，区委组织部副部长吴道国等陪同调研。

27日 威宁县副县长杨华忠率考察团赴七星关区考察交通基础设施建设。副区长周祖华出席座谈会，区直相关部门负责人陪同考察或参加座谈会。

27日至30日 贵州省级评估组到七星关区评估省级示范性中职学校创建工作。毕节市教育局局长赵昌伦，七星关区委常委、区委统战部部长安旺，区委常委、副区长卜令冲及区教育局、七星关区职中等部门负责人陪同。

29日 贵州省地质灾害三年综合治理行动计划启动视频会召开。省委常委、副省长慕德贵出席会议并讲话。七星关区副区长周祖华，区直相关部门、各乡镇街道有关负责人在我区分会场参加会议。

是日 七星关区农牧局在区政协五楼会议室开展“三严三实”专题教育党课学习。区委副书记聂忠智作专题党课报告，区农牧局全体干部到场聆听。

30日 七星关区见义勇为先进个人（群体）表彰大会在区行政办公中心大礼堂举行。市委常委、区委书记宫晓农出席会议并作重要讲话，区委常委、区委政法委书记、区公安局局长何万学通报了七星关区三年来见义勇为工作情况，区政协副主席周光乔宣读了见义勇为表彰通报，区人大常委会副主任胡家敬主持会议，区人民检察院检察长徐永出席会议。高昌祥、于卓义、罗应科等10人被授予“七星关区见义勇为先进个人（群体）”荣誉称号。

是日 七星关区“四在农家·美丽乡村”创建工作推进会议在区行政办公中心九楼大会议室召开。市委常委、区委书记宫晓农出席会议并讲话，区四大班子领导出席会议。会议由区委副书记聂忠智主持，区委常委、区委办主任、宣传部部长吴贤耀对《七星关区“四在农家·美丽乡村”创建三年行动计划》和《七星关区2015年推进“四在农家·美丽乡村”创建工作实施方案》作说明。各乡镇街道主要负责人和分管负责人，区直各部门主要负责人，全区2015年“四在农家·美丽乡村”创建村村支书或主任参加会议。

六月

1日 七星关区杨家湾镇召开“四在农家·美丽乡村”建设座谈会。市委常委、区委书记宫晓农出席会议并讲话，区人大常委会主任周延出席会议。区委办、区扶贫办、区生态办、杨家湾镇大埂子、七星、发达等村支书、主任、包村领导、驻村干部及“四在农家·美丽乡村”创建工作组成员参加会议。

是日 民盟浙江省委社会服务部部长赵为民赴七星关区长春堡镇干堰村调研。民盟贵州省委社会服务处副处长雷吉华，民盟毕节市委专职副主委吴玲娜，区委常委、统战部部长安旺，民盟七星关区总支主委、区政协副主席周光乔及区直相关部门负责人陪同调研。

是日 七星关区副区长周祖华在区安监局会议室给该局全体干部职工上“三严三实”专题党课。

是日 七星关区2015新任（提拔）领导干部培训班开班。区委常委、组织部部长郑荣出席开班典礼并讲话。

2日 贵州省委党校副校长汤正仁一行到七星关区委党校调研。毕节市委党校党委书记王向东，区委常委、区委办主任、宣传部部长吴贤耀陪同调研。

2日至3日 广东省佛山市顺德区委统战部部长梁子财一行赴七星关区调研，并在区行政办公中心九楼多媒体会议室召开座谈会。区委常委、统战部部长安旺，区政协副主席、民盟七星关区总支主委周光乔陪同并参加座谈会。区委统战部、区委台办、区工商联、区联络联系办、致公党七星关区支部、长春堡镇、杨家湾镇、朱昌镇相关负责人陪同调研。

3日 毕节市政协副主席周应华到七星关区调研林下经济发展工作。区政协副主席王林中及政协办相关人员、区林业局相关负责人等陪同调研。

是日 毕节市政协副主席杜娟到七星关区调研村级、社区集体经济发展等工作。区政协副主席周光乔及市委组织部、市民政局、区委组织部等相关负责人陪同调研。

是日 毕节市检查组走七星关区检查指导汛期地质灾害防治工作并召开反馈会。副区长周祖华出席会议，区直相关部门主要负责人参加会议。

4日 七星关区副区长周祖华到厦蓉高速毕生段第八标段检查指导工作。

5日 毕节市委宣讲团到七星关区宣讲市委一届七次全会精神，宣讲报告会在区行政办公中心九楼大会议室举行。市委宣讲团成员、市委宣传部常务副部长唐光星宣讲，区委常委、区委办主任、宣传部部长吴贤耀主持。各乡镇街道党委（党工委）副书记、宣传委员，区直各部门分管领导，社区支书到场聆听报告。

是日 七星关区政府召开倒天河水库环境综合治理动员大会，区委副书记、区长胡敬斌强调，倒天河水库环境问题直接关系广大市民的饮水安全和身体健康，开展到天河水库环境综合治理，加强库区环境保护，事关民生、刻不容缓。

是日 毕节市人大常委会副主任李克明率市人大环资委一行赴七星关区考察同城化建设。区人大常委会主任周延、副主任林学方，副区长高守军及区直有关部门负责人陪同调研。

7日 七星关 地质灾害防治防汛暨安全工作生产紧急会议在区行政办公中心九楼大会议室召开。区委副书记、区长胡敬斌主持会议，并通报了纳雍县“6·6”地质灾害事故情况，传达学习了市委书记陈志刚，市委副书记、市长陈昌旭关于“6·6”地质灾害事故的重要指示和全市地质灾害防治紧急会议精神。区委副书记聂忠智、副区长周祖华分别就全区地灾防治、安全生产和防汛减灾工作进行全面安排部署。区直各部门主要负责人，各乡镇街道主要负责人、分管负责人及安监站、派出所、国土所有关负责人参加会议。

8日 七星关区委常委、组织部部长郑荣到生机镇作“三严三实”专题党课报告，并召开了“四在农家·美丽乡村”建设座谈会。

12日 七星关区召开选派“第一书记”到村工作动员大会，2015年，七星关区选派258名“第一书记”深入到全区258个贫困村开展帮扶工作，为全区“决战贫困、提速赶超、同步小康”凝聚能量。

15日 毕节市暨七星关区客运驾驶员安全宣誓承诺活动启动仪式在东客站举行。副市长、市安委会副主任马炼，副区长周祖华出席仪式。市、区交通局、安监局、公安局及部分驾驶员参加启动仪式。

20日至22日 2015贵州（七星关）首届“蔬菜瓜果”采摘节在七星关现代高效农业示范园区举行，区委副书记聂忠智宣布开幕。

24日 贵州省高级人民法院机关党委书记赵福全、刑事审判第三庭副庭长陈垦等到七星关区联系指导帮扶禁毒工作，并在区行政办公中心八楼会议室召开座谈会。毕节市中级人民法院院长黄兴文，区委常委、区委政法委书记、区禁毒委副书记、区公安局局长何万学及区直相关部门负责人陪同并参加座谈会。

是日 七星关区委常委、区委办主任、宣传部部长吴贤耀到清水铺镇遍访贫困村、贫困户，清水铺镇相关负责人陪同走访。

25日 驻七星关区部分省、市人大代表及部分区人大代表到七星关区开展集中调研活动。区人大常委会主任周延，副区长周祖华及区直相关部门负责人陪同。

26日 七星关区扶贫攻坚工作推进会议在区行政办公中心召开。会议要求，全区要认真学习领会习近平总书记在贵州考察时作出的指示精神，深入贯彻落实全市扶贫攻坚工作会议精神，切实将思想和行动统一到区委的部署和要求上来，打好“决战贫困、提速赶超、同步小康”的攻坚战。区委副书记聂忠智出席会议并作讲话。区委常委、组织部部长郑荣主持会议。各乡镇街道党委（党工委）书记、区直各部门主要负责人参加会议。

是日 毕节市七星关区第一届人大常委会第27次会议在区人大常委会五楼会议室召开。区人大常委会主任周延，副主任安慧、张媛、王大庆、胡家敬、张骅、肖世华及人大常委会各组成人员出席会议。

是日 七星关区副区长付波在区行政办公中心七楼会议室为区发改局和区环保局全体党员上“三严三实”专题党课。

27日 七星关区委常委、纪委书记何友谊在区纪委有关人员的陪同下，到团结乡督查留守儿童排查工作。

28日 毕节市委常委、纪委书记蒋兴勇率市教育局、市民政局等部门负责人一行到七星关区阴底乡督查留守儿童走访排查工作。

是日 毕节市、七星关区联合在德溪大道青龙山一号隧道100米处开展重大交通事故应急救援演练。七星关区副区长周祖华担任演练总指挥长。市、区相关部门负责人参加演练。

是日 七星关区人大常委会副主任、区总工会主席安慧到野角乡上“三严三实”专题教育党课，该乡乡、村干部到场聆听。

29日 七星关区2015年移民工作会议在区行政办公中心八楼会议室召开。副区长付波出席会议并讲话，区直有关部门分管负责人，田坝、海子街等乡镇街道主要负责人及分管移民工作负责人参加会议。

七月

1日 毕节城区道路交通违法违规综合整治专题会议在区行政办公中心九楼多媒体会议室召开。副市长马炼出席会议并讲话。区委副书记、区长胡敬斌，双山新区、毕节经开区管委会负责人及市、区相关单位负责人参加会议。

是日 七星关区举行不动产统一登记试点现场颁证仪式，向开展试点工作的青场镇初都村和清水铺镇东山村部分群众颁发第一批不动产产权证，8户群众成为全区首批获得不动产产权证权利人。

2日 七星关区人口和计划生育工作电视电话会议在区行政办公中心召开。市委常委、区委书记宫晓农强调，各级各部门要坚决克服盲目乐观、松懈麻痹和消极厌战等情绪，立即行动起来，制定切实有效的措施，努力扭转被动落后的工作局面，持之以恒抓好人口计生工作。区委副书记、区长胡敬斌主持会议。区领导郑荣、唐兴全、张骅、吕艺华在主会场参加会议。

是日 七星关区关爱留守儿童空巢老人残疾人工作电视电话会议在区行政办公中心召开。市委常委、区委书记宫晓农出席会议并作重要讲话。区委副书记、区长胡敬斌出席会议并传达了全市留守儿童、空巢老人、残疾人暗访督查情况通报会议精神，并对七星关区关爱留守儿童空巢老人残疾人工作进行安排部署。会议由区委副书记聂忠智主持。区委常委、副区长卜令冲及区“三关爱”工作领导小组成员单位主要负责人在主会场参加会议。各乡镇街道主要负责人和有关同志在分会场参加会议。

是日 毕节市委常委、市委组织部部长、市委党校校长文松波到七星关区阴底乡督导通村路建设、关爱留守儿童、干部驻村等工作。

是日 毕节市“百日整治”行动领导小组第三次电视电话会议召开。副市长马炼在主会场出席会议并讲话，七星关区长助理房公波及区直相关部门负责人在七星关区分会场参加会议。

4日 七星关区委常委、组织部部长郑荣到生机镇再访贫困村、贫困户，并牵线毕节市百联汽车运输公司帮扶贫困户。

5日 七星关区道路交通安全联席会暨“百日整治”行动专题推进会在区行政办公中心八楼会议室召开。副区长周祖华、区长助理房公波出席会议。区道路交通联席会议成员单位、城市管理相关部门及主城区部分街道负责人参加会议。

6日 市委常委、区委书记宫晓农到放珠镇调研。区农牧局、民政局、扶贫办、合医办等相关负责人陪同调研。

是日 七星关区通村公路建设工作片区汇报会在区行政办公中心八楼会议室召开。区委常委、区委组织部部长、区通村公路建设指挥部指挥长郑荣主持会议。区领导王大庆、张骅、周祖华、王林中、周光乔等出席会议。区指挥部办公室及各片区技术指导组人员参加会议。

是日 遂宁市船山区政协主席唐进平、区委副书记卢赐义带领统战部及相关民主党派人士组成考察团赴七星关区调研。七星关区政协主席吴坚，区委常委、统战部部长安旺及区委统战部、长春堡镇、朱昌镇等相关负责人陪同调研。

7日 广西壮族自治区百色市靖西县副县长丁丽华一行到七星关现代高效农业示范园区考察扶贫开发工作。区委常委、副区长赵泽英，区人大常委会副主任张媛陪同。

是日 毕节市考核组赴七星关区检查指导安全生产工作汇报反馈会在区行政办公中心八楼会议室召开。市安监局副局长谢明富率考核组出席会议并对检查情况作指导发言，副区长周祖华出席会议。区安委会成员单位相关负责人参加会议。

8日 七星关区城市管理大整治、文明素质大提升专项行动推动大会召开。会上，市委常委、区委书记宫晓农强调，开展城市管理大整治、文明素质大提升专项行动，绝不是为了应付检查、装点门面，更不是搞形式主义，走过场，而是要实实在在地为群众打造宜居宜业的生活环境。区委副书记、区长胡敬斌主持会议。

是日 贵州省人大常委会原党组书记、副主任肖永安到七星关区朱昌镇伍坪、双堰等村调研。省人大常委会原副秘书长潘正学，毕节市、七星关区领导倪小兵、周延、胡敬斌、罗孝军、赵泽英、安慧及市、区人大办公室有关人员陪同调研。

10日 贵州省人大常委会委员、省人大内司委主任委员郑荣率人大常委会执法检查组赴七星关区检查“一法一条例”，即《中华人民共和国消防法》《贵州省消防条例》的贯彻实施情况。毕节市人大常委会主任吴安玉、七星关区人大常委会主任周延、副区长周祖华及市、区有关部门负责人陪同检查。

11日 贵州省人民检察院规范司法专项督查组组长涂文荣一行，在毕节市人民检察院党组成员、副检察长王荣波和七星关区人民检察院党组书记、检察长徐永的陪同下，对七星关区人民检察院开展规范司法行为工作情况进行督查。区人大、政协及“三员”代表参加督查。

14日 七星关区“第一书记”、驻村干部、组织委员培训会在区行政办公中心大礼堂召开。贵州省政协办公厅副巡视员、省委组织部派驻七星关区同步小康驻村工作队队长、区委副书记李光平，区委常委、组织部部长郑荣等出席会议。全区“第一书记”、驻村干部、组织委员参加培训会。

15日 七星关区2015年通村公路建设暨管养工作第一次现场推进会在田坝桥镇召开。区委副书记、区长胡敬斌出席会议并讲话。区委常委、组织部部长郑荣主持会议。毕节市交通运输局党组成员、公路处处长、通村公路建设指挥部办公室副主任陆明朝，区人大常委会副主任王大庆，副区长周祖华，区政协副主席王林中等出席会议。各乡镇街道主要领导、分管领导，区交通运输局片区领导、质量监督站站长、片区技术负责人，各督导组组长参加会议。

16日 深圳市罗湖区第二期“三同”体验教学活动座谈会在七星关区层台镇召开。区委常委、组织部部长郑荣出席座谈会并讲话，“三同”体验教学活动全体学员及层台镇班子成员参加座谈会。

18日 贵州省委副书记、省长陈敏尔赴毕节市七星关区调研农村留守儿童关爱工作。他强调，要认真贯彻习近平总书记视察贵州时的重要指示精神，更加精准地抓好农村留守儿童关爱工作，让孩子们健康快乐成长。副省长陈鸣明参加调研。

19日 七星关区委常委会“三严三实”专题教育第一专题研讨会在区行政办公中心八楼会议室召开。市委常委、区委书记宫晓农主持会议并讲话，区委常委及市委组织部副部长、市委党建办主任黄家忠列席指导，其他县级领导出席会议。

20日 全国人大常委、致公党中央副主席闫小培，致公党中央社会服务部部长李万通率致公党中央各级组织一行到七星关区开展“致福送诊”及捐资帮扶活动。当天，致公党中央与区人民医院签署“致福送诊”协议，并捐赠了价值50万元医疗远程设备；为杨家湾镇33名贫困大学生捐赠了10万元助学金及价值20万元图书。

21日 致公党中央参与毕节试验区建设领导小组全体会议在七星关区召开。全国人大常委、致公党中央副主席闫小培，致公党中央社会服务部部长李万通出席会议并作重要讲话，会议由致公党中央社会服务部副部长李曼主持会议。毕节市委常委、统战部部长尹恒斌作要求；区委副书记、区长胡敬斌汇报了七星关区经济社会发展情况和致公党各级组织参与七星关区建设情况。

22日 毕节市老干局组织李效敬等80余名离退休老干部到七星关区参观毕节远航七星万象城。区委常委、组织部部长郑荣及区老干局相关负责人陪同参观。

是日 七星关区“零办案”乡镇街道民生监督工作调度会在区纪委会议室召开。区委常委、区纪委书记何友谊出席会议并讲话，并就今后的案件查办工作进行再动员、再部署。会议传达学习了“2015年上半年全市民生监督工作情况通报”精神。

24日 市委常委、区委书记宫晓农，区人大常委会主任周延，副区长杨黔，在区教育、民政等部门主要负责人的陪同下，先后到长春、朱昌、海子街等乡镇，对“三关爱”工作进行督促指导。

25日 七星关区委副书记、区长胡敬斌，副区长周祖华率区直相关部门负责人，深入城区各街道开展城市管理巡查、督导工作。

29日 市委常委、区委书记宫晓农到放珠镇调研七星关区问需式精准扶贫工作。区扶贫办、农牧局及毕节市农村商业银行有关部门负责人陪同调研。

是日 七星关区委常委、组织部部长郑荣在区委组织部有关负责人的陪同下，到生机镇督导“三关爱”工作。

是日 七星关区委常委、统战部部长安旺到大银镇调研“四关爱”、扶贫开发等工作，区委统战部、区烟草专卖局及大银镇相关负责人陪同。

是日 七星关区政协召开“三严三实”专题研讨会。区政协主席吴坚主持会议，副主席邹芝桦、王林中、周光乔、燕金祥、江晓燕、周遵林、吕艺华出席会议，区政协全体干部职工参加会议。

是日 七星关区副区长姜玲玲到对坡镇开展遍访贫困户工作。

30日 七星关区半年经济工作会议在区行政办公中心九楼会议室召开。市委常委、区委书记宫晓农，区人大常委会主任周延，区政协主席吴坚，区委常委胡书龙、吴贤耀、郑荣、何友谊、王华国、何万学、赵泽英、张建军出席会议并在主席台就座。区委副书记、区长胡敬斌作重要讲话，区委副书记聂忠智主持会议。区人大、区政府、区政协领导出席会议，各乡镇街道及区直各部门主要负责人参加会议。

是日 七星关区“三严三实”专题教育暨党风廉政建设集中专项整治推进大会在区行政办公中心九楼大会议室召开。市委常委、区委书记宫晓农强调，全区各级各部门一定要紧盯问题，持续发力，杜绝“僵慵懒浮散”等“不严不实”现象，坚决整治“为官不为”，始终做到不搞形式，不走过场。区人大常委会主任周延，区委副书记、区长胡敬斌，区政协主席吴坚，区委常委胡书龙、吴贤耀、郑荣、何友谊、王华国、何万学、赵泽英、张建军出席会议并在主席台就座。区委副书记聂忠智主持会议。区人大、区政府、区政协领导出席会议，各乡镇街道及区直各部门主要负责人参加会议。

是日 七星关区关爱留守儿童工作会议在区行政办公中心九楼会议室召开。市委常委、区委书记宫晓农，区委副书记、区长胡敬斌及区四大班子领导出席会议，区委副书记聂忠智主持会议。各乡镇街道及区直部门主要负责人参加会议。

是日 全国政协常务委员，国家广电总局原党组副书记、副局长张海涛一行在贵州省毕节市广电局、广电网络公司主要负责人及七星关区副区长杨黔的陪同下，到海子街镇调研广播影视工作“四位一体”公共服务体系建设工作。

是日 毕节市督导组赴七星关区检查指导半年消防安全工作，在区行政办公中心八楼会议室召开的汇报反馈会上，毕节市消防支队支队长孟吴恒对检查七星关区半年消防安全工作进行了反馈，区长助理房公波对区半年消防安全工作进行了汇报。区政府办、教育局、城区供电分局等相关负责人参加会议。

是日 七星关区2015年地质灾害防治工作汛中小结暨创建高标准“十有县”培训会在区国土资源局会议室召开。副区长周祖华出席会议并讲话。各乡镇街道相关负责人参加会议。

31日 市委常委、区委书记宫晓农率区人大常委会主任周延，区委常委、常务副区长胡书龙，区委常委、区人武部政委王华国，副区长杨黔，区政协副主席王林中到区消防大队、毕节军分区、武警中队、区人武部慰问驻毕官兵，为他们送去节日的祝福。

是日 在毕节市、七星关区通村油路（水泥路）建设指挥部和交通部门相关负责人陪同下，毕节市委常委、组织部部长文松波到田坝桥镇调研通村路建设。

是日 七星关区首届“最美司机”颁奖晚会在贵州工程应用技术学院举行。吴贤耀、杨曦、胡家敬、周祖华、杨黔、吕艺华等区领导出席并为获奖者颁奖。

八月

1日 七星关区委副书记、区长胡敬斌到阴底乡督导“四关爱”、精准扶贫、产业结构调整等工作。

2日 七星关区委副书记、区长胡敬斌到团结乡调研地质灾害工作。

3日 七星关区委常委、区委办主任、宣传部部长吴贤耀在区委宣传部贯彻学习省委工作会议精神、全省“三严三实”专题教育暨党风廉政建设集中专项整治推进大会精神会上要求，区委宣传部干部要带头率先垂范，突出学习不放松、真抓实干不懈怠、遵章守纪不违规、提高素质不落伍，努力达到开口能说、提笔能写、问策能对、遇事能办。

5日 七星关副区长周祖华到普宜镇遍访贫困村贫困户。区政府办、地税局、交通局以及普宜镇主要负责人陪同。

是日 七星关区第二次全国地名普查工作推进会在区行政办公中心九楼大会议室召开。副区长杨黔出席会议并讲话。区直有关部门、各乡镇街道分管负责人参加会议。

6日至7日 七星关区委常委、统战部长安旺组织长春堡镇干堰村村组干部及村民代表共计30余人赴燕子口镇一心村、清水铺镇橙满园村、撒拉溪镇兴隆村、朱昌镇双堰同心新村和赫章县平山乡江南同心新村等地，考察学习苗族文化打造及新农村建设的先进经验。

7日 毕龙（毕节至二龙关）高速建设用地移交暨项目建设工作调度会在七星关区行政办公中心八楼会议室召开。七星关区人大常委会副主任、区高速公路建设指挥部专职副指挥长张媛，副区长周祖华出席会议。相关乡镇街道、毕龙公司以及区高速办负责人参加会议。

9日 七星关区夏季消防安全检查推进会暨第三季度消防联席会议在区行政办公中心八楼会议室召开。副区长杨黔、周祖华出席会议并讲话，城区各街道、区直相关部门负责人及七星关经开区有关企业负责人参加会议。

10日至11日 贵州省政协秘书长、机关党组书记李月成，省政协副秘书长李跃荣等赴七星关区遍访贫困村贫困户。区政协主席吴坚，区委副书记李光平及区政协、扶贫办、农牧局等相关负责人陪同走访。

11日 江西省委常委、省委统战部部长蔡晓明率各民主党派江苏省委和江苏省工商联负责人及无党派人士赴七星关区现代高效农业示范园考察。副省长、民盟省委主委何力，省政协副主席蔡志君，省委统战部副部长、省社会主义学院党组书记何萍，市领导唐柳成、尹恒斌、冉霞，区领导聂忠智、安旺，省、市、区相关部门负责人陪同。

是日 七星关区"三关爱"工作会议在区行政办公中心召开。市委常委、区委书记宫晓农强调，开展"三关爱"工作，决不能搞一流的政策、二流的执行、三流的效果，更不能以会议贯彻会议、以会议落实会议，与会人员务必以高度负责的敬业精神和求真务实的工作作风，认真领会工作安排部署，切实抓好落实。区委副书记、区长胡敬斌，区委常委、区委统战部部长安旺，副区长杨黔、区政协副主席、市东街道党工委书记周遵林出席会议。区直相关部门、各乡镇街道主要负责人及各乡镇街道教管中心主任、中学校长，城区各学校校长参加会议。

是日 七星关区第一届人大常委会第28次会议召开。区人大常委会主任周延，副主任安慧、张媛、张骅、肖世华、林学方及常委会组成人员出席会议。

11日至12日 毕节市政协党组副书记、副主席周应华率市政协常委、省政协驻毕委员赴七星关区考察生态建设与保护工作并召开座谈会。区政协主席吴坚，副主席周光乔，区长助理房公波陪同考察或出席座谈会，区直相关部门有关负责人陪同考察或参加座谈会。

14日 毕节市委副书记、市长陈昌旭率队到毕节东客站、明均玻璃、金河化工、中石化麻园加油站等企业，就安全生产等工作进行督导检查。市委常委、区委书记宫晓农，市政府副市长马炼，市政府秘书长杨新江，副区长周祖华，市政府办，市区安监局、交通局等相关部门负责人参加检查。

15日 七星关区2015年上半年安全生产工作会议在区行政办公中心九楼大会议室召开。市委常委、区委书记宫晓农出席会议并讲话，副区长周祖华出席会议并对下半年安全生产工作进行安排部署，区人大常委会副主任胡家敬主持会议。各乡镇街道分管负责人、安监站长，区安委会各成员单位分管负责人参加会议。

16日 湖南省洞口县县委书记艾方毅率考察组赴七星关区考察城市建设及管理、扶贫攻坚等工作。区委常委、常务副区长胡书龙，区委常委、区委办主任、宣传部部长吴贤耀，副区长周祖华及区直相关部门负责人陪同考察。

18日 毕节市委常委、市委组织部部长文松波赴七星关区督导通村水泥路建设工作并召开座谈会。区委常委、区委组织部部长郑荣主持汇报会。全区通村水泥路各读到组组长参加会议。

19日 七星关区"六五"普法总结验收工作动员会议在区行政办公中心九楼会议室召开。区委常委、区委办公室主任、区委宣传部部长吴贤耀出席会议并讲话，区人大常委会副主任胡家敬主持会议，副区长周祖华、区政协副主席周光乔出席会议。区直各部门、各乡镇街道党政主要负责人，区内各客货运输企业主要负责人参加会议。

20日 贵州省交通运输厅副厅长韩剑波率省安全隐患大排查大整治专项行动综合督查组第五组成员赴七星关区督查安全生产工作。毕节市副市长马炼，市政协副主席、市交通运输局局长安顺才，区委常委、副区长张建军，区长助理房公波及市、区相关部门负责人陪同督查。

21日 毕节市人大常委会副主任李克明一行赴七星关区，对七星关区重点区域环境保护和污染治理情况进行实地调研。区人大常委会主任周延，区发改、环保、住建等相关部门负责人陪同。

22日 大连市甘井子区委副书记张晓丹一行赴七星关区考察。市委常委、区委书记宫晓农，区委副书记聂忠智，市委统战部副部长、台办主任蔡燕，区委常委、统战部部长安旺陪同考察，区委统战部、朱昌镇、长春堡镇相关负责人参加此次活动。

24日 深圳市罗湖区人大常委会副主任、总工会主席康雅丽一行赴七星关区考察并召开座谈会。区人大常委会主任周延，副主任张媛、张骅、肖世华、林学方，副区长付波出席座谈会或陪同考察，区直相关部门负责人参加座谈。

是日 致公党山东省委海联部部长王言快率领教育专家组一行，赴七星关区开展中小学教师培训活动启动仪式在毕节五小举行。区委常委、统战部部长安旺出席启动仪式并讲话，区委统战部、区教育局相关负责人，全区各中小学校长参加启动仪式。

25日 七星关区邀请深圳市罗湖区人大常委会副主任、总工会主席康雅丽对七星关区人大工作者进行培训。区第一届人大常委会主任、副主任，各乡镇街道人大工作者参加培训。

27日 七星关“一市五金多套餐”精准扶贫工作紧急调度会在区行政办公中心八楼会议室召开，市委常委、区委书记宫晓农出席会议并讲话，区委副书记聂忠智主持会议。各乡镇街道党委书记及区直相关部门负责人参加会议。

是日 贵州省公务用车制度改革电视电话会议召开。省委常委、常务副省长秦如培出席会议并讲话。七星关区领导胡卫国、各乡镇街道、区直有关部门和单位分管负责人在区分会场参加会议。

28日 毕节市“多彩贵州文明行动——整脏治乱专项行动”电视电话会议召开。市委常委、市委宣传部部长何云江出席会议并讲话，区委常委、区委办主任、区委宣传部部长吴贤耀，区委常委、副区长卜令冲，区直各相关单位负责人在区分会场参加会议。

31日 毕节市七星关区第一届人民代表大会常务委员会第二十九次会议在区人大常委会五楼会议室召开，区人大常委会主任周延出席会议。区委常委、常务副区长胡书龙列席会议。会议由区人大常委会副主任张骅主持。区人大常委会副主任安慧、张媛、胡家敬、张骅、肖世华、林学方及常委会组成人员出席会议。区人民检察院检察长徐永，区人民法院院长禄智华及区政府办、区委组织部相关负责人，区人大常委会机关不是常委的主任、副主任应邀列席会议。

是日 七星关区委副书记、区长胡敬斌到七星关区民政局调研指导工作。

九月

1日 贵州省档案局副局长曾健率队赴七星关区检查指导档案建设工作。区人大常委会副主任张骅，区政协副主席燕金祥及市、区档案局负责人陪同。

7日 国家档案局副局长、中央档案馆副馆长胡旺林，国家档案局经济科技档案业务指导司司长王雁宾，省档案局副局长梁贵刚等一行到七星关区市西街道翠西社区进行档案执法检查，市人大副主任杨海琰，副市长丁翊强、马炼，市政协副主席肖远福，市委副秘书长曹代发，市档案局局长唐鹏程、副局长罗廷湘，副区长杨黔及区档案局负责人陪同。

8日 贵州省留守儿童困境儿童关爱救助保护工作现场推进会在毕节召开。省委副书记、省委政法委书记谌贻琴出席会议并讲话。副省长陈鸣明主持会议。省政府副秘书长樊新中，省委组织部副部长、省人社厅厅长夏一庆，省民政厅厅长丁治学，省教育厅厅长霍健康，团省委书记涂研，毕节市委副书记、市长陈昌旭，市委副书记李建参加会议。

是日 毕节市监察局副局长吕鸣一行在七星关区纪委相关负责人的陪同下，先后到七星关区层台镇、亮岩镇就民生监督工作进行督导。

6至9日 中央统战部副部长、秘书长冉万祥率办公厅副主任章建敏等一行6人赴七星关区调研。省委常委、省委统战部部长刘晓凯，省委统战部常务副部长陈庆义，省中华职教社专职副主任、秘书长、省委统战部试验办主任罗国庆，市委书记陈志刚，市委常委、市委统战部部长尹恒斌，副市长冉霞，市长助理王建峰，市委统战部常务副部长谌贻勇，区委副书记、区长胡敬斌，区委常委、统战部部长安旺等先后陪同调研。

10日 2015年民盟江苏省委教师奖励基金发放仪式在七星关区举行，区委常委、区委统战部部长安旺，副区长杨黔出席仪式，区委统战部、教育局相关负责人及45名优秀教师参加仪式。

11日 七星关区“道德讲堂我来讲”演讲比

赛总决赛在毕节四小举行。区委常委、区委办主任、区委宣传部部长吴贤耀，区人大常委会副主任安慧，副区长付波，区政协副主席燕金祥出席总决赛，并为20名选手颁发“德师”聘书。

是日 七星关区农业板块经济建设暨秋冬种工作动员会召开。区委副书记聂忠智讲话，区委常委、副区长赵泽英主持会议，区政协副主席王林中通报了“一市五金多套餐”工作开展情况。区直各部门、各乡镇街道相关负责人参加会议。

11日 七星关区2015年农村危房改造和小康寨行动计划工作推进会暨农村危房改造业务培训会在区行政办公中心九楼会议室召开。区委副书记聂忠智出席会议并讲话，区直相关部门及各乡镇街道负责人参加会议。

12日 2015毕节试验区城镇化建设项目推介暨房地产交易博览会举行。上午，城镇化建设项目推介会在市科技文化中心大剧院召开。市委副书记、市长陈昌旭作项目推介，市委常委、常务副市长罗建强主持会议。区委副书记、区长胡敬斌，区委常委、常务副区长胡书龙及各县区相关领导及企业代表参加推介会。

13日 由国家卫生计生委、国家中医药管理局、解放军总后勤部卫生部举办的2015年“服务百姓健康行动”全国大型义诊活动周在毕节市七星关区启动。自此，2015年“服务百姓健康行动”全国大型义诊活动周在全国各地全面铺开。国家卫生计生委副主任马晓伟出席仪式并讲话。国务院扶贫办副主任郑文凯，副省长何力，国家中医药管理局副局长马建中，解放军总后勤部卫生部副部长刘殿荣，中央保健委副主任、北京协和医院院长赵玉沛，省卫生计生委主任王忠，市委书记陈志刚等领导出席仪式。启动仪式由国家卫生计生委医政医管局监察专员周军主持。

14日 河北连生农业开发有限公司董事长周连生赴七星关区长春堡镇考察肉用绵羊寒泊羊种羊基地建设情况，区委常委、统战部部长安旺，区委统战部及长春镇相关负责人陪同。

15日 贵州省人社厅就业局局长徐海涛率队赴七星关区督查调研复员退伍军人就业工作。副区长杨黔及市、区民政局相关负责人陪同调研。

是日 致公党河南郑州市总支主委、郑州市水利局副局长胡文杰率队赴七星关区考察。区委常委、区委统战部部长安旺，区委统战部、致公党七星关区支部相关人员陪同考察。

18日 贵州省农业科学院党委书记毛秋生一行到七星关区参观考察“同心工程”示范项目，区委常委、副区长赵泽英及贵州省农业科学院在毕挂职部分人员陪同考察。

19日 七星关区第十届青少年科技创新大赛在区青少年活动中心举行，副区长杨黔出席开幕式并致辞，区人大常委会副主任张骅主持仪式，区政协副主席燕金祥及本次大赛主委会成员单位负责人在主席台就座。

是日 七星关经济开发区“贵园信贷通”发放仪式在开发区管委会举行，副区长付波出席会议并讲话，区直各相关单位及相关企业负责人参加发放仪式。

20日 民政部副部长邹铭率队赴七星关区调研失能老人养老体制和困境儿童分类保障制度的建立情况。贵州省民政厅厅长丁治学、巡视员甄燕驰，毕节市副市长冉霞，七星关区委副书记、区长胡敬斌及市区相关单位负责人陪同调研。

21日 七星关区2015年统战干部专题培训在区委党校举行。区委常委、统战部部长安旺出席仪式并讲话。区委统战部、区委党校相关负责人参加了活动。

22日 毕节市委副书记、市长陈昌旭率队到“四在农家·美丽乡村”帮建联系点七星关区田坝桥镇调研。市委常委、区委书记宫晓农参加调研。

是日 七星关区精准扶贫现场观摩暨农业板块经济建设调度会在区行政办公中心八楼会议室召开。市委常委、区委书记宫晓农出席会议并讲话，区委副书记聂忠智主持会议，区人大常委会副主任张媛及区政协副主席王林中、周遵林出席会议。各乡镇街道、区直有关单位负责人参加会议。

是日 七星关区迎接全省群众安全感满意度测评工作部署会议在区行政办公中心九楼会议室召开。市委常委、区委书记宫晓农出席会议并讲话。区委副书记聂忠智主持会议，区委常委、政法委书记何万学，区人大常委会副主任胡家敬，区政协副主席吕艺华、周遵林及经开区副主任严琪出席会议，各乡镇街道、区直部门、毕节市公安局七星关分局负责人参加会议。

是日 内江市东兴区政协副主席、区委统战部部长沈可平率东兴区统一战线一行15人赴七星关区考察，区政协主席吴坚，区委常委、统战部部长安旺陪同，区委统战部、联络办、工商联、民盟七星关区总支、致公党七星关区支部等相关单位负责人参加考察座谈。

23日 七星关区计划生育工作会议在区行政办公中心九楼会议室召开。市委常委、区委书记宫晓农出席会议并讲话，区委常委、组织部部长郑荣，区人大常委会副主任张骅，副区长杨黔，区政协副主席吕艺华、周遵林出席会议。各乡镇街道办事处及区直相关部门负责人参加会议。

是日 七星关区新食品安全法培训会议在区政府大礼堂举行。副区长胡卫国出席会议并讲话。

23日 七星关区经济运行调度会在区行政办公中心八楼会议室召开。市委常委、区委书记宫晓农，副区长付波、胡卫国出席会议，区统计局、发改局等相关部门负责人参加会议。

24日 七星关区委常委、组织部部长郑荣到长春堡镇蔡官村调研。

25日 七星关区委常委会“三严三实”专题教育第二次专题学习研讨会在区行政办公中心八楼会议室召开。市委常委、区委书记宫晓农主持会议并讲话。毕节市实绩考核办副主任张丽列席指导。区委常委、区人大、区政府、区政协县级以上领导，区人民法院院长、人民检察院检察长及其他县级领导参加研讨会。

是日 七星关区委常委、纪委书记何友谊到麻园街道调研，对如何履行主体责任和监督责任进行督促指导，并参观了街道廉政文化长廊和杨家塘社区廉政文化服务站。

28日 毕节市2015年第三批重大项目集中开工仪式在碧阳湖畔举行。市委副书记、市长陈昌旭，市委常委、常务副市长罗建强，市委常委、统战部部长尹恒斌，七星关区委副书记、区长胡敬斌出席仪式。

29日 七星关区全民科学素质工作领导小组成员单位会议在区行政办公中心九楼会议室召开。副区长胡卫国出席会议并讲话。毕节市科协相关负责人作业务指导。各乡镇街道负责人和联络员，区全民科学素质工作领导小组成员单位负责人和联络员参加。

是日 七星关区委常委、区委办主任、宣传部部长吴贤耀到清水铺镇大地村遍访贫困户。

30日 七星关区在区行政办公中心九楼会议室召开重点行业领域安全生产专题推进会、道路交通安全三年攻坚推进会、查处和控制违法建设工作会，区委常委、常务副区长胡书龙，副区长周祖华出席会议。各乡镇街道相关负责人，区直有关部门负责人，区重点企业负责人参加会议。

30日 七星关区委常委、区纪委书记何友谊到团结乡就遍访贫困户、问需式精准扶贫、人口计生、社会治安综合治理及年度目标完成情况等重点工作进行督导。

十月

8日 七星关区推进政府权力清单和责任清单制度工作会议在区行政办公中心九楼会议室召开。区委常委、常务副区长胡书龙出席会议并讲话。区纳入行政权力清理范围部门和单位有关负责人参加会议。

8日至11日 民盟中央社会服务部副部长段海溪一行在民盟贵州省委秘书长范祖燕的陪同下，赴七星关区和双山新区开展“同心助学”调研活动并召开座谈会。毕节市领导尹恒斌、冉霞，七星关区领导胡敬斌、安旺、杨黔、姜玲玲、邹芝桦、周光乔，双山新区相关负责人，市、区及乡镇相关部门负责人参加了此次活动。

9日 毕节市副市长冉霞率政府办、卫计委、科技局、扶贫办、教育局、民政局、文广局等市直单位负责人到七星关区长春堡镇调研民盟帮扶项目、扶贫攻坚、留守儿童管理等多项工作。副区长杨黔及区教育局、民政局、科技办、长春堡镇主要负责人陪同。

是日 中共毕节市七星关区委中心学习组在

区行政办公中心九楼多媒体会议室举行第二次专题学习。市委常委、区委书记宫晓农主持学习，区领导周延、吴坚、聂忠智、吴贤耀、郑荣、何友谊、王华国、安旺、何万学、安慧、张媛、王大庆、胡家敬、张骅、肖世华、林学方、燕金祥、周遵林、吕艺华、张建军、朱雅亮、禄智华、徐永参加会议，区委办副主任、区政府办主任及考核办主要负责人列席会议。

10日　中国森林氧吧论坛在武汉国际园林博览园区长江文明馆会议中心举行，首批“中国森林氧吧”榜单发布，37个湿地公园、国家森林公园和自然保护区入选，毕节国家森林公园榜上有名。

是日　专家组赴七星关区调研刺梨产业发展座谈会在区行政办公中心八楼会议室召开。市委常委、区委书记宫晓农，区委副书记、区长胡敬斌，区委副书记聂忠智出席座谈会，中国投资协会城镇化发展中心主任金语，科学发展智库秘书长邓细春，中国民族医药学会芳香医药学会副会长李光武，贵荣集团董事长李东亮，北京尚道天成投资咨询有限公司董事长徐文清，区直相关部门、有关乡镇主要负责人及在七星关区发展刺梨和玫瑰花产业的部分企业专业合作社负责人参加座谈。

12日　中国光彩毕节行七星关区项目签约仪式暨贵州致福光谷联尚科技有限公司开业庆典在喜来登酒店大会议室举行。贵州省政协副主席、致公党贵州省主委谢晓尧一行，市区领导郭正良、唐柳成、秦天志、胡敬斌、吴坚、安旺、朱雅亮，七星关经济开发区管委会副主任严琪出席活动，全国各地上百名企业家代表及市区相关部门负责人参加活动。

是日　毕节市委副书记李建到七星关区调研“一市五金多套餐”精准扶贫工作。市委常委、七星关区委书记宫晓农陪同调研。

是日　江西省鹰潭市市委常委、统战部部长戴春英率鹰潭市统一战线代表团一行17人赴七星关区考察，毕节市委统战部常务副部长谌贻勇及市、区相关部门负责人陪同考察。

13日　贵州省委第一常规巡视组赴七星关区巡视工作“回头看”动员会在区行政办公中心九楼会议室召开。省委第一常规巡视组组长曾长明讲话，市委常委、市纪委书记蒋兴勇讲话，省委巡视办罗勇就相关巡视工作提要求，省委第一常规巡视组副组长龙怀宪及巡视组成员出席会议。市委常委、区委书记宫晓农主持会议并汇报七星关区巡视整改工作开展情况。区委、区人大、区政府、区政协四大班子领导，区直各部门、各乡镇街道主要负责人参加会议。

是日　毕节市委常委、纪委书记蒋兴勇，贵州省地矿局纪委书记蒙忠，在有关人员的陪同下到七星关区调研廉政文化建设、廉政警示教育、民生监督等工作，并对工作中存在的问题和不足提出了指导意见。

是日　企业家赴贵州致福光谷考察座谈会在区行政办公中心八楼会议室召开。区委常委、统战部部长安旺，区长助理朱雅亮，七星关经济开发区管委会副主任严琪出席座谈会，参加中国光彩毕节行七星关区项目签约仪式暨贵州致福光谷联尚科技有限公司开业庆典的企业家及区直相关部门负责人参加座谈。

15日　毕节市人大常委会主任吴安玉、副主任杨海琰、秘书长杨亚军赴七星关区长春堡镇、青场镇、撒拉溪镇调研农村环境综合整治工作情况。区人大常委会主任周延，区委常委、常务副区长胡书龙，区人大常委会副主任林学方及市、区相关部门相关负责人陪同调研。

是日　市委常委、区委书记宫晓农在区委常委、组织部部长、区通村油路（水泥路）建设指挥部指挥长郑荣的陪同下，到普宜镇调研指导通村水泥路建设工作。

是日　七星关区2015年第一期离退休党员干部专题培训班开班典礼在区委党校五楼多媒体教室举行。区委常委、组织部部长郑荣出席典礼并讲话，全区离退休党员干部近100人参加培训。

16日　七星关区民族工作座谈会在区行政办公中心八楼会议室召开，区委常委、统战部部长安旺主持会议，区人大副主任王大庆、副区长杨黔出席会议。区民族和宗教工作协调领导小组成员单位负责人、民族乡负责人、少数民族代表共40余人参加会议。

是日　铜仁市江口县委统战部常务副部长、工商联党组书记杨再国率江口县统一战线一行16人赴七星关区考察。毕节市委统战部、七星关区委统战部、区联络办等部门相关负责人参加活动。

18日 七星关区禁毒工作迎评会议在区行政办公中心九楼会议室召开，安排部署做好全省禁毒专项测评迎检工作。区委副书记、区长、区禁毒委主任胡敬斌出席会议并讲话。区人大常委会主任周延、区政协主席吴坚出席会议。区委副书记聂忠智主持会议。区直各部门及各乡镇街道主要负责人、宣传委员、政法书记、派出所长、司法所长参加会议。

19日 市委常委、区委书记宫晓农到放珠镇调研“一市五金多套餐”产业发展项目推进情况。区委副书记聂忠智，区委办、区扶贫办及区委派驻放珠镇问需式精准扶贫工作组相关人员陪同调研。

是日 七星关区人民政府召开常务会议落实细化毕节市委陈志刚书记的重要指示精神，扎实抓好抓实民生工程项目建设。区委副书记、区长胡敬斌强调，贯彻落实市委陈志刚书记的重要指示精神要不折不扣，崇尚实干、务求实效；要立即对全区范围内民生领域工程项目建设、管理、运行、效益等情况进行自查自纠，迅速在全区开展一次民生项目建设大排查、大整改、大讨论活动。

20日 贵州省人大常委会党组副书记、副主任禄智明率领省人大常委会调研组，赴七星关区撒拉溪镇兴隆村兴联蛋鸡养殖场，就集体土地经营权流转和具有贵州特色现代山地高效农业发展情况进行专题调研。毕节市人大常委会副主任王炳荣，区人大常委会主任周延、副主任张媛及相关部门负责人陪同调研。

是日 七星关区委常委、组织部部长郑荣、区政协副主席周光乔在区民政局、老龄办相关负责人的陪同下，到朱昌镇开展老年节送温暖走访慰问活动。

是日 七星关区2015年林业生态工程建设现场观摩会议召开。区委副书记聂忠智，区委常委、副区长赵泽英出席会议，副区长胡卫国主持会议。各乡镇街道相关负责人参加会议。

21日 七星关区2015年特色小城镇建设项目现场观摩会召开，区委常委、常务副区长胡书龙，区人大常委会副主任林学方，区政协副主席江晓燕，区直有关部门和乡镇街道负责人赴层台、小吉场、阿市、普宜4个乡镇观摩特色小城镇建设项目。

22日 七星关区小城镇暨农业板块经济建设现场观摩会总结会在区行政办公中心九楼会议室召开。区委副书记、区长胡敬斌强调，此次会议的目的是自觉遵守省委、省政府“共谋发展新路、同步幸福小镇、打造贵州小城镇升级版”的主题精神，按照市委、市政府关于“决战贫困、提速赶超、同步小康”的一系列决策部署，坚持区域化、规模化、产业化、标准化的板块经济发展理念，将农业产业发展与扶贫开发相结合、产业培育和城镇建设相结合、城镇经济与板块经济发展相结合，统筹推进小城镇建设和“美丽乡村”建设，加快推进特色新型城镇建设步伐，打造符合我区区情的高效集群农业经济板块，坚决打赢科学治贫、精准扶贫、有效脱贫这场输不起的攻坚战。

是日 七星关区委常委、组织部部长郑荣到市西街道松山社区调研党建工作，区委组织部及市西街道相关人员陪同调研。

23日 七星关区第一届人大常委会第30次会议在区人大常委会五楼会议室召开。区人大常委会主任周延，副主任安慧、张媛、王大庆、张骅、肖世华、林学方出席会议。区人民检察院检察长徐永，区人民法院院长禄智华及区委组织部、区政府办相关负责人，区人大常委会机关不是常委的主任、副主任应邀列席会议。会议由区人大常委会副主任肖世华、林学方分别主持。

26日 毕节市精准扶贫“一市五金多套餐”经验推广暨生态畜牧业板块经济推进会在七星关区召开。市委副书记李建出席会议并讲话，市委常委、区委书记宫晓农出席会议并致辞，市人大常委会副主任王炳荣、副市长李玉平、市政协副主席辜康乐出席会议。会议由李玉平主持。

27日 毕节市“四新”建设观摩活动暨军警民联合演习在七星关区举行。贵州省委常委、省军区司令员王盛槐，省军区参谋长洪晓荣率观摩团到七星关区观摩。毕节市委副书记、市长陈昌旭，市委常委、毕节军分区司令员敖卫，区委副书记、区长胡敬斌，毕节军分区政委张平，其他军地领导陪同观摩。

是日 七星关区2015年1至10月扶持微型企业发展工作汇报会在区行政办公中心八楼会议室召开，贵州省督查组组长、省工商局副局长丁琨，省工商局微企处处长童琨及毕节市政府副秘书长李军等省、市相关领导出席会议，七星关区委常委、副区长张建军主持会议。民政局、财政局、金融办、工能局等有关区直部门负责人参加会议。

28日 七星关区夹岩水利枢纽工程调度会议在区人大常委会二楼代表之家召开，区人大常委会主任、夹岩水利枢纽及黔西北供水工程七星关库区建设指挥部指挥长周延在主持调度会时强调，要明确责任、细化目标、倒排工期、加强调度，确保按期完成3.4亿元的投资任务。区人大常委会副主任、指挥部副指挥长王大庆、张骅、肖世华，区政协副主席、指挥部副指挥长燕金祥出席会议。阴底、田坝、杨家湾、放珠等工程涉及乡镇党政主要负责人及区水利水电移民局等指挥部成员单位相关负责人参加会议。

29日 七星关区留守儿童专项行动工作调度电视电话会议召开。区委副书记、区长胡敬斌出席会议并讲话。胡敬斌强调，全区上下要充分认识做好留守儿童关爱救助工作的艰巨性、严峻性和持久性，切实增强工作的责任感、紧迫感和压力感，按照“七长、双线、九平台”工作措施，真正把留守儿童关爱救助保护工作放在心上、抓在手上，进一步抓实抓好建档立卡、信息平台、动态监管、救助保护、健康教育、学生安全等各项基础工作，健全“纵到底、横到边”的监测预防、监护保护体系，按照市留守儿童关爱救助保护工作领导小组办公室督查整改通知的要求，强化整改、强化实效，举全区之力，持之以恒地把留守儿童关爱救助保护工作抓实、抓好、抓出成效。

十一月

3日 七星关区2015年前三季度经济运行及项目建设工作汇报会在区行政办公中心八楼会议室召开。毕节市委副书记、市长陈昌旭，市委常委、区委书记宫晓农出席会议，会议由市政府秘书长杨新江主持，区领导胡敬斌、付波、杨黔、卜令冲，七星关经济开发区管委会副主任严琪及市、区有关部门负责人参加会议。

是日 为贯彻落实七星关区开展“百名干部联企助发展、百户企业连村助小康”活动要求，区委常委、区委办主任、区委宣传部部长吴贤耀联系毕节酒厂有限公司，与该公司相关负责人一起赴清水铺镇橙满园村举行帮村捐赠仪式。

是日 七星关区“四在农家·美丽乡村”创建工作培训会在区行政办公中心大礼堂召开。区委副书记聂忠智主持会议，湄潭县新农村建设办公室主任杜永强主讲。区小康办、碧兴公司、区住建局及各乡镇负责人、驻村干部、村干部、技术人员及工匠参加会议。

是日 七星关区2015年今冬明春火灾防控工作会议在区行政办公中心九楼会议室召开。区长助理房公波出席并讲话。各乡镇街道分管负责人、安监站站长、派出所所长、区消防安全委员会各成员单位相关负责人、区内部分重点防控企业主要负责人参加会议。

4日 七星关区启动农村不动产统一登记试点工作，区委常委、常务副区长胡书龙及政府办相关负责人分别向开展试点工作的清水铺镇东山村、青场镇初都河村群众颁发不动产权证书。

是日 七星关区冬春季传染病防治工作电视电话会议在区行政办公中心九楼电视电话会议室召开。副区长杨黔出席会议并讲话，区直各部门主要负责人在主会场参加会议。

是日 安徽省新宇置业发展投资有限公司董事长钱昌德率队赴七星关区长春堡镇干堰村考察乡村旅游业发展，区委常委、统战部部长安旺及相关部门负责人陪同。

5日 毕节市委副书记、市长陈昌旭率队到七星关区调研精准扶贫工作开展情况。市委常委、区委书记宫晓农，副市长李玉平，市政府秘书长杨新江，区委副书记聂忠智等陪同调研。

是日 中央宣传部宣教局副处长梁英华一行

到七星关区林口镇鸡鸣三省村调研，毕节市委宣传部部长何云江及市、七星关区党委宣传部相关负责人陪同调研。

6日 七星关区领导干部大会在区行政办公中心大礼堂召开，会议主要任务是传达学习中共十八届五中全会精神，研究部署全区学习贯彻工作，全面安排当前的各项工作。市委常委、区委书记宫晓农，区委副书记、区长胡敬斌分别作重要讲话。区人大常委会主任周延、区政协主席吴坚及区四大班子相关领导出席会议。会议由宫晓农主持。各乡镇街道、区直部门主要负责人参加会议。

是日 七星关区2015年第三期“中国梦·七星大课堂”在区行政办公中心大礼堂开讲。贵州省民政厅巡视员甄燕驰作了题为“突发事件舆情应对案例分析”的专题讲座，区四大班子相关领导，区直各部门、各乡镇街道领导干部及区内外相关媒体记者到场聆听。

7日 七星关区城市环境卫生大整治工作会议在区行政办公中心九楼多媒体会议室召开。区委常委、区委办主任、区委宣传部部长吴贤耀出席会议并讲话，区直各部门主要负责人参加会议。

是日 毕节市政府组织召开全市煤矿安全生产紧急电视电话会议，市委副书记、市长陈昌旭出席会议并讲话。副市长马炼出席会议并通报金沙“11·6”煤与瓦斯突出事故情况，安排部署下一阶段安全生产工作。市政府秘书长杨新江主持会议。七星关区委副书记、区长胡敬斌，区长助理房公波，区安委会成员单位负责人、各乡镇街道主要负责人、区内各煤矿公司在区分会场参加会议。

是日 七星关区委副书记、区长胡敬斌在区行政办公中心八楼会议室主持召开区人民政府一届42次常务会议，传达学习贯彻中共十八届五中全会精神和毕节市委书记陈志刚在全市领导干部大会，市委常委、区委书记宫晓农在全区领导干部大会上的重要讲话精神，听取交通、水利、教育等区直有关部门“十三五”项目编报情况汇报。区委常委、常务副区长胡书龙，区委常委、副区长卜令冲，副区长周祖华、付波、杨黔，区长助理房公波出席会议，区直相关部门负责人列席会议。

8日 七星关区2015年首届优质杂交牛“赛膘”活动在八寨镇茅栗坪村金银山草种场举行。市委常委、区委书记宫晓农为“金牛奖”得主颁奖。毕节市畜牧局局长牛贵河，区人大常委会主任周延，区政协主席吴坚，区委副书记聂忠智，副区长胡卫国，区政协副主席王林中、周光乔出席活动并为获奖者颁奖。区直有关部门负责人、各乡镇分管农业工作负责人及参赛畜主参加活动。

9日 贵州省公民科学素质先进县（市、区）复检组到七星关区开展复检工作。复检验收汇报会在区行政办公中心八楼会议室举行。复检组组长、省社科联党组成员、秘书长吴黔斌，副区长杨黔出席汇报会。

10日 全国政协常委、北京大学光华管理学院名誉院长、毕节试验区专家顾问组组长、著名经济学家厉以宁一行到七星关区调研。毕节市委副书记李建，市委常委、副市长唐柳成，市政协副主席肖远福，区委副书记、区长胡敬斌陪同调研。

11日 毕节市七星关区2015年“11·11”老年人健步走大联动活动开幕式在爱民广场举行。市委常委、组织部部长文松波出席开幕式并讲话。市人大常委会副主任杨海琰、副市长李玉平、区人大常委会副主任张骅、副区长杨黔、区政协副主席吕艺华及老领导李效敬、吴学香、吕开邦、周长琦、熊和先等出席，市、区相关部门负责人参加开幕式。区委常委、组织部部长郑荣主持开幕式。

是日 为服务“三农”，根据中央、国务院及省政府有关精神的要求，七星关区供销系统第5家供销合作社股金服务部在田坝桥镇螃蟹井村成立，副区长胡卫国及相关部门负责人参加成立仪式。

12日 七星关区委常委、区委办主任、宣传部部长吴贤耀出席观音桥街道在红堰村召开的农村思想政治教育工作启动会并作指导。

是日 七星关区政协主席吴坚率省、市、区人大代表和政协委员到区人民法院视察工作。

13日 民盟中央及东部十省市民盟组织参与毕节试验区建设座谈会在七星关区行政办公中

心八楼会议室召开。民盟中央社会服务部副部长段海溪、教育处处长王强，慈善基金会理事长章如庚，东部十省市民盟组织相关负责人出席会议。市委常委、统战部部长尹恒斌出席会议并讲话。市委统战部副部长刘军、民盟毕节市主委卢凤礼，区人大常委会主任周延，副区长姜玲玲，区政协副主席邹芝桦、周光乔及双山新区相关负责人出席会议，区直相关部门主要负责人参加会议。区委常委、统战部部长安旺主持会议。

13日 七星关区城乡居民基本养老保险数据采集启动会在区行政办公中心九楼大会议室召开。区委常委、常务副区长胡书龙出席会议并讲话。区直相关部门、各乡镇街道相关负责人参加会议。

是日 贵州省卫计委副主任杨洪率相关部门到毕节市第一人民医院双山分院调研。副市长高青，市卫计委主任石承钧，毕节市第一人民医院院长陈文智，七星关区委常委、区委组织部部长郑荣陪同调研。

14日 七星关区农业板块经济建设及精准扶贫工作第一轮第二次现场观摩会召开。区委副书记聂忠智，区委常委、副区长赵泽英，区人大常委会副主任张媛，副区长胡卫国，区政协副主席王林中、周遵林，带领由各乡镇（街道）党委（党工委）书记、区直相关单位及区农商行主要负责人组成的观摩团，先后到海子街、层台、小吉场、阿市、普宜等乡镇，对农业板块经济和“一市五金多套餐”精准扶贫工作开展情况进行现场观摩，并在普宜镇召开座谈会。

16日 七星关区学习宣传贯彻贵州省委十一届六次全会精神专题会议在区行政办公中心八楼会议室召开，市委常委、区委书记宫晓农主持会议，传达学习贯彻省委十一届六次全会精神。区四大班子领导、“两院”领导及区直有关部门负责人参加会议。

是日 浙江大学培训部主任朱建平到七星关区燕子口镇大南山苗寨考察。毕节市委组织部部务委员、市人才办主任宋乃新，七星关区委常委、区委组织部部长郑荣，燕子口镇主要负责人陪同考察。

17日 毕节市“法治毕节”创建工作推进会召开，贯彻落实省委“法治毕节”创建动员大会精神和省委书记陈敏尔对“法治毕节”创建工作所作的重要批示精神。市委书记陈志刚出席会议并讲话，市委副书记李建主持会议。会议以电视电话会议形式召开，七星关区四大班子领导、各乡镇街道负责人在区分会场参加会议。

是日 七星关区人大常委会副主任林学方到碧阳街道宣讲中共十八届五中全会精神。碧阳街道全体干部职工及部分村干部聆听了宣讲。

18日 七星关区“第一书记”、党建扶贫驻村工作组组长培训班开班仪式在区行政办公中心大礼堂举行，毕节市委组织部派员到会指导，全区选派的基层党组织“第一书记”和党建扶贫驻村工作组组长共计403人参加培训，培训为期3天。

是日 毕节市移民局局长罗太瑜一行赴七星关区督查调研扶贫生态移民工程推进情况。副区长胡卫国出席座谈会。区移民局负责人及相关工作人员陪同调研。区财政局、发改局、扶贫办等部门相关人员参加座谈。

19日 七星关区2015年安全生产信访维稳森林防火工作会议在区行政办公中心九楼大会议室召开。区委副书记、区长胡敬斌强调，安全生产是人民生命财产安全的底线、信访维稳是社会安宁的底线、森林防火是绿色发展的底线。全区各级各有关部门务必坚守这“三条底线”，以硬的态度、严的作风、实的措施扎实抓好抓实这三项工作，确保各项工作落到实处。

20日 七星关区政务服务中心召开窗口与服务对象座谈会，区政协副主席周光乔出席座谈会，进驻政务服务中心部门负责人和区内企业代表参加座谈。

是日 七星关区农村小型水利工程产权制度改革工作安排暨业务培训会在区政协五楼大会议室召开。副区长胡卫国出席会议并讲话。区直相关部门、各乡镇街道相关负责人参加会议。

21日 七星关区农村电子商务发展暨阿里巴巴农村淘宝项目千人启动电视电话会议在区行政办公中心九楼会议室召开，市委常委、区委书记宫晓农主持会议并作总结讲话，区委副书记、区长胡敬斌出席会议并讲话。会议强调，要贯彻落实国家、省、市关于电子商务发展的决策部署，进一步统一思想，提高发展电子商务的意识，举全区之力、集全区之智，以坚定的信心和有力的举措推动七星关区阿里巴巴农村淘宝项目发展。

23日 七星关区副区长杨黔到小吉场镇双林村调研通组路建设工作。

是日 七星关区寒羊种羊基地项目建设推进会在区行政办公中心八楼会议室召开，河北连生农业开发有限公司正式签约入驻七星关区。毕节市委统战部副部长、市工商联党组书记何植林，区委副书记、区长胡敬斌，河北连生农业开发有限公司董事长周连生，民盟毕节市委专职副主委吴玲娜，副区长胡卫国，区政协副主席、民盟七星关区总支主委周光乔出席会议。区委常委、统战部部长安旺主持会议。统战部、长春堡镇等相关单位负责人参加会议。

是日 民盟"同心助学"活动暨北京四中网校学生版资源捐赠仪式在七星关区思源学校举行，区政协副主席、民盟七星关区总支主委周光乔出席捐赠活动，北京四中网校毕节分校、区委统战部相关负责人及思源学校全体教师参加。

24日 七星关区今冬明春火灾防控工作推进暨基层火灾防控"明白人"培训电视电话会在区公安局七楼大会议室召开，副区长周祖华出席会议并讲话。各乡镇街道分管负责人、安监站站长、派出所所长及各村（社区）主要负责人在主会场参加会议。

是日 贵州省、毕节市、七星关区人大代表视察七星关区精准扶贫工作并在区行政办公中心八楼会议室召开座谈会。区人大常委会副主任张媛主持会议，副区长胡卫国作全区精准扶贫工作情况汇报，区人大办、扶贫办相关负责人及部分乡镇人大主席参加会议。

是日 七星关区政协副主席邹芝桦带领团区委一行到燕子口镇大南山苗寨开展走访慰问活动，拉开了团区委2015年暖冬行动序幕。

25日 七星关区政协组织干部职工到毕节监狱开展警示教育活动。区政协主席吴坚，副主席邹芝桦、王林中、燕金祥、周遵林、吕艺华等参加了活动。

26日 贵州省检查组赴七星关区检查农村公路管理养护工作并在区行政办公中心八楼会议室召开汇报会，副区长周祖华出席会议并作工作汇报。区政府办、交通运输局、地方公路管理所等部门负责人参加会议并陪同检查。

是日 市委常委、区委书记宫晓农到小吉场镇调研。区政协副主席吕艺华，区委办、交通局及小吉场镇相关负责人陪同调研。

30日 七星关区基层组织建设暨"规范·示范·典范"村（社区）创建工作现场会召开。市委常委、区委书记宫晓农，区委副书记聂忠智及区委常委、组织部部长郑荣率全区各乡镇街道党委（党工委）书记及区直相关部门负责人参观了观音桥街道红堰村、市东街道文峰社区、洪山街道拥军社区及长春堡镇清塘村基层党建亮点建设现场。

十二月

1日至2日 兴仁县委常委、宣传部部长、统战部部长周国辉一行赴七星关区考察调研，旨在考察借鉴七星关区科普园教育基地、高效农业种植基地、同心新村、毕节试验区成果展览馆等项目的经验和做法。区委常委、统战部长安旺，致公党中央社会服务部副调研员、区长助理朱雅亮，区委统战部、区委台办、区联络联系办、区实验学校相关负责人陪同调研。

1日至2日 毕节市委常委、副市长唐柳成率深圳市公益团队赴七星关区调研。区政协主席吴坚、团市委副书记袁媛、副区长姜玲玲、区政协副主席邹芝桦及相关部门负责人陪同调研及座谈。

2日 七星关区农村电子商务暨农村淘宝知识培训工作会议在区行政办公中心九楼大会议室召开。副区长胡卫国主持会议并讲话，区直相关部门、各乡镇街道相关负责人参加会议。

是日 毕节市委副秘书长、市委统战部常务副部长谌贻勇到七星关区经济开发区就统一战线参与毕节试验区建设重点招商引资企业的现状、发展及贵州致福光谷产业园的打造进行调研，市、区委统战部相关负责人陪同。

3日 中共毕节市七星关区委常委会"三严三

实”专题教育第三次专题学习研讨会议在区行政办公中心八楼会议室召开。市委常委、区委书记宫晓农主持会议并作重要讲话。区委常委、区人大、区政府、区政协县级以上领导，区人民法院院长、人民检察院检察长及其他县级领导参加研讨会。

是日 七星关区副区长姜玲玲到观音桥街道宣讲中共十八届五中全会和省委十一届六次全会精神。全街道干部职工到场聆听。

4日 毕节市委宣讲团中共十八届五中全会和省委十一届六次全会宣讲报告会在七星关区行政办公中心九楼大会议室举行。市委宣讲团成员、市委宣传部常务副部长唐光星作宣讲报告。区委常委、区委办主任、宣传部部长吴贤耀主持报告会并讲话。区四大班子领导，各乡镇、街道、区直各部门主要负责人聆听报告。

是日 七星关副区长卜令冲到小吉场镇宣讲党的十八届五中全会和省委十一届六次全会精神，全镇镇村干部、教师代表、群众代表参加会议。

5日 毕节市移民局局长罗太瑜一行赴七星关区督查调研夹岩水库枢纽工程移民搬迁工作推进情况。区人大常委会主任、夹岩水利枢纽工程（七星关库区）指挥部指挥长周延出席座谈会。副区长胡卫国、区移民局负责人陪同调研。

7日 贵州省委第一常规巡视组向七星关区反馈巡视“回头看”情况。会前，巡视组组长曾长明、副组长龙怀宪向毕节市委常委、七星关区委书记宫晓农传达了中央、省委关于巡视工作的精神和要求，并反馈巡视“回头看”情况。曾长明代表巡视组向七星关区进行了反馈，宫晓农主持会议并作表态发言。

是日 “法治七星关”创建工作动员会在七星关区行政办公中心九楼会议室召开，市委常委、区委书记宫晓农，区委副书记、区长胡敬斌出席会议并讲话，区委副书记聂忠智主持会议。会议强调，要贯彻落实省委、省政府和市委、市政府关于“法治毕节”创建工作的有关会议精神，全区各级各部门要从讲政治、守党纪、践宗旨的高度，加强社会治理创新，全力推进“法治七星关”建设，为“决战贫困、提速赶超、同步小康”提供法治保障。

8日 七星关区2015年农业板块经济建设及精准扶贫工作第一轮第三次现场观摩会在大屯乡召开。市委常委、区委书记宫晓农出席会议并讲话。宫晓农强调，各乡镇街道要抓住时间节点，统筹兼顾，找准突破口，确保农业板块经济建设、“一市五金多套餐”精准扶贫工作等落到实处。

是日 2016年七星关区城乡居民最低生活保障提标核查工作会议在区行政办公中心九楼会议室召开。副区长杨黔出席会议并讲话，各乡镇街道及区直相关部门负责人参加会议。

是日 七星关全区今冬明春取暖安全工作调度会在区行政办公中心九楼大会议室召开。副区长周祖华、杨黔出席会议并讲话。各乡镇街道及区直相关部门负责人参加会议。

9日 七星关副区长周祖华到普宜镇宣讲中共十八届五中全会及省委十一届六次全会精神，该镇镇村干部、教师代表、群众代表等参加会议。

是日 观音桥街道组织辖区全体教师召开教育工作观摩会，七星关区副区长杨黔出席会议并讲话。

是日 毕节市旺达服装厂向普宜镇垭口小学捐赠132套校服，七星关区副区长周祖华出席捐赠仪式并讲话。

10日 毕节市“互联网+电子商务”专题视频培训会召开，市委常委、常务副市长罗建强主持会议并对切实推进农村电子商务作要求。七星关区副区长胡卫国及各乡镇街道、区直相关部门相关负责人在区分会场参加会议。

是日 七星关区政协主席吴坚到朱昌镇宣讲中共十八届五中全会和省委十一届六次全会精神。

是日 七星关区精准扶贫建档立卡工作“回头看”暨业务培训会在区行政办公中心五楼会议室召开。副区长胡卫国出席会议并讲话，区扶贫办及各乡镇街道相关负责人参加会议。

11日 七星关区纪检监察系统干部以培训会的形式，专题学习《中国共产党廉洁自律准则》和《中国共产党纪律处分条例》。区委常委、区纪委书记何友谊出席会议并讲话。会议强调，全区纪检监察干部要高度重视这两部党内法规的学习贯彻工作，切实把学习宣传、贯彻执行准则和条例作为当前一项重要政治任务来抓，带头深入学习，迅速掀起热潮，切实增强思想自觉和行动自觉。

是日 “中国梦·七星大讲堂”暨2015年贵州省“百名法学家百场报告会”法制宣讲七星关区专场活动在区行政办公中心大礼堂举行。贵州大学法学院副教授、贵州省检察院行政检察咨询委员范电勤作“深入推进依法行政，加快法治政府建设”主题讲座。区委常委、区人武部政委王华国主持。区四大班子相关领导以及其他副县级以上领导干部，各乡镇街道及区直相关部门相关负责人到场聆听讲座。

是日 七星关区委常委、组织部部长郑荣到生机镇宣讲中共十八届五中全会和省委十一届六次全会精神。

是日 七星关区政协召开“三严三实”专题教育第三次专题学习研讨会。区政协主席吴坚主持会议并讲话，区政协副主席邹芝桦、王林中、周光乔、燕金祥、江晓燕、周遵林参与讨论，副主席吕艺华作专题发言。

12日 毕节市委常委、常务副市长罗建强率队到七星关区撒拉溪镇龙凤村“四在农家·美丽乡村”帮建联系点调研。区委副书记、区长胡敬斌陪同调研。

15日 七星关区政协副主席王林中到市西街道宣讲中共十八届五中全会和省委十一届六次全会精神。市西街道党政班子成员、社区“两委”班子等九十余人到场聆听。

16日 贵州省2016年城市棚户区改造项目集中动工现场会毕节市分会场集中动工仪式在德溪新区棚户区改造项目建设点举行。市委副书记、市长陈昌旭宣布项目开工，市委常委、区委书记宫晓农主持仪式，国开行贵州分行副行长刘彩虹，副市长蒋从跃，区委副书记、区长胡敬斌及其他县（区）政府（管委会）主要负责人出席动工仪式。

17日 七星关区9期村（社区）支书主任脱贫攻坚专题培训在区委党校圆满结束。区委常委、组织部部长郑荣出席结业典礼并作重要讲话，区委组织部、区委党校相关负责人及第9期100名学员参加结业典礼。

是日 贵州省政协秘书长、机关党组书记李月成率队到七星关区朱昌镇调研帮扶工作。省政协副秘书长李跃荣，毕节市政协党组书记、七星关区区委书记宫晓农，区政协主席吴坚，区委副书记李光平参加调研，省政协机关各处室负责人及朱昌镇主要负责人陪同调研。

是日 毕节市委常委、常务副市长罗建强，副市长蒋从跃一行赴七星关区调研城市建设工作。区委副书记、区长胡敬斌，区委常委、常务副区长胡书龙，区人民政府党组成员刘鑫及市、区相关部门负责人陪同调研，并在区行政办公中心八楼会议室召开座谈会。

18日 中国农业发展银行“编制爱心 传递温暖”围巾捐赠仪式在撒拉溪镇沙坝希望小学举行。七星关区副区长杨黔，区长助理房公波出席仪式，中国农业发展银行总行工会团委工作部处长王松携中国农业银行总行、贵州省分行、毕节分行相关人员参加，区教育局、撒拉溪镇政府、毕节市开源建设投资有限公司相关负责人及沙坝希望小学全体师生参加仪式。

是日 毕节市对七星关区义务教育初步均衡发展评估验收反馈会在区行政办公中心九楼会议室召开。市政协党组书记、区委书记宫晓农，副市长冉霞，市教育局局长赵昌伦，市教育督导师、正县级督学章剑平，区委常委、统战部部长安旺，区人大常委会副主任张骅，副区长杨黔，区政协副主席燕金祥，金海湖新区副主任王雪竹出席会议，区直相关部门、各乡镇街道负责人，教管中心主任、中学校长、城区编码学校主要负责人参加会议。

19日 中国民主同盟毕节市七星关区工作委员会成立大会在区行政办公中心九楼会议室召开。

民盟中央副秘书长、组织部部长陈幼平，民盟贵州省委专职副主委黄先明；毕节市政协党组书记、中共毕节市七星关区区委书记宫晓农，中共毕节市委常委、统战部部长尹恒斌，民盟贵州省委副主委、毕节市人民政府副市长冉霞，中共毕节市委统战部副部长、市联络联系办主任廖碧江，民盟毕节市委主委卢凤礼；七星关区人大常委会主任周延，七星关区政协主席吴坚，中共毕节市七星关区委常委、组织部部长郑荣，民盟中央宣传部编辑室副调研员、七星关区人民政府副区长姜玲玲，民盟毕节市委副主委、区政协副主席邹芝桦出席会议。中共毕节市七星关区委常委、统战部部长安旺主持会议。

是日 中国致公党毕节市七星关区工作委员会成立大会在区行政办公中心九楼会议室召开。

致公党中央社会服务部副部长李曼，致公党贵州省委专职副主委宋平，致公党中央组织部组织处处长陈首榕，致公党贵州省委秘书长、省侨联副主席潘志建，毕节市政协党组书记、中共毕节市七星关区委书记宫晓农，致公党贵州省委副巡视员史武钢，中共毕节市委常委、统战部部长尹恒斌，七星关区人大常委会主任周延，七星关区政协主席吴坚，中共毕节市委统战部副部长、市联络联系办主任廖碧江，中共毕节市七星关区委常委、组织部部长郑荣，民盟毕节市委副主委、七星关区政协副主席邹芝桦，致公党中央社会服务部副调研员、七星关区人民政府区长助理朱雅亮出席会议。中共毕节市七星关区委常委、统战部部长安旺主持会议。

是日 七星关区易地扶贫搬迁整体搬迁自然村寨电视电话会议在区行政办公中心九楼电视电话会议室召开。区委副书记、区长胡敬斌出席会议并讲话，副区长胡卫国主持会议，区直各部门相关负责人在主会场参加会议，各乡镇（街道）党委（党工委）书记、分管易地移民搬迁工作负责人、各村村支部书记和主任及相关负责人在分会场参加会议。

21日 七星关区党的群团工作会议召开。市政协党组书记、区委书记宫晓农强调，当前和今后一个时期的群团工作，要切实按照中央、省委和市委关于群团工作的决策部署，以“决战贫困、提速赶超、同步小康”为主题，突出“服务发展、能力提升、改革创新、活动开展、作风建设、基层基础”六个中心，做好“动员组织群众、教育引导群众、联系服务群众、维护群众合法权益”四项工作，团结带领广大群众为推进全区经济社会跨越发展而努力奋斗。

是日 七星关区2015年度目标管理考核培训会在区政协五楼会议室召开。区委常委、组织部部长郑荣出席会议并讲话，区纪委、区委组织部相关负责人及各目标考核组成员参加会议。

是日 交通运输部安全与质量监督管理司副司长黄勇、国家安全生产应急救援指挥中心副巡视员邸长勇率国务院安委会第六督查组成员，赴七星关区督查安全生产工作。省政府副秘书长周乐职，省安全监管局、省煤矿安监局局长李尚宽，副市长马炼，市政协副主席、市交通运输局局长安顺才，副区长周祖华及省、市、区相关部门负责人陪同督查。

22日 毕节市七星关区第一届人大常委会第31次会议在区人大常委会五楼会议室召开。区人大常委会副主任安慧主持会议。区人大常委会副主任张媛、王大庆、胡家敬、张骅、肖世华、林学方出席会议。区委常委、区人民政府常务副区长胡书龙，区人民检察院检察长徐永及区人民法院、区政府办等部门负责人列席会议。

是日 七星关区委常委、统战部部长安旺召集区委统战部、台办、联络联办等单位干部职工，传达学习毕节市加强统一战线参与毕节试验区建设工作推进会精神。

26日 七星关区委副书记、区长胡敬斌到田坎乡遍访贫困村、贫困户。区政府办、田坎乡主要负责人及田坎、元山、茨竹、青杠、大元等村驻村干部、村干部陪同遍访。

是日 七星关区全省2015年第四批重大项目集中开工仪式在鸭池镇污水处理项目施工现场举行。副区长胡卫国宣布第四批7个重大项目集中开工。区政府办、发改局、工能局、财政局、国土局、环保局等单位负责人参加。

28日 贵州省冬季道路交通安全工作电视电话会议召开。副省长、省公安厅厅长孙立成出席会议并讲话。七星关区副区长周祖华及区直各相关部门负责人在区分会场参加会议。

是日 七星关区龙官桥水库建设工程启动会在何官屯镇召开。副区长胡卫国，区政协副主席王林中出席会议。区直相关部门、何官屯镇及施工监理单位相关负责人分别作表态发言。

（撰稿：新闻中心）

文件选编

毕节市七星关区人民政府关于印发毕节市七星关区人民政府工作规则的通知

七星府发〔2015〕1号

各乡镇人民政府、街道办事处，区政府各工作部门，各直属机构：

《毕节市七星关区人民政府工作规则》已经区人民政府一届23次常务会议研究通过，现印发给你们，请遵照执行。

毕节市七星关区人民政府

2015年2月27日

毕节市七星关区人民政府工作规则

第一章　总　则

第一条　根据《中华人民共和国宪法》《中华人民共和国地方各级人民代表大会和地方各级人民政府组织法》，参照《国务院工作规则》《贵州省人民政府工作规则》《毕节市人民政府工作规则》，结合我区实际，制定本工作规则。

第二条　区人民政府坚持以邓小平理论和“三个代表”重要思想为指导，牢固树立科学发展观，认真贯彻党的路线、方针、政策，严格遵守宪法和法律法规，坚决执行党中央、国务院、省委、省人民政府、市委、市人民政府和区委的指示和决策部署，贯彻执行区人民代表大会及其常务委员会的决议决定，全面履行经济调节、市场监管、社会管理和公共服务的职能，实行科学民主决策，坚持依法行政，加强行政监督，形成行为规范、运转协调、公正透明、快捷高效的行政管理体制，建设法治政府、服务政府、廉洁政府。

第三条　区人民政府工作的准则是：执政为民，依法行政，实事求是，民主公开，务实清廉。

第二章　组成人员职责

第四条　区人民政府组成人员要模范遵守宪法和法律法规，认真履行职责，坚持解放思想、实事求是、与时俱进、开拓创新、忠于职守、服从命令、顾全大局，全心全意为人民服务。

第五条　区人民政府实行区长负责制，区长领导区人民政府的工作。副区长、区长助理、区人民政府办公室主任协助区长工作。区长外出期间，受区长委托，由区人民政府负责常务工作的副区长主持区人民政府的全面工作。

第六条 区长召集和主持区人民政府全体会议、区人民政府常务会议。区人民政府工作中的重大事项，必须经区人民政府全体会议或常务会议讨论决定。

第七条 副区长、区长助理按分工负责处理分管工作；受区长委托，负责其他方面的工作或专项任务，并可代表区人民政府进行外事活动。

第八条 区人民政府办公室主任在区长领导下，协调落实区人民政府决定事项，负责区长授权的其他工作，领导区人民政府办公室的全面工作。

第九条 区人民政府各工作部门实行主任、局长负责制，按照职能职责负责本部门的工作。

区人民政府各部门要依照法律、法规各司其职，各尽其责，进一步改进工作作风，创新管理方式，简化办事程序，提高行政效能，坚决贯彻落实区人民政府各项工作部署。

区审计局在区长领导下，依法独立行使审计监督职能，不受其他行政机关、社会团体和个人的干涉。

区监察局在区长和上级监察机关领导下，依法对本区国家行政机关及其公务员和区人民政府任命的其他人员实施监察，不受其他行政机关、社会团体和个人的干涉。

第三章　全面正确履行政府职能

第十条 区人民政府及其各工作部门要加快政府职能转变，全面履行经济调节、市场监管、社会管理和公共服务职能。形成权界清晰、分工合理、权责统一、运转高效、法治保障的机构职能体系，创造良好发展环境，提供基本均等公共服务，维护社会公平正义。

第十一条 全面落实国务院宏观调控政策，紧紧抓住国家深入实施西部大开发战略和出台《国务院关于进一步促进贵州经济社会又好又快发展的若干意见》（国发〔2012〕2号）、《国务院办公厅关于同意深入推进毕节试验区改革发展规划的函》（国办函〔2013〕35号）机遇，坚持加速发展、加快转型、推动跨越主基调，促进工业化、信息化、城镇化、农业现代化同步发展，调整和优化经济结构，统筹区域经济发展，实现经济增长、增加就业、稳定物价和财政收支平衡，运用经济、法律手段并辅之以必要的行政手段引导和调控经济运行，促进经济社会又好又快、更好更快发展，确保与全市、全省、全国同步全面建成小康社会。

第十二条 依法强化市场监管，完善监管体系，规范行政执法行为，创造公平和可预见的法制环境，鼓励创业、创新、创优，建立健全社会信用体系，整顿和规范市场经济秩序，建设统一开放、公平诚信、竞争有序的市场体系，建设诚信七星关、开放七星关、法治七星关。

第十三条 创新社会管理，形成源头治理、动态管理、应急处置相结合的社会管理机制，完善基层社会管理服务，妥善处理社会矛盾，注重解决民生问题，促进就业创业，健全社会保障体系，依法管理和规范社会组织、社会事务，维护社会秩序和社会稳定，维护社会公平正义和和谐稳定，建设平安七星关、和谐七星关。

第十四条 依法建立健全突发事件应急管理机制，完善各类应急预案，落实应急体系规划建设，健全信息通报、预防预警、应急处置、舆论引导机制，加强应急队伍建设，整合应急资源，抓好应急管理宣传、教育、培训和演练，强化源头管理，进一步推动基层应急管理工作，不断提高政府应对公共危机的能力。

第十五条 强化公共服务职能，完善公共政策，健全公共服务体系，整合优化公共资源，不断提供更多的公共产品和服务，推进部分公共产品和服务的市场化进程，建立健全公共产品和服务的监管和绩效评估制度，简化程序，降低成本，讲究质量，提高效益。

第四章　推进依法行政

第十六条　区人民政府及其各工作部门要带头维护宪法和法律法规权威，建设法治政府。按照合法行政、合理行政、程序正当、高效便民、诚实守信、权责统一的要求行使权力，强化责任意识，不断提高依法行政的能力和水平。

第十七条　区人民政府根据国家法律、行政法规、规章的修订情况、全区经济社会发展情况和扩大对外开放的需要，适时制定、修改或废止区人民政府规范性文件和行政措施。

第十八条　区人民政府及其各工作部门制定的规范性文件，必须符合法律、法规和国家有关规定的要求，严格遵守法定权限和程序，坚持从实际出发，准确反映全区经济社会发展要求，充分反映人民群众意愿，使所确立的制度能够切实解决问题，备而不繁，简明易行。重要规范性文件实施后要进行后评估，发现问题，及时完善。

第十九条　区人民政府各部门制定规范性文件，涉及两个及以上部门职权范围的事项，要充分听取相关部门意见，并由区人民政府或有关部门联合制定规范性文件。其中，涉及公众权益、社会关注度高的事项及重要涉外、涉港澳台侨的事项，应当事先请示区人民政府。部门联合制定的重要规范性文件必须经区人民政府法制机构提出合法性审查意见，报请区人民政府批准方可发布，且要依法依规及时报备。区人民政府各部门提请区人民政府审议的规范性文件，应由区人民政府法制机构审查或组织起草，规范性文件的解释工作由区人民政府法制机构承办。

严格合法性审查，规范性文件不得设定行政许可、行政处罚、行政强制等事项，不得违法增加公民、法人和其它组织的义务。对违反法律、法规、规章或国家有关规定，以及规定不适当的规范性文件，要依法责令部门纠正或由区人民政府予以改变、撤销。

以区人民政府及区人民政府办公室名义制定规范性文件，文件草案送区人民政府全体会议、区人民政府常务会议讨论前，应先交由区人民政府法制机构进行合法性审查，有法制机构的书面合法性审查意见书后，方能上会讨论；区人民政府法制机构负责规范性文件备案审查并定期向社会公布目录。

第二十条　区人民政府要加强依法行政工作考核，要按照行政执法与经济利益脱钩、与责任挂钩的原则理顺行政执法体制，科学配置执法机关的职责和权限，相对集中行政处罚权，推进综合执法，严格实行执法责任制和执法过错追究制。各部门要严格执法，健全规则，规范程序，落实责任，强化监督，切实做到有法必依、执法必严、违法必究，公正执法、文明执法，维护公共利益、人民权益和社会秩序。

第五章　实行科学民主决策

第二十一条　区人民政府及其各工作部门要遵循行政决策规则和程序，实行依法决策、科学决策和民主决策，坚持法治、民主、公正、时机、择优的决策原则，把公众参与、专家论证、风险评估、合法性审查和集体讨论决定作为重大决策的必经程序，增强公共政策制定的透明度和公众参与度。

第二十二条　全区国民经济和社会发展计划、财政预决算、经济、社会、文化发展的重大政策措施，制定区人民政府规范性文件以及重大投资项目等重大事项，由区人民政府全体会议或常务会议讨论决定。

第二十三条　各部门提请区人民政府讨论决定的重大决策建议，必须符合宪法、法律和国家的方针政策，且经过深入调查研究，并经相关机构的评估论证或法律审查；涉及相关部门和乡镇街道办事处的，应事先征求意见充分协商；涉及重大公共利益和公众权益、容易引发社会稳定问题的，要进行社会稳定风险评估，通过公示或听证会等形式听取有关方面的意见和建议。

第二十四条　区人民政府各工作部门必须坚决贯彻落实区人民政府的重大决策和工作部署，及时跟踪和反馈执行情况。区人民政府办公室要加强督促检查，确保政令落实。

第二十五条 区人民政府作出的重大决策实施后，应当按照客观公平、公正公开、及时高效的原则进行评估，根据评估情况及时发现并纠正决策存在的问题，适时调整和完善决策，减少决策失误造成的损失，提高决策的质量。

第二十六条 按照“谁决策、谁负责，决策权与决策责任相统一”的原则，对没有严格履行决策程序、违反有关原则和规定进行决策、造成重大损失或严重影响的人员进行责任追究，责任追究按照干部管理权限进行。对责任人的责任追究，按照《行政监察法》、《行政机关公务员处分条例》等有关规定办理。

经调查，发现决策过程存在下列情形之一的，要进行责任追究：

（一）超越权限、违反程序决策的；

（二）未深入进行调查研究、分析论证导致决策错误的；

（三）主观上存在推诿扯皮造成工作进展缓慢的；

（四）应当集体讨论决定而未经讨论的；

（五）依法应当作出决策而不决策的；

（六）应当听证而未听证的；

（七）违反保密纪律和档案管理规定的；

（八）不执行或不正当执行决策决定的；

（九）其他严重违反决策程序的情形。

第六章 推进政务公开

第二十七条 区人民政府及各部门要把公开透明作为政府工作的基本制度。深化政务公开，完善各类办事公开制度，健全政府信息发布制度，推进行政权力行使依据、过程、结果公开。

第二十八条 区人民政府全体会议和常务会议讨论决定的事项、区人民政府及各部门制定的政策措施，除依法需要保密的外，应及时公开。凡涉及公共利益、公共权益、需要广泛知晓的事项和社会关切的事项及法律法规、区人民政府及各部门规定需要公开的事项，应通过政府网站、政府公报、新闻发布会以及报刊、广播、电视、网络等方式，依法、及时、全面、准确、具体地向社会公开。

第二十九条 按照统筹规划、整合资源、服务应用、确保安全的原则，加强政府网站建设，大力推行电子政务，扎实推进政府信息公开工作，切实提高政府工作效率。

第七章 健全监督制度

第三十条 区人民政府要自觉接受区人民代表大会及其常务委员会的监督，认真负责地报告工作、接受询问和质询、依法备案行政规范性文件。自觉接受区政协、各民主党派和群众团体的民主监督，虚心听取意见和建议。

区人民政府及其各部门要依照有关规定认真办理人民代表的议案和政协委员的提案，办理结果应及时回复。

对区人大、区政协组织的视察、执法检查、调研和座谈等活动，区人民政府应明确专人和相关部门做好有关组织协调工作。

第三十一条 区人民政府各工作部门要按照有关法律规定接受司法监督，做好行政应诉工作，尊重并自觉履行人民法院的判决、裁定。同时要自觉接受审计、监察等部门的监督，对监督中发现的问题，要认真查处和整改并向区人民政府报告。

第三十二条 区人民政府及各工作部门要严格执行行政复议法，加强行政复议指导监督，自觉履行行政复议决定，纠正违法或不当的行政行为，依法及时化解行政争议。

第三十三条 区人民政府及各工作部门要自觉接受社会公众和新闻舆论的监督，认真调查核实有关情况，及时依法处理和改进工作。重大问题要向社会公布处理结果。

第三十四条 区人民政府及各工作部门要重视人民群众来信来访工作，进一步完善信访制度，畅通和规范群众诉求表达、利益协调、权益保障渠道；区人民政府领导及各部门负责人要亲自阅批重要的群众来信，定期接待群众来访，解决群众合理诉求。

第三十五条 区人民政府及各部门要实行实

绩考核制度和行政问责制度，加强对重大决策落实、部门职责履行、重点工作推进以及自身建设等方面的考核评估，健全纠错制度，严格责任追究，提高政府执行力和公信力。

第八章　会议制度

第三十六条　区人民政府实行区人民政府全体会议、区人民政府常务会议和区人民政府专题会议制度。

第三十七条　区人民政府全体会议由区长、常务副区长、副区长、区长助理、区人民政府办公室主任和区人民政府工作部门主任、局长组成，由区长或委托常务副区长召集和主持。

区政府办公室副主任和有关负责同志列席会议。

根据需要，可邀请区人大常委会、区政协、人武部、区纪委、区人民法院、区人民检察院领导同志，区委、区人大常委会、区政协有关部门负责人，区人民团体负责人，省驻区新闻单位负责人列席会议。

根据需要，可安排有关部门（单位）、和乡镇人民政府（街道办事处）主要负责人列席会议。

区人民政府全体会议的内容，由区长或区人民政府常务会议研究确定。

区人民政府全体会议的主要任务是：

（一）传达贯彻党中央、国务院、省委、省政府、市委、市政府和区委的重要指示、决定和会议精神，以及区人民代表大会及其常务委员会的重要决议、决定；

（二）讨论决定区人民政府工作中的重大事项；

（三）部署区人民政府工作中的重要工作；

（四）讨论、通报和部署全区经济社会发展全局性工作；

（五）讨论决定需要区人民政府全体会议决定的其他事项。

区人民政府全体会议一般每年召开两次。根据需要，经研究可适时召开。

第三十八条　区人民政府常务会议由区长、常务副区长、副区长、区长助理、区人民政府办公室主任组成，由区长或委托常务副区长召集和主持。

区人民政府办公室副主任和有关负责人列席相关议题，区人民政府法制、审计、监察、发改、财政、督办督查和实绩考核部门主要负责人列席区人民政府常务会议。

根据需要，可邀请区人大常委会、区政协、人武部、区纪委、区人民法院、区人民检察院领导同志，区委、区人大常委会、区政协有关部门负责人，区人民团体负责人，省驻区新闻单位负责人列席会议。

根据需要，可安排有关部门（单位）和乡镇人民政府（街道办事处）主要负责人列席会议。

区人民政府常务会议议题，由区人民政府各部门提出，经区人民政府办公室相关副主任初步审核，报请区人民政府分管副区长召开专题会议充分讨论研究后，由区人民政府办公室主任呈报区长确定。涉及范围广、问题相对复杂的议题可由区长、常务副区长或副区长安排区人民政府办公室统筹汇总后形成报告，征求相关政府领导和关涉部门意见后呈报区长确定。区长根据工作需要可提出议题。

区人民政府常务会议的主要任务是：

（一）传达上级的重要指示、决定及重要会议、重要文件精神，并研究制定贯彻落实措施。

（二）讨论决定全区国民经济和社会发展规划、近期计划、年度计划、财政预算；研究分析一定时期全区经济社会发展形势，通报区人民政府总体工作情况；研究区人民政府工作中事关全区经济、社会、文化发展的重大政策措施、重要资金使用、重大经济社会活动及重大建设项目安排等重要事项。

（三）研究和决定临时性经费申请和有关行政事业性收费的减免，审批区本级预算追加支出额度较大的项目。

（四）研究确定社会管理和公共服务中有关体制改革、机制建设和制度建设方面的重大问题，讨论决定加强政府自身建设的重大事项。

（五）审议需要以区人民政府名义发布或批转的规范性文件，讨论通过由区人民政府发布的行政措施和决定。

（六）审定需要向市人民政府请示、报告或者向区委、区人大常委会报告和向区政协通报的重要事项，讨论并通过需提请区人大常委会审定的议案和提请区人民代表大会审议的政府工作报告、国民经济和社会发展计划执行情况与国民经济和社会发展计划草案、财政预算执行情况及预算草案报告。

（七）研究各乡镇人民政府（街道办事处）、区人民政府各部门上报的重要请示或重要报告。

（八）研究和决定区人民政府对行政部门领导干部进行问责的有关事宜。讨论须由区人民政府作出决定给予表彰奖励或处分的重要事项。

（九）通报和讨论其他重要事项。

区人民政府常务会议原则上每半月召开一次。如有需要，视议题收集情况、紧急程度可适时召开。

第三十九条 区人民政府专题会议由区长、常务副区长、副区长、区长助理，或受区长、常务副区长、副区长委托的区人民政府办公室主任、副主任召集和主持，根据需要安排有关部门、单位和乡镇人民政府（街道办事处）负责人参加会议。

区人民政府专题会议议题由区长、常务副区长、副区长和区长助理确定。

区人民政府专题会议研究协调区人民政府日常工作中的具体问题，处理具体业务。可根据需要适时召开。

第四十条 区人民政府全体会议、常务会议和专题会议的组织工作由区人民政府办公室负责。

第四十一条 区人民政府各部门和各乡镇人民政府（街道办事处）提请区人民政府全体会议、区人民政府常务会议审议的议题及其附件材料，须充分征求有关部门或有关乡镇人民政府（街道办事处）的意见并取得其主要负责人签发盖章的书面复函，经本部门或乡镇人民政府（街道办事处）主要负责人或主持工作的负责人审定形成正式文件（各部门反馈意见应作为其附件一并上报），附区人民政府全体会议（常务会议）议题登记表，按照规定程序逐级送审确定。除区人民政府区长特批件外，临时提交审议的议题一般不再追加；非紧急事项不临时动议。原则上区人民政府办公室要将议题和有关会议文件在会议召开前送达与会人员。

需要列席区人民政府全体会议、区人民政府常务会议的单位名单，上报议题单位要在议题登记表中详细注明，由区人民政府办公室审定并负责通知参会。

第四十二条 区人民政府领导同志不能出席区人民政府全体会议、区人民政府常务会议，须向会议召集人请假，如对议题有意见或建议，可在会前提出。区人民政府各部门主要负责同志和其他需要参加会议的人员应当按照通知要求参加会议，不能参加的，应提前向会议召集人请假（或由区人民政府办公室主任代为请示）获准后安排其他主持工作的副职代会，未经同意不得随意由他人代替出席会议。请假情况需向区人民政府办公室反馈。

第四十三条 区人民政府全体会议、区人民政府常务会议讨论的文件需要修改的，在会议结束时由议题呈报单位负责收回，由起草单位按会议讨论的意见修改，在规定时间内修改后报送区人民政府办公室，经区人民政府领导审查后按会议审定意见实施。讨论报区委审定的议题，议题呈报单位必须按会议讨论的意见，及时完善相关手续后送交区人民政府办公室按程序送审签发，及时呈报区委。

第四十四条 区人民政府全体会议、区人民政府常务会议纪要，按照“谁分管，谁负责”和“相对分工，统筹协调”原则，由区人民政府办公室各科室联合起草，各科室根据各自服务领域起草会议决议文稿，经区人民政府办公室联系副主任、区人民政府分管副区长逐级严格审核，由区人民政府办公室秘书一科汇总后，逐级呈送区人民政府办公室主任、区人民政府常务副区长把关，报区长签发。区人民政府专题会议纪要由召集会议的区长、常务副区长、副区长签发；区长助理、区人民政府办公室主任、副主任受委托召开的专题会议，会议纪要经受委托人审核后报委托人签发。研究重要事项的专题会议纪要经会议召集人审核后报区长签发。

第四十五条 区人民政府各部门召开的工作会议，要精简数量，控制规模，严格审批。应由区人民政府各部门召开的全区性会议，不以区人民政府名义召开，不邀请区人民政府负责人出席，不要求各乡镇人民政府（街道办事处）和各部门主要领导参加，确有必要的须报区人民政府批准。区人民政府领导一般不出席部门的工作会议。未经区人民政府批准，区人民政府各部门不得邀请上级部门和外县、区负责人出席会议。

确需以区人民政府名义召开的全区性会议，有关部门须提前15天上报会议方案，由区人民政府办公室审核提出意见后报区长或区人民政府常务会议审定。

全区性会议应尽可能采用视频会议形式召开。各类会议应充分准备，主办部门要牵头做好筹备工作，提高效率和质量，重在解决问题。

第四十六条 通过部门商洽在我区召开的全市性会议。有关部门须提前报告区人民政府，经同意后方可答复和安排。

第九章　公文处理

第四十七条 区人民政府各部门和各乡镇人民政府（街道办事处）向区人民政府报送的公文，应当符合《党政机关公文处理工作条例》《党政机关公文格式》和区人民政府关于行政机关公文处理工作的相关规定。凡不符合公文处理有关规定的，退回报文单位重办。因报文单位不按规定办文，造成误时误事的，由报文单位负责；造成工作损失的，要追究责任。区人民政府办公室负责指导、监督全区行政系统公文处理工作。

第四十八条 除区人民政府领导直接交办事项和必须直接报送的涉密、紧急事项外，不得以本机关名义直接向区人民政府领导个人报送公文，也不得以本机关负责人的名义向区人民政府报送公文。具有请示事项，需要签批意见的公文不得多头报送。

各乡镇人民政府（街道办事处）和各部门报送区人民政府的请示性公文，必须由主要负责人签发，主要负责人外出时，可指定负责工作的负责人签发。报批的事项要提前做好调研和协调工作，凡涉及其它部门职权的，必须主动与相关部门充分协商，由主办部门主要负责人与相关部门负责人会签或联合呈报区人民政府审批。部门之间有分歧的，主办部门应主动协商，协商后仍不能取得一致意见的，主办部门应列明各方理据，提出办理建议，与相关部门负责人会签后报区人民政府决定。属于各部门职权范围内的事项，不报区人民政府研究。

第四十九条 区人民政府各部门和乡镇人民政府（街道办事处）报送区人民政府审批的公文，由区人民政府办公室负责文书处理工作的科室统一登记、归口办理，经区人民政府办公室联系主任、副主任按照公文审批程序和区人民政府领导同志分工负责的原则提出拟办建议后，报区人民政府分管领导同志审批；区人民政府办公室收到上级或同级部门给区人民政府的文件、函件，根据区人民政府领导同志分工送区人民政府办公室对应科室按照公文审批程序办理；收到外商、企业等给区人民政府或区人民政府领导同志涉及政务的函件，应告知先转有关职能部门提出处理意见后，由职能部门转报区人民政府审批；外封注明区人民政府领导同志个人姓名的信件，由区人民政府办公室负责收发的科室签收登记原封转达相应科室办理；对涉及两位以上区人民政府领导同志分管工作的公文，应依次呈送分管的领导审批，重大事项报区长审批。

区人民政府领导同志收到直接报送的要求审批的公文，一般不先作批示，应交由区人民政府办公室按规定程序审核、拟办、运转。区人民政府领导批示的公文，由区人民政府办公室负责文书处理工作的科室统一转办、处理。

第五十条 区人民政府制定的规范性文件、发布的命令、提请区人民代表大会或区人民代表大会常务委员会审议的议案、报送市人民政府的请示和报告，区人民政府发布的涉及机构、人、财、物及规划、管理权限等调整利益和职权关系的重要文件，必须由分管副区长审核后，送区长签发。以区人民政府名义发出的其他公文，可由区人民政府分管领导审核签发。对涉及两位以上区人民政府领导同志分管工作的公文，应依次送区人民政府涉及领导签署意见，以最后签署意见时间为文件生效时间。

以区人民政府办公室名义发文，需联系副主任审核后由区人民政府办公室主任签发；重要公文报请区人民政府分管副区长或区长签发。属于区人民政府办公室机关内部事务的公文，由区人民政府办公室主任或分管副主任签发。

属部门职权范围内事务，应由部门自行发文或联合发文的，不再由区人民政府批转或区人民政府办公室转发。

凡法律法规和规章已作出明确规定的，一律不再制发文件，没有实质内容、可发可不发的文件简报，一律不发。

第五十一条 区人民政府在行政管理、公共服务以及民事经济活动中，作为一方当事人所订立的涉及国有资产、财政资金使用和自然资源、公共资源开发利用的协议，即政府合同，等同于政府重要文件管理。政府合同必须经相关部门充分论证、区政府法制机构提出明确书面审查意见，由区人民政府办公室审核后按照公文办理程序逐级送审签批同意后方可由区长签订或授权分管的副区长签订。重要合同需经区人民政府全体会议或常务会议审定。

第五十二条 区人民政府的领导同志签发文件或审批公文时，应当签署明确意见、姓名和日期。对于一般报告性公文，圈阅表示已阅知；对于有具体请示事项的公文，圈阅则表示同意请示的事项。

第五十三条 区人民政府内部承办文件实行实名制，文件、材料的拟稿人、核稿人必须签署本人姓名。文件的承办要实行会办制，凡涉及分管部门较多的事项，承办人要主动协调、实行会办。要提高办文质量和办文效率，紧急公文限时办理。

第五十四条 区人民政府各部门、各乡镇街道办事处和区人民政府办公室要加快协同办公系统建设和应用步伐，通过信息化办公手段提高公文办理效率。

第五十五条 区人民政府办公室收到上级部门和领导的批示件，要立即按照分工送呈有关领导阅批，及时转有关部门办理或直接组织办理，并严格按规定时限要求办结和上报办理情况。

区人民政府各部门、各乡镇街道办事处对区人民政府批办和区人民政府办公室转办的公文，有明确时限要求的，要在时限内办理完毕并回复办理结果，没有明确时限要求的，办理完毕后要及时回复办理结果，重要情况及时报告。

第五十六条 以区人民政府、区人民政府办公室名义制发的普发性公文，应及时公开，并在区人民政府门户网站、《区人民政府公报》上刊载。

第十章　请示报告和督促检查

第五十七条 区人民政府在处理政府工作事务中，有关全区国民经济和社会发展规划，财政预算的确定和调整，须经区人民政府常务会议审议通过后，提请区人民代表大会及其常务委员会审议；区人民政府各项工作管理体制的重大改革，各工作部门的设立、撤销和合并，涉及全区范围和广大群众切身利益的重大行政措施，重要外事活动以及按组织原则需由区委决定的，应提出意见报请区委审定。

第五十八条 区人民政府各部门对于主管业务的重大决策，实施前应向区人民政府报告。

区人民政府各部门提请区委审定重要工作事项、受区人民政府委托向区人民代表大会及其常务委员会报告工作或向区政协通报工作，报告稿或通报稿须先经区人民政府有关会议讨论或由区人民政府分管领导审核报经区长同意。

区人民政府各部门分别按半年和全年书面向区人民政府报告工作情况，重要情况要及时报告。区人民政府办公室适时通报重要工作情况。

第五十九条 区人民政府各部门要切实加强政务信息工作，及时向区人民政府报告业务工作及经济社会发展中的重要情况，为区人民政府领导科学民主决策提供依据。区人民政府办公室负责组织开展政务信息的收集、编辑、审核和报送工作。

第六十条 区督办督查局和区实绩考核办是区人民政府实施督促检查工作的主管部门，负责对全区政务督查工作的组织、指导、协调和检查。督查工作要围绕重点工作、重要决策、工作部署和区委、区政府领导的重要批示开展。根据区人民政府领导意见，区人民政府办公室可组织协调有关部门开展专项督查，并及时报告督查结果。

区人民政府领导对事关全局的重要工作要亲自组织督查，以督查抓工作，以督查促落实。区人民政府领导直接进行的重点工作督查，区人民政府办公室负责安排，做好统筹、协调和服务保障工作。

区人民政府各部门开展的工作督查，应将督查方案报区人民政府审定，督查结果向区人民政府报告。区人民政府法制办负责承办行政执法督查工作。

对重要事项区督办督查局和区实绩考核办在必要时可与区监察局等有关部门组织联合督查，促进问题的解决。对久拖未决的问题，经两次以上督查仍未解决的，实行行政问责，追究有关人员责任。

第六十一条 对区人民政府的重要决策和区长、常务副区长、副区长的重要批示件，各部门要明确相关负责人负责落实，办理完毕后向区人民政府报告办理情况，办理过程中的重要情况要及时报告。

第六十二条 区人民政府各部门和各乡镇人民政府、街道办事处遇有紧急重大情况、群体性事件、突发事件，要及时请示、报告。对发生危害国家安全和影响社会稳定的事件、重大安全事故、重大特大刑事案件、重大灾情疫情等方面的紧急、重大情况，区人民政府各部门、各乡镇人民政府（街道办事处）主要负责同志要及时组织妥善处置，并按照规定的时限和要求及时向区人民政府报告。

第六十三条 区人民政府各部门、各乡镇人民政府（街道办事处）行政正职领导因公外出回区后，需本人书面或口头向主管的区人民政府领导同志销假并汇报情况；一些比较重大的问题，需向区长或常务副区长报告。

第六十四条 区人民政府各部门参加省政府、市政府召开的工作会议，应提出具体贯彻落实意见，在会后三天内向分管副区长报告。紧急事项应及时报告。

第六十五条 区人民政府各部门、各乡镇街道办事处下属或行业管理单位工作中的请示事项，一般应向所属主管部门、乡镇人民政府或街道办事处请示，除特殊紧急事项外，不应越级向区人民政府请示。

第十一章　工作协调制度

第六十六条 各乡镇人民政府、街道办事处及区人民政府各部门（单位）之间工作中的争议，执行法律、法规、规章和政策中的争议以及其他需要区人民政府协调的问题，应及时协调解决。

第六十七条 对法律、法规、规章和上级政府有明确规定的，依照法律、法规、规章和上级政府的规定协调；没有明确规定的，按照顾全大局、兼顾各方利益的原则协调。区人民政府法制机构提供法律服务。

第六十八条 按照分级协调原则进行协调。

（一）部门协调。综合部门依照法律、法规、规章或经区政府指定进行协调。涉及各部门或单位在行政执法中产生的矛盾或争议由区政府法制机构进行协调。相关部门应积极配合并对议定的事项坚决执行。

（二）区人民政府办公室协调。综合部门难以协调的事项先由政府办公室主任、副主任进行协调，综合部门应提供情况并提出处理意见和建议。除特殊、紧急事项，一般不直接报区长、副区长处理。

（三）区人民政府裁决。对涉及面较大，经区人民政府办公室协调解决不了的重大问题，请示区人民政府分管副区长进行协调裁决或召开专题会议研究解决。重大问题应及时报告区长，由区长裁决或召开区人民政府常务会议进行研究解决。

（四）经协调取得一致意见或经区长、分管区长协调裁决的意见，各单位必须认真执行。在执行中如遇到新的问题可按照分级协调的原则进行协调解决，一般不得越级报告。

第十二章　调查研究制度

第六十九条　区长、常务副区长、副区长、区人民政府办公室主任，区人民政府各工作部门和各乡镇人民政府、街道办事处主要负责人，要围绕区人民政府的中心工作，围绕关系人民群众切身利益的重大问题，深入开展调查研究，切实帮助基层和群众解决难点和热点问题，对一时解决不了的，要组织有关部门研究，在以后的工作中逐步解决。经过研究未能解决的问题，要及时向上级报告。

第七十条　调查研究要讲求实效，力戒形式主义，要深入基层、深入群众、深入实际，用科学发展的观点去分析问题和解决问题。

第七十一条　区长、常务副区长、副区长下基层调研，需要作宣传报道的，报道内容必须经领导审定同意。调研活动的新闻报道，要突出主题，简明扼要，增强时效性和指导性。

第十三章　工作纪律

第七十二条　区人民政府组成人员要坚决贯彻执行党和国家的路线方针政策、工作部署以及区委、区人民政府的工作部署和要求，严格遵守纪律，决不允许"上有政策、下有对策"，决不允许有令不行、有禁不止，决不允许在贯彻执行各项决策部署上打折扣、做选择、搞变通。

第七十三条　区人民政府组成人员必须坚决执行区人民政府的决定，如有不同意见应当向区人民政府提出，在区人民政府没有重新做出决定前，不得有任何与区人民政府决定相违背的言论和行为；代表区人民政府发表讲话或文章，个人发表涉及未经区人民政府研究决定的重大问题及事项的讲话或文章，事先须经区人民政府同意。

第七十四条　区人民政府组成人员要严格执行请销假制度。区长外出按市人民政府和区委的有关规定执行；常务副区长、副区长、区长助理、区人民政府办公室主任以及区人民政府各部门和各乡镇人民政府、街道办事处主要负责人出差、出访或请休（销）假，应当按照区委、区政府的有关规定履行请假手续，外出时间、地点和代为主持工作的负责同志名单，需报区人民政府总值班室备案管理。

第七十五条　区人民政府各部门发布涉及重要工作部署、经济社会发展重要问题的信息，要经过严格审定，重大情况要及时向区人民政府报告。

第七十六条　区人民政府组成人员要严格遵守保密法律法规、保密纪律和外事纪律，严禁泄漏国家秘密、工作秘密或者因履行职责掌握的商业秘密等，坚决维护国家的安全、荣誉和利益。

第十四章　廉政和作风建设

第七十七条　区人民政府及各部门要严格执行廉洁自律的各项规定和中央关于改进工作作风、密切联系群众的八项规定以及省委、市委、区委关于作风建设的十项规定，切实加强廉政建设和作风建设。

第七十八条　区人民政府及各部门要实行政务公开，规范行政行为，增强服务观念，认真履行职责，树立规范服务、从严治政的工作作风。全面推进政府系统惩治和预防腐败体系建设，做到干部清正、政府清廉、政治清明。严格规范权力行使，对职权范围内的事项要按程序和时限积极负责地办理，对不符合规定的事项要坚持原则不予办理；对因推诿、拖延等官僚作风及失职、渎职造成影响和损失的，要追究责任；对越权办事、以权谋私等违规、违纪、违法行为，要严肃查处。

第七十九条　区人民政府及各部门要严格执行财经纪律，艰苦奋斗，勤俭节约，坚决贯彻执行《党政机关厉行节约反对浪费条例》和《党政机关国内公务接待管理规定》，坚决制止奢侈浪费。严格控制因公出国（境）团组数量和规模，严格执行住房、办公用房、车辆配备等方面的规定，严格控制论坛、庆典、节会等活动，严格控制和规范会议、差旅经费等一般性支出，各类会议活动经费全部纳入预算管理，改革和规范公务接待，严肃整治公款大吃大喝和公款旅游行为，不得违反规定用公款送礼和宴请，不得接受基层的送礼和宴请，严格控制政府机关办公楼、接待场所等楼堂馆所建设，切实降低行政成本，建设节约型机关。

第八十条 区人民政府组成人员要廉洁从政，严格执行领导干部重大事项报告制度，不得利用职权和职务影响为本人或特定关系人谋取不正当利益；不得违反规定干预或插手市场经济活动；加强对亲属和身边工作人员的教育和约束，决不允许搞特权。

第八十一条 区人民政府组成人员要做学习的表率，区人民政府及各部门要全面加强自身建设，努力创建廉洁型、学习型、创新型、发展型、服务型机关。

第八十二条 区人民政府领导要深入基层、深入群众、深入实际开展调查研究，选择工作好的典型，总结推广经验；多到困难、问题比较多的地方指导工作，研究和解决实际问题。下基层要轻车简从，减少陪同，简化接待，减轻基层负担，不搞边界迎送。调研活动的新闻报道要突出主题，简明扼要，具有针对性和指导性。不得在名胜古迹、风景区召开会议。

区人民政府各部门也要根据各自的工作重点制定每年的调研计划，认真抓好调研工作的落实。

第八十三条 除区委、区人民政府统一组织安排的重要活动外，未经批准，区人民政府领导不出席各地、各部门、各单位举办的活动。不得举办庆典、剪彩、奠基、庆祝会等活动和各类论坛活动。不得参加各类商业性会议和活动。不得以个人名义为上述各类活动题词、题字以及发贺信、贺电。

第八十四条 严格执行因公出国（境）审批管理规定，没有上级党委、政府的统一安排，不得自立名目出国（境）。

第八十五条 上级党委、政府及其各部门副县级以上领导的视察、检查和调研及外地各类团组、来宾的来访，按照区委、区人民政府有关接待工作的规定办理。

第八十六条 区人民政府领导参加的内外事活动，一律由区人民政府办公室协调安排。邀请区人民政府领导参加的重要活动，要提前5天报区人民政府办公室，由区人民政府办公室按规定程序办理。

第十五章 附 则

第八十七条 区人民政府直属机构、直属事业单位、区人民政府其他部门适用本规则。

第八十八条 本规则自印发之日起施行。本规则执行过程中的问题由区人民政府办公室负责解释。撤市设区前县级毕节市人民政府2010年3月24日发布的《毕节市人民政府工作规则》同时废止。

毕节市七星关区人民政府办公室关于印发毕节市七星关区2015年城乡居民基本医疗保险实施方案的通知

七星府办通〔2015〕1号

各乡镇人民政府、街道办事处，区政府各工作部门、各直属机构：

《毕节市七星关区2015年城乡居民基本医疗保险实施方案》已经区人民政府同意，现印发给你们，请认真贯彻执行。

毕节市七星关区人民政府办公室

2015年1月1日

毕节市七星关区2015年城乡居民基本医疗保险实施方案

根据《贵州省人民政府关于印发贵州省“十二五”期间深化医药卫生体制改革规划暨实施方案的通知》（黔府发〔2012〕36号）、国家发展和改革委员会、卫生部等六部委《关于开展城乡居民大病保险工作的指导意见》（发改社会〔2012〕2605号）、《贵州省卫生厅、财政厅、民政厅关于我省2014—2016年度新农合参合群众个人缴费标准等问题的通知》（黔卫发〔2013〕78号）和《毕节市人民政府办公室关于印发毕节市2015年城乡居民基本医疗保险实施方案的通知》（毕府办通〔2014〕108号）精神，结合我区实际，特制定本方案。

一、指导思想

坚持大病统筹为主，兼顾受益面；坚持以收定支，收支平衡，保障适度，略有结余；坚持便民利民宗旨，全区范围内住院即时即报；坚持合理利用卫生资源，适当拉开不同级别医疗机构的起付线和补偿比例，引导病人到基层医疗机构就诊；在一个年度内保持政策的稳定性和连续性。

二、基本原则

全区范围内实行“八个统一”的区级统筹管理，即“统一参保范围、统一筹资标准、统一基金管理政策、统一补偿政策、统一服务监管、统一信息管理、统一现场减免、统一考核标准”。

（一）统一参保范围。2015年城乡居民基本医疗保险参保范围为：全区除参加城镇职工基本医疗保险以外的城乡居民（含在校大学生、因婚暂未入户人员及新生婴儿）；外地来我区务工未在原居住地参保的人员；已参加城镇职工医疗保险的已婚夫妇可为预产期在筹资年度的胎儿缴纳参保金，但不得重复参保，重复享受待遇。

（二）统一筹资标准。2015年筹资标准为430元/人/年，其中财政补助360元/人/年（各级财政补助标准待中央和省补助政策出台后按规定执行），个人缴费70元/人/年。对低保对象、重点优抚对象、五保户、计划生育独生子女户和二女绝育户、重度残疾人等特殊人群的参保金缴纳，按相关部门的规定执行。

（三）统一基金管理。城乡居民基本医疗保险基金分为住院统筹基金、门诊统筹基金和大病医疗保险基金，2015年筹资总额为每人430元，其中310元用于住院统筹和大病保险统筹，120元用于门诊统筹。

（四）统一补偿政策。以住院医疗费用补助为主，实行“住院统筹+门诊统筹+重大疾病补充医疗保险统筹”的补偿模式。

1.住院补偿

（1）起付线：按医疗机构级别，设立不同的起付线。一级定点医疗机构100元；二级定点医疗机构300元；三级定点医疗机构（含二级专科医院）500元；毕节市以外的政府办医疗机构1000元；毕节市以外的非政府办医疗机构1000元。每次住院都必须交起付费，低于起付线以下的看病就医费用由个人自付。

（2）补偿比例：参保患者在各级定点医疗机构住院，符合城乡居民基本医疗保险报销范围的住院费用按比例予以补偿，不设封顶线。一级定点医疗机构补偿比例为85%；二级定点医疗机构补偿比例为75%；三级定点医疗机构（含二级专科医院）转诊补偿比例为65%，非转诊补偿比例为55%；毕节市以外的公立医疗机构就医（不分级别）转诊补偿比例为55%，非转诊补偿比例为45%；毕节市以外的非公立医疗机构就医补偿比例为35%。

具体见下表：

医院级别	一级定点医疗机构（乡级）	二级定点医疗机构（区级）	三级定点医疗机构（市级）		市外公立医院		市外非公立医院
			转诊	非转诊	转诊	非转诊	
起付线（元）	100	300	500	500	1000	1000	1000
报销比例	85%	75%	65%	55%	55%	45%	35%

（3）2015年度实行转院转诊管理制度，凡到三级定点医疗机构及毕节市以外公立医疗机构住院，未经转诊的，报销比例下调10%。在毕节市外非公立医疗机构住院的，无论转诊与否，符合政策范围内的费用，按35%的比例给予报销。

（4）计算参保患者的实际补偿金额时，首先应计算可补偿费用（即剔除不符合补偿范围的费用），减去起付金后，再按规定的补偿比例进行补偿。发票遗失的，一律不予报销。

（5）保底补偿。在各级定点医疗机构住院治疗且医药费用超过起付线的病例，实行保底补偿（非定点民营医疗机构不执行保底补偿）。实际补偿比例市内定点医疗机构不低于50%，毕节市以外公立医疗机构不低于40%。即在按补偿方案测算后，如果城乡居民实际补偿所得金额与剔除起付线后的医疗总费用之比低于保底补偿比例，则按照保底补偿比例给予补偿。但其检查和治疗必须符合病情需要，与病情无关的检查和治疗所产生的费用不纳入保底补偿范围。

（6）住院分娩补偿。为鼓励孕产妇住院分娩，对参保孕产妇住院分娩实行单病种包干补偿，按市卫生局《关于调整住院分娩限价标准的通知》（毕卫发〔2013〕31号）执行。对病理性产科的住院分娩按疾病住院补偿标准给予补偿。我区的孕产妇住院分娩先执行“降消项目”规定的定额补助政策，若有剩余部分，再由城乡居民基本医疗保险基金按有关规定给予补偿。上述合计补偿金额不得超过其实际支出费用。

（7）实行单病种包干的疾病不执行上述规定，按《七星关区新型农村合作医疗支付方式改革“单病种总额限价、定额补偿”实施方案》（七星区合医通〔2013〕10号）执行。五保户、农村计划生育独生子女户和二女绝育户及80岁以上老人不执行单病种规定。

（8）重大疾病补偿：国家、省、市新的方案未出台之前，重大疾病补偿除按贵州省卫生厅、贵州省民政厅《贵州省提高农村儿童重大疾病医疗保障水平试点工作实施方案》（黔卫发〔2011〕94号）、《贵州省卫生厅办公室关于印发〈贵州省提高农村重大疾病医疗保障水平新增病种试点方案〉的通知》（黔卫办发〔2011〕183号）、《贵州省卫生厅、贵州省民政厅关于进一步做好农村儿童两病医疗保障工作的通知》（黔卫发〔2012〕29号）、《贵州省卫生厅、贵州省民政厅关于调整农村儿童两病医疗保障方案部分内容的通知》（黔卫发〔2013〕83号）及《贵州省卫生厅关于印发贵州省新农合慢性粒细胞白血病、血友病A、地中海贫血重大疾病按病种付费实施方案（试行）的通知》（黔卫发〔2013〕61号）等文件规定执行外，其它重大疾病病种在公立医疗机构或省级指定的定点医院住院产生的医疗费用，不设起付线和封顶线，政策范围内的费用按80%进行补偿。在区合管中心登记办理门诊重大疾病诊疗证后，门诊就诊产生的政策内费用按80%进行补偿，门诊就诊补偿封顶线每人每年50000元；在非公立医疗机构或非省级指定的医疗机构住院治疗产生的政策范围内的费用，按市外非公立医院报销比例（35%）进行报销，门诊就诊费用不予报销补偿。重大疾病病种包括恶性肿瘤放化疗，终末期肾病，再生障碍性贫血，白血病，血友病，器官移植抗排治疗，冠心病支架植入术，心脏瓣膜置换术，重性精神病（包括癫痫所致精神障碍、精神分裂症、偏执型精神分裂症、分裂情感性障碍、双向情感障碍、精神发育迟滞6种），耐多药肺结核，艾滋病机会性感染，急性心肌梗死，脑梗死，乳腺癌，宫颈癌，肺癌，食道癌，结肠癌，直肠癌、胃癌、唇腭裂、Ⅰ型糖尿病、甲亢、地中海贫血等24种。

（9）慢性病门诊补偿。慢性病应由专家鉴定或先期病历核查认定，在区合管中心登记办理慢性病证后产生的诊疗费用方可报销补偿。不设起付线，费用累计计算，资金从住院统筹基金中支出。慢性病门诊每月结报一次（包括高血压Ⅱ期、心脏病并发心功能不全、脑出血及脑梗塞恢复期、慢性活动性肝炎、慢性阻塞性肺气肿、冠心病、肺心病、癫痫、肝豆状核变性、失代偿期肝硬化、饮食控制无效型糖尿病、慢性肾炎、帕金森氏病、系统性红斑狼疮、重症肌无力、甲状腺功能减退、精神病门诊治疗等17种疾病），按80%的报销比例予以补助。患一种慢性病的年度补偿封顶线为1500元，患有多种慢性病的，每增加一个病种，封顶线相应增加500元，封顶线最多增至5000元。区、乡两级医疗机构必须利用新农合网络系统开展慢性病门诊统筹补偿工作，实行现场垫付。使用非目录药品或不在指定的定点医疗机构就医所产生的费用一律不予补偿。

2.普通门诊统筹补偿

（1）门诊统筹补偿按全区参保人数实行“总额控制，超支不补”的原则，门诊统筹补偿资金每人每年不超过300元，家庭成员之间不能共用。

（2）门诊统筹资金实行分段补偿方式：参保居民因患病在村级门诊统筹定点医疗机构就诊，产生的政策范围内费用按85%报销补偿，次均费用不超过30元，年度累计每人补偿不超过70元；参保居民因患病在一级定点医疗机构、社区卫生服务中心或具备条件的社区卫生服务站等门诊统筹定点医疗机构就诊，产生的政策范围内费用按85%报销补偿，次均费用不超过50元，年度累计每人补偿不超过300元（包括村级使用的70元）；城区门诊统筹定点医疗机构、一级定点医疗机构和社区卫生服务中心必须用新农合网络系统开展门诊统筹补偿工作，实行现场垫付。

（3）门诊统筹资金在本年度使用，结余转入住院统筹。

3.其他

（1）各级定点医疗机构要严格执行《贵州省新型农村合作医疗基本药品目录（2013版）》（以下简称《基本药品目录》）和《国家基本药物目录（2012版）》（含省增补药品），不得自行制订或直接套用城镇职工基本医疗保险药品目录。

（2）明确补偿范围。城乡居民基本医疗保险基金用于参保城乡居民的医疗费用补偿，对于其他政策规定（或社会捐助）费用优惠的医疗项目，应先执行优惠政策（或社会捐助规定），剩余部分再按城乡居民基本医疗保险补偿政策给予补偿。上述合计补偿数不得超过其实际支出费用。

（3）参保居民在正常生活、劳动中因意外伤害（不报销除外）而发生的医药费用，若无他方责任，则纳入相关补偿范围（不含不予支付的项目）。对于发生意外伤害的参保居民能够提供可靠证据证明无他方责任的意外伤害，其住院医药费用原则上比照疾病住院补偿规定执行；对于有他方责任的不予支付。意外伤害补偿应在乡村两级公示7天以上，公示无异议、无举报或调查确认，并按相关要求出具外伤证明后方可进行报销补偿。

（4）既参加城乡居民基本医疗保险又参加了商业医疗保险的城乡居民住院可以凭住院病历、医药费用发票、医院费用清单等复印件（加盖已报单位财务专用章及公章）及保险公司结报单据等材料到城乡居民基本医疗保险管理机构按规定办理补偿，即总费用减去保险公司赔偿金额后再按城乡居民基本医疗保险标准报销。在校学生及外出务工人员因病住院，先报销意外保险，剩余部分纳入城乡居民基本医疗保险按比例补偿，补偿总金额不得超过治疗总费用。在其它地方参加城乡居民医保并已报销补偿的，我区城乡居民医保不再进行报销补偿。外出务工人员因病产生的住院费用原则上在次年的2月28日之前进行报销。

（5）参保居民在同一医院门诊检查后三天内住院，与当次住院密切相关的门诊检查费用纳入当次住院医药费用一并计算。在住院期间因病情需要到院外公立医院进行检查的费用计入当次住院医药费用补偿。

（6）参保居民因患肺结核（肺外结核例外）需要住院治疗的，在结核病定点医疗机构住院治疗，其住院费用按城乡居民基本医疗保险的有关规定进行支付。在非结核病定点医疗机构住院治疗肺结核病所产生的住院费用（除危重病人抢救费用），城乡居民基本医疗保险基金不予报销。

（7）对于新生婴儿，出生当年可以凭户口本、患儿父（母）亲身份证、合医证、出生医学证明，按参保父（母）身分享受补偿，补偿标准与参保父（母）亲一致。

（8）城乡低保户、重点优抚对象、70岁以上老年人、重度残疾人等特殊人员报销比例在政策范围内提高10个百分点；农村计划生育独生子女户、二女绝育户（子女满18周岁后不享受优惠政策）和五保户政策范围内费用100%报销；80岁以上老人政策范围内费用100%报销。但以上特殊人员均应按救治医疗机构的级别，设收不同起付线。

（9）麻风病患者除麻风病治疗以外的其他疾病的治疗费用根据毕节市卫生局《关于对麻风病人畸残矫治手术及麻风病长期住院病人实行单病种包干报销的通知》（毕卫发〔2012〕44号）规定，按单病种包干及人头付费的方式进行报销。

（10）在毕节市范围内其他县的乡、县两级定点医疗机构住院产生的医药费用参照区内一级、二级定点医疗机构补偿比例执行。在非当地医保定点医疗机构住院的不予报销。

（11）纯中医中药费用报销比例提高5个百分点。

（12）在全市二级（含二级）以上医疗机构实行X线、CT、彩超、肝功能等有效医学辅助检查结果实行互认制度。患者因一次患病在区内各二级（含二级）以上医疗机构连续住院治疗的，对以上有效医学辅助检查结果实行互认，若重复检查的该项不予报销（因病情需要复查的例外），由医疗机构自付。

（13）对器官移植（肝脏、肾脏、角膜、皮肤、血管、骨、造血干细胞〈骨髓、脐血〉）相关手术费用，辖区内的参保人员无论是捐献器官者或接受器官者，其相关治疗费用纳入城乡居民基本医疗保险报销。

（14）大病医疗保险补偿。起付线从4000元提高到5000元，其余严格按照《毕节市人民政府办公室关于印发毕节市开展城乡居民大病保险工作实施意见（试行）》（毕府办通〔2013〕54号）、《毕节市卫生局关于印发〈毕节市城乡居民大病保险实施细则（试行）〉的通知》（毕卫发〔2013〕58号）、《毕节市财政局 毕节市卫生局关于加强城乡居民大病保险资金管理的通知》（毕财社〔2014〕20号）、毕节市卫生局与毕节人寿保险公司签订的《毕节市城乡居民大病医疗保险合作协议》和《毕节市2015年城乡居民大病医疗保险合同书》执行。

（五）统一服务监管。实行区内定点医疗机构资格准入、监管督查、分级管理制度，统一实行全区城乡居民基本医疗保险经办机构工作制度、服务规范、监管规范。

（六）统一信息管理。实行以省级新型农村合作医疗信息管理平台为依托，覆盖全区各级定点医疗机构和城乡居民基本医疗保险经办机构的城乡居民基本医疗保险信息管理系统。凡不使用新农合系统的医疗机构一律不纳入定点，所有定点医疗机构不经过新农合系统上传的诊疗费用一律不报销。

（七）统一现场减免。全区范围内因病住院均按区内不同级别医疗机构的统一补偿标准进行现场减免，患者只需缴纳个人自付部分。医疗费用补偿实行定点医疗机构垫支。垫支资金定点医疗机构按月报区合管中心审核拨付。转诊遵循以人为本、简化程序、方便群众的原则。参保居民在区内一、二级（县）定点医疗机构就医住院不需办理转诊手续；已在一、二（县）级医院住院需转三级（市）或市外医院住院的必须按规定办理转诊手续，跨县的要电话告知参保地乡镇办事处合医办登记备案，急诊转院的先转院后3天内电话告知参保地乡镇办事处合医办登记备案。

（八）统一考核标准。严格按照省、市卫生行政部门相关要求，认真抓好参保率、基金管理使用、门诊统筹开展、住院率、次均住院费用控制、实际住院补偿比、自费比等关键业务控制指标任务的落实进行考核。

三、不予支付费用的诊疗项目

（一）服务项目类

1.挂号费、院际会诊费、出诊费、远程诊疗费、消毒费、家庭病床、一人间、干部床位、高级病房费、救护车费、导医服务费等。

2.检查治疗加急费、点名（预约）特需医疗服务费、特别护理费（除气性坏疽、破伤风等特殊传染病）、一般专项护理费（如口腔护理、会阴冲洗、床上洗发、擦浴等护理）、上门服务费、出院随访费、母子全程服务、出生证工本费、体检费、建立健康档案等或类似医疗服务费。

3.病历工本费（包括处方、发票、医嘱、检查报告单等）、微机查询与管理费、打印纸张费、各种帐单工本费、医疗信息卡、药品袋、试纸（剂、管）费等。

（二）非疾病治疗项目类

1.各种美容项目：如雀斑、粉刺、疣、痤疮、祛斑、色素沉着与脱发（含斑秃）、白发、脱痣、穿耳、鞍鼻、隆胸、单眼皮改双眼皮、去眼袋、按摩美容等项目。

2.各种非功能性整容、矫形和生理缺陷治疗如矫正口吃、矫斜眼、眼睑下垂（内翻）、切多指（趾）、疤痕、隆乳术、屈光不正、视力矫正等手术项目。

3.糖尿病决策支持系统、睡眠呼吸监测系统、微量元素检测、骨密度测定、人体信息诊断（如智测）、电脑选择最佳妊娠期、胎儿性别与胎儿发育检查等诊疗项目。

4.各种减肥、增胖、增高、健美、戒烟的诊疗项目。

5.各种预防、保健性的诊疗项目：如各种疫苗（狂犬疫苗除外）、预防接种、疾病普查普治、旅游体检、职业体检、出境体检等。

6.各种医疗咨询包括心理咨询（精神病人除外）、健康咨询、饮食咨询、家庭巡诊、传染病访视、疾病咨询、各种预测及评定（包括中风预测、健康预测、疾病预测、日常生活能力评定、引导式训练、非精神病或神经系统疾病所需的记忆力评定、认知知觉功能检查、语言能力评定等）、各种鉴定（司法鉴定、工伤鉴定、劳动鉴定、医疗鉴定、亲子鉴定）、辩证施治、健康指导等项。

7.光疗（新生儿核黄疸除外）、红光治疗、微波治疗、脉冲治疗、冷疗、热疗（含深部热疗）、泥疗、电按摩、静电膜治疗、电针功能检查评定。

8、各种计划生育手术费用及因其所产生的各种费用（区委、区政府行文规定的例外）。

（三）治疗设备及医用材料类

1.细胞刀、高频电刀及电刀使用费、小针刀、细胞试剂处理盒、正电子发射计算机断层显像（PET）、直线加速（肿瘤病人除外）、核医学检查等。以及大型医疗设备进行的检查治疗项目。

2.眼镜、义眼、义齿、义肢、肢架、助听

器、健脑器、皮（钢）背心、钢围腰、钢头颈、腹托、胃托、肾托、阴囊托、子宫托、拐杖、轮椅、磁疗胸罩、畸形鞋垫、药枕、热敷袋、压脉袋、输液网、外固定支架使用、提睾带、疝气带、护膝带、腰带、多头带包扎、气垫床、抢救床、翻身床、被褥、人工肛袋等器具。

3.各种家用检查检测仪（器）、治疗仪（器）、理疗仪（器）、按摩器和磁疗用品等治疗器械。

4.采用不符合国家或省有关医用材料管理监督规定的医疗仪器、设备和医用材料进行的诊疗项目。

5.省物价部门规定不可单独收费的一次性医用材料。

（四）治疗项目类

1.除肝脏、肾脏、心脏瓣膜及支架、角膜、皮肤、血管、骨、骨髓移植以外的其它器官或组织移植手术，及其获取器官源或组织源的相关手术。

2.体外震波（超声）碎石治疗、高压氧治疗、氦氖激光血管内照射（血疗）、麻醉手术后镇痛新技术（止痛床、镇痛泵）等诊疗项目。

3.镶牙、种植牙、洁牙、牙列不整矫治、黄黑牙、牙缺损、色斑牙、烤瓷牙等诊疗项目。

4.气功疗法、磁疗法、水吧疗法、氧吧疗法、体位疗法，心理治疗与暗示治疗法（精神病人除外）、音乐疗法、催眠疗法（精神病人除外），食疗法、保健性的营养疗法、推拿按摩等辅助治疗项目。

5.不育（孕）症（为达到生育目的而实施人工授精、胚胎移植等所产生的费用不予报销，因输卵管阻塞、生殖器结核等疾病导致不孕不育，治疗该类疾病所产生的费用纳入报销）、性功能障碍和节育手术的诊疗项目。

6.各种科研、教学、临床验证性的诊疗项目。

7.血色素在七克以上的输血费，急救病人确需用血、申报核实后予以报销。

（五）医疗服务设施项目类

1.就（转）诊交通费、急救车费等。

2.电视费、电话费、电炉费、电冰箱费、婴儿保温箱费、婴儿袋、食品保温箱费和损害公物赔偿费等。

3.陪护费、陪床（伴）费、高级病房费、护工费、洗理费、洗澡费、药浴费、消毒费、理发费、洗涤费、煎药费等。

4.文娱活动费、报刊杂志费、健身活动费。

5.非治疗性膳食费。

6.鲜花与插花费。

7.卫生餐具、脸盆、便盆、痰盂、口杯、卫生纸、床单（套）、枕套、扫床巾、尿布等一次性物品费用。

8.肥皂水、消毒剂（液）、漱口液、垃圾袋、卫生费、灭蚊药器等生活用品的费用。

9.其他生活服务费用。

（六）特殊检查、治疗、材料的补充规定

1.对特殊检查、治疗项目及特殊材料进行动态调节管理，按照“以收定支，收支平衡，略有结余”的原则，建立基金预警控制机制，根据城乡居民医保基金运行的情况，适当调整。预测基金结余超过15%的情况下，可以将部分特殊检查、治疗项目及特殊材料纳入可报销范畴，以提高受益程度；当预测基金有超支风险的时候，可撤除部分特殊检查、治疗项目及特殊材料的报销许可，以确保基金安全。

2.单次（项）特殊治疗性的材料费用，国产材料按70%、进口材料按35%计入可补偿费用进行报销，特殊诊疗项目按60%计入可补偿费用进行报销。

3.定点医疗机构根据实际治疗情况，危重病人治疗或确需使用部分特殊检查、治疗项目及特殊材料（骨科材料费超过5000元）的，要书面告知患者及其家属，同意自付比例的部分自己承担。并须到区合管中心（或辖区合医办）进行登记备案，经审批同意后进入报销。

（七）疾病类

1.性传播疾病（艾滋病机会性感染除外）。

2.非医学指针的人工流产，人工引产。

3.职业病（有他方责任承担）。

（八）其他

1.因公（工）受伤、打架、斗殴、酗酒、自伤、自残、自杀、吸毒、戒毒、交通事故（包括所有因使用机动车辆或非机动车辆造成的意外伤害）、医疗事故等。

2.出国和赴港、澳、台地区开会、进修、讲学、考察、洽谈、探亲、旅行期间在境外发生的诊疗项目。

3.住院病人应当出院而拒不出院者，经医疗技术鉴定小组鉴定，确认住院治疗终结成立，从鉴定确认的第二天起所发生的诊疗项目及一切费用；挂名住院、冒名顶替和不符合入院标准的病人所发生的诊疗项目及其一切费用。

4.自请医生、自寻单方、自购药品。

5.健康疗养、康复疗养发生的医疗费。

6.未纳入物价政策管理的诊疗项目。

四、保障措施

（一）加强经办队伍建设。各乡镇街道、区卫生和计生局、区合管中心要进一步加强经办队伍建设，确保每个乡镇街道有两名专职工作人员负责城乡居民基本医疗保险工作。

（二）保障经办机构工作场所和工作经费。各乡镇街道要从方便群众和利于工作的角度安排好经办机构的工作场所。区财政局要解决好经办机构的工作经费，按参保总人数每人每年2元落实，确保日常工作的正常开展。

五、其他

（一）本方案由毕节市七星关区新型农村合作医疗管理中心负责解释。

（二）本方案从2015年1月1日起执行。

毕节市七星关区人民政府关于切实做好2015年财税工作的意见

七星府发〔2015〕2号

各乡镇人民政府、街道办事处，区政府各工作部门，各直属机构：

2015年是全面深化改革的关键之年，是推进依法治区的开局之年。做好今年的财税工作，对推动全区经济社会健康发展，实现同步全面建成小康社会宏伟目标具有重要意义。为进一步规范财税管理，圆满完成各项财税工作任务，特提出如下意见：

一、指导思想

深入贯彻落实党的十八大和十八届三中、四中全会以及各级经济工作会议精神，按照区委总体部署，主动适应新常态，坚持主基调主战略，坚守发展和生态两条底线，坚持培植财源与规范征管两手抓，不断健全完善财税体制，全面提高理财水平，壮大财政实力；进一步调整优化支出结构，从严控制和压缩一般性支出，加大对民生类支出，特别是九项重点支出的保障力度，将有限的财力更多地投向与民生密切相关的领域；深化投融资体制改革，以各类产业项目建设、新型城镇化建设、基础设施建设为重点，大力培植财源，努力挖掘增收潜力，实现经济增长与财税收入增长的良性循环，推进全区经济社会平稳持续健康发展。

二、目标任务

2015年全区财政总收入任务为927000万元，比2014年增长5%；地方财政收入任务为418690万元，比2014年减少3.19%（其中：公共财政预算收入208000万元，比2014年增长6.06%；政府性基金收入210690万元，同比减少10.88%）。

分部门完成：国税部门496660万元（公共财政收入完成32110万元，其中：税收收入完成22620万元，非税收入完成9490万元）；地税部门199430万元（公共财政收入完成155170万元，其中：税收收入完成151660万元，非税收入完成3510万元）；财政部门完成公共财政收入230910万元（其中：公共财政收入完成20720万元）。

三、奖励办法

各征管部门和执法收费单位要按照依法征收、应收尽收的原则，认真履职尽则，积极挖掘小税种增收潜力，采取有力措施，确保全面完成2015年全区财政收入目标任务。

（一）烟叶税：各烟叶生产乡镇完成烟叶各项任务，考核分值达90分以上且完成收购任务90%以上的乡镇，按实际完成烟叶税的30%给予奖励（其中10%对烟叶工作中工作表现突出的个人进行表彰奖励），超过100%的再按超额部分的40%追加奖励。在生产阶段，由区财政按每亩100元的标准先行预支给烟叶生产乡镇作为阶段性补贴，待收购结束后按各乡镇完成收购任务的实际比例进行一次性结算。

第一阶段：落实烟叶种植地块。按时按要求落实规划面积、完成合同签订的乡镇，每亩补贴20元。

第二阶段：落实烟叶移栽面积。按时按要求完成烟叶移栽面积的乡镇，每亩补助30元。

第三阶段：烟叶收购。按时按要求完成烟叶收购任务的乡镇每亩补助50元。

（二）耕地占用税：耕地占用税实行零任务

考核。由各乡镇街道组织征收农民建房耕地占用税，区地方税务局做好增收环节的服务工作，年终按实际完成入库数的80%对各乡镇街道予以奖励；由区地方税务局统一征收城市规划区内的耕地占用税，相关乡镇街道予以配合，年终按照各乡镇街道实际征地数量给予一定的工作经费。

（三）罚没收入：罚没收入实行零任务考核。各乡镇街道的罚没收入按年终实际完成入库数的40%予以奖励，区直部门按实行综合预算后的比例予以奖励。

（四）煤炭、砂石及其他矿产品税费收入：各产煤乡镇要配合税务部门做好煤炭税费的征收工作；涉及非煤矿山开采的乡镇街道，要按规定不断完善税费征收机制，实现规范、高效征收。2015年，由各乡镇街道牵头完成的煤炭税费及砂石、砖厂等非煤矿山税费，按实际入库区级收入的50%予以奖励。

（五）经营性房产及住房出租税费：由各乡镇街道牵头负责，税务部门配合征收。2015年，将有关乡镇街道牵头完成税收区级收入部分（不含税务部门直接组织征收部分）的50%奖励相应乡镇街道，可将部分奖励资金直接奖励给参与税收征收工作的乡镇街道及村（社区）干部。

（六）新办企业奖励：除城区十个街道及鸭池、海子街两个镇之外的乡镇，新增企业缴纳税费区级所得部分的30%，用于奖励有关乡镇。

四、积极培植财源，增强财政增收后劲

（一）支持企业发展，积极培植壮大财源。认真贯彻落实国家、省、市各项财政政策，运用财税杠杆，充分发挥财政资金引导和激励作用，积极探索设立产业发展基金，重点支持辖区内主导产业、优势产业技改扩能、转型升级、结构调整和科技创新，做大做强实体经济，切实增强财政增收后劲；强化国有资产监督管理，优化国有资产配置，提高国有资产运营质量和效益；加大招商引资工作力度，提升招商引资质量，着力吸引一批前景好、效益佳的产业建设项目落户我区，积极带动财政收入增长。

（二）积极申报项目，争取上级资金支持。充分发挥试验区首善之区的优势，力争一批经济效益好、带动能力强的项目进入国家和省的统一规划，积极争取项目资金，千方百计争取更多的项目投资，培植长效财源，为全区经济社会发展注入活力。

（三）清理优惠政策，建立长效管理机制。一是认真贯彻落实国发〔2014〕62号精神及省、市有关通知精神，认真清理税收等优惠政策，坚决取消违反法律法规的优惠政策，全面规范政府对招商引资企业的优惠行为，切实维护公平的市场竞争环境，促进财政增收。二是按照法律法规和国务院统一要求，以开展清理规范工作为契机，建立健全长效管理机制，加快建设统一开放、竞争有序的市场体系。

五、强化税收征管，确保收入足额到位

（一）加强税源监控管理。严格税务登记管理制度，切实强化税源控管，全面清理漏征漏管户。由国税、地税及市场监管等部门统筹协调推进纳税人户籍清理工作，通过户籍信息的核查和漏征漏管户的实地清理，摸清底数，健全户籍档案，巩固管理基础工作。结合年度税收任务，合理分配人力资源，对不同的税源实行分类管理，在确保重点税源足额征收的同时，保障零散税源按时征收到位。

（二）加大税收征管力度。认真分析经济形势对税收工作的影响，紧紧围绕组织收入这一中心任务，切实做到依法征收、应收尽收；统筹规划落实政策促转变和加强征管保收入，确保完成2015年收入目标任务。坚持纳税评估、行业整治、专项检查、重点稽查多措并举，不断提高收入质量，切实强化税收征管，促进税收收入增长与经济发展相协调，逐步解决收支矛盾突出问题。

（三）加强税务稽查。进一步强化地税、国税、市场监管、公安、房产等单位的沟通协作，建立完善信息资源共享机制，及时掌握关键线索，提高税务稽查效率。同时，加大税收清欠工作力度，严厉查处偷税、漏税行为，依法清理和收缴欠税，防止跑冒滴漏，努力营造全区公平正义的税收环境。

六、深化体制改革，完善财政体系建设

（一）严格预算管理。严格执行新修订的

《中华人民共和国预算法》有关规定，全面贯彻落实《财政部关于进一步加强财政支出预算执行管理的通知》精神，细化部门预算，强化预算编制，进一步提升全区财政预算编制的科学化、精细化水平；对于部门公用预算经费，继续在2014年的基础上总体压缩8%，用于教育推进“9+3”计划的实施；严格执行区一届人大第四次会议通过的年度预算草案，全区各项支出必须以经批准的预算为依据，未列入预算和未按规定程序审查批准的不得支出，涉及超预算安排的支出，必须依法完善预算追加手续，做到有计划、分阶段、按程序拨付预算资金。

（二）规范审批程序。严格执行《毕节市七星关区人民政府财政资金支出管理办法（试行）》有关规定，坚持“谁分管，谁负责”的原则，规范有序地执行各项预算支出指标，切实提高财政资金的使用效益，提升财政预算管理水平。各乡镇街道2014年实现的分成及结余资金，由各乡镇街道提出使用计划，报经区政府分管副区长和分管财政工作的副区长审核后，由区财政局根据资金使用节余情况逐步拨付到位。

（三）优化审批流程。按规定完善预算执行管理制度，优化财政资金审批流程，加快审核和支付进度，切实提高工作效率和财政资金使用效益。

（四）全面推进国库集中支付和政府采购。继续深化国库集中支付改革，建立健全程序规范、管理严格、监督制衡、公开透明的财政资金运行机制。认真落实政府采购有关法律法规，强化过程监管和事后评估，实现增收节支目标；进一步完善政府采购管理制度，严格采购程序，强化政府采购采、管分离，依法规范采购行为。

七、强化督促检查，确保财政资金安全

（一）加强财务管理。各乡镇街道要依法编制预算草案，报经同级人民代表大会审议通过后严格执行，并按照《中华人民共和国会计法》有关规定，按时向区财政局报送会计报表，年度结束要进行财政决算。

（二）强化财政监督。一是严格执行《财政违法行为处罚处分条例》等有关规定，有针对性地开展财务监督大检查和小金库清理，强化财政资金事前、事中、事后监督管理，确保财政资金安全运转。二是由财政、监察、审计等部门建立财务检查联动协调机制，整合各方资源、强化信息互通，依法从严打击财务违法行为。三是建立完善财政资金监督机制，重点强化预算编制、执行、资金使用的监控，做到资金分配与使用监管并重，逐步健全财政监管体系，增强财政资金的安全性和绩效性。

八、规范债务管理，有效防范化解风险

（一）将全区政府性债务纳入预算管理。按照全国人大和国务院有关规定，将全区政府性债务纳入预算管理，以预算约束举债和偿债行为。全区政府性债务，应报经区人大或其常委会批准，主动接受人大监督，实现债务举借和债务资金使用规范化、科学化管理。

（二）保障还贷资金足额到位。在全面掌握债务底数的基础上，科学合理制定年度、月度还本付息计划，强化跟踪预警管理，确保高效、足额调配资金，并按时偿还到位，保障政府金融信用。同时，建立健全政府性债务偿债基金制度，由财政部门根据需用财政资金偿还的政府性债务规模和期限结构，合理安排偿债准备金。

（三）积极探索新型投融资模式。积极探索公私合营PPP等融资模式，支持、引导社会资本和民间资本进入公共产品和公共服务领域，推进公共基础设施建设主体多元化，逐步减轻我区经济社会发展对债务资金的依赖。对新开工建设、产生新债务的项目，应将其投入产出效率列入重点考察范畴。

（四）推进国有公司实体化建设进程。逐步整合国有公司业务，完善公司法人治理结构，支持国有公司积极申报道路、桥梁、园林绿化等相关资质，并通过向公司注入优质资产、依法赋予特许经营权等方式，加快国有公司实体化、市场化发展步伐，提高国有公司盈利能力、偿债能力和抗风险能力，有效增加国有公司资本实力和现金流。

毕节市七星关区人民政府

2015年3月24日

毕节市七星关区人民政府关于印发毕节市七星关区清理规范税收等优惠政策工作实施方案的通知

七星府通〔2015〕3号

各乡镇人民政府、街道办事处，区直各有关单位：

现将《毕节市七星关区清理规范税收等优惠政策工作实施方案》印发给你们，请认真组织实施。

毕节市七星关区人民政府

2015年1月16日

毕节市七星关区清理规范税收等优惠政策工作实施方案

为贯彻落实《国务院关于清理规范税收等优惠政策的通知》（国发〔2014〕62号）、《财政部关于贯彻落实国务院清理规范税收等优惠政策决策部署若干事项的通知》（财预〔2014〕415号）、《贵州省人民政府关于印发贵州省清理规范税收等优惠政策工作实施方案的通知》（黔府发电〔2015〕2号）等有关通知精神，切实做好我区税收等优惠政策清理规范工作，结合我区实际，制订本实施方案。

一、工作目标

通过清理规范税收等优惠政策，明确政府和市场的边界，减少政府对市场行为的过度干预，切实提高资源配置的效率，积极营造公平的市场竞争环境，形成统一的市场体系，发挥市场在资源配置中的决定性作用；进一步深化财政体制改革，科学理财，建立全面规范、公开透明的预算制度，扎实推进依法治区工作。

二、基本原则

（一）统一部署，分类实施。各有关单位要按照法律法规和省、市统一要求，清理规范我区在税收、非税收入和财政支出等方面出台的优惠政策。按照“谁起草、谁审批、谁签订、谁负责”的原则，分层级、分部门清理违规和影响公平竞争的税收等优惠政策，涉及多个部门的，由起草部门负责清理。起草部门撤销或合并的，由承接部门负责清理。

（二）统筹兼顾，稳步推进。既要立足当前，结合我区实际，对税收、非税收入及与企业缴纳税收和非税收入挂钩的财政支出优惠政策进行清理规范；又要着眼长远，以开展清理规范工作为契机，建立健全长效机制。

（三）加强监督，规范管理。各有关单位要按照政府信息公开的要求，全面推进税收等优惠政策相关信息公开，增强透明度，提高公信力，接受社会监督。建立健全评估和退出、监督考评、信息公开和举报、责任追究等机制，推进税收等优惠政策制度化、规范化、科学化管理。

三、清理范围

全面清理全区在2014年12月1日前出台的对特定企业及其投资者（管理者）在税收、非税收入和财政支出等方面的优惠政策，特别是对与企业签订的合同、协议、备忘录、会议纪要以及“一事一议”形式的请示、报告和批复给予的相关优惠政策。

四、清理内容

（一）税收优惠政策。清理违反国家有关法律法规，影响公平竞争的招商引资优惠政策。

（二）非税收入优惠政策。清理对企业及其投资者（管理者）违规减免或缓征行政事业性收费和政府性基金；低价转让国有资产、国有企业控股权以及矿产等国有资源；违反法律法规和国务院规定减免或缓征且应当承担的社会保险缴费。

（三）土地优惠政策。清理给予企业及其投资者（管理者）优惠价格或零地价出让土地；配置商业用地；以代缴或给予补贴等形式减免土地出让收入。

（四）财政支出优惠政策。清理给予企业及其投资者（管理者）以先征后返、列收列支、财政奖励或补贴等财政支出优惠政策，规范给予企业及其投资者（管理者）以地方级财政收入全留或增量返还等优惠政策。

（五）一事一议优惠政策。清理以投资合同、协议、备忘录、会议纪要以及“一事一议”形式的请示、报告和批复给予的相关优惠政策。

五、实施步骤

（一）安排部署阶段（2015年1月19日前）。建立全区清理规范税收等优惠政策联席会议制度，拟定实施方案，区政府分管领导召集由区财政局、投资促进局、审计局、监察局、地税局等联席会议成员单位和各公司负责人参加的专题会议，按照中央、省、市有关要求，明确清理任务和工作时限，全面安排部署清理规范工作。

（二）清理核实阶段（2015年1月20日至1月31日）。

1.自2015年1月20日起，区直各相关单位明确专门机构和人员负责清理工作，对照清理内容和要求，清理核对各类合同、协议、备忘录、会议纪要等相关资料，认真填写财政部下发的《税收优惠政策清理情况表》等六张表格，拟写清理情况书面报告，经单位主要领导审核签字、加盖单位公章后，于2015年1月25日前将书面报告及涉及土地优惠政策的表格、相关附属材料报送至区财政局审核汇总，涉及税收、非税收入、一事一议、财政支出等优惠政策的表格及相关附属材料报送至区投资促进局审核汇总。

2.2015年1月26日至1月31日，由区财政局、投资促进局商联席会议其他成员单位，逐一审核汇总各相关单位报送的相关资料，形成书面情况报告上报区政府。

各相关单位报送的清理情况报告应包括以下内容：一是税收等优惠政策基本情况及2014年执行情况；二是专项清理工作部署和落实情况；三是工作中遇到的困难和问题，经验教训和典型做法；四是建议保留的优惠政策及情况说明。

（三）复核上报阶段（2015年2月1日至2月10日）。区政府分管领导组织联席会议成员单位对全区清理情况进行复核后，由区政府办负责拟写全区清理情况报告，按程序送审后上报。

（四）迎接检查阶段（2015年2月15日前）。各相关单位积极做好迎接省联席会议办公室专项检查的各项准备，并按要求进一步抓好清理规范工作。

六、健全机制

（一）建立评估和退出机制。区财政局要进一步加强对法律法规和国务院出台的关于清理规范税收等优惠政策的研究，按要求建立定期评估和退出机制，提出我区拟取消、调整和延续的意见建议报上级审定。

（二）建立信息公开和举报制度。区联席会议办公室要督促各有关单位按要求建立目录清单制度，除涉及国家秘密和安全的事项外，税收等优惠政策的制定、调整或取消等信息，在信息生成后20个工作日内形成目录清单，通过区政府门户网站向社会公开。要督促各有关单位建立举报制度，在信息公开栏设立举报专区、设置举报电话，鼓励和引导各方力量对违法违规制定实施税收等优惠政策行为进行监督。

（三）建立考评监督和责任追究机制。区财

政局要定期检查各有关部门税收等优惠政策管理情况，上报区委、区政府，并抄送市财政局；对检查中发现的问题由有关部门按职责分工及时纠正查处，并提请区监察局或检察机关依法追究责任人的责任。

（四）完善财政管理制度。各有关单位应强化预算约束，区财政局要严格审核对企业及其投资者（管理者）的各项补助支出，对违反法律法规规定、未经国务院批准或不符合国务院文件规定范围、标准、期限的，一律不列入财政预算。区财政局、投资促进局要探索建立产业发展基金，明确规定适用对象、使用方向和具体标准，并按要求做好信息公开工作。

六、工作要求

（一）提高认识，加强领导。清理规范税收等优惠政策工作政策性强，涉及面广，影响深远。区政府已按要求成立全区清理规范税收等优惠政策工作联席会议制度，联席会议下设办公室在区财政局，负责统筹协调全区清理规范工作。各有关单位要高度重视，主要负责人为税收等优惠政策清理规范的第一责任人，并明确专门人员负责具体落实。投资促进、地税、审计、监察等部门要按照职责分工，加强协调配合，形成分工协作、部门联动、齐抓共管的工作格局。

（二）加强宣传，积极引导。各有关单位要做好政策解读、组织业务培训，引导和帮助基层干部正确理解、准确把握政策，确保政策措施执行到位。要广泛听取基层干部、群众和企业的意见，积极研究解决工作的重点、难点问题，指导基层积极妥善化解矛盾，确保清理规范税收等优惠政策工作平稳有序开展。区政府电子政务办、电视台、新闻中心要正确引导社会舆论，加强政策宣传解读。各有关单位要通过走访调研、交心谈心等方式，深入企业做好政策宣传引导，争取各方对清理规范税收等优惠政策的理解和支持，营造良好的工作环境和舆论氛围。

（三）严格标准，规范要求。在全面清理的基础上，严格按照省“八个一律不准”要求，对税收等优惠政策进行规范。对2014年12月1日前出台的税收等优惠政策，本地区、本部门未提出保留建议，或国务院未批准保留的，一律不准再执行，并发布文件予以废止，区直有关单位不得再兑现和落实；清理期间和清理规范后，除依据专门税收法律法规和《中华人民共和国民族区域自治法》规定的税政管理权限外，一律不准自行制定税收优惠政策；起草法规、规章、发展规划和区域政策一律不准规定具体税收优惠政策；一律不准对企业违规减免或缓征行政事业性收费和政府性基金、以优惠价格或零地价出让土地；一律不准低价转让国有资产、国有企业股权以及矿产等国有资源；一律不准违反法律法规和国务院规定减免或缓征企业应当承担的社会保险缴费；未经国务院批准一律不准允许企业低于统一规定费率缴费；未经国务院批准一律不准对企业规定财政优惠政策。对违反上述规定兑现优惠政策的，由区监察局按有关规定追究相关人员责任。

毕节市七星关区人民政府关于抓好煤炭工业健康发展确保煤矿稳产达产的实施意见

七星府发〔2015〕3号

2012年下半年以来，世界经济增速整体放缓，国内经济下行，煤炭价格下降，部分煤矿企业运行困难。为深入贯彻2015年5月11日“全市煤炭工业发展大会”会议精神，加快推进我区煤矿建设，做大做强煤炭产业，促进煤炭产业健康、持续、稳定发展，结合我区实际，特制定本实施意见。

一、强力推进煤炭外销（责任单位：区工业经济和能源局、发展和改革局、国家税务局、地方税务局、交通运输局）

围绕“政府搭台、企业主体、市场运作”的原则，敢于创新、敢于作为、敢于担当，逆势而上，以市场需求为导向。紧扣我区煤种煤质特点，采取提升大块煤、洗选、分级等方式，从传统的卖原煤向卖精煤、高端煤方向转变，提升我区煤炭的市场竞争力，确保煤炭外销完成10万吨，力争完成13万吨。

（一）充分发挥区煤炭市场拓展推进工作协调领导小组的作用，进一步加大工作力度，科学制定煤炭外销进度表，把外销任务落实到部门、煤矿企业、人员，确保完成外销目标任务。

（二）进一步加大外销推介力度。在市人民政府的领导下，积极与市工业和能源委员会对接，整合煤炭购销相关信息，采取多种形式组团到省内外巩固老客户，发展新客户，依托我区交通区位优势，重点拓展省内及湖南、湖北、广东、广西、云南、重庆、四川等地煤炭市场。

（三）积极协商煤炭销售公司，按“政府引导、市场运作”原则，迅速搭建煤炭销售平台，组建以煤矿企业集团机构、专业化煤炭销售公司为主的区域性、专业性、多元化的煤炭销售体系，进一步夯实煤炭销售基础。

（四）认真分析影响煤炭外销的制约因素，采取积极有效措施，建立健全煤炭运输协调机制，切实降低运输成本。由区交通运输局负责，研究制定具体的实施方案（附件1），确保吨煤每公里运输成本降到0.7元以下。

（五）建立煤炭销售奖惩机制。根据《毕节市人民政府办公室关于印发毕节市2015年煤炭市外销售奖励方案的通知》（毕府办通〔2015〕31号）精神，结合我区实际，制定《毕节市七星关区切实推进煤炭外销工作实施方案》（附件2），进一步拓宽煤炭外销渠道，增加煤炭外销量，促进煤炭生产，促进全区经济又好又快、更好更快发展。

二、千方百计抓好生产各个环节，确保全区生产原煤85万吨（责任单位：区工业经济和能源局、安全生产监督管理局）

（一）强化煤矿技术指导服务。按照“一矿一策”要求，分类指导煤矿企业投产达产工作，对未复工复产的生产矿井，要制定复工复产时间表、路线图，明确具体责任人，最大程度支持企业复工复产。制定《毕节市七星关区推进原煤生产工作实施方案》（附件3），并强力推动落实。

（二）加快推进煤矿机械化改造。根据《贵州省人民政府办公厅关于印发贵州省加快推进煤矿采掘机械化实施方案的通知》（黔府办函〔2014〕144号），结合市2015年煤矿机械化改造工作安排，立足我区煤炭资源的赋存及开发实际，推动全区煤矿完成机械化改造。

（三）着力强化煤矿基础管理。加强煤矿“三个计划”工作的指导，加强对煤矿采掘接续的管理，提前做好煤矿采区接替、优化等服务指导工作，防止煤矿采掘失调，保证采掘平衡，确保煤矿稳产达产。

（四）推动火电厂满负荷发电。一是努力向上争取发电量，力争满负荷发电，确保完成市人民政府制定的2015年火力发电任务指标。二是加强调度，切实解决遇到的困难和问题，坚决防止随意降低电煤价格。三是进一步加大电煤协调力度，及时清理电厂拖欠电煤资金，积极协调解决煤矿企业供需衔接，鼓励电厂和重点用煤企业加大煤炭采购力度，确保完成今年的市内煤炭销售计划。

（五）积极推进瓦斯抽采利用。督促煤矿企业加大瓦斯治理力度，强化瓦斯治理“十个必须”、“十个严禁”、“十个防止”、“十个管控”和“十项攻坚”等措施的落实，全面提升煤矿企业瓦斯防范意识、瓦斯治理和管理水平。切实做好全区煤矿瓦斯抽采和综合利用工作，确保全区煤矿完成瓦斯抽采1200万m^3、利用300万m^3。

三、全力推进煤矿建设工作（责任单位：区工业经济和能源局、安全生产监督管理局、金融服务办公室）

制定《毕节市七星关区加快推进煤矿建设工作实施方案》（附件4），并强力推动落实。

（一）推进煤矿规划建设。加快地质勘探工作，推动我区技改矿井和规划大矿的建设工作。科学制定煤炭产业发展规划，督促技改扩能煤矿企业多措并举推进煤矿精查工作，督促已完成详查勘探的煤矿企业申报完成探转采，并做好煤层气勘探开发工作，积极推动杨家湾、水箐、总基等规划大矿建设工作。

（二）努力破解融资难题。针对煤矿企业融资难等问题，按照“政府搭台、银企对接、政策引导、市场运作”机制，解决煤矿企业资金困难瓶颈。一是引导和鼓励各金融机构完善金融服务，制定“一矿一策”的煤矿融资方案，提高对煤矿企业的贷款比重，帮助企业渡过难关。二是建立企业融资服务平台，定期开展银企对接，洽谈活动等，鼓励银行业金融机构开展贷款审批、发放方式创新，推进抵（质）押担保创新。三是指导银行金融机构按照国家要求化解产能过剩行业风险，切实执行有保有控的信贷政策。

四、加快煤矿兼并重组步伐（责任单位：区工业经济和能源局、安全生产监督管理局、国土资源局）

本着“以省的时间节点为限、兼并从快、重组从稳”原则，按照3月30日省兼并重组领导小组专题会第2次会议要求，制定《毕节市七星关区加快煤矿企业兼并重组工作实施方案》（附件5），确保如期完成煤矿兼并重组工作。

（一）继续稳步推进全区煤矿企业兼并重组，及时专题研究兼并重组过程中存在的问题，稳步推进预留矿界、地质勘探、资料设计报批、采矿证报批、开工备案等工作，力争大梨树煤矿年内开工建设。

（二）督促矿权未过户的永佳煤矿、上甲马石煤矿、黄泥煤矿、恒兴煤矿、恒正煤矿、万丰煤矿、高桥煤矿等7个煤矿限时完成采矿权过户工作。

（三）强力推进煤矿关闭。认真梳理2015年煤矿集团自愿关闭煤矿名单，按时按要求组织完成兼并关闭重组煤矿工作；积极调度，切实做好兼并重组风险管控工作，发现并化解各类矛盾纠纷，及时整改消除各类安全隐患，确保兼并重组按时完成任务。

五、加强煤矿人才培养和技术服务（责任单位：区安全生产监督管理局、工业经济和能源局、人力资源和社会保障局）

制定《毕节市七星关区加强煤矿人才培养和技术服务工作实施方案》（附件6），并强力推动落实。

（一）结合我区实际，加强对全区煤矿管理人员、从业人员信息统计，针对不同工种、制定培训计划，并按计划开展教育培训工作。

（二）认真抓好煤矿人才培养和技术服务工作。按“毕节市煤炭行业人才培训计划（2016-2020）”，积极组织本区煤矿企业相关人员参训，提高煤矿管理人员、从业人员的管理能力和专业技能，促进煤矿企业安全高效运行。

（三）区煤矿技术服务中心要进一步加强工作力度，为全区煤矿技术服务、瓦斯治理、灾害防治等方面提供技术支撑。

（四）制定三年人才培养计划方案，强化煤炭人才队伍的培养和培训，壮大煤炭人才队伍，提高煤炭管理人员管理水平。

六、认真抓好煤矿安全生产工作（责任单位：区安全生产监督管理局、工业经济和能源局）

制定《毕节市七星关区切实加强煤矿安全生产工作实施方案》（附件7），并强力推动落实。

（一）坚决贯彻习近平总书记、李克强总理等党和国家领导人对安全生产工作的重要批示精神，坚守安全发展底线，坚决把追求“零事故、零死亡”作为安全生产的最高理念，把保护生命安全，追求“零死亡”作为最神圣职责，矿工要做自己生命的主人，把追求“零死亡”作为最强烈的意识，严格落实安全生产“党政同责、一岗双责、齐抓共管”责任体系，把实现“零事故、零死亡”作为煤炭管理部门最硬业绩。

（二）进一步抓好八大关键环节的管控，特别是强化瓦斯抽采系统运行管控。严格落实“三项计划”工作，夯实煤矿安全基础。

（三）严格落实监管职责，上下联动着力抓好煤矿水害防治和雨季“三防”工作。

（四）强化督查和考核，切实履行煤炭监管部门及行业管理部门安全监管责任。

（五）继续强化工能行业安全生产教育培训力度。采用多种形式开展教育培训工作，充分发挥行业安全宣传教育工作影响和渗透力，大力营造安全生产宣传的浓厚氛围，确保煤炭行业安全工作各项措施落到实处。

七、组织实施

（一）强化组织领导。根据各职能分工解决煤矿存在的问题和困难，促使煤矿稳产达产。成立由区分管煤矿的副区长任组长，区工业经济和能源局、安全生产监督管理局、交通运输局、金融服务办公室、人力资源和社会保障局、国家税务局、地方税务局等单位为成员的领导小组。领导小组下设办公室在区工业经济和能源局，负责日常相关事务、调度等工作。

（二）认真履行职责。将工作的开展情况纳入年度目标绩效考核内容，各有关部门认真履行各自职责，确保各项工作落到实处，真正解决煤矿存在的问题和困难，推动煤炭工业发展。

（三）加强协作配合。各有关单位加强上下联动、横向配合、条块结合，切实提高工作的协同性和实效性。

（四）加强督查检查。区督办督查局要对此项工作的落实情况进行专项督查，对落实不力的有关单位及责任人，启动问责程序，确保各项工作落实到位。

附件：1.毕节市七星关区保障煤炭运输工作实施方案

2.毕节市七星关区切实推进煤炭外销工作实施方案

3.毕节市七星关区推进原煤生产工作实施方案

4.毕节市七星关区加快推进煤矿建设工作实施方案

5.毕节市七星关区加快煤矿企业兼并重组工作实施方案

6.毕节市七星关区加强煤矿人才培养和技术服务工作实施方案

7.毕节市七星关区切实加强煤矿安全生产工作实施方案

毕节市七星关区人民政府

2015年5月31日

附件1

毕节市七星关区保障煤炭运输工作实施方案

为保障我区煤炭外销，降低运输成本，促进我区煤矿安全生产持续稳定向好发展，结合我区实际，特制定本方案。

一、总体要求

合理组织安排运输车辆，保障煤矿企业运输需求；积极帮助协调高速公路为运煤外销开辟绿色通道，减少煤炭运输过桥、过路费用；积极协调上级交通运输行业管理部门，在公路路政管理相关法律法规和政策的允许下，对区内运煤车辆超限超载运输降低或不予处罚；及时排查整治公路安全隐患，确保运煤公路畅通，确保道路运输安全。

二、工作原则

坚持以保障我区煤炭外销降低运输成本为出发点和落脚点，在职能职责范围内，最大努力地保障煤炭运输，降低运输成本；在区委、区人民政府的统一领导下，交通运输部门按照职能职责和权限，做好煤炭运输保障工作，并细化完善煤炭运输保障方案和应急保障体系。

三、组织机构

成立七星关区交通运输局煤炭运输保障工作领导小组，下设工作协调组、公路隐患排查组、道路运输保障组、超限超载运输工作组，其人员组成如下：

组　长：肖玉明

副组长：张在翔　孙良德　朱强贵　吴　刚　孙天刚

成　员：吴传丹　肖庆发　孔德永　许世华　刘永刚　徐良俊　王　晖　赵晓军

领导小组负责制定煤炭运输保障工作的具体措施，统一指挥、调度和运输突发事件处置工作。

1.工作协调组。

组　长：张在翔

成　员：吴　刚　孙天刚　吴传丹　许世华　赵晓军

职　责：负责煤炭运输相关工作的协调和调度，对保障煤炭运输工作进行总体协调。

2.公路调查排查组。

组　长：孙天刚

成　员：许世华　刘永刚　徐良俊　王　晖及相关工程技术人员

职　责：负责运煤公路路线路况调查，排查运煤公路安全隐患，保障运煤公路运输安全。

3.道路运输保障组。

组　长：吴　刚

成　员：吴传丹　肖庆发

孔德永及运管所相关道路运输工作人员。

职　责：负责组织协调运煤车辆，根据需要适时调度运煤车辆，保障运煤车辆需求。

4.超限超载运输工作组。

组　长：孙天刚

成　员：许世华　刘永刚　徐良俊　王　晖及相关路政管理工作人员

职　责：负责运煤车辆超限超载运输工作，积极协调上级交通运输行业管理部门，在公路路政管理相关法律法规和政策的允许下，对区内运煤车辆超限超载运输行为予以监督。

四、工作要求

各工作组要按照职责任务，各司其职、各尽其责、协作配合，充分发挥主观能动性的优势和团结协作的精神，积极协调解决工作中遇到的困难和问题，最大限度地降低煤炭外销成本，保障煤炭运输。

附件2

毕节市七星关区切实推进煤炭外销工作实施方案

为有效破除煤炭销售壁垒，确保全区煤炭年外销量实现突破，结合《毕节市2015年煤炭市外销售奖励方案》及我区实际，特制定本实施方案。

一、目标任务

在区委、区人民政府的统一领导下，统一思想、提高认识，细化措施、明确责任，优化服务、加强扶持，切实推进全区煤炭外销工作，确保全年煤炭实现外销10万吨目标，力争完成13万吨。

二、责任分工

区工业经济和能源局：负责指导落实煤矿外销任务相关事宜。

区安全生产监督管理局：负责配合相关部门指导煤矿安全生产等相关环节的管控。

区交通运输局：负责联系组织辖区内煤炭运输相关环节的管理。

区国家税务局、地方税务局：负责全区煤炭外销相关数据的统计上报等工作。

区市场监督管理局：根据自身职责，严格落实好相关检验检查手续，保证电煤检验公平。

三、工作措施

（一）紧紧围绕“政府搭台、企业主体、市场运作”的原则，以市场需求为导向，紧扣我区煤种煤质特点，提升大块煤比例，鼓励支持有条件的企业积极引进洗选、分级等方式提升煤质，提高市场竞争力。

1.严格按照《毕节市2015年煤炭市外销售奖励方案》，对外销工作贡献巨大的企业和个人进行奖励。鼓励和支持辖区内的煤矿企业拓展市外销售渠道，增加煤炭外销量，促进煤炭生产。

2.进一步加大外销推介力度，积极组织重点生产煤矿企业到广西、云南、四川等地拓展煤炭销售市场，增进供需双方的交流合作，引导煤矿按用户需求保证煤质和煤量，并做好有关对接、签约等工作衔接。

3.鼓励和引导煤炭企业通过洗选加工、洁净煤技术及型煤加工等技术提高煤炭产品质量，拓宽煤炭产品销售渠道，提高终端用煤质量，推进煤炭清洁高效利用。

4.对区内所有运煤车辆执行“一卡通”政策，降低煤炭运输成本。对煤炭超限运输车辆不得重复处罚；区内电煤运输车辆，在允许装载规定范围内只收取超限部分的公路赔（补）偿费。

（二）区直各有关部门严格履职尽责，有序开展相关工作。

1.盯紧2015年煤炭销售的目标任务，整合各方力量拓展煤炭销售市场，筹划推进运煤车辆“绿色通道”实施方案的制定，清理不合理收费，切实为企业减负，推动我区经济社会持续健康发展。

2.积极组织有条件的煤矿企业根据自身需求建立煤炭洗选加工场地，提升我区煤炭市场竞争的软实力。

3.积极妥善处理煤炭企业在地灾治理、道路建设及煤炭装卸、运输等工程中发生的纠纷，为煤炭企业的正常生产经营保驾护航。

4.进一步强化安全监管职责，推动企业主体责任落实，坚持一手抓安全，一手抓生产，确保制度到位、投入到位、措施到位、管理到位、工作到位，扎实做好煤矿安全生产工作，依法依规按程序加强对煤矿安全生产的监管。

（三）煤矿积极配合，推动煤炭外销工作顺利开展。各煤矿集团公司、煤矿企业要在保证安全生产的前提下，有条不紊地按照外销计划组织开展工作。各煤矿必须组织人力对外销工作进行认真分解，根据自身产能与用煤户协商达成的销售协议，按月将外销任务细化分解，确保2015年完成市外销售10万吨的目标任务。其中：杨家湾煤矿3万吨、大树煤矿2万吨、马鞍山煤矿0.5万吨、大梨树煤矿0.3万吨、金桥煤矿0.2万吨、宝黔煤矿3万吨、垭关煤矿1万吨。

四、组织保障

为确保煤炭外销工作的有效推进，特成立毕节市七星关区推进煤炭外销工作领导小组，区人民政府副区长周祖华任组长，区人民政府办公室、工业经济和能源局、财政局、国家税务局、地方税务局、交通运输局、发展和改革局、市场监督管理局、安全生产监督管理局、国土资源局等单位相关负责人任成员。领导小组下设办公室在区工业经济和能源局，工业经济和能源局副局长张琦任办公室主任。

毕节市七星关区煤炭外销任务分解表

单位：万吨

煤矿＼月度	1—4月	5月	6月	7月	8月	9月	10月	11月	12月	合计
杨家湾煤矿	0.6	0.3	0.3	0.3	0.3	0.3	0.3	0.3	0.3	3
大树煤矿	0.8	0.15	0.15	0.15	0.15	0.15	0.15	0.15	0.15	2
马鞍山煤矿	0.05	0.05	0.05	0.05	0.06	0.06	0.06	0.06	0.06	0.5
大梨树煤矿	0.1	0.03	0.03	0.03	0.03	0.02	0.02	0.02	0.02	0.3
金桥煤矿	0	0.02	0.04	0.04	0.02	0.02	0.02	0.02	0.02	0.2
宝黔煤矿	0.8	0.3	0.3	0.3	0.3	0.3	0.3	0.2	0.2	3
垭关煤矿	0.2	0.1	0.1	0.1	0.1	0.1	0.1	0.1	0.1	1
合　计	2.55	0.95	0.97	0.97	0.96	0.95	0.95	0.85	0.85	10

附件3

毕节市七星关区推进原煤生产工作实施方案

为深入贯彻全市煤炭工业发展大会精神，促进我区煤矿安全生产持续稳定向好发展，结合我区实际，特制定本方案。

一、总体思路

深入贯彻落实5月11日“毕节市煤炭工业发展大会”会议精神，进一步解放思想、坚定信心，坚定不移推进煤炭资源开发，切实抓好煤矿安全生产，进一步优化煤炭产业发展环境，促进我区煤炭工业持续稳定健康发展。

二、组织机构

为确保原煤生产各项目标任务的完成，特成立毕节市七星关区推进原煤生产工作领导小组，区人民政府分管副区长周祖华任组长，区工业经济和能源局局长廖康富、区安全生产监督管理局局长孙浩任副组长。领导小组下设办公室在区工业经济和能源局，由廖康富同志兼任办公室主任，张琦兼任办公室副主任，负责协调处理相关日常事务。领导小组下设两个工作组，区工业经济和能源局副局长张琦任第一工作组组长，区安全生产监督管理局副局长、煤矿安全生产监督管理局局长张成述任第二工作组组长，工作组成员由区工业经济和能源局、安全生产监督管理局、煤矿安全生产监督管理局相关工作人员组成。

三、工作要求及相关措施

（一）强化煤矿技术指导与服务工作。对区内生产不正常及未恢复生产的矿井进行全面清理，摸清影响煤矿生产、复产的原因，明确包保责任单位、责任人及达产、复产的具体时间，提出帮助煤矿在规定时限内达产复产的针对性措施，确保区内证照齐全的煤矿稳产、达产、复产。

1.针对已获得复产复工批复的9个煤矿，由区安全生产监督管理局、区工业经济和能源局，结合自身职能，坚持一手抓安全、一手抓生产，坚持依法行政，提高安全执法检查的精准性；合理安排节假日和重要时段煤矿企业安全生产，保证煤矿企业年度有效生产天数，确保煤矿企业达产稳产。

2.对还未获复产复工验收批复的夏泉煤矿、大树煤矿，由区工业经济和能源局副局长张琦负责，加大服务指导的力度，确保大树煤矿能在6月下旬恢复正常生产；由区安全生产监督管理局副局长、区煤矿安全生产监督管理局局长张成述负责，协调解决夏泉煤矿资金困难等事宜，争取让夏泉煤矿能在7月下旬恢复正常生产。

3.对因资金紧张，无法开展二采区建设待兼并的永佳煤矿、路朗煤矿，由区工业经济和能源局副局长张琦负责，帮助协调解决资金困难问题，尽快组织生产。

（二）加快机械化改造力度。根据《贵州省人民政府办公厅关于印发贵州省加快推进煤矿采掘机械化实施方案的通知》（黔府办函〔2014〕144号），结合市2015年煤矿机械化改造工作安排，立足我区煤炭资源的赋存及开发实际，制定《2015年全区煤矿机械化改造实施方案》，并不断加强工作力度，确保煤矿机械化改造工作有序推进。

（三）强化煤矿基础管理工作。按照毕安委〔2015〕1号等文件要求，加强煤矿“三个计划”工作的指导，加强对煤矿采掘接续的管理，提前做好煤矿采区接替、优化服务指导工作，防止煤矿采掘失调，保证采掘平衡，保证煤矿稳产达产。由区工业经济和能源局结合自身职能，制定煤矿“采掘计划、瓦斯抽采计划、探放水计划”的管理制度与考核办法。

（四）抓好火电厂发电工作。一是努力向上争取发电量，力争满负荷发电，确保完成市人民政府制定的2015年火力发电任务指标。二是加强调度，切实解决遇到的困难和问题，坚决防止随意降低电煤价格。三是进一步加大电煤协调力度，及时清理电厂拖欠的电煤资金，积极协调解决煤矿企业供需衔接，鼓励电厂和重点用煤企业加大煤炭采购力度，确保完成今年的市内煤炭销售计划。

（五）积极推进瓦斯抽采和综合利用。督促煤矿企业加大瓦斯治理力度，强化瓦斯治理“十个必须”“十个严禁”“十个防止”“十个管控”和“十项攻坚”等措施的落实，全面提升煤矿企业瓦斯防范意识、瓦斯治理和管理水平，确保瓦斯抽采1200万立方米、瓦斯利用300立方米的目标任务圆满完成。由区工业经济和能源局副局长张琦负责，加强对瓦斯抽采、利用工作的调度，督促煤矿严格落实煤矿瓦斯抽采和利用工作。

（六）加大技术人才培训力度。由区工业经济和能源局组织，对煤矿采煤、掘进、电钳等技术人才进行培训。同时，积极向市主管部门争取培训名额。

毕节市七星关区2015年煤矿机械化改造包保责任分解表

煤矿名称	规模（万吨/年）	机械化改造内容	机械化改造完成时间	煤矿企业法人或投资责任人	责任单位	部门责任人	区人民政府责任人	备注
垭关煤矿	30	综采	2015年11月	袁保华	区安全生产监督管理局	张成述	周祖华	

毕节市七星关区2015年火力发电量计划责任分解表

发电厂及责任人		发电量（亿千瓦时）	企业集团及责任人		责任单位及责任人		区人民政府联系人
发电厂	责任人		企业集团	责任人	单位	责任人	
毕节热电厂	饶宏	20	贵州乌江水电开发有限公司	王文琦	区工业经济和能源局	廖康富	周祖华

毕节市七星关区煤矿稳产达产复产责任分解表（生产正常矿井）

煤矿名称	规模（万吨/年）	煤矿企业法人或投资责任人	县（区）部门责任单位	部门责任人	区人民政府责任人	备注
大梨树煤矿	15	刘兴成	区安全生产监督管理局	张成述	周祖华	
垭关煤矿	30	袁保华			周祖华	
宝黔煤矿	15	冯甫生			周祖华	
向阳煤矿	9	张桂芳			周祖华	
马鞍山煤矿	9	罗国太	区工业经济和能源局	张　琦	周祖华	
瑞兴煤矿	15	周荣岔			周祖华	
杨家湾煤矿	15	周　亮			周祖华	
金桥煤矿	15	谢言长			周祖华	
先明煤矿	9	张先文			周祖华	

毕节市七星关区煤矿稳产达产复产责任分解表（生产不正常矿井）

煤矿名称	规模（万吨/年）	不正常原因	恢复正常生产的时限	煤矿企业法人或投资责任人	责任单位	部门责任人	区人民政府责任人	备注
大树煤矿	15	正在维修主副井	2015年6月下旬	罗国太	区工业经济和能源局	张　琦	周祖华	
夏泉煤矿	9	资金问题，正在与富强圣公司协商	2015年7月下旬	曾远鹏	区安全生产监督管理局	张成述	周祖华	

毕节市七星关区煤矿稳产达产复产责任分解表（未恢复生产的矿井）

煤矿名称	规模（万吨/年）	未恢复生产的原因	措施	恢复生产的时限	煤矿企业法人或投资责任人	责任单位	部门责任人	区人民政府责任人	备注
永佳煤矿	15	因资金紧缺，无法开展二采区建设，待兼并	积极帮助解决融资困难	有新融资渠道后按要求积极组织生产	杜解建	区工业经济和能源局	张　琦	周祖华	
路朗煤矿	15	因资金原因，该矿已于2014年3月13日上报只进行通风和排水的停产报告	积极帮助解决融资困难	有新融资渠道后按要求积极组织生产	杨新中	区工业经济和能源局	张　琦	周祖华	

附件4

毕节市七星关区加快推进煤矿建设工作实施方案

为更好贯彻5月11日“全市煤炭工业发展大会”会议精神，加快推进我区煤矿建设，促使我区煤炭产业健康、持续、稳定发展，做大做强我区煤炭产业，结合我区实际，特制定本实施方案。

一、煤矿现状

我区现有煤矿28个，产能369万吨/年；生产矿井14个，产能195万吨/年（实际生产矿井11个，产能156万吨/年）；政策性停建矿井14个，产能174万吨/年，无建设煤矿。

通过煤矿企业兼并重组，大梨树煤矿预计2016年1月动工建设；瑞兴煤矿正在开展精查工作，预计2016年10月动工建设；众福煤矿正在划定矿区范围，预计2015年底开展精查工作；其他煤矿《煤矿企业兼并重组实施方案》待批复。

根据《贵州省黔北矿区毕节区总体规划》，我区杨家湾矿区（180万吨/年）、水箐矿区（60万吨/年）、总基矿区（60万吨/年）、草堤矿区（60万吨/年）等矿区已完成地质勘探（精查），正在开展项目前期工作。

二、指导思想

深入贯彻落实党的十八大及十八届三中、四中全会精神，高举中国特色社会主义伟大旗帜，以马克思列宁主义、毛泽东思想、邓小平理论、“三个代表”重要思想和科学发展观为指导，紧紧围绕国家和省、市有关加强煤矿建设的一系列指示精神，结合我区煤矿实际，千方百计调动煤矿建设的积极性，用最短的时间、最有效的工作措施，帮助、引导、督促煤矿企业把我区煤矿建设成高标准、高质量的矿井。切实解决群众生产生活用煤和工业用煤，使煤炭产业真正成为我区经济建设的重要经济支柱。

三、工作目标

（一）积极采取措施督促实施方案已批复的煤矿集团尽快完善相关手续，筹措资金，早日开工建设。

（二）积极协调、帮助、督促《煤矿企业兼并重组实施方案》未批复的煤矿企业尽快完成报批手续，争取在2016年内完成批复工作及开展项目建设的前期工作。

（三）积极帮助督促规划建设煤矿完成“探转采”的工作，帮助协调办理相关手续，争取规划建设的杨家湾、水箐等煤矿在2016年能启动建设。

四、工作措施

（一）帮助、协调、督促煤矿完成《开采设计方案》《安全专篇》《水土保持方案》《水资源论证》《环境影响评价》等方案的编制和批复工作（责任单位：区工业经济和能源局、安全生产监督管理局、水利局、环境保护局）。

（二）积极帮助煤矿集团公司、煤矿企业协调省市相关部门，办理煤矿建设过程中的立项、审批、矿权过户等手续，协调解决煤矿建设过程中的选址、征地拆迁等各项工作（责任单位：区发展和改革局、国土资源局、房屋征收管理局）。

（三）煤矿开工建设后，深入企业开展“双服务”活动，为企业解决建设过程中遇到的困难和问题，保证煤矿建设工作有序进行（责任单位：区工业经济和能源局、国土资源局、安全生产监督管理局等）。

（四）引导和鼓励各金融机构完善金融服务，制定“一矿一策”的煤矿融资方案，提高对煤矿企业的贷款比重，帮助企业渡过难关，因资金等原因停建的矿井，要帮助企业集团做好协调服务工作，协调金融部门放宽融资门槛，解决煤矿资金短缺的问题，尽快恢复建设（责任单位：区政府金融服务办公室）。

（五）帮助、指导、督促实施方案已批复的煤矿企业及时开展地质勘探精查工作，帮助其协调解决困难，及时完成精查储量的报备工作（责任单位：区国土资源局）。

（六）督促政策停建的14个矿井按照省煤矿企业兼并重组专题会议2015第2号纪要要求，在加入主体企业的前提下，主动配合做好采矿权过户和资料移交工作，为启动兼并重组整合技改创造条件（责任单位：区工业经济和能源局）。

（七）强化施工进度管理。煤矿启动建设后，督促煤矿按照设计工期倒排施工进度计划，做好工程施工所需的人、财、物等要素保障工作。制定煤矿工程进度考核机制，对未完成施工进度计划的要分析原因，制定对策和措施，保证工程进度（责任单位：区工业经济和能源局、安全生产监督管理局）。

（八）支持鼓励具有经济、技术和管理等优势的煤矿企业集团来我区收购兼并重组煤矿企业，使我区煤矿在生产、管理、技术上上一个新的台阶（责任单位：区工业经济和能源局、国土资源局）。

五、组织实施

（一）强化组织领导。区直有关单位要高度重视，根据各职能分工解决煤矿建设中存在的问题和困难，促使煤矿顺利建设，成立由区分管煤矿副区长任组长，区工业经济和能源局、安全生产监督管理局、水利局、环境保护局、国土资源局、区政府金融服务办公室、人力资源和社会保障局、国家税务局、地方税务局等单位为成员的领导小组，领导小组下设办公室在区工业经济和能源局，廖康富同志任办公室主任，负责日常相关事务、调度等工作。

（二）认真履行职责。各有关部门要对照实施意见认真履行各自职责，确保各项工作落到实处，真正解决煤矿建设中存在的问题和困难，帮助煤矿脱困，将工作的开展情况纳入年度目标绩效考核内容。

（三）做好配合协调。各产煤乡镇人民政府、区直有关部门要加强上下联动、横向配合、条块结合，提高工作的协同性和实效性，并切实加强矛盾纠纷排查化解工作，确保煤矿的正常建设。

（四）加强督查检查。区督办督查局要对此项工作的落实情况进行专项督查，加大巡查力度，对落实不力的有关单位进行通报批评，确保各项工作落实到位。

附件5

毕节市七星关区加快煤矿企业兼并重组工作实施方案

为深入贯彻落实2015年5月11日全市煤炭工业发展大会精神，进一步加快我区煤矿企业兼并重组工作，结合我区实际，特制定本方案。

一、兼并重组工作进度

（一）集团兼并并购煤矿情况。截止目前，共有15个企业集团在我区兼并煤矿。其中，区内注册的3个（贵州新西南矿业公司、贵州蓝雁集团、大西南矿业集团）；区外市内注册1个（贵州黔宜能源集团有限公司）；市外注册的集团11个（安顺永峰煤焦集团、贵州万海隆矿业集团股份有限公司、贵州天伦矿业投资有限公司、贵州丰联矿业集团、贵州勇能能源开发有限公司、湖南安石集团六盘水煤业有限公司、贵州富强圣能源投资有限公司、贵州中耀矿业有限公司、贵州汇巨能源集团投资有限公司、贵州博鑫矿业股份有限公司、贵州恒隆源矿业有限公司），全区30个煤矿均已进入集团公司。

（二）采矿权转让变更情况。截至目前，进入集团公司的30个煤矿中，26个煤矿采矿权过户资料已进入省国土厅窗口（其中，25个煤矿采矿权过户资料已通过审查获得审查意见；23个煤矿已经到矿权储备交易局签订矿权转让合同；20个煤矿已更换采矿许可证）；4个煤矿采矿权过户资料未进入国土厅窗口（恒正煤矿、恒兴煤矿、高桥煤矿、黄泥煤矿）。

（三）集团兼并重组实施方案制定和报批情况。目前，进入我区兼并煤矿的15个集团公司，涉及我区煤矿的有4个集团公司的实施方案已批复（大西南矿业股份有限公司、贵州勇能能源开发有限公司、贵州丰联矿业集团、贵州中耀矿业有限公司）。

（四）集团主体资格确认情况。目前，进入我区兼并煤矿的15个集团公司中，14个集团已取得主体资格确认，还有1个集团还未取得主体资格确认（贵州汇巨能源集团投资有限公司）。

（五）兼并重组煤矿关闭情况。已完成阿拉寨煤矿和海嘎煤矿的关闭工作。

二、存在的问题

（一）受煤矿债权债务、涉法涉诉、证载法人不签字等因素影响，部分煤矿对目前面临的严峻形势认识不清，仍存观望等待的思想，矿权交易环节工作推进迟缓。目前，全区加入集团公司需办理矿权过户手续的30个煤矿中，仍有7个煤矿（恒正煤矿、恒兴煤矿、高桥煤矿、黄泥煤矿、上甲马石、永佳煤矿、夏泉煤矿）未签订矿权转让协议。

1.恒正煤矿、恒兴煤矿、黄泥煤矿属同一业主，原准备加入贵州福平能源集团公司，因不能与集团公司达成一致意见，于2015年4月14日加入贵州汇巨能源投资有限公司，现正准备过户资料进省国土厅窗口。

2.上甲马石煤矿、永佳煤矿加入湖南安石集团六盘水煤业有限公司，过户资料已通过审查，双方通过多次协议，因湖南安石集团六盘水煤业有限公司现无资金支付，致使矿权转让协议迟迟不能签订。

3.夏泉煤矿现加入贵州富强圣能源投资有限公司，过户资料已通过审查，因转让价格和股份的问题不能达成一致意见，致使矿权转让协议不能签订。

4.高桥煤矿加入大西南矿业集团，因该矿法人和实际投资人及集团公司之间未达成协议，致使矿权转让协议不能签订。

（二）由于煤矿债权债务、涉法涉诉、证载法人不签字等因素的影响，部分煤矿未能实现真正意义上的兼并，致使集团编制实施方案进度缓慢。

1.贵州新西南矿业公司因大部分煤矿未能实现真正意义上的兼并，一些煤矿未能落实一对一的关闭，导致实施方案未批复。

2.贵州蓝雁集团的第一批实施方案已批复，因其购买关闭的煤矿矿权涉及法律诉讼，未能办理过户手续，待法院审理判决后，再补充上报实施方案。

3.贵州黔宜能源集团有限公司、贵州万海隆矿业集团股份有限公司、贵州天伦矿业投资有限公司、贵州博鑫矿业股份有限公司、贵州恒隆源矿业有限公司实施方案已上报，待批复。

4.贵州富强圣能源投资有限公司、湖南安石集团六盘水煤业有限公司涉及我区煤矿的实施方案待煤矿过户完成后上报。

三、工作措施

本着“以省的时间节点为限、兼并从快、重组从稳”原则，按照3月30日省兼并重组领导小组专题会第2次会议要求，确保如期完成煤矿兼并重组工作。

（一）积极深入到煤矿企业，继续向煤矿企业宣贯和解读全省煤矿兼并重组政策，按照3月30日省煤矿企业兼并重组领导小组专题会第2次会议要求，督促煤矿企业集团按全省兼并重组时间节点要求完成相关工作。

（二）加大督促、协调、服务力度，全力推进区内煤矿的采矿权过户工作。积极到省国土等相关部门协调，帮助企业集团解决矿权过户有关问题。

（三）继续督促矿权未过户的永佳煤矿、上甲马石煤矿、黄泥煤矿、恒兴煤矿、恒正煤矿、夏泉煤矿、高桥煤矿等7个煤矿在规定的时限内完成采矿权过户。

（四）督促兼并区内煤矿的贵州汇聚巨能源集团，加大工作力度，确保其6月底前取得主体资格确认。

（五）由区工业经济和能源局对实施方案未批复的煤矿企业集团每周进行调度，及时了解集团在实施方案编制办理过程中遇到的困难和问题，并帮助协调解决，使其完善相关手续，尽快批复实施方案。

（六）按照《关于印发减轻煤炭企业负担促进煤炭行业平稳发展工作措施的通知》（黔府办函〔2015〕22号）文件精神，积极帮助“主体企业实施方案”已批复的煤矿企业搞好建设前的相关工作。

毕节市七星关区未进入主体企业集团煤矿责任分解表

<table>
<tr><th>煤矿名称</th><th>所属企业</th><th>规模（万吨/年）</th><th>职责任务</th><th>煤矿企业法人或投资责任人</th><th>责任单位</th><th>责任人</th><th>区人民政府责任人</th></tr>
<tr><td>恒正煤矿</td><td>贵州汇巨能源集团投资有限公司</td><td>9</td><td>督促尽快加入主体企业集团</td><td>刘　林</td><td rowspan="3">区工业经济和能源局</td><td rowspan="3">廖康富</td><td rowspan="3">周祖华</td></tr>
<tr><td>恒兴煤矿</td><td>贵州汇巨能源集团投资有限公司</td><td>15</td><td>督促尽快加入主体企业集团</td><td>刘　林</td></tr>
<tr><td>黄泥煤矿</td><td>贵州汇巨能源集团投资有限公司</td><td>9</td><td>督促尽快加入主体企业集团</td><td>刘　林</td></tr>
</table>

附件6

毕节市七星关区加强煤矿人才培养和技术服务工作实施方案

为适应新形势、新常态下煤矿安全生产工作的需要，深入实施人才强区战略，培养与造就煤矿高素质专业技术人才队伍，充分发挥专业技术人才在煤矿建设发展中的重要支撑作用，促进全区煤炭工业全面、协调、持续健康发展，结合我区实际，特制定本方案。

一、扎实抓好煤矿人才培训工作

（一）加强煤矿安全监管执法队伍培训。切实加大煤矿安全管理人员培训力度，提高煤矿监管人员专业水平和管理水平。采取分类、分期集中办班的形式，组织煤矿安全监管部门、行业管理部门、涉煤乡镇相关管理人员进行培训。

（二）加强煤矿管理人员教育培训。按照“统一领导、归口管理、分级培训、教考分离”的原则，切实加强煤矿企业管理人员安全培训工作，督促煤矿企业“五职矿长”、主要负责人、特种作业人员到有资质部门进行培训，组织煤矿管理人员进行技术交流，提高煤矿管理人员安全管理技能、知识、水平，增强安全防线。

（三）加强煤矿从业人员培训。各煤矿企业要提高认识，强化煤矿从业人员培训，要通过“引进来”、“走出去”等方式对煤矿从业人员进行培训，结合年度培训实施方案，定期不定期组织人员培训。煤矿从业人员入职培训由企业自行组织，培训学时须达到要求。区安全生产监督管理局负责指导、组织煤矿企业人员入职考核（考试），考试合格颁发上岗证后方能上岗。

（四）完善人才培养机制。督促煤矿企业着眼于企业长远发展，高度重视安全队伍建设工作，制定企业安全技术队伍建设中长期规划和人才培养引进计划，完善人才培养、引进、使用管理机制。进一步落实完善校企联合办学、对口单招、订单式培养等政策，变“招工”为“招生”，培养储备一批采掘、通风、机电、地测等方面的安全技术专业人才，为企业的安全生产和可持续发展提供人才支撑。力争每年引进50名煤矿相关专业人才到我区煤矿企业，改变我区煤矿专业技术人才短缺的现象。

（五）加大培训经费投入。加大财政经费投入，不断提高煤矿安全监管人员和企业管理水平。区财政每年拨付50万元的专项培训资金，用于煤矿安全监管部门、行业管理部门、涉煤乡镇监管人员、煤矿企业相关管理人员培训。

二、扎实做好人才培养工作

（一）鼓励煤矿安全监管人员参加国家注册安全工程师执业资格考试。鼓励全区具备条件的煤矿安全监管人员参加国家注册安全工程师资质考试。对参加注册安全工程师考试的煤矿监管执法人员，各单位按有关规定报销差旅、考试、资料、培训等有关费用；对通过注册安全工程师考试的煤矿监管执法人员其所在工作单位可给予适当奖励。切实加强区煤矿安全生产监督管理工作，提升安全监管能力和水平，建设一支高素质、懂专业的安全监管人员队伍。

（二）鼓励干部职工接受继续教育，提升学习层次，做学习型干部。

1.积极鼓励具备条件的在编在岗煤矿监管执法人员多渠道多层次在职提升学历。在职提升学历的层次为：本科、硕士研究生（含无学位的研究生）和博士研究生。

2.参加在编在岗提升学历的煤矿监管执法人员，原则上充分利用双休日、节假日等业余时间学习，一般不占用工作时间。

3.参加在编在岗提升学历的煤矿监管执法人员，学习期满取得国家承认的学历或相应学位的，相关费用严格按规定予以报销。

4.脱产学习。对经批准参加脱产学习，攻读与从事相关专业的本科、硕士、博士的在编在岗煤矿监管执法人员，现有的编制、职务、工资不变，学习期满取得国家承认的学历或相应学位且回原单位服务的（组织需要调动的除外），相关费用严格按规定予以报销。

（三）加强就业引导和管理。积极做好关闭煤矿专业技术人员的分流引导，督促相关煤矿企业，在关闭之前对企业现有技术人员，应协调规模较大的企业接收，进一步充实骨干企业技术力量，防止技术人员流失。

（四）加强技术人才管理。把煤矿专业技术人员管理作为一项基础性工作，结合实际研究制定管理制度，建立完善专业技术人员管理档案。把专业技术人员配备情况列为日常检查的一项基础内容，对技术人员配备和管理使用不到位的煤矿，及时督促整改。

三、加强技术服务体系建设

（一）建立完善技术服务体系。按照“政

府搭台、市场运作”的原则，依托与毕节市煤矿勘测设计院合作搭建的煤矿技术服务中心，积极拓展与贵州工程职业技术学院等院校的合作、联系，积极为煤矿企业搭建起技术服务平台，提供生产技术、瓦斯治理、机械化技术推广等服务，为全区煤矿技术服务、瓦斯治理、灾害防治提供技术支撑。

（二）建立完善技术保障体系。充分利用安全技术专家对煤矿安全监管工作的支撑作用，从高等院校、科研设计单位、企事业单位等，选聘一定资质能力的技术人员，组建煤矿安全技术专家库，以煤矿安全生产技术服务专家组为载体，开展“专家会诊”、技术交流、研讨；积极鼓励符合条件的煤矿监管执法人员和管理人员异地交流、挂职，着力提高监管执法水平和管理水平，使得各方面技术优势、人才优势、先进的管理经验充分发挥，提升全区煤矿安全生产水平。

四、工作要求

（一）提高认识，加强领导。各单位要深刻认识当前煤矿专业人才培养工作的重要性和紧迫性，从我区能源建设和煤矿生产安全的大局出发，加强指导，加大对培养煤矿专业人才的政策和经费支持，为煤矿专业人才培养创造良好条件。

（二）加强人才队伍建设。要从适应煤炭工业当前和长远发展的需求，以煤矿专业人才和生产一线急需的技能型人才为重点，采取有力措施，加强人才培养工作，不断提高人才培养质量，建立煤矿专业人才引进使用的有效机制，使煤矿拥有的专业人才数量基本满足煤炭工业发展的需要。

（三）加强协作配合。各有关单位要通力协作，加大协调力度，共同把煤矿专业人才培养和技术服务工作做好，为实现全区煤炭工业持续、稳定、协调健康发展做出努力。

附件7

毕节市七星关区切实加强煤矿安全生产工作实施方案

为切实推进全区煤矿领域实现“零事故、零死亡”目标，确保煤炭工业健康、稳定、有序发展，结合我区实际，特制定本方案。

一、坚决落实煤矿安全生产责任

按照《毕节市实行安全生产党政同责一岗双责齐抓共管暂行规定》要求，进一步建立健全“党政同责、一岗双责、齐抓共管”安全生产责任体系，按照“谁主管、谁负责”、“管行业必须管安全、管业务必须管安全、管生产经营必须管安全”、“四级五覆盖”的要求，坚持分级负责、齐抓共管，严格落实政府属地管理责任、安全监管部门综合监管责任、行业主管部门直接监管责任和生产经营单位安全生产主体责任；坚持层层落实安全生产工作责任，层层传导安全生产工作压力，构建完整的安全生产责任体系和网络；严格过程管控、督查督办，依法依规对相关责任人进行问责。坚持科学发展、安全发展的理念，把实现“零死亡”作为最崇高的理念，牢固树立一切事故都是“可防可控”意识，强化责任落实，坚持强抓严管，实施重点整治，将事故消灭在萌芽状态。

二、强化红线意识和底线思维

继续深入贯彻学习习近平总书记、李克强总理等党和国家领导人对安全生产工作的重要批示精神，把安全生产工作摆在重要位置，把重要精力放在安全生产工作上，对安全生产工作进行再动员、再部署；切实强化安全生产“红线”意识和“底线”思维，认真贯彻落实“双七”举措，再宣贯、再落实，深刻理解其内涵，真正做到“铁规定、刚执行、全覆盖、真落实、见实效”。坚持以人为本，把矿工当兄弟、当亲人，强化责任落实，深入开展隐患排查治理，坚决落实、迅速行动，加强安全管理工作，切实保障矿工生命财产安全。

三、狠抓煤矿安全生产关键环节管控

（一）细化措施，明确责任。严格按照《毕

节市安委会关于加强煤矿安全生产关键环节管控的通知》及省、市会议精神，进一步细化实施细则，明确责任人。由区工业经济和能源局牵头，区安全生产监督管理局配合，严格“三项计划”管控和采掘工作面管控；由区安全生产监督管理局牵头，区工业经济和能源局配合，严格瓦斯抽采过程管控、探放水过程管控、石门揭煤过程管控和远距离放炮过程管控；由区国土资源局负责，严格煤矿开采范围合法性过程管控；由区安全生产监督管理局牵头，各涉煤乡镇配合，严格关停矿井关停过程管控。

（二）强化瓦斯治理管控。严格落实瓦斯治理“十个必须”、“十个严禁”、“十个防止”、“十个管控”和“十个攻坚”内容。通过瓦斯治理攻坚，全面提升煤矿企业瓦斯防范意识、瓦斯治理和管理水平，牢固构建“通风可靠、抽采达标、监控有效、管理到位”的工作体系，建立瓦斯治理长效机制，完善瓦斯治理责任追究制度，进一步夯实瓦斯治理工作基础。一是按照瓦斯“零超限”的要求，坚定“瓦斯不治理，矿无宁日”的思想，坚决将瓦斯治理工作摆在煤矿安全管理重中之重位置上，坚决杜绝瓦斯事故发生。二是将瓦斯抽采过程管控作为煤矿瓦斯治理工作的重中之重，保证煤矿留有足够的瓦斯治理和探放水工作开展，督促煤矿企业在系统合理情况下，允许布置一个正常回采采煤工作面和一个备用回采工作面（治理瓦斯），两个正常掘进工作面和两个备用掘进工作面（开展瓦斯治理及水害防治工作），实行交替作业，确保实现一采两掘。

（三）全面加强和规范煤矿安全生产管理。加快落后小煤矿关闭退出，严格煤矿安全准入，根据煤炭整合标准，对整合后新建系统与现有系统不相关联，待新建系统形成后，关闭现有系统。全面深化普查煤矿隐蔽致灾因素。大力推进煤矿机械化、标准化、信息化、自动化建设。督促煤矿企业建立采掘工作面公告制度。全面推行“五职矿长”准入、登记备案、黑名单制度。

四、抓好煤矿水害防治和雨季三防工作

坚持以人为本原则和“安全第一、预防为主、综合治理”的方针，以强化“预测预报、有掘必探、先探后掘、先治后采”为基础，以探放水过程管控为抓手，全面推动煤矿生产、建设安全发展、和谐发展和可持续发展。大力推广使用先进科学技术，推进科技兴安工程。督促煤矿全面组织排查水害隐患，开展煤矿防治水专项治理及“雨季三防”工作，督促煤矿企业建立健全防治水及“雨季三防”机构和队伍，配齐防治水装备，贯彻“预测预报、有掘必探、先探后掘、先治后采”的防治水方针，坚决执行“逢掘必探、先探后掘”的要求，落实“探、防、堵、截、排”等综合防治水措施，认真开展煤矿防治水及雨季“三防”工作。

严格督促煤矿加强矿井水文地质基础工作，一是查清矿井水文地质条件和区域内、采空区的积水等灾害的分布情况、威胁状态，编制灾害普查及防治水研究报告，建立真实可信的灾害防治工作基础信息数据库，做到一个矿一张预测图，为防治水工作提供翔实的基础资料；二是及时检查维护矿井防、排水系统，确保发生水害时能及时有效运行；三是要开展防治水知识教育和培训，保证职工具备必要的防治水知识，掌握井下透水预兆，熟悉避水灾路线；四是要加强矿井防治水的现场管理，煤矿企业要按规定配备防治水专业技术人员、配齐专用探放水设备，建立专门探放水队伍，开展探放水工作必须经驻矿安监员现场验收签字确认，认真做好矿井充水条件分析预报，遇到采掘活动现场发生透水预兆时，及时撤出受水害威胁的所有人员，并查明原因，采取措施；五是地质灾害点必须有专人观察、记录变化，强化应急演练，所有人员必须熟悉避灾路线，有效遏制煤矿水害事故发生。

五、强化煤矿安全生产教育培训

加大对煤矿从业人员的教育培训力度，通过“六月安全宣传月”、专家讲座、业务培训等多种形式安全宣传教育工作，不断增强监管人员、行业管理人员及煤矿管理人员、从业人员安全意识。一是切实加强对生产经营单位的主要负责人和安全管理人员的培训工作，让主要负责人和安全管理人员安全管理技能、知识和水平得以提升，增强安全管理第一道防线；二是强化对《安全生产法》等法律法规和煤矿安全生产规程的宣传教育；三是加大宣传力度，宣讲近年来的灾害事故实例、经验和教训，提高一线领导人员的素质和水平，增强对灾害事故的预见性和事故应对处理能力；四是组织煤矿管理人员进行技术交流，提升煤矿管理人员技术水平；五是通过“引进来”、“走出去”等方式对职工进行培训，全面提高煤矿从业人员整体素质；六是督促煤矿对从业人员进行安全生产技能培训，所有人员必须在具备安全生产知识和事故险情发生后逃生自救的能力、处理常规事故的能力、临危不乱的心理承受能力。

毕节市七星关区人民政府办公室关于印发毕节市七星关区调整规范机关津贴补贴实施方案和毕节市七星关区调整规范事业单位绩效工资实施方案的通知

七星府办通〔2015〕5号

各乡镇人民政府、街道办事处，区直各部门：

根据《毕节市人民政府关于对各县（区）规范津贴补贴标准实施方案的批复》（毕府复〔2014〕196号）精神，经区人民政府研究同意，现将《毕节市七星关区调整规范机关津贴补贴实施方案》和《毕节市七星关区调整规范事业单位绩效工资实施方案》印发给你们，请遵照执行。

毕节市七星关区人民政府办公室

2015年1月7日

毕节市七星关区调整规范机关津贴补贴实施方案

一、实施范围和执行时间

实施范围：全区党的机关、人大机关、行政机关、政协机关、审判机关、检察机关、民主党派及工商联机关，以及经批准参照《中华人民共和国公务员法》管理的单位。

执行时间：2013年1月1日。

二、调整规范在职人员津贴补贴标准和离退休人员补贴标准

（一）调整规范在职人员津补贴标准。

在职人员津贴补贴按现任（聘）实际职务（技术等级）对应的津补贴标准执行。

（二）调整规范离退休人员补贴标准。

离退休人员补贴按离退休生活费待遇对应的职务（技术等级）享受相应的标准执行。

三、有关问题

（一）新录（聘）用人员在试用期（学徒期、熟练期）内，按在职人员最低津贴补贴标准执行。

（二）职务（技术等级）变动的人员，从职务（技术等级）变动的次月按所任（聘）职务（技术等级）的津贴补贴标准执行；无职务（技术等级）和未明确职务（技术等级）的人员，按在职人员最低津贴补贴标准执行。

（三）公务员在机关之间调动，明确职务的，按调动后所任职务对应的津贴补贴标准执行，因组织原因未明确职务期间，按调动前原任职务对应的津贴补贴标准执行。

（四）被收容教育、强制隔离戒毒和行政拘留的人员（含离退休人员），在处罚期间停发津贴补贴（离退休人员补贴）。正在接受立案或停职审查的人员，停发工作性津贴，生活性补贴按原享受标准继续发放，待审查结束作出结论后，再按照有关规定办理。

被刑事拘留在逃或批准逮捕在逃的人员（含离退休人员），停发津贴补贴。

受刑事处罚人员（含离退休人员），处分决定机关尚未作出处理决定的，从人民法院判决生效之日起，停发津贴补贴。

（五）军队转业干部现任职务低于部队转业职务的，按转业时的职务执行相应津贴补贴标准。

（六）停职留（减）薪人员，津贴补贴暂缓执行。

（七）按国务院关于颁发《国务院关于安置老弱病残干部的暂行办法》和《国务院关于工人退休、退职的暂行办法》的通知（国发〔1978〕104号）文件规定办理了退职手续的人员，退职人员补贴标准按每月1300元的标准执行。

（八）调整规范津贴补贴所需经费，仍按原资金渠道解决。

（九）此次调整后的津贴补贴增资额不列入住房增量补贴计算基数，待下一步政策出台后，按新政策执行。

四、组织实施

（一）加强组织领导。各部门、各单位要高度重视，加强领导，实行“一把手”负责制。要周密安排、精心组织、扎实工作，切实把调整规范津贴补贴工作作为一件大事抓紧抓好。

（二）进一步严肃纪律。在调整规范津贴补贴工作中，区级纪委、组织、编委办、监察、财政、人力资源社会保障和审计部门要结合实际，认真履行监督职责，对违反规定发放津贴补贴的，将按照党纪政纪严肃查处。

（三）切实做好干部职工的思想政治工作。调整规范津贴补贴政策性强、敏感度高，各部门、各单位要耐心细致地做好相关人员的政策解释和思想政治工作，积极化解矛盾，确保实施工作的顺利进行。

（四）认真做好审批和兑现工作。各部门、各单位要按照本方案要求，认真查阅职工档案，如实填报调整规范津贴补贴的相关表册。本次增资部分，从2014年11月起列入工资统发，2013年1月至2014年10月期间的补发金额根据区财政状况逐步兑现。

（五）过去有关规定与本方案规定不一致的，按本方案规定执行。

毕节市七星关区机关公务员津贴补贴发放标准表

单位：元/月

在职人员				离休人员		退休人员	
职级	工作性津贴	生活性补贴	合计	职级	补贴标准	职级	补贴标准
正厅	1650	2490	4140	正厅	4140	正厅	3530
副厅	1460	2190	3650	副厅	3650	副厅	3120
正处	1270	1900	3170	正处	3170	正处	2710
副处	1170	1760	2930	副处	2930	副处	2510
正科	1080	1630	2710	正科及以下	2710	正科	2320
副科	1020	1520	2540			副科	2170
股级	1000	1480	2480			科员	2070
科员	970	1450	2420			办事员	1930
办事员	900	1360	2260			技师	2320
技师	1080	1630	2710			高级工	2170
高级工	1020	1520	2540			中级工	2070
中级工	970	1450	2420			初级工	1930
初级工	900	1360	2260			普通工	1930
普通工	900	1360	2260				

毕节市七星关区调整规范事业单位绩效工资实施方案

一、实施范围和执行时间

实施范围：七星关区事业单位（包括义务教育学校、公共卫生和基层医疗卫生事业单位、其他事业单位，下同）执行岗位绩效工资制度的正式工作人员。

执行时间：2013年1月1日。

二、调整规范在职人员基础性绩效工资和退休人员补贴标准

在职人员基础性绩效工资标准，按现聘岗位对应的标准（表一）执行。在职人员原基础性绩效工资标准，高于本方案标准的，暂不调整。

退休人员补贴标准按本单位岗位设置的完成情况对应的标准（表二）执行。

三、绩效工资总量的核定办法

绩效工资总量由基础性绩效工资总量和奖励性绩效工资总量两部分构成。

其中，事业单位本年度的基础性绩效工资总量，按工作人员1月份发放的基础性绩效工资乘12核定；事业单位本年度奖励性绩效工资总量，按本年度基础性绩效工资总量乘以3除以7再加上年度12月份基本工资（含教师、护士基本工资标准提高10%部分，下同）额度核定。

各事业单位绩效工资总量原则上每年调整一次，当年的第一季度前由单位填写《七星关区事业单位绩效工资总量核定审批表》（表三），经主管部门审核后，报区人力资源社会保障、财政部门核定。确因机构、人员和工作任务发生重大变化等特殊情况需作调整的，由单位在当年核发奖励性绩效工资前填写《七星关区事业单位绩效工资总量动态调整审批表》（表四），经主管部门审核后，报区人力资源社会保障、财政部门核定。

四、经费保障问题

调整绩效工资和退休人员补贴所需经费，按原资金渠道解决。

五、有关问题的处理

（一）经批准，既有专业技术岗位等级又有管理岗位等级的“双肩挑”人员，基础性绩效工资按享受工资待遇岗位等级对应的标准执行。

（二）首聘期内，所聘岗位等级低于首聘前岗位等级的人员，基础性绩效工资按首聘前岗位等级对应的标准执行。其中，专业技术人员按首聘前岗位的最低岗位等级对应的标准执行。

（三）按省、市相关规定引进的高层次人才发放的特殊补贴、临时性科研课题（项目）报酬，以及经省委、省政府或市委、市政府同意对突出贡献人员发放的奖金和补贴不纳入绩效工资管理。

（四）对在职人员年人均补贴（不含国家和省另有规定保留的津贴补贴以及规定的改革性补贴，下同）超过核定绩效工资的部分，按原有资金渠道，纳入奖励性绩效工资管理。

（五）离休人员补贴按照《省委组织部 省委老干部局 省财政厅 省人事厅 省劳动和社会保障厅关于对我省企业 事业单位离休人员比照机关规范后离休人员的补贴标准发放生活补贴的通知》（省老干通〔2009〕5号）规定执行。

（六）首聘期内在同一岗位系列高职低聘的人员退休后，退休人员补贴按首聘前岗位等级对应的标准执行，其中专业技术人员按首聘前岗位的最低岗位等级对应的标准执行。

（七）退休时所聘岗位等级低于2006年工改时按工作年限对应岗位等级套改工资或增加退休费的人员，按享受工资待遇或增加退休费的岗位等级对应的补贴标准执行。其中，退休专业技术人员按助理级或中级对应最低专业技术岗位等级的补贴标准执行。

（八）实施绩效工资的其他有关问题仍按贵州省人力资源社会保障厅《关于印发贵州省义务教育学校实施绩效工资中有关问题的处理意见》（黔人社厅发〔2009〕2号）、《关于公共卫生与基层医疗卫生事业单位实施绩效工资有关问题处理意见的通知》（黔人社厅发〔2010〕48号）、《关于其他事业单位实施绩效工资中有关问题的处理意见》（黔人社厅通〔2011〕417号）的规定执行。

（九）按国务院关于颁发《国务院关于安置老弱病残干部的暂行办法》和《国务院关于工人退休、退职的暂行办法》的通知（国发〔1978〕104号）文件规定办理了退职手续的人员，退职人员补贴标准按每人每月1300元执行。

（十）此次调整后的津贴补贴增资额不列入住房增量补贴计算基数，待下一步政策出台后，按新政策执行。

六、组织实施

（一）加强组织领导。各单位要高度重视，加强领导，实行“一把手”负责制。要周密安排，精心组织、扎实工作，切实把调整规范事业单位绩效工资工作作为一件大事抓紧抓好。

（二）进一步严肃纪律。在调整规范事业单位绩效工资工作中，区纪委、组织、编委办、监察、财政、人力资源社会保障和审计部门要结合实际，认真履行监督职责，对违反规定发放津贴补贴的，将按照党纪政纪严肃查处。

（三）切实做好干部职工的思想政治工作。调整规范事业单位绩效工资政策性强、敏感度高，各单位要耐心细致地做好相关人员的政策解释和思想政治工作，积极化解矛盾，确保实施工作的顺利进行。

（四）认真做好审批和兑现工作。各单位要按照本方案要求，认真查阅职工档案，如实填报调整规范事业单位绩效工资的相关表册。本次增资部分，从2014年11月起列入工资统发，2013年1月至2014年10月期间的补发金额根据区财政状况逐步兑现。

（五）过去有关规定与本方案规定不一致的，按本方案规定执行。

毕节市七星关区事业单位在职人员基础性绩效工资标准（表一）

单位：元/月

标准 项目 岗位等级		基础性绩效工资	标准 项目 岗位等级		基础性绩效工资
专业技术人员	一级	3110	管理人员	三级	2900
	二级	2860		四级	2560
	三级	2650		五级	2220
	四级	2460		六级	2050
	五级	2300		七级	1900
	六级	2170		八级	1780
	七级	2050		九级	1690
	八级	1960		十级	1580
	九级	1880	工勤人员	技术工一级	2050
	十级	1810		技术工二级	1900
	十一级	1740		技术工三级	1780
	十二级	1690		技术工四级	1690
	十三级	1580		技术工五级及普工	1580

毕节市七星关区事业单位退休人员补贴标准（表二）

单位：元/月

工资类型	职级	部分退休人员职级		退休人员补贴标准
		岗位设置前退休的专业技术人员（不含退休时所聘职级低于工改时按工作年限对应职级套改工资和增加退休费的人员）	首聘期内退休的高职低聘人员或退休时所聘职级低于工改时按工作年限对应职级套改工资和增加退休费的人员	
专业技术人员	一级	—	—	3780
	二级	—	—	3480
	三级	正高级	—	3120
	四级	—	正高级	2930
	五级	—	—	2710
	六级	副高级	—	2610
	七级	—	副高级	2500
	八级	—	—	2370
	九级	中级	—	2300
	十级	—	中级	2200
	十一级	助理级及以下	—	2120
	十二级	—	助理级及以下	2070
	十三级	—	—	1930
管理人员	三级	—	正厅级	3530
	四级	—	副厅级	3120
	五级	—	正县级	2710
	六级	—	副县级	2510
	七级	—	正科级	2320
	八级	—	副科级	2170
	九级	—	科员及以下	2070
	十级	—	—	1930
工勤人员	技术工一级	—	—	2490
	技术工二级	—	技师	2320
	技术工三级	—	高级工	2170
	技术工四级	—	中级工及以下	2070
	技术工五级	—	—	1930
	普工	—	—	1930

七星关区事业单位绩效工资总量核定审批表（表三）

年度： 单位：人、元

单位名称		编制数	

本年度1月份工作人员基本情况							
岗位等级		实有人数	基础性绩效工资	岗位等级		实有人数	基础性绩效工资
管理岗位	三级			专业技术岗位	一级		
	四级				二级		
	五级				三级		
	六级				四级		
	七级				五级		
	八级				六级		
	九级				七级		
	十级				八级		
工勤岗位	二级				九级		
	三级				十级		
	四级				十一级		
	五级				十二级		
	普通工				十三级		
合计				合计			
单位实有人数合计				1月份基础性绩效工资总额			

单位意见：	主管部门意见：
负责人签章：	
（章）	（章）
年 月 日	年 月 日

本年度绩效工资总量核定情况（单位：元、年）					
上年12月份基本工资额度	绩效工资总量预算	基础性绩效工资总量预算	奖励性绩效工资总量预算	清理规范时津贴水平	超过规定绩效工资水平部分

人力资源社会保障部门意见：	财政部门意见：
（章）	（章）
年 月 日	年 月 日

注：1、绩效工资总量=上年12月基本工资额度+基础性绩效工资总额+基础性绩效工资总额×3÷7；2、超过规定绩效工资水平部分=（清理规范时津贴补贴水平−绩效工资总量÷单位实有人数）×单位实有人数；3、本表一式4份，人力资源社会保障、财政、主管部门和单位各1份。

七星关区事业单位绩效工资总量动态调整审批表（表四）

年度：　　　　　　　　　　　　　　　　　　　　　　　　单位：人、元

<table>
<tr><td colspan="2">单位名称</td><td colspan="2"></td><td colspan="2">编制数</td><td></td></tr>
<tr><td colspan="7">本年度工作人员基本信息变化情况</td></tr>
<tr><td colspan="2">岗位等级</td><td>实有人数增减</td><td>基础性绩效工资增减</td><td colspan="2">岗位等级</td><td>实有人数增减</td><td>基础性绩效工资增减</td></tr>
<tr><td rowspan="8">管理岗位</td><td>三级</td><td></td><td></td><td rowspan="13">专业技术岗位</td><td>一级</td><td></td><td></td></tr>
<tr><td>四级</td><td></td><td></td><td>二级</td><td></td><td></td></tr>
<tr><td>五级</td><td></td><td></td><td>三级</td><td></td><td></td></tr>
<tr><td>六级</td><td></td><td></td><td>四级</td><td></td><td></td></tr>
<tr><td>七级</td><td></td><td></td><td>五级</td><td></td><td></td></tr>
<tr><td>八级</td><td></td><td></td><td>六级</td><td></td><td></td></tr>
<tr><td>九级</td><td></td><td></td><td>七级</td><td></td><td></td></tr>
<tr><td>十级</td><td></td><td></td><td>八级</td><td></td><td></td></tr>
<tr><td rowspan="5">工勤岗位</td><td>二级</td><td></td><td></td><td>九级</td><td></td><td></td></tr>
<tr><td>三级</td><td></td><td></td><td>十级</td><td></td><td></td></tr>
<tr><td>四级</td><td></td><td></td><td>十一级</td><td></td><td></td></tr>
<tr><td>五级</td><td></td><td></td><td>十二级</td><td></td><td></td></tr>
<tr><td>普通工</td><td></td><td></td><td>十三级</td><td></td><td></td></tr>
<tr><td colspan="2">合计</td><td></td><td></td><td colspan="2">合计</td><td></td><td></td></tr>
<tr><td colspan="3">单位实有人数增减合计</td><td></td><td colspan="3">基础性绩效工资总额增减</td><td></td></tr>
<tr><td colspan="4">单位意见：</td><td colspan="4">主管部门意见：</td></tr>
<tr><td colspan="4">负责人签章：</td><td colspan="4"></td></tr>
<tr><td colspan="4">（章）</td><td colspan="4">（章）</td></tr>
<tr><td colspan="4">年　月　日</td><td colspan="4">年　月　日</td></tr>
</table>

<table>
<tr><td colspan="5">绩效工资总量调整核定情况（单位：元、年）</td></tr>
<tr><td>项目</td><td>人数</td><td>绩效工资总量</td><td>基础性绩效工资总量</td><td>奖励性绩效工资总量</td></tr>
<tr><td>调整前</td><td></td><td></td><td></td><td></td></tr>
<tr><td>增减数额</td><td></td><td></td><td></td><td></td></tr>
<tr><td>调整后</td><td></td><td></td><td></td><td></td></tr>
<tr><td colspan="2">人力资源社会保障部门意见：</td><td colspan="3">财政部门意见：</td></tr>
<tr><td colspan="2">（章）</td><td colspan="3">（章）</td></tr>
<tr><td colspan="2">年　月　日</td><td colspan="3">年　月　日</td></tr>
</table>

注：本表一式4份，人力资源社会保障、财政、主管部门和单位各1份。

毕节市七星关区人民政府关于2015年度退役士兵接收安置工作的意见

七星府发〔2015〕5号

各乡镇人民政府、街道办事处、区政府各工作部门、各直属机构：

为认真贯彻落实《省人民政府省军区关于做好2015年度退役士兵接收安置工作的通知》（黔府发〔2015〕9号）精神，结合我区实际情况，现就进一步做好我区2015年度退役士兵接收安置工作提出如下意见：

一、安置对象

依据《退役士兵安置条例》，2014年冬季退出现役士兵符合下列条件且未选择自主就业安置的，由政府安排工作：

（一）服现役满12年的士官；

（二）服现役期间平时荣获二等功以上（含二等功）奖励或者战时荣获三等功以上（含三等功）奖励的士兵；

（三）因战致残被评定为5级至8级残疾等级的退役士兵；

（四）烈士子女士兵；

（五）2011年11月1日前入伍，评为因公致残被评定为5级至8级残疾等级的退役士兵。

（六）有下列情形之一的，不予安置：

1.退役士官档案中无《应征公民入伍批准书》或《士兵登记表》的；

2.经核查伤残、立功等不属实的；

3.入伍、退伍手续弄虚作假的；

4.已参加国家行政机关、全额拨款事业单位统一招考被录用和聘用的；

5.对未经军地集中交接，无省级安置部门开具接收通知书的转业士官，一律不予接收安置。

二、安置办法

（一）政策性安置。荣获二等功以上（含二等功）的退役士兵、2011年11月1日前入伍退出现役且随档案评残手续齐备因公5至8级残疾等级的退役士兵、服现役12年以上具备安置条件且手续齐备的转业三期以上（含三期）士官，按照入伍时的户口所在地就地就近安置到人事编制部门提供的乡镇街道缺编事业岗位工作（工勤身份）。

（二）2011年11月1日颁布的《退役士兵安置条例》施行以前入伍、施行以后退出现役的士兵，本人自愿选择入伍时安置政策的退役士兵，且未选择自主就业的，按自谋职业一次性经济补助安置。

（三）对符合政策安置自愿选择自谋职业的退役士官一律实行自谋职业一次性经济补助安置，经济补助标准为5.5万元。

三、安置要求

（一）充分认识退伍士兵安置工作的重要性。退伍军人安置工作是党和政府的一项长期的政治任务，事关国家经济建设、国防建设和社会稳定的大局，对区政府下达的安置任务，任何单位和部门必须从讲政治的高度出发，充分认识做好此项工作的重要性，千方百计克服困难，把退伍士兵和转业士官接收安置好，不得以任何理由拒绝接收。对拒绝接收退伍军人的单位，将予以通报批评，并依法追究责任。

（二）努力营造退役士兵安置工作的良好氛围。各乡镇街道、区直各部门要按照民政部、总参谋部以及省、市关于2015年度退役士兵接收安置工作方面的有关规定，紧密联系退役士兵的思想实际，采取有效措施，深入做好退役士兵的思想政治工作。要通过组织退役士兵召开座谈会，个别谈心交流思想等形式，有针对性地对他们进行就业形势分析、安置政策讲解、择业观念转变等方面的教育，引导退役士兵树立正确的世界观、人生观和价值观，认清新形势下就业发展的大趋势。要充分利用报刊、广播、电视等新闻媒体，结合国防教育和“双拥”工作的开展，采取多种宣传形式，加强对退役士兵安置工作的宣传，使全社会都充分了解退役士兵安置的相关政策，进一步强化做好退役士兵安置工作重要性的认识，自觉维护稳定、维护大局，确保安置工作顺利推进，圆满完成我区2015年度退役士兵安置任务。

（三）积极做好退伍士兵的就业指导、培训等各项工作。区民政、教育、人力资源和社会保障等部门要通过多种形式加大对自主就业退役士兵的就业培训力度，免费提供就业信息、就业指导等服务，努力拓宽安置渠道，提高自主就业退役士兵的就业竞争能力。

（四）退役士官要按照规定办理各项手续。符合政府安置的退役士官接收到安置通知后，及时到接收单位报到。逾期三个月不报到者，视为自动放弃安置，由有关部门取消其安置资格。

（五）切实落实待安期间生活保障。对符合安置的退役士官待安期间生活待遇，由区级财政按城镇居民现行最低生活保障标准一次性发给生活补助费；在规定期限截止日之后，不再享受待安期间的补助待遇，已通知其安置报到或在办理自谋职业一次性经济补助的，在规定期限内按月计算生活补助费。

（六）大力扶持退役士兵自主就业创业。对返回原籍的退役士兵，各乡镇街道要按照城乡一体的原则，尽快调整完善扶持退役士兵就业创业的优惠政策，制定出台操作性强的落实措施和办法，确保各项优惠政策落到实处。对自主就业的退役士兵，按有关规定给予一次性经济补助，帮助他们提高就业创业能力。要按照规范、便捷、优质的要求，为退役士兵提供就业指导和服务，要结合产业发展和创业项目，帮助有创业要求、具有创业条件的退役士兵实现创业。推荐优秀退役士兵作为基层组织的后备力量，发挥他们在物质文明、政治文明和精神文明建设中的骨干作用。

四、组织领导

为加强对我区退役士兵安置工作的领导，成立“毕节市七星关区2015年度退役士兵接收安置工作领导小组”，成员名单如下：

组　长：胡书龙（区委常委、区人民政府常务副区长）

副组长：王华国（区委常委、区人武部政委）
柏　松（区人武部部长）
杨　黔（区人民政府副区长）

成　员：孔维平（区人民政府办公室主任）
刘昂志（区人力资源和社会保障局局长）
胡大为（区民政局局长）
周凌祥（区监察局局长）
宋志刚（区编委办主任）
叶　荣（区教育局局长）
王　茂（区财政局局长）
沈承刚（区公安分局党委委员、副局长）
罗彦明（区民政局常务副局长）

领导小组下设办公室在区民政局，由胡大为同志兼任办公室主任，罗彦明同志兼任办公室副主任，具体负责2015年度退役士兵安置工作的组织实施。

毕节市七星关区人民政府
2015年10月30日

毕节市七星关区人民政府关于印发毕节市七星关区城乡居民基本养老保险实施办法的通知

七星府通〔2015〕9号

各乡镇人民政府、街道办事处，区政府各工作部门、各直属机构：

《毕节市七星关区城乡居民基本养老保险实施办法》已经区人民政府一届26次常务会议研究同意，现印发给你们，请认真贯彻落实。

毕节市七星关区人民政府

2015年4月14日

毕节市七星关区城乡居民基本养老保险实施办法

第一章　总　则

第一条　为进一步健全覆盖城乡居民的社会保障体系，保障城乡居民基本生活，根据《中华人民共和国社会保险法》《国务院关于建立统一的城乡居民基本养老保险制度的意见》（国发〔2014〕8号）《省人民政府关于印发〈贵州省城乡居民基本养老保险实施办法〉的通知》（黔府发〔2014〕20号）和《毕节市人民政府关于印发毕节市城乡居民基本养老保险实施办法的通知》（毕府发〔2014〕11号）规定，结合我区实际，制定本办法。

第二条　城乡居民基本养老保险坚持全覆盖、保基本、有弹性、可持续的原则，实行个人缴费、集体补助和政府补贴相结合，筹资标准、待遇水平与经济社会发展水平相适应，权利与义务相对应。

第三条　区人民政府将城乡居民基本养老保险纳入国民经济发展规划，并对社会保险经办机构提供必要的工作场地、设施设备和经费保障。整合现有公共服务资源和社会保险经办管理资源，充实基层经办力量。运用现代管理方式和政府购买服务方式，降低行政成本，提高工作效率，方便参保群众。

第四条　城乡居民基本养老保险工作经费纳入财政预算，不得从城乡居民基本养老保险基金中列支。

第五条　凡年满16周岁（不含在校学生），非国家机关和事业单位工作人员以及不属于职工基本养老保险覆盖范围的城乡居民，可以参加城乡居民基本养老保险。

第六条　城乡居民基本养老保险基金实行市级管理，逐步过渡省级管理。区财政设立周转金，确保城乡居民基本养老保险待遇支付。

第七条　社会保险行政部门、财政部门应与金融管理部门、金融机构建立城乡居民基本养老保险金融合作机制，共同制定金融服务规范，健全服务网络，提高服务质量，方便城乡居民。

第二章　参保缴费

第八条　凡符合参保条件的城乡居民应携带居民户口簿和居民身份证等相关资料，到户籍所在地村（居）委会办理参保手续。

（一）参保人员携带户口簿、身份证原件及2张一寸免冠相片到户籍所在地村（居）委会提出参加城乡居民基本养老保险的申请，选择缴费档次，填写《城乡居民基本养老保险参保登记表》。若本人无法填写可由亲属或村（社区）协办员代填，但须本人签字、签章或留指纹确认。

（二）村（社区）协办员负责检查参保人员的相关资料是否齐全，在《城乡居民基本养老保险参保登记表》上签字，并加盖村（居）委会公章，同时将《城乡居民基本养老保险参保登记表》、户口簿、居民身份证复印件等材料，按规定时限一并上报乡（镇、街道）社保经办机构，参保居民本人也可以到乡（镇、街道）社保经办机构直接办理相关手续。

（三）乡（镇、街道）社保经办机构负责对参保人员的相关资料进行初审，审核无误后及时将参保登记信息录入农保信息系统，在《城乡居民基本养老保险登记表》上加盖公章，并按规定时限将《城乡居民基本养老保险登记表》、户口簿复印件、居民身份证等材料一并上报到区级社保经办机构。

（四）区级社保经办机构对参保人员的相关信息进行复核，复核无误后对登记信息进行确认，同时为其建立个人账户，并及时将有关材料归档备案。

第九条　参加城乡居民基本养老保险的城乡居民，应当按规定缴纳养老保险费。缴费标准为每人每年100元、200元、300元、400元、500元、600元、700元、800元、900元、1000元、1200元、1500元、2000元等13个档次。城乡居民可自主选择缴费档次，在一个自然年度内，缴费档次确定后，一次性缴纳。

对重度残疾人等缴费困难群体、独生子女户、二女结扎户，区人民政府按不低于100元的标准代为缴纳。

第十条　有条件的村（社区）应对城乡居民参保缴费给予补助，补助标准由村（居）民会议和村（居）民代表会议确定，原则上不超过最高缴费档次标准。鼓励其他经济组织、公益慈善组织、个人为城乡居民参保缴费提供资助。补助、资助金额不超过最高缴费档次标准，且不能补缴。

第十一条　城乡居民按年及时缴费的，政府给予缴费补贴。对选择100元至400元档次标准缴费的，按每人每年30元给予补贴，省、市和区人民政府各负担10元；对选择500元至900元档次标准缴费的，补贴标准每人每年60元，省、市和区人民政府各负担20元；对选择1000元至2000元档次标准缴费的，补贴标准每人每年90元，省、市和区人民政府各负担30元。

对长期缴费的，适当增加基础养老金，具体标准和办法按省人力资源社会保障厅、省财政厅制定的相关规定执行。

第十二条　新农保或城居保制度实施时，距规定待遇领取年龄不足15年的城乡居民，可以补缴养老保险费，累计缴费不超过15年。补缴养老保险费的，政府不予补贴。

第十三条　社会保险经办机构为参保人建立终身记录的养老保险个人账户。个人缴费、集体补助（其他资助）、政府缴费补贴全部记入个人账户。

个人账户储存额按国家规定计息。

第十四条　参加城乡居民基本养老保险的人员，在缴费期间户籍迁移的，可在迁入地申请转移养老保险关系，一次性转移个人账户全部储存额，并按迁入地规定继续参保缴费；已经按规定领取城乡居民基本养老保险待遇的，养老保险关系不转移；丧失中华人民共和国国籍的，应终止城乡居民基本养老保险关系，个人账户余额全部退还本人；死亡的，个人账户余额可依法继承。

第三章　待遇领取

第十五条　城乡居民基本养老保险养老金由

基础养老金和个人账户养老金组成，支付终身。

（一）基础养老金。基础养老金按国家确定的标准支付。区财政加发基础养老金，每人每月不低于5元，所需资金区财政自行筹集。

（二）个人账户养老金。个人账户养老金每人每月标准按个人账户全部储存额除以139计发。

第十六条 凡参保且年满60周岁，未领取职工基本养老保险待遇及政府规定的离退休费、退职生活费的，符合下列条件之一的城乡居民，可以领取城乡居民基本养老金：

（一）新农保或城居保制度实施时，已年满60周岁的；

（二）新农保或城居保制度实施时，已年满45周岁、未满60周岁，按年缴费的；

（三）新农保或城居保制度实施时，未年满45周岁，累计缴费15年以上的。

第十七条 凡符合条件的城乡居民申请领取养老金，应于到龄当月10日前携相关资料到户籍所在地村（居）委会办理待遇申请手续。于次月开始领取养老金。

（一）城乡居民基本养老保险待遇实行社会化发放，参保人员从办理待遇领取手续的次月起按月领取养老金。

（二）城乡居民基本养老保险待遇领取人员在领取养老金期间被判刑或劳动教养的，村（居）委会经办人员和乡（镇、街道）社保经办机构应及时提请区级社保经办机构停止为其发放养老金待遇。待服刑或劳动教养期满后，再继续为其发放养老金，停止发放的养老金不予补发。

（三）待遇领取人员对领取养老金标准有异议，提出重新核定申请的，区级社保经办机构对待遇领取标准进行重新核定，并将核定结果书面反馈待遇领取人员。确因计算错误需调整的，经领取待遇人员签字确认后，修改信息系统记录，系统保留处理前的记录。

（四）领取养老金的标准，随物价水平和消费水平的提高，根据基金承受能力适时调整，调整的幅度按上级文件规定执行。

第十八条 城乡居民基本养老保险待遇领取人员于死亡次月停止发放养老金。参保人员死亡后，其直系亲属或者其他合法继承人应在60日内到所属社会保险经办机构办理相关手续和领取一次性丧葬补助费500元，所需资金由区人民政府承担。

第四章　基金监管

第十九条 原新型农村社会养老保险基金和城镇居民社会养老保险基金，合并建立城乡居民基本养老保险基金。城乡居民基本养老保险基金由个人缴费、集体补助、政府补贴构成。

第二十条 城乡居民基本养老保险基金专款专用，任何部门、单位和个人均不得挤占、挪用，不得用于平衡财政预算。社保经办机构所开设的基金专户只能用于城乡居民基本养老保险基金储存和划拨，其他任何资金不得通过该账户结算。

第二十一条 城乡居民基本养老保险基金在市社会保险经办机构分别设立收入户、支出户，在同级财政设立社会保障基金专户。区社会险保经办机构设立收入户、支出户，不设财政专户。收入户用于储存每月收缴的养老保险费和定期向城乡居民基本养老保险基金专户划拨当月收缴的养老保险费收入；支出户用于储存城乡居民基本养老保险基金专户每月划拨应支付的养老保险待遇和发放养老保险待遇。

城乡居民基本养老保险基金实行收支两条线管理，单独记账、核算，并按国家有关规定实现保值增值。

第二十二条 社会保险经办机构应履行城乡居民基本养老保险基金管理责任，严格基金征缴、上解划拨、待遇发放、内部控制和稽核管理。

第二十三条 区社会保险经办机构和乡（镇、街道）城乡居民社会养老保险服务中心、村（社区）服务中心应定期在行政村、社区（居委会）范围内对行政村、社区（居委会）城乡居民缴费和待遇领取资格进行公示，接受群众监督。

第二十四条 社会保险行政部门应履行城乡居民基本养老保险基金监管责任，对城乡居民基本养老保险基金的收支、划拨和投资运营进行监督。社会保险经办机构应定期披露城乡居民基本养老保险基金筹集和支付信息，做到公开透明，接受社会监督。

第二十五条 加强城乡居民基本养老保险基金专用票据管理。区级社保经办机构与乡（镇、街道）社保经办机构建立城乡居民基本养老保险费专用票据领销制度，做到按月结算，帐、证、票相符。

第二十六条 防范冒领养老金。

（一）区级社保经办机构应按要求对城乡居民基本养老保险待遇领取人员进行资格认证。定期向享有待遇领取人员发放资格认证通知，规定认证的时间和方式，要求提供的相关证明资料。没有通过资格认证的，社保经办机构应及时停止为其发放养老金，待其补办有关手续后，补发并续发养老金待遇。

（二）区级社保经办机构对因享受养老金待遇人员已死亡或其他原因不应享受养老金待遇，而冒领养老保险金的人员 须及时追回被冒领的养老保险金。对情节严重的冒领人员移交有关部门依法追究责任。

第二十七条 城乡居民养老保险与城镇职工养老保险制度衔接的业务经办工作，参照《省人力资源和社会保障厅关于印发〈贵州省城乡养老保险制度衔接实施意见〉的通知》（黔人社厅发〔2014〕17号）执行；与其他养老保险制度衔接的业务经办工作，待有关政策办法出台后另行规定。

第五章　明确工作职责

第二十八条 城乡居民基本养老保险工作列入区人民政府经济社会发展规划并纳入年度目标管理考核。区人民政府成立以区长为组长，分管副区长为副组长的城乡居民基本养老保险工作领导小组负责组织领导全区城乡居民基本养老保险工作。区人力资源和社会保障部门要切实履行城乡居民基本养老保险工作行政主管部门的职责，加强同有关部门的沟通和协调；财政部门确保城乡居民基本养老保险政府补贴资金及时足额到位，并管理好资金，落实工作经费；公安部门要协调配合，实行户籍、人口信息共享和核查比对；其他相关部门须协调配合做好政策衔接工作，搞好城乡居民基本养老保险宣传工作。加强社保经办机构建设，充实城乡居民基本养老保险的工作力量。

第二十九条 社会保险经办机构应当建立城乡居民基本养老保险参保档案，及时、完整、准确地记录城乡居民参保缴费和享受城乡居民基本养老保险待遇等个人权益信息，妥善保管、登记、申报的原始凭证和支付结算的会计凭证。

第三十条 社会保险经办机构应制定和建立城乡居民基本养老保险经办服务、内控稽核、会计核算等制度和办法，编制基金财务、会计和统计报表，提供咨询服务。

（一）市社会保险经办机构主要负责管理指导本区域城乡居民基本养老保险经办服务工作，规范基金核算、基金管理和统计，确保养老金按时足额发放。

区社会保险经办机构负责本区域城乡居民基本养老保险参保登记、费用收缴、基金划拨、待遇核定、待遇支付、转移接续、档案管理和统计等工作，确保养老金按时足额发放。

（二）乡（镇、街道）城乡居民社会养老保险服务中心和村（社区）服务中心负责本区域城乡居民基本养老保险参保登记、资格核对、信息录入、待遇领取、关系转移等的初审，承担政策宣传、信息公示、咨询查询等经办服务工作。

（三）各乡（镇、街道）需在所辖村（社区）班子成员中明确一名年轻、有文化、责任心强的干部协助本村（社区）协办员搞好城乡居民基本养老保险工作，村（社区）协办员具体负责城乡居民基本养老保险参保登记、缴费档次选定、待遇领取、关系转移等业务环节所需材料的收集上报，负责向参保人员发放有关材料，提醒参保人员按时缴费，通知参保人员办理待遇领取手续，并协助做好政策宣传与解释、待遇领取、资格认证、摸底调查、城乡居民的信息采集情况公示等工作。

第三十一条 社会保险行政部门和社会保险经办机构应加强城乡居民基本养老保险信息系统建设，发放统一的社会保障卡，支持业务经办和决策需求，方便城乡居民参保缴费、领取待遇和信息查询。

第三十二条 各有关部门要坚持正确舆论导向，运用通俗易懂的宣传方式，加强对城乡居民基本养老保险工作重要意义、基本原则和各项政策宣传，引导适龄居民积极参保，妥善处理改革发展稳定的关系，把这项惠民政策落到实处。

第六章　附　则

第三十三条 缴费档次、缴费补贴标准根据经济社会发展水平调整。按省的统一部署，逐步建立城乡居民基本养老保险待遇正常调整机制。

第三十四条 区社会保险行政部门及乡（镇、街道）人民政府（办事处）、社区服务中心应当及时受理投诉举报。对违反规定的单位、工作人员及参保人，按照相关法律、法规规定处理。

第三十五条 本办法按《省人民政府关于印发〈贵州省城乡居民基本养老保险实施办法〉的通知》（黔府发〔2014〕20号）和《毕节市人民政府关于印发毕节市城乡居民基本养老保险实施办法的通知》（毕府发〔2014〕11号）规定时间执行。《毕节市人民政府办公室关于印发毕节市城乡居民社会养老保险实施方案（试行）的通知》（毕市府办通〔2011〕286号）同时废止。

第三十六条 本办法由区人力资源和社会保障局负责解释。

毕节市七星关区人民政府办公室关于进一步加强公共企事业单位办事公开工作的通知

七星府办通〔2015〕17号

各乡镇人民政府、街道办事处，区政府各工作部门、各直属机构：

为深入贯彻实施《中华人民共和国政府信息公开条例》，切实推进公共企事业单位办事公开，保障人民群众切身利益，按照《省人民政府办公厅关于印发贵州省公共企事业单位办事公开指导意见的通知》（黔府办发〔2014〕44号）有关要求，结合我区实际，现就进一步加强公共企事业单位办事公开工作通知如下：

一、充分认识推进公共企事业单位办事公开的重要意义

公共企事业单位是政府履行公共服务职能的重要载体，是政府提供公共产品和公共服务的重要平台。公共企事业单位的工作事关千家万户，与人民群众的生产生活息息相关，与经济社会发展紧密相连。深入推进公共企事业单位办事公开，是转变政府职能和工作作风的重要举措；是改变服务方法，提高办事效率和服务质量，适应社会主义市场经济发展的必然要求；是加快依法治区、深入推进惩治和预防腐败体系建设的重要途径。

近年来，全区各公共企事业单位坚持办事公开，改进服务方式，方便群众办事，取得了明显成效。但仍有少数单位存在对办事公开工作重要性认识不足，办事公开的内容不全面、形式不规范、制度不健全等问题。为此，各公共企事业单位主管部门要充分认识新形势下进一步加强公共企事业单位办事公开的重要性和紧迫性，以保障人民群众民主权利、维护其切身利益为出发点，以公正便民、廉洁高效为基本要求，把推行办事公开作为改进工作作风，强化为民服务的重要内容，建立公开工作机制，规范办事行为，提高办事效率和服务质量，增强办事透明度，切实保障广大人民群众参与和管理公用事务的权利。

二、进一步规范公共企事业单位办事公开的内容、形式及程序

（一）主动公开内容。公共企事业单位办事公开的主要内容是指群众最关心、最需要了解的问题；与人民群众利益密切相关，又最容易出现不公开、不公正甚至可能产生腐败的热点、难点和重点问题。

1.单位简介类。单位职能权限、服务范围、工作标准、岗位职责、行为规范以及便民服务电话等。

2.政策法规类。行业性政策、法律、法规；各级惠民政策及贯彻落实情况等。

3.服务指南类。办事依据、办理条件、办理时限、办理流程、办事结果；需提交申请材料的示范文本等。

4.收费处罚类。收费及处罚的项目、依据、标准、缴费办法等。

5.监督投诉类。投诉电话、信箱、电子邮箱，监督机构，对工作人员违规、违纪、违法的处理规定，聘请的社会监督员姓名、联系方式等。

6.突发应急类。与服务对象密切相关事项的变动情况、工作方案，如资源短缺、突发事件、服务项目临时变更等事项及相关处理措施。

7.涉民决策类。涉及人民群众切身利益的决策措施和相关信息，如相关产品价格的确定和调整等。

8.其他事项类。法律、法规、规章规定必须公开，以及涉及人民群众切身利益和人民群众广泛知晓的其他事项。

（二）规范公开重点。公共企事业单位要针对自身行业特点，以公开为原则、不公开为特例，围绕《省人民政府办公厅关于印发贵州省公共企事业单位办事公开指导意见的通知》（黔府办发〔2014〕44号）明确的公开内容，突出重点，及时、全面、真实地对相关信息进行公开。

1.教育部门管理的公共企事业单位。要围绕群众关心的热点、难点、焦点问题，围绕解决“上学难”、“上学贵”等问题，以加强招生考试管理、规范教育收费为主线推行校务公开。向社会公布校务公开目标管理、考核评估等制度，办学资格、学籍管理办法和入学条件，收费项目、依据、标准、用途和使用情况，招生考试政策、计划、程序和结果，咨询服务方式，监督渠道和查处结果，保送生、特长生选拔和学生评先选优情况，各类资金和助学物资发放情况等。（责任单位：区教育局、各乡镇街道）

2.卫生计生部门管理的公共企事业单位。要围绕“看病难、看病贵”问题，以规范医药价格、医疗服务价格等为重点推行院务公开。向社会公布医疗服务、就诊流程、医用耗材和药品等项目信息，向患者公开收费项目、标准依据和使用情况，提供医疗收费查询、信息咨询等相关服务，并公布行风建设情况和监督渠道。要主动公开单位职能权限、工作标准、岗位职责和行为规范，服务的范围、依据、时限、站点、流程、结果以及违诺责任和处理办法。（牵头单位：区卫生和计划生育局）

3.供水、供电、供气、公共交通、通信、邮政等公共企事业单位。要以便民利民为出发点，向社会重点公布价格听证和服务承诺等制度，办事项目的依据、程序、时限和结果，收费项目的依据、标准和实效，代收代办项目的服务范围、站点、承诺，公共服务调整计划和措施，重要设备建设、维修以及故障处理信息，重大工程招标方式和结果，监督投诉渠道等内容，并对可以预见的可能影响社会公众生产、生活的有关事项，履行提前告知义务。（责任单位：区交通局、城区供电分局、市郊供电局、水务公司、公交公司、贵州燃气集团毕节分公司、电信公司、移动公司、联通公司）

4.交通、公路等具有行政执法职能或受委托行使执法权的公共企事业单位。要向社会重点公布行政执法、行政审批的法律法规和政策依据，执法和审批的主体、程序、工作流程及办理结果，收费和处罚的项目、依据、标准、结果、缴费办法，监督渠道等内容。（责任单位：区交通运输局、区公安局交警大队）

5.环境保护公共企事业单位。要主动公开环境保护法律、法规、政策及标准，大气环境、水环境、声环境、辐射环境等质量监测服务，建设项目环境影响评价服务，委托监测服务等各类服务收费的标准、依据、用途和使用情况，咨询服务的范围、时间、地点和联系方式，监督渠道及市政管理、园林绿化、环境卫生、市政工程质量等内容。（责任单位：区环境保护局、区城市综合执法大队）

6.农业农村公共企事业单位。要重点公开农业产品质量标准、质量安全检测渠道、检测结果，财政扶贫资金产业化项目补助标准、进展状况、资金使用情况，林业生产操作规程，木材及制品、非林产品等生产的质量标准，森林资源资产评估等服务收费的标准、依据、用途和使用情况，林业适用技术，森林资源（野生动物植物资源、湿地资源）管护的咨询服务范围、时间、地点和联系方式，监督渠道及国土资源的测绘、土地、矿产资源、旅游景区信息、水土保护监测、水利工程管理、扶贫开发技术指导等内容。（责任单位：各乡镇街道、区农牧局、区林业局、区国土资源局、区财政局、区水利局、区文体广旅局、区扶贫办公室）

7.其他与群众利益密切相关的公共企事业单位。要结合各自业务范围或行业特点，主动公开有关办事信息。（责任单位：区人力源源和社会保障局、区民政局、区住房和城乡建设局、区房产事业局、区市场监督管理局、区安全生产监督管理局、区政府法制办、区政府金融办、区科技

办、区人防办）

（三）创新公开形式。公共企事业单位办事公开要采取多种适合本行业特点的公开形式，便于群众知情、参与和监督。一是要将单位公开栏、办事大厅和单位或政府门户网站作为办事公开的重要载体，并充分发挥公共办事场所信息滚动屏、宣传册、便民服务卡、明白卡、办事指南、服务手册、触摸屏等设施的作用，及时将相关信息向公众发布。二是区政务服务中心要发挥综合服务作用，对有关公用事业单位的服务资源进行有效整合，按规定将有关公共服务事项纳入政务服务中心进行统一办理。三是推行办事公开制度，积极开展社会公示、听证会、专家咨询等活动，听取各方面意见建议。四是要通过网站以及广播、电视、报刊、公众微信平台、微博等媒体，及时公布关系群众切身利益的重要信息，发布提示公告。五是设立专线咨询电话、咨询服务台和监督台，直接与群众面对面互动交流。

（四）明确公开程序。各公共企事业单位应不断优化办事流程，除法律、法规另有规定外，严格按照“主动列出、审核、公开、评议、反馈”的程序实行办事公开。对于主动公开的信息，在相关信息形成时立即拟定办事项目，完善公开的内容、范围、形式和时限等事项，经本单位负责人审核把关后及时公示，相关信息在形成或变更之日起5个工作日内予以公开，持续公开时间不得少于20个工作日；属于长期公开的内容，应当长期公开。

三、强化公共企事业单位办事公开保障措施

（一）加强组织领导。各公共企事业单位主管部门要按照“谁主管、谁负责”的原则，把推进公共企事业单位办事公开作为政务公开工作的重要组成部分，纳入总体部署，及时制定具体实施方案，精心组织实施，高效推进本行业、本系统办事公开工作。各公共企事业单位主管部门和本通知中明确的推进公共企事业单位办事公开重点工作牵头单位、责任单位务必认真对照《贵州省实施办事公开改革的公共企事业单位范围》（内容见附件），结合自身职能职责和业务范围，分类完成公共企事业单位办事公开具体实施方案，经单位主要负责人签字并加盖公章后于2015年2月10日前报区政府电子政务办（区人民政府办公室711室，联系人：居晓娟，联系电话：8345082）。

各公共企事业单位是落实办事公开制度的责任主体，要按照主管部门的部署和要求，将办事公开贯穿于单位管理和社会服务的全过程，落实工作机构和人员，建立健全各项长效机制，及时研究和解决工作中遇到的难题，积极稳妥地推进办事公开工作深入开展。

（二）加强工作指导。各公共企事业单位主管部门要牵头和督促各公共企事业单位在2015年3月31日前完成办事公开事项全面清理梳理，按照标准化、规范化要求，形成公开目录，健全工作机制，全面准确公开办事事项信息，真正做到为民便民、公开透明；要深入实地开展调查研究，及时掌握办事公开工作中出现的新情况、新问题，有针对性地研究和制定对策措施，使办事公开工作更加顺应民心、符合民意。

（三）加强监督检查。各公共企事业单位主管部门要围绕所属单位公开内容是否全面、公开形式是否便捷、公开时间是否及时、公开程序是否合理等方面，加强对公共企事业单位办事公开的监督检查。各公共企事业单位要建立内部监督制约机制，公开监督渠道，受理社会投诉，加强自我约束，增强自我完善能力，深入推进办事公开工作。区政府办已将全区公共企事业单位办事公开工作列入2015年度政务工作重点督查内容，将按照通知中明确的时间节点和有关任务，联合区督办督查局、区实绩考核办适时开展督查，对未按规定要求和时限完成工作任务的单位，将按规定追究相关人员的责任。

附件：贵州省实施办事公开改革的公共企事业单位范围

毕节市七星关区人民政府办公室

2015年1月30日

附件

贵州省实施办事公开改革的公共企事业单位范围

一、教育（高等教育、中等教育、初等教育、学前教育、职业教育、特殊教育、考试招生、培训机构等）公共企事业单位。

二、医疗卫生（医院、医学研究、医疗救援、疾病预防控制、公共卫生、药具管理、技术服务）、计划生育、民政（婚姻登记、社会福利、殡葬管理等）、社会救助（救助管理、救助机构）、社会保障、劳动关系、就业培训、人才管理、社会福利公共企事业单位。

三、生产生活服务（供水、供电、供气、供热、网络通信、邮政、气象）、城市管理（市政管理、园林绿化、环境卫生、市政工程质量）、水务管理（节水、排水、河道管理）、住房保障、物业管理公共企事业单位。

四、公共交通（公交、出租车）、交通管理（车辆审检、车辆号牌管理、道路维护管理、机动车维修、驾驶培训）、道路运输（运输物流、客运站）、航空运输、铁路运输、环境保护（环境质量监测、环境监察、辐射管理）、国土资源（测绘、土地、矿产资源）、农业农村（农技服务、农业市场信息、森林资源管理、自然保护区、水土保持监测、水利工程管理、扶贫开发技术指导）、旅游（景区）公共企事业单位。

五、金融（银行、保险、证券、产权交易）、体育（体育彩票、体育场馆）、法律（律师、公证、法律援助）、文化（图书馆、文化馆、文化艺术品市场、文艺类产品网上传播）、工商、质监、安监、科技、版权、人防等公共企事业单位。

毕节市七星关区人民政府办公室关于印发毕节市七星关区防范、打击和处置非法集资工作方案等方案的通知

七星府办通〔2015〕19号

各乡镇人民政府、街道办事处，区直各有关单位：

经区人民政府同意，现将《毕节市七星关区防范、打击和处置非法集资工作方案》和《毕节市七星关区防范和打击非法集资集中宣传教育活动工作实施方案》印发给你们，请认真组织实施。

毕节市七星关区人民政府办公室

2015年1月31日

毕节市七星关区防范、打击和处置非法集资工作方案

为有效防范、打击和处置各种形式的非法集资活动，遏制当前非法集资势头，保护广大人民群众的合法利益，维护全区金融秩序和社会稳定，根据《毕节市打击和处置非法集资工作领导小组办公室关于印发〈毕节市防范、打击和处置非法集资工作方案〉和〈毕节市防范和打击非法集资集中宣传教育活动工作实施方案〉的通知》（毕处非办发〔2014〕3号）等有关文件要求，结合我区实际，制定本工作方案。

一、指导思想

从保证经济金融安全运行、维护群众合法权益的高度出发，认真贯彻落实国务院、省政府、市政府关于防范、打击和处置非法集资工作的有关文件精神，按照“职责明确、打防并举、综合治理、标本兼治”的总体思路，从源头上有效遏制非法集资案件的发生，维护我区经济金融秩序稳定与安全，促进社会和谐健康发展。

二、工作目标

充分认识防范、打击和处置非法集资工作的重要性、必要性和紧迫性，落实国家、省、市关于防范、打击和处置非法集资工作的要求，结合我区实际，深入开展形式多样的宣传教育活动，切实增强社会公众法律意识和对非法集资活动的抵制能力；建立健全管理、预防、处置非法集资的工作机制，及早消除各类隐患，有效防范、遏制非法集资活动的发生和蔓延；及时排查和查处非法集资案件，特别是社会影响面大、性质恶劣的典型案件，依法解决损害群众切身利益的实际问题，维护我区金融秩序和社会稳定。

三、工作原则

（一）标本兼治，综合治理。防范、打击和处置非法集资活动既要立足当前，又要着眼长远，运用经济、法律、行政等多种手段进行综合治理。

（二）把握政策，维护稳定。从实际出发，

查处非法集资行为，维护公众合法权益，维护金融秩序和社会稳定。

（三）分工协作，整体联动。各相关部门要分工协作，密切配合，维护公众合法权益，维护金融秩序和社会稳定。

四、工作步骤

（一）宣传警示阶段（2015年2月1日至2015年2月5日）

由区人民政府金融服务办公室牵头，区打击和处置非法集资工作领导小组（以下简称“领导小组”）各成员单位配合，制定集中宣传教育工作方案，通过发放宣传手册、设立咨询点、悬挂宣传条幅、银行机构网点宣传、播放或刊登公益广告、发送公益短信、开设专栏专题、开展广告清理等方式开展大规模警示宣传活动。

（二）风险排查阶段（2015年2月6日至2015年2月9日）

按照“谁主管、谁负责，谁审批、谁负责”的原则，由各行业主管部门负责组织各行业开展风险排查。对已登记注册的企业，各主管（监管）部门要进行认真排查。一是公司的经营内容和范围；二是公司的偿债能力，包括资产总额、负债总额、净资产、资产负债率；三是公司的应收款项，是否存在转移资金现象；四是公司的应付款项，是否存在向社会不特定对象筹集资金的现象；五是公司的财务费用，是否存在高额支付利息或约定不支付利息等非正常现象；六是其他涉嫌非法集资行为。按照有关规定及程序，对未登记注册的企业，或无任何证照从事投融资行为的企业和个人进行处理。

（三）集中整治阶段（2015年2月10日至2015年2月15日）

领导小组办公室组织相关职能部门，结合风险排查阶段的排查情况，对重点企业开展集中整治，对已注册登记的企业实行监管，对无证无照从事集资、融资的企业和个人由领导小组各成员单位报毕节市银监分局、中国人民银行毕节市中心支行、区市场监督管理局等相关单位依法予以取缔，对非法集资的重点企业由领导小组办公室组织相关职能部门集中取缔，对高息揽储、高息放贷行为构成犯罪的由公安部门进行严厉打击。

（四）总结验收阶段（2015年2月16日至2015年2月18日）

领导小组各成员单位对防范、打击和处置非法集资工作情况进行全面总结，并梳理存在的问题，提出下步工作建议，形成书面材料后于2015年2月16日前报送至领导小组办公室（联系人：李梅，联系电话：8285246），由领导小组办公室汇总后上报区人民政府。

五、工作措施

（一）完善组织保障，统筹安排部署。区人民政府成立由分管副区长任组长，区人民政府办公室、区委宣传部、区人民检察院、区人民法院等相关单位为成员的毕节市七星关区打击和处置非法集资工作领导小组，并下设办公室在区人民政府金融服务办公室，由区人民政府金融服务办公室负责人兼任办公室主任。领导小组负责定期组织相关单位召开防范、打击和处置非法集资工作专题会，按照国家、省、市要求对全区防范、打击和处置非法集资工作进行安排部署，并根据工作需要适时调整领导小组成员。

（二）建立预警体系，强化风险防范。一是领导小组各成员单位要建立健全监控预警体系，做到早发现、早预警、早处理，切实做好非法集资活动的防范预警工作；二是建立举报制度，向社会公众公告设立的举报电话，通过群众举报、新闻监督等信息采集渠道，及时获取非法集资的线索信息；三是根据部门监管职能，组织相关单位定期对重点行业和区域进行排查，确保督查到位；四是提早制定应急预案，对可能发生的非法集资行为，积极采取相应管控措施。

（三）加强信息共享，及时通报案件。一是建立信息共享平台，加强信息沟通和交流。领导小组各成员单位要建立信息互通机制，将本单位获取的信息资料及时报送领导小组办公室并抄送其他成员单位；二是严格执行保密管理的有关规定，防止因操作不当、疏忽大意等原因泄露工作秘密，给打击非法集资工作造成不利影响；三是领导小组办公室及时对查处的非法集资案件进行审核后向全区通报。

（四）强化宣传活动，开展警示教育。一是充分发挥报纸、电视、广播、互联网等新闻媒体的优势，正确引导舆论，加大有关处置非法集资法律法规和政策的宣传力度；二是积极开展警示教育，采取各种方式，全方位、多角度地宣传非法集资的表现形式和特点，剖析典型案例及其严重危害；三是加强社会宣传，不断增强社会公众的法律意识、风险意识和自我保护意识，增强公民的辨别能力，引导社会公众自觉地远离非法集资，理解、支持、协助政府部门依法查处非法集资活动，从根本上遏制非法集资活动的蔓延。

六、工作职责

（一）区委宣传部：负责督促、指导各类报刊、电台、电视台等媒体加大宣传力度，引导各主流媒体采取在其主要版面和时段刊载、播报相关宣传内容等方式，积极开展宣传教育活动和舆论引导工作。

（二）区人民政府金融服务办公室：负责协调、推动防范、打击和处置非法集资的各项工作；负责融资性担保机构和小额贷款公司非法集资的排查，对其日常经营行为实施行业监管。

（三）区市场监督管理局：负责重点排查通过传销、广告宣传等方式从事非法集资活动；负责对融资性公司的注册登记审核；加强对公司广告宣传特别是非法集资广告的监管；负责对投资理财、财务咨询、寄卖行、民间借贷登记等涉及资金往来的相关企业开展风险排查。对排查中发现从事非法融资业务活动的企业或个人，积极配合有关部门进行查处。

（四）区公安局：负责受理单位或个人举报、报案、移送的涉嫌非法集资案件，及时依法开展立案侦查工作，坚决打击非法集资违法犯罪活动；指导、协调有关部门做好处置非法集资的调查取证工作；加大对犯罪嫌疑人赃款、赃物的追查力度；协助做好维护社会稳定等工作。

（五）区人民检察院、区人民法院：负责非法集资犯罪案件的审查、批准逮捕、提起公诉、刑事审判等工作。

（六）区信访局：负责做好涉及非法集资的信访接待工作，按照属地管理及“谁主管、谁负责”的原则，将所涉信访事项及时转交相关部门办理，并向领导小组办公室通报有关信息。

（七）区文体广电旅游局：负责制作防范和打击非法集资专题片，制定宣传教育标语口号，通过新闻报道、典型案例分析和处置非法集资法律法规等方式，不断通报非法集资的新形势、新特征，揭露犯罪分子的惯用伎俩和非法集资的严重危害。

（八）其他行业主管（监管）部门：负责做好各自主管（监管）行业的防范和打击非法集资工作，认真做好监测预警风险排查和处置工作。

七、工作要求

（一）提高认识，加强领导。领导小组各成员单位要从维护全区社会和谐和经济秩序稳定的大局出发，充分认识防范、打击和处置非法集资工作的重要性、必要性和紧迫性，增强政治意识、大局意识、责任意识、法律意识，切实加强领导、精心组织，周密部署、密切协作，严格按照工作方案，采取强有力的措施，做好防范、打击和处置非法集资工作。

（二）把握政策，重点打击。各有关部门要以法律和法规为准绳，充分发挥公安、司法机关的主体作用，一旦发现非法集资的苗头和线索，要果断采取措施，及时摸清情况，快速高效地遏制非法集资行为，做到早发现、早报告、早预警、早处置，从源头上防止非法集资活动蔓延；各有关部门要密切配合，形成合力，围绕重点行业、重点区域，进行重点排查、重点打击，共同维护良好的金融秩序。

（三）妥善处理，维护稳定。各有关部门要积极稳妥地处置非法集资活动，做好群体性事件的预防和处置，切实维护社会稳定。一是领导小组办公室在接到相关成员单位报告、群众举报或新闻媒体报道后，对涉嫌非法集资的案件，应按规定程序予以登记并及时向区人民政府报告。根据非法集资活动所涉部门、行业的具体情况，按照部门职责分工，对属于行业系统内的非法集资案件，由领导小组办公室及时交办相关部门。二是相关部门在接到交办的非法集资案件后，要立即进行调查，并依法作出性质认定，对自身难以认定或认定不准的非法集资案件，由案发单位的行业主管（监管）部门提出案件性质认定申请，连同初步认定意见、处置预案和有关调查取证材料，按程序上报领导小组办公室，由领导小组办公室组织相关单位研究认定。三是由区人民政府金融服务办公室协调毕节市银监分局、中国人民银行毕节市中心支行共同组成调查组，对涉嫌非法集资案件进行调查核实和初步认定，及时提请公安部门依法立案侦查，并由案件主体机构的批准部门、主管单位或组建单位做好债权债务的登记、清理、清退及善后处置工作，处置工作的进展情况及结果要及时上报领导小组办公室。四是案件管辖和移送。对应由外县政府负责处置的涉嫌非法集资案件，经领导小组研究，及时上报市处非工作领导小组，并按非法集资案件管辖和移送的有关规定办理。

（四）综合治理，长抓不懈。防范、打击和处置非法集资工作任务艰巨，关系到广大人民群众的合法利益，各有关部门要严格按照防范、打击和处置非法集资工作方案建立健全风险防范、宣传教育、信息共享、案件通报等工作体系，完善疏堵并举、防治结合的综合治理长效机制，提高社会公众对非法集资的识别能力，教育人民群众增强风险防范意识，培养正确的投资理念，有效防范、遏制非法集资活动的发生和蔓延，维护我区金融秩序和社会稳定。

毕节市七星关区防范和打击非法集资集中宣传教育活动工作实施方案

为进一步提高社会公众对非法集资犯罪的防范意识，最大限度减少人民群众财产损失，维护我区良好的金融秩序和社会稳定，按照《毕节市打击和处置非法集资工作领导小组办公室关于印发〈毕节市防范、打击和处置非法集资工作方案〉和〈毕节市防范和打击非法集资集中宣传教育活动工作实施方案〉的通知》（毕处非办发〔2014〕3号）和《毕节市打击和处置非法集资工作领导小组办公室关于做好打击非法集资行为宣传工作的通知》（毕处非办发〔2015〕1号）等有关文件要求，结合我区实际，制定本方案。

一、指导思想

以党的十八大和十八届四中全会精神为指导，重点宣传防范和打击非法集资有关法律法规和政策，以典型案例揭示非法集资的风险和社会危害，引导公众自觉抵制非法集资，提高公众的识别能力，引导公众理性投资、合法理财，从源头上有效遏制非法集资案件的发生，维护我区经济金融秩序稳定与安全，促进社会和谐健康发展。

二、工作目标

以保护人民群众切身利益、维护社会稳定为出发点，提高社会公众对非法集资的识别能力，教育人民群众增强风险防范意识，培养正确的投资理念，营造防范和打击非法集资的良好舆论氛围，形成强大的舆论攻势，震慑犯罪分子，并以此扩大宣传教育覆盖面，增强宣传效果，推动全区各有关部门建立行之有效的宣传教育工作机制。

三、宣传时间

2015年2月1日至2015年2月5日。

四、宣传内容

（一）宣传非法集资的属性、特征和表现形式，告诉人民群众怎样识别非法集资。

（二）宣传普及与非法集资相关的金融知识，介绍合法的集资渠道和理财方式，引导公众理性投资，合法理财。让人民群众认识到非法集资是违法行为，增强“买者自负”和“风险自担”意识，告诉人民群众远离非法集资。

（三）大力宣传近年来查处的典型非法集资案件，以案说法，入情入理，揭露犯罪分子的惯用伎俩，揭示非法集资的欺骗性和风险性，宣传非法集资的危害性，引导人民群众自觉抵制非法集资，并积极举报非法集资线索。

（四）宣传标语、横幅内容：

1. 未经有权机关批准，向社会公众募集资金的行为是非法集资。

2. 非法集资严重损害群众利益，影响社会稳定。

3. 非法集资不受法律保护，慎防血本无归。

4. 远离非法集资，拒绝高利诱惑。

5. 珍惜一生血汗，远离非法集资。

6. 天上不会掉馅饼，一夜暴富是陷阱。

7. 抵制高息集资诱惑，理性选择投资渠道。

8. 树立正确理财观念，警惕非法集资陷阱。

9. 全社会动员起来，让非法集资无处可存。

10. 打击非法集资，共创社会和谐。

11. 打击非法集资，维护群众利益。

12. 提高风险防范能力，自觉抵制非法集资。

13. 警惕非法集资，避免财产损失。

14. 非法集资不受法律保护，参与非法集资活动风险自担。

15. 提高风险防范意识，警惕贷款、非法融资和非法集资广告陷阱，谨防上当受骗。

五、宣传方式

（一）利用新闻媒体进行宣传。在电视、广播、报刊、网络等新闻媒体，组织开展广泛宣传。

（二）悬挂宣传条幅，张贴宣传海报。在街道、社区、车站、广场、银行机构网点、城乡结合部、农村集镇等群众集散地，悬挂宣传口号条幅，张贴宣传海报，设置电子广告屏幕连续走屏宣传。

（三）设置咨询站点，派发宣传资料，接受群众咨询。

（四）发布手机信息。利用发送手机信息覆盖面广、传播速度快的优势，向手机用户发放防范和打击非法集资宣传公益短信。

（五）各主管（监管）部门结合行业特点，采取多种方式方法进行宣传，形成全方位、立体化的宣传攻势。

六、工作步骤

（一）动员部署阶段（2015年2月1日至2015年2月2日）

制定《毕节市七星关区防范和打击非法集资集中宣传教育活动工作实施方案》，安排部署我区防范非法集资集中宣传教育活动，区打击和处置非法集资领导小组（以下简称“领导小组”）各成员单位要结合自身实际制定本单位宣传教育活动方案。

（二）具体实施阶段及部门分工（2015年2月3日至2015年2月4日）

1. 发放宣传手册。领导小组办公室组织其他成员单位印制防范和打击非法集资违法犯罪活动宣传册及宣传海报，深入主要街道、社区、车站、城乡结合部、农村集镇、广场等人员密集场所，向社会公众发放，大力宣传打击和处置非法集资的相关法律法规和政策。（责任单位：领导小组各成员单位）

2. 设立咨询点。在人民公园设立咨询点，设置宣传展板、发放宣传资料，接受群众咨询，切实让广大公众充分认识非法集资的危害性，自觉远离和抵制非法集资。（责任单位：区人民政府金融服务办公室、区公安局、区人民检察院、区人民法院、区人民政府法制办公室、区司法局、区市场监督管理局）

3. 悬挂宣传条幅。领导小组各成员单位结合各自职责，做好本系统的宣传教育工作。在重点企业悬挂宣传条幅、张贴宣传海报、利用电子显示屏滚动播放防范和打击非法集资宣传标语口号和相关知识。（责任单位：领导小组各成员单位）

4. 银行机构网点宣传。辖区内各银行业金融机构充分利用自身优势，以营业网点为重点，以条幅、展板、电子显示屏为载体，对非法集资特征、主要表现形式、常用手段等进行宣传，滚动播出防范和打击非法集资宣传标语口号，高强度、多渠道、广范围地开展宣传教育活动，提高存款人和广大金融消费者的风险意识和识别能力，自觉远离和抵制非法集资。（由区人民政府金融服务办公室协调毕节市银监分局和中国人民银行毕节市中心支行共同开展）

5. 播放或刊登公益广告。在电视台、广播电台、报刊等媒体集中播出或刊登以防范和打击非法集资有关政策法规为主线的公益广告，对社会公众进行集中宣传和警示，培育消费者成熟的金融消费意识，引导群众进行理性投资。（责任单位：区文体广电旅游局）

6. 发送公益短信。以防范和打击非法集资宣传教育标语口号为参照，编制防范和打击非法集资公益短信，由电信公司、移动公司、联通公司集中发送至手机客户，对社会公众进行宣传教育和警示。（责任单位：区人民政府金融服务办公室）

7. 开设专栏专题。在广播电台、电视台等媒体设置专栏专题，通过案例讲解、以案说法、法律释疑、温情提示等方式，开展一系列主题宣传活动，注重发挥各类媒体的引导作用。（责任单位：区委宣传部、区文体广电旅游局、区公安局、区人民检察院、区人民法院）

8. 开展广告清理。依据有关法律法规，协调区直有关部门，对有关非法金融业务广告和变相广告进行清理和处罚，有效封堵和遏制非法金融广告宣传行为。（责任单位：区市场监督管理局）

（三）总结提高阶段（2015年2月5日）

全面分析和总结本次集中宣传活动存在的问题和成功做法，为今后的宣传积累经验，构建防范和打击非法集资宣传教育工作长效机制。

七、工作要求

（一）高度重视，加强领导。领导小组办公室各成员单位要充分认识宣传教育对防范和打击非法集资的重大意义，加强组织领导，明确工作任务、细化工作方案，扎实做好各方面工作。同时，要强化督促指导，全面抓好工作落实。领导小组各成员单位要积极参与，各司其职、各负其责，加强协作配合，形成工作合力。

（二）突出重点，注重实效。围绕重点案件、重点行业、重点区域，按照贴近基层、贴近群众、贴近生活的要求，加大宣传教育工作力度，遏制非法集资案件的发生，增强防范和打击非法集资工作的针对性和有效性。注重创新方式方法，善于借助各种新兴媒介载体，努力扩大宣传覆盖面，增强宣传效果；着重建立长效机制，排查与整治相结合，以排查促整治。

（三）总结经验，及时报告。领导小组各成员单位要及时总结经验做法，收集整理开展活动情况、经验总结、存在问题、工作建议以及开展活动的相关照片、影音录像、媒体报道等材料，于2015年2月6日前报送区人民政府金融服务办公室（联系人：李梅，联系电话：8285246）。

毕节市七星关区人民政府关于印发七星关区农村小型水利工程产权制度改革实施方案的通知

七星府通〔2015〕20号

各乡镇人民政府、街道办事处，区政府各工作部门，各直属机构：

《七星关区农村小型水利工程产权制度改革实施方案》已于2015年7月24日经区人民政府一届第34次常务会议讨论，并于2015年10月16日报经区委一届18次常委办公会审议通过，现印发给你们，请认真组织实施。

毕节市七星关区人民政府

2015年11月2日

七星关区农村小型水利工程产权制度改革实施方案

为认真贯彻落实水利部、财政部《关于深化小型水利工程管理体制改革的指导意见》（水建管〔2013〕169号）、贵州省水利厅、财政厅《关于深化小型水利工程管理体制改革的实施意见》（黔水办〔2013〕50号）和《贵州省人民政府办公厅关于深入推进农村小型水利工程产权制度改革的意见》（黔府办发〔2014〕40号）精神，结合我区实际，特制订本方案。

一、指导思想、目标任务、基本原则

（一）指导思想

进一步明晰农村小型水利工程产权，保障人民群众的合法权益，保证工程安全运行，放开建设权，出让资产权，转换经营权，盘活存量资产，优化资产组合，充分调动广大群众和社会各界参与农村小型水利工程建设管理的积极性和创造性。发挥好农村小型水利工程效益，提高农业综合生产能力，促进全区农业农村经济持续、快速、健康发展。

（二）目标任务

通过拍卖、股份合作、承包、租赁、管水委员会管理和委托管理等多种模式，逐步建立起产权明晰、投入多元、适应社会主义市场经济体制和农村经济发展要求的工程管理体制和运行机制，使农村小型水利工程产权得到明确，经营方式得到拓展，管护责任得到落实，安全运行得到保障，管理水平得到提升，建、管、用相一致，责、权、利相统一，全面完成全区现有农村小型水利工程管理体制改革任务。

（三）基本原则

1.坚持责权一致、有机统一的原则，实行“谁投资、谁所有，谁受益、谁负担”。

2.坚持因地制宜、分类指导的原则，宜卖则卖，宜包则包，宜租则租，宜股则股。

3.坚持尊重民意、维护权益的原则，实行民主决策，公开、公平、公正维护群众根本利益和调动经营者积极性。

4.坚持政府扶持、民办公助的原则，充分发挥村级公益事业建设“一事一议”财政奖补引导作用，鼓励受益农户投资投劳参与工程建设、管理和改革。

5.坚持统筹发展、持续利用的原则，统筹规划和协调城乡水利发展改革，强化水资源统一管理，确保防洪、供水和生态安全。

二、改革范围

对符合以下标准的已建农村小型水利工程纳入本次改革。

（一）小型水库。总库容在100万立方米至1000万立方米（不含）的小（1）型水库和总库容在10万立方米至100万立方米（不含）的小（2）型水库。

（二）小型农田水利工程及设备。包括灌溉面积在1万亩以下的农田水利工程（含烟水配套工程），大中型灌区末级渠系和量测水设施等配套建筑物，喷灌、微灌设施及输水管道，塘坝、堰闸、机井、水池（窖）及装机功率小于1000千瓦的泵站等（含机电提灌站和水轮泵站）、流量小于0.5立方米/秒且灌溉面积100亩以上的渠道及渠系建筑物（含拦河坝引水工程及配套渠道和渠系建筑物）。

（三）农村饮水安全工程。包括日供水规模在200立方米至1000立方米（不含）的Ⅳ型集中式供水工程和日供水规模小于200立方米（不含）的Ⅴ型集中式供水工程，以及分散式的各类农村小型饮水安全工程。

（四）中小河流及堤防。包括流域面积小于3000平方公里的河流上兴建的防洪标准小于50年一遇的3级以下堤防。

（五）小型水电站。包括单站装机容量5万千瓦以下的水电站。

（六）小型水闸。包括最大过闸流量小于100立方米每秒（不含100立方米）的水闸。

三、改革形式

（一）拍卖。工程所有权人将工程使用权或经营权公开竞价出售，由多个参与者公平竞争，按国家拍卖的有关程序，最终拍卖给出价最高的购买者，由购买者自主经营管理。对涉及防洪、供水及当地人民群众生命财产安全、群众切身利益和对经济社会发展有重大影响的水利工程，其所有权不允许拍卖，只能拍卖使用权或经营权。

（二）股份合作。通过资产评估，出售部分或全部股份。股东可用资金、实物、土地、技术、劳务等作为股份入股合作经营，实行按股分配，并留出一定比例的公共积累，用于工程维修养护。股份合作可采取个人与个人联合，个人与集体联合，个人与社会团体联合等形式。参股各方要依法制定章程，建立健全管理经营组织，明确专人管理。

（三）承包。由承包方与发包方签订承包合同，按合同规定向产权所有者交纳承包费，承包期一般为5年，最长可达10年。

（四）租赁。实现工程所有权和经营权分离。产权所有者只负责工程资产的保值增值管理，租赁者在租赁期内独立进行市场经营，按合同交纳租金，租赁期满时应保证重新核定的资产达到合同规定价值，租赁期一般最长不超过10年。

（五）管水委员会管理。按照“一事一议”的原则通过民主协商制定管理制度，落实管理机构，确定水价及管理费用。维修费用从收取水费中按国家的具体标准提取，并实行专户存储。管水委员会要加强机构内部制度的建设，使管水委员会运作民主、公开、有效、规范。

（六）委托管理。由区水行政主管部门或乡镇人民政府、街道办事处、村民委员会和产权所有者将工程委托给村民小组、管水委员会、其他社会组织或个人进行管理。鼓励农户、联户、用水协会、村民自治组织以及自然人和其他组织积极参与小型水利工程管理体制改革和投资农村小型水利工程建设。

对农村集体所有的库容10万立方米以下的塘库及其附属设施，小型引水、提水设施（含机电提灌站、水轮泵站），小（微）型饮水安全工程等，可采取拍卖、流转等方式，明晰所有权和土地使用权，并进行确权和颁证，也可采取租赁、承包、股份合作等形式，界定管理权，明确使用权和经营权，落实管护主体和责任。

四、改革内容

（一）明晰工程产权。按照“谁投资、谁所有、谁受益、谁负担”的原则，对改革范围内的各类小型水利工程明晰产权，水利工程的产权包括所有权、使用权、经营权和管理权。产权归属明晰的工程，维持现有产权归属关系。由区人民政府或区人民政府授权的部门负责工程产权界定工作，按程序由区人民政府颁发产权证书，载明工程功能、管理与保护范围、产权所有者及其权利与义务、有效期等基本信息。

1.小型水库

小（1）型水库由国有水库管理单位管理，小（2）型水库可以单独或连片成立管理单位管理，也可以由中型或小（1）型水管单位代管，或由相关乡镇街道以及管水委员会管理。根据《财政部清产核资办法》（财清〔1994〕7号）和《水利部1994年清产核资实施办法》（水财〔1994〕178号）规定。

（1）1994年3月31日以前由国家投资、群众投工投劳兴建的由水利部门管理的水库，其形成的资产，全部界定为国有资产。

（2）1994年3月31日以后，个人投资兴建的，产权归个人所有；社会资本投资兴建的，产权归投资者所有，或按投资者意愿确定产权归属；受益户共同出资兴建的，产权归受益户共同所有；以农村集体经济组织投入为主的，产权归农村集体经济组织所有；以国家投资为主兴建的，产权归国家、农村集体经济组织或农民用水合作组织所有。具体由区人民政府或其授权的相关部门按照国家有关规定确定。

2.小型农田水利工程

（1）塘坝、提水工程（含机电提灌站、水轮泵站）、烟水配套工程（行业主管部门有相关要求的，以行业主管部门要求为准，相关资料报区水改领导小组办公室备案）、引水工程（含拦河坝）、渠道及渠系建筑物，由集体或群众投工投劳修建的，国家补助整修后能正常发挥效益的，通过清产核资、造册登记、勘界评估确权后，由当地政府主导或采取“一事一议”方式，将工程有形资产的产权、水资源的水权工程占地的土地使用权进行分割，工程产权可以通过竞标拍卖方式，明确其所有权、使用权、经营权，工程管理范围内的土地可以采取流转方式，明确其承包使用权；并颁予产权证和土地使用证。

（2）小水池、小水窖、小机井。由国家补助、农户投工投劳修建的，其所有权已明确给农户未颁证的，勘界清楚登记后，颁发给农户产权证（含水权证）。由国家补助、群众投工投劳修建，但未明确所有权的，重新清理登记、勘界确权，工程建在受益户承包土地内的，直接颁发给所有受益的农户产权证、水权证；工程建在非受益农户承包土地内的，可以通过“流转”方式，流转给受益农户或联户，明确产权，颁发给受益农户产权证（含水权证）及土地使用证。

3.农村饮水工程。以国家投资为主兴建的日供水规模200立方米至1000立方米（不含）的Ⅳ型集中式供水工程或跨乡（镇、街道）供水的供水工程，产权归国家所有（区级水行政主管部门），由相关乡镇街道、区水投公司或被授权单位进行管理。以国家投资为主兴建的日供水规模小于200立方米（不含）的Ⅴ型集中式供水工程或跨村（组）供水的供水工程，产权归国家所有，具体由涉及的相关乡镇街道根据实际情况确定，由乡镇街道水利站、农村集体经济组织（村委会或管水委员会）进行管理。以国家投资为主兴建的单户供水或联户供水的小水池、小水窖等分散式供水工程，产权归用水户联户或个人所有，由联户组织或个人管理。以个人投资修建的供水工程，产权归个人所有，颁发产权证，由个人自行管理。

4.中小河流及其堤防。由国家投资治理的中小河流及堤防，其产权归国家所有，由区水行政主管部门或乡镇人民政府（办事处）进行管理，所需管护经费由区人民政府纳入财政预算。其他中小河流及堤防按照“谁投资、谁所有”的原则，其产权归投资人所有，其产权界定由区人民政府或其授权的相关部门负责，可由出资人自行管理或出资人委托政府部门管理。

5.小型水电站。1998年以前由国家投资、群众投工投劳建成的小水电站，农村电力体制改革时划给电力企业管理的小水电站，属于地方国有资产，由区人民政府授权的水行政主管部门按照有关规定明确电站项目法人，负责电站经营管理。国家投资建设形成的资产，属于地方国有资产，由区人民政府授权有关部门履行国有资产出资人职责，电站项目法人负责电站经营管理。国家补助投资、其他资本参与建设的农村电气化项目以及其他小水电站，按照出资比例以股本或合同约定界定其产权，国家补助资金形成的资产属于地方国有资产，其他资本投资形成的资产归投资者所有，由区人民政府授权区水行政主管部门履行电站国有资产出资人职责，按照有关规定组建或明确电站项目法人，负责电站经营管理。集体或社会资本投资建设的小水电站，产权归集体或投资者所有，集体、投资者自主选择或组建项目法人负责电站经营管理，接受区水行政主管部门及有关部门的行业管理和监督。

6.小型水闸。由国家投资兴建的水闸，其产权归国家所有，成立国有水管单位，事业编制管理。社会资本投资兴建的水闸，产权归投资者所有或按投资者意愿确定产权归属；以农村集体经济组织投入为主的水闸，产权归农村集体经济组织所有；明确管护主体，落实管护责任。

（二）落实工程管护主体和责任。工程产权所有者是工程的管护主体，管护主体要建立健全管护制度，落实管护责任，确保工程正常运行。涉及公共安全的小型水利工程要明确安全责任主体，落实工程安全责任。

1.国有水利工程。产权明晰的国有小（1）型及跨乡镇街道行政区域的小（2）型水利工程，由区水行政主管部门直接管理。原水管单位体制改革已批有编制但人员未到位的，要制定进人计划，尽快到位，未成立管理单位的，要成立单个或多个工程联合的水管单位。在乡镇街道辖区内的小（2）型水库（包括经过除险加固的小（2）型水库）由区水行政主管部门或相关乡镇街道管理。

2.其他水利工程。产权界定为农村集体（村或村民组）、农村集体经济组织、农民用水合作和其他投资者所有的小（2）型及其以上各类水利工程，明确由农村集体（村或村民组）、农村集体经济组织或农民用水合作组织和其他投资者管理。区水行政主管部门和工程所在乡镇街道负责加强对小型水利工程管理与运行维护的监管和技术指导，督促工程产权所有者切实履行管理责任，保障工程安全运行。

（三）落实工程管护经费。多渠道筹集工程管护经费，建立稳定的管护经费保障机制。管护经费原则上由工程产权所有者负责筹集，财政适当给予补助。积极研究制定优惠政策，鼓励和动员社会各方面力量支持小型水利工程管护。完善“民办公助”、“一事一议”等机制，引导农民群众参与小型水利工程管护。公益性国有水利工程，其人员、维修养护“两项”经费按照分级管理、分级负责的原则，全额纳入财政预算。农村集体（村或村民组）、农村集体经济组织或农民用水合作组织以及其他投资者管理使用的水利工程，管理费用由所有者负责筹集，财政适当给予补助。区级财政通过公共财政预算、政府性基金、其他水利规费收入，安排小型水利工程维修养护经费，或按照规定的比例和范围，从土地出让收益中计提的农田水利建设资金中安排部分资金支持小型农田水利工程管护。建立财政奖补机制，按照“奖优罚劣”的原则，根据管护实效进行奖补。

（四）探索工程管理模式。对集体所有的各类小型水利工程要落实管护主体和责任，探索创新社会化和专业化的多种管理模式。可以采取拍卖的方式、明晰产权；也可以采取承包、租赁、股份合作等方式，界定管理权，明确使用权和经营权，确保工程主要功能和效益发挥；实行上述方式管理的，合同签订必须明确工程管护主体、管护责任、管护范围以及相应的责任等。

五、实施步骤

小型水利工程管理体制改革，政策性强，涉及面广，情况复杂，改革中既要维护广大群众的利益，又要保证国有、集体资产不流失，同时也要保护经营者的合法权益。全区上下必须统一步调，通力合作，积极稳妥推进。

（一）第一阶段：组建机构、制订实施方案（2015年8月至2015年11月）

1.组建机构。区成立由区政府主要领导任组长，区委、区政府联系和分管领导任副组长，区委办、区政府办、区委宣传部、区督办督查局、区水利局、区实绩考核办、区财政局、区发改局、区国土局、区农牧局、区扶贫办、区林业局等相关单位负责人为成员的农村小型水利工程产权制度改革工作领导小组，领导小组下设办公室在区水利局（以下简称“区水改办”），负责指导全区小型水利工程管理体制改革工作。各乡镇街道、村两级要参照成立相应的小型水利工程管理体制改革领导小组，设立办公室并抽调精干人员，负责制定方案、确权登记、纠纷调处、工作总结等工作的组织实施。

2.制订方案。根据中央、省、市有关文件精神，结合我区实际，制定切实可行的工作方案。各乡镇街道的方案须报区水改领导小组审核同意后组织实施。

3.宣传发动及培训。区新闻中心、电视台要加强对省、市、区的改革精神和区级实施方案的宣传，各乡镇街道要利用多种形式做好改革宣传发动工作，发动干部群众广泛参与小型水利工程管理体制改革。区水改办负责对各乡镇街道“水改办”工作人员进行农村小型水利工程管理体制改革业务操作培训，各乡镇街道“水改办”负责对村级业务人员进行培训。区水改办负责统一做好小型水利工程管理体制改革相关的调查表、台账、宣传画册等的设计印制工作。

（二）第二阶段：调查摸底、界定确权（2015年11月至2016年8月）

1.调查摸底。各乡镇街道以村为单位，按照改革范围分类进行调查、统计、造册和汇总，小型水利工程管理体制改革领导小组负责指导填写、审核、统计、上报。

2.划定工程管理范围。改革范围内小型水利工程都应按有关规定在改制前划定管理范围。先进行实地勘查，要求每个塘库（引水、提水工程）做到“三清楚一明确”，即工程界址周边范围清楚，控制灌溉面积（人畜受益的数量等）清楚，供需有效水量清楚，供水价格和取水方式明确。

3.界定产权。在完成调查摸底及广泛听取各方意见的基础上，由相关乡镇街道组织召开村民代表大会，根据《财政部清产核资办法》（财清〔1994〕7号）和《水利部1994清产核资实施办法》（水财〔1994〕178号）的有关精神及国家有关政策规定，分别逐一讨论并确定辖区内小型水利工程的权属，进行民主决策，至少经三分之二的受益农户代表同意后，方可报区小型水利工程管理体制改革领导小组审批，并在该乡镇街道、村进行公示，公示期为7天。

4.确权登记。公示期满后，以村为单位进行复核并进行确权登记。产权原始登记表册一式三份，分别由区水改办、乡镇街道水改办、所有权人各保存一份。同时，进行整理归类，建立台账。

（三）第三阶段：明确形式、分类指导、颁发权证（2016年8月至2016年12月）

1.明确改革形式。在权属关系清楚的情况下，因地制宜地选择改革对象与形式。所有权者对小型水利工程采取股份合作制、拍卖、承包、租赁、农村用水合作组织、委托管理等其中一种形式进行改革。

2.资产评估。凡需进行拍卖、承包、租赁的国有或集体资产，都要根据工程投入情况，结合工程现状、工程效益、使用年限、承担责任和风险等因素，将工程设施、工程占地以及水资源分割开来，由具备相应资质的评估机构对改制工程进行“客观、公正、全面”的核实和分类评估，并出具评估报告；资产规模较小的，也可以批准由相关乡镇街道组织相关人员进行评估，并以此为依据，确定单个工程的竞标底价；涉及划拨土地使用权的，应由有资质的土地评估机构评估，结果上报主管部门备案。

3.确定底价。根据工程投入，结合工程现状、工程效益、使用年限、承担责任和风险等因素进行综合分析作价，并以此作为确定底价的依据。评估价以工程产权地价和工程建设投入价之和作为基数加经济效益价。出资人应当以资产评估确认值为依据确定工程拍卖或股权转让的底价。

4.拍卖竞标或承包、租赁竞标。小型水利工程经营使用权、管理权拍卖要在乡镇街道、司法及相关职能部门的指导下，由村委会负责组织产权所有者代表召开拍卖大会。拍卖大会要提前张榜公布，告知全体产权所有者，广泛发动群众参加并参与竞标，确定竞标人，明确中标人。承包和租赁小型水利工程设施同样采用竞标确定承包（租赁）人和承包（租赁）费。

5.签订合同。竞标完成要完善工程拍卖、承包、租赁合同书，合同需办理公证，获得经营管理权的单位或个人要确保资产保值增效。

6.资金管理。小型水利工程拍卖、租赁、承包等收入由出资人收回，纳入同级财政管理，专账核算。产权制度改革、资产评估等改革的经费从拍卖、租赁、承包等收入中列支。专款用于小型水利工程建设、管理、维修养护，不得挪用挤占，原则上用于原水利工程的改造更新，也可以用于工程改革覆盖范围区配套农田水利新建工程（包括股份合作），不得用于其他工程；改造更新或新建水利工程的立项，要报区水行政主管部门审批。

7.颁发权证：在公示确权登记工作结束后，由所有权人（个人或单位）按照相关管理权限提出办证申请，经区小型水利工程管理体制改革领导小组审核，报请区人民政府进行审批，由区人民政府向所有权人颁发小型水利工程相关产权证书。

8.资料归档。各乡镇街道对改制的各项水利工程建档立卡，所有资料一式四份，产权所有者、乡镇街道各一份，区财政局、区水务局各一份。

（四）第四阶段：总结验收阶段（2016年12月至2017年5月）

认真总结农村小型水利工程管理体制改革工作中好的经验、做法及解决问题的有效措施，完善档案资料，申请省和市级验收。

六、保障措施

（一）强化考核督查。各乡镇街道办事处要结合实际，精心组织实施。区直相关单位要分工负责、密切配合。区考核办和区督办督查局要加强对该项工作的考核督查，对改革各个阶段的任务完成情况纳入年度目标考核管理，对改革推进不力的乡镇、街道办事处和区直相关单位予以通报。

（二）严肃工作纪律。坚持公开、公平、公正的原则，严肃改革纪律，完善相关制度，充分发扬民主和群众监督。各乡镇街道要加强对改制工作的领导。要强化法制管理，严格履行合同，强化改制服务。自觉执行《中华人民共和国水法》、《中华人民共和国防洪法》、《中华人民共和国水土保持法》和《中华人民共和国河道管理条例》等法律法规，工程产权的所有者和经营者不得垄断经营，不能从事有损工程防洪安全的任何生产经营活动，不得变更用途，不得擅自减少服务范围及要求，严禁哄抬水价等不规范行为。对不遵守合同约定的，产权所有者有权责令其限期改正；对拒不整改的依法终止合同；对不履行合同造成损失的，由造成损失的产权人或实际经营者负责赔偿。

（三）加强业务指导。区水改办要建立有效的工作机制，加强业务指导，开展改革政策、清产核资、造册登记、资产评估、产权界定、改革方法步骤等相关改革业务培训。

（四）严格信息报送。各乡镇街道及成员单位要落实改革责任领导和改革信息报送人员，每月15日前将改革进展情况报送区小型水利工程管理体制改革领导小组办公室。

（五）加大经费投入。区财政要将小型水利工程管理体制改革工作经费纳入财政预算，落实改革工作所需经费，确保我区小型水利工程管理体制改革工作顺利推进。

毕节市七星关区2015年度党建扶贫暨集团帮扶工作考核方案

根据中共毕节市委组织部、毕节市扶贫开发办公室关于印发《毕节市2015年党建扶贫暨集团帮扶工作要点的通知》（毕组通〔2015〕32号）精神和七星关区委组织部、七星关区扶贫开发办公室关于印发《毕节市七星关区2015年党建扶贫和集团帮扶工作要点的通知》（七星组通〔2015〕20号）文件精神，为了更好地推动党建扶贫暨集团帮扶工作的开展。实现我区8个乡镇减贫摘帽，完成脱贫任务，特制定本考核方案。

一、考核范围

区直参与集团帮扶工作的相关单位及类别乡镇（街道）

二、考核内容

1．加强组织领导，成立工作领导小组并明确分管领导，负责落实党建扶贫暨集团帮扶工作。（10分）

2．年初制定具体帮扶计划（5分），每月上报进度表（10分），季度小结和年终进行工作总结、类别乡镇每月信息简报、（5分）。

3．召开专题会议研究党建扶贫暨集团帮扶工作（5分）；定期到帮扶点开展帮扶，单位班子成员到乡镇（街道）指导帮扶工作4次以上（10分）；为帮扶点办理实事，解决难题（10）。

4．为帮扶点协调项目资金20万元以上（20分），超过20万元的适当加分（5分）。

5．按要求管理单位同步小康驻村干部，帮助解决驻村工作难题。（20分）

注：资料报送七星关区扶贫办外资项目管理中心

三、考核方式

由区委组织部、区扶贫办考核等单位配合，采取听取汇报和实地查看项目等方式进行督导考核。（以在类别乡镇（街道）开展工作帮扶单位为单位考核）

四、考评办法

1．采取定性考评。考评按百分制计分，考核成绩纳入区直各单位和类别乡镇（街道）年度目标考核。

2．考评采用自评和检查考评相结合的形式，每年年底由集团帮扶单位和当地党委、政府按照要求组织自评，然后由考核组评定。

五、奖惩措施

1．考评结果纳入领导班子和领导干部“双考双评双挂钩”、动态跟踪考核，并作为干部年终考核评比选优的依据。

2．考评结果进行书面通报。

中共毕节市七星关区委办公室

中共毕节市七星关区委办公室
毕节市七星关区人民政府办公室
关于印发《毕节市七星关区今冬明春农业板块经济实施方案》的通知

七星党办字〔2015〕110号

各乡、民族乡、镇党委和人民政府，各街道党工委和街道办事处，区委各工作部门，区级国家机关各单位，各垂管部门，人武部党委，各人民团体：

经区委、区政府领导同意，现将《毕节市七星关区今冬明春农业板块经济实施方案》印发给你们，请结合实际，认真贯彻落实。

中共毕节市七星关区委办公室　毕节市七星关区人民政府办公室

2015年9月30日

毕节市七星关区今冬明春农业板块经济实施方案

根据《中共毕节市委办公室 毕节市人民政府办公室关于印发〈毕节市今冬明春推进山地特色高效生态农业板块经济大发展实施方案〉的通知》（毕委办字〔2015〕95号）精神，为抓好我区今冬明春农业板块经济工作，结合实际，特制定本方案。

一、指导思想和基本原则

（一）指导思想

紧紧围绕突出特色主导产业发展、促进农民持续增收目标，以转变农业发展方式为主线，坚持走山地高效生态农业发展道路，坚持“生态产业化，产业生态化”的发展理念，着力发展高效生态农业板块经济，推进农业生产经营专业化、标准化、规模化、集约化发展，全面提高农产品品质、竞争力和标准化生产水平，实现农业、林业、畜牧业持续、健康、快速发展，推动农民走出贫穷、农业走向市场，为“决战贫困、提速赶超、同步小康”奠定坚实基础。

（二）基本原则

1．坚持规划引领、因地制宜、区域化布局原则。结合小城镇建设、精准扶贫开发、农业园区建设、退耕还林工程，精心规划农业板块经济，引领板块经济建设。

2．坚持样板示范、以点带面、统筹城乡发展的原则。结合农业科技示范样板创建和“一市五金多套餐”精准扶贫机制，重点围绕过境高速公路沿线乡镇、“四在农家·美丽乡村”示范点、高速公路匝道出口附近等交通便利、示范效果好的地段选点布局样板，通过区、乡、村层层大办样板，集中打造，形成连点成线、连线成带、连带成块的“六大农业板块经济”产业布局。

3．坚持扶持新建、先建后补、差别化扶持的原则。以区委、区政府2015年特色农业产业发展实施意见和推进刺梨产业发展实施意见为基础，对区、乡、村三级新建的示范样板点，根据板块内容采取良种补助、先建后补等方式，实行差别化扶持。

4．坚持事前申报、备案审批、挂牌管理的原则。由各乡镇街道在样板建设前根据产业类别向农牧、林业、科技等业务主管部门申报，各业务主管部门按照农业板块经济的总体布局进行实地踏勘论证后，经区农业板块经济建设领导小组研究确定样板点，各业务主管部门进行备案登记，建立台账，挂牌跟踪管理。

二、目标任务

建立马铃薯种薯及商品薯基地8.96万亩（新增1.94万亩），其中马铃薯二级种薯0.96万亩（新增0.94万亩），商品薯8万亩（新增1万亩）。建立商品蔬菜基地29.62万亩（新增3.12万亩），其中辣椒10.95万亩（新增0.95万亩），毕节大白萝卜3万亩（新增0.5万亩），冷凉蔬菜15.67万亩（新增1.67万亩）。新增人工种草1.3万亩，存栏生猪60.01万头（新增2.5万头），存栏牛10.41万头（新增0.37万头），存栏羊4.116万只（新增0.37万只），存栏蛋鸡190万羽（新增50万羽），新增肉鸡7万羽（其中自动化养殖与林下放养相结合5万羽）。新增特色经果林12.3万亩，其中刺梨9.6万亩，樱桃0.5万亩，核桃2.2万亩。种植优势中药材1.5万亩（新增0.7万亩）。建立茶叶基地2.103万亩（新增0.5万亩）。

三、主要内容

（一）脱毒马铃薯板块

1．布局：主要布局在除街道以外的32个乡镇。

2．样板点：在厦蓉、毕威、杭瑞高速公路沿线乡镇打造区级脱毒马铃薯良种示范样板点4个，面积4000亩。在交通便利、海拔较高、适宜马铃薯种植的乡镇规划建设乡级脱毒马铃薯二级良种扩繁基地16个，面积4800亩。

3．样板点及扩繁基地建设要求

良种示范样板点和二级良种扩繁基地一律实行

规范化连片净作。其中：区级脱毒马铃薯良种示范样板点连片面积不少于1000亩；乡级脱毒马铃薯二级良种扩繁基地建设规模不少于300亩，可结合实际多点布局，每个点连片面积不低于50亩。

4. 样板点及扩繁基地扶持政策：达到规范化种植标准和建设要求的，每亩补助脱毒马铃薯种子款560元。

5. 补助兑现方式：区农牧局根据规划确定的样板点、良种扩繁基地及其面积，统一采购提供种薯，通过供种方式兑现补助，由乡镇组织种植落实到地块。对组织验收考核达不到规范化种植标准和样板点建设要求的，对相关责任单位及责任人实行责任倒查。

（责任单位：区农牧局，相关乡镇；责任人：张珍龙，相关乡镇党政主要负责人；技术负责人：龚丹）

（二）蔬菜种植板块

1. 布局

（1）冷凉蔬菜种植区：规划在大新桥街道、田坝桥镇、林口镇、八寨镇、何官屯镇、长春堡镇、海子街镇等乡镇街道。

（2）辣椒种植区：规划在清水铺镇、生机镇、燕子口镇、亮岩镇等乡镇。

（3）毕节白萝卜种植区：规划在大新桥街道、田坝桥镇、清水铺镇、长春堡镇等乡镇街道。

（4）毕节白蒜种植区：规划在杨家湾镇、放珠镇、撒拉溪镇、青场镇、大河乡等乡镇。

（5）清水铺镇规划建设辣椒育苗中心1个，面积5亩；大新桥街道魏家屯村规划建设蔬菜育苗中心1个，面积10亩。

2. 样板点

（1）建立毕节大白萝卜示范样板点4个，面积2000亩。

（2）建立冷凉蔬菜示范样板点2个，面积1200亩。

（3）建立辣椒示范样板2个，面积500亩。

3. 样板点建设要求：蔬菜样板点要结合我区气候特点，选择种植毕节大白萝卜、辣椒或大白菜、甘蓝、莴笋等冷凉蔬菜品种，按照规范化精作、规模化、标准化、规范化和无公害的要求进行管理，连片种植面积不少于100亩（乡级样板不少于50亩）。

4. 样板点扶持政策

（1）对达到规范化种植标准和样板点建设要求的，毕节大白萝卜示范样板每亩补助种子款50元；辣椒示范样板每亩补助种子款100元；冷凉蔬菜示范样板每亩补助种子款160元；

（2）蔬菜、辣椒育苗中心新建育苗大棚每平方米补助40元；

（3）连片种植面积达100亩以上的蔬菜样板，可叠加享受《中共毕节市七星关区委 毕节市七星关区人民政府关于2015年农业特色产业发展的意见》（七星党发〔2015〕1号）对蔬菜产业的扶持政策，按每亩300元的标准进行补助。

5. 补助兑现方式

（1）区农牧局根据规划确定的样板点、蔬菜品种及面积，统一采购供种，通过统一供种方式兑现种子补助，并指导乡镇街道组织种植落实到地块。

（2）对新建育苗大棚，经区农牧、财政、审计等相关部门验收合格后兑现补助。

（3）连片种植蔬菜100亩以上并达到样板建设要求的，按照《中共毕节市七星关区委 毕节市七星关区人民政府关于2015年农业特色产业发展的意见》（七星党发〔2015〕1号）文件规定，经区农牧、财政、审计等相关部门验收合格后兑现补助。

（责任单位：区农牧局，相关乡镇街道；责任人：张珍龙，相关乡镇街道党政主要负责人；技术负责人：朱启刚）

（三）生态畜牧业板块

1. 布局

（1）优质生猪养殖重点区域：规划在除街道外的32个乡镇。

（2）优质肉牛养殖重点区域：规划在阴底乡、杨家湾镇、放珠镇、撒拉溪镇、长春堡镇、野角乡、水箐镇、何官屯镇、田坝桥镇、对坡镇、大银镇、八寨镇、海子街镇等乡镇。

（3）优质肉羊养殖重点区域：规划在野角乡、放珠镇、青场镇、长春堡镇、对坡镇、燕子口镇、大银镇、团结乡、生机镇、清水铺镇、阿市乡、普宜镇、龙场营镇、田坎乡等乡镇。

（4）肉鸡养殖重点区域：规划在小吉场镇、阿市乡、杨家湾镇、放珠镇、青场镇、长春堡镇、八寨镇、鸭池镇等乡镇。

（5）蛋禽重点养殖区域：规划在毕威高速沿线的朱昌镇、撒拉溪镇和厦蓉高速沿线的八寨镇、燕子口镇等乡镇。

2．样板点

（1）新建1000头以上的生猪养殖示范场2个。

（2）新建5万羽以上的自动化蛋鸡养殖示范场3个。

（3）新建1万羽以上的肉鸡养殖示范场2个。

（4）新建常年存栏5万羽以上、年出栏20万羽以上自动化肉鸡养殖示范场1个。

3．样板点建设标准

（1）蛋鸡养殖示范场：养殖规模为存栏蛋鸡5万羽以上，按照生产标准化的要求，有饲料厂房及自动出粪、饮水、通风、喂料等设施，符合防疫条件，布局合理，实现粪污无害化处理和资源化利用。

（2）生猪养殖示范场：养殖规模为存栏能繁母猪60头和常年出栏生猪1000头以上，按规模养殖场建设标准修建猪舍面积1000平方米以上，符合动物防疫条件，设施设备齐全，实行净污道分开，排污合理。

（3）林下养鸡示范场：养殖规模为常年存栏肉鸡1万羽以上，建设符合技术规范要求的养殖圈舍1000平方米以上（根据地势可分区建设），通过放养方式进行养殖，有放养场地50亩以上，选址符合动物防疫条件，有相应的消毒、防疫和无害化处理设施。

（4）自动化肉鸡养殖示范场：建设符合技术规范要求的自动化肉鸡养殖设施规模5万羽以上，有放养场地300亩以上，选址符合动物防疫条件，有相应的消毒、防疫和无害化处理设施，并采取自动化养殖和林下放养相结合方式，年出栏优质肉鸡20万羽以上。

4．样板点扶持政策

（1）存栏蛋鸡达5万羽以上的蛋鸡养殖示范场，根据畜牧业发展现状，可享受《中共毕节市七星关区委 毕节市七星关区人民政府关于2015年农业特色产业发展的意见》（七星党发〔2015〕1号）对蛋鸡产业的扶持政策，按每万羽15万元的标准进行补助。

（2）存栏能繁母猪60头和常年出栏生猪1000头以上的生猪养殖示范场，按每场20万元的标准进行补助。

（3）常年存栏1万羽以上的林下养鸡示范场，按每羽5元的标准进行补助。

（4）常年存栏达5万羽以上的自动化肉鸡养殖示范场，对自动化养殖设备部分按每万羽15万元的标准进行补助。

5. 补助兑现方式：按照事前备案、先建后补的原则，建成投产后，根据生态养殖示范点建设标准，经区农牧局牵头，财政、审计等相关部门参与，验收合格后兑现补助。

（责任单位：区农牧局，相关乡镇街道；责任人：张珍龙，相关乡镇街道党政主要负责人；技术负责人：王洪运）

（四）经果林板块

1．布局

（1）新增核桃种植面积2.2万亩，主要分布在大银镇、小吉场镇、田坎乡、大屯乡、撒拉溪镇、放珠镇、长春堡镇等乡镇。

（2）对杨家湾镇、撒拉溪镇、长春堡镇、朱昌镇、八寨镇、燕子口镇、野角乡、何官屯镇、生机镇等乡镇已到挂果期尚未挂果的核桃进行高枝嫁接改良试点，并总结经验逐步向全区推开。

（3）刺梨种植主要布局在毕威、厦蓉和杭瑞三条高速公路及市级“四在农家·美丽乡村”示范村所涉及的杨家湾镇、放珠镇、撒拉溪镇、长春堡镇、鸭池镇、朱昌镇、碧海街道、海子街镇、八寨镇、燕子口镇、林口镇、生机镇、团结乡、水箐镇、何官屯镇、田坝桥镇、小吉场镇、大新桥街道、三板桥街道、亮岩镇和清水铺镇等乡镇街道。

（4）樱桃种植主要布局在林口镇、生机镇、朱昌镇、杨家湾镇等4个乡镇。

2. 样板点：重点在高速公路沿线规划建设刺梨样板点6个，总面积不少于6000亩。

3. 样板点建设要求：每个点集中连片种植面积不少于200亩，按设计施工，规范管理，连片种植，不开天窗，并按技术标准进行管护。

4. 样板点扶持政策：对达到经果林样板点建设要求的样板点，除享受七星关区大力推进刺梨产业发展的实施意见扶持政策外，区财政按每亩500元的标准追加补助。

5. 补助兑现方式：按照事前备案、先建后补原则，经区林业局牵头，财政、审计等相关部门参与，验收合格后兑现补助。兑现方式参照新一轮退耕还林工程设计方案中种苗费兑现办法兑现给种植主体。

（责任单位：区林业局，相关乡镇街道；责任人：吴道国，相关乡镇街道党政主要负责人；技术负责人：翟思勤）

（五）中药材板块

1. 布局：主要布局在阿市乡、长春堡镇、撒拉溪镇、生机镇等乡镇街道。

2. 样板点：建设中药材示范样板点4个，面积1200亩；建种子种苗育繁基地3个，面积300亩。

3. 样板点建设要求：中药材示范样板每个点面积300亩以上，种子种苗育繁基地每个点面积100亩以上，示范样板点种植须规范精作，规范管理，连片种植，不开天窗，并按技术标准进行管护。

4. 样板点扶持政策

对达到建设要求的中药材示范样板和中药材种子种苗育繁基地，每亩补助600元。

5. 补助兑现方式：按照先建后补方式，经区科技办牵头，财政、审计等相关部门参与，验收合格后兑现补助。

（责任单位：区科技办，相关乡镇街道；责任人：王正莲，相关乡镇街道党政主要负责人；技术负责人：郭刚）

（六）茶叶板块

1. 布局：按东、西两翼进行布局。东翼以亮岩镇、八寨镇、燕子口镇为核心区域，重点在亮岩镇太极村、八寨镇钟寨村、燕子口镇阳光村打造核心点，以点带面，形成茶产业东翼带；西翼以杨家湾镇、青场镇、朱昌镇为核心区域，重点在杨家湾镇三合村、青场镇初都村、朱昌镇法朗村打造核心点，形成茶产业西翼带。

2. 样板点：规划建设茶叶样板点2个，面积1000亩。

3. 样板点建设要求：每个样板点连片种植面积500亩以上，并做到规范化、集中连片种植，按技术标准进行管护。

4. 样板点扶持政策：达到茶叶样板点建设要求的，参照退耕还林政策标准进行扶持。

5. 补助兑现方式：经区农牧局牵头，财政、审计等相关部门参与，验收合格后参照退耕还林政策兑现方式进行补助。

（责任单位：区农牧局，相关乡镇街道；责任人：龚丹、相关乡镇街道党政主要负责人；技术负责人：吴馨）

（七）其他

1. 对发展其他特色种植、养殖业产业，具有较强的示范带动效果且达到一定规模，经事前备案申报的，可参照相关产业补助标准采取“一事一议”的办法给予支持。

2. 对具备园区建设基本要素、核心示范区达1000亩以上的各级样板点，其基础设施部分参照《中共毕节市七星关区委 毕节市七星关区人民政府关于2015年农业特色产业发展的意见》（七星党发〔2015〕1号）规定给予支持。

3. 按照《毕节市发展山地高效生态农业板块经济财政奖补方案（试行）的通知》（毕委办字〔2015〕96号）精神，对达到市级奖补标准的经营主体，由相关业务主管部门推荐申报，经市级组织验收合格的，市级奖补资金部分兑现给经营主体，区级配套奖补部分按本方案的标准兑现或按市级要求匹配的比例兑现（从高不从低、任选其一）。

四、推进措施

（一）强化组织领导。成立区农业板块经济建设领导小组，定期研究农业板块经济建设的重大问题，负责全区特色农业板块经济建设的组织领导和督促检查工作。领导小组下设办公室在区农牧局，负责具体事务。区农牧局牵头负责马铃薯、蔬菜、茶叶板块经济和生态畜牧业板块经济建设，区科技办牵头负责中药材板块经济建设，区林业局负责经果林板块经济的建设。各牵头单位内设专门办公室，明确责任领导和责任人抓好日常工作。同时负责相应的板块经济建设发展规划和实施方案的制定，组织技术培训，开展技术指导，推进产业工程项目的实施。区农牧局为总牵头单位，区林业局、区科技办等部门配合，负责农业板块经济工作信息、报表等资料的收集、汇总和上报。各乡镇街道也要成立相应的农业板块经济建设工作组织领导机构，将农业板块经济和秋冬种工作纳入重要议事日程，明确主导产业，制定工作措施，细化推进方案，对重点项目和重点任务明确到人，做好产业发展的协调服务工作。

（二）强化投入保障。按照“渠道不乱、用途不变，统筹安排、各记其功，优势互补、形成合力”的原则，加大农业、畜牧、扶贫、林业、国土、水利、科技等项目和资金整合力度，集中财力发展农业板块经济。区财政投入不低于2000万元资金用于支持农业板块经济发展，重点用于示范样板建设、“四种”工程补助及市级奖补资金的区级配套部分，通过贷款贴息、以奖代补等方式，引导和撬动社会资金投入板块经济，提高财政资金使用效率。积极探索发展新型农村资金互助合作社，采取“内部封闭、两头堵死、自我服务、社员担保”的运行办法，为社员生产提供小额借款服务。积极开展农业龙头企业、农民专业合作社、农户和金融、担保、保险机构共同参与的“四方合作+保险”试点，提高风险保障能力。把农业招商引资与样板点建设、与农业板块经济发展结合起来，鼓励、支持、引导区内外工商资本、民间资本投入发展农业板块经济。

（三）强化科技支撑。充分发挥区委、区政府聘请的马铃薯、蔬菜等农业专家顾问的作用，加快新品种选育和推广。加强与省内外大专院校、农业科研院所联系与合作，充分发挥市内大专院校和涉农科研机构的作用，提高科研成果的转化利用率。农牧、林业、科技等相关部门要加强对农林技术人员的教育培训，为农业板块经济发展提供技术服务保障。要创新农业技术推广方式，利用科技特派员、农技专家、科技入户工程、涉农信息服务平台等推广载体和手段，大力推广农业新品种、新技术。认真落实好《毕节市鼓励农业科技人员领办创办农业发展项目实施办法》，积极开展试点工作，鼓励农业科技人员领办创办农业板块经济产业基地，支持科技人员以技术承包、技术咨询、技术服务等有偿方式和以技术、品种、专利入股或投资参股等形式参与农业板块经济发展。

（四）强化利益链接。按照“利益共享，风险共担”原则，坚持围绕龙头建基地、办样板，扶持引导企业、专业合作社、种养大户与农户建立紧密的利益链接机制和稳定的农产品产销关系，通过“公司（专业合作社、种养大户）+基地+农户”的方式，实现以加工带基地、基地促加工的良性互动。大力培育引进、做大做强龙头企业，鼓励农产品加工企业与农户建立公平合理的利益链接机制，引导龙头企业不断完善现有以合同契约为主的利益链接方式，逐步探索扩大二次返利、股份合作制、利益共同体等更趋紧密的合作机制，构建更为稳固的产业链条，发挥龙头企业带动一批专业农户、发展一项主导产业、富裕一方农民群众的作用。

（五）强化示范带动。把农业板块经济产业基地建设与领导干部创办科技示范样板紧密结合起来，着力抓好区、乡、村三级科技示范样板建设。有关乡镇街道要结合板块规划选择2个以上不同类型板块作为主导产业，规划落实相应的示范样板，并报相应的业务主管部门备案审批。农牧、林业、科技等业务主管部门要根据样板种类制订相应的样板建设技术规范，指导好各级板块经济样板建设，并严格按照样板建设技术规范组织验收后兑现补助。在样板建设中，要创新种植、养殖模式，大力发展种养结合、林牧结合、林药结合等生态农业和循环农业，着力打造以蔬菜、茶叶、马铃薯、中药材、经果林为主的“万元田”示范点。树立“小庭院、大产业”发展理念，以农家庭院为载体，种、养、加、销结合，打造以蔬菜、茶叶、中药材、生态畜牧业为主的“千元院”示范点。对各乡镇街道创办的种植类、经果林类示范样板点，以连片规模300亩为一个单元，达到样板创建规范要求的，每个单元奖励乡镇街道1万元工作经费。

（六）强化规模经营。进一步规范和有序推进农村土地流转，实行相对集中连片开发和规模经营。引导农民以土地承包经营权、资金、技术、劳动力等生产要素入股，实行“土地保底租金+按股分红”、“保护价收购农产品+按股分红”等利益分配模式，与龙头企业结成利益共享、风险共担的利益共同体。积极探索将土地折股量化、确权到户，经营所得收益按股分配，也可以引导农民以土地入股组建土地股份合作组织，通过自营或委托经营等方式发展农业规模经营。充分发挥政府平台公司在农业板块经济发展中的引领作用，开展先行先试，注重市场开拓，推动农业板块经济与市场紧密接轨。

（七）强化督查考核。建立“月调度、季通报、年终考核”制度。每月，由区农业板块经济建设领导小组办公室对全区各乡镇街道工作开展情况进行调度，定期不定期深入实地明察暗访，并将调度情况向区分管领导报告；同时，根据季节性工作需要，不定时组织开展的专项督查考核。每季度，区农业板块经济建设领导小组办公室根据调度情况，拟定针对各乡镇街道、区直各有关部门的季度督查考核内容，由区实绩考核办、区督办督查局、区农牧局、区林业局、区科技办等单位组成专项督查考核组，对任务完成情况进行督查考核，督查考核结果通过“问题通报”或“排名通报”等方式进行全区通报。年终，由区考核领导小组办公室组建考核组，对各乡镇街道农业板块经济工作完成情况进行考核。月调度、季通报、年终考核等情况，将作为评先选优、选拔任用、兑现奖励补助的重要依据。对因履职不力、作风不实，未按要求完成工作任务，影响全区今冬明春农业板块经济发展工作的单位或个人，将严格按照有关规定进行问责。

附件：1. 七星关区农业板块经济任务分解表（马铃薯）

2. 七星关区农业板块经济任务分解表（蔬菜）

3. 七星关区农业板块经济任务分解表（生态畜牧业）

4. 七星关区农业板块经济任务分解表（经果林）

5. 七星关区农业板块经济任务分解表（中药材）

6. 七星关区农业板块经济任务分解表（生态茶）

7. 2015年农业板块经济示范样板点备案申报表

附件4

七星关区农业板块经济任务分解表（经果林）

乡镇街道	新增建设规模（亩）					
	合 计	核桃	刺梨规划	其中含区级示范样板	樱桃	分布区域
合 计	123918.7	22000.0	96918.7	9632.6	5000.0	
杨家湾镇	12113.8	2400	8413.8		1300	大梗子、七星、三合、嘎木、杨家湾、杨箐、站坡、照壁、周驿
放珠镇	4541.5		4541.5			播乐沟、曹家、法桥、尼东、木通沟、碗厂、永安
撒拉溪镇	9167.1	2570	4314.3	2282.8		冲锋、雄嘎、沙乐、双龙
长春堡镇	12329.7		12329.7			蔡官、干堰、河庄、滑石、裸衣、清丰、清塘、三道水、沈家屯、松营、王丰、王官、犀牛、张官
三板桥街道	973.5		973.5			大坡
鸭池镇	6200.4		6200.4			干堰、哈朗、龙滩、营中岩、石桥、石格、上坝、青湾
朱昌镇	8896.8		7896.8	1000		白泥、花厂、哈朗、山脚、双堰、伍坪、小屯、朱昌
碧海街道	3571.5		3571.5			张家寨、平桥、梅子沟、胡家院、丁家寨
海子街镇	4600.3		4600.3			擦枪岩、大垭口、二道河、果罗、十三亩、五十亩
八寨镇	8629.8		5429.8	3200		大兴、华山、金山、冷水、罗汉山
燕子口镇	6206.1		3256.7	2949.4		大田、沔鱼河、雄狮、一心
层台镇	4930.8		4930.8			官厢、光辉、牛场、斯栗、五里桥
林口镇	3841.6		2641.2	200.4	1000	白光、大寨、林前、新中
生机镇	2059.2		2059.2			高流、镰刀湾、坡上、谢家
团结乡	1744.5		1744.5			法都、清林、团结、新中
大银镇	9834.0	3600	3534		2700	黄塘、羊桥、高峰、木瓦、半林
亮岩镇	3392.2	2270	1122.2			太极、裕民
清水铺镇	600.0	600				小垭村
小吉场镇	2731.0	1100	1631			梨子树、新伦、永丰
水箐镇	4626.2		4626.2			马鞍、流水、薪火
对坡镇	4267.9	2880	1387.9			法垠
何官屯镇	5326.2		5326.2			白果、何官屯、后箐、柳家
大新桥街道	687.1		687.1			天心桥、殷官屯
田坝桥镇	5215.1		5215.1			臭水井、店子上、螃蟹井、田坝桥、弯腰树、硝灰洞
大屯乡	1700.0	1700				三官寨、烙烘村、长中村等
田坎乡	5365.0	4880	485			圆山、白沙河、茨竹、田坎、田坝

说明：刺梨示范项目朱昌1000亩、八寨镇华山村1000亩、八寨茅栗坪村2200亩、撒拉溪镇沙乐村2282.8亩、燕子口镇一心村2949.4亩、林口镇大寨村200.4亩。

中国共产党毕节市七星关区委员会

中共毕节市七星关区委
毕节市七星关区人民政府
关于印发《毕节市七星关区2015年工作要点》的
通　知

七星委〔2015〕1号

各乡、民族乡、镇党委和人民政府，各街道党工委和街道办事处，区委各工作部门，区级国家机关各单位，各垂管部门，人武部党委，各人民团体：

《毕节市七星关区2015年工作要点》已经区委、区政府同意，现印发你们，请结合实际认真贯彻落实。

中共毕节市七星关区委　毕节市七星关区人民政府

2015年2月28日

毕节市七星关区2015年工作要点

2015年是全面深化改革的关键之年，是全面推进依法治区的开局之年，是全面完成“十二五”规划的收官之年。为推动全面深化改革、全面依法治区、全面从严治党，推动科学发展、后发赶超、同步小康，根据中央、省、市有关部署和要求，结合七星关区实际，提出2015年工作要点。

一、总体思路和奋斗目标

（一）总体思路。深入贯彻落实党的十八大，十八届三中、四中全会，省委十一届四次、五次全会和市委一届五次、六次全会精神，以邓小平理论、“三个代表”重要思想和科学发展观为指导，全面贯彻习近平总书记系列重要讲话和批示精神，按照中央、省、市经济工作会议的部署，坚持主基调主战略，坚守发展和生态两条底线，着力提高经济发展质量和效益，着力推进农村基础设施建设，着力推进问需式精准扶贫，着力推进“四化同步”发展，奋力打造经济社会跨越发展、全面发展的首善之区。

（二）奋斗目标。生产总值增速达到14%，规模工业增加值增速达到13%，500万元以上固定资产投资增速达到25%，公共财政预算收入增速达到13%，社会消费品零售总额增速达到14%，农村常住居民人均可支配收入增速达到15%，城镇常住居民人均可支配收入增速达到11%，金融机构存款余额增速、贷款余额增速达到10%，旅游总收入增速达到20%，粮食产量稳定在40万吨左右，人口自然增长率控制在6‰以内，城镇化率达到47%，城镇登记失业率控制在4%以内，森林覆盖率达到49%，节能减排指标控制在上级下达的计划范围内。

二、经济社会发展的重点

（一）着力推进项目建设，促进投资较快增长

1. 创造性地谋划项目。抢抓国家加大对中西部地区基础设施建设支持力度、国家和省级层面支持毕节试验区发展的政策机遇，根据产业规划、投资导向、产业政策和发展需求，积极谋划一批优质项目。重点做好总投资136亿元的116个项目可行性研究工作，加大项目申报力度，争取更多项目纳入国家和省的投资计划盘子。

2. 大力推动项目建设。把握好投资的方向和重点，以项目投资拉动经济增长。进一步完善并严格执行项目代办、领导干部联系项目等机制，做好跟踪服务、施工协调和要素保障，大力推进已启动实施的494个、总投资4.26亿元的中央预算内投资项目建设进度。继续推进以路、水、电为主的“六项行动”计划、问需式精准扶贫项目等民生急需项目；继续推进“5个100工程”等重点项目建设。大力实施水利建设“三大会战”，启动龙官桥水库、双河口水库项目建设，着力解决工程性缺水问题。积极推进成贵快速铁路、毕叙铁路、厦蓉高速公路、毕镇高速公路、夹岩水利枢纽等重大项目建设涉及我区的土地、房屋征收和移民搬迁等工作。

3. 创新投融资方式。充分发挥政府投资的引导作用，鼓励和支持社会资本投入基本建设、产业发展和部分民生工程。强化企业投资的主体地位，充分激发民间投资的活力，全面落实国家鼓励政府和社会资本合作的政策措施，探索PPP融资模式，鼓励各类资本参与投资、建设和运营基础设施及公益性项目。

（二）着力推进新型城镇化，统筹推进城乡一体化发展

4. 注重规划引领。积极推进城市规划控规整合，进一步优化和拓展城市发展空间，倾力打造以老城片区为中心，以德溪新区、碧海新区、同心新区、南部新区和经济开发区为组团的城市空间格局，梯次开发、稳步推进。坚持以人为本、供需协调、融合发展的原则，科学布局城市基础设施和公共服务设施。积极探索建立完善城市规划区住房困难群众住房保障机制。加大规划执法

力度，依法严厉打击违法建设，确保城市建设和管理规范有序。

5．稳步推进市政建设。以新区开发、旧城改造为抓手，重点推进文安路、观水路、天河古城东环线等道路建设，加快完善德溪新区、碧海新区、同心新区路网等基础设施以及学校、医院、市场等配套设施。有序推进人民剧场、翠西、东关坡、双树等片区棚户区改造工程，加快安置房建设。继续推进老城区污水管网改造，加快推进倒天河环境综合治理工作，有序推进垃圾利用示范项目，启动建设第二生活垃圾填埋场。因地制宜推进小城镇建设，完成投资8亿元以上。完成小吉场、清水铺、燕子口、鸭池等乡镇污水处理厂建设。

6．强力推进城市管理。深入开展“三创一建”和“多彩贵州文明行动”，扎实做好创建国家卫生城市各项工作。积极推进城区交通拥堵治理，全面完成南关桥路口、清毕路和文峰路交叉路口、桂花路桂花市场路口等人行天桥和天河路至环城北路连接线建设，建成文化路至清毕路跨倒天河车行平桥，适时实行“清毕路—威宁路—桂花路—拥军路”城市核心区域车辆单向循环行驶。加快推进市容市貌和城市管理综合整治，全面落实“门前三包”责任制；强化农贸市场及周边环境整治，合理规划布局农贸市场和农产品直销点，坚决取缔“马路市场”和占道经营；加强和规范建筑工地管理；大力整治车辆乱停乱放和行人乱走乱行等突出问题；加强噪声治理；开展专项整治，依法严厉打击非法营运，努力提升城市形象。

（三）着力推进产业结构调整优化，推动三次产业转型升级

7．加快转变农业发展方式。严守耕地红线，继续实施粮食增产工程和粮油高产创建等项目，稳定提高粮食单产。统筹推进烟叶生产工作，确保完成烤烟种植7万亩、烟叶收购14万担。继续推进现代高效农业示范园、中药材产业示范园、休闲农业示范园建设，大力发展遵循山地经济规律的现代高效农业。因地制宜发展特色产业，推进精致有机农产品种养基地、特色农产品加工基地和休闲避暑养生基地建设，引导农村土地经营权有效规范流转，发展适度规模经营，种植刺梨2万亩、魔芋1万亩，新建1000亩以上蔬菜基地5个，新建1000亩以上核桃基地3个，新建5000头以上生猪标准化规模养殖场2个，新建年存栏10万羽蛋鸡规模养殖场3个。加大农业招商工作力度，引进和扶持农产品加工企业发展。加强动物疫病防控，提高农畜产品质量，从源头上保障食品安全。充分发挥农业专业技术人才作用，引导和支持农村经纪人队伍、专业合作组织发展壮大，新增专业合作社（协会）30个以上，新增培育认证省级龙头企业2家以上、市级龙头企业5家以上。

8．大力推动新型工业化。依托毕节国家新能源汽车高新技术产业化基地建设，以电动汽车及TM绿色高效节能电机项目为龙头，积极引导上下游配套企业入驻。积极稳妥推进经济开发区、清丰新型建材产业园等园区基础设施建设。创新招商方式，利用好园区标准厂房存量，结合资源优势引进市场前景好、与现有企业相关联的企业入驻，提高工业项目落地率、投产达产率和产出率。大力发展新医药大健康、新型建筑和建材等新兴产业，加快推进蒙正生物制药、明钧玻璃二期、瑞庆新型墙体材料等项目建设。大力推进煤矿企业兼并重组，力争众福煤矿、大梨树煤矿建成投产。积极推广使用天然气、电力等清洁能源，加大对毕节热电、赛德水泥等重点企业的减排监管力度，确保单位生产总值能耗明显下降。

9．加快发展现代服务业。大力发展文化旅游产业，推进文化、生态与旅游融合发展，重点打造“一区一谷两园四寨”（鸡鸣三省长征红色文化体验区、阳山七星欢乐谷、南山公园、拱拢坪国家森林公园、小河彝寨、大屯三官寨、大南山苗寨、长春雄嘎苗寨）旅游景区景点，逐步完善基础设施和配套服务设施，提升旅游接待能力和服务水平，实现旅游总收入46亿元以上。大力发展商贸物流业，建成万丰商贸城、远航七星万象城、浙江商贸城、毕节小商品综合批发市场等项目二期工程以及创美农副产品批发市场、黔西北农产品批发市场；有序推进毕节新能源汽车会展交易中心、石桥物流园区等项目建设。大力发展

新兴业态，引导和推进电子商务平台建设，统一规划建设七星关区物流快递产业园，支持金融、保险、信息、文化创意、中介服务、物业管理、居家养老等服务业发展。

（四）着力完善农村基础设施，倾力建设美丽乡村

10．大力推动道路建设。实施生机至杨柳湾、宋伍至阴底、猫场至田坝、杨家湾至放珠、对坡至林口5个共92.3公里县乡道路大修项目，实施小吉场至海子街共30.25公里二级公路改扩建工程。积极向上争取支持，加快县乡公路改造提升和重点村寨连接线、通组道路建设，完成379.6公里通村水泥路建设任务，实现建制村100%通油路或水泥路。建立健全农村道路管护长效机制，加大管护工作力度，提高通行水平。

11．不断完善水利设施。加强基层水利服务体系建设，坚持建管结合，提升水利设施公共服务效能。继续推进农村饮水安全工程建设，全面完成中央财政小型农田重点县建设任务，启动实施2015年国家水土保持重点建设工程，全面完成燕林项目区庆坪小流域综合治理。

12．大力推进生态文明建设。创新退耕还林和荒山绿化建管机制，充分利用退耕还林还草项目政策，结合我区气候、海拔、地域等优势，鼓励企业、合作社或大户承包经营、游园经营，规模化发展刺梨产业。加快林权制度改革，明晰荒山和林地的权属，确保产权到户。着力实施好荒山绿化、退耕还林、天然林保护、石漠化综合治理工程，完成各类营造林16.81万亩，其中荒山绿化造林13.31万亩。扎实抓好森林防火工作。加强倒天河水库、利民水库等集中饮用水水源地环境综合治理，继续推进赤水河、六冲河等重点流域污染防治。加大对新修订的《环境保护法》执行力度，深入开展环境保护大检查，全面排查整治环境突出问题。

13．积极推进电网改造。加快实施电网建设与技改、农村用电公共服务均等化、农村电网电压质量提升等工程，继续推进小康电建设，全力保障电力供应，提高居民用电质量。建成35千伏朱昌变2号主变扩建工程和35千伏田坝变2号主变扩建工程，完成新建和改造10千伏输电线路22.7公里。

14．加快信息基础建设。加快推进有线电视区乡联网工程和通讯网、互联网、广播电视网“三网融合”，积极推进电信、移动、联通3G或4G场站建设，提高通讯网络覆盖率。

（五）着力加快社会事业发展，切实保障和改善民生

15．抓实精准扶贫。进一步创新扶贫方法，扩宽扶贫工作渠道，大力整合各类项目和资金，实施产业化扶贫。运用好“一式三化”（问需式、差别化、精准化、动态化）扶贫工作新机制，扎实推进精准扶贫工作，实行精准化识别、针对性扶持、动态化管理。加大“六个到村到户”工作力度，切实改善贫困群众的生产生活条件。不断增强扶贫的持续性和有效性，把扶贫增智和提高发展能力结合起来，净减少贫困人口5万人，实现青场、龙场营、田坝3个镇减贫“摘帽”。

16．推动教育惠民。继续抓好教育“9+3”计划和“4+2”教育突破工程，大力提高教育教学质量和学校管理水平，确保小学、初中辍学率控制在1.8%和2.8%以内，九年义务教育巩固率、高中阶段毛入学率达到85%以上，三残儿童入学率达到86%以上。大力发展职业教育，提高学生技能水平。加大学校布局调整力度，扎实推进薄弱学校改造，加快推进未完工学校建设，在42个乡镇街道各建成1所优质片区学校。推动班班通、学校塑胶运动场等工程建设，全面提升教育教学环境。实行小升初免试划片入学，启动第二轮学前教育三年行动计划，加强示范性高中建设。加强监督管理，确保农村义务教育阶段学校学生营养餐安全。积极支持民办教育发展，北大附属实验学校今年秋季招生开学。整合市属中职学校搬迁后的闲置资源，用于开办基础教育公办学校或引进社会力量办学。

17．做实社会保障工作。进一步做好就业岗位开发，引导和支持各类失业人员、就业困难人员就业和再就业，积极引导回乡创业，鼓励大学生创业，支持青年创业、妇女创业，城镇就业新增1万人以上。积极推进30个乡镇街道就业和保

障服务站建设。健全重大疾病医疗保险制度，改革城乡居民医保支付方式，不断提高医疗保障水平，确保新型城乡居民医疗保障体系参保率达98%以上。做好城乡居民社会养老保险工作，不断提高参保率。积极推进敬老院建设，不断提高“五保”对象集中供养率。加强自然灾害应急救援和救济工作。积极开展社会关爱行动，推进未成年人社会保护试点工作，继续做好空巢老人、留守儿童、孤残人员、流浪乞讨人员的救护救助工作。开工建设保障性住房7487套，改造农村危房1万户，完成清水铺镇、生机镇615户、2283人的生态移民搬迁工程和安置工作。

18．统筹推进各项事业发展。积极推进卫生计生整合，加快乡镇卫生院达标化建设和村级卫生室改造，努力构建“四位一体”服务保障体系，提升基层医疗机构诊疗水平。全面推进“双诚信双承诺”人口计生基层群众自治工作，切实巩固国家级计生优质服务先进县区创建成果。健全食品药品监管体制，确保群众食品和药品安全。建立完善公共文化服务体系，积极培育文化旅游、网络文化市场、健身娱乐、文艺娱乐、广播电视等产业，加强文化资源挖掘、整理、开发，保护和发展少数民族传统文化，扎实开展文物与非物质文化遗产保护。有序推进精神文明建设、人民武装、民兵预备役、国防教育、民族宗教、殡葬改革、史志、双拥、档案、老龄、外事侨务、台湾事务、红十字会、残疾人事业等各项工作。

（六）全面深化改革，推动改革发展成果惠及于民

19．稳步推进重点领域改革。重点推进政府职能转变、行政审批、综合执法、户籍管理、不动产登记、债务风险防控以及教育、医疗、就业等领域的改革试验工作，努力在加快转变发展方式、民营经济跨越发展、统筹城乡发展、民生保障全覆盖、统筹解决人口问题、精准扶贫、生态文明建设、产业发展、农村金融创新、农村产权制度等方面探索新经验。有序推进农村土地征收、集体经营性建设用地入市、宅基地制度改革试点工作。完善“一站式”办公和“一条龙”服务体系，继续实施招商引资项目行政审批事项“全程代办服务制”。整合工商、质监、药品食品监督等职能职责，推动市场监管体制改革。实施工商营业执照、组织机构代码证和税务登记证“三证合一”登记制度改革，进一步简化市场准入程序。

20．提升对外开放水平。依托不断完善的现代交通体系，充分发挥地处川滇黔渝结合区域的区位优势，加强交流合作，积极融入成渝经济圈、黔中经济区和国家“一带一路”战略布局。积极谋划好招商引资项目，充分发挥驻外招商分局的作用，采取委托招商、以商招商、小分队招商等方式，紧盯区域合作和重大活动抓招商，从“引项目”向“选项目”转变，积极引进市场前景好，能带动更多就业、能创造更多税收、能提高经济质量和效益的项目入驻。

21．鼓励支持民营经济发展。进一步完善民营经济发展政策体系，实行本土企业与外来企业同等待遇，激发企业内生动力。启动实施“全民创业、万众创新”行动计划，激发全社会创业的激情和活力。认真落实好“3个15万元”扶持政策，支持效益好的民营企业进一步做大做强。加快担保体系建设，鼓励和引导民间资金投入民营企业发展。加快小微企业创业园和返乡农民工创业园建设，引导民营企业逐步向园区集聚。民营经济增加值达到96亿元，新增民营企业11700个以上，民间投资达100亿元以上。

（七）全面推进依法治区，加快法治七星关建设进程

22．全面贯彻落实宪法。按照党的十八届四中全会、省委十一届五次全会和市委一届六次全会的安排部署，建立健全学习宪法制度，大力开展宪法宣传教育，全面加强对宪法内容和基本精神的学习。认真落实宪法宣誓制度，切实维护宪法权威和尊严。

23．切实推进依法行政。坚持用制度管权、管事、管人，始终把依法行政作为加强政府自身建设的核心内容，进一步完善依法决策、科学决策、民主决策机制，规范政府行为，规范权力运行程序，强化权力监督制约，加强政务信息平台

建设和信息共享，深入推进政务公开，不断提高行政效率和服务水平，努力建设法治型、服务型、廉洁型政府。

24．切实维护司法公正。强化司法为民，保证司法公正，秉公执法，严肃执法，严格按照法律规定和程序办案。深化司法职权优化配置和司法工作机制改革，建立健全诉讼服务、受理接待等便民利民工作机制，完善法律援助、司法救助和法律服务制度。大力推进审判、检务、警务、狱务“四公开”，着力构建开放、动态、透明、便民的阳光司法机制。

25．切实加强法治教育。加强对领导干部、公务员、青少年、企事业经营管理人员、农民和流动人口及村、社区、行业组织等的分类普法宣传教育。完善国家工作人员学法用法制度，建立健全国家公职人员考评机制，在干部述责述廉述德制度中探索融入述法环节，把领导干部学法用法纳入述职考评体系，促使各级领导干部带头学法守法用法，提高运用法治思维、法治办法深化改革、推动发展、化解矛盾、维护稳定的能力和水平。把法治教育纳入国民教育体系和精神文明创建内容，在中小学设立法治知识课程，加强青少年法治意识宣传教育。深入开展法律“六进”活动，认真落实国家机关“谁执法、谁普法”的责任制，创新法治宣传教育平台和载体，切实提高普法实效，全面营造学法用法守法的舆论氛围。

（八）着力抓好社会治理和风险防控，推进平安七星关建设

26．加强社会治安综合治理。坚持“打防结合、预防为主”，推动严打暴恐专项行动向纵深发展。以“两抢一盗”等暴力、侵财案件为重点，深化打黑除恶，加大对重点部位、重点区域的巡逻防控力度，有效减少治安案件发生，确保人民群众安全感和满意度明显提升。强化反邪防邪宣传教育，坚决打击各类邪教组织活动。加大对外流贩毒等毒品违法犯罪行为的打击力度，力争摘掉国家外流贩毒问题突出通报县区、省毒情重点整治县区“帽子”。进一步推进社区戒毒社区康复“阳光工程”、育新学校、关爱医院和预防宣传教育基地项目建设，做好吸毒人员帮教、管理和就业安置，最大限度降低复吸率，减少新增吸毒人员。

27．积极推动社会治理创新。进一步完善“三个四级个案台账”管理体系，大力推广“六零六好”社会管理集成创新工作经验，加快探索城市社区社会治理新模式。进一步畅通信访渠道，建立完善网上信访事项受理及办理制度，引导群众通过网上平台有效反映诉求。落实责任主体，强化“一岗双责”，及时化解群众合理诉求。坚持和完善轮流排班接访制度，深入开展领导包案督访。进一步推进公道评说工作，促进突出矛盾纠纷和信访疑难问题化解。坚决依法打击非正常上访等违反社会治安管理秩序的行为。

28．扎实抓好安全生产。进一步强化“红线意识”和“底线思维”，严格履行“一岗双责”责任制，认真落实“三个监管责任”，督促企业全面落实好安全生产主体责任，探索建立安全生产非法违法企业“黑名单”制度，严格落实安全生产“一票否决”、严格事故查处和重大隐患挂牌督办制度。进一步强化道路交通、煤矿、非煤矿山、危险化学品、烟花爆竹、消防、森林防火、建筑施工、特种设备、地质灾害等行业领域专项整治，杜绝重特大事故，遏制较大事故，努力降低一般事故总量和伤亡人数。深入开展校园、车站、广场、公园、农贸市场、商场、劳动密集型企业等人员密集场所安全整治，切实保障人民群众生命财产安全；加大食品药品安全监督和执法力度，坚决维护人民群众生命健康安全。

29．积极化解债务风险。正确处理“量入为出”与“量力而行”的关系，建立健全规范的举债和债务规模防控机制，将政府性债务纳入全口径预算管理，制定“借、用、管、还”的具体方案；建立管控机制，有效防范和化解债务风险，最大限度降低风险带来的影响。积极盘活存量，做大增量，努力创造增收条件，有效消化政府性债务。清理和规范招商引资税收等优惠政策，做好风险防控，维护公平的市场竞争环境。

（九）抓好人大、政协工作，扎实推进民主政治建设

30．加强对人大和政协工作的领导。坚持党的领导、人民当家做主、依法治国的有机统一，加强和改进人大工作，积极支持和保证区人大及其常委会更好依法履职。以深化改革、改善民生、促进法治为重点，强化监督职能，完善区人大常委会对“一府两院”工作报告、执行落实情况和预算执行情况的监督制度。支持政协牢牢把握团结和民主两大主题，发挥人民政协作为协商民主重要渠道作用，支持区政协不断完善协商民主制度和工作机制，认真履行政治协商、民主监督、参政议政职能。

31．积极探索多党合作服务改革发展新经验。加强领导，进一步密切与统一战线的联系沟通，不断探索新形势下统一战线参与和服务改革发展的新思路、新途径、新办法，充分发挥统一战线的积极作用。加强各民主党派各级组织建设，认真落实多党合作服务改革发展系列制度，深入推进“同心工程”建设，不断提高统一战线的帮扶实效。

32．完善基层民主政治建设。深入推进基层群众自治，规范基层民主管理制度，健全基层党组织领导的充满活力的基层群众自治机制。完善区委与各民主党派、工商联及党外代表人士民主协商会、通报会、座谈会制度，加强党外代表人士队伍建设。深化党务、政务及村务公开，保障群众依法行使民主权利。充分发挥工会、共青团、妇联等群众团体的桥梁纽带作用。

（十）全面从严治党，不断提高党领导经济社会发展的能力和水平

33．加强党的建设。加强党的思想建设，扎实开展“践行文朝荣精神、争做试验区先锋”学习实践活动，大力弘扬社会主义核心价值观，深入开展“明礼知耻、崇德向善”主题实践活动；牢牢把握正确舆论导向，积极构建宣传格局，营造良好的社会氛围。加强组织制度、干部人事制度、基层组织制度、人才发展体制机制改革，从严教育管理干部，增强制度执行力，切实维护政令畅通；扎实开展“以恪守‘三严三实’、深化‘三实三同’、推进从严治党”为主题的教育活动，健全和完善作风教育、督查考核长效机制，从严整治“四风”。加强基层党组织建设，加强对基层软弱涣散党组织的整顿，着力提升基层党组织引领发展的能力和水平。

34．扎实开展预防惩治腐败工作。深入推进党风廉政建设和反腐败工作。把党纪党规和法治教育贯穿干部教育培养、选拔任用、考核评价和管理监督等环节，推进廉政文化和警示教育基地建设。推行权力清单运行备案制改革，强化对权力的运行和监督，加大对各类违法违纪案件的查处力度，建立典型案件通报制度。

35．加强区委常委会自身建设。深入学习贯彻习近平总书记系列重要讲话和指示精神，深入贯彻落实中央、省委、市委决策部署。带头坚持民主集中制，带头践行党的群众路线，带头维护宪法和法律权威，带头执行党内政治生活规定，着力营造风清气正的良好政治生态环境。

中国共产党毕节市七星关区委员会

中共毕节市七星关区委 关于同意对部分单位机关党委设置进行调整的 批 复

七星委〔2015〕7号

中共毕节市七星关区直机关工委：

你单位报来的《关于对部分单位机关党委设置进行调整的请示》（区直党呈〔2014〕10号）已收悉。经区委2014年11月25日常委会议研究，同意对有关单位机关党委设置进行调整，请按有关规定和程序办理。具体调整情况如下：

一、增设7个机关党委

区卫生和计划生育局、区市场监督管理局、区工业经济和能源局（商务局）、区公安局、区国土局、区城市综合执法大队、区文体广电旅游局（区新闻出版局、区版权局）。

二、撤销8个机关党委

区人口和计划生育局、区卫生和食品药品监督管理局、区工业经济和能源局、区城市管理局、区文化体育广播电视旅游局（区新闻出版局、区版权局）、区工商局、市公安局七星关分局、市国土局七星关分局。

特此批复。

中共毕节市七星关区委

2015年1月21日

中国共产党毕节市七星关区委员会

中共毕节市七星关区委
毕节市七星关区人民政府
关于调整部分区直部门领导职数等事宜的通知

七星委〔2015〕9号

区直各相关单位：

根据《中共毕节市七星关区委 毕节市七星关区人民政府关于毕节市七星关区人民政府职能转变和机构改革的实施意见》（七星党发〔2014〕11号）及《贵州省机构编制委员会办公室关于市、县、乡政府机构改革有关问题的通知》（省编办字〔2010〕158号）精神，区人民政府办公室、区卫生和计划生育局领导职数及区人民政府办公室机构设置作如下调整：

毕节市七星关区人民政府办公室领导职数由1正3副调整为1正6副；

毕节市七星关区卫生和计划生育局领导职数由1正3副调整为1正4副。

将毕节市七星关区人民政府公产管理中心由毕节市七星关区人民政府办公室下属副科级全额拨款事业单位调整为毕节市七星关区机关事务管理局管理的副科级全额拨款事业单位。

中共毕节市七星关区委　毕节市七星关区人民政府

2015年2月3日

中国共产党毕节市七星关区委员会

中国共产党毕节市七星关区委员会 关于明确鸡鸣三省会议会址、纪念碑抢救性恢复建设主管部门的报告

七星委〔2015〕17号

中共贵州省委宣传部：

经中共毕节市七星关区委研究决定，明确七星关区史志办为鸡鸣三省会议会址、纪念碑抢救性恢复建设的主管部门。

特此报告

中国共产党毕节市七星关区委员会

2015年5月21日

中国共产党毕节市七星关区委员会

中共毕节市七星关区委
毕节市七星关区人民政府
关于印发《毕节市七星关区“四在农家·美丽乡村”创建三年行动计划（2015-2017年）》的通知

七星委〔2015〕21号

各乡、民族乡、镇党委和人民政府，各街道党工委和街道办事处，区委各工作部门，区级国家机关各单位，各垂管部门，人武部党委，各人民团体：

《毕节市七星关区“四在农家·美丽乡村”创建三年行动计划（2015-2017年）》已经区委、区政府领导研究同意，现印发给你们，请结合实际认真贯彻落实。

中共毕节市七星关区委　毕节市七星关区人民政府

2015年5月30日

毕节市七星关区“四在农家·美丽乡村”创建三年行动计划（2015-2017年）

为深入贯彻中央关于推进美丽乡村建设的部署和《中共贵州省委办公厅 贵州省人民政府办公厅关于深入推进“四在农家·美丽乡村”创建活动的实施意见》（黔党办发〔2013〕17号）、《贵州省“33668”扶贫攻坚行动计划》、《中共毕节市委 毕节市人民政府关于印发“四在农家·美丽乡村”创建三年行动计划（2015—2017）》（毕委〔2015〕26号）精神，奋力决战贫困，加快全区新农村建设步伐，努力实现与全国全省全市同步全面小康目标，特制订本行动计划。

一、指导思想

按照生产发展、生活宽裕、乡风文明、村容整洁、管理民主 “二十字”方针，围绕“富在农家增收入、学在农家长智慧、乐在农家爽精神、美在农家展新貌”创建要求，立足资源禀赋，以科学规划为引领，以宜居宜业宜游为目标，以实施“四在农家·美丽乡村”基础设施建设六项行动计划为抓手，以发展现代农业为支撑，以丰富人文内涵为依托，以农村人居环境综合整治为重点，注重城乡统筹、基础先行、生态移民、市场运作、三产联动、三生互融，通过3-5年的努力，让全区农村成为产业强、百姓富、生态美的美丽乡村。

二、基本原则

（一）强化领导，全力推进。区委统一领导，研究思路和办法，落实机制、投入、力量组织、督促检查、协调指挥等工作；区四大班子领导挂帅，负责联系和包保创建试点；区直部门充分发挥职能作用，积极配合支持创建工作；镇村主体实施，强力推动落实。

（二）规划引领，坚持不懈。按照“不破坏自然环境、不破坏自然资源和水源、不破坏村庄肌理、不破坏传统风貌、不破坏一分田地”的要求，彰显山水田园风光，因地制宜，科学规划，不争论、不折腾，坚持不懈、持之以恒抓好落实。

（三）分类指导，科学推进。按照先易后难的要求，科学分类，逐步推进普及型、小康型、示范型试点建设；注重抓点示范、典型引路，结合发展基础和特色，合理确定试点建设内容、建设模式和推进时序，集中力量打造精品，示范带动、全面推进。

（四）培育产业，夯实基础。坚持从抓产业着手，紧扣“常规产业抓提升、农技推广抓示范、乡村旅游抓突破、特色产业上规模”的思路，因地制宜优化产业布局，抓紧推动发展，做大做强主导产业，夯实群众增收基础。

（五）整合资源，形成合力。充分整合部门资源、资金和项目，用足用活各级各界支持、帮扶经费，争取金融支持和社会捐助，用好市场化运作模式，综合施策，着力解决资金投入不足问题，合力推进试点建设。

三、目标任务

按照统一规划、分步实施的要求，通过抓点、带线、扩面，全面推进“四在农家·美丽乡村”创建。到2017年，创建村覆盖全区除涉及城市（城镇）、旅游区、工（农）业园区规划区外的396个行政村。其中：普及型创建村覆盖20%行政村，小康型创建村覆盖30%行政村，示范型创建村覆盖50%行政村，为全区“决战贫困、提速赶超、同步小康”打下坚实基础。

——2015年，打造“四在农家·美丽乡村”普及型创建村30个，小康型创建村43个，示范型创建村65个。其中：沿杭瑞、毕威、厦蓉3条高速公路沿线打造示范型创建村42个，其他区域打造示范型创建村23个。

——2016年，新增“四在农家·美丽乡村”

普及型创建村30个，小康型创建村40个，示范型创建村65个。

——2017年，新增“四在农家·美丽乡村”普及型创建村25个，小康型创建村30个，示范型创建村68个。

四、工作重点

（一）着力实施“六项行动计划”，大力夯实农村基础设施

1.小康路建设。围绕“结构合理、功能完善、畅通美化、安全便捷”的要求，加快创建村路网建设。示范型创建村通村水泥路（含断头路、连接线）、通组公路、连户路和人行步道全部纳入实施计划，少数民族聚居村寨应结合民族特色修建连户路和人行步道；其余创建村按区交通运输局和区财政局下达的通村、通组公路计划实施。补助标准：通村水泥路（断头路、连接线）50万元/公里；通组公路20万元/公里；连户路和人行步道3万元/公里。

2.小康水建设。围绕“安全有效、保障有力”的要求，加快小康水建设。各创建村安全饮水实现全覆盖，示范型创建村有建设需求的，用“十三五”规划的安全饮水提质增效项目或其他相关项目优先实施。示范型创建村上的河道、山塘、沟渠治理及其他农田水利工程项目要优先安排实施，有项目支撑的要立即启动实施，没有项目支撑的用“十三五”规划的水利基础设施建设项目或其他相关项目统筹实施。

3.小康电建设。围绕“安全可靠、智能绿色”的要求，加快小康电建设。优先推进创建村的电网改造升级，有效改善创建村用电质量。各乡镇要积极支持配合供电部门实施电网升级改造、电力杆线迁改等工程项目。

4.小康讯建设。围绕“通讯便捷、宽带融合、普遍服务”的要求，加快小康讯建设。优先推进创建村“宽带电话村村通”、“广播电视村村通”和邮政“快递下乡”工程建设，提高乡村通信基础设施配套水平。

5.贵州民居建设。按照“安全适用、经济美观”的要求，加快创建村贵州民居建设。

6.小康寨建设。围绕“功能齐全、设施完善、环境优美”的要求，加快小康寨建设。

（二）着力培育发展农村产业，促进农民群众增收致富

加快农业产业结构调整，着力发展山地高效特色农业，重点发展刺梨、核桃、马铃薯、蔬菜、茶叶、中药材、特色经果林和生态畜牧业等产业，为实现农民富目标提供产业支撑。借力于乡村独特的地域优势、田园风光、民俗文化、特色生态，鼓励民间资本投资建设休闲农庄，开办农家乐、农家旅社等。深入推进土地流转和规模经营，重点培育精致有机农产品开发、加工等龙头企业，延长农业产业链。大力发展农民专业合作经济组织，带动农村种植户、养殖户、科技示范户集中经营、规模化生产。依托烟叶生产基地打造的创建村，要整合烟草部门资金，实施好机耕道建设和烟水配套工程，同时，要充分利用闲置期间的烟叶育苗大棚发展蔬菜等产业。示范型创建村25°以上坡耕地要全部种植刺梨，享受退耕还林政策和刺梨产业发展奖励政策（不受七星党办〔2015〕59号文件规定的500亩连片种植规模限制）；其他创建村25°以下撂荒地，由政府无偿提供苗木，各乡镇原则按照“一村一品”的要求组织群众种植经果林；在通村、通组公路两旁种植刺梨，打造“生态围墙”。

（三）着力实施环境综合整治，有效改善农村人居环境

重点整治村寨房前屋后私搭乱建、柴草乱垛、粪土乱堆、垃圾乱倒、污水乱泼、畜禽乱跑等现象，拆除严重影响村容村貌的建筑物、构筑物及其他设施。全面开展垃圾、污水治理工作。大力推广农业废弃物综合利用技术，积极引导规模化、集约化畜禽养殖，推进生态健康养殖。严禁随处堆放和就地焚烧秸秆，全面清理河道沟塘有害水生植物、垃圾杂物和漂浮物，疏清淤积河道沟塘，突出整治污水塘、臭水沟，拆除障碍物、疏通水系，加快河网生态化改造。示范型创建点要建立完善生活垃圾收运处置体系，生活垃圾集中收运率达80%以上，确保农户室内干净整洁，物品摆放有序。以试点村为重点，在全区各行政村（社区）开展环境综合整治，改变脏、

乱、差现象，提升文明程度。

（四）着力加强农村精神文明建设，全面提升农民综合素质

积极开展国家方针政策、法律法规宣传和实用技术、经营本领、民间手艺等培训，培养有文化、懂技术、会经营的新型农民，不断提高农民增收致富本领和劳务就业能力。大力开展“道德讲堂”活动，培育和践行社会主义核心价值观，讲文明，树新风。广泛普及文明礼仪知识，形成良好的社会文明风尚。通过“一事一议”的方式，建立完善村规民约，让广大群众养成讲卫生、爱卫生的好习惯。健全公共文化服务体系，完善村级文化活动室、村级组织活动场所、农民文化家园、农家书屋、农民健身器材等文体设施；指导和引导农村文艺队伍、文化骨干和文化志愿者积极举办各种节日庆祝活动，不断丰富群众精神文化生活。深入开展“十星级文明户”（即：致富星、道德星、诚信星、守法星、计生星、志愿星、卫生星、科教星、文体星、生态星）创评活动，不断提升农村文明程度。

五、保障措施

（一）强化组织领导。成立七星关区“四在农家·美丽乡村”创建工作领导小组，负责创建工作的组织领导，并牵头研究解决创建过程中的重大问题。领导小组下设民居和基础设施规划建设、产业发展、环境卫生整治和精神文明建设、资金物资保障等四个指挥部，负责牵头制定相关子方案，跟踪涉及项目的推进落实。领导小组下设办公室在区文明办，戴德润同志兼任办公室主任，黄仕忠同志兼任办公室副主任，负责办公室日常工作。各乡镇要参照区的做法，组建工作机构，健全工作机制，确保“四在农家·美丽乡村”创建有序开展、高效推进、取得成效。

（二）强化规划引领。充分突出山地特色、突出区域特点，按照“真山真水、依山傍水、显山露水、亮出田园风光”的要求，编制和完善“四在农家·美丽乡村”建设规划。规划要与产业定位相结合，充分挖掘民族民间文化，自觉保护有价值的古村落、古民居和民族村寨，编制符合产业定位、凸显区域特色的规划。规划要与扶贫生态移民搬迁、小城镇建设和公共基础设施建设相结合，提高规划的科学性、合理性和整体性。要按照市统一设计的贵州民居建设改造图集，推进全区民居改造和建设。区规划局要抓好对乡镇创建村规划的指导，确保“四在农家·美丽乡村”创建有规可依、有规必依、执规必严、违规必究。要严格控制新增民居建设，凡未经批准的建房一律禁止，新建和改扩建住房必须按照人均居住面积核定建筑面积，必须符合贵州民居风格；在建住房要引导其按照贵州民居风格建设。

（三）强化资金整合。按照“八个一点”（上级支持一点、财政投入一点、项目整合一点、企业捐助一点、部门帮扶一点、社会支持一点、群众筹措一点、融资解决一点）的方式，整合市级专款、扶贫开发、对口党建、基层党建、通过公路建设、扶贫生态移民、农村危房改造、农村环境整治、农村文化建设、“六项行动计划”、“一事一议”财政奖补等项目资金，设立财政专户统筹调度、分类列支，重点投入到示范型创建点创建。联系帮扶乡镇的区直部门要将帮扶重点放在创建村。要广泛发动辖区内工商企业和在外工作、经商、创业人员、爱心人士等社会力量，积极捐款捐物，为“四在农家·美丽乡村”创建提供智力、物力、财力支持。区级财政每年安排不少于5000万元资金作为“四在农家·美丽乡村”创建以奖代补资金，对各类创建村分别进行奖补。

（四）强化人力保障。实行区四大班子领导联系包保、区直部门驻村指导工作机制，联系包保领导每月到联系乡镇开展督促指导，及时了解工作动态，帮助解决工作推进中的困难和问题。区直联系部门要明确一名班子成员和一名干部驻村开展工作，加强技术跟踪指导，及时帮助乡镇出谋划策、解决困难。驻村干部要配合做好群众的宣传发动和工程的推进落实工作。乡镇要建立领导班子成员包保责任制，切实推动“四在农家·美丽乡村”创建工作。各村要成立项目建设监事会，自主监督全村工程建设质量和资金使用；各乡镇要选聘退休干部、族老、寨老等组建

项目建设监事会，监督全镇工程建设质量和资金使用；区纪委要从民生特派组抽派精干力量组成监督组，对全区项目建设资金使用情况进行定期或不定期抽查，确保建设资金全部用于工程建设。

（五）强化示范带动。毕威高速、杭瑞高速、厦蓉高速和省、市、县、乡主干道沿线，旅游景点景区、园区和小城镇等周边的创建村要高起点规划、高标准建设、高效能管理，整合资源，集中打造，以点带面，全面推进。各乡镇要在非城市规划区，选择基础条件较好的村打造"四在农家·美丽乡村"示范型创建点，辐射带动周边群众按规划和贵州民居风格建房。

（六）强化物资供给。区工能局和开源集团公司要积极与区内水泥生产企业协调，在保证质量的前提下，统一采购水泥供给各乡镇。各乡镇要督促现有合法砂厂加快生产，满足本乡镇实施"四在农家·美丽乡村"建设用料所需。开源集团公司要建设彩瓦厂，确保"四在农家·美丽乡村"建设的彩瓦供给。

（七）强化技术指导。相关职能部门要切实加强对"四在农家·美丽乡村"创建的业务培训和技术指导。在推进贵州民居改造工作中，规划、住建部门要加强对乡镇的指导，注重收集和挖掘地域特色和民族风貌等元素，进行规划编制；区住建局和开源集团公司要引进贵州民居改造技术工匠，培训并组建施工队伍，推进民居改造进程；在产业培育工作中，涉农部门要把实施农业产业项目与农村生态旅游产业结合起来，找准产业定位，积极帮扶支持，加大技术培训，培育优势产业。

（八）强化基层推动。要大力支持村集体经济组织建设，由村集体为主，加快发展集体经济，带动群众增收致富。继续巩固党的群众路线教育实践活动成果，深入推进"三严三实"专题教育活动，扎实开展基层组织建设，加强村干部队伍建设，不断提升村级组织的凝聚力、战斗力，依靠村级组织引领、带动，推动"四在农家·美丽乡村"创建工作取得实效。充分发挥基层党员、致富能手、驻村干部的作用，着力推进基层党建，为创建工作奠定坚实基础。

（九）强化督促考核。区实绩考核部门要将"四在农家·美丽乡村"创建纳入对各级各部门的年度工作目标考核内容，作为各级领导干部工作实绩考核指标，制定考核办法，认真抓好阶段考核和年度考核工作，并将考核结果作为评价各级党政领导班子政绩和领导干部选拔任用的重要依据。按照"三严三实"专题教育实践活动要求，严格执行《毕节市"四在农家·美丽乡村"创建农村环境综合整治责任追究办法（试行）》、《七星关区干部作风"马上就办"实施办法》、《七星关区干部作风督查考核办法》、《七星关区干部作风预警制度》和《七星关区干部召回管理办法》等制度，大力整治各级领导干部在推进"四在农家·美丽乡村"创建过程中的不作为、慢作为、乱作为问题。

附件：七星关区"四在农家·美丽乡村"创建三年行动计划目标任务分解表

附件4

七星关区“四在农家·美丽乡村”创建三年行动计划目标任务分解表

乡镇名称	行政村（社区）总数（个）	涉及城市规划及园区建设规划行政村（社区）数（个）	需开展“四在农家·美丽乡村”创建行政村（社区）总数（个）	“四在农家·美丽乡村”创建年度计划											
				2015年计划创建村数（个）				2016年计划创建村数（个）				2017年计划创建村数（个）			
				创建总数（个）	普及型	小康型	示范型	创建总数（个）	普及型	小康型	示范型	创建总数（个）	普及型	小康型	示范型
撒拉溪镇	19		19	4		1	3	7	2	2	3	8	2	2	4
杨家湾镇	16		16	5	1	3	1	5	1	1	3	6	1	1	4
朱昌镇	14		14	10			10	2	1	1		2	1	1	
田坝镇	8		8	3	1	2		3		1	2	2			2
长春堡镇	20	1	19	7			7	7	2	4	1	5	2	1	2
放珠镇	15		15	5	2	3		5		2	3	5	1		4
林口镇	16		16	8			8	5	1	4		3	2	1	
生机镇	12		12	5			5	4	1	2	1	3	1	2	
清水铺镇	16		16	5	1	2	2	7	2	2	3	4		1	3
燕子口镇	24		24	9	1	3	5	8	3	2	3	7	1	1	5
八寨镇	15		15	6			6	4	1	2	1	5	2	2	1
团结乡	13		13	7	1	1	5	3	1	1	1	3	1	1	1
层台镇	13		13	3	2	1		5	1	1	3	5		2	3
小吉场镇	26		26	8	2	5	1	10	1	2	7	8	1	2	5
普宜镇	11		11	3	1	1	1	4	1	1	2	4		1	3
龙场营镇	9		9	3	1	2		3		1	2	3	1		2
千溪镇	5		5	2	1	1		2	1		1	1			1
阴底乡	12		12	1	1			6	1	2	3	5	1	1	3
大屯乡	8		8	3	1	1	1	2		1	1	3	1		2
大银镇	9		9	3	1	2		3	1		2	3		1	2
对坡镇	13		13	4	2	1	1	5	1	1	3	4	1		3
何官屯镇	19		19	4	1	2	1	9	1	3	5	6	1	2	3

续上表

乡镇名称	行政村（社区）总数（个）	涉及城市规划及园区建设规划行政村（社区）数（个）	需开展“四在农家·美丽乡村”创建行政村（社区）总数（个）	“四在农家·美丽乡村”创建年度计划											
				2015年计划创建村数（个）				2016年计划创建村数（个）				2017年计划创建村数（个）			
				创建总数（个）	普及型	小康型	示范型	创建总数（个）	普及型	小康型	示范型	创建总数（个）	普及型	小康型	示范型
青场镇	13		13	4	1	2	1	4	1	1	2	5		2	3
亮岩镇	12		12	3	1	1	1	4	1	1	2	5	1	1	3
田坝桥镇	8		8	4			4	2	1	1		2	1	1	
水箐镇	12		12	3	1	2		4	1		3	5		2	3
野角乡	11		11	3	1	1	1	4	1		3	4	1	1	2
大河乡	8		8	3	2	1		3		1	2	2			2
田坎乡	7		7	5	2	3		1			1	1			1
阿市乡	13		13	5	2	2	1	4	2		2	4	1	1	2
市西街道	7	7													
市东街道	4	4													
三板桥街道	5	5													
大新桥街道	6	6													
观音桥街道	6	6													
洪山街道	6	6													
麻园街道	5	5													
碧阳街道	2	2													
德溪街道	5	5													
碧海街道	19	19													
海子街镇	18	18													
鸭池镇	26	26													
合 计	506	110	396	138	30	43	65	135	30	40	65	123	24	30	69

中国共产党毕节市七星关区委员会

中共毕节市七星关区委
毕节市七星关区人民政府
关于派遣专家帮助我区编制产业化扶贫规划的函

七星委〔2015〕24号

中共深圳市罗湖区委、深圳市罗湖区人民政府：

在贵区的帮扶和支持下，我区农村基础设施建设不断加强，群众生产生活条件得到有效改善。近期，根据中共毕节市委、市人民政府“决战贫困、提速赶超、同步小康、贫困村出列”的总体部署，我区大力推进精准扶贫工作，力争2018年实现脱贫。为确保相关工作有序推进，特致函贵区，请求派遣农业、旅游、文化等领域有关专家赴我区，指导和帮助我区编制产业化扶贫攻坚规划。

此函

中共毕节市七星关区委　毕节市七星关区人民政府

2015年6月19日

中国共产党毕节市七星关区委员会

中共毕节市七星关区委
毕节市七星关区人民政府
关于印发《毕节市七星关区城市管理大整治文明素质大提升专项行动工作方案》的通知

七星委〔2015〕29号

各乡、民族乡、镇党委和人民政府，各街道党工委和街道，区委各工作部门，区级国家机关各单位，各垂管部门，人武部党委，各人民团体：

《毕节市七星关区城市管理大整治 文明素质大提升专项行动工作方案》已经区委、区政府主要领导同意，现印发你们，请结合实际，认真组织实施。

中共毕节市七星关区委　毕节市七星关区人民政府

2015年7月7日

毕节市七星关区城市管理大整治 文明素质大提升专项行动工作方案

为进一步改善城市环境，提升城市形象，围绕“决战贫困、提速赶超、同步小康”战略目标，按照市委、市政府主要领导重要指示，结合我区实际，制定本方案。

一、组织领导

（一）成立工作领导小组。为切实加强城市管理大整治、文明素质大提升专项行动（以下简称“专项行动”）工作的组织领导，特成立专项行动工作领导小组（以下简称“领导小组”），其人员组成如下：

组　长：胡敬斌　区委副书记、区政府区长

副组长：吴贤耀　区委常委、区委办主任、区委宣传部部长

唐兴全　区委常委、区政府副区长

卜令冲　区委常委、区政府副区长

周祖华　区政府副区长

钱华锋　区人武部副部长

成　员：孔维平　区政府办主任

丁　胜　区委办副主任、区督办督查局局长

张万泽　区委组织部副部长、区实绩考核办主任

戴德润　区委宣传部副部长

周凌祥　区纪委副书记、区监察局局长

姜　维　区政府应急办专职副主任

陈　戬　区城市综合执法大队大队长

成名伟　区市场监管局局长

肖玉明　区交通局局长

彭新立　区住建局局长

徐兴志　区文体广旅局局长

陈方生　区环保局局长

孙　浩　区安监局局长

刘昂志　区人社局局长

陈大顺　区卫生计生局局长

胡大为　区民政局局长

王　茂　区财政局局长

肖荣华　区审计局局长

吴　让　区司法局局长

陈明荣　区残联理事长

聂志祥　团区委书记

董玉祥　区政府法制办主任

陈　勇　区教育局常务副局长

沈承刚　区公安局副局长

王　强　毕节市公安消防支队七星关区大队大队长

林　勇　区规划局局长

梁　鸿　区房产局局长

吴建科　区公安局交警大队大队长

朱光伦　区电视台台长

黎秀禹　区新闻中心主任

孙景波　毕节供电局城区分局局长

王继福　毕节市天河城建开发投资有限公司总经理

张　羿　贵州毕节水务有限责任公司董事长

王志坚　新宇建设投资有限公司总经理

梅　涛　碧海新区建设投资有限公司负责人

焦中华　德溪新区建设投资有限公司负责人

城区各街道及鸭池镇、海子街镇主要负责同志

领导小组下设办公室在区城市综合执法大队，陈戬同志兼任办公室主任，戴德润、姜维同志兼任办公室副主任，负责制定专项整治工作方

案及考核办法，统筹完成专项行动各项工作任务，督促检查各单位推进各项整治工作，收集汇总上报整治工作相关信息资料，督促相关单位完成领导小组交办的各项工作任务。具体由区城市综合执法大队制定《毕节市七星关区城区环境卫生专项整治实施方案》（附件1）、《毕节市七星关区城区市容市貌专项整治实施方案》（附件2）和《毕节市七星关区城区基础设施建设和管理专项整治实施方案》（附件3），由区公安局交警大队会同区交通局制定《毕节市七星关区城区道路交通违法违规专项整治实施方案》（附件4）。在领导小组的统筹和指导下，扎实开展环境卫生、市容市貌、基础设施、交通秩序专项整治行动。

（二）组建联合执法队伍。从涉及城市管理的相关部门中抽调100余人，组建城市管理大整治、文明素质大提升专项行动联合执法大队（以下简称“联合执法大队”），周祖华同志担任大队长，陈戬同志担任常务副大队长，戴德润、沈承刚、肖玉明、吴建科等同志担任副大队长，联合执法大队队员从区直各有关部门抽派（执法部门抽派人员须有执法资格）。其中，区城市综合执法大队30人、区公安局20人（正式干警至少8人）、区交通局10人、区公安局交警大队10人（正式干警至少4人）、区规划局5人、区市场监管局4人、区国土局4人、区卫生计生局3人、区文体广旅局3人、区民政局2人、区环保局2人、区住建局2人、区房产局2人、区安监局2人、区新闻中心2人、区电视台2人、贵州毕节水务有限责任公司2人、区政府法制办1人。抽派人员实行集中办公，对抽调人员的考勤考核、工作安排、奖惩兑现等由联合执法大队落实，工资和编制在原单位解决。同时，城区每个街道各抽派20人作为机动队伍，负责配合在各自辖区内开展的联合执法行动。联合执法大队负责对城市管理上存在的难点或整治后易反弹的区域进行集中联合整治，并督促和帮助相关部门和街道实现常态化管理，确保整治效果长久保持。

二、整治重点

按照职能分工和属地管理的原则，在认真抓好常规管理工作的同时，针对我区城市管理工作中存在的突出问题，以环境卫生、市容市貌、市政设施、城市噪音、交通秩序等为整治重点，深入开展示范街道、示范社区、示范道路、示范院落创建活动，以点带面、统筹推进，将整治工作由重点区域向建成区延伸、主次干道向背街小巷延伸、中心城区向城乡结合部和进出城通道延伸、重要节点向交通基础设施和群众生活环境延伸、平（立）面整治向城市空间整治延伸，确保城市环境根本改善，城市面貌焕然一新，城市形象快速提升。

三、保障措施

（一）打造高素质队伍

1.采取面向乡镇基层单位公开选调、面向社区公开招考大学毕业生、转业退伍军人等方式，逐步增加城市管理参公正式干部职工，解决城市管理执法人员严重不足的问题。

2.切实抓好全体干部职工的宣传教育工作，充分调动各有关单位人员的积极性，以“主人翁”意识管理城市，打造“马上就办、主动去办、提前去办、尽心去办”的城市建设综合管理队伍。

（二）加大资金投入。下半年拟安排资金6000万元，专门用于推动市政基础设施建设、管理、维护以及保障联合执法等工作。

（三）深入宣传发动。认真制定主题宣传工作方案，充分发挥舆论宣传引导作用和监督作用，层层发动市、区、街道、社区，组织青年志愿者、大妈劝导队、义务宣传员等深入学校、企事业单位和公共场所开展义务劳动和宣传劝导活动。

（四）强化督促检查。一是区委、区人大、区政府、区政协四大班子实行包片责任制，负责对所包片区域的主次干道、小街小巷的卫生秩序、市容市貌的整治落实情况进行调度督查，并真正做到每日有一名副县级领导亲自率队督促检查调度，帮助解决困难和问题，推进整治工作。城市联合执法大队会同整治创建办，按照“每日一巡查、每周一督办、每月一通报”的要求建立有效的检查考核督查机制，加大督查考核工作力度。二是对联合执法大队、城管部门以及其他区直各有关部门、各街道干部职工的作为情况和工作成效进行考核督促，并落实奖惩激励机制。三是定期对整治工作进展情况进行检查，对检查中存在的问题予以通报，对履责不到位的有关部门和单位严格问责。四是涉及市、区机关单位干部职工有不文明行为的，在通报批评并公开曝光的同时，对其所在单位的年度目标考核扣减一定分值。

（五）市区联合推动。争取市委、市政府支持，一是建立联席会议制度，由分管副秘书长或委托相关副秘书长担任召集人，市城市管理局、七星关区人民政府相关负责同志担任副召集人，市、区有关部门为成员，原则上每周至少召开一次例会，及时研究解决城市管理工作的困难和问题。二是协调供电、电信、移动、联通、燃气等单位，充分发挥在城市管理中的作用，积极支持和参与此项专项行动。三是按照市区事权划分的意见，下达市城市管理局七星关分局三定方案，切实解决目前城市管理队伍缺乏执法主体资格的问题。

四、实施步骤

（一）初见成效阶段（2015年7月1日—7月31日）。制订实施方案，落实专项行动工作责任，选定试点区域，认真组织实施。积极推进生活垃圾定时定点收集试点管理工作，全面清理城区卫生死角，消除暴露垃圾，进一步加强市政基础设施维修维护，大力开展污染源源头治理，综合整治市容市貌，合理取缔临时停车位，加大人行道、车行道冲洗作业力度。

（二）较大成效阶段（2015年8月1日—10月31日）。按照工作实施方案，对照目标任务落实完成情况，总结试点经验，大胆攻坚克难，推进城市管理相关方面取得明显进步。进一步规范城区建筑施工地及运输车辆管理，全面清理城区主次干道摆摊设点占道经营行为，落实“门前三包”，抓好户外广告治理，完善道路沿线的绿化设施，治理校园周边环境，整治市场卫生秩序，进一步规范公园管理。

（三）明显成效阶段（2015年11月1日—12月31日）。在巩固第二阶段所取得成效的基础上，着眼长远，科学有序推进工作。重点整治和规范马路市场和夜摊市场，加强公厕管理，实施人民公园环境修复工程（二期）和绿化带拆除改造工程，加快公厕建设，强化物业管理工作，狠抓各种噪音治理和机动车辆违规占道停放治理。

（四）长效治理阶段（2016年1月1日以后）。在总结专项行动成果的基础上，加强广告规范管理，积极推行环境卫生作业市场化运作机制，规划建设城区农贸市场、直销市场，加大公共停车场建设，启动实施城市排水管网建设改造工程，规范设置临时疏导点，抓好洗车场点监管治理，加大推进德溪新区、碧海新区、同心新区公共基础设施建设，推行城市数字化精细管理。

附件：1.毕节市七星关区城区环境卫生专项整治实施方案

2.毕节市七星关区城区市容市貌专项整治实施方案

3.毕节市七星关区城区基础设施建设和管理专项整治实施方案

4.毕节市七星关区城区道路交通违法违规专项整治实施方案

附件1

毕节市七星关区城区环境卫生专项整治实施方案

按照七星关区“城市管理大整治、文明素质大提升”专项行动“一月见成效，三月出成果，半年换新貌”的要求，为有效改善城区环境卫生状况，进一步提高环境卫生管理水平，建立健全城区环境卫生长效管理机制，使城区环境卫生工作得到进一步提升，树立城市形象，提高城市品位。结合我区实际，特制定本方案。

一、积极推进垃圾定时定点收集试点管理

（一）工作措施

1.通过拆离占道设置的垃圾桶（垃圾斗），

增加巡回流动定时收集时段和保洁力度，在尽量不影响市民工作、生活的情况下，以音乐铃声为号，提示临街店主、住户及时将袋装垃圾投放到垃圾收集车内。投放垃圾时间为5月1日至9月30日：早晨5:30—7:30，晚上18:30—23:30；10月1日至次年4月30日：早晨5:30—7:30，晚上17:30—22:30；其余时段一律禁止投放生活垃圾。可投放的地点由环卫局划定后进行通告。

2.组织60人队伍在试点区域内分班值守，采取宣传教育、流动巡查、守点督查等方式，引导市民按时规范将生活垃圾一律投放到指定的地方，切实做到不乱倒乱扔垃圾，从源头上解决城区道路两侧沿街店铺、周边住户乱扔乱倒垃圾的行为。

3.采取分批递进方式开展专项整治工作。第一批试运行生活垃圾定时投放和收集的路段为清毕路、威宁路、桂花路、拥军路、洪山路、洪南路、百里杜鹃路（碧阳大道路口至第三人民医院）、碧阳大道（市电视台至同心路口）、滨河西路（同心路口至拥军路路口）、同心路、南岭路。通过试点工作的开展，不断总结经验，待条件成熟后逐步在全城区推广并形成长效管理机制。

（二）完成时限：2015年7月1日—7月31日。

二、清理城区卫生死角，消除暴露垃圾

（一）工作措施

1.按照属地管理原则，理清责任，将背街小巷、楼群院落的垃圾清收清运工作全部移交到各街道，所需设施设备由各街道提出计划，区城管部门汇总后统一采购分发。

2.动员社区、居委会等各方面的力量，大力实施背街小巷、城中村、楼群院落以及公路、河道沿线的清扫保洁。对城区卫生死角死面进行登记、编号，采取“消号法”，清理城区卫生死角，消除暴露垃圾，建立“卫生死角”消除后常态保洁管理的长效机制。

（二）完成时限：2015年7月1日—7月31日。

三、从严开展污染源源头治理

（一）工作措施

1.对城区范围内的建筑工地认真摸底排查，登记建档。

2.每天24小时全方位对建筑工地进行严管，督促施工方切实按照“一洗三化”的要求，设置冲洗平台，对驶出工地的车辆认真进行车身、车轮冲洗，防控建筑施工车辆和生活车辆带泥上路。

3. 硬化城乡交汇口、城中村道路，减少车辆带泥入城污染。

4.运输车辆严禁超高装载，运输粉煤、砂石的车辆必须密闭、覆盖，及时清除主次干道建筑垃圾，防止扬尘污染。

5. 扎实落实好施工车辆限时入城和限路段运行措施。从2015年8月1日起，每天早晨6:00至晚上23:00期间，禁止运输施工车辆在中心城区主要路段通行；禁止路段为：麻园路、清毕路、威宁路、桂花路、拥军路、洪山路、洪南路、威西路、中山路、联通大道、松山路、天河路、中华路等。禁入时段以外，需驶入严管路段运输施工车辆，必须车轮车身冲洗干净，车厢覆盖运输。

6.对不按要求冲洗覆盖、乱驶入乱停放的车辆从严从重处罚。

（二）完成时限：2015年7月1日—10月31日。

四、提高道路保洁水平和作业效率

（一）工作措施

1.按照环卫作业规范，细化环卫作业的管理和考核。

2.落实主次干道清冲、清扫、保洁常态化作业。冲洗车辆实行一天一次高标准清洗、二次降尘作业；清扫实行一天两次普扫；保洁要确保作业区域无烟头、果皮、纸屑、塑料袋、残砖断瓦等垃圾。

3.提高机械化作业面积，第一批试运行生活垃圾定时投放和收集的路段实现机械作业全覆盖，确保路面干净整洁。

（二）完成时限：2015年7月1日—7月31日。

五、加强公厕管理

（一）工作措施

1.加强对城区公共厕所的规范管理，加强设备设施的维护维修，积极开展文明公厕创建活动，确保城区公厕地面及周围环境整洁。

2.在总结对前期15座公厕改造升级并免费开放

管理经验的基础上，有序推进剩余公厕的升级改造和免费开放，今年力争完成4座公厕升级改造并免费开放。

3. 逐步将免费开放公厕走公司化管理的路子，公开选择有管理经验的公司来集中管理。

（二）完成时限：2015年7月1日—12月31日。

六、确保环卫、市政、园林设施整洁完好

（一）工作措施

1.加大日常抹洗，及时清除乱张贴、乱涂画野广告，确保设施整洁。

2.及时维修、更换，确保设施完好、美观。

（二）完成时限：2015年7月1日—7月31日。

七、市场卫生秩序整治

（一）工作措施：通过开展专项整治工作，使城区各类市场达到划行归市、货物摆放整齐、内外卫生整洁、环境美化、市场管理规范、交易秩序井然、食品质量安全的要求。

（二）完成时限：2015年7月1日—10月31日。

八、强化物业管理

（一）工作措施

1.清理整顿物业管理，规范物业服务企业服务行为。

2.全面提升物业管理水平和服务质量，努力解决好群众反映的物业管理方面的热点和难点问题。

3.切实维护物业业主和企业的合法权益，确保物业小区的和谐与稳定，为广大业主提供安全、舒适、和谐的宜居环境。

（二）完成时限：2015年7月1日—12月31日。

九、积极推行环境卫生作业市场化运作机制

（一）工作措施：本着“积极稳妥，节约高效”的目标要求，拟草城区环境卫生作业市场化运作方案，认真讨论研究后试运行。积极探索成功经验，逐步将环卫清扫保洁、道路冲洗、垃圾清收清运、园林绿化管理、市政设施管护等具体事项有序全面推向市场，建立统一开放、竞争有序的城市管理市场运作机制和模式。

（二）完成时限：2015年7月1日—2016年12月。

附件2

毕节市七星关区城区市容市貌专项整治实施方案

按照七星关区“城市管理大整治、文明素质大提升”专项行动“一月见成效，三月出成果，半年换新貌”的要求，为有效改善城区市容市貌状况，进一步提高市容市貌管理水平，建立健全城区市容市貌长效管理机制，使城区市容市貌工作得到进一步提升，树立城市形象，提高城市品位。结合我区实际，特制定本方案。

一、综合整治市容市貌

（一）工作措施

1.由区人民政府从涉及城市管理的相关部门抽调100人组建七星关区城市管理联合执法大队，对城区管理上存在的难点或整治后易反弹的地方进行集中整治和帮助督促城管部门实行常态化监管。

2. 对试点区域主次干道的市容市貌进行综合整治，特别要对流动摊点、门面延伸占道经营严重的郭家湾、南苑花园前大门旁、环南东路、同心路等实施强势整治。

（二）完成时限：2015年7月1日—7月31日。

二、全面清理城区主次干道摆摊设点占道经营行为

（一）工作措施

1.在综合整治市容市貌的基础上，由城管部门各中队牵头，在8月31日前完成城区各主干道、次干道流动摊点人员的基本情况的摸底，建档登记。

2.本着先易后难、先主后次、整体推进的原则，按照主干道严禁、次干道严控的要求，取缔城区主要干道占道设置的摊点，基本做到店外无出摊经营、无堆放商品，主次干道上无占道经营，无乱牵乱挂、乱堆乱放等现象。

3.依序取缔未经审批进行的占道促销宣传活动；经批准进行的临时占道促销、庆典活动要保证场所周边环境卫生，无噪音扰民行为，不得影响行人通行。

（二）完成时限：2015年7月1日—10月31日。

三、落实“门前三包”责任

（一）工作措施

1.基本做到城区主次干道门店“门前三包”责任书签订率达到90%以上。

2.采取“停业整改”、“教育引导”等综合整治措施，真正使门店前及周围环境做到“五无”，即无果壳、无烟蒂纸屑、无垃圾渣土、无积水污泥、无杂物脏物；树木花草生长良好，绿化美化环境，市政设施完备；立面整洁、无乱贴乱挂乱画；门前无流动摊及车辆乱停乱放，出店经营，摆摊设点现象；主街道两旁住房阳台和人行道无乱堆杂物、无乱晒衣被、无放养家禽家畜、无乱倾乱倒杂物等。

（二）完成时限：2015年7月1日—10月31日。

四、抓好户外广告治理

（一）工作措施

1.认真清理核实城区广告设置情况，分类登记造册建档。

2.有计划地拆除临街未经批准设置和已到期或废弃、陈旧、破损、外露支架的户外广告。

3.整治临街门店设置的招牌、牌匾、灯箱、指示牌、LED显示屏等户外广告，确保门店招牌规范、有序、美观。

4.定期对户外广告进行安全检查，彻底消除户外广告安全隐患。

5.严禁在主城区增设高杆广告、灯杆广告、电子显示屏广告，严禁在城区主干道上擅自修建各类指示牌、标志牌，严禁在主干道墙体立面上设置不规范广告。

6.开展城区野广告综合整治，组织人员刮铲、采取拘留等方式严厉打击乱张贴野广告影响城市环境质量、损坏市政设施的行为；采用公司化运作方式，选择有管理经验的野广告治理公司按照城管部门的要求，在合适位置设置小广告便民服务栏，合理收费、科学管理、规范便民信息发布。

（二）完成时限：2015年7月1日—10月31日。

五、加强广告规范管理

（一）工作措施

1.在抓好户外广告治理的基础上，继续对各专业部门、单位的户外广告及采取广告位经营权置换建设的市政护栏广告进行分类梳理，凡违反相关规定设置商业广告的，督促限期整改拆除。

2.由政府投资，逐步拆除城区高杆广告，逐步拆换城区护栏广告，依序取缔影响市容市貌的各种路名指示牌等，严控各类广告审批设置。

3.由政府投资，对麻园路、洪山路、拥军路、洪南路、桂花路、清毕路、天河路、松山路等重点路段的店招按照“一街一景”和与国际化接轨的要求逐步进行规范更换，让城市清爽整洁。

（二）完成时限：2015年7月1日—2016年。

六、从严开展污染源源头治理

（一）工作措施

1.对城区范围内的建筑工地认真摸底排查，登记建档。

2.每天24小时全方位对建筑工地进行严管，督促施工方切实按照“一洗三化”的要求，设置冲洗平台，对驶出工地的车辆认真进行车身、车轮冲洗，防控建筑施工车辆和生活车辆带泥上路。

3. 硬化城乡交汇口、城中村道路，减少车辆带泥入城污染。

4.运输车辆严禁超高装载，运输粉煤、砂石的车辆必须密闭、覆盖，及时清除主次干道建筑垃圾，防止扬尘污染。

5. 扎实落实好施工车辆限时入城和限路段运行措施。从2015年8月1日起，每天早晨6:00至晚上23:00期间，禁止运输施工车辆在中心城区主要路段通行；禁止路段为：麻园路、清毕路、威宁路、桂花路、拥军路、洪山路、洪南路、威西路、中山路、联通大道、松山路、天河路、中华路等。禁入时段以外，需驶入严管路段运输施工车辆，必须车轮车身冲洗干净，车厢覆盖运输。

6.对不按要求冲洗覆盖、乱驶入乱停放的车辆从严从重处罚。

（二）完成时限：2015年7月1日—10月31日。

七、重点整治和规范一批马路市场和夜摊市场

（一）工作措施

1.对部分市场布局不合理、群众需求旺且已经形成的马路市场和夜市进行摸底登记建档。

2.发放宣传资料，逐步实行定时间、定区域、定标准、定经营范围管理。

3.对严重影响市容交通和安全的有序依法予以取缔。重点整治小商品批发市场外的马路市场、生活路夜市市场，力争在12月31日前基本整治到位。

4.重点巩固整治成效，防止反弹，形成常态监管。

（二）完成时限：2015年7月1日—12月31日。

八、校园周边环境治理

（一）工作措施

1.对校园周边流动摊进行摸底登记。

2. 对校园周边流动摊予以严管，彻底整治校园内及校门前脏乱差现象，使校园周边环境卫生明显得到提升。

3.消除校内安全隐患、取缔违法违规经营网吧、关停违法违规经营的文化和娱乐场所。

4.加大宣传教育力度，继续开展“小手拉大手”活动。

（二）完成时限：2015年7月1日—10月31日。

九、狠抓各种噪音和环境污染治理

（一）工作措施：以城区主次干道为重点，以市、区政府办公区域为核心，重点查处中心城区各种噪声污染行为，着力管控一批长期扰民的流摊叫卖、门店促销等噪声污染源，切实改善居民的环境质量，保障居民身体健康，促进环境、经济和社会协调发展。综合整治范围包括城区范围内的娱乐场所、建筑工地、商业促销、沿街叫卖、交通运输、燃放烟花爆竹、歌舞晨练、沿街卖唱、广告车辆等噪声整治。同时，全面加大对废水、废气、粉尘颗粒等污染的治理力度。

（二）完成时限：2015年7月1日—12月31日。

十、取缔临时停车位设置

（一）工作措施

1.取缔郭家湾、同心路等生活垃圾定时投放和收集路段上的临时停车位。

2.严厉打击生活垃圾定时投放和收集路段上车辆的违规停放，达到停车有序，清爽整洁的效果。

（二）完成时限：2015年7月1日—7月31日。

十一、机动车辆违规占道停放治理

（一）工作措施

1.为缓解交通拥堵现象，有计划地对天河路、环城路、解放路、环东路等路段的占道停车（包括人行道占道停车）进行取缔，遏制机动车对市政设施的破坏，确保城区道路有序畅通。

2.进一步加强对易堵路段停车、人行道机动车占道乱停放等违法行为的处罚力度，务求实效。

（二）完成时限：2015年7月1日—12月31日。

十二、抓好洗车场点监管治理

（一）工作措施

1.规范洗车场设置。

2.整治占用人行道洗车产生的污水横流、泥沙污道等严重影响城市卫生、行人过往和车辆碾压严重损毁市政设施等突出问题。

（二）完成时限：2015年7月1日—2016年。

十三、规范设置临时疏导点

（一）工作措施：在不妨碍城市交通、不影响环境卫生、不影响市民工作和生活的前提下，坚持“疏堵结合、标本兼治、规范设置、集中管理、便民利民”的原则，在背街小巷及城区部分次干道，具备条件的地方如威西路站前广告、东安路区畜牧局地块（已被市畜牧局租用）、兰苑花园小区大门侧等路段，按照“八统一”的标准，以有序、规范、卫生、便民为要求规范设置一些临时疏导点，使城市设摊有序、规范、整洁、便民，从源头上解决乱摆摊设点的问题，有效化解矛盾，切实改善民生。

（二）完成时限：2015年7月1日—2016年。

附件3

毕节市七星关区城区基础设施建设和管理专项整治实施方案

按照七星关区“城市管理大整治、文明素质大提升”专项行动“一月见成效，三月出成果，半年换新貌”的要求，为有效改善城区基础设施状况，进一步提高基础设施管理水平，树立城市形象，提高城市品位。结合我区实际，特制定本方案。

一、加强市政道路、城市照明设施维修维护

（一）工作措施

1.完成对第一批生活垃圾定时投放和收集试点路线范围内道路进行全面维修，对排水管网进行疏通，确保道路平整完好，基本无破损、无坑洼，管网畅通路面无积水，人行道板无缺损、松动，窨井盖、箱盖、雨箅等市政设施洁净完好，道路综合完好率达95%以上。

2.及时维修维护城市照明设施，确保主次街道98%以上、背街小巷95%以上的亮灯率。

3.报请市政府协调和督查供电等有关单位对城区配电箱、配电柜加装统一规范的安全隔离护栏框，确保安全整齐美观，与周围环境相协调。

（二）完成时限：2015年7月1日—7月31日。

二、完善道路沿线的绿化设施

（一）工作措施：针对城区行道树树箅塌陷、破损、积水等现象较严重及部分路段行道树实施工程未安装树箅影响市容市貌，且不便于开展人行道冲洗工作的问题，组织分段实施城区行道树树箅全面安装和修复工作。

（二）完成时限：2015年7月1日—10月31日。

三、实施人民公园环境修复工程（二期）

（一）工作措施：为提升人民公园环境品质，增加公园绿地防护措施，缓解游人过多导致的公园绿地破坏，制定人民公园环境修复工程（二期）实施方案报政府审批后实施，拟投资180余万元在2016年5月前完成修复工程。

（二）完成时限：2015年7月1日—2016年5月31日。

四、绿化带拆除改造工程

（一）工作措施：按照交通拥堵治理工作的需要，拟投入资金约100余万元拆除沿河东、西路的绿化带，改建为人行道，力争在2015年10月前完成。

（二）完成时限：2015年7月1日—10月31日。

五、加快公厕建设

（一）工作措施

1.铁匠街小广场公厕和郭家湾高架桥公厕配中转站力争在8月份完成建设并投入使用。

2.协调解决东兴路公厕、水西大道香山郦居前公厕建设中遇到的困难，争取早点开工建设。

3.加快完成五龙桥公厕及多彩酒店旁、区实验小学旁、望城坡城投公司旁的公厕配中转站的建设前期工作，力争9月份招投标后组织进场施工，预计2016年6月建设完工。

4.对部分无建设地点且无公厕的路段，如：威西路、解放路、环北路等路段，在12月31日前选择购买安装一定数量的移动公厕，以缓解市民如厕难的现状。

（二）完成时限：2015年7月1日—12月31日。

六、积极协调推进垃圾转运中心建设

（一）工作措施：加快建设垃圾转运中心，缓解城区垃圾中转站不足和分布不均造成垃圾清运不及时和清运成本高的现状，减少城市垃圾停滞时间，有效防止垃圾二次污染。即降低运行成本，又美化环境。

（二）完成时限：2015年7月1日—2016年。

七、实施LED路灯节能改造

（一）工作措施：根据节能减排要求，逐步实施LED路灯节能改造，探索最佳运行模式，制定改造方案，达到既确保照明效果，又最大化节约开支。

（二）完成时限：2015年7月1日—2016年。

八、规划建设城区农贸市场、直销市场

（一）工作措施：按照每个社区1—2个服务店，每条主干道2—3个点的要求，政府投入资金在城区合理新规划布局建设40余个服务点和30个农贸市场或直销市场，完善城市功能，在满足市民购物需求的基础上解决部分困难群众摆摊难的问题，缓解城市管理压力，改善城区道路秩序。

（二）完成时限：2015年7月1日—2016年。

九、加大公共停车场建设

（一）工作措施：健全“政府主导、部门联动、社会参与”的工作机制，在德溪新区、碧海新区、草海大道、南部新区等区域有计划的分批规划建设一批公共停车场和立体停车位，从根本上解决停车难的问题。同时，在老城区规划选择合适地块建设一些立体停车场，解决城中心无法停车的困难。

（二）完成时限：2015年7月1日—2016年。

十、启动实施城市排水管网建设改造工程

（一）工作措施：针对城区排水、排污系统不健全的实际，对城区排污、排水管网进行摸排，绘制分布图，拟定建设改造方案审定后实施改造，解决污水收集系统严重不全、排水不畅、雨污合流等问题，提升城市基础设施的功能，改善城市环境。

（二）完成时限：2015年7月1日—2016年。

十一、推行数字化精细管理

（一）工作措施：待市城管局牵头建设的数字化城管系统建成后，区城管系统可依托这一平台，在用好原有数字城管资源的基础上，以提高城市管理水平为出发点，以城市管理问题为导向，以群众满意为标准，投入资金建设七星关区数字城管指挥中心，通过有效优化数字化管理、信息化管理、单元网格化管理和设施设备管理等多种方式，加大城市管理工作覆盖面，用科技的手段精细化、网格化管理城市，提高工作效率。

（二）完成时限：2015年7月1日—2016年。

十二、加大推进德溪新区、碧海新区、同心新区基础设施建设

（一）工作措施：合理规划布局公厕、市场、停车场、学校、医院等必备功能建设规划，高起点、高规格打造城市新区，有序将中心城区人口逐步分流到新区居住，减少中心城区城市管理压力，提升管理效率和城市形象。

（二）完成时限：2015年7月1日—2016年。

附件4

毕节市七星关区城区道路交通违法违规专项整治实施方案

为进一步改善城市环境，提升城市形象，围绕“决战贫困、提速赶超、同步小康”战略目标，遵照2015年6月28日市领导调研城市管理工作作出的重要指示，结合我区城市管理实际，制定本方案。

一、工作目标

通过开展城区道路交通违法违规专项整治，着力解决市民关注和反映强烈的城区道路交通秩序混乱问题，进一步严格道路交通执法管理，完善道路交通安全设施，优化道路交通组织网络，使市民文明交通素质明显提高，执法守法意识明显增强，交通违法行为明显减少，交通秩序明显好转，交通环境明显改善，市民满意度明显提升。构建安全畅通、文明有序的城市交通形象。

二、整治范围

七星关区城区（含10个街道及鸭池镇、海子街镇）。

三、整治时间

2015年7月5日—12月31日，分三个阶段：

（一）初见成效阶段（2015年7月5日—7月31日）。主要任务：制订工作方案，成立组织机构，召开动员大会，落实相关部门、单位专项整治任务，层层动员部署；广泛开展宣传教育活动，营造浓厚的舆论氛围和整治声势；对突出问题、重点地段、交通混乱点进行全面排查，制定有针对性的治理措施和出台相关规定并予以发布或公告；科学合理确定禁行、限行、单行的区域、时段或车辆，并进行公示、公告；对照整治重点开展整治工作，严厉打击各种交通违法违规行为，提升广大机动车驾驶员和市民文明交通安全意识。

（二）较大成效阶段（2015年8月1日—10月31日）。主要任务：按照本方案要求、各部门专项整治工作方案和各单位的职责分工，集中时间、集中力量开展集中整治活动，查处各类交通违法违规行为，加强交通秩序管理和交通环境整治，完善交通配套设施建设，落实各项整治任务和措施，实现城区道路交通秩序明显好转。

（三）明显成效阶段：（2015年11月1日—12月31日）。主要任务：在巩固第一、二阶段所取得成效的基础上，进一步明确部门职责，进一步完善管理体制，总结经验，查找不足，形成长效管理机制。

四、整治重点

（一）机动车酒后驾驶、无证驾驶、超速行驶、压线行驶、不按规定车道行驶、闯红灯、违规掉头、遮挡号牌，不挂号牌车辆、拼装车辆、报废车辆上路行驶以及营运车辆超员超载超限等违法行为。

（二）货车、拖拉机、农用车等货运车辆违规进入城区禁（限）行区域以及遗洒、飘散载物；出租车、公交车等客运车辆违规运营、违章行驶等违法行为。

（三）二轮摩托车、三轮摩托车、电动车违规上路、超速行驶、占道行驶和不戴安全头盔、闯红灯、逆向行驶、拼装遮阳伞（篷）等违法行为。

（四）行人不按规定走人行道和不按信号灯指示通过人行横道等违法行为。

（五）各种车辆乱停乱放、挤占人行道等违法行为。

（六）摊点占道、门店延伸、商业促销和临街施工占道、各种杆线占道等非交通占道违法行为。

（七）交通标志标识标线不规范，停车场（泊位）设置及管理不到位，非机动车道、人行道建设不配套，以及其他道路交通设施建设滞后问题。

五、职责分工

（一）区公安局交警大队：发挥城区交通秩序管理主体作用，拟订并发布交通违法违规专项整治的相关公示、公告或通告，编发道路交通违法违规知识宣传资料，加大摩托车、电动车管理力度，完善道路交通标示标线标志以及电子监控等设施建设，组织驾校学员参与“交通义务协管”活动。重点加强道路动态交通秩序管理，严格查处城区机动车乱停乱放、违法掉头、违法超车、占道行驶、超载、在禁鸣路段随意鸣号、闯红灯和在斑马线不减速或停车避让行人等违法行为；严格查处城区无牌无证机动车、不具备安全技术性能的“病”车上路行驶；严格查处城区建筑施工单位的运输车辆及砼混车超载、不按规定悬挂机动车号牌、故意遮挡机动车号牌等交通违法行为，严禁无有效入城通行证的工程货运车入城行驶；严格城区公交车、出租车和小型货运车通行秩序管理；严格查处大、中型货运车辆在禁止通行的时间内通行，严格查处违反限时通行的小型货车在城区内通行；严格查处机动车驾驶人无驾驶证驾驶、准驾不符；严厉打击酒后驾驶、违法驾驶；抓好城区学校及幼儿园周边交通安全秩序管理；严格查处城区二、三轮摩托车各种违法行为。

（二）区城市综合执法大队：牵头治理影响交通秩序的流动摊贩、占道经营、门店延伸、基建占道等违法违规行为；及时维护维修破损市政道路和其他影响交通秩序的市政设施；加快推进城区停车场建设。合理安排城市管理工作的各类作业车辆避开高峰期作业，及时调整摆放影响交通的各类环卫和市政设施。

（三）区交通局：负责城区公共交通运营车辆规范管理，及时按计划增加城市公交车、出租车，严厉打击非法营运行为。整治城区违法或不规范的修车、洗车市场。

（四）区委宣传部：负责指导媒体平台开展专栏、专题、专访和等多种形式的宣传活动，营造良好的舆论氛围。

（五）区整治创建办：负责城区道路交通违法违规专项整治工作的调度，协调媒体对不文明交通行为进行曝光，尤其是对党政机关车辆、各级干部私家车辆乱停放行为进行曝光。

（六）区教育局：负责组织辖区学校开展安

全知识宣传教育和中小学生开展“文明交通志愿活动”，负责在中小学校开展交通安全知识进课堂和文明交通“小手拉大手” 活动。加快推进区实验小学大门楼宇配套停车场建设。

（七）区司法局：负责将交通法规纳入“普法”工作内容。

（八）区住建局：加快推进清华路奢香酒店—文化路口交通平桥建设，卫校后大门—人民剧场道路建设，天河路—环北路道路建设；提出增加城区人行天桥（地下通道）的可行性方案。

（九）区规划局、国土资源局：为城区停车场、洗车场、修车场建设提供规划和土地保障，积极支持城区交通违法违规专项整治所需的硬件设施建设。区城乡规划局加大对城区建筑停车场改变停车用途的清理力度。

（十）区市场监督管理局：负责查处销售超标、非标等不合格电动车行为；负责提出城区专业市场建设和划行归市的可行性方案；负责在城区各类市场、个体私营企业（工商户）中组织开展交通安全文明教育活动。

（十一）区残联会：负责残疾人专用车辆登记备案和协助相关部门加强残疾人专用车辆交通管理，加强其交通安全知识宣传教育。

（十二）城区各街道及鸭池镇、海子街镇：配合区有关部门开展城区道路交通违法违规专项整治工作，组织社区（村）、居（村）民开展交通安全文明宣传教育活动；组织到社区报到的党员参与文明劝导；组织社区落实好辖区门店“门前三包”；利用辖区闲置土地建设临时停车场所；市西街道和洪山街道60名“文明劝导员”要积极开展工作，劝导交通违规行为。

（十三）区实绩考核办、区督办督查局：负责督促、考核城区道路交通违法违规专项整治工作。

六、工作要求

（一）加强组织领导。城区道路交通违法违规专项整治工作是城区市容环境卫生秩序专项整治工作的重要内容，为保证工作的顺利开展，特成立城区道路交通违法违规专项整治领导小组：

组　长：周祖华

副组长：吴建科　肖玉明

成　员：倪　井　吴　刚　岳顶全　支明彦

具体负责城区道路交通违法违规专项整治的组织、指挥、执法、联络、协调及日常工作。

（二）严格依法治理。开展城区道路交通违法违规专项整治工作必须坚持依法行政原则，严禁不作为、乱作为情况发生。

（三）强化督促考核。区实绩考核办、区督办督查局、区整治创建办要加强对专项整治工作的过程考核和督促，确保不走过场、不流于形式，取得实效。

中国共产党毕节市七星关区委员会

中共毕节市七星关区委
印发《关于实施村级组织建设“七新行动”的意见》的通知

七星委〔2015〕34号

各乡、民族乡、镇党委，各街道党工委，区委各工作部门，区级国家机关各单位，各垂管部门党组织，人武部党委，各人民团体党组织：

《关于实施村级组织建设“七新行动”的意见》已经区委主要领导同意，现印发你们，请结合实际认真抓好落实。

中共毕节市七星关区委

2015年9月6日

关于实施村级组织建设"七新行动"的意见

为深入推进基层发展型服务型党组织建设，全面提升基层党组织和广大党员干部服务改革、服务基层、服务群众、服务党员的能力和水平，决定实施村级组织建设"七新行动"。现结合实际，提出如下意见。

一、目标要求

深入贯彻落实市委一届七次全会精神、区委一届四次全会精神，坚持基层导向，坚持问题导向，抓住实施精准扶贫、"四在农家·美丽乡村" 建设的契机，大力实施支部书记的"亮单行动"、广大党员的"引领行动"、致富能人的"带富行动"、村级组织的"规范行动"、集体经济的"增收行动"、村民自治的"约定行动"和村级干部的"激励行动"，实现支部书记有新担当、广大党员有新形象、致富能人有新作为、村级组织有新面貌、集体经济有新模式、村民自治有新风尚、村级干部有新激情等"七新"目标，进一步构建基层党建新格局，把广大村级组织建设成为带领群众脱贫致富的坚强战斗堡垒，为全区决战贫困、提速赶超、同步小康提供坚实的组织保障。

二、具体措施

（一）实施"亮单行动"，促进支部书记有新担当。针对当前大部分村（社区）支部书记职责不明晰，目标不明确，工作眉毛胡子一把抓的现状，在村级党组织书记中开展"亮单行动"。亮出党建清单，提出落实第一责任人责任，履行好党员干部管理、基层组织建设、严肃党内生活、落实基础保障等职能的具体措施；亮出服务清单，提出优化服务方式，创新服务载体，切实为群众办实事好事的具体措施；亮出发展清单，提出带领村"两委"理清发展思路，带领群众调整产业结构，带领发展壮大集体经济的具体措施。亮出的清单要在年初向群众公布，接受群众监督。半年组织召开一次会议对清单完成情况进行"对单"，查缺补漏，跟进工作。年终开展述职，组织干部群众"评单"，向群众公布清单完成情况。通过在党支部书记中开展"亮单行动"，切实让党支部书记把责任紧紧抓在手上，把担当牢牢扛在肩上。

（二）实施"引领行动"，促进广大党员有新形象。针对一些党员淡忘身份、淡化宗旨的现状，实施党员"引领行动"。立足党员实际，发挥党员思想引领、服务引领、创业引领作用，深入开展"党员服务示范岗"创建活动。评比命名"宣传先锋"，让党员把思想引领作为第一要求，带头弘扬党的好传统，带头传递党的好声音；评比命名"服务先锋"，让党员把服务引领作为第一要务，划出党员服务区，定期开展"党员说事日"活动，收集群众意见，解答群众疑惑，提出服务建议；评比命名"发展先锋"，让党员把创业引领作为第一抓手，加大党员创业带富扶持力度，把党员培养成致富能人，提升党的凝聚力和向心力。通过"引领行动"，切实发挥党员先锋模范作用，让党员在群众中树立良好形象，使群众对党产生亲切感、敬重感、信赖感，进而产生强大的感召力、吸引力和凝聚力。

（三）实施"带富行动"，促进致富能人有新作为。针对当前多数农村发展无资金、无思路、无技术、无产业的现状，实施"带富行动"。引导致富能人带头创业，整合农牧、扶贫、工会、林业等部门农村实用技术培训资源，发挥驻村工作组和"第一书记"的辅助作用，对致富能人开展农业技术培训，加大扶持力度，帮助他们自主创业；引导致富能人带领致富，整合用好"一市五金多套餐"，小微企业"3个15万"、党员创业带富基金、青年创业基金等帮扶资金，实行乡、村干部挂帮联系，摸准群众需求，指导建立农民专业合作社，带领更多群众精准创业、共同致富；引导致富能人带动发展，将致富带头人成功的发展模式和经验进行总结推广，扩大影响面和影响范围，实行组团式发展、规模化发展，带领更多的群众创业致富。通过实施“带富行动”，培育更多的致富带头人队伍，带领更多的群众“减贫摘帽”，实现全面小康。

（四）实施“规范行动”，促进村级组织有新面貌。针对村级组织设置不规范、管理不到位、服务不优化等现状，实施“规范行动”。结合基层组织服务体系“一核多元”要求，提出我区村级组织规范建设“十条标准”（即“阵地靓起来、红旗飘起来、设备配起来、食堂建起来、制度立起来、活动搞起来、公章管起来、服务做起来、村务议起来、产业兴起来”），并严格标准加强村级组织规范化建设。通过实施“规范行动”，实现村级组织设置规范、管理规范和服务规范，让群众好办事、为群众办好事。

（五）实施“增收行动”，促进集体经济有新模式。针对村级集体积累薄弱，服务群众有心无力，村级组织凝聚力不足的现状，实施集体经济“空白村”“增收行动”。采取“经营土地型”、“资产经营型”、“资源开发型”、“资本运作型”、“合作服务型”等“五种模式”，大力发展壮大村级集体经济，出台我区发展壮大村级集体经济的实施意见。计划到2018年，实现全区506个村（社区）都有稳定的集体经济经营性收入，并扶持壮大一批集体经济强村。通过实施“增收行动”，让村级组织有钱办事、有实力办事、有能力办事，从而增强干部服务群众的信心和村级组织的凝聚力。

（六）实施“约定行动”，促进村民自治有新风尚。针对村级民主管理不自觉，村（居）规民约执行不到位的现状，实施“约定行动”。通过开展“和谐承诺，幸福约定”活动，发挥“第一书记”、驻村工作组、村“两委”班子的宣传发动和示范带动作用，引导群众将新农村建设、村庄环境整治、通村水泥路管护、整治滥办酒席、“四关爱”等作为群众承诺的重要内容，逐一建立承诺台账，采取召开群众代表大会、党员大会等形式将群众承诺进行宣传，让群众承诺成为群众长期坚持、相互监督的行动自觉，成为共同遵守的“幸福约定”。通过实施“约定行动”，推进村级民主自治建设，不断提高群众自我净化、自我完善、自我革新、自我提高的能力。

（七）实施“激励行动”，促进村级干部有新激情。针对村（社区）干部报酬低、任务重，工作能力不足、激情不够的现状，实施“激励行动”。探索实行村（社区）干部“月报酬+年奖励”的激励机制，广泛开展范本村（社区）的创建活动，每年创建一批“规范·示范·典范”村（社区），区委出台创建工作方案，制定创建标准，按照村（社区）自评、乡镇街道申报、区委评定、动态管理的步骤，对创建的“规范·示范·典范”村（社区），区财政分别给予2万元、3万元、5万元的村级组织活动经费，给予村（社区）干部1万元、2万元、3万元的表彰奖励。通过实施“激励行动”，激发村（社区）干部的干事创业热情。

三、相关要求

（一）提高认识。实施“七新行动”是进一步深化发展型服务型党组织建设的重要抓手，是践行“三严三实”要求的重要举措，是增强基层组织创造力、凝聚力、战斗力，夯实党的执政基础的重要载体。各乡镇街道、区直各部门务必统一思想，深化认识，结合单位实际，对“七新行动”的具体项目进行再细化，制定具有本地本部门特色的实施方案，扎实推进村级组织建设“七新行动”的开展。

（二）强化保障。各乡镇街道要把党建工作经费纳入财政预算，保障推进村级组织规范化建设中所需的经费。区直各部门要发挥部门优势，在人、财、物等方面向村级组织倾斜。区财政要将“规范·示范·典范”村（社区）创建工作经费纳入预算。区发改、扶贫、农牧等相关职能部门要在项目、资金、技术等方面主动为村级组织建设提供支持。

（三）健全机制。区委党建工作领导小组要建立工作联席会议制度，组织相关部门研究并及时解决“七新行动”推进过程中存在的问题。

区直各部门要继续加大领导干部联系基层组织工作，投入更多精力抓政策落地、抓实绩推动，以严的要求、实的作风全面推进我区村级组织建设。要健全村干部、驻村干部、“第一书记”等管理机制，推进村级组织各项工作常态化。

（四）营造氛围。各乡镇街道、区直各部门、区新闻媒体要及时挖掘总结推动村级组织建设“七新行动”中涌现出来的好做法、好经验，通过报刊、电视、网络、手机等平台，搞好动态宣传、经验总结、典型推广和理论研讨，力争推出一批在全市、全省叫得响、过得硬的基层党建工作典型。

中国共产党毕节市七星关区委员会

中共七星关区委　七星关区人民政府
关于印发《七星关区农村计生“两户”子女就学就业创业全程优先优惠办法（试行）》的通知

七星委〔2015〕39号

各乡、民族乡、镇党委和人民政府，各办事处，区委各工作部门，区级国家机关各单位，各垂管部门，人武部党委，各人民团体：

《七星关区农村计生“两户”子女就学就业创业全程优先优惠办法（试行）》已经区委常委办公会议研究同意，现印发你们，请结合实际认真贯彻落实。

中共毕节市七星关区委　毕节市七星关区人民政府

2015年9月20日

七星关区农村计生“两户”子女就学就业创业全程优先优惠办法（试行）

为进一步加快建立健全计划生育利益导向政策体系，让更多的计划生育家庭优先分享改革发展的成果，激励广大群众自觉实行计划生育基本国策，以稳定低生育水平，推动人口和计划生育工作科学发展，促进农村人口与经济社会协调发展和可持续发展，根据中共中央国务院《关于全面加强人口和计划生育工作统筹解决人口问题的决定》（中发〔2006〕22号），省委、省人民政府《关于全面加强人口和计划生育工作统筹解决人口问题的意见》（黔党发〔2007〕13号），《国家人口计生委等14部门关于全面加强农村人口和计划生育工作的若干意见》（国人口发〔2007〕104号），结合七星关试验区“人口控制”和统筹解决人口问题试点的要求以及我区实际，针对计划生育家庭“率先致富、子女成才、养老保障”等方面的重大民生问题，决定探索建立全区农村独生子女户和双女户（以下简称“两户”）子女就学就业创业全程优先优惠办法，努力提高计划生育家庭子女的受教育年限，使其提升综合素质，增强就业能力，为其提供优良的就业创业环境，切实解决农村计生“两户”家庭的后顾之忧，特制定本办法。

一、农村计生“两户”就学就业创业全程优先优惠对象范围

就学就业创业全程优先优惠对象，需同时符合下列条件：（一）父母及子女具有七星关区农业户籍；（二）已办理《独生子女父母光荣证》的独生子女户或夫妻一方已落实计划生育节育手术的二女户；（三）在七星关区就读小学、初中、高中的在校学生；或就读国家普通高等院校、中职专科院校的在校学生或已经毕业的学生。

二、农村计生“两户”就学就业创业全程优先优惠的基本内容、认定程序

（一）基本内容

1. 就学

（1）教育部门对农村计生“两户”子女实行普“十二”教育，其子女在参加中考应试中优先录取，也可由区教育局根据行政区域内区属高中学校的资源配置状况、适龄学生的分布和需求状况提供就近入学。农村计生“两户”子女就读高中期间学生书本费、学杂费，由区财政划拨专款通过毕节市奖励扶助基金解决。

（2）教育部门对农村计生“两户”子女参加辖区内初中升高中考试加10分的照顾。

（3）区财政划拨专款，通过七星关区奖励扶助基金，对农村计生“两户”子女考取北大、清华的给予一次性助学金30000元，考取“985工程”大学的给予一次性助学金20000元，考取其他一本院校的给予一次性助学金10000元，考取二本院校的给予一次性助学金6000元，考取三本院校的给予一次性助学金4000元，考取大专院校的给予一次性助学金2000元。其中独女户女孩考取北大、清华、一本、二本、三本、大专院校的，分别再增加10000元、2000元、1500元、1000元、500元，并优先获得各类公益性助学基金。

2. 就业

（1）农村计生“两户”子女大中专毕业后，人力资源和社会保障部门优先照顾推荐就业和调配工作，优先安排参加当地人力资源和社会保障部门举办的职业技术培训，并免收培训费。

（2）区就业聘用领导小组在聘用就业工作中，同等条件下优先聘用农村计生“两户”子女，特别是独女户女孩。

3. 创业

农村计生“两户”子女本科、专科、中专

毕业生创业项目必须紧紧围绕“开发型、示范型、生态型、科技型”的总体要求，依托我区农村经济结构特点，以特色种植、生态畜牧业养殖、现代烟草、蚕桑产业、乡村旅游产业、农产品加工、中药材基地建设为重点，以“少生快富工程”为契机，积极实施农村计生“两户”子女大中专毕业生创业优惠扶助，提高农村计生“两户”致富的积极性，促进“少生快富”工程的健康发展。

（二）认定程序

1．个人申请。申报者将户口本、身份证原件及复印件、《独生子女父母光荣证》原件及复印件、二女户结扎手术证明原件及复印件、毕业证书原件及复印件等资料准备完整后进行申报。

符合就学优先优惠扶助条件的对象本人在达到入学年龄后，由其监护人于达到入学年龄当年7月10日前向户口所在地的村民委员会提出申请；符合就业创业优惠扶助条件的对象本人在毕业当年7月10日前向所在地的村民委员会提出申请，村民委员会（社区居委会）依据计划生育法律法规和政策，对申请人的条件进行审核，并召开村民代表会议逐一讨论通过，然后按要求填写《七星关区农村计生“两户”子女就学就业创业优先优惠认定审批表》，连同申请人身份证和户口本原件由村人口计生主任于当年7月30日前上报乡（镇、街道）计生办。

2．乡（镇、街道）计生办审查。乡（镇、街道）计生办对村民委员会上报的材料进行逐一审查，必要时须进村入户核准情况，并将审查通过的申请人名单同时在政务公开栏上张榜公示10天，接受社会监督。对通过张榜公示无异议的申请人，于当年8月15日前上报区卫生计生局。

3．区卫生计生局确认审批。区卫生计生局对乡（镇、街道）上报的材料逐一复核确认后，属于就学优先优惠扶助的对象名册于8月20日前提交区教育部门，属于就业创业优先优惠扶助的对象名册于8月25日前提交区人力资源和社会保障部门，由相关部门研究落实农村计生“两户”子女就学就业创业安置事项。

三、加强组织协调，严格工作纪律，确保农村计生“两户”子女就学就业创业全程优先优惠扶助政策全面落实

（一）切实加强领导。为确保农村计生“两户”子女就学就业创业全程优先优惠工作的正常开展，区委、区政府成立由区委副书记任组长、分管领导任副组长、相关部门负责人为成员的毕节市七星关区农村计生“两户”子女就学就业创业全程优先优惠扶助工作领导小组，领导小组下设办公室在区卫生计生局，具体负责全区农村计生“两户”子女就学就业创业全程优先优惠工作的安排部署，协调解决农村计生“两户”子女就学就业创业优先优惠工作中的重大问题。各乡（镇、街道）也要成立相应组织，由主要领导挂帅，亲自抓，负总责，协管领导具体抓，确保农村计生“两户”子女就学就业创业全程优先优惠工作落实到位，收到实效。

（二）加强宣传发动。充分利用各种形式，大力宣传农村计生“两户”子女就学就业创业全程优先优惠政策。卫生计生部门要把农村计生“两户”子女就学就业创业全程优先优惠作为宣传教育工作的重要内容。宣传、文化等部门要充分发挥各自职能，积极配合开展好农村计生“两户”子女就学就业创业全程优先优惠政策的宣传教育，对农村计生“两户”子女创业中涌现出来的先进典型、好的经验，进行集中报道和宣传，努力营造良好的舆论氛围，推动农村计生“两户”子女就学就业创业全程优先优惠工作落到实处，富有成效。

（三）各司其职，齐抓共管。农牧、工商、税务、公安、检察院、法院、国土、财政、人力资源和社会保障、教育等有关部门要及时出台支持和鼓励农村计生“两户”子女就学就业创业的配套优惠政策。其余有关部门除了要认真贯彻落实外，还应充分履行职责，为农村计生“两户”子女就学就业创业提供服务，帮助解决资金、技术、信息、用地及基础设施等问题，用足用活用好各项优惠政策，及时帮助办理各种相关手续，积极帮助排忧解难。

（四）严格纪律规定。将农村计生“两户”子女就学就业创业全程优先优惠工作纳入区直相关部门及各乡（镇、街道）的人口计生工作目标管理。区直相关部门和各乡镇办事处要按照公开透明、公平公正的原则，严格纪律规定，增加政策执行的透明度，强化社会监督，确保我区农村计生“两户”子女就学就业创业全程优先优惠工作全面落到实处，推动全区人口计生工作健康、有序、深入开展。

四、本办法自公布之日起执行，原毕市委〔2010〕58号文件——中共毕节市委 毕节市人民政府关于印发《毕节市农村计生“两户”子女就学就业创业全程优先优惠办法（试行）》不再执行

本办法由区农村计生“两户”子女就学就业创业全程优先优惠扶助工作领导小组及其办公室负责解释，若国家相关政策发生调整变化，按国家有关法律、法规、政策执行。

区概况

【概述】 毕节市七星关区位于贵州省西北部，是云贵川三省地区区域中心城市和黔西北政治、经济、文化中心及交通枢纽，地处北纬27度03分至27度46分，东与大方县相邻，南与纳雍县接壤，西与赫章县和云南省镇雄县毗邻，北与四川省叙永、古蔺县隔赤水河相望。全区总面积3412平方公里，辖44个镇乡办事处，全区人口160余万。最高海拔2217米，最低海拔470.1米，平均海拔1511米。全区气候冬无严寒，夏无酷暑，全区年平均气温14.4摄氏度。七星关区属中山地貌类型，东北部山地与沟壑交错，地势陡峭；中部属中山山地和河谷平地；西部属中山和高中山及谷地。主要农作物为玉米、水稻、马铃薯、油菜、烤烟。盛产生漆、大蒜和天麻、杜仲、半夏、党参等名贵中药材。有得天独厚的自然条件、种类繁多的矿产资源，物种多样的生物资源，蓄势待发的旅游资源。矿产资源主要有煤、硫、铁、硅、砂、黏土、草炭、大理石、高岭土、重晶石等20多种矿藏，其中煤储量21.6亿吨，硫铁矿储量8.41亿吨。七星关区历史厚重、资源富集、区位优势明显。

【主要经济指标】 2015年，全区生产总值预计完成288.8亿元，比2010年末（下同）净增167.4亿元，年均增长16.7%，其中第一产业增加值53.6亿元、净增32.2亿元、年均增长7.1%，第二产业增加值101.9亿元、净增55.9亿元、年均增长18.4%，第三产业增加值133.3亿元、净增79.3亿元、年均增长18.1%；财政总收入91.41亿元，净增79.89亿元，年均增长51.3%；一般公共财政预算收入22.87亿元，净增17.17亿元，年均增长32%，其中地方税收收入18.35亿元、净增14.48亿元、年均增长36.5%；农村常住居民人均可支配收入7135元，净增3511元，年均增长14.5%；城镇常住居民人均可支配收入24614元，净增10306元，年均增长11.5%；50万元以上固定资产投资完成368.1亿元，净增278.1亿元，年均增长32.5%；社会消费品零售总额107.4亿元，净增74.2亿元，年均增长26.5%；招商引资到位资金148.4亿元，净增120.4亿元，年均增长39.5%。

【产业结构调整】 一是新型工业：规模工业产值突破百亿大关，从70.9亿元增长到110亿元，年均增长9.2%；规模工业增加值从28亿元增长到62亿元，年均增长16.8%。七星关经济开发区累计完成投资132.9亿元，建成标准厂房42万平方米，添钰动力、明钧玻璃等53家企业入驻，解决就业2000余人，实现工业总产值53.1亿元、增加值15.9亿元；被科技部批准为国家新能源汽车高新技术产业化基地；引进联尚科技、炬晟照明等光电项目，承接东部产业转移迈出新步伐。长春堡清丰建材产业园、何官屯工业孵化园等8个民营经济创业园累计完成投资3.04亿元，入驻企业28家，带动就业700余人，实现产值1亿元。水泥、煤电、白酒、食品加工等产业稳步发展，产业多元化发展格局基本形成。二是城镇建设：完成130.9平方公里控规编制，城市建成区面积扩大到49.5平方公里、净增20平方公里，城镇化率提高到47%、年平均提升2个百分点。422个省市重大项目完成投资565.6亿元。德溪新区、碧海新区、同心新区等城市新区建设和老城区改造稳步推进，建成碧海大道、草海大道、同心大道、德溪大道、百里杜鹃大道、同心立交桥、德溪大桥等城市骨干路桥69.16公里，完成松山路、翠屏路、广惠路、古道路等老城区道路改造31.8公里，南山公园、阳山公园基本建成并向市民开放，建成麻园路、清毕路、南关桥等人行天桥7座，完成棚户区改造8801户。房地产开发面积1913万平方米，竣工545万平方米。青场、清水铺等29个特色小城镇建设深入推进，完成投资33.53亿元。三是农业产业：粮食年总产量稳定在40万吨以上，烤烟生产实现控规提质，农机具逐步推广，气象服务保障能力大幅提高。脱毒马铃薯种薯及商品薯、高山冷凉蔬菜、山地生态畜牧业、特色经果林、中药材、高山生态茶六大板块经济全面发展。建成100头以上规模生猪养殖场282个、现代化规模蛋鸡养殖场6个。2015年生猪存栏68.9万头、出栏67.5万头，牛存栏15.3万头、出栏3.63万头，羊存栏5.6万只、出栏3.34万只，禽存栏290.2万羽、出栏265.5万羽，其中蛋鸡存栏150万羽、日产鲜蛋达130万枚。培育省级重点龙头企业7家、市级重点龙头企业43家和各类农民专业合作组织646个。建成省级农业园区4个，入驻企业53家，实现产值21.6亿元，带动就业2330人，辐射带动种植蔬菜10万亩、中药材4.8万亩、苗圃基地820亩，农业园区的集聚效应和示范带动作用越来越明显。

四是服务业：万丰国际商贸城、远航七星万象城、浙江商贸城、毕节小商品综合批发市场等专业市场建成投入使用。创美农副产品批发交易中心、黔西北农贸综合批发市场、石桥边仓储物流园区等项目建设顺利推进。"鸡鸣三省"旅游景区建设规划编制完成，拱拢坪国家森林公园、小河彝寨等景点景区基本建成，大屯三官寨、燕子口大南山苗寨、长春堡雄嘎苗寨等民族文化旅游区建设取得实质性进展。福朋喜来登酒店建成营业，星级酒店发展到9家，旅游接待能力显著提升。沃尔玛、合力超市、苏宁易购等大型零售企业落户营业。阿里巴巴农村淘宝、浙江颐高等电商企业入驻电商产业园。物流、交通运输、邮政快递、物业管理、信息咨询等现代服务业快速发展。

【基础设施】 一是交通建设：毕节飞雄机场建成通航，开通航线14条，旅客吞吐量达56万人次。成贵快速铁路建设稳步推进，毕叙铁路前期工作全面完成。高速公路建设实现"零突破"，毕威、杭瑞、厦蓉等高速公路全线贯通，通车里程达148公里；毕镇高速公路建设有序推进，环北高速前期工作全面完成。国省干线提级改造完成16.4公里、启动147.25公里。县乡公路大修和改造完成153.35公里、启动118.9公里。完成通乡油路建设59公里，全面实现乡乡通油路。完成通村公路、旅游公路、园区示范公路及"断头路、重要连接线"建设1734.3公里，基本实现村村通水泥路。硬化通组路、连户路1100公里，启动小康路建设709.4公里。增设公交线路9条，增加公交车118辆、出租车227辆，城市公共客运能力快速提升。新增农村客运班线59条993座，客运班线覆盖460个行政村，公共客运服务运输进一步向农村延伸。二是水电讯设施建设。建成农村饮水安全工程533个（处），受益群众52.8万人。完成河道治理16.1公里，保护农田3.02万亩。完成8 座小（二）型水库除险加固，受益群众4.74万人，保护耕地1万亩。小型农田水利重点县建设项目顺利完成，全区有效灌溉面积率达到26.77%。建成烟水工程35个，受益耕地13.93万亩。建成220千伏变电站1座、110千伏变电站2座、35千伏变电站4座和10千伏及以下供电线路661.8千米，安装配变384台。有线电视、3G和4G通信、宽带和光纤网络等通讯设施建设有序推进。三是生态文明建设：大力实施林业生态工程，完成各类营造林59.3万亩、水土保持治理9.23万亩、石漠化治理12.33万亩，森林覆盖率从43.03%提高到50.42%，被评为"省级森林城市"。拱拢坪国家森林公园获"中国森林氧吧"称号。城乡生活垃圾无害化处理设施进一步完善，城镇污水处理率达90%，饮用水水质达标率100%。开展环保专项执法行动3250次，对14家重点污染源单位、107家一般污染源单位和19家环境违法企业予以行政处罚，倒天河水库集中饮用水水源地和赤水河、六冲河环境执法行动深入开展。中心城区空气优良天数年平均达342天，达标率93.8%。

【社会事业】 一是扶贫开发：24.58万贫困人

口实现脱贫，12个贫困乡镇实现省级“减贫摘帽”、15个贫困乡镇实现市级“减贫摘帽”。探索建立“一市五金多套餐”精准扶贫机制并深入实施，去年投入5000万元建立免费苗木超市、大病医疗底垫周转基金、产业发展基金、小额贷款贴息基金、产业发展风险基金和贷款担保基金，协调金融机构向贫困户发放贷款1.8亿元，农业产业扶持力度不断加大。二是教育事业：新增幼儿园39所，在城区新建义务教育阶段学校3所、改扩建2所。建成教师周转房32.38万平方米、农村寄宿制学校学生宿舍18.46万平方米，建成区职中教学用房4.2万平方米。学前教育三年毛入园（班）率达到76.8%，小学适龄儿童入学率达到99.75%，初中阶段毛入学率达到104.7%，高中阶段毛入学率达到85.65%。农村义务教育阶段学校营养餐计划实现全覆盖。民办教育快速发展，梁才学校、北大附属实验学校建成招生。2014年教育“9+3”计划工作排全市第一名、全省第七名。三是卫生计生事业：卫计整合基本完成，“四位一体”的农村医疗保健服务体系初步建立。城乡居民基本医疗保险参保人数从86.2万增加到110.5万。区人民医院新院区建成投用，配置核磁共振、高压氧舱等先进医疗设备，开放床位800多张。建成市东、市西、观音桥3个社区卫生服务中心，全面完成区卫生监督所、妇幼保健院业务用房和23个乡镇卫生院、399个村卫生室标准化建设。每千名常住人口拥有医疗床位数和执业（助理）医师数分别达到5.6张和1.52人。符合政策生育率从92.6%提高到95.79%，男女性别比控制在106.6以内。四是文化体育事业：顺利通过第三次全国文化先进区复审验收。大屯土司庄园、陕西会馆、喻家龙门修缮工程全面完成。完成广播电视“村村通”工程5.8万套、“户户通”工程4.5万套，开通91.2调频广播和“微七星关”微信公众平台。建成25条全民健身体育路径和8个镇乡级、115个村级农民体育健身工程。养老服务设施不断完善，荣获“贵州长寿之乡”称号。双拥工作有序推进，荣获“贵州省双拥模范城”称号。精神文明建设、国防教育和动员、人民防空、人民武装、民兵预备役、民族宗教、外事侨务、对台事务、档案、气象、史志、残疾人、红十字会、工会、共青团、妇女儿童等工作有序推进。五是社会保障：城乡居民社会养老保险参保人数达45万人。解决就业7.5万人、转移农业劳动力8万多人。城镇登记失业率控制在4.1%以内。低保基本实现“应保尽保、应退尽退”，有效保障11.62万城乡居民的最低生活。供养农村五保对象4495人。投入500万元，设立留守儿童关爱基金。发放临时救助金950.2万元，临时救助7066人次。发放医疗救助金1.2亿元，救助67.1万人次。建设各类保障房31376套。六是社会治理：安全生产稳定向好。“党政同责、一岗双责、齐抓共管”的安全生产责任全面落实，重点行业领域整治、打非治违、应急救援体系建设、安全宣传教育和示范创建等工作成效显著，安全生产水平明显提升。“十二五”期间，共发生各类生产安全事故43起、死亡36人，与“十一五”时期相比，事故起数和死亡人数分别减少230起、190人，全面实现大幅“双降”。信访维稳成效明显。排查矛盾纠纷和信访问题4966件，全部录入“三个四级个案台账”进行动态管理。接待来访群众1729批次1万多人次，办结上级交办案件1197件、区级立案交办186件，办理“区长信箱”、“书记、区长-群众直通交流台”群众来信800余件。圆满完成70余次重要维稳任务。大力推进群众工作创新，建立“公道评说”、“司法评议”工作机制，审议化解41件信访疑难积案，息诉息访13件。治安环境持续改善。圆满完成“六五”普法工作。全面启动“法治七星关”创建工作。阳光工程、育新学校和天网工程建成投入使用，社会治安防控体系不断完善，安置帮教、社区矫正、法律援助等工作深入推进。依法严厉打击黄赌毒等各类违法犯罪，社会治安群众安全感和满意度从89%提高到97.34%，2015年成功摘掉全国“外流贩毒突出通报地区”的帽子。长春堡镇清塘村被司法部、民政部评为“全国民主法治示范村”。

【改革发展创新】 一是改革步伐不断加快：全面实施工商登记“三证合一”制度，率先在全省实行注册资本认缴登记和工商“先照后证”改革。完成新一轮政府机构改革、林权制度改革、事业单位分类改革。深化财税体制改革，支持引导非公有制经济发展。区属国有公司实体化进程明显加快，参与市场竞争能力不断增强。户籍制度改革全面启动。启动不动产统一登记改革试点工作。公车改革有序推进。医药卫生、文化体制改革和行政审批制度改革不断深入。二是开放水平不断提高：招商引资实际到位资金521.4亿元。主动融入长江经济带、珠三角经济圈和黔中经济区，积极与深圳罗湖区、重庆渝中区开展对口合作。与厄瓜多尔可卡市建立友好城市关系，推进经济、贸易、旅游等方面的交流合作。与新加坡、巴基斯坦客商达成每年1000辆电动车的产品销售协议。新能源汽车、光电照明等产品出口贸易量大幅提升，对外贸易额达1.72亿美元。三是创新驱动作用凸显。科技进步贡献率从35.8%提升到45.3%。区内企业完成商标注册200件。22项科技计划项目获得立项，争取项目资金1700万元。申请专利756件、是“十一五”时期的3倍，其中获得授权440件、是“十一五”时期的4.9倍。建立全省首家县级地质灾害预警预报应急系统和国土资源综合管理系统。“民生监督特派组”、“一市五金多套餐”、“七长双线九平台”等机制获全省好评、在全市推广。

【党政管理与行政效能】 一是依法行政建设：制定出台《政府工作规则》、《政府重大行政决策程序规定》、《财政投资项目控制价评审管理制度》和《财政资金审计监督管理办法》，依法决策、科学决策、民主决策机制加快完善。深入推进政务公开，继续推进重要民生事项、投资项目、公共资源交易等信息公开。自觉接受人大的法律监督、政协的民主监督和社会各界的广泛监督，办理人大代表建议760件、政协委员提案320件，办结率均达到100%。二是政府效能建设：深入推进党的群众路线教育和“三严三实”专题教育。不断完善服务功能，切实转变服务方式，简化办事程序，提高服务效率。政务服务大厅和各级综合服务中心设施建设加快推进，实现更多职能部门集中开展办公服务。严格实行销号制，以“马上就办”的作风推动工作落实，用干部的辛苦指数换取群众的幸福指数。三是廉政建设：成立廉政建设工作委员会，切实履行“一岗双责”。强化执纪监督问责，狠抓“四风”整治，“三公”经费支出大幅下降。严肃查处了一批违纪违法案件，立案614件、处分730人，收缴违纪资金3385.1万元。民生领域资金审计力度不断加大，审计民生资金项目195个，审计资金总额29.26亿元，审减、节约财政资金8061.18万元。编制政府权力清单和责任清单并向社会公布，让权力在阳光下运行。

（撰稿：政府办文书科）

领导名录

七星关区领导名录

姓名后面有“*”号的，是在2015年内因提职、免职、换届和离退休及其他原因而去职；没有“*”号的，为年底仍在职。

区几大班子

中国共产党毕节市七星关区委员会

书　记　宫晓农

副书记　胡敬斌　聂忠智　张　涛（兼）
韩耀东（挂职）*　李光平（挂职）

常　委　胡书龙　吴贤耀　郑　荣（女）
何友谊　王华国　安　旺　唐兴全*
何万学　侯全章（挂职）*
卜令冲（挂职）　赵泽英（挂职）
张建军（挂职）

毕节市七星关区人民代表大会常务委员会

主　任　周　延

副主任　安　慧（女、彝）　张　媛（女）
王大庆　胡家敬　张　骅　肖世华
林学方

毕节市七星关区人民政府

区　长　胡敬斌

副区长（区长助理）　胡书龙　卜令冲（挂职）
赵泽英（挂职）
张建军（挂职）
侯全章（挂职）*　周祖华
高守军（彝）*　付　波
胡卫国　刘　鑫
聂　焱（兼任）*
吕善进（挂任）*
姜玲玲（女、挂职）
朱雅亮（区长助理、挂职）
房公波（区长助理、挂职）*
杨　黔（女、苗）　唐兴全*

中国人民政治协商会议七星关区委员会

主　席　吴　坚

副主席　邹芝桦（女）　王林中　周光乔
燕金祥　江晓燕（女）　周遵林
吕艺华

七星关区乡镇（街道）领导名录

市西街道

党工委书记　康　海

人大工委主任　张　翼

党工委副书记、主任　王万松

党工委副书记　彭吉显*　刘晓玲（女）

党工委委员、纪工委书记　高鹏程

党工委委员、组织委员　刘晓玲（女）*　卢　鹏

党工委委员、宣传委员　武孔珍（女）

党工委委员、政法委书记　侯　军

党工委委员、派出所所长　苏　剑

党工委委员　吉庆才

武装部长、副主任　李　军*（穿青人）
副主任　郭太贤（布依）　张　宁（女）
　　　　张伍鸿烈（白）
计生专职副会长　潘利华

市东街道

党工委书记　周遵林
人大工委主任　田应碧
党工委副书记、主任　王占勇
党工委副书记　谢永贵（白）
党工委委员、纪工委书记　张指界*　吕东华
党工委委员、组织委员　王　娟（女）
党工委委员、政法委书记　张　云
党工委委员、副主任　聂绍娱（女）
党工委委员、宣传委员　朱　然
党工委委员　张　艳（女）
武装部长、副主任　顾怀乾
副主任　廖　凯
计生专职副会长　席　宏

麻园街道

党工委书记　毛家兴
党工委副书记、主任　黄远霖
人大工委主任　向胜利
党工委副书记　糜永珍（女）
党工委委员、纪工委书记　汪　琴（女）
党工委委员、政法委书记　顾艳华（女）*
　　　　　　　　　　　　陈丽萍（女、彝）
党工委委员、宣传委员　曹富勇
党工委委员　龙秀学（彝）　罗明光
武装部长、副主任　孙　兆
副主任　崔国庆*　罗　杰　周镔瑜

碧海街道

党工委书记　李光俊（彝）
人大工委主任　张　鹏
党工委副书记、主任　许志刚
党工委副书记　杨秋菊（女、彝）
党工委委员、政法委书记　刘世佳
党工委委员、副主任　龚毅龙
党工委委员、宣传委员　曹　刚
党工委委员　喻永伦
党工委委员、纪工委书记　张周平
党工委委员、组织委员　高　曼（女、彝）
副主任　周炜杰　夏　旭

碧阳街道

党工委书记　李福顺*　戴德润
人大工委主任　龙天发（彝）
党工委副书记、主任　曾　铸
党工委副书记　聂开龙
党工委委员、纪工委书记、委员（纪委派驻市东片区纪工委、民生项目监督碧阳办（社区）特派组副组长）　支亚琴（女）
党工委委员、政法委书记　刘　敏（女、白）
党工委委员　孟祥瑞　邵群书（女）
党工委委员、武装部长、副主任　雷　洋
副主任　罗　福　吕卫鑫
计生专职副会长　王学美（女）

大新桥街道

党工委书记　徐　明
人大工委主任　余　鑫
党工委副书记、主任　张合远
党工委副书记　李　静（女）
党工委委员、纪工委书记　张晓玲（女）
党工委委员、组织委员　王才旗
党工委委员、政法委书记　李　焱（彝）
党工委委员、宣传委员　陈　莉（女）
党工委委员、武装部长、副主任　聂祥剑
党工委委员　刘　渊
副主任　王志鑫　向　琨　朱丽娟（女）
计生专职副会长　陈　俊（女）

德溪街道

党工委书记　王　驰
党工委副书记、主任　熊　林*　丁淞江（白）
人大工委主任　王兴龙*　周维香
党工委副书记　丁淞江（白）*　郭光全
党工委委员、纪工委书记　魏　平
党工委委员、组织委员　彭春鸿
党工委委员、政法委书记　杨顶江
党工委委员、宣传委员　魏　平*
党工委委员、武装部长、副主任　燕　文*　邵继革
党工委委员　祝　云（女、彝）　王方琼
副主任　邓时启

观音桥街道

党工委书记　张修德*　宋　勇
人大工委主任　赵　洪（白）
党工委副书记、主任　路绍丹*　付立武
党工委副书记　付立武*
党工委委员、纪工委书记　陈　昕
党工委委员、政法委书记　刘世军
党工委委员、副主任　雷　娟（女、白）
党工委委员、宣传委员　胡汉中
党工委委员、组织委员　邓　诚
武装部长、副主任　吉庆文
科技副主任　唐丽霞

洪山街道

党工委书记　夏　冬
主　　任　沈　允（女、白）
人大工委主任　葛　龙
党工委副书记　彭吉显
党工委委员、纪工委书记　吴世渊
党工委委员、组织委员　蔡慧芳（女）
党工委委员、政法委书记　薛爱东
党工委委员、宣传委员　薛占琴
党工委委员、武装部长、副主任　卢敦举
党工委委员、副主任　阮　顺
副主任　邓庭国

三板桥街道

党工委书记　黄玉龙
人大工委主任　施　容（女）
党工委副书记、主任　万益寿*　路绍丹
党工委副书记　吴传杰
党工委委员、纪工委书记　陈振华*　张　梅
党工委委员、组织委员　付　将
党工委委员、政法委书记　樊　舡
党工委委员、武装部长、副主任　张光伟
党工委委员、宣传委员　吴传英（女）*　吴正发
党工委委员　王　云　秦　兵　邓　漠
副　主　任　支　莹　王思源
科技副主任　林　静（女）
计生专职副会长　周方廉

海子街镇

党委书记　聂祥春
人大主席　黄启刚
党委副书记、镇长　张金春
党委副书记　史　记
党委委员、纪委书记　吴红梅（女）*
党委委员、组织委员　郑　勇
党委委员、政法委书记　韩盛甲
党委委员、宣传委员　阮孝军
党委委员、副镇长　唐遇杰（女）
党委委员　周　威
武装部长、副镇长　吕庆华*
副　镇　长　李章淑（女）　杨　凯（苗）
计生专职副会长　靳丽鹏

田坝桥镇

党委书记　高　斌
人大主席　雷兴忠（彝）

党委副书记、镇长 钱明珠*（女、白） 肖庆团
党委副书记 聂志祥*
党委委员、纪委书记 吴道军*
党委委员、组织委员 谢春燕（女）
党委委员、政法委书记 徐 滔
党委委员、宣传委员 李发莉（女）
武装部长、副镇长 赵栋梁*
党委委员 邓 洁 武丽平（女）
副 镇 长 兰继鹏*
计生专职副会长 罗 琴（女）

八寨镇

党委书记 张治国
人大主席 史开才
党委副书记、镇长 王 涛
党委副书记 刘 睿
党委委员、纪委书记 李兴虎
党委委员、组织委员 吴道洪
党委委员、政法委书记 杨其贵（彝）
党委委员、宣传委员 王吉凤（女、彝）
党委委员 **季善吉** 赵启志（白） 杨大成
武装部长、副镇长 罗 云
副镇长 梁 杰* 尹毕天 郝永坤

层台镇

党委书记 张合远 卯 洪*
人大主席 罗才平
党委副书记、镇长 张 讯 赵仁祥（白）*
党委副书记 郭 璇（女、穿青人）
党委委员、纪委书记 孙 奇 顾怀礼*
党委委员、政法委书记 罗才平* 孙 奇*
党委委员、组织委员 张 烈
党委委员、宣传委员 彭正富
武装部长、副镇长 周 鑫 孙 奇*
党委委员、副镇长 万昌荣
党委委员 张 楠 胡思娇杨（女） 张 平
副 镇 长 翟 俊
计生专职副会长 刘国勇

小吉场镇

党委书记 吴长敏* 赵 耀
人大主席 彭永贵
党委副书记、镇长 陈大进* 夏 炜
党委副书记 刘 晓
党委委员、纪委书记 谢明全（白）
党委委员、政法委书记 张兴万（彝）
党委委员、组织委员 陈 波
党委委员、宣传委员 付善宇
党委委员、计生专职副会长 向 伟
党委委员 翁继宗
武装部长、副镇长 丁龙清
副镇长 陈 艳（女） 王国军

阿市乡

党委书记 邵昌明* 宋尚万
人大主席 刘智林
乡　　长 周 明（苗）* 周 波（苗）
党委副书记 朱 勇
党委委员、纪委书记 陈章琴（女）
党委委员、政法委书记 蒲 兴
党委委员、武装部长、副乡长 谢 云（白）
党委委员、宣传委员 李 编（苗）
党委委员、计生专职副会长 何 平
党委委员 刘 踊

普宜镇

党委书记 张治国
人大主席 李昌相
党委副书记、镇长 吴锦煜* 沈 颖（女、白）
党委副书记 沈 颖（女、白）*
党委委员、纪委书记 罗云忠
党委委员、政法委书记 朱 鸿
党委委员、宣传委员 蒲先富
武装部长、副镇长 郑慕天
党委委员 **张邦华** 沈 杰 陈忠义

副镇长 陈　桥　夏　天
计生专职副会长 蒙志洪

大屯乡

党委书记 张静梅（女）*
人大主席 程斗文
乡　　长 胡祥松（彝）
党委副书记 陆　军（彝）
党委委员、纪委书记 陈华阶（彝）
党委委员、宣传委员 牟泰来
武装部长、副乡长 漆俊峰
党委委员 晏书福*　范　云（彝）
燕正友　赵然友
副 乡 长 高　昆
计生专职副会长 王振帮

龙场营镇

党委书记 孙智全*　熊　林
人大主席 刘　江
党委副书记、镇长 赵　科（白）
党委副书记 吴树斌
党委委员、纪委书记 赵　旭
党委委员、组织委员 常　勇
党委委员、政法委书记 罗明光*
党委委员、宣传委员 杨　林（彝）
武装部长、副镇长 杨　凯（苗）*　刘绍森
党委委员、计生专职副会长 祁　桦（女）
党委委员、派出所所长 翟志鹏
副镇长 何大龙

田坎乡

党委书记 聂宗献*　吴锦煜
人大主席 彭廷柱
党委副书记、乡长 陈明福（彝）*　赵　耀
党委副书记 赵　耀（彝）*　陈　洺（彝）
梁　曙（挂任）
党委委员、纪委书记 李　勇（彝）*
陈　洺（彝）*　刘　曦
党委委员、政法委书记 陈　洺（彝）*　胡海峰*
党委委员、宣传委员 胡海峰*
党委委员 薛廷猛　曾　义
党委委员、计生专职副会长 罗国华（彝）
副乡长、武装部长 路　霄*
副乡长 温世宏

何官屯镇

党委书记 李　和
人大主席 周遵玉
党委副书记、镇长 汪　涛（白）
党委副书记 刘天鹏
党委委员、纪委书记 路　杰*
党委委员、组织委员 张成刚
党委委员、政法委书记 陈让军
党委委员、宣传委员 聂玉琴（女）
党委委员、武装部长、副镇长 孙　斌
党委委员、副镇长 朱启迅
党委委员 邓红梅（女、布依）
副 镇 长 谢洪军（白）　孙浩然
计生专职副会长 聂淑春（女）

对坡镇

党委书记 钟　华*
人大主席 罗　馨*
党委副书记、镇长 闵若梦*　黄常坤
党委副书记 朱　政*
党委委员、纪委书记 余　彪
党委委员、组织委员 史学斌
党委委员、政法委书记 余　寰
党委委员、宣传委员 刘洪波
党委委员 肖　洋
副 镇 长 刘　君
副镇长、武装部长 范　禹
计生专职副会长 陈孝文

水箐镇

党委书记 周晓波（彝）
党委副书记、镇长 彭华铭
人大主席 成 群 *
党委副书记 赵明顺 王 隐*
党委委员、纪委书记 张 健（白）
党委委员、组织委员 宋 产*
党委委员、政法委书记 邓 胻
党委委员、宣传委员 胡 旭
党委委员、计生专职副会长 舒銮琴（女）
党委委员 邓 群（女）
武装部长、副镇长 赵 扩（彝）
副 镇 长 罗 勇（苗） 周文贤
杨 刚（苗）

大银镇

党委书记 万益寿
党委副书记、镇长 龙明元
人大主席 王向福
党委副书记 徐长跃
党委委员、纪委书记 薛朝威
党委委员、组织委员 许明左
党委委员、政法委书记 杨 烊*
党委委员 陈 航（女、彝）*
党委委员、宣传委员 张志翔（穿青人）
武装部长、副镇长 张和江
副 镇 长 樊 勇 杨传坤（苗）

燕子口镇

党委书记 张达宇
人大主席 严 勇
党委副书记、镇长 王义文
党委副书记 周 峰
党委委员、纪委书记 黎建涛
党委委员、组织委员 吴 翀
党委委员、政法委书记 向曼丽（女）
党委委员、宣传委员 徐德友
党委委员、武装部长、副镇长 杨德才（苗）
党委委员、计生专职副会长 李建军
党委委员 向云呈
副 镇 长 李官继 黎建涛*

亮岩镇

党委书记 崔庆鼎
人大主席 张茂良
党委副书记、镇长 吴传义
党委副书记 李 昕
党委委员、纪委书记 袁 野
党委委员、组织委员、武装部长 聂艳艳（女）
党委委员、政法委书记 孔维勇
党委委员、宣传委员 姚 军
党委委员 金 鑫 柴忠鑫
副 镇 长 王春华 陈大江

林口镇

党委书记 黄明显
党委副书记、镇长 史远英（女）*
张玉荣（女）
人 大 主 席 周维香* 龙 刚（彝）
党委副书记 王 汉
党委委员、纪委书记 阮鹏程
党委委员、组织委员 王 汉* 朱 勇
党委委员 王顺福 袁树礼* 赵 江
武装部长、副镇长 范 杰（彝）* 袁树礼
党委委员、宣传委员 周 璇（女）
副 镇 长 刘洪松（彝） 王娟智（女）

清水铺镇

党委书记 李 萍（女、彝）
人大主席 施明泽
党委副书记、镇长 周 华
党委副书记 刘礼贵
党委委员、纪委书记 周 颖

党委委员、组织委员 郑　江
党委委员、政法委书记 曾邦顺*
党委委员、宣传委员 叶均平
副镇长、政法委书记 徐　帅
党委委员 葛　松　潘礼黔*
副 镇 长 潘　文*　孟令权　许惇译
副镇长、武装部长 罗　询

生机镇

党委书记 宋　勇*　赵仁祥*
人大主席 谢曰学
党委副书记、镇长 葛芝洪
党委副书记 高　敏*
党委委员、纪委书记 刘　学
党委委员、组织委员 翁志远
党委委员、宣传委员 胡孝华
党委委员、政法委书记 金　杰
党委委员 吴言纲*
武装部长、副镇长 刘发勇
副镇长 张　勇　李元发（彝）*
计生专职副会长 孔　银

团结乡

党委书记 宋尚万*　闵若梦
人大主席 李应勇*（蔡）
党委副书记、乡长 龙中举（彝）
党委副书记 龙中举*（彝）　范　杰（彝）
党委委员、纪委书记 潘永发（彝）
党委委员、组织委员 彭启禄
党委委员、政法委书记 胡思娇杨*　曹　恒
党委委员、宣传委员 刘　琼（女）
武装部长、副乡长 张泽才*　陈荣军
党委委员、计生专职副会长 颜　斌
党委委员 杨德祥*　曾　剑
副 乡 长 曹　恒*　陈荣军*　杨　杰

鸭池镇

党委书记 邓　涛
党委副书记、镇长 宋家义
人大主席 张荣怀（彝）*　葛传友
党委副书记 吕东华*　周　兴
党委委员、纪委书记 赵明顺*　刘青云*　韩　明
党委委员、组织委员 邵　兵
党委委员、政法委书记 李晓军（苗）
党委委员、宣传委员 梁　达
党委委员 张　杰　吴红梅
党委委员、副镇长 韩　明*　杨　霞（女、彝）
武装部长、副镇长 葛传友*　朱新宇
副 镇 长 范厚俊*　陈孝艳（女）*　周　雪（女、苗）　王万贵　黄　萍

朱昌镇

党委书记 李永红
党委副书记、镇长 张政权
人大主席 顾登勇
党委副书记 吴学海（穿青人）*　罗　福
党委委员、纪委书记 胡　辉
党委委员、组织委员 龚　吉
党委委员、政法委书记 邱中卫*　周卫华
党委委员、宣传委员 刘　芳（女）
党委委员 聂　挺　王　超
武装部长、副镇长 罗　龙（穿青人）
副 镇 长 张　源（彝）　龙　升（彝）

田坝镇

党委书记 汤志刚
人大主席 罗荣徐（彝）*　成　群
党委副书记、镇长 周进学（穿青人）
党委副书记 施　华
党委委员、纪委书记 武声录

党委委员、组织委员 张　斌
党委委员、政法委书记 赵　坦
党委委员、宣传委员 王国贝
武装部长、副镇长 肖昌礼
党委委员 刘永祝　赵　坦*　赵卫华（白）
副 镇 长 曾剑弢　肖星洁（女）
计生专职副会长 韦　英（女）

阴底乡

党委书记 申开科
人大主席 李林海（彝）
党委副书记、乡长 杨明学（苗）*
清成松（白）
党委副书记 清成松（白）*
党委委员、纪委书记 李　云（彝）*
龙秀红（彝）
党委委员、组织委员 汪寿云
党委委员、政法委书记 王　健
党委委员、宣传委员 胡荣兵
党委委员、武装部长、副乡长 李天震*
党委委员 陈春雨（彝）
副 乡 长 郎　东　龙秀红（彝）*
黎　梅（女）
计生专职副会长 郑诚成*

千溪乡

党委书记 毛　静
人大主席 龙　挺
党委副书记、乡长 王　武（白）
党委副书记 周　波（苗）*
党委委员、纪委书记 樊晓林（彝）
党委委员、组织委员 陈　佳
党委委员、政法委书记、计生专职副会长 胡　鸿
党委委员、宣传委员 王永芬（女、苗）*
党委委员、武装部长、副乡长 徐世伟*
党委委员、副乡长 杨明举（挂职）
副 乡 长 熊　秀（女、彝）　汪文全*

长春堡镇

党委书记 张和国
党委副书记、镇长 林学文
人大主席 何怀山*　吴传著
党委副书记 陈　余
党委委员、纪委书记 吴传著*　吕进萍
党委委员、组织委员 张　虎
党委委员、政法委书记 彭　义
党委委员、宣传委员 宋　璟
党委委员、副镇长 吕进萍（女）*
武装部长、副镇长 刘天前*　刘泉位
党委委员 吴勇志　吴　龑　刘　承
副 镇 长 杨秋菊（女、苗）　陈　晨
王　江　刘泉位
计生专职副会长 吴　琴（女）

撒拉溪镇

党委书记 李　兵
人大主席 吴学伦
党委副书记、镇长 阮世祥
党委副书记 谢　洪*　彭大宇
党委委员、纪委书记 支从国
党委委员、政法委书记 周卫华*　路　杰
党委委员、武装部长、副镇长 周礼俊*
党委委员、宣传委员 路言贵
党委委员 顾怀明　王大林　王亚芬（女）
丁　军
武装部长、副镇长 彭定毕
副 镇 长 徐　腾　陈　伟

杨家湾镇

党委书记 陈云峰
人大主席 聂　明*
党委副书记、镇长 赵　耀（白）*
吴学海（穿青人）
党委副书记 张　竞

党委委员、纪委书记 刘庆国
党委委员、组织委员 金景成*
党委委员、政法委书记 周　林
党委委员、宣传委员 金光法*
党委委员、武装部长、副镇长 顾　健
党委委员 张同亮　余安定
副 镇 长 聂祥丽（女）　徐　滔*　刘烤熔
熊　琳（女）　余　杰（女、彝）*
武　聪*
计生专职副会长 李勇斌

放珠镇

党委书记 聂登远
人大主席 周礼俊
党委副书记、镇长 彭　婷（女）
党委副书记 朱　江
党委委员、纪委书记 刘天伟
党委委员、政法委书记 葛　玮
武装部长、副镇长 王　军
党委委员 阮　艳（女）　吴传友
副 镇 长 许维书　许　伟

野角乡

党委书记 张道奇
人大主席 潘定华
党委副书记、乡长 胡荣华
党委副书记 宋家友（穿青人）
党委委员、纪委书记 漆自勇
党委委员、政法委书记 樊贵章
党委委员、宣传委员 李俊白
武装部长、副乡长 吴学友
党委委员 陈　耀　葛　昆　李朝智（女）
副 乡 长 金开健　徐　宁　唐　杰

青场镇

党委书记 石明殿
党委副书记、镇长 陈文贵
人大主席 吴付祥
党委副书记 吴付祥*　吴春梅（女）
党委委员、纪委书记 吴春梅（女）*　李　烈
党委委员、组织委员 吴江涛
党委委员、宣传委员 李　烈*
党委委员、政法委书记 钱德祥*　吴　成
党委委员 葛东杰　吴　旭
党委委员、副镇长 刘廷阳（挂职）
武装部长、副镇长 吴传斌
副 镇 长 石　寅（女）　赵　伦（白）*
吴　成　*
计生专职副会长 李　华*

大河乡

党委书记 路　亮
人大主席 石　淼
党委副书记、乡长 何怀新
党委副书记 吴　奥
党委委员、纪委书记 吴长义
党委委员、政法委书记 黄　龙
党委委员、组织委员 吕芳乾
党委委员、宣传委员 吴　涛*
副 乡 长 张义书
武装部长、副乡长 苏　勇
党委委员 王　耀

区直单位

区委办公室
区委常委、主任 吴贤耀（彝）
副主任 赵　敏（女）　黄宇新　丁　胜
黄仕忠　姜　勇（彝）
林露青（女、满）　龙明元　支　昕
纪检组长 孙　瑞*
机关党委书记 聂祥瑞
政策研究室主任 姜　勇（彝）*　黄宇新
副主任、督办督查局局长 丁　胜
副 局 长 张　讯*　王方贵　胡　驰
保密局局长 苏　博（壮）

机要局局长 陈　跃
区城乡统筹办主任 郭光全* 赵　丽（女，白）
小康办主任 黄仕忠
小康办副主任 张永坤 邓　永 梁　俊

中国共产党七星关区纪律检查委员会、七星关区监察局派驻部门纪工委（监察分局）

区委常委、纪委书记 何友宜
副书记、监察局局长 周凌祥（女、彝）
副书记 张　龙
常委、副局长 刘　贵
常委、案件审理室主任 民生项目监督青场镇、大河乡、野角乡特派组
组　长 雷朝举
常　委 吕敬禄 马兴江
副局长 胡　晓
机关党委书记 吴贤卫
办公室主任 葛永胜
案件检查一室主任 李光路*
第一纪检监察室主任 李光路
案件检查二室主任 刘　敏（女）*
第二纪检监察室主任 蒋正宇*
案件检查三室主任 罗良雁（女）*
第三纪检监察室主任 罗良雁（女）
第四纪检监察室主任 吴运成* 刘青云
信访室（举报中心主任） 孙　震* 彭　洁
党风政风监督室主任 阮开府* 丁昱杰
举报中心（非公有制经济发展侵权投诉中心）
主任 孙天珍（女）
民生建设公开公示监管中心主任 丁昱杰
干部室主任 曾　义* 孙　震
案件审理室主任 刘　敏 李　勇
政策法规调研室主任 刘天云
宣传教育室主任 孙　站

区委组织部

区委常委、组织部部长 郑　荣（女）
副部长 吴道国* 张万泽 刘昂志 徐　庆（女） 熊　宁 胡大为（女）
副部长、党建办主任 吴道国* 胡大为（女）
副部长、实绩考核办主任 张万泽
部务委员 黄常坤* 严　红 薛朝端
机关党委书记 张林涛
党建办副主任、远教办主任 薛朝端* 陈　阳
党建办副主任 王献金
人才办主任 苏方龙* 曾万年
实绩考核办副主任 刘国虹 石河梦
党员创业带富工程指导中心主任 石河梦* 王　军

区委宣传部

区委常委、区委办主任、宣传部部长 吴贤耀
常务副部长 季善旭
区委宣传部副部长、文联主席 吴晓曦
副部长 戴德润* 卯　洪
区社科联主席 陈家贵
宣传中心主任 周训永* 黎秀禹
新闻宣传中心副主任、区文联副主席 徐　渠
整脏治乱和文明创建办公室副主任 张　健（女、白）
精神文明建设指导委员会办公室主任 杨　艳（女）

区委统战部

区委常委、部长 安　旺（彝）
常务副部长 彭春霞（女）
副部长、对台办主任 史大学* 王国权
副部长、工商联党组书记 王国权* 戴沛颜（彝）
副部长 戴沛颜（彝）*
副部长、民宗局局长 杨勋坤
对台办副主任 王　富
毕节试验区七星关区工作联络联系办公室主任 陈　畅

区委政法委

区委常委、书记 何万学
常务副书记、群众工作部副部长、维稳办主任 沈成林
副书记、国安办主任 安茂华（彝）
副书记、综治办主任 蒋家龙
副书记、禁毒办主任 周　健* 蒋家龙
政法委委员、政工科科长 王国牛

政法委委员、区纪委派驻政法部门纪工委委员、
纪检组组长　李　杰
维稳办专职副主任　聂宗益
综治办专职副主任　杨　琴（女）*　田兴中
禁毒办专职副主任　杨正中
办公室（研究室）主任　段　彪
执法监督科科长　王湘黔
维护稳定科科长　朱世红
社会治安综合治理科科长　罗振民（彝）
信访科科长　田兴中*　杨　琴（女）
阳光工程管理办主任　聂　婷（女）
社会稳定风险评估中心主任　吴学勇

区纪委（监察局）
派驻部门纪工委（监察分局）

一、党群部门
派驻党群部门纪工委书记、
民生项目监督燕子口镇、亮岩镇、
生机镇、清水铺镇特派组组长　高　伟
派驻党群部门纪工委副书记、
监察分局局长　孙　瑞
派驻党群部门纪工委委员、
驻信访局纪检监察专员　龙纯会（女、穿青人）
派驻党群部门纪工委委员、
区直机关工委党委委员、
纪委书记　赵红平（女、白）
派驻党群部门纪工委委员、
区委组织部纪检组组长　张　蕊（女、　彝）
派驻党群部门纪工委预防室主任、
区政府办党组成员、纪检组长　张自葳（女）
派驻党群部门纪工委督查室主任　吴　鑫
派驻党群部门纪工委办公室主任　刘天云*
派驻党群部门副科级干部　牛贵勇

二、涉农部门
派驻涉农部门纪工委书记、
民生项目监督水箐镇、何官屯镇、
对坡镇、田坝桥镇特派组组长　钟玉莲（女）
派驻涉农部门纪工委副书记、
监察分局局长　马兴江（回）*
派驻涉农部门纪工委委员、
区移民局党组成员、纪检组组长　赵举远
派驻涉农部门纪工委委员、
区林业局党组成员、纪检组组长　罗　敏
派驻涉农部门纪工委委员、
区水利局党组成员、纪检组组长　许　锦
派驻涉农部门纪工委委员、
区扶贫办党组成员、纪检组组长　许　静
派驻涉农部门纪工委委员、办公室主任、
区供销社党组成员、纪检组组长　崔艳丽
派驻涉农部门纪工委驻区农机局副科
级纪检监察专员　沈和平
派驻涉农部门纪工委委员、
区农牧局党组成员、纪检组组长　阮开府

三、科教文卫部门
派驻科教文卫部门纪工委书记、
民生项目监督杨家湾镇、放珠镇、
撒拉溪镇特派组组长　王仁庆（女、彝）
派驻科教文卫部门纪工委副书记、
监察分局局长、民生项目监督大银镇、
林口镇、团结乡特派组组长　邹　堃
派驻科教文卫部门纪工委办公室主任　王　亭（女）*
派驻科教文卫部门纪工委督查室主任　孙维仲
派驻科教文卫部门纪工委预防室主任　黄　琪
派驻科教文卫部门纪工委委员、
派驻文体广电旅游局（新闻出版局、
版权局）党组成员、纪检组组长　张启学
派驻科教文卫部门纪工委委员、
派驻教育局党组成员、纪检组组长　赵秀梅*
赵　碧（女、白）
派驻科教文卫部门纪工委委员、
区卫计局党组成员、纪检组组长　周方石
派驻七星关区人民医院纪检监察专员　卯　蕾　（女）

四、政法部门
政法部门纪工委书记、区公安局党委委员、
纪委书记　刘曙光（回）

派驻政法部门纪工委副书记、监察分局局长、
检察院党组成员、纪检组组长　杨大富
派驻政法部门纪工委委员、副书记、
正科级纪检员　谢仲林
派驻政法部门纪工委副科级纪检监察专员　徐　萍（女）
派驻政法部门纪工委委员　聂宗映
派驻政法部门纪工委委员、区委政法委委员、
纪检组组长　李　杰
派驻政法部门纪工委委员、派驻法院党组成员、
审判委员会委员、纪检组组长　余　平*
派驻政法部门纪工委督查室主任　吴运成*
派驻政法部门纪工委办公室主任　何能文
派驻政法部门纪工委预防室主任　曾芳梅（女、穿青人）*

五、经济发展部门
派驻经济发展部门纪工委书记、
民生项目监督普宜镇、大屯乡、
龙场营镇、田坎乡特派组组长　雷朝贵
派驻经济发展部门纪工委副书记、
监察分局局长　支　牧
派驻经济发展部门纪工委委员、
预防室主任、统计局党组成员、
纪检组组长　王祥平
派驻经济发展部门纪工委委员、
督查室主任、财政局党组成员、
纪检组组长　蒋正宇*　高　敏
派驻经济发展部门纪工委委员、
工能局党组成员、纪检组组长　李晓静*　苏传平
派驻经济发展部门纪工委委员、
办公室主任、发改局党组成员、
纪检组组长　王　琴（女、穿青人）
派驻经济发展部门纪工委委员、
审计局党组成员、纪检组组长　林茂祥*
派驻经济发展部门纪工委委员、
环保局党组成员、纪检组组长　马顺辉*（彝）
王　擎（女）
派驻经济发展部门纪工委委员、
交通运输局党组成员、纪检组组长　苏传平*
曾帮顺
派驻经济发展部门纪工委委员、
市场监督管理局党组成员、纪检组组长　胡　江
派驻招商局副科级纪检监察专员　陈　琼（女）
派驻经济发展部门纪工委副科级纪检监察专员
李　丽（女）

六、社会发展部门
派驻社会发展部门纪工委书记、
民生项目监督朱昌镇、田坝镇、
千溪乡、阴底乡特派组组长　黄国萍（女、白）
派驻社会发展部门纪工委副书记、
监察分局局长　汪永立
派驻社会发展部门纪工委副书记、
民生项目监督阿市乡、小吉场镇、
层台镇特派组组长　叶宗乾*
派驻社会发展部门纪工委督查室主任　赵　坤（白）
派驻社会发展部门纪工委驻区房屋征收管理局
副科级纪检监察专员　谢敬武
派驻社会发展部门纪工委办公室主任　王　俊（女）
派驻社会发展部门纪工委委员、
民族和宗教事务局党组成员、
纪检组组长　洪世群（女）
派驻社会发展部门纪工委委员、
城市综合执法大队党组成员、
纪检组组长　毛仕新
派驻社会发展部门纪工委委员、
安全生产监督管理局党组成员、
纪检组组长　黄进东*
派驻社会发展部门纪工委委员、
住房和城乡建设局党组成员、
纪检组组长　王　毅
派驻规划局副科级纪检监察专员　张周平（女）
派驻房产局副科级纪检监察专员　颜春苹（女）
派驻社会发展部门纪工委委员、
预防室主任、安全生产监督管理局
党组成员、纪检组组长　陈大进

七、政府直属园区（公司）
派驻政府直属园区（公司）纪工委书记、
民生项目监督海子街镇、八寨镇、

鸭池镇、长春堡镇特派组组长　周剑云
派驻政府直属园区（公司）纪工委副书记、
监察分局局长　王　瑛（女）
派驻政府直属园区（公司）纪工委委员、
驻黔西北工业园区管委会纪检监察专员　李秉德
派驻政府直属园区（公司）纪工委委员、
驻德溪新区管委会纪检监察专员　何　平
派驻政府直属园区（公司）纪工委驻天河
风景名胜管理处副科级纪检监察专员　张　华
派驻政府直属园区（公司）纪工委驻益民
公司副科级纪检监察专员　张　琼（女）
派驻政府直属园区（公司）纪工委预防室
主任　王方义
派驻政府直属园区（公司）纪工委办公室
主任　邱艳霞（女）

八、市东片区
派驻市东片区办事处纪工委书记、
民生项目监督市东办事处、德溪办事处、
碧阳办事处、麻园办事处、观音桥办事处、
碧海办事处特派组组长　蒋全华*
派驻市东片区办事处纪工委书记、
市东街道办党工委委员、纪工委书记、
民生项目监督市东办特派组副组长　吕东华
派驻市东片区办事处纪工委副书记、
委员、监察分局局长、观音桥街道办党
工委委员、纪工委书记、民生项目监督
观音桥街道办特派组副组长　陈　昕（女、彝）
派驻市东片区办事处委员、
市东街道党工委委员、纪工委书记、
民生项目监督市东办特派组副组长
张指界*　吕东华
派驻市东片区办事处纪工委督查室主任
龙秀琼（女、彝）
派驻市东片区办事处纪工委纪检监察专员
蔡云阳（女）
派驻市东片区办事处纪工委委员、
麻园街道办党工委委员、纪工委书记、
民生项目监督麻园街道办特派组副组长
汪　琴（女）
派驻市东片区办事处纪工委委员、
碧阳街道办党工委委员、纪工委书记、
民生项目监督碧阳街道办特派组副组长
支亚琴（女）
德溪街道办党工委委员、纪工委书记、
民生项目监督德溪街道办特派组副组长
郭　旋（女）*　魏　平
碧海街道办党工委委员、纪工委书记、
民生项目监督碧海街道办特派组副组长
杨秋菊（女）*　张周平（女)

九、市西片区
派驻市西片区办事处纪工委书记、
民生项目监督市西办事处、三板桥办事处、
大新桥办事处、洪山办事处特派组组长　吕敬禄
派驻市西片区办事处纪工委副书记、
监察分局局长　顾　堃*　张梅（女、彝族）
派驻市西片区办事处纪工委办公室主任　朱平秀（女）
派驻市西片区办事处纪工委预防室主任　黎春燕
派驻市西片区办事处委员、
大新桥街道党工委委员、纪工委书记、
民生项目监督大新桥街道办特派组副组长
张晓玲（女）
派驻市西片区办事处委员、
三板桥街道党工委委员、纪工委书记、
民生项目监督三板桥街道办特派组副组长
陈振华*　张梅（女、彝族）
派驻市西片区办事处委员、
市西街道党工委委员、纪工委书记、
民生项目监督市西（社区）特派组副组长
高鹏程
派驻市西片区办事处委员、
洪山街道党工委委员、纪工委书记、
民生项目监督洪山（社区）特派组副组长
吴世渊*

政务服务中心

主任（兼）　胡书龙
常务副主任　罗荣杰（彝）*　吴长敏

副主任（兼） 周凌祥（女、彝）
副主任 王瑞荣（穿青人） 吴玉萍（女）

机关党工委（国教办）

书　记（主　任） 白　胜（彝）
副书记（副主任） 潘发顺　潘云重
委员、纪委书记 赵红平（女、白）

离退干局

局　长 徐　庆（女）
副局长、老年大学常务副校长 陈祖卫
副局长 张凤春

机构编制委员会办公室（事业单位登记管理局）

主　任 宋志刚
副主任 梁祖敏
事业单位登记管理局局长 胡　欣（女）

团区委

书　记 彭　婷（女）* 聂志祥
副书记 赵芳应（女） 高占武

妇　联

主　席 司静频*（女） 张静梅（女）
副主席 孙涌权（女） 刘洪琼（女）

科　协

主　席 赵德华* 孙智全
副主席 张在进（彝） 周晓鸿（彝）

科技办
主　任 王正莲（女、彝）
副主任 王玉远　王　擎（女）

总工会

区人大常委会副主任、主席（兼职） 安　慧（女、彝）
党组书记、副主席 胡永继
党组成员、副主席 王师伦　肖　平（女）
党组成员 梅怀品

投资促进局

党组书记、局长 殷　震
党组成员、副局长 路　华　余永富（蒙古）
陈垚邑（女、白）
项目代办服务中心主任 丁文华

城乡规划局

住建局党组副书记、规划局局长 林　勇（穿青人）
规划局副局长 张永平（苗） 张珍勇　李廷新

人民防空办公室（交通战备办公室）
主　任 林露青* 史大学
副主任 吴长云* 吴传应

工商联（商会）

党组书记、副主席 戴沛颜（彝）
主席（会长） 邓　庆（白）
名誉主席 熊　鹏
党组成员 翟德信　顾光凯　潘赛群（女）
李　瑛（女、彝）
党组成员、副主席（副会长） 翟德信　顾光凯
党组成员、秘书长 潘赛群（女）
兼职副主席 付绍友（区工能局）
黄仁海（区工商局）
路　华（区招商局）
不驻会副主席 王泽方　燕翠萍（女）
陈廷贵　蒋秀敬
阿里木（维吾尔） 胡　磊
顾　翔　熊　亮（女）

不驻会副会长　王泽方　燕翠萍（女）
陈廷贵　蒋秀敬
阿里木（维吾尔）　胡　磊
顾翔熊亮（女）　周云德
王思明　吴　平

残　联

理 事 长　陈明荣（彝）
副理事长　吴　端　刘　娅（女）

红十字会

常务副会长　曾贵章

区委党校

校　长　郑　荣（女）

区行政学校

校　长　胡书龙
党校（行政学校）党委书记、常务副校长　徐永东
党委委员、副校长　洪文贤*　朱　凯

党史研究室（地方志编纂委员会办公室）

党组书记、主任　唐光启
党组成员、副主任　张正禄　周遵鹏

政府办

党组书记、政府办主任　孔维平
党组副书记、常务副主任　陈亮欢
党组成员、副主任　陈　琨　吴道忠
政府办驻贵阳办事处主任　吴道忠*
副主任、人防办主任　林露青*
党组成员、副主任　陈秋平　姜　维
应急办专职副主任　姜　维*
党组成员、副主任　谢　洪
副主任　张　梅*　周　兴*
党组成员、机关党委书记　雷　珊
党组成员、纪检组长　张自葳
党组成员、人防办主任　史大学
人防办副主任　吴长云*
法制办主任　董玉祥
法制办副主任　崔国庆
法制办法律顾问室专职副主任　肖仕龙
法制办副主任　高　丹*
国防教育办公室主任　高　先
应急办专职副主任　杨佳昌
外事侨务办主任　苏　健
电子政务办主任　张　浩　彭大宇*
政务中心常务副主任　吴长敏　罗荣杰*
政务中心副主任　王瑞荣　吴玉萍
科技办主任　王正莲
科技办副主任　王　擎*　王玉远
投资促进局党组书记、局长　殷　震
投资促进局党组成员、常务副局长　王豫黔*
投资促进局党组成员、副局长　路　华　余永富
陈垚邑
机关事务管理局局长　雷　燕
机关事务管理局副局长　李红艳　胡　莎
刘　林

人大内设机构

党组成员、办公室主任　罗亚东
办公室常务副主任　顾　堃
办公室副主任　周奎礼
代工委主任　林科英（女）
代工委副主任　许　琴（女）
民工委主任　罗启林（苗）
法工委主任　李启念
财经委主任　杨兴全
财经委副主任　靳如忠
教科文卫委主任　张国富（彝）
教科文卫委副主任　刘　红（女）
信访办主任　许　琴（女）

政协内设机构

党组成员、秘书长 王安民
副秘书长、办公室主任 吴建平
经科委主任 罗晓娟（女）
提案法制委主任 张贵春
民宗委主任 李俊莲（苗）
人口资源环境委员会主任 李燕荣
文史与宣教委副主任 路 玥*
文史与宣教委主任 路 朋
智力支边办副主任 杨旭东（苗）
副秘书长、办公室常务副主任 范 玲（女）*
智力支边办主任 聂鸣华* 邓平举
提案法制委副主任 魏 鑫（女）*

发展和改革局

党组书记、局长 陈 俊（彝）
党组成员、常务副局长 许先正
党组成员、副局长 丁培鸿 黄佑春* 高君伦 刘 荣（女）
党组成员、纪检组长 王 琴（女、穿青人）
党组成员 吉章文
党组成员、节能减排大队队长 段国红（女）

工业经济贸易和能源局

党组书记、局长 廖康富
党组成员、副局长 邵家盛 周 亮 廖秋灵（女、彝） 张蜀贵（白） 张 琦
党组成员 傅绍友
党组成员、机关党委书记 王开禄
党组成员、纪检组长 李晓静* 苏传平
城镇集体工业联社主任 赵凤琪（女）

民族和宗教事务局

党组书记、局长 杨勋坤（苗）
党组成员、副局长 张在琴（女、彝） 吴长远 杨明学（苗）
党组成员、纪检组组长 洪世群（女）
党组成员 赵高寿

民政局

党组书记、局长 胡大为（女）* 司静频（女）
党组成员、常务副局长 罗彦明
党组成员、副局长 张贵宁（满） 杨孝雄
党组成员、老龄办主任 李 吉（彝）* 张 炯（女）
党组成员 潘永忠 王 查

财政局

党组书记、局长 王 茂
党组成员、常务副局长 付明忠
党组成员、副局长 王友贵 胡家芬（女） 桂亚男（女）
党组成员、机关党委书记 蔡 娟（女）
党组成员、纪检组长（区纪委、监察分局派驻经济发展部门纪工委委员、督查室主任） 高 敏
会计核算中心（国库支付中心）主任 桂亚男（女）
会计核算中心（国库支付中心）副主任
张 励（女） 赵世琴（女） 武 荣

人力资源和社会保障局

党组书记、局长 刘昂志
党组成员、常务副局长（社会保险事业局局长） 肖秋玲（女）
党组成员、副局长 丁 润
党组成员、机关党委书记 刘永琴（女）*
党组成员 白建生 张 华
城乡居民社会养老保险服务中心主任 李 军
劳动保障监察大队大队长 董丽荣（女）
劳动争议仲裁院院长 潘启才

国土资源局

党组书记、局长 汪　翔
党组副书记、常务副局长 张仕江
党组成员、副局长 周遵俊　顾卫华
党组成员、地灾办主任 李晓英
党组成员、纪检组组长、办公室主任 史开铬
党组成员、机关党委书记 顾卫华*
党组成员、执法监察大队大队长 陆　艺
不动产登记中心主任 阎　静

环保局

党组书记、局长 陈方生
党组成员、副局长 安　逸　汤继学
党组成员、纪检组组长 王　擎

住房和城乡建设局

党组书记、局长 彭新立
党组副书记、房产事业局局长 梁　鸿
党组副书记、规划局局长 林　勇（穿青人）
党组副书记、房屋征收管理局长 张正伦
党组成员、常务副局长 陈兴明
党组成员、副局长 周　德　张修德
党组成员、纪检组长（区纪委派驻社会发展部门纪工委委员） 王　毅
党组成员、机关党委书记 黄代君（女）

房产事业局

党组副书记、房产事业局局长 梁　鸿
房产事业局副局长 叶宗乾　肖明友（白）
张　榆

交通运输局

党组书记、局长 肖玉明
党组成员、常务副局长 张在翔（彝）
党组成员、副局长（海事处处长） 孙良德
党组成员、副局长 朱强贵　安晋蓉（女、彝）
党组成员、纪检组组长 苏传平*　曾邦顺
党组成员 王有平　岳顶全
党组成员、机关党委书记 申　才
党组成员、公路运输管理所所长 吴　刚
党组成员、地方公路管理所所长 孙天刚

群众工作部（信访局）

群工部部长（兼） 何万学
群工部常务副部长、信访局局长 赵　敏（女）
群工部副部长（兼） 沈成林
群工部副部长、信访局常务副局长 郑　琴（女）
群工部副部长、信访局副局长、接访〔调处〕中心主任 刘拥政
群工部副部长、信访局副局长 张玉超
季　虹（女）*
顾艳华（女）
接访〔调处〕中心副主任 吴正发*
李兴会（女、彝）
李德亮

农牧局

党组书记、局长 林　勇*（穿青人）　张珍龙
党组成员、常务副局长 张　浩
党组成员、副局长 朱启刚　王洪运
李　玲（女）
陈秋平　冷付春
党组成员、纪检组组长 彭　洁*
党组成员、机关党委书记 刘发富
党组成员 龚　丹　杨　军（仡）　彭洪玖
党组成员、动物疫病预防控制中心主任、高级兽医师 邱声邦
动物卫生监督所所长 王荣美（穿青人）
农牧综合执法大队大队长 舒銮斌
草地畜牧业发展中心主任 许定尧
茶产业发展局局长 吴　馨

农业机械事业局

党组书记、局长　胡锦怀
党组成员、副局长　邵仁领　聂秉祥　李作勇
副科级纪检监察专员　沈和平

烟草办

主　任　熊　雄
副主任　罗　祥

水利局

党组书记、局长　吕碧生
党组成员、常务副局长　王　磊
党组成员、副局长　罗永平*　罗志琴（女）
党组成员、机关党委书记　陈春兰（女）
党组成员　陈章忠　张　杰
毛军舰（女、蒙古）
党组成员、水保办主任　杨　琼（女）
党组成员、纪检组组长（区纪委派驻涉农部门纪工委委员）　许　锦（女）
党组成员、倒天河水管所党支部书记、所长　吴道军
倒天河水管所所长　张卫政*

文化体育广播电视旅游局（区新闻出版局、区版权局）

党组书记、局长　徐兴志
党组成员、常务副局长　宋智祥
党组成员、副局长　李仕平*（彝）　向云红
刘秀明　林　鸿
副局长　李　琼（女、苗）
党组成员、纪检组组长　张启学
党组成员、机关党委书记　樊国成
党组成员　石清泉*　孙　武
党组成员、广播电视台台长　朱光伦
广播电视台副台长　向昆鹏　赵温社
文化市场综合执法大队大队长　陈章智
体育事业发展中心主任　朱连义
文化局管理所所长　张忠文
大屯土司庄园管理所所长　王安昌*　陈　锋

卫生和计划生育局

党组书记、局长　陈大顺
党组成员、常务副局长　张永忠
党组成员、协会专职副会长　周遵林
党组成员、副局长　喻茂红（女、穿青人）
党组成员、纪检组长　周方石
党组成员、机关党委书记　张怀蓝
党组成员、流动人口计划生育管理局局长　石国平
党组成员　李亚国
副局长　李　海（白）
党组成员　谢才敬
党组成员、疾控中心主任　徐仕清
党组成员、执法大队大队长　李鸿俊
副局长　苏方龙
区人口和计划生育协会秘书长　李秋文
区爱国卫生运动委员会办公室主任　武绍龙
区人口和计划生育利益导向服务中心主任　吴丽娜（女）
区人民医院院长　阮　胜
区人民医院副院长　陈　凯　刘春平
李毕光（女）
区妇幼保健院院长　李亚国（兼任）
卫生监督所所长　王明祥
卫生监督所党支部书记　龙先璞（彝）
市西社区卫生服务中心主任　王成林
市东社区卫生服务中心主任　靳　伟
观音桥社区卫生服务中心主任　赵永佳（女）

教育局

党组书记、局长　叶　荣
党组成员、常务副局长　陈　勇
党组成员、区营养办主任　杨　健
党组成员、副局长　卢启霞（女、穿青人）
党组成员、机关党委书记　赵秀梅（女、白）

纪检组长　赵　碧
党组成员　曹廷栋
毕节二中党支部书记、校长　徐　武
七星关区中等职业学校党支部书记、校长　穆元春
毕节四中校长　张　丽
毕节六中党支部书记、校长　李大元
毕节七中党支部书记、校长　龚　霖
毕节八中党支部书记、校长　唐泰祥
毕节实验学校党支部书记、校长　钱　瑾
海子街中学党支部书记、校长　阮　鹏
朱昌中学党支部书记、校长　叶　涛
龙场营中学党支部书记　杨茂春
龙场营中学校长　赵启科
燕子口中学副校长　董荣松
杨家湾中学党支部书记、校长　何文君

扶贫开发办
党组书记、主任（兼核桃产业办主任）　丁雪梅（女）
党组成员、副主任　李兴学（苗）　袁　平
张爱周
副主任　杨晓容（女）（挂职）
党组成员、纪检组组长　许　静（女）
核桃产业办副主任　石　鋆
外资项目管理中心（社会扶贫办公室）主　任
郑朝勇

审计局

党组书记、局长　肖荣华
党组成员、副局长　夏　文　孙忠学（穿青人）
欧阳慕兰
党组成员　冯　兵

林业局

党组书记、局长　邓平举*　吴道国
党组成员、常务副局长　翟思勤
党组成员、副局长　胡　勇
党组成员、贵州省七星关区毕节国家森林公园管理处处长　周训军
党组成员、副局长　金玉竹（女）
党组成员、纪检组长　罗　敏（女、彝）
党组成员、机关党委书记　武　健（女）
党组成员　薛占军
森林公安局（森林警察大队）局长（大队长）
吴学爱
森林公安局（森林警察大队）政委　王　勇（彝）
区防治石漠化管理中心主任　张　庆

安全生产监督管理局
党组书记、局长　孙　浩
党组成员、副局长　聂　焰　谌宏永　孙　超*
党组成员、副局长（煤安局局长）　张成述
党组成员、纪检组组长　陈大进

统计局

党组书记、局长　潘　登
党组成员、常务副局长　洪文贤

党组成员、副局长、乡镇办事处统计管理办主任　李桂琴（女）
党组成员、副局长　丁晓蓬
党组成员、纪检组组长（区纪委、区监察分局派驻经济发展部门委员、预防室主任）　王祥平
党组成员　袁锦碧（女）　刘天津（女）
乡镇办事处统计管理办副主任　廉庆隆
詹远会（女）
民调中心主任　周　剑

市场监督管理局
党组书记、局长　成名伟
党组副书记、副局长　罗达龙
党组成员、机关党委书记　黄仁海
党组成员、副局长　梁　义（女）　王剑克
高　伟*　葛　勇
曾建波
党组成员、纪检组长　胡　江
党组成员、食品药品稽查局局长　黄亚维
党组成员、经济检查大队大队长　陈卫红

党组成员、质量技术监督稽查大队大队长 谌贻玲（女）

国税局

党组书记、局长 雷　春
党组成员、副局长 肖文昌* 杜昌剑*
童　霖* 魏宗明
田　径 盖家魁
张　灿（女） 王良钦

地税局

党组书记、局长 张守伟
党组成员、纪检组长 王　华
党组成员、副局长 姚正东 陈祥波
机关党委书记 陈　莉

城市综合执法大队
党组书记、大队长 陈　戬
党组成员、副大队长 张　炯（女）*
李　吉（彝） 史远英（女）
陆　军
党组成员、纪检组长 毛仕新
党组成员、机关党委书记 张万青
城管大队大队长 支明彦
城管大队教导员 唐寿钢
环卫局局长 葛传远
园林绿化局局长 邵　波
市政管理局局长 张　普
城区河道管理处处长 孟天贵
城区河道管理处副处长 林文港 陈　永
裴良泉

天河风景名胜区管理处

党委书记 吴荣勇
处　　长 丁世远
副 处 长 王　磊 王　铮
党政办主任 吕庆华
规划建设科科长 罗　挺
景区管理科科长 黄常富
风景资源监察大队（森林防火办公室）大队长（主任） 陈　鹏（彝）
副科级纪检监察专员 张　华

水库和生态移民局

党组书记、局长 陈翔宇
党组副书记、副局长 谢　勇（白）
党组成员、副局长 谢　勇（白）*
杨泽军（苗）
周晓鸿（女、彝）*
党组成员、纪检组组长 赵举远

档案局

局　长 熊家伦
副局长 周珍云 蒋　卫

供销社

党组书记、主任 张　雷
党组成员、副主任 张万军 翟培祥
党组成员、机关党委书记 颜　燕（女）
党组成员、纪检组组长 崔艳丽（女）
党组成员 王　虎

公安局

区委常委、区委政法委书记、公安局党委书记、局长 何万学
党委副书记、政委 尹　平（彝）
党委委员、常务副局长 沈承刚
党委委员、副局长 孔德兴 马顺尧（彝）
党委委员、纪委书记 刘曙光（回）
党委委员、机关党委书记 曾丽华
党委委员、办公室（指挥中心）主任 刘　歆
党委委员、消防大队党委书记、教导员 全宏奎
党委委员、政工科科长 郭正顶（穿青人）

党委委员、水箐镇书记　周晓波（彝）
党委委员、市西办事处书记　康　海

司法局

党组书记、局长　吴　让
党组成员、副局长　吴　迢　郑朝祖
徐　菊（女）
党组成员、政工科长　聂雨红（女）
党组成员　阮龙君*
依法治理办公室主任　杨孝娟（女）*
党组成员、依法治理办公室主任　王　亭（女）

检察院

党组书记、检察长、检察委员会委员　徐　永
党组成员、副检察长、检察委员会委员　梁道义
王　鑫
党组成员、政工科科长、检察委员会委员　金必思
党组成员、纪检组组长、检察委员会委员、
中共七星关区纪委派驻政法部门纪工委副书记、
监察分局局长　杨大富
党组成员、检察委员会专职委员　杨时忠
党组成员、公诉科科长、检察委员会委员　徐仁礼（女）
党组成员、反贪污贿赂局局长、检察委员会
委员　伍成霖
党组成员、反渎职侵权局局长　王向阳（穿青人）*
党组成员、机关党委书记、侦查监督科科长、
检察委员会委员　李龙兴
反渎职侵权局副局长、检察委员会委员　陈建国
案件管理办公室主任、检察委员会委员　潘　东
职务犯罪预防局局长　刘　伟
反渎职侵权局副局长　陈　健　黄国喜*
中共七星关区纪委派驻政法部门纪工委
（监察分局）办公室主任　何能文
中共七星关区纪委派驻政法部门纪工委
（监察分局）预防室主任　曾芳梅*

法　院

党组书记、审判委员会委员、院长　禄智华（彝）
党组成员、审判委员会委员、副院长　赵　乾
靳　忠　聂　健
党组成员、审判委员会委员、执行局局长　周　璟
党组成员、审判委员会委员、政工科长　裴干明
党组成员、审判委员会委员、纪检组组长　余　平
党组成员、审判委员会委员、机关党委书记
胡　强
审判委员会委员、民一庭庭长　赵驭欧
审判委员会委员、民二庭庭长　简泽智
审判委员会委员、民三庭庭长　魏雪松
审判委员会委员、刑事审判庭一庭庭长　冯军良
审判委员会委员、刑事审判庭二庭庭长　刘　霞
审判委员会委员、立案庭庭长　陈玉仙
审判委员会委员、行政审判庭庭长　杨丽琴（女、彝）
研究室主任　黎景春
审监庭庭长　潘健禾
审管办主任　徐逸杰
信息宣传中心主任　彭　纪
执行局执行一庭庭长　聂　品
执行局执行二庭庭长　陈延华
执行局执行三庭庭长　王　勇
司法警察大队队长　周　珂
司法警察大队政委　胡高仁
长春堡人民法庭庭长　石朝鹏
清水铺人民法庭庭长　吴秀华
杨家湾人民法庭庭长　李忠熠
普宜人民法庭庭长　李华中
海子街人民法庭庭长　潘　鹏
何官屯人民法庭庭长　邓　坤
林口人民法庭庭长　宋亚林
朱昌人民法庭庭长　邱丽娅
青场人民法庭庭长　罗修华

房屋征收管理局
住建局党组副书记、房屋征收管理局局长　张正伦
房屋征收管理局副局长　付　煜　石　林　陈俊杰

房屋征收管理局副科级纪检监察专员　谢敬武

城区河道管理处
处　长　孟天贵
副处长　裴良泉　陈　永　林文港

碧海新区管委会
主　任　张志德
副主任　季　增*　聂　明

贵州七星关区经济开发区党的工作委员会

贵州七星关经济开发区管理委员会
书　记　宫晓农
主　任　胡敬斌
副书记　聂忠智
副主任　徐　立　严　琪
党政办主任　柏　侠（苗）
党政办副主任　吴　刚　罗晓东
规划建设与管理局局长　穆　龙
规划建设与管理局副局长　孙　忠　吕拥护
财政局局长　胡关友
财政局副局长　赵祖亮
安监局局长　孙　超
安监局副局长　吴　湘
投资促进局局长　黄进东
投资促进局副局长　杨佳昌（彝）
杨　奎（彝）
房屋征收与补偿局局长　张鲁周
房屋征收与补偿局副局长　黄虎林　陈　瑞
利用外资和招商引资项目代办服务中心主任　樊　衍

金融办
负责人　李明亮

水利发展投资有限责任公司
总经理　陈明福
副总经理　徐永华　张泽才

水务有限责任公司
法人代表、主要负责人　张　羿

德溪新区管委会
德溪新区管委会副主任　陈丽梅（女）
区纪委（区监察分局）派驻政府直属园区（公司）纪工委委员、驻德溪新区管委会纪检监察专员　何　平

德溪建设开发投资有限公司
董事长　焦中华
总经理、法人代表　焦中华
副总经理　吴传荣　周遵武　毛羽生　胡崇江
财务总监　胡崇江

碧海新区（益民住房）建设投资有限责任公司
董事长、总经理　梅　涛
法　　人　梅　涛　周遵鹏*　成祯胜*
副总经理　季　增　王杨富　余　勇　唐克家

新宇建设投资有限公司
总经理、法人代表　王志坚
副总经理　朱　琴（女）*　吴华俊*
查　健　赵克义（白）

开源建设投资（集团）有限公司
董事长　李明亮
董事会成员　王继福　王志坚　焦中华　梅　涛
总经理　李明亮
副总经理　王继福　王志坚　吴华俊
财务总监　李祖文
行政部经理　蒋正宇
工程部经理　石　瑛（女）
监察审计部经理　林茂祥

（撰稿：区委组织部干部科）

政　治

中国共产党毕节市七星关区委员会

【概述】 2015年来，在省委、省政府和市委、市政府的坚强领导下，在省、市各部门的关心支持下，七星关区始终坚持以科学发展观为指导，深入贯彻落实中共十八大、十八届四中全会和习近平总书记系列重要讲话精神，以“决战贫困、提速赶超、同步小康”为奋斗目标，牢牢守住发展和生态两条底线，始终坚持主基调主战略，凝心聚力、抢抓机遇，攻坚克难、拼搏奋进，统筹推进经济社会发展各项工作，全区上下呈现出经济社会稳步发展，基础设施大幅改善，扶贫攻坚精准推进，社会事业协调进步的良好局面。

【强化经济运行调度，主要经济指标总体平稳增长】 围绕年度目标任务，采取积极有效措施，实施精准调度，促进经济平稳持续健康发展。2015年，预计完成全区生产总值298亿元，增速14%，其中：第一产业51.8亿元、增速6.5%，第二产业109.7亿元、增速12.8%，第三产业136.5亿元、增速17.4%；500万元以上固定资产投资145亿元，增速18%；规模工业增加值65亿元，增速9%；财政总收入 84.73亿元，财政总支出68.98亿元；公共财政预算收入17.37亿元；社会消费品零售总额102亿元，增速10%；金融机构存款余额376亿元，增速13%；金融机构贷款余额285亿元，增速31.5%；城镇常住居民人均可支配收入25273元，增速11%；农村常住居民人均可支配收入7212元，增速13.1%；招商引资实际到位资金130亿元。

【加快推进新型工业化，工业经济实力不断壮大】 以七星关经济开发区建设为抓手，重点推进园区产业项目及基础设施建设，大力扶持民营经济发展，优化产业结构，工业化建设成效初显。一是园区基础设施逐步完善。经济开发区完成固定资产投资38亿元，商业步行街、公租房一期主体工程全面完工，公租房二期、金银山互通工程建设稳步推进，配套基础设施、服务功能不断完善。中小企业创业园、长春堡镇清丰建材园、朱昌镇返乡农民工创业园等园区建设加快推进，中小企业创业园累计完成投资1.8亿元，建成标准厂房6.5万平方米。二是集聚效应初步显现。经济开发区依托国家新能源汽车高新技术产业基地优势，全力引进新能源汽车、新型建材和特色食品、轻纺服装、电子科技等产业。新增腾盛电动车、乌蒙灵芝加工等项目11个，总投资7.3亿元，实际到位资金8660万元，其中富阳箱包、瑞庆新型墙体材料等3个项目实现投产，新增就业500余人；全年实现工业产值18亿元、增加值6亿元。三是产业结构逐步优化。成功引进炬晟照明、联尚科技、日昌晶照明、仁义照明4家科技含量高、集聚能力强、吸纳就业广的光电照明企业入驻经济开发区，倾全力打造贵州致福光谷。毕节卷烟厂完成10万箱技改扩能，以添钰动力、腾盛汽车为龙头的新能源汽车产业迈出新步伐，产业多元化发展格局初步形成，结构逐步优化。四是企业融资取得成效。完成53家“贵园信贷通”贷款企业资料上报、授信报告编制和三方协议签署等筹备工作，帮助经济开发区内21家企业对接金融机构争取贷款，贷款共计9800万元。支持金燕中草药、明钧玻璃等5家企业办理土地抵押融资近1.5亿元。五是节能减排有效推进。毕节热电厂热电联产项目及中心城区供热工程建设前期工作有序推进。明钧玻璃低温余热发电及脱硫、脱硝设施建成投用，全区产值能耗消耗总量128万吨标准煤，同比减少1.15万吨，下降0.89%；万元工业增加值能耗为1.86吨标准煤，同比下降8.8%。六是民营经济提速增效。全区民营经济增加值预计实现106亿元、增速22.22%；中小企业市场主体预计新增5400户、增速18.68%；民间投资预计完成102亿元、增速25%；民营经济注册资本预计完成245亿元，新增就业9200人。

【大力推进城镇化建设，城镇化水平不断提高】　按照打造山水园林宜居城市和川滇黔区域性中心城市的目标，大力推进城市基础设施建设和特色小城镇建设，城镇化建设水平不断提高。一是基础设施建设步伐加快。大力实施城市新区扩容建设带动旧城改造战略，城镇基础设施建设稳步推进，城市形象不断提升。城市在建项目完成总投资20亿元，其中，建成城市道路85公里、总投资3.55亿元；新增城市景观绿化项目2个，完成投资7000万元；安置房项目完成投资4.24亿元。同心城市公园已完成可研、规划设计和施工图设计等前期工作，完成投资1500万元，正进行停车库土石方开挖和基础施工工程，年底可完成同心广场土建工程的60%，完成投资6000万元。桂花市场已完成招投标等前期工作，正进行基坑支护施工图审查，预计可于2015年11月正式开工。8个示范小城镇建设和21个乡镇小城镇建设稳步推进，完成投资8亿元。第二生活垃圾填埋场完成投资3000万元。二是城市管理水平明显提高。实施网格化、精细化管理，“大城管”格局进一步健全，数字化信息城管平台建设不断加快。组建城管联合执法大队，深入开展“城市管理大整治、文明素质大提升”专项行动，按照“谁审批、谁监管”的原则，强化城市管理部门的综合管理职责和行政许可部门的监管职责，“门前三包”工作强力推进。投入经费6000万元，对城区主要路段垃圾实施定点收集清运，维护和改造环卫设施，市容市貌和城市形象持续改善。违法建设惩治力度加大，共拆除违法建设约6万平方米。

【大力调整农业产业结构，农业产业化成效显著】　以现代农业园区建设为重点，着力发展山区现代高效农业，辐射带动周边区域，统筹抓好粮食生产和农业板块经济建设，不断提高农业产业化水平。一是朱昌现代高效农业、阿市中药材产业、撒拉溪休闲农业和碧海街道十里城市田园4个省级农业园区累计完成投资23.62亿元，实现产值21.59亿元、销售收入17.33亿元，入驻企业和合作社53家，从业人员2330人，辐射带动种植蔬菜2万亩、中药材3.6万亩、绿化苗圃基地820亩。二是实施粮食增产工程23万亩，实施马铃薯高产创建、玉米高产创建项目各1万亩，种植马铃薯70.2万亩、玉米64.3万亩、水稻9.1万亩，粮食总产量稳定在40万吨左右，非粮农业增加值占第一产业增加值比重达85.2%。完成烤烟种植5.6万亩、烟叶收购11.76万担，占收购计划的84.02%，担烟均价1267元，烟农人均收入实现1.49万元，实现税收3278万元。生态畜牧业持续发展，现生猪存栏68.9万头，肥猪出栏67.5万头；存栏牛15.3万头，出栏牛3.63万头；存栏羊5.6万只，出栏羊3.34万只；存栏禽290.2万羽，其中专业型蛋鸡存栏达100万羽，出栏禽265.5万羽，畜牧业产值16.3亿元，同比增加1.2%，肉类总产量6.3万吨，同比增加1.32%。大力实施“菜篮子”工程，建成设施蔬菜大棚95个、24.5万平方米，有效保障城区居民蔬菜供。三是围绕脱毒马铃薯、高山冷凉商品蔬菜、特色经果林、生态畜牧业、高山生态茶、中药材六大板块经济，大力推进产业示范带建设。

【大力发展现代服务业，不断增强三产发展后劲】　大力发展以旅游业为主的第三产业，积极培育电子商务、商贸物流等新兴产业，第三产业增加值预计完成136.5亿元，（2014年112.44），同比上升。一是电商产业蓬勃发展。强化电商招商工作，鼓励电子商务企业、大型物流企业在七星关经济开发区和中小企业创业园投资建设电子商务运营中心、标准化仓储设施和电子分拨中心。目前已完成42个乡镇级和548个村级电子商务选点工作，农村电商网点建设有序推进。二是旅游产业加快发展。南山公园基础设施进一步完善，主干道延长线、旅游步道、凉亭等基础设施建成投入使用。“鸡鸣三省”景区、七星古城建设项目有序推进。天河公园、阳山公园、小河彝寨、大屯三官寨、大南山苗寨、长春堡雄嘎苗寨等景区基础设施建设取得实质性进展。三是商贸物流服务业发展迅速。积极培育和规范各类专业市场，万丰商贸城、居然之家等一批专业市场建成投入使用，浙江商贸城、毕节小商品综合批发市场等项目二期工程、创美农副产品批发市场、石桥边物流园区等项目建设有序推进。沃尔玛超市落户营业，交通运输、信息咨询、餐饮蓬勃发展，全年第三产业实现增加值136.5亿元、增速17.4%。成功引进香港邑丰国际、北京坦洋工夫生物科技等优强农业企业入驻，引进资金3亿元以上。

【大力实施“四在农家·美丽乡村”建设，不断夯实农村发展基础】 按照突出生态保护和农村环境改善的工作思路，加快推进农村水、电、路等基础配套设施建设步伐，积极开展各类造林任务，森林覆盖率不断提高，农村人居环境进一步改善。一是交通设施建设推进迅速。厦蓉高速毕生段75公里建成通车，全区高速公路通车里程达148公里。毕镇高速公路建设完成土地征收2711亩、房屋征收458户50380平方米、迁坟1122座。海子街（蚂蝗）至小吉场30.25公里提级改造、宋伍至阴底等6条74.7公里县乡公路改造和生机至杨柳湾等2条31.6公里县乡公路大修工程建设前期工作启动并有序推进。投资3.3亿元实施通村水泥路及“断头路、重要连接线”建设662.18公里。启动66个示范型创建村小康路建设共计709.4公里，总投资1.73亿元。二是水利设施建设步伐加快。投入资金1.98亿元，实施双河口水库建设、小型农田重点县项目、中小河流治理项目、抗旱应急引调提水工程项目、山洪灾害防治项目等八大类水利工程建设，不断完善农田水利基础设施，全方位提高农业综合生产能力；进一步巩固农村学校师生饮水安全工程后期管护运营，确保各校点饮水安全工程建成后正常投入使用；大力推进水土保持工作，实施国家水土保持重点建设工程贵州省七星关区燕林项目区草坝小流域综合治理工程，完成投资1126万元，有效遏制区内水土流失。全力推进双河口水库、龙官桥水库建设工作，配合作好夹岩水利枢纽工程移民安置、专项改复建工作。三是农村综合环境明显改观。投资230万元，积极实施海子街镇、大新桥街道农村环境综合整治。完成117个行政村、惠及28.5万人的农村综合环境整治试点申报工作。投入资金5027.16万元，完成农村危房改造5288户；启动实施“贵州民居”建设5000户，139个“四在农家·美丽乡村”创建工作有序推进。四是生态环境保护成效明显。完成175.66万亩公益林和4.11万亩商品林的政策性森林保险投保工作。完成各类营造林任务19.02万亩，义务植树63万株，石漠化综合治理14.07平方公里，全区森林火灾受害率0.019‰，远低于市下达的控制指标1‰，全区森林覆盖率达50.42%，获得“省级森林城市”称号，拱拢坪林场获得“全国十佳林场”荣誉称号和“中国森林氧吧”称号。深入开展倒天河水库环境综合整治工作，完成20.1公里水库隔离网工程，水库周边环境明显改善。开展污染防治及环境综合整治，削减化学需氧量6055.43吨、氨氮561.25吨，全年空气质量达标率95%。五是电信设施服务能力提升。农网升级改造、配电网升级改造、变电项目、移民生态安置等供电通信设施建设项目全力推进，居民用电质量有效提高。有线电视、3G和4G通信、宽带和光纤网络、乡镇邮政所等通信建设有序推进。

【着力保障和改善民生，社会事业协调发展】 将民生及社会事业发展始终摆在更加突出位置，不断提升保障和服务群众的能力，不断促进社会事业、社会保障协调发展，进一步提升社会治理水平。1.社会事业协调发展。一是教育事业快速推进。完成初中一年免试划片入学工作，深入实施教育“9+3”计划，积极推进义务教育均衡发展，小学、初中辍学率分别为0.32%、

1.22%；九年义务教育巩固率达95.17%；三残儿童少年入学率达86.13%。职业教育招生13600人，完成任务数的100.15%。扎实推进教育工程，新建学前教育项目23个，已竣工17个；新建农村寄宿制学校学生宿舍4.53万平方米；新建教师公租房2460套，完成3所受地质灾害危害学校治理项目。二是卫生事业不断进步。加快乡镇卫生计生服务中心达标化建设和村卫生室改造，399个村卫生室改造项目全部完工。积极推进卫生计生整合，完成35个乡镇街道卫计服务中心整合工作，卫生防疫、计划生育、妇幼保健、中医养生保健治疗“四位一体”的农村医疗保健服务体系建设不断完善。人口和计划生育服务水平明显提升，全区常住人口出生率8.14‰，符合政策生育率95.79%；流动人口符合政策生育率90.25%。三是文化事业健康发展。完成阿市中寨、大南山苗寨、十里城市田园三个文化产业项目的编制入库。开展文物与非物质文化遗产保护工作，完成全国重点文物保护单位“贵州抗日救国军司令部旧址”修缮工作和“大屯土司庄园”抢救性文物保护设施建设项目前期工作。四是科技创新成效显著。成功申报科技计划项目10项，依托专利转化，带动高新技术产业发展，引导企业申报各类专利23件。开展农业、卫生、林业、畜牧等实用技术知识宣传，发放宣传资料10万余份，受益群众10万余人次。创建科技示范点5个，带动科技示范户12000余户。2.社会保障不断完善。一是促进就业取得新成效。实现城镇新增就业1.11万人、失业人员实现再就业0.22万人、就业困难人员就业0.142万人、农业劳动力转移就业2.23万人，城镇登记失业率控制在3.87%。二是医保惠及面更加广泛。城乡居民医保保障制度不断巩固，2015年全区参保人数1104777人，参保率达100%，筹资总额49714.97万元。继续实施大病商业保险制度，推进城乡居民医保支付方式改革，参保群众得到了更多的实惠。城镇职工医保征缴新增参保人数达3.09万人，基金征缴实现1.3亿元，占全年目标任务的136.8%。三是社会救助水平明显提高。全区纳入城市低保保障范围的对象20739人，下拨城市低保资金7972万元，纳入农村低保保障范围的对象88565人，下拨农村低保资金16965.19万元，实现城乡低保动态条件下的“应保尽保”。共下拨医疗救助资金1752.33万元，救助3080人次；下拨临时救助资金318.23万元，救助1150人次。四是“四关爱”工作全面启动。进一步强化“双线、七长、九平台”关爱机制，落实留守儿童关爱救助措施，确保留守儿童健康成长；建立困境儿童救助保护机制，给予符合救助保护条件的2187名困境儿童每人每月不低于300元的生活补贴；加大残疾人托管中心建设投入，促进残疾人就业，切实保障残疾人各项权益；通过健康体检、定期走访、志愿服务等形式强化空巢老人生活关怀。五是保障房建设稳步推进。2015年我区保障性住房新开工建设目标任务为7487套（其中公租房4487套、棚户区改造3000户）、基本建成目标任务为2405套（含往年结转项目）、分配入住目标任务数为2550。截至目前，基本建成2522套、分配入住2694套，全部超额完成任务。3.社会治理水平不断提高。深入开展政策法规大宣传、矛盾纠纷大排查、社会治安大整治、安全生产大整顿专项行动，全年未发生重大政治事件、非法聚集和大规模群体性事件等。扎实开展非煤矿山攻坚克难、煤矿企业兼并重组、道路交通百日整治等工作等重点工作，安全生产形势平稳向好，全年仅发生非死亡生产安全事故1起，煤矿、非煤矿山、建筑施工、危化物品、烟花爆竹、地质灾害等行业领域实现“零事故、零死亡”，事故起数和死亡人数均创新低。领导干部接访下访工作成效明显，疑难信访积案化解稳步推进。共排查并全部录入“三个四级个案台账”矛盾纠纷和信访问题4877件，接待来访群众1561批次9858人次，办结上级交办案件912件、区级立案交办101件，办理“区长信箱”群众来信800余件，有效推进41件疑难积案化解工作，息诉息访疑难积案15件，圆满完成40余次重要敏感节点期间信访维稳工作任务。不断加强社会治安防控体系建设，全力推进打黑除恶，依法严厉打击黄赌毒等各类违法犯罪，着力加强公安业务工作和队伍建设，人民群众的安全感和满意度逐步提升。人民调解成效明显，安置帮教、社区矫正、法律援助等工作继续巩固，阳光工程、育新学校、关爱医院等项目建设和运行正常，禁毒“摘帽”工作圆满完成。

【坚持问需于民实施精准扶贫，探索扶贫工作新路子】 围绕“四个切实”“六个精准”“四个一批”总体要求，通过积极探索，建立了“一市五金多套餐”精准扶贫工作新机制。一是通过建立“免费苗木超市”，免费提供苗木，鼓励群众利用撂荒地和闲置土地发展经果林或用材林。目前，全区4.2万户14.6万人申请免费苗木，其中贫困户1.1万户3.5万人，预计达产后可带动2.1万贫困人口脱贫。二是投入3000万元建立免费苗木超市、投入3000万元建立大病医疗底垫周转资金、投入3000万元建立精准扶贫产业发展资金、投入3000万元建立精准扶贫小额贷款贴息资金、投入3000万元建立精准扶贫产业发展风险兜底资金、投入3000万元建立精准扶贫贷款担保资金。同时，组织编制了投资少、见效快、效益好的产业扶贫套餐目录和操作手册，提出了供贫困户选择发展的多项扶持套餐。目前，申请特殊困难群众大病医疗抵垫周转资金51户，现已为其中两户垫付资金13.3万元；产业发展扶持资金已发放525万元，新增1个30万羽现代化规模蛋鸡养殖场，带动贫困户357户1362人；申请小额贷款贴息资金8621户，已发放贷款4683户1.09亿元，需贴息2217.7万元；产业发展担保资金已担保贷款4100万元，扶持了26个养殖场。“一市五金多套餐”问需式精准扶贫政策的实施，得到了广大群众的支持和认可，贫困群众参与发展、自主发展的创业积极性空前高涨。

【深入推进发展型服务型党组织建设，不断夯实党的基层基础】 创新工作方式方法，积极探索农村党建工作新机制，进一步加强基层组织建设，不断夯实党的基层基础。一是全面推行党建工作机制、民主决策机制和县级领导帮扶指导、乡镇领导责任包保、区委组织部分别联系工作机制（“三大机制”）。在全区42个乡镇（街道）506个村（社区）广泛推行“四议两公开”工作法，对排查出的106个软弱涣散基层党组织进行重点帮扶转化。二是强化阵地、经费、待遇“三大保障”，夯实工作基础，新建、扩建和维修了119个村级活动阵地，落实每村（社区）每年不少于1万元的工作经费，每年投入500余万元为每个村民小组长每月发放100元补贴。三是探索“五型模式”，发展集体经济。积极推行“经营土地型”“资产经营型”“资源开发型”“资本运作型”“合作服务型”五种村级集体经济发展模式。四是实施“七新行动”，激发基层活力。大力实施支部书记的“亮单行动”、广大党员的“引领行动”、致富能人的“带富行动”、村级组织的“规范行动”、集体经济的“增收行动”、村民自治的“约定行动”和村级干部的“激励行动”，实现支部书记有新担当、广大党员有新形象、致富能人有新作为、村级组织有新面貌、集体经济有新模式、村民自治有新风尚、村级干部有新激情。五是实行“规范·示范·典范”村（社区）创建，对村（社区）干部实行“月报酬+年奖励”的激励机制，对创建的“规范·示范·典范”村（社区），由区财政分别给予2万元、3万元、5万元的村级组织活动经费，给予村（社区）干部1万元、2万元、3万元的奖励资金。六是认真做好同步小康驻村工作。积极开展遍访贫困村贫困户工作，完整填写了《贵州省领导干部遍访贫困户访谈问卷》，建立遍访工作台账。认真对“三类人群”进行了摸底排查，建立了台账，特别是摸清了贫困对象的基本情况、致贫原因、贫困程度等，细化完善贫困户建档立卡资料，并配合抓好信息录入工作，准确掌握贫困户的困难问题和实际需要。

【大力开展“三严三实”专题教育，整治“为官不为”，深化作风建设】 一是从“快”抓部署，层层落实责任。制订了《中共毕节市七星关区委关于开展“三严三实”专题教育、整治“为官不为”、深化干部作风建设的实施方案》，深入开展整治“为官不为”、深化干部作风转变活动，着力解决好党员干部身上的“不严不实”问题，教育和引导广大党员干部增强践行“三严三实”的思想自觉和行动自觉。二是从“深”抓研讨，人人受到教育。分别以“修身四问”和“律己四敬”为主题，在全区召开了“三严三实”专题教育“严以修身”和“严以律己”两次专题研讨。查摆出“严于修身”“严于律己”方面存在的突出问题191个，提出整改措施581条。三是从“严”抓整治，时时警醒干部。组建了“三办两局”作风督查组，按照“一月一专题”的要求，对照市委提出的“为官不为”突出问题表现形式，先后开展了公车私用、窗口服务“四难”现象、干部“走读”、节日专项整治、民生项目公开公示等问题的专项整治，通过专项整治，43个单位121人被通报批评，57名违反工作纪律的干部被召回集中教育管理。四是从“实”办民生，村村得到实惠。区委、区政府下达“三关爱”工作调度令，对全区排查出的331名未落实监管对象的留守儿童、841名失能的空巢老人及6945名重度残疾人落实帮扶措施，帮助其解决生活困难，弥补感情缺失。

（撰稿人：办公室）

纪检监察

【概述】　2015年，在市纪委监察局和区委区政府的坚强领导下，七星关区纪委监察局认真学习贯彻习近平总书记从严治党系列讲话精神，坚决贯彻落实上级纪委和区纪委全会工作部署，从严从实落实全面从严治党要求；找准定位推进“两个责任”落实；立行立改推进机制制度创新；严管厚爱加强纪检监察队伍建设，坚持“突出重点、破解难点、统筹推进”，全区党风廉政建设和反腐败工作取得了新进展新成效。

【严明党的纪律，切实维护党规党纪的严肃性】　一是强化纪律教育。在市区两级媒体上开设廉政专栏，宣传全面从严治党必须把纪律和规矩挺在前面，唤醒广大党员干部党章党规党纪意识。通过创办《七星关纪检监察》内刊，进一步增强了党员领导干部的纪律和规矩意识。按每季度出刊一期，已出刊4期，印制了2200本送发给区副县级以上党员领导干部、各乡镇（街道）、区直各部门，并得到市委常委、市纪委蒋兴勇书记的充分肯定和高度评价。针对重点领域、重点部门、重点岗位开展分层分岗警示教育。积极推进生机镇廉政教育服务模式，探索分片区建立各具特色的廉政教育基地。通过加大曝光典型案例力度，提高廉政警示教育的实效性。2015年通过七星关区阳光党风政风网等网络媒介曝光群众身边“四风”和腐败问题140起。全区共组织各类廉政警示教育活动200余场次，近万余名党员干部、村（居）干部接受教育。二是强化纪律监督。把是否违反党的政治纪律和政治规矩、组织纪律等作为纪律审查重点，严肃查处。2015年立案审查违反组织纪律4人，组织处理2名。三是推行“阳光反馈”。对发生在群众身边的不正之风和腐败问题，在查清问题之后、审理决定之前，开展案件回访活动。鸭池镇、千溪乡等民生监督组在查处民生案件后积极开展清退活动，并组织镇村党员干部近距离接受警示廉政教育。

【坚持倒查追责，扎实推进“两个责任”有效落实】　一是积极协助区委落实主体责任。扎实开展党风廉政建设突出问题集中专项整治。通过专项整治，全区共清理突出问题37个，已集中整治15个，涉及单位25个，涉及党员干部33人。其中“两个责任”方面问题7个，已集中整治2个，涉及党员干部4人。强化约谈制度，由区纪委案管室梳理适合约谈问题线索174条，区委领导约谈区管干部18人，其中涉及“两个责任”8人，其余156人已由各级党委（党组）书记、纪委书记（纪检组长）进行了约谈，约谈对象主动上交违纪所得14.15万元。组织开展落实党风廉政建设主体责任宣传工作。2015年组织党委（党组）主要负责人撰写认识体会、先进典型、调研文章共计6篇，市区两级媒体报道8次。二是扎实推进“权力清单运行”工作。2015年，全区各单位权力清单监督报告事项共计10207件，发现问题1216个，整改67件，问责4件3人，立案65件，给予31人党政纪处分，移送司法机关3人，七星关区权力清单运行监督工作名列全市前茅。三是坚持“一案双查”。2015年，6名乡镇党委书记和16名党组书记因履行主体责任不力被问责，1名分管领导因履行主体责任不力受到党纪处分，4名乡镇纪委书记因履行监督责任不力被问责，1名原乡镇纪委书记因履行监督责任不力被追责，受到党纪处分。

【强化监督检查，作风建设持续巩固深化拓展】 区纪委建立包片交叉督查制度，并定期进行通报，督促落实作风建设主体责任。2015年以来，对存在违反工作纪律、公车私用、违反财经纪律60个单位136人进行通报。查处违反中央八项规定精神问题33件33人，其中党政纪处分10人，诫勉谈话14人，批评教育或责令书面检查9人。

【改进审查方式，持续保持纪律审查高压态势】 一是强化安全办案保障能力建设。大力推进“毕节市七星关区纪委三一〇基地”，目前整个项目正有序推进。2015年共考调15名干部充实到纪律审查工作岗位，组织集中陪护3294人次，守住了安全底线。二是突出纪律审查重点。2015年全区共受理信访举报541件（次），采取“两规”措施5人，立案204件，结案181件，党政纪处分207人，其中科级干部29人；将其涉嫌犯罪问题及线索移送司法机关依法处理19人，挽回经济损失1300余万元。查处了区委政法委原副书记、区禁毒办主任周健，原阿市乡党委书记邵昌明，区委办副主任、区生态文明家园建设办公室主任黄仕忠严重违纪问题等一批有影响的大要案。编印了《七星关区纪律审查工作经验交流选编》200余本发放给全区所有纪检监察干部，授之以渔，他山之石，可以攻玉。

【注重制度创新，不断提升民生监督工作实效】 一是建立民生监督组工作考核奖励机制。出台《关于进一步深化全区民生监督工作的实施方案》，民生监督组组长享受每月1000元的绩效津贴，民生监督组副组长、纪工委委员兼任民生监督组副组长享受每月500元的绩效津贴；按每月每村500元标准，将村级民生监督员实绩奖励资金303.6万元列入年度财政预算。二是建立联合办案机制。建立了常委联系、纪检监察室指导、纪工委监察分局协同的三位一体的办案机制；建立了区纪委与区检察院办案沟通常态机制，建立了快查快移的协同办案机制。三是强化民生信访工作。全区42个乡镇（街道）建立了民生信访服务站，进一步畅通了群众信访举报渠道。四是强力推进专项监察。开展中等职业学校和普通高中学生资助金管理使用情况、微企补助资金管理使用情况、2013年以来农村危房改造补助金等民生项目资金专项监察，发现问题913个，立案审查28人。2015年，全区42个民生监督组发现问题1445个，立案183件，党政纪处分167件192人，移送司法机关2件4人，挽回经济损失1319万余元。

【坚持严管厚爱，打造“忠诚、干净、担当”干部队伍】 一是强化党建工作。开展机关党组织与社区党组织“共驻共建”活动、扶贫帮困等工作。帮助解决了联系点团结乡2500余人的安全饮水问题，建设通组路、串户路76.85公里，建设670余平方米村级办公楼等。二是强化能力建设。2015年，委局机关组织干部职工集体学习30余次，组织干部职工参加各类学习培训活动600余人次。开展了处置不合格党员工作、“三严三实”专题教育活动、“为民务实清廉·忠诚担当奉献”述职评议活动，进一步增强了纪律规矩意识和责任意识。畅通干部“进出口”渠道，2015年提拔重用交流干部37名。三是强化监督工作。强化日常监管，严防“灯下黑”。2015年立案查处两名违纪纪检监察干部，其中1名受到党内严重警告处分并调离纪检监察岗位。

【强化信息工作，纪检监察信息工作进步明显】 通过强化信息员队伍建设，提升信息员业务水平，把信息工作纳入全系统考核工作，加大信息工作通报力度。2015年，共编报纪检监察信息96期。从采用情况看，中央纪委采用6条，省纪委采用21条，市纪委采用34条，信息工作实现后发赶超，成绩显著，在全市10个县区名列第二名。

（撰稿人：葛　建）

组　织

【概述】　2015年，七星关区组织工作在区委的坚强领导和市委组织部的精心指导下，紧紧围绕“12371”（深化1条主线，树立两种理念，实施3项工程，实现7个新常态，开展“一个规范建设年”）工作思路，深入学习贯彻中共十八大、十八届三中、四中、五中全会精神和习近平总书记系列重要讲话精神，特别是对毕节试验区的重要批示精神，认真贯彻落实省委十一届四次、五次、六次全会和市委一届五次、六次、七次全会精神，用严格的标准、严肃的纪律、严正的态度全面贯彻落实从严管党治党各项要求，以忠实的精神、实干的作风、务实的举措抓好党的建设和组织工作，为全区决战贫困、提速赶超、全面小康提供坚强组织和人才保障。

【突出风清气正，强化干部选拔任用】　1．坚持选人用人标准不变。落实好《干部选拔任用工作条例》《贵州省乡（镇、街道）党政领导干部选拔任用工作办法》等规定，出台了《毕节市七星关区干部考察工作责任追究暂行办法》《毕节市七星关区干部选拔任用纪实办法》等制度，切实做好干部选拔工作。严格执行干部预审制度、审核干部档案和履行选拔程序，实行选拔过程全程纪实，做到选人用人全程留痕，有据可查。注重干部岗位匹配和年龄、知识、专业互补，统筹做好“四类干部”培养选拔，进一步优化干部队伍结构。2．坚持关注基层方向不变。严格贯彻落实中央、省委关于加强乡镇干部队伍建设的有关精神，注重从基层一线发现、培养、选拔干部。2015年，新提拔任用的123名干部中，有95名干部是从乡镇或具有乡镇工作经历（特别是驻村工作经历）的干部中提拔使用的，占总数的77.24%；有89名安排到乡镇任职，占总数的72.36%，树立了干部在基层一线培养选拔的用人导向。加大乡镇干部队伍交流力度，2015年，从乡镇交流了44名（其中，实职23名，非实职21名）干部到区直部门，进一步激发乡镇干部干事创业热情。3．坚持注重实绩导向不变。以发展论英雄、凭实绩用干部，把实绩考核结果与干部选拔任用挂钩。对工作实绩突出的干部，加大培养选拔力度。对作风漂浮、履职不力，造成工作滞后的干部，由区委组织部实行召回管理。被召回管理的干部，经考察教育后，确实不能胜任现职的，进行组织调整。4．坚持从严管理监督不变。完善监督管理制度，发挥群众在干部使用环节中的监督作用。抓好日常监督管理，采取动态跟踪和全程跟踪的方式，对有不良反映的干部及时进行诫勉谈话或组织调整。今年对新提拔或调整到重要岗位的200余名领导干部进行任前公示和谈话，并要求向组织报告个人有关重大事项。织牢立体监督体系，完善“12380”专项举报、干部监督员队伍等监督手段，联合纪委、人社、财政等部门开展“五项清理”和“八项整治”工作。严格按照编制职数使用干部，超额消化超职数干部。

【突出能力建设，强化干部教育培训】　1．抓基地建设，做实培训硬件。在浙江大学等高等院校建立域外培训基地，利用资源优势服务全区干部教育培训工作。争取财政资金200余万元，对区委党校硬件和软件设施进行改善。充分利用七星关区红色资源和改革发展新实践新成果，建成以鸡鸣三省会议会址、川滇黔革命委员会旧址、夏曦烈士纪念地、大屯土司庄园及现代高效农业科级示范园区等特色培训基地。整合区纪委、检察院等部门资源，在区委党校建立反腐倡廉警示教育基地。2．抓师资建设，提升教学水平。实施名师培育工程，选派党校教师到乡镇挂职锻炼，到上级党校及高校培训，提升党校教师理论水平。开展课前试讲，组建专家组对党校教师的试讲进行评选，提高区委党校教师的授课水平。建立领导干部上讲台制度，区四大班子领导结合当前工作中的重难点和各自分管工作向学员进行培训，挂职的区领导向学员培训先进的工作方法和理念，区直部门、乡镇领导向学员培训实用的工作方法，区管专家向学员培训专业知识。选聘一些专家学者、先进典型、优秀基层干部、优秀企业家担任区委党校兼职教师。3．抓精准培训，提升能力素质。注重思想教育引领，教育引导干部深入学习习近平总书记系列重要讲话精神和对毕节试验区重要批示精神，培训科级干部1000余人。注重特色教育锤炼，利用区红色资源及“四位一体”特色培训资源，开展特色课程教育培训，将政治纪律、法规、“官德”教育融入其中。注重日常教育熏陶，认真落实《2013—2017年干部教育培训规划》及省、市调训要求。注重开展分层培训，举办3期“中国梦·七星大课堂”，开办“基层服务型党组织建设”等专题培训班，培训干部3000余人次。开展“服务基层·提升素质·送教下乡”活动，深入乡镇（街道）举办9期专题培训共378场，培训镇村干部45000余人次。

【突出固本强基，夯实党的基层基础】 1．着力深化“一核多元”，推进服务体系建设。完善了“一核多元”基层服务体系建设考核验收目标体系，组建督查组进行督查验收。严格落实区委出台的“马上就办”工作办法，深化“两个最严格”制度，做好便民服务工作。实施“规范建设年”活动，指导村级组织建设在设置、管理、服务上实现规范化。加强村级活动阵地建设，落实工作经费保障。强化驻村干部和村“第一书记”选派和管理，为农村基层组织和同步小康建设注入新鲜血液。建立帮扶联系机制，强化软弱涣散基层党组织帮扶转化，大力整顿软弱涣散基层党组织，确保实现晋位升级。2．着力健全制度措施，推动党建责任落实。推行党组织书记述党建制度，全面落实党建工作责任制。在村级严格按照“四议两公开”工作法进行决策，全面落实民主议事决策机制。目前，全区506个村（社区）党务、村（居）务都实现了全面公开。建立“以强带弱”的帮扶工作机制，积极开展“强乡带弱乡、强村带弱村、互帮促发展”帮带工作。3．着力培育活动载体，创新推动社区党建。以构建社区党建“4个1+N”为抓手，形成各街道“特色社区”百花齐放，“中心社区”一枝独秀的新局面。通过1个中心社区+N个特色服务社区、1个党组织+N个党小组，1个核心+N个在职党员，1个平台+N种资源的方式，着力建立区域化、立体化、多样化、多元化的服务体系、组织体系和共驻共建体系。2015年，将洪山街道拥军社区打造成为“书香社区”，市东街道文峰社区打造成为“精细化服务”示范社区。深入推进在职党员进社区服务报到工作，全区67家市直单位、70家区直单位、4724名党员进行了报道，开展“红色七星”服务月主题活动176次。22个城市社区已实现集体经济累计上亿元。4．着力搭建活动平台，稳步推进非公党建。深入开展“双百双助”活动，建立联系帮扶制度，明确联系帮扶人员，每月深入企业指导党建工作1次以上，帮助企业解决发展中的难题，促进企业发展。2015年，各级干部为非公企业提出合理化建议829条，重大技改意见51条，完成急难险重任务137件，帮助协调解决困难51个。通过与非公企业开展共驻共建，开展捐献活动40余场次，捐款捐物120万余元，提供就业岗位400多个。坚持典型带动，加强贵州燃气集团毕节燃气有限责任公司、毕节市精神病康复医院等市级非公党建老典型的跟踪管理和巩固提升，打造了贵州圣谋律师事务所非公党建精品示范点。5．着力发挥网络优势，强化远教培训功能。注重对现有设备进行管理维护，对已更新的109个站点进行全面维护和改版升级。加强远教骨干队伍培训，承办并顺利完成全市远程教育骨干培训班3期，共培训270人次。积极开发制作教学资源，完成2个课件任务。协调拍摄了党建新闻视频38条，其中有8条得到市党建频道（200频道）滚动播出。大力开展教育培训，选派30余人参加基地培训，选派8人参加省、市农村党员电子商务示范培训班，举办村（社区）党支部书记能力提升培训班1期80人，与区扶贫办共同完成“雨露计划”培训班1期122人。建设道德讲堂，实施“补钙”行动，弘扬道德精神，展示道德力量。率先开展“周末党校”，强化党员党性教育。

【突出务实管用，创新考核管理办法】 1．科学制订目标体系。按照分类指导、差别化考核管理要求，各乡镇（街道）自主向考核办申报重点指标、特色指标。考核办根据申报情况，会同各考核主体部门商讨后，结合全区各项工作任务分解，形成各具特色、各有侧重的目标考核体系。在区直部门目标的制订上，除市考区目标外，由区考核办把各项工作任务进行分解，结合区直部门自主申报的重点指标、特色指标，形成差别化的目标考核体系。乡镇街道和区直部门的目标体系，最终由“一般指标、重点指标、特色指标”三大块构成。2．强化动态跟踪考核。对各乡镇（街道）、区直单位领导班子和领导干部在完成区委、区政府年度主要工作目标、阶段性重点工作、重大项目建设、突发公共事件和重大自然灾害应急处置等重大工作任务中的履行职责、完成任务情况进行考核评价。考核结果实行积分管理，并按季度公开。2015年，共开展动态跟踪考核42次，下发通报18期，共32人被黄色预警，4人被红色预警；配合督办督查局开展督查60余次。有力推动了全区荒山绿化、通村水泥路（油路）建设、农业板块经济、“一市五金多套餐”等重点工作的开展。3．深化作风建设考核。出台《毕节市七星关区作风考核办法》，实行最严厉的作风考核制度，在全市首家把作风建设纳入管理考核。2015年共开展作风考核4次，近50名干部被通报批评，11名干部被扣除年度目标考核奖，在全区引起强烈反响，形成整顿作风的高压态势。4．整合部门考核资源。积极推行检查考核“审批备案制”，各类目标考核由考核办统筹实施，其他必须开展的检查考核，由考核办审批同意后实施。年度目标考核由考核办牵头统一实施。在考核过程中，不打人情分、不当老好人、不搞形式主义，不搞迎来送往、接受请吃增加基层负担。

【突出作用发挥，彰显人才服务优势】 1．以实物为基础，落实人才工作政策。全面贯彻落实省市人才工作文件精神，积极落实基层人才工作津贴制度，按公共财政预算收入的3%设立了848万元人才发展专项资金。调剂20套公产房作为引进人才住房，开工建设了400套人才公寓（含公租房）。领导带头深入开展调研，累计开展人才工作调研67次，覆盖全区大部分乡镇（街道）。2．以实用为原则，加大人才引进力度。努力优化人才结构，着力解决急需紧缺专业技术人才问题，公开引进、招聘专业技术人才96名（其中：引进高学历教师32名，公开招聘高层次医疗人员63名），有效缓解了教育、医疗、金融等方面人才匮乏的问题。3．以实效为标准，提高人才培育效果。转变培训方式，变政府主导培训为“按需培训”，通过“农民讲师巡讲”“送教下乡”等活动，依托区委党校、远程教育站点、实用人才实训示范基地等平台，在种植、养殖等方面开展培训340余场，培训干部群众6万余人次，培育了一批农村实用人才。4．以实惠为目的，强力推进“圆梦小康专家行动计划”。结合“支部肩并肩、干群手拉手”活动，不断深化“1+1+1”人才工程，强力推进市委“圆梦小康专家行动计划”工作，让专家学者在一线发挥作用、解决问题、密切干群关系。2015年，60名城区学校骨干教师、80名城区医院的医疗专家、30名种养殖专家奔赴广大农村，送技术、帮物资，让基层群众得到了实惠。5．以实绩为准绳，搭建科技人员服务基层平台。结合同步小康驻村、村第一书记选派以及名誉支书（发展顾问）选聘等工作，选派了241名农牧、林业等方面的科技人员，到贫困村开展科技包村工作，帮助贫困村理清思路、调整产业、找到路子，为全区实现同步小康注入动力。

【突出正本清源，大力整治“为官不为”】 1．从“快”抓部署，层层落实责任。制定了《中共毕节市七星关区委关于开展“三严三实”专题教育、整治“为官不为”、深化干部作风建设的实施方案》，区委主要领导以“三严三实”专题党课的形式启动了全区专题教育，深入开展整治“为官不为”、深化干部作风转变活动，着力解决好党员干部存在的“不严不实”问题，教育和引导广大党员干部增强践行“三严三实”的思想自觉和行动自觉。2．从“深”抓研讨，人人受到教育。全区分别以“修身四问”（一问党性修养强不强，二问理想信念坚定不坚定，三问宗旨意识高不高，四问道德品行好不好）和“律己四敬”（敬畏群众、敬畏法纪、敬畏责任、敬畏历史）为主题，召开了以“严以修身”和“严于律己”为专题的研讨会，查摆出在“严以修身”“严于律己”方面存在的突出问题191个，提出整改措施581条。3. 从“严”抓整治，时时警醒干部。组建了“三办两局”（区委办、区政府办、区实绩考核办、督办督查局、监察局）作风督查组，按照“一月一专题”的要求，对照市委提出的“为官不为”突出问题表现形式，先后开展了公车私用、窗口服务“四难”现象、干部“走读”、节日专项整治、民生项目公开公示等问题的专项整治，43个单位121人被通报批评，57名违反工作纪律的干部被召回管理。

【亮点工作】 1. 实施“七新行动”，引领村级组织建设。立足基层实际，坚持问题导向，在充分酝酿、深入调研和广泛征求意见的基础上，出台了《关于实施村级组织建设“七新行动”的意见》，更加系统、成龙配套地对村级组织队伍建设、阵地规范、村民自治、产业发展等提出具体、务实、有力的举措，为全区村级组织建设找准了定位、明确了方向，成为全区今后一段时期内村级组织建设的重要引领。2. 探索“五型模式”，村级集体经济进一步发展壮大。针对村级集体经济积累薄弱，服务群众有心无力，村级组织凝聚力不强的现状，出台了《发展壮大村级集体经济实施意见》，探索实施“经营土地型”“资产经营型”“资源开发型”“资本运作型”“合作服务型”等五种村级集体经济发展模式，逐步实现村级组织有钱办事、有实力办事、有能力办事，切实增强村级干部服务群众的能力和信心。完成全区村级集体经济现状的摸底和三年规划的制定，打造省级发展壮大集体经济试点3个、市级试点12个。各乡镇（街道）结合实际，选择了1—2个村（社区）作为发展壮大村级集体经济试点。2015年，全区共有91个村（社区）有集体经济积累，新增有集体经济积累的村（社区）共55个。3. 创建“范本村（社区）”，村级干部精气神进一步提振。探索村（社区）干部“月报酬+年奖励”激励机制，激发村级干部干事创业的热情。出台了《关于实施村级组织“激励行动”创建“规范·示范·典范”村（社区）的工作方案》以及创建“范本村（社区）”三年规划，对创建“规范·示范·典范”村（社区）达到标准并通过验收的，区财政分别给予2万元、3万元、5万元的村级组织活动经费，给予村（社区）干部每人每年1万元、2万元、3万元的奖励资金。4. 实施分类指导、差别化考核，推动工作更加务实高效。按照“宜商则商、宜农则农、区别考核”的原则，出台《七星关区科级领导班子和领导干部“双考双评双挂钩”分类指导差别化考核管理办法》，根据全区各乡镇（街道）的区位优势、资源禀赋、工作重心存在的差异，把42个乡镇（街道）划分为“城市服务型、城镇主导型、综合发展型、农业生态型”四个类别进行考核。通过分类考核，让各乡镇（街道）及时调整工作重心，使工作开展更加有的放矢。

（撰稿人：办公室）

宣传思想

【概述】 2015年，全区宣传思想文化工作牢牢把握学习习近平总书记系列重要讲话精神这条主线，按照“全面建成小康社会、全面深化改革、全面依法治国、全面从严治党”的总体布局，围绕实现科学发展、决战贫困、提速赶超、同步小康这个目标，按照“突出重点抓学习、突破难点抓落实、打造亮点抓创新、覆盖盲点抓阵地”的基本思路，着力推进“六大工程”。贯彻落实“基层工作加强年”，不断加强宣传干部队伍建设，努力唱响主旋律、凝聚正能量、打好主动仗、传递好声音，为建设富裕文明幸福美丽七星关提供有力思想保证、舆论支持、精神动力和文化条件。

【理论武装】 一是坚持学习贯彻习近平总书记系列重要讲话精神。区委宣传部组织开展专题学、领导班子带头学，以“三严三实”专题教育、“四个全面”战略布局、习近平总书记系列讲话精神、中国梦为学习重点，截至目前，已带领干部职工学习4次。同时建立健全学习制度，要严格日常管理，进一步建立健全学习考勤、个人自学、集体研讨、学习档案、学习交流等制度，注重考评考核，把学习情况纳入干部考核和综合目标考评，形成层层抓落实的领导责任制和工作机制。二是积极开展理论文章组稿工作。牵头安排相关职能部门围绕“四个全面”战略布局，撰写理论文章20余篇，形成一批有价值的研究成果向市委宣传部报送，并刊发在区委党校的刊物《七星论坛》上。三是深入开展理论宣讲工作。创新宣讲形式，以区委宣讲团、农民讲师为基础，以联系各镇乡街道的职能部门为切入点，深入各单位开展市委一届七次全会精神、习近平视察贵州重要讲话精神等内容的宣讲工作，各职能部门联系自身工作实例，将理论结合实际带到基层。

四是认真抓好舆情信息编写报送工作。紧扣国家、省、市大政方针政策及社会热点敏感问题，收集、撰写舆情信息，目前向省委宣传部、市委宣传部报送信息700余期。2015年来，被中宣部综合采用2期，实现中宣部采用信息零的突破。

【舆论引导】　一是2015年编辑出版《毕节晚报》140余期，在《人民日报》《光明日报》等中央媒体上刊发（播）稿件23条，新华每日电讯1条，在《贵州日报》、贵州电视台等省内主要新闻媒体上刊发（播）46条，其中在《人民日报》刊发稿件4条，《光明日报》4条，《经济日报》6条，《贵州日报》头版刊发12条、当代贵州“一个页码以上篇幅”的独立稿件2条，在贵州电视台中刊播稿件21条。为宣传七星关营造了良好的外部舆论环境。二是宣传毕节试验区认真贯彻落实习近平总书记对毕节试验区的重要批示。把贯彻和落实文件精神作为一项中心工作和政治任务抓好抓实。三是开展中共十八大精神、十八届四中、全会精神、省委十一届五次全会及市委一届六次全会精神，全省、全市宣传思想工作会议精神主题宣传。四是开展毕节试验区27年以来取得成就主题宣传。以毕节试验区成立27周年为契机，以习近平总书记提出的坚持守住发展和生态两条底线为统领，策划组织美丽乡村建设、农企合作共同致富、通村油路（水泥路）建设和“两硬化”工作等系列采访报道活动，展示27年来可喜的发展变化，进一步聚人心、鼓士气、促发展。五是“请进来”品牌外宣活动不断扩展深化。协调接待新华社、《人民日报》《光明日报》《经济日报》、中央电视台、《贵州日报》等十余家主流媒体记者先后深入七星关区进行采访报道。配合中宣部、省、市关于做好《国有林场改革方案》和《国有林区改革指导意见》的宣传报道，并先后于《人民日报》《光明日报》等主流媒体上以“解读国有林场改革‘毕节模式’”为标题刊发稿件十余篇。协调“全国卫视看贵州”7月13日采访团赴毕节市采访，湖南卫视采访组就七星关区农业股权众筹模式进行了深入采访。该活动协调各方力量，利用各种渠道，全方位打造七星关对外良好形象。外宣作品制作力度不断加大。协调对接央视中文国际频道《走遍中国》栏目拍摄的七星关区专题纪录片《百岁老人的饮食秘密》《千年苗寨探族员》于7月23日、7月27日播出，反响强烈，极大地提高了七星关区的知名度和美誉度。协调配合央视科教频道《地理中国》摄制组在七星关区拍摄制作科教纪录片《“天眼”奥秘·吞天陷阱》，于5月8日播出。六是建立外宣平台。2015年5月份，建立了“微七星关”微信公众平台和《七星关区手机报》，目前，微七星关有微信好友2万余人，共发布信息180余期、800余条消息，稿件平均阅读人数达6000人，单次最高阅读量人数达2万余人次，总阅读量达300万人次。制作七星关区手机报并向全区副科级以上领导干部免费发送。 七是完善新闻发言人制度。成立新闻宣传工作领导小组，建立完善新闻联络员、新闻通讯员队伍，完善新闻发言人制度，进一步建立、健全新闻发布审批备案机制、舆情收集分析研判机制、重要信息通报核实机制、新闻发布效果评估机制等新闻发布工作机制。在“6·9”事件中，新闻发言人充分发挥了作用，引导了舆论导向。八是充分利用微博、微信、QQ群、政府网站等网络平台，深入开展习近平总书记系列重要讲话精神和十八届三中、四中全会精神宣传。着力打造正能量网络舆论场，着力搭建为民服务的畅通渠道，使互联网成为广大群众积极参与互动的平台。

【道德素质教育】 一是充分发挥区级媒体主阵地作用，实现“图说我们的价值观”公益广告宣传有声有色、入脑入心。区新闻宣传中心、广播电视台在重要版面、黄金时段、显著位置持续对“图说我们的价值观”进行刊播。截至目前，《毕节晚报》共刊发“图说我们的价值观”公益广告90版；七星关区电视台、七星关广播（FM91.2）共播发公益广告1.9万次。各乡镇街道在村（社区）路口、集镇人群聚集地，通过宣传栏、灯杆道旗等方式加大社会主义核心价值观宣传。实现“图说我们的价值观”由城区街头正能量向村头正能量延伸，做到公益宣传广覆盖。在主城区重点打造一个主题公园、一个主题广场、一所主题学校、两个主题社区、三条主题街道和四个主题窗口六类主题宣传阵地，注入优秀传统文化元素，以图说形式生动阐释社会主义核心价值观。二是认真开展“我推荐、我评议身边好人”及道德模范推荐评选活动。2015年，共向市文明办推荐孝老爱亲、敬业奉献、助人为乐、见义勇为、诚实守信等好人40名。并结合七星关区实际，开展评选表彰七星关区首届“明礼知耻·崇德向善”最美七星关人及道德模范活动。并在《毕节晚报》、七星关区电视台等展播其的先进事迹。开展“最美司机”评选表彰活动。三是充分建好用好“道德讲堂”。目前，七星关区已经建设好的道德讲堂共519个，全区已建道德讲堂总堂1个，乡镇道德讲堂32个，街道社区道德讲堂10个，文明单位道德讲堂9个，村级和学校挂牌道德讲堂467个，投入资金100余万。截至目前共举办“道德讲堂”活动2000余场次，参加道德讲堂活动3万余人次。全区现有德师队伍665人，区级德师42人，举办“宣传部长上讲堂”活动331场次。并组织开展“宣传干部上讲堂”现场推进会、“道德讲堂我来讲”演讲比赛等活动。

【精神文明创建】 一是强力推进“多彩贵州文明行动”、文明城市创建和农村综合环境卫生整治工作。加大乡镇基础设施建设的投入力度，探索构建多渠道多形式的投融资体系，为文明城市创建工作提供财力保障。加强督查，严格考核问责。制定出台以“尺子”量长短、以“票子”明奖励、以“鞭子”策驷马、以“面子”助管理、以“帽子”究责任的“五子登科”考核机制。继续把“多彩贵州文明行动”、文明城市创建和农村综合环境卫生整治工作的目标任务，纳入对各镇乡办事处、区直各单位领导干部和领导班子“双考双评双挂钩”动态跟踪实绩考核管理。加大宣传力度。利用社会宣传、媒体宣传等多种宣传方式使文明创建工作入脑入心。目前，在城区主干道隔离栏、路灯杆、高杆广告、工地围墙上安装宣传标语5000余块，在出租车、公交车上张贴标语1000余条，在公园广场开展大型道路交通拥堵暨综合环境治理文艺宣传活动1次。积极开展“十大文明和十大不文明抓拍有奖大赛”，对市民不文明行为、车辆乱停乱放、市民乱吐乱扔等不文明行为进行抓拍并公开曝光。二是加强城市环卫设施建设。2015年共投资1000余万元，购置清扫车、垃圾收集车、清洗车32辆，各类垃圾桶、箱3300个，切实提高了环卫保洁效率。大力开展集中综合整治活动。全区开展了市容环境卫生“百日专项整治”、“重大节日和重要节点环境卫生整治”，交通秩序“文明劝导服务队”、加大清理垃圾死角、“野广告”等活动。并抽调交通、市场监管、交警、城管、住建等部门的精干力量组建联合执法大队，对城区内存在的各种顽固、难点问题通过联合执法进行集中专项治理，取得良好效果。积极开展“规范户外广告刊播·加强公益广告宣传”专项整治行动。在全区范围内开展专项整治活动，清理未经审批、未按审批许可设置的户外广告676幅，清理影响市容、过期、违章、失去存在价值的户外广告735幅，清理男科妇科性病等不雅广告医疗广告864幅。在城区、乡镇驻地、村（社区）共设置各类公益广告3348幅。三是深入推进“四在农家·美丽乡村”创建活动，区委、区政府制定下发了《七星关区2015年推进“四在农家·美丽乡村”创建工作实施方案》，按照生产发展、生活宽裕、乡风文明、村容整洁、管理民主“二十字”方针，围绕“富在农家增收入、学在农家长智慧、乐在农家爽精神、美在农家展新貌”的创建要求，以“四在农家·美丽乡村”六项计划为抓手，以农村人居环境综合整治为重点，加快产业结构调整步伐，加强农村基础设施建设，促进农村文化繁荣发展。充分整合资源资金，按照5个步骤分步实施，确定2015年“四在农家·美丽乡村”创建点138个，重点创建点14个。 五是以开展志愿服务活动为平台，广泛组织开展“学雷锋志愿服务”活动，区志愿者协会于2015年3月在全区范围内组织开展“和谐三关爱”绿丝带学雷锋志愿服务活动15场次。同时还积极开展“关爱留守儿童”“关爱空巢老人”志愿服务活动，组织志愿者为留守儿童、空巢老人提供力所能及的志愿服务。

【思想道德建设】　一是深入开展“祖国好·家乡美”系列活动。组织开展“学习和争做美德少年”网上签名寄语活动；开展“童心向党”歌咏和中华经典优秀童谣诵读活动；开展“中国梦·我的梦”诗文书画大赛，活动收集诗文231篇、书法198副、绘画246副；开展“优秀童谣”创作征集活动，征集优秀童谣741首。完成申报建设乡村学校少年宫4所。今年共评选表彰100名“美德少年”。二是完善乡村学校少年宫建设。切实发挥思想道德建设阵地作用。2015年，区申报建设团结中学乡村学校少年宫、大银小学乡村学校少年宫、对坡小学乡村学校少年宫、海子街二中乡村学校少年宫等乡村学校少年宫4所。区乡村学校少年宫建设使用中，坚持三个原则（公益性原则，普及性原则，资源整合原则）。同时，每个乡村学校少年宫都配备了专业器材，组成了素质较高的辅导员队伍，建立了一系列考核和管理制度。依托其阵地作用，开展丰富多彩的文体娱乐活动，开展力所能及的技能培训活动，开展内容鲜活的经典诵读活动等，丰富了农村未成年人精神文化生活，切实加强了农村“留守儿童”教育管理，推动农村未成年人思想道德建设工作不断深入。三是加强校园文化建设，净化未成年人成长环境。突出发挥青少年校外活动中心和爱国主义教育、国防教育、科普教育等六大基地的作用。组织工商、公安、文化等部门联合开展整治校园周边环境等专项行动，加大互联网、“黑网吧”等整治力度。加强校园文化建设，净化未成年人成长环境。

【文化体制改革】　一是深入化文化体制改革。继续深入劳动人事制度改革。改革现行人事制度，实行聘用合同制度。在平等自愿、协商一致的基础上，参考单位与干部职工签订聘用合同，确定了单位和个人的人事关系，明确单位和个人的义务和权力，实现了用人上的公开、公平、公正，促进了自主用人，保障自主择业，维护了单位和职工双方的合法权益。深入贯彻“职工能进能出”的改革原则。确定岗位职责，工作人员实行双向选择，实行职称评聘分开，建立考核评价制度，通过改革，实行同岗同薪，多劳多得。改革的单位根据自身特点和工作实际，按照效益优先、兼顾公平的原则，实行工资与绩效考核挂钩的自主分配激励机制。岗位工资与岗位职责、技术含量、劳动强度、专业技术职务等因素挂钩，绩效工资分为基础性津贴和奖励性津贴两部分，基础性津贴占绩效工资70%，奖励性津贴占绩效工资30%。二是狠抓区文化产业项目库建设。2015年七星关区上报区项目库共计3个项目。入库项目名称：毕节国家森林公园白马山景区建设项目、野角乡溶洞开发项目、天河景区北镇关佛教文化项目。目前，全区入库项目14个。三是设置文化产业发展专项资金。根据《中共毕节市委关于深化文化体制改革大力推动毕节试验区文化大发展大繁荣的实施意见》精神，“‘十二五’期间，市、县（区）两级财政都要预算安排‘文化发展资金’（县级每年不低于500万元，市级每年不低于1000万元），主要用于引导文化产业发展、对外宣传、哲学社会科学规划与研究、文艺作品创作与奖励等。”

【文化惠民工作】　一是办好七星关区文联的机关刊物《乌蒙文艺》季刊，目前编辑了三期。二是开展各种文艺活动。结合市、区的科技、文化、卫生“三下乡”活动，开展“送春联下乡”

活动，组织区书法家协会会员义务书写春联。为朱昌镇、长春堡镇、林口镇、八寨坪镇、海子街镇、小吉场镇，千溪等乡镇举行新春慰问演出。年初，参加云、贵、川三省，即镇雄县、威信、叙永县、兴文县、七星关区联合主办“三省四县一区书法年展”。7月，举办庆祝中国共产党成立94周年川滇黔三省四县一区2015年书画联展。年初，启动“大美七星关”系列摄影活动，组织本地摄影家及摄影爱好者到各乡镇拍摄，在《毕节晚报》上刊发10人次（专题）、微七星关微信平台刊发摄影作品15人次（专题）。组织参与七星之爱群众广场舞比赛及其他各种广场舞比赛。在林口镇鸡鸣三省村组织了文化惠民暨献爱心活动，为参加活动的家庭拍全家福。

（撰稿人：办公室）

统一战线

【概述】 2015年，七星关区统一战线工作在区委的正确领导和市委统战部的指导下，在各乡镇和各部门的支持配合下，围绕中心、服务大局，坚持以中共十八大、十八届三中、四中全会精神为指导，全面贯彻落实全国、全省、全市和全区统战部长会议精神，认真按照区委、区政府年初确定的目标管理体系责任分解方案的要求，以构建“大统战”联合办公模式为引领，以围绕中心、服务大局、凝聚力量、不断创新为目标，充分发挥统一战线凝聚共识、凝聚人心、凝聚智慧、凝聚力量的优势，深入研究统战工作面临的形势，扎扎实实做好统一战线各方面工作，为七星关区推进全面建成小康社会、全面从严治党、全面深化改革、全面依法治国“四个全面”战略布局提供广泛力量支持，促进了统一战线各项工作的有效开展，较好地完成了各项目标任务。

【及时传达学习全区统战工作会议】 2月13日，全区2015年统战工作会议在区行政办公中心九楼大会议室召开。会议总结了2014年工作并就2015年工作进行安排部署。市委常委、区委书记宫晓农出席会议并讲话，要求要积极发挥统一战线的作用，积极献赶超发展之策、出招财引智之力、举经济发展之旗，群策群力，助推七星关经济社会全面发展；要加强与民众、民族宗教等的交流、联系，求同存异，促进社会协调发展；要加强与中央、省、市区四级统一战线的联系，加强与中央统战部、各民主党派中央、全国工商联、国家有关部委和东部十省市的联系，做好接待服务、联络联系、争取支持等，合力打造同心品牌，为建设富裕、美丽、文明七星关提供有力保障。

【联络联系工作】 一是做好对上联络联系工作。畅通向上借力渠道，搭建对上聚力平台。继续巩固“一对一”联络联系制度，争取中央统战部、民盟中央、致公党中央、省政协、省委统战部、各民主党派省委、省工商联和省直有关部门全面参与七星关区改革发展，主动联系，实现信息交流常态化。二是做好对外联络联系工作。畅通向外借力渠道，搭建对外合作平台。充分发挥东部十省市统一战线参与毕节试验区建设机制的作用，加强沟通交流，主动邀请对方赴七星关区考察调研，参与建设。三是做好对内联络联系工作。畅通向内聚力渠道，搭建对内合作平台。加强与区直部门的协调沟通，构建“大统战”工作格局。对中央统战部参与建设点朱昌镇“同心新村”、民盟中央参与建设点长春堡镇干堰村、致公党中央参与建设点杨家湾镇三合村进行提升，融入统战元素，彰显同心文化。做好对赴七星关区考察、调研、指导工作的领导、考察组等做好建档建卡工作，积极展示成果。2015年共接待民盟中央及各级民盟组织15次，126人，接待致公党中央及各级致公党组织16次，284人，接待各地统战部及其他来访25次，304人。组建了七星关区回访组，到民盟中央、致公党中央、民盟上海市委、民盟闸北区委、致公党上海市委进行回访。累计回访4次。区委副书记、区长胡敬斌还亲自率队到民盟中央、致公党中央汇报工作。

【“同心工程”开展情况】 建立区委统一领导、统战部牵头、民盟和致公党参与、区直相关部门联动、全区上下共同推进的“同心工程”项目实施推进机制，多次召开“同心工程”工作调度会议，加强区直各部门之间的横向联系，充分整合各类资源，形成合力推动项目实施，有力推进了各类同心项目的深化落实。半年来，把改善民生作为“同心工程”的重中之重来抓，紧紧围绕农村安全饮水、教育卫生等民生项目，多渠道争取资金，大力推进民生项目建设。一是在“同心”·助推发展上。民盟中央协调引进福建省宏福斯新型墙体材料有限公司投资5000万在七星关区建新型墙体材料项目，协调引进河北连生农业开发有限公司投资3000万在长春堡镇建种羊基地；致公党福建省委协调联系福州大学建筑学院为七星关区城市规划把脉问诊。协调企业家多次深入我区开展考察投资活动。二是在“同心”·智力支持上。协调致公党中央，联系各类医疗专家在我区开展“致福送诊”活动，专家们通过坐诊、教学查房、疑难病例讨论、科内讲课等形式，诊查患者200余人，培训医务人员400余人次，技术指导近300余次。协调致公党深圳市委为七星关区培训村医61人。民盟中央协调民盟江苏省为七星关区培训各类教师330人，协调民盟盟员、著名经济学家陈奕名到我区做讲座，培训人员200余人；协调温州医科大附属眼视医院培训医师2名；民盟中央协调章如庚慈善基金会从2016年起，五年内向七星关区捐赠价值400万元的中小学图书室。上海热丽科技集团有限公司向长春堡镇捐赠远红外取暖器220台，价值11万元。三是在“同心”·改善民生上。民盟中央协调帮助区医院创建肿瘤微创手术科室，提供帮扶资金2000万，协调资金50万元用于干堰村新农村建设，25万元援建干堰同心便民服务中心。协调北京天行健公司为区医院捐赠价值38万元的脑康复机，协调民盟中央美术院书画家为长春堡镇中小学捐赠20万元，协调民盟江苏省委为干堰小学捐赠现金1万元和图书1000册。协调致公党中央春节慰问贫困户100户，累计资金5万元。协调民建会员捐款12万元，在千溪乡修建爱心桥。四是在“同心”·生态建设上。民盟中央协调中国农业大学专家两次深入干堰村，编制干堰村旅游产业规划，科学定位将干堰村建设为毕节城郊乡村旅游示范点，将干堰村雄嘎中央区域作为市级湿地公园进行建设，目前该项目已获批；民盟各级组织在干堰村种植以车厘子和刺梨为主的“同心林”示范点、致公党各级组织在杨家湾镇种植以樱桃为主的“同心林”示范点已启动实施。区统一战线在八寨镇金银山举行“绿色毕节”行动、“同心林”建设。五是在“同心”·示范带动上。中央统战部倾力打造我区朱昌镇“同心新村”示范点，农业高效示范园建设成效显著；民盟中央根据长春堡镇干堰村的实际情况，拟将进行雄嘎塘周边255户苗族同胞的民居改造、建设千亩中药材种植基地，将干堰村打造成民族精品旅游示范点、多党合作示范点。

【党外干部培养选拔工作】 一是积极推动完善党外代表人士培养选拔使用机制，深入贯彻落实好《中共贵州省委统战部 中共毕节市委关于深入推进毕节多党合作建设的意见》文件精神，已经建立509名股级党外干部信息库，动态跟踪党外代表人士信息，健全培养选拔机制，加强对党外人士的队伍建设，尤其在党外正职安排、法检两院领导班子党外副职安排等方面有大的突破。其中县处级党外干部4人，正科级党外干部7人，副科级党外干部38人。24个政府部门中，领导班子配备党外领导干部的有9个部门，42个镇乡街道办事处，领导班子配备党外领导干部的有15个乡镇办。二是根据毕节市委统战工作的实施意见精神，争取到区委支持，联合组织部、纪委对全区非党干部进行了一次调研，并对副科以上党外干部进行了书面测评，形成调研报告为区委选拔任用干部提供决策保障。三是组织全区统战委员在党校举行了一期统战干部专题培训班，进一步提高基层统战干部的政治理论素养和业务工作水平，明确在新时期如何做好统战工作。

【多党合作示范工作】 一是实现全区各乡镇（办事处）以党委副书记任统战委员的基层统战工作模式，配备统战联络员，将多党合作服务改革发展的力量向基层延伸。二是加强对党派工作的支持指导，成立了民盟和致公党七星关区工委，按程序推进建立了民建、民进、九三学社和农工党七星关区支部。待民革贵州省委和毕节市委研究通过区民革党员申请后，拟于近期完成民革七星关区支部的建立。并积极争取区委政府支持，为各民主党派配备办公用房，落实人员，保障有机构有人员，切实推动工作开展。

【非公经济工作】 切实落实中央、省、市关于鼓励和支持非公有制经济发展的决定精神，鼓励和支持区非公有制经济健康发展。成立“五好”工商联建设和“四型”商（协）会建设活动工作领导小组，制订实施方案，深入企业开展调研12次，已建基层商（协）会11个，〔其中乡镇街道商会2个，行业商（协）会6个，异地商会3个〕。召开七星关区工商联一届五次执委会1次，银企座谈会2次，组织会员开展商会各类活动6次，成立“七星关区光彩事业促进会”，发放“光彩助学金”4万元；认真开展中国光彩毕节行百日招商活动，目前已经完成签约项目6个，签约资金达30.6亿元，效果显著。紧紧围绕区委中心工作，积极开展非公经济人士担任“名誉村主任”工作，目前全区共有190名非公经济人士在188个村担任名誉村主任。对非公企业13家党组织情况进行了摸底，为小微企业搭建交流沟通平台，累计举办2场企业用工招聘会，提供就业岗位70余个，达成就业意向560余人次；搭建融资服务平台，共帮助32家小微企业融资贷款约8000万元。携手毕节贵州银行搭建融资交流平台，筹建“小微企业联合贷款基金会”。

【民族宗教工作】 民族工作方面：一是深入学习中央民族工作会议和全省民族工作会议精神，制订了宣传贯彻提纲方案，举办了一期有60人参加民族宗教人士培训班，办学习专栏2期，挂横幅标语10条。二是围绕改善民生、推动民族地区经济发展。积极协调相关部门参与验收2014年省、市民委（民宗委）扶持的17个项目累计资金167万元，同时认真做好其他项目申报工作。已上报国家、省、市民宗委竞争性项目3个，累计资金75万元，民族教育专项项目2个，累计资金15万元，民族节庆活动项目2个，累计资金10.5万元。严格做好民族成分更改更正初审，现已初审63份民族成分更改更正。三是抓好民族文化教育等社会事业的全面发展。春节期间，协助八寨镇金银山、阿市乡、亮岩镇核桃树村开展了苗族跳花坡活动。指导燕子口镇大南山小学、大屯乡三官小学、三板桥办事处灵峰小学开展“双语”教学。四是调解民族矛盾纠纷，维护社会和谐稳定。协调处理了6起民族矛盾纠纷。宗教工作方面：一是全面完善了全区宗教工作三级管理网络机构建设，明确了区、乡（镇）、村三级成员名单，全区共有924人为宗教工作三级管理成员。二是加强宗教管理，严厉打击非法滥建活动场所。上半年，协调镇乡、公安等部门依法取缔非法宗教活动3起。三是支持宗教界开展“宗教慈善周”活动。四是做好信教群众来信来访工作，上半年共接待来信来访18次；协调处理涉及城市建设规划用地等各类宗教矛盾纠纷3次。

【海外统战工作】 区台办工作围绕“二六二”的工作思路，全面开展工作，即抓好“两个做到”：一是做到情况清楚，底数明白（主要指台胞台属台商的数量、就业情况、根部居住位置、企业投资情况、生活习惯、思想动态等），二是做到软件齐全，质量提升。强化“六个到位”：宣传到位、硬件到位、指导到位、保密到位、跟踪到位、服务到位。实现“两个目标”：一是保位提升，保质提升。二是确保台胞满意、台商满意、台属满意。

【统一战线参与毕节试验区建设宣传工作】 自七星关区成立统一战线参与七星关区建设宣传工作领导小组、组建新闻宣传队伍，建立宣传汇报工作机制、聘请宣传工作顾问和特邀通讯员开展工作以来，基本实现了“电视上有形象，报纸杂志上有报道，网络媒体上有显示，民众议论中有反映，统战系统中有振动”的大宣传格局。截至目前，七星关区在《人民政协报》《贵州日报》《贵州政协报》、人民网、新华网、光明网以及民主党派中央网站等报刊网络媒体中共登载80余篇关于统一战线参与毕节试验区建设稿件，编辑《同心·动态》90期。在统一战线氛围营造工作上，在机场路口、朱昌隧道等代表性地段挂有“民盟中央、致公党中央对口帮扶县区七星关”标牌，在统一战线参与毕节试验区建设项目点上挂有近40余块标识标牌，营造了良好的统一战线参与试验区建设舆论氛围，展示了七星关统一战线的风采。被中央统战部宣传办、中国统一战线杂志社评为《中国统一战线》宣传先进单位；被贵州省委统战部评为宣传工作先进单位。

【“三严三实”专题教育实践活动】 开展“三严三实”专题教育活动，主要任务是深入学习贯彻习近平总书记系列重要讲话精神，按照中央、省委、市委和区委关于“三严三实”专题教育工作的要求，在全区统一战线中开展深刻认识“为官不为”、深化作风建设的极端重要性和紧迫性。统战部部长安旺对全区统一战线开展了题为《践行“三严三实” 深化作风建设 以忠诚廉洁务实开创统一战线工作新局面》的党课报告，指出此次专题教育虽然只在县级党员领导干部中开展，但每一位党员干部都要有践行“三严三实”的思想自觉和行动自觉。把专题教育激发出来的政治热情和思想深情转化为做好工作、推动发展的强大动力，坚定不移讲忠诚、锐意进取谋发展、一以贯之守纪律、真抓实干促发展，用作风建设的新常态和新成效开创统战工作新局面。

【服务“联系点”工作】 充分发挥统战资源优势，认真开展对长春堡镇干堰村的联乡驻村和党建扶贫建设工作，联系民盟组织协调各类专家帮助干堰村理清发展思路，联系致公党组织帮助杨家湾镇三合村理清发展思路，指导产业结构调整，改善基础设施建设、提高医疗教育水平。明确驻村干部深入干堰、深入杨家湾实地工作。把同步小康建设与产业发展、农民增收和民生改善紧密结合起来，按照科学规划开展美丽乡村示范点建设活动，扎实做好各项基础工作。目前，在产业扶持上，联系协调河北连生农业开发有限公司对干堰村进行“寒泊羊”养殖培育，已得到区政府支持，拟定初步实施方案，正在开展征地工作。同时积极协调资金50万元用于干堰村新农村建设，25万元援建干堰同心便民服务中心。协调致公党组织为三合村的发展出力献计，拟争取30万元资金修建三合村便民利民服务站。

（撰稿人：郭　茜）

机要（密码）

【概述】 2015年，七星关区密码工作在区委、区委密码工作领导小组和上级业务部门的正确领导下，严格按照《2015年贵州省党政密码工作要点》《2015年毕节市党政密码工作要点》以及《2015年七星关区密码工作要点》的要求，以邓小平理论和“三个代表”重要思想以及“十八大”会议精神为指导，坚持用科学发展观统领密码工作全局，切实贯彻执行中央决定、条例和省委实施意见以及省、市关于密码工作的纲领性文件精神，进一步加强对密码工作的领导和管理，全力做好密码管理、密码通信、信息化密码保障及党委办公室系统信息化建设等工作，不断加强密码干部队伍建设，求真务实，扎实工作，较好地完成了各项工作任务。

【加强领导，确保密码工作正常开展】 一是健全密码工作领导小组，及时调整密码工作领导小组成员；二是认真制订《七星关区2015年密码工作要点》，按要求完成各项工作任务；三是积极开展学习贯彻中央、省、市领导对密码工作重要批示精神，及时报送密码工作领导小组领导阅示。

【全力做好密码通信工作，确保各级党政机关指示政令安全畅通】 一是严格工作程序，完善工作措施，确保安全、畅通、高效，保质保量完成密码通信任务；二是进一步规范密码电报的管理使用，做好电报译、传、办理工作，处理好紧急重要电报，努力提高办报质量和时效。三是牢固树立“第一时间”观念，保证做到紧急重要电报“零差错”“零停留”，坚决杜绝压误、丢失、漏发、漏收、错办电报等工作责任事故发生。截止11月30日，通过机要文电系统共收、发电报1398份，8162页，其中：收密码电报507份2856页，内部明电867份5210 页，发密码电报24份96页；收、发外线传真152份345页。努力提高了办报质量和实效，确保了各级党政机关指示政令安全畅通；并对不需立卷归档的密码电报进行销毁；五是积极参加省地组织的紧急重要电报演练、纠错，较好的锻炼了密码干部的业务能力。

【努力创新，不断推进全区电子政务内网及党委系统信息化建设与密码管理部门硬件建设】 一是充实电子政务内网管理中心工作人员。七星关区电子政务内网管理中心为正股级全额拨款事业单位，编制3名，其中主任1名，副主任1名。主要职能为：承担全区电子政务内网及电子政务内网传输骨干网规划、建设和管理工作；负责全区电子政务内网基础信息资源服务系统的规划、建设和指导工作；负责全区电子政务内网网络应用系统的开发、建设和推广工作；组织查处电子政务内网普通密码丢失泄密案件；2015年，为了充实技术力量，确保我区电子政务内网绝地安全畅通，通过选调和考调新进2名工作人员到电子政务内网管理中心工作；二是认真抓好党政综合信息保密网和党办综合信息保密网的管理和维护，明确网站管理人员，及时更新网页内容，提高工作效率，使网站更新管理工作更加规范化、科学化、制度化、优质高效地为党政领导提供最佳服务。一年来，新增各类上网信息9万余字，其中：党政综合信息保密网5万余字，党办网4万余字；三是认真抓好区委办、政府办、组织部、纪委办、宣传部、信访局、小康办等部门电子政务内网接入终端的维护和管理工作。

【加强内部管理工作，提高密码综合能力素质】 一是认真组织密码干部学习业务文件和各种会议精神，全年共组织各种学习5次，做到学习有记录，传阅有签字；二是及时上报省、市要求的各类资料和文件材料；三是认真做好中央、省委有关密码工作方针政策及时送主管领导和分管领导阅示工作，并做好跟踪办理，确保电报办理及时到位。四是按要求对2014年度档案进行整理，及时立卷归档 3 卷 120件；五是认真编发《七星关区机要工作》4期，进一步提高了密码干部文字写作能力；六是认真做好机要信息上报工作，截止到10月31日共编写上报《七星关区机要信息》90期，其中有26篇被省委机要局动态信息栏目采用，大大提高了区机要工作的宣传力度和密码干部写作能力；七是按照省、市机要局的安排部署，积极开展交心谈心、忠诚和保密教育、“四风”教育等活动，做到有记录、记载，进一步全面了解密码干部思想动态，确保密码干部纯洁性。

【加强密码干部队伍建设，增强新形势下密码工作活力】 一是以“政治坚定，业务精湛，作风过硬”为目标，认真抓好密码干部政治思想、纪律作风、忠诚和保密教育，全年共召开各种专题教育会议12次；二是积极开展“党的群众教育路线”活动，深入贯彻落实中央相关精神，2015年全局还抽调两名班干部到放珠镇驻村工作，树立优良的工作作风、纪律作风。三是积极选拔考察新干部，为机要工作注入新活力。

（撰稿：邓书必）

保　密

【保密工作领导责任制落实】 1. 加强保密工作的组织领导。及时调整，充实保密工作领导小组，成立了区委保密委员会，定期听取保密工作情况，研究部署保密工作。同时，落实人力、物力等保障措施，确保保密工作有序发展。2015年区委、区政府在财政十分紧张的情况下，从预算外经费中解决近7万元给区国家保密局购置保密检查设备一套，确保了保密技术检查工作的开展。为了充实保密工作力量，考调1人到区国家保密局保密技术检查服务中心工作。2. 区委办分管保密工作副主任对保密工作适时进行检查，听取保密局负责人对保密工作的情况汇报，对落实保密工作情况进行督促检查，建立保密工作议事制度，确保我区保密工作有序开展，及时查处泄密事件和违规行为。

【建立和完善保密工作检查制度】 1. 健全保密工作检查制

度。区国家保密局做到“一月一汇报、一季一检查、半年一小结、全年一总结”的保密工作检查制，切实将保密工作检查纳入常态化管理，保密工作进一步实现管理规范化，制度化，堵塞、消除泄密的漏洞和隐患，防止失泄密事件的发生，充分发挥保密工作“保安全、保发展、促和谐”的职能作用。2. 加强对保密人员的管理。为杜绝泄密事件的发生，七星关区加强保密人员的管理。坚持对保密人员实行上岗审查，分内管理。严格做到“三不”，即不该看的不看、不该问的不问、不该说的不说。对涉密人员进行岗前培训，岗后警示教育，工作适时监督。3. 加强涉密文件和涉密载体的管理。完善涉密文件和涉密资料的清点、编号、登记签收等手续，涉密文件要求放在密码保险柜里，做到人走锁了要求。涉密文件和涉密载体一般情况不准带出保密室，若遇特殊情况带出的，必须二人同行，确保涉密文件和涉密载体在可控制的范围内，确保国家秘密安全。4. 加强对保密要害部门审批。保密要害部门的建设要求符合《中华人民共和国保守国家秘密法》的规定，保密要害部门必须经过同级国家保密局的验收合格后，才能成为单位的保密要害部门，保密要害部门除保密人员外，其他的人员严禁进入保密要害部门。5. 加强涉密会议管理。严格规范涉密会议参会范围、参会人员，对境外人员和与会议无关的人员不得进入会议现场，确保会议的安全。

【保密宣传教育培训】 为进一步增强扩大干部职工保密意识，切实加强保密宣传教育，2015七星关区召开了有各乡镇街道、区直各部门分管领导，及办公室主任参加的全区党政办公室业务培训会，会议安排了保密知识专题讲座，对参加培训的近300名干部职工进行了保密形势、保密警示和保密知识教育。通过培训参训人员的保密意识得到提高，初步掌握了信息化条件下的保密常识。

【涉密人员管理】 严格按照上级有关涉密人员分类管理的规定和要求对七星关区涉密人员进行分类管理，对接触绝密级文件6件以上的为核心涉密人员，接触机密级文件10件以上的为重要涉密人员，接触秘密级20件以上的为一般涉密人员。对涉密人员坚持以岗定人、先审后用和定期复审的原则，确保涉密岗位和涉密人员最小化，着力实现涉密人员管理规范化、制度化。

【国家秘密确定、变更和解除】 由于七星关区没有定密权限，国家秘密密级按上级机关和上级国家保密行政部门确定，全局按规定的密级及时间开展工作。密级时间的解除由上级指定定密级的国家机关确定，不把国家依法公开的秘密事项确定为国家秘密。

【国家秘密载体管理】 国家秘密载体制作、收发、传递、复制、使用、保存、维修、销毁等符合保密管理规定，在保密室进行管理，适时做到人走锁落，确保了国家秘密的安全。

【信息系统和信息设备保密管理】 对信息系统和信息设备实行严格的保密管理，系统和设备的安装是经过省国家保密局指定合格的单位，系统和设备进行保密审查管理，严禁将系统和设备接入互联网及其公共信息网络，严禁在设备上插移动存储介质（含U盘、手机、相机）等。严禁使用无线键盘、无线鼠标。

【涉密场所及保密要害部门、部位管理】 对保密要害、部位和涉密场所定期检查，定期听取保密要害部门工作汇报，加强对保密工作人员培训，保密要害部门的领导亲自安排部署，听取保密工作人员情况，同时要求保密要害部门一旦发生泄密事件要及时向保密行政部门报告，确保泄密事件能及时处理。

【涉密会议、活动管理】 2015年，七星关区加强对涉密会议、活动的管理，对涉密会议或活动，严格涉密会议或活动的纪律要求，严禁涉密会议或活动内容资料外泄。采取在涉密会议、活动场所安装屏蔽器确保会议安全。确保涉密会议、活动在不泄密的情况下才能召开，确保使用符合保密要求的场所，确保不发生泄密事件，确保有专人对会议场所进行全面的检查，使保密场所符合开保密会议的要求。

【涉外工作保密管理】 对国家涉外的工作人员上岗前进行保密资格审查，坚持先审查后上岗的原则，符合国家保密要求的人员才能参加涉外活动，对涉外人员定期进行保密培训、保密警示教育。适时对涉外人员进行保密审查，采取举办专题讲座的形势定期给涉外人员培训保密知识，增强保密人员保密意识，防止泄密事件的发生。要求涉外人员不得接受境外送的手机及其他电子产品，不在普通座机的电话或手机里谈论国家秘密。

【宣传报道和信息公开保密审查】 坚持宣传报道和信息公开审查制度，宣传报道秘密不公开，公开不秘密的原则。信息公开必须坚持“先审查、后公开”和一事一审原则，杜绝先公开后审查，凡属于国家秘密的不公开。建立网络公开登记制度，做到谁公开谁负责。

（撰稿人：办公室）

老干部管理

【离退休干部“两项建设”】 1．举办专题培训班，增强离退休干部党支部凝聚力和战斗力。10月14日至16日，七星关区委离退休干部工作局与组织部、党校、党建办密切配合，举办七星关区离退休党员干部专题培训班，对离退休干部党支部书记、副书记、委员、离退休干部党员进行学习培训。参训人员来自全区各乡镇街道办和区直有关单位，参训学员达100人。

2．扎实做好全国离退休干部“双先”表彰大会精神学习宣传工作，在全区营造崇尚先进、学习先进、争当先进的良好氛围。一是组织离退休干部党员代表和老干部工作者参加省、市离退休干部党建工作调研组赴我区调研座谈，并现场观看贵州省六名在全国离退休干部“双先”表彰大会上获先进个人奖的离退休干部个人先进事迹影像资料。参加调研座谈的离退休干部及老干部工作者70人次。二是拟定学习“双先”表彰大会精神通知发至各乡镇街道办和区直有关单位，及时组织离退休干部和老干部工作者认真学习贯彻。全区学习“双先”表彰大会精神共51场次，参学离退休干部和老干部工作者达2134人次 。

【两项待遇落实情况】 1．重大节日走访慰问老干部。2015年春节前夕，区离退干局陪同区四大班子及区委分管领导分别到医院、老干部活动中心及老干部家中走访慰问老干部，与其促膝谈心、拉家常，了解他们的身体生活情况。走访慰问期间，为副厅级（享受）离休干部和正县级（实职）退休干部每人送去800元慰问金和慰问礼品，为县级以下离休干部、离休干部遗孀、副县级（享受）以下退休干部每人送去500元慰问金和慰问礼品。在中国人民抗日战争胜利70周年之际，陪同区委分管领导看望慰问参加过抗战的10名离休干部，并为每人送去5000元慰问金。2．党报党刊征订工作。2014年底，区离退干局按照离退休干部报刊相关费用标准，将2015年报刊费发到老干部手中，由老干部自行购买订阅。 3．寓教于乐，开展有益于老干部身心健康的文体娱乐活动。在中国共产党成立94周年和建国66周年之际，分别于6月30日、9月30日，邀请离退休老干部在老干部活动中心开展庆祝活动，活动内容有象棋、麻将、飞镖、“钓鱼”、“打保龄球”、唱卡拉OK、丢圈等。活动采取自愿、自由组合，以比赛的方式进行，参加活动的老干部达40余人。4．按规定走访易地安置离休干部及遗孀。1月30日，区离退干局陪同区政府联系领导到山东烟台看望慰问易安离休干 部。5．按要求组织老干部参加区各类会议。2015年，区委区政府邀请老干部参加“三严三实”专题党课电视直播学习、文朝荣先进事迹报告会、领导干部会等各类重要会议达10余次，参会老干部60余人次。3月2日、3月30日，毕节市委离退休干部工作局、贵州省委老干部局分别到我区召开以宣讲“双先”精神和老干部看作风建设为主题的老干部党建工作调研座谈会，参加座谈会的离退休老同志达40余人次。 6．参观工农业生产。为纪念遵义会议胜利召开80周年，9月14日只15日，组织20余名老干部到双山新区、遵义会议纪念馆、苟坝会议会址参观。7．两费落实情况。离休费均按时足额发放，医药费按规定据实报销。8．特殊困难离休干部及遗孀的帮扶情况。12月3日，对60位无工作离休干部遗孀进行帮扶，为每人送去1000元帮扶资金。9．按规定为离休干部无工作遗孀发放医药费困难补助。发放标准为：老红军遗孀每人每年3000元、地厅级离休干部遗孀每人每年2000元、县处级以下离休干部遗孀每人每年1500元。

【发挥老同志优势，为党的事业建设增添正能量】 一是开展"五老"人员就近就地与省、市、区同步小康驻村工作组结对活动。七星关区就近就地与省、市、区同步小康驻村工作组结对的老同志共有1234人，其中有机关企事业单位退休干部、学校退休教师和原担任过村支委的老支书等。2人与省同步小康工作组结对，35人与市同步小康工作组结对，1197人与区同步小康工作组结对，利用自身优势，发挥积极作用。一年来，七星关区离退休老同志共为村两委理清发展思路150条、开展政策宣讲220次、协调项目33个、协调解决资金147万元、解决困难问题160个、化解矛盾纠纷348起，做到退休不褪色、离位有作为，用实际行动助推七星关区同步小康建设。二是探索开展"四就近"活动，让老同志就近发挥作用。2015年，在市西街道探索开展"四就近"活动，并取得一定成效。如北门社区邀请辖区内离退休干部党员共谋社区发展、帮助化解矛盾纠纷、宣传党的方针政策等；百花社区三名退休老同志自发组织，在七星关区一小旁设"立小太阳"书屋，方便小朋友学习阅读参考资料、借阅课外读物，每天前来阅读学习的小朋友达100余人次，有时还帮助家长照看小朋友。三是开展网上正能量活动。根据市《关于转发贵州省老干部局〈关于组织离退休干部开展网上正能量活动的实施方案〉的通知》，聘请4名老同志为七星关区老同志网宣员。

【做好老同志来信来访工作】 在做好离退休干部来信来访工作中，区离退干局实行班子成员轮流接访、股室负责人陪同接访制度。对离退休干部的来信来访，始终坚持做到笑脸相迎、热情接待，深入走访，耐心倾听他们的诉求，认真办理其信访件。对来信来访诉求，在符合规定和政策范围内，能办理的及时办理，不能解决的耐心细致做好政策解释和疏导工作。如："50.6.30"退休老同志反映，1949年10月1日至当地解放期间参加工作享受供给制的企业退休人员生活困难的问题，经实地走访调研，这部分老同志与机关事业单位退休的同类人员相比，退休工资偏低，生活存在一定困难，本局将实际情况向区政府提出请示，建议区政府自2015年1月起，每月对1949年10月1日至当地解放期间参加工作享受供给制的企业退休人员（年初数15人，现有12人）给予一定的困难补助，2015年共发放困难补助资金29552元；离休干部闵布扬遗孀张大新反映其住房于2015年3月5日发生火灾，房屋财产受损严重，经请示区政府，2015年4月17日，给予张大新老同志10000元救助金。

【以关工委为依托，充分发"五老"人员的积极作用】 1．着力培养青少年的社会主义核心价值观。以"学雷锋，心向党，讲品德，见行动""五心"教育和"祖国好、家乡美"等课题，着力抓好"爱学习、爱劳动、爱祖国"主题教育活动，在青少年中培育和践行社会主义核心价值观。从3月24日起，关工委邀请老同志先后到毕节四中、对坡中学、大河中学、田坝中学、毕节一小、兰苑中学等7所学校开展7场主题宣讲活动。2．"关爱救助、传递温暖"。关工委老领导分组分片对各乡镇（街道办）进行调研，进一步摸清全区留守儿童的底数，掌握特困留守儿童的基本情况，然后由各乡镇（街道办）关工委填报特困留守儿童帮扶审批表，经区关工委严格审核同意后，乡镇（街道办）及学校造好特困留守儿童花名册到区关工委领取帮扶资金，具体发到每个特困留守儿童手中。6月30日前，区关工委已向全区发放特困留守儿童帮扶资金105530元，受帮扶青少年1064人。针对田坎乡茨竹村"6·9"惨痛事件，根据省关工委〔2015〕3号通知、毕市关通〔2015〕6号通知精神，结合"全市加强留守儿童空巢老人残疾人关爱工作紧急电视电话会议"的安排部署，区关工委6月15日，召开主任会议，拟定七星关通字〔2015〕4号通知下发各乡镇（街道办），采取“两级两步”的方式在全区开展留守儿童家长（监护人）培训。培训的内容主要是“学校的关爱、社会的关爱、家长（监护人）的关爱”。这次培训，各级关工委参与人员为2345人（次），共培训家长（监护人）21530名。通过培训，更进一步引起了各级关工委、学校、家长（监护人）对留守儿童工作的认识，强化了各级关工委、学校、家长（监护人）对留守儿童的关爱职责，增强了关爱留守儿童工作的紧迫感、责任心和工作力度，形成和巩固了社会、学校、家长（监护人）三位一体的关爱机制，为今后切实搞好关爱留守儿童工作起到积极的推动和促进作用。10月30日，毕节市关工委主任周长琦一行来我区调研时予以充分肯定。3. 加强法制宣传，从源头上遏制、减少青少年违法犯罪。区关工委以普法教育为契机，配合区司法局、区教育局深入开展“法律六进”活动，不断增强青少年法律意识。一是以宪法为主线开展法律进校园的教育活动。二是重点加强未成年人的法制教育，深入学校开展送法进校园、进班级、进课堂活动，组织学生“带法回家”活动；三是创新小板报、小报纸、小节目、小读物、小对联“五小载体”，深入打造法制文化，努力营造良好的社会法治氛围，不断增强青少年守法意识。在全区各级各类学校掀起争做美德少年、文明少年、守法少年的评选活动，11月21日，市教育局、市关工委在腾龙凯悦召开的“一评三管好”先进集体和美德少年表彰大会上，七星关区获4个先进集体、6名美德少年。4. 帮教失足青少年。“6·26”禁毒日，区关工委法制组领导亲自参加“七星关区强制戒毒所2015年‘6·26’国际禁毒日演讲竞赛暨文艺表演”活动，关工委领导在帮教讲话中希望全体戒毒人员面对现实，树立良好的心态，下大决心、戒掉毒瘾，成为一个身心健康的人，早日回到父母及妻子儿女身边，投身到社会建设发展中，为社会的进步作出积极的贡献。区关工委还为全体戒毒人员送去3000元关爱慰问金。5. 配合科协、农牧局等部门，加强对青少年的科技知识培训。区关工委以培养新型农民为抓手，着力培养返乡农民工懂技术、会经营、善管理的技能。主要培训柑橘、核桃、粮油高产示范种植技能。组织青少年参加各类科技创新大赛，培养青少年热爱科学的情操。5月27日至5月30日，组织农村种植大户、科技二传手20名参加市关工委在市委党校举办的优质高效蔬菜栽培技术培训。8月13日，区关工配合市关工委在放珠镇举办养牛技术培训，参加培训青年农民120名；11月25日，区关工委邀请农牧局果蔬站副站长、高级农艺师周云到鸭池镇干龙滩村葡萄基地举办葡萄种植技术培训，参加培训的青年农民57名。基层关工委共举办农业科技培训160场，培训17213人。

（撰稿人：办公室）

信　访

【概述】 部门基本情况：领导班子配备情况：中共七星关区委群众工作部（信访局）领导班子配备部长1名（区委政法委书记、公安局局长兼任），常务副部长（区委办副主任、信访局局长）1名，副部长5名（区维稳办主任、信访局常务副局长、信访局副局长），常务副部长（信访局局长）主持群工部（信访局）全面工作；七星关区群众工作中心（七星关区三级联动视频接访[调处]中心）配备主任1名（信访局副局长兼任），副主任2名；七星关区信访督察专员办公室配备正科级信访督察专员2名，副科级信访督查副专员2名。

科室设置情况：区委群工部（信访局）内设办公室（综合科）、群团工作室（维权服务科）、效能监察室（督查科）、职能服务室（复查科）、政策法规室（宣传教育科）、调查研究室（调研科）共6个室（科）；区群众工作中心（接访[调处]中心）内设交流谈心（接访）股、咨询服务（心理疏导）股、排查调解（调处）股、人民建议征集（办信）股、网上信访（热线投诉）股、信访信息投诉受理股共6个股室；设立区信访联席会议办公室；区委群工部（信访局）、区群众工作中心（接访[调处]中心）各股室（科）分别明确负责人1名。

队伍建设情况：至2015年年

底，配备信访干部37人（编制44人，已配置37人），借用工作人员8名（中心5名、贵阳群工室3名），聘用驾驶员2名、保洁员1名，抽派驻中心工作人员17名（公安干警3名，特巡警6名，驻中心部门各1名），工作人员共计65名。

驻中心工作部门8家，分别是区政法委、区公安分局、区检察院、区法院、区民政局、区人社局、区计生局、区住建局。

【工作指导方针】 2015年，七星关区群众（信访）工作指导方针是：深入学习贯彻中共十八大、十八届三中、四中全会、全国、全省信访局长会议、"5·6"会议精神，学习习近平总书记、李克强总理，省委、省政府，市委，市政府主要领导对群众（信访）工作的重要批示精神。以群众工作中心为平台，以抓好重要敏感时期信访维稳工作、深入推进疑难信访积案化解为重点，以创新群众工作为抓手，加大初信初访化解力度，大力开展矛盾纠纷和信访问题大排查大化解工作，及时就地解决群众合理合法诉求，把大量矛盾纠纷化解在萌芽状态，消化在基层，有效维护了社会和谐稳定。

【信访案件化解工作稳步推进】 一是接访机制进一步健全和完善。2015年，共接待来访群众1729批次11335人次。其中，个访1283批2100人次，初信初访1164批次6839人次，重访565批次4496人次，集体访446批9235人次。二是信访案件及时有效办理。上级交办案件1148件，到期办结912件，236件正在办理中；区级立案交办135件，到期办结101件，34件正在办理中。三是积案化解有效推进。抽派4名正、副科级后备干部组建专案审议化解工作组，专案审议和化解区联席办排查梳理的41件信访疑难积案，息诉息访13件。四是排查工作效果明显。4月20日启动全区矛盾纠纷和信访问题大排查、大化解专项行动，共排查矛盾纠纷和信访问题4966件。排查出的矛盾纠纷和信访问题全部录入"三个四级个案台账"，做到情况清、底数明，重要事项全部按照"七个一"落实包保稳控责任人，做好稳控化解工作。五是周密部署，措施到位，圆满完成近70次次重要、敏感节点期间信访维稳工作任务。六是创新机制，探索实施新形势下做好群众工作和信访工作的新思路、新举措、新方法，进一步构建群众（信访）工作大格局。建立"司法评议"工作机制，对区内重大、复杂、疑难信访事项，已根据《信访条例》终结，但信访人仍对处理意见不服，再经"公道评说"后仍对评说结论不满意的信访事项，进行司法评议。

【强化源头防控】 一是完善区、乡、村、组四级防控网络，从源头减少新信访问题产生。进一步完善群众（信访）工作机构和制度，推动关口前移、重心下移，将信访工作触头延伸到村一级，加强信息收集报送和矛盾化解工作，将矛盾纠纷排查、化解在基层，消化在萌芽状态，减少新的信访问题产生。年初以来，重要敏感节点和重大活动时期"零报告"累计登记7000余条（次），暗线信息收集利用300余条（次），为领导决策提供了大量及时有效信息。二是强化矛盾纠纷和信访问题排查化解工作。专项行动工作开展以来，按照"横到边、纵到底"的原则进行地毯式、拉网式排查，不漏一单位、不漏一村、不漏一组、不漏一户、不漏一项、不漏一人，既突出排查重大矛盾纠纷，也不放过"鸡毛蒜皮"的隐患问题要求，对已发生还有可能越级到市赴省进京上访，特别是进京非正常上访涉及的人和事，可能引发治安问题和命案问题的矛盾纠纷和苗头隐患，可能引发群体性事件的矛盾纠纷和苗头隐患，可能引发群众越级上访的矛盾纠纷和苗头隐患，可能引发命案的民事纠纷开展大排查工作。采取分类指导、领导包案、协调联动等方式，综合运用法律、政策、经济、行政等手段和教育、协商、调解、疏导等办法，切实解决好矛盾纠纷和苗头隐患，做到"诉求合理地解决问题到位，诉求无理的思想教育到位，生活困难的帮扶救助到位，行为违法的依法处置"进行化解。

【完善机制，领导干部接访下访工作有效开展】 一是深入推进领导干部轮流排班接访制度。县级领导每天轮流排班到区三级联动视频接访大厅接待来访群众，科级干部每周三轮流排班在乡镇三级联动视频接访中心接待处理信访问题。重要、敏感节点期间，乡级实行每天1名党政领导在接访大厅（中心）全天接访制度。接访工作实行上下联动接访、视频交办督办，确保件件有回音，事事有着落。年初以来，区领导在三级联动视频接访（调处）中心接待来访群众共590批7289人次。其中，个访312批588人次、集体访278批6701人次，初访362批4154人次、重访228批3435人次；乡镇办事处科级领导干部在视频接访中心接待来访群众800余批1900多人次，群众反映问题均通过各种措施及时予以化解。二是深入推进领导干部包案督访和带案下访活动。县级领导干部带头开展“包案督访”，“百日攻坚战”期间，上级交办案件近401件，全部分解落实到副县级以上领导包案督访，推动信访事项有效化解。三是发挥区直部门职能作用，形成齐抓共管格局。坚持区直部门驻厅接访研判制度，完善健全部门驻厅接访制度，接访工作情况纳入动态管理考核内容，与年终考核相挂钩，部门驻厅人员实行“工作关系在大厅、考核管理在大厅、提拔使用在大厅”，逐步形成接访大厅 “一站式受理、一条龙服务、一揽子解决问题”信访工作齐抓共管的工作格局。年初以来，区直部门驻厅分类接访研判324批836人次。其中，个访284批448人次，集体访40批388人次，初访246批672人次，重访78批164人次。

【多措并举，信访疑难积案化解工作稳步推进】 组建信访疑难问题审议化解工作组，全力推进积案化解工作。抽派4名正、副科级后备干部，组建专案审议工作小组，对41件信访积案集中开展化解工作，息诉息访13件。

【拓宽渠道，维护正常信访秩序】 一是做好区长信箱符合信箱管理规定的信件及提问受理回复。年初以来，群众致信区长信箱800余件，符合信箱管理规定的信件及提问受理回复率100%，区长信箱的正常管理运行，密切了党委、政府和群众之间的联系，为及时掌握社情民意，制定和调整决策提供了大量有效信息。二是进一步完善初信初访一次性办结机制。对群众反映的初信初访问题，按照“属地管理，分级负责”“谁接访、谁负责”“谁主管、谁负责”及“一岗双责”的原则，落实首办责任，推动事要解决，维护群众利益，确保初信初访事项在第一时间、第一地点得到有效解决。三是及时有效办理群众通过书记、区长—群众直通交流台反映的问题。四是实行双向治理，规范信访秩序。大力宣传诉访分离、依法逐级走访等有关法律法规力度，提高群众合理合法反映问题意识；对不作为或作为不到位造成不良影响的单位和个人通报批评，严肃了工作纪律，提高了工作责任心。

【周密部署，圆满完成重大活动期间信访维稳工作任务】 细化工作措施，周密安排部署，圆满完成了2015年全国及全省“两会”、2015年全省扶贫攻坚工作会议、全省扶贫开发工作会议、全省现代高效农业示范园区建设等70余次活动和敏感节点期间的信访维稳工作任务。活动期间，群工部（信访局）及时制定工作预案，细化工作措施，落实工作责任，强化矛盾纠纷排查化解、接访、下访、回访等工作，推动事要解决，维护群众合法权益，将信访问题化解在基层；加强重点人员和重点群体及重点群体核心人员包保稳控，将信访群众稳控在当地；畅通信息渠道，强化信息报送，实行“零报告”及“双线”信息制度，及时掌握工作动态，有效开展稳控和疏导劝返工作。

（撰稿人：莫仕鹏）

机构编制管理

【概述】 2015年，在区委、区政府的正确领导下，在省、市编办的具体指导下，认真贯彻落实中共十八大和十八届三中、四中全会精神，按照年初制定的工作计划，积极谋划，勇于创新，奋发有为，扎实做好编办的各项工作，较好地完成了各项工作任务。

【加强学习，提高综合素质】 一年来，不断加强党性修养，始终坚持把学习作为新时期加强思想理论建设和加强自身素质的重要内容来抓。深入学习中共十八大、十八届三中全会、十八届四中全会精神，增强大局意识、宗旨观念和服务意识，认真落实工作责任制，大力开展机关作风建设。认真抓好业务学习，紧紧围绕区委、区政府中心工作，加强对工作跟踪及服务，以认真、严谨、负责的态度做好每一项工作，不断提高工作效率，提高服务水平，尽最大可能做到让单位和群众放心、满意，自觉接受群众监督，形成作风扎实、办事高效的良好风尚。

【注重实效，加强机构编制管理工作】 1．为加强和完善机构编制管理，认真加强机构编制管理工作，结合推进机构编制实名制工作和机构编制网络管理平台建设，严肃机构编制纪律，进一步挖掘机构编制潜力，加强我区机构编制基础建设，推进机构编制实名制管理，更好地发挥机构编制资源使用效益。在平时的日常管理中，对全区的机构编制实行动态管理，掌握好各单位的人员变动情况。一是要求各单位如有人员变动时，要及时将该变动的人员信息报送对实名制信息系统进行更新管理，以确保我办及时真实地掌握全区各单位的人员在编情况。二是严格把关，不随便增设机构，不随便给单位增编，禁止各单位超编进人，确保全区机构编制总数不超编。2．认真做好机构编制实名制核查工作。及时印发了《关于做好机构编制核查相关工作的通知》到各乡（镇、街道办事处）、区直各单位，要求各乡（镇、街道办事处）区直各有关单位领导高度重视，落实责任，明确相关工作责任人，按时按质完成了各项核查工作任务，顺利通过了省、市的实地考核。

【扎实开展事业单位分类改革工作】 根据省、市的事业单位分类改革工作的精神，我们按照“服务大局，规范管理”原则，加大力度，扎实开展事业单位分类改革工作。对现有事业单位进行清理整顿、优化整合。本次全区事业单位分类改革牵涉到的单位共857个。其中：承担行政类事业单位7个，公益一类事业单位710个，公益二类事业单位50个，经营类事业单位2个，暂不纳入分类事业单位88个。

【推进机关事业单位中文域名注册、完善网络红叶、网站标识管理和中文域名续费工作】 根据中央、省、市编办的有关要求，七星关区采取有力措施积极推进网络域名、网络红叶、网站标识管理工作，相继下发了《关于做好全区党政机关网站开办审核、资格复核和网站标识管理工作的通知》和《关于做好全区党政机关网站开办审核、资格复核和网站标识管理工作的紧急通知》，提高了各单位对开展该项工作的重要意义的认识。截至目前，全区所有单位已经注册了中文域名，注册单位达100%；均已完善网络红叶；并且已全部挂上了网上标识；所有到期的中文域名也已经全部续费，续费率达100%。

【切实抓好事业单位法人登记的工作】 及时部署事业单位法人年检工作，为确保按时完成年检任务，始终坚持把握年检工作质量第一的原则，以优质服务促年检。进一步简化办事程序，缩短审批时限，对申请材料齐全、手续完备的，当场办结；对提交材料不合格的单位尽量允许现场更改，减少办理次数。对于没有电脑的或有电脑不能上网的单位，在登记局的工作人员为其办理登记、年检事项，确保了网上登记工作的质量和效率。年检合格的事业单位当场发放年检合格标签，需要换发证书的现场打印换发事业单位法人证书，不拖拉、不积压。通过全方位的优质服务，不但有力促进了年检工作的顺利开展，同时也树立了登记管理部门良好的社会形象。

【抓好党建工作】 1．按照年初签订的目标管理责任书，做好党建工作安排部署，拟定年度工作计划，层层签订责任书。我办领导班子高度重视党建工作，定期研究解决党建工作中需要行政帮助解决的实际问题，建立和完善各种制度，提高党员素质。2．抓好学习宣传工作。一是抓好党支部政治理论学习，制订学习计划，坚持星期二学习制度，组织干部职工学习党的路线方针政策、国家法律法规、重要文件、重要会议精神、机构编制管理条例、事业单位登记管理条例和实施细则。二是做好本办干部职工思想政治工作，认真开展谈心活动，加强同志间的团结协作。三是做好本办工作和相关工作的宣传。通过七星关区计算机通信网加强对机构编制管理条例、事业单位登记管理条例和实施细则的宣传和贯彻。3. 结合实际，抓好统战、群团等工作。加强对统战、群团等工作的领导，明确由办领导负责、副主任分管，指导督促干部职工按要求搞好相关工作。4. 认真抓好“法制机关”创建活动。深入开展法制宣传教育，大力推进依法治理，提高法治化管理水平，针对增员审批、事业单位登记、变更、注销、年审等，大力开展相关法律宣传教育，坚持公务员年度法制培训和考试制度。

【加强党风廉政建设】 实行党风廉政建设责任制。把党风廉政建设纳入党支部工作计划，与党建、精神文明建设等工作一起布安排部署，一起检查考核。建立健全和完善党风廉政建设制度，进一步明确领导班子成员党风廉政建设工作职责和具体要求，形成了一把手负总责，班子成员各司其职，一级抓一级，层层抓落实的工作局面。针对具体实际，签订《党风廉政建设责任书》，完善了各项规章制度，增强了干部职工勤政廉政意识和民主监督意识，为实现从源头上治理腐败起到了防微杜渐作用。

【抓好计划生育工作】 成立计划生育工作领导小组，制订工作计划，明确兼职计生主任负责计生工作，切实抓好计划生育宣传，按期组织适龄女同志进行妇检，未出现违反计划生育规定情况。

【加强综治（维稳创安、禁毒、普法）工作】 在区委、区政府的领导及区政法委的指导下，按照有关综治工作要求和上级安排部署，切实抓好我办社会治安综合治理、维稳创安、禁毒、普法等工作，坚持政法综治等工作服务于经济建设的方针，以稳定为目标，有效地保证了编委办工作秩序，提高了办事效率，促进了各项业务工作。

【做好信访接待工作】 抓好群众来信来访工作，按照有关信访工作要求，对群众提出的问题，做到有问必答，有访必复，一年来未发生群众信访事件。

【做好档案管理和保密工作】 根据档案工作要求，加强领导，提高认识，严格监督，把档案工作落到实处，加强档案管理，实现档案工作规范化、制度化、标准化，使档案工作正常有序开展。按照保密工作要求，严格保守党和国家的机密，对文书档案、文件、信函、网上文件和信息等要求专人负责，及时处理、上交、归档、妥善保管，对需发送的文件、表册及时打印登记送出，从无泄密和遗失文件资料现象发生。

【抓好“多彩贵州文明行动”工作】 根据区委、区政府关于“整脏治乱”工作有关精神和要求，结合“双考双评双挂钩”目标考核办法，成立“多彩贵州文明行动”工作领导小组，制定《编委办卫生制度》《编委办干部职工文明行为要求》；配合相关部门，认真搞好划定区域清洁卫生的治理，定期对各科室卫生进行检查评比，营造了一个文明、整洁、有序的工作环境。

【抓好扶贫帮困、干部驻村工作】 为做好联系点扶贫帮困工作，本办立即选派了具有强烈的事业心和责任感，品行端正，作风正派，吃苦耐劳，乐于奉献，具有一定的沟通协调能力的年轻干部到所驻的村开展工作。驻村干部到位后，自觉服从当地党委、政府的领导，带着情感下基层，虚心向基层干部群众学习，与基层干部群众同吃、同住、同劳动、同工作，用实际行动自觉维护了机关干部特别能战斗、特别能吃苦、特别能奉献的良好形象。

（撰稿人：办公室）

区直机关工委

【概述】 2015年，区直机关工委深入学习贯彻中共十八届三中、四中、五中全会和习近平总书记系列重要讲话精神，紧紧围绕“服务中心、建设队伍”两大任务，以坚定理想信念、服务改革发展、加强作风建设、建设一流队伍为目标，全面推进机关党的思想、组织、作风、党风廉政和制度建设，不断提高机关党建科学化水平，为推动跨越发展、全面发展、同步小康提供坚强的思想组织保证。

【深入推进学习型机关党组织建设，用党的创新理论武装头脑、指导实践、推动工作】 1．把学习贯彻习近平总书记系列重要讲话精神不断引向深入。把学习宣传贯彻习近平总书记系列讲话精神作为首要政治任务，以中心组为龙头，以机关党员干部为重点，以基层党组织为基础，坚持全面学与专题学、跟进学与反复学、集体研讨与个人自学相结合，重点学习《习近平谈治国理政》《习近平总书记系列讲话精神学习读本》等理论读物，把深入学习贯彻习近平总书记系列重要讲话精神作为推动机关党的建设的主线，真正把学习贯彻成效落实到忠诚信仰上、落实到严以律己上、落实到勇于担当上、落实到抓好各项工作上。结合机关实际，组织机关党员干部深入学习贯彻中共十八届三中、四中、五中全会和省委、市委、区委党代会及全会精神，真正把思想和行动统一到中央和省、市、区委的各项部署和要求上来，进一步统一思想，凝聚共识。2．严明政治纪律和政治规矩。坚持把讲政治作为最重要和第一位要求，把守纪律讲规矩摆在更加重要的位置，确保始终与中央和省委、市委、区委保持高度一致，始终做到政治上讲忠诚、组织上讲服从、行动上讲纪律，引导机关党员干部增强政治意识和规矩意识，严守党的政治纪律、政治规矩，带头遵守工作和生活纪律，自觉参加党的组织生活，增强组织纪律性，确保政令畅通。3．大力推进学习型机关党组织建设。不断完善党组（党委）中心组带头学、机关干部集中学、机关党组织“三会一课”组织学“三级联动”学习机制，推动学习型党组织建设。充分利用网上党校、QQ群、手机报、微信、微博、易信等新媒体平台，抓好所属党组织和党员干部的政治理论学习，社会主义核心价值观和共产主义道德、中华民族优秀传统文化和传统美德教育，党章和党性党风党纪、党的路线方针政策和形势任务、业务知识教育，不断优化机关党员干部知识结构，提升综合素质和履职能力。2015年，工委机关自身组织机关干部集中学习32次，开展领导班子中心组集中学习5次。

【开展在职党员进社区活动，扎实推动机关党的群众路线教育实践活动向纵深发展】 年初，与区委组织部联合下发了《关于在区直机关开展“在职党员工作在单位、活动在社区、奉献双岗位”活动实施方案》和《关于进一步做好在职党员到社区报到服务工作的通知》等文件，在区直机关在职党员中全面开展“工作在单位，活动在社区，奉献双岗位”进社区报到服务工作，对活动开展的指导思想、原则要求、对象范围、职责任务工作步骤、组织领导等进行了具体明确，有效地确保了活动的有序推进。2015年，区直机关72个党组织，2600余名在职党员分别在各自居住地社区进行报到服务，共认领事项3000余次，党组织及个人出资捐款50余万元，服务群众30000余人次，区直机关工委支持洪山街道办拥军社区书香书屋建设资金2万元，有效地提升了机关服务基层能力，推进了机关服务型党组织建设。

【深化发展型服务型党组织创建，大力加强机关组织建设】 一是认真开展处置不合格党员工作。根据七星关区委党的群众路线教育实践活动领导小组办公室和七星关区委组织部关于印发《毕节市七星关区深入开展处置不合格党员工作的实施方案》的通知，制定下发了《中共毕节市七星关区直属机关工委关于开展处置不合格党员工作实施方案》，在区直机关全面开展处置不合格党员工作，进一步明确了处置不合格党员的总体目标及工作原则、实施范围、不合格党员的认定标准、处置程序和处置方式、处置不合格党员的工作步骤、工作要求，以党支部为单位，广泛开展调查摸底、党员登记、评议定格、组织处置等环节工作，进一步加强了党员党性教育，确保党员队伍始终保持先进纯洁。二是规范基层党组织换届选举工作。按照“思想好、作风正、能力强、实绩突出、群众拥护、熟悉党建知识”的要求，做好机关党组织换届选举工作，指导区直各机关党组织做好换届选举和补选工作，选配补齐基层党组织班子，选好配强机关基层党组织带头人。2015年，批复政府办、卫计局、市场监管局、公安局、国税局、国土局机关党委成立、换届批复，批复8个区直机关党支部进行了换届补选工作。三是认真做好发展党员工作。按照控制总量、优化结构、提高质量、发挥作用的总要求，制订和实施发展党员工作规划和计划，严格执行发展党员推荐制、备案制、预审制、公示制、票决制和责任追究制等制度，加强入党积极分子培养、教育和考察，不断提高发展党员质量，优化党员队伍结构，严把党员"入口关"。2015年，审批预备党员106人，转正党员49 人；四是做好党费收缴、管理及使用工作。制定下发了《关于认真做好党费收缴基数核定工作的通知》，组织区直部门党组织完成了党费收缴基数核定工作，指导建立健全党费收缴台账，做好党费收缴工作，做到专户专储、专人管理、专款专用，2015年共收缴党费88万元。五是做好"五好"基层党组织申报推荐工作。按照区委组织部的安排，制定下发了《关于做好市级机关、企事业单位党建工作先进党组（党委）申报工作的通知》《关于做好市级"五好"基层党组织申报工作的通知》《关于认真做好区直机关"五好"基层党组织命名推荐申报工作的通知》等文件，组织区直机关各级基层党组织按照"五好"标准，认真做好市级、区级 "五好"基层党组织的申报推荐工作；共推荐上报市级先进党组（党委）6个，进一步激发了基层党组织和广大党员"履职尽责创先进、立足岗位争优秀"的政治热情，有力地推进了创先争优活动的深入开展。六是做好党务干部和入党积极分子培训。在区委党校共举办2015年度党务干部培训班和入党积极分子培训班一期，共培训区直机关党务干部154名，培训积极分子154人，有力地提高了机关党务干部的工作能力和整体素质，全面加强入党积极分子的教育培训，使入党积极分子学习党的基本路线、基本纲领和党的基本知识，端正入党动机。

【加强党风廉政建设，转变机关工作作风】 制定下发《关于深入开展廉政文化进机关活动实施方案》，进一步加强机关廉政文化建设，营造风清气正的良好环境。认真落实中央和省委、市委、区委党风廉政建设工作部署，强化示范教育、警示教育，加强党性党风、党纪党法、廉政法规、廉洁自律教育，不断提高党员党纪法规观念和遵纪守法意识，筑牢防腐拒变的思想道德防线。严格执行中央八项规定、《党政机关厉行节约反对浪费条例》和省委、市委、区委十项规定，教育引导机关党员、干部弘扬勤俭节约、艰苦奋斗的优良传统，去庸求进、去懒求勤、去慢求快、去浮求实、去贪求廉，整治机关"门难进、脸难看、话难听、事难办"等不良风气，进一步转变工作作风，强化为民服务理念，努力打造为民、务实、清廉的机关作风。组织学习《中国共产党廉洁自律准则》及《中国共产党纪律处分条例》教育干部职工坚持全心全意为人民服务根本宗旨，继承发扬党的优良传统和作风，自觉培养高尚道德情操，努力弘扬中华民族传统美德，廉洁自律，接受监督，永葆党的先进性和纯洁性。

【加强精神文明创建，大力加强和谐机关文化建设】 按照有关部门部署和要求，制定下发了《中共毕节市七星关区直机关工作委员会开展党员志愿服务活动方案》《关于深入开展区直机关共产党员志愿者 "学雷锋"志愿服务活动的通知》《毕节市七星关区开展"明礼知耻·崇德向善"主题实践活动实施方案》《区直机关"明礼知耻·崇德向善·争做文明先锋"主题实践活动实施意见》等指导性文件，积极开展机关党员志愿者实名注册、"最美七星关人"推荐、"明礼知耻.崇德向善""多彩贵州文明行动"等创建活动。共组织推荐全区助人为乐模范、见义勇为模范、诚实守信模范、敬业奉献模范、孝老爱亲模范14个。不断深化机关精神文明创建活动，提升机关文明素质。

【认真落实党建工作责任制，切实提高机关党建工作水平】 制定下发了《区直机关2015年党的建设工作意见》，进一步加强对机关党建工作的领导，推动机关党建工作各项目标任务的贯彻落实。组织开展部门党组（党委）书记、机关党组织书记抓基层党建工作述职活动，编辑印发了《毕节市七星关区2014年区直机关党组织书记抓党建工作述职材料汇编》，进一步强化部门党委（党组）主要负责同志抓机关党建工作责任。制定下发了关于认真组织学习中共贵州省委办公厅《关于深入贯彻全面从严治党要求进一步落实机关党建工作责任的实施意见》的通知，进一步明确部门党组（党委）、机关党委、基层党组织抓机关党建工作的职责和要求，全面落实从严治党要求，推进机关党建工作责任的进一步落实。

【认真完成区委、区政府交办的其他工作】 一是积极配合组织开展机关2015年毕节城区“迎新春”干部职工登山比赛、2015年春节期间应急无偿献血公益活动等活动，认真做好精准扶贫、党建扶贫暨集团帮扶、干部驻村等工作，按时报送各类资料。二是为扎实推进“三严三实”专题教育有效开展，切实整治“为官不为”，进一步深化机关干部作风建设，优化发展环境，提高机关服务水平，在窗口单位开展“百企万人评科室”行动。三是制发机关党建指导性文件50个，编发《机关党建》16期，上报其他各类信息40余条，有效地推动了机关党建走前头、做表率。

（撰稿人：李　庭）

党校、行政学校

【概述】 2015年度，七星关区委党校全面贯彻中共十八大和十八届一中、二中、三中、四中、五中全会精神和习近平总书记系列讲话精神，以科学发展观为统领，充分利用校内外资源，以改革创新精神推进新一轮大规模干部培训。根据《中国共产党党校工作条例》要求，全校干部职工共同努力，保持认识不落伍、工作不松劲、标准不降低的良好工作作风，牢固占领理论阵地，解放思想、求真务实、与时俱进、开拓创新，为促进七星关区经济社会的全面发展，构建社会主义和谐社会和全面建设小康社会作出应有的贡献。

【培训工作】 主体班：1360人。举办新任（提拔）领导干部培训班，培训学员56人；举办七星关区村支部书记能力提升培训班，培训村（社区）支部书记80人；举办党务干部培训班，培训党务干部157人；举办入党积极分子培训班，培训学员136人；举办“扶贫干部”专题培训班，培训学员111人；分9期举办2015年村（社区）支书、主任扶贫攻坚专题培训班，培训学员820人。外联培训：1117人。与七星关区纪委联合举办“七星关区2015年纪检监察干部‘三严三实’专题党课警示教育暨业务培训”，培训纪检监察干部157人；与中共毕节市委组织部、毕节市总工会联合举办“毕节市2015年非公企业党组织书记暨工会主席示范培训班”，培训毕节市非公企业党组织书记暨工会主席100人；与七星关区农牧局联合举办“七星关区基层农技人员暨镇（乡）农产品质量安全监管工作培训班”，培训农技人员90人；与中共毕节市委组织部、中共七星关委组织部联合举办三期“全市远教专干业务能力示范培训班”，分别培训全市远教专干93人、91人和93人；与老干局联合举办全区离退休党员干部培训班，培训学员95人；与统战部联合举办七星关区2015年统战干部培训班，培训学员78人；与市委党校联合举办四川广元、扬州培训班，培训学员96人。与区委组织部、团区委联合举办2015年乡（镇、街道）团委书记暨全区青年志愿者专题培训班，其中团委书记55人、青年志愿者102人；与区委组织部、区扶贫办联合举办七星关区2015年“雨露计划·贫困村致富带头人”专题培训班，培训学员122人。培训体现创新。在培训上体现“三个创新”：学习内容创新。根据区情和干部实际，增强教学内容的针对性和实效性，在教学内容设置上创新性地实行六大模块，即基础理论与中共十八大精神、经济社会发展问题研究、基本素质与能力提升、相关政策解读、清华大学远程视频教学、部门实际工作专题。教学方式创新。实行互动式辅导教学，教师精心设置问题及案例穿插在课堂教学中，学员就教师所提问题分成小组进行讨论，紧密联系工作实际提出解决问题的观点、对策和建议；开展军事训练与拓展训练，培养学员团队合作的精神；实行情景模拟与角色配对教学，深化教学效果。学风管理创新。认真执行中组部《九项规定》和省纪委、省委组织部、省委党校联合颁布的《十五项规定》，从严治校，从严管理，强化学风建设的执行力度。

【“送教下乡”工作】 2015年，区委党校根据区委组织部关于开展 “提升素质、服务基层、送教下乡”活动的通知要求，制订《七星关区委党校关于开展〈七星关区“提升素质、服务基层、送教下乡”活动计划〉活动实施方案》，成立“提升素质、服务基层、送教下乡”活动领导小组，负责“送教下乡”活动的日常工作，确保“送教下乡”工作的顺利开展，全年共计“送教下乡”活动42场次。

【师资队伍建设】 党校在加强师资队伍建设方面，采取各种切实可行的措施，着力提高教学质量和教学水平。认真组织公开课，组织教师上课、评课，让授课教师取长补短，相互帮助，共同提高；充分利用和合理整合学校教学资源，发挥清华大学教学扶贫站和中央党校远程教学站的功能和作用，努力提高教学培训质量；开展教研活动，推行集体备课制度，总结经验教训，对教学情况进行评估，扬长避短，提高教学水平；选送教师到省委党校和国家行政学校学习，增长知识扩大视野；鼓励支持教师参加在职学习，提高教师的知识水平和业务能力；安排教师进行社会调研，增加社会知识和实践知识；安排年轻教师到鸭池镇挂职锻炼，着力培养年轻教师的社会实践知识和能力；选派骨干教师配合相关部门抓好十八届四中、五中全会精神及习近平总书记系列重要讲话精神宣讲。

【科研工作】 办好4期《齐心论坛》，紧扣毕节经济和社会发展脉搏，加强同优秀社科工作者的联系，真正起到“思想库”作用；认真组织老师搞好科研工作，加强理论研究和创新，认真组织专兼职教师积极参加市、区各类社科理论征文及投稿，全年发表省级科研论文2篇、区级4篇；认真组织教师参加课题调研，全年完成调研课题5个。其中市委党校立项课题2个，分别是：徐凤、张建《毕节市创新基层党建工作问题研究》，张恒弟、张思琴《毕节市加强服务型基层党组织建设研究——以毕节市熊头小区推进服务型基层党组织建设实践与研究为例子》；参与区政协牵头课题3个，分别是：徐凤《创新精准扶贫模式，实现精准扶贫目标》，张恒弟《夹岩水库上游污染治理的调研报告》，胡雪梅《充分利用市场机制，解决城市环境卫生工作的建议的调研报告》。

【党建工作】 “双考双评双挂钩”工作。根据《中华人民共和国公务员法》《党政领导干部选拔任用工作条例》和 “双考双评双挂钩”动态跟踪考核管理办法有关文件精神，切实抓好“双考双评双挂钩”动态跟踪考核工作，为贯彻落实科学发展观，切实加强和改进干部职工考核工作，促使干部职工“想干事、能干事、干成事”，引导干部职工服务科学发展、促进科学发展，推动党校又好又快发展奠定坚实的基础。反腐倡廉及党风廉政建设工作。认真贯彻落实“一岗双责、两公开制度”。严格执行权力运行清单备案制度，对照纪律要求严肃查处和改进本单位作风方面的突出问题，进一步落实党风廉政建设职责、提升机关效能，深入推进本单位的反腐倡廉及党风廉政建设工作与廉政文化进机关工作。全年共上报相关信息简报24期，网评文章12篇。“在职党员进社区”活动。按照相关文件精神，在职14名党员到各自所在社区报到填表登记，并积极参加社区各项志愿服务，如“环境整治日”、慰问困难群众、关爱留守儿童等活动，力所能及当好服务社区的“志愿者”。机关组织建设。成立党建工作领导小组，制定党建年初工作意见，制定党建工作目标责任书、党员目标管理责任书并层层签订，制定有关学习制度，有记录，有半年、年终总结，上报相关信息简报24期，按月完成组织部的信息报送工作，共计报送20篇。同时认真抓好统战、计生、妇委会等工作。党支部工作。认真落实区委党建目标责任制的各项要求，着力加强支部各项制度建设，坚持“三会一课”制度，认真做好党员的管理、发展工作及党费的搜集上缴工作，充分发挥党员先锋模范作用。思想政治和精神文明建设工作。认真开展"最美七星关人"及道德模范评选、微七星关等活动，及时认真组织学习和报送有关资料。精准扶贫工作。成立精准扶贫工作领导小组，制订精准扶贫工作方案，主要领导及班子成员、中层干部、党员经常深入联系点，了解社情民意，多方出主意、想办法尽自己最大的力量帮助联系村。经校党委协调各方力量为联系村办理实事5件（通村公路建设、慰问困难党员、购置办公用品、改善村委会食堂、关爱留守儿童等），校党委共计补助村里4万多元。党建扶贫及集团帮扶工作。按照有关文件精神，积极抽派3名干部到鸭池镇开展驻村工作，其中有2名担任村第一书记。严格执行对驻村干部补助的相关规定，驻村干部认真开展驻村工作，并做到每月按时向学校汇报驻村工作的开展情况。校党委利用建党节及扶贫日共慰问鸭池镇八十村、草堤村、石格村生活困难党员共15户，每户送去300元现金，共计金额4500元。教职工利用"六一"、中秋等节假日关爱留守儿童。截至目前，全校共结对帮扶留守儿童42名，结对帮扶人员切实开展每月向留守儿童打一次电话、一季度谈一次心、做一件实事、过一次生日等以"七个一"载体的关爱活动，让其感受亲情，感受社会关爱。党务政务公开工作。按照有关文件精神，以文件、简报、党务政务公开栏、阳光政务网等形式，将长期的、程序性的公开内容与动态的、阶段性的公开内容有机结合起来，注重实效，方便党员群众及时查询和监督。通过党务政务公开工作，加强党组织的自身建设，提高干部领导水平，优化党校发展环境，强化党内和群众监督，有效预防腐败的产生。

【后勤服务工作】 后勤管理工作是党校搞好教育教学工作和其他工作的前提和保障。后勤工作主要是在加强和完善基础设施建设和后勤管理上下功夫，不断营造良好的办学条件和培训环境。建立健全各项工作制度，合理使用学校资金，购买和添置部分教学设备和办公用品，着力提高后勤服务工作的质量，完善监督机制和服务功能：一是为学员服务，做到态度好，效率高，质量优，把学员对服务的满意度提升到一个新的高度。二是为教职工服务，创造更好的教学、生活条件，让教师以更充沛的体力和更旺盛的精力投入到教学中去，投入到各项工作中去。三是加强学校基础设施建设，努力创造和改善办学条件。进一步搞好校园绿化，加强对水电管网的维修和管理。加强对多媒体教室，图书室、电子阅览室、微机设备的管理，合理利用各项设备和资源，充分发挥其功能和作用。四是创新学员楼及食堂运行机制，在充分保障主体班，各类外联培训班后勤服务的基础上，创预算外收入120万元，一定程度上减轻区财政的压力。五是认真搞好校产管理，落实管护措施，对现有的校产及办公用具用品进行登记造册，落实管护责任，做到责任到人，加强对食堂、学员楼的管理，完善监督机制和服务功能，对坏损课桌椅、门窗等进行修理和维护，保证各项工作正常运转。六是建立健全各种规章制度。推行指纹打卡考勤制度，每月通报一次考勤，年终按年初制定的考勤制度执行奖惩。

【其他工作】 办公室工作和档案管理工作。规范公文处理，按要求报送相关文件资料和信息；按照档案管理要求，对各类档案进行清理和整理，确保相关资料规范、齐全，实现档案规范化管理。综治工作（含禁毒工作）。加强各种工作措施，夯实内部管理，认真落实综治工作责任，加强职工的遵纪守法教育，预防违法犯罪，全校未发生任何安全事故和违法案件。信访工作。严格按照省、市、区有关安排部署，坚持矛盾纠纷和不稳定因素排查调处，及时处置重大稳定隐患，全年无群体性事件和重大安全事故发生。应急管理。制定应急管理预案，明确责任到人。节假日，国家、省、市、区党代会、人大会、政协会议期间，均安排工作人员值班，无突发公共事件发生。保密工作。统一认识，强化管理，突出重点，完善措施，不断提高保密工作法制化、规范化水平，积极推动"平安"建设，促进全市经济社会全面健康发展。"多彩贵州文明行动"工作。彻底整治校内的环境卫生，对校园进行绿化、美化、亮化，积极参加全区开展的一系列专项活动。

（撰稿人：罗运欢）

党史地方志

【概述】 2015年，区党史地方志办在区委、区政府的正确领导和上级业务部门的指导下，以邓小平理论、“三个代表”重要思想和科学发展观为指导，深入贯彻学习中共十八大和十八以来的各项方针和政策，切实贯彻落实中央、省、市史志工作会议精神，紧紧围绕区委、区政府的中心工作，凝心聚力，埋头苦干，确保各项工作整体推进。

【坚持把学习教育贯穿各项工作始终，做到学习、工作两不误、双促进】 认真按照专题教育活动规定的各项学习内容抓好学习，并组织党员干部积极参加区委组织的有关学习、培训活动。在要求党员干部搞好自学的同时，每周集中组织学习1—2次，做到专题教育学习与推进实际工作相结合。通过学习，党员干部更加坚定共产主义理想信念，更加牢固树立起全心全意为人民服务的思想，事业心、责任感、使命感进一步增强，世界观、人生观和价值观进一步得到改造，服务意识、服务能力更加增强，服务行为更加规范，“四风”问题得到有效解决，作风发生了明显转变。

【抓好党风廉政建设，促进领导干部廉洁自律】 一是切实抓好领导干部重大事项报告制度、领导班子民主生活会制度和廉政登记簿制度的落实，严格实行民主集中制，全办重要工作决策和重点环节管理安排都由办领导集体研究决定，不断推进党风廉政建设。二是切实落实“一把手”责任制，并将责任签订到每一名党员和干部头上，把党风廉政建设列入部门重要议事日程。三是充分发挥党内民主，推进党务公开，维护党员干部的知情权、参与权和监督权。四是组织召开党风廉政建设责任制专题学习会议，建立健全党风廉政建设长效机制，有效地增强了党员干部职工的廉洁自律意识，推动了党风廉政建设责任制的全面落实。

【深入开展驻村帮扶活动】 从年初开始，按照全区驻村工作要求，安排了一名干部常住野角乡茅坪村任第一书记，一名干部驻林口镇鸡鸣三省村任第一书记。区史志办始终坚持做到“民情了解到户、帮扶责任到户、政策宣讲到户、项目落实到户、技术服务到户”的五到户原则，积极探索服务基层、造福群众的方法及有效手段。

【主要业务工作】 一是按质量、按时间要求，完成了《鸡鸣三省文史资料》收集。二是按质量、按时间要求，完成了红色宣传册子的内容设计。三是参与“鸡鸣三省”八十周年纪念座谈会议的筹备、召开等后勤工作。四是完成《毕节市七星关区年鉴2015》编辑和出版工作。五是到遵义纪念馆考察学习。六是完善林青纪念馆设计资金审核、报批工作。七是“鸡鸣三省”会议会址考证工作取得了突出进展，目前，会址抢救恢复建设正在按规定、按程序上报批准。八是对七星关区内纪念馆解说词及展出史实进行检查。

（撰稿人：谢安义）

人民代表大会毕节市七星关区常务委员会

【概述】 2015年，区人大常委会在区委的坚强领导和市人大常委会的正确指导下，紧紧围绕区委一届三次、四次全会和区一届人大四次会议确定的各项目标任务，坚持党的领导、人民当家做主和依法治区有机统一，积极适应新常态，努力推进新跨越，不断创新监督理念和监督方式，提升工作科学化水平，为打造七星关区经济社会发展升级版，推动民主法治建设，开创人大工作新局面开展了大量卓有成效的工作。

【监督工作】 常委会始终坚持发展导向。着眼全局，把握方向，创新监督方式，牢牢把握发展第一要务，紧盯关系人民群众切身利益，社会普遍关心的热点、难点问题，紧扣全区经济社会改革发展大局，围绕决战贫困、提速赶超、同步小康主战略充分履行监督职能。常委会围绕年度工作要点，切实履行服务和监督职能。年初，听取“一府两院”在一届四次人代会上所作工作报告任务分解落实情况，逐项梳理目标任务，找准监督重点，贯穿全年监督工作。一年来，共召开常委会议9次，审议议题44项，其中重点听取审议行政监察工作情况、城区环境综合整治、宗教活动场所管理、生态移民搬迁、农村基层政权建设、侦查监督等专项工作报告12项，提出审议意见87条。组织省、市、区人大代表对国民经济和社会发展计划执行情况、“十二五”规划完成情况及“十三五”规划纲要编制、“一市五金多套餐”精准扶贫实施、义务教育均衡发展等情况开展专题调研。开展扶贫开发工作专项评议，通过召开动员会议、组织代表实地调研、广泛征求评议意见、听取工作情况报告等形式，对区扶贫办在实施精准扶贫工作中取得的成绩、存在的问题进行了综合评议，提出强化扶贫资金监管、创新扶贫开发模式、落实精准扶贫措施、实现精准脱贫目标等建议意见，为有效推进全区“一市五金多套餐”问需式精准扶贫举措作出应有贡献。为全面了解新型农村变化及矛盾焦点，充分掌握村级组织运行情况，分析存在问题、探索对策建议，常委会组织专题调研组对农村基层政权现状进行调研，形成《关于我区农村基层政权建设情况的调研报告》。报告提交区委后，市政协党组书记、区委书记宫晓农同志亲自批示：调研很有深度，问题找得准，解决问题的办法很好，相关部门要吸收报告建议，完善激励考核机制，强化基层组织建设，推动决战贫困、提速赶超、同步小康主题的实现。为增强监督工作的针对性和实效性，切实回应人民群众关切，督促政府强化责任、依法行政，加强和改进倒天河水库饮用水水源环境保护工作，进一步保障城区人民饮水安全，区人大常委会首次采用专题询问的监督方式，对倒天河水库饮用水水源环境保护工作进行专题询问。通过实地调研、议题征集、专题询问、督促整改，促成相关部门针对倒天河水库周边环境保护存在的问题，切实开展整治，及时封堵直接污染源，投资700余万元完成20.1公里水库隔离网工程建设，成立宣传巡逻队，及时发现、教育和查处各种环境违法行为，倒天河水库周边排污明显的状况得到有效遏制，取得阶段性成效，并形成长效管理机制。

【法治化建设】 常委会始终坚持法治导向。把推进依法治区作为工作主旋律，坚持认真行使重大事项决定、监督、人事任免等法定职权，督促“一府两院”进一步依法行政、公正司法，营造良好法治环境，不断强化监督和执法检查力度，保证宪法和法律、法规在本行政区域内得到正确全面实施。紧紧围绕全区经济社会发展大局，坚持抓大事、议大事原则，积极探索，科学决策，依法行使重大事项决定权，通过法定程序及时把党委决策意图转变为地方国家意志。依法审查批准年度财政决算、预算调整方案等法定事项，始终坚持把国民经济运行、社会发展计划执行和财政预决算等作为监督工作重点，审议批准区人民政府2015年农民新村项目、“四在农家·美丽乡村”基础设施建设六项行动计划项目、第二生活垃圾填埋项目等8项重大项目资金融资贷款议案，并作出纳入区级财政预算决议，全力推进区委决策部署和各项重点工作的落实。一年来，多次组织省、市、区人大代表对新修改的《中华人民共和国预算法》《中华人民共和国环境保护法》《贵州省学校学生人身伤害实施条例》实施情况进行执法检查；配合省、市人大对“未成年人保护‘一法一条例’”、《中华人民共和国职业教育法》实施情况开展执法检查。组织各级人大代表开展“代表听审案、看执行”活动，让代表旁听案件、随案现场监督执行案件，增强对“两院”工作监督的针对性和实效性，提出加强和改进相关工作的意见建议，不断推进公正司法、严格执法、全民守法，加快推进法治七星关建设进程。通过法律监督，增强代表的法律意识和法制观念。同时，依法做好规范性文件备案审查工作，修改完善《规范性文件备案审查办法》，对《毕节市七星关区森林禁火令》等8件规范性文件进行备案审查。

全年接待来访群众44人次，受理群众来信来访35件，其中：申诉类10件、控告揭发类8件、求决类11件、建议信息类6件。

区人大信访办对信访案件都进行了登记录入，转办督办。为加强信访监督，化解矛盾纠纷，依法维护人民群众合法权益，努力推动从“信访”到“信法”的转变，推进社会和谐稳定做出人大应有的贡献。坚持党管干部原则和人大依法任免相结合，严格执行人事任免规定，规范提名审查、任前见面、表态发言、颁发任命证书、向《中华人民共和国宪法》宣誓等程序。一年来，依法选举区人民政府区长1名；任命区人民政府副区长3名、政府部门组成人员2名，人民法院副院长1名、审判委员会委员2名、审判员2名、陪审员14名，人民检察院检察委员会委员4名、检察员7名；决定免去区人民政府副区长2名，政府部门组成人员3名，人民法院审判员、陪审员5名，人民检察院检察员4名。为推进村级民主法治建设，维护社会和谐稳定，发展基层民主，保障群众合法权益，常委会组织起草《村民自治章程》和《村规民约》范本，印制成册，发放至所有乡镇村民委员会和街道社区，要求结合实际修改完善并推进落实，强化基层民主政治建设，规范村民行为。

【代表工作】 常委会始终坚持服务导向。突出代表主体地位，加强联系服务，创新工作载体，不断深化闭会期间代表活动常态化、规范化、长效化建设，积极支持和保障代表依法履职。常委会始终注重发挥人大代表作用，增强代表主体意识，创新代表工作方式，着力在搭建代表履职平台、完善代表活动机制上下功夫，人大代表依法履职的积极性、主动性、创造性有了新的提高。常委会在区人大机关设立“代表之家”，在32个乡镇、10个街道办事处建立“代表联络站”。组织代表学习《中华人民共和国组织法》《各级人民代表大会常务委员会监督法》《中华人民共和国预算法》等法律法规，让代表了解开展工作的法律程序和要求，掌握推进工作的方式方法。一年来，“代表之家”共开展代表活动12次，接待人大代表465人次；“代表联络站”先后组织1200多名区乡人大代表对精准扶贫、“四在农家.美丽乡村”建设等群众普遍关心的热点难点问题进行调研，对《中华人民共和国老年权益保障法》及实施条例、《学校中小学生安全事故预防与处理条例》开展执法检查。收集整理各级代表对全区经济社会发展的建议意见，向省十二届人大三次会议提出《关于退耕还林工作的建议》《关于推进精准扶贫工作的建议》等建议6个。为代表订阅《中国人大》《人大论坛》等刊物，拓宽代表知情知政渠道。为落实好代表建议、批评和意见办理工作，区人大常委会及时将代表提出的35件建议意见转交政府及其有关部门研究处理。常委会专题听取区人民政府关于一届四次人代会代表建议、批评和意见办理情况报告，组织开展代表建议、批评和意见办理情况满意度调查，有效推动代表意见办理工作落实。

按照《常委会联系人大代表暂行办法》《代表视察办法》《区人大代表采取限制人身自由措施和实施刑事审判许可办法》《代表履职行为守则》等系列规定，邀请人大代表列席常委会议，加强常委会与代表联系、促进代表依法履职。对违纪的1名市人大代表、4名区人大代表暂停执行代表职务，恢复1名区人大代表执行职务。

【乡镇（街道）人大建设】 常委会始终坚持规范导向。把推进乡镇（街道）人大规范化建设、巩固乡镇（街道）人大工作基础作为重要工作来抓，积极探索新形势下做好乡镇（街道）人大建设工作思路和措施。2015年，全区32个乡镇人大、10个街道办事处人大工委全面实施规范化建设，实现“有场所、有牌子、有设施、有制度、有活动、有记录”的“六有目标”。同时，制定《乡镇人民代表大会议事规则》《乡镇人民代表大会决定重大事项办法》等规章制度18个，建立健全《乡镇人民代表大会代表花名册》等表卡簿册14个，重要制度规范上墙。通过各项制度办法实施，规范监督程序，增强监督效果，促进乡镇人民代表大会会议科学化、规范化和制度化。针对乡镇人大干部新手多、业务不熟、工作重点不突出的实际，组织全区乡镇人大主席、街道办事处人大工委主任及人大秘书进行业务培训，并邀请深圳市罗湖区人大常委会相关领导亲临授课，对乡镇人大干部进行政治理论、代表联络联系、乡镇人大规范化建设等方面知识的系统培训，使乡镇人大干部依法履职能力和业务工作水平得到有效提升。在区一届人大27次常委会上，专题听取《乡镇（街道）人大规范化建设落实情况报告》，对乡镇（街道）人大规范化建设存在问题分析原因，提出整改措施。常委会班子成员亲自带队，组织相关委室在半年和年终分片区对各乡镇（街道）人大规范化建设工作进行督查，确保乡镇（街道）人大“保障权、决定权、选举权、监督权”真正落到实处。

【机关建设】 常委会始终坚持问题导向。主动适应新形势新要求，不断加强自身建设，履职能力有效增强，机关运转更加高效，工作效能进一步提升。常委会以“三严三实”专题教育实践活动为载体，着力增强内生动力，加强自身建设。扎扎实实开展3次以“严以律己”“严以修身”“严以用权”为核心的专题教育学习研讨活动，深入学习中共十八大及十八届三中、四中、五中全会精神和习近平总书记系列重要讲话精神，学习《中国共产党廉洁自律准则》和《纪律处分条例》等法规文件，学习《中共中央关于转发〈中共全国人大常委会党组关于加强县乡人大工作和建设的若干意见〉的通知》《中共贵州省委关于加强人大工作和建设的决定》及人大业务知识。安排人大代表和人大机关干部积极参加省、市、区组织的学习培训，真正做到学深学透、入脑入心，内化于心、外化于行，指导实践、推动工作。始终牢固树立为民务实、联系群众的宗旨意识，推行常委会班子成员分工联系乡镇（街道）及区直单位、各委室联系区直单位部门、常委会组成人员联系人大代表、驻村干部联系村组农户制度。坚持深入基层调查研究，深入群众了解民情，广泛听取基层干部群众的意见建议，帮助解决实际问题。切实把“四在农家.美丽乡村”创建工作帮扶联系点大河乡作为深入基层联系群众的切入点，多次组织机关干部进村入户体察民情、反映民意、凝聚民智、维护民利。先后为该乡协调资金27万元，解决基础设施建设及办公环境改善。常委会班子成员还经常深入各自联系点，帮助协调解决“四在农家.美丽乡村”建设、精准扶贫、产业发展中的困难和问题，真正使联系群众工作落实到位。

先后完成全国人大代表、省人大代表赴七星关区视察调研服务工作，参与市人大组织的食品安全主题日、环境保护、水利工程等视察调研活动。接待深圳市罗湖区人大、四川省凉山州人大等10余个考察组赴我区考察调研。按照区委安排，常委会班子成员积极参加夹岩水利枢纽工程七星关区库区建设、高速公路建设、铁路建设、通村油路（水泥路）建设及其他重大项目建设的指挥调度。常委会始终以坚持中央八项规定及省委、市委和区委十项规定为纪律底线，严格要求机关干部遵守政治纪律和工作纪律，全力推进常委会机关作风建设，重点整治“慵懒慢浮散”等不严不实、为官不为的问题，增强人大工作的执行力和落实力，提高人大机关办文、办会和办事效率。建立区人大常委会网站，有效宣传推介人大工作，拓宽代表参政监督渠道，提高机关工作效能。

（撰稿人：办公室）

七星关区政府办

【概述】 2015年来，在区委、区政府的正确领导下，七星关区人民政府办以围绕“三严三实”，查摆“不严不实”，整治“为官不为”等活动为切入点和落脚点，紧紧围绕全区中心工作，解放思想，更新观念，按照“参与政务、抓好事务、搞好服务”工作要求，充分发挥办公室综合协调、服务、督办等职能，狠抓机关作风建设，不断完善工作制度和程序，各项工作迈出新步伐。

【政务工作】 七星关区人民政府办始终坚持把“建一流队伍，创一流业绩，树一流形象”作为办公室核心工作常抓不懈，通过行之有效的管理理念和公平透明的激励惩处机制，充分发扬民主集中制，促使团队精神最大化体现，形成合力推动服务水平优化提升健全制度，规范运行，政务服务水平大幅度提升。1. 强化管理，建设队伍，整体形象不断提升。一是完善规章制度。按照“以制度管人、用机制激励人、靠岗位锻炼人”的思路，根据上级有关文件精神，结合我办实际，制定年初工作计划，分解落实年度目标责任，将责任落实到人，以确保各项工作高效完成。同时，按照及时办理、按时办妥、限时办结的工作要求，不断规范办文、办会、值班、车辆、财务、印章管理等工作，做到收文有规范、办会有制度、办事有纪律，力求各项工作都有章可循，有据可依，有制度支撑，促进了服务工作的高效运转。二是创新学习方式。充分利用“三严三实”活动、党员民主生活会、干部职工大会等多种形式，采取个人自学和集中学习相结合的方式，深入学习中央和省、市、区重大举措和方针政策及党的群众路线教育实践活动相关文件精神，扎实学习业务知识，提高干部职工“三服务”的思想意识，切实转变工作作风，不断提高办公室文秘人员的业务水平和综合技能，整体素质得到有效提高。2．严格标准，注重实效，办文办会水平不断提高。为使工作做到规范有序、优质高效，我办着力在办文、办会上下功夫，力求做到程序化、规范化、时效化。一是进一步规范公文办理流程。按照上级有关精简文件、厉行节约的会议和文件精神，认真执行《党政机关公文处理规定》，严格履行收文登记、拟办、批转及发文审核、签批、印发等公文处理程序，做到急件急办、特件特办、密件专办。截至目前，共转办国家、省、市文件810余件，各类传真、电报460余件，同级部门文件3200余件，信访来件500余件；高质量起草各类文件896个（与上年同期相比下降16%），保证了公文质量，确保公文运转及时、准确、安全、保密，提高了公文办理效率。二是进一步加强公文指导。2015年年中，该办和区委办联合组织了全区公文处理专题培训，对乡镇街道和区直各部门公文处理的格式和程序进行了规范，强有力地提高了全区公文处理的效率和质量。三是严格执行《错情通报制度》和《电子公文签收制度》，截至目前，我办共编发错情通报制度2期，电子公文签收通报共编辑8期，进一步提升了全区公文处理工作的质量和效率；四是进一步规范会议办理程序。本着节俭、高效、务实的原则承办的各类会议，会前将任务分解到科室，责任明确到干部，严格执行会前登记、材料准备、会场布置、会后跟踪等程序，对会议全程做出周密细致的安排部署，保证了所承办各类会议的顺利召开。今年以来，为以政府名义召开的全区各类大、中、小型会议及区政府常务会议、党组会等重要会议提供了优质高效的服务。截至目前，共筹备各类会议810余场次（与去年同期相比下降12%），较好地完成了上级交办的各类办会任务，保障了政府各项工作的顺利开展。3．加强调研，收集素材，信息工作稳步推进。紧紧围绕省、市、区各阶段中心工作，突出城市建设、社会保障、招商引资、电子商务、园区建设、扶贫开发、安全生产等工作重点，实地走访调研、学习，收集素材，全方位、多角度、深层次地编发和向上级报送反映全区经济建设和社会事业发展成效的信息。一是努力做好区人民政府网站信息的编辑、审核、发布和日常监管工作。2015年以来，七星关区政府办编辑、审核、发布更新动态信息8650条。及时发布公开区人民政府、区人民政府办公室和人事信息等文件105个。切实做好七星关区公告公示挂网服务工作，共发布公示78条、招聘公告61条、工程采购公告164条、生活类公告48条。共编辑《政务信息》12期，上报省、市政务信息145条，调研文章4篇，编辑出版《毕节市七星关区人民政府公报》8期。二是区政府门户网站全新改版以及加强网站内容保障工作。我办按照《2015年贵州省县人民政府门户网站建设绩效评估指标体系》对七星关区人民政府门户网站进行了全新改版，对网站栏目、内容进行优化调整，新网站已于2015年10月16日正式上线运行。同时重新调整办公室工作人员信息公开分工情况，每个栏目有一名工作人员负责，确保网站内容能够及时保障。三是认真做好电子政务外网建设、加强网站安全监管。不定期地进行杀毒和软件升级，组织人员进行计算机安全保密检查，保证了区人民政府网站实时安全稳定运行。4．健全机制，落实责任，应急能力不断提升。切实履行全区应急系统中枢机构的职能职责，在区委区政府领导和市应急办指导下，积极承担了全区各类应急突发事件统筹调度和参与处置工作。一是各类突发事件总体形势平稳。2015年以来全区共发生各类自然灾害23次，发生安全事故3起，死亡2人。公共卫生事件方面收报乙、丙类传染病21种，共2576例，死亡16人，与去年同期相比增加0.815%，无新增传染病种；食用野生菌中毒5起，死亡2人。全区未出现大范围的传染病例。二是应急管理及服务能力逐步提升。区政府应急办从体系建设、日常管理、后勤保障等方面，不断探索提升突发事件应对能力。应急组织体系不断完善。一是制订了《关于进一步加强应急管理工作意见》《突发事件处置规程》等文件。二是牵头修订了《毕节市七星关区森林火灾应急预案》《毕节市七星关区重污染天气应急预案》等专项应急预案。三是值班值守工作不断加强。严格规范值班值守工作。制定了《七星关区政府应急办职责分工》《七星关区政府应急办值班制度》等规章制度;及时准确报送突发事件信息。在各类事故发生后，严格按照相关规定和要求，及时向区政府领导及市应急办报送相关信息。四是应急管理职能不断加强。抓协调，迅速处置各类突发公共事件。2015年3月21日，应急办接到“德溪街道后河村发生森林火灾”信息后，七星关区政府办按区指挥部的统一安排，及时协调扑火物资，调度扑火队伍参与扑救，将火灾损失降到最低。抓预防，尽可能消除各类突发公共事件。针对不同时期、不同特点，及时向各部门、各镇乡街道发出应对强降雨天气等预警信息，指导各相关单位和乡镇街道提前有效应对。抓管理，建立应急管理长效机制。一方面抓内部管理，明确并进一步理顺各项规章制度和岗位职责；另一方面组织各部门、各镇乡街道应急信息员，加强对应急知识的培训学习，提高信息报送的时效性和准确性。五是应急能力和意识不断提高。开展应急演练，提升应急处置能力。2015年5月18日在七星关区长春堡中学举办大型的防震减灾应急演练，通过地震演练活动，提高了师生在地震来临时的避险逃生、自救互救能力，提高了各部门团结协作、共御灾难的能力。5月26日在市应急办、市综合应急救援支队的统一指导下，七星关区政府办会同相关部门在碧阳湖联合组织开展抗洪应急救援演练，演练成效得到了市委、市政府有关领导的肯定。开展应急知识宣传，提高应急意识。在区委、区政府的统一部署下，七星关区应急知识宣传有声有色。配合有关部门利用广播、电视、报纸、网络等媒体，多形式广泛宣传、报道应急管理常识，提高公众的应急意识。六是应急保障体系不断健全。应急网络初步形成，指导各部门、各镇乡街道应急机构进一步健全，岗位人员充实到位。加强应急队伍建设。按区委、区政府的安排，从区直各部门抽调人员，组建了七星关区区直机关民兵应急分队。做好救灾物资储备。对防汛抢险物资和器材等进行了补充，并对应急物资仓库明确专人管理，应急物资储备充分，管理有序。

【信访工作】 牢固树立群众无小事的观念，面对群众的来访，耐心做好解释疏导工作，积极对接相关部门妥善处理征地拆迁、矿群纠纷等问题，引导他们通过正当、合法的途径维护自己合法权益。认真处理网民反映事项和依申请公开。截至目前，区人民政府网站收到群众来信共419件，其中转部门办理419件，回复率100%。

【后勤服务保障】 严格执行中央八项规定，省委、市委十项规定和区有关规定，加强各项工作的监督和管理，切实做到了节俭高效、运转正常。一是加强对安保巡逻、设施维护、环境卫生和会务服务等方面的监管，着力提升物业服务水平，按照八项规定新要求，进一步强化车队规范管理，认真研究措施，大力整脏治乱工作有序开展并取得明显成效；二是创新机关食堂日常管理，将增比进位考核机制引入食堂管理，进一步提高了员工的积极性和服务水平；加大监管力度确保物资采购、食品加工等各个环节高效有序运行；三是严格按照八项规定等有关规定要求，进一步加强采购和财务往来的审核把关，在确保办公室工作经费正常运转的基础上，着力确保办公室每一分开支都用在刀刃上。

【督办工作】 围绕政府的中心工作，采取多种形式进行督查，保持政令畅通，较好地完成了区政府及区政府领导交办的各项工作任务。截至目前，督促办理领导批示件38件，督促办理区政府全体会议、常务办公会议、专题会议、领导现场办公会纪要49期，办结率、及时反馈率均达到100%；督办市、区提案议案234件。已开展电话督查120余次，信息收集40余次，实地督查20余次。督查结果与建议得到了领导的信任与认可，督查情况报告、台账等3次获得区政府主要领导的签批表扬，多次获得区政府分管领导的口头表扬，为领导决策提供了依据。

【践行“三严三实”】 按照中央、省委、市委和区委的统一部署，认真开展“三严三实”教育活动，认真查摆工作生活中存在的“不严不实”等作风问题。严格执行中央“八项项规定”和省、市、区“十项规定”，通过开展一系列活动七星关区干部工作作风明显得到较好改善和提高。1. 践行“干部在行动，群众在感受”，驻村帮扶见实效。2015年，共下派驻村干部和第一书记共6人。驻村工作人员严格按照省、市、区有关纪律要求，及时到岗到位，扎实开展驻村工作，积极深入驻村点开展“一宣四帮”活动。同时，协助村委会处理日常事务；积极参与计生、农村低保、征地拆迁、信访维稳、通村路建设等工作。一是帮助大银镇黄塘村解决经费6万余元，用于村公所维修建设，方便群众办事，提高政府信誉度。二是帮助田坝桥镇十二湾村完善综合服务办公室办公设施，有效改善村公所办公环境，更方便了群众办事。三是帮助田坝桥镇高桥村协调98000元，修建白泥塘至高桥村通村公路；帮助协调将田坝桥镇高桥村部分通村路纳入项目计划；协调电信公司帮助田坝桥镇解决新视通设备故障。四是帮助田坎乡协调17万元，解决大元村通组公路爆破所需资金。五是经主任办公会议研究，同意解决田坎乡基础设施建设所需经费30万元。响应厉行节约，发扬优良传统。把厉行节约作为正党风、促政风、带民风的大事要事，当做加强党风廉政建设的重要一环，紧抓，实抓，狠抓。办公室不折不扣地压缩“三公经费”，大力改进会风、文风，大力精简会议，严格压缩会议资料数量，做到会场一律不发放纸笔，不摆放花草绿植，不悬挂空飘、彩虹门，不摆放矿泉水；大力推进协同办公系统普及使用，有效提高全区办公效率，节约了人力、物力、财力。2. 建立健全管理规章制度。进一步建立健全各项规章制度，形成运转高效、作风扎实、团结务实的工作机制。2015年以来，修订完善了《财务管理制度》《车辆管理制度》，出台《考勤（休假）制度》《机关食堂管理制度》。制定下发了《公务接待管理制度》，从严控制接待费用支出，严格执行公务用车管理，全面压缩“三公”经费。同时，针对群众提出的“四风”方面突出问题，制定了《办公室干部职工学习制度》和《领导干部下基层联系制度》两项制度，加强对全办干部职工的政治理论、业务理论的培训，对干部职工深入一线调研时间及具体内容进行明确。通过抓好整改落实，办公室逐步建立了党的群众路线的长效机制，推动了改进工作作风、密切联系群众的常态化、长效化。通过完善规章制度，总结好的做法，提升工作水平，真正把整改的过程作为提高工作质量和水平、提高党员素质、增强党组织凝聚力、创造力和战斗力的过程。3. 强化学习、求真务实，党建工作扎实开展。办公室机关党委紧紧围绕办公室工作实际，以培养“学习优、作风优、素质优”的队伍为重点，积极打造“五好”先进基层党组织，使干部职工的政治素质、理论水平和业务能力得到了新的提高。领导班子凝聚力、战斗力进一步增强，机关作风进一步转变，服务保障水平进一步提高，执行落实更加有力，与人民群众的联系更加紧密。一是认真开展党员思想建设和理论学习工作。通过召开干部职工大会、中心组学习等方式，集中学习党的群众路线教育实践活动精神和社会主义核心价值观等理论知识，教育引导党员干部和职工善于在学习中借鉴、在学习中思考，不断提高自身综合素质水平和实际工作能力。二是积极开展党员发展工作。严格把关发展党员工作中培训、政审、考察、审批、转正等各个环节。三是扎实开展“明礼知耻·崇德向善”主题活动等党建宣传工作。

【外事侨务】 一是自觉践行“三严三实”新要求，转变工作职能，提升整体工作水平。努力践行“三严三实”，按照“严以修身、严以用权、严以律己，做到谋事要实、创业要实、做人要实”的要求，以高度的政治自觉、思想自觉和行动自觉抓好三严三实教育，深入查找“不严不实”的问题，切实转变思想和工作作风，较好地完成区委、区政府安排的各项任务。二是进一步规范因公出国（境）审核审批工作。切实贯彻落实中央“八项规定”和省委、市委有关文件精神，严格按照中纪委《关于党政机关厉行节约若干问题的通知》以及区委、区政府相关文件精神，做到服务周到、热情主动、程序规范、随到随办。三是扎实推进友城结好工作。积极开展国际友城联系对接指导工作。七星关区与厄瓜多尔党宾考察团交流对接，缔结友好城市。增进中厄两国人民的了解和友谊，进一步推进七星关区与厄瓜多尔市在经济、贸易、科技、旅游、文化、教育等方面的交流与合作，促进共同繁荣和发展，实现七星关区友好城市“零”的突破，更大范围更深层次地通过友好城市平台加强对外开放和交流合作。四是侨务工作认真贯彻落实《中华人民共和国归侨侨眷权益保护法实施办法》，为侨眷办实事，在春节到来之际我办深入基层，深入群众，到鸭池、林口、清水、长春等镇慰问困难侨眷，发放现金2500余元，把党和政府的温暖送到其家中。认真做好侨眷来信来访工作，真正做到以人为本。在侨属侨眷子女升学、寻亲祭祖、房地产纠纷等诸方面也都按照政策予以及时协调解决，维护了广大侨胞侨眷的合法权益不受侵犯。

【依法行政】 一是进一步加强对依法行政工作的督促指导，不断深化行政审批制度改革，大力推进政府信息公开。2015年以来及时准确、主动公开文件105个、发布更新动态信息8650条。二是加强行政规范性文件事后监管工作，确保法制统一。截至10月底，全区出台的3件行政规范性文件，均按照规定向市政府提请备案审查。三是规范政府法律顾问工作，确保政府真正实现依法行政。通过政府法律顾问工作，对区政府及区直相关部门重要工作和重大项目提供法律咨询论证服务。四是加强行政复议规范化建设，依法办理行政复议案件。截至目前，共收到行政复议申请23件，受理16件，不予受理7件，经过审理，维持12件，撤销1件，正在办理3件，期限内结案率100%。

【金融服务】 紧扣加快转变经济发展方式主线，广泛联系金融机构，多方位推介七星关区项目优势，积极拓展金融合作领域，探索融资工作新途径，为全区经济社会发展提供保障。一是存、贷款余额显著增长。截至目前，全区金融机构各项存款416.18亿元，比2011年增长128.2%，各项贷款余额277.73亿元，比2011年增长208.4%。二是小额贷款公司和融资性担保机构数量显著增加。2011年年初，全区共有小额贷款公司2家，共计注册资本1500万元，2015年，小额贷款公司的数量已经达到21家，共计注册资本27200万元。融资性担保机构也从无到有，2015年，担保机构已有8家，注册资本9.44亿元。三是金融支持小微企业发展工作有效推进。积极搭建政银企合作平台。组织召开小微企业项目对接会，深化区政府与各银行的合作伙伴关系，并制定相应措施，加大对小微企业的金融支持力度。积极引导我区金融机构强化对“三农”事业、小微企业的服务功能。鼓励区内各商业银行相继设立小微企业专营机构，积极增设乡镇营业网点。

【人民防空】 一是严格按照有关法律法规以及政策规定，加强行政执法的力度，在行政执法工作中，坚持公开、公平、公正的原则，严格按照执法程序办事。二是坚持“应建必建，能建则建，应缴必缴”的原则，把“结建”工作作为人防工程建设重中之重的任务，严格民用建筑修建防空地下室审批程序，对新建的防空地下室进行认真审核，严格把关，杜绝一切违规行为的发生，确保人民防空工程建设实施，不断增强城市综合防护能力。今年拟批建人防工程项目 10个，应建人防地下室面积 73337.95 平方米，审批办理人防建设许可证6项，易地建设项目18项，收缴易地建设费 3044910元。待区政府集中划缴安置房项目16个，可收缴人防易地建设费16583605元，另相应收缴处罚罚款1000000元。此项工作正在办理之中。

【国防教育】 一是健全机构、措施有力。形成了以宣传、教育、民政、武装、预备役、人防部门为主体的国防教育工作组织机构体系和上下联动、齐抓共管的工作格局。并将国防教育工作纳入各镇乡办事处、区直部门、人民团体的年度目标考核内容，加大考核力度，把国防教育工作作为评先选优的重要指标。二是加大经费投入为国防教育提供有力保障。建立了国防教育经费自然增长机制，根据全区国民经济的发展逐步提高国防教育经费的预算比例，为国防教育工作的顺利开展奠定了坚实的物质基础。三是整合资源、明确责任、完善机制。目前，全区各部门国防教育观念进一步增强、工作责任更加明确、工作机构更加完善，有力保障了全区国防教育工作的顺利开展。

【党风廉政建设】 一是强化领导责任。该办领导班子高度重视党风廉政建设工作，从加强党的执政能力建设，全面落实科学发展观，构建和谐社会建设的高度，把党风廉政建设工作列入重要议事日程，并召开专题会议及时进行研究部署，形成了“一把手负总责，班子成员分工负责，科室各司其职，干部职工积极参与”的领导格局和工作机制。二是狠抓责任制落实。按照“谁主管，谁负责”的原则，明确了二级单位和各科室党风廉政建设的具体责任人，由分管领导负责各自单位和科室的党风廉政建设和反腐败工作，坚持定期听取党风廉政建设工作情况汇报，认真解决党风廉政建设方面存在的突出问题。班子各成员都能够按照各自承担的党风廉政建设目标任务，认真抓好工作落实，有力推动了政府办公室党风廉政建设工作的开展。

（撰稿人：办公室）

民　政

【概述】 2015年，七星关区民政工作，在区委政府的领导下，紧紧围绕贯彻落实中共十八大及十八届三中、四中全会精神，以全面深化改革为主线，以提高基本民生保障水平、加强和创新社会管理、增强基层民政能力为重点，切实发挥民政工作在社会建设中的兜底作用。一年来，通过努力，民政工作取得了较好的成绩。

【社会救助】 2015年，按照省政府的要求，七星关区城市低保标准由2014年的410元每人每月提高到2015年的495元每人每月，提标幅度20.73%；将农村低保标准由2014年的2000元每人每年提高到2015年的2640元每人每年，提标幅度32%。纳入城市居民最低生活保障范围的对象共11622户，27016人。下拨城市低保资金7858.6万元。纳入农村居民最低生活保障范围的对象共57550户，88716人。下拨农村低保资金17088.2万元。全区农村低保对象季节性缺粮户17278户，27971人，发放农村低保季节性缺粮户救助粮100万公斤（价值515万元）。2015年下拨城乡医疗救助资金2889.6万元，救助了121093人次。下拨临时救助资金590.6万元，救助2552人次。2015年全区五保供养对象4285人，其中集中供养对象1307人，集中供养率为30.5%，分散供养对象2978人，按照集中供养对象2400元每人每年、分散供养对象2000元每人每年的标准兑现2015年农村五保供养资金943.28万元。全区建有农村敬老院33所，床位1440张，床位利用率90.76%，法人登记率达100%。达到贵州省“二星级”建设标准敬老院24所，占全区敬老院总数的72.7%，全年下拨农村敬老院建设补助资金202.3万元，下拨五保供养对象丧葬补助费11.4万元。开展城市低收入家庭认定工作，认定城市低收入家庭168户。

【救灾救济】 5月12日，开展“防灾减灾日”宣传活动，发放资料6800份，解答群众提问1200多人次。4月21日区国土资源分局、区公安分局、区公安消防大队、区民政局等多家单位在碧海街道西冲村王家院组开展地质灾害应急救援演练活动。5月18日，七星关区应急综合救援大队在长春堡镇中学开展地震灾害应急救援演练活动。6月3日，毕节市应急办、毕节市综合应急救援大队和七星关区应急办及七星关区综合应急救援大队在碧阳街道碧阳湖开展2015年抗洪应急救援联合演练活动，通过演练，极大地提高了应对突发自然灾害的能力。2014年以来，全区42个乡镇街道20.7179万人次不同程度受灾，因灾损坏房屋391间、倒塌房屋 125间。农作物受灾面积9370.9公顷，绝收面积898.58公顷，共造成直接经济损失6664.785万元。冬春期间需口粮救助人口14.0921万人。2014年12月至2015年3月，采购发放救助粮1100吨，救助6.12万人，发放衣服0.65万件，棉被0.65万床，救助1.905万人。发放救灾资金298.7万元，救助5.325万人。2015年4—6 月，大部分乡镇遭受了2次较大的自然灾害，受灾人口达8.7176万人，农作物受灾面积达4351.26公顷，其中：绝收面积达484.9公顷。导致因灾倒损房屋305间，共造成直接经济损失6272.4万元。为保障受灾困难群众的基本生活，发放救灾棉被430床，衣服6211件，裤子35袋，食用油579桶，在一定程度上缓解了受灾群众的基本生活困难。2015年七星关区政策性农房灾害保险参保农业人口达到16.2839万户66.6855万人，占全区总人口比例的57%，已有100户受灾参保农户获得人保财险毕节分公司的农户灾害赔付，赔付金额为27.36万元，赔付率达100%。2015年下拨因灾倒损房屋恢复重建补助资金93.35万元，帮助344户受灾困难农户完成灾后恢复重建并迁入新居。2015年七星关区鸭池镇草堤社区被国家减灾委员会、民政部确定为全国综合减灾示范社区。

【基层公共服务体系建设】 深入推进城乡社区建设和农村基层民主自治工作。2015年村务公开民主管理完善率85%、居务公开民主管理完善率100%、和谐社区建设达标率达到100%。区财政投入100万元，完成10个乡镇街道社区服务中心和60个村（居）社区服务站建设任务。依法开展民主监督，不断夯实民主决策机制。贯彻落实《贵州省村民代表会议议事规则（暂行）》，全面加强村务监督委员会组织建设和制度建设工作，推进村级民主监督法制化程序化。开展“明礼知耻 崇德向善”活动，推进廉政文化进社区工作。2015年1月全面启动第二次全国地名普查工作，完成了七星区与古蔺县、叙永县与七星关区的边界联合检查工作。

【双拥优抚安置】 “春节”“八一”期间对驻毕部队进行走访慰问，送去慰问金29.6 万元和慰问物资折合人民币45.37万元，走访慰问重点优抚对象6636人，送去慰问金264.58万元。发放6639名优抚对象2015年各类抚恤补助资金3992.1万元。将30名重点优抚对象送到毕节市光荣院进行短期疗养，组织45名残疾军人到市优抚医院进行体检，审核上报10名国家机关工作人员评残资料，为3726名重点优抚对象全额缴纳2016年度参合金33.53万元。为19名抗战老兵发放抗战胜利70周年纪念章，发放一次性生活补助9.5万元。接待2014年退役士兵及转业士官392名，其中转业士官22名，一期士官8名。发放自主就业退役士兵362人一次性经济补助金425.8万元。推荐40名退役士兵到七星关区公安分局就业，推荐317名退役士兵到贵州民族大学学习汽车修理等技能培训。2015年7月七星关区被命名表彰为全省双拥模范城（县）。

【社会福利事业】 2015年下拨378名孤儿基本生活费267.4万元。投入福彩公益金 154.5 万元用于敬老院养老服务、社会福利院养老服务、社会组织购买养老服务等养老服务，养老床位达到3909张。抓民办养老服务机构优惠扶持政策的落实，按照省民政厅、省财政厅《关于印发〈贵州省资助民办养老服务机构暂行办法〉的通知》精神，对“大家庭养老服务中心”按照每张床位3000元的标准给予补助，补助床位50张。组织开展社会福利机构消防安全排查工作，为“大家庭养老服务中心”、长春堡镇敬老院、朱昌镇敬老院等养老服务机构消除安全隐患10处，提请注意安全隐患20处。2015年度救助流浪乞讨人员712人次。开展“传递温暖、关爱救助”和“情暖乌蒙——接送流浪孩子回家”“情暖乌蒙——接送流浪孩子回校园”主题活动，接送86名流浪孩子回校园，接送21名流浪孩子回家。建立了区乡两级留守儿童关爱服务机构，开展留守儿童、困境儿童关爱救助保护工作。根据中共毕节市委、毕节市人民政府《关于切实加强留守儿童关爱救助保护工作实施意见》要求，2015年7月24日区民政局报请区人民政府增设毕节七星关区县（区）、乡（镇、街道）两级留守儿童关爱服务中心，区政府已同意增加七星关区留守儿童关爱服务中心核定编制4个；42个乡（镇、街道）留守儿童关爱服务中心设在乡镇街道社会事务办，并明确专人负责此项工作。2015年按照散居孤儿每人每月600元、集中养育孤儿每人每月1000元的标准发放孤儿基本生活资金，全年发放378名孤儿基本生活费267.4万元。2015年8月3日，七星关区人民政府办公室印发《毕节市七星关区困境儿童救助保护实施方案》，对因家庭贫困、生活缺乏保障、处境艰难、监护缺失，年龄在0～18周岁的18类困境儿童纳入困境儿童保障。对符合救助保护条件的2383名困境儿童全部纳入城乡居民最低生活保障，月人均补差200元以上，同时，区政府还给予每人每月100元的生活补助，从2015年7月1日起实施，2015年7月—12月，发放对困境儿童生活补助（含低保资金）428.94万元。

【社会事务】 2015年度全区共办理结婚登记12314对，离婚登记1123对，收养登记5例。办理民办非企业登记10个，社会团体登记9个，目前七星关区民间组织达到188个（其中：民办非企业127个，社会团体61个）。组织民办非企业和社会团体进行年检，民办非企业参检率达90%，社会团体参检率达90%。清明节期间启动“移风易俗、生态殡葬”殡葬宣传月活动，民政、宣传、公安、城管、林业等十个单位参加宣传，制作宣传标语10幅，殡葬宣传展板5块，发放宣传手册8000余份，提升了人民群众对殡葬政策的知晓率。2015年收缴封建道具16副，有效制止封建迷信活动110余起，火化遗体1173具。

【公益事业】 2015年接收定向捐赠资金118.153万元，划拨定向捐赠资金118.153万元。

【基础设施建设】 火葬场殡仪馆异地迁建项目：2012年开工建设，占地面积258.8亩，建筑面积11059平方米，投资5050万元，2015年4月20日，已建成投入使用。长春堡镇王官敬老院、海子街敬老院已完工并投入使用。碧海街道老年人日间照料中心、碧海街道敬老院、七星关区未成年人救助保护中心已开工建设。

【老龄工作】 2015年，区财政将农村幸福院建设经费纳入财政预算，同时区财政匹配35万元用于农村幸福院建设，2015年，完成了43个农村幸福院建设任务，拟上报新建农村幸福院项目24个。2015年区财政预算老年协会规范化建设经费30万，以“院会合一”的建设模式，与农村幸福院建设资金整合建设农村老年协会阵地15个。开展争创星级村（居）老年协会活动，通过考评，对长春阳鹊村、长春清丰村、鸭池下坝村、大新桥小河村等7个老年协会进行授牌。2015年9月，根据毕节市七星关区人民政府常务办公会议纪要一届（38次），同意《关于将80～89周岁高龄老人纳入高龄生活补贴范围的实施方案》，从2015年10月1日起，按照每人每月50元的标准，按季度发放80～89周岁老年人的高龄补贴。2015年下拨高龄生活补贴425.97万元，其中：49名百岁老人生活补贴16.2万元，1703名90～99周岁老人生活补贴198.75万元，14284名80～89周岁老人生活补贴211.02万元。办理老年人优待证1120个，老年人免费乘车卡2461张。在“敬老月”活动期间，开展特困高龄空巢老人、百岁老人、离休干部、敬老院、基层老年协会、幸福院走访慰问活动，送去慰问金19.63万元。目前，全区拥有农村幸福院79个，农村居家养老服务站145个，服务覆盖率达到30%，城市居家养老服务站22个，居家养老服务中心3个，服务覆盖率达到100%。老年人休闲、娱乐场所进一步健全，老年人生活环境进一步改善。开展全区空巢老人排查，经过排查，全区有空巢老人23433名，80周岁以上老年人16319人。60岁以上经济困难失能老年人11084人，（其中低保对象11084人，特困供养对象706人，轻度失能4962人，中度失能3960人，重度失能2162人）。

（撰稿人：办公室）

残疾人事业

【概述】　2015年七星关区残疾人联合会积极学习并实践中共十八大三中、四中全会、省委十一届四次全会、市委一届三次全会、区委一届四次全会精神，加快科学发展，奋力后发赶超，全面推动我区残疾人事业发展。紧紧围绕区委、区政府的中心工作，在市残联的指导下，深入学习实践科学发展观，求真务实，开拓进取，充分发挥“代表、服务、管理”职能，依靠政府，动员社会，使残疾人康复、教育、就业、扶贫、社会保障等都取得了一定的成绩，为七星关区残疾人事业在新时期的持续健康发展奠定了良好的基础。

【理论指导】　深入学习贯彻中共十八大、省十一次党代会和省委十一届四次全会精神，按照区委区政府的统一部署目标要求，认真学习贯彻中共十八大、省委十一次党代会和省委十一届四次全会、市委一届五次全会、区委一届四次全会精神，以科学发展观为指导，进一步将残疾人事业纳入全面建设小康社会的大局和民生建设的各项政策措施中，坚持残疾人工作民生优先、服务优先、基层优先，认清任务和使命，更新观念，拓展思路，创新方法，狠抓落实，努力谱写残疾人事业发展的新篇章。

【残疾人基层组织建设】　1．加强残疾人专职委员教育培训。2．按照有关要求，对镇、乡、街道、社区100名专职委员进行审核，续签聘用合同。促进了乡镇残疾人专职委员队伍建设。3．本年认真审核换发残疾人证3600个。4．加强（区）、乡（镇、街道办事处）、村（社区、居委会）三级组织建设，开展残疾人专职委员培训。切实做好乡、村级残疾人专职委员台账录入工作。深入贯彻《关于专职开展“关爱他人——爱幼助残志愿服务行动”的通知》，将志愿助残工作进一步融入“学雷锋”和“和谐贵州三关爱”绿丝带志愿服务活动总体规划，深入开展“关爱残疾人志愿服务阳光行动”建立注册志愿者登记、管理等制度，做好志愿者台账录入工作。

【康复工作】　进一步落实部分医疗康复项目纳入基本医疗保障范围，重度精神病患者经常服药费用纳入城乡医保门诊统筹门诊特殊病种报销范围，基本辅助器具配置纳入城乡医保报销范围。贯彻落实《残联系统康复机构建设规范（试行）》，制定完善康复机构建设的发展规划，引导和支持民办残疾人康复机构建设。组织实施好贫困残疾人儿童抢救性康复项目。“残疾人事业专项彩票公益金康复项目”“阳光助残计划”“残疾人康复重点工程”等一系列残疾人康复重点项目。白内障工作：认真组织、开展对全区42个镇、乡街道进行筛查。贫困听力验配助听器68人、贫困残疾人安装假肢16人、7岁以下智力康复40例、矫形器装配24人、辅助器具86人。

辅助器具适配数据登记：背靠架14个、助行器28张、残疾人轮椅28个、手式拐杖44棵、四角手拐杖52棵、液式拐杖10付、聚氨酯海绵防压坐垫14个、手动充气式防压疮床垫4个、闪光门铃16个、体位垫18个、复合型防压疮坐垫4个、充气式褥疮坐垫8个。

【扶贫工作】　做好流浪残疾儿童少年登记救助工作。积极探索扶贫贴息贷款方式，解决残疾人贷款难的问题。抓好农村残疾人扶贫示范基本建设，区组织部党建办安排我会对青场镇初步进行精准帮扶，会领导高度重视，安排人员到青场镇实施调查拟订帮扶方案积极配合村委做好村的工作，认真审核，落实残疾人危房改造2户，将250名重度残疾人纳入居家托养。

【就业工作】　根据贵州省人民政府第137号文件，加大宣传力度，认真落实残疾人就业税收优惠等相关政策，扶持福利企业和盲人按摩机构发展，推动按比例就业工作新进展。完成城镇百万残疾人就业工程年度任务目标，组织开展2015年就业创业活动，认真拟订计划，积极推进增就业，举办盲人初级按摩培训。盲人培训10人，个人自主创业10个、基地就业及其他就业3人、创业就业户13个、示范点2个、按比例就业32人、集中就业15人。2015年认真做好残疾人宣传工作，征收残疾人保障金320万元。

【维权工作】 认真做好《贵州省残疾人就业办法》贯彻实施宣传工作，扎实开展残疾人法律救助工作，促进相关政策的制定落实和重大案件的处理。切实做好残疾人家庭无障碍改造和残疾人机动轮椅车燃油补贴发放，认真做好残疾人信访维权工作，接待反映就业救济残疾人问题，做好流浪乞讨残疾人相关工作，维护残疾人权益，维护社会稳定。

【宣传工作】 深入贯彻《关于加强残疾人文化建设的意见》，将残疾人文化建设全面纳入公共文化服务体系，积极组织参加第九届文艺汇演，组织开展“残疾人文化周”，活动，进一步开展文化助残公益行动，推动残疾人体育健身工作，组织参加全国残疾人体育单项赛事。开展好残疾人各种节日活动，通过《毕节试验区》杂志等媒体加大宣传力度，鼓励支持大学生志愿者及社会力量开展扶持助残活动，积极开展爱耳日，2015年助残日活动，发放宣传资料。开展助残活动，组织残疾人参加活动，并到流仓桥慰问重度残疾人，并发放慰问金。

【残疾人专项调查】 开展全国残疾人专项调查工作，是经国务院同意、李克强总理亲自批准，国务院残工委统一组织实施的全国性重大工程，是编制“十三五”规划、加快推进残疾人小康进程的重大基础性工作。根据贵州省人民政府办公厅《关于开展贵州省残疾人专项调查工作方案的通知》文件精神，市政府、区政府开展残疾人专项调查工作方案，实事求是通过入户调研，把所有持证残疾人和疑似残疾儿童的基本情况特别是服务状况和需求情况摸清楚，即每年“量服”都在开展的入户调研。结合“智慧量服”，同步推进高质量完成全区残疾人专项调查工作，争当全区排头兵。开展专项调查与“量服”工作紧密结合，充分利用“智慧量服”高标准、高质量在2015年完成专项调查；以开展专项调查工作为契机，进一步提升七星关区“量服”数据的精准度。在入户调查时做到乡（镇、街道）不漏村（社区）、村（社区）不漏户、户不漏人，人不漏项，项不出错，最大限度提高调查对象的覆盖率、减少统计信息的误差率。要严把上报信息质量关，逐层落实残工委、残联责任制。是原则在全区全面覆盖，便于调查，确保完成残疾人专项调查。目前为止：各乡镇上报残疾人专项调查数2177人，信息录入电子档2177人，残疾人专项调查工作有待于努力。

（撰稿人：办公室）

商务与投资促进

【概述】 2015年，认真贯彻落实党中央、国务院和省委、省政府、市委、市政府的决策部署，在区委、区政府的高度重视和正确领导下，以邓小平理论、“三个代表”重要思想、科学发展观和习总书记系列重要讲话精神为指导，转变工作作风，创新工作方式，招商引资工作实现了质的提升和量的跨越，为加快推进七星关区统筹城乡发展和提升七星关区区域经济综合竞争力注入了新的动力。

【招商引资】 1．招商引资到位情况。2015年，截止11月20日，全区纳入省级招商引资平台管理项目65个，投产项目50个，到位资金135.82亿元，完成市委、政府下达的招商引资130亿元的任务数；新建项目25个，新建项目开工22个，开工率为88%，投资总额84.88亿元，到位资金31.72亿元。（2015新建项目25个，新建项目到位资金31.72亿元；2014年新建设项目34个，新建到位资金32.74亿元。）

2．签约项目情况。2015年1—11月完成招商引资项目55个，资金357.85亿元，其中，签约投资项目协议13个，签约资金28.03亿元，落地率100%；达成投资意向17个，意向投资资金达279.82亿元。3．党政主要领导干部带头招商情况。在确保完成省、市组织的招商活动签约任务的基础上，还通过开展“小型、经常、多样、有效”的招商活动，突出以党政主要领导、分管领导开展的小分队招商。2015年上半年，党政主要领导、分管领导赴北京、广州、杭州、山东、四川等多地地开展招商引资考察和洽谈活动30余次。4．项目代办开展情况。为创造良好的投资环境，全力落实“五个一”工作机制，扎实开展代办服务工作，提供高效、便捷的优质服务，对企业进行全程跟踪代办服务，及时解决项目落地建设中存在的困难和问题。做好“红娘”和“保姆”。2015年上半年，共接待客商的咨询100多人次，代办项目29个，代办事项90余件。5．项目储备、项目编制和项目精包装工作情况。以国家产业政策为先导，以资源特色和行业特点为基础，结合我区经济社会发展实际和相关产业发展规划，精心编制投资指南和招商引资项目册，有储备项目164余个，编制符合产业项目125个，对其中20个项目进行精包装。精包装项目目前落地建成1个，有意向性的5个。

【主要措施】　1．完善工作机制，强力推动招商引资工作。一是成立招商引资工作委员会。由区长任主任，分管区长任副主任，区投资促进局、国土资源局、农牧局、财政局等区直相关部门主要负责人为成员的招商引资工作委员会。二是细化分工、合作，切实改善投资环境。委员会内设招商组、联审组、推进组3个工作组。根据工作分工，分别由分管副区长统筹负责，按照“谁引进、谁负责，谁分管、谁落实”的原则，按行业分类全力做好招商引资项目服务、落地工作。三是完善目标管理责任制。将区招商引资任务数，分解落实到各镇乡办事处和工作部门，实行部门一把手负责制，细化任务分解，做到目标到人、任务到人、责任到人、奖惩到人，并加强日常工作监督检查，确保招商工作有序推进。四是完善督查机制。督办督查局、“双考办”，把招商引资工作和项目建设作为全年督查工作的重点，采取重点督办、分段督办、定期督办和不定期抽查的办法，严督实查，跟踪问效。五是完善项目建设机制。继续推行领导联系重点项目制度，落实“五个一”机制，明确牵头领导，成立一套班子，指定责任部门，确定牵头单位，把任务捆绑在一起，把责任捆绑在一起，为落地项目提供高效服务。2．不断提高招商引资项目建设。以区招商引资局为业务指导，指导各乡镇、区级各部门编制项目，结合七星关区优势，坚持以国家产业政策为先导，以资源特色和行业特点为基础，以新型、低碳生态产业为发展方向，加强项目的创意、策划、编制认真收集、整理、论证、包装一批上规模、上档次、有市场、有效益的项目，增强项目招商实效。3．做好领导干部带头招商，不断增强招商引资实效。由领导干部带头，采取灵活多样打形式，开展产业招商、专业招商、小分队招商、以商引商，精细组织好小型招商推介会，突出小型“圆桌式”招商，提高招商项目的“对接率”和“成功率”。实现从全民招商转变为专业招商、从粗放招商转变为精细招商、从盲目招商转变为目标招商、从政策招商转变为环境招商，提高项目成功率。4．精心组织参加各类招商引资活动。精心准备，积极参与市委、市政府在各地举办的招商旅游推介会暨项目签约活动并获取招商信息。由区委、政府主要领导带队，开展招商引资推介，通过走出去、请进来，积极参与商会、行业协会、行业商会的年会和联谊活动，让民营企业家走进七星关区、了解七星关区、认识七星关区，鼓励参与七星关区的经济发展，助推七星关区发展。

【改善人民生活】　一是扎实开展深入精准扶贫工作，服务基层联系点帮扶和干部驻村工作。按照区委、区政府的统一安排和部署，高度重视服务基层联系帮扶工作和干部驻村工作，派驻2名干部参加干部驻村工作，多次组织干部职工深入帮扶乡镇开展调研工作，并为联系乡镇制定发展措施。实地开展调研6次，座谈4次，帮助排查问题32个，累计下基层的干部职工达60余人次；开展帮扶活动2次；有效解决了部分群众生产生活中的实际困难。

二是加大“多彩贵州文明行动”工作力度。按照“三创一建”和“多彩贵州文明行动”工作的要求，积极配合区“整治办”及“三创一建办”开展工作，及时解决存在的问题。制定了办公室卫生制度，通过强化巡查监管力度，切实改善了单位环境卫生。三是计划生育工作常抓不懈。按照计划生育实行主要领导负责制的原则，成立了由主要领导任组长的计划生育工作领导小组，明确专人负责主抓计划生育工作，确保计划生育工作长期有人专抓。2015年，开展计划生育宣传1次，并组织妇检，截至目前未发现超生超怀现象。

【维护社会稳定】 一是巩固社会治安综合治理成果。为了确保一方平安，巩固来之不易的社会治安成果，成立社会治安综合治理领导小组，积极做好招商引资矛盾排查工作、化解纠纷。并努力加强禁毒工作宣传，至今没有出现吸毒贩毒的违法行为。二是加大信访排查力度。投资促进局虽然不是信访工作的“重灾区”，但仍然高度重视信访工作，始终注重矛盾排查，做到排查工作横向到边，纵向到底，对出现的问题及时加以化解，按要求按时报送信访工作报告。三是努力提升应急管理水平。成立了应急管理机构，建立了规章制度，明确了管理机构职能职责，制定和完善了商务与投资促进局应急管理方案和应急预案。对于重大会议和重要节日期间，实行领导带班制度，随时掌握动态情况，把隐患消灭在萌芽状态。

【机关建设】 一是认真落实党建工作责任制，深入推进发展服务型党组织建设。投资促进局作为经济工作及对外窗口单位，始终把加强作风建设和环境建设作为工作的重中之重，成立了发展服务型党组织建设工作领导小组，制订了工作实施方案，强化干部职工文明服务意识，公开向社会作出服务承诺，公布投诉举报电话，广泛接受社会监督，服务意识明显提高，投资环境明显好转，机关作风显著改善，定期开展与企业的“交心谈心”活动。按照“驻村干部”活动要求，充分调动了干部职工积极性，深入帮扶乡镇进行调查研究，配合八寨镇大兴村和板厂村共同制定帮扶措施，帮助群众解决了一些生产生活中的实际困难和问题，树立良好的党群、干群关系，努力促进当地经济的发展。二是强化“双考双评双挂钩”管理工作。为了加强干部职工管理，制定了动态跟踪管理实施细则，建立了干部动态跟踪考核档案，开展了年度内重大任务、重大事件、重点工作动态跟踪考核进行了量化评分，建立了干部职工问责机制，设立了首问责任窗口，实行首问责任制，将动态跟踪考核情况与年度考核相结合，把考核结果与经济利益相挂钩。三是切实规范档案管理工作。根据档案管理的有关规定，加强档案资料的收集、归类工作，按照资料的重要程度和保存期限做好立卷归档，实行档案管理专人化，确保档案资料管理工作的规范性。

【党的建设】 一是高度重视党风廉政建设。党风廉政是一项常抓不懈的工作，既需要加强制度建设，也需要强化监督措施。为此，建立了党风廉政学习制度，层层落实工作责任制，实行干部职工全员签订党风廉政责任书，按照责任内容加强日常监管，把党风廉政建设纳入干部职工年终考核，实行“一票否决制”，确保党的风清气正。二是加强机关党组织建设。招商局严格按照机关党建工作目标责任和建设发展型党组织的要求，深入开展“创先争优”活动，切实解决好干部执行力的问题，不断强化组织建设工作，加强机关党员队伍建设，充分发挥党员先锋模范作用。三是夯实思想政治建设基础。思想政治建设是作风建设的根本保证，是提升干部职工基础素质的有效途径。为此，投资促进局认真制订了学习计划，组织干部职工加强学习，参加有关理论培训和考试，不断提高自身修养，树立健康的思想品德，切实履行好工作职责，努力增强以人为本的服务意识和大局意识。

（撰稿人：办公室）

人力资源和社会保障局

【概述】 构建社会主义和谐社会，是中共十六届六中全会提出的一项重大战略决策。社会保障作为构建社会主义和谐社会的核心内容之一，是市场经济条件下推动经济社会协调发展不可或缺的根本依托和重要保证，它不但关系到人民群众的基本福祉，更关系到社会稳定和国家长治久安。七星关区始终以科学发展观为指导，以“共建和谐七星关、共享品质生活”为目标，以科学发展观为统领，坚持“加速发展、加快转型、推动跨越”为主基调。坚持“三化同步”战略，坚持“民生为本，人才优先”工作主线，紧盯全年目标任务，在人事人才工作管理、社会保障体系建设、推进就业再就业工程、努力构建和谐劳动关系方面取得了明显的成绩，不断推进和完善了七星关区人力资源和社会保障体系建设。有力地推动了全区经济社会又好又快发展。

【稳定城乡就业工作】 一是劳动就业方面，多措并举，搭建多元化就业创业服务体系。就业是民生之本、稳定之基、发展之源。以增加就业岗位、创新就业机制、强化就业服务以及创业带动就业等为着力点，积极实施扩大就业的各项政策，全面推进城乡统筹就业落实就业政策。截至12月30日，城镇新增就业11280人，完成目标任务的101.62%；失业人员实现再就业2420人，完成目标任务的110%；就业困难人员实现就业1550人，完成目标任务的109%；农业劳动力就业24136人，完成目标任务的108%。

城镇登记失业率4.1%。二是全面建设七星关区基层就业和社会保障服务平台。七星关区基层就业和社会保障服务设施建设项目为2012年中央预算内投资的社会发展建设项目，该项目选址在观音桥办事处塘房村（碧海大道旁），建设面积5000平方米，根据七星发改社事〔2013〕120号文件，扩建面积5938.44平方米，总建设面积10938.44，平方米，总投资1918万元。

贵州省发展和改革委员会《关于下达贵州省基层就业和社会保障服务设施建设项目2012年中央预算内投资计划的通知》文件下达七星关区基层就业和社会保障服务设施建设项目473万元，根据《关于下达2012年省级服务业发展引导资金投资计划及资金预算的通知》文件下达七星关于基层就业和社会保障服务设施建设项目30万元。按照七星关区区长办公会议纪要一届三次精神，由区政府解决项目配套资金753万元，共计1256万元，根据七星府办通〔2012〕299号文件精神，将现七星关区人力资源和社会保障局办公楼面积2855平方米、商住面积651平方米置换给区人民政府，由区人民政府出资修建，新增装修部分由区政府按实际装修价格计算，新项目建成后，原七星关区人力资源和社会保障局办公楼、商住部分由区人民政府管理使用。

该项目经过前期的选址、环评审批、岩土工程勘察、规划手续办理、国土手续办理、施工图设计、建筑防雷检测、施工图审查、施工单位招标、监理单位竞谈。区人社局认真执行项目法人责任制、招投标制、合同管理制、工程监理制的要求。从项目的立项、可研、初设、施工图设计等，按要求均由有资质的咨询公司或设计单位完成，项目招投标手续、规划“两证一书”、国有土地使用证办理、施工许可证办理、工程施工合同、设计合同、监理合同、地质勘查合同等均完备。

截至2015年11月，新建13个乡镇（燕子口镇、林口镇、杨家湾镇、生机镇、海子街镇、八寨镇、水箐镇、阿市乡、大屯乡、朱昌镇、阴底乡、放珠镇、千溪乡）项目规划选址、地勘已经完成，财政拦标价评审已经完成，正在进行开展项目竞谈工作；其中放珠镇项目主体建设已经完成。合建16个乡镇中团结乡、麻园办事处、德溪办事处主主体已经竣工，正在进行装修；大银镇、大河乡、长春堡镇、田坝桥镇、田坝镇、何官屯镇、市西办事处、野角乡、市东办事处亮岩、青场、吉场、碧海新区办事处、碧阳办事处已全面完工入驻。改建的5个镇乡中层台镇正在进行改造及装修设计；龙场营镇、鸭池镇、田坝镇、田坎乡已经改造完工入驻。

【社保城乡一体化建设】 着力保障民生，稳步提高社会保障水平。一是细化任务，落实责任制，全力扩大社会保险覆盖面。对照全年目标任务，全局统一部署，精心组织，齐心协力，将各项目标任务层层细化分解，让每一位工作人员都能明确自己的工作职责和具体任务，将工作任务落到实处。其中：全区城镇职工基本养老保险参保人数3.53万人、工伤保险参保人数2.57万人、失业保险参保人数1.74万人、医疗保险参保人数3.09万人、生育保险参保人数2.11万人；城乡居民基本养老保险参保人数达45.9万人，被征地农民养老保险保障人数达4.11万人；在确保完成各项工作目标任务的基础上，按程序做好企业职工退休审批工作并及时按国家政策落实了养老待遇。按政策审批享受企业因病或非因工死亡人员供养直系亲属生活补助费、丧葬补助和一次性生活补助。

【人事人才队伍建设】 坚持公正公开，人事人才工作有序推进。坚持围绕中心，服务大局，把公正、公开、择优作为深化人事制度改革的基本原则，积极探索，求实创新稳步推进人事制度改革有序发展。一是按照上级部门要求，认真组织好2015年公务员招考、审查、录用和培训等工作，按照管理权限及时行文充实了78名公务员参加工作。二是按照管理权限抓好各单位人事调配工作，严格工作程序，严把人事进出关。三是完成2014年以来新进事业单位初聘人员培训考核工作，培训人员2300人。四是按照事业单位用人机制，组织和配合有关事业单位面向社会公开招考聘用工作人员192人，第三届中国贵州人才博览会直接引进人才3名。五是按照职称制度改革要求，建立起以能力、业绩为导向，重在社会、业内认可的专业技术人才评价使用机制和“个人自主申报、业内公正评价、单位择优使用、政府指导监督”的职称工作运行机制。2015年，共审核申报职称任职资格证件2933个；组织评审2015年教育系列中、初级职称2626人，推荐2068人。六是严格执行工资福利和津补贴政策。按月审核全区2015年1—12月份工资发放清册，确保在职、离退休干部职工、特岗人员、招聘干部等27973人正常发放；严格退休审批制度。2015年，办理机关事业单位退休240人，办理在职及退休人员死亡后享受遗属生活困难补助等手续68人。

【执法促维权工作】 坚持从构建和谐社会的高度出发，不断加强劳动保障监察队伍建设，加大执法维权工作力度，积极建立和谐稳定的劳动关系，有力维护了劳动者的合法权益。

截止到2015年12月底，劳动监察大队主动监察用人单位282户，涉及职工9867人；督促48家用人单位503人次完成劳动合同补签，国有企业劳动合同签订率100%，私营企业劳动合同签订率98%，集体合同签订率92%；受理投诉案件225件，追发劳动者工资1834.0987万元，涉及劳动者1423人，当期结案率100%；督促31户用人单位缴纳社会保险费21.6万元，涉及劳动者66人；收取58家建筑单位缴纳的农民工工资保障金，共计1739.4161万元；接待各类劳动者来信来访30000余人次；“两网化”覆盖率100%。切实解决拖欠务工人员工资问题，实现零拖欠、零上访。

劳动争议仲裁共共收到劳动争议166宗，审结166宗，涉及金额 367.2万元，结案率达100%，有效维护了星关区的社会稳定。

【作风建设】 强化督查考核，机关效能建设有新提高。以深化“帮、联、驻”“创先争优”和“发展型党组织”活动为抓手，着力强化干部队伍建设，进一步推进了干部职工“双考双评双挂钩”动态跟踪管理工作，明确任务、细化责任，建立起了七星关区人社系统目标考核与责任追究相结合的机制。同时，七星关区人力资源和社会保障局党组对城乡居民社会养老保险等核心指标实行周报制和月督查制，并对重点和难点工作进度实行周通报制。在机关效能建设中，在加强服务窗口硬件设施建设的同时，积极开展创建优质服务窗口活动。

【创新、亮点工作】 为进一步做好戒毒人员就业帮扶工作，七星关区按照“以人为本、科学戒毒、综合矫治、关怀救助”的原则，整合资源优势，强化部门沟通协调机制，以就业安置为核心，助推戒毒康复人员尽早实现就业，回归社会。通过政府主导和政企合作模式，创建了琦星照明和佳盛包装两个阳光工程集中就业安置基地。通过政策宣传、职业指导、职业介绍等手段，帮助戒毒人员尽早实现就业。截至2015年12月底，累计安置社区戒毒、康复人员4706人次，其中：集中安置996人次，分散安置34人次，自谋职业2396人次，自主就业1275人次，公益性岗位安置4人，戒毒康复场所安置1人，就业安置率达98.3%。“给政策、给场地、给资金、给人员”四给政策搭建戒毒康复人员就业平台。区委、区政府制订了《七星关区社区戒毒社区康复人员阳光工程建设实施意见》，出台优惠政策扶持阳光企业发展。相关部门出台实施办法，为阳光工程建设提供政策保障。2012年7月，区委、区政府投资5000余万元在观音桥街道办事处修建阳光工程就业安置基地。目前已建成约4000平方米的厂房，成功引进由返乡农民工创办的琦星照明电器厂入驻，累计带动就业200余人。

加强部门配合，对就业安置人员进行职业指导、职业培训、劳动维权等就业服务，将就业与回归结合，提高其工作效率。同时深入社区戒毒、康复人员当中，了解其生产生活情况，协助相关部门解决阳光人员最低生活保障、廉租房等问题。截至目前，已协调2人解决了廉租房，帮助29人申请了低保，帮助1人解决子女入学难问题。

（撰稿人：办公室）

民族宗教事务

【概述】　2015年在区委、区政府的领导下，在市民宗委的指导下，为了认真贯彻落实中共十八届四中全会、中央民族工作会议的精神，根据省市民族宗教工作会议安排部署，狠抓民族地方基础设施建设，改善少数民族群众生产生活条件，以“民族团结进步创建活动”和创建和谐寺观教堂为重点，加强民族文化教育工作，规范“宗教场所管理”，打击和抵御境内外宗教组织渗透，取得了一定的成效，为全区经济发展、民族团结、社会稳定做出了新的贡献。现将2015年民族宗教工作总结暨2016年工作打算如下：

【民族工作】　一是深入贯彻落实中央民族工作会议和全省民族工作会议精神。以中共十八届四中全会和中央民族工作会议精神为统领，深入学习习近平总书记在中央民族工作会议上的重要讲话精神，以及全省民族工作会议的要求，统一思想，提高认识，并将会议精神作为行动指南。一年来，制订了宣传贯彻提纲方案，举办了一期民族宗教人士培训班，参加人数60人，办学习专栏4期，挂横幅标语20条。通过多种形式的宣传活动，在全区掀起了学习贯彻中央和全省民族工作会议精神热潮。二是围绕改善民生，加快民族地区经济发展。七星关区是一个多民族聚居的地区，少数民族人口13.8万人，占全区总人口的9.5%，有6个民族乡。民族地区经济发展滞后，贫困人口众多。切实加快民族地区经济社会发展是关系到全区经济发展和社会稳定的关键问题。1. 坚持把“民族团结创建活动”摆在民族工作的重要位置来抓好抓实，助推少数民族和民族地方社会经济发展。一年来，在经济建设方面：与区扶贫办、区农牧局、区水利局、区交通局等合作，共同推进6个民族乡的扶贫开发。其中修建通村油路（水泥路）共71公里，投入资金3550万元；开展水土保持重点治理工程、烟水配套工程等，投入资金1594.44万元；发展种植业、畜牧业及退耕还林项目，投入资金410.2973万元；发展中药材种植等，投入扶贫资金678.2万元。在文化教育方面：协调区文体广电旅游局，在6个民族乡投入13.46万元，放映电影673场；协调区教育局，投入教育经费2787.89万元用于修建教师公租房、学生宿舍、幼儿园等。2. 积极协调财政、审计等部门参与对2014年省、市民宗委扶持的项目17个，资金167万元，进行了验收。3. 认真做好2015年项目申报工作。已上报国家、省、市民宗委竞争性项目3个，资金75万元，民族教育专项项目2个，资金15万元，民族节庆活动项目2个，资金10.5万元。民族民间技改项目2个，资金80万元。三是全面贯彻落实党和国家民族政策和民族法律法规工作。1. 抓好城市民族工作示范点工作，树立社区民族团结进步示范点。城市民族工作是我市的一个薄弱环节，为了广泛宣传《城市民族工作条例》，增强各民族“共同团结奋斗、共同繁荣发展”，保障少数民族和外来少数民族流动人口合法权益，局把市西办事处翠西社区作为示范点，以点代面推动城市民族工作的开展。现翠西社区挂出了城市民族工作示范牌子，建立了办公室，明确职责，安排专人办公，城市民族工作做得有声有色，服务进万家。2. 严格做好民族成分更改更正初审，按时、按要求上报。第一二三季度，已初审105份民族成份更改更正，上报省民宗委批复。四是积极开展毕节市第24个“十月民族团结进步宣传教育活动”。根据2015年市委、政府两办的活动工作方案精神，七星关区委、政府两办下发七星党办字〔2015〕111号文件到区直各部门、各镇乡（街道办），明确工作目标、活动内容，并纳入年度目标考核，使十月民族团结进步活动月活动在全区掀起了高潮，促进了两个文明的建设。五是抓好民族文化教育等社会事业的全面发展。1. 在2015年春节和五月端午花坡节期间，投入资金2万元，协助八寨镇金银山、阿市乡、亮岩镇核桃树村开展了苗族跳花坡活动，参加的各族群众1.5万多人。2. 指导燕子口镇大南山小学、大屯乡三官小学、三板桥办事处灵峰小学开展“双语”教学。选调4名双语教师到大新桥街道办事处小河致公万泽小学及长春堡镇干堰小学，从事教学工作。3. 协助区教育局做好区民族中学2015年秋季招生工作，并指导民族中学在42个镇乡办宣传民族中学招生政策，优惠条件，完成招生任务。二中民族高中班招生60人，六中特色高中班招生60人。六是抓好民族地区经济社会发展监测统计工作。抓住影响和制约少数民族和民族地方科学发展的突出问题及各族群众最关心、最直接、最现实的利益问题做好调研工作，完善民族地方经济社会统计监测机制，及时收集统计数据。全区42个镇乡办事处已明确责任领导38人，监测员38人。七是做好民族文物古籍搜集整理工作。为了进一步做好全区少数民族古籍保护、抢救、搜集、整理工作。一年来，共搜集了苗族古歌30首，苗族婚嫁视频一套，苗族民族故事10个。八是调解民族矛盾纠纷，维护社会和谐稳定。民族矛盾纠纷的正确处理，影响着全区经济发展。局高度重视，加强领导，建立排查机制，通过对发生矛盾纠纷的当事人双方耐心细致工作，协调处理了8起民族矛盾纠纷，维护了社会和谐稳定，增强了民族团结。

【宗教工作】 一是加强和创新宗教事务管理。1. 为了提高宗教人士对现阶段党的宗教政策的认识，自觉维护宗教界的和谐稳定。召开了基督教、天主教、佛教、道教等宗教人士参加的宗教法律法规学习会议2次。2. 积极开展“和谐寺观教堂”创建活动。成立了“和谐寺观教堂”创建活动领导小组，研究部署了2015年“和谐寺观教堂”创建工作。3. 全面完善了全区宗教工作三级管理网络机构建设，明确了区、乡（镇）、村三级成员名单，全区共有924人为宗教工作三级管理成员。四是完成已登记开放的宗教活动场所主要教职人员任职备案工作，已备案32人。五是加强宗教管理，严厉打击非法滥建活动场所。一年来，协调镇乡、公安等部门依法取缔非法宗教活动3起。二是开展依法管理基层宗教事务专项活动。为依法管理宗教活动，着力开展专项行动9月份，由区委统战部、区民宗局牵头，各乡镇街道具体负责，对信教群众人数、主持宗教活动的人员、宗教活动场所等“两类人员一类场所”进行统计，重点统计在职党员、离退休干部、教师、学生、非公企业负责人信教情况，切实做到底数清、情况明。经排查统计，全区有宗教活动场所142处，已登记开放的合法场所32处；有信教群众基础4082人，教职人员58人。其中：佛教寺庙105处（登记开放12处），有信教群众2084人，经认定备案教职人员10人；道教宫观4处（登记开放1处），信教群众768人，经认定备案教职人员1人；天主教堂1处，有信教群众370人，无教职人员；基督教教堂（含基督教私设聚会点）32处（登记开放18处），有信教群众860人，经认定备案教职人员47人，天主教堂1处（已登记开放）。三是加强对宗教界的正面引导和服务保障。1．支持宗教界开展“宗教慈善周”活动。4月17日，组织区天主教人士为海子街镇大丫口村捐衣服1000多件。2．做好信教群众来信来访工作，一年来共接待来信来访18次；协调处理涉及城市建设规划用地等各类宗教矛盾纠纷3次。3．完成了宗教教职人员纳入社保的统计工作。

【党建工作】 按照2015年党建和党风廉政工作思路，积极开展好“三严三实”活动．切实抓好党员干部的宗旨意识、大局意识、创新意识的培养、教育，积极为民族宗教工作服务。一年来，组织党员干部政治学习20次，17名党员与局党支部签订责任书，春节期间慰问了5名退休干部，每人发放慰问金500元，慰问帮扶村贫困党员6名，每人300元，共计4300元，使党支部凝聚力得到加强，促进了党建和党风廉政工作的开展。

【其他工作】 1．积极开展“驻村工作”。在全区“驻村工作”动员大会召开以后，局党组认真组织学习，领会精神，并根据联系对象，安排办公室统一制作好“贴心卡”，备齐“民情日记”本、有关工作记录表册，并发放到每位干部职工手中。同时制定驻村工作工作目标和任务。一年来，局驻村2名干部走遍所联系服务的每户农户，共走访了农户140户。2．做好信息报送反馈工作。到10月8日止，上报信息63期，调研文章6篇，办学习专栏4期。

（撰稿人：办公室）

档案管理

【概述】 在区委区政府的坚强领导下，坚持以邓小平理论、“三个代表”重要思想和科学发展观为指导，以习近平总书记系列重要讲话精神为引领，深入学习贯彻中共十八大和十八届三中、四中、五中全会精神以及省委十一届四次全会、市委一届五次全会、区委一届四次全会精神，深入开展党的群众路线教育实践活动，以“三严三实”和“三实三同”为总载体，以全面贯彻落实中央八项规定和省、市、区委十项规定为切入点，切实加强作风建设。紧紧围绕加强党的执行能力建设、先进性和纯洁性建设，以服务中心、建设队伍为核心，以全面推动学习型、服务型、创新型、发展型“四型”机关党组织建设为目标，以开展好党的群众路线教育实践活动为主线，着力加强党的思想建设、组织建设、执政能力建设、反腐倡廉建设和制度建设。按照档案工作目标任务和要求，紧密结合档案工作实际，积极探索新形势下档案工作的开展规律，较好地发挥档案事业“守护历史、传承文明、资政育人、服务社会”的重要作用，推动全区档案事业健康发展。

【档案信息化建设】 全力抓好档案资源数据库建设工作，共投入资金73万元，设置专门购买了零边距扫描仪4台、完善《档案管理系统操作制度》《档案数据管理维护制度》等制度，完成文件级档案条目38万多条9个重点全宗118753幅全文数据的扫描工作和1146幅照片档案以及2012、2013、2014年七星关区新闻联播音频视频4644条的接收录入工作。开展资源数据的脱机备份3套。档案资源数据库的建设，提高了档案利用率，从而达到档案管理的最终目的，已于2015年9月顺利通过国家档案局贵州省档案局，市档案局，区委区政府的检查并获好评。

【档案保管】 完成区国税局、海子街镇层台镇、生机镇等10个单位的630盒1125卷167770件文书档案、86张照片档案、94牧印章档案接收进馆工作。

【档案查阅利用】 全年接待查阅档案1687人次，提供档案资料6144卷（件）次，补盖印章40人次219件次。接收现行文件2160件，提供查阅现行文件29人次32件次。

【档案资料征编】 充分利用档案资源，认真开展档案编研工作。征编《毕节市七星关区档案局制度汇编》于2015年10月正式印刷出版。

【依法管档档案行政执法】 根据中华人民共和国监察部和国家

档案局《档案管理违法违纪行为处分规定》，抓好“依法管档”示范单位创建工作。共完成3个乡镇（生机镇、放珠镇、长春堡镇）2个区直部门（区法院、区检察院）的依法管档创建工作。档案局联合人大法工委和法制办组成档案行政执法检查组，对全区42个镇乡街道办、87个区直部门开展档案执法检查。

【档案保密安全和应急管理】 每月开展一次安全大检查。按照“八防”（防盗、防火、防潮、防尘、防虫、防鼠、防高温、防强光）的要求，强化安全配套措施，做好库房温湿度记录工作，每月开展一次库房大扫除，及时通风、除尘、更换防虫药，确保档案实体的安全保管。切实加强涉密计算机保密技术防范和管理，变被动防范为主动防范，消除涉密计算机违规连入互联网所造成的失泄密隐患，确保国家秘密的绝对安全。

【档案业务培训及指导】 档案工作具有很强的专业性，为使全区上下形成一套规范有序的档案整理方法，本局采取带档案到档案局，实行一对一培训的方式，直到学会整理方法，档案整理规范为止，全年共培训2期123人次。同时，经常到被指导单位指导档案业务工作，全年指导区直单位及镇乡村（社区）661个，派出指导人员2563人次。

【重大工程和项目档案监督指导】 按照《中华人民共和国档案法》《贵州省档案条例》的规定，健全和完善建设项目档案管理工作体制，将项目档案纳入工程质量领导人责任制，纳入有关人员岗位职责，纳入项目建设法人代表议事日程、纳入招投标制、合同管理制和基本建设财务管理制，确保七星关区省级重大工程和重点项目档案的完整、准确、系统、安全和有效利用，按照“依法行政、加强监督、提供服务”的要求，档案部门提前介入重大工程和重点项目企业的档案管理工作，加强重大工程和重点项目档案工作的监督、指导和服务，按时填报《重点建设项目档案管理登记表》，全年共完成20个省级重大工程项目档案的备案登记。

【落实党建工作责任制】 一是局领导班子把党建工作列入全局工作的重要议事日程，与其他各项工作同安排、同部署、同落实、同检查、同考核、同奖惩。全年召开党建工作专题会议4次，明确了党建办公室、党员活动室等活动阵地；切实保障党建工作经费，在有限的办公经费中，优先解决党建工作所需经费。二是建立党员领导干部党建工作联系点，认真履行“一岗双责”；严格执行党风廉政建设“一票否决”办法，全体党员签订了党建工作责任书和承诺书。

【思想建设】 一是深入推进学习型党组织建设，中心组全年集中开展专题化学习12次，干部职工集中学习22次，党支部集中学习8次。二是认真开展培育和践行社会主义核心价值观学习宣传教育，抓好“明礼知耻·从德向善在机关”主题活动，拟定了实施方案，制定了工作措施，创办了宣传专栏和“积德榜”（两个两期），在局机关营造了“明礼知耻·从德向善”的良好氛围。三是认真做好党员服务工作，建立党内激励、关怀、帮扶机制。制定了党内激励、关怀、帮扶制度、工作计划、措施等，并得以很好的落实。

【组织建设】 一是切实加强领导班子和支委会班子建设。区档案局党支部于本年11月下旬进行支委换届选举，支委会有上一届的3名增加为本届的5名。二是制定党支部工作计划、措施，制订《党支部工作目标责任制》和《党员工作目标责任制》。三是严格机关党的组织生活，坚持“三会一课”制度，全年召开支部党员大会4次，召开支委会10次、支委扩大会1次，上党课2次。四是加强党员教育培训，认真开展党员培训和民主评议党员。党员培训主要采取以会代训的方式，每次集中学习时，由主讲人具体作辅导培训。开展民主评议党员工作。通过民主评议，评出优秀党员2名，合格党员10名。五是做好党费收缴基数核定工作，加强党费收缴管理。按时按规定足额收缴党费，全年收缴党费3898元。六是做好党员信息系统维护工作，按时完成党内统计年报表，全年共上报信息15篇。七是认真开好领导班子民主生活会。3月中旬，召开了党支部民主生活会，8月下旬，召开了领导班子专题民主生活会、党支部专题组织生活会。八是切实加强对群团工作的领导。先后成立了工会、青年、妇女工作领导小组，明确一名党员副局长分管群团工作。

【作风建设】　一是严格执行中央“八项规定”和省市区委“十项规定”。二是认真组织开展以“为民务实清廉”为主要内容的党的群众路线教育实践活动。全局党的群众路线教育实践活动于2014年2月正式开展，到10月底基本结束。

【反腐倡廉工作】　一是认真落实党风廉政建设责任制。全体党员干部均签订了党风廉政建设责任书。一年来，本局党员干部无违法违纪行为。二是深入推进党务公开工作。办党务公开栏1个，出刊两期，公开相关内容6次；办民生建设公开公示栏1个，出刊两期，公开相关内容4次。三是加强党风廉政建设和反腐倡廉教育，有针对性地开展警示教育，全年组织党风廉政教育活动3次。四是认真做好党内监督工作，严格执行党内监督制度。由退休和改非老同志代表担任监督员。五是建立制订反腐倡廉建设工作的意见、方案、制度等，成立党风廉政建设工作领导小组。

【制度建设】　共建立、制定、修改、完善各项制度130个，其中综合类制度28个，党务类制度36个，政务类制度35个，业务类制度31个。共新制定制度26个，重申延用制度38个，修订完善制度66个，废止制度26个，在制度建设工作中，局主要领导亲自主持起草、制订、修改，对原有制度一个一个地进行审核，好的继续延用，不完善的进行修改，过时的予以废止，缺失的立即制定，进行严格审核把关，确保各项制度简便适用、切实可行。

【扎实开展党的“三严三实”教育实践活动】　全局教育实践活动分为四个阶段进行。第一阶段为准备工作及动员部署阶段。在此阶段，制订了学习计划，成立了领导小组，领导小组下设办公室。制订了《毕节市七星关区档案局深入开展党的“三严三实”教育实践活动实施方案》。重点抓了以下工作：一是认真组织开展学习教育活动，进一步提高思想认识水平；二是建立健全学习制度，对学习教育提出了明确要求；三是切实抓好规定内容的学习，认真组织党员、干部学习并抓好自学；四是认真加强党员干部的思想教育，组织全体党员、干部观看了焦裕禄、杨善洲、文朝荣先进事迹专题片等学习教育片。第三阶段为征求意见环节。在此环节，局主要领导先后深入到帮扶联系点龙家村开展调研3次，收集意见28条，召开民意座谈会3场，征求意见20条。并多途径征求意见，先后召开座谈会3次，发放征求意见表40份，征求到意见66条；经梳理、归纳、汇总，收集到有效意见和建议61条，其中：涉及“四风”问题意见48条，其中班子的26条、班子成员的22条；涉及民生问题13条，重点意见4条。边学边查问题8个、立行立改问题4个。第四阶段为查摆问题、开展批评环节。一是认真开展交心谈心、批评和自我批评活动。二是认真撰写对照检查材料，查找突出问题，明确整改方向。在查摆问题，开展批评环节中，局领导班子和班子成员，认真撰写对照检查材料，按照衡量尺子严、查摆问题准、原因分析深、整改措施实的要求撰写对照检查材料。三是认真召开局领导班子、党支部专题民主生活会和专题组织生活会。2015年8月18日，档案局召开专题民主生活会暨党支部专题组织生活会。会上，熊家伦代表领导紧扣“为民务实清廉”主题，坚持“三严三实”和“三实三同”要求，切实加强领导班子建设和干部教育管理，坚决杜绝有问题不整改、大问题小整改、边整改边再犯的现象发生。对查摆出来的问题，实行边学边查边改，即知即改、立行立改。四是抓好建章立制。在建章立制环节，对原有的制度、文件，本着于法周延，于事简便的原则，按照“重申、完善、新建、废止”四种类型进行全面清查梳理，对经实践检验行之有效、群众认可的制度重申落实、坚持执行、继续延用；对标准不清、界限不明、刚性不强，与新形势新任务要求不相适应的制度，进行修订完善；对制度缺失的抓紧建立。在此环节，沿用制度38个，修订完善制度66个，废止制度26个。

【精准扶贫】 按照上级有关要求，立足围绕中心、服务大局，认真开展“同步小康驻村”“集团帮扶”“党建1+1”等各项帮扶活动，扎实抓好精准扶贫工作，深入基层，践行宗旨，服务群众，服务民生。在精准扶贫工作中，围绕“六个到村到户”实施方案，深入联系点普宜镇龙家村，开展帮扶活动。本局专门由一名干部（龙应菊）驻村开展工作，帮助制订发展规划和措施，建立帮扶项目库，做好问需帮扶台账，完成贫困人口识别工作，建立贫困村、贫困户卡片和信息台账。一年来，共走访群众751人次，召开调研座谈会11次，帮助群众谋思路、出点子23条，协调解决资金9万元，为群众办实事好事12件，化解矛盾纠纷6起，取得显著成效。一是帮助该村大力推广科技兴农，解决杂交玉米优良种子1000公斤，受益农户500户2000余人；二是组织慰问该村特困户、五保老人、残疾人、计生“两户”共20户，送去慰问金1000元；三是为木窝小学学生捐赠书包、文具盒各66个、钢笔50支、铅笔16盒；四是帮助该村实施通村路；五是帮助该村维修扩建硬化通组公路3条3.5公里，总投资105万元，受益农户150户565人；六是为该村购买了A4纸、碳粉、笔、信笺等办公用品。通过以上实事，深受该村干部群众好评，进一步密切了党群干群关系。

（撰稿人：办公室）

政协毕节市七星关区委员会

【概述】 2015年，在中共七星关区委的坚强领导和政协毕节市委员会的正确指导下，区政协常委会紧紧围绕全区工作中心，牢牢把握民主和团结两大主题，坚持把谋发展作为履行职能的第一要务，把惠民生作为开展工作的重要内容，把促和谐作为义不容辞的神圣职责，切实履行政治协商、民主监督、参政议政职能，为促进我区经济社会跨越发展、全面发展，社会和谐稳定作出了积极贡献。

【政治协商】 区政协坚持运用全体会议总体协商、常委会议专题协商、主席会议重点协商、专门委员会对口协商和召开各种专题会、座谈会等形式，就事关全区大局的重大问题开展多层次、全方位的协商活动。1月上旬召开了一届四次全委会，协商讨论了区政府工作报告和其他重要报告，推荐5名政协委员围绕民营医院发展、精准扶贫、关注农村留守儿童、“四风”问题、现代物流业转型等主题进行大会发言，委员们就七星关区项目建设、教育卫生、基础设施、企业监管、城市管理、依法行政、社会保障等方面提出29条建设性意见和建议，积极履职，建言献策，为区委、区政府决策提供参考。4月上旬，区政协召开一届二十一次常委会议。会议学习了《中共中央关于加强社会主义协商民主建设的意见》以及2015年全国“两会”精神；就七星关区通村水泥路（油路）建设工作进行专题协商。

【参政议政】 围绕区委、区政府确立的发展战略和工作目标，常委会把开展调查研究作为提高参政议政质量的重要手段，着重在“抓重点、讲质量、求实效”上下功夫，主动深入工作一线，努力集中各界智慧，提出富有参考价值的意见建议。2015年，区政协一届十二次主席会议专题研究了调研课题，确定由各位副主席牵头组成调研组开展工作，重点围绕精准扶贫、环卫管理、饮水安全等民生内容开展各种调研，通过深入实际调查了解情况，调研组认真撰写了《创新精准扶贫模式 实现精准脱贫目标》《七星关区城市环卫管理工作调研报告》《关于在建中的夹岩水库水污染情况调研报告》等调研报告，为区委、区政府科学决策提供参考。

【建言献策】 建言献策是政协委员参政议政的具体体现，在区委主要领导的重视下，区政协主动作为，积极创新，拟定出台了《毕节市七星关区建言献策优秀成果评选奖励办法》，创建了“两个基金”，即“优秀建言献策奖励基金”和“出版文史丛书基金”。建言献策奖励评选办法的出台，有效调动了社会各界人士对七星关区发展建言献策的积极性。七星关区2015年度建言献策优秀成果评选，共收到建言献策申报评选文章35篇，涉及板块经济、精准扶贫、城市管理、生态移民、医疗卫生、环境保护、社会治理等方方面面，全面展示了建言献策在全区经济、政治、文化、社会、生态建设中取得的丰硕成果，并对存在的困难和问题提出了意见和建议，这对不断开创七星关区工作新局面，推动全区经济社会跨越发展，实现“决战贫困、提速赶超、同步小康”目标具有积极的意义。建立文史丛书出版基金，有效发挥了政协文史资料“存史、资政、团结、育人”的作用。

【提案工作】　一是充分准备收集高质量的提案。全委会前，通过个别走访、印发通知等形式，明确提出提案的征集重点，引导委员围绕七星关经济社会发展的重要问题和重大事项认真撰写提案。会议期间，对委员提案进行了严格审查和筛选。会后，对涉及重大事项的提案与委员协商交流，并进行充实完善，确保每件提案选题准、建议实。全会共收到提案91件，经审查合并同类后立案85件，提案质量明显提升，提出了建设性意见和建议。二是坚持重点提案领导督办制度。经一届十二次主席会议研究决定，把《为彻底解决倒天河水库资源保护问题，建议在大新桥办事处拟建倒天河库区“移民新城”的意见和建议》作为主席会议督办提案，把《关于对我区土地流转工作应紧紧围绕全区农业产业化发展方向，注重质量，科学推进的建议》《关于加强碧海大道交通安全管理的建议》《关于建议编制〈夹岩水利枢纽工程生态经济带开发建设规划〉的提案》作为重点督办提案，其余提案按照承办的部门分别由联系相关部门的副主席督办，经过组织召开提案督办会议、实地调研走访、实时沟通协调，提案办理效果良好。三是提案办理委员满意度高。在提案办理过程中，各分管副主席加强与党政部门的提案协商和跟踪督办，组织提案办理专题视察，实地考察提案办理落实情况，不仅加强了委员与承办单位的互动交流，也进一步提高了提案办理的速度与质量。提案反映的城市人行道“肠梗阻”现象、倒天河水库水源保护、交通安全等一大批民生问题得到了实质性的解决。

【民主评议】　结合“绿化毕节”工作，区政协通过认真研究，决定对区林业局一年来的工作开展民主评议。区政协成立了评议领导小组，由主席任组长，相关副主席具体抓落实。通过召开评议动员大会、实地调研走访、收集评议意见、整改落实反馈等几个阶段的工作，突出评议建议，强化整改实效。在评议工作开展期间，由相关副主席牵头，成立了三个评议小组，分别深入20多个乡镇街道进行实地调研走访，收集到群众反映强烈的意见和建议20多条，根据反馈的意见和建议，形成评议材料反馈给林业局，要求对群众提出来的意见进行整改落实。区林业局根据反馈的情况，逐项进行了认真的整改落实，并形成书面材料上报政协。各评议小组又根据林业局整改的情况，深入群众调查了解整改落实是否到位。通过深入了解，收集到的许多问题林业局已进行了认真整改，取得了明显实效，对一些一时无法解决的问题，向提出意见的群众作好解释。最后，召开评议总结大会，通报整改落实情况，并在林业系统和相关乡镇街道对整改情况进行了民主测评，测评结果显示，林业局的整改情况良好。民主测评工作结束后，写出民主测评报告，报区委，有效地履行了职责，服务了广大人民群众。

【社情民意】　社情民意是委员履职建言的直通车，集中民智的主渠道。区政协长期坚持把做好反映社情民意信息工作作为关注民生、服务群众的有效形式，进一步健全工作机制，提升信息质量。积极引导政协委员撰写社情民意信息，各专门委员会搜集整理政协委员在调研、视察等活动中的意见建议，编发成社情民意信息，及时向市政协、区委、区政府报送。

【服务发展】　区政协围绕区委、区政府各个时段的中心工作，积极参与落实各项工作任务。一是认真做好信访维稳工作，主动跟进，积极帮助上访群众解决合理诉求；二是主动参与通村公路建设，美丽乡村建设等农村基础设施建设的督查和指导工作；三是参与联系督查指导区重大项目建设的工作，如参与联系指导工业园区项目建设工作、夹岩水利枢纽工程建设的移民工作等；四是联系指导督促生态文明建设、板块经济建设、计划生育、教育督导等工作。在做好自身工作的同时，区政协各位领导还积极开展协助区委、区政府的其他有关工作。总之，政协参与全区经济建设和社会发展的各项工作，为政协履行职能，实施有效监督提供了平台，积累了经验。

【服务基层】 一年来，区政协以联系乡镇为重点，积极开展调研，根据帮扶所需，将服务基层活动范围拓展延伸，有效开展了“321”结对帮扶活动，切实为基层群众办实事、办好事。一方面，区政协主席、副主席先后深入到工作联系点蹲点调研，遍访贫困村、贫困户，先后在村组召开座谈会、民意恳谈会等，向基层群众、村支部党员征求意见，了解群众需求，积极协调相关部门，帮助解决和督查检查通村、通组路建设以及人畜饮水困难等需求。例如联系解决朱昌镇发启村11公里通村公路建设，并为该村配备了电脑等办公设备；配合省政协推进白泥村、花厂村林下绿壳蛋鸡养殖；推进燕子口镇大南山苗寨旅游文化打造、村寨建设规划；争取到中国南方电力公司捐赠50万元，拟建大南山苗寨“苗汉双语幼儿园”，该项目获得区政府高度重视，并将其纳入了2016年七星关区政府重点推进的民生工作十件实事内容；联系全国相关爱心人士捐款捐物，联系市区民政部门大力支持，在大南山苗寨创建美丽家园“爱心小屋”，以扶贫超市的方式合理分配各类爱心捐赠的物品与资源，切实加强村党支部工作的凝聚力；协调相关部门及资金22万元，帮扶阴底乡“四在农家·美丽乡村”建设；为小吉场镇南山村协调电脑等办公用品等。另一方面，经常深入联系乡镇指导精准扶贫、安全生产、计划生育、教育卫生等工作；帮助乡镇排查化解矛盾纠纷、信访积案，把深入联系点服务基层工作做实、做好、做出成效。例如，协调帮助毕节市民兴残疾人运输有限公司增加办公场地、改善办公条件；协调残联完成了残疾人信息调查和录入工作；协调碧海大道1号、2号安置房建设及观水路建设有序推进等。此外，协助区委、区政府做好信访接待工作，积极做好协调关系、理顺情绪、促进和谐。通过深入基层办实事，办好事，提高了政协在人民群众心目中的地位和形象，为今后更好地开展工作奠定了基础。

【扶危济困】 积极做好春节期间慰问贫困党员、贫困群众及机关离退休老干部等活动；组织政协离退休老同志健康体检。主动牵头协调爱心企业捐赠，其中联系深圳罗湖区捐赠衣服万余件；联系双余鞋业有限公司到小吉场中心校捐赠衣服280套、休闲鞋400余双；协调市民政局支持100床新棉被，联系爱心人士捐赠近万件衣物、文具等，发放给燕子口镇大南山苗族同胞。

【驻村助力】 区政协办严格按照区委要求，抽派干部驻村开展精准扶贫、“美丽乡村·四在农家”建设、村庄综合整治等工作。一是按要求抽派驻村干部，积极支持驻村干部开展工作，与原单位全脱钩，每月驻村达20天以上；对驻村干部出勤及工作情况进行督查考核，同时为驻村干部驻村开展工作排忧解难。二是围绕精准扶贫工作，推动“一市五金多套餐”机制的落实。区政协智力支边办牵头，组织全区各个乡镇街道种养业大户及有想发展种养业愿望的群众进行培训，传授种植、养殖、病虫害防治基本知识，调动广大群众积极投身发展种养业，为实现“决战贫困、提速赶超、同步小康”目标奠定坚实基础，为建设富裕和谐美丽七星关作出积极贡献。

【宣传推介】 一是广泛向外来省、市、区政协介绍七星关区各方面建设取得的成效，深入宣传我区生态、区位、交通、文化等优势。二是与区委组织部、区委宣传部在大南山苗寨开展送文化下乡与“最美年夜饭”评比活动，为营造和谐美丽新农村的氛围起到了较好的示范作用。三是邀请了李少白、付欣、李建惠等十余名全国著名摄影家赴七星关区采风，并于4月28日至5月18日在北京798艺术中心七星中街摄影出版社正度视觉空间举行了"多彩贵州·大美七星关"摄影大师采风作品展，致公党中央副主席闫小培专程前往798艺术中心参观了展览；展览通过影像传播的方式，宣传了七星关区百舸争流、千帆竞发的崭新形象，推介了七星关区人文厚重、多姿多彩的旅游资源，为全区旅游产业上台阶打基础拓空间，加深了社会各界对七星关区的认识和了解。四是将大南山苗寨中国西部苗语标准音点的优秀民族传统文化，以"千年苗寨探族源"的定位推荐给中央电视台国际频道《走遍中国》栏目组并拍成专题片推向世界。以上各项推介活动的开展，对加深七星关区在外界的良好印象，提升七星关人民的自信心起到了良好的作用。

【文史成果】 坚持开门办文史、整合社会资源办文史的做法，认真开展文史资料的征集和研究工作。在积极保质保量完成省、市政协以扶贫、西部大开发等为主题的资料征集上交工作外，全力配合区委、区政府开展并完成了"鸡鸣三省"景区的旅游规划工作，七星关区藏羌彝文化走廊赤水河流域古彝文化保护与建设的规划工作，七星关区国家森林公园拱拢坪景区的规划工作，七星古城与三国文化的挖掘整理和规划工作；圆满完成了七星关区打造中国藏羌彝文化走廊的大型基础性文史调研书籍《中国古彝最后的土司庄园》一书的编审，并通过贵州省新闻出版局与贵州出版集团层层筛选，作为贵州省2015年度重点图书公开出版发行；区政协文教委和区史志办联合编撰出版了七星关区文史丛书《凯碑镌文》，该书内容涉及旧志（点校）、历史典籍（整理）和山川、人物游记、传记及文化艺术、理论研究、考证文献等，该书的编撰出版对我区挖掘和宣传历史文化遗产、培养当代文化新人，提振人文精神和文化自信，促进文明建设都有着非常重要的历史价值和现实意义。

【三严三实】 一年来，区政协按照各级党委的要求，以开展"三严三实"专题教育活动为契机，切实加强自身建设。认真开展了"三严三实"专题教育活动，全面落实从严治党责任制，加强作风建设，切实整治"为官不为"。区政协机关认真组织学习，搞好专题研讨，对照中央"八项规定"和省市区"十项规定"，副科级以上机关干部认真撰写了对照检查材料。通过活动的开展，有效地促进了政协机关的作风转变，增强了全心全意为人民服务的宗旨意识，提高了干事创业的积极性。

【书画摄影】 为外树形象、内强素质，一届五次会议期间，开展书画摄影展活动，广大政协委员、政协各参加单位、人民团体、区政协机关干部职工精心准备，各位创作人员积极投稿，共收到书画摄影作品500余件，经筛选共展出作品 113件，作品内容丰富多彩，充分展示干部群众的精神面貌，营造了浓厚的文化氛围，对助推全区文化艺术的发展将起到重要的作用。

【理论学习】 一年来，区政协始终坚持以政协党组（中心组）为龙头的政治理论、业务学习培训，不断提高干部职工履职能力和水平。结合实际建立各类学习制度，制订党组（中心组）学习计划和机关干部职工学习计划，认真组织学习中共十八大，十八届三中、四中、五中全会，习近平总书记系列重要讲话精神和中央、省、市、区重要会议精神，党组中心组全年集中学习8次，干部职工集中学习24次，并组织机关干部职工到毕节监狱进行警示教育，通过学习及活动提高了机关干部职工的理论水平和素质。

（撰稿人：办公室）

工商联（商会）

【概述】 七星关区工商联（商会）现有在册职工12人，其中工商联（商会）班子成员5人，党组成员5人。主任科员2人，正科级干部6人，副科级干部1人，机关后勤1人。会员1419人，执委146人，常委62人。副主席14人（其中驻会3人、兼职3人、不驻会8人），副会长13人（其中驻会2人、不驻会11人）、秘书长1人。现有10个直属商会，4个基层商会。

2015年，七星关区工商联（商会）在区委、政府的领导下，在市工商联、区委统战部的指导下，以邓小平理论、“三个代表”重要思想、科学发展观以及习近平总书记系列重要讲话精神为指导，紧紧围绕区委、政府的中心工作，切实履行职能，发挥桥梁纽带和参谋助手作用，以开展“五好”工商联、“四型”商会活动为载体，团结、服务、教育、引导非公有制经济人士积极融入毕节市经济建设、光彩事业，引导其牢固树立对中国特色社会主义的信念、对党和政府的信任、对企业发展的信心、对社会的信誉，引导他们牢固树立守法诚信意识，提高诚信立业、依法治企、守法经营、创新发展的能力和水平，为七星关区经济社会发展做贡献。

【加强商会建设，努力提高商会服务能力】 2015年，七星关区工商联（商会）以中共十八大精神为指导，认真学习贯彻十八届三中、四中、五中全会精神，紧紧围绕全区经济建设中心，认真开展了“五好”工商联建设、“四型”商会建设等工作。成立了相应的工作领导小组，在加强商会自身建设同时提高商会服务会员的能力和水平，促进七星关区非公经济健康发展。2015年，在开展“引企业、交朋友、建商会”活动中，七星关工商联与施秉县工商联缔结为友好商会，促进了两地商会的交流发展。积极向企业宣传“贵州省非公企业职称申报”情况，帮助企业提高企业人才化管理水平。对非公企业13家党组织情况进行了摸底，并上报了符合建立党支部的非公企业1家，提高了非公企业党组织建设水平。组织商会会员到会联系点层台镇、清水铺镇开展商会活动，将商会活动和扶贫工作有效衔接，在提高商会活动质量的同时，帮助镇乡贫困农户寻找脱贫致富的路子，一年来，组织开展各类商会活动22次。

【注重质量发展会员，稳步、快速壮大商会队伍】 在会员发展中按照注重质量，稳步、快速壮大商会队伍的原则，在原有会员的基础上发展会员36名，达到每年增幅10%以上。重点发展了一批经济实力强、思想觉悟高、热爱工商联工作、热心社会公益事业的非公有制经济代表人士入会，切实加强了区工商联会员队伍建设工作，有力地促进了工商联乃至社会各项事业的发展。

【鼓励非公有制经济人士参与社会公益事业，积极投身光彩事业】 2015年初，协助区委统战部成立了“七星关区光彩事业促进会”，引导鼓励商会中有实力、有影响、代表性强的非公企业家参加了促进会的组建，还分别担任了光彩事业促进会会长、副会长、常务理事等职务，切实加强对光彩事业促进会的领导，引导非公经济人士积极参加七星关区“名誉村主任”等活动，得到了社会各界的一致好评，提高了商会的整体形象。8月20日，光彩会开展了“金秋助学”活动，发放了资助金6万元，圆了20余名学子的大学梦。致富思源，回馈社会，积极引导非公经济人士参与七星关区扶贫济困，慈善捐款献爱心活动中，2015年来，会员累计公益捐款捐物献爱心达80余万元。

【积极开展各类服务平台搭建工作】 为了提高服务会员的服务水平和能力，积极与各个部门、社会组织协调，积极搭建各类平台为会员、会员企业服务。2015年以来，先后组织开展了“法律服务县区行”“金融服务县区行”等大型活动，协调区司法局在司法局挂牌成立了“非公企业法律服务中心”，方便了企业咨询法律方面的服务。组织会员企业参加市、区检察院举办的“两长座谈会”，畅通了企业反映问题的渠道。此外，为了缓解七星关区小微企业融资难、融资贵的问题。携手贵州银行毕节分行在今年9月中旬组建了“七星关区工商联小微企业联合贷款基金”，贵州银行总行给基金首期授信1.3亿元，基金第一批30家小微企业已经通过贵州银行授信，第一批3300万元企业贷款即将投放，随着该基金的发展成长，将会更多的帮助七星关区小微企业发展，为全区的小微企业发展添加更大的助力。

【机关党建、联系点帮扶、干部驻村工作】 一是拟定了区工商联 2015年党建工作意见，制定了目标管理考核办法，签订了目标责任书，职责明确，落实到位，严格执行“三会一课”制度。认真开展党组书记“三严三实”专题辅导讲座1次，开展专题民主生活会1次，开展交心谈心活动1次，发放征求意见26份。先后组织班子成员深入企业开展调研12次，陆续组织非公经济人士62人到贵阳参加“贵州省优秀民营企业家培训计划”等活动。二是到联系点开展帮扶、干部驻村工作。选派一名工作能力强，有一定农村工作经验的干部驻层台镇官厢村开展干部驻村工作，制定了联系点帮扶措施，开展扶贫帮困工作。今年以来，先后组织非公企业家为该村贫困户、留守儿童献爱心，送去现金、大米、粮油、学习工具等物资折合人民币2万余元。端午节期间，开展了干部驻村工作调研，看望慰问留守儿童，送去大米100袋，为联系点层台镇官厢村村委会解决办公经费3000元。

（撰稿人：潘赛群）

共青团七星关区委

【概述】 2015年是全面完成“十二五”规划的收官之年，是全面深化改革的关键之年，也是全面推进“法治毕节”建设的开局之年，共青团七星关区委在区委、区政府的正确领导下，深入贯彻中央、省委、市委党的群团工作会议精神，在共青团毕节市委的关心指导下，紧紧围绕党政中心工作，积极发挥团内优势，进一步解放思想、开拓进取，不断深化团的各项工作，与青年同心同德、攻坚克难、一起成长，团结带领全区广大团员青年勇立时代潮头、勇开风气之先、勇攀创新高峰，以平凡的实践汇聚起建设富裕和谐美丽七星关的力量，让青春绽放出绚丽的华彩。荣获2014—2015年度大学生志愿服务西部计划绩效考核优秀等次服务县项目办。

【抓好党风廉政建设】 为提高单位党风廉政建设和反腐败工作水平，单位一一签订了《2015年度党风廉政建设目标责任书》，将党风廉政建设工作任务进行了责任分解，层层抓落实，保证了团区委党风廉政责任制和领导干部廉洁自律工作的贯彻落实，有力地推动了党风廉政建设及反腐败工作向纵深发展。认真组织学习贯彻中央“八项规定”、省委、市委和区委“十项规定”及省党员干部作风“十不准”区干部作风“七严禁”“七不准”等相关廉洁自律的各项规定，增强党员干部廉洁从政和遵纪守法的意识，推进党风廉政建设学习制度化，切实加强领导班子和干部职工的理论学习，制订了学习计划，一年来干部集中学习31次，干部职工撰写学习心得9篇。

【抓好机关发展型党组织建设】 一是积极打造“学习型党组织”，切实增强党员队伍的整体素质，提高基层党组织的战斗力。二是抓好联系点工作，加强自身建设的同时，驻村干部要定期与联系点党支部开展交流活动，组织老党员进行座谈，鼓励其发挥党员的先锋模范作用，为美丽乡村建设贡献力量。三是全力推进发展型团组织建设工作。团区委要充分认识建设发展型团组织的重大意义，增强做好发展型团组织工作的责任感和使命感，切实保障发展型团组织建设工作的整体质量，促使团干部转作风、转观念、转角色，提升团的领导班子和干部队伍素质及精神状态，带领基层团组织在推动服务发展、服务凝聚青年、促进社会和谐中发挥更大的作用。

【抓好宣传思想和精神文明建设】 团区委年初就制订了领导班子年度学习计划和干部职工集中学习计划，并认真组织实施。一年来，开展了中心组学习4次，干部职工集中学习20次。在加强青少年思想道德教育方面：2月，开展了春节灯谜活动；3月，开展了“学习雷锋”主题志愿服务活动；4月，开展了“网上祭英烈”清明扫墓活动及缅怀革命先烈暨十八岁成人礼仪式；5月，开展了五四青年系列活动；6月，开展了青少年禁毒预防宣传教育、青年民族民间工艺传承人民博览会、“唇腭裂患儿，四川救治行”免费修复手术、“轻松备考，爱心护航”系列等活动；7月，开展了团区委联合毕节农商行举行的金融夜校活动；8月，开展了善启基金会、予香泉、同心、习酒助学金发放仪式活动；9月，开展了“精准扶贫·圆梦大学”助学金发放活动、中秋节慰问活动、“青春同行·幸福童伴”活动以及全国科普日宣传活动；10月，开展了老少共融之家慰问活动及“重阳节·夕阳暖”关爱老人主题活动、“我和国旗有个约会，向国旗敬礼”爱国主题教育活动；11月，开展了“法制进校园”法制宣传教育活动；12月，组织了七星关区特色企业到贵阳参加全省创业投资博览会，并积极组织志愿者广泛开展社会公德、职业道德、家庭美德教育宣传活动，提高了社会文明程度，丰富了广大群众的精神文化生活。

【深入开展定点帮扶工作】年初，拟订服务基层工作安排意见，明确青少年宫主任郑祥到联系点小吉场镇开展干部驻村工作。2月7日，团区委领导联同驻村干部郑祥一行到小吉场镇吉丰村开展慰问活动，共走访慰问了20户贫困老党员、空巢老人、留守儿童，送去价值5000余元的大米、食用油和棉被；4月8日，团区委积极联系广州军区广州总医院心脏外科专家为七星关区65名先天性心脏病患儿进行免费义诊，其中联系点小吉场镇有5名患儿接受义诊；8月4日，团区委领导及驻村干部赴小吉场镇开展“遍访贫困村贫困户”工作，共走访15户贫困户，共捐赠了价值5000余元的生活物资；9月18日，团区委携手香港善启慈善基金会赴小吉场镇善启第三希望小学开展“与爱同行，快乐中秋”留守儿童慰问活动，全年为小吉场镇争取到帮扶资金75万元，其中联系爱心企业和人士，帮助贫困大学生共18名，救助资金共计5万余元；自主联系香港慈善机构捐资万25万港币，为小吉场镇修建善启慈善第三幼儿园；联系企业和慈善机构在春节、“六一”儿童节、中秋节、重阳节等节假日开展关爱慰问留守儿童、空巢老人活动30余次，发放物资总金额合计35万余元。

【全力助推精准扶贫工作】团区委高度重视扶贫攻坚工作，把扶贫攻坚工作纳入年初工作安排意见。1月26日，团区委组织10多名青年志愿者到团结乡老少共融之家开展志愿服务，义务帮助老人打扫卫生、整理内务；2月5日，到杨家湾镇、放珠镇及长春堡镇开展“暖冬慰问”活动，看望、慰问了地中海贫血患儿、脑瘫病人和先心病儿童，为病患家庭共计送去15000元慰问金；3月5日，携手浙江台州博轩文化传播有限公司在阴底乡罗雄小学举行爱心校服捐赠仪式，向罗雄小学捐赠340套学生校服，价值34000元，联合贵州高速公路集团公司毕生项目办到水箐镇燎原小学和老少共融之家开展送温暖关爱留守儿童慰问活动，为燎原小学的41名小朋友每人发放200元助学金和价值2000余元的书包、铅笔等学习用品，共计10000余元；3月25日，携手“爱·西行”公益组织赴龙场营镇开展爱心公益活动，为龙场营镇元岩村、安顶村等小学结对帮扶的孩子们送去爱心帮扶款，共计发放帮扶款20900元；4月8日，广州军区广州总医院心脏外科专家一行到七星关区青少年宫，65名贫困家庭先天性心脏病患儿免费义诊，并为2014年做过手术的34名患儿进行复查；4月16日，联系贵阳市爱心人士罗雅丹女士到亮岩镇和光小学看望留守儿童，为其送去价值10000多元的物资；4月27日，团区委、贵州高速公路集团毕生项目办向团结乡捐资4.5万元关爱留守儿童资金；4月28日，牵线搭桥香港善启慈善基金会伍启宁与放珠镇签订60口水窖、价值20余万元的援建协议，并向贫困户发放300袋大米；5月29日，牵线搭桥兴业银行贵阳分行为阴底乡阴底小学、水塘小学等四所小学捐赠校服共计2147套和图书共计2052册，总价值20余万元；6月12日、18日，四川宜宾口腔医院为七星关区22名唇腭裂患儿做免费修复手术，并承担此次唇腭裂患者在医院的检查、手术（含再次修复手术）、住院等费用；9月9日、10日，联合许成彪先生等爱心人士回访希望小学，开展关爱活动，共慰问800余名学生，发放衣服400余件，书籍800余本，学习用具900余套，另外还向学校的老师每个人发放了100元的教师节慰问金；9月26日，赴小吉场镇吉丰村开展“青春同行·幸福童伴”慰问留守儿童活动，为50名留守儿童送去价值1万余元的月饼、书包、文具、故事书等爱心物资；10月19日，重阳节来临之际，组织志愿者们到朱昌镇老少共融之家为老人们理发，修理胡须、包饺子，全年集团帮扶资金30余万元。从8月至今，团区委与毕节农商行开展“银团合作”，在七星关区32个乡镇、10个办事处管辖范围内，将金融夜校以进村组的形式开到每一个乡镇村组，为广大群众提供金融服务，讲解金融贷款知识，累计召开1261场。

【弘扬生态文明】 积极参与“绿化七星关”行动。积极响应“绿色贵州建设三年行动计划”号召，在全区青少年中营造植绿护绿氛围。一是开展“青年林”建设活动。采取政企联建方式，由毕生项目办出资5万元，青少年宫出资2万元，区林业局提供场地、苗木等，在鸭池镇石桥边建设200亩区级青年林，并作为青少年校外实践基地。各乡镇办事处均建设100亩以上青年林。二是营造氛围。团区委组织65个家庭参与的亲子植树活动，让广大少先队员在亲手劳动中树立植绿护绿意识，通过小朋友家长们微信微博晒植树感言及照片，带动更多的人共同关心关注植绿护绿活动，发挥乘数效应。各乡镇街道均组织青少年参与青年林建设，发动青少年1200余人。

【助力“四在农家·美丽乡村”建设】 按照区委区政府关于美丽乡村建设整体目标要求，着力引导农村居民养成文明卫生良好习惯，广泛动员青少年参与农村人居环境综合整治工作。7月20日，团区委组织贵州工程应用技术学院学生到美丽乡村创建示范点田坝桥镇开展“美丽乡村我的家”文艺汇演，200余名群众观看演出，志愿者向群众宣传文明卫生知识宣传资料1000份，通过寓教于乐的方式让群众更直观地了解创建工作，主动成为创建工作主人。8月11日，组织毕节中医院医生团队到小吉场镇开展送健康下乡活动，当天200名群众接受免费检查，10名医生为群众讲授中医养身知识。10名志愿者协助美丽乡村创建与卫生健康知识宣传。今年7月，团区委组织贵州大学、贵州工程应用技术学院大学生到放珠镇开展“三下乡”活动，30名大学生在乡村驻扎10天，为“云上放珠”建设搜集数据、整理资料，协助开展“四在农家·美丽乡村”及留守儿童关爱工作。

【加强社会管理，维护社会稳定】 1. 作为区综治办成员单位，团区委认真贯彻落实省、市、区综治维稳会议精神，在青少年宫增强了保安巡逻的力度，组织青少年宫各业主召开了七星关区青少年宫安全生产会议，广泛宣传，增强青少年自我保护意识。联合区禁毒办、市西街道办事处组织开展“七星关区禁毒知识竞赛城区街道办事处选拔赛”，覆盖青少年500余人，6月26日，七星关区“6·26”国际宣传活动暨销毁毒品现场会在一院三馆广场举行，团区委组织200余名青年志愿者参加活动，并向市民发放宣传资料10000份，宣传手提袋2000个，进一步增强群众参与禁毒的意识，提高群众对毒品的危害认知能力。2. 在信访工作上，团区委不断增强服务意识，微笑面对办事人员，认真办理相关事宜。在重大节假日和重大活动会议期间认真贯彻落实信访维稳工作“日排查”“零报告”制度，力争把矛盾化解在基层内部、把问题解决在萌芽阶段，一年来信访事件为零。3. 在法制建设工作上，团区委按要求开展普法依法治理工作，健全完善组织领导体制和工作机制，制作了团区委法制宣传栏并摆放在青少年宫显要位置，加强普法工作宣传力度，组织志愿者广泛开展社会主义法治理念教育宣传活动。4. 在安全生产工作上，团区委充分发挥宣传阵地作用，利用微笑小屋显示屏并发动志愿者开展安全知识宣传，每季度都召开安全生产工作会，并按规定，定期对青少年宫业主用电用水用火等安全进行全面隐患排查，同时组织志愿者大力宣传安全知识，一年来无任何安全事故发生。5. 在应急管理工作上，凡节假日、重大会议期间和重大活动期间均制定了值班表和应急预案，安排工作人员值班，并成立了应急领导小组，用于防范应急事件的发生。5月12日，团区委组织10名志愿者在人民公园开展了主题为“防震减灾、你我同行”宣传活动。6. 在人口计生工作上，按照人口计生目标责任书，认真完成各项任务，并贯彻落实全区人口计生工作会议精神，按时组织已婚干部职工或家属进行妇检。

【加强机关自身建设】 1. 做好档案管理工作。团区委安排专人进行档案管理工作，建立了

《档案管理制度》《档案借阅制度》《档案安全防范制度》，进一步规范了档案管理。团区委档案管理做到：重点工程项目文件归档并规范整理，反应本单位职能活动的照片、光盘、录像、专门档案等规范整理；应归档文件材料齐全完整、保管期限划分准确、档号符合规范。同时，按时向档案馆现行文件阅览中心报送已公开的现行文件及相应电子文件。2．完善“双考双评双挂钩”考核管理机制。为强化考核管理运行，确保考核管理工作真正起到激励干部履职尽责，提高干部执行力和落实力，一是按照区考核办要求，建立了《共青团七星关区委干部职工双考双评双挂钩动态跟踪考核管理台账》《共青团七星关区委干部职工考勤管理制度》及《共青团七星关区委干部职工请销假管理制度》等相关配套制度，为考核管理工作的开展提供了规范。二是强化动态跟踪考核，切实做好年终考核管理工作。一年来，共启动对单位干部职工动态跟踪考核4次，开展了民主测评和公认度评价工作，对全单位干部职工一年来的工作情况进行了认证考核评估，考评结果与干部推荐、绩效津贴挂钩，使双考双评双挂钩动态考核管理工作真正发挥促进全区经济社会科学发展的积极作用。

【深入推进“春晖行动”】 一是扎实开展春晖助学活动。组织实施“春晖行动——致公学生培养计划”，通过筛选、组织考试、面试等环节，选拔了10名家庭贫困、学业优秀的小学毕业生到北京北大附属实验学校完成初、高中学业，累计减免费用300余万元。实施“春晖梁才”计划，选拔12位品学兼优的贫困中小学生到毕节梁才学校免费就读，累计减免学杂费生活费117万元。二是开展“春晖行动·微笑列车”行动。组织我区22名贫困家庭唇腭裂患者做免费修复手术，四川宜宾口腔医院将承担此次唇腭裂患者在医院的检查、手术（含再次修复手术）、住院等费用，减免手术治疗费用7万余元。三是实施“救心”行动。组织广州军区广州总医院专家到团区委为99名贫困家庭、留守儿童先天性心脏病患儿免费筛查义诊，一线心脏专家张卫达团队为24名患儿主刀手术，医院及爱心基金会累计减免手术费用110万元。活动反响好，实现了挽救一个孩子，拯救一个家庭，传递党政温暖的目标。四是深入开展“春晖创业园”建设。在七星关经开区双余鞋业挂牌“春晖创业示范基地”，双余鞋业董事长余威开展系列春晖助学活动，先后在大屯乡左垅小学、朱昌镇发启小学捐赠33万元物资。发动各乡镇创建“春晖创业园”，鼓励、感召在外游子返乡创业、反哺故土，全力助推家乡经济社会发展。

【助推同步小康，深化“青年志愿者行动”】 一是组织志愿者开展了系列志愿服务活动。6月26日组织200名志愿者参与全区禁毒宣传，11月11日组织50名志愿者服务“七星关区老年人健步走”活动，另外联合宣传部、司法局、国税局、民政局、消费者协会等单位开展法治宣传、维护消费者权益、整脏治乱志愿者行动、创建卫生城市志愿服务行动、“消费者维权”活动、“文明交通劝导活动”“文明祭扫”“文化、科技、卫生三下乡”宣传活动、全国科普日宣传等大型志愿服务活动20余次，累计组织1200余名志愿者参加服务时间共达2000个小时以上，发放宣传单10000余册。二是开展关爱互助行动。城区6个“微笑小屋”有序运转，招募专项志愿者18名，开展留守儿童课业辅导、亲情陪伴、集体生日等活动20次；为市民提供饮水、休息、问路、充电等服务上万人次；累计播放惠民利民标语120条。在春节期间，开展暖冬行动，微笑小屋志愿者为来往旅客准备休息、候车的凳子，为旅客提供手机充电，为春运旅客提供乘车、公交路线等信息咨询，帮助搬运行李，供应热水，发放春运出行安全常识宣传单，协助安检和文明安全宣传等志愿服务。为拓展服务内容，“微笑小屋”与区电视台“912”广播合作，开展“找到了”服务，全年累计收到发放遗失物品847件。三是开展“青春同行·幸福童伴”行动。目前全区西部计划、千人计划志愿者共109人，分布在各乡镇街道，每个志愿者结对5名重点关爱留守儿童，开展“幸福双访、幸福家教、幸福过节、幸福谈心、幸福合影、幸福连线”活动。如中秋节之际，团区委组织10名心理学专业志愿者在小吉场镇开展陪留守儿童过中秋活动，通过心理辅导游戏，引导留守儿童自立自强，同时为50名留守儿童送去了月饼、书包、文具、故事书等价值1万余元的爱心物资，让留守儿童感受到了中秋的温暖。另外，志愿者在毕生项目办、“爱·西行”公益组、兴业银行贵阳分行、善启慈善基金会、香港佛教文化事业有限公司、爱心人士罗雅丹等开展的爱心活动中献力献策，参与活动10余次，关爱留守儿童1200名，资助物资共计50余万元。

【大力实施希望工程】 一是加大助学力度。2015年团区委积极整合社会资源，多方筹募和争取资金，加大贫困助学力度，助学金额达138万，资助学生359人，创历史新高。分别是“河仁基金·圆梦行动”助学金50万、“习酒·我的大学”助学金3.6万、“同心·光彩”助学金9万、“予香泉”助学金6.85万、“国酒茅台”助学金25万、“香港善启慈善基金会”助学金26.4万、“香港主力教育基金”助学金2.5万、香港佛教文化事业有限公司“为爱护航”助学金5万、临时救助金10万。二是助推教育基础设施建设。全年筹集资金110万元，用于希望幼儿园、希望小学、希望食堂、春晖水窖、春晖路建设。其中燕子口镇甘沟小学36万，大屯乡左垅小学13万，放珠镇幼儿园25万、水窖27万、希望食堂2万、春晖路7万。为阿市乡安然小学和三板桥灵峰小学捐赠了2套太阳能发电机，价值3万元。联系兴业银行贵阳分行为阴底乡4所小学捐赠校服2147套、图书2052册，价值20余万元；香港善启慈善基金会为放珠镇贫困农户、留守儿童发放大米600包，价值3万元；为团结乡曾锦全希望小学捐赠书包、文具300套，发放大米300包，价值2万元；为团区委捐赠书包2000个，棉衣500套；浙江台州博轩文化传播有限公司为阴底乡罗雄小学捐赠340套校服，价值3.4万；爱心人士罗雅丹一行慰问亮岩镇和光小学留守儿童，发放书包、文具、篮球、足球、图书等物资，价值1万余元，走访了两个贫困留守儿童，发放慰问金1800元；毕节移动公司为田坝桥镇螃蟹井小学100名留守儿童捐赠9000余元物资；贵州高速集团毕生项目办捐赠关爱留守儿童资金20万元；募集南山碧桂园爱心资金7万元资助14个身患重病儿童。

【保护未成年人合法权益，加强青少年思想道德建设】 1. 围绕青少年权益维护，实施青少年阳光工程。一是开展法制宣传。组织法制讲座，邀请区司法局专家对各乡镇团委书记、志愿者170人进行法律培训，增强学法用法能力；组织30名志愿者在参与法治宣传活动，发放宣传材料2000余份。二是发挥合适成年人作用。组建合适成年人队伍，参与检察院、公安局办理未成年人案件30余件，切实维护未成年人合法权益。三是开展爱心助考。高考前，邀请毕节学院心理咨询专家作客七星关广播电台，为考生开展三期“面对面”心理辅导，帮助考生缓解压力，应对高考。高考期间，组织爱心车队参与爱心送考，确保考生顺利到达考场。四是建设“阳光家园”。争取上级团委、妇联资金10万元，在八寨镇建立留守儿童“阳光家园”，为关爱留守儿童提供阵地保障。与朱昌镇青少年宫结成对子，建立长期帮扶制度，共同开展关爱活动。2. 以节假日为契机，开展主题教育活动，加强青少年思想道德建设。2月，春节期间组织开展“猜灯谜”活动，上千市民参与竞猜，活动氛围浓厚。3月，开展学雷锋志愿服务活动3次，300名志愿者参加启动仪式，发放宣传册5000份，并义务打扫公园及城区街道。开展“亲子植树”活动，180余人现场参与。发动各乡镇青少年参与植绿护绿。“五四”期间，组织40名志愿者开展“文明交通行”劝导活动；普宜镇、对坡镇、燕子口镇、龙场营镇、放珠镇、清水铺等二十个乡镇团委开展异彩纷呈的纪念活动。“六一”儿童节期间，团区委组织慰问活动3次，慰问金额30余万元。中秋节期间，联合团市委在小吉场镇吉丰村开展“青春同行·幸福童伴”关爱留守儿童活动，心理辅导志愿者带领留守儿童做心理辅导游戏，帮助他们打开心灵窗户，学会自立自强，为50名留守儿童发放月饼、水果、学习用品等1万元物资。重阳节期间，到朱昌镇老少共融之家开展陪老人过节活动，组织发型师为老人们理发剃胡须，志愿者们为老人包饺子等，传承敬老爱老美德。一年来，开展主题教育实践活动20余次，覆盖影响青年2万余名，生动有效地传播了党的意识形态和思想主张，丰富了广大群众精神文化生活，弘扬了社会主义核心价值观。3. 切实丰富青少年实践活动载体。一年来，主动适应青少年成长环境、思想观念及交往方式的新变化，积极创新教育引导青少年的方式和方法，重视运用网站、微博、QQ群、微信平台（公众号）、手机报等新型媒体载体，通过发帖回帖、更新微博等方式不断拓宽教育和服务青少年的有效途径， 目前团区委官方微博已在新浪及腾讯平台上开通并使用，截至目前，关注量已达10718人，官方微信平台也已开通使用，覆盖影响30000名团员青年，同时团区委大力加强青少年校外活动场所建设，积极依托区内爱国主义教育基地、市场、企业和单位等社会资源，为青少年提供了教育、创业、实习和娱乐等各类活动阵地，进一步突出青少年教育的实践性和有形化。

【新媒体运用开启思想引领新局面】 根据青少年是网络主力军特点，团区委抓住新媒体这一载体，传播好声音，提升共青团工作影响力和覆盖面。一是及时发布动态。团区委官方微博微信平台有效运转，运用微博、微信公众号、QQ、短信平台、网站等新媒体，及时发布团内新动态，让团员青年及时了解团的工作，全年发布信息500余条。二是利用新媒体助力活动开展。“3·5”期间，利用微博微信公众平台开展“续写雷锋日记”“为雷锋精神点赞”“我与团旗合个影”等微博征集活动5次。3月，利用微信易企秀开展亲子植树网上报名，既方便群众参与又提高团委微信关注度。4月，充分利用新媒体方便快捷的优势，开展“网上祭英烈”活动，吸引超过1.7万余名粉丝关注，覆盖300多名大学生参与活动，扩大活动影响力，该活动还得到市区媒体关注。团区委大力推进官方微信、微博平台建设，点击量超过2.8万人次，“指尖上的共青团”实现了与青年的实时交流，更好地服务广大青年、服务发展大局。

（撰稿人：孔　玥）

妇　联

【概述】 2015年七星关区妇联在区委、区政府的正确领导下，在市妇联的精心指导下，在我区各级妇女组织的共同努力下，坚持以十八大、十八届三中、四中、五中全会精神为指针，深入贯彻落实习近平总书记系列重要讲话精神，团结全区广大妇女，以国策推进年、创业支持年、家庭美德年、能力提升年为抓手，不断提高工作标准、更新发展理念、增强创新意识，全面推动七星关区妇女工作迈上了新台阶。

【开展“明礼知耻·崇德向善在家庭”系列活动，承办全市妇联系统现场观摩会】 通过举办家庭美德故事会、座谈会，组织群众自编自演文艺节目，充分发动群众踊跃自荐、相互推荐、相互评议，开展寻找“最美家庭”——慈母、贤妻、孝女活动。为了扩大活动影响力，区妇联联系相关新闻媒体，在电视台、报刊、微信、微博等媒体大力宣传。以“明礼知耻·崇德向善在家庭”活动为载体，弘扬家庭美德、树立良好家风。此项工作得到了市妇联的高度肯定，并于6月23日，全市妇联系统“明礼知耻·崇德向善在家庭”系列活动观摩会在洪山社区“妇女之家”举行。

【开展“雨露计划·‘三女’培训”工作，促进妇女创业就业】 积极争取各级各部门资金，大力开展“雨露计划·三女培训”工作。今年以来，区妇联开展“三女培训”（“锦绣女”“持家女”“家政女”）共6期440名妇女。通过培训，扩宽了妇女就业渠道，提高了妇女创业能力，不仅增加家庭经济收入，还解决部分留守儿童、空巢老人等问题。

【多措并举，大力开展“三关爱”工作】 一是开展“爱心家长”结对关爱留守儿童。2015年以来，区妇联发动了全区机关、企事业单位干部职工、社会爱心人士1000余名以“爱心家长”身份结对关爱1200余名留守儿童，开展了“七个一”的结对关爱活动，即：与留守儿童开展一次谈心；向留守儿童作一次安全知识讲解；与留守儿童共读一本书；陪伴留守儿童过一次生日；带领留守儿童做一次家务；指导留守儿童给父母写一封信；向留守儿童监护人做一次家教知识宣传。通过“爱心家长”以“一对一”和“一对多”的结对帮扶关爱，为农村留守儿童解决实际困难，促进农村留守儿童健康成长，促进农村家庭稳定和社会和谐。由区妇联发起的“爱心家长”关爱留守儿童活动得到各级媒体报道和刊登。如：央视网、中国妇女报、贵州新闻联播、毕节市和七星关区新闻联播等，此项活动的开展掀起了营造关爱留守儿童氛围的高潮，并将持续开展下去，“爱心家长”队伍也在不断壮大，目前各乡镇（街道办）妇联发动各村（居、社区）的女代表、村妇女主任、爱心邻居等加入到“爱心家长”结对关爱留守儿童活动中来。二是开展关爱留守儿童“鲲鹏行动”。由省妇联、省妇基会和贵州金沙酒业集团发起的关爱留守儿童“鲲鹏行动”在我区进行，区妇联组织85名志愿者分赴到25个乡镇（街道办）开展为期15天的心理疏导、课业辅导、特困救助等关爱帮扶活动。此项活动的开展，让广大儿童健康成长，感受到全社会对其关心关爱。该活动的开展得到了省、市、区相关媒体的播报（刊登），营造全社会关心关爱留守儿童的氛围。三是开展“心行动·爱护航”关爱留守儿童活动。2015年8月13日—8月18日，由妇联联手华南师范大学心理学院开设两期妇干心理学培训班，提高妇联干部服务留守儿童的能力，加大政府、社会对留守儿童心理矫正的力度。随后，在洪山街道办事处兰苑社区、放珠镇等地开展实地走访、召开座谈交流经验、组织游戏温暖心灵活动，对留守儿童存在的问题进行深刻剖析，进一步从心灵上帮助留守儿童，热爱生活，阳光成长。四是利用节日契机，开展“自制月饼传亲情”活动。为了让留守儿童充分感受到党和政府的温暖，区妇联向全区各级妇联发起了“自制月饼传亲情”活动，要求各机关妇委会、乡镇（街道）妇联在中秋来临之际，带领辖区内留守儿童自制月饼，同时联系快递，为其寄给在外务工的父母。不仅帮助留守儿童向父母传递思念之情，还让留守儿童家庭感受到党和政府及社会大家庭温暖，同时让留守儿童的父母意识到亲情对孩子的重要性，切实履行做父母的义务，多关心自己的孩子。如：今年中秋前夕，区妇联联系了园区惠友食品有限公司，带领海子街中学20名在校留守学生，浩浩荡荡来到园区惠友食品有限公司开始了月饼制作。月饼做好后孩子们纷纷给父母打电话，“妈妈（爸爸），我今天做了好多月饼，要寄给你们，你们工作辛苦了，中秋节快乐！”在爱心电话的另一边，妈妈们有些哽咽，朴实的话语，牵动着母子的心。收到月饼后，孩子们的父母纷纷打来电话：“感谢党委政府的关心，我们一定要履行好家长的职责，抚养好自己的孩子，让他们早日成才，报效国家和社会”。五是开展“给留守儿童母亲一封信”活动。充分发挥妇联组织广泛联系妇女群众的优势，开展“给留守儿童母亲一封信”活动。通过书信的方式，强化父母法定监护责任和家庭教育意识，提醒和督促妇女姐妹履行好有效管护、科学教育孩子的职责。各乡镇（街道办）妇联认真收集留守儿童母亲通信方式，并发动全体干部职工填写信封。全区各乡镇（街道办）共寄出16000余封信件。

【创建“慈母书香屋”】 通过以老带小模式，整合资源，发挥离退休老人的余热，在学校已放学、家长未下班的时间段，义务教孩子学习绘画、书法等，传承中国文化，培养敬老爱老的美德，解决家长在此期间顾虑。同时，也让老人们享受到与孩子们在一起的无限乐趣。目前，慈母书屋已开放，由洪山社区爱好书法、绘画的“慈母”张福英老人协助社区同志利用周末和下午放放学之后的时间辅导留守儿童学习书法、绘画。

【积极争取项目资金，关心妇女儿童】 区妇联积极向各级各部门及社会各界爱心企业争取资金项目，关心帮助妇女儿童。今年以来，争取到省妇基会联系东莞市以纯集团有限公司贵州办事处为我区放珠镇放珠中学捐赠衣物1800多套，价值60余万元；携手贵州衣行服饰有限公司为亮岩镇飞轮小学每位学生订制校服，共160套，价值2万余元；联系亿家康关爱农村贫困留守儿童项目资金10万元，分别资助何官屯镇、放珠镇50名贫困留守儿童；得到支付宝爱心网友提供价值20万元的“母亲邮包”100个，分别送到何官屯镇、放珠镇50名贫困母亲手中；协调到市妇联妇女之家建设经费9万元。

（撰稿人：刘洪玺）

总工会

【概述】 2015年来，七星关区总工会在区委、区人民政府和上级工会的正确领导下，认真贯彻落实省委、市委关于贯彻落实《党的群团工作会议》精神，紧紧围绕省总“五大行动”和市总工会一届五次全会精神，以工作目标任务为抓手，全力服务企业，真情关爱职工，在常规工作中求精细，在量化目标中求超越，在创新发展中求特色，在自身建设中求过硬，各项工作取得了一定的成效，2015年度目标考核荣获全区党群政务部门一等奖；工会工作荣获全市2015年度目标考核一等奖。

【深入实施“建功立业大竞赛行动”】 2015年来，区总工会立足本职，紧紧围绕全区工作大局，着力把全区职工的智慧和力量进一步凝聚到实现区委、区政府部署的各项任务上来，凝聚到全面建设小康社会的宏伟目标上来。按照区委“突出工业、突破工业”的要求，做好服务企业工作，促进经济发展。同时，把工会组织服务创业竞赛与提高职工素质、实施职工经济技术创新工程结合起来。弘扬“立足岗位、干一行、爱一行、钻一行、精一行”的敬业精神，积极创造一流的工作业绩。全区465家企业实施“经济技术创新工程”，开展“技能月”活动，组织17868人次参加265场次的各种岗位练兵、技术比赛，创优质产品、优质工程128项，创较大经济成果115项，技术攻关、推广新技术97项；有5672人次参与“双增双节”，增收节支572万元；提合理化建议236条、增创效益347万元。组织5家企业开展创建“工人先锋号”活动，提高行业优质服务水平和企业综合效益。

【抓好工会组织和规范化建设，大力加强职工民主管理和民主监督】 一是加快工会组建步伐。抓好个非公企业工会组建工作，2015年新建非公有制企业工会组织27家，吸收新建企业职工3650人入会。二是抓好乡镇、街道办事处工会规范化建设。为使乡镇街道办事处工会达到“六好”“六有”规范化建设标准。区总工会采取“五个进一步”的工作方法（即：“进一步健全组织网络安全”“进一步配强工会干部”“进一步明确主要职责”“进一步加强指导服务”“进一步加强经费保障”）按照先街道后乡镇的工作思路，重点打造了市东街道办事处、麻园街道办事处、清水铺镇、鸭池镇、朱昌镇、野角乡等14个乡镇、街道工会规范化建设，进一步提高乡（镇）、街道工会规范建设水平。三是健全完善以职代会为载体的厂务公开制度。按照《中华人民共和国工会法》和《中国工会章程》的有关规定，对12家基层工会进行换届，督促基层工会各项职责的落实。全区非公有制企业628家，全面巩固和完善职代会制度；非公企业建立职代会567家，建制率90%以上。四是进一步加大宣传力度，提高企业党政领导对厂务公开工作的认识，健全各级厂务公开工作领导小组和建立厂（事）务公开工作监督小组，监督质询厂务公开的内容、程序、形式及执行情况。今年来，区总工会组织开展厂务公开民主管理业务培训会，推荐了市郊供电局工会、毕节燃气公司工会为全省厂务公开示范单位。五是在全区范围内集中开展“工资集体协商要约行动”，并深入企业指导工资集体协商专项合同的续签工作，通过工资集体协商要约行动的开展，全区有458家企业建立了工资集体协商制度，工资集体协商专项合同签订率达95%以上。

【积极协调劳动关系，维护改革发展稳定大局】 一是进一步完善劳动关系协调机制。建立了七星关区劳动关系预警机制和协调劳动关系三方会议制度等两个制度，全区已建有包括劳动争议仲裁、劳动法律监督、职工法律援助、信访接待日和职工群众越级集体上访处置预案等七项协调劳动关系的机制，使协调劳动关系机制更加完善。二是接待周处职工来信来访。2015年以来，共受理职工群众来信来访13件次、22人次，这些信访件主要反映企业改制改革过程中特殊身份职工的劳动权益、民主管理和工伤保险等方面的问题。通过各级工会的共同努力和有关各方的积极配合，基本得到妥善解决。职工来信来访显著减少，企业职工队伍相对比较稳定。三是开展职工法律援助工作。区困难职工帮扶中心接待职工法律咨询35人次，代写法律事务文书12件，代理法律诉讼案件11件，为下岗职工、农民工挽回经济损失120万余元，有力地维护了社会稳定，促进了社会和谐。

【大力实施送温暖活动，提升工会组织的帮扶能力】 一是健全完善特困职工档案。深入基层调查摸底，实施动态管理，对已建立的特困职工档案，坚持做到随着职工家庭经济情况变化而及时调整，完善市区工会和基层工会的三级困难职工档案，企业特困职工家庭由上年度的15627户降到13985户，年脱贫率达11.17%。二是组织安排“两节”送温暖活动。元旦、春节期间与区直有关部门、基层工会密切配合，陪同区领导和上级工会领导慰问困难企业37家、困难职工、下岗职工、农民工近1167户，发“送温暖”活动慰问金近80万元，三是继续开展与特困职工结对帮扶活动。主动与政府有关部门取得联系，完善四大班子领导走访慰问制度，着力形成工会与政府相关部门“齐抓共扶”的工作机制；扩大救助困难职工、农民工和困难群众范围。四是开展“梦圆金秋助学”活动，为全区360名困难职工、农民工子女考取大学的贫困生发放助学金36万元，着力帮助了困难职工、农民工子女解决读书难的实际问题。

【创新关爱帮扶机制，打造创新服务品牌】 根据省总开展“双万”工程和市总“双千”工作的具体要求，结合七星关区实际，区总工会安慧主席亲自安排、亲自部署、亲自谋划，区总工会积极配合野角乡党委政府、乡教管中心，工会出资3万元，乡镇政府出资20万元，在野角乡中心首家为139名留守儿童建立了关爱留守儿童活动中心400平方米，阵地建有聊天室、交谈室、图书室、书法室、钢琴室、娱乐室、培训室，有效地解决了留守儿童的后顾之忧，让其感受到有家的温暖、有父爱母爱，每天愉快开心，认真学习，同时区总工会全体干部职工还开展结对帮扶留守儿童活动，每名干部职工帮扶2名留守儿童，共计20人，建立结对帮扶，发放帮扶卡，定期不定期同留守儿童交心、谈心，解决他们学习和生活中存在的实际困难和问题。在抓好关爱留守儿童工作的同时，区总工会党组针对环卫工人普遍关心的热点和难点问题。认真探索，积极推行环卫工人“普惠卡”活动，联合佳诚超市给予环卫工人1717人购物优惠，每人每年购物优惠200元，实现环卫工人全覆盖，充分体现了工会组织关心职工、服务职工、服务大局这一主题，为党委政府分忧解难，产生了较好的社会效果。创新关爱帮扶工作新机制，打造了工会组织创新服务新品牌。为区政府提出的“决战贫困、提速赶超、同步小康”作出了新的贡献。

（撰稿人：办公室）

老年大学

【概述】 2015年，七星关区老年大学在区委、区政府的领导下，在上级业务部门的指导下，根据省、市老年教育工作会议精神，按照七星关区《老年教育“十二五”发展规划》的要求，坚持以老年人为本，遵循老年教育规律，围绕中心，服务大局，通过学校全体干部职工的共同努力，已按时完成全年的各项目标任务。

【树立正确办学理念】 一是确立“全纳教育” 的办学理念。面对老年人的特殊群体，结合新形势下老年教育的需要，我区老年大学办学体现“有教无类”的教育理念，对老年人不分职务高低、资历长短、文化深浅、在职、离职以及社会老人都同样对待，热情服务，实施平等教育。二是确立“健康快乐” 的教育理念。学校结合老年人的特点，坚持一切从老年人的实际出发，在教育教学活动中，尽量满足老年学员精神层面的愿望，吸引他们在娱乐、艺术、文化等方面的注意力，让其产生多种乐趣，倾注热情，重塑自我，引导其用知识、文化娱乐体验生命的价值，从而促进身心快乐健康。三是确立“老龄化” 的人本理念。实施“成长”教育，学校教育教学活动尽量适应老年学员学习的需求，注入新知识、新技能，以唤醒老年人的内在活动和潜能，使其从新成长，成为积极的老年贡献者。实施“桥梁”教育，“社会参与”是促进“老龄化”的根本表现，社会参与是情怡志畅、长寿健康的源泉。学校通过基础课程和学会活动，架设老年学员通往家庭、社区和社会的桥梁，发挥其技能、经验与智慧，获得愉快和健康。

【完善管理制度】 一是实行区老年大学管理为主，各班级老师管理为辅，各班委会直接管理的三级联动机制，不断提高班级管理的和谐性和实效性，促进班级的规划范管理有序推进。为提高学校管理和教学工作规范化建设打下坚实基础，确保学校各项工作有序推进。二是在教学管理方面参与普通教育学校的教学方法，讲课力求生动活泼，通俗易懂，学员有固定的教室，有固定的教学设备，有开展活动的场所，有专用的教学课本，把课堂办成老年学员学习知识、增进健康的“银色殿堂”。

【教职工队伍建设】 一是加强教职工队伍的教育和管理，不断增强教职工人员的使命感、责任感和奉献精神。作重强调教职工的服务意识，积极组织并参与学校的教育教学活动，使教学工作生动活泼。二是学校教师实行能者为师制，自荐和聘请相结合，发挥学员的智慧、经验和一切丰富的教学内容，提高教学效果，让教师在学制班和学会活动中发挥优势和作用。

【抓好学校各项工作】 一是进一步稳定区老年大学的办学规模，切实加强学校的内部管理，广泛开辟好第二课堂，逐步向规范化办学迈进；二是进一步巩固乡镇老年学校的办学成果，对已建的乡镇老年学校着重抓好巩固提高，对未建老年学校的乡镇进行协调、指导、调研，督促其积极创造条件，尽快成立老年学校；三是抓好基层老年教育的督促调研工作，多方面征求意见，为谋划七星关区老年教育“十三五”发展规划打下坚实基础；四是新建乡镇老年大学8所，实现全区乡镇街道全覆盖，提前完成区老年教育"十二五"发展规划目标任务；五是老年学员逐年上升，全年共开设6个专业、7个班级，聘请教师7名，全年共有老年学员5586名，入学率占全区老年人口总数的3.4%；六是按照市老年大学通知要求，积极组织27幅（书画）作品参加省、市老年书画联谊（会）展；七是9月28日在我校举行七星关区老年书画研究会笔会，参加笔会人员50多人，创作（书画）作品80多幅，为区老年书画爱好者搭建交流学习的平台；八是扎实抓好全区远程老年教育播放点建设，以区党员干部远程教育设备为平台，全年共创建远程老年教育播放点44个，超额完成上级部门下达的35个目标任务；九是教学质量大幅度提升，学校《国标舞》班参加2015年中国·贵州·黔南“都匀毛尖茶”国际体育舞蹈公开赛暨贵州省第二十二届体育舞蹈锦标赛荣获“巾帼乙组交谊舞”三等奖、“甲组交谊舞”二等奖；《健身气功》班参加“体育彩票杯”贵州省第十一届健身气功交流比赛“八段”一等奖、“易筋”二等奖；十是积极组织干部职及学员参加各种爱心捐赠活动，给海子街镇钻天坡村捐款5000多元，老式沙发18套，书包60个及部分学习用品；同时，又协调资金30000元，帮助维修村办公阵地建设，为扶贫济困献一份爱心；十一是按时完成区委、政府及上级业务部门交办的各项工作任务。

（撰稿人：办公室）

武　装

人武部

【概述】 2015年，在军分区党委、七星关区委、政府的坚强领导下，人武部始终坚持以科学发展观为指导，深入学习贯彻中共十八大、十八届五中全会、全军政治工作会议、军委改革工作会议精神，习主席系列重要讲话精神，以“学习践行强军目标、做新一代革命军人”主题教育为牵引，紧密结合“三严三实”专题教育整顿活动，围绕“听党指挥、能打胜仗、作风优良”强军目标和“整顿、备战、改革、规划”的总体思路铸军魂、谋打赢、改作风、求发展，按照“科学谋发展、扎实打基础、稳步上台阶、全面创一流”的工作思路，全面加强思想政治建设，扎实做好遂行多样化军事任务的各项准备，强力推进国防后备力量建设，全方位融入全面建成小康社会伟大实践，人武部和国防后备力量建设水平不断提高，圆满完成了年度各项工作任务。

【以“两项教育”活动为抓手，大力加强思想政治建设】 始终坚持以“两项教育”活动为抓手，扭住思想作风建设不放松，紧盯年度大项工作任务抓落实，注重在教育方式融合、党员干部管理等方面下工夫，全面提升思想政治教育效果，为强军兴军实践提供坚强政治保证。一是主题教育扎实有效。年初，部党委认真对今年“学习践行强军目标、做新一代革命军人”主题教育活动进行安排部署，分阶段、分节点、分层次展开，在完成4个专题理论学习基础上，结合执行森林火灾救灾任务、植树造林任务，开展“党史军史知识竞赛”活动、“重走红军长征路”活动、“中国梦强军梦我的梦”主题实践活动、纪念“中国抗日战争暨世界反法西斯战争胜利70周年”主题歌咏比赛、“重走长征路、铸魂履使命”、清明节祭扫烈士陵园、到毕节监狱开展警示教育等活动，不断强化全体人员践行“四有”要求、争做新一代革命军人的历史使命感和责任感。二是“三严三实”专题教育整顿活动深入见底。认真组织学习《严格军队党员领导干部纪律约束的若干规定》《中国共产党纪律处分条例》《中国共产党廉洁自律准则》等党规党纪和习主席关于从严治党系列重要讲话精神，并将“10个必须”、“46个决不允许”、20条罚责和责任追究措施制成卡片便于党员干部学习使用，持续掀起学习热潮，做到了学有所成、学有所悟。按照军分区安排部署，结合“三严三实”专题教育整顿活动。5月26日，召开党委民主生活会，委员之间相互批评真诚坦率、直指要害，讲自己不绕弯子，评别人敢于较真，党味辣味浓厚，达到了统一思想、改进作风、增进团结的目的，党委班子的创造力凝聚力战斗力进一步增强。同时，针对查找出的问题，从部党委、部领导直至普通党员干部都进行了认领，并认真制订了整改落实清单，逐项抓好整改，确保问题清零，见根见底。三是认真抓好宣传报道和计划生育工作。持续抓好新闻报道工作，在各类点名报刊上稿23篇，在总政宣传简报、成都军区建议献策等栏目上稿政研文章3篇。定期开展孕情普查和统计，按要求时限上报更新计划生育系统，计划生育“九率”均达标100%。

【以“双应”能力建设为牵引，狠抓年度各项军事工作】 按照两级军区和军分区党委扩大会议精神，坚持以强军目标为统领，以应急应战任务为牵引，以实战化训练为主题，以考比拉为抓手，按纲施训打基础，真抓实练强能力，军事训练各项工作稳步推进。一是坚持党委议训制度。坚持把军事训练纳入党委重要议事日程，每月对训练形势进行分析，研究解决训练存在的问题，常抓常议，确保中心工作居中。二是扎实抓好战备训练。严格按照要求，及时修订完善了兵员动员、紧急收拢、抢险救灾、防暴制乱、重点目标守护、维护社会稳定、应对突发事件等各类预案；按照随时能遂行作战、战备值勤、抢险救灾及应对突发事件等任务的要求，搞好战备建设。2月19日，组织区直机关民兵应急分队100人在军分区开展了森林灭火演练；3月21日、22日，组织民兵应急分队50人在德溪办事处执行森林灭火任务。5月3日至8日，选派15名人员参加军分区新任专武干部集训。组织民兵15人在城区常态化巡逻，共计出动民兵1180人次。10月底，组织精干力量参加毕节军警民联合演练，充分提高了应急处突能力，受到上级肯定。三是认真组织首长机关训练和民兵训练。突出干部“三能”（体能、技能、智能）训练，坚持早操和体能训练，完成轻武器实弹射击和手榴弹实投；开展军人徒手队列训练，参加了军分区队列会操并取得较好成绩。扎实搞好民兵训练，圆满共完成应急分队110人、高炮分队40人、通信保障分队15人、交通运输分队20人训练任务，充分提高了民兵训练水平。四是扎实抓征兵工作。今年先后60余次深入所属45个镇（乡、办）和12所高中以上学校全面进行征兵宣传，在贵州工程应用技术学院、毕节职院、公园桥组织7场征兵宣传活动，乡镇办悬挂标语2000余幅，发放征兵宣传资料2万余份；收集2015年七星关辖区范围内的应届高中毕业生名册分类下发镇乡点对点做好宣传工作。今年共选送了415名优秀青年补入部队，其中高中以上文化程度426人，占总任务数97.6%，大学生115人，占总任务数27.7%，兵员质量好于往年。五是认真落实民兵整组工作。推进民兵组织向“四新”领域拓展，完成2210人基干民兵编组任务，在区国土局新组建了45人的民兵应急分队，突出“四新领域”建设，在贵州省北斗卫星技术有限公司新组建了45人的民兵通信保障分队；目前在兴国集团、中石油、中石化等企事业单位新组建7支325人的民兵分队，占上级赋予基干民兵编组任务总数的26.7%。

【以经济责任审计问题整改为契机，全面提升后勤管理水平】 根据省军区《关于开展财务工作大清查交叉检查的通知》精神和军分区要求，于3月8日接受省军区财务大清查工作组检查，工作组共查阅2013年至2015年2月凭证318个，查出工程建设无合同、应急分队购粮油无发票、固定资产未上资产账等问题10个；5月份，军分区工作组对我部财务进行检查，发现18个问题，以上问题均在军分区后勤部指导下整改完成。6月2日至5日，省军区审计工作组对人武部政委王华国、部长柏松履行经济责任进行审计，共查出民兵出勤补助无本级规定、资产处置不合规、物资采购结算不及时等14个问题，目前整改规范工作已基本完成，为做好明年财务工作打下坚实基础。

【以强基固本工作为打算，全力推进国防后备力量建设】 认真贯彻各级关于国防后备力量建设的指示精神，扎实抓好人武部正规化建设和镇（乡）基层武装部规范化建设。一是人武部国防动员建设颇具特色。“八一”前夕，组织了全区国防动员委员会成员单位及贵州工程应用技术学院、毕节职业技术学院、贵州北斗卫星公司、中国移动毕节分公司等“四新领域”民兵组织单位100余人组织了“八一”军事日活动，通过观看军事科目展演示、机枪、手枪实弹射击等方式，有效促进了国防意识，提高了军事技能。二是人武部正规化建设有序推进。按照成都军区《军分区人武部正规化建设补充规定（试行）》以及《毕节市县（区）人武部正规化建设达标细则》等规定，人武部立足现有条件抓好硬件和软件建设，持续对“六室三库两中心一平台”进行规范。力所能及对人武部门厅、办公楼大厅、各办公室和其他老旧设施等进行整治规范，全面提升了人武部建设水平。三是基层武装部规范化建设持续展开。根据基层武装部规范化建设的内容、标准、方式和要求，积极想办法为各镇（乡、办）武装部配备补充各类防暴和抢险救灾器材，主动到各镇（乡、办）武装部进行检查指导，进一步做好规范和帮难解困。目前，基层武装部规范化建设达标率为90%以上。四是配齐配强专职人民武装干部。坚持区委组织部与人武部共同考核任用，确定了良好的用人机制和导向。今年以来，先后调整任免了21名专武部长、4名专武副部长和3名专武干事，并及时组织新任职人员进行培训，提升其能力素质，基层武装部建设呈现新气象。

【以依法从严治军为根据，扎实抓好两个经常性工作】 着重在人员管理、车辆管理等方面加强管控力度，扎实抓好安全稳定工作的落实，定期开展安全检查，及时排除整治各类安全隐患和薄弱环节，确保了今年我部严重安全事故案件零发生。一是强化条令学习。根据军分区的统一部署，利用一个月的时间开展了以"学条令、用条令、守条令"为主的条令学习月活动，着力解决"管理松懈、作风松散、纪律松弛"等问题。二是狠抓所属人员教育管理。严格落实"三互""三责"要求，加强干部职工管理力度，确保"两个以外"不发生问题；制定《民兵应急分队管理办法》，做好一人一事工作，确保不发生问题。三是狠抓车辆使用管理。在做好车辆维护保养、驾驶员管理教育的同时，为每台车辆购买了行车记录仪及电子狗，进一步督促和规范驾驶员行车动作。严格规定了车辆派遣手续，日常车辆派遣由当日值班首长批准，节假日除值班车辆外所有车辆钥匙统一交值班部领导保管，有效杜绝了各类车辆事故的发生。四是狠抓计算机等涉秘载体管理。升级安装了"公用计算机安全技术防范系统""计算机保密管理系统"及"涉密电子文件标签及水印系统"，规范了军事秘密信息传输管理秩序，文件资料指定专人保管，隐患苗头得到了有效的整治，确保无失泄密事件发生。五是狠抓营院安全管理。加大对进出车辆的管控，严格外来人员出入登记，规范营区营院的秩序；加强本部重点目标的警卫，落实领导查岗查库制度，确保警卫安全。六是狠抓枪支弹药和武器装备仓库管理。完善民兵武器装备仓库安全管理责任制，逐级签订武器装备管理责任书，加强经常性安全检查。严格武器弹药使用审批制度，认真组织武器弹药普查，确保弹药管理清楚，存放规范，管理正规，确保无存在漏洞隐患、无存在事故案件。七是抓好以涉"郭"为主的资料清理工作。接到上级通知后，我部立即召开党委会例会研究，成立专项清理清查领导小组，层层签订清查承诺书，逐个房间、逐个文件柜、逐个计算机、这本书籍全方位、地毯式清查清理，共清理出电子文档37份、纸质文件2份，均已进行肃清。

【以植树造林活动为重点，不断拓展参建参治水平】 深入贯彻落实习主席"贵州要守住生态和发展两条底线"等关于生态文明建设一系列指示精神，人武部充分发挥自身特有优势，积极组织广大民兵开展植树造林活动，全区累计出动民兵12842人次，完成86119亩植树造林任务（其中新增种植26007亩、补种2000亩、封山育林58112亩），种植各类苗木156万余株。按照军分区和区委、政府安排，部长、政委分别在对坡镇、林口镇、长春堡镇开展了遍访贫困村贫困户活动，发动干部职工主动与贫困留守儿童结成帮扶对子，多次开展慰问并送去助学资金。积极推进红色资源开发利用，区委政府已完成开发"鸡鸣三省"红色旅游项目的计划与前期筹备工作，预计投入资金11亿，年内开工。积极开展"维军权、解军难、稳军心"活动，协调有关部门帮助现役干部战士化解军民纠纷，为军人军属提供法律咨询40余人次，为复员老军人办理社保、优抚的身份认定，有力维护了军人军属合法权益，促进了部队稳定、社会和谐。协助国土资源巡查、打击非法运营车辆、军警民联合巡逻、执勤维稳、山火扑救、参加植树造林、推动"鸡鸣三省"红色旅游开发等急难险重任务，受到区委、区政府的充分肯定。通过各项活动的开展，不断深化和拓展了人武部参建参治水平。

（撰稿人：办公室）

公安消防

【概述】 2015年以来，在七星关区委区政府的领导下，在区公安局和市消防支队的指导下，认真贯彻落实中共十八大和十八届三中、四中全会精神，深入贯彻全军、公安现役部队政治工作会议精神和和总队党委一届一次全体会议精神，围绕“改革、稳定、发展、攻坚、奋进”主题，以“正风肃纪，固本强基，精益求精，务实奋进”为主基调，坚持为民宗旨、法治思维、创新理念、务实作风，狠抓各项工作落实，全年共接警出动666起，出动车辆830辆，出动警力5135人，抢救被困人员176人，疏散被困人员586人，抢救财产价值258.55万元，无参战人员死亡和受伤，推进全区消防事业发展实现了再升级。

【推动政府落实消防安全工作主导责任】 消防大队主动汇报，积极推动党委政府对消防工作的领导，落实“党政同责、一岗双责”，提请七星关区人民政府组织辖区各乡镇街道分管负责人、安监站站长、派出所所长以及区直有关部门召开消防安全工作联席会议4次，全区层层签订《七星关区2015年消防安全工作目标责任书》，落实农村消防基础设施建设，督促推动辖区村寨“一队两池两泵”建设和政府专职消防队伍建设。

【健全行业部门落实消防工作监管责任】 消防大队深入贯彻落实“管行业必须管安全、管业务必须管安全、管生产经营必须管安全”的要求，督导行业部门建立健全主要领导为第一责任人，分管领导为直接责任人的消防安全责任体系，全面落实消防安全管理职责，组织消防安全委员会成员单位召开消防工作联系会，联合安监、民政等部门对辖区内社会福利机构进行消防安全隐患集中排查整治，联合市场监督管理部门开展“3·15”假冒伪劣消防产品集中销毁仪式，联合教育部门开展全区学校以及周边环境消防安全大整治活动，建立健全行业部门落实消防安全监管责任。

【深化社会单位落实消防安全主体责任】 消防大队按照消防安全重点单位完成“四个能力”建设，一般单位完成“一懂三会”达标的建设标准，根据实际情况和全区火灾形势，适时组织社会单位参加消防安全联席会议、消防安全专项整治部署会等会议，督促单位按规定配备消防急救和防护用品，落实岗位消防责任，定期开展防火检查巡查、消防安全培训和疏散逃生演练，全面营造社会单位安全自查、隐患自除、责任自负的消防安全管控格局。

【不间断开展消防安全专项整治行动】 2015年以来，消防大队提请区政府牵头开展了今冬明春火灾防控工作专项整治、消防产品专项整治、社会福利机构消防安全专项整治、夏季消防检查工作、今冬明春火灾防控工作等消防安全专项整治行动，全区消防监督员坚持“公平、公正、公开”和“理性、平和、清廉”的消防监督执法理念，深入开展标准化执法、服务型执法、说理式执法“三位一体”的执法模式，2015年以来，大队检查单位2254家，发现火灾隐患1817处，督促整改火灾隐患1722处，下发责令改正通知书1274份，临时查封7家单位，罚款41.755万元，责令“三停”18家单位，拘留19人。

【易燃易爆场所专项整治成效显著】 一是防消结合，大中队干部共同检查。大队积极汲取“8·12”重特大火灾爆炸事故教训，由大队参谋和辖区中队干部组成检查组深入辖区加油站、加气站等易燃易爆危险品场所开展熟悉演练和消防监督检查，深入开展“六熟悉”工作的同时，指导单位完善灭火演练预案，并对存在的火灾隐患责令整改，扎实开展易燃易爆场所消防安全专项治理工作。二是召开乡镇加油网点消防安全告知会。大队对前期加油站排查时发现的乡镇普遍存在加油网点擅自改变用途未进行设计审核的违法情况，组织辖区乡镇加油网点召开消防安全告知会，依法告知单位存在的违法行为，充分发挥消防部门服务地方经济建设的作用，又履行了消防安全监管职责，有效实现了执法活动社会效果和法律效果的统一。三是消防大队组织召开化危品企业管理人消防安全培训。组织召开化危品企业管理人消防安全培训会，强化辖区易燃易爆场所场所管理人依法履职，强化场所隐患排查和整改，营造责任自负、安全自管、隐患自查的消防安全管理格局。四是联合安监对易燃易爆、化危品场所展开专项消防安全检查。联合安监局对城区12家经营烟花爆竹场所、4家加油站等易燃易爆、危化品场所进行消防安全专项检查，对存在的问题下发整改通知书，督促相关场所迅速整改，消除火灾隐患，严防火灾事故发生，确保生命财产安全。

【扎实开展执法规范化建设】 一是积极推行消防上门服务。大队加强对辖区内重点单位服务指导，每个季度对重点单位至少上门监督指导一次，对万丰国际商贸城等重点建设工程多次上门服务，组织建设方、施工方和设计方召开消防设计协商会，为建设单位存在的火灾隐患提供消防技术指导，对辖区内建设工程施工前、施工中和验收前开展技术服务，完成19个建设工程消防设计设计备案和16家单位消防竣工备案。二是强化执法记录仪使用。大队为每名消防执法人员配备执法记录仪，消防监督员严格按照执法记录仪使用和管理要求，全面记录执法服务过程，真实反映执法活动全过程，规范数据储存。

【推动重大火灾隐患有效整改】 一是提请区政府对4家老、大、难商场进行搬迁、查封。对火灾隐患和违法行为最为突出的毕节市小商品批发市场、同得利商场、毕节地区新世纪商贸有限责任公司以及南关桥公园商场，向七星关区政府专题报告，建议进行搬迁，并搬迁过渡期间，实施临时查封；省政府挂牌督办的贵州省毕节市交通运输有限责任公司东客站和区政府挂牌督办的七星关区面对面网吧2家重大火灾隐患按期进行销案。二是彩钢板建筑整治行动有序推进，对洪山大酒店员工宿舍以及毕节天利气体有限公司宿舍、办公楼和食堂使用耐火等级达不到A级的彩钢板建筑进行拆除，对兰苑中学教学楼和宿舍的彩钢板建筑进行临时查封，对医院、学校、商市场等场所存在的彩钢板建筑情况，函告行业主管部门，督促整改。三是联合七部门联合整治洪南水果批发市场隐患。大队联合区市场监管局、规划局、执法大队、城管大队、洪山街道办、环南社区，对洪南水果批发市场存在火灾隐患和违法行为进行整治，明确整治的目的、要求以及分工，落实整改措施，对拒不整改或者整改不到位的，依法采取处罚、责令停业整顿等措施，确保违法行为和隐患有效整改。

【营造消防宣传氛围】 一是发放自查十二条留下不走的“监督员”。消防大队依据《中华人民共和国消防法》等法律法规要求，向社会单位书面告知单位场所消防安全责任人和管理人履行消防安全监管职责、场所消防行政许可、内部装修材料、防火巡查记录填写、电器线路敷设、员工培训等12项社会单位常见的消防安全管理问题和要求，强化单位消防安全管理自查自纠，为单位留下了不走的消防“监督员”二是开展好消防知识进军训。大队充分利用为新生军训的时机，把军事训练和消防宣传进学校活动有机地结合起来，组织入学新生走近消防、了解消防、参与消防，普及校园消防安全知识教育，提高新生消防安全意识，全力打造“平安校园”。三是携手“伴你成长”儿童微公益组织开展消防安全夏令营。携手“伴你成长”关爱儿童生命安全微公益组织开展消防安全夏令营活动，40余名留守儿童参观体验消防警营、学习消防知识，增强了消防安全意识，提高了逃生自救技能。四是深化社会化消防培训教育。大队提请区政府印发《七星关区消防安全大宣传、大教育、大培训活动方案》，分批次、分人群对辖区内乡镇办事处、医疗单位、教育单位、劳动密集型场所、派出所等10余类群体开展有针对性消防培训，督促社会单位落实消防管控责任，提升消防管理水平。大队结合实际，开展“3·15”国际消费者权益保护日、防灾减灾日、“科技活动周”等集中消防安全宣传活动，着力提升群众消防安全意识和消防知识知晓率。

【圆满完成重要活动消防安全保卫工作】 按照上级部门要求，组织全体官兵举行“抗战胜利70周年纪念活动消防安全保卫誓师大会”，强化官兵战备意识和责任意识，并按照“二级战备”的要求，加强力量部署、应急准备、部门联动、值班备勤、监督检查和信息报送，同时，在中秋和国庆等传统佳节期间，大队根据官兵爱好，开展球类和电子竞技比赛，陶冶了官兵情操，又增强了部队的凝聚力、战斗力，全区未发生有影响和亡人火灾事故，基本实现部队和火灾形势双稳定。

【建立健全社会面自防自救消防工作格局】 消防大队积极推动社会单位建立健全“隐患自查、责任自负、安全自管”的消防监管格局，提请政府拨付20万元专项经费，为全区25个社区（包括经开区和乡镇社区）统一建立消防微型站，为每名微型站成员购置一套灭火服、正压式空气呼吸器、消防头盔、消防靴等装备，统一制作微型站制度标牌，培训相关人员，强化各社区应急救援和灭火战斗第一出动力量。同时督促消防安全重点单位自行建立建立消防微型站，并按照区域临近、火灾危险性相当的原则，建立起消防安全工作区域联防体制，目前，共建立25个社区微型站，26个消防重点单位微型站以及2个片区的区域联防试点，进一步建立健全了社会面自防自救消防工作格局。同时，联合相关业务部门，完成辖区内4家高危单位和5家火灾隐患集中区域进行消防安全评估，为下一步隐患整改奠定了理论基础。

（撰稿人：办公室）

人民防空（交通战备）

【概述】 2015年，七星关区人民防空、交通战备办公室以下简称“办公室”重点围绕贯彻落实中共十八届四中全会和省委十一届五次全会精神，在区委、区政府、区人武部和上级业务部门的领导下，树立以作风优良的人民防空（交通战备）和职能科学、廉洁高效、人民满意的法治型、服务型人民防空（交通战备）机关。以大力推进人防建设与经济社会融合发展，着力提高交通战备保障能力为重点，牵引整体发展，促进转型升级，不断提高履行战时防空、平时服务、急时支援使命任务和交通战备保障的能力水平，着力推进了全区人民防空、交通战备建设跨越发展开展了相关工作。

【加强学习，依法行政，扎实抓好防空地下室的建设与管理工作】 2015年，本办采取集中或分散形式，认真学习了人民防空、交通战备等法律法规，努力提升了业务能力与执法水平，2015年6月，贵州省人防办分别组织了人防工程质量监督管理业务培训和指挥通信业务培训，均派出相关同志参加培训，全办工作人员业务水平再次得以提升，为依法行政奠定了良好的基础。行政审批执行过程中，严格按照有关法律法规以及政策规定，坚持公开、公平、公正的原则，严格按照执法程序办事。依法处理违反人防法规建设行为，提高依法管理能力，主动接受执法监督部门、社会和群众监督，促进人民防空建设管理规范化、法制化。一年来，检查在建人防工程建设项目工地5次，参与人防工程技术交底1次。项目建设工作中，针对省人防质监站检查出应整改的工程部位，积极督促整改到位。进一步加大了执法力度，推进人防工作不断向前迈进。

在防空地下室的建设管理上，坚持“应建必建，能建则建，应缴必缴”的原则，把“结建”工作作为人防工程建设重中之重的任务，严格执行民用建筑修建防空地下室审批程序，对新建的防空地下室进行认真审核，严格把关，杜绝一切违规行为的发生。加强对人民防空设施工程监管，确保工程稳步推进，不断提高城市综合防护能力。2015年拟批建人防工程项目10个，应建人防地下室面积73337.95平方米，审批办理人防建设许可证6项，易地建设项目18项，收缴易地建设费3044910元。待区政府集中划缴安置房项目16个，可收缴人防易地建设费16583605元，另相应应收缴处罚罚款1000000元。此项工作正在办理之中。2015年年底，区人防办组织对已建人防地下室进行了安全、维护情况等方面的检查，确保达到平时服务、战时利用的目的。

【加强人防宣传提高人防意识】 结合民用建筑修建防空地下室是一件利在当代，功在千秋的大事，同时也是投资建设主体应尽的义务，在“9·18”人防宣传活动中，办公室配合市人防办公认真开展做好人民防空宣传教育，同时认真开展了进机关、进学校、进企业、进社区、进网络“五进”活动，发放人防知识宣传手册近万份，积极宣传了《中华人民共和国人民防空法》《贵州省人民防空条例》等法律法规政策，进一步增强公民国防意识和人防意识，了解人防工程的作用。取得了较好的宣传效果和社会效果。

【加强重要经济目标防护建设】 重要经济目标防护事关国家安全与发展，是人民防空的重要组织部分。为加强对七星关区重要经济目标的防护，预防和减少战时空袭造成的损失，保护人民生命财产安全，指导好区重要经济目标单位按照制订的防护预案，切实加强重要目标的防护工作。同时，做好区人防潜力调查相关系列工作。

【交通战备保障工作】 按照国家和省交通战备办部署，一是对全区新增高速公路进行战备勘察，收集有关资料，充实交通战备数据。二是积极推进交通战备保障物资技术的储备，提高交通战备保障能力。三是按照上级命令，做好国防交通和交通应急保障相关业务建设管理工作。配合市办做好了交通战备调查等相关业务工作。交通战备工作有效推进。

【扎实抓好业务建设管理工作】 业务管理建设，是抓好人防工作的基础，为此，办公室狠抓了业务管理建设。一是档案管理上，认真整理工程等各类档案，编制了卷内目录和案卷目录，进入微机管理。二是在工程报审，备案、审批等业务工作上，更是高标准，严要求，把握环节，注重细节，精细化管理。三是做好了相关办公室各项常规工作，使各项工作紧密衔接，全力推动了人防各项工作的有序运行。

【对照“三严三实”转变工作作风，提高工作效益】 按照区委安排，认真对照“三严三实”下工夫，在落实上下工夫，全体党员特别是党员领导干部树立牢固的群众观点，牢记为人民服务宗旨，紧紧围绕新时期军事斗争准备，适应能打仗、打胜仗和融入经济社会的需要，及时与省市人防办请示汇报相关工作情况，与人防设备沟通，对浙商城等人防工程等建设项目加强服务，尽力降低不必要产生的工程建设成本，全力推进人防工程顺利进行。同时协调省相关资质部门亲临现场采访指导人防工程施工，以人防建设为目的，以服务为根本。

【深入实际，扎实抓好联系乡镇帮扶工作】 按照区委安排，深入到帮扶的田坝桥镇十二湾村、海子街镇五十亩村，放珠镇调查研究，制订帮扶方案，多次深入实际，先后投入9万元为有关村解决了办公条件设施差及困难留守儿童等问题，力尽所能使群众增产增收，认真做好了帮扶工作。结合全区实际，2016年七星关区人民防空工作将严格按照上级主管部门安排，努力提升整体工作能力和水平。加强领导，精心组织，认真调研，强化责任，贯彻落实国家《中华人民共和国人民防空法》等法律法规。在落实市委、市政府、区委、区政府的各项工作部署的同时，按照“能打仗，打胜仗”的总要求和融合发展改革部署的要求，进一步理顺全区人民防空、交通战备管理体制，大胆探索融合式发展的路子，把人防建设融入到经济建设、城市建设和应急救灾之中。以提升城市综合防御能力为出发点和落脚点，以推进信息化建设为手段，以重要目标防护为主线，努力实现人防战备效益、经济效益、社会效益最大化。强化执法监管，指导工程建设，依法收缴人防工程易地建设费，强化对人防工程开发利用的管理，全力推动七星关区人防工作再上新台阶。

（撰稿：张　庆）

全民国防教育

【概述】 2015年，七星关区国防教育工作在区委、区政府的正确领导下，在市国教办的精心指导下，坚持以毛泽东思想、邓小平理论、“三个代表”重要思想和科学发展观，以“十八大”的精神为指导。以弘扬爱国主义精神为主旋律，以强化全民国防观念，提高全民国防意识为工作目标，始终坚持全民参与、讲求实效的方针，深入贯彻落实党和国家的国防教育工作的方针政策。按照经常教育和集中教育相结合、普及教育与重点教育相结合、理论教育和行为教育相结合的原则，解放思想、实事求是，立足实际、放眼未来，大力推动国防教育工作深入广泛地开展，取得了显著的成效。

【机构健全、措施有力】 区委、区政府一直将国防教育工作作为一项政治任务纳入区委、区政府的重要工作日程，把各级党政领导干部抓国防教育工作作为“龙头工程”来落实，成立了领导小组，由常务副区长组长，相关部门负责人为成员。形成了以宣传、教育、民政、武装、预备役、人防部门为主体的国防教育工作组织机构体系和上下联动、齐抓共管的工作格局。并将国防教育工作纳入各镇（乡、办事处）、区直各部门、各国家机关、各人民团体的年度目标考核内容，加大考核力度，把国防教育工作作为评先选优的重要指标。

【加大经费投入、为国防教育提供了强有力的保障】 为保证区国防教育工作的正常进行和顺利开展，区人民政府加大了对国防教育工作的经费投入，将国防教育经费纳入全区年初财政预算，从根本上保障了征兵宣传、民兵训练、举办国防教育报告会和各类宣传教育活动的顺利进行。同时建立了国防教育经费自然增长机制，根据全区国民经济的发展逐步提高国防教育经费的预算比例，为国防教育工作的顺利开展奠定了坚实的物质基础。

【整合资源、明确责任、完善机制】 为了适应市场经济条件下区域一体化发展的新形势，实现城乡和部门的统筹发展，通过整合区域内的国防教育资源和方方面面的力量，特别是注重发挥驻区部队、大型企业的作用，使区域内各机关、学校、部队、企事业单位、街道、社区密切配合、能力协作、资源共享、优势互补，确保了国防教育工作效果的最大化。目前全区各部门国防教育观念进一步增强、工作责任更加明确、工作机构更加完善，有力保障了全区国防教育工作的顺利开展。

【加大宣传力度，进一步把国防教育工作做实做好】 七星关区有着悠久的历史和深厚的红色文化底蕴，这也成为了办公室开展国防教育的宝贵资源优势。一年来，按照“全民参与、资源共享”的原则，充分利用和开发区域内的红色资源优势，把川滇黔苏维埃革命委员会旧址、红二六军团政治部旧址、鸡鸣三省会议旧址、烈士陵园等重要历史遗址打造成全区开展爱国主义和国防教育的红色国防教育基地。实行“开放式”国防教育，用生动的史实和历史文物，请老复员退伍军人现身说法，教育广大干部、职工、群众和青少年珍惜革命先烈用生命和鲜血换来的成果，极大地激发了群众爱国拥军的热情和报效祖国的责任意识。现在全区国防教育活动已成为长效工作机制，在各方面都取得了实实在在的成效。

【不断丰富教育活动载体，进一步强化国防教育工作】 七星关区在国防教育工作中，注重结合教育对象的不同特点，创新设计各种载体，不断丰富教育内容，使国防教育寓教于乐，深入人心。1．2015年是第十五个国防教育活动年，在毕节市国防教育办公室的领导下，积极发动宣传，写宣传标语60余条，扎实做好国防教育活动。2．在全市民兵集训和学生军训期间，由教育局牵头共发放国防教育光碟20余张，请教师授课8次。受教育人数达3.9万余人。3．开展形式多样的国防教育宣传活动，以举办各种报告会、演讲比赛、文艺晚会、报刊宣传等为载体，强化国防教育宣传。通过各项国防教育活动的开展，提高了群众的国防意识，增强了国防建设紧迫感。4．结合抗日战争胜利和反法西斯战争胜利70周年教育活动，对区内党员领导干部开展有针对性的国防教育活动。通过与市国教办及区武装部沟通联系，组织区委、区政府领导和机关党员干部、职工、学生10000余人在中央公园举行了长达一个多月的军事教育展，张贴了大小标语200余条，同时还在烈士陵园、川滇黔革命委员会等教育基地举行纪念活动。5．因势利导，利用有利时机和有利场所，深入开展国防教育工作。利用每年国防教育日和征兵工作的有利时机，扎实开展国防教育工作，征兵期间，在公园组织了文艺演出、发放宣传资料6000余份，写宣传标语400条。采取多种形式和措施对群众及应征青年进行民族精神、革命传统教育，用英雄模范人物的感人事迹调动适龄青年的应征积极性，收到了很好的效果。6．根据省、市安排，圆满完成国防动员数据信息采集。7．完成了川滇黔革命委员会旧址、抗日救国军司令部（国家级国防教育基地）材料申报并获得第三批国家国防教育示范基地的正式命名。

（撰稿人：高　先）

法　治

法治政府建设

【概述】 2015年，七星关区法制工作在区委、区政府的领导下，在市政府法制办的指导下，紧紧围绕区委、区政府工作大局，坚持以科学发展观为指导，以加强法治政府建设为主线，切实抓好推进依法行政各项工作任务的落实，力求在依法行政能力和推进依法行政工作机制建设、行政决策与执法规范化建设、矛盾化解能力建设等方面取得新进展。经过一年来的努力，目前，各项工作进展顺利，为全年工作任务完成奠定了良好的基础。

【强化机构建设，确保法治政府建设的组织领导】 一是强化法治工作的组织领导。为适应当前推进法制工作的形势，加强对法治工作的指导力度，新一届区政府领导班子到位后，七星关区及时成立了区推进依法行政工作领导小组，加强了对全区推进依法行政工作的领导和组织协调。全区各乡镇（办事处）人民政府、各部门也相继成立了推进依法行政工作领导小组，建立了政府和政府各部门主要领导作为推进依法行政工作第一责任人的工作责任机制，全区形成了高位推进依法行政工作的良好局面。二是科学谋划和抓实抓好全区法制政府建设工作。在全面总结全区2014年推法治政府建设工作的基础上，及时下发了《毕节市七星关区二〇一五年法制政府建设工作计划》，对2015年全区法治政府建设重点工作任务及其责任进行细化与量化，明确各项工作的牵头责任单位和完成时限，并以区推进依法行政工作领导小组的名义对各项重点工作任务及牵头责任单位工作推进情况进行全程跟踪，及时掌握工作动态，确保全区推进依法行政工作规范有序开展。三是建立健全全区推进依法行政工作的网络体系。为进一步加强推进依法行政工作的指导、交流与协作，区推进依法行政工作领导小组办公室积极推动乡镇（办事处）、区直各执法部门明确依法行政工作机构、配备专（兼）职法治工作人员，各级各部门依法行政工作全面实现了“有机构管事、有专人办事”的工作局面。

【强化机制建设，确保为法治政府建设有章可循】 一是为确保法治工作的顺利推进，七星关区不断建立健全配套制度。2015年，在原有《毕节市人民政府重大决策合法性审查制度》《毕节市七星关区人民政府重大行政决策听取意见制度》《毕节市七星关区人民政府常务会议学法制度》《毕节市七星关区领导干部任前法律知识考查和测试试行办法》《毕节市七星关区人民政府重大行政决策责任追究制度》《毕节市七星关区依法行政监督办法》《毕节市七星关区行政决策后跟踪反馈及评价制度》《毕节市七星关区行政执法人员执法行为规范》《毕节市七星关区依法行政考核办法》《七星关区行政执法与刑事司法衔接工作联席会议制度》等相关工作制度的基础上，制定出台了《毕节市七星关区政府工作规则》《毕节市七星关区重大行政决策程序规定》等规范政府行为的制度。这些制度的建立为全区下一步全面推进法治政府建设工作提供了基础保障。二是为规范行政行为。严格遵循行政决策和行政规范性文件制定程序相关规定。2015年，区所出台的重大行政决策，均需要充分征求相关部门及利害关系人的意见，对于重大事项，还要专题向区人大或其常委会报告。政策在正式提交政府有关会议集体讨论审议和决定前，必先经过合法性审查把关和稳定风险稳控评估。2015年度，提交法制机构进行前置审查的并具法律意见76件，其中重大行政决策共8件、行政规范性文件前置审查14件，合同36件、其他18件。三是定期清理，确保行政规范性文件与经济社会发展实际相适应。2015年，七星关区组织对影响公平竞争的行政规范性文件进行了清理，通过清理，未发现有与法律法规及上级文件相冲突的文件。

【强化政府法律顾问工作，确保发挥参谋助手作用】 2015年5月，法制办协议聘请了北京亿嘉律师事务所为区政府提供法律服务，要求该所每年至少安排两名以上律师常驻区担任政府法律顾问，由区法制办负责政府法律顾问室日常工作。通过政府法律顾问工作，对区政府及区直相关部门重要工作和重大项目提供法律咨询论证服务，并出具法律意见书58件，其中为政府重大经济合同谈判或者审查把关共28件次。

【强化权责制定，确保权力公开透明】 一是按及时成立组织机构，做到工作上有领导保障；二是及时制订方案，做到工作上有方向保障；三是抽调人员工作，做到工作上有人力保障；四是解决资金，做到经费上有保障；五是强化督导，做到工作效果上有保障。通过蔬理我区现有权责事项5532项，其中行政许可260项，行政处罚4442项，行政强制207项，行政征收31项，行政征收31项，行政给付35项，行政确认211项，行政奖励70项，行政检查43项行政裁决5项，其他228项。

【强化行政执法行为规范，确保依法执法】 进一步强化了行政监管平台。一是为进一步规范行政执法单位的行政执法行为，提高执法人员的执法水平，2015年，法制办对163名乡镇（办事处）、区直行政执法单位分管领导及法制工作人员进行了为期两天的综合法律知识培训，各单位自行组织行政执法人员培训2618人次。通过培训，行政执法人员水平得到了有效提升。二是按照“合法合理、规范整洁、内容完备”的标准，由区政府法制办牵头，相关单位参与，对全区32个行政执法单位的行政执法案卷进行了评查，评出优秀卷宗单位5家，合格卷宗单位27家，同时督促指导各相关执法部门认真贯彻落实行政处罚自由裁量权细化标准。

【强化行政复议规范化建设，确保行政层级监督作用的发挥】 一是着力加强行政复议规范化建设。根据国务院法制办《关于进一步加强行政复议工作规范化建设的实施意见》精神，2015年，将行政复议案件的“受理、审查、决定、监督”四个环节进行了内部规范，各个环节都责任到人，做到“专人负责受理，案件事实公开，集体讨论决定，案结监督有据”。同时，区加大了办理行政复议案件工作的保障力度，2015年，凡是涉及山林权属纠纷及可能引起群体性事件的案件，都要求办案人员必须到现场调查核实，对办案工作用车和其他工作设备都予以切实保障。

二是积极畅通行政复议受案渠道。2015年，区法制部门与信访部门进一步加强了工作联系，完善了行政复议与信访工作的衔接机制，到区信访局信访的事项，只要符合行政复议受理范围，区政府法制办都会派人到区信访局引导信访人通过行政复议渠道解决。由此，不但增强了人民群众的法制观念，也为进一步规范信访工作、实现依法上访发挥了重要作用。2015年，区共收到行政复议申请25件，受理18件，不予受理7件。经过审理，维持16件，撤销1件，终止1件。期限内结案率100%。行政复议涉及国土、林业、房产、交通运管等部门。行政复议事项包括行政处罚、土地确权、林木确权等行政管理行为。这些案件的依法处理，促进了行政机关依法行政，同时也维护了人民群众的合法权益。

【强化应诉案件办理，确保维护法律权威】 2015年，认真做好行政应诉工作，接受人民法院依法对行政机关实施的监督。一是积极推进行政首长出庭应诉，2015年，区人民政府行政诉讼应诉共46件，经过审理一审维持18件，驳回起诉15件撤销8件，确认违法5件。2015年，区政府行政首长出庭应诉13件。二是全部在法定期限内提交答辩书和相关证据材料，依法出庭应诉；三是依法履行法院作出的生效判决、裁决。进而，确保了法律的权威的实现。

（撰稿人：周　晶）

政法委及综治

【概述】 2015年，区政法工作在区委、区政府、市委政法委的坚强领导和大力支持下，认真学习贯彻党的十八届四中、五中全会、省委十一届五次全会和中央、省委、市委政法工作会议精神，按照全面建成小康社会、全面深化改革、全面依法治国、全面从严治党的要求，扎实开展平安创建工作，深入推进法治七星关建设，忠实履行好维护社会稳定、促进社会公平正义、保障人民安居乐业的神圣使命。通过全区上下各级各部门的共同努力，2015年，全区政法工作取得明显成效，群众安全感满意度达到97.34%，排名全省第48名。一年来，全区未发生重大政治事件、大型群体性事件、重特大安全事件、恶性刑事治安时间，全区政治大局平稳，社会秩序井然，为建设“法治七星关、平安七星关”创造了安定和谐的社会环境。

【强化防范打击，维护全区社会政治大局稳定】 1．加大重点人员的管控力度。对全区60名各类上访群体的挑头人，对上访缠访闹访的组织者、串联人，对“法轮功”等邪教重点人员一律落实“双实名制”包保稳控。全国两会期间，全区未发生信访人员到省进京滋事事件，“6·4”“7·5”“8·1”及纪念抗战胜利70周年活动期间，未发生群体性事件和暴力极端事件。2．强化邪教组织的防范打击。通过组织摸底排查，对23名邪教组织重点人员进行动态管理。查获“门徒会”活动2起4人，依法作训诫处理4人，对参与诬告滥诉的5名邪教组织相关人员、涉外县区案件的5名“门徒会”人员，开展后续帮教工作。成功处置了八寨镇新艾村吴家寨组村民赵龙和“男士营”涉事的6人邪教徒。

【强化防控整治，全面推进“平安七星关”建设】 1．全区治安状况能明显好转。2015年，公安分局在全市公安机关目标绩效考评中综合排名第一。尤其是在刑事发案控制、“黄赌毒”整治、队伍管理创新等方面取得了突破。一是刑事发案控制取得新成效。2015年全区发刑事案件5533起，与2014年的5790起相比下降4.4%。发命案16起，和2014年的24起相比下降33.3%。其中：伤害案126起，和2014年的163起相比下降22.7%；抢劫案82起，与2014年的124起相比下降33.9%；抢夺案43起，与2014年的94起相比下降54.3%；盗窃案3923起，与2014年的4238起相比下降7.4%。二是禁毒工作跃上新台阶。破获涉毒刑事案件320起，同比上升22.6%，抓获吸毒人员2471人，同比上升32.4%；转强戒1228人，同比上升80.6%；缴毒17.7千克，同比上升115.9%，破部级目标案1起、省级目标案3起。在全省91个县区缉毒执法工作中排第29名，同比上升了47个名次。吸毒人员查处率达38.5%，强戒执行率达92.4%，社戒、社康执行率达94.6%，出所未满3年管控率达93.3%，就业安置率达99.8%。协作打击外流贩毒人员141人，成功摘掉了国家禁毒委“外流贩毒突出通报地区”的帽子。三是扫黄治赌工作进入新阶段。全年共破涉黄刑事案件16起，同比上升45.5%；采取刑事强制措施38人，打掉2个涉黄团伙；查处涉黄治安案件62起，治安处罚209人；破涉赌刑事案件14起，同比上升75%；采取刑事强制措施37人，查处涉赌治安案件130起，治安处罚590人，收缴赌资90余万元，销毁赌博机200余台，打掉流动聚众赌博窝点4个。四是追逃工作取得新突破。全年共抓获各类逃犯266名，与2014年的204人相比上升30.4%，抓获数排名全省第一。其中，七星关分局的18名命案逃犯总任务数中，已经抓获7名，翻倍超额完成省厅下达的命案逃犯存量下降15%的任务；抓获绝对数排名全市第一，全省第四；完成任务比为38.89%，排名全市第一，全省第十一。五是打黑除恶工作取得新进展。全年共破涉黑恶案件71起，刑拘189人，逮捕128人，起诉120人，抓获饶芝春等5名黑社会在逃成员；打掉李海、“刘莽子”、“小狐狸”胡雨枫等为首的22个恶势力团伙。2. 社会治安防控能力明显提升。一是扁平化指挥系统初显成效。2015年，共投入300余万元购入100辆摩托车和5辆图传处突车，更新完善无线集群通信等系统，划分5个大网格、15个小网格的巡防区域，调整配置300余名巡防力量，于8月份全面启动扁平化体系。同时，又投入4000多万元启动天网二期建设，新增高清摄像头1235个。8月份全面启动扁平化以来，99%的警情能在3分钟之内到达指定地点；城区刑事发案1717起，与2014年同期相比下降了8.7%，体现了接警速度更快，处置效率更高，刑事发案更低的特点。二是落实“六网”防控机制。全面落实街面巡逻防控、城乡社区村寨防控、单位和行业场所防控、区域警务协作防控、技术视频防控、网络防控“六张网”建设。实现城镇楼群院落值班守护率达到90%以上，农村护村护寨队覆盖达到95%以上，机关单位的值班守护率达95%以上，学校、医院、金融单位、政府机关等值班守护率达100%，城镇楼群院落物防技防设施建设率达到80%以上，居民住宅物防技防设施建设率50%以上，全区没有发生有重大影响的网络舆情事件。三是落实村级警务助理。区委政法委、区公安分局及时制订《关于选配“村级警务助理”的实施意见》和《关于加强“村级警务室”规范化建设的实施意见》。截至12月底，全区506个村（社区）村级警务助理全部选聘到位，累计投入51万余元。3. 特殊人群服务管理取得突破。一是“育新学校”。市区共投入3000余万建成育新学校，已于2015年8月31日正式开始招生，已招收有严重不良行为未成年人112人，其中轻微犯罪和违法75人，严重不良行为37人，已有16人通过评估离校。通过4个多月来的教育管理和教学实践，学生的精神面貌、思想观念和身体素质都得到明显的改变。二是“雨露工程”。建立区、乡镇街道、村（社区）三级流浪人员乞讨救助站、两级留守儿童关爱服务中心，建立500万的留守儿童关爱基金，培训中小学心理健康教育骨干教师900人。截至目前，已对排查出的0～14周岁留守儿童69661人进行帮扶帮教工作。三是“回归工程”。投入经费56万余元，其中下拨乡镇街道26万余元，落实好刑释解戒人员回归社会的帮扶救助措施。2015年，我区刑释解戒人员必接对象出监（所）783人，接回778人，其中特赦26人。四是“安宁工程”。对全区排查出来的2862名易肇事肇祸精神病人全部进行登记建档。截至目前，全区未发生易肇事肇祸精神病人引发的命案。五是“阳光工程”。建成一栋三层厂房，面积4000平方米；宿舍一栋，面积2300平方米，能容纳600余人住宿；食堂一幢，面积约600平方米。厂房、宿舍、食堂均“零租金”提供给阳光企业使用。区政府，为安置人员提供免费午餐和免费公交车。补贴企业物流运输费30万元，补贴戒毒康复人员公交费2万余元。目前，全区累计安置社区戒毒、社区康复人员5633人，其中：集中安置1196人、分散安置38人、自主创业1724人、自谋职业2664人、公益性岗位安置11人。六是“红丝带工程”。对47名艾滋病患者全面落实“四免一关怀”政策。七是服刑人员矫正工作。司法局全年共核实了976名在矫服刑人员的基本信息，接收预释放人员976人，并开展接茬帮教。接返相关人员109人并落实安置帮教工作。全年累计接收矫正对象1582人，累计解除社区矫正1016人，目前在矫人员576人。其中被宣告缓刑的380人，被裁定假释的177人，被判处管制的3人，暂予监外执行的16人。八是吸毒人员“无缝衔接”工作。禁毒办专人专车从全省各戒毒场所接回戒毒出所人员1239人次，接回率、重口列管率、社区戒毒社区康复建档率、信息签收率、帮教谈话率均为100%。将因毒致贫人员纳入“一市五金多套餐”精准扶贫。截至目前，纳入“因毒致贫”人口3354，占贫困人口比例为1.42%。4. 公共安全管理得到夯实。共检查涉爆单位132余次，临时施爆点500余次；收缴炸药1572.9公斤、雷管6769枚、导火索20.61米，收缴枪支48支；破获涉爆刑事案件7起，刑拘8人；破获涉枪案件7起，刑拘7人；查处涉枪、涉爆、涉刀治安案件34起，治安处罚33人。共检查重点单位75次，发现整改安全隐患6处，整改安全隐患8处，校园、幼儿园400余次，旅店业360余次，娱乐场所100余次。共查处各类交通违法行为121950起，其中醉酒驾驶7起，酒后驾驶117起，未取得机动车驾驶证驾驶机动车295起，行政拘留120人。一年来，全区共发生各类交通事故5033起，其中轻微事故3324起，一般事故525起，重大事故56起，死亡78人。统计事故共一起，死亡1人。事故中受伤610人，未发生死亡3人以上的事故。今年全区共发火灾事故221起，重特大火灾事故1起，死亡1人，共计造成经济损失220.9万元。共出动消防车538辆次，消防人员3973人次，抢救被困人员166人，疏散人员536人，抢救财产价值201.28万元。检查单位1910家，发现火灾隐患1404处，督促整改火灾隐患1284处，下发责令改正通知书984份，临时查封6家单位，罚款43.86万元，责令“三停”17家单位，拘留16人。

【强化排查化解，切实减少矛盾纠纷】　一是大力排查调处纠纷，修订完善乡（村）规民约。2015年，共排查各类纠纷3376起，调解3376起，调解成功3326起，调处成功率达98.52%。在村（社区）全面推广“村民说事室”、村民组推广和谐促进会建设，全区共建“村民说事室”500余个，和谐促进会4800个，做到98%的矛盾纠纷不出村组。从2015年3月份开始全面启动修订完善乡（村）规民约工作，目前，42个乡镇街道506个村（社区）乡（村）规民约修订已经完成。二是排查化解重大不稳定隐患和突出矛盾。共排查出具有重大隐患和突出矛盾76起，全部建立台账。截至12月底，已经调处化解71起，对未化解的5起，除持续开展化解外，全部落实包保责任进行稳控。省交办的9件重大不稳定案件，已全部化解。三是建立完善维稳工作督办制度和提示单制度。今年以来全区对15起特别重大或突出矛盾纠纷开展了专题研判，并对涉事部门、乡镇街道办下发了督办通知书或工作提示单。目前已下发督办通知书和工作提示单的15起突出矛盾纠纷，已经化解13起。四是抓好社会稳定风险评估工作。指导区直部门对7个重大决策进行社会稳定风险评估，指导乡镇街道对103个重大决策事项进行社会稳定风险评估，并按照评估报告有序开展相关工作，最大限度避免了重大矛盾纠纷的发生。

【强化宣传教育，提高公众安全防范意识】　一是加大国家安全教育。国安办组织乡镇街道开展宣传教育活动，张贴（悬挂）宣传标语52幅。开展了两次《中华人民共和国反间谍法》宣传活动，共计悬挂布标165幅，启动巡回宣传车15辆巡回宣传300余次。在学校各班办黑板报共1820余版，展出专栏120余幅，上反间谍法法制课1200余次，发放反间谍法资料20000余份，组织各乡镇街道主要负责人主持政府工作人员及学校师生收看的反间谍法视频300场次12000余人次，在各乡镇街道展出长期宣传的展板86块，村临时一墙一窗宣传栏400余幅。二是加大禁毒教育宣传。禁毒办组织禁毒知识竞赛活动49场次，刊播禁毒新闻50余条（次），流动宣传活动50多次，制作展板350多块，发放禁毒宣传光碟500余张，悬挂横幅标语800多条，张贴海报1000多张，发放禁毒折页25万余份，投入禁毒宣传经费约40万元，发送禁毒短信100万条。抽样测评群众对禁毒知识的知晓率达95%；对禁毒工作的满意率达到93.5%；预防宣传教育覆盖面达100%；公共娱乐场所从业人员禁毒知晓率达100%。三是加大反邪防邪警示宣传。设置“反邪教警示教育宣传展板”24块、开展法律咨询活动37场次、入户宣讲9千余户、举办春节期间文化活动106场次、发放“反邪教宣传资料”11万余份。受教育人数90余万人。组织农村党员召开反邪教揭批会781场次，农村党员接教育73580余人次，全区共出反邪宣传栏42390期，有线广播宣传13775次。组织农民讲师开展巡回宣讲1876场，组织印制了《防范和处理邪教问题资料选编》500余册，全区506个村（社区）已成立了“一站一会”并挂牌工作。组织抓好《致乡镇党委书记的一封信》的贯彻落实，及时将《一封信》发到全区42名党委（党工委）书记，按要求分别向区委组织部等相关部门递交了防处邪教心得体会。12月10日，在金沙县召开的全市防处邪教业务培训会上作了典型经验交流发言。四是开展普法宣传教育。全方位多形式加大法制宣传教育和普法工作力度。共发放《一维两不》《法律知识100问》《宪法与我》《妇女权益保障法》《青少年法律知识读本》《安全生产法律法规汇编》《法律知识问答及案例精选读本》等30000余份。五是宣传见义勇为。2015年5月30日，在区大礼堂召开了全区见义勇为表彰大会，共表彰10名（个）见义勇为先进人员（集体），发放见义勇为奖励基金11余万元。今年确认见义勇为先进人员已有3人。

【强化法治建设，全面推进“法治七星关”创建】 1. 全面开启“法治七星关”创建工作。12月7日，区委、区政府根据省委、市委“法治毕节”相关文件精神，召开“法治七星关”创建动员大会。区委办、区政府办下发了《毕节市七星关区“法治七星关”创建工作实施方案》《关于成立“法治七星关”创建工作领导小组的通知》《关于建立加强社会治理创新创建法治七星关联席会议制度的通知》，以实施法治政府建设工程、公正司法天平工程、全民守法宣教工程、法治惠民服务工程、生态文明法治工程、法治监督检查工程为统领，成立领导小组，建立联席会议制度，全面启动“法治七星关”创建工作。2. 全力推进依法治区工作。2015年，法院共受理各类案件7571件，审执结案件6358件，结案率84%（审限内结案率为98.6%）；同比受理案件数上升40.4%，结案数上升50%；受案数、结案数名列全市法院第一。检察院全年受理提请批准逮捕案件970件1324人，批准逮捕713件956人，不批准逮捕235件328人；受理各类移送审查起诉案件804件1122人，向区法院提起公诉688件927人，依法不起诉21件22人，依法促成刑事和解81件101人，接待来访群众32人并批办处理来访案件24件；受理群众来信来访288件，受理各类职务犯罪举报线索44件，其中37件属于区法院管辖，分别移送反贪部门29件、反渎部门8件。共立案查处贪污贿赂案件17件22人，为国家挽回直接经济损失500余万元。立案查处渎职侵权案件6件8人，所办案件全部侦查终结并移送审查起诉。书面纠正公安机关程序违法49次，立案监督71件，纠正漏捕49件64人，发现移交职务犯罪线索情况4件5人，发出检察建议9份，向法院提请抗诉3件。审查区法院移送的生效民事、行政裁判文书910份。对看守所进行巡视和安全检查580余次，向看守所发出书面检察建议书32份，在社区矫正过程中发现违法情形并向司法局发出检察建议39次。受理公安机关提请批准逮捕涉及生态环境刑事案件12件18人，作出批准逮捕决定7件11人。受理移送审查起诉生态领域刑事案件19件31人（含职务犯罪），提起公诉17件28人，罪名主要涉及失火、滥伐林木、非法猎捕珍贵野生动物、非法收购珍贵野生动物等。共落实“补植复绿”检察建议64件，提起刑事附带民事诉讼2件，行政机关或法院已责令或判处当事人补植树木近2万株，恢复或修复林地870亩。查办的破坏生态环境犯罪案件居全市之首。律师事务所共办理各类案件898件，其中民事（经济）案件617件，刑事辩护委托代理案件162件，提供法律援助案件37件，担任法律顾问57家，非诉讼案件1件，代写法律文书191件，为当事人挽回经济损失2000多万元，为11567余人次免费提供法律咨询，公证处共办理各类公证304件。受理援助民事案件500件，其中刑事130件，民事361件，行政9件，代书49份，法律咨询服务4500人次。其中涉及农民工1570人次，为受援人挽回或避免经济损失800余万元。

【强化队伍建设，确保政法队伍的高效性、纯洁性】 1.加强队伍建设。全年对乡镇政法委书记、综治办业务人员、禁毒专干进行了10余次业务培训，提高基层队伍的整体素质。采用走出去的形式，派出领导干部及业务人员到省外考察学习，借鉴兄弟市县（区）的好经验，好做法。2.夯实反腐防腐警示教育。区检察院开展警示教育和预防宣传147次，受教育人数超过20000余人（次）。通过纸媒、电视、广播、网络等各类渠道已完成检察宣传报道2062条（次），其中国家级报刊采用99余条（次），省级报刊采用111余条（次），地市级报刊采用275余条（次），市级电视台采用10余条（次），区级电视台及广播采用124余条（次）。3.实行内部监督。执法监督科对全区派出所、法庭、司法所、交警队等执法部门开展了12次明察暗访活动，对出现的问题进行了两次通报。共接待涉法涉诉信访群众来信来访541件，处理516件。政法机关领导共接访297件，处理297件。完成省委政法委“五严禁”督办案件1件，市委政法委“五严禁”督办案件2件，办结率为100%，参加区纪委集体办案三次。4.开展关怀救助行动。对因病致贫的两名政法干警进行了救助，分别发放救助金10000元。将区级国家司法救助资金纳入预算100万元，共救助19案26人，共拨付救助资金92.8万元，其中区级国家司法救助资金33.8万元，省级资金19万元，市级解决疑难案件资金30万元，区级部门资金10万元。5.开展驻村帮扶工作。抽派3名干部，进驻何官屯镇大坪子村、利民村、哈拉寨村开展帮扶工作，共帮助解决扶贫资金50000元。开展遍访贫困村贫困户活动，3位副书记分别走访了3个村58户贫困群众，了解他们的生产生活及困难情况，帮助寻找致富办法。走访期间，给每户受访群众发放300元慰问金，共计17400元。

（撰稿人：办公室）

公共安全

【概述】　2015年，毕节市公安局七星关分局在区委、区政府和市公安局的领导下，认真学习贯彻中共十八大、十八届三中、四中、五中全会及省委一届五次全会、市委一届七次全会精神和区委一届四次全会精神，依法严厉打击各类违法犯罪，不断加强社会治安防控体系建设，积极组织开展“四大行动”，全力推进各项公安业务工作和队伍建设，切实增强人民群众的安全感和满意度，确保全区社会治安大局持续稳定。七星关分局在2015年全市公安机关目标绩效考评中第一季度排名第二，第二、第三季度连续排名第一，全年综合排名第一。

【亮点工作】　2015年作为“十二五”收官冲刺之年，七星关公安分局也迎来了丰收年，尤其是在刑事发案控制、“黄赌毒”整治、队伍管理创新等方面取得不错成绩，呈现出思路新、亮点多、成效好的特点。主要表现在以下七个“新”：一是禁毒工作成效创造新高度。2015年的禁毒执法工作是历史以来成效最显著、最突出的一年，破案数、缴毒数、查处吸毒人数等都创历史新高。破涉毒刑事案件320起，同比上升22.6%，抓获吸毒人员2471人，同比上升32.4%；转强戒1228人，同比上升80.6%；缴毒17.7千克，同比上升115.9%，破部级目标案1起、省级目标案3起。成功破获新中国成立以来七星关区最大的公安部毒品目标案，缴获毒品4.9公斤。七星关在全省91个县区缉毒执法工作中排第29名，同比上升了47个名次。成功摘掉了“省禁毒委挂牌整治重点地区”和“国家禁毒委外流贩毒突出通报督导地区”的帽子。

典型案例1：2015年4月22日，在市公安局禁毒支队的组织领导下，在市公安局技侦支队的大力协助下，区公安局禁毒大队侦办的公安部督办“2015—582”号毒品目标案件取得重大突破，缴获毒品冰毒4.9公斤，抓获毒品犯罪嫌疑人2名，创七星关区建国以来单起缴毒量新高。

典型案例2：2015年06月04日，禁毒大队在撒拉溪派出所的大力协助下，组织精干警力，采取有力措施，根据已掌握的线索，在七星关区撒拉溪镇西方村成功将2014—44号省督目标案件主要犯罪嫌疑人吴某某抓获，使案件得到突破性进展。目前，该案共抓获犯罪嫌疑人10人，缴获毒品海洛因共计1048克，扣押涉案车辆3台。成功摧毁了源于“金三角”，经云南到我区的一个特大贩毒团伙。二是警务机制改革迈出新步伐。分局积极争取到区委区政府对扁平化指挥体系建设及应用工作的大力支持，共投入300余万元购入100辆摩托车和5辆图传处突车，更新完善无线集群通信等系统，划分5个大网格、15个小网格的巡防区域，调整配置300余名巡防力量，于

8月份全面启动扁平化体系。目前全市仅有七星关和黔西两个公安局全面启动并投入使用；同时，又投入4000多万元启动天网二期建设，新增高清摄像头1235个，目前已经安装完毕上线调试中。自8月份全面启动扁平化以来，99%的警情能在3分钟之内到达指定地点；城区刑事发案1717起，与2014年同期相比下降了8.7%，体现了接警速度更快，处置效率更高，刑事发案更低的特点；此外，经区委、区政府研究同意投资近4000万元建设的电子信息采集系统，计划2015年全部建成并投入使用。三是刑事发案控制创新低。局党委加大城区治安调度工作，以扁平化指挥为依托，以网格巡逻体系为载体，刑事发案得到有效控制。2015年，全区发刑事案件5533起，与2014年的5790起相比下降4.4%。发命案16起，和2014年的24起相比下降33.3%。其中：伤害案126起，和2014年的163起相比下降22.7%；抢劫案82起，与2014年的124起相比下降33.9%；抢夺案43起，与2014年的94起相比下降54.3%；盗窃案3923起，与2014年的4238起相比下降7.4%。四是扫黄治赌工作进入新阶段。分局创新建立“局长专线”举报和涉黄、涉赌案件“零报告”制度，扫黄治赌工作成效明显，治安环境得到有效改善。在7月份召开的全省扫黄治赌视频推进会上，七星关还作了经验交流发言。全年共破涉黄刑事案件16起，同比上升45.5%；采取刑事强制措施38人，打掉2个涉黄团伙；查处涉黄治安案件62起，治安处罚209人；破涉赌刑事案件14起，同比上升75%；采取刑事强制措施37人，查处涉赌治安案件130起，治安处罚590人，收缴赌资90余万元，销毁赌博机200余台，打掉流动聚众赌博窝点4个；分别是2015年年初的冬季严打期间，在放珠镇成功打掉一农村赌博窝点，抓获嫌疑人70名，缴获赌资10万余元；在撒拉溪镇成功打掉一流动赌博窝点，抓获嫌疑人33名，缴获赌资5万余元；5月19日，在何官屯镇成功打掉一野外流动赌博窝点，抓获嫌疑人35名，缴获赌资45万余元；10月14日，在鸭池镇与梨树镇交界处打掉一流动赌博窝点，抓获嫌疑人37名，缴获赌资10万余元。

典型案例：5月18日，通过数日的侦查，获悉何官屯镇红丰村月亮组有人聚众赌博。何万学书记迅速组织召开抓捕工作部署会，制订了周密的抓捕方案，明确由局党委委员、副局长沈承刚负责带领治安大队、特巡警大队200余名民警实施抓捕。当日19时许，沈承刚带领民警分批次赶到何官屯镇红丰村月亮组，带领民警借助夜色掩护，避开赌徒的四辆望风巡逻车和10余名望风人员，经过3个多小时徒步行走赶到赌博地点，当场抓获参赌人员35人，缴获赌资和违法所得45万余元。对3名赌博犯罪嫌疑人依法进行刑事拘留，对32名赌博违法行为人进行行政拘留。五是追逃工作取得新突破。针对往年辖区逃犯存量大、抓获率低等工作情况，分局以省厅“抓命案逃犯，降命案积案”专项行动会议精神为指导，以命案逃犯追捕为突破口，积极采取措施，狠抓工作落实，追逃工作取得十分显著成效。全年共抓获各类逃犯266名，与2014年的204人相比上升30.4%，抓获数排名全省第一。其中，七星关分局的18名命案逃犯总任务数中，已经抓获7名，翻倍超额完成省厅下达的命案逃犯存量下降15%的任务；抓获绝对数排名全市第一，全省第四；完成任务比为38.89%，排名全市第一，全省第十一。六是打黑除恶工作取得新进步。局党委结合当前黑恶势力新形势，把打黑大队打造成打黑除恶工作中的“尖刀利器”，按照“黑恶必除，除恶务尽，打早打小，露头就打”的原则，严厉打击黑恶势力违法犯罪活动。全年共破涉黑恶案件71起，刑拘189人，逮捕128人，起诉120人，抓获饶芝春等5名黑社会在逃成员；打掉李海、“刘莽子”“小狐狸”胡雨枫等为首的22个恶势力团伙。七是公安队伍管理采取新举措。局党委对原队伍管理规定进行修订完善，创新实行“一月一报”“一周一检查”“一周一学习”“一月一考评”“一季度一谈心”“半年一分析”“一年一座谈”的“七个一”民警思想动态分析制度，在全局8176份《民警思想动态登记表》中，共疏理出民警反映的实际问题45个，其中共性问题9个，个性问题36个；调解家庭纠纷6件，解决个人问题17件，为基层解决实际困难问题9件。通过“七个一”制度的实行，及时掌握民警思想动态，切实解决民警实际困难，作风纪律得到有效改进，民警工作积极性得到提高。

【维护政治大局持续稳定】 一直以来，局党委始终把维护政治稳定作为重中之重的工作抓好落实。重点人员得到有效管控。国保大队、治安大队、特巡大队、各派出所明确专门人员，加强对各类重点人员的管理，特别是涉疆涉藏人员管理工作，确保重点人员不失管、不漏管。2015年未发生重点人员失管漏管情况；情报信息搜集及时准确。国保大队、各派出所物建秘密力量100余人，积极搜集上报深层次、内幕性影响政治稳定的情报信息200余条，为领导决策提供情报服务；舆情导控能力逐步提高。全年共上报互联网信息1534期，部、省、市采用484期；上报舆情监测435期，部、省、市采用173期；开展舆情引导75万余条；落地查人85人，处理本地有害信息498条；邪教组织案件实现零发案。全年共摸底排查邪教人员1232人，落实15名邪教人员控制措施；开展3次宗教领域专项排查，调查全区基督教、天主教及佛教场所30余处；全年未发邪教案件；信访维稳工作高效有序。进一步贯彻落实《信访条例》和信访工作领导责任制，建立健全信访工作长效机制，加强矛盾纠纷化解工作。全年台账受理登记共139件，办结139件，办结率达100%。争取司法救助金38.8万元和信访局专项资金30万元，解决了9件13人的信访事项；应急处突力量持续增强。在区委、区政府的大力支持下，新增150名协勤编制和提高工资待遇；新组建了一支由120人组成的特战突击中队，强化了特巡警队伍建设和完善工作机制，应急处突能力得到增强。成功处置小吉场、梁才学校闹丧、燕子口持械斗殴、创美世纪城业主非法游行、杨家湾周驿医院医闹、“8·14”出租车司机聚集、“11·18”退伍军人上访等65起群体性案事件；防暴反恐能力逐渐提高。新成立了反恐怖大队，物建了8名特情，提供情报信息60余条；核查涉恐地区流动人员59人，组织反恐演练4次。情报搜集、舆情引导、巡逻防范等防暴反恐能力逐渐提高，各项反恐维稳工作有序开展。

【严打各类刑事犯罪】 扎实开展各类专项行动，保持对各类违法犯罪的持续高压态势。刑事破案上升幅度较大。全局共破获各类刑事案件1971起，与2014年的1696起相比上升16.2%；其中，16起命案全破，破伤害案104起，和2014年的99起相比上升5.1%；破强奸案67起，和2014年的49起相比上升36.7%；破盗窃案1114起，与2014年的847起相比上升31.5%；打击处理能力逐步提升。全年共刑事拘留1191人，与2014年的1088人相比上升9.5%；逮捕923人，与2014年的844人相比上升9.4%；移送起诉957人；成功破获“7·02”杀人案、顾怀亮被抢劫杀害案、“8·20特大抢劫案”等影响较大的案件；经济犯罪打击能力增强。及时开展打击非法经营、银行卡犯罪、打击传销犯罪等行动，努力维护社会主义市场经济秩序。2015年共破经济案79起，抓获刑事作案成员21人，抓获网上逃犯9人，挽回经济损失300余万元；专项行动掀起严打高潮。为了深入开展各类严打专项行动，分局积极制订方案，狠抓工作落实，从冬季严打到“四大行动”和新一轮严打整治行动，各类专项行动有序开展，组织开展了九次全局性集中统一行动，掀起严打整治高潮。

典型案例1：快速侦破一起故意伤害致人死亡案。2015年11月12日中午，张学跃在七星关区花牌坊路口被四名男子用刀杀伤，经送七星关区观音桥医院抢救无效死亡，与张学跃同行的王波被杀伤，目前在医院救治中。

案发后，区委常委、政法委书记、公安局长何万学立即安排分管常务工作的副局长沈承刚、副局长孔德兴赶往案发现场开展工作，并安排将死者尸体移至殡仪馆及抢救伤者等维稳事宜。刑侦大队长王杨波、副大队长秦毅立即带领侦查及技术人员有序地开展案件的侦破工作。经过大量侦查工作的开展后，锁定了犯罪嫌疑人胡艳国、朱东、朱正等人。在网安大队等单位的大力配合下，先后在纳雍、七星关两地将犯罪嫌疑人胡艳国、朱东、朱正抓获。经审讯，犯罪嫌疑人朱东、朱正、胡艳国交代：因朱正和毕节市七星关区中等职业学校一名叫张某某的女学生发生感情纠葛，死者张学跃前一天带人到朱正家找其麻烦未果。第二天朱正便喊朱东、胡艳国到该学校找张学跃麻烦，在花牌坊路口正好遇见张学跃后双方发生争吵，朱正等人便用刀杀伤张学跃的颈部，接着又杀伤王波。目前，朱东、朱正、胡艳国已经被依法刑事拘留，案件还在进一步办理中。

典型案例2：成功破获“8·20”特大抢劫案。2015年8月20日09时许，杨晓霞到刑侦大队报称：2015年8月20日05时30分左右，七星关区环东路“华城商务酒店”被两名蒙面男子持械威胁抢走其酒店大厅收银台现金23000余元。

案发后，七星关区公安局高度重视，立即成立以局党委委员刘歆为组长，以刑侦一、二、六中队为主要成员的专案组负责该案的侦破工作。专案组通过大量工作，在情报中心、三板桥派出所和戒毒所的大力配合下，将收集到的案发现场的视频信息资料进行研判，分析认为该两名犯罪嫌疑人系吸毒人员的可能大。为了及时查清犯罪嫌疑人身份，2015年8月22日，专案组前往七星关区戒毒所组织戒毒人员对视频资料进行辨认。在辨认中，两名戒毒人员辨认出视频资料中的其中一名犯罪嫌疑人与2015年8月21日送入七星关区戒毒所的戒毒人员谌羽十分相似。获得重要线索后，专案组在戒毒所进行排查，又发现与谌羽一同进入戒毒所戒毒的还有一名叫徐世海的戒毒人员，并且入所时，在徐世海身上搜出大量现金，现金票面与华城酒店被抢劫的现金票面相吻合。专案组立即将情况向局领导汇报，并将戒毒人员谌羽和徐世海二人提押出所到刑侦大队进行讯问。经审讯，犯罪嫌疑人谌羽和徐世海二人均如实交代了2015年8月20日05时30分许，在七星关区环东路华城商务酒店蒙面持刀、持仿真手枪抢劫现金23000余元的犯罪事实。目前，追回被抢现金18300元及收缴作案时的仿真手枪一把，两名犯罪嫌疑人已被刑事拘留，案件还在进一步调查中。

典型案例3：成功侦破盗窃摩托车系列案破案15起。下半年来，七星关区摩托车被盗案频发，区委常委、政法委书记、公安局长何万学高度重视，安排分局党委委员、分管常务工作的副局长沈承刚召集刑侦、特巡、城区派出所、情报等部门加强对摩托车盗窃案件情报研判工作，形成合成作战、综合研判的侦查工作新机制。要求情报信息大队加强视频研判，特巡警大队加强巡逻，获取有条件的线索，实现情报资源共享，力争破获盗窃摩托车案件；同时，分局党委委员、指挥中心主任刘歆对近期发案进行具体的工作安排，抽调精兵强将，加强部门协作配合，细致分析案情，通过视频研判和轨迹追踪，初步确定几名嫌疑人后，刑侦大队和特巡大队根据视频监控进行落地查控，最终确定了刘三洪、刘阳浪、王涛、罗贵华、蔡震五名男子有重大作案嫌疑。2015年11月6日至11月8日，专案民警成功将刘三洪、刘阳浪、王涛、罗贵华、蔡震五名嫌疑人抓获。经审讯，犯罪嫌疑人刘三洪等人交代了在七星关区盗窃摩托车15起的犯罪事实。目前，犯罪嫌疑人刘三洪、刘阳浪已被依法刑事拘留，王涛、罗贵华、蔡震三人未满16岁送育新学校读书。

【提升社会综合治理效能】 一年来，社会综合治理能力得到全面提升，社会治安环境得到有效改善。查处违法行为力度增加。全年来共查处行政案件10564起，行政拘留4258人，与2014年的3401人相比上升25.2%；查处治安案件10043起；调处治安纠纷3500余起，其中，摸排出因国企改制、职工福利待遇、征地拆迁补偿等引发的矛盾纠纷隐患1500余起；专项行动开展成效明显。严厉打击食品药品等领域的违法犯罪，破获非法销售假盐案件6起，刑拘12人，收缴假盐90余吨；继续实现了辖区偷挖盗采国家矿产资源刑事行政“零发案”的目标；内部安全工作得到加强。认真落实全区900余家内保单位安全检查工作，督促整改隐患1640处，成功预防或打击侵犯特殊群体人身财产权利的案事件54起，实现了内保安全重大案件“零发案”目标；联合工商、文化等部门对校园周边进行清理整顿，依法取缔“黑网吧”11家、台球室9家、棋牌室45家，销毁赌博机100余台；建立“医患纠纷矛盾隐患排查化解台账”

及责任制等长效工作机制，排查整改医疗机构安全隐患22起；特殊人群管控合力增强。率先在全省创建无缝衔接“一站式”服务办公中心，落实4名工作人员和1辆专用车专门从省内各个戒毒所接回戒毒出所人员，一年来已接回1166人次；区委、区政府通过“政府主导”和“政企合作”模式，建设社区戒毒社区康复“阳光工程”。目前累计安置社区戒毒、康复人员4706人次；安全保卫工作万无一失。完成一级警卫任务3次；二级警卫任务1次；三级警卫任务10次；一般安保警卫任务85次，出动警力9000余人次，圆满完成各项警卫安保任务。

【夯实基层基础】　一年多来，分局派出所建设三年攻坚战有序开展，并取得了一定成绩。用房建设稳步推进。分局七个“无危小”派出所中，三板桥和海子街派出所正在建设中，预计2015年将启动阿市派出所的建设和其余派出所的扩建工作；基础工作得到夯实。一年来先后多次召开基础信息工作培训会，进一步夯实基层信息采集维护等工作。目前全区共有户籍人口1493239人，列管有重点人口12447人；采集出租房屋3531户，建档管理重点单位要害部位577家；户籍制度改革继续深化。2015年共办理出生登记39533人，办理14岁以上人员入户登记700人，办理“农转城”537人；采取电视、网络等媒体等多种方式对户改工作进行宣传，继续抓好改革措施的全面落实。

【维护保障公共安全】　2015年全区公共安全形势平稳可控，安全监管工作持续稳定。监所安全管理保持良好。坚持“监所安全无小事”的原则，牢固树立安全第一的思想，认真落实各项安全工作制度。看守所、戒毒所、拘留所未发生人员脱逃等重大事故；危爆物品管理得到强化。深刻吸取黔西“3·18”爆炸案教训，按照安全隐患大排査的要求，加大民爆物品、剧毒化学品的监管力度，检查涉爆单位140余次，临时施爆点500余次；收缴炸药1572.9公斤、雷管6785枚；破获涉爆刑事案件3起，刑拘8人；道路交通管理平稳有序。强化交通秩序管理，加强检查监督，严查酒后驾车等违法行为，积极开展各项集中整治专项行动。全年共查处各类交通违法行为162578起，发生各类交通事故7280起，侦破交通肇事逃逸案14起；2015年未发生一次死亡3人以上的重大特大交通事故；消防监管工作确保安全。全面加强消防安全监督指导工作，扎实开展清剿火患行动，加大消防安全宣传力度。全区共发火灾事故286起，造成经济损失244万元；出动5126人次、830车次抢救被困人员177人，抢救财产价值254.7万元。检查单位2270家次，督促整改火灾隐患1592处，开展实兵实战灭火演练、联合救援等132次，一年来，未发生重特大火灾事故；特行管控措施得到落实。协调配合邮政、安监等行业主管部门对全区19家物流寄递企业开展联合执法检查10余次，自行检查38家次，督促整改安全隐患21处，并督促其按规定落实从业人员建档管理工作；督促指导公交公司健全安全管理制度、应急联动处置工作机制，建立2支共36人的公交安保应急处突队伍，配备了9辆应急处突车，及时排查消除安全隐患76例，有效避免公共安全案事件的发生。

【队伍管理】　按照区委、区政府和市局党委的要求，加强班子建设和培训教育，修改完善了《队伍管理规定》《队伍目标考评办法》等规定，进一步落实轮值轮训、从优待警等措施，从严治警，践行“三严三实”，全面推进公安队伍正规化建设。作风建设不断深化。严格按照“无违法违纪”责任书、党风廉政建设责任书的要求强化反腐倡廉教育，深入开展“三严三实”专题教育，整治“为官不为”现象，不断深化作风建设；领导班子配齐配强。考察选拔了11名科级干部、44名股级干部；招录新警34人、事业编制10人，逐渐充实派出所等一线基层警力；从优待警措施全面落实。完成了全局民警的工资改革工作和96人晋档、35人晋级等工作；全年共为民警上报申请伤残救助金1万元2人、医疗救助金2万元2人、“四大父母”去世慰问金2万元32人、因公负伤民警慰问金4600元5人等；宣传工作硕果累累。在公安部、省厅、市局等公安内网发表动态、简报、调研文章等400余篇，在市级以上新闻媒体刊登公安类新闻稿件1000余篇，宣传工作全市排名第一；微电影《铭记》、舞蹈《使命》等在公安文艺活动中获奖，公安宣传及文艺活动在舆论引导和正能量宣传等方面发挥积极作用；立功受奖实现双丰收。积极挖掘、培养、树立基层先进典型，加大向上级报功请奖力度。全年共有170人受到表彰，3个二等功、19个三等功、148个嘉奖；共有27个单位受到表彰，2个集体三等功、25个集体嘉奖。表彰奖励工作的开展，积极调动了民警工作积极性，提升了队伍的凝聚力和战斗力；违纪违法行为得到遏制。在队伍管理中严格执行中央“八项规定”和省、市“十项规定”、公安部“三项纪律”和省公安厅“十条警规”等规定。全年发督察通报49期，通报民警22人。罚款4400元，紧闭4人次；共查处违纪案件5件5人，分别给予了党纪、政纪处分。2015年未发生民警违法犯罪案件。

（撰稿人：吴国昌）

人民检察

【概述】 2015年，人民检察院在区委和上级检察机关的正确领导下，在区人大及其常委会的依法监督和区政协的民主监督下，在区政府及社会各界的大力关心、支持下，坚持以中共十八大，十八届三中、四中、五中全会精神为指引，紧紧围绕区委、区政府工作大局，认真履行检察职能，切实维护公平正义，各项工作稳步推进，为经济发展和社会稳定做出了积极的贡献。

【依法履行批捕、起诉职能，维护社会稳定】 坚持宽严相济刑事政策，以人民群众的平安需求为导向，积极推进法治七星关建设，全力维护社会和谐稳定。一是突出打击重点，依法严厉打击各类严重刑事犯罪。2015年，共受理公安机关提请批准逮捕案件973件1336人，与2014年的870件1246人相比分别上升11%和7%；受理移送审查起诉案件809件1131人，与去年的827件1117人基本持平。为遏制刑事犯罪高发势头，坚持从重从快严厉打击严重刑事犯罪。共批准逮捕故意伤害、故意杀人、强奸、绑架等严重侵犯人身权利的暴力犯罪141件188人、起诉148件164人；批准逮捕严重影响人民群众安全感的“两抢一盗”犯罪227件305人、起诉231件325人；批准逮捕毒品犯罪192件215人、起诉172件179人。二是积极化解社会矛盾，努力促进社会和谐。完善检调对接刑事和解机制，对符合法定条件的轻微刑事案件、过失犯罪案件，犯罪嫌疑人真诚悔过并获得被害人谅解，双方自愿达成和解协议的，依法从宽处理。因刑事和解不批准逮捕60件79人，不起诉20件21人，建议法院从宽处理23件27人。坚持“理性、平和、文明、规范”的司法理念，充分贯彻打击与保护并重，切实维护刑事诉讼当事人的权利，依法对无羁押必要性的11名犯罪嫌疑人变更强制措施。三是落实未成年人案件专人办理，切实维护未成年人合法权益。未成年人刑事检察部门共办理涉及未成年人犯罪案件220件321人，依法不批准逮捕46件57人、不起诉9件9人。严格落实专人办理、犯罪记录封存等制度。建立合适成年人队伍，明确辖区内10名热心公益事业人士成为首批“合适成年人”成员，在未成年刑事诉讼中充当“代理家长”的角色。加强帮教考察，协调七星关区育新学校，为未成年轻微犯创造改过自新的机会。

【依法查办和预防职务犯罪】 坚持有腐必反、有贪必肃，突出查办群众反映集中的大案、要案。共立案查处职务犯罪案件23件30人，其中贪污贿赂案件17件22人，渎职侵权案件6件8人。一是依法惩治侵害农民权益、危害农业生产、影响农村发展稳定的职务犯罪案件。共查处乡镇、村干部职务犯罪案件8件11人，取得了查处一案、教育一片的良好效果。二是严肃查办生态环境领域职务犯罪案件，共查办案件12件17人，其中贪污贿赂案件11件16人，渎职侵权案件1件1人。三是开展职务犯罪追逃追赃专项行动，成功追逃2件2人，追缴涉案赃款600余万元。在积极查办职务犯罪的同时，抓好职务犯罪预防工作。组织镇村（社区）及区直有关部门干部观看警示教育光碟、参观警示教育基地、参与法制专题讲座47次2万余人次；注重发挥预防调查和检察建议的检察职能延伸作用，对重点领域、环节、岗位适时开展预防调查4次，向有关部门提出检察建议11件全部被采纳；开通移动专号查询电话，进一步拓宽行贿犯罪档案查询范围，深入推进社会诚信体系建设，受理行贿犯罪档案查询1881次；同时，通过电视、网络、报刊、展板等形式，整合宣传力量，增强预防宣传效果。

【诉讼法律监督】 紧紧扭住人民群众反映强烈的执法不严、司法不公突出问题，进一步加强和规范诉讼监督工作，加大监督力度，增强监督实效。一是进一步加强侦查、审判和刑罚执行活动的监督工作，认真履行督促起诉、支持起诉职能。加强对侦查活动的监督，监督侦查机关立案30件、监督撤案18件，纠正漏捕65人、追诉漏犯36人，提前介入引导侦查17件，纠正侦查机关侦查活动违法49起。强化审判监督工作，对适用法律错误、量刑畸轻的案件，依法提出抗诉7件10人。认真做好纠正和防止超期羁押工作，继续保持公、检、法三机关无超期羁押的良好态势；积极开展社区矫正人员回访考察，监督纠正脱管人员18人；向司法行政部门提出检察建议，对监外执行情形消失的罪犯监督收监执行4人；依法开展特赦监督工作，对符合条件的41名服刑人员进行初核，确保无一遗漏。充分发挥督促起诉、支持起诉职能作用，向有关部门发出检察建议324份，均被采纳。

【推进生态环境保护检察】 紧紧围绕“既要金山银山，又要绿水青山”的发展大局，开展生态环境保护检察专项行动，积极与环保、林业、国土等部门建立联席制度，整合环境资源保护力量，严厉打击破坏生态环境的违法犯罪行为。一是严厉打击生态环境领域普通刑事犯罪。共受理提请批准逮捕案件12件18人，批准逮捕7件11人。受理移送审查起诉案件19件31人，提起公诉17件28人。向有关部门提出“补植复绿”检察建议64件，提起刑事附带民事诉讼2件，行政机关或法院已责令或判处当事人补植树木近2万株，恢复或修复林地870亩。二是完善行政执法与刑事司法衔接机制，打击生态领域普通违法行为。向行政部门发出检察建议309份，建议行政机关查处破坏生态违法行为200余起，监督行政机关移送涉嫌犯罪案件1件。同时，对七星关区洗车场排污状况的专项调查及对六洞桥洗车场治理的检察建议，得到了区委领导的高度重视，并批转有关部门整改落实。

【深入推进涉法涉诉信访改革】 认真执行涉法涉诉信访事项导入法律程序工作机制，升级三级联动视频接访系统，建成控告、申诉、答复一体化服务平台，不断提升接访能力。严格按照“全国文明接待室”的标准和要求，做好群众来信、来访工作，共受理群众来信288件，并及时分流处理；严格执行检察长接待制度和首办责任制，畅通群众诉求渠道；加大检察环节司法救助力度，对生活确有困难的8名刑事被害人及其近亲属提供司法救助。

【主动接受外部监督，持续开展“阳光检务”】 按照依法、全面、及时、规范的要求，进一步深化检务公开，着力构建开放、动态、透明、便民的阳光检察机制。一是树立监督者更应该接受监督的意识，自觉接受党内监督、人大依法监督、政协民主监督和社会各界的监督。向区人大专题汇报检察工作2次，邀请人大代表、政协委员以及企业代表视察座谈3次。二是完善人民监督员制度，重点加强对职务犯罪立案后撤案、不起诉及涉案财物查封、扣押、冻结的监督。三是加强检察宣传，开通区检察院微信公众号、创办内刊《七星检察》，宣传检察职能、发布检察工作动态，深化检务公开。四是充分利用案件信息公开系统和“贵州检察12309”网上网下一体化服务平台，全面推进案件信息公开，发布重要案件信息、公开法律文书，以公开促公正、以透明促廉洁。

【强化内部监督，提升司法公信力】 一是按照高检院的统一部署，开展规范司法行为专项整治工作，针对人民群众反映强烈的司法不公正、不规范、不文明等问题，从司法理念、司法作风、司法行为等方面深入剖析原因，全面整改落实。二是以案件管理为龙头，依托检察机关统一业务应用系统，建立案件统一受理、动态监督、全程管理、综合考评的案件管理和内部制约机制。三是以案件质量评查为抓手，通过随机评查、重点评查、专项评查等方式，对2012年以来所办理的5061件案件进行评查，深入查找执法办案活动中存在的不规范问题，切实做到规范执法。

【队伍建设】 坚持正确政治方向，大力提升队伍思想政治素质和业务能力。一是着力加强思想政治建设，坚持把“三严三实”专题教育作为推进检察队伍思想政治建设和作风建设的重要举措，严格落实党风廉政建设“两个责任”，全力推进廉政风险防控建设，认真开展党风廉政建设突出问题专项整治工作，查摆“四风”方面存在的问题，确保廉洁公正司法。二是坚持德才兼备、以德为先的用人导向，依法依规招录、选拔、使用干部。三是实施人才强检工程，进一步提升队伍专业化职业化水平。分期分批组织干警到国家检察官学院、华东政法大学、西南政法大学等院校学习培训。

（撰稿人：曹宣祥）

人民法院

【概述】 2015年，七星关区人民法院在区委领导、区人大监督、区政府、区政协和社会各界的支持下，深入学习贯彻中共十八大、十八届三中、四中、五中全会精神和习近平总书记系列讲话精神，以努力让人民群众在每一个司法案件中都感受到公平正义为目标，狠抓执法办案第一要务，履行公正司法第一责任，加强司法公信力建设，强化法院队伍整体素质，充分发挥人民法院的审判职能作用，为维护七星关区社会稳定、促进经济发展提供了司法服务。2015年共受理各类案件7571件，审执结案件6358件，结案率84%（审限内结案率为98.6%）；同比受理案件数上升40.4%，结案数上升50%；收结案数名列全市法院第一。

【扎实抓好审判执行工作，推进法治七星关建设】 1．依法惩治刑事犯罪，维护社会安全稳定。全年共受理刑事案件767件1055人，结案726件979人，结案率94.7%，其中判处五年以上有期徒刑38人，五年以下有期徒刑311人，缓刑、拘役69人，免予刑事处罚10人、单处罚金7人。在刑事审判工作中，一是全面贯彻宽严相济的刑事政策，以打击为辅、教育感化为主，达到震慑犯罪目的。紧紧抓住影响群众安全感的突出问题，加大对黑恶势力犯罪、毒品犯罪、“两抢一盗”、故意伤害、强奸等严重刑事犯罪的打击力度。审结故意伤害、强奸等严重刑事案件134件。二是加大刑事附带民事诉讼案件调解力度，着力化解社会矛盾纠纷，最大限度增加和谐因素。三是全面实施量刑规范化，规范了法官的自由裁量权，实现了量刑的公开公正，增强了量刑的均衡性。四是加强未成年人刑事审判工作，认真贯彻“教育、感化、挽救”刑事政策，落实帮教回访未成年犯罪人65人次。对初犯、偶犯的未成年犯罪人依法减、缓、免处罚。五是严惩贪污贿赂等职务犯罪，共审结贪污贿赂等职务犯罪案件16件22人，其中判处10年以上有期徒刑4人，判处5～10年有期徒刑7人，判处5年以下有期徒刑9人，2人免予刑事处罚。2．依法审理民商事案件，维护当事人合法权益。牢固树立司法为民的宗旨，以全区经济社会发展为中心，高度重视公民和法人合法权益，不断完善各项司法为民措施，妥善审理民商事案件，做到解民忧、惠民生。全年共受理民商事案件5523件，审结案件4674件，结案率为84.6%，简易程序适用率为71.8%，同比上升了31.8%。结案标的金额6.8亿元。在民事审判工作中，一是加强合同侵权类纠纷案件的审理力度，构建诚实、信用的交易环境，保护公民、法人的合法权益。二是加大劳动争议案件的审理。三是高度重视公民人身权和财产权保护，切实维护妇女、儿童、老人、残疾人等弱势群体的合法权益，积极倡导尊老爱幼、团结互助、和睦相处的家庭关系和人际关系。四是继续开展长期未结案清理工作。2015年6月，彻底清理审结历年来长期未结案件。五是构建多元化矛盾纠纷解决机制，坚持“调解优先、调判结合”的原则，加强诉前调解，推动人民调解、行政调解、司法确认相结合的工作体系。全年调撤结案2250件，调撤率为48.6%。六是加强人民法庭的管理工作，落实让“审理者裁判，裁判者负责”，人民法庭加大巡回审理工作的力度，巡回审理案件631件，强化了人民法庭贴近基层、服务群众的职能，切实提高了人民法庭办案质效。全年人民法庭共收案2151件，结案1989件，结案率92.5%。同比受理案件数上升45.9%，结案数上升64.4%。3．依法审理行政案件，促进行政机关依法行政。注重监督和支持行政机关依法行政。认真落实行政案件交叉集中管辖制度，2015年5月起，区法院管辖纳雍县、赫章县、威宁县行政诉讼案件。全年共受理行政案件141件，结案138件，结案率为97.9%。同比收案数上升56.7%，结案数上升68.3%。审查行政非诉案件7件。在行政审判工作中，一是坚持监督与支持相结合的原则，既支持行政机关依法行政，又切实保护公民和法人的合法权益，努力化解行政纷争，增强公民、法人与行政执机关之的法治意识。二是依法强化行政机关负责人出庭应诉制度，督促行政机关正当行使权力、履行职责，减少和预防行政争议纠纷。4．强化执行工作，维护法律权威。全年共受理执行案件1125件，执结案件805件，结案率71.6%，执结标的金额4.1亿元。在执行工作中，一是充分运用执行信息公开平台、执行查控系统、限制失信被执行人高档消费、出境等措施，对具备执行条件的案件依法及时执行，提高执行工作质量和效率，维护权利人的合法权利。二是推进以网络司法拍卖和委托拍卖相结合的司法拍卖模式，全年淘宝网络司法拍卖54次。三是实行执行案件风险评估制，对执行风险较高的执行案件请求人大、检察机关现场执法监督，在公安机的支持下开展执行工作，确保执行工作顺利进行。四是充分利用被执行人财产报告制度，加大对转移财产行为的处罚力度，促使被执行人自动履行义务。对拒不履行生效判决的被执行人追究刑事责任1人，司法强制拘留被执行人6人，网上公布失信被执行人105人。5．全面贯彻落实立案登记制，切实保障当事人的诉权。一是强化诉讼服务中心功能，全省首家法院在立案大厅配备诉讼服务一体机，为诉讼当事人在立案、诉讼、案件信息等方面的查询、咨询提供服务。二是认真贯彻落实立案登记制，严格按照登记立案的范围、登记立案的程序，做到有案必立，有诉必理，切实解决了长期以来存在的“立案难、诉讼难”的问题。三是开通了上下级法院之间远程视频接访系统，畅通涉诉信访渠道，为上下级法院有效化解涉法涉诉案件提供平台。四是加大诉前调解及诉讼风险评估，预防司法风险。五是认真执行诉讼费减、免、缓的有关规定，积极开展司法救助工作。全年对确有困难的27件案件当事人实行减、缓、免案件受理费30万元，实施司法救助25人22.7万元。6．强化审判监督作用，坚持有错必纠原则，切实提高案件质效。一是依法审查申请再审案件19件，启动再审案件5件，审结5件，结案率100%。二是对审执结案件进行百分之百的评查归档，确保案件质量。三是对发回重审的案件明确责任主体，实行通报、责任奖惩制度。

【积极稳妥推进公平公正司法改革】　1．深入推进刑事审判工作改革。建立符合“让审理者裁判，由裁判者负责”的刑事审判权运行机制，进一步优化刑事审判司法资源配置，提高刑事案件的质量和效率，减少审判委员会讨论刑事案件的类型和数量，取消分管副院长、庭长对部分案件的审批权，除职务犯罪案件，减、缓、免、无罪案件外，所有案件一律由主审法官审理裁判。在刑事审判工作中，联合公安、检察院推行省法院确定的“轻刑快审”试点工作，全年适用“轻刑快审”刑事案件192件，审结191件。适用“轻刑快审”审理的案件中，审理时间最短为4天，平均审理时间为10天。2．逐步推进民事审判工作改革。在院机关逐步下放审判权，逐步减少分管副院长审批及上审判委员会讨论民事案件的范围。在人民法庭建立了“让审理者裁判，由裁判者负责的”民事审判权运行机制，强化人民法庭办公自动化应用能力，启动电子签章等，落实了审判长审理、裁判案件权。切实提高人民法庭案件的质效。3. 强化对外委托、评估、拍卖管理工作。为及时让鉴定、评估、拍卖为审判执行工作提供服务，规范对外委托鉴定、评估、拍卖工作，保护当事人合法权益，维护司法公正，提高司法效率，区法院特制定了《关于对外委托鉴定、评估、拍卖等工作若干规定》，对审判执行部门、对外委托办公室等相关部门在进行对外委托鉴定、检验、评估、审计、拍卖等工作中完成相关工作的操作程序时间作了明确规定，有效解决了因鉴定、评估、拍卖等导致拖延案件审执结的问题。4. 严格实施案件繁简分流，提高案件审判效率和案件审判质量。为加快案件快审快结，有效控制部分办案法官懒、散，随意拖延案件审理时限，区法院制定了《关于案件适用简易程序审理转为普通程序审理的暂行规定》，对案件严格进行繁简分流，明确简易程序转为普通程序的审批程序。5. 积极探索法院人员分类管理工作模式。建立法官、后勤、司法辅助人员分类管理制度、考核奖惩制度，把优秀法官充实到审判审判执行工作一线，充分调动各类人员工作积极性，为审判执行工作提供快捷高效的服务。

【强化审判管理，提高办案质效】 一是注重审判流程管理，通过法院综合信息管理系统对案件实行从立案、审判执行全过程跟踪监督管理，确保案件审理程序合法、及时、不超审限。二是通过质效评估系统自动提取审判执行数据，对各部门办案及法官承办案件各项质效指标定期进行通报，为法院审判执行工作管理提供准确的决策依据。三是加大审判流程公开、执行信息公开、裁判文书公开“三大平台”建设。倒逼法官在执法办案中自觉维护法律权威、公正司法。

【开展司法作风建设，提高司法公信力】 一是巩固党的群众路线教育实践活动的成果，在全院开展“严以修身、严以用权、严以律己，谋事要实、创业要实、做人要实”的专题教育活动。深化干部司法作风建设，切实整治“僵、庸、懒、浮、散”等“不严不实”问题，促进全体干警在坚持司法为民、公正司法、提高司法公信力上取得成效。二是坚决查处违纪违法行为，以“零容忍”的态度严肃查处损害群众利益、危害司法权威的案件。三是全面落实党风廉政建设责任制，班子成员及部门负责人切实履行“一岗双责”，高度重视党风廉政建设。

【加强队伍建设，提高干警司法能力】 一是全面加强全院干警的思想政治建设，教育全体干警讲政治、守规矩，坚持理想信念，坚持社会主法治理念，在工作中认真落实党的路线、方针、政策，在思想上、行动上与党中央保持高度一致。二是加强干部队伍建设，在选拔任用干部时把政治素质过硬、法律业务精通、懂办公自动化的干警选拔到审判业务部门工作或担任部门负责人。三是加强干警业务能力培训，组织干警110人次到西南政法大学等进行法律专业知识培训，全面提高区法院干警的审判业务能力。四是加强党员队伍思想政治建设，提高党员的党性修养，充分发挥党员干警先锋模范作用。2015年区法院1名干警荣获最高人民法院表彰，2名干警荣获贵州省高级人民法院表彰，两个内设机构荣获毕节市中级人民法院“集体三等功”表彰，2名干警荣获毕节市中级人民法院表彰，9名干警荣获区委、区政府表彰。

【加强涉法涉诉信访工作力度，切实化解信访积案】 有效化解各类涉法涉诉信访纠纷，院党组成员坚持每周三排班接访信访群众，共接访来访群众156人次，来信38件，化解积案2件。同时，积极参与区委、区政府化解影响七星关区社会稳定的群体性纠纷和重大信访案件，有效维护区社会稳定。

【自觉接受监督，改进法院工作】 一是始终坚持自觉接受人大监督，除每年向人大报告工作外，还根据常委会的安排报告专项工作开展情况。依法办理人大代表议案及政协委员提案，并及时反馈办理情况。二是邀请人大代表、政协委员视察法院工作、召开座谈会、旁听案件审判等形式，改进人民法院工作。三是广泛接受社会监督，建立完善人民法院工作新闻发布会制度，加强与媒体沟通，应用QQ群、微博、微信等信息平台公开人民法院判执行工作，接受社会各界监督。

（撰稿人：黎景春）

司法行政

【普法宣传教育和依法治区工作有序开展】 根据省、市、区的安排部署，结合七星关区实际，制定下发了《七星关区2015年普法依法治理工作要点》。同时，法制宣传教育股在认真总结分析七星关区“六五”普法工作经验的基础上，结合自身职能，以“送教下乡”“以案释法”和“法律六进”工作为载体，积极参与区直有关部门组织的各项主题宣传活动，并在活动过程中设立了法律咨询服务。结合2015年的“三下乡”“三八”妇女维权周、“3·15”消费者权益日、综治宣传月、安全生产月、世界环保日等重要法制宣传日和法律法规颁布实施期，组织相关单位针对不同对象开展各种形式的法制主题宣传活动，全方位多形式加大法制宣传教育和普法工作力度。一年来共发放《一维两不》《法律知识100问》《宪法与我》《中华人民共和国妇女权益保障法》《青少年法律知识读本》《安全生产法律法规汇编》《法律知识问答及案例精选读本》等30000余份，使全区普法依法治理工作取得了良好的成绩，“六五”普法工作按照省验收工作组目标要求顺利通过验收，长春堡镇清塘村荣获“全国民主法治示范村”称号。

【人民调解工作】 通过开展“争当人民调解能手”活动，促进人民调解员互相学习，业务水平和依法调解能力得到明显提升，畏难情绪明显减少，一些疑难复杂的案件调解成功率明显提高。全区各司法所人民调解工作共排查各类纠纷2471起，调解2471起，调解成功2425起，防止纠纷激化133起，防群体事事件21起；大银镇人民调解委员会和清水铺镇人民调解委员会荣获省人民政府表彰的“全省先进人民调解委员会”；同时，进一步加强调解机构建设，充分发挥人民调解在社会矛盾纠纷调解工作体系中的基础性作用，调解机构建设进一步。继续做好村（居）、企事业单位及社会团体人民调解委员会规范化和行业性调委会建设。继续巩固完善了医患纠纷调解委员会和交通事故人民调解委员会建设。

【安置帮教工作落实到位】 全区各司法所认真贯彻落实省、市、区有关做好刑释解教人员安置帮教的有关会议文件精神，切实加强机构建设、组织网络建设、工作制度建设等。一是对我区的刑释解教人员安置帮教工作进行再安排、再部署，进一步提高对做好两劳安置帮教工作重要性的认识。二是做好刑释解教信息管理工作。利用现有的刑释解教人员网上信息管理平台系统，扎实做好在服刑人员的摸排工作和预释放刑释解教人员的衔接工作。全年共核实了976名在矫服刑人员的基本信息，接收预释放人员976人，并开展接茬帮教。接返相关人员109人并落实安置帮教工作。全年累计接收矫正对象1582人，累计解除社区矫正1016人，目前在矫人员576人。其中被宣告缓刑的380人，被裁定假释的177人，被判处管制的3人，暂予监外执行的16人。年度办理社区服刑人员特赦2批次共人；三是继续抓好成员单位、乡（镇）领导挂包的安帮工作责任制的落实，防止脱管、漏管。

【社区矫正工作】 积极做好开展社区矫正工作的筹备工作，调整充实了七星关区社区矫正工作领导小组，按照2015年底省、市有关会议精神，对七星关区的五种矫正对象进行了排查摸底和登记造册。经排查，累计接收矫正对象接收社区矫正对象234人。在做好调查摸底的基础上，局里多次召开社区矫正工作专题会，讨论研究了开展此项工作存在的困难和问题。同时对社区矫正工作进行了细致的部署，将相关工作进行分工，责任到人，并于2015年4—5月与区检察院监所科联合开展社区矫正执法检查，保证了社区矫正工作的顺利开展。为规范社区矫正管理，于6月8日至12日组织全区司法所工作人员参加为期3天的全市社区矫正工作培训班集中学习。

【法律保障和法律服务取得良好社会效益】 2015年，律师事务所共办理各类案件898件，其中民事（经济）案件617件，刑事辩护委托代理案件162件，提供法律援助案件37件，担任法律顾问57家，非诉讼案件1件，代写法律文书191件。为当事人挽回经济损失2000多万元，为11567余人次免费提供法律咨询；公证处共办理各类公证304件，其中：民事类公证256件（继承权67件，委托书76件，亲属关系22件，赠与书132件，声明书51件，证据保全19件，其他8件）办理法律援助公证20件，涉台公证28件，接待当事人1576人。同时严把公证质量关，公证员始终坚持公证质量是公证的生命线。严格审查每一件公证，对材料不全的公证事项拒绝办理。2015年来我处办理的175件公证无错证、假证。同时围绕党委、政府的经济建设中心为工业园区、高速公路建设、城市旧城改造办理保全证据公证6件。积极参与了毕节市七星关区人民政府组织的强制拆除违章建筑活动5次，在强拆活动中，公证员充分履职、规范履责获得了政府的好评。为困难群体、特殊人群提供公证法律服务，公证处积极开展公证法律援助，为弱势群体办理法律援助公证15件，减免公证费3600元整。局蓝天公证处荣获了2015年度省司法所厅和省人社厅表彰的“全省司法行政先进集体”称号。

一年来，法律援助中心坚持以执政为民、服务百姓为出发点，全面开展各项法律援助业务，使更多的弱势群体享受到法律援助服务，维护了当事人的合法权益。局法律援助中心加强法律援助队伍的建设，认真组织法律援助人员学习党的路线、方针、政策，学习法律援助业务知识，积极安排人员参加上级组织的法律援助业务教育培训。积极提升全区法律保障和法律服务的水平和质量，取得了良好的社会效益。全年受理援助民事案件500件，其中刑事130件，民事361件，行政9件，代书49份，法律咨询服务4500人次。其中涉及农民工1570人次。通过法律援助业务的办理，共为受援人挽回或避免经济损失800余万元。同时认真开展法律援助宣传工作，出动宣传车10辆次，宣传人员140人次，在城区及部分乡镇开展法律援助宣传，发放宣传资料1万余份，并播放了法律音响宣传资料，对《国务院法律援助条例》《贵州省法律援助条例》及《中华人民共和国未成年人保护法》等法律法规进行了大量宣传。

【干部队伍建设】 一是领导班子和干部队伍建设取得了显著成效。结合“三严三实”活动的开展，全局把加强队伍建设摆在全局工作的突出位置。以发挥基层党组织战斗堡垒作用和党员干部先锋模范作用为重点；以提高整体素质为目标，大力加强干部教育培训工作，开展政法干警核心价值观教育实践活动；通过以上举措，努力提高了全系统人员的政治、业务素质，队伍建设取得了新成效。二是党风廉政建设进一步加强。按照“三严三实”活动相关要求组织干部职工学习，以“四风”整治和查摆问题为核心，开展了廉政风险防控工作。加强反腐倡廉教育、提高干部队伍素质，通过学习教育，让广大司法行政干部职工整体素质有了明显提高。

【年度受表彰情况】 长春堡镇清塘村荣获“全国民主法治示范村”光荣称号；大银镇人民调解委员会和清水铺镇人民调解委员会荣获“全省先进人民调解委员会”称号；大银司法所李贵斌和清水铺司法所薛廷枢荣获“全省优秀人民调解员”称号；蓝天公证处荣获了2015年度省司法所厅和省人社厅表彰的“全省司法行政先进集体”称号。

（撰稿人：简训普）

经济管理与监督

发展和改革

【概述】 2015年，在区委的正确领导下，在区人大和区政协的监督、支持、帮助下，努力克服经济下行不利因素影响，全区各族人民在区委正确领导下，在区人大和区政协监督、支持和帮助下，紧紧围绕“决战贫困、提速赶超、同步小康”的奋斗目标，坚守“两条底线”，实施“主基调主战略”，着力转方式和调结构，提速“赶”、奋力“转”，抢抓机遇、艰苦奋斗、克难攻坚，全区经济社会发展取得显著成效，顺利完成区一届人大四次会议确定的年度目标任务，为“十二五”规划发展目标画上了圆满的句号。

【经济发展快速增长，综合实力明显提升】 实现地区生产总值288.8亿元，同比增长13.8%，其中，第一产业增加值53.6亿元、同比增长6.4%，第二产业增加值101.9亿元，同比增长12.3%，第三产业增加值133.3亿元，同比增长17.1%，三次产业结构比为18.5：35.3：46.2，逐步趋于优化；全部工业增加值82.41亿元，同比增长11.4%；固定资产投资368.1亿元、同比增长20.2%；公共财政预算收入22.87亿元、同比增长12.57%；社会消费品零售总额107.4亿元、同比增长12.2%；农村常住居民人均可支配收入达7135元，同比增长11.8%。城镇常住居民人均可支配收入达24614元，同比增长8.3%。面对宏观经济持续下行压力，特别是在经济增速稳中缓降的情况下，实现了结构优化，效应增强，主要指标处于合理区间，经济运行总体平稳。

【农业产业化有序推进】 2015年，粮食总产量稳定在40万吨左右，完成烤烟种植5.6万亩、烟叶收购13.74万担。朱昌现代高效农业等4个省级农业园区已初具规模，累计完成投资23.62亿元，实现产值21.6亿元，入驻企业53家，辐射带动种植蔬菜10万亩、中药材4.8万亩、绿化苗圃基地820亩。

【工业化进程不断加快】 七星关区经济开发区集聚效应初步显现，引进新能源汽车、新型建材、电子科技等产业，园区入驻企业53个，实现工业总产值53.1亿元、工业增加值15.9亿元。长春堡清丰建材产业园、何官屯工业孵化园等8个民营经济创业园入驻企业28家，实现产值1亿元。煤电烟酒等传统重点产业得到巩固发展，以添钰动力、腾盛汽车为龙头的新能源汽车产业迈出新步伐。

【服务业发展态势良好】 “鸡鸣三省”旅游景区规划编制完成，南山公园等景区基础设施建设进一步完善。电商产业有序推进，阿里巴巴农村淘宝、浙江颐高等电商企业入驻电商产业园，已完成42个乡镇街道和506个村级电子商务选点工作。商贸物流服务业发展迅速，浙江商贸城、毕节小商品综合批发市场等一批专业市场建成投入使用；创美农副产品批发市场、石桥边物流园区等项目建设进展顺利。交通运输、信息咨询、餐饮业稳步发展。

【项目建设稳步推进】 一是抓好项目储备。以编制“十三五”规划为契机，认真做好项目谋划和包装工作，共储备“十三五”重大项目634个，项目总投资3564.87亿元。二是抓好项目申报工作。一方面是积极组织2015年中央预算内投资编报工作，共向上争取中央预算内投资项目63个，项目总投资12.65亿元，完成年度投资计划4.94亿元。另一方面是积极申报中央专项建设资金，分四批上报了34类172个项目，总投资1042.969亿元，全年共争取到项目9个2.05亿元。三是加强重大项目建设管理。2015年全区列入省、市重大工程和重点项目共100个，项目总投资543.03亿元，其中：省重大项目25个，总投资261.13亿元，完成投资70.5亿元，占年度计划的124.25%；市重大项目75个，总投资281.9亿元，完成投资118.97亿元，占年度计划的128.13%。四是招商引资取得新进展。2015年，招商引资实际到位资金148.4亿元。

【基础建设不断完善】 一是城镇建设加快推进。德溪新区、碧海新区、同心新区等城市新区建设和老城区改造按计划推进，完成碧海大道、德溪大道、碧阳大道、同心大道、同心立交等城市骨干路网建设，建成桂花市场路口、清毕路、南关桥3座人行天桥，同心城市公园、桂花市场搬迁等项目进展顺利，完成棚户区改造3007户。全面推动青场镇、清水铺镇等29个小城镇建设。二是农村基础设施不断完善。完成青场至大河29.8公里县乡公路大修；完成海子街至小吉场30.25公里省道提级改造和8条118.9公里县乡道大修及改造前期工作；实施通村油路（水泥路）共计662.2公里，实施示范型创建村小康路共计709.4公里，通组路、串户路硬化总里程达到1100公里。到2015年年底，除因高速公路建设等重大项目影响外，基本实现村村通油路（水泥路）。启动双河口水库、龙官桥水库建设工作，配合作好夹岩水利枢纽工程建设。全力推进农网升级改造、配电网升级改造等供电通讯设施建设，积极支持3G和4G通信、宽带和光纤网络等通讯建设。三是人居环境不断改善。启动实施“贵州民居”建设5000户。139个“四在农家·美丽乡村”创建工作有序推进，完成农村危房改造5288户。

【民生事业协调发展】 一是精准扶贫深入推进。建立“一市五金多套餐”精准扶贫工作新机制，实现贫困人口脱贫4.94万人，实现青场镇、龙场营镇等5个乡镇省级“减贫摘帽”，77个贫困村出列。二是社会保障不断完善。实现城镇新增就业9792人、失业人员实现再就业0.22万人、农业劳动力转移就业2.23万人，城镇登记失业率控制在4.1%；社会救助水平明显提高，实现城乡低保“应保尽保”；建成保障性住房2522套、分配入住2694套。三是教育事业长足发展。以控辍保学为核心，深入实施教育“9+3”计划，小学、初中辍学率分别为0.11%、0.83%，九年义务教育巩固率达95.17%。在城区新建义务教育阶段学校3所、改扩建2所，完成毕节六中扩容建设。四是卫生事业不断进步。区卫生监督所、妇幼保健院业务用房和7个乡镇卫生院、276个村卫生室标准化建设全面完成；“四位一体”的农村医疗保健服务体系建设不断完善；人口和计划生育服务水平明显提升，符合政策生育率达95.79%。五是物价总体稳定。全区物资供应充足，粮食类价格保持稳定态势，肉、禽、蛋类涨跌互现，全年居民消费价格总指数约为101.1，控制在国家和省调控目标范围内。六是“四关爱”工作全面启动。强化“双线、七长、九平台”关爱机制，全方位、多举措推进“四类人员”的关爱救助工作。

【生态建设成效显著】 一是大力实施林业生态工程，完成各类营造林任务19.02万亩，森林覆盖率达50.42%。二是加大节能减排工作力度，严格节能目标考核，实行动态跟踪管理；积极配合省、市开展辖区内“万家企业”、用能单位能源利用状况监察工作；加强审批项目源头管理，积极推行固定资产投资项目节能登记、审查和评估办法，严禁不符合产业政策项目落地。三是狠抓环境保护工作，完成20.1公里倒天河水库隔离网工程；开展污染防治及环境综合整治，削减化学需氧量6055.43吨、氨氮561.25吨，主要污染物排放量均控制在省、市下达的指标范围内。

（撰稿人：江景怡）

国土资源管理

【精准扶贫】 完成帮扶联系点野角乡贫困人口识别工作，对贫困村、贫困户建档立卡。围绕

“六个到村到户”实施方案，建立问需帮扶台账。积极宣传扶贫开发和强农惠农政策，帮助落实项目，协调资金，促进贫困村、贫困户脱贫致富。争取或协调资金共106万元分别处置野角乡郎家塘村翟家弯子组、邓家湾海嘎组、大水村上大水组、邓家湾村海嘎煤矿共4个地质灾害隐患点。

【党建扶贫暨集团帮扶】 成立党建扶贫暨集团帮扶工作领导小组并明确分管领导，按要求开展帮扶工作。积极向国土资源部申报乌蒙山区域土地整治重大项目七星关区小吉场片区子项目，拟争取列入国家土地整治重大工程项目库，建设规模2539.1067公顷，总投资预算17893.97万元，预计新增耕地88.8513公顷；争取将青场镇、水箐镇鲍家村等6个村自然灾害损毁土地纳入省级土地整治项目实施；出资2万元帮助燕子口镇干沟河村疏通通村公路；协调37万元帮助龙场营镇开展地质灾害隐患治理。

【干部驻村工作】 认真开展干部驻村工作。局班子成员定期不定期到驻村点指导、调研驻村工作。驻村人员深入调查摸底，大力宣传宣讲市委一届七次、区委一届四次全会精神，遍访贫困村贫困户，加大对“三类”（留守儿童、空巢老人、残疾人）人员的排查关爱，力所能及为群众解决困难。做好农村小额贴息贷款工作；为野角乡元华村购置打印复印一体机1台，方便群众办事；筹资2万元帮扶野角乡大麻塘村修建裸幺组通村公路；筹资1.5万元对野角乡大麻塘、郎家塘村、元华村共21户贫困户进行走访慰问；协调立项修建野角乡大麻塘村大麻塘组至拱拢坪林场三脚架公路，项目预算资金522万元。

【机关发展型党组织建设】 认真落实党建工作责任制，深入学习贯彻中共十八大及十八届三中、四中全会精神，牢牢把握“服务中心、建设队伍”两大核心任务，以加强党的执政能力建设、先进性和纯洁性建设为主线，以建设“四型”党组织为目标，扎实推进机关党的思想建设、组织建设、作风建设、反腐倡廉建设和制度建设。培养2名入党积极分子，发展3名党员，收缴党费23954元。开展党建扶贫工作，组织44名党员在职党员到社区报到，参加“工作在单位、活动在社区、奉献双岗位”活动，为水西田社区贫困群众捐款2700元。开展践行“三严三实”整治“为官不为”党课2次，巩固党的群众路线教育实践活动成果，深化作风建设常态化，全面提高机关党的建设科学化水平，为全区国土资源工作持续推进提供坚强政治动力和思想组织保证。

【档案管理工作】 严格执行档案查阅、归档、保管、保密、销毁等相关制度。大力推进立卷归档工作，按时报送现行文件。组织2名工作人员参加全区档案管理工作培训。投入资金20余万元启动档案信息化建设项目，订购卷宗皮10000个，档案盒5200个。配备档案管理硬件设施，购买档案管理软件。落实了专用档案室、查询室。启动各股室业务档案数字化档案整理录入工作。完成2014年文书档案归档录入80余盒，归档城市地籍资料2000余宗，地矿档案整理300余卷，人事档案200余卷。

【政务服务】 政务服务窗口收办文717件，办结687件，正在办理的30件，办结率95.82%。对投资项目采取统一的“整合流程、服务前移，统一受理、抄告相关，搁置前置、同步审批，信息共享、限时办结”模式进行审批，切实提高投资项目审批效率，改善投资软环境，加强政务服务。建设七星关区政务服务中心国土资源分中心，规范国土资源市场，进一步建立和完善土地审批、供应、使用和矿业管理综合监管平台，落实经营性用地、工业用地和探矿权采矿权招标拍卖挂牌出让制度，通过市场配置国土资源，实现国土资源开发利用公平、公正、公开，建立守法、诚信、有序的资源市场。

【依法治理】 拟订《依法行政工作计划》《普法工作计划》，严格按计划开展普法依法治理及法制建设工作，制定规范性文件按要求报送备案审查。切实依法行政，做好行政卷宗归档，依法配合办理行政复议案件2件、行政诉讼案件7件。开展“法治创建”活动，做好“六五”普法检查验收准备，积极谋划“七五”普法工作。“4·22”地球日“5”12”防灾减灾日、“6·25”土地日、“8·29”测绘日等重点时段集中开展3次专题普法宣传教育活动，共计向500余人当面解答了热点、难点问题，散发国土资源法律法规册页和宣传单2500余份，引导公民树立资源节约集约利用意识。

【网站动态信息、政务信息】 及时更新全区国土资源系统集群网站建设，发布更新信息53条次。坚持“涉密不上网，上网不涉密的原则”，加快集群网站优化和内容更新，增强政府信息公开力度，依照“严格依法、全面真实、及时便民”的原则，将公告、各类土地资源、矿产资源、测绘管理、执法监察等方面的内容即时公开，广泛接受社会监督。在单位网站上增设“征地信息公开”专栏，公开历年来批准农用地转用和土地征收的征地信息资料。撰写政务信息40余条，上报区政府20余条。

【应急管理】 按要求制订地质灾害应急预案，成立40余人的国土资源民兵应急分队，购置应急救灾指挥帐篷及物资。落实汛期地质灾害24小时值班制度，切实做好应急管理的准备工作。开展全区2015年汛期突发性地质灾害应急演练1次，指导各镇（乡）、街道按照“全覆盖、不漏点”的要求，对全区270个地质灾害隐患点全部开展应急预案演练。联合毕节军分区组织开展“四新”建设观摩活动暨军警民联合地质灾害应急演习，省、市领导率观摩团进行观摩。开展地质灾害应急调查15次，应急处置8个隐患点。

【宣传思想及精神文明建设】 制订党组中心组年度学习计划和干部职工集中学习计划并认真组织实施，党组中心组开展专题化学习4次，集中组织干部职工学习20次，深入学习了习近平总书记系列重要讲话精神和十八届三中、四中全会精神；组织干部职工撰写文章在《毕节国土资源杂志》等刊物上发表50余条（篇）。积极开展“我们的节日”“我推荐、我评议身边好人”“明礼知耻.崇德向善争做文明先锋”等活动，按时报送信息（简报）、舆情信息。

【党风廉政和反腐败工作】 以中共十八大、十八届三中、四中全会精神为指导，认真贯彻中央、省委、市委和区委关于党要管党、从严治党的决策部署及有关要求，全面推进党的建设，坚决执行党员干部“十严禁”“十不准”要求，认真落实中央八项规定和省委、市委、区委十项规定，坚决遏制“四风”反弹。认真落实党组的主体责任和纪检组的监督责任，推进党风廉政建设，从严管理干部队伍。落实“一岗双责”，召开党风廉政建设、作风建设工作部署会8次。与区检察院深化预防职务犯罪联席会议制度，与毕节监狱完善警示教育协作机制。对全系统人员准确定点定时管理。利用在镇乡街道国土资源管理所部署的手机终端，实现3G视像定位管理。搭建云会议平台，通过远程视频会议功能，实现人员监管和调度，解决了人员分散、过程管理困难等问题。大力推行党务政务公开，开展作风纪律明察暗访21次，权力清单运行备案55件，党风廉政和反腐败工作取得实效。

【保密工作】 落实保密责任，制定保密措施，强化宣传教育，健全完善制度，严格保密管理，以涉密人员、涉密载体、涉密计算机保密管理为重点（其中小涉密计算机2台，移动存储介质2个，保密要害部门2个），签订了保密承诺书20份。坚持“涉密不上网，上网不涉密”的原则，严格审核，强化管理，加强督促检查，狠抓各项保密措施和保密责任制的落实，较好地完成了保密工作的各项目标任务。

【安全生产】 开展动态巡查3268次，打击非法采煤采矿工作进入常态化管理。积极配合、参加打击非法建筑行动16次。地质灾害防治工作责任层层落实，地质灾害巡查、排查积极开展，监测、预警预报网络不断健全，防范措施得以落实，地质灾害搬迁治理有序实施。未发生非法采煤采矿和地质灾害导致的安全生产事故。

【全面深化改革】 配合落实"多规合一"要求，牵头拟定《毕节市七星关区深化城乡统一用地市场改革实施方案》《毕节市七星关区深化矿产资源配置体制改革实施方案》2个专项方案上报区委发布实施。努力推进《毕节试验区国土资源差别化政策综合改革试点实施方案》和《毕节市全面深化国土资源改革方案》的实施，争取并落实土地利用总体规划修改，开展不动产统一登记试点，持续推进城乡建设用地增减挂钩工作，实施耕作层剥离利用与城乡建设用地增减挂钩试点。各项试点工作取得相应进展。

【督查考核工作】 结合2015年国家、省、市国土资源工作会议精神，围绕全区国土资源"保发展、护生态、转方式、惠民生、促改革、严管理"的决策部署；制订国土资源管理目标任务分解方案，按季度开展干部职工的考核工作，建立动态跟踪考核管理台账。对全区乡（镇）、街道地质灾害防治和打击非法采煤采矿工作进行业务跟踪督导。

【耕地保护工作】 切实开展基本农田划定工作。全区土地利用总体规划确定的基本农田面积155.26万亩，初步上图划定基本农田155.33万亩，高于总规基本农田指标700亩。目前，正按省国土资源厅要求进行逐个图斑城镇周边、重要交通沿线、坝区范围基本农田划定核实举证。实施高标准基本农田建设项目8个，总建设规模57787.89亩，总投资11737.48万元，其中，省级项目4个，建设规模45099.4亩，预算资金8600多万元；市级项目4个，建设规模12688.49亩，预算资金1928万元。积极申报国家级项目——乌蒙山"兴地惠民"土地整治重大工程七星关区小吉场镇高标准基本农田建设项目及省、市级高标准基本农田建设项目8个（其中，国家级项目1个，省级项目3个，市级项目4个），总建设规模104348.82亩，估算总投资18381.66万元。在德溪新区、鸭池片区等城区实施耕作层剥离项目3个，剥离总面积近450亩，剥离耕作层土方量约6.3万方，用于改造朱昌农业园区中低产田及鸭池镇废弃矿山复垦。持续开展城乡建设用地增减挂钩工作。2014年度增减挂钩试项目指标350亩，选点共涉及7个乡（镇）近80个点，项目预算投资3000余万元，项目区实施规划已经省国土资源厅组织评审，已按评审意见修改上报。实施工矿废弃地复垦工。省下达区2014年度工矿废弃地复垦指标450亩，待技术规程下发后组织开展《专项规划》和《实施方案》编制。实施耕地质量等别调查评价与监测，开展"十二五"高标准基本农田建设综合成效评估，纳入评估的高标准基本农田建设项目80个，总建设规模18.03万亩。

【保障项目用地需要】 根据土地利用总体规划，积极做好用地预审和项目选址工作，科学合理利用土地。持续推进建设用地报批。全年上报11批次，批准面积5015.64亩。已通过省国土资源厅审查的城镇批次用地报件2个，面积998.15亩。对获批土地积极供应，划拨供应43宗，面积3434.68亩。重点保障"5个100"工程、工业"百千万"工程、交通建设、水利建设、"四在农家·美丽乡村"基础设施建设六项行动计划、保障性住房等项目用地。对棚户区改造、保障性安居工程、农村宅基地、养老服务业发展等民生用地，实行应保尽保。2015年划拨供应国有土地43宗，供应面积3434.68亩；挂牌出让58宗，面积2631.96亩，成交价款24.67亿元。以土地抵押融资43.55亿元，通过运营土地共筹集资金68.22亿元。加强建设用地批后监管。认真清理存量土地，通过科学规划、合理布局，充分发挥土地资源的利用空间和潜在价值，着力提高土地的利用效率和产出效益。对七星关经济开发区、德溪新区、碧海新区、同心新区等区域及碧阳大道、草海大道等城市干道两侧的土地进行清理，进一步推进城镇低效用地再开发。

【矿政管理工作】 积极配合做好煤炭企业兼并重组工作。现已有27宗煤矿进入集团公司，完成22宗煤矿兼并重组过户登记。配合做好整装勘查工作。协助开展"贵州省毕节市中东部地热水资源整装勘查"工作，鸭池镇上坝地热勘探孔（CK1）项目已完成，钻孔2301.21余米，进口水温51.5℃，日出水量400方，待专家评审后汇交地质资料。协助编制完成《乌蒙山区1∶5万海子街幅水文地质环境调查报告》。全面完成2014年度采矿权年检工作。共145宗矿山参与年检，年检率97.30%（其中：地级以上颁证矿山52宗，年检40宗，县级颁证矿山年检97宗，年检95宗）。收取矿产资源补偿费406.45万元，采矿权使用费16.4万元，缴存矿山地质环境综合治理保证金992.1万元。开展矿山储量动态监测工作。有序推进第三轮矿产资源规划修编。启动全区110宗砂石土资源采矿权整合工作，矿山企业逐步压缩数量、扩大规模、提高工艺，矿业经济发展基础不断夯实。

【地籍测绘管理工作】 严格保护测量标志。对全区81个测量标志进行复核并建立了巡查台账表和复核登记。加强测绘市场管理。对测绘成果保密和地图市场进行检查。配合完成全区第一次地理国情普查工作第一阶段数据采集和整理。做好土地登记工作。完成国有划拨土地使用权初始登记19宗，国有出让土地使用权初始登记28宗，国有出让土地使用权变更登记1985宗，抵押登记32宗，集体土地使用权登记57宗。开展示范小城镇及精细化确权登记发证工作，完成清水铺镇、青场镇两个建制镇区域权属调查工作、涉及宗地3400余宗。推进不动产统一登记试点，完成了职责整合、机构建设、窗口建设，启动不动产登记信息管理平台建设。在对地物地貌航拍锁定的基础上，完成606宗房地一体地籍调查外业工作，录入相关数据。共颁发了57本不动产权证，为群众资产变资本、推进农村经济发展进一步夯实基础。

【地质灾害防治】 认真修订完善防灾方案、应急预案，区政府与各乡（镇）、街道签订《2015年度地质灾害预防和处置工作责任书》，将地质灾害防治工作纳入“双考双评双挂钩”政府目标管理考核体系。全面开展地质灾害高标准“十有县”建设，已通过省级验收，正报国土资源部审查。落实地质灾害ABC角领导工作制，深化与省地矿局第二工程勘察院的战略合作机制，省地矿局第二工程勘察院派出3名专业技术人员长驻七星关区开展巡查排查、应急调查及技术指导，核查地质灾害隐患点180处。做好监测预警工作。隐患点全部纳入监测监控范畴，并配备裂缝报警器、铜锣、卷尺等监测预警工具，对险情严峻的地质灾害隐患点，安装视频监控或滑坡伸缩仪近20台。汛期通过网络、手机短信、电话等方式，及时将地质灾害预报预警信息发布到各乡（镇）、街道及隐患点上的相关人员，开展地质灾害网上预报预警12次，电话预警210次；进一步提升地质灾害防治的信息化水平，依托国土资源综合管理系统，对重要地质灾害隐患点24小时动态监控，研发裂缝拉伸监测传输报警系统，实时采集地灾隐患点位移数据。在部分重大隐患点进行了实时监测。实现应急指挥双向语音报警，指挥中心一键群呼、一键调度，应急调度及时性和准确性得到大幅提升。积极实施地质灾害防治项目。正在实施的项目17个（其中特大型项目4个），共向中央、省、市争取资金5564.18万元。其中大屯雅木特大型滑坡治理项目已获中央补助资金2300万，施工图设计方案已经省国土资源厅组织专家审查通过。积极配合区教育局完成3所受地质灾害威胁学校治理。新申报特大型地质灾害防治项目2个，现省国土资源厅已审查通过，正报国土资源部批复立项，预计可争取资金约7000万元。

【执法监察工作】 深入开展国土资源动态巡查工作。自主研发国土资源管理移动终端应用。以“国土E通”数据采集和在线监察为导向，整合“12336”举报热线信息，推进国土资源执法监察移动巡查工作再创新，建立整套适合基层国土资源管理独立运行机制。在42个镇乡街道部署手持终端，对监控盲区进行巡查监管。利用无线网络监控技术实现热点区域和敏感区域的可视化监管。强化耕地保护，在千亩坝区等基本农田重点保护区部署远程视频监控设备。对重点采矿区、倒天河水库、夹岩水库等国家重点工程用地和生态红线保护区部署监控设备，实现远程视频监控，有效控制抢种“房屋”，乱搭乱建行为发生。完善国土110机制，整合区人武部民兵力量，共同开展国土资源动态巡查，开展动态巡查3268次，打击非法采煤采矿工作持续常态化管理　加大巡查监管坝区耕地和生态保护力度，对5000亩以上耕地保护坝区专项巡查80余次。

开展2014年度土地矿产卫片执法监督检查工作。新增建设用地图斑181个和6个矿产资源疑似违法图斑。新增建设用地面积3813.8亩，涉及4宗违法用地案件，均立案查处，收缴罚款48.1161万元，没收违法建筑面积21591.06平方米，拆除违法建筑面积2500平方米，对4宗违法用地所在镇、乡、街道及有关单位负责人进行了警示约谈。

【信息化建设工作】　完成国土资源二代办公系统的部署应用；实现了一般性公文传阅、建设用地远程报批和多级矿权审批流程在二代OA系统上传送。开展网络联通情况的日常检查，确保远程联网办公和相关报件及数据的正常传输。全年网上办件达1520件。切实保障行政审批电子监察网络畅通，局行政审批和行政服务项目全部实现窗口收办文，2015共计收办文650余件。构建基于基础地理信息数据以及“土地、矿产、测绘、地质”等国土资源数据的“一张图”框架数据库及管理系统，在航拍全区地形地貌的基础上，建立地籍、土地利用、动态巡查等管理系统。为国土资源管理、决策提供服务，基本实现国土资源管理从过程监管转变为提前介入，从静态记录提升为动态在线管理等目标。全面完成七星关区国土资源“一张图”部署和应用，实现“一张图”省市区全线联通，开展建设用地报件上报前的系统核查和矿业权审批前的图上检查工作。

（撰稿人：办公室）

市场监督管理

【概述】　2015年，是毕节市七星关区市场监督管理局以下简称“管理局”组建后依法履职的开局之年、是服务首善之区发展的起航之年。毕节市七星关区市场监督管理局在区委、区政府的坚强领导下，认真贯彻落实中共十八大和十八届三中、四中全会、省委十一届六次全会、市委一届七次全会以及中央、省、市、区经济工作会议精神，妥善处理改革与稳定、服务与监管、主线与底线的关系，以“决战贫困、提速赶超、同步小康”为统领，以年初“一个中心、两大建设、三条底线、四项重点工作”的工作思路为着力点，积极探索创新，各项工作取得显著成绩，为推进全区经济社会平稳较快发展，建设富裕和谐美丽七星关区做出了积极贡献。

【服务发展】　民营经济发展取得新成绩。认真贯彻落实中央和省、市、区关于深化行政审批制度改革、推进简政放权的决策部署，进一步理顺管理体制，清理核实、取消整合审批事项，优化审批流程，行政审批明显“瘦身”，服务效能显著提速。一年来，全区新增国有企业55户，注册资本203031万元，新增私营企业1656户，注册资本589406万元；新增个体工商户4607户，注册资金48568万元；新增农民专业合作社254户，资金数额55922万元。其中，与2014年同期私营企业1232户、农专社117户相比，分别增长34.4%、117.1%。全区私营企业呈现较快发展势头，改革红利进一步释放。

品牌兴区战略取得新成绩。管理局积极推动12家企业纳入贵州省名牌产品培育对象、2家企业纳入贵州省服务业名牌培育对象；积极开展农产品商标、地理标志注册与保护工作，2015年，管理局申报的“毕节白萝卜”和“毕节白蒜”等地理标志证明商标已通过评审，积极开展“毕节刺梨”和“毕节椪柑”申报地理标志商标工作。着手重点帮扶指导毕节老黄哥食品有限公司、毕节江飞管业有限公司和毕节新迈伦鞋业等3家企业申报贵州省著名商标。全年来，培育指导申报贵州省著名商标4件，指导新注册商标98件，其中农产品商标19件，指导新注册商标件数同比增长5.38%。

微型企业发展取得新成绩。严格贯彻落实“3个15万”扶持微型企业发展的决策部署，以“政府统一领导、微企办统筹协调、市场监管局牵头推进、相关部门协作配合”为工作机制，着力推进大众创新、万众创业，全区扶持微型企业发展工作取得新成效。截至10月25日，管理区共扶持发展微型企业450户，提前一个月全面完成全年扶持目标任务，注册资金达6234万元，解决就业2304人。2015年，全区有391户微型企业获得银行贷款共计6303万元。

【市场监管】 切实坚守食品药品安全底线。坚持治标与治本并举、整治与建制相结合，进一步强化和落实各方责任，充分发挥市场机制、行业自律和社会监督作用，着力提高食品药品产业整体素质，全面提升全区食品药品安全工作水平。全年共抽检211个食品品种，对不合格的5个批次食品，各罚款2000元，对食品标签不合格的7户生产企业进行约谈；认真组织开展元旦、春节、元宵节、“两节”、“两会”“五一”、国家公务员考试、高考期间及“十一”黄金周期间食品药品安全专项整治，检查各类食品药品经营单位及学校“营养餐”食堂23000余户（次），下达监督意见书、责令整改通知书150余份；积极开展药品行政审批和换证工作，全年共完成216户申报、换证、备案、GSP认证工作；完成市局下达的药（械）不良反应目标任务数的145%；查处各类食品药品违法案件64件，比2014年同比增长57.1%。特别是10月份，管理局对城区食品商行进口冷冻食品进行检查，查扣无中文标示、部分无检验检疫合格证的进口冷冻食品17.8吨，货值金额达32.37万元，获得了良好的社会反响。

切实坚守产品质量安全底线。全系统认真贯彻落实市委市政府、区委区政府实施质量兴区战略的决策部署，坚持走以质取胜的发展道路，将质量兴区、品牌兴区作为加快试验区科学发展、升级发展的重要举措。全年共签订质量兴区目标责任书15份，召开产品质量分析会3次；积极推动12家企业纳入贵州省名牌产品培育对象、2家企业纳入贵州省服务业名牌培育对象；查处商标侵权案件39件，办理各类违法有关质量技术监督法律法规的执法案件25件，同比增长14.3%。通过质量兴区与品牌兴区战略的实施，区产业市场竞争力进一步提升。

切实坚守特种设备安全底线。以防止和减少事故为目标，全面贯彻落实“安全第一，预防为主、综合治理”的方针，不断加强特种设备安全监察工作力度。全年共出动执法人员246人次，检查特种设备使用单位86家（次），检查特种设备1326余台，开展维保电梯自查自纠426台，下达监察指令书36份，发现隐患126条。一年来，管理局圆满完成“全省第一次项目观摩会”“海峡两岸生态农业发展交流会”“全省留守儿童困境儿童关爱救助保护工作现场推进会”“毕节市委召开的一届七次会议”等26次重大会议和接待期间的特种设备安全保障工作。一年来，全区未发生一起特种设备安全事故。

切实加强合同、广告监管。本年度合同备案19份，办理动产抵押登记6件，融资金额2120万元共受理户外广告310件，拆除未经审批、未按审批许可设置级各类不雅违法户外广告共计614幅。

扎实推进“三创一建”工作。按照区政府安排部署，以“四在农家美丽乡村”建设为契机，从市场准入秩序、市场经营秩序、市场购物环境等方面，积极组织开展洪南农产品专业批发市场集中整治工作、桂花市场搬迁工作、杨家湾市场升级改造工作。通过整治，实现市场内各类经营主体资格合法，持证亮照、诚信守法，配套服务设施健全，达到规范管理标准要求。

切实维护市场秩序。一是加大市场巡查力度，切实强化市场监管。本年度，共检查农贸市场44个次、农资经营户704户次，查处销售不合格化肥案件3件；检查危险化学药品经营户49户次、烟花爆竹经营户127户次，办理毕节金河化工有限公司无工业产品生产许可证生产销售液氨案、上海加力气体有限公司无工业产品生产许可证生产氮气、氧气、氢气和压缩气体案2件大案，取缔烟花爆竹无证经营82户，收缴烟花245件、爆竹92件；查处经营不合格0号柴油案1件、无照经营0号柴油案2件，没收0号柴油7570升；二是加快推进“划行规市”，组织相关人员对七星关区商贸市场进行调研，拟订《毕节市七星关区城区商贸市场规划方案（草案）》，并向区人民政府上报了拟建设七星关区木材专业市场、七星关区水西田玫瑰花园农贸市场等4个专业市场的情况报告，积极规范辖区经营业态，引导专业市场顺利平稳发展；三是积极开展火灾隐患集中区域整治。认真学习并落实习近平总书记关于天津港“8·12”瑞海公司危险品仓库特别重大火灾爆炸事故的重要指示和李克强总理的重要批示精神，全面开展各类隐患排查。期间共清理市场占道经营50余户，清理、劝阻8户乱搭乱建经营户；四是积极组织开展可生物降解塑料制品防止白色污染工作。全年印制宣传资料10000份下发各经营户，查办不合格塑料购物袋案件21件，没收不合格塑料购物袋1000余公斤。

【消费维权】 “一会两站”建设取得新成绩。继续巩固好原36个生态文明家园“五园新村”精品示范村“一会两站”规范化建设的基础上，继续抓好全区50个“五个全覆盖”示范村（社区）“一会两站”及6个要打造的美丽乡村的“一会两站”规范化建设工作。2015年全区“一会两站”共受理消费者投诉案件167件，为消费者挽回经济损失90.76万元。目前，七星关区基本实现消费投诉不出社区、不出村、不出乡镇街道的目标，有效将消费者与经营者之间的矛盾纠纷化解基层，“一会两站”已成为政府联系群众的重要桥梁和纽带。

消费维权空间进一步拓展。2015年区消协紧紧围绕“携手共治畅享消费”年主题和“协同共治”理念，深入贯彻落实新《消法》，“3·15”国际消费者权益日，联合区农牧局、区烟草局等40余家单位通过墙体、展板、宣传单页、现场披露和曝光年度消费维权典型案件，现场有奖问答等方式向群众大力宣传消费者权益保护法律法规和消费维权知识，现场发放20余种宣传资料共18000余份。并在现场设立法律咨询、消费投诉受理服务台，向群众提供法律法规解读、真假商品鉴别宣传等服务，现场接受消费咨询260余人次、受理举报投诉案件5件。同时依托“一会两站”等基层维权网络，积极组织“3·15”宣传活动，将“3·15”消费维权活动深入社区、农村、企业、学校、旅游风景区。全力开展多层次、全方位的宣传，增强了广大消费者的维权意识，营造良好的社会维权氛围，切实维护广大消费者的合法权益，进一步提升市场管理部门、消费者协会的社会影响力。

强化商品质量监测。积极查处流通领域和服务领域侵害消费者权益案件，2015年共查处涉嫌掺杂使假和销售劣质商品的违法案件28件，罚款29.42万元；查处服务领域严重侵犯消费者合法权益的案件2件，罚款1.3万元；查处虚假宣传、欺诈消费者、利用格式合同或格式条款免除消费者权利、加重消费者义务、免除经营者义务等的案件40件，罚款17.13万元。

【依法行政】 执法行为更加规范。今年来，管理局围绕依法治区的总体要求，通过进一步理顺执法体制，严格办案程序，提高案件质量，推动依法行政工作再上新台阶。全年共拟定62个制度和文件，评查各类行政执法案卷612件，同时完成执法主体、执法文书、执法证的统一工作，实现以“市场监管局”名义统一对外执法；悬挂各类法律法规宣传横幅75幅、展出宣传展板40块、提供咨询6千余人次，发放宣传资料33000余份；组织执法人员340人（次）参加质量、计量、标准化、特种设备监管知识等培训；全年组织召开案件评审会集体讨论案件40件，办结行政处罚案件179件，完成一般行政指导5700件，8件“项目+案例”行政指导，行政指导件数与去年同期相比增长26.4%。全年无行政复议案件及行政诉讼案。

【党风廉政建设】 干部队伍建设进一步加强。全系统结合“三严三实”专题教育，坚持干部职工每周一政治业务学习，积极组织开展“百万公众网络学习工程”在线学习活动，充分利用贵州数字图书馆资源以及无纸化学法用法平台，丰富学习内容、学习形式；狠抓制度建设，促权力规范运行。全年共考察出中层干部29名，其中包括2013年以来新进的5名公务员，树立正确用人导向，完善选人用人机制；我局按照区委安排，选派8名驻村干部、9名驻村“第一书记”以“精准扶贫”为主线，立足市场监管职能职责，深入开展送照下乡、法律宣传、微企服务、消费维权及亲切慰问等多种形式，切实开展同步小康驻村工作，有力加强干部队伍作风建设。

党风廉政建设夯实根基。全

系统认真贯彻中纪委历次全会及省、市、区党风廉政建设工作会议精神，认真落实“两个责任”和“一岗双责”，加大党风廉政建设责任制落实情况的监督检查。一年来，我局认真落实党风廉政建设主体责任，签订160份党风廉政建设责任书；深入开展民生铸廉整治、“为官不为”、纪律作风等专项整治，对违反工作纪律的4名干部予以问责，给予全系统通报批评、责令作出书面检查、扣发2015年度1个月绩效奖励处罚。

（撰稿人：办公室）

安全生产监督管理

【概况】 2015年，在区委、区政府的正确领导下，在市安监局的指导和帮助下，以贯彻落实中央、省、市、区领导关于安全生产工作的重要批示为动力，以“强化红线意识、守住安全底线”为目标，以强化和落实企业主体责任为重点，以除大隐患、防大事故为主攻方向，全面推进安全生产的各项工作。截至目前，共检查生产企业1770家/次，查出安全隐患7156条，已整改7156条，整改率为100%；全区共发生生产安全责任事故3起、死亡2人，事故起数同比净增1起，死亡人数同比下降50%。其中，6月25日市西街道办南门口发生1起道路交通事故、死亡0人；9月17日三板桥办事处大坡坪村发生1起道路交通事故、死亡1人；10月14日燕子口镇宝黔煤矿发生1起顶板事故、死亡1人；除煤矿外，管理局直接监管的非煤矿山、烟花爆竹、危险化学品、冶金工贸等八大行业领域、职业健康行业（领域）保持“零事故、零死亡”。

【及时安排部署全年安全生产工作，层层落实目标管理责任体系】 年初制订了《2015年安全生产工作安排意见》，进一步明确全年的指导思想、工作目标、工作措施及工作任务。及时召开全区安全监管工作会议，对如何抓好2015年全区安全监管工作进行了具体的安排部署，会议还采用以会代训的方式对安全监管执法人员开展安全监管培训，提升安全监管能力与水平。多次召开煤矿、非煤矿山、危化物品、烟花爆竹等方面的专题会议，有针对性地对这些行业（领域）的重大事项进行研究部署。

【认真开展各行业（领域）的监督检查】 严格执行全年监管执法计划，并以重点时段，重要节假日期间安全生产工作为重点，精心安排部署了春运、春节、全国“两会”“五一”、汛期、“十一”等期间安全生产检查活动。通过全面、深入的监督检查和隐患排查治理，切实消除了生产建设过程中人的不安全行为、物的不安全状态和管理上的缺陷。今年以来，我局直接监管的煤矿、非煤矿山、危险化学品、烟花爆竹、冶金工贸等重点行业（领域）共开展安全生产监督检查和隐患排查治理1770家/次，排查一般隐患7156条，已整改7156条，整改率达100%。

【开展“打非治违”专项行动，依法惩治安全生产违法违规行为】 严格按照国务院安委会《关于集中开展“六打六治”打非治违专项行动的通知》和国务院安委会办公室国家安全监管总局《关于切实加强当前安全生产工作的通知》的要求。认真组织全区各行业领域开展一次彻底的“六打六治”打非治违工作，力求做到横到边、纵到底、地毯式、拉网式的清理排查，不留死角死面，认真组织检查组对全区生产经营单位进行安全检查，实现了全覆盖，共对非法违法生产经营单位共处罚金30余万元，有力地打击了非法违法生产的嚣张气焰，切实维护了人民群众的生命和财产安全。

【强化安全生产宣传教育及全员培训工作，普及安全知识，提升全社会安全生产意识】 今年，充分利用广播、电视、新闻、报纸、网站等主流媒体进行安全生产宣传教育，广泛宣传安全生产法律法规知识。在六月“安全生产月”期间，共印发安全生产宣传资料1万余册，订制《毕节晚报》安全生产专篇4000份，悬挂安全生产宣传标语12幅，制作安全生产宣传展板6块，发放安全生产宣传挂画200套、安全生产宣传纸杯10万个，使全社会“强化安全基础，推动安全发展”的理念更加深入人心。组织、指导和监督生产经营单位开展安全生产教育培训，共培训金属、非金属矿山主要负责人和安全管理人员2期188人，生产经营单位从业人员20期1352人，职业健康主要负责人和安全管理人员2期334人，危险化学品安全管理人员1期82人，工贸行业负责人和安全管理人员1期165人，局机关业务培训92人，乡镇安监业务培训144人。

【实施安全文化示范创建工程，安全基层基础更加夯实】 为进一步夯实安全基层基础，充分发挥典型示范带动作用，以先进促后进，努力形成增比进位的良好发展局面，区安委办安排在全区各行业领域进一步深入开展安全文化示范工程创建活动，下发了《关于开展安全文化示范创建工作的通知》，安排全区开展安全文化示范创建活动。今年以来，全区完成示范创建镇乡1个、社区1个、煤矿1个、非煤矿山1个、烟花爆竹企业1个、校园1个、示范园区1个。

【强化应急救援管理，严肃事故查处和责任追究，切实增强防灾救灾能力】 为加强全区生产安全事故应急救援预案管理工作，充分发挥应急预案的功能，全面提升应急管理能力和水平，我局以强化应急预案编制、评审、备案工作为重点，力求安全生产应急预案全覆盖，积极开展安全生产应急演练工作，加强安全生产应急管理培训，广泛开展应急预案管理宣传教育。

认真贯彻落实《生产安全事故报告和调查处理条例》的有关规定。严格按照"四不放过"的原则处理生产安全事故，查明事故原因，查清事故性质，提出处理结果，并提交区政府在全区进行通报。定期对事故进行分析，及时查找监管工作中存在的问题和不足，总结经验教训，举一反三，不断提高安全生产执法监察水平。

【抓好党的建设及党风廉政建设工作】 党组书记亲自安排党建工作，将党建工作同安全生产工作同安排、同部署、同落实，成绩明显。一是政治理论学习较好。严格按照上级文件要求抓学习，中心组学习及干部职工学习质量较好，并要求干部职工撰写各类学习心得体会300余篇，达到了学有所获，学以致用的目的，努力创建学习型机关；二是机关作风建设活动开展较好。党组历来重视抓机关作风并一以贯之，努力打造服务型机关。三是"一岗双责"落实较好。每年制定主要任务分解表，将党建目标和业务工作紧密结合，并开展了丰富多彩的文体活动；四是纳新2名中共正式党员、4名预备党员，吸收7名入党积极分子。

严格落实党风廉政建设责任制，认真抓好领导干部廉洁自律工作，取得很好的效果：一是层层签订党风廉政责任书，将党风廉政建设责任制落实到具体的人、具体股室；二是全局党员干部严格执行中央"八项规定"和省委、市委、区委"十项"规定，截至目前，全局没有发生违反"规定"的情况；三是没有利用公款、利用节假日进行高档消费娱乐和旅游活动，执法人员在检查过程中没有吃、拿、卡、要等不良现象；四是切实加强了车辆的使用和管理，认真落实"收支两条线"管理规定，有效防止了财务收支过程中的不正当行为；五是没有发生因工作不到位、不履职、不尽责的信访案件；六是没有发生违反党纪政纪的违纪违法案件；七是能够按要求及时、准确、全面地报送纪检监察工作情况和有关材料，没有出现迟报、漏报、瞒报现象；八是能够按要求及时完成区纪委、监察局交办的其他任务。

【深入开展"三严三实"专题教育，加强作风建设】 格按照"三严三实"的总要求，以"增强安监队伍的凝聚力和战斗力"为目的，密切结合安全生产工作实际，坚决整治"僵慵懒浮散"等"不严不实"问题，促进广大干部既严以修身、严以用权、严以律己，又谋事要实、创业要实、做人要实，努力在深化"四风"整治、巩固和拓展党的群众路线教育实践活动成果上见实效，齐心聚力打造一支"对党忠诚、个人干净、敢于担当"的安监队伍。

【认真抓好区委、区政府安排的其他各项工作】 以建设发展型党组织为目标，认真抓好"六型机关"创建、精神文明建设、宣传思想、攻坚扶贫、"千名干部下基层驻村工作”“美丽乡村建设”、信访维稳、社会治安综合治理暨禁毒、计划生育、多彩文明贵州行动、等工作。今年来，全局抽派7名干部到青场镇、阿市乡和亮岩镇驻村帮助困难群众。截至目前，为帮扶村协调解决帮扶资金10万余元，切实加强和改善村办公、为民服务条件。

（撰稿人：办公室）

审 计

【概况】 七星关区审计局是财政全额拨款正科级行政单位，设有办公室、法制股、行政事业审计股、财政农业审计股、固定资产投资审计股、经济责任审计股、企业审计股、固定资产投资审计中心（事业单位）。2015年共有在职职工27人，其中本科学历18人，大专学历6人。高级职称1人，中级职称1人，初级职称5人。

【主要工作职责】 1．组织和领导全区审计工作，贯彻执行审计法律、法规、规章和审计工作方针、政策，制订并实施全区审计工作计划；2．对本级预算执行情况、本级各部门（含直属单位）预算执行情况和决算，以及预算外资金的管理和使用情况，进行审计监督；3．对下级政府预算执行情况和决算以及预算外资金的管理和使用情况，进行审计监督；4．按《审计法》规定和审计署、省审计厅、市审计局、区政府授权，对国有金融机构和地方金融组织的资产、负债、损益进行审计监督；5．对区属国有事业单位的财务收支进行审计监督；6．对区属国有企业、国有资产占控股地位或者主导地位的企业和市审计局授权审计的企业的资产、负债、损益进行审计监督；7．对区级重点建设项目和有国家投资的其他固定资产投资项目预算的执行情况和决算进行审计监督；8．组织、指导、协调全区经济责任审计工作，实施对党政机关、群众团体和企事业单位的区管领导干部的经济责任进行审计监督（审判、检察机关领导干部的经济责任审计，由上级组织部门、纪检监察机关委托组织实施）；9．按市审计局的授权和区政府交办对区内国际金融组织和外国政府援助、贷款项目的财务收支进行审计监督；10．对其他法律、法规规定应当由审计机关进行审计的事项，依法进行审计监督；11．对与国家财政收支有关的特定事项，向有关部门、单位进行专项审计调查；12．对全区内部审计工作依法进行业务培训、指导和监督；13．依照法律和有关规定，履行对社会审计组织监督的职责；14．承办区委、区政府和上级审计机关交办的其他事项和任务。

【审计成果】 完成审计项目218（自审项目11个、委托投资审计207个）个，自审查出主要问题金额61789万元，（其中违规金额12538万元、管理不规范金额49250万元）；审计发现非金额计量问题51个；收支不实38万元；审计期间已整改金额24003万元。审计处理情况：应上缴财政罚没8547万元（含罚没8529万元）；应归还原渠道金额11004万元；应缴纳其他资金61万元；应调账处理11252万元。移送处理：移送司法机关4件3人，移送纪检监察机关24件。完成政府投资项目207个，送审金额111574.34万元，审定金额105060.52万元，审减金额6513.82万元。提交审计报告93篇，编发审计信息15条，提出审计建议41条全部得到采纳。1．抓好同级财政审计，重点关注财政资金管理的规范性和效益性。完成了财政预算执行审计、本级预算执行和其他财政资金收支审计，并延伸到区水利水电工程移民局、国家金库七星关区支库、区地方税务局的审计。对七星关区财政局2014年度财政预算执行及其他财政资金审计中发现以下问题：一是区财政局共挪用社保基金34,800万元，当年归还24,000万元，尚未归还资金渠道的社保基金10,800万元；二是少列当年预算支出11,130万元；三是违规借款给非财政预算单位1,008万元；四是拨付财政款项未严格审核有关拨款依据及其附件。移民局存在以下问题：以考察学习为由，组织干部职工旅游，在单位自行管理的资金中支付旅游费50,020元、违规发放加班费等。2．强化领导干部经责审计。完成了2014年区委组织部委托的项目1个和2015年委托的项目两个。对区林业局局长、党组书记经济责任审计中查出挪用项目资金及财政扶贫资金130.64万元、应缴未缴财政款920.55万元（其中坐支861.41万）、私设“小金库”和公款私存2.06万、虚假经济事项报销支出31.68万元以及购进固定资金未纳入财务管理等违纪违规行为。对小吉场镇党政领导任期经济责任审计中查出财政所会计罗某某通过收入不入账、虚列支出、借款作支出等手段涉嫌贪污公款64万余元，此案已移送区检察院侦察处理。同时查出该镇用公款支付旅游费用8.6万元、招待费开支过大、购置固定资产113万元未列入账务管理、公款娱乐消费1 1万元、虚报冒领财政资金15万元、购置7辆车未办控购手续且未纳入账务管理并以个人名义入户、依据不齐全支付款项74万元。民政补助的参合金因手续不健全无法退还相关参保人员、2011年以前的民政资金16万余元无法兑现、无依据报销飞机票0.67万元等。对阴底乡党政领导任期经济责任审计中查出财政财务收支方面存在以下问题：虚报冒领财政资金13.91万元、违反规定扩大开支范围33.14万元、以考察学习名义公款旅游1.20万元、虚列收入562.20万元、虚列支出94.49万元、收入未入账104.26万元、无依据付款、购置固定资产未纳入账务管理44.74万元、滞留财政资金17.42万元、无依据付款1,008.18万元、账面支出大过实际支出18.90万元。3. 加强政府投资项目审计，减少财政资金流失。共完成政府投资项目207个，送审金额111574.34万元，审定金额105060.52万元，审减金额6513.82万元，其中:完成自审项目2个，送审金额405.33万元，审定金额380.88万元，审减金额24.45万元，审减率为6.03%；复核中介机构审计项目205个，送审金额111169.01万元，审定金额104679.64万元，审减金额6489.37万元，审减率为5.84%。4. 加强民生项目资金审计，促进各项惠民政策落实到位。组织开展了稳增长促改革调结构惠民生政策措施落实情况跟踪审计等一批全国、全省和全市统一组织的审计项目，重大工程项目抽查了区房产事业局实施的2014年保障性住房项目茶亭建设点和经济开发区规划建设与管理局实施的七星关区经济开发区公租房二期工程项目，揭示出工程未通过招投标、未严格执行基本建设程序、工程进度缓慢等问题。同时对棚户区改造、城市基础设施建设、减少农村贫困人口和搞好高标准农田建设以及节能环保等政策措施的落实情况进行了审计。还抽派业务人员配合市局完成了对百管委2012至2014年度防治石漠化综合治理资金的扶贫、管理、使用及其效益情况的审计和对百管委10月份稳增长等政策措施跟踪审计。通过审计，深入查找了各项惠民政策在贯彻执行当中存在的问题，促进了国家各项政策措施落实到位，经济平稳运行、健康发展和转型升级。5. 加强国有企业财务收支审计，推动企业创新经营管理机制。对毕节市公交客运有限责任公司2013年—2014年财务收支情况进行了审计。审计中发现区财政局欠拨2013—2014年各种补贴1812226.80元、未按规定办理收购民营股东股权产权转移登记、未按规定上缴区财政局股利8,621374.00元、2013—2014年少缴税收及附加201254.83元、多支付120辆新能源客车保险费376800元、未按规定办理购买新能源客车招投标手续、违反会计制度、违反货币资金的管理使用、未按规定取得建设用地许可证和建设工程许可证等10个问题。

【中心工作】 扎实推进扶贫帮困和驻村工作，带动贫困人口脱贫致富。积极为扶贫帮困联系点和驻村点争取项目、资金，谋求发展。帮助村制定发展规划、调整产业结构、保障改善民生，不断深化“一宣四帮”工作，并结合当前全区的重点工作目标，积极参与到“四在农家·美丽乡村”建设、“一市五金多套餐”精准扶贫、板块经济等工作中，通过全面实施和推进结对帮扶、教育培训、农村危房改造、基础设施四到户，推动贫困人口有效增加收入。2015年，通过局领导及驻村干部的共同努力，为田坝镇协调项目1个，争取项目资金50万元；为田坝镇盘挪河村解决修路资金1万元；为水箐镇大湾村解决村办公经费1万元。1. 党风廉政建设和反腐败斗争常抓不懈。抓好党风建设和反腐败斗争的常态化，认真落实党风廉政建设责任制，严格执行《党员领导干部廉洁从政若干准则》《中央八项规定》《省十项规定》及其他廉政法规，零折扣执行《审计纪律八不准》，切实治理滥办酒席、收受礼金礼物财物卡、公车私用等违纪违规行为，深入推进作风效能建设，努力打造清正廉洁的审计队伍。2. 宣传思想、精神文明建设、依法治理、社会治安、禁毒、信访维稳、保密、档案管理等工作按要求同步开展，切实做到有安排部署、有落实措施、有责任领导、有跟踪督查。

（撰稿人：办公室）

统　计

【概述】 2015年全区生产总值完成290.58亿元，同比增长13.8%，其中：一产增加值60.36亿元，同比增长6.6%，二产增加值99.64亿元，同比增长11.4%，三产增加值130.58亿元，同比增长17.9%。金融机构存、贷款余额增速分别达到43.63%和25.01%；财政总收入完成91.41亿元，同比增长8.06%；公共财政预算收入完成22.87亿元，同比增长12.57%；税收收入完成70.52亿元，同比增长8.8%；财政总支出完成78.07亿元，同比增长9.98%。三产结构比为20.8∶34.3∶44.9。生产总值总量全市排名第一。

【农业农村统计】 全区粮食播种面积为182.58万亩，产量为43.16万吨，同比增长2.7%。其中，夏粮播种面积93.89万亩，产量为14.83万吨，同比减少4.75%；秋粮播种面积为88.7万亩，产量为28.34万吨，同比增长7.15%。牛存栏12.78万头，同比增长4.50%，猪存栏71.5万头，同比增长11.34%，羊存栏4.63万只，同比增长23.16%，家禽存栏量为242.83万（只、羽），同比增长23.16%。牛出栏2.63万头，同比增长3.54%，猪出栏66.26万头，同比增长1.13%，羊出栏2.18万只，同比增长2.83%，家禽出栏212.32万（只、羽），与2014年同期持平。

【工业统计】 全区规模工业增加值完成62.52亿元，全区577个工业企业共完成工业总产值120.79亿元。

【建筑业、房地产业统计】 全区有入统国家统计局联网直报一套表建筑业企业22家，有产值企业20家，完成建筑业产值14.363亿元，同比增长33.34%。入统国家统计局联网直报一套表房地产企业89家，项目105个。其中，有投资进度项目80个。计划总投资355.5942亿元，同比增长10.17%；自开始建设累计完成投资215.9257亿元，同比增长27.30%；2015年完成投资54.6825亿元，同比增长1.88%。商品住宅销售8458套，同比增长12.44%。商品房屋销售面积103.8059万㎡，同比增长0.09%，商品房屋销售额39.4862亿元，同比下降5.61%。商品住宅销售平均价格为3306元/平方米。

【固定资产投资统计工作】 全区500万元以上共有项目374个，计划总投资430.28亿元，累计完成投资243.02亿元，2015年共完成投资189.3亿元，同比增长21.9%。亿元以上项目共有21个，计划总投资269.79亿元，累计完成投资81.7亿元，2015年共完成投资50.75亿元。

【商业统计】 全区社会消费品全年零售总额累计实现103.7亿元，同比增长12.2%；全年限额以上批发业累计实现销售额192.98亿元，同比增长8%，限额以上零售业实现销售额65.28亿元，同比增长0.5%；限额以上住宿业累计实现营业额1.41亿元，同比下降4.2%；限额以上餐饮业累计实现营业额447.2万元，同比下降26.3%。

【基本单位名录库建设工作】 全区基本单位名录库拥有9060家单位，与上年同期相比新增了754家。其中，法人单位6915家，产业活动单位3145家。法人单位包括企业单位5271家，事业单位477家，机关行政单位220家，社会团体101家，民办非企业单位120家，村委会482家，居委会24家，其他组织机构220家。

（撰稿人：汪嘉宏）

财政·税务

财　政

【概述】　2015年，财政工作在区委、区政府的领导下，在上级财政部门的指导下，切实贯彻执行积极的财政政策不动摇，适应建立公共财政的需要，紧紧围绕区委、区政府的目标，结合区财政局实际和七星关区区情，坚持有保有压的原则，在确保职工工资正常发放和机构正常运转的前提下，保证了重点项目的支出需要，有力地推动了我区经济社会向前发展。

【坚持做大财政"蛋糕"，确保财政收入快速增长】　一是紧紧抓住中央实施积极财政政策和省市关于加快实验区建设的历史机遇，从政策和资金上大力支持招商引资工作，壮大财源基础。特别在服务好本区重大项目建设的同时，留住和壮大了财源。二是继续强化依法征管，认真落实收入目标考核责任制，千方百计挖掘增收潜力，促进税收收入快速增长，加强税源监控，大税小税一起抓，确保应收尽收。三是进一步加强和规范非税收入管理，加大非税收入征管力度，严格实行"收支两条线"，确保各项非税收入及时足额征收入库。

截至11月30日，按新财政体制全区财政总收入累计完成843388万元（按市财政局口径财政总收入〈即公共财政收入加中央级收入，加省级收入〉），同口径（新财政体制）相比增加12.50%，增收93185万元。其中：公共财政收入完成216849万元，同比增加40.47%，增收62475万元，政府性基金收入完成187184万元，同比减少11.92%，减收25859万元。上划中央级收入完成390321万元，同比增加15.38%，增收52019万元。省级收入完成49356万元，同比增加10.95%，增收4872万元。地方税收收入完成173988万元，占公共财政收入80.23%；非税收入完成42861万元，占公共财政收入19.77%。

2015年财政总收入927000万元（年初预算数）比2011年215688万元增长330%，年均增长66%；2015年财政总收入840340万元（预测数）比2011年215688万元增长289.6%，年均增长57.9%；2015年公共财政收入208000万元（年初预算数）比2011年77496万元增长168.4%，年均增长33.67；2015年公共财政收入173715万元（预测数）比2011年77496万元增长124%，年均增长24.82%。

【优化支出结构，支持经济社会协调发展】　一是财政支出始终坚持有保有压的原则，牢固树立过"紧日子"的思想，从严控制"三公经费"等一般性支出，优先保证重点支出，确保人员工资和机构运转所需资金，确保事关民生、财源建设、重大项目、维护稳定等重点支出。二是加大对科、教、文、卫等社会事业的支持力度，并注重向农村倾斜，促进公共服务均等化。三是完善有利于结构调整的税收政策。四是加强地方债务管理，要修明渠、堵暗道，有效防范和化解财政风险。

至11月30日，财政支出完成750329万元，同比增加16.55%，增支106569万元。其中：公共财政预算支出567635万元，同比增加32.04%：一般公共服务支出79997万元，公共安全支出28062万元，教育支出174989万元，科学技术支出5332万元，文化体育与传媒支出1994万元，社会保障和就业支出64864元，医疗卫生支出74868万元，节能环保支出19744万元，城乡社区事务支出12827万元，农林水事务支出61058万元，交通运输支出3401万元，资源勘探电力信息等事务5047万元，商业服务业等事务723万元，金融监管等事务0万元，国土资源气象等事务2978万元，住房保障支出31591万元，粮油物资储备管理事务160万元，债务付息支出0万元，其他支出0万元；政府性基金支出182694万元，同比减少14.58%，减支31182万元。

【加大“三农”投入力度，推动城乡协调发展】 一是加大农业综合开发投入力度，支持农业生产结构调整，促进农业增效。2015年农业综合开发完成治理面积3500亩，总投资450万元的长春堡镇高标准农田建设。二是抓好一事一议财政奖补项目建设，服务广大人民群众。2015年一事一议（除梨树镇、岔河镇、小坝镇）共申报408个项目，其中：通组路项目148个，206公里，其他项目260个，申请省及中央财政奖补资金4120万元，区级配套资金1648万元，总投入5768万元。项目全面启动实施以来，通过各项目乡镇街道办、村支两委的组织领导，再加上区综改办的积极指导，加大宣传度量，使广大人民群众积极性比上年有所提高。目前全区已实施硬化通组路203公里，完成任务数的98.5%，根据镇乡办事处的工程进度12月30日前可全面完工。

【继续关注民生，促进社会和谐】 一是坚持教育发展优先，继续加大对教育的投入力度，完善义务教育经费保障机制，深化义务教育绩效工资改革，全面推进中小学校舍安全工程建设，截止到12月15日，已投入102353万元用于教育事业的发展。二是加强社会保障和就业服务体系建设，扩大社会保障基金规模，确保城乡居民最低生活保障、生活困难救助、医疗救助等民生性支出，截止到12月15日，共投入财政资金39342万元用于社会保障和就业事业的发展。三是支持医疗保障体系建设，巩固和完善城镇居民基本医疗保险制度和新型农村合作医疗制度，加快构建覆盖城乡的公共卫生服务体系，完善重大疾病防治财政补助政策，扩大计划免疫范围，截止到12月15日，共投入医疗卫生保障资金58429万元。四是加大对保障性住房建设的支持力度，落实地方配套资金，确保了建设进度，较好地缓解了城市低收入家庭住房困难。2015年需投入财政资金53040万元，已投入31431万元。

【深化财政改革，加强财政管理】 一是认真落实省政府出台的分税制财政管理体制改革办法，税收实行属地征管入库，规范了征管程序，促进了征管工作健康有序发展。二是进一步提升财政预算编制的科学化、精细化水平，确保预算的严肃性。三是继续完善部门预算制度，规范部门预算编制程序，细化预算编制内容，提高预算分配的科学性、准确性。四是严格国库集中支付，切实提高财政支出管理水平。五是不断完善“乡财县管乡用”和“村财乡代管村用”管理办法，推动乡村两级财务管理走向法制化、规范化轨道。

【创新财政资金投入模式】 一是加大在建工程项目的后续融资，融资趋向于ppp模式发展，加大向省代为发行政府债券的申请力度，加大七星关区工业园区项目的输血力度，使工业项目成为我区财力下一步发展的可续来源。目前，七星关区已经建立了PPP项目库，重点挑选了7个项目来参加毕节市PPP项目推介会，现已把项目上报毕节市财政局。七个项目具体分别为：七星关区中水回用工程（一期）；七星关区乡镇污水处理工程（5个乡镇）；七星关区第二生活垃圾卫生填埋场工程；毕节中心城区集中供热项目；双河口水库；七星关区城镇生活垃圾收运系统一期工程；集镇供水提质增效。二是增强政府购买服务力度，充分发挥市场机制作用。年初，按照区委区政府要求，财政局已为政府办代拟草稿《七星关区人民政府办公室关于政府向社会力量购买服务的实施方案》和相关细则，目前该方案正待政府办相关领导研究决定。根据方案要求，第一批参与的单位有区直教育文化、人社、民政等相关部门。目前正在实施的单位有区执法大队，实施的项目有：（1）城区野广告承包费，合同总金额30万元，（2）环卫车辆停放承包费，合同总金额32.4万元，（3）德溪新区及碧阳湖，合同总金额260万元，（4）同心大道清扫保洁承包费，合同总金额106.9万元。

【工作措施】 1. 深入分析，挖掘潜力。分税种、费种逐个研究，分析税源、费源，重点放在政府工程欠税、欠费的项目上。2. 明确责任，分头落实。凡涉及政府工程所欠的税费，均分解到各相关部门牵头负责清理，如安置房建设、销售产生的营业税有地税局牵头，土地出让金返还产生的企业所得税由财政局牵头，房产销售产生的契税有房产局牵头，矿产资源专项收入由国土局牵头等。3. 积极融资，保障入库。由区融资工作组加大与各银行的协调，筹措资金，保障清理出的税费入库资金需求。

（撰稿人：办公室）

国家税务

【概述】 2015年，七星关区国税局以开展“三严三实”专题教育为契机，牢记“为国聚财、为民收税”的工作宗旨，围绕实现税收现代化的目标，以组织收入为中心，切实抓好税收征管和纳税服务两项核心业务，全面推进依法治税和党风廉政建设工作，圆满完成了各项工作任务。七星关区国税局人员编制共140人，现在编在职人员118人，缺编22人，离退休人员100人。正科级2人，副科级41人，科员61人，事业编制人员15人。40岁（含）以上75人，占64.1%；中共党员74人，占63.24%；大专以上学历118人，占100%，研究生2人，占1.7%。截至2015年12月31日，6人进入省局人才库，13人进入市局人才库。42人取得会计从业资格证，5人取得审计师资格，3人取得律师资格证。机关内设10个机构（包括4个行政科室，1个办税服务厅，2个业务部门，3个税源管理部门），另下辖4个基层税务分局。

截至2015年12月31日，辖区纳税人共18682户（含“三证合一”259户），其中企业5265户，占管户的28%；个体工商户13417户，占管户的72%，达到起征点的278户；增值税一般纳税人1071户，占管户的6%；纳入“营改增”的纳税人共计980户，占管户的5%，其中个体户230户，企业750户。截止2014年12月31日，共组织各项收入485435万元，同比增长6.02%，增收27571万元。其中税收收入464069万元，占市局目标464000万元的100.01%，同比增长5.95%，增收26047万元；非税收入21366万元，同比增长4.87%，增收992万元。为全区经济社会发展提供了财力保证。

【科学预测税收收入，不断提升收入质量】 不断提升分析预测工作质效，更好服务于宏观决策和组织收入工作。其中税收收入预计完成465000万元，同比增长0.20%，增收931万元；非税收入预计完成21020万元，同比减少1.61%，减收346万元；公共预算预计完成34600万元，同比增长2.29%，增收775万元。

【坚持严征细管，税收征管出实绩】 一是深化税收征管改革，加大纳税评估力度。从原来的分行业管理调整为“属地+行业”管理，设立税源管理科，专职负责纳税评估工作，创新纳税评估方式，把常规的纳税评估和税务审计相结合，采用数据分析方式进行选案分析，对发现纳税风险大的纳税人多方查证，从点到面地开展第三方数据整理分析，自2015年8月以来，共评估48户，经评估后移交稽查2户，评估后自查申报37户，自行风险排除9户，调整申报增值税550万，调增应纳税所得额680万，稽查查补税款588.99万元，现已全部入库。二是加强重点行业管理，提高风险防控能力。重点加强对烟、酒、煤、电、水泥、医药、超市等行业的税源跟踪监控，及时掌握重点税源变化情况；加大风险防控力度，加强对年销售收入1000万元以上的商贸企业、使用农产品收购发票企业和涉农企业等高风险企业的风险管控，进行重点监控；认真推行增值税发票升级版工作，实现全票面信息的实时采集推广，截至12月底，共计推行2184户，占全市推广7871户的28%，其中一般纳税人867户；持续抓好“新增工业企业”“百千万”工程等分析监控和跟踪管理，关注微观经济和主要指标的发展变化，及时发现问题、反映问题、解决问题。根据企业发展变化情况，做好跟踪监控工作，夯实税源管理基础。

2015年毕节华电热电公司调整对外销售计划电量，增收增值税1803万元；复烤厂调整烟叶复烤计划数，增收增值税1197万元；沃尔玛超市入驻七星关区，增收增值税255万元。三是规范行业管理，提升精细化水平。不断规范砂石行业、汽车经销行业分类管理，对医药行业、修理行业制定适用征管方式，修订完善《机动车行业税收管理指南》《摩托车价格监控方法》等行业管理办法，加强第三方数据比对分析，杜绝征管漏洞。2015年汽车经销行业增加税收收入75万元，砂石行业通过从第三方获得数据增加税收收入176万元，分别占剔除“两烟”后增加税收收入3316万元的2.26%和5.31%。同时，将医药零售和超市行业全部采用查账征收方式，纳入增值税一般纳税人管理，提升精细化和规范化管理水平。医药行业同比2014年增加税收收入312万元。以毕节一树药业有限公司为例，在实行定额征收方式时，年增值税税额仅11.27万元；认定一般纳税人后年增值税税额达到186.62万元，同比增收175.35万元，增长16倍。以贵州省百汇超市有限责任公司、贵州众力佳诚商贸股份有限公司为代表的6家超市在2015年全部认定为一般纳税人后，实现税收1036.4万元，同比2014年的545.3万元增长90.01%，增收491.1万元。四是严格落实税收政策，培育稳定税源基础。严格贯彻落实各项税收优惠政策，强化企业日常管理，建立健全回访制度，不定期召开政策解读辅导会。2015年共计减免增值税16962.09万元，减免企业所得税3534.67万元，办理出口退税147.2万元。其中，根据3个15万小微企业税收优惠政策，核实应返还增值税14万元，企业所得税5万元；根据小型微利企业所得税优惠政策，2015年1至3季度，累积减免所得税额134.16万元；西部大开发企业所得税优惠减免2763.27万元，享受资源综合利用增值税优惠政策减免2352.07万元；扎实推进“营改增”试点工作，截至2015年12月31日，七星关区纳入“营改增”的纳税人共计980户，共实现改征增值税3814万元，较2014年增收1014万元；认真落实新的退税政策，2015年水泥行业实现税收收入较2014年增收625万元。

【强化税收法治建设，展现依法治税新貌】 认真抓好简政放权，全面落实总局行政许可审批事项项目，对所得税优惠事项全部转为备案管理，切实抓好备案事项的后续管理工作；严格落实行政审批制度，对保留的8项行政许可事项和23项其他权力事项逐项优化和公开审批流程，明确审批事项资料报送、审批时限和审批程序；规范行政自由裁量行为，对税收行政处罚依据和项目进行全面梳理，定期对行政处罚情况进行检查、公示。2015年，共实施行政处罚857起；扎实开展税收执法检查，加强税收执法责任过错追究。2015年对各部门执法过错27项次进行处理和纠正，经济处罚2050元，批评教育25人次，书面检查2人次；深入推进依法行政示范单位创建工作，2015年经抽查确认，我局继续保持“全省国税系统依法行政示范单位”称号。

【注重务实创新，纳税服务上水平】 健全制度机制，落实好纳税咨询预约服务制度，加强纳税人信用等级跟踪管理，建立健全纳税人需求收集、分析、响应、问效机制，完善办税服务厅应急管理和纳税服务投诉处理机制；创新税收宣传活动，开展“便民大走访、送法进税户”和“税法进校园，大手拉小手”等公益活动；紧扣“雁归兴贵”计划，采取专人采集信息、设立宣传咨询点、深入返乡农民工创业企业调研走访等多种形式，助力农民工返乡创业；通过联动组织生活、联动学习提升和联动座谈等形式，丰富税企共建党建活动内容，和谐税企关系；推进银税互动，与当地银行共同为全区纳税信用良好的企业提供“税源贷”等金融信贷服务，大力促进大众创业，万众创新，2015年共成功为3家企业提供“税源贷”金融信贷服务，贷款金额达110万元；拓展服务形式，全面实施免填单，深化网上办税服务平台应用，大力推行网上申报和电子缴税，建立纳税人实体学校，并及时响应纳税人需求将课堂搬进企业，创建法律顾问室，设立“纳税服务专家门诊”、开展纳税服务志愿者活动；深化星级纳税服务单位创建活动，实施办税服务厅绩效考核，明确岗位责任，营造浓厚的争比学氛围，服务质量和效率明显提升。

（撰稿人：邓　锐）

地方税务

【概述】 七星关区地方税务局成立于1994年，下设办公室、政策法规股、计划财务股、征管和科技发展股、人事股、监察室和机关党办等7各股室，设立纳税服务、纳税评估、税源管理三类共7个分局，全局目前有在册职工87人，其中市局借用2人，省局借用2人，驻村干部4人。主要负责征收和管理的税种有（不包括已明确由国家税务局负责征收的地方税部分）：营业税、企业所得税（包括地方国有、集体、私营企业）、个人所得税、土地增值税、耕地占用税、契税、城市维护建设税、车船税、房产税、资源税、城镇土地使用税、印花税、烟叶税、地方税的滞补罚收入，地方营业税附征的教育费附加等。2015年，在区委、区政府和市地税局的领导下，在全局干部职工的共同努力下，七星关区地税局组织收入再创新高，税收征管、依法治税、纳税服务、党风廉政、党建工作、队伍建设等方面成绩显著。

【狠抓税源管理，超额完成全年收入任务】 2015年以来，区地税局始终坚持“依法征税，应收尽收，坚决不收过头税，坚决笏止和制止越权减免税”的组织收入原则，克服市场经济下行、房地产交易不景气等因素的影响，采取各项工作措施，确保了组织收入及时足额入库。2015年，共组织入库两项收入243596万元，占年度计划的114.36%，同比增收30684万元，增长14.41%。其中：税收收入完成241112万元，占年计划的114.87%，比上年同期增长14.83%，增收31141万元，教育费附加完成2483万元，占年计划的80.1%，比上年同期减少15.54%，减收457万元。另征收入库地方教育费附加1653万元。

【深入推进税收征管改革，提高征管质效】 一是调整分局管户，优化职责。原各分局管理的范围交叉、职责不明，于是我局研究，按行业类别及规模进行划分，明确各分局的管理行业及管户分配。同时，取消个体分局，增设纳税评估分局，明确评估分局的职责。二是强化纳税评估工作。对两个评估分局开展培训，聘请中介机构协助分局清查地方各税。既实现对评估分局进行了理论培训，又实现了对评估分局的实战培训，进一步提高了评估分局的业务水平，经过评估确认的税款5000多万元。三是举全局之力精心组织，加大培训，全面完成“金三期”上线前各项准备工作，确保“金三期”系统于9月8日正式上线运行。

【依法行政、规范执法，执法水平明显提高】 一是认真落实国家相关税收优惠政策。继续贯彻落实好国家相关税收优惠政策，并通过开展形式多样的宣传及时将新出台的税收政策进行宣传，让纳税人知晓。开展对税收优惠政策的整理工作，全年共减免各项税费5051.00万元，有效减轻纳税人负担。二是规范税收执法行为，防范执法风险。规范税务行政裁量权，年初开展税务执法人员执法培训，认真开展执法案件评查工作，确保执法文书使用完备，执法依据准确，处罚结果公平、公正、公开，及时将文书资料上报备案，定期对税收管理员的执法案件进行案卷评查，推进税务行政执法的公平、公开和公正。三是加强税收执法监督，及时查找风险隐患。定期对税收管理员的执法不廉、执法不公、执法不严、作风粗暴、程序不规范等税收工作中存在的突出问题进行税务行政执法检查和监督，并按季度对检查结果进行通报。对税收管理员在行政执法过程中出现以上过错行为的，严格进行责任追究，触犯法律的，将按规定移送司法机关进行处理。制定区局《违规违纪连带追究责任办法》，凡敢不守规矩、纪律、敢摸高压线者必触电。四是大力开展税收宣传工作，营造和谐征纳氛围。在税收宣传月期间，七星关区局举办了“七星关区最美纳税人”评选活动，通过七星关区电视台的跟踪报道，展现出“最美纳税人”诚信纳税、积极帮助他人贡献社会的美好一面，并以此为号召带动广大纳税人依法纳税、诚信纳税，共同构建和谐、公正、公平的纳税环境。

【加强队伍建设，提升服务质效】 一是加强队伍建设，首先是管好干部，领导干部要把自己摆进践行“三严三实”中去。要敢于担当，敢于担责，敢于亮剑，敢于抵制违规违纪的歪风邪气，要把真干作为本分，把实干作为责任，发挥好带头作用。二是加大业务培训，全面提高业务技能。局管理企业9332户，个体13210户，地域广，管户多，若税收业务能力跟不上，管理风险就会增加。目前，局正组织全局职工在金海湾进行基础会计知识、纳税评估、税法的培训学习，为期一个月，第一期正在培训中，聘请遵义税校知名老师授课。三是通过劳务派遣充实办税服务厅工作人员，局通过劳务公司派遣了一批年轻、素质较强的人员，经过培训后上岗，大大提高了工作效率，纳税满意度逐渐得到提升。四是积极开展“青年文明号”和“巾帼文明岗”的创建活动，展现队伍活力。组织“青年文明号”“巾帼文明岗”成员参加“3·12”植树节、“6·1”关爱留守儿童等活动，深入亮岩镇核桃村、金华村、合欢村慰问老党员，组织参加区妇联发起的爱心捐书活动、家庭助廉主题征文活动等。五是主动汇报工作，力求改变办税环境，自1994年国地税机构分设以来，一直四处租房办公，不利于工作的开展。区地税局主动向市局领导和区政府汇报工作实际困难和想法，得到了市局和区政府的大力支持。区政府同意为购买新办税厅七众“圆梦国际”三楼1600平方米作为办公用房。目前新办税服务厅已于12月23日正式投入使用，三楼正在进行紧张的施工，力争在年前投入使用，从而解决了长期租房分散办公的问题，更便于集中管理。

【以制度建设推进干部队伍建设，建立干部绩效考核机制】 一是严格执行目标绩效管理，转变工作作风。2015年5月，正式印发《七星关区地方税务局2015年工作目标绩效管理办法》，各股室分局严格按照目标绩效管理办法执行，定期上报绩效考核信息，并由分管领导及主要领导进行考评。二是启用工作任务单提高督查督办工作效率。自6月份启用工作任务单以来，共督办各项工作46项，工作效率得到明显提高，真正落实了“马上就办”的精神。三是将党风廉政建设与绩效考核相结合，强化队伍建设。将党风廉政建设和反腐败工作任务逐一分解到局领导班子成员及相关股室，落实牵头单位和配合单位，同时层层签订党风廉政和目标管理责任书，将工作任务在各责任主体予以层层分解。制订党风廉政建设责任制考核标准，并纳入区局工作目标进行量化考核。四是积极探索地税人力资源配置途径，着力做好人才工作。根据的具体实际，平均年龄49岁，因长期形成的各种习惯，人浮于事，工作缺少动力和激情，针对这一情况，按照《党政领导干部选拔任用工作条例》，制订了《七星关区地方税务局干部职工交流轮岗和双向选择实施方案》，根据干部职工的年龄结构、学历与知识专业现状等进行人员交流，轮岗配置。通过人员的交流轮岗和双向选择，调动了职工的积极性，激发了职工的热情，发挥了职工的潜在能力，达到了岗职相宜、人岗和谐。五开展道德讲堂和“我推荐我评议身边的好人”活动。突出思想主线，设置道德底线，强调纪律高压线，拓展教育内容，创新教育形式，开展了“明理知耻·崇德向善”道德讲堂，使全体干部职工接受到别开生面的道德教育。同时开展“我推荐身边的好人”活动，2015年评选推荐出三位“身边的好人”并报七星关区宣传部进行评比。

【认真落实“三转”要求，积极探索“两个责任”试点工作】 2015年，区地税局作为地税系统“三转”的试点单位，切实按照中纪委“三转”工作要求，结合区局实际，依据“两个责任”试点方案和要求，积极探索试点工作，认真落实党组主体责任和纪检组监督责任。目前已初步形成“六个三”试点工作格局。一是梳理“权力、责任、监督”三个清单，作为落实“两个责任”的把心；二是贯穿“税前、税中、税后”三个环节，做到落实“两个责任”有始有终；三是突出“制度化、公开化、程序化”三个标志，保证落实“两个责任”规范运作；四是强化“领导班子、中层干部、干部职工”三级管理，形成落实“两个责任”上下联动新格局；五是达到“不敢腐、不想腐、不能腐”三个效果，成为落实“两个责任”三要成绩；六是明确“运作、推广、提升”三个阶段，确保落实“两个责任”稳步推进。

【加强党风廉政建设，提高干部队伍拒腐防腐变的能力】 一是召开了全区地方税收工作暨党风廉政建设工作会，传达和贯彻落实全市工作会议精神，层层签订党风廉政建设责任书，提高监督的实效性。坚持抓好每月（季）的纪检日学习教育活动，认真学习《廉政准则》《税务系统领导干部廉洁从政“八不准”》。提高拒腐防变的思想道德防线。积极开展廉政文化创建活动，创建廉政文化长廊、制作廉政电脑桌面、制作印有廉政内容的小卡片供职工学习，并利用悬挂宣传幅、服务大厅电子屏幕进行廉政宣传。二是认真做好权力清单运行备案工作。严格按照政府采购管理办法做好大宗物品采购工作，每月将运行情况报经济发展部门纪工委，并在阳光党务网上进行公示，接受纪委和群众监督。

【认真开展党建帮扶工作】 一是每月对地税局的集团帮扶点普宜镇的留守儿童和无房户进行走访，建立走访台账；并资助了5万元帮助当地无房户、危房户进行房屋维修改建。二是认真开展驻村帮扶工作，安排了三人驻亮岩镇合欢、核桃、金华三个村，在驻村帮扶点举办“关爱留守儿童”活动两次，捐资2万元帮助金华村维修通组公路，捐资3.5万元帮助合欢村维修村公所，并组织机关各支部党员干部捐资1万多元对驻村扶贫点进行帮扶和慰问。在党的群众路线教育、扶贫济困、项目建设、新农村建设等工作中取得了一定的成绩。

（撰稿人：办公室）

金融·保险

毕节银监分局

【概述】 2015年以来，毕节银监分局深入学习贯彻中共十八大、十八届四中全会和习近平总书记系列讲话精神，紧紧围绕银监会、贵州银监局监管工作要求，把握稳中求进工作总基调，主动适应新常态，大力引导银行服务实体经济、深化体制改革、坚守风险底线，着力提升监管前瞻性和有效性，顺利完成全年各项工作任务。年末，毕节辖内银行业金融机构共有政策性银行、国有商业银行、股份制商业银行、邮政储蓄银行、城市商业银行、农村商业银行、农村信用联社和村镇银行26家法人和分支机构，560个营业网点，银行业金融机构资产1397.19亿元，较年初增加346.13亿元，增速32.93%；负债总额1360.06亿元，较年初增加341.61亿元，增速33.54%；各项存款余额1202.15亿元，较年初增加304.36亿元，增速为33.90%，增速位居全省第一；各项贷款余额884.47亿元，较年初增加194.98亿元，增速28.28%，增速位居全省第二；不良贷款余额20.65亿元，较年初增加6.02亿元；不良贷款率2.33%，较年初增加0.21个百分点；实现盈利14.87亿元，较去年减少0.74亿元。

【大力推进金融助力扶贫开发工作】 分局根据年初全省银行业监督管理工作会议上关于加大对毕节试验区信贷资金投入的工作要求，结合“国办函35号”文件精神，大力支持“毕节试验区”经济结构调整和转型升级。一是积极探索向贫困地区进行信贷支持的贷款机制，加强对金融支持扶贫开发的调研，加大对扶贫开发工作的金融支持力度，重点关注失地农民再就业、返乡农民工等领域。二是积极推动改进金融扶贫方式，引导银行业金融机构在风险可控的前提下加大对毕节试验区贫困地区的信贷资金投入。三是加强与市委市政府对接，引导辖内金融机构向总行争取差别化政策支持。目前，农发行、农行总行已针对毕节试验区实际情况出台了差别化政策。

【多措并举助推小微企业金融服务】 分局认真贯彻落实中央和银监会以及贵州银监局小微企业金融服务工作要求，组织开展小微企业金融服务宣传月活动，多措并举加强督促指导，持续深化小微企业金融服务工作。截至2015年12月末，小微企业贷款余额（含个体工商户和小微企业主贷款）181.02亿元，较年初增加26.39亿元，增速为17.07%，低于各项贷款增速11.21个百分点；小微企业贷款户数为17157户，较去年同期增加3572户；小微企业申贷获得率为93.93%，较去年同期增加0.57个百分点。“三个不低于”目标中完成两个。

【进一步做好服务“三农”工作】 分局继续督促农村中小金融机构坚持定位“三农”，大力实施创新驱动，加大重点领域支持，深化惠普金融发展，为农村经济健康发展提供有力支撑，在前期“三大工程”建设的基础上，探索创新。一是强化“三农”金融服务。统筹发挥政策性、商业性和合作性金融的协同作用，鼓励银行机构下沉经营重心，继续深入推进支农服务以及三大工程建设，不断将普惠金融发展引向深入。二是继续提升均等化服务。在确保农合机构全部网点和农村地区网点不减少的基础上，督促和引导农合机构探索利用移动终端、流动服务、乡村超市POS终端、自助设备等新的服务方法，推动基础金融服务向乡村一级延伸，实现将“村村通”转变为“村村用”。三是持续加大涉农信贷投入。在注重防范风险前提下，切实加大涉农信贷投放，加强对农民专业合作社、专业大户、家庭农场和农业产业化龙头企业等新型农业经营主体金融支持。截至2015年12月末，全辖涉农贷款余额为540.12亿元，较年初增加114.12亿元，增幅为26.79%。

【深入开展消费者权益保护工作】 一是组织辖内银行业金融机构开展“金融知识进万家”及“送金融知识下乡”活动，宣传普及金融知识，着力提升消费者的金融知识水平和依法维权能力。活动期间，全市银行业金融机构共进入30所学校、180家企业、253个社区开展金融知识宣传，累计设立宣传咨询台650个，累计发放各类金融知识宣传页361800份，张贴海报700余张，悬挂横幅300余条，制作宣传展板180个，发送短信10万余条，累计受众近100万人。二是积极做好费者权益保护主体责任调研工作和现场检查工作，全面掌握银行业金融机构消费者权益保护工作开展情况。三是组织辖内银行业金融机构开展为期一个月的“防范打击非法集资宣传月”活动活动，提高消费者风险防范意识，切实加强对消费者权益的保护。活动期间累计发放宣传资料65000份，宣传手册2800份，展板300余张，发送短信5万多条，在七星关区FM9.12电台累计宣传2500余次。四是针对毕节市人大政协关于改善银行网点窗口服务的提案，召集各银行业金融机构负责人对提案涉及服务问题积极改善并回复，并得到提案人满意回复。五是督导农合机构广泛开展“金融夜校”活动，在农村普及金融知识、解读政策法规，讲解业务办理流程等内容。截至2015年12月末，毕节市农合机构共举办“金融夜校”9080场次，参训人数56.7万余人次，覆盖全市行政村4692个、社区（街道）234个，收集意见建议22320条，现场解决问题20144个。

【强化外部联动】 一是积极推进“银政企”合作。与毕节市国税、地税部门积极对接，成立银税互动工作领导小组，印发工作方案，向银行推送纳税优质客户。二是积极推动银行业金融机构选派优秀青年干部赴县级团委挂职。充分发挥银行挂职干部的专业优势和团委的组织及资源优势，更好地服务农村青年创业就业。三是组织召开全市工业企业银政企融资推介会，会议签约64亿元。

【持续推进机构建设】 一是按照“贴近基层、贴近乡村、贴近农民”原则督导支持各金融机构下沉服务网点。全年新增机构及网点26个，其中乡镇、园区营业网点16个。二是持续推动“引银入毕”工程。目前，浦发银行毕节分行已经开业，重庆银行毕节分行筹备工作也在进行中。

【完善普惠金融服务体系】 积极督促、引导农业银行、农村商业银行、农村信用联社和邮储银行在行政村合理布设自助机具或POS机，要求既满足农村金融服务需求，又要防止重复过度布设而浪费金融资源。在行政村各类电子机具覆盖率达100%的基础上，要求各机构加大宣传和引导力度，不断提供农村地区电子机具使用率，把“村村通”做实为“村村用”，真正解决“最后一公里”问题。截至2015年12月末，全市共计安装投入使用助农取款“村村通”终端3849台，助农取款“村村通”在行政村的覆盖率为100%；新增POS机具1346台，POS机具总数达2891台；电子渠道业务替代率46.66%，较年初上升10.28个百分点，高于全省农信社系统1.57个百分点。同时，积极引导辖内机构合理布局，推进小微支行、社区支行、便民服务支行的设立，逐步实现全市社区、园区和乡镇金融机构全覆盖；引导银行机构改进特殊群体金融服务，创新服务方式和产品，积极履行社会责任，开发针对农民工、失地农民、下岗失业者、残障人士等特殊群体的金融产品。

【推进农信社改制工作】 一是继续按照“先财务重组、后股份制改造”的原则，帮助拟改制农信社打好改制基础。鼓励符合条件的农信社启动改制工作，支持暂不具备条件的农信社创造条件改制。督促监管指标较好的农信社，主动加强与地方政府的沟通协调，争取政策支持，积极进行农商行改制的各项准备工作。二是夯实基础。积极支持农信社扎实做好产权确权、小股金清理等基础工作，创造条件逐步达到改制要求。鼓励和引导民间资本参与机构产权改革，提升民间资本在农合机构资本中的占比，并优先引入农业产业化龙头企业和种养大户等新型农业经营主体，增强农合机构服务“三农”的战略定力。目前，辖内完成农村商业银行改制农合机构已达4家。

【督促农村商业银行加快经营机制转换，探索建立现代金融企业制度】 一是要求农商行进一步完善公司治理和内控机制，加强资本约束，正确处理好资产准确分类、拨备、核销、利润、税收和资本之间的关系，在确保利润核算真实合法性的基础上，有效遏制利润分配中不顾机构持续稳健发展的高分红、高转股、高薪酬等不审慎行为。二是树立正确的发展观和业绩观，树立全面风险管理理念，立足“三农”，完善法人治理，强化资本约束，创新商业模式，加快向资本节约型业务转变，向轻资产经营模式转变，实现风险、收益和资本的有机平衡，走特色化、差异化发展道路，充分发挥标杆银行引领作用。

【突出重点，加强信用风险管理】 一是加大平台贷款风险防控力度。分局明确平台贷款监管科室负责平台贷款日常监管和现场检查；健全平台贷款监测和风险监管常态化机制，完善信息交流制度；做好“名单制”管理，严格标准规范退出；动态监测已退出平台的公司，不符合退出条件的重新纳入平台贷款管理。2015年年末，全辖融资平台（含类平台）贷款余额为219.12亿元，较年初增加35.99亿元，增幅为19.65%。二是防范产能过剩行业信贷风险。从2015年12月末监测情况看，采矿业贷款余额30.37亿元，行业占比3.43%，不良贷款余额7.38亿元，不良率24.31%，远高于各项贷款不良率21.98个百分点。分局将继续督促各机构加强管控，及时收回，以防范风险。同时重点关注在压缩产能过剩过程中，煤炭等企业信贷资产的保全工作。三是加强房地产风险防控。对国家重点调控的房地产行业，分局予以高度重视，积极按照国家宏观调控政策，通过专项报表统计分析等方式，严格限控银行业金融机构房地产贷款发放；同时，积极引导银行业金融机构采取差别化信贷政策，在风险可控的情况下，将资金更多的投向保障民生的保障性住房建设项目。12月末，全市房地产行业贷款（含个人消费类贷款）176.44亿元，不良贷款余额1.08亿元，占全部房地产行业贷款的0.61%。其中房产开发贷款余额为14.95亿元，不良贷款余额为0.54亿元，不良率3.5%，高于全市不良贷款率1.27个百分点。

【切实防范流动性风险】 在利率市场化推进、金融脱媒加速、理财资管快速发展和存款保险制度实施的背景下，农村中小金融机构流动性风险管理挑战前所未有。为此，分局督促各机构从多个维度入手，严防流动性风险。一是拓宽负债来源范围，加强主动负债管理，优化存款结构，增强负债来源的稳定性、结构的多样性、获取的主动性、成本的合理性。同时，要调整资产期限结构，压降长期贷款占比，增加流动性强的资产配置。二是强化流动性监管。对于流动性比例低、异地存款和异地贷款占比较高的机构，将纳入重点监管名单，督促机构制订风险处置预案。三是建立阶段性流动性风险报告制度。要求各法人机构要动态监测存款与流动性变动情况，出现异动或支付困难要第一时间上报属地监管部门，同时要制订应急预案，做好前瞻预判和舆情监测，防范声誉风险引发的流动性风险事件。

【紧盯重点机构和重点领域风险】 按照“一行一策”原则切实加强重点机构重点领域风险防控工作。一是加强农合机构票据业务风险防范。针对辖内农合机构办理票据业务存在的问题，要求机构办理票据业务时要做到严查贸易背景、严查交易对手、严查会计核算、严查保证金管理等“四个严查”，严禁部分机构充当下家、参与倒票的恶劣行为。二是密切跟踪重点机构风险。目前，辖内农合机构发展不平衡，个别机构风险防控不力，监管指标难以持续达标。2015年

12月末，全市农合机构资本充足率11.74%，较年初上升了0.82个百分点。风险抵补能力方面，仍有1家农合机构拨备覆盖率低于150%的监管要求。为此，分局要求问题机构设立风险先行指标和预警信号，动态监测各类风险，适时开展压力测试，及时汇报指标达标情况和整改计划。

【保持案件防控高压态势】 与辖内法人金融机构签订《毕节银行业2015年案件防控工作责任书》，层层落实案件“双线”风险防控责任制；督促全辖金融机构照“查防并举、预防为主”的工作要求，以“严制度、管人员、重问责”为抓手，坚持严查处与建机制相结合，立足当前、着眼长远，着力加强案防长效机制建设，加强审慎合规经营管理；继续保持案防高压态势，对重点机构开展案件防控专项检查，结合“两个加强、两个遏制”专项检查工作，对易发案的重点岗位、部位和领域，开展案件风险评估，分局要求各机构严密防范网点负责人作案和内外勾结作案，严厉打击违规业务操作，严格实施案件问责，凡发生案件必须严格按规定问责到位。防止大案、要案的发生，全力维护毕节辖内金融机构安全稳健运行。全年无案件发生。

【严把市场准入关】 严格执行银监会关于简化审批程序、条件和流程的行政准入要求，按照修订后的行政许可办法办理市场准入事项，落实属地监管责任，强化考核评价。在机构准入方面，继续实施开业经营后的后评估机制，统筹规划机构网点布局；在业务准入方面，严格执行“先评估，后准入”的原则，除按规定的硬性条件进行初步审查外，要重点关注机构制度建设、风险控制、业务流程、人员准备、会计核算、系统建设等方面情况，确保新开业务切实做到成本可算、风险可控；在高管准入方面，认真组织好高管任职资格考试、严肃考场纪律、严格推行“三考三承诺”制度，加强对参考人员的资质审查。2015年以来，共批准准入事项104项，组织高管人员考试10次，参考人员115人次。

【统筹安排现场检查，提升现场检查能力建设】 通过加强现场与非现场及其他科室等部门横向配合、与银监办上下联动，对重点项目成立联合检查，落实主查人制度，创新检查方式，运用科技手段、有序开展现场检查。今年，开展了“加强内部管控遏制违规经营和违法犯罪”、柜面操作业务、银行卡业务、业务库安全、消费者权益保护等7项现场检查项目。其中，分局高度重视今年贵州银监局重点检查项目“两加强、两遏制”的现场检查，通过加强科室间横向配合、科室与银监办上下联动，对重点项目开展联合检查，落实主查人制度，创新检查方式，运用EAST科技手段、建立相关模型等方式，有序开展现场检查。全年累计派出检查组33个，共计投入3806个工作日，检查机构33个（次），检查发现问题160个，发出整改意见书23份，提出监管意见142条。

【着力提升非现场监管质效】 一是夯实统计基础，提高统计信息服务水平。制订了详细的岗位职责，明确了岗位目标、工作内容、相关要求和问责措施，理顺监管统计工作流程，严把数据质量关。二是进一步完善统计信息共享机制。建立了与人民银行、市政府金融办等部门信息沟通协调机制，扩大统计数据的覆盖面。三是与机构签订目标责任书，明确责任部门和人员，严格落实建立“一把手”监管数据质量承诺制度的监管要求，明确数据质量管控各个环节的责任。针对个别机构出现报表迟报、错报解锁情况，启动问责机制，对相关机构进行通报批评并约见高管诫勉谈话、责成其对相关责任人按规定给予处罚。2015年以来，责成黔西、织金农商行、威宁联社问责21人，其中通报批评5人，经济处罚21人，处罚金额0.89万元。四是通过“会议+培训”的形式组织召开了2015年度的全市银行业监管统计工作会，对统计工作中的问题开展有针对性的培训。

【立足风险防范，深入开展调研】 一是着力强化统计分析职能，提升数据分析运用能力。密切跟踪经济金融形势变化特点，实时监测辖内银行业的业务经营、风险防范情况。二是充分发挥监管统计的决策咨询和监管引领作用，对于统计分析中发现的新情况、新问题以及监管工作中的热点、难点问题进行及时的信息反映和深入的调查研究。三是结合当前普惠金融及金融支持实体经济发展的相关工作，深入威宁县迤那镇进行调研，形成《金融助力威宁扶贫开发》专题调研报告。四是对毕节辖内煤、电、烟三大传统支柱产业摸底调查，剖析了三大产业存在的问题及原因分析。

【加强班子建设和队伍建设】 一是积极创新党建工作方式，实现“共建价值链，人人有奉献”的目标。通过建立“分局党委委员+科室+监管办”的基层党建体系、成立现场检查临时党支部方式，真正实现党建与监管的有机结合。二是开展“三严三实”专题教育活动。分局党委召开专题会议研究并制订《毕节银监分局开展“三严三实”专题教育实施方案》，以分局党委书记给全体干部职工上党课的形式启动分局“三严三实”专题教育活动，认真完成每个环节规定动作。三是抓好干部队伍建设。按照干部管理程序，坚持德才兼备、以德为先的原则，对6人按程序考核提拔。四是以提高风险防范能力、依法监管能力以及监管创新能力为重点，加强对监管人员的培训。全年组织员工参加银监会、省局举办的学习培训共8期，派出2人次参加银监会短期学习，2名职工到省局交流学习。

【加强内部管理】 一是按省局纪委要求对办公用房、公务用车和经费使用、管理情况，以及中央厉行节约有关规定的情况进行自查，完成领导和干部职工超标办公用房的清理和整改，将人行划拨的超标公务用车封存停用。二是通过健全完善制度、加大制度执行力、规范操作等措施进一步加强对财务、车辆、会议、接待、保密、信访、公文、档案等的管理。推动建设节约型机关，严控招待费、会议费、差旅费等经费支出，严格经费支出审批等管理，增强干部职工勤俭意识。三是居安思危，多措并举加强保密工作管理。开展保密知识教育，加强人员培训，开展不定期检查，及时发现问题，堵塞漏洞，确保涉密计算机和网络安全。全年无失泄密事件发生。

【加强党建和反腐倡廉工作】 开展“讲党性守党规严党纪”主题教育活动，不断强化党员干部的纪律意识，筑牢思想道德防线。开展对全辖干部职工履职回避、经商办企业、投资入股银行业金融机构等三项清理工作。扩大廉政监督卡的使用范围，强化对权力运行的监督。全年发出现场检查监督卡33份，发出市场准入、非现场监管廉政监督卡各94份，覆盖全部市级银行分支机构和县级法人机构。对内部监管科室执行新行政许可事项管理办法开展执法监察。在《毕节日报》上公布了信函地址、电话、手机短信和网络邮箱等举报渠道信息。

【开展监管文化建设】 分局围绕监管工作，以人为本，不断丰富监管文化建设，打造团结、和谐的分局氛围。通过举办职工联谊会、新春拔河比赛、登山比赛、植树活动，参加银行业职工运动会等活动，丰富职工文体生活，促进分局“为民务实清廉”监管文化的建设。

（撰稿人：办公室）

中国人民银行毕节市中心支行

【概述】 2015年，人民银行毕节市中心支行以“强基固本、改革创新、提质增效”为工作主线，紧密结合辖区实际，认真贯彻执行稳健的货币政策，积极推进金融改革创新，维护区域金融稳健运行，严格依法行政，大力提升金融服务与管理水平，有效履行中央银行分支机构职责，为毕节试验区经济持续健康发展作出积极努力。

截至2015年12月末，毕节市金融机构人民币各项存款余额1254.63亿元，较年初增长36.85%，增速高于2014年同期27.55个百分点；各项贷款余额884.46亿元，较年初增长28.32%，增速高于去年同期2.46个百分点。

【贯彻稳健货币政策，加大信贷支持力度】 一是加强窗口指导，引导信贷精准投放。按照稳中求进、改革创新要求，改进信贷政策实施方式，提升信贷政策实施效果，发挥好信贷政策在稳增长、调结构、转方式、惠民生、防风险中的积极作用，引导金融机构把握好信贷投放的力度和节奏，将信贷资金更多投向实体经济，重点投向吸收贫困农户就业的中小企业、家庭农场、种养殖大户、专业合作社以及政府确立的农业示范园区、山地特色农业等。充分利用定向降准、差别准备金动态调整、信贷政策支持再贷款等货币政策工具，着重引导地方法人金融机构将信贷资金投入民生领域和扶贫开发。结合贷款投向、资本充足率、风险状况、区域差异、扶贫开发等元素调整参数设置，对辖内扶贫攻坚任务重、少数民族聚居县域，在合意贷款增量参数设置上进行差别化调整，适当增加合意贷款增量。二是综合运用多种政策工具，为货币政策实施提供保障。加强存款准备金管理，对地方法人金融机构开展存款准备金执行情况检查，及时调整、依法考核金融机构存款准备金率。积极开展金融机构合格审慎评估初审工作，鼓励辖内符合条件的地方法人金融机构自愿参与合格审慎评估。加强支农再贷款管理，积极创新支农再贷款管理新模式，按照“多家联保、两家互保、单家申请、周转使用、责任连带、按期还款”的原则，以及第三方保证“一次担保、循环使用，责任连带、按期偿还”的原则，推动再贷款联保互保及第三方担保方式，在维护央行资产安全上作出有益探索。截至12月末，支农再贷款余额15.55亿元，较年初增加5.47亿元，2015年累计发放18.04亿元。采取联保互保及第三方保证方式发放支农再贷款12.96亿元，占比83.34%。三是积极探索创新，打造多方联动精准发力的金融扶贫模式。加强沟通协调，推动政府出台《毕节市发展扶贫小额信贷实施细则》《毕节市加快农村支付服务环境建设工作方案》《毕节市林权抵押贷款管理办法》等政策制度，建立扶贫小额信贷信用信息管理、风险补偿和考核机制，鼓励涉农金融机构增设机构网点，深入推进毕节市扶贫开发金融服务工作。截至12月末，毕节市农村住房财产权抵押贷款余额4904万元，林权抵押贷款余额3521万元，涉农贷款余额为540.11亿元。加强与民宗局、财政局协调配合，积极做好创业就业、民贸民品等民生领域金融服务。2015年全市累计共有33家企业享受民贸民品优惠利率贷款贴息，累计发放贷款34770万元，累计贴息1083万元。做好创业小额担保贷款统计监测工作，创业小额担保贷款年内累计发放1810笔金额9915万元，年末余额17697万元，其中：妇女小额担保贷款余额16648万元。引导金融机构加大对“3个15万”扶持微型企业发展的金融服务。截至12月末，全市小微企业贷款余额143.09亿元，较年初增加20.97亿元，增长17.17%。加强金融市场管理和培育，推动跨境人民币业务规范发展，指导毕节农商行作为全市第一家银行机构成功加入全国银行间同业拆借市场。2015年毕节市跨境人民币业务累计发生28笔，累计金额392.85万元。四是推动成立毕节市金融学会。积极组织全市金融机构成立金融学会，于2015年10月获证批准成立，单位会员30家，个人会员27名，为推动全市金融研究工作搭建了学术研讨交流平台。

【加强金融改革与监管，维护辖区金融稳定】 一是加强与市政府金融办、银监分局等部门沟通协调，完善金融监管协作机制，形成工作合力。加强金融机构风险监测分析，密切关注金融机构流动性状况，做好金融机构流动性监测。关注毕节市房地产市场、煤炭行业、棚户区改造等关乎民生的行业或支柱产业，实地走访深入调研。配合市金融办开展全市非法集资处置工作，组织金融系统做好风险应对处置工作。二是做好存款保险制度出台各项准备和组织实施工作。做好舆情和流动性监测，按照总行宣传口径和要求，认真开展相关培训。7月20日顺利完成辖内16家投保机构首期保费交纳工作。三是密切关注政策性金融机构和商业银行改革，持续跟踪农信社改制农商行进展。关注地方法人金融机构稳健性和负债业务经营情况，选取毕节发展村镇银行开展高风险地方法人金融机构稳健性现场评估，选取织金惠民村镇银行开展银行负债业务管理专项评估和金融突发事件应急演练。四是抓好“两综合，两管理”，有效落实重大事项报告制度。做好开业管理，审核通过16家金融机构分支机构加入人民银行金融管理与服务体系。落实重大事项报告制度，建立“一事一报、行长签发、按月汇总”工作机制。细化综合评价要素，确保评价结果切合实际、客观公正。

【深化外汇管理改革，助推涉外经济发展】 一是全面落实外汇管理改革措施，推进直接投资登记、资本金意愿结汇和存量权益登记网上申报等改革，促进投资便利化。加强外汇业务综合服务平台建设，延伸外汇服务触角，助推县域涉外经济健康发展。开展送外汇知识到企业、进学校等系列宣传活动，扩大外汇知识的公众认知度。二是强化风险预警防控，防范跨境资金流动冲击风险。探索非现场监管方法和手段，依托跨境资金流动监测与各外汇业务系统，对辖内资金流动状况进行统计、分析、预警，筛查可疑、异常信息。有针对性地开展“控流出”和“出口不收汇”专项核查，按程序进行风险提示和降级处理。三是根据政策调整变化，规范操作程序，强化重点岗位和环节的管理，增强制度执行力。以培训推动人员转型，积极适应外汇管理方式转变的要求和外汇改革发展新常态的要求。截至12月末，全辖涉外收支总额3012.74万美元，银行结售汇总额4131万美元，实现贸易出口8751.86万美元。

【加强金融服务基础建设，提高金融服务与管理水平】 一是金融统计工作扎实开展。强化金融统计管理，准确、及时、完整报送各项统计数据。县域法人激励考核政策效果明显，全市参与考核机构12家，达标率91.67%，新增可贷资金22.29亿元，新增当地贷款42.74亿元，年度新增当地贷款占新增可贷资金的191.75%，较上年同期提高77.23个百分点。积极做好金融统计服务工作。在加强涉密数据管理的前提下，及时、准确地向政府部门提供相关数据，为政府部门提供决策依据，其中《2015年7月毕节市金融统计分析》得到市委书记陈志刚批示，《毕节市金融统计信息专报》获得常务副市长罗建强同志批示。二是征信管理有序推进。探索具有毕节特色的小微企业信用体系建设工作，成功搭建毕节金融网及小微企业融资对接平台，报请市政府审议通过创建工作实施方案等系列文件，创建工作取得实质性进展。加强征信基础业务管理，截至12月末，全市累计受理企业信用报告查询936次；个人信用报告查询33256次；国家机关查询17次；发放机构信用代码证5773户，更新机构信用代码信息433户。推进中征应收账款融资服务平台推广应用，截至12月末，毕节辖内中征应收账款融资服务平台完成用户注册86户，其中资金提供方40户，应收账款债权人/债务人46户；累计成交金额46.876亿元。三是支付结算工作取得明显成效。加强巡回辅导和考核检查，提高会计核算质量，大方县支行网点实现ACS核算连续12个月无差错，为省内3个无差错县之一。加强支付服务市场监管，强化支付数据报送和对辖区支付结算重大事件舆情的监测，完成对辖内7家银行共18个营业网点的存量个人人民币银行存款账户身份信息真实性核实验收、风险提示和限期整改工作。加强银行卡安全管理，探索建立警银协作打击金融犯罪新机制和银行卡风险防范奖励表彰长效机制。围绕“五抓一确保”要求开展助农取款服务点风险排查、清理备案和调研工作，对全市1799个点开展安全大检查，推动大方县政府部门出台针对性的财税扶持政策。四是反洗钱工作进一步深化。坚持风险为本加强辖内法人机构监管，对全市35家金融机构反洗钱工作进行考核评级。创新检查思路，整合辖区监管力量开展反洗钱现场检查，首次对保险公司开展反洗钱检查，为有效开展保险业金融机构反洗钱工作奠定基础。五是国库管理与服务水平进一步提升。规范核算业务操作与管理，确保国库资金安全有效运行。强化统计分析，建立国库资金运行分析季度例会制度，按月向市委市政府报送国库收支数字快报。推进横向联网考核评价和财税库银联席会议两项工作机制，将横向联网推广列为重点工作，提高横向联网推广在考核中的占比。截至12月末，毕节市电子缴税580521笔，占比73.93%。创新开展到期国债约定转存业务，并得以在全省推广。六是货币金银工作顺利开展。完善“以需定投”的现金供应体系，提高发行基金投回分析准确性，及时掌握开户单位现金投放回笼情况，科学组织现金供应。加强货币发行会计核算管理，实现“零差错”目标。加大小面额人民币投放力度，提高流通中人民币整洁度，积极推动辖区金融机构布放小面额现金自助设备。组织开展农村现金综合服务平台评估，完善农村现金服务体系。强化对金融机构现金收付业务的监督检查，检查金融机构网点16个，发现问题49个，签发整改意见书11份。扎实推进“清肠行动”，助推清分复点、调拨销毁工作顺利进行。全力推进反假货币工作，收缴假币72.63万元。七是科技服务和保障作用有效发挥。加强网络和重要业务系统升级改造、运行维护和安全管理，开展信息系统突发事件应急演练和预案评估，保障网络安全稳定运行。金融IC卡宣传推广应用取得新进展，移动金融IC卡发放实现“零突破”，金融IC卡在自动售卖设备、非接拍卡收取水费、公交系统及学校自助消费等领域推广使用。组织召开金融机构信息安全观摩交流座谈会，加强对金融机构信息安全和信息化建设的指导。八是金融消费权益保护工作深入开展。对工商银行毕节分行和建设银行毕节分行开展执法检查。建立完善金融消费权益保护工作联系人制度，及时高效处理金融消费者投诉。组织开展“3·15”金融消费者权益日和“金融知识普及月”活动，维护金融消费者的合法权益。2015年共受理金融消费者投诉12件，其中与中国人民银行滨海新区中心支行协作处理跨省金融消费者投诉1件，金融消费者满意度为100%。

【完善工作运行机制，提高内部管理效率】 一是抓好机关规范化管理，提高政务运行保障水平。建立完善办公制度，提高办文、办会、办事规范化程度，严格控制发文数量和范围，切实提高文件、综合文稿和简报的质量与时效。进一步完善政务信息工作机制，整合信息资源，发挥政务信息工作在沟通情况、反映问题、交流经验、支持决策等方面的职能作用。积极开展改进县支行考核管理工作，促进县支行有效履行职责。二是建立完善内控管理和业务运行制度，内部控制及业务操作安全规范。充分发挥会计管理职责，切实加强会计制度建设。加强财务预算管理，严格财务收支管理，从严控制“三公”经费开支。积极创新尝试采用网络采购模式开展集中采购，为全省开展网络采购进行了积极尝试。三是强化监督检查，防范风险隐患。以提高履职水平为重点、跟踪问题整改为切入点、控制业务风险为目标，深入开展各类专项审计，全面推进内审工作转型。全年完成审计项目9个，提出整改意见32条。四是认真落实安全管理责任制。规范发行库守卫管理，保证人防、技防、物防到位。完善运钞规范化管理，加强枪支、弹药的日常管理。加强应急预案演练，提高妥善应对紧急突发事件的能力，确保库房、发行基金和人员的安全。五是抓好节能减排，加强后勤服务保障工作。加强车辆管理，认真落实厉行节约规范公务接待的各项要求，推行节能减排各项措施，做好公务出差和调运车辆的合理安排，保障各项工作正常运转。

【抓好干部队伍建设，全面提升履职能力】 一是加强领导班子建设。深入学习中国特色社会主义理论体系、社会主义核心价值观、十八届五中全会精神及习近平总书记系列讲话精神，认真贯彻执行党的路线方针政策和上级行决策部署，健全完善职责分工明确、领导核心突出、运行程序规范、工作协调高效的工作运行机制，全面推动各项工作民主化、制度化和规范化发展。二是加强干部职工队伍建设。制订人才队伍建设规划，围绕培养、使用人才环节，推进辖区干部人事制度改革。通过补充配备、调整交流等措施，优化领导班子与干部配备，形成合理结构。严格干部选拔任用，确保选人用人公信度和满意度。做好后备干部选拔培养工作，加大年轻干部多岗位锻炼力度。健全考核和奖惩激励机制，加强教育培训，不断提高干部的政治理论和业务素质。三是深入开展“三严三实”专题教育。组织召开专题党课视频会议，及时启动专题教育。紧密结合工作实际安排学习讨论内容，围绕三个主题开展集中学习研讨，通过多种形式开展宣传，为专题教育有序开展营造良好氛围。四是认真落实群众路线教育实践活动整改工作。深入开展群众路线教育实践活动“回头看”，将持续抓好“两方案一计划”的落实和长效机制建设作为2015年党建工作重要内容，制定《中国人民银行毕节市中心支行干部作风“马上就办”实施细则》，坚持上下联动抓整改，并于2015年4月完成辖区所有整改任务。

【加强宣传思想工作，努力构建和谐央行】 加强思想政治建设，提升干部职工政治理论素养。创新制订基层党组织、书记、委员抓党建工作责任清单。将习近平总书记系列重要讲话精神作为抓好理论学习的重要内容，用规范的制度来确保抓落实。深入推进培育和践行社会主义核心价值观工作，以抓好央行精神和岗位工作理念“落地”为重点，积极开展央行文化建设活动。认真贯彻中央《关于加强和改进群团工作的意见》，深化党建带团建，健全基层团组织，落实团建工作制度，推进基层服务型团组织建设。加大“创建学习型组织，争做知识型职工”活动力度，积极组织各类活动，凝聚人心，充分调动工作积极性。

【认真落实两个责任，推动反腐倡廉建设】 认真落实党风廉政主体责任和监督责任，坚持每季度召开党委会议专题研究党风廉政建设工作，把党风廉政建设贯穿到业务工作之中。深化惩防体系建设，强化权力运行的监督制约，切实按照“全面防控、突出重点、动态管理”的要求，认真执行《岗位（廉政）风险防控管理暂行办法》和实施细则，加大督导和检查考核力度，增强风险防控的针对性、时效性和前瞻性。严格执行民主集中制，对评先选优、干部任免、执行货币政策等重大事项和大额财务开支事项经党委集体研究决定。加强反腐倡廉宣传教育，引导党员干部自觉守纪律讲规矩，增强廉洁从政意识。

（撰稿人：办公室）

中国银行毕节分行

【概述】 2015年，中国银行毕节分行以下简称“中行”秉承总行“担当社会责任、做最好的银行”的战略方针，遵循省分行党委“发挥比较优势，助推贵州发展”的工作部署，以市分行“严管理、抓内控、防风险、扩规模、增效益、提绩效”十八字工作方针为指引，在大力发展业务的同时，狠抓风险管理、内控合规、队伍建设和企业文化，有力地促进了各项业务的健康发展。

【加强党建工作，坚持从严治行】 一是强化党建、团建工作。全行上下深入开展“三严三实”专题教育，扎实做好专题党课、专题学习研讨、专题民主生活会、整改落实等关键动作。强化一岗双责，在业务发展同时，高度重视党建、团建工作。充分发挥党员、团员的先锋模范带头作用，分别对党支部和团支部进行改选，广泛开展党、团活动，以“党”建带“团”建，有效促进各项业务快速发展。二是从严治党，从严治行。严格落实党风廉政建设责任制，加强思想理论教育，认真贯彻落实从严治党方针全面加强党员干部思想政治建设。严明政治纪律和政治规矩，强化各级领导干部的组织意识和纪律观念，确保纪律刚性约束，确保全行政令畅通，提高执行力和穿透性。坚持从严治行方针，持之以恒地反“四风”转作风、树新风。各级领导干部是带头执行中央八项规定精神，带头深入基层联系群众，带头廉洁自律勤俭办行，自觉抵制各种歪风邪气。深入开展从严治行，明确认识到从严治行，严格管理是大恩大德，利人、利己、利行；管理松散、没有规矩是害人、害己、误行。坚持从严治行，加强内控及双基管理，坚持对违规违纪责任人严肃问责，不是权宜之计，而是治行之本。为了保障我行健康持续发展，为了教育全行干部员工不犯错误、少犯错误，监督和保护大家不出问题、不坐牢，必须坚持从严治行。对于各级管理者而言，坚持从严治行是天职，必须以身作则，带头履行，这是考验各级管理者称不称职的重要标准之一。要克服做老好人、大事化小、小事化了等错误思想，不能用感情代替制度和原则。无论是业务管理，还是对人的管理，都必须坚持从严治行的方针，实施精细化，确保不出案件。

【加强客户群建设，推进业务发展】　在2015年年初工作会议上对全年工作进行了精心部署和周密安排，将客户群建设列为2015年八项主推工作的重中之重。在省分行的大力支持和帮助下，分行党委班子率先垂范，快速反应，迅速行动，紧盯不放，紧追不舍，带领条线部门、基层网点积极营销和拓展客户；同时，积极创新思路，有效推动客户较快增长。利用优惠的贷款政策，相继成为毕节市较大房开项目的主要经办行资格。坚持公私联动，不断完善金融服务模式，着力构建更加均衡合理的客户结构，壮大个人客户规模。实现由争揽存款到争揽客户，由简单争揽存款账户到争揽客户资金流，大力推进客户群建设，以点带面，形成稳定的存款来源。在不断拓展新客户的同时，高度重视存量客户的维护和挖潜，依靠现有系统对存量客户进行全面梳理，按照客户贡献度进行排序，明确存量客户挖掘目标，将目标任务落实到负责人、客户经理。从存量升级和遏制客户流失两个方面优化客户结构，加强存量客户维护力度，提高客户产品覆盖率、交易活跃度等指标，降低客户流失率。

【狠抓存款业务，突破发展瓶颈】　坚持存款立行，加大存款争揽力度，增强存款的稳定性和发展后劲。加大对储蓄存款和理财业务的吸存工作，积极推进中高端客户的增长，确保存款的稳步上升。通过公私协同联动，积极拓展代发薪及征地补偿业务，大力提升代发薪业务对公司有效客户的覆盖率，提高代发资金留存率，推动代发资金量快速增长。吸收稳定性强的个人存款，争取低成本资金。通过产品创新组合，提升客户对中行产品的使用度和满意度，增加客户金融资产和贡献，提高客户资金沉淀。利用基金、理财、短信通、“步步高”等产品，围绕周边的园区、社区、企业、商贸客户展开营销，争揽低成本结算资金。加强账户类和支付类产品创新，用好差异化个人存款利率优惠政策，满足中高端客户资产配置需求。充分发挥中行的电子银行业务优势，加强客户账户资金的归集，提升客户对中行的贡献度。

【优化收入结构，提升经营效益】　坚持利息收入和非利息收入并重，大力优化非利息收入结构，早谋划、早部署，实现贷款早投放、早受益。优先向收益高的项目倾斜，加大授信业务结构调整，增加利润收入。在扩大收入来源的基础上，注重节约经营成本，减少费用支出。一是争取储备项目早投放、快投放。根据项目库清单，梳理项目进度，落实批复条件，跟进洽谈进程，完善服务方案，促进业务落地。二是调整授信行业结构，提高议价能力。首先调整贷款产品结构，提升个人贷款占比，个人贷款重点是住房按揭类贷款；其次调整贷款客户结构，积极营销中小微企业客户，重点是已形成产业集群类、围绕核心企业供应链类、产业龙头化企业和持续经营时间五年以上，抵质物充足的企业，审慎加大中小微客户投放；再次调整贷款行业结构，根据外部经营形势变化，以国家产业政策为指引，促进贷款行业结构优化。三是降低负债成本。大力争揽负债成本低的活期存款、临时资金。四是积极叙做中间业务，促进非利息收入持续增长。积极开展贸易结算业务、代签银行承兑汇票、代理国际结算等纯代理业务。严格执行监管政策、规范服务收费、依法合规经营的同时，积极发展国际结算、跨境人民币结售汇、金融市场、银行卡等传统优势业务。

【强化风险防范，提高资产质量】　一是审慎选择客户。结合对当前经济形势的综合分析预判，积极叙做符合总行、省行授信政策行业和客户，重点发展有毕节优势特色的项目。在客户选择上，更加注重企业经营效益、社会信誉及行业发展前景。二是加强贷后管理。以客户为中心，实行全产品线贷后管理，加强业务条线信贷经理队伍建设，确保完成各项规定动作，及时预警风险，有效化解风险。安排清收专人专岗，制定清收措施，加大清收力度，使不良贷款控制在有效范围。2015年，中行公司授信业务未出现不良贷款。三是提升风险管理水平，主动化解信用风险。一笔中小企业贷款出现信用风险，分行高度重视，积极面对，认真分析查找原因，制定有效对策。积极准备应急策略，召集有关部门查询抵押物市值，准备资产保全诉讼材料，及时化解了信用风险。四是高度重视类信贷业务风险防范及化解。对1笔投融通业务做好还款信息搜集和反馈，积极借力省分行促成风险化解。经过多方协调努力，于到期日前一天还款资金到账，避免了违约事件的发生，消除了后续合作的不良影响。

【注重内控管控，依法合规经营】 通过案防会、现场及非现场检查、发布通报（案例）、风险提示等形式，提高营业机构、部门负责人的风险意识。要求机构、部门负责人牢固树立风险意识，切实承担起事中控制与现场管理的职责，扎实做好业务操作的基础管理工作，切实消除风险隐患，确保所在机构经办的每一笔业务客观、准确、真实。同时，加强对大额存取款、异常资金划付、违规开户等风险事件的日常监控；将重要业务、重要环节、重要部位、重要时段纳入日常检查范围，通过采取常态性检查、不定时专项检查等形式，防止案件的发生。中行营业部青年柜员成功堵截一起9900美元的假币兑换案件，成功化解了现金业务风险。

【加快渠道建设，推进转型发展】 抢抓机遇，加强渠道建设，统筹制订渠道布局，推进网点智能化升级，助推业务发展。2015年打造新建百花支行、七星关区支行全智能网点示范点，老百花支行改造成全功能旗舰自助银行，新建毕节医专自助银行，加快麻园支行旧址智能化自助银行的改造。

深化销售流程导入，深入开展网点销售服务流程固化工作，同时以智能化网点建设为契机，以智能填单台、智能发卡机、存取款一体机、网银体验服务区等一系列设备串联组合，达到不断优化厅堂服务流程作用。

【加快人才队伍建设，发挥绩效考核作用】 结合中层干部后备人员不足、专业技术队伍不能满足业务发展需求的实际，拓宽选人用人思路，加快队伍体系建设。2014年分行重点开展中层正、副职储备干部的选拔培养工作，现已完成配备。及时补充部门及机构负责人2人，副职6人；对机构负责人符合转正条件按时转正6人；同时，加强后备干部梯队的建设，对列入后备人才库的人员实施重点培养，在外部培训、内部轮岗等方面进行重点关注和倾斜。经过严格的选拔考核，共评定6人为中层正职后备干部人才库，6人为中层副职后备干部人才库，逐步搭建起员工成长通道，为业务发展提供充足的后备力量。在省分行绩效考核办法的基础上，结合毕节分行实际，制定了毕节分行绩效考核实施细则、产品计价考核实施细则，将资源向一线人员倾斜。计价考核以提高产品销售比重为核心，不同程度提高了客户经理、大堂经理、理财经理及柜员产品销售在绩效收入中的占比。据统计分析，实施产品及业务量计价后，员工单月产品计价收入差距较大，真正实现多劳多得，少劳少得，极大激发了员工的工作积极性和主动性。按照省分行要求和部署，制定毕节分行考核机制发展规划，参考网点所处区域客户资源分布、业务经营范围、业务规模以及人员等因素，对网点实施差异化管理。加强网点负责人的营销力度，对基层网点各项业务指标完成较好，内部管理完善的网点负责人给予差别的绩效考核和奖励，建立差异化的网点岗位设置、业绩评价、负责人薪酬，及时兑现分行的激励措施；同时，加强公司、个金的联动发展，发挥各业务条线对网点的指导作用和条线调度，对条线部门职能实施较好的同样给予差异化的绩效考核，确保网点与条线部门之间的密切合作，实现业务全面发展。

【开展企业文化建设，增强业务发展合力】 2015年是中国银行在贵州设立机构的一百周年，毕节分行以此为契机，在总行“用心服务、合力建家”精神的指导下，组织开展了系列丰富多彩的文体活动。分行党委主动对标省内、省外先进分行，学习其先进的经营管理经验，特邀都匀分行一行到中行进行业务交流；组织领导干部到辽宁省鞍山分行交流访学；与德州分行携手合作，贵州省分行首个市分行间中层干部交流共享项目三期均圆满结束。坚持服务为先，客户体验持续改善；创先争优，标杆涌现，我行荣获总行级荣誉2项、省行级荣誉4项，市级荣誉4项。

（撰稿人：张　品）

建行毕节市分行

【概　述】 2015年，中国建设银行毕节分行（以下简称支建行）以中共十八大和十八届三中、四中全会精神为指引，认真贯彻落实总、分行发展战略，以“强基础、建机制、推转型、谋发展”为主线，主动适应新常态，牢牢抓住新机遇，以服务地方经济为己任，助推毕节试验区经济社会发展，不断提高市场竞争力，实现了各项业务的健康发展。截至2015年年底，各项存款余额达到169.49亿元，较年初新增45.92亿元，各项贷款余额99.61亿元，较年初新增18.29亿元。

【突出信贷引导，促进地方经济发展】 2015年，建行在深入解读中央和地方政策的基础上，抓住地方经济产业转型升级契机，紧密结合自身实际，明确信贷投向，重点支持与民生领域、教育卫生、新兴产业等相关企业和项目。一是重点支持医院、学校、垃圾发电、城市供水、污水处理等与经济运行周期关联度较小，同民生休戚相关的项目，对毕节市第一人民医院、毕节市职业技术学院等优质机构客户双山新区在建项目进行信贷支持，为毕节市第一人民医院申报固定资产贷款并成功取得额度授信批复5.6亿元，单笔业务批复4亿元；为毕节市职业技术学院申报办理融资租赁业务3.5亿元。二是与毕节市税务局搭建合作平台，成功推广“税易贷”等小微企业创新产品应用，有效解决了小微企业融资难题，同时成功办理了多笔大数据下的小企业信贷产品，为满足小额无贷户的信贷需求提供了一个有效平台。三是重视投行业务的发展，以“融资”+“融智”服务于战略转型，突出资产收益权类、股权投资类和股权收益类产品，关注企业发债和债券承销，合理搭配、满足优质企业、重点项目不同阶段的融资需求，2015年10月，成功为毕节融达公司发放2.5亿元资产收益权类理财产品。四是借助毕节市政府倾力打造“乌蒙山宝毕节珍好”名优农产品契机，大力发展“善融商务”，全力推广地方特色品牌。截至12月31日，善融商务新增B2C活跃商户7户，交易总额达163.13万元，活跃商户量居全省第一，为地方特色产业的宣传推广做出了积极贡献。

【把握创新思路，提高优质服务能力】 2015年，建行以整合渠道运营资源为着力点，大力提高工作效率，提升服务质量，增强客户体验，工作取得了明显成效。一是以网点转型为切入口，以大堂管理为重点，持续深化服务的规范化，充分调动大堂经理分流客户；大力优化自助银行布局，加大电子银行等移动金融宣传及应用推广力度，提高离柜业务占比，进而分流柜面压力，使业务办理更加畅通，尽量减少客户排队时间；二是严格落实服务质量监督、客户投诉管理、教育培训制度，提升柜面人员服务水平，加强内部检查监督，对违规的服务行为严惩不贷；三是加强员工业务学习与技能培训，提高服务水平；四是完善服务投诉管理工作，深入查找引发客户投诉的薄弱环节，分析内在原因，做好报告提示、落实责任追究、狠抓整改落实、主动解决，从源头上防范类似事件的再次发生；五是加强创新产品的宣传推广，秉承“以客户为中心”的服务理念，将佳诚龙卡、校园一卡通、结算通卡、ETC龙卡、“房易安”、“快贷”、补息贷款等更符合客户个性化需求的创新产品进行广泛推广，更加适应客户和市场需要；六是注重客户维护，通过调查了解客户在使用我行产品过程中存在的问题，及时给予客户指导，收集客户意见和需求，不断更新服务理念，加强服务工作的内容、形式、制度和管理等创新，促进网点服务水平的不断提升。

【加强队伍建设，夯实业务发展基础】 高度重视员工队伍的建设和提高员工的业务素质，增强员工工作活力和服务能力，为全面提高经营管理能力奠定坚实的基础。一是完善选人用人机制，制定人才选拔、培养、使用管理办法，完善干部考察标准。二是加强各级领导班子建设。加强对各级领导人员的选拔配备、充实调整力度，改善和优化班子结构，增强整体合力，提高各级班子解决实际问题的能力。三是做好专业技术人才队伍建设，建立跨条线、跨部门、多岗位、横向和纵向交流培养机制，致力于培养综合性人才。四是加强培训力度，制定《毕节分行2015年培训计划》，加快提高网点员工的综合化业务知识和操作技能，确保综合化业务转型顺利推进。

【深化内控管理，高筑营运安全“大坝”】 一是强化制度建设，令行禁止。一方面，加强规章制度建设，提升规矩意识，做到法无授权不可为。建立了屡查屡犯问题重点整治措施、车辆管理、公务接待及会议管理等办法。另一方面，树立规章制度权威，强化执行，令行禁止，做到法定责任必须为。始终坚持“三不放过”，坚守“零容忍”底线，充分发挥轻微违规行为积分工具的警示教育作用，加大轻微违规行为的问责力度，与此同时，全年对合规操作、有效堵截风险的典型事例开展了正激励，在全行有效传导了合规文化，对传播正能量，营造合规氛围，让规矩代替习惯起到了积极的推动作用。二是加强安全营运管理。契合安全生产大检查，围绕“抓基层、强基础、防案件、保平安”为主线，梳理安全隐患，夯实安全保卫基础建设。三是认真开展信贷项目和信贷客户的风险排查，发现问题及时处置。全年信贷资产质量保持稳定，各项指标控制在省分行计划内。四是提高稽核差错管控能力，强化员工业务合规培训，提升风险防范意识。加大稽核差错问题的整改、指导、问责力度，稽核差错率控制在全省建行排名得到明显提升。五是结合实际持续、深入抓好案件专项治理，密切关注案件新动向，坚持抓好重点时段、关键环节、要害岗位案件风险的严密控制和监督检查，为业务发展构建起了一个健康和谐的内部经营环境。

【抓好党建工作，推动党建引领发展】 一是持续加强作风建设，将上级为下级服务、二线为一线服务、全行为客户服务的行为准则贯穿全行，增强密切联系基层和服务基层的责任担当和自觉性，切切实实解决事关基层的难点热点问题。二是认真落实“两个责任”，深刻领会习近平总书记系列重要讲话精神的立场、观点和方法，增强做好各项工作的责任感、紧迫感和使命感，以“三严三实”专题研讨深化思想认识，凝聚共识，按“严”和“实”的标准将规定动作落到实处，自觉执行中央八项规定和总行党委十项要求，聚集“四风”立行立改。三是开展“讲规矩、正风纪、守廉洁”主题教育和一系列警示教育活动，强化党员领导干部“讲规矩，守纪律”的自觉性。四是积极组织党内活动，提升基层党建活力。通过组织“迎七一，健步行”登山运动、开展下乡慰问帮扶、户外兴趣活动等方式丰富党内生活，加强与群众的密切联系，增强全体党员凝聚力。

（撰稿人：肖雪君）

毕节农商银行

【概述】 2015年，毕节市农信社（农商银行）主动适应经济金融新常态，以严和实的作风主动作为，统筹发展农村普惠金融、扎实抓好金融精准扶贫，努力为试验区经济社会发展提供金融服务，存贷业务稳健增长，经营效益稳步提升，发展后劲逐步增强，各项重点工作取得积极成效。截至12月末，各项存款余额400.3亿元，较年初增加74.2亿元，增幅22.75%；各项贷款余额282.5亿元，较年初增加35亿元，增幅14.13%。存、贷款市场份额分别占全市金融机构的31.9%和31.94%。实现经营利润12.2亿元，增幅7.61%；缴纳各种税收4.23亿元，同比多增0.33亿元。

【持续加强“三农”信贷投入】 以支持种养殖业发展、农业产业化、“5个100”工程、“四在农家·美丽乡村”建设等为重点，持续加大信贷投入，较好地满足了“三农”发展资金需求。至12月末，涉农贷款余额244.04亿元，较年初增加33.01亿元，占全部贷款增量的94.3%，涉农贷款占比 86.38%，累计投放涉农贷款187.01 亿元，占本年贷款累计投放额的85.13%，涉农贷款增速15.64%，高于各项贷款增速1.51个百分点。其中农户小额信用贷款余额153亿元，较年初增加28亿元，增幅22.35%。

【着力优化农村金融生态环境】把农村信用工程建设作为解决农民“贷款难”的治本之策来抓，切实发挥农村信用工程建设在提升农户信用等级、减少农户融资成本、增加农村经济活力等方面的重要作用，深入推进农村信用工程建设，不断完善县、乡（镇）、村三级农村信用工程建设长效机制，形成了“争当信用户、争创信用村镇”的氛围。共建立农户经济档案146.97万户，评定信用农户等级146.92万户，贷款证累计发放121.46万个；涉农贷款余额244.04亿元，较年初增加33.01亿元，占比 86.38%，增速15.64%，高于各项贷款增速1.51个百分点，其中农户小额信用贷款余额153亿元，较年初增加28亿元，增幅22.35%；新创建信用乡镇20个，信用乡镇总数达83个。广泛开展“金融夜校”，全面普及金融知识。打造“五个一”工程，在村组、社区开办“金融夜校”，普及金融知识、解读政策法规、传递致富信息，讲解贷款办理、支付结算操作、反假货币、非法集资识别与危害、产业发展与金融支持等内容，共举办“金融夜校”8723场次，参训人数38.59万余人次，基本覆盖到所有行政村（社区），提高了农民运用金融知识、金融工具促进自身发展的能力。

【加快改善农村支付结算环境】坚持硬件、软件两手抓，全面改进营业场所建设、金融基础工程，至12月末，共原址改造营业网点33个，搬迁建设营业网点26个，门头改造87个；2015年标准化服务验收达标网点151个，达标网点总数达203个，占网点总数的65.7%，网点形象和服务水平持续提升。大力推进“信合村村通”建设，共安装投入使用助农取款“村村通”终端3820台，覆盖到全市所有行政村；新增POS机具1346台，POS机具总数达2891台；电子渠道业务替代率46.66%，较年初上升10.28个百分点，高于全省农信社系统1.57个百分点。

【不断改进小微企业金融服务】结合“3个15万”等系列政策，合理调配信贷资源，健全工作机制，创新业务产品，以信用、保证及信用+保证、信用+抵（质）押等模式突破小微企业抵押担保瓶颈。至12月末，全市农信社小微企业贷款户数8189户，较去年同期增加3530户，贷款余额53.04亿元，较年初增加10.28亿元，小微企业贷款增速24.05%，高于各项贷款增速9.92个百分点，其中“黔微贷”微型企业项目贷款1531户，贷款余额2.42亿元；建立“信息互通、跟踪服务、产品创新、快速审批、责任落实、激励约束、信息反馈、回访督导”八项机制，在8县区全面开展“心系园区·信合在行动”活动，共向全市12个省级产业园区148户企业授信12.93亿元，累计贷款18.2亿元。

【推进金融扶贫助力脱贫攻坚】把金融精准扶贫作为农信社的职责使命和历史担当，按照中央、省、市关于精准扶贫的工作部署，围绕省联社金融精准扶贫“三做实一保障”工作要求，制定关于深入推进金融精准扶贫的意见，在金融精准扶贫中做到对象精准、资金精准、扶智精准、产业精准、管控精准、合力精准“六个精准”。各行社积极向党委政府汇报，与扶贫部门对接，建立起与扶贫等有关部门信息共享数据库，开展建档立卡贫困户走访活动，找准贫困原因，细分贫困类型，了解脱贫愿望及需求，为精准支持奠定了基础。向180个乡镇426个贫困村派驻金融书记（金融主任助理）243名，探索出了一条金融服务与基层党组织融合的新路子。至2015年年末，共为全市精准扶贫建档立卡户授信69.74亿元，获得贷款农户81936户，累计贷款金额22.39亿元，其中“特惠贷”5.83亿元。

【积极履行企业社会责任】省联社持续增加在毕节市的公益捐赠支出，先后向威宁迤那新村建设及学校捐赠300万元，向赫章海雀小学捐赠800万元，向金沙职业培训中心捐赠300万元，向黔西林泉镇海子村捐赠500万元，共计1900万元。

（撰稿人：办公室）

中国邮政储蓄银行毕节市分行

【概述】 2015年，毕节市分行紧紧围绕“凝心聚力谋发展、提质增效保转型”的经营管理理念，念好“特、严、精、优、和”五字经，牢牢抓住“管理和发展”两条主线，认真分析各阶段面临的形势和任务，研究制定具体的工作措施，扎实推进各项工作有序开展，较好地完成了2015年的目标任务，在发展和管理方面都取得了一定的成绩。全年完成业务收入10434万元，增长23.58%，实现利润2314万元。截至2015年年末，全市各项存款余额达85.5亿元，较去年同期增长11.5%；全年累计发放个人零售及小企业贷款79180.7万元，余额增长25527.90万元，贷款结余129537.78万元；发放对公贷款11.3亿元，结余11.5亿元。

【进一步加大服务地方经济建设力度】 2015年市分行加强与地方政府沟通，主动融入地方经济，积极支持地方经济社会发展，提供力所能及的信贷支撑，在结构调整、集团营销、新产品开发等方面积极拓展市场，成效显著。一是做好个人信用消费贷款、家庭农场贷款的新业务的发展工作，两项业务全年放款7316.60万元，新增余额6626.04万元。二是积极拓展一手房项目。2015年，大方华屹景城、黔西滨河湾、金源世纪城等一手房楼房项目成功获批，全年发放一手房贷款6435.80万元。三是加强与工业园区、工商联、人资社保、农委等部门的沟通联系，搭建银政企合作平台，创新银政企业务。全年与工商联联合开展了7场“金融服务县区行”活动，与100余家企业进行了座谈，并为符合条件的企业发放各类贷款1500万元；赫章、威宁与当地产业园区签订了合作协议，开展“贵园信贷通”业务，全年发放贷款750万元；赫章、威宁与当地担保公司开展“劳动密集型小企业贷款”业务合作，全年共发放劳动密集型小企业贷款1220万元；与农委合作拓展“农保贷”业务，目前各项前期准备工作已全部完成，2016将实现正式放款。

【公司项目实现跨越发展】 2015年市分行公司业务发展以业务转型为核心，将公司贷款业务作为转型重点，贷款规模取得突破性进展。一是密切跟进织金国电、龙源风电、九冶集团，新增用信11.3亿元。二是加大“一把手”营销力度，定期走访政府相关部门，主动汇报邮储银行的改革发展和对地方经济社会发展的支持情况，争取政府对邮储银行更多的支持，在“贵园信贷通”、劳动密集型、再就业贷款、“农保贷”等方面取得了突破。三是加大与集团客户的合作黏性，与烟草公司就“烟农贷”、烟叶款代付、烟草款归集等业务全面达成合作关系，为我行带来了丰富的资金结算量。四是突出公司贷款的特殊发展。积极跟进华电毕节热电、文家坝矿业、碧桂园房开、兖矿黔西煤业等项目，并对符合条件的项目开展授信调查，为2016年公司授信业务奠定了良好基础。

【风险管控能力逐步提升】 全行紧紧围绕围绕“管资本、出政策、定标准、建体系、严监控、做评价”的工作思路，在风险合规管理、资产保全等方面，进一步深化风险管理体制改革。一是强化信贷资产质量管理，严守信用风险底线，全力控制不良贷款不断恶化的趋势。二是积极开展各类专项风险排查工作。三是通过在全辖开展“除隐患，提能力”活动，及时发现存在的风险点，集中开展制度宣贯、督查整改等工作。四是进一步加强房地产评估中介机构准入管理，有效控制了机构准入风险。五是强化风险联络员履职工作，充分发挥联络员下贴基层，上衔管理层的纽带作用，做好辖内机构的风险事件识别工作，为全面了解我行的风险状况及化解风险提供了有力保障。六是进一步推进风险与内控委员会运行，着力推进委员会工作的督办落实。七是风险监测和信息流转工作常态化。

【案防工作有序推进】 进一步健全合规内控体制机制，认真贯彻落实案防制度，全面安排部署案件防控工作，开展了案件防控工作的考核和检查工作，确保了全年内控管理工作的顺利开展，实现了全市邮政金融“零案件”

的目标。

【安全保卫工作能力逐步增强】 2015年市分行根据全省公安、银监对安全评估工作的要求，结合实际以安全保卫组织管理，自助机具、消防设施、监控及报警装置建设与安全管理为重点，制定了具体的工作方案有序组织开展全行安全保卫工作，对过期的消防设施及老化的监控设备进行了更换和维修，进一步健全了各类安保工作制度；认真组织开展ATM机等自助设备专项安全检查、营业网点消防专项整治、“安防知识我知晓”竞赛活动等阶段性工作，进一步夯实全行的安全保卫工作基础，全员安防意识明显提高，安全管理力量得到增强。

【党建工作扎实推进】 按照党建工作与改革发展同步推进的工作思路，全面加强党的思想建设、组织建设、作风建设、制度建设和廉政建设，发挥党建工作的保障作用，为改革发展提供了思想保证和精神动力，以开展“三严三实”专题教育活动为平台，扎实有效地开展各环节的工作，进一步增强了全体领导干部的党性原则和党性修养，牢固树立了正确的世界观、人生观、价值观、权力观、地位观和利益观，规范自身行为，时刻把握操守底线，不断提高履职能力和拒腐防变能力。

【党风廉政建设狠抓落实】 严格落实党风廉政建设责任制，明确党风廉政建设工作任务分解，深入开展党风廉政建设和反腐倡廉教育工作；分行党委领导带头严格遵守中央八项规定及总行和省分行的相关政治纪律、组织纪律、廉政纪律，营造了风清气正的工作氛围，全年未发生违反中央八项规定和“十条禁令”的情况。

【民主管理工作向前推进】 坚持完善以职工代表大会为基本形式的职工民主管理、民主监督制度，2月份召开了一届四次职工代表大会，将分行党建、员工培训、评先选优、年度考核等各方面工作情况向全行员工进行通报，让员工了解企业发展目标、管理方法、工作程序，全面调动员工的积极性，增强员工参与民主管理的意识。

【企业文化建设成效显著】 以提升自身队伍素质为基础，以推动邮储银行改革发展为中心，以创建“职工之家”为目标，统筹兼顾，突出重点，服务大局，关爱职工。推进工会组织体系建设，规范工会会员管理工作，从业人员入会率达100%。建立节日慰问，职工急、病、难帮扶的“送温暖”工作长效机制，通过“送温暖工程”的常态化，将企业对员工的关爱落到实处；积极开展文体活动，丰富职工业余生活；认真组织开展月度、季度和年度劳动竞赛，按照竞赛目标、考核办法认真开展评比，奖励先进，鞭策后进，促使全体员工树立工作责任感、紧迫感和危机意识，充分调动员工的工作积极性和创造性。2015年，在全市银行业金融机构运动会中获男子篮球三等奖，推选4名信贷客户经理代表省分行参加全国零售信贷客户经理业务技能竞赛，获得全省第一名、全国二级分行优秀组织奖。

（撰稿人：办公室）

中国人寿保险股份有限公司毕节分公司

【概述】 2015年，毕节分公司认真贯彻集团、股份公司工作会议的决策部署，坚持集团公司“抢抓机遇、主动作为、稳中求进、创新发展”的指导思想以及股份公司“重价值、强队伍、优结构、稳增长”的工作方针。2015年中国人寿毕节分公司继续保持寿险市场的主导地位，赢得广大客户和地方党委、政府的高度认可，为2016年的业务发展打好了坚实的基础。截至12月31日，全市总保费35390.75万元（含大病保险14793.06万元，总保费为20597.69），首年新单保费完11526万元，同比增长64%；长险首年保费8025万元，同比增长79%；长险首年标保1981万元，同比增长93%；续期保费8880万元。多项指标均超额完成，毕节分公司快速向好发展。

【新班子上任，各项工作向好发展】 2015年，毕节分公司新一届班子，对毕节公司的历史经营状况和所辖七个县支公司逐一进行深入调研，排查基层实际存在的问题，帮助基层公司理清工作思路，对公司经营管理过程中存在的诸多问题进行清理：一是历史遗留问题逐一解决，员工借款问题已经清理完毕，固定资产管理问题（特别是多年遗留下来的装修工程迟迟未结算问题）进一步得到清理。另一方面以开展“三严三实”专题民主生活会活动为契机，着力强化作风建设，比如分公司机关层面：上班纪律松散、办事效率低下、员工精神状态低迷、怨声载道、没有朝气，没有活力；县支公司层面：发展思路不清晰、干部管理能力弱、执行力不到位、销售队伍不强，针对存在的这些问题，分公司总经理室多次组织召开党委会、办公会、现场会、视频会，广泛听取各方面意见和建议，着力进行有效的整改，摒弃了一些工作上“松、懒、散、慢”等现象，紧紧围绕“严以修身、严以用权、严以律己，谋事要实、创业要实、做人要实”要求，联系班子和个人实际深入查摆问题，严肃认真开展批评和自我批评，坚持真理、修正错误，立规执纪、抓好整改。认真查找领导班子和成员在工作、思想上，尤其是在工作作风方面存在的薄弱环节和问题，剖析思想根源，并提出今后努力的方向和改进的措施，以此提高领导班子成员自身素质，增强领导班子整体功能。营造了“风清气正、积极向上、奋发有为、崇德向善”的工作氛围，为2015年毕节分公司工作布局奠定了一定的基础。并出台了一系列管理制度，推动毕节国寿快速健康发展。为此，毕节分公司在2015年度省分公司各项职能指标考核中，荣获“AA”级公司荣誉称号，在毕节分公司的发展史上增添了浓墨重彩的一笔，不但增强了员工自信，更加提升了公司品牌形象。

【为民服务，大病医保工作顺利开展】 根据省、市两级政府统一安排，2013年毕节城乡居民大病医保通过市场招标形式由商业保险公司承保，政府进行相应监督。2013年6月，中国人寿毕节分公司通过政府招投标，获得了毕节市城乡居民大病医保的承办权，公司承保毕节市七县一区、两个管委会（双山新区管委会、百里杜鹃管委会），共计6742084人的大病医保工作。2015年1月1日至2015年12月31日期间，公司共计赔付1.46亿元（其中包含2013、2014年未赔付金额），赔付人数28711人，其中威宁赔付1620万元.赔付人数3860人。各县区均配备大病专职管理干部1名，发挥公司专业优势，大病医保补偿工作顺利开展，协助政府为民服务，做到让群众满意，让政府放心。多次开展大病保险服务质量提升培训班，从业务技能、礼仪培训、职业道德、大疾保险理赔流程等方面对工作人员进行培训，提高其服务质量和服务能力，让毕节市的大病保险发展更好，让赔付工作效率更高，赔付时间更短，让群众满意，让政府满意。

【加强外部沟通，勇于承担社会责任，提升市场地位】 以“国十条”为契机，亲自与部分市、县政府部门相关领导，毕节汽车运输公司、烟草公司，增进了与当地政府等相关部门沟通协调。2015年4月4日下午19时30分许，在贵州毕节织金县与纳雍县交界处的纳雍县境内老凹坝乡，一辆车牌号贵F-06818（品牌型号WD6608C3）的19座的万达牌客车发生坠崖事故。事故造成21人遇难，3人受伤。中国人寿毕节分公司团险部接到报案后，杨昌林总迅速作出重要指示，成立事故应急小组。于凌晨到达事故现场了解核实相关情况，积极配合政府部门救援受伤人员。将相关情况及时上报总、省公司后，首家现场表态承诺180万预付款，并在4月5日11时40分支付到位，现场得到了政府领导的充分肯定和赞扬。现场得到了政府领导的充分肯定和赞扬。上下级配合迅速，事故应急方案得以有效实施，履行了中国人寿的社会职责，总省市县各部门通力协作，深刻反映了国寿人的敬业心、工作能力和公司凝聚力，对整个系统进行了正能量的宣传。多次与信用社沟通协调，强势推动小额信贷保险和小微企业保险，努力做到队伍建设与业务发展齐头并进。支持“三农”保险方面，中国人寿毕节分公司为全市5万户信贷农户提供287亿小额信贷团险保障，2015年全年共赔款400余万元，有效抵御化解了信贷农户因病、因意外返贫的现象。

【突出渠道定位，推行差异化经营】 突出和强化渠道定位，处理好巩固市场地位和提升业务价值的关系。推进差异化经营管理，实施区域、渠道和产品差异化经营策略。实行全系统统一的支公司个险、团险、银保条线万元保费绩效工资，充分调动基层一线员工的工作积极性。差异化经营的有效推行，逐步提高了渠道的专业化管理水平，提升了城区和重点县域市场的竞争力。

【加强队伍建设，增强发展后劲】 加强各级领导班子建设，2015年通过调整，配齐支公司班子成员，明确分工，将队伍建设作为重点工作来抓，尤其是个险条线，新增持证人力1021人，为毕节个险队伍做实奠定了人力基础。进一步落实《公司高级管理人员暂行办法》等制度，重视后备干部的培养，实行动态管理；组织开展绩效评估，推动公司考核体系的完善，细化薪酬分配方案，激励和约束机制得到统一规范；强化教育培训工作，结合队伍建设、业务发展节奏及需求，有重点地组织开展各项培训，提升员工的整体素质。

【积极转变观念、增强发展意识】 强化执行力，管理干部应该具备严谨、精益求精，提出好方法，找准合适的人，正确激励员工，将各项工作做强做实。在日常工作中，通过督办、考核，逐步树立起忧患意识、责任意识、大局意识、创新意识，确确实实把每一件工作都落到实处。树立后发赶超的精神，改变以前工作中态度不端正，执行力不强，内部管理“松、散、慢”的现象，确实转变了机关工作作风。

【强化风险管控，严守风险底线】 坚持“事前防范，守住底线，服务发展”的风险管理理念，通过会议、培训、检查、督导等形式，从上至下培育浓厚的合规氛围，坚守风险底线。以开展“两个加强，两个遏制”“三严三实”专题民主生活会活动专项检查工作为契机，切实抓紧抓好落实“加快发展、合规经营”两大主题。各级公司深入开展“学制度、懂制度、守制度”的教育活动，强化制度执行意识，牢固树立讲规范、重服务、守信用的经营理念，确保经营行为的规范到位，防范化解经营风险。组织开展内控评估工作，评估测试基层内控风险管控情况；深入开展关键岗位检查，防范关键岗位风险；加强反洗钱检查力度、打牢反洗钱工作基础；扎实推进风险管理工作，定期收集各条线风险防范的措施，督促职能部门强化条线风险管理。进一步加强满期给付和非正常退保的应对工作，有效预防媒体危机及群体性事件的发生，守住不发生区域性、系统性风险的底线。

【深入开展“三严三实”教育活动，切实转变工作作风】 深入学习贯彻习总书记的重要讲话精神。学习集团、总公司杨明生、林岱仁、缪建明和省分公司陈小尤等的专题党课讲话精神，领会核心要义和精神实质，做到以知促行、知行合一，把学习教育和解决问题结合起来，坚持问题导向，认真查找我公司系统“不严不实”的问题，大力整治“僵、庸、懒、浮、散”等工作作风问题。把开展专题教育，作风整治与全年业务推进工作结合起来，与日常经营管理工作有机结合起来，相互促进、两手抓、两不误。并通过视频会、民主生活会的方式向全市系统宣导党课内容。

【切实做好反洗钱工作】 2015年反洗钱工作领导小组认真履行反洗钱工作职责，并按照上级公司及当地人民银行的要求认真研究和制定了2015年反洗钱工作计划、反洗钱工作培训计划，部署安排反洗钱宣传工作、自查自纠工作。认真执行反洗钱一法三规的要求，定期梳理反洗钱工作中存在的问题，分析产生的原因，制定问题整改的措施，积极跟进整改结果，确保发现问题整改到位。针对公司反洗钱工作中存在的问题，重点加强对反洗钱可疑交易的识别和报送工作、客户风险等级划分工作两项制度的学习和落实，同时，全辖利用晨会、工作例会、视频会等各种机会，宣导反洗钱工作，强调反洗钱工作的法定性义务，使各部门、各岗位进一步增强了反洗钱工作的责任意识。

【加强风险防范、确保合规经营、守住风险底线】 2015年是贵州国寿的“合规年”和“发展年”，公司管理追求的发展一定是依法合规的，一定是经得起监管部门、社会舆论的监督和历史的检验的，只有严格按照依法合规的要求参与市场竞争，公司才能持续健康发展。因此，市、县两级公司进一步强化依法合规经营的意识，加大制度学习及执行力度，提高全员风险防范的能力，关注和降低公司经营风险，开展综合治理销售误导的治理工作，加大对销售人员风险预警和排查，完善信访投诉和营销员信用评估体系，准确监测全市系统销售风险，及时消除风险隐患，减少案件的发生；完善惩治与预防机制，强化案件查处和责任追究力度，提高各机构防范化解经营风险的能力和水平；继续做好满期给付应对工作，有效预防媒体危机及群体性事件的发生。

【加强党建工作，助推业务发展】 继续加强党建工作，注重发挥各级党组织和党员在业务发展与公司经营中的战斗堡垒作用和先锋模范带头作用。加强入党积极分子的培养考察及党员发展工作，使更多的党员有志之士投身到公司的建设中来。继续开展形式多样的争先创优活动，充分调动广大员工的积极性和创造性；严格执行中央的“八项规定”和持续抓好“三严三实”问题的整改工作，规范领导人员权力的运行；认真落实党风廉政建设责任制，把党风廉政建设责任制与业务发展同部署、同检查、同考核，着力抓好责任的分解、考核和追究三个关键环节，使党风廉政建设责任制得到真正的落实。

（撰稿人：李佳成）

农行毕节分行

【概述】 2015年，农行毕节分行认真贯彻落实国家扶贫开发战略部署，有效落实全市经济工作会议精神，扎实推进金融改革创新，不断加大信贷支持力度，全力做好“三农”金融服务工作，为支持毕节市扶贫攻坚及经济社会发展作出了积极的努力，取得了良好的社会效益和经营效益。年末全行各项存款余额170.25亿元，较年初增加41.9亿元。各项贷款余额137.28亿元，较年初增加54.57亿元。实现中间业务收入1.09亿元，同比增加1269万元。实现拨备前利润3.79亿元，同比上升0.99亿元。

【积极开展金融扶贫】 根据《中国农业银行关于支持贵州毕节试验区发展若干政策的通知》，多举措着力推进金融扶贫工作。一是着力支持地方重大项目建设，推动试验区基础设施发展。支持地方高速公路发展，改善落后交通瓶颈，累计发放公路贷款61.38亿元，2015年发放贵黔、黔织、织纳等高速公路贷款39.30亿元。支持地方新型城镇化项目建设，通过混合制经营和PPP模式，发放1.8亿元助推七星关区实施旧城改造。助力农民进城创业就业发展，近三年累计发放农村居民购房贷款5515笔、7.16亿元。支持地方旅游产业发展，积极介入大健康产业，投放2.26亿元支持5A级百里杜鹃旅游景区、世界地质公园织金洞项目建设，大力提升“洞天福地·花海鹤乡”旅游品牌形象。累计向大方、纳雍、威宁、赫章四县医院发放贷款1.15亿元，有力支持地方公益事业发展。二是着力推进精准扶贫工作，支持地方农业产业发展。重点支持马铃薯、辣椒、核桃种植等特色产业，累计发放龙头企业贷款2.10亿元，加大新型农业经营主体扶持力度，打造种养殖业“领头人”，累计发放贷款4640万元。依托乡村产业规划和项目驱动，采取整村推进方式支持农户生产发展，2015年累放农户贷款3808户、1.97亿元。农户贷款余额1.83亿元，较年初增加2215万元。三是积极扶持地方小微企业发展，抓好实体经济服务，累计发放小微企业贷款3.08亿元，余额7.69亿元，2015年小微企业贷款较年初增加2.01亿元，增幅35.33%，涉及辣椒、茶叶、酱醋、中药材、淀粉加工等行业。有力助推“乌蒙山宝·毕节珍好”地方农特产品品牌打造。

【着力扮靓“美丽乡村”】 着力打造服务三农“美丽乡村”品牌，创新产品先行先试，通过引入政府增信机制，推行“美丽乡村惠农贷”支持农户生产发展。作为农行“美丽乡村惠农贷”试点行之一，2015年3月10日与毕节市扶贫办签订《“美丽乡村惠农贷”框架合作协议》以来，政府部门累计到位风险补偿金600万元，发放“美丽乡村惠农贷”贷款近207户、1604万元，有效改善了农户生产发展担保难和资金不足问题。加大信贷投放，助推“四在农家、美丽乡村”建设，改善地方农村人居环境。2015年，农行投放贷款10.76亿元，支持全市以“富、学、乐、美”为主要内容的“四在农家·美丽乡村”建设，惠及农村人口126万，其中小康路1921公里、小康寨4182个、小康水1791个、小康房18573座。

【全面推进普惠金融】 一是加强农村支付渠道建设。截至2015年年底，惠农卡发卡总量达164.16万张，惠及农户100多万户。布放“惠农通”服务点3768个、POS机具3997台，农村支付渠道建设已全部覆盖252个乡（镇），行政村覆盖率为82%。二是丰富涉农代理功能。累计代收参保资金11.36亿元、代付参保资金20.10亿元，社保基金专户留存资金14亿元，参保农民惠农卡余额3亿元。2015年，在全市300万张社保IC卡发行计划中，我行为唯一代理发行金融机构。三是加大金融知识宣传力度。以进社区、校园、工地、厂区、乡镇等形式，积极开展“3·15”“金融知识进万家”宣传活动，通过LED显示、设立宣传点、发放宣传折页等方式，向群众发放各类宣传资料近2万余份。

【大力推行“比学赶超”】 通过积极开展以“比业绩、学业务、赶先进、超自我”为主要内容的“比学赶超”活动，全行涌现了一批先进典型。在全省农行2015年网点青年营销创意风采大赛中，农行荣获二等奖；织金县支行党委在“农行好干部”标准学习讨论活动中荣获“优秀学习讨论成果呈报单位二等奖”；纳雍支行个人金融部经理彭信达扎根基层，将“惠农”“富农”工作落到实处，被评为“全省社会扶贫先进个人”；二级分行农村产业金融部钱萍荣获总行年度“五一”劳动奖章。

【加强党风廉政建设】 一是加强组织领导。成立党风廉政建设领导小组，明确党委书记“第一责任人”职责，做到重要工作亲自部署、重大问题亲自过问、重点环节亲自协调、重要案件亲自督办。健全完善“一把手负总责、分管领导各负其责，班子成员齐抓共管、纪委协调督查”的领导体制和工作机制。二是签订责任书。二级分行党委书记与各支行一把手、机关各部室负责人签订了《党风廉政建设责任书》《合规经营操作防范案件责任书》，落实“党委统一领导，党政齐抓共管，纪委组织协调，集体领导与个人分工相结合”的领导机制，把责任落实到各支行领导班子、本部机关部室负责人头上。三是开展量化考核。出台毕节分行和机关本部《2015年党风廉政建考核方案》，构建支行、机关本部党风廉政建设考核指标体系，纳入全行综合绩效考核，将党风廉政建设成效与各支行党委领导班子、领导干部绩效和任免挂钩。

【强化基层党建工作】 一是选优配强基层行带头人队伍。各行党委通过上级党组织选派、本单位选任等多种方式，选拔党性强、能力强、改革意识强、服务意识强的党员，充实到基层党支部书记队伍中。二是切实提升基层党组织的凝聚力和战斗力。认真开展基层党组织分类定级工作，防止出现软弱涣散党组织。三是积极开展党支部建设活动。在窗口和服务岗位实施“三亮三比三评”，全辖设立了党员示范岗，全体党员配置了党员先锋岗。持续开展创建“五好支部”、党员“四无”，进一步推进“四好”领导班子创建活动深入开展。四是加大对基层党组织的帮扶力度。按照“三亮五有十上墙”标准，根据党建带工建团建的要求，按照活动室共建、活动共办的原则，有效整合“党员活动室”和“职工之家”，按照软硬件设施齐备的原则，切实把基层党支部活动阵地建设好。五是加大党员发展培养力度。严格党员发展标准程序，注重抓好党员队伍结构优化，严格工作程序和纪律，审慎做好党员发展工作，深入开展“双培养”，关注和培养新入行大学生，2015年共发展了4名党员。

【提升干部队伍素质】 一是认真做好干部选拔任用。严格执行《党政干部选拔任用工作条例》，正确把握干部成长规律，通过教育培训和实践锻炼，不断加强干部培养锻炼的工作力度。坚持用人导向，创新干部选拔任用机制，加大年轻员工多岗位锻炼和基层锻炼力度。2015年，共提任正科级干部5人，副科级干部19人，进一步优化了干部队伍素质结构。二是落实“三重一大”决策制度。坚持民主集中制，对于重点部门、权力岗位和涉及基建维修、财务开支、人事任免等群众关心的“三重一大”事项，均由集体讨论决定。三是进一步加强制度落实情况监督，强化行务公开力度。充分运用民主监督、群众监督、社会监督等方式，加大对领导干部、领导班子分配和使用权力的监督力度。通过组织开展行务公开、民主生活会、重大事项报告制度、干部收入报告制度、聘请行风监督员等活动，进一步加大监督力度，丰富监督内容，创新监督形式，提高监督效果。

【深化企业文化建设】 紧紧围绕农行企业文化核心理念系统，以“面向三农，服务城乡，回报股东、成就员工”为使命，坚定不移推进文化强行战略，将企业文化核心理念贯穿于业务经营全流程，进而形成推动发展的强大合力。着力加强职工之家建设，全面做好人文关怀“六件实事”。通过不断深入学习，在全行营造了良好的文化氛围，全行上下凝心聚力，不断加大对全市经济社会发展的支持力度，全面推动普惠金融和服务“三农”工作的开展。

（撰稿人：佟　伟）

人保财险毕节分公司

【概述】 2015年，人保财险毕节分公司坚持“一切为了客户”，紧密围绕“突出效益第一、引导价值创造、紧盯市场变化、对标市场发展、强化合规理念、降低经营风险”的经营思路，认真谋划和推动2015年工作并强化落实。截止至12月底，公司实现保费收入36021万元，比去年同期增加2472万元，同比增长7.37%。

【组织开展践行“三严三实”党课教育活动】 5月15日，毕节分公司组织开展践行“三严三实”党课教育活动。毕节分公司党委成员、各支公司党支部负责人、机关各部室（中心）负责人及机关全体党员参加了活动。会上，毕节分公司副总经理、纪委书记李桂兵为学员授课，向全体学员传达了省委书记赵克志《认真践行“三严三实”深入贯彻“四个全面”以忠诚干净担当推进后发赶超加快全面小康建设》的党课报告精神。同时，向全体党员干部提出践行“三严三实”的基本要求：一是坚定理想信念；二是牢记根本宗旨；三是遵守党的纪律；四是强化“三道防线”管控；五是弘扬求真务实。毕节分公司党员干部表示通过学习对践行“三严三实”有了更深的认识，在今后工作中将自觉践行“三严三实”，低调务实不张扬、埋头苦干，通过学习转化为工作的热情和动力，更好地推动业务的发展。

【开展防范和打击非法集资系列宣传活动】 为更好地向公众及公司员工宣传“防范和打击非法集资”的重要性，提高民众及公司员工“理性投资”、依法合规意识，5月27日，毕节分公司开展防范和打击非法集资系列宣传活动。

本次活动的开展形式多样、内容丰富，一是由分公司与七星关支公司联合开展“防范和打击非法集资宣传进万家”对外宣传活动。现场通过发放宣传单、面对面答疑解难等形式向公众宣传“防范与打击非法集资”知识，提高公众风险意识。二是组织开展“防范和打击非法集资，远离金融诈骗”教育培训班，通过学习非法集资知识点以及重大典型案件分析等形式向公司客户、机关及七星关支公司员工宣导“防范与打击非法集资”的重要性。

据悉，为了在全辖区深入开展防范和打击非法集资宣传月活动，分公司及时转发省公司文件，各级分支机构高度重视，认真组织开展防范和打击非法集资宣传月活动。并通过公司LED显示屏显示“防范和打击非法集资宣传教育”标语口号、悬挂横幅、公司内网平台、公司微信平台等渠道全面开展宣传活动。

【毕节分公司交警大队联手查处

两起车险骗赔案 减损百万元】

2015年4月期间，毕节分公司理赔中心与毕节市公安局七星关交警大队事故科合作，成功侦破一起宝马车伪造事故的诈骗案和一起吊车先出险后保险的骗赔案，为七星关支公司和禹城支公司减损上百万元。

骗赔案件一：2015年4月30日23时许，毕节分公司理赔中心车险分部接到95518调度，称：“毕节七星关支公司承保贵F14474东风EQ5081TQZK清障车，在拖着一辆宝马车途经七星关区宋官水库时，发生侧翻事故，造成两车严重受损及本车驾驶员受伤的交通事故”。接到“95518”调度后，查勘员立即赶往现场，该车驾驶员已经送医院检查，只有报案人在现场，查勘员在询问报案人的过程中，发现报案人闪烁其词，说话前言不达后语，一会说，他也是刚赶到现场，一会又说，他是受人之托，代他人报案。因事发生地较为偏僻，在夜间也无法对受损车辆相关痕迹进行查验。因此，查勘员要求报案人通知交警部门进行查勘，并赶往医院对驾驶员进行探视和安抚，对相关情况进行了解。待该基本了解结束，已是凌晨一点过。第二天一上班，查勘员就将自己对该案的怀疑情况向分部经理汇报，为有效锁定证据，分部经理和查勘员立即赶往医院对驾驶员进行书面询问，又赶赴现场进行取证，在查看现场周边环境、发现两车损失、地面制动拖印与该车承保信息和驾驶员笔录不符，疑点很多。随即，公司将这些情况反馈给毕节市公安局七星关交警大队事故科，事故科的领导非常重视，也觉得该事故蹊跷，立即安排经验丰富的事故中队长全力配合公司对该起事故进行调查核实。

理赔中心与事故科相关人员在走访调查中，梳理出相关疑点：一是该车车上货物险保额20万元；二是车上拖的宝马车车型旧，没有承保信息，为黑车；三是夜间驾驶员在发生侧翻的瞬间跳车，应该是落在路坎下面，伤情不会是仅仅轻微擦伤；四是该车承保期限距保险责任终止只有4天；五是拖车所有权人，经营状态已出现了危机。

综合以上特点，毕节市公安局七星关交警大队事故科对涉案人员进行刑事询问，在大量证据和事实面前，报案人终于道出了整个伪造保险事故的经过，报案人与驾驶员合伙做生意，因经营不善，生意一直处于亏损状态，肇事拖车经常发生故障不能正常工作，需要高额修理费才能正常运行，加之债权人一直在催债，使得报案人与驾驶员在经营上雪上加霜。在朋友的蛊惑下，报案人与驾驶员就人为地制造了这起虚假保险事故诈骗案。

由于该案及时发现，保险公司与交警部门配合得力，不到三天的时间就成功地侦破了此案，报案人与驾驶员在强大的法律面前，终于签字确认，主动放弃向公司索赔。为此，公司成功减损32.6万元。

骗赔案件二：2015年4月17日凌晨5时许，毕节分公司理赔中心接到95518调度称：“人保财险禹城支公司房寺镇营销服务部承保的鲁N23966号中联ZLJ5300JQZ25V吊车，途经毕节七星关区野角乡烂泥塘路段时侧翻，造成本车严重受损、车上死亡一人的交通事故”。经查，该车被保险人为：李茂忠，在人保财险禹城支公司房寺镇营销服务部承保了：车损险（保额：63万元）、第三者责任险（保额：50万元）、车上人员责任险（司机及乘客分别为：20万）、起重、装卸、挖掘车辆损失扩展险及不计免赔率险，保险期限为：2015年4月16日至2016年4月16日。因该事故损失较大又涉及人员伤亡，且出险时间与起保期限相近，根据公司规定，出险时间与起保时间在10天以内的，公司必须启动调查核实程序。因此，经理赔中心主任室安排，该案实行双人查勘，查勘人员与反欺诈人员同时进入。

经查勘询问询问驾驶员得知，该车出险时间为2015年4月17日凌晨3时30分，与起保时间仅仅相隔3个多小时，查勘人员与反欺诈人员紧紧抓住这一特点，走村串户开展了调查工作，在调查询问中，大多数村民都亲眼目睹该车是在2015年4月15日侧翻的，充分证明了这是一起先出险后保险的事故。

为有效将公司收集的材料和笔录发挥法律效力，公司通过毕节市公安局七星关交警大队事故科再次对这些材料进行取证，通过交警部门重新走访，进一步确认了死者的死亡时间2015年4月16日零时，出险时间在16日零时以前，并出具了道路交通事故责任认定书。

被保险在大量的事实面前，终于承认了这起先出险后保险的事故，并当即签订了放弃索赔申请书，该事故通过警、保联手，在短短的时间里，成功为兄弟公司挽回损失65万余元。

【毕节黔西支公司独家护航全国越野大赛】 6月13至14日，2015年中国贵州同心国际汽车城全国越野大联赛、2015中国杜鹃花都同心国际汽车城杯场地障碍赛、2015中国贵州同心国际汽车城全国越野大联赛冠军封王赛在毕节黔西县举行，毕节黔西支公司独家护航本联赛。

据了解，黔西支公司为赛事观众提供限额100万元的公众责任保险，为120名赛车手提供每人11万元的团体意外伤害保险，并成立了保险服务小组，配备2辆现场查勘车，2名工作人员进驻赛事组委会开展保险后勤服务工作，为大联赛保驾护航，充分体现了人保财险在支持公益事业上的政治使命感和社会责任感，为黔西支公司树立了良好的企业形象。

【毕节大方支公司举办“人保车友俱乐部”五星VIP客户座谈会】 为确保VIP客户享受公司一对一服务，提升VIP客户满意度，6月17日，毕节大方支公司举办了人保车友俱乐部五星VIP客户座谈会。座谈会共邀请23名五星VIP客户参加，会议由大方支公司经理路世蕾主持。

大方支公司经理向现场五星VIP客户的到来表示感谢，对当前公司车友俱乐部的情况进行了讲解，并向客户们详细讲解了作为公司五星VIP客户能够享受的优质服务。其间，还请VIP客户们对大方支公司车友俱乐部的活动提出建议以及听取对公司销售、理赔、售后服务的感受和看法。

此次座谈会促进了五星VIP客户与公司之间的沟通，拉近了会员与公司的距离。大方支公司表示将在今后继续举办各种形式的VIP俱乐部活动，力争让每一位客户都能感受到人保财险的优质服务，提升客户忠诚度，促进公司业务稳定健康发展。

【金沙支公司启动集中培训学习机制、晨会工作机制——着力打造学习型组织，提升团队战斗力】 为了打造学习型组织，提升团队战斗力，自7月份开始，毕节金沙支公司多举措组织全体员工开展集体培训、集中学习，并启动晨会工作机制。

据了解，自7月份开始，金沙支公司启动了全体员工集体培训、集中学习的学习机制。学习时间定于每周二、四晚间。培训学习内容包括了保险基础知识、公司各保险产品条款（车险及非车险）、产品销售话术、客户服务标准、承保工作实务、理赔工作实务、人伤调查工作实务等方面，涉及了公司各个部门的工作技能知识，通过全体员工相互交叉学习，从而形成丰富、高效的培训学习常态化机制。

另外，金沙支公司自7月份开始亦启动了晨会工作机制，给员工提供知识学习、经验交流分享的平台，及时掌握新的公司管理规定、政策，以此达到提高公司经营管理，切实提升团队战斗力的目的。

支公司强调，只有通过不断的学习才能进步，培训学习机制及晨会工作机制要一如既往地坚持做下去，着力打造金沙支公司学习型组织，全面增强员工知识技能、提高员工综合素质，从而提升团队战斗力。

【毕节分公司森林火灾赔案入选“贵州保险业2014年度十大典型赔案”】 作为贵州省2015全国保险公众宣传日活动之一的“贵州保险业2014年度十大典型赔案”评选活动，省保险行业协会通过组织申报、评选审核、宣传发布三个阶段的层层筛选，最终人保财险毕节分公司80万元森林综合保险赔案获“贵州保险业2014年度十大典型赔案”，并刊登在7月30日《贵州日报》“特别报道”栏目上。

案情简述：2014年1月31日，毕节市七星关区阴底乡箐口村野鸡林场发生重大森林火灾，致使马尾松、桦木、华山松等树种大面积受灾，涉及16个林小班，过火面积1282亩。毕节分公司在接到报案后，立即组织相关人员第一时间会同林业部门赶赴现场开展查勘工作，三天完成所有受损森林的查勘工作，并严格按照“三到户五公开”规定及时将80万元赔款分别支付给受灾农户。

本案受灾面积广，毕节分公司严格按照政策性农业保险在承保、定损、理赔等环节的规范要求开展业务，为尽快恢复当地生态建设提供了有力经济补偿，较好地发挥了政策性农业保险的支农惠农作用，为参保的受灾农户提供了较强的风险保障。

【毕节分公司成功中标2015—2016学年毕节市校园方责任险承保项目】 2015年8月13日，毕节分公司成功中标2015—2016学年毕节市校园方责任保险业务，再次以总分第一获得全市校方责任保险的承保权限。

毕节市教育局自2013年以来已持续三年采取招标方式确定两家保险机构分县（区）承保全市校方责任保险业务。

此次招标项目共有六家保险公司参加报名，分别是人保、太保、平安、大地、国寿财、天安，其中天安和国寿财因资质问题在审查环节出局，最终剩下4家保险公司进入最后评分环节。

在整个评标过程中，通过“资格审查——服务方案符合性审查——综合评分”三轮评审环节，毕节分公司最终以综合评分85.47分位列第一名，与得分72.31排名第二的大地公司获得了毕节市校园方责任险的承保资质，并以分县（区）的方式开展承保。

2015年8月17日招标代理机构毕节市公共资源交易中心在其网站公布了中标通知。

【毕节人保：互联网+理赔 41分钟完成农房险赔付】 8月25日凌晨，毕节赫章县城区及部分乡镇突降暴雨，导致分公司承保的企业财产、农房及车辆严重受损。8月26日，人保财险毕节分公司成立8.25特大暴雨灾情领导小组，并迅速着手开展相关理赔工作。8月27日，分公司8.25暴雨灾害应急小组配合赫章县委县政府、人大及民政局等相关政府领导在洪水未退，道路难行的情况下赶赴受灾严重的德卓乡进行查勘。

到达现场后，应急小组成员一边安抚灾民，一边进行房屋损失确定、资料核对。查勘人员使用微信上传后台工作人员进行系统操作的方式开展理赔工作，从上传资料到农户收到农房险赔款，全过程仅用时41分钟。此次微信理赔为毕节分公司非车险第一次微信理赔的有效尝试，为今后开展非车险理赔查勘一户，收集一户，理赔一户的查勘模式提供了创新借鉴。

【开展“诚信公开·便民快捷”宣传活动】 9月8日，毕节分公司围绕“诚信公开·便民快捷”的活动主题，开展车险理赔服务质量月现场活动。分公司副总经理、理赔中心执行主任李桂兵参加现场宣传。

据了解，分公司车险理赔服务质量月活动采取现场设宣传点、悬挂标语、横幅发放宣传手册和资料等多种方式向过往群众普及和宣传《中华人民共和国保险法》《机动车交通事故责任强制保险条例》《机动车辆保险理赔管理指引》等相关规定，并向过往群众解释理赔纠纷的处理渠道和理赔纠纷裁决机制及投诉方式、机动车辆保险理赔服务承诺等相关理赔的知识。

【道路事故情况紧急 预付赔款人保积极行动】 9月18日13:00左右，一辆车牌为渝BG8939的东风自卸大货车（人保财险重庆市分公司承保）在毕节市织金县一下坡路段，因制动失灵侧翻并撞向迎面开来的一辆摩托车和一辆依维柯中巴车。三辆车上共乘坐12人（含驾驶员），其中5人经抢救无效死亡，其余7人受伤、暂无生命危险。

事故发生当天，总公司、重庆市分公司、省分公司及织金支公司四方联动，开通理赔绿色通道，省公司理赔事业部总经理黄成杰、毕节分公司副总经理李桂兵第一时间赶赴现场指导理赔工作。9月19日8:10分，预赔款50万元支付到交警部门指定账户，从现场查勘到支付预赔款全程仅用18小时，受到当地政府充分肯定。

9月15日晚8时，贵阳分公司承保的贵A1142B号丰田轿车在六枝特区六郎路口，因左前轮轮胎爆炸、车辆失控，撞上路边行人致三人死亡两人受伤。9月16日早9时许，接到报案后，六盘水理赔中心迅速反应，中心经理及查勘人员一同赶赴现场开展查勘。16日下午5时，根据当地政府及有关部门要求，分公司将11万元预付赔款支付到交警队指定账户上。

分公司反应迅速、积极配合的工作态度，受到了当地政府及相关部门的一致好评，体现了人民保险，服务人民，勇担社会责任的崇高风尚。

【毕节市人保系统召开党建协调委员会全市工作会议】 9月21日，人保财险毕节分公司、人保寿险毕节中心支公司联合召开会议部署落实党建协调委员会建设工作。人保财险毕节分公司党委班子、各支公司主要负责人、机关各部室负责人，人保寿险毕节中心支公司班子、各支公司（互动部）主要负责人、办公室及交叉互动部负责人参加会议。

会议传达了贵州省人保系统党建协调委员会全省工作会议精神，组织学习了毕节市党建协调委员会工作方案，毕节分公司总经理李国兴对下一步落实党建协调委员会相关工作提出要求：一是统一思想，深化认识。两家公司各机构要把党建协调工作作为交叉互动的重要基础工作来抓，强化产寿之间的资源整合、业务协同、文化融合。二是完善组织结构、明确重点任务方向。充分利用党建协调工作的契机，强化组织建设，推动客户资源共享和营销资源整合。三是因地制宜，创造性地开展共建活动。要通过党建协调委员会建设工作，积极开展网点、组织、队伍共建，发挥人保整体优势，增强竞争合力，有效提升基层销售服务能力和一体化建设水平。

人保寿险毕节中心支公司总经理陈凌燕表示，将全面协同配合做好党建协调委员会建设工作，充分发挥各自销售队伍潜能，发挥产品互补优势，扎扎实实推进毕节市各个层级的党建协调委员会建设，真正实现协调整合力量，共谋人保大发展的良好局面。

【毕节分公司组织开展专题风险警示教育学习活动】 10月15日，毕节分公司组织开展专题风险警示教育学习。机关、七星关支公司全体干部员工共70余人参加了教育学习。

本次主要组织学习了《中华人民共和国刑法》《中华人民共和国保险法》和《农业保险八条禁令》《财经纪律干五条禁令》、公司《六条禁令》《理赔八条禁令》等法律规章。

通过教育学习，筑牢思想道德和党纪国法两道防线。进一步加强了对干部员工的教育和行为管理，使每一位干部员工树立了良好的职业道德操守和依法合规经营意识。切实领会相关法律规章精神、彻底转变粗放式经营理念，坚决摒弃侥幸心理、克服畏难情绪，切实提高各种制度的执行力，坚持自重、自省、自警、自励，严格遵守党纪国法。切实做到依法合规经营。

【毕节分公司贯彻传达集团公司强纪律守规矩教育视频大会、十八届五中全会精神会议】 11月26日，毕节分公司召开会议传达集团公司强纪律守规矩教育视频大会、十八届五中全会精神会议，分公司班子成员、机关各部室中层干部及党员干部参加了会议。

会上，分公司总经理李国兴向参会人员传达集团公司强纪律守规矩教育视频大会、十八届五中全会精神，并提出四点要求。一是全体党员、干部要坚决严格执行“中央八项规定”、“三十二条”规定、“八个不准”相关规定。二是要认真学习贯彻中央及集团公司十八届五中全会精神，紧跟市场变化，紧抓业务发展，重夺市场领先地位。三是要对稽核中心检查发现的问题进行整改，落实到位。四是要加强对各项费用预算、费用支出以及固定资产的全面管控，做到合理利用、杜绝铺张浪费。

【为留守儿童送温暖、献爱心】 12月11日，毕节金沙支公司联合金沙县太平乡民政办发起了对太平乡留守儿童“送温暖、献爱心”关爱活动。

本次活动得到了社会各界的大力支持，活动收集到儿童冬季保暖衣裤鞋袜五十余套，支公司全体员工还筹集善款6500元用于购买食用油、大米等生活必需品，并和金沙县太平乡民政办工作人员一起把爱心送到了留守儿童手中。

【毕节分公司诉讼财产保全责任保险实现零突破】 2015年12月23日，毕节大方支公司首笔诉讼财产保全责任保险成功签单，实现毕节分公司该险种零突破。

据了解，该笔业务来源于律师事务所渠道，为被保险人承担535万元保险责任，签单保费收入2.6万元。

同时，分公司要求辖内支公司要充分认识到该险种市场需求大，效益好，要抓紧与律师事务所及法院的沟通，争取各支公司早日实现零的突破。

（撰稿人：刘惠吟）

中国太平洋人寿保险股份有限公司毕节中心支公司

【概述】 2015年，太平洋寿险毕节中支积极探索适合毕节市场的创新运行模式，聚焦个险，对标市场，优化投产比，创新工作方式，在服务试验区经济社会发展中谋求进步。全年实现规模保费12827万元，寿险市场份额18.5%，排名第二；全年理赔案件共计341起，理赔金额为926.77万元；全年缴纳税款402.23万元，其中营业税金及附加218.12万元，个人所得税184.11万元。

【中支领导班子调整】 2015年4月，太平洋寿险贵州分公司党委对毕节中支主要负责人进行了调整，并针对共享平台配备了共享平台负责人。

【工会委员会班子调整】 2015年，根据太平洋寿险贵州分公司工会《关于健全和完善工会组织的通知》精神，通过选举并报分公司工会委员会批准，产生了新的工会委员会班子，同时健全和完善了女职工委员会、工会经费审查委员会。

【营销新保市场排名持续第一】

2015年，营销新保保费4545万元，市场份额37.7%，上升6个百分点，持续市场排名第一。

【四级机构晋级取得新突破】

2015年，毕节中支着重加大四级机构发展投入与帮扶督导，推进机构晋升文化建设，实现了黔西支公司从丙A到乙B、纳雍支公司从丙A到甲B的晋级，实现了大方支公司从丁A到丙A的跨档晋级。

【开展“三严三实”专题教育活动】 2015年，按照上级党委的部署，毕节中支党委组织开展了“三严三实”专题教育活动。

【“点燃童心，责任照亮未来”走进儿童福利院】 继2014年开展“银发安康”关爱老年人公益活动之后，公司团委于2015年9月，组织团员、青年带上文具、玩具、衣物等物品500余件，前往毕节市儿童福利院，开展送爱心公益活动，其间，与福利院70余名孩子手牵手一起做游戏，让其感受到家的温暖。

【建司以来个人理赔金额最大案例，毕节市十大经典理赔案例】 大方李先生于2014年8月12日在公司购买了《安行宝两全保险》2份，意外身故保险金额200万元。2015年1月26日，李先生驾车途中因与一货车发生追尾，导致当场死亡。2015年3月25日，受益人谢女士在办理完李先生后事以后向公司提交了理赔资料，公司当即受理。经调查核实，李先生本次交通事故属于《安行宝两全保险》保险条款责任范围，根据合同约定，公司于2015年3月30日向其受益人给付意外身故保险金200万元。该赔案系建司以来个人理赔金额最高的案例，被列入毕节市2015年度“十大经典理赔案例”和太平洋寿险贵州分公司2015年度“十大经典理赔案例”。

【量身定制团体人身意外伤害保险】 2015年，法人渠道专为法人单位的员工量身定制团体人身意外伤害保险，该险种保费低，保障高，真正做到了为法人单位的生产生活保驾护航，有效地化解风险。2015年为毕节实验区38个法人单位，800余名员工，提供了1.79亿元的保险保障。

【改进理赔服务品质】 2015年，通过人员调整优化服务时效流程等，推进服务品质提升。到年底，中支公司理赔调查时效跃居全省第一，理赔时效位居全省前三，理赔获赔率100%。

【强化内控基础工作，合规管理综合考核位列全省第一】 是年，调整和完善了中支公司及县支公司反洗钱工作指导小组；制定下发了反洗钱工作“一办法三通知”（《中国太平洋人寿保险股份有限公司毕节中心支公司反洗钱工作管理办法》《关于进一步规范客户身份识别及客户身份资料交易记录保存工作的通知》《关于规范客户风险等级划分数据审核操作流程的通知》《关于规范大额和可疑交易相关岗位工作职责及操作流程的通知》）；新出台契约承保管理制度1个，行政管理制度2个，人力管理制度1个；开展合规自查和接受合规检查18项，开展合规知识微信测试，建立“中支合规管理”微信群等。一年来，始终坚持合规经营与基础管理“两个不放松”，制度建设与宣传教育齐推进，通过检查促内控执行到位，通过缺陷整改促合规保障到位，使中支公司的内控建设与合规管理得到加强，全年合规管理工作综合考核位列全省第一。

【开办职工食堂】 解决了员工中午就餐问题，同时为员工搭建沟通交流的平台。

（撰稿人：办公室）

中国太平洋财产保险股份有限公司毕节中心支公司

【概述】 2015年，太平洋财产保险毕节中心支公司经营班子进行调整后，在毕节市委、市政府各级职能部门的支持和帮助下，按照上级公司的总体经营思路，紧紧围绕全年的预算目标，把业务发展、提高客户满意度、支持地方经济发展作为全年重点工作，坚持“以客户需求为导向”，坚定不移地走可持续发展之路。以投产比为核心，差异化、精准化配置前端资源，进一步加大集约化管理力度，提高工作效率，全辖高度聚焦上下联动，整合资源，通过分类管理驱动资源差异化精准配置，提高产出；保持提升车商渠道竞争力；培育提升电销渠道获客能力，增强协同性；强化交叉销售渠道建设，不断提升我们的营运能力和销售能力；调动大家积极性，不断提升市场份额，与行业发展速度保持一致，最终取得了业务增速优于行业的成绩。

截至目前，我司辖内涵盖黔西、金沙、大方、织金、威宁、纳雍等六家支公司，已基本在毕节实现保险服务网络全覆盖，较好地发挥了保险的经济补偿职能，为毕节试验区应对灾害事故风险、保障人民生命财产安全、促进经济社会发展做出了积极努力。

经营班子调整：2015年3月，经中国太平洋财产保险股份有限公司贵州分公司研究决定，并报省保监局批准，原中国太平洋财产保险股份有限公司毕节中心支公司党委书记、总经理万萍调贵州分公司工作，尹刚任中国太平洋财产保险股份有限公司毕节中心支公司党委副书记、副总经理（主持工作），全面主持公司各项工作。原副总经理刘一鸣职位保持不变。

经营险种介绍：公司可承保的险种包括：企业财产损失保险、家庭财产损失保险、建筑工程保险、安装工程保险、货物运输保险、机动车辆保险、船舶保险、能源保险、一般责任保险、保证保险、信用保险（出口信用保险除外）、短期健康险、意外伤害保险、农业保险，中国保监会批准的其他财产保险业务。兼业代理长期寿险、健康险、人身意外险。

业务指标完成情况：公司2015年实现保费收入18838.3万元，再创历史新高，保费同比增幅29.39%，市场份额17.74%，比2014年同期的16.68%增加1.06pt.。上缴各项税收1356.16万元，代收车船税1352.46万元。

其中：机动车辆保险承保数量：84228件，保费收入17494.06万元，同比增加4281.89万元，增幅32.41%，保险金额：2794272.46万元，车险份额：19.34%，其中：交强险承保数量52365件，保费收入4667.46万元，市场份额15.39%；电销承保数量3182件，保费收入616.62万元，市场份额3.91%；网销承保数量51件，保费收入8.84万元，市场份额0.09%。

非车险1341.53万元，包括：企业财产保险承保数量37件，保费188.31万元，市场份额33.82%；货物运输保险11.77万元，家财险0.34万元，工程险11.15万元，责任险751.36万元，意外险141.94万元，健康险37.51万元，农业险199.15万元，其他险种2.72万元。

全年赔款情况：2015年全年案件数为18194件，赔款支出10064.91万元，简单赔付率53.43%，机动车辆保险赔款17776件，赔款金额9221.2万元，其中交强险6383件，赔款金额2386.44万元，电销884件，赔款金额615.33万元，网销17件，赔款金额3.52万元，企业财产保险1件，赔款金额63.26万元，工程险3件，赔款金额24.85万元，责任险113件，赔款金额275.56万元，意外险123件，赔款金额388.49万元，健康险166件，赔款金额63.52万元，农业险3件，赔款金额28万元。

截至12月31日，未决赔款：3037件，估损金额5393.6万元。其中机动车辆保险2823件，估损金额4454.05万元，交强险1304件，估损金额1617.32万元，电销109件，估损金额138.57万元，企业财产险7件，估损金额11.23万元，家财险1件，估损金额0.5万元，工程险8件，估损金额66.84万元，责任险148件，估损金额378.11万元，意外险43件，估损金额469.76万元，健康险4件，估损金额6.5万元，农业险3件，估损金额6.62万元。

积极配合政府促进地方农业发展、做好三农服务工作

近年来，公司秉承“诚信天下、稳健一生、追求卓越”的企业核心价值观，实施以客户需求为导向的战略转型，为客户提供全面的财产保险产品和服务，以及专业的风险管理解决方案。各项业务持续、快速、健康发展，保费规模稳步增长，市场地位保持稳定，发展态势良好。2015年，报中国保险监督管理委员会审核批准，公司已取得经营农业保险业务资质。并在2015年承保了七星关区、大方县提供了中央政策性森林保险保障，保费199.15万元。

严格按照保监会及总公司要求，在经营农业保险业务的区域内设立分支机构，并建立与业务规模相匹配的农村基层服务网络。2015年毕节已设置三农服务站6家，还将持续建立三农服务站，完善农业保险基层服务网络建设，立足基层做好三农服务。

我司立足“三农”实际，围绕“政府关系、社会关注、农户需要”，“懂农时、知农事、察民情、体民心”，以关系国计民生和国家粮食安全的种植业保险、主要畜牧业保险和林木保险为产品开发重点，除具备森林保险、水稻保险等9个常规险种，我司不断构建和完善具有公司特色的农业保险专业产品体系。

公司高度重视科技创新，着力打造基于“互联网+”下的数字化农险经营管理体系，研究开发出太保“e农险”系统，通过手机、平板电脑、无人机等网络终端的有效应用，解决农业保险风险管理难度大、业务操作效率低、合规经营压力大、保险服务成本高等问题，确保农业保险服务规范落实和惠农政策到位。

公司入选毕节保险业2014年以来十大保险典型赔案“施工车辆侧翻，保险理赔25万余元”：我司承保的贵F61487号车标的车，在毕节纳雍县王家桥工地施工时，因操作不当车辆侧翻。事故发生后，承保公司中国太平洋财产保险公司毕节中心支公司及时安排查勘人员赶赴现场查勘。因涉及标的车损、三者桥梁（修建中），作业设备等多种损失，且侧翻标的处于悬空状态，随时有倾斜二次侧翻可能。查勘员到达现场了解情况后，第一时间上报公司理赔经理。同时组织现场施工队对侧翻吊车做加固稳定，避免其二次侧翻。因出险地无大型吊车，公司理赔经理接到案件情况报告后，立即与本地区专业施救队伍取得联系，从毕节安排3台大型吊车赶赴现场施救，于次日将侧翻车辆施救成功，并拖运至徐工专修厂进行拆检、维修。太平洋财产保险公司赔付车辆损失费用20.6万元；赔付本次事故的桥梁损失、工程设备损失等4.9万元，合计赔款25.5万元。该案件作为毕节保险行业协会评选出的2014年以来毕节保险业影响大、具有代表性的“十大典型赔案”，并在《毕节日报》上予以登载，向社会公布，得到了各级政府及客户的高度赞扬，为积极维护社会稳定，及时做好案件理赔工做作出了积极贡献。

积极开展机动车辆保险理赔服务质量提升工作 为提高我司保险车辆理赔服务质量水平，促进理赔服务行之有效落实到位，依据《贵州省保险行业机动车辆保险理赔服务标准》，根据毕节市保险行业协会要求，对“理赔柜面”“制度建设”“客户回访”“投诉管理”“查勘配置”“案件抽取检查”“法律法规知识测试”等七个方面进行了自查和优化，在接受毕节市保险行业协会检查工程中得到的好评，服务质量也得到了广大消费者的认可和青睐。

积极配合保险行业协会开展宣传活动

1．组织开展“3·15”宣传活动。我司在协会组织下与毕节的15家保险公司在人民公园开展了“3·15”消费者保护日宣传活动，同时公司总经理在3月15—18日，进行了为期三天的领导接待日，对上门客户进行了接待并解答相关问题，并对公司承保的大客户进行了走访，深入了解客户对公司在各个环节的服务态度和客户对保险公司的建议。

2．组织开展“安全生产月”宣传活动。配合行业协会做好“安全生产月”宣传活动，于6月16日在毕节安监局的统一安排下，在人民公园举行了“安全生产月”的活动，向群众宣传安全知识和防灾防损常识，发放了宣传资料80余份。

3．协会组织“7·8”全国保险公众宣传日活动。公司按照《毕节保险行业2015年全国保险公众宣传日活动实施方案》，明确公司的组织保障、年度主题、活动内容、组织分工、工作要求等。7月8日，组织各保险公司统一开展了“7·8”全国保险公众宣传日活动，各公司领导亲率员工参加宣传活动，毕节电视台进行了报道。

4．组织开展“质量月”宣传活动。9月21日，与毕节保险市场16家保险公司在市体育广场参加了毕节市“质量月”宣传活动。共发放宣传资料90余份，在广大市民心目中形成积极良好的形象。

走访困难村、困难户拜访慰问，体现企业社会责任2015年7月3日，公司党委、总经理室成员对结对帮扶对象赫章县河镇乡舍虎村两户困难户进行了拜访和慰问。当天，班子成员刘一鸣副总经理带队共三人亲临舍虎村进行困难户慰问，在舍虎村书记蔡书记的带领下，共走访了当地两家特别困难的住户，一家是上坝组70多岁王美英家（家庭具体情况：由70多岁的王美英由于家庭太穷，家里面吃的玉米糊糊，房屋内到处漏雨，连像样的床都没有，家庭特别贫困）；另外一家是裸依组刘学伦家（家庭具体情况：由两名70多岁的老人带着两个留守儿童，由于家庭太穷，两名儿童均未得到适龄教育），公司根据这两家住户家庭实际情况，分别向两家送去了两袋大米、两桶食用油、员工捐赠的衣物、文具等物资，给其送去了温暖和爱心，也体现公司“用心承诺·用爱负责”的服务理念，得到了当地政府的一致好评。

加强反洗钱工作、认真贯彻落实风险为本的理念：为了进一步做好反洗钱工作，规范反洗钱操作流程，强化反洗钱风险防范意识，提高反洗钱人员的人工甄别能力。公司根据《关于对2012年度贵州省保险业金融机构反洗钱风险等级评估情况的通报》及进一步加强反洗钱工作的通知文件要求，在公司总经理室的高度重视和安排下，结合省公司编制下发的《反洗钱责任书》我司组织各级机构的反洗钱相关部门主要负责人及相关岗位人员共同签署和履行，全区共有25人签订了《反洗钱责任书》。同时对下属6家支公司采取了现场检查。检查重点以客户身份信息采集、客户身份识别、客户身份资料和交易记录保存、大额交易和可疑交易报告、反洗钱季报、年报、宣传培训等工作情况。

高度重视安全生产保卫工作，积极组织员工参加消防知识讲座：天津在2015年8月12日晚发生滨海新区危险品仓库爆炸事故，造成了重大的人员伤亡和财产损失，这给予公司极大的教训和警示，安全工作一刻也不能忽视，不发生则以，一旦发生便是百分之百的可能伤亡或损失，所以做好安全排查公司及员工的警示教育尤为重要。在8月25日组织全体员工参加了消防知识讲座，由贵州省政安消防知识宣传中心的教官主讲，教官倡导消防重在预防，此次他主要宣讲了全国最近一两年典型的特大安全事故，通过各大灾害事故现场生动的展示，让各位员工深刻体会消防知识的重要性；还与各位员工互动，提出问题并要求员工回答，使员工更容易记住消防知识，并教育自己的子女在家要懂得消防知识。日常家居和办公室使用的电器设备，要经常检查多警惕，发生日常安全事故的正确处理流程和逃生技巧；现场展示灭火器具的使用方法。此次讲座使中支员工更好地掌握和了解了消防知识，切实提高了自防自救能力，真正把安全消防工作当成每个人的事情来做。

【抓好党风廉建工作】 公司党组认真贯彻执行上级公司党委的决议，坚持党组中心组学习制度，党组成员认真学习时事政治和上级公司领导的重要讲话。做好执纪执法教育，增强党员干部依法从业的法制观念，提高执纪执法意识，增强拒腐防变能力，保证公司稳健合规经营。按期阅读省公司“廉政教育专栏”，党组成员按照领导干部廉洁从业的各项规定，对照检查自己工作中的不足，对存在的问题认真加以整改。正确树立领导干部的人生观，价值观，提高遵纪守法的自觉性，公司党员干部无违纪违法行为发生。

（撰稿人：王　霞）

农　业

全面小康建设

【概述】　毕节市七星关区全面小康建设办公室，2015年7月1日，毕节市七星关区生态文明家园建设办公室更名为毕节市七星关区全面小康建设办公室，加挂农村危房改造领导小组办公室牌子，为区委办公室下属正科级财政全额拨款事业单位，编制人员共20名（从原区生态文明家园建设办公室划转），编制结构为：管理人员8名，专业技术人员10名，工勤人员2名。领导职数：主任1名，副主任3名，股级领导职数7名。内设机构6个，分别为：综合科、小康工作科、改革工作科、依法治区科、督查考评科、农村危房改造管理科。现实有工作人员16名，其中：主任1名（2015年11月30日后空缺）、副主任3名、股级干部4名、工作人员8名。

内设机构：1．综合科，负责办公室文件的收、发工作，来文来电的上传下达工作；负责来信来访工作；负责财务管理和后勤保障、会务等工作；负责档案管理工作；负责与市直单位、区直单位、乡镇协调联络工作；负责办公室日常工作；配合各科室做好各项工作。2．小康工作科，抓好全区全面小康工作目标任务的制定、分解、落实和业务指导，加强对乡镇（街道）全面小康办业务指导；配合省、市抓好以县（区）为单位全面小康县（区）创建达标工作，按照区委梯度推进战略部署推动各乡镇（街道）如期实现创建达标。推进全面小康示范试点创建；做好与市小康办、区直各相关部门、各乡镇（街道）全面小康建设的联络协调工作。参与全区“四在农家·美丽乡村”示范创建工作，负责“四在农家·美丽乡村”创建民居和基础设施规划建设工作。3．改革工作科，统筹抓好全区全面深化改革政策措施的制定，做好相关改革方案制订、改革任务落实、改革成效评估工作；指导区直相关部门和各乡镇（街道）抓好相关综合改革、单项改革。抓好各乡镇（街道）、区直有关部门相关改革工作任务的落实，开展好业务指导；做好与市改革办、区直相关工作部门的联络协调工作。开展全面深化改革工作调查研究，完成全面深化改革各类文稿的起草及相关会议的会务工作。4．依法治区科，统筹研究制定全区依法治区的政策、制度和措施；抓好全区全面依法治区工作目标任务的制订、分解和业务指导；做好与市依法治市办、区直相关工作部门的联络协调；开展全面依法治区工作调查研究，完成全面依法治区工作各类文稿的起草及相关会议的会务工作。5．督查考评科，研究制定全面小康建设、全面深化改革、全面依法治区等工作的督查考核制度、措施、方案等；组织开展对全面小康建设、全面深化改革、全面依法治区具体工作任务的督查考核，做好情况反馈、通报和结果运用；做好与区督办督查局、区实绩考核办的联络联系工作；编制全面小康建设、全面深化改革、全面依法治区工作简报。6．农村危房改造管理科，研究制定全区农村危房改造政策措施；对全区农村危房改造工作中存在的重大问题进行调查研究，提出需要领导小组会议研究解决的问题及相关建议；协调解决农村危房改造推进过程中存在的问题和问题；监督、指导全区农村危房改造工作。

职能职责：1．负责贯彻执行国家、省、市关于社会主义新农村建设、农村危房改造和区委、区政府关于生态文明家园建设的有关路线、方针、政策。2．组织开展全区生态文明家园建设和农村危房改造事关重大问题的调查研究，提出措施办法，为区委、区政府提供准确信息、决策参考。3．制订全区新农村建设和农村危房改造特别是生态文明家园建设的中长期发展规划、产业发展规划和年度工作计划、工作思路及实施方案，并组织实施。4．在区社会主义新农村建设工作领导小组和农村危房改造工作领导小组的领导下，负责全区生态文明家园建设及农村危房改造日常工作的组织、协调、指导、督促、调度、考核工作。5．统筹协调涉农项目及资金集中用于生态文明家园建设和农村危房改造。6．做好全区生态文明家园建设和农村危房改造工作的日常事务、会议、培训工作，及时完成区委、区政府领导及市新农村建设领导小组办公室交办的各项工作任务。

【“贵州民居”建设情况】 2015年度，共启动民居建设3049户，竣工1365户（大部分民居主体已完工，未完善雕花窗和矮墙裙等要素）。其中田坝桥镇硝灰洞村等10个市级示范创建点共启动民居建设1422户，竣工885户，小吉场镇吉坪村等其余面上创建点共启动民居改造1627户，竣工480户。

【基础设施建设情况】 小康路——2015年66个示范性创建村目前已启动通村公路建设项目51个，完成路面硬化45千米；已启动通组公路建设项目161个，完成路面硬化80千米；已启动人行步道项目建设9个，完成6.5千米；已启动连户路项目建设11个，完成3千米。小康水——目前已完成了139个创建村小康水的摸底排查工作，并估算工程总投资为11787万元，部分项目已列入2016年水利建设规划编制，其余项目暂没有资金来源解决，但已列入项目储备库。

小康电——2015年，全区投入“小康电”建设项目资金2771万元，涉及项目18个大项，43个子项工程。建设规模为10千伏及以下线路70.206公里，110千伏及以下变电43台，容量66331千伏安。目前各项工程已全部竣工，贫困户建档立卡率为100%，贫困村通电历率为100%。小康讯——全区2015年新增村通宽带4个，自然村通电话为22个，总投资为940万元，目前已全部建成并投入使用。全区2015年完成小康房建设290户，共投入资金870万元，其中，市级财政投入290万元，还未到账，区级财政投入580万元，已到位，待各任务乡镇交完决算资料后，再按比例进行拨付。小康房（含农村危房改造）——全区2015年完成小康房建设290户，共投入资金870万元，其中，市级财政投入290万元，还未到账，区级财政投入580万元，已到位，待各任务乡镇交完决算资料后，再按比例进行拨付；2015年，全区共实施农村危房改造工程5288户。各级政府共投入财政补助资金共计5207.16万元，其中中央补助资金2383.16万元，省补助资金1322万元，市补助资金528.8万元，区级配套资金793.2万元均全部到位并已按资金比例分配到各任务乡镇。另外，按照年初方案，按照“贵州民居”风格建设的部分农户，待各任务乡镇先验收后统计完数据后，小康办组织完区级验收，再由区财政对这部分农户每户追加1.5万元的补助。小康寨——创建村的建设充分整合“一事一议”小康寨建设项目资金资源，区2015年139个“四在农家·美丽乡村”创建村中，“一事一议”财政奖补项目覆盖24个乡镇51个创建村，实施项目143个。其中通组路36个项目46公里，排污沟32个项目8公里，广场17个项目2万余平方米，广场附属设施16个项目，太阳能路灯安装32个项目855盏，便民设施（公厕17个、垃圾分类处理11个项目），投入资金1647万元。

（撰稿人：办公室）

扶贫开发

【概述】 2015年，全区扶贫开发工作在区委、区政府的领导下，在省、市扶贫部门的大力支持和帮助下，以中共十八大、十八届三中、四中全会、省委十一届五次全会、市委一届七次全会、区委一届四次全会和省、市、区扶贫开发会议精神为指导，按照“一式三化”“一市五金多套餐”精准扶贫措施，以农业增效、农民增收为目标，按照《毕节市七星关区2015年度区直部门目标管理责任书》要求，加大扶贫开发力度，扶贫开发工作取得明显成效。

【精准扶贫工作推进情况】

1.精准扶贫建档立卡管理工作。继续抓好建档立卡工作，对建档立卡基础数据进一步核对、修改、完善和更新，全面掌握2014年建档立卡贫困户的基本情况，认真录入2015年贫困县、乡、村、户帮扶需求信息，时刻确保贫困对象精准。同时按照“户有卡、村有账、乡（镇）有薄、县有平台”的要求，根据贫困户实际情况造册登记，归档管理，规范贫困对象进退机制，对贫困人口实行动态管理，该进则进，该出则出。截至12月15日上午，全区共有贫困人口88827户200342人，帮扶分类管理87608户197562人，其中：生态移民搬迁贫困农户标识883户2936人，大病医疗救助情况标识956户2073人，城镇化带动3438户9731人，旅游业带动337户873人，山地高效农业带动30953户89924人，第三产业带动发展8596户22477人，工业化带动944户3325人，能力素质提高3647户10610人，交通运输业带动3759户11707人，低保保障兜底32196户37968人。2.贫困人口有序减少。2015年计划减少贫困人口4.94万人，截至11月底，全区已完成净减少贫困人口4.94万人，完成年度任务数的100%。3.贫困村出列。按照黔党办发〔2015〕13号确认执行的“一降一达一超”标准，抓住遍访机遇，充分发挥驻村力量，进一步加大对计划出列贫困村精准扶贫“六个到村到户”和基础设施“六个小康建设”的扶持力度，打破部门条块分割，整合各类扶贫资源，集中一切可用的人力、财力、物力，聚焦到壮大村级集体经济上来，让贫困村出列工作出成绩，见实效，努力解决“空壳村”的问题。截至目前，全区出列贫困村77个，已完成目标任务。4.贫困乡镇减贫摘帽。按照贫困发生率每年下降4.3个以上百分点，农村居民人均可支配收入达6600元以上的要求，2015年，鸭池镇、青场镇、田坝镇、龙场营镇、何官屯镇列为省级重点镇乡“减贫摘帽”对象、田坝镇列为省级鼓励“减贫摘帽”对象。现已完成摘帽任务。

【七星关区现代中药材产业示范园区建设】 2015年，七星关区现代中药材产业示范园区发展势头强劲，功能日趋完备，综合实力不断增强，示范效应不断凸显。一是规模效应不断扩大。通过科学布局、项目建设、招商引资和示范引导，打造产业集聚平台，培育和发展了党参、苦参、续断等中药材产业种植、生产、加工基地，合理配套草地生态畜牧养羊产业。二是设施功能不断完善。园区水、电、路、信等基础设施齐备，目前已建成运输主干道33千米、机耕道32.5千米、灌溉水池870立方米、引水管道31.11千米、管网51.65千米、排洪渠1千米、小气候观测站1个、管理用房1个285平方米、病虫害监测防治点1000亩、智能化育苗大棚2个2386平方米、仿古式观光亭1个210平方米、占地40亩，加工能力达5000吨/年的中药材初加工基地1个以及加工设备、大棚等其他配套设施，设施功能实现“四通一平”。三是科技水平不断提升。良种、良法、良技等农业科技得到有效应用和推广。园区与省内外高等院校、科研院所、知名专家签订了合作协议，广泛开展技术培训、试验示范、科技攻关，着力提升园区科技水平。四是经营主体不断充实。一批农业产业化龙头企业、农民合作社快速成长，“公司＋合作社＋基地＋农户”的产业链模式逐步形成。目前，园区累计流转土地2万余亩，引进中药材企业3家，成立中药材专业合作社9个。五是经济效益不断凸显。园区已累计种植中药材2.315万余亩，辐射带动全区种植中药材3.6万余亩，中药材产量达0.41万吨，产值1.45亿元，销售收入1.15亿元，销售利润7788万元。六是农民增收能力不断增强。园区内农民实现了“四个增收”，即中药材种植增产增收，土地租金增收，务工增收，项目补贴增收。总体上，园区农民人均年增收逾3000元。

【扎实推进生态养羊项目建设】

2015年，全区实施的生态养羊项目主要是2014年度生态养羊项目和2010—2013年度结余结转资金生态养羊项目。2014年，省级财政扶贫资金投入500万元，其中400万元用于发展养羊农户200户（每户投资2万元），每户项目农户建圈舍30平方米，购种公羊1只，母羊20只。计划种草800亩，建圈舍6000平方米，购种公羊200只，购基础母羊4000只。截至目前，共发展项目养羊农户200户（团结未验收完毕），占任务数的100%；人工种草800亩，占任务数100%；6000平方米修建圈舍全部完成，占任务数的100%；购种公羊180只，占任务数的90%；购母羊3200只，占任务数的80%。种羊场建设已完成圈舍1400平方米，购种公羊40只，购基础母羊900只，建药浴池1个，占任务数的100%。项目涉及4个镇（乡），验收结果显示：发展的200户养羊户，生机镇、千溪乡、阿市乡已验收，团结乡正在验收。

【马铃薯种植项目】　2015年度，全区财政扶贫资金脱毒马铃薯种植项目计划种植面积共10123亩，财政扶贫资金投入446万元，共涉及11个贫困村，受益农户7227户28908人，其中贫困农户2180户8066人。由于马铃薯播种季节早，项目资金下达晚，加上又是第一年实行乡级报账制，2015年度脱毒马铃薯项目种植只能在2015年冬季开始实施，现在正准备播种前期工作，把马铃薯种植地块落实到田间地头及农户，办理种薯采购等相关手续。

【雨露计划·圆梦行动项目】　雨露计划“一户一人”行动计划任务数为2890人，截至目前，共培训2431人，完成任务数的100%。其中产业化培训1000人，三女培训120人，三位一体200人，圆梦行动601人，改革试点388人，基层组织负责人122人（圆梦行动和改革试点要求应补尽补，实际完成数与任务数不同。改革试点现已审核完成，符合条件388人）。

【烟草扶贫新村示范项目】　第二批烟草扶贫新村示范工程项目资金1000万元。分别是亮岩镇核桃村、朱昌镇伍坪村、大银镇保旺村、田坝桥镇螃蟹村、青场镇青场村。田坝桥镇螃蟹村已完成区级验收，其余项目正在实施中，计划2015年年底全面完成项目建设内容。2015年度烟草扶贫新村示范工程项目正在筹备启动中，申报项目资金1200万元，已经下达600万元，涉及3个乡镇6个村，分别是田坝桥镇田坝桥村、臭水井村、螃蟹村、硝灰洞村；千溪乡沙垮村、燕子口镇一心村等6个村。

【积极推进社会帮扶项目】　一是深圳对口帮扶项目。2014度年我区获得深圳对口帮扶资金385万元，实施时间为2015年，实施项目9个，涉及7个乡镇、9个村。分别在碧海街道办事处丁家寨村、长春堡镇干堰村、阴底乡阴底村、龙场营镇黄金村、青场镇青场村、千溪乡兴荣村、中屯村、大河乡官代河村、官房村实施。目前，除大河乡竣工未完成验收外，其余项目均已竣工，并通过区级验收；2015年度4月份，在深圳市的关心和大力支持下，继续支援全区贫困农村的基础设施建设，七星关区再度获得550万元的项目帮扶资金，共申报项目13个。项目覆盖11个乡镇13个村，涉及同组路硬化、排水沟建设、农民活动广场建设、农房改建饮水工程等建设项目。项目已由乡镇组织实施。二是市级财政帮扶项目。2014年度市级财政帮扶项目资金150万元实施时间是2015年。大河乡、千溪乡、放珠镇各50万元。用于道路、排洪沟治理、养鸡、农贸市场摊位房等项目建设。现千溪、放珠已经通过区级验收，大河乡正在实施中，预计2015年年底可全面完工。三是集团帮扶项目。2015年我区20个集团帮扶类别乡镇共争取了149个项目，总投资315343.45万元，完成投资98683.53万元。通过基础设施建设、产业化扶贫、技能培训、村庄整治等系列帮扶项目的实施，有效改善了群众生产条件、美化了群众生活环境、拓宽了群众增收渠道、提升了群众发展能力，加快了贫困群众脱贫致富步伐，推动了全区经济社会加快发展。

【其他项目】　2015度年全区小康水（机井）建设资金250万元，项目分别在观音桥街道迎宾村、三板桥街道官大村、水箐镇星火村、朱昌镇朱昌村、亮岩镇裕群村、燕子口镇大田村、鸭池镇哈朗村、长春堡镇王官村、放珠镇播乐沟村、八寨坪镇金银山村等10个村实施。目前，除鸭池外，其余项目已经完成。2015度年我区发展壮大村级集体经济百村试点工作，省试点村3个（普宜镇箐脚村100万元、对坡镇法泥村100万元，亮岩太极村50万元），共投资250万元；市试点12个（撒拉溪镇龙凤村、田坝桥镇螃蟹村、田坝桥镇硝灰洞村、田坝桥镇臭水井村、燕子口镇一心村、长春堡镇干堰村、朱昌镇宋伍村、生机镇镰刀湾村、野角乡天星村、林口镇新庄村、团结乡团结村、大屯乡三官村），每村投资20万元。发展壮大村级集体经济百村试点工作分别在全区15个村实施，项目资金490万元。目前，项目正在实施中。

2015年全区扶贫济困项目成功申报2个，分别在青场鲍家村、碧海办丁家寨村实施，项目资金共10万元。现已经收集受资助人员账号上报省办待打款。2014年中央专项彩票公益金支持革命老区小型公益设施建设项目。中央专项投资1000万元，区财政匹配140万元，涉及碧海街道办事处和放珠镇。建设期限为2015年1月至12月。碧海办建设四级通村沥青路硬化宽6.5米，长3.5千米；通组水泥路硬化宽3.5米，长15.54千米。放珠镇建设通组水泥路硬化宽4.5米，长2.5千米；5月前完成项目施工设计和招投标，6月开工建设。由于今年雨天过多，6月至10月不间断雨天超过60天以上，造成工期延误。目前通组水泥路建设完成总工程量的100%，沥青路建设完成总工程量98%。

【“一市五金多套餐”工作】 截至2015年11月底，全区申请精准扶贫小额贷款贴息基金贫困农户共11742户47431人，累计发放贷款7026户16084.15万元，贴息金额合计3377.396万元，苗木超市申请种植苗木的农户35329户（其中贫困户10532户）、大病医疗底垫周转基金申请农户56户、产业发展基金申请的合作社3个（带动贫困户318户）。

（撰稿人：吉云）

农　牧

【概述】 2015年，在区委、区政府的坚强领导下，坚持以邓小平理论、“三个代表”重要思想和科学发展观为指导，全面贯彻落实中共十八大及十八届三中、四中、五中全会和习近平总书记系列重要讲话精神，以“决战贫困、提速赶超、同步小康”为统领，以农业“区域化布局、标准化生产、产业化经营、市场化运作”为原则，紧紧围绕农业增效、农民增收的目标，大力发展农牧业。

【全面完成各项综合指标】 通过做好春耕、秋种等工作，实施粮食增产工程23万亩、马铃薯高产创建1万亩、玉米高产创建1万亩，完成马铃薯种植70.2万亩、玉米种植65.1万亩、水稻种植9万亩，实现粮食产量稳定在42.03万吨。生猪存栏68.9万头，肥猪出栏67.5万头；存栏牛16.3万头，出栏牛3.63万头；存栏羊5.8万只，出栏羊3.34万只；存栏禽390万羽，其中蛋鸡150万羽，出栏禽265.5万羽，肉类总产量6.3万吨，畜牧业产值18亿元。农民人均纯收入7135元。产业结构不断优化。非粮农业增加值占第一产业增加值比重85.2%。

【生态畜牧业持续健康发展】 探索动物防疫社会化服务改革，层层签订动物防疫工作责任书，将任务进行分解落实，全区共注射种类疫苗1168.16万针次，免疫抗体合格率均在80.4%以上，全部达到国家标准，确保全区无重大动物疫病发生。完成产地检疫17.51万头（只、羽），屠宰检疫各种牲畜共12.89万头。对规模养殖场进行监督检查，审核办理动物防疫条件合格证8张，签订动物卫生监督安全承诺书共105份、养殖场（户）出栏保证书105份。对流通环节共监管了114次、动物卫生监督违法案件一般程序案件立案12件，结案12件，简易程序立案5件，结案5件。建成2个年出栏5000头生猪养殖场扩建项目（天和生猪养殖场、兴泰达公司）和斯栗村牲畜养殖专业合作社扩建项目。

【产业示范效应明显】 紧紧围绕“区域化分工、园区化发展、多元化推动”的思路，以调整农业产业结构为主线，以农业园区建设为抓手，狠抓现代农业发展。1．注重产业结构调整，加快农业产业化经营。做大做强做优特色产业。以刺梨、蔬菜、马铃薯等产业为重点，做大基地规模，提高生产水平，延长产业链条。完成大新桥街道办时令蔬菜基地500亩扩建任务和3个300亩保供蔬菜基地建设，辐射带动全区种植蔬菜51.7万亩。抓好马铃薯种植，突出马铃薯产业转型升级。优化畜牧业内部结构，实现全区年存栏生猪50头以上、牛10头以上、羊100只以上、肉鸡2000羽以上、蛋鸡2000羽以上的规模养殖场（户）508个。围绕规模化，全面加快基地建设。立足农业资源禀赋，认真分析农业“一头连着二产、一头连着三产”的特点，努力推动农业“接二连三”立体发展。着力打造精致有机农产品种养基地。完成14.6万亩的无公害产地认证，实现农业园区主导产业100%无公害。着力打造特色农产品加工基地。培育茂源家禽养殖、老黄哥食品、黔荞食品3家企业申报市级龙头企业，进一步提高农产品附加值和商品化率。着力打造生态休闲避暑养生基地。启动建设1500亩的红豆杉养身主题休闲园和金银山300亩的休闲避暑养生基地。强化品牌创建。重点围绕“菜篮子”工程和特色优势产业，建立健全可追溯管理制度，强化农产品生产过程质量监管，强化品牌农业建设，完成“三品一标”认证10个，申报3家市级龙头企业。积极培育新型经营主体。完成示范性专业合作社3个，家庭农场5个，农家乐3个，休闲农庄6个，休闲乡村3个。2．园区示范效应明显。建成省级农业园区4个，入驻企业和合作社53家，实现产值21.6亿元，带动就业2330人，辐射带动种植蔬菜10万亩、中药材4.8万亩，苗圃基地820亩。

【大力推进农业板块经济建设】 以突出特色主导产业发展、促进农民持续增收目标，以转变农业发展方式为主线，坚持走山地高效生态农业发展道路，坚持“生态产业化，产业生态化”的发展理念，紧紧围绕我区种植、养殖业建立马铃薯、商品蔬菜、生态畜牧业和茶叶四大经济板块，各乡镇结合自身实际建立示范样板点，区政府出台相应示范样板点扶持政策和观摩制度，对验收合格的乡镇进行补助和考核。

【农牧业安全生产得到保障】 以创建省级农产品质量安全县活动为契机，加大兽药、农药监管力度，加强农药残留检测和渔业安全生产，确保无农业安全事故发生。共出动执法车辆120台次，执法250人次。

【惠农政策得到落实】 扎实抓好农业水稻保险和能繁母猪保险工作，已兑现农业直补资金1003.75万元。

（撰稿人：办公室）

农业机械

【概述】 2015年，毕节市七星关区农业机械事业局在区委、区政府的正确领导下，在市农委的业务指导下，坚持以邓小平理论、“三个代表”重要思想及科学发展观为指导，紧紧围绕“决战贫困，提速赶超，同步小康”主题，以促进农业增效、农村发展、农民增收为出发点和落脚点，将农机购置补贴、农机技术推广、农机项目建设以及农机安全监督管理有机结合起来，走低耗、环保、高效、安全的农机化发展道路，积极推进毕节市七星关区农机化发展。通过努力，毕节市七星关区农业产业结构得到优化调整，为毕节市七星关区农业增效、农民增收、农村经济发展作出应有贡献，有效推进毕节市七星关区农机化发展进程。

【狠抓农机安全监督管理，确保农机安全生产稳定发展】 一是领导重视，完善机制。制订全区农机安全生产工作方案，成立农机安全工作领导小组，建立健全农机安全监督管理工作制度，层层签订农机安全目标责任书，明确各级各部门工作职责，落实安全责任，形成农机安全生产工作一级抓一级，层层抓落实的工作格局。二是开展农机安全生产专项整治行动。开展“农机安全生产百日专项整治”“农机安全生产月”“农机安全大排查大整治”活动，大力开展农机安全隐患排查工作，大力宣传农机安全知识，增强农机安全意识；在春节、清明、“五一”、端午等重要节假日期间，开展农机安全生产督查，全面排查农机安全隐患，落实安全隐患整改措施，及时将督查情况反馈给乡镇街道党委政府。三是开展拖拉机“送检上门”活动。从4月8日至6月30日，组织农机监理人员深入到各乡镇、村，为农机手提供拖拉机安全技术检验、年检审等服务，为农机手减少经济负担，保障农机安全生产。截止12月15日，新入户拖拉机195台，年检拖拉机2588台，年检率达到84.7%。四是加强农机安全隐患源头管理。加强对拖拉机驾驶培训机构的监督，严格要求拖拉机驾驶申请人到驾校进行培训，对培训后的机手进行资格考试认证，合格的颁发驾驶证，不合格的继续培训直至考试合格后颁发驾驶证，2015年共培训拖拉机驾驶员485人。依托农机专业合作社，邀请农机专业技术人员，对机手进行农机操作，维修技能等方面的培训，实现农机安全源头管理，有效遏制农机事故发生，做到早发现、早预警、早治理。五是加强行政审批事项的清理工作。为推进简政放权放管结合职能转变工作，根据有关部门要求，践行“马上就办”惠民政策，进一步优化办事流程，缩短办理时限，改进工作作风，为群众提供便捷服务。

【切实做好农机购置补贴工作，提高农机化作业水平】 一是为区政府起草《2015—2017年农机购置补贴工作方案》（以下简称《方案》，并按照《方案》执行。2015年，省农委下拨给区的中央购机补贴资金为450万元，区级资金130万元，全年共完成农机购置补贴中央资金773.831万元（其中373.272万元为2014年资金），区级资金211.8754万元（其中81.8754万元为2014年资金），补贴机具1999台套，其中：拖拉机8台、耕整地机械739台、微灌设备584台套、其他机械668台套。

二是加强农机购置补贴工作业务培训。6月19日，组织召开全区农机购置补贴暨安全生产工作培训会，切实提升乡镇农机员农机工作业务能力，塑造农机队伍新形象。三是开展补贴农机具核查工作。与区纪委监察局、财政局成立两个工作组，并抽派工作人员参与，对全区42个镇乡办近年来享受补贴农机具进行实地核查工作，强化农机购置补贴工作事前、事中、事后的全程监管，有效杜绝违规操作，套取国家补贴资金现象发生，加快推进农机化发展步伐。

【积极做好农机化项目建设，推进农机合作组织发展】 一是完成2014年省级、区级农机化项目验收。2014年，局向省农委申报省级农机化项目3个，项目资金90万元，区级农机专业合作社项目3个，项目资金5万元/个，共15万元。以上项目已验收合格，并兑现项目扶持资金。二是申报并组织实施2015年农机化项目。2015年共申报农机化项目6个，项目资金115万元，七星关区利民农机专业合作社、生机镇耿官村农机专业合作社实施农机抗旱应急演练项目，项目扶持资金15万元/个。三是推广先进农机技术。9月28日，在小吉场镇组织开展水稻机械化收获试验观摩会，现场展示4台不同类型的水稻收获机具，邀请厂家技术人员现场演示并对小吉场顺丰农机专业合作社社员进行水稻机械化收割技术培训，还向当地农民展示了烘干机等农机具，极大程度上激发了农民了解和使用先进农机具的积极性和主动性。

【工作亮点及取得成绩】 2015年，为贯彻落实国家农机购置补贴惠农政策，更好地服务于“三农”，转变农业发展模式，增加农民收入，维护农村和谐稳定，我局立足实际，创新工作方法，精简办事流程，下放审批权限，将撒拉溪、生机等16个乡镇作为农机购置补贴受理审批权限下放试点乡镇，经过一年的实践，农机购置补贴受理审批权限下放，取得很好的效果。1.提高了农机购置补贴工作效率，减轻农民经济负担。撒拉溪、生机等16个乡镇获得农机购置补贴受理审批权限后，农民可以直接到乡镇办理农机购置补贴全部手续，减少了往年农民至少4次到区农机局购机办办理农机补贴的繁琐程序，减轻了农民的经济负担。同时，农机购置补贴受理审批权限下放乡镇后，补贴对象、机具核实等工作主要由乡镇负责，人机信息更加准确，真实可靠，核实率更高，监督更加有效，补贴程序漏洞更小，不法分子套取国家补贴资金风险难度更大，补贴资金使用更加安全。2.加快了农机推广工作力度，逐步实现农业机械化。通过权限下放，农民可近距离了解和使用更多先进适用的农机具，有利于推广适合我区农业生产的农机具，逐步改变农民传统农业生产方式，逐步接受和推广先进适用的农机具，为区农业机械化发展奠定基础。3.转变了农业发展方式，更好地服务板块经济。目前，由于七星关区大力发展板块经济，对农业机械化程度的要求高，随着农机购置补贴权限下放，农民购机积极性增强，传统农业“人种牛耕”的局面将被“机收机种”逐步取代，购机补贴受理审批权下放，对推动区板块经济发展具有积极推动作用。

（撰稿人：熊仕祥）

水　利

【概述】　毕节市七星关区水利局属七星关区人民政府的行政职能部门，共有6个内设机构，10个独立的下属事业法人单位和2个财政独立核算的事业法人单位，位于七星关区天河路108号，现有干部职工173人（含倒天河水库管理所81人），其中副科级以上领导10人，副高职称6人，工程师29人（倒天河水库管理所1人），助理工程师25人（倒天河水库管理所4人）。

【农村学校饮水安全工程】　毕节市七星关区2015年农村学校饮水安全工程189处（共涉及28各乡镇，其中：杨家湾镇10处、野角乡2处、阴底乡6处、朱昌镇6处、普宜镇3处、大屯乡7处、阿市乡4处、田坎乡4处、层台镇6处、龙场营镇1处、小吉场镇9处、鸭池镇6处、清水铺镇10处、八寨镇7处、亮岩镇4处、燕子口镇12处、大银镇8处、团结乡7处、生机镇8处、对坡镇4处、何官屯镇10处、千溪乡1处、放珠镇14处、大河乡7处、林口镇7处、青场镇8处、长春堡镇11处、田坝镇7处），项目实施将解决我区7.5947万农村学校师生的饮水不安全问题。工程总投资2437.94万元（其中：中央预算内资金1950.35万元，省级配套资金243.79万元，市、区配套243.80万元）。项目各级建设资金已经全部到位，工程已全面完工并交付使用。

【小型农田重点县项目】　2015年小型农田重点县项目计划投资2000万元，其中：中央资金1200万元，省级补助800万元；实际到位中央资金1200万元。工程于2015年6月12日完成施工单位及监理单位招投标工作，2015年6月底动工建设，目前已全面完成建设任务。

【中小河流治理项目】　毕节市洒鱼河大寨段治理工程，计划投资1265万元，其中：中央资金726万元，省级补助109万元、市级配套77万元，区级配套353万元。实际到位资金1017万元，其中：中央到位资金726万元，省级到位资金109万元，市级配套资金未到位；区级配套资金到位179万元。建设任务为河道综合治理长度4.04千米，保护人口0.4万人，保护农田0.2万亩。工程于2015年3月进场施工，目前主体工程已全面完工。

【国家水土保持重点建设项目】　2015年国家水土保持重点建设工程贵州省七星关区燕林项目区草坝小流域综合治理计划投资1126万元，其中：中央资金788万元，省级资金338万元。工程于2015年8月底完成招投标工作，2015年9月6日开工建设，2015年12月达到形象进度90%。

【10口机井地面配套设施工程项目】　中央计划投资345万元，实际到位资金345万元。2015年完成实施方案的编制工作，待方案修改完毕后抓紧审批并按程序确定施工单位后组织施工。

【2015年抗旱应急引调提水工程】　2015年8月5日，毕节市财政局、毕节市水务局以毕财总〔2015〕66号财农111号文下达2015年抗旱应急引调提水工程建设资金260万元，用于普宜镇抗旱应急提水工程建设，实施方案经毕节市水务局以毕水计〔2015〕15号文件于2015年6月12日批复，工程按有关招投标文件规定，采取公开挂网竞谈方式选择施工单位，于2015年9月2日开工建设，2015年年底全面完成建设任务。

【地下机井建设】　建设任务36口，其中省级投资14口（含梨树镇、岔河镇4口），市级财政投资9口，区级投资13口。2015年底全面完成建设任务。

【山洪灾害防治项目】 2014年山洪灾害防治项目中央计划投资394万元，实际到位资金394万元。

1.2014年度山洪灾害调查评价项目投资175万元，于2015年3月毕节市防办统一招标确定实施单位，完成外业调查，2015年底全面完成项目建设任务。

2.2014年度山洪灾害防治项目非工程措施计划投资219万元。按建设内容划分不同的标段，分别由省级、市级、县级招标，以及不需要招标的部分组成。招标部分已于2015年4月起陆续招标完成，参建单位为：毕节江源公司（设计单位）、贵仁科技有限公司（承建单位）、贵州东方世纪公司（承建单位）、毕节市红日科技贸易有限责任公司（承建单位，询价采购部分），武汉三山广联公司（监理单位）。项目于2015年4月陆续施工，2015年年底全面完工。

【农村小水电增效扩容项目】 2014年农村小水电项目计划投资846万元，实施七星关区共5个电站的增效扩容项目，至2015年底，产权属于七星关区水利局的岔河电站、龙洞电站已完成设备采购工作，土建工程已按程序落实施工单位；产权属于供电部门的光明、太极、播扎3个电站，供电局已将产权划到贵州省黔能公司，2015年年底完成变更设计方案上报。

【“十三五”规划工作】 全面完成七星关区“十三五”水利规划，并按要求提交七星关区发改局汇总上报。

【精准扶贫】 帮助联系点七星关区层台镇完成贫困人口识别工作，对贫困村、贫困户信息进行更新。

【党建扶贫暨集团帮扶】 七星关区水利局制订2015年度帮扶层台镇工作方案，做到有规划、有帮扶措施，有帮扶项目库及帮扶台账。完成层台镇五座小学饮水安全工程建设，共计投资36.21万元。开展“六一”节慰问层台镇五一小学贫困留守儿童工作。

【干部驻村工作】 加强驻村工作管理。局党组加强对驻村工作的调研及纪律要求等管理，落实驻村干部食宿地点、差旅费报销等待遇。

【统一战线工作】 完成台胞台属摸底排查登记造册工作，并建立了我局党外后备干部信息库。

【人口和计划生育工作】 严格执行国家人口和计划生育政策，按照年初目标考核责任书拟定计划生育安排意见，与局属各单位及计划生育服务对象签订责任书，妇检对象按要求参加妇检3次，参检率达100%，2015年度未发现违反计划生育情况。

【机关发展型党组织建设】 1.全面落实党建工作责任制，严格落实从严治党主体责任。落实从严治党责任，深入推进机关作风建设，大力整治“为官不为”行为，深入推进党风廉政建设及反腐败工作。2.日常工作按照七星关区委、七星关区委党建办及七星关区直机关工委要求抓落实。

【档案管理工作】 按要求建立七星关区水利局数字化档案室，将2014年文书档案451件，2137幅全部全文数字化扫描挂接专门档案软件系统，培训局属各部门整理积存专门档案，基本上按要求规范整理，按时上报现行文件、年报以及其他需上报资料，加强档案室安全防护措施。

【依法治理】 1.查办水事违法案件2其；2.调解水事纠纷3起；3.完成河湖专项治理工作任务；4.完成水资源专项检查执法工作；5.抽派水政执法人员4人到贵州省水行政执法行政班学习。

【综治及禁毒工作】 已按要求制订工作方案，调整充实综合治理工作领导小组，与局属各工作部门签订了社会治安综合治理目标责任书，加大宣传培训力度，按时报送相关资料。一年来，我局干部没有参与邪教活动、吸毒、毒品违法犯罪活动。

【网站动态信息、政务信息】 一是在七星关区阳光政务网及时发布和更新水利动态、防汛防旱、政务公开、水政执法、工程建设、工程管理、招投标、权力运行清单、工程验收等方面的信息。二是七星关区人民政府门户网站公布招投标、防汛抗旱等信息；三是利用区水利局网络红页予以公开工作动态；四是贵州省网上信访综合系统上传信访事项办理情况；五是利用公示栏对我局政务、党务工作信息进行公开，做到应公示尽公示，2015年编写工作信息简报57期，其中区级媒体发表14期，省级媒体发表1期。

【应急管理】 1．成立以主要为组长的领导小组，组建应急队伍，职责明确，工作制度完善，节假日和国家、省、市、区重大活动、汛期专人24小时值班。2．已编制各类应急预案。3．按要求按时制定隐患排查措施。4．做好应急物资储备工作，积极开展宣传教育工作，配合相关部门开展应急演练活动。5．一年来无重特大突发事件发生。

【宣传思想及精神文明建设】 1．抓好宣传思想及精神文明建设工作要点研究制订；2．组织党组、干部职工定时开展学习；3．落实水利局党组书记到联系点层台镇开展市委一届七次全会宣讲工作；4．抓好我们的节日活动开展，开展慰问贫困留守儿童工作；5．开展水利局志愿者实名注册、志愿服务及道德讲堂建设、信息报送等工作。

【党风廉政和反腐败工作】 1．落实党风廉政建设责任制及党风廉政建设“两个责任”相关工作；2．开展作风建设工作：学习宣传党风廉政建设有关文件、法律法规，治理滥办酒席，进行国家工作人员工作时间或公共场所打麻将以及遵守工作纪律情况明察暗访，开展民生整治铸廉行动，贯彻落实权力运行清单备案制及党风廉政建设突出问题专项整治等工作；3．加强党务政务公开，民生建设公开公示、阳光政务网公开公示工作。

【保密工作】 按要求成立保密室，登记完善台账，完善保密措施，逐级签订保密责任书，将有可能储存涉密资料的计算机全部更换硬盘，按时上报保密局所需要的材料，全年没有泄密事件发生。

【信访工作】 按要求制订年初工作计划，成立领导小组，明确领导包保职责，层层签订责任书，每月召开一次会议研究部署信访工作。及时高效回复各类信访案件（包括贵州省信息综合系统回复）。2015年共办结信访案件6件，办结率达100%，未出现超期办理情况，没有出现赴京、赴省集体上访案件。

【安全生产】 1．强化安全生产组织领导，结合水利系统实际，制定年度安全生产工作安排意见，专题开会贯彻落实上级有关文件及会议精神。将安全生产与业务工作同安排、同部署、同检查、同考核。2．全面落实安全生产责任制，层层签订责任书，狠抓安全生产宣传教育，认真组织开展“安全生产月”活动。3．认真开展安全隐患大排查大整治专项活动，成立五个以分管领导任组长的专项督查组，采取条块结合的方式，对各自分管的工程及联系片区，认真开展安全隐患大排查大整治专项活动，一年来，共派出督查组600余人次，共排查55条安全隐患，已全部整改结束，整改率达100%，未发生任何安全生产事故。

【督查考核工作】 1．建立完善各类考核工作机制。2．对所管中层干部建立了个人档案。3．按季度对干部职工进行测评（进行3次测评）。4．层层签订考核目标责任书，及时公示考核结果，建立考核运用台账。考核结果作为评先选优的基础条件，与年终绩效工资挂钩。5．按时报送信息和各类相关材料。6．调整充实人员，分为五个片区工作组，以“条块相结合”的方式，对38个镇、乡、办事处水利站进行水利工作督查督导，根据七星组干复〔2014〕3号文件精神，已安排2014年新招录的23名（原录取名额为24名，其中有1人辞职）乡镇水利站工作人员到七星关区水利局进行跟班培训学习，组织各类人员分赴贵阳等地进行继续教育。

【多彩贵州文明行动】 已按要求制订工作方案，层层签订责任书，规范服务窗口办事秩序，加大对办公区域、宿舍区“脏、乱、差”的治理及宣传力度，落实工作经费3万元。

【食品安全及质量兴区工作】 1.组织实施2014年农村学校饮水安全工程，努力提高农村饮水安全达标率，在区委、区政府的统一安排部署下，牵头开展倒天河水库环境综合治理工作，积极有效保护了饮用水源地，每月对集中式饮用水进行水样检测。实行最严格的水资源管理制度，加强对饮用水生产经营者的取水许可审批。2.明确质量兴区分管领导，成立质量兴区工作领导小组，确保了水利工程质量合格率达100%，水利工程竣工质量验收合格率达到100%。

【科技工作】 按七星关区科协要求参加科技宣传活动，组织全体干部职工参加百万公众网络学习，且每人均完成两次测试和撰写一篇心得体会。

（撰稿人：胡荣琴）

林　业

【概述】 在区委、区政府的坚强领导下，在区人大、政协的监督和社会各界的支持帮助以及市林业局的关心指导下，按照区委、区政府的工作部署和要求，紧紧围绕“两年绿化毕节”的发展目标，进一步解放思想，开拓进取，有力地推进了以生态建设、生态安全、生态文明为主的林业可持续发展，紧紧围绕全区经济社会发展，真抓实干，深入推进“绿色毕节行动”各项工程，加快发展林业产业，全面加强森林资源管护，充分发挥林业在改善生态、改善民生和小康社会建设中的重要作用，各项工作取得了明显成效，为建设“富裕和谐美丽七星关”做出新的贡献。

【森林资源总量持续增长】 2015年区林业局紧紧围绕试验区“生态建设”主题，以林业生态建设为重点，全面实施新一轮退耕还林还草、天然林保护、石漠化综合治理等林业重点工程，大力调整产业结构，提升林业生产力，实现森林面积、森林覆盖率和活立木蓄积同步增长，森林覆盖率预计可达50.42%，比2014年增涨1.4个百分点。因工作突出，2015年6月七星关区获“贵州省森林城市”荣誉称号（全省仅5个县/区获此殊荣）。

【深入推进绿色毕节行动】 在2015年“绿色毕节行动”中，完成各类营造林任务19.02万亩（其中：新一轮退耕还林还草3.5万亩、荒山绿化13.32万亩、重点区域绿化2.2万亩），并开展了县级验收;完成义务植树63万株;治理石漠化面积14.07平方公里;完成育苗面积2000亩，启动实施2016年度绿色毕节行动各类营造林30.54万亩。

【森林防火工作成效显著】 牢固树立“预防为主、科学扑救、积极消灭”的森林防火工作方针，坚持政府领导、部门协作、分级负责、属地管理的原则；以林业生态环境保护建设为中心，以强化野外用火安全意识为切入点，不断改进和强化森林防火工作，有效防止了森林火灾的发生，为林业发展创造了一个稳定、良好的环境，有效保护了森林资源和人民生命财产安全。一是结合全区森林防火工作面临的形势，通过广播、电视、组装宣传车巡回宣传、发放宣传册、悬挂或张贴标语、手机短信等多种形式对森林防火进行广泛深入的宣传，在林区村寨、主要路口、公路沿线、旅游景区及城镇周边张贴护林防火标语及宣传品，切实做到不留死角、不留盲区；二是全面落实森林防火行政首长负责制，层层签订目标责任书，将任务落实到山头地块，责任落实到个人;三是根据气候特点及重点时段进行重点安排，严防死守。2015年全区共发生森林火灾2起，过火面积为41.2公顷，受害林地面积3.03公顷，森林火灾受害率0.019‰，远低于市下达的控制指标1‰。出台的《毕节市七星关区森林防火工作经费奖励办法》相继在中国森林防火网、贵州省林业厅网站和毕节市林业局网站刊载，并获全市推广学习借鉴。

【森林公园建设稳步推进】 完成拱拢坪国家森林公园AAAA级景区基础设施建设。接待中心绿化和停车场已全面完工，接待大厅和休闲中心宾馆已基本完成，林中步道改造全面完成，接待中心主体正在施工。2015年6月拱拱坪林场获“全国十佳林场”荣誉称号（全国仅24个国有林场获此殊荣）、2015年10月毕节国家森林公园获首届“中国森林氧吧”称号（全国仅36个单位获此殊荣）。

【**林政资源管理规范有序**】　一是继续加强天然林的管护。2015年继续加强对全区232万亩森林资源进行管护实施常年管护签订管护责任状42份，管护责任书44份，共聘请护林386名，签订护林合同386份，管护落实率100%。二是严厉打击破坏森林资源行为。森林公安始终保持对林区违法犯罪行为的高压态势，积极组织开展森林资源保护“六个严禁”执法专项行动和“雷霆行动”。2015年共办理各类涉林案件87起，其中：刑事立案27起（为年度刑事案件任务的171%），破案24起，刑事拘留18人，抓获网上在逃人员1人逮捕10人；查处涉林治安案件2起，行政拘留3人；办理林业行政案件58起，行政处罚58人；收缴放生野生动物46只，整治治安乱点3个。通过打击破坏森林和野生动植物资源违法犯罪行为，确保了林区治安秩序的持续稳定。

【**林业服务全面加强**】　区林业局行政审批及服务事项全部进驻区政务服务中心，窗口工作人员接件时，认真审查申报材料，对属于即办件的，申请人材料齐全的及时办理;属于限时办理的申请人材料齐全、符合条件的受理后在规定时限内办结。对材料不齐全或者不符合法定形式的，工作人员一次性告知申请人需提供的全部材料。2015年全区共办理木材运输证392份；办理林木采伐许可证16份，采伐林木蓄积2983立方米；办理木材经营加工许可证27份、年审木材经营许可证555户。

【**林下经济产业发展取得新突破**】　2015年指导成立林业专业合作社5个，使区林业专业合作社总数达78个，为引导林农走专业化、组织化发展道路奠定了基础。通过组织项目申报，毕节市煤冲创新家禽养殖专业合作社、毕节市雄噶生态林下经济开发专业合作社、七星关区泓斌黑山羊养殖专业合作社、毕节市家乡美农业综合开发有限公司、七星关区阴底乡倮匋经果林种植专业合作社和毕节市汇江蚕桑开发有限公司共6家合作经济组织获得“2015年市级林下经济示范基地称号”，获示范基地建设补助资金75万元。同时完成了175.66万亩公益林和4.11万亩商品林的政策性森林保险投保工作。

【**林业技术推广工作**】　一是引进、推广先进的林业科技成果和实用技术，组织实施林业科技推广项目；二是开展林业科学技术培训和技术咨询工作，完成林业产业发展项目培训的各项任务；三是到人民公园、市政广场、相关镇（乡、街道办）、学校等进行科普宣传，发放宣传资料4万余份；四是为巩固全区退耕还林成果，提高广大群众种植经果林的技术，分别到相关镇（乡）进村入户开展经果林栽培与管理培训。内容涉及林业产业情况简介、刺梨的栽搘与管理技术、核桃的栽培与管理技术、板栗的栽培与管理技术、桃李的栽培与管理技术培训等。

【**机关党建和党风廉政建设深入推进**】　按照区委的要求，全区林业系统认真组织开展“三严三实”专题教育实践活动，全面贯彻落实中央“八项规定”和省、市、区“十项规定”，认真抓好《毕节市七星关区干部作风“马上就办”实施办法（试行）》《毕节市七星关区干部作风督查考核办法（试行）》《毕节市七星关区干部作风预警制度（试行）》《毕节市七星关区干部召回管理办法（试行）》和《毕节市干部作风问责办法（试行）》，着力抓好领导干部的教育、监督和廉洁自律，从源头上抓好党风廉政和反腐倡廉各项工作任务的落实，严肃查处违规操办酒席和公共场所打麻将、工作时间违反工作纪律行为。进一步加强制度建设，转变工作作风，营造风清气正的林业发展环境，努力培养和造就一支政治过硬、作风扎实、业务熟练、吃苦奉献的林业干部队伍，为全区生态林业建设做出应有的贡献。

（撰稿人：卢德玉）

烤烟生产

【概述】 毕节市七星关区烟草办公室（以下简称烟草办）位于毕节市七星关区麻园大道中段，内设两个股室：综合股、业务股。现有主任1名、副主任1名，股长2名，工作人员3名。主要负责宣传贯彻国家、省、市、区关于发展烤烟生产的方针、政策、法律、法规、规章和制度；牵头组织制订全区烤烟产业发展规划和近期烤烟生产计划；协调烟草等有关部门抓好烟草发展基础设施建设工作，协调、督促镇乡人民政府和烟草企业抓好现代烟草农业建设工作，推动全区烟草产业的持续、稳定发展。

【烤烟生产收购】 根据省、市、区关于2015年烟叶工作的安排意见，全区烤烟计划面积5.6万亩，烤烟收购计划14万担。经过前期对2015年烟叶生产国家有关政策的广泛宣传和发动，在稳定原有规模的基础上，规模化种植取得突破，扩大大村、大户、合作社种植规模，完成了烤烟计划面积。在移栽期间，烟草办加大协调督查力度，赶赴各涉烟镇乡实地了解烟叶的育苗、移栽情况，掌握移栽进度，及时协调解决在移栽工作中出现的问题，全面完成烟叶的移栽工作，共计落实24个种烟乡镇、191个村4993户烟农。收购期间，烟草办及时对各种烟镇乡的收购情况作好统计，并安排工作人员到各收购点进行督查，确保烟叶政策落实到位，及时协调处理好收购过程中的矛盾纠纷，杜绝恶性事件的发生。做好收购信息的统计汇总报送工作；协调公、检、法等相关部门对烤烟“二贩子”的不法活动进行严厉的打击，维护正常的烤烟收购秩序，确保烟农、企业和国家的利益。收购烟叶共计134095担，完成收购计划的95.78%，其中完成上等烟73356担，占收购总量的55%，完成上中等烟130427担，占收购总量的98%。担烟均价1242元，较2014年增加63元；实现烟农收入16532万元，较2014年增加101万元；实现烟叶税收3637万元，较2014年增加22万元。

【烟水配套工程后续运行管护】 七星关区2005—2010年建成并投入使用的烟水配套工程35个，涉及19个镇乡，受益面积139376亩，总投资10332.54万元。全区烟水配套工程后续管护工作于2009年正式启动，通过近6年的指导、规范和督促，大部分镇乡（村）工程管护主体已经成立了管护机构、落实管护办法、制定村规民约等措施，工程的后续管护工作逐步走入正轨，工程在烤烟育苗、大田管理期间和烟区群众人畜用水方面发挥了积极的效益。2015年烟水配套工程维修建设项目共9个标段，总投资264.54万元。分别是林口镇大寨、大银镇高峰、对坡镇建华、田坝桥镇弯腰树、撒拉溪镇戈座、水箐镇大湾、岔河塘丰、清水铺镇东山。部分烟水维修工程已竣工验收使用，为2016年烟叶生产工作打下了坚实的基础。

【工作中的亮点及取得的成绩】 1．烟水工程后续管护获全市第一名。七星关区2005—2010年建成并投入使用的烟水配套工程35个，涉及19个镇乡，受益面积139376亩，总投资10332.54万元。全区烟水配套工程后续管护工作于2009年正式启动，通过近六年的指导、规范和督促，大部分镇乡（村）工程管护主体已经成立了管护机构、落实管护办法、制定村规民约等措施，工程的后续管护工作逐步走入正轨，工程在烤烟育苗、大田管理期间和烟区群众人畜用水方面发挥了较好的作用。2．烟水工程的建设管护创新获省烟叶生产基础设施建设检查组的充分肯定。烟水配套工程维修建设项目放弃田间管网，相对集中修建放水闸阀房，节约了建设管护成本，并将烟水工程发挥的作用最大化，省、市检查组在对七星关区烟叶生产基础设施建设管护工作督查调研中，高度地评价了七星关区在烟水配套工程建设管护工作中取得的成绩，充分肯定了七星关区积极探索烟水工程建设管护工作的新思路，外县外地区政府管护机构先后到七星关区参观学习。3．工场化育苗取得突破。烟草部门加大投入加强育苗基地建设，扩大工场化育苗，并取得良好效果。全区百分之百实现专业化、商品化漂浮育苗。4．机械化作业取得较大突破。全区种烟烟区基本实现“牛耕”变“机耕”。5．专业化烘烤取得突破。利用密集型烤房烘烤容量大、能自动控温控湿的优点，进一步探索专业化烘烤技术，并取得较好效果。6．育苗大棚实现再利用。除了3月至5月中旬进行烟苗培育外，大棚都处于闲置期，为提高烤烟育苗大棚在闲置期间的综合利用率，切实解决烤烟育苗大棚用途单一、闲置期长等问题，积极引导、组织烟农利用育苗大棚闲置期栽植西红柿、青椒、豆角、花菜、黄瓜、香菜等蔬菜，不仅解决了育苗大棚的闲置难题，而且又提高了大棚的使用率，还有效的增加了烟农的经济收入。

【干部队伍建设】 通过学习不断提高干部队伍思想政治、业务素质，坚持每周一次集体学习，促进职工思想政治素质的全面提高，重点以时事理论和上级规章制度为学习内容，及时传达党和国家方针政策，认真贯彻落实中央八项规定、省委十项规定、市委十项规定、区委十七项严禁，认真学习和宣传党的中共十八大、十八届三中、四中、五中全会和习近平总书记系列讲话精神，促进作风大转变、大提高。从严控制经费支出，严格执行公务接待制度，严格落实各项节约措施，坚决杜绝公款铺张浪费现象。严肃整治公款旅游行为，严禁借开会、调研、考察、检查、培训等名义变向旅游。禁止违反规定购建、装修办公用房和配置高档办公用品。

（撰稿人：办公室）

七星关区水利发展投资有限责任公司

【杨家湾镇污水处理工程】 项目地址在杨家湾镇大埂子村八组太平桥处，新建日处理污水800立方米污水处理厂一座，新建污水管网11545米。配套建设ΦD700检查井115座、ΦD1000检查井260座。工程初设批复总投资875万元，其中厂区工程投资为314万元，管网工程投资534万元。厂区土建及设备安装工程已全部完成，调试运行结束，厂区道路及绿化已按设计完成，管网已完成约9000米；已完成收集井220座，现已通水试运行，年内竣工验收投入使用。

【撒拉溪镇污水处理工程】 项目地址在撒拉溪镇水营村沙田沟组处，新建日处理污水800立方米污水处理厂一座，新建污水管网10245米。配套建设Φ700检查井25座、ΦD1000检查井185座。工程初设批复总投资829万元，其中厂区工程投资为317万元，管网工程投资512万元。厂区及设备安装工程已全部完成，调试运行结束，厂区道路及绿化已按设计完成，管网已完成约9500米，完成污水收集井204座，已通水试运行，正在进行预验收，年内竣工验收投入使用。

【龙官桥水库库区移民危房改造活动板房工程】 项目地址何官屯镇龙汉村，占地面积7166.6平方米，建筑面积2410平方米，受益人口226人，总投资164万元，目前该工程已全部竣工验收并投入使用。

【毕节市七星关区第二生活垃圾卫生填埋场工程】 项目地址在鸭池镇石桥村哥儿代丘，占地面积287亩。总投资11939万元，建设规模为日均处理垃圾300吨，渗沥液站日处理渗滤液130方，填埋场总库容159.8万方，预计服务年限10年，服务范围为七星关城区（含老城区和梨树镇）及鸭池镇、岔河镇等，建设合同工期18个月（2014年11月至2016年5月）。该工程的施工单位于2014年11月进场施工，目前已完成90%土建工程：管理区综合楼、计量间主体完成并完成外装修；渗沥站综合楼、设备房主体完成；库区垃圾大坝混凝土浇筑完成12000立方米；库区副坝浆砌块石砌筑全部完成；库区四台锚固平台开挖全部完成，土石方开挖外运11万立方米；库区永久性入场道路965米全部完成，临时垃圾运输道路完成650米；库区防火隔离带混凝土喷浆全部完成；库区边坡GCL防水毯、HDPE防渗膜铺设完成40%约5万平方米，年内完成主体工程。

【四个污水处理工程可研批复、初设批复、施工招标等前期工作】 具体情况说如下：清水铺镇污水处理工程（日处理污水500吨，估算总投资1121.14万元）、青场镇污水处理工程（日处理污水500吨，估算总投资944.8万元）、小吉场镇污水处理工程（日处理污水400吨，估算总投资866.79万元）、燕子口镇污水处理工程（日处理污水400吨，估算总投资792.06万元）。按区政府的安排已全部移交给生态公司，由生态公司负责建设。

【双河口水库建设工程】 项目位于跳墩河上游的八寨镇果乐村，水库正常蓄水位1514.00米，总库容237.6万立方米。年可供水量为599.27万立方米，工程总投资15485.59万元，工程建设周期计划18个月。目前项目施工单位和监理单位已进场，移民征地工作结束后，全面开工建设。

【龙官桥水库工程】 项目位于七星关区（原毕节市）中部何官屯镇龙汉村境内，正常水位1655.00米，总库容1099万立方米，兴利库容751万立方米，死库容196万立方米，工程等别为Ⅲ等，工程规模属中型。工程总投资28734万元，工程建设周期计划30个月。目前14个专题均已完成并获得批复：包含规划同意书、水资源论证、移民安置规划、环境影响评价、水土保持方案、防洪规划、用地预审、节能评估、压覆矿评估、社会风险稳定评估、土地复垦专题、地灾、社会风险评估、文物调查及保护、库区勘界等专题。初步设计已取得批复，技施设计和招标设计工作已完成，正在开展项目融资、移民专题技施设计、施工单位和监理单位招标工作，年内开工建设。

【狗跳岩小（二）型水库工程】
项目地址燕子口镇，总投资5324.6万元，目前完成前期工作招标，正在开展项目建议书、可研报告编制等前期工作。

【野角小（一）型水库工程】
项目地址野角乡大水村，总投资8965.27万元，目前完成前期工作招标。正在开展项目建议书、可研报告编制等前期工作。

【朱昌水厂补水工程】 项目地址朱昌镇伍坪村，总投资50万元，年内全部竣工并投入使用。

【项目融资贷款】 完成朱昌镇、何官屯镇、长春堡镇、杨家湾镇和撒拉溪镇污水处理工程贷款3500万元，双河口水库贷款10000万元，第二生活垃圾卫生填埋场贷款9500万元，龙官桥水库资本金贷款4000万元。小计27000万元。

【乡镇集镇供水工程管理】
保障14个镇乡11万人的乡镇集镇供水。

（撰稿人：办公室）

工　业

贵州七星关经济开发区

【概述】　贵州七星关经济开发区于2012年8月经省人民政府批准设立，位于毕节城区东北部，距主城区11.5公里，总规划面积32.3平方公里，规划范围包括八寨镇、海子街镇、碧海办事处，涉及35个行政村，现有居住人口3.6万人，已建成面积3.5平方公里，全面建成后，预计将容纳人口近30万人。2013年11月，七星关经济开发区与毕节经济开发区被国家科技部批准为国家新能源汽车高新技术产业化基地。通过近几年的发展，开发区已成为七星关区对外开放的主平台、招商引资的主力军、经济发展的主引擎和城市建设的主战场。

【主要经济指标】　2015年，在省委、省政府、市委、市政府及区委、区政府的关怀和坚强领导下，开发区深入贯彻省委、省政府“主基调主战略”，坚持工业强区战略，坚守“两条底线”，艰苦奋斗，攻坚克难，实现了从无到有、从小到大的突破，工业经济发展取得了初步成效。累计完成投资151.83亿元，其中：完成基础设施投资76.14亿元，完成产业项目投资75.69亿元，完成工业总产值80.12亿元，工业增加值23.64亿元，解决就业3500余人。2015年完成固定资产投资45.6亿元，其中：基础设施23.9亿元，完成产业项目投资21.7亿元，完成工业总产值40.86亿元，工业增加值12.58亿元，实现税收11538万元，新增入住项目12个，其中联尚科技、炬盛照明、瑞庆新型墙体材料等5个项目建成投产，新增就业500余人。

【基础设施】　一是开发区加快基础建设，全力以赴突破制约发展瓶颈。建成工业大道、园区1号路、园区2号路、园区3号路、2号路西延伸段、连接段等道路，与厦蓉、杭瑞、小瓦高速公路形成内外互联的交通路网。完成安置房、公租房、沙邵小学、商业集聚服务区、电力设施、污水管网等工程。二是建成符合现代工业生产设计要求的标准厂房42万平方米，积极承建东部产业转移。

【项目建设】　开发区以项目建设和招商引资为中心，以园区建设为载体，以强化服务为保障，大力推动项目建设，引进项目53家，总投资122.1亿元，其中，投产项目38个，在建15个，投产率71.7%。一是新能源汽车产业稳步推进。紧紧抓住“国家新能源汽车高新技术产业化基地”这一核心，奋力发展，已具备电动汽车电机及电子控制系统的研发能力，初步形成电机及电子控制系统生产流程，纯电动轿车、微型车、轻卡改装流程，初步具备电动特种车辆生产能力。其中，添钰动力项目正在开展电动汽车整车设计。腾盛电动车项目已完成总装、涂装、焊接生产线建设，接受国家工程机械质量监督检验中心特种设备鉴定评审，等待评审结果。二是环保建材产业发展迅速。充分发挥七星关区政治、交通、自然资源等比较优势，根据市场需求，培育环保建材产业6个，已形成利用原材料生产玻璃基片、进行玻璃深加工到投放市场完整的产业链。三是劳动密集型产业初步形成。积极承建东部产业转移，引进和培育服装、光电、食品等劳动密集型加工项目21个，拥有规模以上企业16家。新能源汽车，新型环保建材，服装、箱包、光电、特色食品等劳动密集型产业不断壮大。

【财源建设】 推进融资缓解压力。充分利用“贵园信贷通”政策红利，制订《贵州七星关经济开发区“贵园信贷通”企业融资服务工作方案》，明确人员、落实办公室场所开展服务工作，完成53家企业资料的收集、编制等工作，完成第一批贷款230万元发放工作，正在开展贵耀材料、煌伟玻璃等项目贷款工作，预计授信金额5000万元，切实帮助企业解决融资困难问题，缓解了企业资金压力。

【创新工作】 一是创新机制服务企业。进一步优化代办服务工作，建立服务企业工作队工作机制，由副科级以上干部任队长，一对一帮助企业解决实际困难，加快已签约项目选址、征地拆迁、手续办理等工作；积极对接、跟踪推进在谈项目，争取早日建设，形成带动效应。二是深化改革促进发展。进一步深化体制机制改革，贯彻落实国家有关发展混合所有制经济精神，采用政府国有公司与开发区企业共同出资组建混合所有制企业方式，支持明钧玻璃、联尚科技、炬盛照明等技术先进、效益好、潜力大的企业做大做强。三是开通专线减少成本。开通开发区至东莞专线，搭建物流平台，解决企业零担运输问题，加快企业产品外运速度，增强企业产品竞争力。

（撰稿人：刘琼琳）

工业经济与能源

【概述】 区工能局为毕节市七星关区人民政府工作部门。根据《毕节市七星关区工业经济和能源局（商务局）主要职责内设机构和人员编制规定》，职责调整：“（一）将原商务与投资促进局负责的除酒类流通外的商务职能整体划入区工业经济和能源局。（二）将原商务与投资促进局的牲畜定点屠宰管理的职责划入区农牧局。”内设14个职能股室即办公室、人事教育股、政策法规股（信访室）、经济运行监测协调股、规划发展股、工贸园区协调股、工业行业管理股、信息通信股、资源能源综合利用股、企业改革发展股、商务股、煤矿建设管理股、

粮食工作股、安全生产管理股。全局“机关行政编制41名，领导职数：局长1名，副局长3名，机关党委书记1名，内设机构领导职数18名。机关工勤人员编制12名，由财政全额预算管理”。撤销七星关区安全检查站，将其职责归并入综合执法大队，其人员编制5人转入综合执法大队，撤销长春煤炭验票处、观音桥煤炭验票处、何官屯煤炭验票处、田坎煤炭验票处、清水铺煤炭验票处等5个煤炭验票处，其人员编制35人转入局属的其他事业机构（11人转入综合执法大队、16人转入民营经济发展中心、4人转入工业能源信息技术服务中心、4人转入七星关区中小微企业创业园管理办公室）。其他事业机构调整编制后划转七星关区工业经济和能源局（商务局）管理。

根据原《中共毕节市委毕节市人民政府关于进一步加快全市民营经济发展的实施意见》精神，将毕节市七星关区民营经济（中小企业）发展中心更名为毕节市七星关区民营经济（中小企业）发展局，为毕节市七星关区工业经济和能源局（商务局）所属副科级全额拨款事业单位。核定事业编制25名。领导职数:局长1名，副局长2名，内设机构领导职数4名。内设民营经济股、中小企业股、综合股、融资股四个正股级机构。

毕节市七星关区城镇集体工业联社成建制划转毕节市七星关区工业经济和能源局（商务局），为毕节市七星关区工业经济和能源局（商务局）下属副科级全额拨款事业单位，主任1名，核定事业编制管理人员4名。

毕节市七星关区工业经济和能源局综合执法大队更名为毕节市七星关区工业经济和能源局（商务局）综合执法大队，为毕节市七星关区工业经济和能源局（商务局）管理的副科级全额拨款事业单位，核定事业编制47名（含从商务划转的4名事业编制），编制结构为：管理人员4名，专业技术人员43名。领导职数：大队长1名，副大队长3名，内设机构领导职数6名。原履行商务方面执法稽查具体工作的工作人员整体划入七星关区工业经济和能源局（商务局）管理。毕节市七星关区工业经济和能源局

（商务局）综合执法大队内设综合股和3个执法中队。综合股负责大队文秘等行政事务；一中队负责矿山、节能、行政执法；二中队负责工业安全；三中队负责商务及其他行业安全。

毕节市七星关区中小微企业创业园管理办公室，为毕节市七星关区工业经济和能源局（商务局）下属副科级全额拨款事业单位，核定事业编制13名，编制结构为：管理人员3名，专业技术人员10名。领导职数：主任1名，副主任1名，内设综合股、业务股两个正股级机构。

毕节市七星关区工业能源信息技术服务中心，为毕节市七星关区工业经济和能源局（商务局）下属正股级全额拨款事业单位，编制15名，编制结构为：管理人员3名，专业技术人员12名。领导职数:主任1名、副主任3名。

毕节市七星关区节约能源办公室，为毕节市七星关区工业经济贸易和能源局（商务局）下属正股级全额拨款事业单位，核定事业编制5名，编制结构为：管理人员1名，专业技术人员4名。领导职数：主任1名，副主任1名。

毕节市七星关区国家粮食储备库，为毕节市七星关区工业经济和能源局（商务局）下属正股级自收自支事业单位，核定事业编制66名，编制结构为：管理人员14名，专业技术人员5名，工勤人员47名。领导职数：主任1名，副主任3名。撤销毕节市七星关区粮油交易中心，原核定的11名事业编制收回区编委办统一管理。

局收回出租楼层，将三楼装修开办职工食堂且于11月23日开餐。年末全局在职职工130人，退休105人，离休5人，遗属56人，国有企业13户。

【规模工业平稳增长】 大力实施“工业强区”战略，开展“适应新常态，问需于企业”活动，着力推进主导产业、新兴产业，扶持中小企业，努力打造工业经济新增长点。年内2000万元以上规模工业企业实现产值110.45亿元，同比增长0.4%；实现增加值62.52亿元，同比增长8.6%，占全年增加值目标任务69亿元的90.61%。

【积极推进工业项目】 全区入统项目82个，其中续建项目18个，新开工项目64个。总项目中投产62个，其中基本建设有夹岩水电站、经济开发区标准厂房建设项目37个；更新改造有毕节卷烟厂的技改、毕节大曲扩能改造项目25个。年内完成工业投资59.78亿元，占市政府下达任务47亿元的127.19%，其中七星关经济开发区完成工业投资13.92亿元，经开区以外完成投资45.8638亿元。以行业划分:基础设施完成投资26.66亿元；建材行业完成投资17.61亿元；煤炭行业完成投资3.44亿元；特色食品行业完成投资1.13亿元；电力行业完成投资1.42亿元其中；装备制造行业完成投资4.64亿元；烟酒业完成投资4.88亿元；编制的“十三五”《七星关区新型建材发展研究》《七星关区新型工业发展研究》两个课题报告通过专家组评审。

【联社抓服务重民生】 区城镇集体工业联社下属29户企业改制较早，导致职工财务资料流失，职工无法提供工龄依据，不能办退休手续，联社协商上报了《关于集体企业职工工龄认定的报告》，经社保部门同意，以职工档案记载工龄计算，解决了45名职工退休问题；对5019名职工档案，进行清理和归顺，为职工查阅档案提供方便；配合社保部门为1376名职工上调养老金；对11户企业和已终结的18户企业调查摸底上报，下属企业计有840名未参保职工，有17名困难复员退伍军人。为职工办理退休、医保等手续，提供城区内的一切服务。配合区相关部门完成饮料厂的征收补偿工作，指导该企业成立分配和监督小组，三榜公示《分配方案》后，提交职工大会讨论全票通过，在实施中，调解三起矛盾纠纷，该企业所获征收款648.67万元，全部安置职工。年内办理1054名职工退休、医保手续，接待来访人员132人次，化解6件信访案件。

【助推民营经济发展】 全面实施“工业百千万”“民营企业服务年”等工程，帮助“惠友”“天河”2户企业获省中小企业专项扶持资金60万元；做好40户企业申报“万户小老板”扶持工作，已有18户共获资金9.4

万元；为银行推荐企业54户，授信18户，授信金额4800万元，实际放贷企业两户230万元；建立“工业百千万”工程企业台账120户，民营企业台账103户，梳理企业反映问题63个，解决具体问题45个；组织能工巧匠、旅游商品设计作品、企业产品，参加贵州民族民间工艺品、文化产品博览会活动，2名选手获省能工巧匠决赛，7件旅游商品设计作品进入省决赛，其中两件作品分获省决赛包装设计一等奖、最具创意奖；组织3户企业和27件民族民间工艺品参加毕节市第九届旅发大会，会同商务组织3户酒企业参加中国（贵州）第五届国际酒类博览会，10户企业参加贵州省第二届创业博览会；着力提升企业管理能力，先后组织企业管理层101人参加贵州省“星光”培训班；帮助能工巧匠、民营经济人员完善职称申报。年内民营经济累计实现增加值105.84亿元（不含毕节经济开发区、双山新区梨树和岔河镇），实现民间投资101.48亿元，分别增长23.2%、24.48%；累计实现注册资本245亿元，全年新增注册资本62.9亿元，同比增长72.95%，占年度目标49亿元的128.37%；新增市场主体11504户，新增就业12490人。民营经济增加值146.44亿元，占GDP（288.82亿元）的比重50.7%。

【中小微企业阔步推进】 根据省、市发展民营经济的精神，已建成八个民营经济创业园：何官屯工业孵化园，已有9家企业入园创业，年内实现产值2690万元；牌坊中小企业创业园占地128亩，规划总投资2亿元，规划为电子商务、轻型物流、科技孵化等行业入驻，已建成7万平方米，完成投资1.8亿元，部分建设已完工；将原橡胶厂改建的五里坪中小微企业创业园，占地15亩，建设0.5万平方米厂房，有三家企业入住，解决就业人数40人，年内实现产值1300余万元；塘房中小微企业创业园占地37亩，规划总投资0.7亿元，规划4万平方米厂房，主要从事特色食品生产加工，年初，由“天河”“美莲”“正文”“乌蒙春烨”食品企业揭牌，目前正进行项目前期工作；清水铺、朱昌、撒拉溪、青场镇农民工创业园分别规划总投资为800万元，拟建3000万平方米，各完成投资800余万元，共有9家企业入园创业，年内共实现产值1510万元。

【安全生产出重拳】 认真落实“一岗双责”，推动企业安全生产“五落实”“五级全覆盖”，层层签订《安全目标责任书》。做到了横向到边，纵向到底的安全责任管理体系。充实调整了综合执法大队及一、二、三中队，成立矿山、工业行业、商贸园区、粮食、利群公司、综合六个工作组，安全生产工作做到“三同时”。开展“安全生产月”活动，挂安全生产标语，组织30人宣传方队，发资料200余份，指导民爆公司向市民宣传民爆知识。调解、处理煤矿、砂厂、商贸、采石场等的纠纷，维护社会稳定。强化煤矿、非煤矿山、民爆、园区、加油加气站、大型超市等行业的安全执法检查。年内共检查工业、商务企业315家，查出安全、地质、消防等隐患2053条，已整改2033条，整改率99%，其中非煤矿山110户，查出隐患489条，已整改481，整改率98%；检查煤矿143次，查出隐患1185条且全部整改；检查工业企业39户，其中规模以上的9家，规模以下18家，停产12家，查出隐患108条，整改落实103条，整改落实率95.4%；检查天然气公司1家，查出隐患3条且全部整改；检查民爆企业12家，查出隐患31条且全部责令整改；检查粮食系统7家，查出隐患48条且已整改；检查孵化园6家，查出隐患22条，已整改12条；检查超市3家，查出隐患11条且已整改；检查加油站33户，查出隐患264条，已整改262条，整改率99%；联合执法部门查处非法经营成品油四户三起，没收汽油、柴油分别2307.5和6500升。

【园区集聚取得成效】 完成扶贫生态移民工程，完成公租房一期、二期、金银山安置和公租房的主体工程及项目基础施工；开发区商业步行街建设项目交付使用；园区配套基础设施不断完善，整体形象不断提升。制订《七星关经济开发区“贵园信贷通”企业融资服务工作方案》，完成53家企业资料的收集、编制、信贷手续和三方协议签订等，切实帮助企业解决融资困难。全力推进新能源汽车、新型建材和特色食品、轻纺服装、电子科技的劳动密集型产业的发展。经济开发区完成固定资产投资46.6亿元，其中：基础设施23.9亿元，完成产业项目投资22.7亿元。完成工业总产值42.26亿元，工业增加值12.67亿元，实现税收1.154亿元，新增入住开工建设项目12个，实际到位资金8660万，其中“联尚”科技、“炬盛”照明、“瑞庆”新型墙体材料等5个项目建成投产，新增就业500余人。

【商务发展活市场】 积极协助推进“万丰”“万象”“浙商”“创美”“新能源汽车”“石桥”等商贸城、会展中心、物流园区项目建设。对区内加油站证照、设施设备、安全管理进行逐一排查，做好成品油零售经营批准证书年检和成品油零售经营许可证书的换证工作。向市、省商务部门申报“沃尔玛”“爱民”购物广场等十余项重点投资项目。牵头组织开展全区大型批发市场、集贸市场、大型超市、成品油市场专项整治，进一步规范了市场流通秩序。全年完成社会消费品零售总额103.66亿元，完成目标任务92.6亿元的111.94%，其中限上企业完成60.949亿元，增速为12.2%。全区完成进出口贸易1.723亿美元，完成目标任务4亿美元的43.075%，其中进、出口贸易分别为0.0845亿和1.6385亿美元。

【既抓煤矿更抓安全】 全区有煤矿28个，年设计产能369万吨。正常生产有杨家湾、瑞兴、先明、大梨树、大树、宝黔6个煤矿，年设计产能84万吨。在生产中做到“先抽后采、先抽后掘”，督促煤矿按采掘接续、瓦斯抽采、探放水“三项”计划，报批后方可生产。明确专人对产量、瓦斯、掘进、探放水等监控，提高采煤、掘进、运输机械化程度。年内有4个集团公司对我区煤矿兼并重组，已取得主体资格确认，《实施方案》已获批复，区内煤矿已全部进入集团公司。在元旦、春节、“两会”、清明、“五一”、“端午”、“9·3”、中秋、国庆期间对各煤矿进行安全生产大检查，参加6月16日“安全生产月”宣传咨询日活动。共开展煤矿安全检查151矿·次，参加检查执法560人·次，下达现场处理决定书137份，整改复查验收15矿·次，对企业专项服务5次，检查隐患或问题且已整改1244条，整改率100%。年内原煤生产85.2万吨，市内销售68.6万吨，发生顶板事故一次死亡1人。

【节能降耗促环保】 促进毕节明钧玻璃有限公司低温余热发电项目的生产正常运行，使该公司环保脱硝设施项目建成投入使用；组织申报赛德水泥有限公司的余热发电节能项目资金的申报，以及该公司固定资产投资入统工作；积极配合相关部门帮助东华新能源的搬迁及剩余化工产品的安全处置；完成杨家湾、对坡先明两煤矿工业渣场建设，协调毕节热电苗子田工业渣场项目前期手续，力争2016年开工建设；完成重点能耗企业前三季度能耗统计，能耗同比略有下降，余热发电节约标煤2800余吨。年内能源消耗总量约126.31万吨标准煤，完成工业增加值62.52亿元，万元工业增加值能耗为2.02吨标准煤。

【信息通信显著推进】 七星关区完成通信业务总收入10.1亿元，占全年任务10亿元的101%；电子制造业产值为5494万元，占全年任务5000万元的110%；软件和信息技术服务收入7666万元，占全年任务6500的118%；广播电视业务收入4519.5万元，占全年任务5000的90.4%；呼叫中心（服务外包）1000坐席的工作正在进行招商引资。

【开展资源综合利用】 为三家资源综合利用企业申报了专项资金补助，指导毕节市水泥厂和毕节市长泰源节能建材有限公司资源综合利用续认工作，走访辖区内利用“三废”资源为原料生产的企业，鼓励企业积极扩大投资，申报资源综合利用资格，宣传和推广资源综合利用，对于节约资源、改善环境、提高经济效益带来的优势，实现资源优化配置和可持续发展。按照区政府清洁生产《实施方案》，督促水泥企业进行清洁生产审核验收工作，协调“赛德”等四家企业加入省资源综合利用协会。

【强化国资监管】 加大对固定

资产清理，完成区国有企业的资产摸底调查和局机关资产清理，报送机关单位经营性资产剥离方案及相关资料；按照国有资产处置的相关规定和程序，对普宜、层台、朱昌、对坡、城关粮油、利群公司资产处置、租赁进行监督；到海丰机械、水务公司调查企业经营情况，调查结果报送区政府；办理原轻工局职工住房产权转让、过户手续；参加区政府对原欣兴食品厂资产的重新认定，及时掌握企业情况，更好地为企业服务。

【管好手中粮油】 启动投资600万元集储备、加工、物流为一体的长春粮站综合市场；根据《毕节市储备粮管理办法》和七星关区人民政府一届（23）次常务会议纪要精神，由市拍卖公司拍卖2500吨区级储备粮；完成粮食仓储设施、库存、夏季普查、区级储备粮轮换等专项调查工作；年内新增粮食供应点14个，实现区内粮食供应点52个，确保镇、乡、社区有粮食供应点；完成三个粮油应急加工网点和8万亩订单农业种植计划以及建设25个粮油供应点，培育粮食品牌企业3个；组织五个企业27个产品参加贵州省第二届粮油精品展示交易会，在粮食科技周开展食品宣传，发宣传资料600份，全区2万余吨储备粮实现“四无”仓储。

【党风建设常抓不懈】 印发《关于开展“三严三实”专题教育，整治“为官不为”深化干部作风建设的实施方案》，6月8日召开工能局“三严三实”、整治“为官不为”动员会，专项整治“四风”突出问题，开展整改落实“回头看”工作；按要求由党组书记上党课，组织春节慰问困难职工，发慰问金1500元；组织选派8名干部到杨家湾、龙场镇分任第一书记或开展同步小康驻村工作；帮助龙场镇解决荒山绿化工程资金三万元，资助该镇安顶小学五万完成操场硬化，为黄金、元岩两村解决三万余元帮扶资金；为杨家湾镇战坡村、营盘村购置两万元的电脑、打印机、电视机及办公桌椅；提高发展党员质量，年内转正预备党员、发展预备党员各一名，培养积极分子4名，接转组织关系18人，收缴上交党费38684元；在建党94周年会上，表彰15名优秀党员，推选两名同志为道德模范；选派文艺骨干参加区宣传、文化部门送戏下乡、拥军优属等公益活动。

【工业行业有序管理】 根据毕节市工能明电〔2015〕57号通知，对淘汰落后产能的灵丰水泥厂的拆除作调查核实，政府补贴资金用于安置职工和拆除设备；对金河化工高污染企业，已停产整改；东华新能源公司在停产和搬迁中未发生安全事故；建材企业已由高耗能向节能环保方向发展，水泥生产全部实现干法旋窑生产；食品和白酒企业已由小而散，发展为向园区聚集，规模壮大，质量稳步提高；年内产水泥140万吨，玻璃350万平方米，混凝土150万立方米，蒸汽砖产值1500万元；继续协调未完工乡镇“通村油路”水泥调运，供应秩序良好，满足“通村油路”建设的供应；配合执法队开展化工、装备、消费品和原材料生产企业的安全检查工作，确保企业安全生产；对冶金、化工、有色、建材等行业情况摸底调查，协助开展“工业百千万”工程调查建档。

【做好信访维稳工作】 完善工能局《信访工作制度》，充实信访力量，共有三人搞信访工作，参加区信访局组织信访培训，配备信息管理员；每月一次信访情况归纳、梳理，坚持“要事先办、急事急办、特事特办”的原则，对信访较复杂的问题，局领导与信访人进行交流沟通，妥善处理信访问题，维护信访人的合法权益。做到包保到位、化解到位、稳控到位，杜绝越级访、群体访。同时，做好干部年度考核、完善第二轮事业单位岗位设置，以及全局干部工资调整、养老保险、退休人员报批等相关工作。年内接来信14件，来访18批次，处理率达100%，让来访群众感到满意。

（撰稿人：蔡　华）

市郊供电

【概述】 2015年，毕节市郊供电局深入贯彻中共十八大、十八届三中、四中、五中全会精神及习近平总书记系列讲话精神，认真落实毕节供电局和七星关区委区政府的工作部署，坚持稳中求进的工作总基调，主动适应新常态，从严规范管理，夯实管理基础，抓好安全生产、经营管理、创先工作、电网建设、队伍建设、党建及党风廉政建设，较好地完成各项指标任务。安全生产形势平稳，未发生突破全年安全目标的人身、电网、设备事故事件。电网建设固定资产投资3542万元，完成年度计划的138.36%。完成售电量9.12亿千瓦时，同比增长5.24%。综合线损率8.50%，同比降低0.1个百分点。平均售电单价597.28元/千千瓦时，同比上升0.91元/千千瓦时，比年计划高1.78元/千千瓦时。电费回收率99.95%，同比下降0.05个百分点。单位供电成本85元/千千瓦时，完成年度计划，同比上升0.03元/千千瓦时。客户平均停电时间34.52小时/户，同比下降4.06小时/户。客户满意度得分75分，同比提升3分。

【安全生产稳中向好】 以体系建设为抓手，强化安全基础管理。通过管理标准的执行和表单的应用，提升员工对体系建设的知晓和认同，规范员工作业行为，降低安全风险。落实春、秋季安全检查闭环管理要求，自查发现问题108项、市局抽查发现问题13项、省公司抽查发现问题3项，已全部整改。加强风险管控，推进反违章治理。根据各级人员到位标准，落实“四到位”管理要求。对374个施工现场进行风险管控和违章纠察，查出一般违章99项，严重违章3项，对违章行为纳入绩效考核；检查班组36个，发现问题30项，指导整改30项；组织供电所开展反违章交叉检查，查出问题304项，整改300项，4项因设备原因暂不能整改，整改率为98%；配合市局反违章交叉检查，查出问题184项，整改178项，6项因设备原因暂不能整改，整改率为97%，通过现场风险管控和反违章交叉检查，有效防范了人身事故安全风险。加强涉电安全隐患排查治理。深入开展“打非治违”专项行动，加大安全隐患和装置性违章的排查和整治，查出违章建筑隐患789处，下达隐患通知书789份，督促整改21处；排查装置性违章隐患3项，整改3项；在公路杆塔张贴防撞标识2100张，在鱼塘、河流、人员活动频繁地段悬挂标牌1470块。通过反违章和安全隐患排查治理，有效遏制了农触事件的发生。提升应急管理能力。制订各类事故应急预案和保电处置方案，启动青场供电所“5·8”洪灾造成电力设施严重受损事件应急响应，完成抢修复电工作。圆满完成抗战胜利70周年活动、上级领导赴毕调研等保供电任务44次，保电工作得到市局及地方政府的肯定。设备管理取得实效。编制配网GIS系统基础管理方案，严把设备异动关，图实相符率达到95%；在输变电领域全面应用移动作业平台并在配网上逐步推广；加大科技投入，在8条10千伏线路上安装了故障定位装置，有效缩短故障查找时间。定期开展设备巡视，完成防雷预试及定检工作。加大树障清理力度，10千伏线路通道砍树13180株，低压清理变台528个；35千伏、10千伏线路跳闸同比分别降低10.52%和15.70%。生产管理评价多次在分县局排名靠前。有序推进调控一体化建设，各项工作走在县局前列；12月初，头步巡维中心按调控一体化模式运作。提前布置主配网迎峰度冬工作，落实各项应对措施。

【经营管理成效显著】 努力增供扩销。主动服务“5个100工程”和园区建设，对315千伏安及以上大客户进行走访调查，积极组织负荷生产。为成贵高铁、双山职教城、毕龙高速等政府重点工程用电开通绿色通道。加强电价执行情况检查。规范1805户居商混用客户电价执行不到位问题，按实际用电负荷提取商业用电电量，追回价差损失1.02万元。加强电费回收。无跨年陈欠电费，对欠费客户及专变用户严格执行预购电制，对欠费客户采取上门催收或张贴欠费通知等形式进行催缴，开展1户欠费客户法律诉讼工作，年度电费回收率完成目标。持续开展降损工作。加强配网整治和综合停电管理，严格抄表例日，加强零电量管理和加大用电检查力度。10千伏及以下综合线损率完成9.8%，同比下降0.78个百分点。17个供电所综合线损均没有超15%，无综合线损率超25%的公变台区。积极应用科技手段管理线损，配变TTU共计安装2283台，投运终端1272台，在线1021台，已覆盖

12个供电所；负控投运终端762台，在线494台。受江天、明钧玻璃厂等企业余热发电及政府环保相关政策关停部分厂矿等因素影响，在大工业用电量同比下滑5.99%的情况下，超额完成市局下达的线损指标。着力开展反违规治理。检查营销样本140256个，查出问题3938个，进行全面整改。对计量故障、窃电、用电检查开展电量电费追补，全年共追补电量321.16万千瓦时，追补电费198.97万元。执纪问责2起，对相关责任人进行处理。业扩报装施工队私拉乱接违规4起，对施工单位进行处罚，并限期整改；业扩违规收取工时费2起，已勒令清退；违规收取线路迁改费用1起，对责任人进行考核。对小金库治理常抓不懈，下发毕节市郊供电局监察建议书。局党总支书记对各供电所所长、副所长开展集体约谈。组织签订《南方电网公司业扩报装从业人员廉洁承诺书》，对照业扩报装标准对供电所开展全面检查，梳理存在问题，形成7宗问题清单，督促进行整改落实。客户满意度提升成效明显。建立客户全方位服务“三项机制”，制订客户满意度提升工作方案。针对110千伏清水、35千伏野角、田坝、朱昌、双山变严重过载问题，组织召开专题会，提出具体解决方案并予以落实。编制2015年自筹检修技改项目实施计划，检修项目投资238万元，技改项目投资1184万元。10千伏线路新增23个布点分割负荷；将35千伏林口变1号主变更换为有载调压变压器，解决林口片区电压偏低问题；安装35千伏普宜变1号主变，解决普宜片区冬季负荷问题。在春节前后走访力帆骏马有限公司、3家水泥厂、15家煤矿，了解客户生产情况、用电需求及服务建议。组织供电所开展“3·15”宣传及6月份节能宣传，共发放宣传资料32230份，对供电所VIP客户进行确认并进行走访。开展供电所营业厅检查；开展客户节能诊断服务5户，指导客户解决无功就地补偿问题。加强内控管理。修订生产费用管理办法、劳动纪律管理办法等制度。2015年后续审计反馈问题3项，已全部整改。认真落实降本增效要求，接待、会议、差旅、办公费用同比分别下降58.14%、6.24%、2.41%、0.28%。推进依法治企。加大普法宣传力度，提高员工法治意识。充分发挥法务在依法经营、依法决策中的作用，积极推进法治文化创建工作，为毕节供电局县级供电企业全面开展法治文化建设摸索探路。绩效管理深入开展。以关键指标、重点任务管控为主线，按月对指标和重点任务完成情况进行考评，与组织绩效工资挂钩联动。将绩效工资决策权交由部门和车间、供电所进行切块分配。

【基建管理扎实推进】 加强规划计划管理。完成“十三五”农网、配电网规划。配合完成220千伏归化变新建、官屯2#主变扩建、成贵铁路牵引站线路接入和110千伏小坝2#主变扩建工程、110千伏瓢井变至110千伏大屯变线路联络前期工作，开展35千伏生机、35千伏对坡变新建、35千伏野角变2#主变扩建工程的建设前期工作，拟报2016年配网工程项目。电网建设有序推进。开工建设110千伏及以下项目11个，总投资3542万元。35千伏田坝变#2变、35千伏朱昌变#2变扩建项目竣工投运。10千伏长白一、二回线路建成投运，缩短长春片区的供电半径。2014年10千伏及以下电网建设项目全面竣工并完成结算。小型基建有序开展。生产调度综合楼建成投入使用；积极开展长春、小坝、对坡供电所生产业务用房的前期工作。物资管理稳步提升。落实物资管理要求，一级物资需求计划准确率达99%；急救包库存周转率达81%；按照网、省、市三级要求，全面完成账外物资清理及再利用工作。完成海子街、何官屯、朱昌3个供电所急救包的规范化建设。

【队伍建设不断夯实】 优化人力资源配置。积极开展员工组聘竞聘工作，着力解决人岗不对应历史遗留问题，为优秀人才脱颖而出提供机会。培训评价强基固本。全年开展31个培训项目61期培训班，参加培训人数565人，在岗培训4323人次，在岗培训41868学时，员工培训积分达标率99.11%；组织职称申报，19人通过考评，2人通过公司技师鉴定考评，1人获聘；组织技能岗位249人参加技能岗位胜任力评价非晋级考试，合格239人；

50人参加技能岗位胜任力评价晋级考试，合格31人。推进人才培养。通过“牵手共促、支部联建”和青年人才培养工程等方式，促进干部人才培养。1名副科级干部获提拔交流；鼓励员工积极参加竞聘，为市局输送了3名95598接线岗位人员。组织1期公文筐知识集中培训班，开展3期室外拓展培训；开展每天早上八点半“道德讲堂”和“人人上讲台活动”，青年员工75人次走上讲台和大家分享了自己的成长历程，感恩、尽责、担当、忠诚和专业知识等，组织了4次员工成长座谈，107人次参与了座谈会；发动青年员工积极投稿，共上稿149篇；6个兴趣小组的实践课题均已结题。

【党建党廉全面加强】　加强党建基础管理。强化学习教育，通过中心组学习、政治学习等方式，深入宣贯中共十八届五中全会精神及《中国共产党廉洁自律准则》《中国共产党纪律处分条例》等党纪。扎实开展“三严三实”专题教育，落实不严不实问题整改清单。重新调整供电所支部及党小组，确保“每周一学”在党支部和党小组真正落地。召开党员领导干部民主生活会，认真落实党员领导干部双重组织生活，严格执行“三会一课”、党务公开、党员民主评议等制度。深化“三个满意”品牌，打造服务型党组织建设，确保党建融入中心服务大局。承接“牵手共促”，“技能提升”加速人才成长，“支部联建”促进调控一体化建设和推动创先，“驻所帮扶”促进供电所管理提升。新闻宣传再上新台阶。在各类媒体上稿453篇，其中在省公司以上网站、报刊上稿257篇；上稿数量和积分在市局各总支（支部）名列前茅。工会工作有声有色。以海子街、何官屯等供电所争创“幸福南网——职工小家”为契机，改善供电所工作生活环境，落实职工活动室、职工书屋、职工食堂等场所，逐步解决职工洗澡问题。海子街供电所荣获南方电网公司“幸福南网——职工小家”荣誉称号。以“三建一推”为主线，抓好职工技术创新，推动五小成果应用；积极组队参加市局举办的文体活动和技能比武，取得优异成绩。参加毕节供电局职工才艺秀展示、气排球比赛和国庆歌咏比赛，均获一等奖；参加毕节供电局配网综合和变电运检理论知识两项竞赛，配网综合荣获团体一等奖，变电运检理论知识竞赛荣获团体二等奖。共青团发挥生力军作用。积极推广使用“幸福南网”微信平台，开展“文化进班所、榜样面对面”“榜样力量，悦动青春”等主题活动；巩固海子街、何官屯供电所班组文化建设，继续深化道德讲堂活动，扩大影响和员工参与度，深化员工辅导活动，持续提升团青工作活力。落实党风廉政建设“两个责任”。加强制度建设和廉洁教育，充实纪检监察力量，加强权力的监督和制约，加强案件查办，针对市局转办和举报的撒拉溪、长春供电所违纪问题，进行调查并立案处理；强检企联建。扎实开展巡视整改。结合中央巡视组巡视南方电网公司反馈的情况，全局梳理问题39项，整改39项；市局党委第三巡视组对我局开展专项巡视，反馈问题11个，已全部整改；在市局巡视期间，未发生任何举报事项。深化“两个创建”工作。在局本部二楼打造廉洁文化长廊，不断丰富县级供电企业廉洁文化创建内容，供电所“廉洁高效、为民服务”回头看工作全面落实，顺利通过检查考评。

一年来，七星关区委、区政府的领导下，在全局干部员工的共同努力下，各项工作取得了良好成绩。局荣获贵州电网有限责任公司“2014—2015年度优秀企业”称号，海子街供电所荣获南方电网公司“模范职工小家”、贵州电网有限责任公司“我最喜爱的供电所”“我最喜爱的明星供电所”称号；电力调度控制中心荣获贵州电网有限责任公司“2015年度安全生产先进集体”称号。涌现一批先进个人，李发亮获贵州省“先进工作者”荣誉称号、被南方电网公司授予个人三等功，张丽琼获贵州电网有限责任公司“2015年度安全生产先进个人”称号。

（撰稿人：办公室）

德溪新区

【概述】　德溪新区位于七星关城区东部，与老城区中心相隔2.5公里，东至化肥厂沿观音河延伸，西与区行政中心相接，北与观音桥办事处接壤，南接贵毕路。南北长5公里，东西宽4公里，涉及市东办事处、流仓桥办事处、鸭池镇的8个村，规划面积13平方公里。新区规划定位为交通物流、商贸、旅游、生态园林城区，划分为商贸金融、现代物流、体育运动、生态宜居、科技文化、中心绿地六大组图，设计容纳人口12万—15万人。按照新区控制性规划，区内建设涉及道路25条50余公里，大小桥梁21座，河道13公里（其中观音河3.4公里），排污管道25公里，沿河景观绿化70万平方米。预计总投资为50亿元，计划建设工期五年。

【项目建设工作】 2015年以来，德溪公司在区委、区政府的正确领导下，在开源（集团）公司的关心指导下，坚持以邓小平理论、“三个代表”重要思想和十八大精神为指导，深入贯彻落实科学发展观，积极应对各种问题，战胜了重重困难，稳步推进德溪新区项目建设，较好地完成了各项目标和任务。强化措施，切实增强项目建设管理服务水平，积极解决各种问题，稳步推进续建项目建设。在资金不足、任务重、困难多的情况下，我们统一思想，认真抓好项目管理，督促项目建设，大部分项目按照年初计划稳步推进，少部分项目由于资金、征地拆迁等原因推进较缓。但是，不管遇到什么困难，我们都不畏难退缩，积极协调解决问题，将安全生产管理深入到每一个项目建设，落实责任，狠抓安全生产工作；同时，我们进一步严格地遵照相关法律法规，促进工程建设程序化、规范化，严格要求施工单位必须按合同约定，在确保安全和质量的基础上抢抓进度，严格要求监理单位实施监理细则，保障工程施工满足合符规范设计要求；严格落实党风廉政建设，确保工程建设高效廉洁、有序推进。具体情况如下：

（一）竣工项目

1．一号大桥（德溪大桥）：2015年4月底，完成桥面铺装、通讯电力、排水系统等工作，实现通车目标；10月底全面完成涂装作业、夜景照明及景观工程施工，并竣工验收。完成投资26000万元。

2．五号路K0+580-K0+876段：五号路总长917.6米，宽40米；总投资3700万元。K0+580-K0+876段（即梁才学校门口这一段）已竣工验收，完成投资1000万元。K0+000—K0+580段因征地拆迁影响还未实施，因原施工单位申请甩项，区政府已同意施工单位甩项申请，未实施部分采取以EPC模式建设，已实施部分的工程量根据审计审定价为最终工程造价清算。

3．毕节市老年体育活动中心：总投资9526万元，已全部完工。

（二）在建项目

1．百里杜鹃安置房（一标、二标）：总投资13200万元，安置房主体及内外装饰、小区道路、绿化已完工，电力工程正在施工中。

2．肖家院安置房（一期）：总投资11990万元，主体工程已完工，装饰工程完成90%，附属工程施工中。

3．流仓安置房（一期）:总投资12870万元，小区主体修建完毕，装饰工程完成95%，绿化、电力等也在施工中。

4．甘海子安置房（一期）：总投资9998万元，1—5号楼因电力迁改和边坡治理停工未建，6—14号楼已全部完工。

5．肖家院安置房（二期）：总投资25000万元，2015年11月启动，共9栋楼，建筑面积137282.86平方米，正在进行地勘工作。

6．毕节市倒天河综合治理三期工程流仓桥至路家桥段景观工程（含景观一标、景观二标、观景广场、七桥、两坝等）

观景广场、七座景观人行桥、两座钢坝已完工；景观工程一二标即在建的德溪公园，项目总面积250000平方米，投资总计16941.54万元。目前，完成投资10000万元。

7．三号路：总长2962.559米、宽40米，计划投资13919万元，分四个标段施工。三号路一标长470米，宽40米，投资3058万元，三号路三标和四标还未实施，三号路二标长1207米，与五号路等打捆建设。

8．经十一路和纬十三路二标段：经十一路长235.25米、宽20米，纬十三路二标段长960米、宽25米；投资共3737万元。

9．流仓业务用房：投资574万元，完成80%。

10．朱昌泰丰园办公用房：投资4000万元，已完成70%。

11．河道清淤工程：3.62公里河道清淤，投资2000万元，完成20%。

（三）拟建项目

1．三号路二标+五号路西段+纬九路+经十二路二标：三号路二标长1207米；五号路西段长580米，宽40米；纬九路长682米，宽20米；经十二路二标长约900米，宽25米，与同在房开公司开发地块内，目前，正在商谈合作模式，投资约15000万元。

2．二号路延伸段：长940米、宽43米，总投资3952万元。

3．四号路南北段：南段长1979.494米，宽43米，投资10889万元；北段长1035米，宽43米，投资5700万元。

4．百里杜鹃大道东段，长1034.646米，宽40米，总投资3704万元。

5．后河小学（第四实验学校）：建筑面积约13833.95平方米，建设内容为教学楼、操场、篮球场、足球场、停车场等，投资预算暂为7064万元。

6．德溪小学：建筑面积约21317.89平方米，建设内容为教学楼、操场、球场等，投资预算5411万元。

2015年，公司项目建设共计完成投资88955万元。其中，地标性建筑德溪大桥竣工通车，有力地缩短了德溪新区和碧海新区的距离；安置房及其他路网项目建设稳步推进，

2016年，将重点实施的项目有：肖家院安置房二期、百里杜鹃大道、经十一路和纬十三路二标段、三号路一标段、三号路二标段+五号路西段+纬九路+经十二路二标（EPC）、二号路延伸段、纬一路三标、经十路、四号路大桥、德溪公园、朱昌苗木超市、后河小学、德溪小学等。

【征地拆迁工作】　深入群众，积极配合区征补局、各乡镇办事处做好征地拆迁等服务工作，为项目建设提供良好环境。征地拆迁直接涉及群众最关心、最切实的利益，所以，做好群众工作是做好征地拆迁工作的基础，坚持“耐心、细心、暖心”，认真解决征地拆迁涉及的各类问题。首先，德溪公司拆迁工作人员与区房屋征收管理局、德溪街道办事处、碧阳街道办事处和鸭池镇配合，深入群众处理矛盾纠纷，听取群众诉求，耐心地做解释与动员工作，并及时向领导进行汇报，听取指导意见。其次，严格按照标准，公平公正地对农户的青苗、堡坎、鱼塘等做好丈量登记，细心计算每个数据，认真核对每户金额，确保将每笔补偿款准确无误地发放到群众手中，绝不让老百姓吃亏。第三，安排专人将杜鹃、肖家院、甘海子、流仓四个安置点的房源信息情况基本摸清，为回迁安置工作奠定基础。

【融资工作】　公司紧抓机遇，积极协调农发行、贵阳银行、证券公司等机构进行融资，为新区建设争取资金保障。2011年至今，公司共计完成融资任务226940万元，其中2015年融资到位47000万元。2015年以来，正在进行的融资项目有5个，融资金额718722.46万元。

【安全生产工作】　落实责任，狠抓安全生产工作。在市、区安监部门和各级建设行政主管部门的关心指导下，公司每年年初都会与参建单位签订《建筑施工现场文明书》《安全生产责任书》，并积极开展安全大巡查，大检查专项行动等，本年度所承建各项工程施工安全生产形势总体呈零事故，落实安全生产责任制，强化安全生产管理，安全生产效果明显。

【党风廉政工作】　公司以党的群众路线教育实践活动为契机，认真开展三严三实等活动，持续展开党风廉政建设。作风建设是“决战贫困、提速赶超、同步小康”的重要保障，要抓好重点项目、加速城镇开发、创新产业建设，这要求公司有过强的思想素质，过硬的作风，所以，紧紧围绕陈志刚书记提出的“治僵促思想解放、治庸促干事创业、治懒促勤政为民、治浮促求真务实、治散促风清气正”的要求，大力开展“三严三实”专题教育，积极配合市区检察机关做好项目建设廉政工作，打造一支业务水准高、思想作风强的队伍，努力营造与时俱进、开拓创新的良好氛围。

（撰稿人：办公室）

碧海新区建设投资有限责任公司

【概述】 碧海新区建设是毕节市委、市政府、七星关区委、区政府为实现“双百”城市建设目标，进一步加快城市建设步伐而采取的重要战略措施。2015年，碧海新区建设投资有限责任公司紧紧围绕服务工程建设的宗旨，认真落实“提质、提速、提效”工作要求，以融资为中心、建设为核心、管理为手段，进一步解放思想、抢抓机遇、开拓创新，拓宽融资渠道，加强项目投资建设与管理等工作，进一步加快碧海新区建设步伐。在区委、区政府的领导下，在开源（集团）公司的指导下，在区直各部门的支持下，公司各项工作取得了一定成效，为七星关区经济工作奠定了坚实基础。

【党风廉政及反腐败】 认真落实党风廉政建设责任制，强化党风廉政建设主体责任和监督责任；明确一把手为反腐倡廉工作第一责任人，班子成员认真履行“一岗双责”。严格执行党风廉政“一票否决”办法，严格执行中央八项规定和省、市十项规定，坚决整治“四风”方面的突出问题，深入开展党风廉政教育工作。

【安全生产】 安全生产历来是公司工作的重中之重，在区委、政府领导及开源（集团）公司的指导下，本着“以人为本、安全发展”的理念抓安全，与承建方签订安全生产责任书，将安全生产目标任务层层落实。明确法人为第一责任人，加强周巡查、旬督导、月通报、季检查管理；要求施工方对于新招的职工按要求进行安全教育，积极组织学习上级相关文件精神，每天在开工之前进行安全教育、安全交底后再上岗，并做好交底记录。在雨季等特殊时期，及时向施工方下发相关文件并督促其做好安全防范工作，做到有备无患。2015年未发生一起安全事故，公司安全生产工作在全区获二等奖。

【党的群众路线教育实践活动及依法治理】 认真按照区委教育实践活动领导小组及区委第十督导组要求，成立领导小组并明确专人负责，按时完成了各阶段工作任务。

加强依法治理工作，2015年深入开展普法宣传教育活动3次，组织参与政府依法征收工作2次，组织参加学法用法网络学习考试并做好“法制创建”工作。

【应急管理及信访】 成立领导小组并制订相关应急预案，明确1名领导分管应急工作，严格落实应急值守制度，节假日均安排员工留守值班。严格按照年初与区委、区政府签订的年度目标责任书要求，做好涉及公司来信来访事项的处理，及时化解矛盾纠纷。2015年，到区信访大厅接访2次并圆满解决相关诉求，公司无干部职工进京非访和到省群体上访，未发生被省、市有关部门督办或通报批评等情况。

【档案管理】 公司专门设立档案室，并由专人负责档案的搜集、整理、归档等工作，新区各项工程建设相关资料均严格按规定保存。

【人口与计生】 做好妇女员工及员工家属的妇检工作，每季度妇检1次，长效避孕节育措施落实率达100%。

【多彩贵州文明行动及环境保护】 认真做好办公区域环境卫生整治工作，成立了整脏治乱工作领导小组，制定了工作计划，认真检查部室卫生并做好相关记录，每季度按时上报工作小结。严格执行国家环保法律法规和相关的环保政策，认真落实环境保护“三同时”（即建设项目中防治污染措施与主体工程同时设计、同时施工、同时投产使用）制度。在项目建设中对环境污染采取有效防治措施，防止污水、辐射、噪声、粉尘、固体废物等污染环境。2015年，共建成污水处理厂3个并投入运行。

【固定资产投资】 “十二五”期间累计完成固定资产投资40.97亿元（其中碧海公司38亿元，益民公司2.97亿元）；2015年累计完成投资17.2亿元（其中碧海公司16.9亿元，益民公司0.3亿元）。

【项目工程建设及管理】 各项

工程开工后，公司派驻现场管理人员驻守施工现场，严格按照履职履责管理办法，对项目质量、安全、进度等重要环节进行控制，强化合同管理与信息管理，努力协调设计、监理、施工等相关单位，规范工程施工现场管理。在工程建设工作中，根据年初制定的目标绩效考核标准及办法，公司承建的各项工程圆满完成了各项目标：

1．海子街污水处理厂工程：按设计内容完成项目建设，已正式投入运行。

2．小坝污水处理厂工程：按设计内容完成项目建设，已正式投入运行。

3．污水处理二期工程：按设计内容完成项目建设，已正式投入运行。

4．碧海新区至德溪新区道路：按设计全部完成施工，隧道已双向通车。

5．黔西北产业园区A区1号路：完成道路施工并投入使用。

6．海坝大道高新产业园区段（延伸段）：按设计内容完成建设并投入使用，现已完成竣工验收，正进行工程竣工决算。

7．海坝大道：按设计内容完成建设并投入使用，现已完成竣工验收，正进行工程竣工决算。

8．发展路、常青路一期路网工程：常青路前800米已完工，后600米正进行土石方开挖。发展路路基土石方已完成，管网工作已完成。

9．市东办事处龙山廉租房项目工程（含安置房工程）：按设计内容完成建设并投入使用，廉租房住房部分已移交区房产局，廉租房商业部分移交手续正在办理中；安置房按设计内容完成建设并回迁完毕。

10．观水路道路工程（K0+000-K1+400段）；完成路基土石方开挖1400米，管网工程1200m。

11．毕节市碧海路：道路长11.4公里，宽43米。按设计内容完成并投入使用，目前正准备组织竣工验收工作。

12．碧海新区一号安置区（1—6、10—12单元）：1—6单元场平工程完成，10—12单元场平完成80%，地勘工作已完成，现正进行边坡施工。

13．碧海新区二号安置区（5—7单元）：已完成场平工程、施工图设计工作，已进行基础施工。

14．碧海新区三号地块安置房：主体、砌体工程已完成，现已进入装饰工程施工。

15．碧海新区五号地块安置房：主体、砌体工程已完成，现进入装饰工程施工。

16．碧海新区六号地块安置房：完成1—4单元主体工程完成至标准层十一层，14—16单元、21—24单元完成地勘工作，正在进行施工图设计。

17．海坝大道1、4号安置房：主体工程、装饰装修工程施工完成；正在进行收房工作。

【其他工作】 成立了毕节市七星关区碧海同心资产运营有限责任公司、毕节市恒宇物业管理有限公司和毕节市恒兴装饰有限公司，在有效实现碧海新区范围内国有资产保值增值的同时，利用这一平台，实现融资主体的有效转嫁，为今后公司项目融资工作做好准备。

（撰稿人：办公室）

城乡建设·环保

住房和城乡建设

【概述】 2015年，七星关区住房和城乡建设局广大干部职工在区委、区政府的正确领导下，在上级业务部门的关心指导下，以邓小平理论、“三个代表”重要思想、科学发展观、十八大精神为指导，以教育实践活动为指南，深入学习贯彻中共十八届三中、四中全会和习近平总书记系列重要讲话精神，贯彻落实国发2号文件精神，紧紧围绕全面建成小康社会的总体目标和年初确定的各项工作任务，坚定信心，真抓实干，抢抓机遇，创新发展，不断加大城镇化建设力度，服务全区经济建设，进一步提高城镇化建设水平，较好地完成了区委、区政府及上级业务主管部门下达的各项工作目标任务，使区城乡建设事业向着又好、又快、更好、更快的方向前进了一大步。

【城区基础设施建设继续加强，城市功能不断完善】 七星关区以市政基础设施项目建设为抓手，大力发展新区扩容建设带动旧城改造战略，2015年城市建设项目共计65个，目前动工61个，总投资约160亿元，2015年预计完成投资约20亿元，目前已完成投资约10.01亿元。1．道路建设。七星关区路网建设共27个项目，总投资共92亿元，今年完成投资3.55亿元，道路总长85公里，2015年新启动路网建设项目4个，分别是观水路二标段、德溪新区四号路（隧道）工程、观一路（一标）、B区路（汇通三、汇通四），完成投资3400万元。2．市政基础设施建设。污水管网：新建污水管网47千米。污水处理厂建设：杨家湾污水处理工程、撒拉溪污水处理工程，计划完工时间2015年02月，现已全部完工，投入试运营。鸭池污水处理厂、小吉场镇污水处理厂、青场污水处理厂、清水铺污水处理厂、燕子口污水处理厂计划于2015年12月底全面竣工。垃圾卫生填埋场：七星关区第二生活垃圾卫生填埋场位于毕节市七星关区鸭池镇与岔河镇交界处的哥儿代丘，占地310亩，总投资11939万元，服务年限共计10年，建设工期18个月，年内完成主体工程，基本达到存放垃圾的条件，现已完成工程投资6850万元。电力系统：纬十三路35千伏电力迁改工程，现已完成工程量的40%，完成投资200万元。3．城市绿化。新增绿地：景观绿化项目2个，共0.4平方公里，总投资8345万元，现完成95%，完成投资7000万元。4．安置房建设。安置房项目共26个，总投资56亿元，现完成投资17.64亿元，今年完成投资4.24亿元。5．其他项目。一是双河口水库建设工程。工程总投资15485.59万元，工程建设周期计划18个月。前期工作已经完成，其中项目建议书（毕市发改农经〔2012〕211号）、可行性研究报告（毕市发改农经〔2012〕212号）、初步设计（毕市发改农经〔2014〕540号）均已获得相关批复；14个专题均已完成并获得批复。目前完成土石方开挖4000多方，完成工程投资约1500万元。二是白鹭岛云鹤楼工程建筑面积9437平方米，总投资约7150万元，同心城市公园于2015年9月1日开工建设，目前工程进展顺利，现完成投资2000万元。三是桂花市场工程现正在做桩基浇筑工作。6．项目完成情况。建成万丰国际商贸城、远航七星万象城、浙江商贸城、毕节小商品综合批发市场等项目二期工程以及创美农副产品批发市场、黔西北农产品批发市场。

【小城镇建设进一步推广，带动效益明显加强】 七星关区以示范小城镇为典型，按照"功能分区、布局合理"的要求，以"四小""六型"为建设方向，结合当地实际，认真开展29个建制乡总体规划编制；以"8+X"项目为建设主线，围绕至2013年全面建成小康社会的目标，我区以示范镇为重点，建立8+X项目台账，按时向市住房和城乡建设局汇报。逐步推进深化除城市规划区外的29个乡镇特色小城镇建设工作，不断完善和提升新老镇区基础设施和公共服务设施水平，2015年，我区共计划实施小城镇建设项目284个（8个示范镇计划实施105个，其他小城镇计划实施179个），动工214个（8个示范镇动工86个，其他小城镇动工128个），完工项目90个（8个示范镇完工46个，其他小城镇完工44个），共计完成投资101113.74万元（8个示范镇完成57651.29万元，其他小城镇完成43462.45万元）。

1．2015年项目完成情况。2015年新增道路15.5公里，完成投资16921万元；改扩建道路7.365公里，累计完成投资1775万元；全区小城镇计划实施房屋建设现在已全部完工1119栋，累计完成投资34021.5万元；2015年，全区共实施特色小城镇基础市政设施建设项目45个，完工25个，累计完成投资10119万元，其中示范小城镇完成投资4815.2万元；全区共实施特色小城镇公共服务设施建设项目51个，完工21个，共计完成投资14743.6万元，（示范小城镇完成投资7869.6万元）；全区累计实施小城镇绿化、亮化、美化、小公园（广场修建工程）项目44个，完工项目24个，完成投资3766.4万元，其中，示范镇完成投资2136.4万元；区加快产业发展项目建设进程，开展农村超市、农产品基地等项目建设，共实施项目9个，完工项目5个，完成投资13364.5万元。

2．扩大资金来源，提高城镇经济社会吸引力。招商引资方面：

引资和融资作为推动特色小城镇建设中的强大推手，区委、区政府历来非常重视，2015年，一是全区8个示范小城镇共完成招商引资签约资金达110043万元。引资规模和实际到位资金较为理想，超额完成任务指标。其他社会经济发展方面：七星关区进一步加快小城镇城镇化水平，经济社会指标得到了快速发展，2015年，一是8个示范小城镇实现新增城镇人口4399人，二是8个示范镇实现新增城镇就业人口3428人，三是8个示范镇实现新增企业（个体工商户）336家（青场、清水铺镇完成50家，其他6个示范小城镇新增286家）。城镇化水平较上年大幅提高。

【加强建筑行业监管力度，服务功能进一步增强】 2015年施工企业资质办理情况：七星关区原有建筑施工企业8家，其中二级施工企业3家，三级施工企业5家，根据省、市关于安全生产达标相关文件精神，均积极开展达标工作。半年来，我局新办理的建筑施工企业共有9家，其中房建三级企业有四家，专业承包三级企业有四家，劳务分包企业有一家。以上企业办理安全生产许可证的资料及相关人员证件资料正在积极筹备中。目前登记申办的企业有8家，其中毕节市乾义劳务有限公司、贵州毕节太平建筑有限公司、贵州隆耀建筑工程有限公司、贵州恒福建筑工程有限公司相关资料已经准备齐全正在网上审批中。

【建筑工程质量监管工作】 2015年，局质监站共办理了注册登记项目共计100个，建筑面积135.07万平方米；办理了竣工备案29个。受监工程质量合格率达100%，工程监督覆盖率达100%，图审合格率达100%，备案率达100%，所有注册与备案手续均经政务中心流转。积极认真贯彻上级在各个时期的业务工作指导文件，并结合我区建设工程特点逐步健全完善工程质量管理制度，如针对政府招商引资项目主动介入、先行监管。把质量终身责任制具体落实到参建责任单位和责任人，深入开展"质量月"活动，切实落实质量目标责任，并严格按照季度开展工程质量大检查，目前所有工程项目均尚未出现较大以上工程质量事故。

【建筑工程安全监督工作】 2015年，局所监督的项目工地目前均无重大安全隐患。主要针对区属在建22个项目工地，带领安监站开展了两会期间安全生产大检查、"打非治违"专项行动、汛期安全生产大检查、“整脏治乱”专项行动、建筑施工专项安全整治工作、节假日及重大政治活动期间安全专项检查、“六月安全月”等专项行动，查出一般隐患520余项，下发限期整改通知书30余份，停工整改通知书2份，认真贯彻落实上级安全生产相关文件，共转发上级文件约50份，贯彻落实了全国、全省、全市及区相关安全生产电视电话会议精神，于2月份对区属所有在建工程节后复工进行安全评价、复工检查，评价合格、检查达到复工条件的准许其复工，现在区属所有在建工程大部分已复工生产；根据“三创一建办”及上级相关部门安排部署，以“文明施工”为标准，在区属范围内积极开展了整脏治乱专项行动工作，对文明施工较差的项目下达限期整改通知书，并派专人督促整改，以期达到“整脏治乱”预期目标。

【建筑节能工作】 一是全面执行国家、省新型墙体材料政策的相关规定，大力推广应用新型墙体材料，进一步巩固“禁实”工作成果；二是严格竣工验收备案，全面执行国家建筑节能标准，新建居住建筑与公共建筑都进行了节能设计与施工，完成值100%，完成市区41个项目，乡镇20个项目竣工备案工作；三是严格执行《贵州省新型墙体材料专项基金征收使用管理办法》的规定，做好墙材专项基金的征收和管理工作，十二五期间共征收新墙革基金1203590元、返还2146231元，形成基金318204元；四是建了信息平台，并将工作流程序、相关法律、法规置于平台，以供服务对象学习和监督。对备案认定资料实行一次性补证告知。

（撰稿人：办公室）

房产事业

【概述】 2015年度在区委、区政府的领导下，房产局紧紧围绕“强市升位，跨越发展、加快转型，加速发展，推动跨越，后发赶超”的总体目标要求，坚持科学发展观，提升行政效能，强化服务意识，优化发展思路，创新工作举措，以增强干部执行力为重点，以全面完成目标任务为核心，加强领导，严格管理，热情服务，扎实推进各项目标任务工作的开展。

【房地产市场】 房地产开发固定资产投资已达40亿元，已提前完成全年的目标任务。预计年底能达到52亿，与去年相比基本持平。住宅、商业、办公等销售面积共72万平方，预计年底能达到90万平方米，综合价按照4100元每平方米计算，销售额将达到36.9亿元，与去年持平。2015年，共办理商品房转移登记1159件，面积132532.85平方米，交易金额20171.68万元。办理二手房登记373件，面积43824.05平方米，交易金额5887.8万元。二手房市场已经成为一个不可忽视的存在。从价格的节节攀升，到交易量的持续增长，二手房已经纳入了越来越多老百姓置业的考虑范围。2015年共办理抵押登记4771件，面积644120平方米，抵押金额187995万元。对市场融资起到一定的推动作用，为各行各业所需资金周转增加了渠道。

【住房保障】 2015年七星关区保障性住房目标任务为新开工建设7487套（其中3000套为棚户区改造），基本建成2405套。截至目前，其中新建公租房4487套已全部开工，其中2015年七星关区保障性住房目标任务为新开工建设7487套（其中3000套为棚户区改造）。基本建成2413套，分配入住2771套（公租房744户，城区棚户区改造77户，廉租房1950户），超额完成全年分配入住任务7.8%。发放租赁补贴2221户，2015年新增483户，累计发放租赁补贴254万元。正一步一步把住有所居落到实处，统筹做好保障和改善民生工作。

【档案管理】 健全档案机构和组织，完善档案规章制度，实现档案管理现代化，规范化和科学化，同时做好档案查阅工作，方便广大群众查阅。2015年累计查阅档案8760人次。

（撰稿人：桂　洋）

城乡规划

【概述】 2015年，毕节市七星关区城乡规划局紧紧围绕区委、政府安排的重点工作，坚持以科学规划引领城镇建设，积极推进城市规划控规整合，进一步优化和拓展城市发展空间，科学布局城市基础设施和公共服务设施，努力开展创建“四在农家 美丽乡村”工作，着力开展城市规划区住房困难群众的危房原址原面积改建工作，加大规划执法力度，依法严厉打击违法建设 确保城市建设和管理规范有序。

【规划编制工作】 1. 指导青场镇完成总规修编。2. 实施控规整合。为优化统筹公共服务设施布局及规模，明确城市发展的战略方向与空间格局，以更好地推进七星关区的发展与建设，对七星关区既有的控规进行整合。3. 全面推进“四在农家美丽乡村”创建规划。根据区委政府安排，结合“四在农家美丽乡村”“普及型、小康型、示范型”三种类型的创建工作，2015年12月底前完成138个村庄规划设计。

【城市综合体建设】 毕节市七星关区城乡规划局牵头负责的远航七星万象城项目位于德溪新区内（碧阳大道北侧），工程建设投资23亿元左右，建筑面积74.63万平方米，计划于2018年全面建成。2015年以来完成投资2亿元，占年度计划的36.4%，完成施工建设面积5413.38平方米。

【进一步完善报建审批制度，加强批后监管】 不断完善报建项目审批责任制，从制度建设上把住“六个关口”，即把住报建项目选址关，建设用地规划许可证核发关、建设工程报建关、建设工程设计方案审定关、建设工程规划许可证核发关、建设工程放线验线督促检查和竣工验收关，杜绝违法审批，违规审批。截至目前，共核发《建设项目选址意见书》223份，建设项目选址用地面积3904103平方米；建设用地规划许可证250份；许可用地面积3727438平方米；建设工程规划许可证261份，许可建筑面积2948758平方米；核发建设工程竣工规划认可证39份，竣工认可面积1148592平方米；许可道路6.613千米，桥梁4座，输配水管网46.352千米。

【加强跟踪管理】 加强对规划审批后工程的跟踪管理，随时对建设工程进行核查，认真核准建设情况与项目批准内容是否相符，从年初到现在，共跟踪检测在建项目91个，检测出未按施工图修建的项目16个，下发跟踪检测整改通知书16份，已整改完毕的建设项目10个。

【开展规划法律法规宣传活动】 张贴打击违法建设宣传画1500余张，同时在各乡镇街道规划执法车辆上安装宣传喇叭，在工作时间和双息日不间断地宣传《中华人民共和国城乡规划法》，通过多种形式宣传规划法律法规知识，得到了广大群众的支持和信任，把违法建设行为消除在萌芽状态，营造了全区上下共同参与打击违法建设，优化市容环境的良好氛围。

【加强规划执法】 截至目前，共拆除违法建设894起61303.01平方米，震慑了违法建设行为，促进了我区城镇建设依法、规范有序推进，营造了良好的城市发展环境。

【切实开展个人建房的审批工作】 按照七星府办通〔2012〕1号和七星府办通〔2013〕108号文件精神，对宅基地建房实行分类管理，严格审查建房条件，严格个人建房审批程序，截至目前，共审批个人建房34户3500平方米，切实解决城区村（居）民住房实际困难。

【开展专项清理】 严格规划方案的审查审批，涉及变更规划的一律上区专家委员会，巩固专项治理成果，从源头上防止和制止腐败现象的发生，避免违规变更规划、调整容积率问题的出现。

【深入推进党风廉政建设】 层层签订了党风廉政目标责任书，紧紧围绕局的中心工作，坚持标本兼治、综合治理、惩防并举、注重预防的方针，建立健全教育、制度、监督并重制度和惩治预防的体系，大兴求真务实之风。结合实际，把学习习近平总书记十八大以来一系列重要讲话精神同开展反腐倡廉建设专题学习讨论结合起来，加强对党员干部党性党风党纪方面的教育，做到了党风廉政建设常讲不懈、常抓不懈、警钟长鸣。

【加强信访维稳工作】 成立信访领导小组，由专人负责信访工作，建立台账制度，进一步消化和解决各类信访矛盾，截至目前，已受理信访案件17件，办结16件，使信访人的合理诉求得到解决。

【认真完成提案、议案的办理】 一直把认真做好人大建议，政协提案落实到日常工作中，把解决群众关心的热点、难点问题放在第一位，把建议、提案办理当作为老百姓谋利益，让群众满意的实事来抓。到目前为止，共办结市政协提案4件，区人大建议3件。

【深入开展党建扶贫和干部驻村工作】 按照区委和组织部的安排，深入开展党建扶贫和干部驻村工作，派驻3人到局帮扶联系点八寨镇开展驻村工作，派2名同志分别到普宜镇和龙场镇开展扶贫工作，现共投入帮扶经费24万余元。

【做好常规工作】 按照年初目标考核体系，切实开展统一战线、人口和计划生育、机关发展开型党组织建设、档案管理、政务服务、依法治理、综治及禁毒、网站动态信息、政务信息、保密、多彩贵州文明行动、招商引资等工作。

【采取的主要措施】 1. 积极配合市规划局推进城市规划控规整合，进一步优化和拓展城市发展空间。本次控规整合范围东至双山新区及毕节经济开发区，南以杭瑞毕威高速为界、西至长春堡镇、北至环北高速，整合面积约为120平方公里。后由市规划局负责开展此项工作，我局已积极配合市规划局开展地形图测绘、收集资料及调研等大量的工作。2. “四在农家·美丽乡村”规划设计。12月底前完成138个村庄规划设计，因时间紧、任务重，现已委托4家规划设计单位进场开展规划设计工作，并明确一名副科级领导负责联系规划设计单位，局领导班子划片负责规划设计的督查工作，确保在规定的时间内完成任务。3. 加大打击违法建设力度，逐步达到违法建设零增长目标。按照区委、政府《查处和控制新增违法建设工作实施意见》的要求，采取乡镇街道属地管理，有关部门协调配合，查违办日常巡查督查、考核督办的方式，加大违法建设打击力度，使全区控制新增违法建设工作始终处于平稳态势，没有出现大的波动。4. 积极探索建立完善城市规划区住房困难群众住房保障机制。对城市规划区住房困难问题，局正在积极探索建立完善城市规划区住房困难群众住房保障机制，将适当放宽建房申请条件。5. 配合相关单位抓好推进倒天河环境综合治理工作，确保河道两旁无违法建设产生。

【取得的主要成绩】 1. 强化规划技术服务中心技术支撑作用。自2013年录聘技术人员成立技术服务中心后，加强对规划审批后工程的跟踪管理，随时对建设工程进行核查，认真核准建设情况与项目批准内容是否相符，从年初到现在，共跟踪检测在建项目91个，检测出未按施工图修建的项目16个，下发跟踪检测整改通知书16份，已整改完毕的建设项目10个，如不按要求整改，停止办理一切规划手续，使其发现问题及时改正，既保证了规划建设的严肃性，又避免了待项目建成后再来整改的困难。加强批后管理工作，将技术服务与行政执法相对分离，强化技术服务，切实解决技术业务人员不足及裁判员与运动员混为一体的问题，在有效规范了城乡规划管理的同时，有效从源头防治违规行为，切实保护干部职工认真履职和投资商合法诉求。2. 加强规划执法。按照《毕节市七星关区严厉查处和控制新增违法建设工作实施意见》，建立查处和控制新增违法建设长效管理机制。成立由区政府分管领导为办公室主任的毕节市七星关区查处违法建设工作协调领导小组办公室，考核督查全区各乡镇街道控制新增违法建设工作，对违法建设重点区域及各职能部门履职情况进行重点督查，凡被区查违办发现一起（含一起）以上新增违法建设的乡镇办事处实行挂牌管理并下发督办通知书，在10日内未拆除的，给予该乡镇街道主要领导、分管领导、包片（村、社区）副科级领导黄色预警，20日内未拆除的，上升为红色预警直至组织处理。截至目前，共拆除894起61303.01平方米，震慑了违法建设行为，促进了我区城镇建设依法、规范有序推进，营造了良好的城市发展环境。继续加大源头治理力度，多管齐下，多措并举，在各乡镇街道安排专人驻厂，在几个进出城方向安排专人设卡，从建筑材料的源头和运输渠道进行控管，从源头上杜绝修建违法建设的物质条件，从根本上防止违法建设的产生。

（撰稿人：办公室）

房屋征收

【概述】 2015年，是七星关区"十二五"规划建设收官之年，房屋征收工作在区委、区政府的高度重视与坚强领导下，紧紧围绕"依法征收、阳光征收、和谐征收"的原则，全面贯彻十八大精神，落实科学发展观，依法规范房屋征收补偿工作的各项规程，积极服务七星关区经济发展大局，全局上下齐心协力，圆满完成各项工作任务。

【正在组织实施房屋征收项目】 目前，七星关区实施房屋征收工程建设新老项目共34个，涉及征收户数7262户，面积1086199.45平方米。截止到2015年9月底，已完成征收户数4969户，完成68.42%；征收面积687292.21平方米，完成63.27%。预计年底累计可完成征收6200户近850000平方米。目前，已基本完成创美农贸批发市场、成贵铁路、南部新区2号路北段及部分项目房屋征收扫尾工作，确保市、区重点项目的推进。

【城市棚户区改造工作】 七星关区城市棚改工作有序推进，截至目前，已提前完成2015年城棚改任务。从2011年开始实施至今，已完成各年下达任务共8801户1173735.26平方米，共获得中央补助资金38433万元（其中棚改资金32627万元、基础设施配套资金5806万元），省级补助资金1222万元，区级补助资金193929.48万元。2015年七星关区城棚改任务3000户，实际完成3007户，征收面积360987.2平方米；采用货币化补偿的有751户，产权调换的有2249户4028套；获得中央补助资金10773万元（其中棚改资金6837万元、基础设施配套资金3936万元）、区级配套资金16261.22万元。

【重点项目完成情况】 1. 全面完成成贵铁路房屋征收工作，完成签约365户，签约面积41805.33平方米，确保成贵铁路七星关区段顺利施工。2. 全面推动城区交通综合治理项目房屋征收工作，完成签约531户。其中，人民剧场片区城市道路和棚户区改造项目签约492户，怡景大道签约39户，黔西北商贸城完成2户房屋丈量。

【积极探索房屋征收安置方式】 针对安置房建设进度滞后，房租普遍上涨，被征收人租房过渡困难等一系列问题，统筹全区安置房建设情况，充分发挥政府性项目和房开项目优势互补的作用，盘活政府闲置房源和购买周边合适商品房调整安置，加快回迁安置进度，着力减轻政府压力。结合项目实际，已达成协议有购买润丰铭城部分商品房安置鹅顶山隧道和毕纳路口立交桥建设项目，购买湖南商会安置阳山消防通道、草海一期综合环境整治项目、阳山综合环境整治项目，购买中鼎华城安置德溪片区融府地块及相邻地块，购买万晟安置德溪片区肖家院安置点等。

【积极创新抓政策，全力护航征收工作】 1. 经过几年房屋征收政策的摸索，结合全区实际，牢牢把握"政府可承受、农民可接受、发展可持续"的三可原则，制定出台一系列符合上级要求、切合本区实际、贴近群众意愿、更有利于征收工作具体操作的房屋征收补偿政策，切实做到有政策可依据、有政策可操作，使整个征收补偿工作程序细化、精化，让大家知道"做什么""怎么做"，依法有效地推进项目的组织实施，将"依法征收、阳光征收、和谐征收"的工作理念具体化。2. 严格执行来信来访登记接待制度。在征收方案征求意见过程中，共收到来访电话咨询40例，书面意见21份。意见主要集中在补偿价格和补偿程序。对于来访者，热情接待，对其反映的问题认真做好记录，能及时答复和解决的及时解决，不能及时解决的在事后梳理总结，通过部门讨论会、区政府会议等形式征求各方建议意见，并将有关合理意见在征收补偿实施方案修改中补充完善，及时予以公布。3. 根据全区深化"项目清零”专项行动工作方案，狠抓政策处理工作，分期推进该项工作。年初，跟踪征收补偿决定情况，与各项目剩余被征收户主继续协商签订协议，截至目前，完成3000户被征收户的协议签订工作。善用房屋征收补偿决定这一工作程序，松动被征收户心理设防，形成征收压力，时时跟进天河古环路项目2户的思想动态，整理补偿决定材料，上报区政府并作出房屋征收补偿决定。

（撰稿人：办公室）

环境保护

【概述】 七星关区环境保护局是七星关区人民政府主管全区环境保护工作的行政职能部门，科级建制。内设办公室、业务股，下属环境监察大队、环境监测站、环境工程技术评估中心、辐射环境监理所、环境监察大队、环境突发事件应急中心、污染减排办公室。全局共有干部职工66人（含离退休），本科以上学历的32人，研究生3人。2015年，七星关区环境保护工作在区委、区政府的正确领导及市环保局的精心指导下，认真贯彻落实国家各项环保法律法规及规章制度，结合开展“国家级模范城市”创建活动，全面加强环境保护工作，突出污染治理、环保基础设施建设、生态环境保护、解决区域突出环境问题等重点工作，加大力度，狠抓落实，全区环境质量不断改善，污染物减排工作稳步推进，环境质量总体保持稳定，环境保护工作整体水平进一步提高。获得全区机关年度考评二等奖，为全区经济发展和社会进步做出了较大贡献。

【切实做好集中式饮用水水源地污染防治及环境管理】 一是完成了倒天河水库、利民水库基本情况调查和环境现状检查，并将两库的调查报告及倒天河的核查整改报告递交了上级环保部门；同时完成青场镇大鱼洞、清水铺镇老道山木匠沟饮用水水源污染防治工程，总共投资18万元，项目已经竣工验收；二是按照年初省、市、区人民政府层层签订的目标责任书要求，结合省环保厅《关于开展1000人以上集中式饮用水水源保护区划分工作的通知》安排，组织开展区1000人以上集中式饮用水水源保护区划分工作，并完成了86个《毕节市七星关区1000人以上集中式饮用水水源保护区划分方案》，并委托贵州中佳检测中心有限公司实施监测。同时监督其每月准时上报30个镇乡集镇饮用水水源监测报告，确保集镇饮用水水质安全。目前，城区集中式饮用水源水质达标率保持在100%。三是强力推进综合治理。水方面。充分发挥监测站的监测能力，实施全区30个集镇饮用水源水质监测工作，组织相关部门对区已投运的污水处理厂进行专项检查，并填写《城镇污水处理厂污泥处理处置情况调查表》呈报上级环保部门。收集并提供区饮用水源、赤水河、六冲河及其支流的水质情况资料，工业企业污染物排放及治理情况资料，一般工业废物、危险废物的处置等资料汇编《七星关区“十三五”环境保护规划》。大气方面。按照《大气污染防治目标责任书》要求，建成水泥、火电等重点源污染治理设施，全区4家机动车环保检验机构三家建成投运，机动车“黄绿标”管理覆盖率达100%，督促毕节卷烟厂20T燃煤锅炉附属设及毕节地区力帆骏马振兴车辆有限公司4T燃煤锅炉完成拆除工作。城区空气质量好于二级以上天数达到规定要求。噪音方面。完成全区噪声功能区划定和调整，优化区噪声敏感区管理，以每年的中高考、公务员考试、事业单位考试期间和夜间为重点，加强交通、建筑施工、工业企业、KTV娱乐场所等企业噪声污染防治，确保全区环境质量良好。固废方面。正在运行医疗废物处置中心1个，实施炼锌废渣集中治理，规范工业固体废弃物渣场标准化建设，通过集中处置、转移处置的方式，区生活垃圾无害化处理率达到100%，医疗危险废物处置率90%以上，规模化养殖场粪便综合利用率100%。四是排污费收缴情况。2015年度，区排污费缴费入库391.14万元。其中：煤炭排污费入库金额17.25万元，污水排污费入库金额31.45万元，废气排污费入库金额335.30万元，建筑工地超标噪声入库金额7.14万元。

【全力推进污染减排工作】 一是督促区国控、省控重点排污单位每月上报主要污染物减排月报台账，同时按照国控重点监控企业实行在线监控设施第三方运行的原则，已将区金河化工、赛德水泥厂、毕节市水泥厂在线监控设施的移交及委托第三方运行工作。2015年度，毕节市污水处理厂共削减化学需氧量（COD）6055.43吨。削减氨氮561.25吨，全区7个镇乡污水处理厂实现削减COD662.7吨，氨氮74.27吨；二是督促鸭池镇、清水铺镇、青场镇、燕子口镇、小吉场镇污水处理厂的建设，目前，除鸭池镇污水处理厂正进行项目施工招投标外，其余四个镇乡污水处理厂均已实质性开工。三是加大对辖区内重点减排企业单位的督查力度。对重点减排企业单位进行不定期的督察，完善中控系统及在线历史曲线系统，确保我区污染减排工作的指标达到国际减排要求。

【严格实施环评规划项目审批】 根据新修订的《中华人民共和国环境保护法》，严把项目审批关，坚决兑现“七项承诺”，坚持有保有压。把污染物排放总量指标作为区域和企业发展的前提条件，对于新增污染物排放总量的建设项目必须实行总量置换，确保区域总量不增加。2015年度，共审批项目186个，（报告书25个，报告表56个，登记表105个），受理环保咨询业务共262个，其中：属于上级环保部门审批的16个，咨询审批的246个，实际审批186个。共出具环境影响评价执行标准11个，环境影响报告书预审意见1个。对选址不合理41个项目要求另行选址。

【环境监察、监测能力建设】 环境监测方面，根据贵州省环境保护厅《关于印发〈2015年环境监测能力建设工作推进方案〉的通知》文件精神，2015年完成实验室自认定、环境监测技术人员持证上岗考核、实验室资质认定评审，环境监测站标准化建设于2015年12月通过省环保厅达标验收。目前七星关区环境监测站具备水和废水（含大气降水）38项、环境空气和废气10项、环境噪声4项监测能力。根据文件收费标准和七星关区工业、企业发展水平，预计每年可为工业、企业提供委托监测50次左右。环境监察方面，七星关区环境监察大队已通过三级达标验收，2015年，按照国控重点污染源每月不少于1次，一般污染源每季度不少于1次的要求进行监管；共督促辖区内110家排污单位进行申报，共计征收排污费390余万元；查处环境信访案件11件，污染纠纷153件；共查处违法排污企业19家，共处罚金170.4万元；2015年共查处自然保护区内未批先建项目2个，共处罚金2万元；对环保部2个审批项目及省环保厅审批16个项目进行“三同时”执行情况检查，对1个挂牌督办项目进行督促检查并按时摘牌。

【积极推进农村环境整治项目各项工作】 一是加大农村环境综合整治力度。2015年，落实实施农村环境综合整治项目治资金共计255万元，主要为海子街镇擦枪岩村农村环境综合整治项目投资50万元，现土建部分已竣工待验收，垃圾设备采购到位，共拨付工程款20余万元；大新桥街道办事处魏家屯村、大坡村和天生桥村农村环境综合整治项目总投资180万元（其中魏家屯村100万元、大坡村60万元、天生桥村20万元），目前项目已完成工程量的70%左右；累计拨付工程款50余万元，预计今年3月底全面竣工；杨家湾镇戛木营村和朱昌镇王家冲村专项整治资金分别为15万元和10万元。目前，两个村除垃圾收运设备采购中外，其他整治项目实施方案已经编制完成。二是积极申报农村环境综合整治项目资金。2015年，申报中央农村环境综合整治项目补助资金2932万元，拟对亮岩、林口、团结、清水铺、八寨、朱昌、阴底及碧海街道办事处8个镇乡办进行农村环境整治，相关资料已呈报上级相关部门。

【环境宣传教育】 利用召开各种工作会议、“6·5”世界环境日、“12·4”法制宣传日等重大节日活动广泛开展环保法规知识宣传。发放《环境保护主管部门实施查封、扣押办法》《企业事业单位环境信息公开办法》《绿色家装小知识》《低碳生活50问》等共计1240余份。现场接待咨询七十余人次，接待市民现场投诉、维权，查处办理十余起。

（撰稿人：向　前）

天河风景名胜区管理

【概述】 天河风景名胜区位于七星关城区西北部，与城区相连，为西南—东北走向的带状地域，西起魏家屯，东至沙帽山，南起灵峰山，北至弯腰树村，总面积38.9平方千米。区域内包括纱帽山公园、小河景区、北镇关公园（红军山）、天河古城、虎踞山公园等主题公园（景区）。天河风景名胜区管理处为副县级全额拨款的事业单位，下设党政办公室、景区管理科、规划建设科、风景资源监察大队及沙帽山公园管理所等机构。2015年景区规划和景区建设取得了新进展，景区维护和景区管理进入了新阶段，党建工作和精神文明建设实现了新突破，扎实开展了“党的群众路线教育实践”和“三严三实”活动。

【全力推进景区建设】 景区规划建设齐头并进。一是天河古城东环线道路工程。目前，天河古城东环线道路一期工程已完成桥梁基础工程、完成预应力钢筋及箱梁混凝土浇筑，完成桥梁预应力张拉，桥梁主体工程已完工进入面层和接口施工。完成道路土路基工程，毛路达到通车条件，完成环城绿化供水管和灌溉水渠的改造施工；本月完成一期上下挡土墙施工，完成一期路基土方开挖和石方回填。工程已累计完成投资约2000万元。同时，加强东环线道路工程“三控制一管理”工作；做好现场监管工作，跟踪落实计划，及时发现和解决问题；完成道路工程质量监督工作，收集相关材料完成资质备案。二是天河古城东环线安置房工程。目前两栋楼均已全面封顶进入室内装修阶段，已完成室内隔墙砌筑和弱电安装，完成附属排洪大沟工程，正在进行二次供水，供配电设施建设，墙面抹灰、门窗安装，附属挡土墙及广场工程施工。已累计完成投资约3200万元（含增项工程，附属工程和配套设施建设投资）。同时，完成安置房的质监、安监、消防等备案及防雷等检测工作。三是六洞桥至天河公园前大门段排污沟维修工程。启动并完成六洞桥至天河公园前大门段排污沟维修工程，并保证了汛期施工安全，全面治理了该段排污沟对倒天河河道的污染。四是天河古城风貌改造三期工程。启动天河古城风貌改造三期工程。完成施工图设计和审查，以及施工图预算编制及送审，同步完善古城风貌改造三期工程初步设计及可行性研究报告，现阶段已正式进入施工。五是北镇关三号步道北段工程。完成北镇关三号步道北段主园路和次园路青石板铺装，正在进行栏杆等收尾工程施工。六是省级风景名胜区申报工作。完成向区人民政府、市人民政府、省人民政府逐级上报申报省级风景名胜区报告，现省政府已批转省住建厅办理后续申报工作。目前已进入审批阶段，与市住建局、区规划局，以及设计单位积极对接申报方案，审定后将按程序报省住建厅。

【加强景区维护和管理】 一是健全管理机构、提高管理水平。科学制定利于景区管理各项规章制度，在工作中对人力合理分工，对物力和财力合理利用。同时，对景区管理服务人员有目的、有计划地进行业务知识和工作技能培训，并进行了岗位人员调整，景区服务质量有明显提高。

二是加强宣传报道，提高景区知名度。管理处建立处宣传工作领导小组，落实了各项宣传工作任务。继续以《中华人民共和国风景名胜区条例》《贵州省风景名胜区条例》《毕节市风景名胜区公园安全管理办法》等为重点，组织保安保洁工作人员集中学习2次。采取多种宣传形式。利用宣传车宣传景区保护相关法律法规及森林防火有关知识内容20次，发放宣传资料2000余份，张贴宣传标语60余条。三是加强景区管理，树立保护观念。加强对保安队伍管理。根据工作表现，更换了保安公司。进一步完善相关制度，实行规范化、制度化的正常管理，维护了公园的良好治安秩序。加强对保洁队伍管理。认真落实保洁工作制度，强化区域管理，严格兑现奖惩，确保管理区域无卫生死角，创造了良好的健身娱乐环境。加强对景区自然资源管理。按照风景名胜区管理条例的规定，加大宣传力度，禁止在景区内开山采石，砍伐林木等，有效保护景区内自然资源。加强对景区设施管理。实行全天候巡逻制度。发现设施损坏情况，落实责任追究，并及时组织人员修复。一年来，没有发生如何安全事故。加强防火防汛管理。在森林防火期间，认真落实相关部门的工作安排，加强设点检查和林区巡逻，杜绝林区用火，防止森林火灾的发生。在汛期到来前，加强对安全隐患的排查，及时排除不安全因素。我们组织人员在公路和步道清理土石10多处，处理翻根大树10余棵，确保了车辆和行人安全。

【不断加强党的建设】 扎实开展“三严三实”整治“为官不为”活动，继续开展“群众路线教育实践活动”，党建工作落到实处、充满活力、富有成效。一是加强支部建设，严格党的组织生活，丰富“三会一课”内容。2015年来召开了2次党员大会，12次支部委员会，党员集中学习20次，上党课2次。按时上缴党费。二是落实党风廉政建设责任制，层层签订党风廉政建设责任书，把党风廉政建设作为硬措施、硬任务，始终放在心上、紧紧抓在手上，形成反腐倡廉的整体合力。对管理处领导班子和党员干部在工作时间或公共场所打麻将以及遵守工作纪律情况进行明察暗访。干部职工未发生一起违法、违规事件。三是认真做好党务公开工作，及时更新党务公开栏，定期在民生监管平台上传需要进行公开的工程进度报告及通知公告，充分发扬党内民主，加强党内监督，自觉接受人民群众监督，让权力在阳关下运行。四是主要领导亲自前往联系点10余次，督导软弱涣散基层党组织的整改，对大新桥街道办事处大坡村党支部建设提出了建设性的意见和建议，帮助该支部实现管理民主、财务规范、群众认可。五是选派思想素质高、工作能力强的三人前往大新桥街道办事处小河村以及殷官村、天生桥村开展干部驻村工作，积极为群众排忧解难，化解矛盾纠纷，促进农村经济发展。六是认真组织单位人员到鸭池镇开展遍访贫困户工作。共走访贫困户200余户，实现户户见面，详细了解，并将搜集到的资料录入电脑系统。七是精心组织开展留守儿童帮扶活动。按照大新桥办事处安排对五名留守儿童进行一对一的帮扶，通过走访，送慰问品，交心谈心，帮助与其父母联系，一起过特殊纪念日等形式，为留守儿童的健康成长注入正能量。

【其他工作】 一是抓好宣传工作。组织开展中国特色社会主义和中国梦的宣传教育，组织实施“明礼知耻·崇德向善”主题教育活动，着力抓好对外宣传，报送宣传信息75余条；舆情信息10条，网络舆情信息10条，报送网评文章2篇。元旦成功组织了全体干部职工登山运动。二是抓好人口与计生工作。建立健全单位职工、借聘用人员计生家庭档案，规范打印装订成册。单位女职工或男职工家属的重检对象妇检率为100%，无政策外生育。三是抓好档案管理工作。依据《中华人民共和国档案法》，建立完善各类档案管理制度。对2014年以前档案文件的大排查、大整理，将工作处理完备的文件、电子文档、实物等档案进入处档案室，档案室按程序处理档案，并及时向区档案馆报送档案。四是抓好干部考核工作。创新管理处干部职工“双考双评双挂钩”动态跟踪考核办法，实行科级干部和一般干部无差别化考核，完成干部职工四个季度考核，切实将考核结果运用到正副科级后备干部的考察推荐中。五是抓好政法综治工作。以平安建设为主题，坚持"打防结合、预防为主、专群结合、依靠群众"的方针，单位一把手亲自抓综治工作，与全处干部职工层层签订综治工作目标责任书，积极开展平安创建活动。进一步完善了我处突发事件应急预案体系，强化演练，针对景区实际做好应急预防工作，一年来来，景区内未发生一起突发事件，未造成人员伤亡。六是抓好信访维稳工作。落实岗位职责，实行全天开门接访。制定接待群众来访工作规则，切实规范接访流程，促进工作规范化。切实做好重要节点的群众（信访）工作排查防控，上半年妥善调查处理了因工程建设而产生的矛盾纠纷10余起。七是抓好保密工作。对照新修订《中华人民共和国保密法》，完善保密工作规则制度，建立健全本单位要害部门部位、涉密载体和涉密人员管理制度。建立单位涉密计算机等涉密办公设备、纸介质涉密载体、涉密信息系统和涉密人员台账。撰写保密信息2期。

（撰稿：办公室）

天河城建开发投资

【概述】 毕节市天河城建开发投资有限公司于2003年11月11日正式注册成立，注册资金1亿元。由毕节市七星关区人民政府直接领导，隶属于毕节市开源建设投资（集团）有限公司子公司。公司实行总经理负责制，按照法律法规和区委、政府的有关规定运作，依法开展项目投资和经营管理。

公司主要职能。作为城市基础设施建设的投融资主体，以筹集城建资金为任务，以资本运营为核心手段，盘活城建系统存量资产，对相关城建进行筹集、使用、管理；对城市建设项目进行策划、争取、融资、建设、运营和管理。

公司经营范围。城市基础设施建设、公益性项目建设、房地产开发（毕节市天厦房地产开发有限公司，毕节市恒升房地产开发有限公司）。

公司现有职工70人。设有总经理1名，副总经理6名，总经理助理2名。其中借用人员1名，实习期试用人员4名，临时工3名，兼职人员1名，房开公司聘用1人。

【部门及主要职责】 公司下设13个部门：行政办、财务部、技术工程部、投资开发部、人力资源部、安监办、产权办、物管办、回迁办、内审部、信访办、房开销售部、资产运营部；公司下属企业有毕节市天厦房地产开发有限公司，毕节市恒升房地产开发有限公司；物管办下属有天和物业管理有限公司。

行政办。为规范和管理好后勤管理工作，加强内部监督，形成合力，齐心协力助推公司发展，特制定行政办工作职责，具体如下：1．坚决服从领导安排，认真执行其工作指令，一切管理行为向主管领导和分管领导负责；2．严格执行公司规章制度，认真履行其工作职责；3．协助行政办主任完成公司行政事务工作及部门内部日常事务工作；4．协助起草、修订公司各项管理规章制度、进行日常行政工作的组织与管理；5．严格各项规章制度监督与执行；6．负责公司考勤考核管理工作；7．负责会务安排，做好会前准备、会议记录和会后内容整理工作；8．负责公司办公用品采购登记和发放、车辆维修管理、公务接待工作；9．做好材料收集、文书起草、公文制定等工作；10．负责登记管理好永久性和非永久性档案工作；11．负责收集和审核合同的登记工作；12．负责应急管理、党的建设、卫生计生、宣传和统战、档案、保密、帮扶、党风廉政建设、依法行政（司法诉讼）等工作。

财务部。1．认真贯彻执行国家有关的财务会计管理制度，建立健全财务管理的各种规章制度；2．负责公司日常财务核算，参与公司的经营管理根据公司资金运作情况，合理调配资金，确保公司资金正常运转；3．编制收支计划，编制公司的月、季、年度营业计划和财务计划，加强经营核算管理，反映、分析财务计划的执行情况，检查监督财务纪律；4．负责全公司各项财产的登记、核对、抽查的调拨，按规定计算折旧费用，负责公司现有资产管理工作，保证资产的资金安全；5．参与公司及各部门对外经济合同的签订工作，积极为企业经营管理服务，使企业取得较好的经济效益；6．负责国税、地税有关工作，合理分配企业收入，及时完成需要上交的税收，并合理筹划纳税；7．工程项目财务及成本处理，工程发包账务处理及成本计算（工程项目）计算及损益决算，预估成本协助作业及差异分析；8．经营报告资料编制。单元成本、标准成本协助建立。工资、效率奖金核算、年度预算资料汇总；9．收入有关单据审核及账务处理，各项费用支付审核及账务处理，应收账款帐务处理，总分类账、日记账等账簿处理，财务报表及会计科目明细表；10．统一发票自动报缴工作，营利事业所得税核算及申报工作，营、印花税工作及事务处理，资金预算，资产盘点；11．会计意见反映及督促；12．根据公司发展计划，负责项目融资；13．除法定的会计账册外，不得另立会计账册，对公司资产，不得以任何人名义开立账户存储；14．领导交办的其他工作。

技术工程部。1．做好详细《施工组织设计》的编报作；

2．做好《施工图设计图纸》的会审工作；3．配合计划合同部做好工程计量工作；4．做好控制点、水准点接收、复测、加密工作；

5．做好开竣工报告的编制工作；6．做好《变更设计》的编报工作；7．做好施工前技术交底，施工中技术指导工作；8．配合质量检验部做好“首件”施工技术及检验工作；9．配合质量检验部做好转序工作；10．配合质量检验部做好工程质量事故处理工作；

严格按照有关规定做好工程内业的收集整理归档工作。

回迁办。根据公司的年度工作安排，编制本部门的年度工作计划，并负责落实和执行。1．负责建立回迁工作的责任体系，做到分工明确，责任到位；2．负责对安置房回迁前各项准备工作的安排，牵头对接各部门做好回迁工作准备；3．负责拟草各安置点的回迁安置方案，报公司审批执行；4．负责报送各时期、各阶段的报表和工作总结；5．负责回迁中重大问题向公司领导汇报请示，接受检查和监督；6．负责回迁中产生的信访事件的解释答复；7．按规定完成领导交办的其它工作。

产权办。1．负责产权办公室各项工作；2．负责产权登记的审核工作；3．国有产权及资产接收的组织与协调工作；4．产权管理的受理、处置审核；5．负责国有产权的资产清查的组织与协调工作；6．管理产权办的工作档案。

安监办。1．在公司领导和上级安监部门的指导下，负责安监办全面工作；2．组织全办公室人员认真学习并宣传贯彻国家安全生产法律、法规、规章、国家标准、行业标准及安全生产方针政策，不断提高办公室人员的政治思想素质、业务技术水平，树立良好的工作作风；3．及时传达贯彻上级指示精神，并结合本办公室实际，积极开展安全生产监督管理工作；主持召开安全生产业务会，研究、决定重要事项；协助公司做好安全生产工作例会的组织工作；4．每月向上级安监部门书面报告一次公司安全生产情况，遇有重大事故隐患或涉及重大安全问题，应立即报告公司领导和上级安监部门；5．组织制定全公司安全生产中、长期规划，年（季）度工作计划和工作目标，及时检查总结贯彻落实情况；6．组织对公司所辖生产经营单位开展经常性的、全面的安全生产监督检查，及时了解、掌握辖区内生产经营单位的安全生产情况，依法依程序查处违法行为；指导、协调生产经营单位开展安全生产检查工作；7．协助生产经营单位做好安全事故抢险和应急救援工作，及时、准确报告和统计分析公司安全生产伤亡事故的情况，参与生产安全事故调查处理工作；8．完成公司领导和上级安监部门交办的其他工作。

内审部。1．负责贯彻执行上级颁发的有关工程审计方面的方针、政策、规定和各概（预）算定额及取费标准；2．负责本公司所有工程进度款拨付、结算的审计。工程的结算需报有关部门审定或裁定者，一律由内审部负责对外报批；3．在公司相关部门初步审核基础上，负责公司工程进度款拨付、工程竣工结算的统一管理工作；4．检查预算的执行情况，帮助解决预算执行过程中存在的问题。5．监督检查各项基建程序是否合规合法；6．配合审计过程中各相关部门工作；7．按时编报工程审计统计报表，定期向公司领导和上级审计部门汇报审计工作情况。

投资开发部。1．参与制定公司发展战略，提供公司制定发展战略决策所需信息的调查、收集、整理；2．执行公司发展战略目标，编制公司年度发展目标，制订公司年度投资项目计划；

负责公司项目策划，制定项目实施方案；3．负责办理项目的立项申报、可行性研究、勘察、初步设计、施工图设计报批审查等项目前期工作；4．负责办理建设工程项目选址、规划、用地、环评、水保、人防、消防、雷防等报建相关手续；5．负责项目施工图预算编制，报送财政评审；6．负责拟报项目招标方案，办理招标有关事宜；7．负责进行项目合同拟稿、洽谈、签订；8．负责办理项目安监、质监备案及施工许可证等相关手续；9．负责审查项目前期工作（包括可研、初设、规划设计方案、施工图设计、预算、招标、环评、水保等）相关费用的支付；10．负责配合公司其他部门办理公司相关工作。

物管办。负责安置房的后期维护和资料缺陷工作。1．负责安置房水电入户工作；2．负责下水管道维护工作；3．负责小区道路和亮化工作；4．负责资料缺陷管理工作；5．负责安置房绿化管理工作；6、负责管理天和物业管理公司。

信访办。1. 受理、交办、转送信访人提出的信访事项；2. 承办上级机关和本级责任人及有关部门转办、交办的信访事项；3. 向有关单位、部门转办、交办、暂办信访事项；4. 参与调查、协调处理有关重要信访事项；5. 督促检查信访事项的处理；6. 指导、检查管理单位的信访工作，对不负责任造成严重后果的单位和个人，向有关领导提出处理建议；7. 调查研究分析信访情况，及时向有关领导提供信访处理工作决策的建议；8. 对信访案件处理结果反馈；9. 为信访人提供有关法律、政策咨询。

资产运营部。1. 负责公司项目的招商，管理、运营工作；2. 负责公司运营项目的前期调研，整体筹划、招商引资及运营管理；3. 负责对公司存量资产进行清理；4. 负责对公司存量资产进行分析，分类规划及资产运营方案；5. 负责经营管理维护公司资产，实现保值、增值；6. 配合公司各部门的工作。

人力资源部。根据公司战略，组织制定公司人力资源规划和年度人力资本预算。1. 负责组织拟订公司机构、岗位设置、编制、部门职责及职位说明书；2. 负责人力资源获取工作，保证人力支持；3. 负责人力资源开发工作，公司岗位与人员的动态匹配；4. 状况实时分析、监控、调整，组织员工考核、晋升等相关工作；5. 负责组织人才市场有关人员的调研工作；6. 负责组织薪酬、福利等体系、政策的制定及实施工作；7. 人事、监察工作；8. 按程序招聘普通员工，并组织员工培训；9. 负责办理员工入职、离职手续；10. 按制度、按程序管理、监督员工。

房开销售部。1. 完成公司年度营销任务；2. 有独立的营销渠道，有良好的市场拓展能力；3. 完成销售房屋的放贷工作；4. 组织、健全客服档案工作；5. 完成销售资金的管理工作；6. 销售谈判和合同的签订工作。

【已建重点项目工作完成情况】

1. 倒天河综合治理二期工程政通安置小区4、5号路区域平基土石方工程；2. 倒天河综合治理二期工程政通安置小区一期道路工程；3. 政通安置小区3、4、5、6号楼供电工程；4. 政通安置小区3—6号楼一户一表电力安装工程；5. 毕节市城东新区公务员小区（3号路口至8号路口道路工程）；6. 望城安置小区10、13、17号楼电力工程；7. 望城安置小区二期一户一表电力安装工程；8. 毕节市双城-望城片区综合环境整治项目望城南部安置房1.2号楼；9. 望城南部安置小区5号楼、11号楼3、4单元4号楼17单元；10. 望城南部安置小区15号楼；11. 望城安置小区14、16号楼；12. 望城安置小区1、2号楼一户一表电力工程；13. 望城安置小区1、2号楼室外配电（高压）工程；14. 望城安置小区5号楼室外配电（高压）及一户一表电力安装工程；15. 毕节市双城—望城片区综合环境整治项目工程增加（雨水及污水）管道工程；16. 毕节市双城—望城片区综合环境整治工程望城安置区E号道路工程；17. 毕节市双城-望城片区综合环境整治工程望城安置区南组团B、E段道路工程；18. 倒天河综合治理二期工程望城安置小区北组团道路工程；19. 郭家湾拆迁安置小区（调整后区域）平场土石方工程；20. 郭家湾拆迁安置小区新址3组团1、2号楼及5组团2号楼挡土墙工程；21. 郭家湾拆迁安置小区汤豪斯组团专变安装工程（高压）；22. 郭家湾拆迁安置小区（一期）变配电工程；23. 郭家湾拆迁安置小区汤豪斯组团专变安装工程（低压）；24. 马鞍山安置小区低压一户一表安装工程ABC栋；25. 马鞍山安置小区电力安装工程ABC栋10千伏（高压）；26. 马鞍山安置小区房后道路工程；27. 马鞍山安置房给水管道及水表入户安装工程；28. 马鞍山安置小区平基土石方工程；29. 马鞍山安置小区B、C栋正立面瓷砖及外墙维修工程；30. 马鞍山安置小区B、C栋侧立面外墙漆及天沟外墙及屋面瓦工程；31. 郭家湾拆迁安置小区新址（ABCD组团）工程；32. 郭家湾拆迁安置小区新址B、C、D组团边坡支护抢险工程；33. 郭家湾拆迁安置小区新址3组团1、2号楼及5组团1号楼房后挡土墙工程；34. 白鹭岛云鹤楼（仿古建筑）工程；35. 毕节市双城-望城片区综合环境整治项目碧阳湖滨河文化广场阁楼工程；36. 郭家湾高架桥市民健身休闲广场（绿化）工程；37．郭家湾高架桥市民健身休闲广场（土建）工程；38．麻园办事处、碧阳办事处装修工程；39．七星关城区排水工程；40．黔西北工业园区排水工程；41．草海大道项目。42．其他项目不再列举。

【在建项目的完成情况】 1．郭家湾拆迁安置小区新址（ABCD组团）：建筑面积70791平方米，494户，总投资约1.2亿元，现ABD组团工程处于室内外装饰装修阶段，C组团由于设计重大变更，工程处于施工前期阶段，正在做边坡支护工作。2．白鹭岛云鹤楼工程建筑面积9437平方米，总投资约7150万元，现工程主体已完工，室内装饰装修设计阶已经提交成果，正在进行室内外装饰装修工程的招投。3 文安路一期工程全长1300米，总投资约2400万元，由于征地拆迁问题未解决，工程处于停工状态，现完成投资800万元。4．新望城二期边坡支护工程投资350万元，现完成200万元。5．草海二道一标段工程总投资1800万元，现正在做边坡支付，已完成工作量的90%。6．同心城市公园于2015年9月1日开工建设。一号车库主体工程完成90%；二号车库主体全部完成，防水工程完成90%，回填完成40%，古建部分配套设施完成95%，书画院完成75%，牌坊主体完成90%；步行街2－12号楼基础已经完成，13－16号楼基础工程已经完成，17号楼一层完成浇筑；同心苑平场工作已经完成；红旗广场边的桥道路建设设计已经完成。7．桂花市场项目完成85个基桩浇孔工作。8．推进桂花苑安置小区建筑面积21706平方米建设，总投资约4200万元，现主体完工。9．翠西一期住宅部分正在进行室内外装修；翠西二期项目主体工程完工，正在进行室外墙体抹灰和窗体安装工作。10．茶亭项目主体和室内外基本完工，正在进行小区道路建设，正在进行安置房部分装修标准的预算等工作。

（撰稿人：办公室）

城区河道管理

【概述】 2015年以来，在区委、区政府的正确领导及各部门的关心支持下，以“三严三实”专题教育为契机，结合单位实际扎实推进各项工作，并圆满完成年初拟定的各项工作任务。

【切实加强组织领导，完善工作机制】 1．加强组织领导，层层建立责任机制。细化分解工作目标和任务，真抓实干，立说立行，明确责任区域和责任人员，强化工作措施，统筹安排，精心部署，有效解决相关问题。2．为确保2015年具体工作和目标任务的全面推进，保障具体措施落实到位，单位根据《贵州省城市市容和环境卫生管理条例》《毕节市城市市容和环境卫生管理（暂行）办法》的相关规定，继续按照我单位制定的《毕节市七星关区城区河道管理处工作绩效考核方案》《公厕管理制度》《景观灯照明管理试行办法》《绿化养护工作制度》等工作制度，结合工作实际，认真谋划，提出了“三大工程”“五项工作”“五项措施”的总体工作目标及措施。即以城区河道综合环境治理为重点，强力推进“三大工程”：一是大兰排洪沟污水洪水治理工程，二是园路铺装亭廊维修工程，三是对沿河翻板坝检修工程。以河道精细化管理为标准，努力做好“五项工作”：一是河道管理工作，二是防汛工作，三是园林修剪养护工作，四是园路公厕保洁工作，五是市政设施维护维修工作。“五项具体措施”：一是加大河道打捞责任制，二是加大督查巡查力度，三是与各管理人员签订管理目标责任书，四是台账管理措施，五是强化督查、奖优罚劣措施。确保我单位管辖区域内环境卫生、市政设施照明、绿化养护等各项工作全面有序开展。

【开展“三严三实”专题教育、整治“为官不为”深化干部作风建设】 2015年，认真学习中共十八大、十八届三中、四中全会精神，认真学习和贯彻执行中央八项规定，省委、市委、区委十项规定和习近平总书记系列重要讲话精神，通过开展“三严三实”专题教育、整治“为官不为”和建立作风建设长效机制，把开展“三严三实”专题教育作为党的群众路线教育实践活动的延展深化，作为加强党的思想政治建设和作风建设的重要举措，作为严肃党内整治生活、严明党的纪律和政治规矩的重要抓手。

深入整治"为官不为"着力解决"僵慵懒浮散"等"不严不实"问题，努力营造与时俱进、开拓创新、敢于担当、奋发有为，马上就办、真抓实干、风清气正的良好氛围，我处召开座谈会5次。会上明令禁止不准上班期间玩手机、使用办公电脑玩游戏、炒股等于工作无关的事。制定了《车辆管理使用规定》《公务接待管理规定》《财务管理制度》和《领导班子走村串户、结对帮扶制度》；针对全处及全体干部职工制定了《园林、园路保洁规定》《河道打捞制度》《公厕管理规定》《干部职工违规违纪管理规定》等切实可行的整改制度。通过这次专题教育活动，全体干部职工心灵受了洗礼，各项工作切实有效开展、为单位全年工作取得圆满成功奠定坚实基础。

【党风廉政建设和反腐败】 1．始终坚持民主集中制原则。以党性原则为目标，对党、对事业、对同志高度负责，注重把握原则性和灵活性的关系，原则性的问题不动摇、不破坏。始终按照"集体领导、民主集中、个别酝酿、会议决定"的原则讨论决定重大事项，提高我单位的党风廉政建设水平。2．坚持严格自律，勤政廉政。单位严格执行领导干部廉洁从政的各项规定，深入贯彻落实《中共中央关于惩治和预防腐败体系2008—2014年工作规划》、省委《实施意见》、区委《实施办法》，切实加强反腐倡廉教育。2015年以来，召开党风廉政建设会议10次，组织党员干部进行自查自纠4次，领导班子成员和干部职工无违反廉洁自律的事件发生。3．开展处置不合格党员工作。七个党员中，进行逐一的清理，一是有入党志愿书、入党积极分子表、公安证明、计划生育证明、政审材料等；二是按时交纳党费、参加组织生活、完成党组织交给的任务。三是无党员违纪违法情况。四是无党员参加信教和参加邪教组织等情况。并建立党员信息库，进行规范管理。七名党员参加自评，参会率100%，在评议中党支部严格按照《民主评议党员制度》规定的程序，在个人自评的基础上，党员着重以加强作风建设为重点，围绕改进工作作风，提高工作效率，增强为基层服务的意识开展评议；广大党员从增强共产党员的党性锻炼和修养，提高党员的思想素质和政治素质方面开展了批评和自我批评，切实从思想上、组织上、作风上加强建设，增强了党组织的战斗力和凝聚力。根据自己自评的情况，采取自上而下，自下而上的互评，互评结束后。进行民主测评，汇总测评情况，我处没有不合格党员。

【驻村及帮扶工作】 严格按照区委、政府要求开展工作，于2015年3月1日召开驻村帮扶工作会议，全盘研究了今后的驻村及帮扶事宜。一是选派干部驻村。在管理人员过少的情况下，决定派工作积极的何东升同志负责驻村工作全部事宜，驻村期间与单位全脱钩。全年驻村干部认真落实政策宣讲、低保评议、精准扶贫"六个到村到户"的调查摸底、走访特殊群体、调解矛盾纠纷、村公所值班等工作，确保了今年驻村工作切实有效开展。二是领导干部结对帮扶工作。为有效解决村党建工作存在的实际困难和问题，根据区委、区政府要求，单位领导干部每季度到村开展党建工作1次，帮助解决实际困难和问题。认真做好精准扶贫"六个到村到户"相关工作。重点慰问特殊困难群体，力所能及地帮助解决实际困难和问题。我处对大新桥办事处4户贫困户、3户贫困党员、2名孤儿、7名留守儿童进行物资和资金帮扶，共计3000余元；投资3万元帮助大坡村修建水池1个，解决50人的饮水问题；帮扶碧阳办事处流仓社区党支部1万元，对18名留守儿童和3名空巢老人进行慰问；我处6名党员对各自居住的社区以每人1000元对贫困户、留守儿童、空巢老人进行帮扶慰问，共计资金6000元；2015年11月，我处深入层台镇五里桥村、幸福村和红岩村走访座谈，进一步摸清贫困底数，并结合单位实际，制定具体的帮扶措施：对五里桥村3户贫困户、幸福村3户贫困户、红岩村3户贫困户进行资金帮扶，9户共计13000元；2015年帮扶资金共计6.2万元。

【狠抓环境卫生保洁和河道垃圾打捞工作】 加强对五龙桥至碧阳湖沿河两岸的日常清扫保洁、垃圾清收和果皮箱、亭、廊护栏等的抹洗及垃圾清运，2015年，共清扫垃圾110吨，保证了河道、沿河两岸的公共设施卫生整洁及河面的长期清洁。加强对所辖区域八所公厕卫生的监督管理，确保辖区公厕每天随时进行冲洗，厕内地面、墙面干净、整洁，无臭味，并安排专职人员作好公厕的维修工作。

【加强市政园林设施管理，绿化亮化美化城市】 1. 加强市政设施管理。一是成立市政设施维护小组，组员12人，24小时轮换巡逻，打击破坏市政设施和偷盗照明电缆线的行为，2015年制止破坏行为20次，抓住偷盗电缆者1人，抓住偷竹笋者2人，移交公安机关拘留，有效地抑制不法行为的滋生，减少了国家的经济损失。二是全面检查照明设施，查废补缺。市政设施维护小组不仅要巡查，还要进行维修。2015年以来，维修损坏庭院灯135盏，换节能灯1491余颗，更换电缆1000米，移除路灯灯杆40根。提高亮化水平、提升城市品位。2. 加强园林绿化养护维护。一是加强了对沿河两岸绿化的日常管护，为沿河两岸约15万平方米的绿化植物松土、除草、浇水、修枝剪叶等日常管护，今年，由于雨水丰富，植物生长快，修剪枝条二次，剪草三次，15个绿化养护工人加班加点，进行修枝、剪草。确保绿化地带的植被整洁美观。二是及时对园林进行病虫害防治，特别是针对红叶石楠、草坪病虫害进行多次、反复防治。灌木病虫害防治面积累计超过8000平方米，草坪病虫害防治面积累计超过3万平方米，乔木病虫害防治数量累计超过5000株。累计使用5万余元的农药。确保绿化地带的植被生机勃勃。三是及时开展施肥工作。灌木累计施肥面积约2万平方米，乔木等大型树木累计施肥2万余株（次）。累计使用化肥共约5吨。四是灌木移载情况。为配合同心公园建设，腾龙桥到碧阳湖段的绿化植物。我处红叶石楠移载177.5平方米，金森女贞移载98平方米，金叶女贞移载114.75平方，金边黄杨移载105.05平方米。五是石栏维修情况。安装扶手16根，安装花板8块，安装花托32个，安装柱子8根，修柱子4根。六是公厕及相关维修情况。8所公厕更换设施131次，修垃圾箱20个，安装座椅10个。七是修建倒天河二期景观区域透水砖、花岗岩铺装缺损透水砖维修费用：210平方米×58元每平方米＝12180元，缺损花岗石维修费用：67平方米×270元每平方米＝18090元。3. 加强城区河道防汛工作。因今年雨量过大，特制订《城区河道防汛应急预案》，四月份对沿河的三座翻板坝、三座橡胶坝和一座碧阳湖大坝进行了检修，并安排15位值班人员，分别对碧阳湖大坝、一号橡胶坝、二号橡胶坝、三号橡胶坝、公园桥翻板坝、南关桥翻板坝、国土局翻板坝、在防汛期间24小值班，确保城区河道安全度汛。为了停电应急防汛，修建设发电机管理房和买发电机一台。4. 大兰排洪沟污水管改造工程。按照区政府的安排，我单位启动大兰排洪沟碧阳湖湖区段污水管改造工程。2015年5月初完成施工图设计，6月初完成了施工图审查工作。8月初完成招标预算编制工作，9月初完成了财审评审工作并进入市招投标中心进行招投标。目前正在加紧施工阶段。

【遍访工作】 根据区委区政府的安排，领导干部遍访层台镇五里村100户、幸福村160户，红岩村86户，根据实际情况，分成三个组，分别对三个村进行遍访，按时完成区委区政府交给的任务。

【创新工作】 一是我处三期工程已投入使用，并创新式推行市场化管理模式；二是创新提出在建设桥、五龙桥建设两个地埋式小型污水处理厂，将处理好的水质放入倒天河，作为枯水季节景观用水。现已报区政府批准，由区环境投资有限公司实施。

（撰稿人：办公室）

交通·通讯·贸易

交通运输

【概述】 截至2015年年底，七星关区管辖农村公路3362.517公里，其中县道308.004公里，乡道490.309公里，村道2564.204公里。已硬化路面2302.536公里，其中县道已全部硬化，乡道已硬化469.686公里，村道已硬化1524.846公里。全区42个乡镇街道560个建制村，全部镇乡通油路，除因高速公路建设等重大项目影响的24个建制村未通沥青（水泥路）外，其余全部通畅，建制村通沥青（水泥路）率达95.7%，建制村通客运车辆率达82.14%。

【公路建设】 一是国省道改扩建。完成G246七星关区二龙关至大箐国道改扩建35公里、S306吉场至海子街省道改扩建29.3公里共计64.3公里工可批复，前期工作有序推进。二是县乡道大修改造。完成杨家湾至放珠13.5公里、椅子房至团结6.6公里、大银至仁和6.8公里共计26.9公里县乡公路改造前期准备工作；完成普宜至大屯15.64公里、生机至杨柳湾16.4公里共计32.04公里县乡公路大修前期准备工作。三是通村油路（水泥路）建设。2015年度通村油路（水泥路）省市下达计划422.2公里，实际实施428.62公里，除受高速公路建设影响的7个项目、提等改造建设影响的2个项目、其他原因影响的2个项目共11个项目48.9公里未完工外，其余已全部完工；区级安排“断头路、重要连接线”建设共计249.18公里，形象进度达80%。四是“四在农家·美丽乡村”小康路建设。含通村路、通组路、连户路、人行步道共计557.63公里，建设工作有序推进，预计2016年6月底全面完成。

【公路管养】 一是以干线公路保畅、支线公路保通为重点，集中资金对部分县乡道进行维修整治，强化监督指导镇乡办做好村道的养护管理，落实村道养护责任制，及时将养护经费拨付到镇乡，进一步解决农村公路失管失养问题，确保农村公路级级有人管、条条有人养，2015年共投入养护资金2523万元；二是以保护路产、维护路权为中心，巩固“三乱”治理成果为关键，积极开展建筑控制区管理和公路、公路用地占（利）用管理，加强路政巡查，切实保护路产路权，恶性超限运输控制在3.3%以下，公路无“三乱”治理成果有效巩固；三是加强农村公路大、中修工程的管理，进一步改善农村公路通行环境，由交通局安排技术人员对需要大中修的农村公路进行实地测量，并根据设计预算结果，报上级交通部门审批后组织实施。

【道路运输】 全区辖241条客运班线653辆车15823座，其中35条省际、9条市际、32条县际、165条乡际。为维护道路运输正常秩序，积极引导企业车头向下，大力发展农村客运，努力缓解老百姓乘车难的问题，根据贵州省人民政府关于加快发展农村客运的意见及客运班线安全通行条件审核规则的相关要求，结合现有农村客运班线运营、分布现状，及通村公路建设情况，积极引导企业走节约化、规模化发展，通过对各镇乡公路通行条件、人口出行密度、赶场周期等情况进行实地考察，开通了普宜镇、杨家湾镇、撒拉溪镇、朱昌镇、海子街镇等乡镇范围内的农村循环经营客运班线，切实满足农村群众乘车需求，提高农村客运车辆的运行效率和经营效益；切实把好农村客运驾驶员从业资格关，车辆安全技术状况关，树立安全意识，确保农村客运市场安全、有序发展。

【城市客运】 全辖区16条公交线路194辆公交车，677辆出租汽车。一是认真贯彻落实优先发展城市公共交通战略思想，不断促进城市公交事业的大力发展，着力解决人民群众出行难、打车难等问题，大力发展城市公交，根据城区综合治理方案，老城区中心4条主要街道实行单向循环，城区公交线路基本都随着进行了调整；积极新增出租汽车运力，启动新增500辆出租汽车经营权工作，经市政府批复后新增出租汽车140辆；二是积极探索出租汽车规模化经营管理模式，推进个体经营向公司化经营转变，实行公司化、规模化、精细化经营和管理，逐步解决个体经营存在的诸多问题和矛盾；三是强化从业人员安全生产及再教育，认真开展出租汽车服务质量信誉考核工作，建立完善出租汽车行业诚信体系；四是将“打非治违”专项行动与日常工作结合，进一步规范了市场经营行为。

【水上交通】 全区辖9道渡口。一是积极贯彻落实水上交通安全管理规定，落实区、乡（镇）、村、船四级水上交通安全管理责任制，层层签订了水上交通安全目标管理责任书。二是加大安全监管力度，按照《贵州省水路交通管理条例》的规定，积极贯彻落实水上交通安全监管，把汛期工作作为一项重要的季节性安全工作来抓，对各渡口、渡船进行防汛安全大检查，加强现场监管，并积极与相关镇乡政府协调，共同做好防汛工作。三是加大力度排查安全隐患，为从源头上遏制安全事故的发生，积极开展水上交通安全隐患排查治理，为各渡口更换损毁的缆绳、钢丝绳、滑轮等。四是为方便两岸群众出行，新增大屯乡周家沱、田坎乡沙包组2个渡口，完成团结乡安山村发窝渡改人行桥建设项目，从根本上解决了渡口安全隐患。

（撰稿人：赵晓军）

邮　政

【概述】 2015年，全市邮政企业紧紧围绕集团公司和省公司党组的工作部署，主动适应经济发展新常态，积极实施“一体两翼”经营战略，坚持改革创新，加快转型提升，有序推进各项工作，全面完成了全年目标任务，为“十二五”顺利收官交出了合格答卷，全市邮政经济保持了稳中有进、效益提升、基础夯实、后劲增强的良好势头。是年，全市邮政企业累计完成总收入2.12亿元，同比增长9.7%，完成年计划的102.1%，业务收入增幅和完成年计划进度高于全省平均水平。

【深化改革取得新进展】 积极推进包裹快递改革。完成了产品整合、客服体系整合等工作，配套出台了资费标准和优惠政策、网运资源整合及统一指挥调度、客服管理及业务发展考核问责等办法。组建了快递包裹揽投队伍，对全市投递段道重新进行调整和组划，并以黔西县为试点，在全省率先启动了一体化县包裹快递并轨运行机制。积极推进机构改革。做好市县两级“子改分”工作。重新划分网路运维、车辆管理、工程建设、法律事务等职能归属，进一步理顺市公司职能管理、生产经营、后勤支撑等各环节的关系，明晰部门职能，促使各环节有序衔接、顺利运转，提高了工作效率。积极推进薪酬改革。结合企业经营发展实际，对2015年员工工资收入考核分配办法、增量补贴发放标准及发放方式进行了调整，有效激发了员工参与企业发展的积极性和主动性，全面推进薪酬分配制度调整，保证了员工收益水平的持续增长。积极推进网运改革。启动县乡邮路组划工作，基本实现新建空白乡镇邮运直达全覆盖。调整优化市县两级邮件处理中心布局，同步推进散件化、流水化作业流程再造，增强了邮件处理能力。有效整合网运、投递和邮件处理中心职能，突破部门限制，较好地实现了内部处理和投递业务流程的“无缝衔接”。

【管理工作取得新成效】 财务管控更趋精细。完成了市、县分公司收入和支出户的开立工作，搭建起了从县—市—省—集团四个层级的资金归集渠道，并单独搭建了报刊订阅资金从县—市—省报刊局的归集渠道。加强成本核算以及各项业务资金的财务监督管理，严控非生产性成本支出，保证了企业的有效投入。人力资源配置更趋优化。在全市组织开展了人力资源管理专项整改工作，进一步规范人力资源管理。制定《毕节邮政企业合同B类用工管理实施细则》，建立和完善员工工作绩效考核评价体系。启动并实施劳务用工调整和清理程序，推行劳务承揽经营模式替代劳务派遣用工方式，进一步压缩劳务派遣用工的数量和比例，劳务用工占比较上年末下降了11.8个百分点。基础管理更趋规范。深入开展全面提升邮政服务质量专项活动，加大对服务质量的检查、考核力度，强化规章制度的执行落实，狠抓规范服务，经过省公司复查验收，全市八个经营单位全部达标。认真履行普遍服务义务和特殊服务任务，强化邮政普遍服务管理机制，制定下发了《关于全面提升毕节邮政农村投递服务质量的实施意见》《毕节邮政空白乡镇局所管理办法》，组织开展乡邮邮路和村邮站规划工作，明确了空白乡镇局所隶属管理关系，层层落实各级管理责任，加强源头管控，下大力气集中整治当前市邮政在农村投递服务末梢“最后一公里”的问题。组织开展了机要通信质量安全和服务水平专项整治活动、无着邮件清理整治活动、退信质量专项检查活动，进一步规范各环节的处理流程，邮运车辆准班准点率、邮件分拣及时率、标快及快递包裹24小时滚存率等重点指标持续稳定达标，机要通信连续34年保持了质量全红。安全管理和风险防控更趋完善。进一步完善了资金安全管理等各项规章制度，及时排除隐患，堵塞漏洞，严防各类安全事故的发生。深入开展“一加强，两遏制”专项检查活动，加大案件、风险事件的监控力度。开展金融评估专项自查，全市评估得分95分以上，达到安全防范优秀单位标准。认真开展收寄、投递环节的邮件安全检查和管理工作，确保抗战胜利70周年纪念活动等重大活动期间的通信安全，“三个百分之百”的收寄规范得到有效落实。

【基础设施建设进一步加快】 完成了19个普服网点的装修改造工程，进一步提升了邮政对外服务的整体形象。启动职工小家建设工程和威宁、织金两个县局房的改造工程，切实改善了基层一线员工的生产生活环境。完成了1个市级、5个县级邮件处理中心场地改造和扩建工程，新增县乡邮路34条、乡邮邮路22条、市县自办邮路2条，为包裹快递改革和发展提供了有力支撑，保证了旺季邮运高峰时段的邮件处理时限。

【综合便民服务能力不断提高】 充分利用自身拥有的网络优势和品牌优势，加强与社会各界的横向合作，拓宽服务领域，着力构建邮政综合便民服务平台，开办了预存代扣电费、代收费、代办警邮非现场罚款等业务，同时加快农村电商渠道建设，全年累计新建渠道444个，产生代购交易19.84万余元，代缴费笔数177.52万笔，交易金额12149.67万元。

【认真落实党风廉政建设】 制定下发了《毕节市分公司2015年党风廉政建设和反腐败工作任务分解表》，市分公司党组与各县分公司层层签订了党风廉政建设责任书，对各县分公司和分管部门主要负责人进行了廉政约谈。开展落实中央八项规定纠“四风”、信访问题线索大起底、工程建设和物资采购项目招投标、选人用人、“小金库”治理“回头看”、业务招待费等8个方面的专项自查工作。按照集团公司和省公司党组的部署，结合实际对中央专项巡视反馈的问题进行了梳理，细化问题整改清单11项，并明确了整改责任和整改时限。制定了《中国邮政集团公司毕节市分公司业务招待管理办法》。完善“三重一大”决策制度实施办法，规范总经理办公会议制度，坚持重大决策问题集体讨论、民主决策。

【扎实开展“三严三实”专题教育】 根据集团公司和省公司总体部署，在全市邮政系统深入开展了“三严三实”专题教育。市公司领导带头讲党课，带头学习，带头交流研讨。各级党员领导干部重点学习了习近平总书记系列重要讲话，促进了思想认识的提高。召开中国邮政集团公司毕节市分公司机关第一次党员（代表）大会，选举产生了新一届机关委员会和机关纪律检查委员会。注重思想政治理论研究，组织撰写政研论文3篇，其中，有2篇获得了省公司二等奖，1篇获得集团公司三等奖。

【坚持从严管理干部】 加强干部队伍建设和干部监督，开展领导干部个人有关事项报告抽查核实、干部档案专项审核、因私出国（出境）专项治理、选人用人和领导人员薪酬发放合规自查等工作，对发现的问题积极落实整改。坚持德才兼备、重实绩选干部的用人导向，对部分单位领导班子进行了调整，有5名政治素质较好、具有丰富组织领导能力的四级副干部走上了主要领导岗位，同时提任5名业务素质较强的年轻同志加入到领导干部队伍中，激发了干部队伍活力。

【积极开展文明创建工作】 以“践行社会主义核心价值观”为主题深化道德建设，大力开展“明礼知耻·崇德向善”活动。组织参加了“2015毕节市银行业职工运动会”，在篮球、羽毛球、乒乓球项目中均取得了第三名的好成绩。组织全市邮政员工参加“中国梦·劳动美”法律知识竞赛，参与面达到100%。在全省首家创建“尹贵仙劳模创新工作室”，充分发挥劳模的带动和引领作用，团结动员广大员工当好企业发展的主力军，涌现了一批优秀的先进单位和先进个人。深入开展“青年文明号”创建活动，金沙县分公司营投班、七星关区局清毕路支局、黔西县分公司县东路支局荣获“2013—2014年度贵州省青年文明号”荣誉称号。市公司荣获2015年度“省级劳动关系和谐企业”“省级厂务公开、民主管理先进单位”荣誉称号。2014年至2015年，市公司和织金县分公司连续两年荣获“五好基层党组织”荣誉称号。市公司从2004年到2015年连续12年荣获全省“守合同、重信用”单位称号。

（撰稿人：办公室）

无线电管理

【概述】 2015年，毕节分局在省经信委、省无线电管理局及毕节市委、市政府的正确领导下，紧紧围绕“三管理、三服务、一突出”的工作原则，以“世界无线电日”“第六个无线电管理宣传月”打击“非法设台”和“全国无线电频率使用情况核查专项活动”等工作为重点，精心组织、强化措施、开拓创新、奋力拼搏，较好地完成了各项工作任务。

【以“三严三实”专题教育活动为契机，加强机关建设】 毕节分局党支部以“三严三实”专题教育活动为契机，着力加强组织建设和党风廉政建设。一是按照市委和省局的要求，认真开展了“三严三实”活动方案，按要求进行专题研讨、上专题党课，对存在的问题及时进行自查和整改。通过活动的开展，在干部队伍工作作风、工作效率、精气神等方面都有了很大的改善，“三严三实”的干事创业理念正逐步形成。二是顺利对分局党支部进行了换届选举，有力增强了党支部的凝聚力和战斗力。三是制定了《党建工作要点》和《党风廉政建设工作要点》，并召开专题会议，对党建工作进行安排部署。四是加强党支部学习，制定了学习计划，全年共组织学习20多次，中心组学习4次，出专刊2期，开展党风廉政警示教育活动1次，并编写了学习小结。五是加强制度建设，通过完善和严格执行各项管理制度，用制度管人、管事、管财、管物得到很好的落实。六是在建党94周年之际，开展“五个一”系列活动喜迎党的生日，进一步坚定了干部队伍的理想信念，增强了责任感和使命感，激发了干事创业的工作热情。七是积极参与党建扶贫，派出专人到金沙县马路乡清坪村开展驻村帮扶工作，投入通村公路建设资金2万元，捐赠给该村小学8台电脑。组织全体干部职工捐款7600元，解决了该村一名贫困大学生的学杂费，使其继续留校学习。

【加强频率台站管理，坚持依法行政】 一是认真开展无线电频率使用情况核查专项活动。分局成立了专项活动领导小组，印发了《专项活动实施方案》，组织设台单位召开了自查会议，对25家重点设台单位进行了走访，核查频率数据273条，核查设备170余台并完成频率台站数据的比对，梳理频率划分、分配和指配文件50余份，填报10份频率指配文件和99条频率数据，对专项活动要求监测的公众移动通信频段共监测2760小时，准确掌握了毕节辖区内无线电台站分布、使用情况和详细参数，完善了无线电台站数据库，为今后频率管理工作的有序发展奠定了坚实基础。二是对新设台站的行政许可及管理。按照市政务中心的要求，对无线电行政审批和非行政审批事项进行了认真梳理，并按时办结审批事项。全年共受理新设台站审批5件，办结5件，指配频率1组，核发电台执照7066个，年审台站15个，换发执照15个。三是完成频率占用费的收缴工作。按照国家收费标准，严格执行收支两条线，圆满完成了年度频率占用费的收缴工作，计划收费单位15家，实际完成收费15家，共收缴频率占用费64700元。四是引导业余无线电爱好者规范有序开展活动。为更好地服务广大无线电爱好者，根据省局统一安排部署，6月14日分局组织了毕节市业余无线电（A类）操作证考试，此次考试工作得以圆满完成，对促进我市业余无线电业务健康发展具有十分重要的作用。

【加大查处无线电干扰力度，严厉打击违规设台】 一是在公安、通信等部门密切配合下，共打掉“响一声”非法设台4起、端掉诈骗窝点7个、打掉犯罪团伙1个、抓获涉案人员3名，查获非法无线电设备3套、“响一声”群发器26个、手机268部、笔记本电脑8台、其他设备若干。市联通公司送来印有“安全卫士，电波专家”的锦旗一面。二是加强对公众移动通信基站建设的管理，组织召开毕节市4G网络基站建设推进会，切实做好1.8GHz频段LTEFDD和TDD网络无线电干扰预防和协调工作。三是完成对新建公众移动通信基站的抽样检测工作，共完成基站抽查62个。四是积极做好干扰查处工作，共受理干扰投诉5起，查处5起。

【加强信息报送，全方位、立体化开展宣传活动】 在“世界无线电日”宣传和无线电管理宣传月活动中，通过现场展览、上门走访、电视、报纸、广播、短信等形式进行宣传，还开展了“无线电知识进校园”和“无线电宣传进社区”等系列宣传活动，累计悬挂标语30余幅、摆放展板100余张、发放宣传资料2000余份、发放文化衫200余件、接受群众咨询300余次，有效地提升了无线电管理工作的社会知晓率。同时，还积极向国家局、省经信委、省局、市委、市政府报送信息，全年共报送简报40期，其中被《中国无线电》杂志采用3期，《中国无线电管理工作通讯》采用9期，《中国电子报》采用2期。

【加强无线电安全保障，维护空中电波秩序】 一是加强无线电监测，确保无线电安全。在传统节日和“两会”等重要时期，实行领导带班、监测人员24小时值班制度，全力保障重要时期的无线电安全。重要频段实行每周不少于40小时的监测，累计监测3万余小时，并通过监测发现不明信号2起。坚持每季度对小型站一次巡检，及时维修维护技术设施设备，确保监测工作的顺利完成。同时加大对航空频段的监测保护力度，及时消除对航空频率的干扰隐患1起，确保航空无线电频率使用安全。二是围绕“三个服务”，切实做好安全保障工作。组织开展无线电应急演练活动，提高分局无线电管理队伍应对突发事件及重大活动的应急处置和保障能力。在百里杜鹃“祭花神”仪式和全省项目建设观摩会中，圆满完成无线电安全保障工作。三是做好考试无线电安全保障工作。全年共参加卫生资格、公务员招录、高考等10余次考试的无线电安全保障，共出动车辆23台次、人员73人次，切实维护了考试的公平公正。

（撰稿人：廖满坤）

电　信

【概　述】 2015年，中国电信毕节分公司以服务试验区经济社会为目标，认真履行电信基础服务职能，全面实施“宽带中国.光网城市”战略，持续开展宽带提速及光纤到户工程，建设全光县城，普及农村宽带工作；3G移动业务升级4G；重点启动“互联网+”系列ICT应用，推动智能交通、智能城市、互联网+教育及农业等项目建设；推广宽带高清电视；实施天翼惠民活动，降低通信基本价格等，满足广大用户多样化需求，持续提升广大用户服务满意度。

【拓展服务覆盖范围，提升企业综合服务能力】 一是大力建设服务渠道。2015年，中国电信毕节分公司完成了全市250多个乡（镇、办事处）服务渠道的设立，其中包括专营店、开放门店；完成近2000户村级专营店、便利店建设工作。二是加大厂商渠道合作建设。根据用户对手机等各类电信终端需求的多样化，2015年，中国电信毕节分公司和多家厂商建立合作渠道，在营业门店中进驻厂商渠道，通过渠道覆盖拓展和渠道服务能力提升，有效拓展服务范围，提升服务质量。将合作渠道延伸至OPPO、金立、魅族等手机厂商渠道，加快合作门店进驻渗透率达64.7%。三是多样化运营模式。中国电信毕节分公司全市范围内开展打10000装宽带服务，积极推进易信、微信、淘宝等线上线下营销，试点“爱销售”甩单营销服务模式。实现窗口面对面服务向电话远程服务、网络线上服务、移动终端自助服务形式的转变，大大提高客户的业务办理便捷程度，满足客户随时随地的业务办理需求，有效提升企业服务能力。

【加强城乡网络建设，提升企业支撑服务水平】 一是加大宽带网络建设。2015年中国电信毕节分公司加大投资，重点完成信息基础设施投资2.4745亿元，互联网出口带宽（省干带宽）提升至160G，光纤到户覆盖家庭数新增4万户，光缆新建近5000公里，城市20兆宽带接入能力新增近10万户。农村用户宽带4兆接入能力新增5000余户。二是加大无线基站建设。2015年，中国电信毕节分公司新建2G/3G/4G基站1600余个，实现了达到城区及乡镇的3G全覆盖，4G覆盖了七县两区城区，城市区域移动用户上网速率由3G时代的3.1兆向4G时代的150兆转变。三是整治隐患，优化网点，全面保障网路畅通。2015年，中国电信毕节分公司投入大量资金对全市城区网络、农村粗波分环网传输中继光缆、跨街、锈断和倒杆断线等问题定期整治：采取优化调整措施解决农村弱覆盖的问题18个，通过滴管式建设开通城区弱覆盖区域站点近100个，开通杭瑞高速、毕威高速、黔大高速、夏蓉高速的新建室外站31个及隧道建设24个，整治天馈性能下降的基站40个，整治底噪较高的小区75个。四是积极支持毕节市各级政府和企事业单位信息化建设，2015年先后完成全省交警路网监控集成组网项目、全省卫生系统远程医疗集成组网项目、全省法院系统提速改造、法院VPDN及远程讯问组网项目、平安城市、电子政务外网等重大服务项目；同时完善了政企客户承载网络，新建了全市政企IP-RAN承载网，实现了大客户电路端到端网管监控，为毕节市政企客户单位信息化工作做出了重大贡献。

【多样化服务全面满足用户需求】 一是需求主导的产品多样化：2015年，中国电信毕节分公司根据用户不同需求，逐步推出了多种产品，个人用户中单宽带、融合宽带及相关宽带应用业务深受用户喜爱，多品牌手机、多价位套餐、多业务组合是毕节本地用户优选，由低至高等不同的套餐满足中高低端等不同的消费水平；智慧城市、农技宝、平安城市、商务领航等多种政企产品、行业产品为政企客户、行业用户带来了极大的便捷，为后续的“互联网+”工程夯实了基础。二是需求主导的活动的多样化：2015年，中国电信毕节分公司回馈广大用户，或按月、按季度、按阶段推出了各类主题营销优惠、中秋与国庆双节优惠、年末回馈、返乡关怀等各式各样的温馨活动，服务广大用户，提高用户满意度。三是积极开展业务创新，满足新兴业务需求：积极推广天翼对讲、加密通信、宽带高清电视、翼支付、交费易、交费助手等业务，极大地丰富和满足用户新的体验和需求。四是降费惠民，降低用户消费门槛，2015年，为了更好更快更广的服务用户，中国电信毕节分公司实施了提速降费战略：为普通宽带用户升级至光宽带，2015年，近5万老用户免费提速至20兆；开展10元包3G的流量包等优惠促销，无线网络实行降费增速；实施流量包当月不清零政策等有力提网速、降费用活动，有效地提升用户满意度。

【划小改革，激活企业生命活力】 一是划小承包，释放员工的服务能量：2015年，中国电信毕节分公司全面实施经营单元划小承包，全市城市根据街道和区域划小为多个城市分局，农村以区域为标准划定多个农村支局，营业厅以厅的级别划定多个营业厅，开展员工脱产承包经营，自己当小CEO，发挥其主人翁精神，最大限度调动其积极性。目前，已完成了近100个支局的承包工作。二是合作经营，创新合作模式，引入民间资本，参与宽带合作建设，参与农村乡镇光纤宽带改造，大力提升农村宽带服务能力。至2015年年底，引资建设端口达10000余个。目前，有多家有投资能力且有合作意向的商户持续签约，此举将能迅速提升全市农村宽带信息服务能力。

【强化监管，坚持保障用户信息安全】 第一，贯彻落实国家实名制管理要求，防范和打击电信诈骗。2015年，中国电信公司毕节分公司全面执行市委市政府、主管部门管控要求，按照集团、省公司安排，实行实名制入网制度。一是新入网用户要求100%进行实名制登记，凡是新入网的用户，完全执行主管部门相关规定，必须本人持其身份证明进行办理。二是针对历史入网未落实实名制的客户，通过短信提醒、电话外呼、媒体宣传等形式提醒用户主动配合进行实名制补登，对到期末进行实名登记的客户，采取单身停用、双向停用等方式进行处理，力求实名制登记率达到100%。三是针对伪基站，非法变更主叫号码等高科技诈骗，成立专项工作组，采取技术措施进行防范，畅通相应投诉举报通道，切实保障广大电信用户切身利益。第二，开展“黑卡”专项治理，保障用户切身利益：2015年，中国电信毕节分公司以中共十八大和十八届三中、四中全会精神为指导，坚持依法打击和源头治理相结合，坚持管理措施和技术防控相结合，建立完善电话“黑卡”治理协作机制，着力强化电话“黑卡”源头防范，坚决切断电话“黑卡”流通渠道和利益链条，严厉打击利用电话“黑卡”实施违法犯罪行为。要求各类实体营销渠道全部实现对入网电话用户身份证信息的专用设备核验、联网比对和系统自动录入；全面清理各类营销渠道违规售卡行为。第三，实行用户信息安全责任制，完善用户信息安全制度。2015年期间，中国电信毕节分公司设立各级用户信息安全责任人员，签订用户信息安全责任书，将用户信息安全落地单位、到部门、到责任人，有效落实网络与信息安全责任，维护国家信息安全、社会稳定、用户合法权益以及企业网络安全，加强网络与信息安全管理。防止各类违法和不良信息在通信网络中的传播，有效防范和处置信息安全隐患，有效保护公司客户资料等各类保密信息，保证相关信息的保密性、完整性、可用性，保障企业及客户利益。确保重点通信、特殊通信安全。

【扎实开展思想作风建设，保持企业生机活力】 2015年，中国电信毕节分公司主要以开展“三严三实”专题教育活动为主导，开展系列的思想作风建设工作：根据中央、集团公司和省公司“三严三实”专题教育活动的安排和部署，结合毕节分公司实际情况制定下发了《中国电信毕节分公司开展“三严三实”专题教育实施方案》，积极组织各项工作，扎实开展规定动作，主动落实自选动作。一是开展专题学习。市公司党组多次召开中心组学习会。集中学习了习近平总书记系列重要讲话精神，重点研读《习近平谈治国理政》《习近平关于党风廉政建设和反腐败斗争论述摘编》。二是学习党章知识竞赛。组织学习党章知识竞赛，全市各党支部共有276名党员参加此次知识竞赛，收回试卷276份，98分以上为100%。三是认真组织开展党组书记上党课。组织召开“三严三实”专题教育党课暨基层党组织书记教育培训会。四是组织开展专题研讨。公司党组召开党组中心组学习会，按照“三严三实”专题教育要求开展了两次专题研讨。五是党风廉政建设工作常态化：认真执行党风建设责任制，层层签订党风建设和反腐倡廉责任书。六是开展时间教育活动。2015年，毕节分公司为联系本地监狱管理部门，组织市公司本部中层人员及关键岗位人员、县区公司领导班子参加警示教育活动，现场听取服刑人员报告，观看服刑人员改造锻炼，以此警醒广大干部和员工。

【多项举措并举，保障国家及企业财产安全】 一是巩固和深化警企长效协作机制，利用“信息研判”，形成合力，确保保护通信设施工作有效开展；二是加强内部防范和管理，落实人防、技防、物防措施，提高管理水平和防范能力；三是突出重点，保障经营，整合资源，拓展安保能力，提升工作效率；四是从源头上开展废旧金属回收站点检查；五是利用“5·17”世界电信日开展通信设施保护宣传工作。

（撰稿人：丁邦耀）

移 动

【概述】 在市委、市政府的正确领导和深切关怀下，毕节移动公司分公司以省公司总体战略为指导，在“十二五”规划的收官之年，面对新形势、新问题，从“思想转变、运营转型、管理提升、落地执行”等四方面加强新思考、新措施，牢牢把控本地市场，2015年全年运营收入达到19亿元，通信客户数到达350余万户。

【推进基础网络建设，加快地方通信发展】 2015年，公司克服了工程量大、时间紧迫等困难，全力以赴加快4G工程建设，秉承“网络质量是通信企业生命线”的理念，持续打造以4G为核心的卓越品质网络，2015年共新建无线项目13个，总投资2.43亿元，共计新建4G基站2445个，其中宏站2119个，室分306个，无线优化基站20个，主要覆盖高速、乡镇延伸区域、重要景区及农村高流量小区。4G三期工程建设完成后，毕节4G站点共计建设规模为4167个站点，仅次于贵阳、遵义，与黔东南基本持平；新建2G站点704个，村通覆盖基本实现了20户以上自然村的移动网络覆盖。

【加快惠民工程进程，推动农村信息化建设】 2015年公司新建700兆站点435个，覆盖行政村581个，目前完成开通289个，覆盖行政村355个；截至2014年底，毕节分公司已完成1242个行政村通宽带建设任务，覆盖率达100%。2015年，公司投资1670万元，启动了700兆LTE无线宽带建设项目，新增覆盖411个行政村，为边远村寨的宽带应用迈出了探索的关键一步。

【市场延续健康发展，助力地方经济增长】 2015年，公司运用互联网经营思维，深挖数据运营模式，转变流量经营意识，加大客户黏性，提升客户价值。以圈子业务、家园卡等营销策略稳定存量市场，通过新入网优惠政策抓住新增市场，最终实现稳存量、促增量的目的，全市存量客户达350余万户，整体市场份额达到84.54%；全市移动营业网点达3400多个，共解决4500多人的就业问题；2015年，中国移动陆续推出八大惠民举措，包括“夜间流量套餐、假日流量套餐、4G流量卡、套外安心服务、流量促销计划、话音短信不限量套餐、国际漫游包天套餐，流量共享、流量不清零与流量交易”等措施，有效降低资费水平，切实让用户得到真正的实惠。

【狠抓为民服务水平，推进地方和谐发展】 坚持开展“为民服务”客户接待日，领导班子轮流在指定营业厅接待客户，与客户面对面沟通交流、听取客户意见建议，现场为客户解答疑难问题。本着坚决贯彻“客户为根，服务为本”的服务理念，做实、做细客户基础服务工作，着力推动和监督各项改善措施的落地执行，切实解决客户关心、投诉的问题，从源头把控的工作思路，持续稳步提升客户满意度。2011年到2014年连续四年毕节移动公司客户满意度排名全省第一。2015年，公司共组织开展了155人次的业务技能培训工作；通过第三方每月对330名窗口营业员业务掌握情况进行外呼测试考核；第三方神秘客户实地暗访营业厅的规范服务、业务能力、现场管理等工作；在全省NPS满意度调研第一期和第二期中我公司均获得全省第一名。同时我公司深入开展不良短信、垃圾短彩信、骚扰电话整治工作，并加强与公安、无委沟通协作，加大对“伪基站”监测清理，确保通信环境安全，保护用户利益。

【全面推广信息化应用，提升行业信息化水平】 抓住“聚焦行业信息化，深度存量运营”两条主线、夯实“服务质量，数据质量，团队建设”三个基础，实现信息化收入增长和客户规模拓展，持续提升集团客户满意度。一是按照市政府的统一部署，根据实际开发搭建了市级协同办公平台，解决了毕节市政府方便、快捷的信息化政务，实现低碳、无纸化、高效移动办公。除市政府办公室外，毕节市纪委、毕节市扶贫办、毕节市政研室等实现全员接入，其中大方县实现了80%以上乡镇单位接入。二是在毕节市委市政府、市卫计委、市合医办、各区县合医办以及全市各医疗机构的支持下，毕节移动分公司紧密配合各卫生医疗系统开展新农合业务的发展。截至2015年，公司已持续为新农合项目投入超过2.15亿元资金，目前毕节地区专线建设共计598条、村医PC在用274户，信息机使用户数1283户，农医通用户数80.7万户，毕节地区新农合业务的发展基本得到普及。三是在毕节市除七星关区及威宁县外其他县建设的煤监及税监项目共有540条，其中煤监专线298条、税监专线242条，有效利用移动网络实现煤矿安全及税务监控的信息化管理。四是新建完成威宁“校校通”项目，为全县280所学校接入互联网专线，覆盖威宁全县一半以上的学校，成为市教育信息化发展的一个示范点；五是开展银企合作，完成了与农商行办公网专线的框架合同签订，开创了公司全省首家对银行专线由备用转为主用的合作模式；六是实现了贵州工程技术学院校园“一卡通”信息化项目，项目的实施标志着毕节移动在高校信息市场的应用转变。

【增强应急保障能力，服务地方大型活动】 公司建立和完善了“红橙黄蓝四级应急指挥预案”，成立应急通信保障队伍，拥有2台应急通信车、2台应急电源车，可随时满足5万人的应急通信保障需求，有力支撑地方各项应急通信保障工作。近年来圆满完成“毕节两会应急保障”“全市第七届旅发大会”“云南彝良地震支援保障”“首届乌蒙片区旅游联盟合作峰会”“纳雍第二届生态旅游文化节”“十八大”等上百次应急通信保障任务。2015年，公司对毕节辖区内重大活动、各重灾害、突发事件等提供通信保障达20余次，出动应急通信车20余次，各种保障车辆80次，保障人员500人次。

【真抓实干狠抓落实，推动党风廉政建设】 一是开展“三严三实”专题教育活动。共搜集来自11个党支部的建议意见共149条，分公司党委第一时间联合各职能部门对问题进行讨论、回复，最终保留下来需要跟进处理的意见共有97条，并将在2月底完成回复。二是扎实抓好巡视整改。针对省公司巡视反馈的问题，逐一制定了6个方面18个问题的整改措施并组织开展内部自查自纠工作。三是强化责任担当，严格落实“两个责任”。通过“定任务，知责任”“签‘契约’，明责任”“作表率，履责任”“真监督，述责任”“严考核，追责任”落实主体责任，强化监督责任。四是加强“嵌入式廉洁风险防控机制”建设，通过效能监察、专项检查、风险预警、重点督导等手段，对各专业领域廉洁风险防控机制运转情况进行监督检查。五是深入开展廉政风险防控体系建设。要求公司三级经理以上人员如实报告个人有关事项，加强领导干部管理监督，同时利用党务、司务公开栏，实施公开工作，对应当公示的内容进行及时公示，充分保证了员工的知晓权、民主管理、民主监督权。召开党风廉政建设工作会议、纪委专题研究党风廉政建设工作2次以上，对反腐倡廉重要问题进行批示，督办重要案件2件，受理信访举报1件，协助省公司办理案件2件，完成全市网络代维管理效能监察，认真查找网络代维管理的薄弱环节和工作重点，坚持问题导向，突出效能监察工作成效。

【深化工作作风整治，推进公司作风建设】 公司纪委将贯彻落实中央八项规定精神作为一项政治任务，加强监督检查，着力整治“四风”，一是紧盯元旦、春节、“五一”、中秋、国庆等重要时间节点，以短彩信方式开展点对点廉洁宣传教育，重申纪律要求，转发集团、省公司及毕节市纪委通报的违反中央八项规定精神及主体责任不力的典型案例；二是纪委牵头组织，部门分工协作，分别对公司对外接待工作管理、会议费开支管理、差旅费管理、机动车辆及驾驶员管理办法等制度进行了梳理完善，深入贯彻落实集团公司关于改进工作作风、密切联系群众的指示精神；三是严格执行省公司下发《中国移动贵州公司关于对党员领导人员和管理人员进行任前廉洁谈话的制度》，2015年，对5名新任经理人员进行了任前廉洁谈话，同时根据毕节分公司《关于建立中层干部常态化廉政谈话制度的通知》，2015年，开展三级副经理以上人员廉洁谈话38人次，覆盖率达到100%。

【以人为本关爱员工，打造和谐企业文化氛围】 2015年，公司不断丰富员工文化活动，营造了和谐融洽的文化氛围。一是积极组织参与省公司系列文化活动，开展了“山”文化建设场景篇征集活动、公司排练节目《踏歌起舞》参与“山”文化文艺汇演及毕节市文艺汇演并获广泛好评；二是进一步推进分公司“同心”文化传播，开展“我和‘同心’文化文艺展演”；三是加强品牌建设和示范单位交流，组织召开了片区企业文化交流会；四是深化文化调研活动，撰写论文《自信文化在员工中重要性》。五是开展“青春‘和’你同行’主题系列活动，主办了“五四’青年员工素质拓展活动，“和”你一起同心同行第二季趣味运动会，幸福“1+1”气排球比赛，参与员工达500余人次，并在全省气排球比赛中分别荣获女队冠军、男队季军的好成绩。

2015年，公司顺利通过“2012—2014全国文明单位”复查，持续保住了“全国文明单位”荣誉称号，7个县公司也分别获得“省级文明单位”和“文明创建先进单位”称号。

（撰稿人：办公室）

联　通

【概述】 2015年是4G高速发展之年，也是联通毕节分公司新的“三年规划”起步、改革攻坚、转型发展之年。分公司全面贯彻党中共十八大和十八届三中、四中、五中全会精神，深化实施中国联通“移动宽带领先与一体化创新”战略，围绕省分公司“双轮驱动、聚焦能力、变革创新”战略引领，适应新常态，拥抱新思维，坚定不移地坚持“城乡协同、转型提能，变革创新、聚焦发展，精细经营、对标赶超”，全面增强企业的基础能力、内生动力和差异化竞争力，分公司经营发展位列全省前列，实现年初既定的经营目标，各项工作取得新的进展。

【全面完成全年经营目标】 2015年，在省分公司领导下，在地方党委政府及各级部门关心支持下，分公司上下大力发扬“干字当头、敢字为先、拼字求胜”的精神，较好地完成了全年经营目标：收入增长列全省分公司第4位，利润持续改善。业务结构持续优化。移动宽带（3G/4G）业务、数据信息业务、宽带业务持续提升。用户规模持续提升。网络能力持续改善，移动宽带网络覆盖到村，3G网络人口覆盖率达到90%以上，4G网络在市区、县城主城区、发达乡镇镇区、重点场景基本连续覆盖。宽带接入网光纤化比例达到90%以上，新建、改造区域基本实现城区20兆、农村10兆接入能力。

【主要领域工作取得新进展】 建好优质目标网络，加快形成4G时代新的核心竞争力。全年新增建设投资3.47亿元，打造4G/3G一体化精品网络，持续提升网络服务支撑能力。全年建设了1734个3G基站、744个4G基站。以行业领先为目标，低成本、高速率地建设宽带接入网。全年新增宽带接入端口10.2万个，宽带接入网光纤化新建及改造区域速率达到城市20兆以上、农村10兆以上，IP城域网出口带宽达到100G。真正实现“4G到乡、3G进村、光纤到户”的网络良好支撑。加快宽带“提速降费”体验，打造宽带行业领先品牌；提升宽带接入网质量，保证接入层光缆稳定性和抢修及时性；强化网络线对一线的服务支撑，率先承诺超时服务双倍赔偿，持续改善客户感知，提升客户满意度。加强网络优化工作，提高覆盖类投诉热点区域的解决率达到90%以上；提升室分可用率达到90%以上，确保网络稳定，持续提升网络运行质量。

加快局房建设。推进于10月份完成威宁县综合楼主体工程竣工验收，并顺利进入装修工作；推进完成黔西县综合楼购置，并于9月份完成装修验收投入使用；推进完成赫章营业厅、纳雍营业厅、金沙营业厅购置与装修工作。

抓好重点业务转型发展和重点领域改革攻坚，全面开创分公司改革发展新局面。立足经营转型提能与支撑保障，抓好重点业务转型发展。着力提升实体、集客、互联网三类渠道销售能力，为公司发展提供新动力。深耕流量、存量、终端三类经营，为公司规模效益发展提供有效保障。积极应对cBSS新产品体系、实名制、有效发展等难点工作，为公司转型发展提供适应新常态新保障。抓好重点领域改革攻坚，全面深化推进激发基层责任单元活力改革实效。深化改革调整，以改革创新提升管理、改善效益、激发内生动力、增强发展后劲。打通纵向流程，落实反向考核。改变资源配置模式，让经营单元能够当家做主。加快深化内部商城应用。落实信息化支撑保障。加强培训、指导，推进基层单元经营管理步入正轨。

服务市场经营，聚焦能力建设，全力提升客户服务能力、风险防范管控能力、员工队伍能力和基础管理能力，夯实发展基础。聚焦移动宽带和固网宽带服务领先、服务品牌铸造，持续提升客户服务能力。持续深化大服务机制，提高内部管理效率。投诉率控制水平进入全省分公司前三位，用户综合满意度得分较上年提升。聚焦重点服务问题，提升客户感知。提升移动网络客户感知，确保热点区域解决率达到90%以上。提升固网宽带网络客户感知，确保末梢资源准确率达到100%，落实城市“装移修”时限公开承诺。提升渠道销售服务感知，开展全渠道营业员资格认证，提高投诉首次解决率及处理时限，强化两提高一降低。提升集团客户服务感知，建立集团客户预检预修保障机制。优化客户界面，提升客户满意度。优化电子渠道的客户界面，抓好客服人员基础管理，提升自助服务、人工话务坐席运营能力。聚焦资本运营效益及营销资源风险问题，加大内控与风险管理力度。进一步完善全覆盖的内控管理体系，着力强化重点领域、重点环节的风险管理。执行“三重一大”集体讨论决定重大事项，认真贯彻招标投标管理规定。加强制度建设，严格流程管控，堵塞管理漏洞，积极开展有针对性的专项内控检查。加大审计工作力度，持续抓好审计问题整改，强化内控执行效力，提升风险管理水平。聚焦经营发展的支撑保障，切实提升企业基础管理能力。加强人力资源管理。加强员工队伍能力建设。打通专业序列通道，引导员工做好职业规划和能力提升。强化物资管理，防范物资管理风险。加强资金安全管理。加强安全生产、信息安全和保密工作。创新民主管理。

【深化内部作风建设取得新面貌、精神文明建设取得新成效】

聚焦从严治企，围绕企业党建、作风建设和队伍建设，不断提升干部员工队伍的整体素质和能力。加强党的建设，为经营发展提供政治保障。坚持党建工作和经营发展两手抓、两手硬，真正做到“围绕发展抓党建、抓好党建促发展”。系统组织学习贯彻十八届三中、四中、五中全会精神和习近平总书记系列重要讲话精神。加强理想信念教育。加强纪律建设。加强基层党组织建设。实现党组织在各区县分公司基层100%覆盖。开展“三严三实”系列教育活动，组织召开“三严三实”民主生活会，组织贯彻《中国共产党廉洁自律准则》《中国共产党纪律处分条例》专题学习及“三会一课”制度。开展“五好”党支部创建活动。加强作风建设和廉政建设，从严管理干部队伍。持续推进作风建设。始终绷紧作风建设这根弦，落实中央“八项规定”要求，深化教育实践活动后续整改工作，严控“企业经费”、整治“文山会海”，狠抓管理漏洞，杜绝延政懒政，巩固和扩大教育实践活动成果。加强廉政建设。履行“一岗双责”，明确主体责任、分管责任、纪检监督责任，强化监督检查。重点配合对省管、针对市管干部进行遵纪守法、廉洁自律、廉洁从业教育，完善规章制度，规范权力运作。落实公司内部全覆盖巡视要求，配合及开展省管、市管干部全覆盖谈心活动。从严管理干部队伍。以省管、市管干部为重点切实加强管理人员任期（试用期）和年度综合考评，推进落实领导干部报告个人有关事项工作，严格要求管理人员按有关规定如实汇报。完善党内民主议事决策和监督公开制度。完善“三重一大”决策管理制度，形成“合心、合拍、合力”的干事氛围，实施《权力清单运行备案制度》，推行党务公开和办事公开，同时接受通过了毕节市第三纪工委对公司纪检工作目标考核检查，并得到了肯定和好评。加强工会组织建设，开展职工技能竞赛、送温暖和文体娱乐活动，建立各基层单位职工小食堂，积极倡导奋勇争先、敢于担当的企业文化，努力营造和谐发展氛围。

（撰稿人：曾令艳）

供销合作

【概述】 2015年，区供销社系统广大干部职工在区委、区政府的领导下，在市供销社的指导下，深入学习贯彻党中央、国务院等有关文件精神，努力抓好并完成了年初制订的各项目标工作任务。

【主要经济指标完成情况】 截至12月底止，全系统利润总额：年计划4430万元、完成4480万元，所有者权益：年计划5620万元、完成5660万元，总营业额：年计划180000万元、完成186323万元，资产总额：年计划11130万元、完成11260万元。

【充分发挥供销社农资供应主渠道作用】 为确保春耕农业生产用肥需要，农资经营企业采取多种措施，全力搞好以化肥为主的农用物资储备及供应工作。一是做到早计划、早安排、早部署，积极筹措资金，落实购销合同，多方筹措资金，组织调运优质化肥入库，已完成2016年6000吨化肥淡季储备任务，11万吨化肥销售任务，已完成116348吨，超额完成年计划6348吨；农资供应助农增收目标420万元，完成421万元。二是提高农资连锁配送率，充分发挥村级综合服务站、农资店销售网络优势，使农民足不出村就能买到由区公司统一配送的化肥。

【推进基层供销社改革发展，加大为农服务力度】 一是按照进一步推进农村供销合作社的建设和开放办社的有关要求，通过对梨树、千溪、田坝桥、放珠、层台5家个体商业户的综合实力情况和经营能力状况进行考察后，分别与这5家签定了组建新型基层供销合作社的合作协议，让其承担供销社相关公共服务，代行供销社受政府及涉农部门委托的供销社职能，提前完成了市社下达的任务。二是村级综合服务站升级改造工作，根据市社下达的建设内容及标准，今年升级改造的52个村级综合服务站按照制度建设、场地建设、仓储建设、货源充足的有关要求已基本改造完成，并已全面组织验收。三是庄稼医院的建设和升级改造工作按照省社下达的标准全部按升级改造的内容组织实施，根据定人、定岗、定责的有关要求，完善庄稼医院的药（商）品分类，明码标价，以庄稼医院升级改造为试点规范建设乡镇级庄稼医院。四是引领和创办的农民专业合作社项目已实施完成。五是认真组织市场建设，2015年市社下达的3个农贸市场建设已完成设计规划，资金已经到位，并已组织建设，明年年初可以投入使用。

【发展扩大社员股金，积极参与农村金融服务】 《国务院关于加快供销合作社改革发展的若干意见》和《贵州省人民政府关于进一步加快供销合作社改革发展的实施意见》以及《贵州省促进供销合作社发展条例》的有关文件精神和政策，通过吸纳社员股金、调剂资金，帮助社员解决因发展生产与资金短缺的矛盾；为了更好地为“三农”服务，在去年组建股金服务成功的基础上，在8月份、11月份新组建2个社员股金服务部（办事处），现已正常开门营业。

【电子商务网点创建】 根据《国务院关于大力发展电子商务加快培育经济新动力的意见》和贵州省人民政府〔2015〕61次会议纪要明确县级以下农村电子商务工作由供销社主抓，在区委、区政府的关心支持下，已完成了全区选点任务。按照贵州省人民政府《关于全面推进农村电子商务发展三年行动计划》的要求，全区共需建548个电子商务网点，我社计划分三期实施，第一期在年底前建立48个镇级网点。

【组织开展义务植树活动】 按照区委、区政府的安排，在联系点撒拉溪镇建立了200亩的绿化造林示范点，并组织系统干部职工到联系点撒拉溪镇双龙村开展义务植树活动，共植树900多株，折合面积约10亩。同时筹集资金，为示范点的农户无偿配送普钙100包，支持造林绿化工作，在当地群众中发挥了示范引领作用。

【遍访工作】 根据区委、区政府的文件精神，分别开展了“爱心家长”关爱留守儿童活动和遍访贫困村贫困户工作，到撒拉溪双龙村，对四名留守儿童基本情况进行了逐户访谈、登记，同时为每户留守儿童送去了1袋大米和1桶菜油。到撒拉溪镇水浸沟村、双龙村和冲峰村，对三个村的基本情况和31户的生产生活等情况进行了逐户访谈，同时为走访的贫困户每户送去了1袋大米和1桶菜油等生活物资。

【认真开展处置不合格党员工作】 按照区委组织部《毕节市七星关区深入开展处置不合格党员工作的实施方案》的要求，结合供销社实际，拟订了《区供销社关于处置不合格党员工作的实施方案》，党组采取以会代训的方式，对所属各党支部书记开展不合格党员处理培训，具体区分了不合格党员行为和处置程序方法，使各党支部能够在工作中依据党章认定身边不合格党员并进行处置。各党支部按照实施步骤和评议标准，动员已买断工龄的2名党员将组织关系转到所属社区，其余65名党员均为合格党员。

【积极开展在职党员进社区报到服务工作】 按照《关于深入开展机关事业单位在职党员进社区报到服务的实施意见》文件精神，结合单位实际，制订了《区供销社在职党员进社区服务群众实施方案》，党组按照要求，已督促8名党员按时间要求到所居住地社区报到并每人认领了服务岗位，全年8名党员已参加服务活动49余次，进一步密切了党群干群关系，为推动社区党的建设与文明和谐社区建设做出了一定的贡献。

【切实做好安全工作，促进社会和谐稳定】 区社十分重视安全工作，一是组织人员对重点单位进行安全大检查，以排除隐患；二是加强对烟花爆竹的经营管理，定期或不定期进行安全教育和检查，确保经营硬件达标。共对重点单位进行安全检查21次，突击检查4次，全年未发生任何安全事故和责任事故。

【着力抓好信访工作】 结合供销系统的实际，拟定了《区供销社2015年群众信访工作要点》《区供销社2015年矛盾纠纷和信访问题排查化解“百日攻坚战”工作实施方案》和《全国“两会”期间信访维稳预案》，并在全系统集中开展矛盾纠纷和信访问题排查、化解和稳控工作，深入分析，以人为本，将问题和矛盾化解在基层。社党组多次召开专题会议研究信访问题，不上交矛盾，积极化解上访人员提出的合理诉求，对不属供销社层面解决的问题及时向区领导及有关部门汇报，变上访为下访，尽全力化解信访问题，积极为区委、区政府分忧解难。2015年，共接待信访问题19件、来访67人次。给予当场签交和解决的17件46人次，其中通过解释工作放弃诉讼3件6人次，通过调解协调处理1件2人次，引导进入司法程序的1件3人次。市供销社及上级信访部门交办的信访案件6件，通过调查处理已答复3件。通过核实因原有司法结论不再受理的1件，案已办结在协调经费解决的1件。已答复但当事人不服处理意见，正在协调解决的1件。

（撰稿人：办公室）

烟草专卖

【概述】 毕节市七星关区烟草专卖局·毕节市烟草公司七星关区分公司成立于1983年，至2015年区烟草局（分公司）机关设职能股（室）10个、下设机构13个（烟叶站6个、专卖稽查中队6个、科技园1个）。全系统现有员工717人，其中在岗职工458人（正式职工262人，聘用人员196人），内退人员32人，离退休人员227人。

2015年，七星关区烟草专卖局（分公司）在七星关区委、区政府和毕节市局（公司）党委的正确领导下，在中共十八大、十八届三中四中、五中全会精神的指引下，按照“转方式、调结构、上水平、促发展”的思路，进一步解放思想，理清思路，深化改革，明确目标，细化管理，抢抓机遇，整体提升烟叶标准化生产、现代烟草农业建设、专卖监督管理、基础管理工作水平，不断增强工作主动性、积极性和创造性，通过全体员工的共同努力，各项工作取得了显著的成绩。

2015年，七星关区烟草专卖局（分公司）在所辖烟区七星关区、双山新区共计落实烟叶种植面积6.8万亩，落实29个种烟乡镇、235个村4993户烟农。共计收购烟叶168189担，完成收购计划的98.93%，其中完成上等烟93142担，占收购计划的55.38%，完成上中等烟155111担，占收购总量的97.12%。担烟均价1243.89元，实现烟农收入20920万元，实现财政税收4602.59万元。

2015年，七星关区烟草专卖局（分公司）落实国家、省、市烟草局（公司）科研项目7个大项21个小项的课题试验、示范、推广工作，获得国家局、省局主要领导的好评。在全国烤烟品种西南片区项目中期检查评估过程中，七星关区烟草科技园获项目年度考评优秀称号。

【**烤烟生产**】　2015年，七星关区烤烟工作主抓“基础保障、技术保障、组织保障”三大保障措施，烤烟生产各项工作“抓早、抓实、抓执行、抓到位”。

1．抓好“基础保障”。一是种烟面积严格按照每亩1200株种足、种实。一律规划好田好土种植烤烟，种烟土地连片规模明显提升。二是坚决按照工业企业需求进行布局，非工业企业需求的相关品种坚决不予种植。三是烤烟生产备耕工作立足一个“早”字，突出一个“实”字。烤烟移栽工作启动早、进度快、标准高，由于准备工作充分，并抓住了烤烟移栽有利节令，烤烟移栽在4月13日启动，4月30日就全面结束。

2．着力推进“技术保障”措施。一是主抓备耕、育苗、移栽三大节令，缩短此三大环节工作周期。二是全面开展自制有机肥工作，配套推广油菜压青技术，扩大酒糟有机肥施用面积，为创七星关区烟叶特色奠定基础。三是重抓病虫害防控，有效减少病虫害造成的减产和损失。四是全力抓好科学烘烤，以合作社为平台，进一步加大烘烤培训力度，各烟叶站烘烤主管、各收购点烘烤技术指导员、烘烤专业队员全面参加区分公司烘烤实操培训，建立强有力的科学烘烤队伍，对特殊烟叶的烘烤摸索出一套成熟可行的烘烤技术，全面减少烘烤损失。五是以点带面建设好高标准示范基地，进一步增强高标准示范基地的引领作用。烤烟备耕工作早启动，育苗管理工作落实到位，尤其移栽前烟苗促控结合，移栽烟苗大小合适，整齐度高，移栽质量较高。六是抓好烟叶结构优化工作，坚持“量化处理病残、下低等烟等不适用烟叶，充分保护下二棚、中部、上二棚烟叶”的原则，确保不适用鲜烟叶处理到位，不收购等级不行成社会产量，节省烟农投入。全区共计处理不适用鲜烟叶1960万公斤，处理烤后不适用烟叶4.5万担。

3．落实“组织保障”措施。一是基层站点管理模式按照“扁平化”的要求，结合各种烟区域生态自然条件优化整合站、点、线，现有生产人员一律实行双向选择、优化组合，落聘人员一律加入合作社或进入人力资源池。二是结合现行绩效考核方案，按照结果导向的原则，与烟叶收购实绩充分挂钩考核，在分配上打破员工身份界限，充分体现多劳多得、效益优先。三是区分公司领导班子成员、督查组及机关各部门抽调人员对各关键环节技术落实情况进行巡回督查指导，发现问题现场整改。为各项技术措施落实到位提供组织保障。

4．狠抓“规范管理”。全区烤烟收购工作严格按照“坚持流程、规范管理、提升服务”的总要求，全面执行“1148”分级流程，全面实行“三约”（即约烟农、约时间、约等级数量）交售制度，烟叶收购调运平稳有序开展。一是提升专业化分级队员分级水平，确保专业化分级工作全面推进。二是抓好烤烟收购规范管理，区分公司于收购前对收购人员进行警示教育培训，为广大收购人员敲警钟。烤烟收购过程中未出现违规违纪现象。确保了收购管理过程严格执行相关管理规定及制度。三是狠抓过程管控。全区专分散收工作全面推进。实现了分级现场管理有序、烟叶收调较为平稳。提升服务烟农水平，服务烟农热情规范，提升烟农满意度。加强收购成包调运监督检查，对存在问题的收购线立即整改，确保执行流程不走样，保证了烟叶收购平稳有序开展，烟叶等级纯度较往年明显提高，获得了上级公司和烟叶营销中心充分肯定。

【现代烟草农业建设】 在现代烟草农业建设工作中，七星关区烟草专卖局（分公司）结合实际采取了以下工作措施：一是因地制宜、科学规划、合理利用流转土地资源，推进园区建设。二是加强沟通协调、整合项目资源，提升园区建设水平。2015年园区机耕主干道3.1公里同步实施了路面硬化，该项目通过资源整合的方式得以同步落实，获得了国家局、省市局（公司）、政府相关部门及广大群众的一致好评，为下一步行业基础设施建设与相关部门资源整合建设提供良好的借鉴效应。三是以烟为主、创新生产组织模式，大力探索产业配套循环烟草的运行模式。以合作社作为组织经营管理主体，初步形成“烟草公司+农业技术部门+合作社+销售公司”的组织运行模式，稳步探索“蔬菜—烤烟—蔬菜”的新型烤烟产业配套综合发展模式。根据订单农业生产需求，园区年度共计落实露天特色蔬菜种植150亩、大棚种植20亩的特色蔬菜种植，相关种植品种进入市场销售后反响强烈。作为产业发展模式探索的试验田，省、市、区三级领导多次莅临园区进行指导，为烤烟产业综合配套发展提供政策支持和便利。

【专卖管理】 2015年七星关区烟草专卖局以毕节市烟草局年度专卖工作重点和区局年度专卖管理工作目标为方向，落实专卖监督管理各项工作任务，市场监管、打私打假、证件管理、队伍建设等工作均取得了较为可喜的成绩，为实现年度工作目标、维护国家利益和消费者利益作出了应有的努力。一是应用市场监管信息平台、实践精准市场监管，规范卷烟市场秩序，巩固卷烟市场综合净化率；二是继续加强烟草、公安的密切配合，实践精心案件管理，打击涉烟违法犯罪；三是加强《烟草专卖零售许可证》后续监管，实践精细证件管理，提升行政执法效率和为民服务水平；四是应用精实基础管理成果，加强基础管理，提升工作质量、提高工作执行力，纠正和解决基础管理工作中存在的问题；五是着力推进精诚队伍建设，强化文明行为规范，组织专卖管理暨法制教育培训，加强业务技能学习，提高综合素质；六是严格过程痕迹管理，适时将市场监管、案件办理、证件办理各环节资料录入专卖管理信息平台，确保过程管理的可溯性和全面性；七是以“3·15”维权宣传、“5·15”打击经济犯罪为契机，开展专卖法律法规宣传和市场清理整顿，提高广大民众法律意识、遏治违法经营行为。

【党建工作】 1.制度建设。一是坚持和完善党组中心组学习制度，制订《2015年区局（分公司）党组中心组学习计划》，强化领导班子的思想教育。全年共组织党组中心组学习四次。二是做好“六有四型五力”基层党组织建设，开展“二三五”教育实践等活动。三是健全党建工作制度，不断提高党建工作科学化水平。四是进一步深化创先争优活动，按照“五好”党支部建设的要求，做好“五好”机关党支部命名及党组织书记和优秀党员上报评选等工作。“三型”班子建设。一是继续按照党的群众路线教育活动，深入开展“三严三实”教育，坚持一把手上讲堂讲党课活动。二是坚持和完善党组中心组学习制度，加强理论学习的系统性，强化领导班子的思想教育，构建学习型领导班子。三是加强领导班子制度建设，以民主集中制为重点，建立和完善党组议事规则、重大决策制度、党组会议制度、党务企务公开等制度，坚持重大问题领导班子集体讨论通过，充分发扬民主，提高领导班子依法决策、民主决策和科学决策水平。四是提升做好“两烟”工作的能力，认真研究新形势下“两烟”工作的特点和规律，改进工作的方式方法，切实加强和创新管理工作。

2015年，结合工作实际，制订了七星关区目标绩效考核方案、烟叶关键环节考核方案及专卖绩效考评方案，从综合管理、烟叶生产收购、专卖、内管等工作全面加强工作绩效考核工作，采取正激励与负激励相结合方式，加大对重点环节和关键环节的考核力度，全面落实各项工作任务目标的顺利完成。通过班子动员和带领全体员工从烟叶发展创新、管理创新、管理创新、技术创新、营销创新、服务创新等方面下工夫，加快创新步伐，切实转变烟叶发展方式，提高烟叶组织化、信息化管理程度，提高标准化执行率、服务到位率、创新成果的转化率，打牢基层管理基础、发展基础。

【廉政建设工作】 一是严格监察，促进烟草和谐建设；二是加强领导干部作风建设，进一步深化廉政教育和廉政自律工作；三是强化制度建设，从源头上预防和治理腐败，做到工作有目标、有内容、有措施。四是认真贯彻落实中共十八大和中纪委会议精神，以及国家局、省局和市局（公司）纪检监察全会精神，开展了一系列党风廉政警示教育、预防职务犯罪宣传教育活动、两节期间反奢侈浪费教育活动、认真开展效能监察等工作，把七星关区局（分公司）党风廉政建设和反腐倡廉工作不断引向深入。五是从规范领导干部廉洁从政行为入手，成立党风廉政建设责任制领导机制。年初党组调整了党风廉政建设领导小组，坚持党组统一领导、职能股室各负其责、监察组织协调、群众积极参与的领导体制和工作机制，把党风廉政建设责任制的落实与烟草业务工作紧密结合起来，一起部署、一起落实、一起检查、一起考核，形成“一岗双责”的工作格局。2015年层层签订《党风廉政责任书》共31份，签订《干部员工廉洁自律承诺书》共463份。

（撰稿人：刘润生）

教育·文化·科技

教　育

【概述】　2015年，七星关区教育局认真贯彻省、市、区教育工作会议精神，执行区委、区政府教育工作部署，进一步深化教育改革，积极推进素质教育；不断优化教师队伍，努力提升教育教学质量；加强薄弱学校建设，促进义务教育均衡发展，全力办好人民满意教育。

【基本情况】　辖区内有各级各类学校505所。市属学校8所（幼儿园1所、完全小学2所、普通高中2所、完全中学2所、特殊教育1所）；区属学校497所（城区129所、农村368所，公办401所、民办96所，幼儿园98所、完全小学296所、初级中学54所、九年一贯制33所、普通高中3所、完全中学9所、十二年一贯制2所、中等职业学校1所、特殊教育1所）。全区共有学生315424人（幼儿园38153人、小学146865人、初中85729人、高中39447人、中职4512人、特殊教育718人）。全区共有教师17927人（公办14801人、民办3126人，城区7554人、农村10373人，幼儿园2007人、小学8306人、初中5301人、高中2109人、中职120、特教84人）。全区小学、初中、高中、中职校舍建筑面积分别为72.5万平方米、52.636万平方米、69.57万平方米、5万平方米。

【深入实际调研，明确工作责任】　年初，印发《七星关区教育局领导班子成员分管工作的通知》《七星关区教育局关于对联系指导乡镇办事处学校工作人员的通知》。局党组成员定期或不定期带领相关人员深入各中、小学进行调研。民主推荐考察中学领导班子72人。与各教管中心、中学签订各项工作目标责任书。完善《七星关区2015年度区直部门工作目标考核表》《七星关区教育局机关干部职工动态跟踪考核管理细则（试行）》。相关股室及个人按指标完成各项工作。

【各类教育蓬勃发展，义务教育初步均衡】　一是学前教育取得新成效。创建省级一类幼儿园3所，二类幼儿园6所；全区在园（班）幼儿32797人，其中山村幼儿园17551人，学前三年毛入园（班）率达76.8%，新增4个办园集团，建成6个龙头园。二是义务教育得到新提升。小学适龄儿童入学率达99.73%；初中阶段入学率达97.23%；九年义务教育巩固率达95.18%，三残儿童少年入学率达86.15%。三是高中阶段教育实现新跨越。完成普通高中招生14221人，中职招生13621人，高中阶段毛入学率达85.65%，普职比接近1：1。普通高中体育运动场面积达标学校数的比例为100%，体育器材配备达标学校数的比例为87.5%，理科实验仪器达标学校数的比例为93.75%，建立校园网学校数的比例为100%。高考二本以上综合上线率达39.88%。四是民办教育实现新飞跃。北大附属实验学校于9月开学，梁才学校、三联学校等各类民办学校“百花争艳”。在校学生35327人，专任教师1561人。五是特殊教育实现新突破。加大经费投入，完善特教学校附属设施建设，加大教师专业提升培训力度，改善残疾儿童随班就读条件，三残儿童毛入学率达86%。六是民族教育新深化。开展民族团结教育，落实发展民族教育优惠政策，推进民族民间文化进校园。加强民族双语教学工作，选派双语教师和苗族教师7人到省培训。

全区324所义务教育阶段学校，接受验收的259所全部通过省市义务教育初步均衡发展评估验收。一是加强寄宿学校管理。各中小学以创建“四在学校·幸福校园”为抓手，农村学生寄宿率小学达30.2%、初中达71.6%。二是实施学区化办学。毕节二中在朱昌中学设立分校区，毕节卫校、毕节水电技校原校址分别改办为毕节八中分校、毕节市实验学校分校。实施以强带弱，促进薄弱学校发展。三是形成骨干教师、名师到农村学校和薄弱学校任教或支教体制。四是实行一年级和七年级划片招生。五是投入资金200万元采购图书20万册、投入资金210万元购置计算机600套、投入资金448万元购置中小学实验设施设备32套、投入资金1200万元购置班通500套。

【加快工程建设进度，办学条件不断改善】 完成学生宿舍项目建设，2013年88个、建设面积90680平方米；2014年51个，建设面积45300平方米。完成教师公租房项目建设，2013年44个，1104套，建设面积38640平方米；2014年200个，2956套，建设面积103460平方米。2015年教师公租房开工建设34个，办理招投标前期手续27个。完成学前教育项目建设17个。完成薄改项目建设，2014年21500平方米；2015年8000平方米。完成受地质灾害危害学校治理项目3所，田坎乡白沙小学、层台镇和平小学已全面竣工，毕节八小搬至原毕节三中。毕节职中改扩建项目主体工程已竣工，“百校大战”附属工程建设已完成投资计划的30.22%。拟迁建毕节二中，开展选址、土地征收等前期工作。

初中、小学生均校舍占地面积分别达17.52和15平方米；体育运动场达标学校的比例分别为89.97%和71.43%，体育器材配备达标学校的比例分别为85.31%和71.43%；初中理科实验仪器和小学数学自然实验仪器达标学校数的比例分别为95.92%和87.15。学校更加规范，创建市级规范化学校2所，区级13所，市级减负提质增效示范校7所，“三生四爱五心五好”示范校3所，区级26所，区级校园文化建设示范校10所，“四在校园幸福学校”1所，寄宿制管理示范校7所，德育先进学校9所，学科教学渗透法制教育示范校省级3所、市级3所、区级14所。

【关爱留守儿童，资助温暖人心】 配备兼职心理健康教育教师900名，培训教师达1358人。开展心理健康教育辅导8万余次，覆盖留守儿童3万余名。完成39696名留守儿童的建档工作。为贫困留守儿童发放服装4000余套。为900名贫困留守儿童每人发放慰问金200元。组织41名优秀贫困留守儿童到北京开展2015“共享蓝天.快乐成长”夏令营活动。建设标准化留守儿童之家67个，留守儿童监护中心10个。全区近5万名留守儿童全部实行结对帮扶，支出各项社会捐款物资近100万元和压缩8%的行政办公经费500万元用于关爱留守儿童。

454所农村义务教育阶段学校近18万名学生营养午餐全部实行食堂供餐。6550名高中生享受国家助学金。768名学生享受中职助学金。797名学生获得中职国家免学费。13877名初中农村寄宿生、768名小学农村寄宿生获得贫困生生活费补助。完成10036学生的贷款工作，贷款金额5737.543万元。

【加强人事管理，提高师资水平】 补充特岗教师485人（小学242人、初中243人）。考调补充城区学校教师222人。招募志愿者补充幼儿教师100人。转接2012年特岗教师为正式教师1074人。新增教师向农村或薄弱学校倾斜，使城乡间、校际间师资趋于均衡。初中、小学师生比分别为1：21和1：19，专任教师合格率分别达97.2%和99.35%。表彰一线优秀教师535人。完成职称评聘、学校编制、教职工绩效考核、人事年报、工资年报、教师退休、教师25年与30年荣誉证、生源地大中专毕业生档案的接收转接等常规工作。

完成中小学各级教师培训2480人次，“国培计划”培训5192人次，校长园长外出培训45人次，骨干教师、青年教师各类培训3850人次。新增各类教师岗前培训率100%。实行师德师风监测制度，执行师德师风规范一票否决制。开展“最美乡村教师”“十佳特岗教师”和“先进教育工作者”评选表彰活动。535名教师获“优秀教师”称号。

【夯实安全工作，规范办学行为】 将安全教育纳入教学内容，开展课后1分钟安全教育；发放宣传资料30余万份、安全光碟1000余张，悬挂宣传条幅480余面，制作安全宣传展板300余块；开展各类应急演练630多场次；出动人员500多人次、执法车辆200多台次对校园及周边环境进行整治；完成对680余名教育管理中心主任、分管主任、校长、园长的安全管理工作；新增安保人员75人，共配备安保人员1246人。

各中小学严格执行课程计划，开齐课程、开足课时；无挤占音体美课程现象；未发现违规补课、有偿家教现象；未发现课堂内容课外补现象；未发现向社会培训机构提供（包括租赁、借用等）举办补课活动的场所和设施等问题；未发现以家长委员会、班委会等形式变相组织补课及收费行为。

【加大教改力度，抓好质量监测】 一是完成毕节九小、六中、局教研室等4个省级课题，毕节六中、毕节四小、十小等23个教育部关工委课题的开题工作。清理“六个三”市级和区级课题工作，上报28个市级课题结题材料。开展为期三天的课题研修培训工作。二是抓好“一师一优课、一课一名师”活动。对102名学校电教人员进行摄录培训，组织2000余名中小学教师在晒课网上并进行实名制注册登录，完成1300节课的目标任务分解。三是两次到毕节十中和撒拉溪中学指导有效课堂建设，召开各教管中心、中学，区直各校主要负责人和相关人员共230余人参加的“全区中小学课堂教学改革观摩交流现场会”。四是抓好义务教育阶段教学质量监测工作，抽取城区六年级和各镇乡六年级语文、数学进行集中评改，并进行质量分析。

【多项工作并进，完成年度目标】 一是未成年人思想道德建设工作。开展“祖国好·家乡美”主题系列活动和“三生四爱五心五好”主题教育活动，“明礼知耻·崇德向善在校园”知识抢答赛；指导学校建设“道德讲堂”396个。二是认真开展体卫艺工作。各校开设健康教育课程，学生健康知识知晓率达100%；完成14岁以下儿童驱虫工作，感染率控制在3%以内；开展阳光体育活动，保证学生每天一小时的校园体育活动时间；完成《国家学生体质健康标准》的测试和上报工作，完成率达100%。三是认真开展禁毒预防和反邪防邪宣传教育工作。以课堂教育为主阵地，以“六个一”活动和“九个一”工程为抓手，开展禁毒预防宣传教育，增强中小学生识毒、防毒、拒毒能力；开展“校园拒绝邪教”活动，确保师生不信邪，校园无邪教。四是开展乡村学校少年宫建设和国防教育。指导鸭池头步小学、南箐小学、朱昌小学、千溪小学少年宫学校管理和运行；把国防教育和爱国主义教育纳入中小学和职业学校的教育；开展爱国拥军教育活动，开展国防教育和学生军事训练。五是“控辍保学”宣传工作。落实“双线包保责任制”“七长负责制”和“五项制度”；开展宣传活动380次，制作大型宣传广告牌75块、永久性宣传标语362条、宣传栏（黑板报、墙报）418版；通过市区电视台、《毕节晚报》、《七星关教育》等工作报道50多次。六是教育信息化工作。完成“班班通”教室多媒体终端建设1500余个，完成任务数的52.37%；建设计算机教室200余间，添加计算机近10000余台；宽带网络完成30所，完成任务数的100%。七是教育督导工作。定期或不定期对120多名督学进行培训；完成小学规范办学行为、农村营养改善计划、安全工作、教育工程、控辍保学等工作的专项督导；对田坎小学、龙场营中学等50所中小学进行“素质教育”“教育综合”督导评估；对麻园街道办事处等14个镇乡办事处人民政府暨党政主要领导教育工作的履职情况进行评估考核。八是教育工会及关工委工作。做好满届基层工会的换届选举工作，完善校务公开工作机制、监督机制；完成34个“五好”关工委的创建任务；到毕节四中等4所学校开展“践行社会主义核心价值观，从文明行为的养成做起”主题教育宣讲活动；开展“爱学习，爱劳动，爱祖国”主题读书征文活动，有18篇优秀作品获市教育局表彰；开展“中国梦·我的梦”传统书画进校园活动。九是有力推进党建和党风廉政建设。抓好政治理论学习 指导区直各校党支部做好“三严三实”党课和“三会一课”工作；推进“明理知耻、崇德向善在机关”主题实践活动；推荐表彰20个“五好”基层党组织；局机关党委表彰6个区直党支部和50余名优秀党员和党务工作者；选派6名驻村工作人员，增加4名工作员为驻村第一书记；查办案件27件，清退乱收费59041元，处理违纪人员4名。十是招生考试工作。中考体育考试设六个监考小组，25309名学生参加考试；高考设10个考点，12267名应往届考生参加考试，其中，文科4621人，理科7646人；中考城乡共设37个考点，846个考场，25309名考生参加；自学考试，562人报考1724科次；组织七星关区、大方县、金沙县、纳雍县考生1826人参加成人高考。十一是法制教育。开展各级各类学校学科教学渗透法制教育活动；抓实村级学校章程建设；办理执法证件16个；梳理全局权利清单和责任清单；组织无纸化学法用法学习考试；对民办学校（幼儿园）进行年检；“六五”普法通过验收。十二是校财局管工作。完成财政预算和“三公”经费公开及各项统计报表填报工作；累计办理支出金额为210845059.36元，其中，安保及工勤人员工资发放42300000元，公用经费支出54234968.29元，营养改善计划经费支出50640091.07元，教育工程支出34560000元，学生资助经费29110000元。

（撰稿人：赵明友）

文化体育广电旅游

【文化活动】 2015年，组织文化三下乡演出活动10余场；8月，组织“2015毕节市纪念中国人民抗日战争暨世界反法西斯战争胜利70周年合唱大赛”；9月，组织“2015毕节市纪念中国人民抗日战争暨世界反法西斯战争胜利70周年广场舞展演活动”；开展了“八一”慰问演出。

【图书管理】 2015年，七星关区图书馆共接待读者30000余次，其中儿童阅览室接待读者17000余次，借阅册次为150000余次。图书流通部接待读者12100次，借阅册次为32110册次。电子阅览室接待读者1810人。完成北京蔚蓝公益基金会向图书馆捐赠的3873册图书的分类编目上架工作，装订过刊杂志2748册，报纸102册，收藏地方文献16本。8月下旬举办了七星关区全民阅读活动，吸引了数千阅读爱好者参与。

【文物保护】 2015年，全面完成全国重点文物保护单位“贵州抗日救国军司令部旧址”修缮工作及“大屯土司庄园”抢救性文物保护设施建设项目的前期工作。开展了2015年全国第一次可移动文物普查工作，目前文物登录上报工作已全面完成。对文物保护单位消防安全设施进行提升改造，更新完善灭火器等消费安全设备。

【文化市场管理】 2015年，共计出动执法人员1026人次，执法车辆421驾次，检查文化市场经营单位1358家次，收缴非法出版物40000余册，取缔非法盗版碟销售地摊21个，收缴非法音像制品22000余张，依法查处无证经营网吧12家。办理案件并结案22件，罚款52000元。

开展了2015年侵权盗版及非法出版物集中销毁活动及“4·26”世界知识产权日宣传活动，此次活动集中销毁侵权盗版制品及各类非法出版物共计107677件，其中侵权盗版像制品82600张（其中淫秽光碟275张），非法出版物25000册，游戏机32台，电路板45块。在青场镇、清水铺镇开展了委托执法试点工作，不断创新文化市场执法工作机制。于1月23日，与区消防大队联合举办了文化市场人员密集场所消防安全现场演练活动。根据《北京市大兴区文委执法队与贵州省毕节市支队2015年帮扶合作实施方案》《北京市与贵州省帮扶合作意向书》规定，展开了双向交流学习。

【文化业务】 2015年，完成了麻园办事处杨家塘社区和碧阳街道办事处大兰社区建设2个城市社区文化活动室建设；完成了毕节市乌蒙文化节第三届文化艺术系列（戏剧小品和器乐）大赛的工作。并取得了1个大赛组织奖、4个金奖、8个银奖、7个铜奖，7个优秀奖的好成绩。

【文化产业】 2015年，编制充实了“七星关区阿市中寨喀斯特奇峰旅游区、千坡苗寨——世界苗族人的故乡大南山苗寨、十里城市田园生态休闲度假区”三个项目入文化产业项目库；向区招商引资部门筛选报送了七星关区赤水河百里漂流项目、七星关区拱拢坪旅游开发项目、七星关区鸡鸣三省百丈崖探险和红色旅游项目；七星关区全民健身中心项目顺利完成前期工作后于10月份正式动工；完成2014年度全区文化系统、行业的城市、镇乡文化产业发展的调查统计填报工作任务；编制完成《毕节市七星关区“十三五”文化事业和文化产业发展研究报告》《毕节市七星关区“十三五”文化事业和文化产业发展规划》及《毕节市七星关区“十三五”旅游业发展规划》。

【体育工作】 2015年，组织开展了2015年“迎新春”登山、拔河比赛；组织开展了2015年“迎新春”羽毛球比赛；举办了普宜镇庆“五一”篮球运动会；协助七星关区老年体协承办了毕节市老年人象棋比赛；代表毕节市组队参加了在威宁举办的全省中老年人健身球比赛；完成2015年“农民体育健身工程”项目相关指标文件的下发和器材发放工作。

【广播电视工作】 2015年，完成农村公益电影放映5964场次；七星关新闻共播出节目近200期，用稿1300余条次，组织主题策划20余次；《民生八点半》栏目播出节目150余期、稿件1000多条。陆续推出了《身边好人》《最美司机》《舌尖上的七星关》以及《最美劳动者》等大型系列报道；同时报道《女子落入倒天河城管商贩协力救人》《微信爱心接力寻回失散23年亲人》《四岁女童生命垂危机场上演地空接力》等30余条新闻被中央、省级媒体采用；独立制作了《鸡鸣三省旭日东升》《助力开发扶贫同步迈向小康》《精心构建大宣传全力传递正能量》《看精品、取真经，助推我区美丽乡村建设》等各类专题片十余部；完成了七星关区42个乡镇办事处广播电视通讯员的培训工作；完成了调频“FM91.2”七星关广播的改版工作，节目实现24小时不间断播出，每天16.5小时直播，自办节目18档。

【旅游工作】 2015年，七星关区实现旅游总收入46.05亿元，同比增长19.8%，接待人数1034.52万人次，同比增长27.46%。推进了拱拢坪国家森林公园AAAA级景区申报工作；继续推进南山公园项目建设，凤栖梧桐公园园区内旅游步道、公厕、标识标牌、凉亭等基础设施建设于9月底全部竣工，并向广大游客免费开放；鸡鸣三省旅游景区旅游公路已完成设计，《鸡鸣三省旅游景区建设规划》已编制完成；天河公园、阳山公园、小河彝寨、大屯三官寨、大南山苗寨、长春堡雄嘎苗寨等景区投入大量资金，完善了景区内公路、游览步道、公厕、停车场等景区基础设施及游览设施建设，区旅游基础设施得到进一步完善；于5月19日“中国旅游日”开展了形式多样的旅游宣传活动。

（撰稿人：刘　源）

科　技

【概述】 2015年，在区委、区政府的正确领导下，在省科技厅、市科技局的指导下，以科学发展观为统领，坚持“合作创新、加强转化、重点突破、引领跨越”的科技方针，紧紧围绕区委、区政府“两年明显变化，五年大见成效，十年实现跨越”的总体发展思路，认真贯彻落实省、市、区科技大会精神，以实施科技项目、发展中药材种植、开发特色产品、培育优势产业、保护地方特色产品的知识产权为重点，以加速科技成果转化为动力，切实加大科技培训、宣传力度，不断拓宽科技服务领域，努力提高科技管理水平。

【科技宣传】 加强对科技工作的组织领导，组织协调市、区各涉科部门200余人认真开展好“科技进社区、进企业、进乡村、进校园”等丰富多彩的科技“三下乡”和“科技活动周”系列活动。开展了防震减灾应急演练，在六所中小学播放了地震科教片，并建立了两个地震科普示范学校。全年共发放宣传资料（防震减灾，知识产权、农村种养殖实用技术）10万余份，受益群众5万余人次。

【科技培训】 加强科技培训普及力度。组织专门队伍，深入中小型企业、进行科技项目申报培训。引导企业积极申报各类科技项目和保护自主知识产权。各乡镇、村、进行实用新技术的培训，进行新品种试验、示范和推广。加快科技向现实生产力的转化。鼓励和引导企业多方筹资，积极引进新工艺、新设备，立足本区资源优势，发展特色产业，精心打造一批具有自主知识产权的名牌产品，增强企业的市场竞争实力，带动区域经济快速发展。围绕区产业结构调整、产业化发展抓好科技培训工作，力求实效。培训种植、养殖、科技信息等各类人员1万余人次，发放各类科技宣传资料10万余份。

【科技项目】 一年来，认真组织项目的申报、实施工作，组织申报科技计划项目共24项，已获得立项批复十余项。加强已实施的科技项目的指导、管理、检查、督促工作，积极帮助协调和解决项目执行中的困难与问题，七月及时向省科技厅反映了项目的受灾情况，受灾补助工作正在有序进行，确保科技计划项目的正常运行。依托科技项目和科技成果两大载体，切实提高科技工作服务经济的能力，以科技与经济紧密结合为出发点，以增强区域经济竞争力为突破口，以培育自主知识产权、形成核心竞争力为目标，大力实施一批重大科技项目，加快科技成果转化，从而带动产业的整体发展。

【科技特派员试点工作】 抓好科技特派员试点工作。自我区被省科技厅列为科技特派员试点以来，认真按照七星关区科技特派员制度试点工作实施方案的要求，推行“科研院所+企业+科技特派员+基地”的运行模式，在区直科技部门和田坝、朱昌、鸭池、千溪、海子街等单位选派19名科技特派员深入农村和企业。做给村民看，带着村民干，帮助村民赚，充分发挥科技特派员的引领示范作用，促进了农业产业结构的调整，有的种植菌类、蔬菜、经果、药材、有的养殖肉鸽、山鸡、猪、羊。绝大部分科技特派员搞得热火朝天、有声有色，建立了自己的专业合作社。不仅解决了自己的致富问题，而且带动了本村和邻村的发展，创建科技示范点5个，带动科技示范户12000余户，提高了科技成果的转化效率。

【地道特色产品】 （蔬菜、药材两大类）

一、蔬菜类:毕节白蒜、毕节大白萝卜、七星关区“奶奶青菜”

1. 毕节白蒜

毕节白蒜因其外皮和肉质均呈白色，皮肉嫩白而得名，具有瓣大均匀、味道纯正、浓郁、辛辣醇香等区别于其他品种大蒜的特点。

白蒜属于多年生草本植物，百合科葱属国家卫生部公布的“药食两用”植物。单个蒜头一般有8—12瓣，重量在30—50克之间。经成分分析，新鲜大蒜每100克中含水分70克、蛋白质4.4克、脂肪0.2克、糖类23—24克；维生素B0.24毫克、维生素B20.05毫克、维生素B50.9毫克；维生素C3毫克。大蒜中含17种氨基酸，其中8种为人体必需氨基酸，尤以精氨基酸含量最高，占氨基酸总量的20.4%，其次是谷氨基酸，占氨基酸总量的19.75%，大蒜中还含有预防胃癌的元素锗（73.4毫克100克）和硒（0.3—0.8毫克100克），大蒜含挥发油约0.2%，目前已从油中鉴定出二烯丙基硫化物、甲基烯丙基三流化物、二烯丙基二硫化物等多种含硫化物。因此，祖国医学认为：大蒜性温、味辛辣、且下气、除风、止痢、散痛、消毒气等功效。目前，大蒜入药用于临床已遍及内科、外科、儿科、皮肤科、五官科、及老年保健、肿瘤科等等，随着科学技术的发展，大蒜的药理作用日益增多，如降血压、抗血小板聚集、降血脂和抗动防粥样硬化、降低血糖等作用。大蒜汁还广泛用于保护皮肤的美容化妆产中，具有抗衰老、防癌和抑癌作用。另一方面，大蒜被人们制成蒜片、蒜米、蒜酱、蒜汁、蒜泥、蒜脯等各种可口小菜食品和香辛调味料，是人们日常生活中不可缺少的美味食品。所以，充分利用大蒜的食药价值，开拓广阔市场，进行工厂化生产大蒜多糖、大蒜精油等产品，可为企业创造丰厚的经济价值。

七星关区境内气候温和、雨量充沛、环境优越、适于多种植物生长，是大蒜种植的最佳适生区，有种植大蒜的传统习惯和悠久历史，早在清朝末年就已经开始种植。尤以“毕节白蒜”享誉省内外，“毕节白蒜”品牌的形成已有50多年的历史。主要种植地点分布在七星关区三板桥、杨家湾、撒拉溪、放珠、青场、朱昌、阴底、田坝、水箐等24个乡镇。种植面积达25000余亩。

2. 大白萝卜

境内种植白萝卜历史悠久，品种以毕节白皮萝卜为主，分布于全县各乡镇。1980年土地承包到户后，几乎每户都有种植萝卜，且种植面积逐年加大，1988年种植面积达30万亩以上，产量60万吨。80年代末，毕节镇农技站引进山西农科院选育的风光一代、丰翘一代在城郊流仓村试种，通过几年试验示范、改良和推广，到1993年，“毕节白萝卜”发展成连片1000亩以上的优质萝卜示范基地。主要分布于毕节县毕节镇的流仓村、后河村、德沟村、碧玉村、茶亭村、大兰村、六合村、五里村、塘房村、大桥村、魏家屯村、官屯镇的白果村等1400米至1600米海拔的区域。毕节生产的白萝卜以其特有的土质，独特的气候，尤其是科学的栽培管理技术，成就其质脆、味甜、汁多、口感胜水果，深受广大消费者的喜爱。萝卜营养价值丰富，含有多种人体所需的营养成分和有益物质，如丰富的维生素C、B，氨基酸以及微量元素钙、铁、钾、镁、锌、锰、磷、粗纤维等，具有清热、解毒、消炎、降气、除积、止咳化痰、助消化、防癌抗癌等功效。是食用和馈赠的佳品。

3. 七星关区“奶奶青菜”

“奶奶青菜”因其叶柄上长出较大的形似“奶奶”的肉质凸出物而独具其名，因其产量高，口感好，富含纤维素、维生素、钙、铁等，长期食用有增强机体免疫力、保持血管弹性、防止皮肤粗糙、增强排毒、避免肥胖等功效，有“长寿菜”之称。早在明朝末年，本地农民就有种植奶奶青菜的这种习惯，但在那个时候只是自给自足，直到十一届三中全会市场开放以后，奶奶青菜才进入市场，唯独七星关区区域内种植出来的品质才好，成为七星关区的地道特色产品，并越来越受到消费者的欢迎。

二、药材类：续断、苦参、草乌等

七星关区有中药资源品种2000余种，常用中药材1200余种，全区中药资源蕴藏总量9000多吨，常年产量1500多吨。常年收购经营的中药材达60多种。

续断、苦参、草乌、鱼腥草、天麻、半夏、黄柏、杜仲、前胡等是我区的地道药材。近年来，得到“三江源”和“中药产业扶贫”项目的扶持，中药材生产发展速度较快，2015年，全区人工栽培中药材已发展到近三万亩。其中：续断16000亩、苦参3300亩、鱼腥草3000亩、杭白菊花2000亩、金银花1200亩、云木香3000余亩、杜仲1100亩、天麻200亩、乌头500亩。栽培面积较大的镇乡主要是阿市、千溪、生机、朱昌、野角、杨家湾、放珠、撒拉溪等镇乡。并且还有一定不成规模的桔梗、龙胆草、生地、双肾草、射干、益母草、草果、当归、柴胡、黄金、伸筋草、胖血藤、泽兰、开喉箭、四块瓦、山雕等，年产量达1000余吨。

1. 苦参

苦参为七星关区道地药材之一。苦参（学名：RadixSophoraeflavescentis）为豆科苦参属的植物。别名：苦骨、地槐、水槐、菟槐、骄槐、野槐。在当地习惯叫苦参根。生长于海拔1500米左右的地区，多生在山坡、沙地、草坡、灌木林中及田野附近，八十年代初期在区朱昌镇大坡农场就有人工栽培。2012年七星关区远程民族中医药研究所在放珠镇长沟村和朱昌镇八亩村进行人工示范栽培，2013年扩展到阴底乡、田坝镇、田坝桥镇、小坝镇、亮岩镇、燕子口镇等乡镇，目前种植面积共约0.4万亩，2015年新增种植苦参2000亩，全区总计种植达到6000亩。苦参用途较多，在药用领域的使用范围较广，根入药具有清热燥湿、杀虫、利尿的功效，用于治疗热痢、便血、黄疸尿闭、赤白带下、阴肿阴痒、湿疹、湿疮、皮肤瘙痒、疥癣麻风、外治滴虫性阴道炎等病症。此外，在农药和兽药厂用量也较大。国内市场需求量大，2010年仅贵州远程药业、汉方药业两家企业年需求量就达200余吨。七星关为苦参种植最适宜区，《贵州省中药材产业发展扶贫规划（2012—2015年）》中，已将苦参列入23

个重点发展的品种之列。在《七星关区中药产业发展十二五规划》中，已将苦参、续断、天麻、杜仲、黄柏、党参、草乌等列入重点发展品种。

2．草乌

草乌俗名耗子头，有剧毒，为毛莨科多年生植物，主要成分含乌头碱，以块根入药，具有搜风遂湿，散寒止痛、软坚散结的功用。用于治疗风寒湿痹，肢节疼痛，心腹冷痛，寒疝，阴疽，瘰疬，痰核漫肿等症；

草乌是我区的地道药材之一，野生资源遍布全区。2010年在民盟中央的支持下，在海子街镇五十亩村和朱昌镇八亩村建立人工栽培示范基地200亩，目前，在野角、水箐、田坝等乡镇也在开展人工种植。

【中草药产业化发展】 毕节市七星关区自然环境复杂多样、生物资源丰富多彩、中草药多种多样。2015年年初，拟了七星关区《中药产业十三五发展规划》，预计5年内在区内建成中药材产品交易大市场一个，刺梨综合系列产品研发平台一个及生产线一条。根据区委、区政府中药材板块经济工作要求，2015年，全区规划种植面积11.91万亩，其中刺梨8.26万亩，苦参1.5万亩，鱼腥草0.54万亩，玫瑰0.26万亩，天麻0.33万亩，黄柏0.15万亩，皂角0.15万亩。涉及阿市、长春堡、撒拉溪、生机等32个镇、乡、办。

【县域经济知识产权试点市工作】 毕节市七星关区被列入全省十个县域经济知识产权试点区之一以来，成立了毕节市七星关区县域经济知识产权试点工作领导小组，并建立了县域经济知识产权试点工作联席会议制度。紧扣《贵州省县域经济知识产权试点工作方案》开展工作。2015年，指导企业申报各类专利181件，获得专利授权112件，依托专利转化，带动高新技术产业发展。把新产品计划立项与产品鉴定、专利申报、经费补助结合起来，提高新产品的鉴定率和投产率，高新技术产品的集聚、研究、开发和产业化步伐进一步加快。按照省、市知识产权局的安排部署进一步加强知识产权宣传教育。策划组织“4·26”世界知识产权宣传日活动，丰富、创新活动内容。充分利用宣传媒介扩大知识产权基本概念与基本知识的宣传，提高全民的知识产权意识。进一步加强知识产权培训教育工作。提高自身业务能力。积极推进企事业单位建立和完善知识产权制度。认真配合市知识产权局开展专利行政执法2次，查处涉嫌侵权产品7件，严厉打击专利违法行为。

【防震减灾工作】 根据省、市防震减灾工作安排意见，立足我区实际，制订《防震减灾应急预案》，利用各种宣传手段进行防震减灾知识普及，2015年，共进行防震减灾基本知识宣传10余次，展出各类展板200余块，共发放防震减灾基本知识宣传材料5万余份。组织1000余人在长春堡镇中学进行大型防震减灾应急演练1次，并要求辖区内每所学校每年自行就行一次应急演练。做到防震减灾工作有关法律法规进社区、进学校、进农村，利用板报、标语、条幅、彩页等多种方式，在社区科技文化广场、街头、企业单位开展多种形式的宣传活动。全区共悬挂宣传条幅100条，标语200条，发放防震减灾知识宣传材料5万份。通过此项活动的开展，增强人民群众的防震减灾意识，提高抗御地震的能力，达到了宣传的目的。

【扶贫工作】 认真做好联乡驻村工作。一是班子成员到帮扶点开展工作情况。一年来，班子成员到帮扶点慰问留守儿童2次，督查留守儿童工作开展情况10余次，开展党的方针政策宣传2次，协调组织专家企业到帮扶点调研1次。二是部门办理实事情况。1．配合办事处，到区政府协调解决灵峰村公墓用地补偿款92万元；2．协调区交通局、地灾办到灵峰村通组路道路垮塌地质灾害点查看，现已经过地质勘察阶段，预计2016年开始施工，预计需投入100万元进行道路修复；3．帮助灵峰村解决村级活动经费1.5万元，赠送灵峰村patum6500打印机一台；4．组织企业和专家到灵峰村堰塘组调研，谋划在灵峰村发展小杂粮和蔬菜种植业；5．帮助灵峰村拟定村级经济发展5年规划。三是协调落实项目资金情况。1．协调解决灵峰村公墓用地补偿款92万元；2．协调灵峰村通组道路修复资金预计100万元，项目需2016年才能立项。四是共选派雷震、李翔龙两人分别到田坎乡茨竹村和三板桥街道灵峰村开展驻村工作，雷震于6月12日到岗，李翔龙于3月16日到岗，全年到岗情况良好，未受到上级部门批评处分。两人均积极开展驻村工作，拟订发展规划，及时向上级反映村民述求，在精准扶贫、政策宣传、留守儿童、基层组织建设和村日常工作上均得到当地党委政府和村两委的认可，一年来走访群众将近90人次，召开座谈会8次，协调单位直接解决资金1.6万元，解决困难问题2个，协调项目1个。雷震在驻村工作考核中被区委组织部评定为优秀等次。

（撰稿人：办公室）

科　协

【概述】 2015年，毕节市七星关区科协在区委、区政府的领导下和在上级科协的指导下，全面贯彻中共十八大、十八届三中、四中、五中全会精神，以邓小平理论和“三个代表”重要思想为指导，深入贯彻落实科学发展观，围绕习近平总书记系列讲话精神按照《全民科学素质行动计划纲要》和《科学素质纲要实施方案》要求，推进全国科普示范区动态管理，促进公民科学素质的提高，促进人的全面发展，促进和谐社会的建设，为实现经济社会又好又快地发展作出了积极的贡献。各项工作取得了明显成效，2015创建贵州省公民科学素质先进区工作通过省全民科学素质工作领导小组的验收；2015年获贵州省青少年科技创新大赛优秀组织单位称号；毕节市科协2015年年度目标考核“一等奖”和“百万公众网络学习活动”一等奖。

【深入贯彻和推进《全民科学素质行动计划纲要》】 区科协积极履行区全民科学素质领导小组办公室工作职责，切实加强联系和联络工作，认真贯彻执行《中华人民共和国科普法》，围绕《全民科学素质行动计划纲要》和《科学素质纲要实施方案》要求，整体推进全国科普示范区动态管理各项工作。认真履行全民科学素质领导小组办公室职责，组织召开区全民科学素质领导小组第四次会议暨创建贵州省公民科学素质先进区工作调度会。结合实际，制订了《毕节市七星关区2015年全民科学素质工作意见》及七星关区《创建贵州省公民科学素质先进区实施方案》，召开领导小组和联络员工作会议，切实安排部署并严格督促检查，跟踪管理考核。加强对各镇、乡、街道办及各成员单位创建贵州省公民科学素质先进区工作指导，制定“创建”资料汇编目录，指导各单位做好各项工作。2015年11月顺利通过省全民科学素质工作领导小组的验收。

【科学普及工作】 1. 科普宣传活动。主题科普宣传活动效果明显，全区紧紧围绕“创新发展、全民行动”这个主题，举办了“三下乡”“四进社区”“防灾减灾”“科技活动周”“世界环保日”“全国食品安全周”“全国科普日”等大型科普宣传活动，广泛开展环境保护、安全生产、防灾减灾、防治甲型流感和科学、文明、健康生活方式等各类群众性科普宣传活动和教育培训，利用出科普宣传栏、举办科普展览、发放科普挂图和图书、播放科普光碟等各种方式直接服务于公众，普及面广，社会反响良好。

2015年2月4日，以“文化惠民、圆梦中国”为主题的2015年毕节市七星关区文化科技卫生“三下乡”活动在七星关区杨家湾镇启动。区科协开展种养殖技术咨询，现场咨询2500人次，共发放宣传资料6000余册（份）。

2015年4月28日，由毕节市科协、七星关区科协组织开展的2015年科普大篷车联合进农村巡展活动在撒拉溪镇拉开序幕。现场利用科普大篷车播放饮食健康宣传片3个，展出各类展板23块，发放各类科普宣传资料2300余份册，受益群众达1300余人。

2015年9月19日，七星关区全民科学素质工作领导小组成员单位及市直单位在毕节人民公园举行了2015年全国科普日活动启动仪式，整个活动共有40余家单位参加，共发放宣传资料4万余册，接受现场咨询人次4000余人次，受众4000余人。

全国科普日期间七星关区科协联合科普惠农兴村表彰先进单位七星关区梨树镇二堡养猪协会和七星关区杨梅种植科普示范基地到田坝镇、田坎镇开展科普宣传活动。

2. 青少年科普教育工作。2015年9月21日，七星关区科协联合市科协科普大篷车一起到田坎乡中学开展科普大篷车进校园活动，共800多学生参加了现场体验活动，共发放书3000余册。毕节市科技馆、七星关区科协、七星关综合广播（FM91.2）、七星关电视台与贵州金明房地产开发有限公司于2015年元旦期间联合举办毕节市首届机器人展览。

9月11日，七星关区科协与七星关区反邪教办公室和七星关区教育局到七星关区实验学校开展反邪教宣传活动。共2000余学生参加了活动，共发放宣传读本1000余册、接受现场咨询800余人次。

9月19日，七星关区第十届青少年科技创新大赛开幕式在七星关区青少年活动中心举行。七星关区第十届青少年科技创新大赛共收集科技创新成果学生项目150余件、教师项目140余件，创意项目100余件。通过组委会评审和选手现场答辩共评出科技创新成果学生项目48件、教师项目46件，创意项目30件优秀作品，并将获得一、二等奖项的优秀作品推荐参加毕节市第三届青少年科技创新大赛。

【开展科普示范创建，夯实基层基础工作】 认真开展镇乡办及村社区科协组织建设情况调研，摸清基层科协组织建设现状。制订《毕节市七星关区创建科普示范村实施方案》，对科普示范村创建工作进行安排。2015年上报“科普惠农兴村”项目2个。其中七星关区梨树镇二堡养猪协会和七星关区杨梅种植科普示范基地申报成功并组织实施。组织市西街道办事处天河社区和洪山街道办事处兰苑社区成功申报贵州省科普示范社区，并获得命名表彰，其中市西街道办事处天河社区还被省科协推荐申报中国科协2016年表彰科普示范社区。

【做好科普项目申报和实施工作】 切实做好“基层科普行动计划”、“社区科普益民计划”、科技致富“二传手”工程、科技扶贫等项目的申报和实施。并对实施项目和基地建设工作进行跟踪指导，同时做好项目储备库建设工作。2015年上报“科普惠农兴村”项目2个。其中七星关区梨树镇二堡养猪协会和七星关区杨梅种植科普示范基地申报成功并组织实施。组织申报了贵州省科普示范社区，其中市西街道办事处天河社区和洪山街道办事处兰苑社区申报成功。

【“百万公众网络学习工程”】

根据毕节市“百万公众网络学习工程”相关文件要求，结合我区实际制订了开展“百万公众网络学习工程”工作方案，并组织实施全区机关、企事业单位干部职工和各乡镇街道办9.8万余干部职工公众参与了网上学习及测试。

【加强自身建设】 加强区科协自身建设。着重做好提高认识、提升素质、锤炼能力、认真履职等方面的工作，做到讲党性、讲原则、讲学习、讲团结、守纪律、顾全大局、积极工作。建立健全基层科协组织，着重做好乡镇办事处科协组织的理顺工作，使之能正常化、常态化运转。

【党的建设及其他各项工作】

一是全面落实党建工作。加强党员、干部学习教育，切实提高党员、干部政治思想素质；建立健全惩治和预防腐败体系，提高领导班子和党员干部拒腐防变能力，不断加强领导，加强宣传教育，开展专项治理；加强机关党员干部与基层群众的联系，发挥党支部对党员干部和基层群众的凝聚作用，认真组织好党员进社区等下基层活动。二是全面落实综治和信访维稳工作。按照深入开展平安建设、构建“和谐社会”的要求，积极开展社会综治工作。做好相关台账资料，积极开展社会治安综合治理工作调研，结合七星关区实际、科协工作实际，成立了七星关区反邪教协会，共推选代表76名，大力宣传反邪教、伪科学等方面的科学知识。三是全面落实计生、扶贫工作。完成了单位计生工作相关硬件、软件资料，落实好计生帮扶，积极筹措资金，对麻园街道办进行帮扶，并给其送去了科普方面的资料，指导其种养殖技术，让其尽快脱贫致富。四是认真做好其他各项工作。做好“三创一建”、“多彩贵州文明行动”、“干部驻村”、“美丽乡村建设”、安全生产工作。按照有关要求认真完成党史、区志、老干、民政、档案管理等方面工作。

（撰稿人：吕晓枫）

卫生食药监督·人口计生

卫生计生

【计划生育主体指标】 截止2015年9月30日，全区常住人口共出生9247人，出生率为8.14‰；政策内出生8858人，政策外出生389人，符合政策生育率为95.79%；全区流动人口共出生1375人，政策内出生1241人，政策外出生134人，符合政策生育率为90.25%。全区共完成避孕节育手术12761例。

【“三按月”绩效管理工作】 1．强化抓好一把手。明确规定乡级党委书记是“三按月”绩效管理的第一责任人，必须亲自安排部署，亲自安排督促落实，亲自组织考核奖惩；2．落实到位两制度。一是落实好“以奖代补”制度。根据各镇乡工作情况，对认真执行计生例会制度，数据上报及时准确，乡村计生干部业务熟悉，底数清楚，工作突出的每年给予2万—3万元奖励，作为“三按月”绩效管理工作经费，兑现奖励100余万元。二是落实好“岗位绩效奖”制度。为激活乡级计生专干主动思考，主动出谋划策，主动抓好落实的积极性，每人每月给予400元作为绩效奖励，每年兑现绩效奖励60余万元。3．严格把好三道关。一是严把“职责关”。主要查看乡、村两级干部职责是否明确，考核是否切实可行，对不符合要求的，一律要求修改直到审核通过。二是严把“任务关”，要求乡级对村级下达个案目标任务时，必须做到“两个务必”：第一是务必做到“心中有数、手中有账”，要对本辖区内手术库存、妇检对象、出生人口等基础信息进行全面细致的清理核实，准确掌握各类底数；第二是务必做到科学合理，要结合各村（居）实际，科学设置任务指标，做到科学、合理、可及。三是严把“质量关”。目标任务下达后，着力从“两个实”上下工夫：一是督查要实，督查组要结合月度工作重点和各村工作推进情况，认真开展督查工作，做到真督查，实督查；二是考核要实，每月对工作的开展情况，要严格对照考核细则兑现奖惩和责任追究，真正达到鼓励先进，鞭策后进的目的，让考核成为翘动干部职工积极性的强有力杠杆。4.扎实开好三个会。一是开好月例会。乡村两级书记每月组织召开计生例会，全面收集、审核各类人口变动信息，通过现场提问、现场测试、现场评议、现场奖惩等形式，全面提高乡村干部的业务能力和对各类人口底数的熟悉程度。二是开好总结会。区卫计局每季度召开一次“三按月”绩效管理总结培训会，对存在的问题进行认真分析，帮助理清工作思路，找准工作的方向。三是开好现场会。区人领小组根据各镇乡工作情况，选择领导高度重视、工作思路清晰、工作突出的镇乡作为示范点，分片区召开现场推进会，相互学习交流经验。

【“双诚信双承诺”工作】 1.强化培训考察，示范带动。年度以来，我区紧紧以“学习交流、取长补短、创新发展”为工作抓手，先后组织近二十个乡镇分管领导、计生办主任到大方县、赫章县进行参观学习，并召开全区及片区现场会议共5次，以示范点推动整体工作的开展。目前，全区已涌现出清水铺镇橙满园村、朱昌镇双堰村、鸭池镇下坝村、观音桥办事处塘坊村、大新桥办事处魏家屯村、生机镇镇联合村等一批诚信计生工作示范村，为全区整体工作的提升提供了示范带头作用。2.强化工作创新，丰富内涵。针对我区镇乡多、发展不平衡的实际，在与村民签订《诚信计生双向承诺书》的基础上，制作了30万张防伪“诚信计生卡”发放给计主诚信群众，群众凭卡到乡镇街道办事处可享受绿色通道服务。截至目前，与目标人群签定承诺书333039份，履约率达95.3%，违约受制5623人，违约责任兑现率达96.8%，主动放弃政策内二孩生育297人，主动推迟政策内二孩生育2227人，诚信计生工作水平得到有效提升。3.强化督查指导，整体推进。区人领小组办公室成立了专门督查指导小组，并有效整合其他工作，以“3+X”的模式，强化督查指导，确保责任落实。同时，大幅度提高“双诚信双承诺”工作考核分值，以考核为手段，以督查指导为抓手，确保诚信计生工作全面推进。

【依法行政工作】 全面清理核查违法生育家庭93680户，已征收社会抚养费1340万元。全区各镇乡办事处申请强制执行案列均达到当年政策外生育数的10%，确保半年来无重大恶性案件和群体性事件发生。

【宣传教育工作】 在辖区内共建设人口文化大院83个，发放宣传资料30万份，避孕节育、生殖健康知识宣传品40万份，生产生活等通俗读物12万册，避孕药具近8万盒，着力打造“一街式”人口计生宣传长廊，在镇乡主干路段悬挂了5000余块计生宣传牌。

【利益导向工作】 审批确认2015年度计划生育利益导向各类目标人群，42个镇乡办事处均建立一户一档纸质档案资料，并将确认对象准确录入计划生育利益导向”四项制度”信息系统，相关证件证明材料已扫描入系统。其中审批确认国家奖扶609人、独生子女伤残死亡特别扶助金115人，手术并发症85人、独生子女伤残死亡一次性抚慰金13户、放弃政策内二孩生育31户、城镇奖扶金514人，农村节育奖4780人，一次性抚恤金26户；独生子女父母一次性奖励费107户，农村二女结扎一次性奖励14户。农村计生两户女孩高考加分28人，2015年计生“两户”子女考取大专以上院校127人，独生子女保健费1173人。新农保补贴个人账户参保金4098人，新农保基础养老金657人。目前，已为农村计生两户10395人代缴参合金72.765万元，为三等手术并发症家庭271人代缴参合金1.897万元。

【优质服务工作】 全区42个镇乡办服务站已全面开展免费孕前优生健康检查，免费孕前优生健康检查数字化信息系统工作平台已延伸至乡镇一级，实现了育龄群众健康信息数字化，腹腔镜微创结扎术已做到中心站全覆盖。全区计划生育手术并发症发生率完全控制在0.5‰以下，妇科病普查普治应普查68671人，已普查67399人，普查率98.15%；患病37422人，患病率55.52%；治疗及转诊35062人，治疗及转诊率93.7%；男性参与15311人，男性参与率22.72%。

【综合治理出生人口性别比工作】 按照部门联动、全民参与、舆论监督“三位一体”的模式，开展打击“两非”专项整治活动四次，查处“两非”案件3起，没收非法所得7500元，取缔医疗机构一家，移送司法机关一起，性别比控制在106.83，在正常值范围内。

【流动人口服务管理工作】 在城区主要人群出入路段开设流动人口办证服务中心，快捷方便群众及时办证，城区已形成流动人口“网格化”服务管理模式，逐步向中心乡镇运行，同时，利用“春节”“元旦”节气开展流动人口宣传活动80次，共发放宣传品23987件，访视慰问活动981次1203人，“流动人口情亲视频”服务2679人次，采集信息2108人次，更新信息1449人次，网上办证2178人，办证率达100%。

【计生协会工作】 1.大力开展“一创三建一帮带”活动。一创：以鸭池镇哈啷村为区级示范点，同时各镇乡、街道办事处新建示范点42个，新建诚信计生活动小组84个，建红白喜事服务小组84个，建人口文化活动小组42个开展活动158次，建科技学习活动小组42个，开展活动90次，建老年活动服务小组42个，开展活动87次，建清洁卫生服务小组378个，开展活动3945次。三建：创建人口文化活动中心42

个，共投入资金42万元。建一个产业发展基地，继续巩固鸭池镇哈啷村产业发展基地，注资5万元，新栽种黑葡萄4000多株，惠及50户计生户；建一个生育关怀基金。区级已建立100万元生育关怀基金，新建村级生育关怀基金42个，共募集资金46万元。一帮带：开展会员帮带活动。组织动员36289名骨干会员开展结对帮带活动，为重点育龄群众的生产、生活、生育和生殖健康提供服务，落实帮扶资金29.7万元，落实项目68个，共签定帮带协议36289份、提供信息3538条、提供上门服务4087次、开展交心谈心3112人次、动员妇检9919人次、动员推迟婚姻159对、动员推迟二孩生育291人、动员放弃二孩生育101人、动员落实手术9939人、典型帮带案例42例。2.深入推进人口计生基层群众自治。围绕创建“诚信计生”，大力开展人口计生基层群众自治工作“三级联创”活动，建合格村123个，投入创建经费61.5万元、开展培训84次、培训人员3428人、召开村民代表大会246场、参加人次25092人、修订完善章程123个、完善村规民约123个、完善工作制度1112个、公开事项次数1728次、开展民主评议2108人、收集群众意见和建议3138条、调节群众矛盾纠纷689起、维护群众合法权益787起。3.积极开展群众性宣传活动。新建42个“会员之家”、新建42支文艺宣传队、建文化书屋42个、有图书14498册、有文艺宣传队队员840人、编演文艺节目个数88个、购买文艺器材21套、开展演出80场次、演出节目800个。4.继续开展生殖健康知识进校园、进企业、进社区“三进”活动。组织开展母亲节“第五个生殖健康服务日”活动；举办生殖健康师资培训班；开展计划生育家庭子女夏令营活动；开展“情系计生家庭——计生协志愿者行动”主题活动；开发制作宣传品20万份，免费发放基层。5.深入开展“支部加协会、建设新农村”活动。创建“支部加协会、建设新农村”活动示范点13个、投入建设资金26万元、落实项目68个，落实利导资金38万元，惠及1443人，建立卫生管护小组26个，投入卫生整治10万元，上报人口信息408条，开展民主评议42次。反映群众意见208条，调解群众纠纷318起。5.围绕创建幸福家庭，重点开展“五大幸福计生行动”。筹集资金20万元，在鸭池镇哈啷村建设计生协产业发展合作社，帮助50户计生家庭脱贫致富。救助两户特殊家庭34户，发放慰问金68万元，开展“幸福守望——留守儿童关爱行动”落实生活救助6万元，医疗救助6万元，教育助学10万元，精神抚慰6万元，在市西街道办事处天河社区创建幸福乐园，投入资金2万元。

【疾病预防工作情况】 1.2015年1至9月全区一类疫苗接种情况

脊灰苗应种61840人次，实种61501人次，接种率99.45%；乙肝苗应种58972人次，实种58775人次，接种率99.67%；乙肝及时应种12738人次，实种12716人次，接种率99.83%；卡介苗应种15406人次，实种15193人次，接种率98362%；百白破应种63109人次，实种62779人次，接种率99.48%；白破应种10045人次，实种9908人次，接种率98.64%；麻苗类应种35246人次，实种35123人次，接种率99.65%；流脑A应种31625人次，实种31447人次，接种率99.43%；A+C应种26303人次，实种26119人次，接种率99.3%，乙脑应种35315人次，实种35124人次，接种率99.46%；甲肝应种17755人次，实种17678人次，接种率99.57%。

为确保实现消除麻疹的目标，2015年1至9月中心在多个重点乡镇进行麻疹疫苗查漏补种，近期又开展乙脑查漏补种工作。1至9月疾控中心计免门诊接种一类疫苗共4430剂次，二类疫苗3450剂次，继续对计免针对性疾病实行“零”病例报告与主动监测制度。每旬对城区各医院主动监测，抓好AFP病例监测报告工作，及时妥善处理撒拉溪预防接种偶合死亡及异常反应等6起。

2.入学、入托查验接种证工作

全区开展秋季入学入托工作覆盖38个镇（乡、办）及小坝工业园区和双山新区岔河镇、梨树镇，共查验入托儿童23844人，入学儿童22693人。七星关区疾控中心已于9月中、下旬对全区38个镇（乡、办）进行专项督导，要求按方案着实开展此项工作，补证、补种工作进行中，持续至2016年3月底结束。

一是结核病防控实施"新型结核病防治服务体系"，2015年以镇乡为单位，DOTS覆盖达100%。

二是各级综合医疗机构截止到2015年9月，综合医院网络报告疑似的肺结核病人情况统计：应报1377例，实报1377例，报告转诊828例。报告未转诊255例，收到转诊单828张，转诊到位470人，各综合医院报告率100%，报告转诊率76.45%，转诊到位率56.76%.剔除外报本，辖区内报告1181例、重报232例、实际到位840例，网络报告病例总体到位率88.5%，完成指标100%的要求。

三是疑似病人追踪情况：截至2015年9月，对网络报告转诊的疑似病人（含外报本），未按要求及时到结核病定点医院就诊的，通过核查应追踪445例，实际追踪445例，信息反馈例（其中订正0例，信息反馈为外出11例、查无此人28例，到位284例，死亡11例，拒绝就诊21例，追踪其他原因未到位50例、区疾控追踪率100%，追踪信息反馈率100%，达指标100%的要求。

四是治疗管理病人追踪：治疗管理病人按复查要求2、5、6或8月未按要求进行追踪复查，对追踪复查病人，在规定时间仍未到位复查的，由结核病定点医院通知追踪672例，区疾控中心均对672例结核病患者进行追踪，并将追踪情况信息及时反馈结核病定点医院，治疗管理病人追踪复查率100%，信息反馈率100%。

五是截至9月30日，结核病定点医院发现治疗结核病人870例，区疾控中心结防科接到结核病定点医院结核病病人管理通知870例，其中初治涂阳289例，复治涂阳48例，初治涂阴499例，结核性胸膜炎17例，区疾控、乡镇卫生院、村卫生室结核病人管理率100%。

六是病人完成治疗情况：按上年同期共管理结核病人992例，其中初治涂阳病人345例，治愈233例，完成治疗15例，治疗失败12例，死亡9例，拒治0例，肝肾功能异常或药物反应不能坚持7例，转入耐多药治疗6例。复治涂阳76例，治愈38例，完成治疗5例，治疗失败12例，死亡4例，拒治0例，转入耐多药治疗7例。涂阴；完成治疗434例，治疗失败9例，死亡4例，拒治0例，因服药反应或肝肾功能异常或其他停止治疗7例，其他原因停止治疗51例。胸膜炎36例，其他肺外结核4例。2015年，初治涂阳病人治愈率为%（指标要求：初治涂阳治愈率应达85%以上），涂阴病人完成治疗率达%（指标要求：涂阴病人完成治疗率应达90%以上），两个指标均未达到要求。（注：2015年的结核病人还在治疗中，无转归，还不能统计数据）

七是TB/HIV双重感染筛查情况。2015年1—9月，七星关区疾控中心结防科在HIV/AIDS者中筛查结核感染者622人次，HIV/AIDS病人中筛查结核病，筛查率100%。毕节市第三人民医院HIV/AIDS病人中筛查HIV感染857例，其中发现HIV患者8例。毕节市第三人民医院筛查率100%。

3.艾滋病防治工作

截至9月30日，累计确诊HIV感染者/病人共129例，其中男性76例，女性53例；其中注射毒品有1例，异性传播有120例，同性传播有9例，性传播+注射毒品有0例，母婴传播1例，传播途径不详4例。共有10例确认艾滋病人死亡，男8人，女2人。

对监管场所、产妇等重点人群以及15岁以上住院人群免费开展HIV检测，及时发现感染者。积极拓展哨点监测、咨询检测的范围与人群，并及时、准确上报本地疫情。累计监测97101余人，新发现129余例感染者。

截至9月30日，美沙酮门诊累计入组人98人，正在治疗人数609人，保持率93.2%；三项检测指标完成情况：HIV检测人数615人、应检测人数669人、检测率91.9%；HCV检测人数424人、应检测人数492人、检测率86.2%；TP检测人数581人、应检测人数675人、检测率86.1%。1月至9月，针具交换点共发放针21900具，回收销毁针具21568具，发放宣传资1460份。

截至9月30日，在MSM人群中共发放安全套7200只，宣传材料720份，干预人次720人次，并加强咨询检测工作的开展共有22920例孕产妇接受了孕产期咨询检测，检测结果有4例阳性，已确认报告并进行随访管理。

全面开展各项艾滋病防治工作。认真落实“四免一关怀”政策，加强对艾滋病患者的救治与关怀，提高CD4检测的能力和比例。全区现存活HIV/AIDS有510例，能随访到的有296例，有192例进行CD4检测。对随访到的符合抗病毒治疗的艾滋病病人建议其进行抗病毒治疗，建立个人档案，记录抗病毒治疗效果，身体状况以及追踪访谈情况。1至9月新纳入治疗65例，正在治疗255例。

4.麻风病防治工作

半年来，麻风病科为提高市区及镇乡卫计中心有关医务人员的麻风病防治知识水平，对全区42个卫计中心进行了培训，发放宣传资料3万余份；对125个可疑者进行筛查，对603例麻风病人家属进行医学检查，疫点检测1320人，确认1例新发麻风病人，正在接受治疗的现症病人有4例。对27例现症病人进行随访查菌。发放防护鞋88双，并教会病人手足自我护理技能及溃疡病人自我护理能力，预防畸残的发生。

1月31日，开展了麻风节活动，慰问大坪子麻风医院麻风病康复者10人及各乡镇散居的麻风病人、康复者24人，发放宣传资料530余份，进行了电视、报纸宣传报道3次。对长春堡镇、放珠镇、田坝镇、燕子口镇、对坡镇、野角乡等6个重点乡镇的医务人员、镇、乡干部进行麻风病防治知识培训，并要求各镇对抽中的5个村村民和该镇初、高中及小学四年级以上学生开展麻风病皮肤病检查及主动收索工作，同时为消除麻风病危害考核评估工作做准备。

5.重性精神病复核诊断及筛查工作

2015年3月根据工作要求拟订了《2015年七星关重性精神病筛查实施方案》，并联合市精神病院及市康复精神病院，对全区精神病患者进行了复核诊断及筛查，对病人家属进行了重精家庭护理教育，其中复核诊断人数为2407人。

6.慢性病项目工作

死因监测：今年为了更好更及时的收集及审核死因个案，中心新增了死因监测月报表，目的是使各个卫计服务中心能实时监测本辖区内发生的死因个案并进行线索调查及录入。截止到2015年9月30日，全区上报死亡个案为2783人，并全部审核完毕。

肿瘤随访登记管理：今年按照省级及市级指示要求，我区拟定了《七星关区2015年肿瘤随访登记实施方案》，方案中要求各个卫计服务中心发现并上报肿瘤病人，以便减少我区肿瘤病人的漏报率。截止到2015年9月30日，全区共新发现肿瘤病人721例，录入683例。

7.地方病防治

一是碘盐监测：按照东南西北中的监测方式，确定了杨家湾、千溪、燕子口、市西、层台为监测点。每个监测点碘盐样本采集60份，孕妇尿样20份，学生尿样40份。本次监测工作碘盐样本共采集了300份，孕妇尿样共采集了100份，学生尿样200份。

二是地氟病防治：2015年为地氟病防治效果的评估验收时间，根据省级及市级下发的验收方案，拟定了2015年地氟病验收方案，并对各个卫计服务中心进行了培训，要求各个卫计服务中心在6月30日前完成验收工作，并上将相关资料上报。

8.卫生监测检验

一是预防健康检验。9月30日止，完成流通商品经营、饮食服务从业人员和公共场所从业人员体检4151人，完成大便培养4353人份，检查肝功4155人份，未发现法律规定的有碍食品安全的传染性疾病；健康证出证3985份，办证率96%。

二是HIV检测及生化检验。完成VCT门诊、美沙酮门诊及监管场所HIV检测工作。HIV初筛检测4368例（其中监管场所2092例、确认阳性4例；VCT门诊1367例、确认阳性54例；哨点监测800例、确认阳性2例），检出阳性60例、确认60例，阳性检出率1.37%。

三是生活用水水质卫生检测。完成市政供水及学校营养餐饮用水监测334份。其中市政供水50份，所检34项监测指标全部符合《生活饮用水卫生标准》；学校营养餐饮用水284份，所检19项监测指标大部分符合《生活饮用水卫生标准》。

四是完成相关卫生监测工作。完成了服务单位（区妇幼保健院、毕节友谊医院、中亚医院）消毒质量监测123份；监测碘盐样品300份，检测结果全部合格，合格率为100%。完成麻风病病人及家属抽血88份，涂片45张；完成布病检测102份，完成疟疾涂片3000张。

五是食品安全风险监测工作。根据食品安全风险计划任务安排，本年季截至9月30日共采样63份。食品微生物及其致病因子监测共采样31份。其中第一季度共采样3份：鸡蛋1份、辣椒2份；第二季度共采样11份：鸡蛋1份、风味辣椒面1份、生猪肉1份、生牛肉1份、淡水贝1份、淡水虾1份、复合调味料2份、流动早餐3份；第三季度共采样17份。

食品安全风险理化样品共采样32份。其中第一季度共采集蔬菜5份，膨化食品3份，海蜇1份，儿童饮料3份，用于相关理化检测；第二季度采集本地蔬菜8份，油条2份，用于食品污染物风险监测；第三季度共采样10份。

【公共卫生均等化服务工作情况】 1.按3+1制度，2015年来全区7岁以下儿童166038人，保健管理148641，保健管理率89.52%；3岁以下儿童74699人，3岁以下儿童系统管理64230人，系统管理率85.99%；5岁以下儿童115333人，进行营养监测97664人，体重低于中位数-2SD人数4076人，患病率4.17%，血红蛋白检查97664人，中重度贫血患病1760人，患病率1.80%。全区5岁以下儿童死亡100人，死亡率7.23‰，婴儿死亡77人，死亡率5.57‰，新生儿死亡39人，死亡率2.82‰。疑似新生儿破伤风3例，经核实全部排除。

2.按3+1制度，2015年来全区产妇数13817人，活产数13829人，建卡人数13260人，建卡率95.97%；产前检查人数13288人，产检率96.17%；早检人数12842人，早检率92.94%；产后访视人数13313人，访视率96.27%；产妇系统管理人数12627人，系管率91.31%；住院分娩人数13683人，住院分娩率98.94%；新发接生人数13829人，新发接生率100%；筛查高危孕产妇人数322人，高危占产妇总数2.3%；高危产妇管理人数322人，管理率100%；高危孕产妇住院分娩人数322人，高危住院分娩率100%。上半年全区孕产妇死亡3人，孕产妇死亡率21.72/10万。

【妇幼卫生工作情况】 一是“降消”及“农住”项目工作。截至2015年年底实施住院分娩补助12600人，补助金额504万元，完成2015年任务数的11553人的109%。二是叶酸项目工作。截至2015年年底叶酸新增应服人数13000人，新增叶酸服用人数12100人，服用率93.07%。叶酸服用依从人数9080人，依从率75.04%，增补叶酸知识调查人数11000人，增补叶酸知识知晓人数10490人，增补叶酸知识知晓率95.36%。三是农村妇女“两癌”免费筛查。2015年年底，完成了区2014年年底上级分配的宫颈癌HPV项目5000取材任务数，并对阳性个案进行追踪管理。核对2014年宫颈癌和乳腺癌重大公共卫生报表，完成网络直报。2015年度宫颈癌15000人检查全面完成取材任务。四是预防艾滋病、梅毒、乙肝母婴传播项目。2015年全区所有检测机构有产妇19050人，其中孕期接受HIV咨询14799人，检测人数14011人，仅产时接受HIV咨询及检测人数5039人，HIV抗体阳性产妇数3人，HIV抗体阳性产妇分娩活产数3人；孕期接受梅毒检测产妇数14011人，仅产时接受梅毒检测人数5039人，孕期诊断为梅毒感染孕妇数26人，仅产时诊断为梅毒感染产妇数30，梅毒感染产妇总数43人，梅毒感染产妇所娩总活产数44人；孕期接受乙肝表面抗原检测产妇数14011人，仅产时接受乙肝表面抗原产妇数5039人，仅产时乙肝表面抗原阳性产妇数546人，乙肝表面抗原阳性产妇总数674人，乙肝表面抗原阳性产妇所娩活产数672人，其中注射乙肝免疫球蛋白的儿童数668人。五是婚前保健项目工作，全年完成30例。六是新生儿疾病筛查和新生儿听力工作。在城区各产科医疗保健机构及开展住院分娩的镇乡卫生院分娩的新生儿，只要分娩后达72小时，充分哺乳8次以上采脚跟血进行新生儿疾病筛查，2015年，全区医疗机构孕产妇住院分娩活产数8956，进行新筛采血8369，采血率93.45%，新生儿听力筛查4502人，筛查率50.26%。七是儿童营养改善项目工作。区任务数4500人，累计发放22000盒营养包。八是单独二孩妇幼健康优质服务工作。加强单独二孩妇幼健康优质服务，明确一站式的医疗保健服务机构，为符合单独二孩政策的孕产妇提供从孕前优生咨询、孕前优生健康检查、孕期保健、产科服务、产后访视、新生儿访视、新生儿喂养指导等全程、连续优质服务。将单独二孩政策妇幼健康优质服务纳入目标考核，对医疗保健机构进行督导管理和指导，按时完成上报单独二孩政策孕产妇保健和健康情况信息表。

【卫生应急工作情况】 一是卫生应急宣传。5月12日，防灾减灾日宣传，现场共发放包括了呼吸道传染病防治知识、肠道传染病防治知识、常见应急自救方案等宣传单200张、海报800份。二是做好疫情监测分析报告工作。1.积极做好疫情监测工作。继续对计免针对性疾病实行“零”病例报告与主动监测制度。每旬对城区各医院主动监测。到目前为止甲、乙、丙类传染病发病率为99.33/10万，比2014年同期上升1.31%。其中乙类传染病发病率59.97/10万；丙类传染病发病率33.76/10万。重点传染病病例为：甲肝3例，乙脑1例，布病1例，手足口病445例，未发现新生儿破伤风、百日咳，连续十余年无脊灰、白喉病例发生，计免针对疾病得到了有效的控制。2.加强法定传染病监测和疫情管理。1—9月，全区报告乙类传染病937共例，与2014年同期比发病下降20.86%；丙类传染病共531例，与去年同期比发病上升100.38%。无甲类传染病病例发生、无重大传染病暴发流行。

3.做好手足口病疫情防控工作。截至2015年9月30日，全区共报告手足口病445例，死亡1例，发病率为28.29/10万，死亡率0.06%。接到重症病例及聚集性病例疫情报告后及时向相关科室反馈作疫点处置，防止疫情暴发流行。4.做好疫情的统计与分析、上报，每周有周报，每月有疫情简报。对国家、省级预警积极响应，妥善处置。5.2015年共处理疑似食物中毒16起，野生菌中毒5起，报告符合标准的突发公共卫生事件一起（小坝镇手足口病死亡事件）。三是做好医疗卫生卫生应急救援工作和各种医疗保障工作。2015年各医疗卫生单位共派出175人参与两会、高考中考、依法强拆等医疗保障工作。共出动车次23余次参与各种医疗卫生救援工作。积极做好重大活动医疗保璋，招商花园城沃尔玛开业、创美小商品批发城美食节暨服装名优特产博览会、民博会等大型活动共出动医务人员32人次，车辆88架次。

四是积极完成区委、政府交办的各项应急任务。突发事件应急救援1次，协助调查事件原因10余次。五是成功处置杨家湾镇周驿村益鑫幼儿园疑似食物中毒事件和野生菌中毒医疗救治。

2015年6月3日14时37分，七星关区疾控中心接到杨家湾镇卫计服务中心电话报告，该镇益鑫幼儿园有二、三十名儿童发生恶心、呕吐等胃肠炎症状，请求协助调查处置，中心领导高度重视，立即向区卫计局应急办报告，疾控中心调剂车辆、人员，15点50分出发，16时50分赶到杨家湾镇卫计服务中心开展现场调查处置，局应急办协调放珠、长春、撒拉溪镇卫计服务中心医务人员及车辆赶赴现场协助杨家湾开展救治工作，同时组织疾控中心等技术人员深入开展流行病学调查，指导医院实施科学救治。初步调查结论为:杨家湾镇周驿村益鑫幼儿园不洁、变质食品引起急性胃肠炎11例。

6月18日下午2点56分，应急办接到燕子口卫生和计划生育服务中心报告，发现12名群众食用野生菌中毒，11名到医院就诊，1名已到赤水河。接到报告后立即向分管领导报告，并要求燕子口卫计服务中心根据救治能力做出判断，如条件有限的请示当地党委政府后立即将中毒群众送到区人民医院救治，通过多种渠道联系另外一名群总立即赶到区医院救治。17点56分，11名患者送到区医院急诊科，另外1名于19点20分赶到区医院。20点56分，通过应急办协调，当地党委政府担保，12名群众全部入院观察治疗。

9月21日10时许，局应急办接到区疾控中心应急办七电话报告，千溪乡千朗村有6人食用野生菌中毒。局应急办立即协调区疾控中心开展调查，并要求区人民医院做好医疗救护工作。根据流行病学调查，结合患者临床症状综合分析，6名患者共同就餐，均食用野生菌，发病急，病情重，均有恶心、呕吐、腹泻等相同症状，初步判断此事件为一起食用野生菌引起的中毒事件。局应急办和疾控中心积极跟进事件调查，区人民医院积极做好人员救治工作，要求各镇乡办卫计服务中心要加大食用野生菌中毒危害宣传力度，教育辖区居民不要采食野生菌，避免中毒事件的再次发生。

【卫生监督工作情况】 2015年，按照省市区对卫生监督工作要求。卫生监督所共计出动监督检查3684户次，出动卫生监督执法及协管员9968人次、执法车辆3065台次；共计立案727个，结案727个，警告145个，取缔22户，共计罚款及没收违法所得人民币80.6万元。全年审核发放卫生许可证68个，开展宣传活动8次，培训6次，培训1100余人次。完成各项专项检查12次，按要求开展重点抽检工作，共计抽检151家公共场所，采集样品2654份。在区委、区政府的大力支持和帮助下，区卫生监督快速监测站已建立，8名招考人员已正式聘用上岗；机构升格问题已经七星关区机构编制委员会批复升格为正科级全额拨款事业单位；卫生监督协管员已经区卫计局行文进行调整和补充，大力夯实了卫生监督队伍建设工作；业务用房建设项目所有工程已完成正式投入使用，为创建“县级示范卫生监督局”工作提供了有力的保障。

【城乡居民医疗保险工作】 2015年，区参保人数为1104777，比去年增加39969人，参保率为100%。筹资总额共计为49714.97万元。个人筹资总额7733.44万元已全部存入城乡居民医保专户；各级财政匹配的资金41981.53万元已到位38907.906万元，还有3073.62万元未到位，截至9月30日，共计支出30880.991895万元，账户余额总计17000元。

【法制与监督工作情况】 2015年化解卫生计生信访事项42件次，调处医疗纠纷16次，涉及金额200余万元。开展公共场所、饮用水安全、传染病防治监督检查10余次。开展各种执法活动20余次，开展执法人员培训工作2次。全面清理核查违法生育家庭93680户，已征收社会抚养费654万元。全区各镇乡办事处申请强制执行案例均达到当年政策外生育数的10%，确保半年来无重大恶性案件和群体性事件发生。

（撰稿人：徐 鋭）

红十字会

【指导思想】 2015年，区红十字会在区委、区政府和市红十字会的坚强领导下，以邓小平理论、“三个代表”重要思想、科学发展观为指导，深入贯彻落实习近平总书记在中国红十字会第十次全国代表大会期间和中央群团工作会议上系列重要讲话精神，全面落实红十字“三救、三献、一实施”工程，大力弘扬红十字“人道、博爱、奉献”精神，充分发挥区委、区政府在人道领域联系群众的桥梁和纽带作用。

【深入开展红十字“博爱送万家活动”】 围绕“党建扶贫暨集团帮扶”“遍访贫困村贫困户”等工作，红十字会全体人员分别奔赴到党建扶贫暨集团帮扶点，遍访贫困村贫困户联系点等乡镇街道走访慰问困难户、留守儿童。共计走访慰问280户；发放大米90袋、棉被20床，毛毯20床、拖鞋2250双、校服55套、衣恋包13个、大礼包46个，解决了部分困难群体的燃眉之急。

【大力弘扬红十字“人道、博爱、奉献”精神，有效组织开展系列志愿者活动】 一是开展“5·8”博爱周和“5·12”防灾减灾等宣传培训活动。在爱民广场和大新桥街道办事处天气生桥村等地组织志愿者进行培训，同时把红十字会知识的宣传结合起来，参与培训和宣传活动人员达300余人次，共计发放宣传资料1500多册；二是开展“6·14”“世界献血者日”活动，前来参加无偿献血9388人次，献血2712400毫升，发放宣传资料11200余册，为大力传播红十字会知识和弘扬红十字会精神起到了积极的促进作用。

【全面启动“爱爱基金”和“小天使阳光基金”申报工作】 2015年共申报“爱爱基金”23人，获得救助15人，发放救助金额97000元；小天使阳光基金申报1人，为大病患者送去了温暖。

【不断加强基层组织建设】 新建红十字基层组织30个，组建红十字志愿者服务队2个，建社区服务站3个，共招募志愿者500人，并发挥了应有的作用。

【运用、推广“绿色家园行动——健康新村”（博爱家园）项目】 一是充分发挥红十字志愿者的作用，进一步宣传红十字会，使红十字志愿者弘扬人道精神，传播人道价值，不断扩大扶弱济困，助人为乐的良好社会风尚，推动社会和谐发展；同时通过服务站及队伍建设，不断提高为民服务的能力和水平，此项工作于今年11月18日在全省红十字会经验交流会上作交流推广；二是在大新桥街道天生桥村新建种植业“励业帮扶培训基地”一个，占地100亩，通过培训基地的建设，不断提升广大群众的文化素质、技能素质，增强了脱贫致富的能力，通过科技培训及助学帮扶，已带动5户贫困户脱贫。

【争取帮扶资金，开展扶贫助困】 今年共争取资金184.3万元:一是争取贵州华电毕节热电有限公司100万元支持七星关区开展“整乡脱贫、整村出列”结对帮扶工作；二是争取中国银行35万元实施鸭池镇岩头村河堤治理工程；三是争取35万元完成长春堡镇集镇供水工程；四是多方联系争取广东东莞爱心企业捐助学金11、5万元，助困学生30人；五是在超市设置募捐箱，筹集爱心人士捐款0.3845万元。充分体现了红十字会2015年在关注民生、关爱社会、构建和谐毕节的历史进程中有所着为、积极着为、展现着为，为加快七星关区“决战贫困、提速赶超、同步小康”的进程中做出了应有的贡献。

（撰稿人：付　勇）

社会生活

政务服务

【概况】 毕节市七星关区人民政府政务服务中心成立于2002年12月，是全省第一个县级政务服务中心。中心内设办公室、业务科、督察科、采购科、审批服务科、网络管理科，承担着行政服务事项审批、政务公开、政府采购三大职能。2015年7月20日新政务大厅正式建成启用，总面积3600平方米。大厅设置有便民服务区、企业设立登记区、行政审批综合服务区，按照“前厅后室”的原则，在设置95个服务窗口的同时，建设了20间进驻部门审批室，实现部分部门成建制进驻。按照区政府要求，具有行政审批职能的部门按“三集中三到位”要求，全部纳入中心集中审批，规范办件。毕节市七星关区人民政府政务服务中心的运作模式是“一站式”办公、“一条龙”服务。以“中心服务于窗口、窗口服务于百姓”为理念，以“便民、高效、廉洁、正规”为宗旨，创新思路，完善和加强中心制度化建设和规范化管理，简化办事程序，对大厅实行人性化管理服务，强化窗口单位责任意识和服务意识，努力提高政务中心的服务水平和工作效率，争创环境一流、服务一流、形象一流，努力打造七星关区政务服务中心星级服务水平。

【行政审批】 七星关区政务服务中心充分利用省市下放行政审批事项为契机，从事项名称、事项属性、法定依据、申报材料、法定时限、承诺时限、收费依据及收费标准等八个方面对行政审批事项进行了认真全面的梳理，进一步规范和统一了事项名称，简化和优化了审批流程，编制了行政职权目录和收费目录，明确了联合审批和现场踏勘的事项，梳理规范了审批要件，明确了行使权力的主体和依据，切实把审批权向政务服务中心集中。不断规范行政审批流程和程序，竭力为社会公众提供优质、高效、便捷的政务服务。共受理行政审批服务事项191800件，办结191699件，办结率为99.95%。深化工商登记制度改革，取消工商营业执照年检，将注册资本实缴改为认缴，极大降低市场准入门槛，全年受理工商注册登记审批事项12201件，为2014年的4倍。实施组织机构代码证、税务登记证和营业执照“三证合一”登记制度改革，进一步优化审批流程、规范审批程序、提了审批效率。

【政务信息公开】 七星关区政务服务中心紧紧围绕“办事公开透明”这一主题，深入推进办事公开，努力规范进驻部门审批行为，不断提升审批办事透明度。一是突出重点，完善办事公开机制。制定办事公开制度，对行政审批及服务事项的事项名称、设立依据、申报资料、办理流程、办理时限、收费标准、办理结果在区政府和中心门户网站进行公开，推进电子政务建设和网上办事公开，把门户网站作为办事信息公开的重要途径，开设办事公开、便民服务信息等专栏，为公众提供免费下载服务，为服务对象提供全方位信息服务，努力完善办事公开机制。二是创新形式，丰富办事公开内容。创新办事公开新载体、新形式，使办事公开的形式呈现灵活多样和内容丰富充实。按照进驻部门窗口的业务内容分门别类印发便民服务卡，编印办事指南投放办事大厅，方便办事群众索取。三是利用载体，强化办事过程监督。设立触摸屏载体和征求意见箱，公开监督举报电话，充分利用LED电子显示屏，将事项办理信息情况进行公开，加强办事过程的监督，让各进驻部门窗口的行政审批运作置于“阳光”下，防止了“暗箱”操作等问题，为群众提供高效、便捷、规范、廉洁的服务环境。

【三级服务体系建设】 为了进一步完善区、乡、村三级基层便民服务体系建设，先后制定出台了《乡镇街道办事处便民服务中心管理办法》《乡镇街道办事处便民服务中心工作方案》《加强村（社区）便民服务站（中心）规范化建设实施法案》，对乡镇街道办事处便民服务中心规范化建设提出了明确的要求，从场地建设、窗口设置、进驻事项、规章制度、服务方式、运行模式等方面都作出了统一规定，将乡镇街道办事处便民服务工作纳入了全区“双考双评双挂钩”的考核内容，实行单列考核。按照平时检查与年度目标考核相结合的原则，采取明察暗访的方式对乡镇街道办事处便民工作进行检查和考核。目前，全区乡镇街道办事处建立了便民服务中心、村（社区）建立了便民服务站（中心），促使基层政务服务工作不断走向制度化和规范化。

【政府采购工作】 为了切实加强政府采购招标工作的规范化建设，按照公开、公正和公平和平等竞争的原则，对政府采购招投标项目严格执行招标公告、资格审查、开标评标、中标公示等规定程序，全程接受有关监督单位的监督。对进入毕节市七星关区项目交易咨询服务中心的所有政府采购项目，其招标公告及中标公告均在中国采购网、贵州省采购网、七星关区人民政府网、七星关区阳光党务政务网和七星关区政务服务中心进行公告。在2015年的政府采购招标工作中，整个采购活动实现了零投诉的工作目标。

【政务服务形象】 政务服务窗口是党和政府联系群众的桥梁和纽带，窗口服务质量的好坏事关区委、区政府的形象，事关七星关的经济和社会发展。为此，先后印发了《工作人员基本行为规范》《工作人员考勤制度》《窗口工作考核方案》《优秀工作人员考评办法》等，形成了包括大厅管理、考勤考核、计算机使用、投诉举报等一系列行之有效的工作制度，使政务服务工作管理机制更趋科学合理，并着力抓好窗口人员职业道德培训，聘请专家对窗口人员进行爱岗敬业、礼仪举止、仪表仪容和文明用语培训，在全区率先推行窗口人员统一着装，进一步规范了窗口形象。2015年度七星关区政务服务中心多篇工作信息分别被中央、省、市文明网和省政府网站采用，先后收到服务对象锦旗17面，在市、区两级年度工作目标考核中均获得一等奖，努力做到了礼仪满意、服务满意，树立了良好的窗口整体形象。

【管理考核模式】 为了进一步提高政务服务工作绩效，我们把加强窗口和工作人员的考核作为规范窗口管理的重要措施，将政务服务审批工作纳入了七星关区“双考双评双挂钩”考核内容，分别制定出台了窗口和工作人员两个考核办法，细化考核目标，明确考核方式，将窗口行为规范、办件数量、纪律作风、工作效能和服务质量有机结合起来实施综合考核。坚持把窗口考核与部门考核成绩相挂钩，实行“一月一考、一季一评、年终总评”，每季度开展“流动红旗窗口”和“先进服务个人”评比，把季度考核是否获得“流动红旗”和“先进服务个人”作为年终评先选优的入选条件，实行“一票否决制”，全面推行过程式管理，积极营造良好的服务氛围，努力强化窗口人员的文明服务意识。

【规范化运行】 为了切实推进政务服务工作的规范化管理，我们以高效、便民、利民为工作目标，多措并举，扎实工作，努力强化管理工作的规范性。一是建立了首问责任窗口，全面推行首问责任制。首问人员必须对群众咨询的问题做到一次性全部告知，让办事群众清清楚楚、明明白白，做到服务对象办事在大厅，满意在大厅；二是办事绩效实行监察监控。对行政审批服务事项办理进度情况推行电子监察，对可能出现超期办件的现象实行红黄牌预警机制，努力提高办事效率，确保不出现超时办理；三是实行首席代表负责制。服务窗口明确首席代表，负责加强窗口管理、协调和处理好每天行政审批服务中的相关事宜职责；四是严格兑现承诺时限。服务窗口必须严格按照对社会承诺的时限完成事项办件，即办件必须随办随结，承诺件必须在规定的时限完成，能够做到提前办结的要提前办结，不允许超越时限办理，对发现受理而不办理情况的，将严格追究有关人员的责任；五是组织开展民意调查，通过召开服务对象与服务单位“交心谈心”座谈会、设立征求意见箱和现场向群众发放调查表等形式对满意度进行测评，有效收集服务评价情况，制定完善相应的管理制度和措施，最大限度地为服务对象提供方便和便捷人性化服务。

（撰稿人：王　雪）

住房公积金管理

【综述】 2015年，毕节市继续根据中共中央，国务院的相关指示，大力发展经济，特别是房地产事业取得了突飞猛进。为了支持毕节的经济发展，作为公积金管理者，做好自己的本职工作，就是对家乡最好的回馈。在面对2015年归集、贷款任务形势依然相当严峻的情况下，毕节市住房公积金管理中心七星关区管理部强化管理、规范运作，多举并措扩大住房公积金的宣传范围，继续加大贷款发放力度，大力开展补息贷款，认真做好收贷工作，紧紧围绕全年工作目标和工作重点，不断提升工作标准、提高服务质量，努力让公积金服务窗口成为一道靓丽的风景。2015年，七星关区住房公积金总体运行继续保持稳定健康态势。截至年底，全区当年归集住房公积金21833.53万元，同比2014年的22614.7万元略微减少3.45%；全区当年向748户干部职工发放个人住房公积金贷款，发放贷款金额18603.8万元，贷款发放率85.2%，个贷率为97.39%；同时今年共计发放补息贷款227户，贷款金额5594.4万元。全年合计发放贷款975户，贷款总金额24198.2万元，同比增加3.26%。

累计归集住房公积金总额达97768.63万元，累计归集余额64354.56万元；累计发放个人住房贷款87925.1万元，个贷余额62673.51万元。

当年管理部干部职工共提取住房公积金4899笔，较2014年的3074笔增长59.37%；共提取12706.21万元，较2014年的7358.51万元同比大幅增长72.67%；其中自2015年3月30日由中心下发毕市公积金字〔2015〕7号文件后，放宽提取条件，租房可以提取公积金，全年我管理部一共办理租房提取483笔，占全年提取笔数的9.86%。

【归集扩面工作稳步推进】 我管理部始终把归集扩面作为年度工作重点来抓，不断创新工作理念，不断寻求新突破，加大政策宣传。充分利用多种宣传渠道，加强《住房公积金管理条例》和住房公积金制度及相关政策的宣传力度，提高全社会对住房公积金的认知率和支持率。今年以来，我管理部新增缴存单位27个，去年新增缴存单位为20个。

【公积金贷款稳中求新】 为缴存住房公积金的职工提供低息贷款，帮助中低收入职工解决住房困难、改善居住条件，是住房公积金政策惠民最明显、最直接之处。为此，管理部始终坚持把改善民生作为贷款发放的主要目的，积极塑造住房公积金惠民安居的社会形象。一是加大个贷力度。执行积极稳妥的个人住房贷款政策，在保证公积金资金安全的情况下，大力发放贷款。二是大力开展补息贷款，由于管理部缴存金额的限制，而且毕节房地产市场依然蓬勃发展，申请公积金贷款的职工越来越多，为了让职工都能享受到公积金贷款的低利率，管理部根据中心的要求和相关文件，开始大力开展补息贷款。全年共发放217户补息贷款，贷款金额5594.4万元。全年补息金额共118220.17元。三是加强贷款管理。完善贷款管理制度，实行中心两个《暂行办法》的新政策，个人信用一票否决，不谈人情，对个贷分类实行动态责任管理，做好相关的登记工作，监管好房开企业的保证金账户。四是创新服务方式。针对前来贷款的职工，管理部改善服务质量，简化办事程序，缩短了贷款业务办理时间，竭力为贷款人提供便捷的服务，使广大缴存人员顺利高效办理完贷款手续。

【收贷工作常抓不懈】 在加大贷款发放力度的同时，贷款总量和余额不断增大，业务股的工作量不断增加，贷款管理工作的风险也越来越大。但是管理部严格把关，防范风险，始终注重个贷的基础性工作和个贷质量，不断强化责任意识和风险意识，不断加强到时催贷工作力度，做到放贷收贷两不误。对逾期贷款都是第一时间通知职工，让其意识到问题的严重性，按时还款。对于一些长期逾期的职工，也是采取了多种方法催收，包括上单位下通知书，去县份管理部划转职工公积金用于偿还逾期贷款等，截至2015年年底，我部贷款逾期率为0.034‰。

【加强职工学习教育，提升服务质量】 根据《党的群众路线教育实践活动》的相关要求，我部时常组织干部职工进行政治、业务学习，不断加强员工的政治素养、提升工作技能、改进工作作风、提升服务质量。进一步加强了资金归集、资金使用、会计核算、财务管理、计算机信息等基础性管理。建立健全了群众投诉举报机制，在过道走廊处设立了投诉举报箱。住房公积金管理部是“窗口单位”，直接面向人民群众，队伍的建设关系到住房公积金的形象。采取将日常工作与机关作风建设、效能建设等工作有机结合起来的措施，打造一支爱岗敬业、乐于奉献、不怕吃苦、勤奋工作，懂业务、守纪律、讲团结、高素质的员工队伍，努力塑造良好的公众形象。认真落实了首问责任制度、挂牌上岗、限时办结、政务公开、一次性告知等文明服务制度，加大了文明服务问责力度，主动接受各级各职能部门、缴存单位缴存人的监督，构筑严密的资金风险防线，确保住房公积金管理工作安全有序高效运行。

（撰稿人：办公室）

城市综合管理

【概述】 2015年以来，七星关区城管系统面对新形势、新任务，面对存在的困难和问题，紧紧围绕区“三创一建”创建工作的部署和全面建设小康社会这一总目标，以“服务社会发展，服务经济发展，提升城市品位”为管理主题，坚持“高效、责任、诚信、清廉”城管核心价值理念，努力打造整洁卫生、和谐宜居的城市环境，努力提升城市形象品位。

【理顺体制，激活机制，提高城市管理水平】 1．健全“大城管”格局。按照“政府主导，部门联动，社会参与”的原则，对外，建立协调促进机制，强化部门联动，提高城市综合管理效率。对内，围绕“打造一流城管队伍，创造一流城管业绩”的目标，整合城管内部人力资源，解决城管系统各部门“各吹各的号，各唱各的调”的问题。创新城市管理投入保障机制，推进环卫作业从“以费养人”向“以费养事”转变，完成了德溪新区、同心大道等新建道路的环卫清扫保洁市场化运作，为全城区环卫清扫保洁市场化探索经验奠定基础。建立、完善城市管理监督评价考核机制，严格督查督办，实现从“以奖管人”到“以奖管事”的转变。2．夯实队伍基础和管理基础。一是夯实队伍基础，不断加强队伍自身建设，完善评先评优标准体系，打破编制、身份局限，以工作业绩论英雄、评先进。每季度在环卫工人、城管协勤员、市政电工等聘用人员里开展评先选优活动，塑造劳模、执法标兵、三八红旗手等先进典型，发挥模范带头作用。更加注重德、能、勤、绩、廉五项全能建设，在干部提拔、任用中严把这五关，最大化地调动了干部干事创业的激情。创新人才流动机制，推进局内部各单位之间的挂职锻炼和四个事业机构之间的交流培训，结合一月两次中层以上干部办公会议的召开，以以会代训的方式培养一专多能、多专多能型人才。加强工会建设，开展文明单位创建活动，宣传城市管理正能量，提高全社会认同感和城管干部、职工心理归宿感。二是夯实管理基础，建立完善沿街店家、辖区道路、环卫设施、人员布局、绿化面积、广告审批、渣土管理、垃圾处理费征收等城市管理基础信息，使城市管理工作开展有据可依、有账可查，实现管理工作提质增效。提升城市管理科技化水平，积极引进先进技术、先进设备，环卫作业基本实现机械化，提升城市管理效率。3．理顺城管执法机制，全面推进依法行政。以中共十八大、党的十八届三中、四中全会精神为指导，以《中华人民共和国行政处罚法》《国务院关于进一步推进相对集中行政处罚权工作的决定》为依据，以强化行政执法、提高行政效能、加强城市管理为目标，围绕推进依法行政、探索建立与社会主义市场经济体制相适应的城市管理综合行政执法体制。明确执法主体、规范执法行为、提高执法效率和水平的问题，从而改善城市环境，增强城市服务功能，促进城市经济和社会事业的健康发展。4．创新管理模式，提高垃圾处理费征收水平。引入公司化管理、市场化运作的理念，形成内部激励机制和约束机制，充分挖掘职工的内在潜力，调动收费积极性和创造性，摸清底数，完善垃圾处理费的征收体系，不断提高垃圾处理费征收率，最大限度实现垃圾处理费应收、尽收。2015年度累计征收垃圾处理费620万余元，在去年492万余元的基础上增长了的26%。同时，派遣专人入驻垃圾填埋场，堵住漏洞，核实进场垃圾填埋量，截至目前，在垃圾填埋费及环卫清运车辆用油上节约开支300多万元，降低了政府垃圾填埋投入。并着手厘清绿野公司政府控股地位，在第一垃圾填埋场封场前防止国有资产流失。

【抬高标杆，长效管理，持续提升城市形象】 1．实行网格化管理，提升市区容貌标准。按照精细化管理要求，将城区街道路和区域划分成单元格，整合系统内市容秩序、环卫保洁、市政照明、园林绿化、垃圾费征收管理力量，以“出门就上班”的方式，加大巡查管理频率，提高反应速度，形成工作合力，将单元网格内的乱堆乱放、乱搭乱建、乱倒乱抛、乱画乱贴等市容秩序“脏乱差”现象、环卫清扫保洁、清收清运、垃圾设施摆放抹洗不到位、市政设施损坏、绿化管养缺失等问题解决在初始阶段和萌芽状态，2015年以来，共解决网格内巡查发现问题2400余件，促进长效管理落到实处。深入开展市容管理示范路创建活动，将威宁路、桂花路、洪山路、洪南路、拥军路、麻园路、清毕路等列入创建路段，以点带面，形成整体效应，促进城市形象的改善。2．实行店招店牌改造升级，改善城市空间环境。加强对市区广告主体的监管，严格大型户外广告设置规范，将审批权交还区政府，发挥高位监管作用，严肃查处乱设广告。在存量上，坚决拆除不安全、未经审批私设的广告，共拆除不规范广告700余幅。按照创建文明城市要求，不断提高社会主义核心价值观、勤政廉政、拥军优属、政策法规等公益广告设置比例；同时与相关职能配合，对城区有碍观瞻的600余幅医疗广告进行清理规范。在增量上，引入市场竞争机制，对广告泊位的选址公开竞价，规范经营城市，为区财政补充资金。按照市区繁华程度，制定方案报政府审批同意后分批升级改造破旧的店招店牌，同步实施城区干道的立面出新工程，以良好的形象迎接创卫验收。3．实行疏堵结合，改善市容市貌。按照“主干道严禁、小街小巷规范”的要求，做好流动摊点的疏导和管理，引导更多的摊点入场入室经营。报请区委政府加强城区各街道办事处农民直销摊点疏导点建设，主动协调矛盾，引导区域内大排档、马路摊点、流动摊点入市经营。加大停车场、人行天桥、公厕等基础设施配套建设力度，不间断整治城区流动摊点和马路市场，全面提升城市服务功能和区域吸引力。进一步提高管理水平，严格管理制度和责任落实，加强疏导点门前及周边市容秩序、环境卫生管理，促进管理档次提升。加强校园周边的秩序整治，维护良好的校园秩序和环境。极大地净化了城市环境，还给广大市民一个宽敞、整洁的出行环境。4．实行无缝对接，不断提升环卫保洁水平。按照“定人员、定任务、定标准、定时间、定奖罚”的五定要求，加强对城区日常保洁管理，实现路面冲洗、机械清扫、人工巡扫相结合，提高保洁的质量和效果。加大清收清运工作投入，逐步实现城市垃圾清收日产日清到随满随清的过渡。道路清扫保洁城区380余万平方米，清收清运垃圾46800余车、14.12万余吨；投入运行道路冲洗作业车73200余车次对城区主次干道进行冲洗。加快公厕升级改造并免费开放，实行专人管理，确保内部设施完好，灯亮水畅，达到“四无四净”要求。对环境卫生工作薄弱的区域经常开展垃圾突击清运整治活动，减少暴露垃圾，提高城市环境卫生管理水平。5．城管工作常态化，助推“创卫”“创文”进程。为进一步抬高创建层次，切实提高城市管理水平。找好创建工作与日常工作的结合点，将创建工作纳入各单位日常工作中，克服为了创建而创建、为检查而创建的错误思想，把突击行动变为常态工作，以创建工作推动日常工作的开展，以创建标准作为日常工作标准，力争在环境卫生保洁、园林绿化管护、市容秩序监管、市政设施养护等方面提质、提速、提效。2015年以来，共圆满完成中央领导视察、省市领导检查、兄弟县区交流及各类规模的会议等上百次的迎检活动。并在全省88个县、市城市的多彩贵州文明行动检查位列前5名，成功实现位置前移目标。6．狠抓落实，勤督严查重实效。为了确保城市管理工作顺利实施，建立强有力的督促检查制度和奖惩办法。各级组建督查室与上级督查形成了三股督查力量，采取“一天一检查、一事一协调、一日一通报、一月一考核”的办法，对分解出的工作任务进行强力督办，对工作不力的以督办通知单的形式送达责任单位，并予以公开曝光。今年以来，共下发督查、督办单146份，限期整改书72份，督查通报360份，督查督办事项950多项。

【以人为本，民生优先，进一步完善城管基础设施建设】

1．加快建设数字化信息城管平台。按照“一级监督指挥、二级考评、三级联动”的数字城管系统模式，利用天网工程平台，探索建立城市管理监督指挥中心，从而整合相关城市管理的力量和信息化资源，充分发挥部门联动作用。建立城区范围内的市容市貌、卫生保洁、市政公用、路灯照明、园林绿化、城市秩序等公共服务领域，较为完善的城市管理信息发现、问题处置、情况反馈、综合评价等高效运转的城市管理机制。2．实施环卫设施建设提升工程。在保证施工质量的前提下，加快公厕升级改造和建设，加强公厕的规范管理，争取全部实施免费开放。在南关桥小广场、铁匠街小广场、民中路口、麻园路区实验小学旁、杜鹃大桥左、杜鹃大桥右、碧阳大道多彩酒店旁、望城坡、滨河东路五龙桥旁、东兴路口十小对面新建10座固定公厕，在太平桥小广场、东安桥、阳山公园、六洞桥小广场、沿河东路八中至建筑公司段前绿化带、环南东路、解放路老法院对面、市检察院后面、原小商品批发市场外、环北路大修车斜对面、东安路粮食储备库旁、环北路香山郦居路口计划采购安装12座移动公厕。快速推进垃圾中转站和环卫停车场建设，在民中路口、望城坡新建2座垃圾中转站。加强环卫设施的维护管养，降低使用成本，提高环卫机械化水平，定期更新、更换垃圾收集容器，设置公共厕所指示牌，更好地发挥环卫设施的社会效益。做好第一垃圾填埋场的封场和第二垃圾填埋场投入使用的无缝对接，加快城区垃圾无害化处理进程。3．建设惠及城区的路灯改造工程，提高亮化管理水平。按照民生优先的原则，继续加大背街小巷路灯建设维护力度。整合社会资源，在确保城市路灯照明效果的情况下，加快推进城市路灯节能改造，实现城区路灯照明全覆盖。发挥路灯智能化控制平台的功能，实行季节、区域、时段亮灯的差别化管控，在发挥路灯亮化、美化功能的同时，注重节能减排，勤俭节约。加强巡查管护，保证95%以上亮灯率，提升亮化服务水平。共检查路灯线路故障427处，维修路灯约9000盏次，更换碧阳大道、学院路、碧阳大桥等路段坏损电缆线3800余米。4．加快推进交通拥堵治理工程。在掌握城区停车场建设规划布局的情况下上报区委政府后加快拟建停车场的建设，缓解城区停车难的现状。在完成南关桥、清毕路、桂花路三座人行天桥建设后，对城区其他路段拟建天桥进行可研等前期工作，加快工程进程，科学有效进行人车分流，缓解城区交通拥堵。5．严格城市道路临时占用、开挖审批。规范审批行为，严格查处擅自占用、开挖城市道路行为。争取政府资金支持，及时维护维修好城市破损道路和其他市政设施，在做好对现有市政设施巡查管护的同时，城区人行道地砖、沥青路面维修工作从主城区、重要路段、重要区域有序向外围扩展。累计投入经费1200余万元实施市政零星维修工程，完成同心路、滨河路、松山路、环南东路、环北路等4200余平方米的人行道地砖铺设；投入经费164.8万元实施开行路堡方堡坎修复工程80余米；投入经费27.6万元改造同心路人行道上垮塌排污沟50余米；投入经费128万元实施兰苑花园对面排污排水设施改造工程；投入经费90万元实施安装城区部分路段人行道隔离护栏400余米；投入经费160.1万元实施城区沥青路面修复工程；投入经费140.9万元购买井盖等市政设施，累计清理雨箅及检查井4500个、清理堵塞排污沟154处；更换坏损检查井68套及井盖58块、雨箅46套、雨箅盖57块。投入经费57.2万元实施326国道官大村段路灯安装工程；对城区排污、排水管网进行摸排，绘制分步图，建好台账。全面完成城区部分路段人行道和车行道的强制物理隔离，在人行道端口采取阻碍车辆通行措施，防止机动车辆侵占人行道，损坏地砖等市政设施。6．开展城区绿化植物的日常管理和管护工作。加大对城区72公里范围内的10976株行道树及110万余平方米的绿化带植物的修剪除草、行道树枯枝清除、病虫害防治等绿化养护工作，全面清理城区行道树下的多余泥土，每日交替冲洗除尘中央绿化约24万平方米，确保城区绿化干净、整洁、美观。投入经费约165万元完成人民公园环境修复二期工程，共安装塑钢草坪护栏3300多米、绿化种植面积15000余米。投入经费约90万元实施树箅安装改造工程，改造安装城区深圳路、滨河路、公园路及人民公园内的行道树树箅680套。投入经费约150万元对沿河东西路绿化带进行拆除改造，完成苗木移植补植1300多平方米并对改造范围实施硬质铺装；投入经费约37万元完成铁匠街小广场绿化带拆除改造，种植香樟23株，红叶石楠球13个和其他小苗若干。落实责任制度，加强人民公园和阳山公园管理，对两园设施设备进行全面排查，确保安全；投入人手加强对人民公园卫生秩序管理，全面清理阳山公园园区道路沿线卫生，组织全园职工清理园区杂草及枯死树木；坚持巡查园区内墓葬、立碑、包坟、修建保坎和硬化拜台等违建行为，同时对园区内安全隐患及市政设施进行排查、处理，巡查处理私自在阳山公园内埋坟行为。

【从严要求，狠抓落实，加快推进城市管理大整治】 根据市区两级党委、政府的指示精神，结合实际，制订《城市管理大整治、文明素质大提升专项行动工作方案》，进一步明确整治任务和职责，将各项整治工作分解落实到具体责任人，明确检查验收标准，确保整治工作不漏一项、不漏一处地圆满完成。通过从区直部门抽调人员组建近100人的联合执法大队开展集中整治，全区市容市貌得到了很大程度的改善，得到广大市民大力拥护和全力支持。1．落实沿街“门前三包”责任制。将“门前三包”工作作为提升市容秩序工作的重点和突破口，督促门面业主落实卫生秩序责任工作8000余户，“门面三包”签订率100%；对洪山路、洪南路、郭家湾、碧阳大道、关门山隧道、百里杜鹃大道、环南东路、同心路、清毕路、麻园路、威宁路、拥军路、桂花路等超越门面外墙占道经营商铺进行集中整治，下发《责令整改通知书》约6000余份，整治规范沿街商铺入店经营2000余户；查处乱排乱倒乱扔598起，清除乱堆乱放乱扯乱挂369处，查处乱贴乱涂乱画400余起，清除乱搭乱建200起；清理取缔利用高音喇叭等扬声器进行宣传促销扰民商户400余户，并暂扣音响80余个。2．强力推进市容环境整治。一是清理取缔洪山路、洪南路、郭家湾、碧阳大道、环南东路、同心路、碧阳湖边路、清毕路、麻园路、威宁路、拥军路、桂花路、天河路、环北路、水西大道等占道经营流动摊点500余个，并暂扣手推车、电动三轮车、人力板车、脚踏三轮车等占道经营工具300余个，暂扣乱停乱放摩托车、电动车90余辆；清理取缔利用高音喇叭等扬声器进行宣传促销扰民流动摊点200余个，并暂扣喇叭100余个。二是清理拆除郭家湾、碧阳大道、环南东路、同心路、威宁路、文化路、公园路、桂花路、开行路等占道搭建的摊篷和构筑物90余处。清除郭家湾、碧阳大道、环南东路、同心路、威宁路、桂花路占道堆放物料200余处，清运杂物90余车。三是大力打击查处乱贴乱画、乱涂乱写“野广告”的违法行为。

清除洪山路、洪南路、郭家湾、碧阳大道、环南东路、同心路、碧阳湖边路、清毕路、麻园路、威宁路、拥军路、桂花路、开行路等沿街“野广告”、“牛皮癣”30000余个；清理拆除乱吊乱挂的残幅标语500余幅。四是整治和规范洪山路、洪南路、碧阳大道、清毕路、麻园路、威宁路、拥军路、桂花路等户外广告、沿街门头牌匾设置。清理拆除清毕路、洪山路、麻园路等路段店铺门前电子牌等广告牌500余块；大力查处和打击未经审批擅自设置户外广告、门头牌匾的违章行为，查处乱散发宣传广告70余起，收缴各种小广告10000余张。3．继续加强污染源源头治理，对城区建筑施工工地进行全面清理，加强对施工运输车辆管理。查处运输建筑渣土车辆未冲洗上路污染城市道路189起，处罚金额63100元；查处运输建筑渣土超高装载沿途遗撒污染路面213起，处罚金额246050元；查处运输粉煤未覆盖沿途扬尘污染环境89起，处罚金额43900元；查处运输沙石未覆盖沿途抛洒污染城市道路698起，处罚金额67240元。4．开展生活垃圾定时清收清运和投放工作，减少因乱丢乱倒垃圾造成的垃圾积存和二次污染。在拆除清毕路、威宁路、桂花路、拥军路、洪山路、洪南路、百里杜鹃路（市第三人民医院路口至碧阳大道）、碧阳大道（市电视台至同心路口）、滨河西路（同心路口至市第三人民医院）、同心路、南岭路设置的垃圾桶（垃圾斗），实行定时投放和集中收集清运，取得良好效果。同时，对城区果皮箱进行合理分布，并对沿街店面、住户不按规定倾倒垃圾影响环境卫生的行为进行劝导，对不听劝告的进行处罚和曝光。在总结先期试点路段运行成功经验的基础上，全城区范围内推行垃圾的定时定点投放工作并形成长效机制。5．提高社会参与力度，持续改善城市形象。畅通投诉举报渠道，主动发现城市管理中存在的问题，通过深入宣传，走进社区，邀请人大代表、政协委员、社会志愿者体验城市管理活动，广泛呼吁社会参与和关注城管工作。协调相关职能部门开展综合整治，加大破绿损绿、占用损毁市政公用设施、商业促销噪音、乱搭乱建占道堆放、露天烧烤油烟扰民等违法行为的查处力度，营造整治氛围，打造一个净、畅、宁、美的城市空间。

（撰稿人：办公室）

气　象

【概述】　七星关区气象局于2012年7月获中国气象局批复正式成立，下设“三网一办”即：防雷减灾办公室、人工影响天气办公室、农村综合经济信息网络办公室和气象综合服务办公室。2015年，气象局有干部职工7人，其中正科级1人，副科级1人，在工作人员5人，聘用人员4人。

在区委、区政府的领导和上级部门的指导下，以“三个代表”重要思想为指导，认真贯彻落实科学发展观及中共十八大精神，认真学习和执行“国发2号”文件精神，完成年度目标工作。紧紧围绕“防灾减灾，气象先行”的服务理念，认真开展和完成2015年的气象服务工作。

【人工影响天气】　2015年七星关区气象局在全区范围内下设11门人影防雹高炮，分别位于毕节市金海湖区岔河镇、七星关区朱昌、野角、八寨、海子街、田坝、大银（保旺村）、大银（黄塘村）、对坡、大河、撒拉溪，一辆移动火箭发射车，人影民兵55人。按照“早计划、早部署、早准备、早行动”的原则做好2015年汛期防雹消灾工作，成功组织实施人工防雹作业100余次，发射防雹炮弹千余发，并对全区炮站完成标准化建设，为七星关区2015年的烤烟生产的经济效益和社会效益提供有效保障。成功组织实施人工增雨作业40余次，发射增雨炮弹400余发，增雨每次都达10毫米以上，为缓解七星关区局部旱情做出了贡献，取得了明显的社会效益和经济效益。

【气象服务工作】　七星关区气象局在全区各个乡镇安装有区域自动站，用于收集乡镇温度和降水情况。截至2015年，全区共有区域自动气象站53个，主要用于监测全区各乡镇温度和降水情况；城区和朱昌镇安装有土壤墒情站，用于测量土壤墒情况，以便更好地做好气象为农服务工作。2015年气象局职工下乡维护维修区域站200余次，保证了数据传输的有效性、准确性和实用性，保障了气象决策服务数据材料的真实可用性。同时气象局在七星关区部分乡镇安装有农经工作的LED显示屏用于显示农业气象信息，指导农事生产，并在部分乡镇组织人员进行相关知识培训。

【其他工作】 在做好气象服务工作、人工影响天气工作的同时，严格按照区委政府的部署要求，结合各项工作的目标管理责任书，思想上高度重视，精心安排、狠抓落实。在人口计生、信访维稳、社会治安综合治理、应急管理等方面严格按照相关部门和文件精神要求抓好落实，按要求及时完成并上报存档。

（撰稿：办公室）

水库和生态移民

【概述】 水库和生态移民局是区人民政府直属正科级全额拨款事业单位，原名水利水电工程移民局，成立于2010年12月，2015年7月更名为水库和生态移民局，内设8个职能股室，核定事业编制32名。在区委、区政府的正确领导下，以邓小平理论、“三个代表”重要思想、科学发展观为指导，深入贯彻中共十八大和十八届三中、四中全会精神，以改革创新为动力，坚持依法行政，不断完善工作机制，整合各方资源，进一步加大扶持力度，集中力量解决水库和易地扶贫搬迁群众生存环境恶劣、居住不安全、生活贫困等突出问题。提高搬迁群众收入水平和生活质量，实现“搬的出、稳得住、能致富”，确保与全国、全省、全市同步小康。

【队伍建设】 一是把移民干部选拔培养使用纳入局干部队伍建设总体规划和布局，通过考察选拔，把党性好、能团结同志、有业务能力和组织能力的干部吸收到股室领导的岗位上，健全了二级机构，配齐机构负责人。二是强化理论学习。坚持把理论学习作为加强班子建设的首要任务来抓，千方百计处理好工学矛盾，采取集中学习与个人自学相结合，系统学习与专题学习相结合，自我研读与讨论交流相结合的方式深入进行理论学习。三是维护团结统一。班子每名成员都把维护班子的团结和统一放在首位，一切从维护班子团结出发，以大局为重，坚持做到严格按照议事规则、程序办事，坚持大事、要事集体研究，群策群力。四是发挥榜样作用。在工作与生活中班子成员都能严格要求自己，以身作则，率先垂范，时时处处起到先锋模范作用，力求把工作做得更好。五是加强民主管理。日常工作中班子成员都能够做到经常地倾听群众意见，主动接受同志们监督，不断地改进工作，班子成员和同志之间沟通了思想，加强了联络，形成大家齐心协力为集体争光的合力，促进局工作决策的民主化、科学化、规范化。

【常规管理】 年初，召开了专题移民工作会议，对全区移民工作进行安排。与涉及的镇乡办、区直部门分别签订目标管理责任书。定期不定期就水库和易地扶贫搬迁前期实物指标调查、安置补偿、后期扶持、处遗问题等专门召开会议进行研究，将移民局办公经费、人员工资等纳入财政预算。制定干部绩效考核制度，每周晒成绩单，全面准确公正客观地考核移民干部业绩；严肃移民干部考勤制度，认真执行干部职工签到签退；规范办公室管理工作，严格执行印章管理制度；规范财务管理，实行采购和报账分开设，各负其责，互相监督。在经费开支上，事前须报主要领导、分管领导，经局办公会研究同意，事后须经分管领导签字方可报销。同时，每季度对移民工作进行公开，长期公开移民工作职责，临时公开后期移民扶持资金发放、经费收支情况及其他应公开内容，接受群众监督；规范移民工作文书档案；建立党风廉政责任制，签订党风廉政责任书，认真查找廉政风险点，制定防范措施；认真做好水库和易地扶贫搬迁移民社会保障工作调研和社会管理创新调研。

【水库移民搬迁】 一是做好夹岩水利枢纽工程七星关库区淹没影响区工作。七星关库区淹没影响区为杨家湾镇、放珠镇、田坝镇、大河乡、阴底乡5个乡镇21个村105个村民组，共涉及移民2101户9852人；库区影响土地1.85万亩、影响房屋28.87万平方米、影响坟墓1922所；库区基本实物指标中，果木林16.34万株，用材林9.93万株，经济林3.52万株，竹子3310笼，草果86笼；2015年，七星关库区投资任务是3亿元，完成投资30070.86万元。二是做好龙官桥水库和双河口水库移民人口、房屋与零星树木的认定及复核工作，适时启动野角水库建设的前期工作；完成龙官桥水库坝区土地和青苗补偿补助459.59万元，完成双河口水库土地赔付和学校复建工程共计付款1056.73万元。三是做好水库后期扶持。完成倒天河水库后期扶持核定人口1554人，资金直补865人、项目扶持人数为689人，兑现四个季度资金直补51.68万元。编制上报年度项目计划，实施后期扶持项目，实施移民素质提升和购置农机具补贴相关工作，清理上报小水库资金、移民项目专项整治资金归位情况。按时按要求报送各类材料和统计报表，完成毕节市七星关区大中型水库移民后期扶持“十三五”规划编制，在倒天河水库整合项目7个，资金725万元。

【易地扶贫搬迁】 一是督促生机镇完成幸福大街安置点300户1300人移民对象的确认，启动300套房屋建设，年底主体完工270套，启动配套基础设施建设，督促完善档案资料；二是督促清水铺镇完成独山湖安置点移民对象确认，完成项目征地，完成地勘、施工设计、招投标资料等；三是做好2016年第一批申报千溪乡、团结乡、青场镇、清水铺镇四个安置点的项目申报工作；四是做好2012—2014年项目遗留工作，督促水箐镇完成东风大街安置点剩余19户移民对象的确认及农户采取自建方式完成19套安置房的建设，完善水电等基础设施建设；督促碧海街道完成安置点剩余49户移民对象的确认及水电路讯等基础设施的建设；督促生机镇尽快完成幸福大街安置点道路硬化绿化工作，完善验收材料，报请区级验收；五是起草拟定《七星关区易地扶贫搬迁“十三五”规划》初稿，完成上级安排的各项工作。

【移民资金管理和使用】 移民资金做到专款专用、专项专用、专户储存、专账核算、专人管理，严格按照国家有关移民政策管理使用移民资金，移民资金严格执行县级报账制，严格执行财经纪律，加强对移民资金使用各个环节监管，未发生截留、挪用、挤占、贪污移民资金现象，做好有关检查和审计配合工作，开展移民资金管理使用情况内审自查并上报书面报告，对自查、审计和稽查中发现的问题及时整改落实到位，规范会计基础核算，健全财务档案，按规定和时限要求编制上报移民安置年度资金使用计划和有关财务报表，及时兑现移民资金，实施相关项目。

【信访、维稳】 贯彻落实《信访条例》和信访工作领导责任制，建立健全移民信访台账和档案，做好单位节假日值班工作，有效维护单位和谐稳定；建立健全维稳工作责任制、包保责任制，制定维稳应急处置预案，按照分级负责、属地管理的原则，及时报送移民维稳信息，做好矛盾纠纷调处工作，推动移民搬迁。一年来，共收集各镇乡统计上报的矛盾纠纷505起〔跨县（区）54起、跨镇（乡）32起、镇（乡）内419起〕，其中：征地拆迁矛盾纠纷492起，水电路受损7起，迁坟纠纷1起，炮损纠纷2起，其他纠纷3起。调处成功480起，调处成功率为95%。共收到各级各部门交办的信访案件3起，办结3起，办结率达100%。全年无移民进京上访、无5人以上移民到省越级上访、无重大移民群体性事件发生。

【帮扶工作】 深入帮扶联系点开展“便访贫困户”工作，扎实推进“干部驻村”工作，落实责任帮扶到户、政策宣讲到户、技术服务到户。提供帮扶资金、实物等对特困户进行重点帮扶。

【督查工作】 制定每月督查细则，下发到乡镇街道，明确督查范围、督查内容、督查工作的原则及责任，拟写督查报告，并通报督查结果。一年来，共督查镇乡街道贯彻上级文件落实情况35次，确保了发现问题能及时得到处理，使水库移民和易地扶贫搬迁工作得到了进一步落实。

【其他工作】 完成区委、区政府交办的其他各项工作。按时参加相关工作会议，按时上报有关文字材料；认真抓好中共十八届三中、四中全会的学习和省、市会议精神的宣传、学习；加强机关党建工作，定期召开领导班子和党员干部民主生活会；强化党员干部的党风廉政学习，始终保持清醒的头脑，与时俱进，恪尽职守，廉洁自律，制定和完善各项规章制度，确保了党风廉政各项责任工作的落实；加强“整脏治乱”工作力度，构建整洁、和谐的办公环境；抓好计生工作，无违纪违规现象发生；大力开展思想宣传工作与移民宣传工作，作好各类工作信息报送，共报送各类信息、简报80余期；做好移民档案、资料收集整理归档利用等工作。同时，完成上级业务主管部门安排的工作任务。

（撰稿人：王科文）

水务有限责任公司

【概述】 2015年，毕节水务公司在区委、区政府的正确领导下，按照年初制订的工作目标，紧紧围绕供水事业发展大局，以保障城市供水为主线，以深入开展“三严三实”活动为契机，不断加强供水服务管理，各项工作取得明显成效。全年完成供水总量2483万吨，售水总量1758万吨，实现主营业务收入4357万元，利税928万元，出厂水水质合格率100%，管网水质综合合格率99.8%。

【水质安全】 水厂中心化验室每日对源水和出厂水进行化验监测，每周至少2次对不同点管网水进行抽样监测，每2月进行1次30项水质指标的全分析。生产水质经卫生监督部门检测，符合国家《生活饮用水卫生标准》。2015年4月份送取倒天河水厂和营盘山水厂出厂水样委托具备国家《生活饮用水卫生标准》（GB5749-2006）106项检测能力的国家城市供水水质监测网贵阳监测站按国家《生活饮用水卫生标准》（GB5749-2006）进行106项指标检测，检测结果均为合格。

【供水服务】 一是提高服务效率，共完成一户一表入户安装3334户，改造供水管道5193.9米，更换坏损表箱523户，测出漏点202处，维修管道5569处。二是片区营销管理人员加大服务区域管理，查出各类违章用水683户、欠费暂停供水130户、销户拆表堵水250户。三是对坏损水表和使用年限到期的水表按国家有关规定进行更换，共更换水表606只。四是从3月31日起开通了网上银行、手机银行、银行代收等方式的水费交纳功能。

【党建工作】 一是按照控制总量、优化结构、提高质量、发挥作用的要求，积极发展党员，2名列为入党积极分子进行培养考察的发展对象转为预备党员、1名预备党员按期转为正式党员，确定了2名入党积极分子。二是加强中层干部队伍建设，考核选拔3位中层干部和1位总经理助理，开展4位总经理助理转正的考核考察工作。三是开展民主评议党员工作，全体党员合格率达100%，评选出优秀党员6名。四是组织在职党员到所辖社区报到并认领服务岗位，报到率达100%，共帮助各社区住户安装维修供水管道31次，帮助解决杨家塘社区、松山社区、和平社区等10个社区9340人饮水问题。五是做好全体党员的党费收缴工作，认真落实“三会一课”制度。六是按照相关规定做好党务公开工作，把应公开内容、范围及时按程序采取多种形式逐步进行公开。对“三重一大”事项向上级有关部门进行备案并通过网络进行公示。七是认真抓好党风廉政建设工作，成立党风廉政建设工作领导小组，分层次签订《党风廉政建设目标责任书》，开展了1次廉政警示教育活动。

【民主管理】 组织召开公司第一届第十五次、第十六次和第十七次职工代表大会，讨论审议通过修改完善的《劳动纪律管理制度》《员工奖惩制度》《车辆管理制度》《物资采购管理制度》等12个管理制度，对29名中层管理人员进行履职述职测评，对14名具备转为享受正式员工待遇条件的优秀特岗员工进行述职测评，其中7名特岗员工转为享受正式员工待遇。

【安全生产管理】 一是设立安全生产监督管理部门，配置专职和兼职安全生产管理人员，加强安全生产监督管理。二是按管理层次分别签订《安全生产目标管理责任书》，明确安全生产责任。三是对核心和重点管理部门开展每季度1次以上的专题安全生产教育。四是对核心管理部门每月开展1次安全大检查，重点部门每一季度开展1次安全大检查，一般管理部门进行随机抽查并每半年开展1次大检查，对检查出的安全隐患及时下发整改通知书并督促抓落实。五是抓好重点时段、重要节假日和重大政治活动期间安全生产检查工作。六是在公司显著位置悬挂安全宣传条幅，利用宣传栏张贴宣教挂图，厂区张贴安全标语，设置安全警示标志，LED滚动播放安全警示语句。七是制定完善应急预案，组织开展了2次安全生产应急演练。

【普法工作】 一是建立健全工作机制，加强组织领导，把“六五”普法工作摆到突出位置。二是加强法制教育，不断提高公司员工法制意识，先后组织员工学习《中华人民共和国宪法》《中华人民共和国安全生产法》《贵州省城市供水管理办法》《贵州省城市供水价格管理办法》等法律法规。三是利用公司网站开设《法律法规专栏》，安装2个LED广告宣传滚动屏和1个法治宣传专栏，积极营造员工学法守法意识。四是参加开展“3·15”消费者权益日、“12·4”法制宣传周等活动，将主要办事流程、惠民服务举措和供水法律法规印制成宣传单、宣传手册发放给广大群众，培养群众法治意识。五是依法签订《工资集体协商协议》《女职工权益保护专项集体合同》，对合同期满员工和新招员工签订劳动合同。六是组织中层以上管理人员积极通过普法学法考试平台进行法律法规学习并参加考试，考试合格率达100%。

【计生工作】 一是建立健全计生目标责任制度，公司主要负责人与各部门负责人签订目标责任书，将计生工作目标责任落到实处。二是按照上级有关部门要求，全面推进“双诚信、双承诺”人口计生工作，成立主要领导任组长，分管领导任副组长，部门负责人任成员的工作领导小组，拟订“双诚信、双承诺”人口计生工作实施方案和计生“双向承诺书”，员工“双向承诺书”签订率达100%。三是认真做好妇检工作，组织公司员工及员工家属妇检对象108人次进行妇检。四是完善家庭计生信息收集采集，对公司员工计生信息进行全面采集。

【所获荣誉】 公司荣获“全国第四届文明单位”、“全国五一巾帼标兵岗”、省“劳动关系和谐企业”、“贵州省A级纳税信用企业”等称号，吴传阳同志荣获“贵州省劳动模范”称号。

（撰稿人：办公室）

镇乡办事处概况

市西街道办事处

【概述】 市西街道办事处位于毕节市七星关区中心城区，地处北纬27° 17′，东经105° 17′之间，境内最高海拔1877米，最低海拔1472.米，属亚热带湿润季风性气候，年平均温度12.8至13.4℃，无霜期在220至249天，年降雨量900至1100毫米，雨量充沛，气候温和，冬无严寒，夏无酷暑。东与市东街道办事处隔河相望，南与洪山街道办事处接壤，西与三板桥街道办事处相邻，北与大新桥街道办事处毗邻，总面积5.91平方公里，辖翠西、北门、百花、和平、金钟、天河、松山7个社区，总人口77183人（不含流动人口），人均年可支配收入达38500元以上。

【招商引资】 全办加大招商引资力度，大力倡导亲商、扶商、安商、富商意识，在投资环境上做到“硬环境明显提高，软环境客商满意”，积极为招商引资创造良好的服务环境，营造了良好的投资环境，促进了投资快速增长。在项目建设中，明确班子成员具体负责项目建设、招商引资工作，协助解决辖区内项目建设工作中征地、拆迁等问题。确保所有项目工程正常施工，全力跟踪服务过程，扎实推进项目建设工作。一年来，全办申报招商引资项目6个，每个项目协议投资总额均超过亿元。其中跟踪服务项目4个（翠竹园、大众综合体、毕节浙商城、创美世纪房地产），自主招商项目2个（怡景新城、王家老坡棚户区改造及农贸市场建设）。全办共完成招商引资4.69亿元，比上年同期增长3.76%；企业缴纳税额达9361万元；完成民营经济投资5.9亿元，比上年同期增长13.46%，超额完成全年工作任务。

【城市管理】 积极创新工作机制，深入开展“多彩贵州文明行动”工作。一是推行包片责任制。工作中实行副科级领导包社区，社区干部和保洁员以网格为单元的包片责任制，形成了横到边纵到底的工作格局。二是推行创卫工作“六个一”措施。即撰写一份倡议书，倡导文明新生活；发放一张便民服务连心卡，畅通便民利民新渠道；发送一条短信息，推进“多彩贵州文明行动”；建立一支劝导队，形成文明软约束；设立一部监督专线，实现有监督举报即整改；完善一套制度，严格实行兑现奖惩责任制。三是建立《社区居民自治管理公约》。积极开展楼院长选举大会，在各社区实行楼群院落分类管理。四是实行保洁员星级考核制。增强保洁员竞争意识，荣获星级称号的保洁员，统一佩戴徽章、进行星级津贴奖励，并在社区荣誉台公示；对工作懒散、季度检查较差的保洁员进行严厉曝光，及时兑现奖惩，有效管理保洁员。五是强化宣传，注重效果。通过手机信息平台在辖区内发布宣传信息；各社区设专门的宣传栏；学校开展以“多彩贵州文明行动”、三创一建为主题的班会、家长会及“小手拉大手”活动；有力提高了大众的环境卫生意识。六是强化城市综合治理。通过多方做工作，拆除影响通道的怡景新城6户；配合城管局清理整治“马路市场”“马路停车场”“马路修车（洗车）场”等违法占道行为，真正还路于民。七是严格控制新增违法建筑。采用疏堵结合、分类管理、分类打击的办法，有效遏制了违法建筑的势头。一年来，共下达违法建筑整改告知书320起，拆除违章建筑190户共计9201平方米，有效控制了新增违法建设。

【人口与计划生育】 全办始终以“三按月”为计生工作主线，强化过程管理、责任落实和目标考核，有效促进“双诚信、双承诺”工作和流动人口计划生育服务管理。在工作中，加大对居民群众的宣传教育，发放计划生育政策法规宣传资料2.1万余份，接受政策法规咨询7500余人，落实返乡、流动人口手术230例。与此同时，注重利益导向，提倡优质服务，强化综合治理，真正实现了人口出生率和自然增长率“双降”目标。2015年度共消化手术411例，占全年任务的106.75%，常住人口出生375人，符合政策生育率达97.07%；综合避孕节育率位为96.42%，“双诚信、双承诺”签约率达98.78%，群众对政策知晓率达98%以上。

【信访维稳和社会治安综合治理】 一是创新机制，领导下沉。健全完善了矛盾纠纷排查调处机制、三级联动视频接访机制，实行领导干部包案督访、下访、回访制度，变群众上访为干部下访，积极推进信访积案和突出矛盾纠纷化解。按照“两个四级个案台账管理体系”要求，将矛盾纠纷排查化解工作抓实、抓好、抓出成效。二是根据“四项行动”要求，切实做好相关工作。一年来，共接待群众来信来访2134人次，排查各类矛盾纠纷167起，成功调处120起，确保重大节假日和会议期间无重大事件发生。三是延伸居民网格渠道，深化“群防群治”队伍建设。积极落实人防（巡查队伍）、物防（小区安保）、单元防（电控门）、技防（主干道和巷道设有天网、院落和重要部门、窗口设有监控摄像）、户防（平安E家）等措施和制度，最大限度的发挥网络触角作用，为广大群众安居乐业提供平安防线。四是加强刑释解教人员无缝对接帮教工作和社区矫正工作。结合区委开展的在职党员到社区报道工作，组织辖区内报道的467名在职党员对吸毒人员和社区矫正人员进行帮教，正确引导他们重新做人，远离犯罪道路，积极走向健康的人生，鼓励其重归社会进行创业，有效维护了社会的稳定。五是建立禁毒预防宣传教育基地，实行“1+N”禁毒预防宣传教育。为进一步加强禁毒警示教育，维护社会稳定，办事处有效利用约50平方米的社区楼道空间，依次建立鉴厅、魔厅、火厅、择厅、愿厅等五个展厅，建成了首个社区禁毒预防宣传教育基地。让居民群众在家门口，就能接受“1+N”式的禁毒预防宣传教育。已组织辖区内1000余名中小学生、300余名居民群众及吸毒人员参观禁毒预防宣传教育基地。真正实现了禁毒教育的现代化、系统化、经常化，使社区禁毒工作更形象、更生动、更直观。打破了部分居民“因毒致贫”瓶颈，有效维护了社会的和平稳定，获得了广大居民朋友及吸毒人员的一致好评。六是成立群众诉求评议会。为有效解决信访问题和畅通信访渠道，办事处建立了由信访人员亲属、信访事件涉及的各部门负责人、律师等组成的群众诉求评议会，对信访事件的缘由进行一一梳理，达成解决共识。既有效缓解信访压力，又让信访人员得到合理、满意的答复。

【教育工作】 坚持把教育工作列入党工委、办事处重要议事日程，定期研究部署学校教育工作。一是始终抓紧校园安全防范工作。组织工作组对辖区内26所学校（公办小学5所、中学2所、幼儿园2所、民办小学7所、幼儿园10所）等进行安全教育和安全检查，及时消除安全隐患。二是抓好师德师风建设。通过学校开展的集中学习和个人自学，通过“我的教育梦”征文活动、“贵州教师誓词”硬笔书法比赛、撰写心得体会等形式，使教师形成了依法执教、乐教、奉教的氛围，规范了教师的教学行为，提高了教师德育水平。三是扎实做好控辍保学工作。2015年共完成中职招生264人，特殊教育招生8人。小学适龄儿童入学率达98%，小学辍学率控制在1.6%以内。四是扎实抓好“三关爱”工作。办事处从“严”字当头、“实”处着手，以高度负责的精神、求真务实的作风，推行“三式三心”工作法，即地毯式排查，细心摸清底数，着力解决

"关爱谁"问题。结对式包保，尽心落实责任，着力解决"谁关爱"问题。亲情式关爱，精心实施帮扶，着力解决"怎么关爱"问题。把辖区内426名留守儿童，62名困境儿童，空巢老人和残疾人的关爱和救助工作落到实处，对他们进行专业心理辅导，发放慰问品和生活必需品，进行亲情聊天等，着力解决了"关爱谁、谁关爱和怎么关爱"的问题，切实维护了社会和谐稳定。

【安全生产】 全办始终坚持安全第一、预防为主、集中整治的方针，稳步推进安全生产工作。一是严格落实安全生产责任制。年初将安全生产工作同其他中心工作同安排同部署，层层签订目标管理责任书，形成安全防护网。二是强化宣传教育，着力提高市民群众的安全意识。采取咨询、发放宣传资料、出动宣传车、培训讲解等方式，多层次、多渠道宣传安全生产方针政策，着力抓好《中华人民共和国安全生产法》《中华人民共和国道路交通法》《消防法》《贵州省安全生产管理条例》的贯彻落实，大力提高辖区内各生产经营单位、企业主、群众的安全生产意识。形成了横到边、纵到底的安全生产宣传格局，起到了很好的宣传效果。三是加强安全生产监督管理，及时排除安全隐患。办事处组织工商、消防等部门对辖区网吧、加油站、建筑工地、烟花爆竹销售点、危化物品存储点、医院、宾馆、娱乐场所、超市、学校等各种行业不定期进行安全排查整治，并跟踪督促落实，共消除隐患43处，消除隐患率100%。与此同时，积极对道路交通、森林防火、食药品等专项领域进行集中整治，深入开展食品、药品安全整治，道路交通安全整治，切实保障人民群众身体健康和财产安全。

【社会保障】 结合"三关爱"工作目标，始终坚持"以人为本，为民解困"的工作主线，积极推进社会救助体系建设。一是实行"四到位"，严格进行低保核查。从5月底开始，对全办的4030户城乡低保对象进行了为期一个多月的年审排查，并将排查结果进行评审公示，严格做到四个到位，即宣传发动到位、入户调查到位、评审评议到位、公开公示到位。通过低保年审排查，共取消条件好转或保障对象死亡的农村低保26户，新增农村低保31户，待遇调整183户459人。真正做到了动态管理下的应保尽保、应退尽退、进退及时。二是按时发放低保金。目前共发放农低保资金64.76万元，城市低保金2300万元，发放冬春救助大米10吨。三是有序开展城乡医疗救助、临时救助。按照"扶贫帮困，分类施救"的原则，我办将城乡低保户、五保孤儿、重点优抚对象等作为救助的重点。共上报审批城乡医疗大病救助273人，发放大病救助资金433.59万元，临时救助114人，发放救助资金2.67万元，现已全部足额发放到救助对象手中。四是强化城乡居民养老保险增收发放工作。一年来，通过不断宣传发动，共缴纳城乡居民基本养老保险62.82万元，对参保的2924名城乡居民，每月共计发放养老金22.35万元。五是继续提高群众参加新农合的自觉性。全办2015年新型农村合作医疗共3.91万人参合，参保率为108.01%。工作中，进一步做好医疗住院报销工作，共有7135人次实行住院补偿，总费用3416.23万元，充分让参合者能及时享受到应有的资金补助。

【思想政治教育】 在贯彻落实农村思想政治教育中，一是打造阳光漂流书屋，以书本知识为载体，积极传播党的好声音；建立百姓e家，引导居民通过网络进行学习，深入持久地开展社会主义核心价值观、党的惠民政策和法律法规教育读书活动，切实转变群众思想观念；利用辖区LED平台、文化广场、微市西等广泛宣传农村电商知识和党的方针政策，引导居民把所学知识运用到生产实践中，提高致富本领。二是在各社区建立积德榜，大力宣传身边的好人好事、道德模范。采取群众喜闻乐见的方式，用身边人说身边事，积极宣传身边先进典型模范，引导居民向典型模范学习。

【党风廉政建设】 结合办事处实际，坚持标本兼治，综合治理方针，扎实推进党风廉政建设责任制。一是强化“窗口”服务，提高服务效能。在办事处、翠西、北门、天河、百花四个社区建立了便民服务大厅，按照“公开透明、服务便民”原则，简化办事流程，不让群众跑冤枉路。办事处便民服务中心共提供党政服务119次、社会事务服务1.51万次、合作医疗服务7052次、综合事务2.35万次。二是实行居务公开，接受群众监督。在7个社区均建立了规范的居务公开栏，按规定定期公开工作内容，自觉接受群众监督，增强了居务公开的透明度。三是积极开展民生领域“三述一评”工作。通过开展民生领域联系社区领导述监督、检查、指导社区“两委”班子贯彻执行民生政策情况；社区干部述正确执行民生政策情况；包社区干部述督促、指导、协助社区“两委”班子贯彻落实民生政策情况，在陈述报告之后由评议代表进行质询提问和民主评议的“三述一评”工作，进一步改进了我办基层干部作风，维护了群众根本利益。四是扎实开展治理滥办酒席工作。办事处多次召开大会进行宣传教育，适时修改居规民约，签订相关承诺书，使居民群众形成了勤俭举办婚丧喜庆的社会文明新风尚。五是加大涉农资金监管。纪委办派专人负责监督涉农资金的造册、发放、上报等。及时在涉农资金监管系统中按要求报送相关资料，坚决杜绝违规违纪事件的发生。六是积极开展反腐倡廉活动。工作中查处了1件违法违纪案件，对其给予党纪（警告）处分。通过违纪案件的查办，有效促进了全办党风廉政建设。

【**党建工作**】　一是实行项目制管理模式，实现社区活动经常化。办事处与贵州工程应用技术学院17个社团合作，以天河社区为大学生社会实践活动基地平台，引入项目制管理模式。把办事处、社区开展的活动实行项目外包，确保了服务平台活动更具专业化、规范化，使活动开展更加持续，效果更加满意。二是开展“明礼知耻、崇德向善”进社区主题实践活动。为全面推进社区居民的社会公德、职业道德、家庭美德和个人品德建设，正确引导社区居民形成知荣辱、讲正气、作奉献、促和谐的良好社会道德风尚。8月14日下午，毕节市文明办、民政局联合在市西街道办事处天河社区召开“明礼知耻、崇德向善在社区”主题实践活动，在社区居民中不断弘扬社会主义核心价值观。三是推出“特色菜”，激发党建新活力。办事处以建设发展型、服务型党组织为引领，将社区党建与社区发展、社区服务有机结合起来，紧紧围绕“组织强、环境美、乡风纯、产业兴”要求，念好“尽、净、竞、敬、近”五字诀，做好社区党建“水八碗”，推出党建工作“特色菜”，激发了社区党建新活力。四是实行数字化管理，促进社区档案达国标。为强化档案管理工作，提高档案管理水平，办事处主动思考，购进先进设备，成立了数字化档案管理工作小组，着力对翠西社区档案进行整理。经过办事处、社区档案工作人员的不懈努力，翠西社区的档案管理工作得到了国家档案局副局长、中央档案馆副馆长胡旺林的莅临指导和点评赞赏，促使档案管理工作不断走向规范化、标准化、科学化。五是在毕节一小建立阳光小屋，传递“五老”温情关爱。为了更好地做好辖区关心下一代工作，办事处成立了以社区退休干部、“五老”人员为主的关工委领导小组，在毕节一小搭建了“阳光小屋”教育辅导站，让“五老”们默默传递着对青少年的温情关爱，为培养下一代默默作贡献，不断弘扬和传承着中华民族的传统美德。

【**考核工作**】　2015年的目标考核工作实行“旬调度、月考核、季评比”的考核方式，办事处每季度定期召开一次工作点评会，对工作存在的问题以工作提示单的形式发到社区和办直部门。通过严格执行督促考核制度，使全办干部工作积极、努力，有效提高了全办工作效率。

【**其他工作**】　一是抓好电商发展工作。结合办事处实际，利用微市西新型媒体，通过流动宣传车、制作墙体宣传广告，广泛发动宣传，在各社区醒目地段制作了淘宝合伙人招募公告，目前已有68名电商合伙人前来报名注册，已打造成型淘宝店1处，使电子商务在我办有序发展。二是抓好应急管理工作。成立了突发事件应急处理领导小组，组建专门的应急管理队伍，辖区内社区、学校、企业单位均根据要求成立应急预案，并配备相应的工具设施，保证应急事件发生时及时处置。每天由分管领导带领2名干部实行24小时值班，有突发事件发生时，组织相关人员采取有效措施处置。充分利用安全生产宣传月、全国防灾日等时间，开展应急管理知识培训，提高了群众处理应急事件能力。三是抓好武装工作。2015年，办事处高标准完成武装部三室一库规范化建设，按要求圆满完成后备民兵参训，创造性完成17—22周岁男性公民的兵役登记任务，有力推动征兵工作。四是统筹抓好食品药品安全、工会、团委、妇联、林业环保、残疾人、老干、科普、文广、旅游、人大、政协、民族宗教等工作。在妇联工作中，加强“妇女之家”建设，实现了社区“妇女之家”全覆盖，创建率达100%。在“三八”妇女节和“六一”儿童节开展慰问和临时性救助等活动。继续推进林权到户改革工作，2015年完成了699户居民林权证的摸底、调查、勘察、发放等工作。严格落实巡查、防控等措施，严格治理野外违规用火行为。强化工作质量，推进残疾人基础信息调查工作，2015年，共完成3469名残疾人（其中持证残疾人1530名）信息的调查、录入工作。在老干、科普、人大、政协、文广、旅游等工作中，严格工作要求，强力推进各个阶段工作，确保各项工作统筹协调发展。

（撰稿人：杨文涛）

市东街道办事处

【概述】 市东街道办事处位于北纬27° 18′ 、东经105° 17′ 之间。地处七星关城区，办公地点位于水西大道旁，距七星关区政府1.2千米。东与麻园街道办事处接壤，南与市西街道办事处相邻，西与大新桥街道办事处接壤，北与观音桥街道办事处接壤，面积4.3平方千米。辖水西田、双井、清毕、文峰、四个社区，常住人口3.39万人，流动人口0.2万人。有党支部9个，党员497人。

【小康创建】 认真贯彻落实区委《关于深入学习贯彻党的十八大确保与全国全省全市同步全面建成小康社会，努力建设富裕和谐美丽七星关的实施意见》文件精神，加大小康知识宣传力度，成立办事处全面创建小康工作领导小组，严格按照小康检测指标体系要求将小康创建工作目标任务下沉，认真评审、申报350户小康之家示范户。群众对小康建设认可度、知晓率、行政服务满意度均达到98%以上，背街小巷道路硬化达100%，自来水、广播、电视、通信、邮递、互联网等基础设施覆盖率均达到100%，全面实现小康建设工作的各项监测指标。

【招商引资】 多措并举全力营造招商引资的浓厚氛围，细化招商引资目标任务，将其纳入部门和个人年度目标考核。共完成招商引资项目9个，其中新建项目2个，续建项目7个，服务项目1个，完成协议资金6亿元，实际引资4亿元，超额完成全年招商引资目标任务

【城市管理】 健全领导机构，精心组织，统筹协调“多彩贵州文明行动”、创建国家卫生城市工作。出台了《市东卫生保洁月度考核细则》，广泛宣传，提高“多彩贵州文明行动”工作在群众中的知晓率。加大基础设施建设投入力度，硬化背街小巷11条2000余平方米，维修排污沟20条，重建公厕16个。投入资金10万余元，粉刷辖区“野广告”2000余条，清运居民生活垃圾200余车次。取缔临时摊点20余家，清理流动摊点50余个。引进物业公司对恒宇商住楼、景隆欣苑等58个老旧小区楼群院落实行试运营管理，改善人居环境。

【民生工作】 及时发放冬春救助粮9吨；冬春困难群众救助60人，发放救助资金1.85万元；大病医疗救助及临时救助257人次，共发放救助资金117余万元。90至99周岁老年人及百岁老人高龄生活补贴发放及时，共发放高龄补贴54人、5.52万元；办理65周岁以上老年人免费乘坐公

交车爱心卡314张；“春节”期间组织对困难户、五保户、低保户、优抚对象、环卫工人、计生两户、贫困党员、留守儿童、残疾人进行了慰问，为每位慰问对象送去慰问金300元、并送上棉被、棉衣、大米、食用油等生活用品。认真开展低保提标审核工作，共查处取消不符合条件的低保对象120人，同时对符合条件的申请城市低保的95户、206人进行了公示，并上报区社会救助局审批。复员军人、残疾军人、烈属、带病回乡退伍军人生活补贴优抚金发放及时、准确，发放优抚金共24万余元；参战人员173人，共发放参战补贴资金约46.2万元；发放60周岁以上农村籍退役士兵生活补助金1.971万元。全办适合参保人数为7398人，目前参保人数已达到5300人，综合参保率70.45%，续保率71.25%；2015年缴费任务539161元，完成缴费545200元，缴费完成率101.12%。新农合医疗参合人数22241人，参合率达105.51%。全办受益人数为5832人，住院补偿受益金额275万元。

【人口与计划生育】　严格执行“三按月”考评制度，加大计生政策宣传力度，完善全员人口信息化管理，落实计生奖励扶助政策，狠抓“四术”工作：全年共完成手术290例，其中补救措施12例，重检对象5426人，妇检率100%。加大对全员人口信息的清理，共清理登记全员人口1394户4869人，持证现孕对象158人。免费孕前优生健康检查97对，完成全年任务的100%，做好妇女“两癌”普查登记工作，妇科病普查普治工作完成全年任务的95%。清理登记流动人口490人，其中已婚育龄妇女215人。兑现各种奖励扶持资金10.64万元。

【政法信访维稳】　深入开展“法律宣传月”活动，提高全民法律素质。在学校、社区、街道等人群较集中的场所进行法制教育、反邪、防毒反毒等宣传活动20多次，制作、张贴、发放各类宣传标语、画、手册共800余（条、幅、本），特殊人群服务管理率达100%，共排查、化解矛盾27起，排查调处率达100%。接回刑释解教人员12人，登记在册吸毒人员631人。接访中心共接访50次200余人，办理信访案件20余件，很好地密切了党群干群关系，群众反映良好，民调安全感满意度达93%。

【安全生产】　2015年，办事处与辖区4个社区、站所、50家企业签订安全生产目标管理责任书，形成了一级抓一级、层层抓落实，确保了全办安全管理工作落到实处。积极开展各种安全生产关法律法规及其他安全生产知识宣传，张贴标语30余条、图100余张，设立宣传专栏4个，发放宣传资料1000余份，开展了以“保护生命、平安出行”为主题的宣传活动，通，以“关爱生命、安全发展”为主题的“六月安全生产月”组安全宣传月活动，积极配合区安监局举办安全生产岗前培训，参加培训的单位负责人安全人员共有70余人次。全年进行安全检查共130次，出动车辆共90台次，出动人员420人次，查出事故隐患企业50家，现场整改50家，共计排查出隐患1585条，其中整改1553条隐患。全年未出现因隐患没有整改而发生重特大安全生产事故。

【科教文卫】　2015年卫生服务中心开展健康教育宣传10余次；接种各类疫苗1万余人次；发放儿童健康管理手册4000余份；孕产妇保健管理340人次；老年人健康管理7994人次。认真抓好教育工作，移址新建毕节十小、改扩建毕节二中，继续落实教育“9+3”工程，辖区学校教育教学质量稳步提高。

【宣传舆论】　利用会议、讲座、报告会等形式，对办直各单位干部职工、各社区干部进行了以“十八届三中全会重要精神”、省委十一届三次、四次全会精神、习近平总书记关于毕节试验区的重要批示精神和毕节试验区全面深化改革推进大会精神以及当前中心工作、政策法规为主要内容的集中培训，每月集中学习1次以上。深入学习和全面贯彻落实《公民道德建设实施纲要》，区主流媒体报道宣传办事处各项工作10余条（次）。春节期间组织了广场文艺演出活动；

"6·1"期间各学校开展了丰富的文艺演出庆祝活动;"7·1"期间,办事处组织以"远学焦裕禄、近学文朝荣"为主题的演讲比赛;以牢记党的光荣历史、重温入党誓词为主要内容的知识抢答赛等丰富多彩的文娱活动,通过活动的开展,增强干部职工的集体主义精神。

【基层党建、创新管理】 一是实现文峰社区的转型升级,通过村校共建,强化社区"两委"队伍建设,积极发展社区集体经济等多种方式,实现了文峰社区由软弱涣散到战斗力、凝聚了、落实力抢的转变。服务从单一到多元。社区干部通过走访、问需、问计,掌握服务需求,找准服务方向,打造了一个多功能的服务平台。建立便民服务点,主动将便民服务送到群众家门口,实现了服务方式从单一向多元的转变。

创新社会管理,对龙山廉租房小区的弱势群体,从内在提升其道德文化素质为突破口,在区委宣传部的关心支持下,办党工委积极开展以"夯基础、美家园、促和谐"为主题的龙山廉住房小区道德文化建设。一是投入资金5万余元在小区右侧空地上打造一个以"新二十四孝"、"八德"为主题的道德文化园;二是在小区显要位置树立以社会主义核心价值观为主题的展板、通过"积德榜""身边的好人"等主题,突出践行社会主义核心价值观;三是在小区绿化带、单元楼入口处用温馨提示等标识,号召小区群众遵守社会公德、提升自身文明素养;四是在小区无障碍通道等场所,通过墙画的方式宣传文明出行、文明生活、文明用语等;五是成立小区道德文化宣传队;六是自筹资金6万余元硬化小区内路面约850平方米,铺设沟面水泥板共200多平方米,绿化小区面积约200多平米,粉刷小区外墙400余平方米,修补、油漆栏杆约100余平方米。通过打造,增强了住户的归属感,形成了奉献爱心、尊老爱幼的良好社会风气。丰富了居民的文化生活,提升了居民的文化品位,提高了居民素质和道德修养,发挥了党员先锋模范作用,进而使社区文化、机关文化良性互动,共同发展推动了和谐小区建设。

【名胜旅游】 市东办辖区内旅游风景区有响水滩、沙帽山公园。名胜古迹辖区内有红六军团政治部旧址。修建于明末时期的惠泉寺和修建于乾隆年间的陕西庙会,属县级文物单位。

(撰稿人:陈熠新)

麻园街道办事处

【人口计生工作】 2015年全办人口计生工作以实现"双降"为目标,以全程跟踪管理服务为主线,以个案精细化管理为抓手,全面推进诚信计生工作,全年共落实避孕节育手术297例,长效避孕措施落实率100%,及时率100%;全年总出生281人,其中常住人口出生270人(政策内262人,政策外8人),常住人口符合政策生育率达97.04%,流动人口出生11人,政策内10人,政策外1人,符合政策生育率90.91%。一孩出生214人,二孩出生56人,出生男孩150人,出生女孩131人,出生人口性别比为109.60;共签订计生诚信协议10700余份,签约率达100%;征收社抚费26万元,无一起计生恶性案件发生。

【社会保障】 一是充分履行"保障民生、发展民主、服务社会"职能,强化服务功能。加强低保规范化管理,提高低保公信力,严格按照低保申请程序的"三环节十步骤"认真审核低保对象的具体情况。2015年全办因自然减员和生活条件好转,核减农村低保51户共184人,将符合条件的11户20人纳入低保,清理退出不符合条件的城市低保22户28人,全年共发放农村低保金1075996元,城市低保金6570179元,发放城乡低保对象春节价格临时补贴113100元,发放季节性缺粮8130斤大米;2015年共上报农村医疗救助27户27人,救助资金共计151580元;城市医疗救助89户90人,救助资金共计437780元。临时救助57户57人,救助资金共计148000元。发放农村合作医疗补差3770人,每人30元,共计113100元,及时启动大病医疗资金垫付机制,为辖区困难群众排忧解难。做好“两节”期间困难群体的慰问工作，春节期间看望慰问困难群众20余户，发放慰问金6500余元；发放医疗救助及困难救助金44万余元，发放优抚资金23万余元。加强对流浪未成年人、孤寡老人、五保对象等弱势群体的关爱，共发放各类资金6000余元，确保辖区弱势群体无后顾之忧。二是惠民利民，高效服务，最大限度提升新农合参保范围。全办有17602人参加城乡居民医疗保险，完成全年任务的98.40%。及时为群众申报办理各类新农合入院报销手续，今年共报销医疗费8074506.04元，涉及2749人次。三是加强宣传，狠抓落实，全面提高城乡居民养老保险参保率。通过上门座谈、发放资料、政策导读等方式，充分调动群众参加城乡居民养老保险的主动性、积极性，全办城乡居民养老保险参保人数达到4639人，收取参保金557696元，缴费完成率111.12%，发放养老金120余万元。

【安全生产】 根据全区安全生产大排查相关要求，进一步健全安全生产层级管理责任制，按照目标管理落实“党政同责”“一岗双责”，层层签订安全生产目标管理责任书，签订率达100%。组织参加全区安全生产大宣传活动一场，发放安全生产宣传资料1200余份，宣传手册400余份，参加人数400余人。对辖区建筑施工、道路交通、消防火灾、重点场所等加大安全隐患排查力度，排查督查企业100余家，排查出一般安全隐患20家，较大的安全隐患4家，下发整改通知书4家。组织开展打击非法销售烟花爆竹的专项行动3次，查处非法销售烟花爆竹点8家，收缴非法销售火炮50盘，重点督查建筑施工单位20余次，有效杜绝了重特大安全事故的发生。

【项目建设】 一年来，麻园街道努力做到“一个满意、两个到位、三个成效”。通过努力，全年共完成招商引资4.1亿元，其中引荐项目2个，到位资金27784.74万元，服务项目一个，到位资金13472.31万元，超额完成区委、区政府下达的招商引资任务。认真做好重大项目的服务工作，中邦富鑫一期工程已全面开工，开行小学工程已接近尾声，天河新城改造项目已进入实质施工。大麦塘项目、军神集团棚户区改造工程正常推进，37号地块工程已完成征地工作。全年共完成征地100余亩，迁坟200余所，拆迁200余户，约2.2万平方米。多方筹集资金，加大固定资产投资力度，全年完成固定资产投资9050万元，占年度目标任务181%，涉及杨家塘社区便民服务中心建设、望城社区便民服务中心建设、杨家塘社区花鸟市场建设、麻园街道办事处干部职工食堂大楼建设、望城社区牌坊组排污管道修建及道路硬化、望城社区二期安置房道路改造6个项目。

【政法综治】 按照矛盾纠纷大排查、社会治安大整治的要求，坚持“打防结合，预防为主”的方针，通过矛盾排查调处报告制度、三级视频接访、矛盾调解制度、矛盾纠纷排查和调处制度，加大化解积案的力度。一年来，共排查调解矛盾纠纷132起，调处132起，调处成功116起，其余矛盾纠纷正在调处中，未发生一起民转刑案件，调解率100%，调解成功率93.81%；上级部门交办信访案件67件，办结67件，办结率100%；全年共开展2次精神病人排查活动，排查出精神病人59人，其中疑似精神病人13人，重症精神病人36人；对21名刑释解教人员实现无缝对接；全年在册吸毒人员429人，社区戒毒84人，社区康复52人，戒断三年未复吸112人；有效处理突发事件6起，无一起转化为信访积案。积极受理解决来访信访案件49件，依照“源头稳控、中途劝返、远端接访”的工作要求，有效维护了中央专家顾问组在我区考察调研和全省扶贫攻坚工作会议期间的社会和谐稳定，确保了全年信访工作“六个零”的工作目标；继续强化“平安麻园”活动，以社区为单位成立五只巡逻队，采取白天走访群众，收集群众意见，晚上在辖区重点地段巡逻的方式，有效震慑了违法犯罪分子，使辖区群众安全感满意率大幅上升。

【“多彩贵州文明行动”及三创一建工作】 实行班子成员、干部职工、社区干部、保洁员环境卫生整治责任制，建立健全考核奖惩机制，细化分工，明确职责，认真做好辖区内楼群院落的卫生保洁工作。发放保护环境宣传资料12000余份，签订“门前三包”责任书1600余份，清理辖区垃圾450余吨，督促辖区机关单位、楼群院落住户实行垃圾袋装且无乱丢乱放现象，认真清理卫生死角，有效清除“四害”。投入“整脏治乱”经费12万余元对野广告等进行清理，争取上级部门支持投入30万元资金对毕节九小旱厕进行改造。一个楼亮、路宽、整洁的城市形象正在初步显现。

【**违法建设管理**】 针对辖区违法建设工作，办事处加大了打击力度，实行包片责任制，坚持日巡查制度，建立点、线、面相结合的立体交叉网络巡查体系，对违法违章建筑做到早发现、早制止。制作150余张宣传画张贴于大街小巷，制作宣传手册100余份分发到辖区群众。全年共查处违法加层18户1050平方米，已全部拆除。违法占地修建8户295平方米，已拆除8户295平方米，下发法律文书26份，办证修建2户建筑面积258平方米，辖区居民对规划知晓率达到100%，基本实现违法建设的零增加，有效净化了城市规划环境。

【**小康创建**】 认真贯彻落实区委《关于深入学习贯彻党的十八大确保与全国全省全市同步全面建成小康社会，努力建设富裕和谐美丽七星关的实施意见》文件精神，成立办事处全面创建小康工作领导小组，社区成立相关机构，以居民小组为单位进行创建。按照小康检测指标体系要求，将望城社区、双树社区、双城社区培育和打造成示范社区，将创建小康之家示范户工作目标任务层层分解，完成小康之家示范户402户，占年度任务数的114.8%。同时加大小康知识宣传力度，及时上报小康建设信息30余条，群众对小康建设认可度、知晓率、行政服务满意度均达到99%以上，背街小巷道路硬化达100%，自来水、广播、电视、通信、邮递、互联网等基础设施覆盖率均达到100%，全面实现小康建设工作的各项监测指标。

【**宣传工作**】 围绕党工委、行政的中心工作，坚持正面宣传、促进和谐、促进发展的原则，切实抓好宣传思想和精神文明建设工作。一是继续抓好党工委中心组学习和干部职工理论学习，全年共组织党工委中心组学习10余次，重点学习了习近平总书记重要系列讲话、十八届四中、五中全会精神、全国、省、市、区宣传思想工作会议精神等内容，领导干部的政治思想理论水平和服务群众的意识大大增强；二是紧紧围绕办事处党建、城市建设、招商引资、小康建设、政法综治等重点工作，充分利用电视、报纸、微信平台、网络等新闻媒体，宣传标语、宣传单、宣传画等进行宣传报道，制作宣传标语60余幅，宣传展板7块，出宣传专栏12期，共上报信息85篇，其中被区政府门户网站采用8篇，市文明网采用12篇、贵州省文明网采用1篇，区电视台报道7条（次），毕节日报采用3篇，毕节晚报采用11篇，有力宣传了办事处各项工作，为办事处经济社会发展营造了良好的舆论氛围；三是加强精神文明创建工作力度，“春节”期间组织了广场文艺演出，“六一”组织开展丰富多彩的文娱活动，在丰富干部职工精神文化生活的同时，增强了干部职工的集体主义精神。

【**党建工作**】 2015年，麻园街道办事处党工委紧紧围绕建设发展型、服务型基层党组织的工作目标，突出“坚持加强和改进党的执政能力建设”这一主线，以党建促发展、以党建促和谐。一是以提升理论水平为目标，强化干部教育培训。通过听讲座、观看电教片、开展主题活动等形式，组织干部职工学习习总书记系列讲话精神、中共十八届四中、五中全会精神及省市区各种会议及文件精神，全年共组织干部职工学习42次，党工委中心组学习12次，开展各类专题讲座4次，观看警示教育片3场，有效地增强了干部职工的党性修养，坚定了理想信念。二是以激发干事创业热情为导向，强化干部考核管理。针对当前少数干部思想松懈、作风不实、工作推诿等现状，组织制定了《办事处机关干部考核管理办法》和《社区干部考核管理办法》，从考勤出勤、工作作风、工作实绩等方面实行动态考核和年度考核相结合，以百分制为基础，对照考核管理办法进行相应的加减分，将考核结果与办事处设定的绩效工资挂钩、与评先选优选拔任用挂钩，进一步激发了全办干部干事创业的积极性主动性，增强了全办干部的竞争意识、危机意识，形成比学赶超、争比进位的良好氛围，从而推动各项工作有效开展。在2015年度的考核中，13人受到扣分处理，8人得到加分表彰。三是抓好社区两委班子建设。进一步加强社区“两委”班子素质建设，通过以会代训、专题学习等形式对社区“两委”班子成员进行集中教育，提高村“两委”班子成员的历史使命感与责任感。健全完善了《社区干部绩效考核管理办法》《社区“两委”班子成员请销假制度》《社区“两委”班子成员值班制度》等一系列规章制度，实行社区“两委”班子成员绩效工资考核奖励制度，全面推行工作签到、首问责任、限时结办等制度，规范了社区“两委”班子成员的行为，提高了工作效率。进一步加强社区民主法治建设，增强民主监督社区干部的力度，提高社区干部的公仆意识、效率意识和廉洁意识，制定完善适合各社区实情的发展规划和工作措施，推动社区发展经济，服务群众等工作的开展。四是加强党员干部队伍建设。按照“坚持标准、保证质量、改善结构、慎重发展”的方针，重点在致富能手、返乡农民工、复员退伍军人中发展党员，2015年共发入党积极分子7名，发展党员6名，其中女党员2名。坚持把集中性教育与经常性教育结合起来，建立和落实党员集中轮训制度，通过三会一课、“七一”大党课、“党在我心中”演讲比赛等活动的开展，全年共组织党员学习培训4期，培训党员307人。通过从思想上引导，经济上帮助，能力上培养，技术上带动、树立典型，使群众干有示范，学有榜样，有效地发挥示范作用。例如，社区党员周训平创办宝罗家纺实体店、群众党员詹开华开办的兴星广告，不但自己走上致富道路，还解决了6人的就业问题。

五是组织开展好在职党员进社区活动。按照区委组织部的要求，组织各社区在职党员1200余人开展访贫问苦、留守儿童关爱、政策宣讲、环境卫生整治、医疗就诊、纠纷调解、办公设备维修等活动，使辖区在职党员工作在单位、服务在社区的作用得到充分发挥，进一步树立了党员干部在群众中的良好形象。六是扎实开展“三严三实”活动。采取集中学习、制作宣传专刊、发放宣传活页、三严三实大党课、发放意见征求表、交心谈心等方式，深入查找领导班子不严不实的突出问题，明确努力方向和整改措施，组织开展好全体干部职工对“三严三实”精神的学习及贯彻落实，把学习贯彻“三严三实”精神与实现同步小康等重点工作有效结合起来，做到学习贯彻“两手抓、双促进”。七是加强党风廉政建设。明确党风廉政建设责任主体，通过开展警示教育、廉政文化宣传、组织参观警示教育基地，用身边人身边事强化对党员干部世界观、人生观、价值观的教育，强化党员干部抵制各种歪风邪气、拒腐防变的能力。以在职党员“工作在单位、服务在社区、奉献双岗位、廉洁全天候”活动为载体，以杨家塘社区为试点，打造廉政教育服务型社区，通过建立廉政教育讲堂、谈心室、廉政书屋、廉政文化宣传栏等，营造崇廉、尚廉、学廉、倡廉的浓厚氛围。积极查处党员干部违法违纪行为，2015年共查出违纪党员案件2件，给予党纪处分2人。大力整治滥办酒席借机敛财之风，为治理滥办酒席借机敛财，全办召开动员会7次，签订《严禁滥办酒席借机敛财承诺书》1126份，开展酒店、宾馆巡查80余次，查出群众违规办酒3起，取缔违规酒席72桌，教育处罚群众200余人，有效遏制了滥办酒席之风。

【亮点工作】 一是建立麻园微信平台和微信群，为了进一步加强与居民的交流互动、积极推进街道工作数字化、信息化、便捷化，架起与群众交流交心的桥梁，建设和谐麻园，积极创建了“麻园微信平台和微信群”方便与群众沟通交流。二是打造廉政文化示范社区，全办投资6万余元打造廉政教育服务型社区，通过建立廉政讲堂、廉政书屋、廉政宣传栏，强化党员干部世界观、人生观、价值观的教育，强化党员干部抵制各种歪风邪气、拒腐防变的能力，教育引导干部清白做人，清正为官。全年开展廉政讲座2次，接受警示教育人员60余人次，邀请社区在职党员上党课3次，共有82人接受党课教育。开展干部交心谈心活动7次，廉政读书活动3次，共接待党员干部50余人次。开展社区干部述职述廉和“三述一评”2次。被毕节市纪委、监察局命名为2015年度全市廉政文化创建示范单位。三是创建无邪教示范街道。以创建“无邪教示范街道”为目标，在七星关区政法委的正确领导下，积极贯彻落实上级创建活动精神，结合本办实际，认真抓好创建“无邪教街道”活动的基层基础工作，按照创建“无邪教街道”活动的要求和对照“无邪教街道”考核验收标准，结合全办工作实际，坚持不懈地开展反邪教工作，严格按照“谁主管、谁负责”和“属地管理”原则，将创建“无邪教街道”工作的任务落实到人，落实领导包保责任制和责任追究制。采取办事处领导包社区、社区干部包居民组、居民组长包户、党员包重点人员等模式落实包保责任制，把反邪教创建工作纳入街道、社区干部政绩考核内容，2015年中共毕节市委防范和处理邪教问题领导小组办公室授予我办“无邪教创建活动”合格单位荣誉称号。四是对留守儿童实行双联帮机制、开展代理家长制。对居住在本辖区内户籍在其他乡（镇、街道）的困难留守儿童，加强与各乡（镇、街道）和区直有关部门的协调和沟通，帮助留守儿童及其家庭解决最低生活保障等各方面的困难。整合街道直属各部门及其他干部职工力量，帮助每位留守儿童聘用代理家长，切实关心留守儿童成长。在关爱过程中，通过谈心、过生日、解决困难等方式，使他们享受到了应有的亲情关爱和温暖。努力消除留守儿童的心理隔阂，对留守儿童进行生活教育、思想道德教育、文明礼貌教育，培养他们独立自主的能力和乐观向上的生活态度，使他们感受到家庭般的温暖。

（撰稿人：黄晓浩）

碧海街道办事处

【概述】 碧海街道办事处成立于2013年9月，地跨北纬27° 30′ ~27° 35′ 之间，东经105° 39′ ~105° 45′，位于七星关区东北部，距区中心7.5公里，辖原七星关区海子街镇19个行政村139个村民组，64平方公里的土地上居住着汉、苗、白、彝等13个民族8445户38000人。全办有24个党支部752名党员，其中机关、事业党支部5个，农村党支部19个。街道地貌类型多样，具有山、丘、谷、洼，属于典型的喀斯特地质，境内大多土地属于半黏酸性土质。气候属亚热带季风气候，四季分明，冬无严寒，夏无酷暑，属雨热同季。境内有两条河流穿镜而过，其中一条名马过河，经碧海街道流入小坝镇境内，另一条名烧杠河，由八寨镇流入碧海街道，最终流入梨树小河，现已探明地下矿藏有煤、页岩、锌矿、铁矿等。

自办事处成立以来，碧海街道党工委、政府在区委区政府强有力的领导下，在上级各部门的关心支持下，坚持以邓小平理论和“三个代表”重要思想为指导，贯彻落实科学发展观，深入学习中共十八大、十八届三中、四中、五中全会精神，同时认真贯彻落实中央、省、市、区有关会议精神和政策措施，紧紧围绕打造“工业产业富街、特色农业稳街、科教文化强街、生态旅游兴街”战略目标，按照“一二三四五”的工作思路，带领全办广大党员干部苦干实干，努力推动经济社会健康持续发展，取得了明显实效。2015年全街道完成固定资产1.2亿元，招商引资项目12个，总投资2.21亿元，引导民间投资40亿元，农民人均纯收入8720元，同比增长11%，经济社会呈献加速发展的良好态势。

【园区建设】 一是继续为园区提供保姆式服务，做到一切为项目、一切为发展，不断推动园区建设。协调解决园区项目建设遇到的困难和问题，从帮助项目手续审批、协调各级关系、解决项目用地等方面入手，积极灵活地处理好项目在建设过程中困难和问题，促进项目按时投产达效，同时，坚持维护稳定和征地拆迁并重，把维护社会稳定与园区建设同研究、同部署，倾街道之力，调动一切可以利用的积极因素，创新工作方法，最大限度地减少因征地拆迁引发的社会矛盾，确保项目用地及时交付，项目建设顺利推进；二是加大基础设施建设投入力度，完善各项配套服务功能，加强资源和能源保障供给，提高项目承载能力，并切实配合园区做好道路、通讯、电力、水利等配套基础设施建设工作，从生产生活上保障入住企业便利；三是依托经济开发区驻地的区域发展环境优势，不断优化经济结构，切实加大“引进来，走出去”的工作力度，坚持街道引导、市场运作，充分激活资源要素向资本要素转化，把项目优、落地快、拉动大、效益好的优强项目引进来，推动街道经济向着又好又快、更好更快的发展目标前行。

【特色农业】 一是大力发展特色种养殖业。坚持立足街道实情，按照“市场导向、突出特色、因地制宜、突出效益”的原则，以标准规模化生产为突破口，总结胡家院中药材种植、丁家寨精品水果种植、西冲刺梨基地等特色农业项目发展过程中取得的成功经验，继续以“公司（合作社）+基地+农户”的模式鼓励、指导、帮助群众建立各种经济合作社，推动刺梨、特色果蔬、中药材、玫瑰花等特色优势产业发展；二是创新举措延伸农业产业链。按照“两个示范、五个规范、一个拓展和延伸”的发展思路，在基础设施较好、群众创业热情较高、先期投入较为理想的西冲和胡家院村打造育苗及种植示范基地，并努力从合作社、育苗、技术指导及田间种植五个方面进行规范化管理，进而通过引导群众、扶持小微企业等方式大力发展产品的深加工，提高产品的附加值，拓展产销一条龙发展，同时，以基地打造为基础，延伸发展地方生态旅游业，走特色农业、精品农业、生态旅游业多元发展及适应市场发展前景的高附加值农业的道路。

【科教文化】 一是大力发展科普事业。进一步加强科学技术普及工作，加大工业、农业及服务业等现代高科技人才培养，依靠科技进步，推进产业结构调整，加大科技示范力度，加快特色资源开发，实施工农产业现代化发展；二是大力发展教育事业。继续抓好教育“9+3”计划，确保小学、初中辍学率逐步降低，九年义务教育巩固率上升，高中入学率确保稳定；大力推进学生宿舍、教师周转房项目建设，加大学校综合环境整治，改善教育教学基础设施建设；加强监管，不断提高义务教育阶段营养餐水平，确保饮食安全，改善校园及周边治安环境，确保安全就学；三是大力发展文化事业。加强文化基础设施建设，着力抓好文化信息资源共享、农家书屋、村级文化服务室等文化惠民工程建设，鼓励和引导村级文艺宣传队发展壮大；创新载体，利用各类民风节日广泛开展全民健身活动，丰富群众业余生活，增强人民体质。

【生态旅游】 充分发挥生态旅游资源优势和区位优势，坚持“街道主导、社会参与、多元投入、市场运作”的基本原则，以“一山一河一寨”（白马山、烧杠河流域、丁家寨村乌都寨）旅游景区开发建设为重点，围绕特色做文章，着力打造“烧杠十里田园旅游点”，举街道之力“乌都寨旅游观光点”形成“灵山”“秀水”“田园”“庭院”四位一体的旅游品牌，大力发展“城中村”生态旅游，引导鼓励群众创办“农家乐、休闲农庄、乡村旅馆”等从而带动餐饮、住宿、娱乐等第三产业和周边经济发展。

【党建工作】 一是强化基层组织规范化建设，充分发挥基层党组织领导作用。进一步推进基层组织服务体系建设，切实加强和规范村级组织建设，充分发挥村级组织推动发展、服务群众、凝聚人心、促进和谐的作用，全面提高村级组织建设整体水平，重点围绕实现村级“办公场所标准化、提升保障力，制度建设系统化、提升执行力，班子运转高效化、提升战斗力，便民服务代办化、提升凝聚力，台账资料规范化、提升约束力”的“六化六提升”目标，在街道辖19个村开展村级组织规范化建设活动，充分发挥村党组织把握方向、驾驭全局、引领发展、推动建设、服务群众、协调各方、凝聚人心、维护稳定、促进和谐的核心作用；二是强化干部队伍思想作风建设，增强提升基层干部执政能力。切实加强干部管理，从思想上、行动上转变干部工作作风，着力打造出一支“能干事、想干事、干成事”的街道干部队伍精英。以“重承诺、重履行、重实绩、重关怀、重考评”“五重”加强干部服务作风建设，切实转变服务作风，确保基层干部真正发挥作用；三是深入推进基层组织服务体系建设，增强基层组织的创造活力。继续以“明职定则，解决‘按章办事’的问题”、以“落实待遇，解决‘无心办事’的问题”、以“提升素质，解决‘无力办事’的问题”、以“评比表彰，解决‘无名办事’的问题”四项举措最广泛、最充分地激发调动村民组长服务发展、服务民生、服务群众的积极性，充分发挥村民组长“神经末梢”的前沿作用。

【工业发展】 自七星关经济开发区落驻碧海办后，街道班子带领全办干部职工积极配合做好开发区建设，全力服务与支持企业发展。“五个专”为七星关经济开发区提供“保姆式”服务。即明确专人负责、组建专业队伍、成立专门办公室、召开专题会议、制定专项措施。

2015年，针对七星关经济开发区征地拆迁、安置补偿、劳资纠纷、建筑施工等存在的矛盾纠纷，街道始终深入细致地做好源头预防工作，坚持“预测走在预防前，预防走在调解前，调解走在激化前”原则，做到了早发现、早报告、早解决，使七星关经济开发区未出现大的矛盾纠纷和集体上访事件。在征地拆迁的过程中，全办始终带着耐心、关心、细心和责任心与征拆户交流沟通，用感恩的心，善待群众；用真诚之心，贴近群众；用宽容之心，感动群众；用炽热之心，关爱群众；用无私之心，服务群众。截至目前，全街道因项目建设而实施房屋征拆100余户、项目用地征收1000余亩，调解化解各类因征地拆迁引发的矛盾纠纷1000余条，切实为项目建设提供了有力保障，且没有因征地拆迁而引起越级上访、集体访、进京非访等事件。

目前，已有包括飞利莱服装厂、嘉宏制衣厂、博泰建材、贵州衣行、添钰动力、大业钢结构等在内的70余家大中型企业入住七星关经济开发区，并有40余家已开工投产。同时，积极引进各类项目入驻七星关经济开发区，共引进的招商引资项目4个，一是量群中药材种植专业合作社项目，该项目主要种植苦参1200亩（其中合作社流转土地种植580亩，农户散种620亩），合作社种植的目的主要是带动示范，促进产业的转型，增加群众收入，对于散种的农户合作社提供种苗，技术指导，市场销售等服务。目前，已投资93.1万元；二是七星关区福浙生态养殖场项目，该项目位于碧海街道办事处丁家寨村。养殖面积16000平方，主要养殖的有牛、猪、鸡、野鸡、孔雀等家禽及特种。现在贵州省内及周边地区都达成合作协议，每年收入可达300万元。目前，该养殖场已投资600万元；三是烧杠刺梨专业合作社项目，此项目主要种植刺梨共计2300亩，现已验收1742亩，刺梨三年挂果，五年丰产，投入市场后每亩收入可达3000元，并已得到了区委区政府的重视，现在与七星关区福润刺梨加工企业寻求合作、以便促成种产销一条龙服务的特色产业。四是白马山农业专业种植合作社项目，该项目位于平桥村，用过采取农超联建的方式种植无公害蔬菜专供超市销售，现已种植300余亩，投入市场后预计每亩收入可达20000元。五是玫瑰专业种植合作社，该项目位于碧海办沙锅寨村，预计投入200万元，目前已投资80万元。现5个项目总投资共1400万元，实际到位资金1600万元。

【农业产业】 一是以特色农业发展建设为根本，打造产业集群，加快推进农业产业化进程。2015年，粮食总产5132吨，产值1539万元，超出目标任务

1.2%。其中完成玉米种植1.65万亩，配套推广种植杂交玉米1.32万亩，玉米育苗移栽0.8万亩，马铃薯1.35万亩（其中脱毒马铃薯1.09万亩），病虫综合防治2.4万亩。在确保粮食增产增收的同时，以“支部+合作社+板块经济（公司）+农户（精准扶贫户）”的模式成立8个专业合作社，大力发展特色产业，目前，精品水果种植近1300余亩、优质中药材1700亩、刺梨40000亩、无公害蔬菜300亩、玫瑰花150亩、薰衣草80亩，现代特色农业呈现“千帆竞发、百舸争流”的喜人局面，通过产业发展带动，帮助解决就业800余人，受益农户4200户23000余人，为保障民生奠定坚实的经济基础。二是以特色产业发展为依托，加快发展风格独具的生态旅游业。积极整合各级资金政策，充分发挥生态旅游资源优势和区位优势，坚持“行政主导、社会参与、多元投入、市场运作”的原则，围绕特色做文章，形成“灵山”“秀水”“田园”三位一体的城郊特色旅游品牌，并使之成为带动服务业发展的龙头。一是丁家寨精品田园旅游带初具雏形。以白马山和烧杠河流得天独厚的自然风光为依托，以千亩精品水果园的培植为载体，通过积极争取中央、省、市扶贫资金，推进中央彩票基金1000万元支持革命老区小型公益设施建设项目和水果园区水利灌溉等基础设施建设，同时投入资金180万元对村庄进行容貌提升和精品打造，着力建设城郊田园农庄体验观光园，走现代农业产业化的发展路子，采用“公司+基地+农户的”经营模式，已建猕猴桃基地405亩，套种毕节大白萝卜405亩，种植车厘子、杨梅、苹果、奥桃、樱桃、凤凰李等优质水果200亩，周边辐射种植奥桃和日本甜柿300亩，扶持当地农家乐3户。受益农户达192户1170人。二是沙锅寨村生态旅游业发展前程似锦。凭借得天独厚的自然资源优势，按照“村集体+合作社+农户”的模式，以党员创业带富贴息贷款为基金，通过群众以土地入股或流转土地形式，以已种植的180余亩玫瑰花、80亩薰衣草为依托，以“四在农家.美丽乡村”建设为载体，立足资源本底、旅游气质、功能集成等多层面整合，以“一心一轴六区”的空间格局支撑打造城郊旅游胜地，建造一个及休闲娱乐观光一体的城市中心后花园。三是胡家院村中药材特色产业园成效明显。通过广泛吸引资金注入，鼓励群众和企业参与，不断扩大产业范围及规模，提升特色产业档次和水平。目前已种植党参500亩、苦参1200亩，刺梨516.8亩。

【扶贫攻坚】 一是抓实精准扶贫。实行精准化识别、针对性扶持、动态化管理，力争实现减贫“摘帽”；二是实现减贫目标，建设富裕碧海。进一步创新扶贫方法、手段和渠道，有效推进精准扶贫工作，有针对性地实施梅子沟村蔬菜种植、胡家院村中药材种植、丁家寨村精品水果园区打造、脱毒马铃薯种植以及烧杠乡村旅游等产业项目。

【基础设施建设】 以打造“城市中心花园”为主要方向，主动融入七星关区中心城市发展，自觉服从和参与城市功能分工，借助城市发展拉动碧海办发展，促进集办功能由全功能、低档次向优势功能、高档次转变。一是基础设施提档升级，实施建设项目8个，完成投资近580万元。一年来共实施蚂蝗至龙滩村、前所至保河、尚家寨至沙锅寨村、张家寨至平桥村通村路及张家寨、丁家寨通组路的改扩建和硬化50余公里，预计春节前全面竣工。同时，完成胡家院村中药材基地道路建设2.063公里、丁家寨村中彩项目基地道路21.54公里。供水、供电、通讯等基础设施以及教育、医疗卫生、市场、停车场、公厕等配套服务设施不断完善。生态文明家园建设和危房改造工作不断推进，生态移民149户583人，农村新增住房得到科学引导和控制，按照生态文明家园建筑风格达100%。目前，通过基础设施建设和产业发展带动，受益农户4800户，27500余人。二是项目建设有序推进。完成各类项目征地近3012亩，化解各类矛盾纠纷2000余人次（起），使辖区内柏杨林保障性住房、绣领弯公租房、区二医、碧海新区林荫大道、警示教育基地、开发区变电站、白马山林场植树造林、生活垃圾处理厂、五六号安置房、夏蓉高速路等项目建设有序推进。三是高标准规划集市建设，全面提高群众生活质量。设置专门的小吃一条街、休闲娱乐一条街、服装一条街，五金百货一条街，文化长廊一条街等，为群众提供更多的就业创业机会，促进群众经济增收；四是着力发展城市建设，侧重发展周边村和碧海大道沿线村寨，形成以城市综合体区域、碧海大道沿线为主体的经济发展圈，打造以彭家寨、丁家寨、邵关、沙地、胡家院等五个小康村示范建设为重点和纽带的城市区域化发展格局，并逐步把辖区村向社区过渡，走相对集中、规模适度的新型社区发展路子。

截至目前，财政总收入5300万元，农民人均纯收入从2014年的7856元增长到2015年的8720元，增长率达11%；已入库的固定资产项目12个，完成固定资产计划投资1.17亿元，其中产业类、基础设施建设、民生和社会保障类固定资产投资投入达到90%以上；完成招商引资项目8个，总投资2亿元，实际到位资金为15678万元，为我街道的经济发展迎来了良好势头，同时，完成民间投资15.8亿元，创收达40.5亿元。

【人口计生】 牢固树立抓计生就是抓发展，抓计生就是抓经济的意识，强化过程管理，夯实基层基础，严格责任追究，兑现“一票否决”，努力提升人口计生工作的整体水平。紧紧围绕符合政策生育率这个工作重点，建立健全强化社会制约与加大利益导向相结合的政策措施，切实提高手术及时率，杜绝人口出生瞒报、漏报，有效控制人口过快增长，降低生育水平。通过千方百计稳定生育水平，大力提高出生人口素质，促进人口计生工作水平迈上新台阶。

【教育事业】 一是重点抓好教育“9+3”和“控辍保学”工作，加强关怀机制，切实解决好困难家庭子女上学问题，切实巩固义务教育成果建立和启动留守、辍学和贫困儿童台账和帮扶措施，确保辖区内无辍学生。小学适龄儿童入学率达99.18%，初中适龄少年净入学率达95.23%，义务教育（九年）巩固率达86%；共完成普通高中招生508人，中职招生495人。二是加快王张、沙邵、前所幼儿园及沙邵、烧杠小学教师周转房等多个项目建设进度，积极协调各方资源力量对危损校舍进行改造，改善办学条件，并切实加强对学生营养餐计划的监管力度，目前未发生一起校园食品安全事故。

【文化事业】 一是加快发展农村社会文化事业，改善农村人文环境，用先进文化引导和丰富农民健康的文化生活，促进农村精神文明建设；二是结合“五园新村（即致富田园、生态庭园、特色庄园、文化乐园、和谐家园）”建设，以点带面、示范带动，促进农村文化生活条件明显改善；三是积极引导群众组建民间文化活动组织，组织开展健康向上的文化体育活动。

【卫生事业】 一是积极推进新型农村合作医疗，加大参合金的收缴力度，目前参合率达100%；二是加强疾病预防控制工作，“五苗”接种率达95%以上，辖区内无重大传染病发病；三是狠抓妇幼保健工作，住院分娩率达98%以上，孕产妇管理率90%以上；四是加大食药卫生监督工作力度，辖区内未发生一起食品安全事件和食物中毒事件；五是积极推进医改工作，组织实施基本药物制度并实行零差错率销售，村级卫生室使用率达100%，同时做好预防传染病管理工作；六是抓好医改工作，组织实施基本药物制定并实行零差率销售，未发生一起乱收费现象。

【社会保障】 碧海街道党工委、行政高度重视民政工作，将民政工作的开展作为关注民生的重要举措抓好抓实。在2014年全办全面开展低保复核工作的基础上，扎实开展好2015年度低保提标核查工作，成功实现由增量扩面向动态管理转变，目前城乡低保对象973户1834人。共发放低保金2956908万余元。发放医疗救助金440970万余元。为五保户、低保户缴纳城乡医疗保险，农村新型合作医疗保险、农村困难群众医疗救助与新农合对接平台已启动使用。临时救助范围不断扩大，服刑人员家中无人照料的未成年子女、流浪未成年人以及贫困家庭的残疾儿童等全部纳入救助范围。

【安全生产】 一是加强领导，不断完善安全生产监管机制，强化安全生产责任；二是加大安全生产执法力度，认真做好巡查工作，坚决查封取缔非法采煤窝点，着力打击业主的偷挖盗采行为，防止其死灰复燃，每月至少对采石场检查4次，全办14家单位100%开展了自查自纠；三是不断提高群众安全防范意识，利用宣传单、宣传栏、展板、标语、现场咨询等多种形式对安全生产法、道路交通法等安全生产法律法规进行广泛宣传，并积极组织法制安全宣讲团到各中小学校宣讲安全知识，提高中小学生安全意识；四是充分发挥各职能部门的作用，集中警力投入路面管理和打击非法营运工作，严格管控，办安监站、农业服务中心、协管中队、交警四中队和派出所联合上路查车，累计检查车辆200辆以上，查处违章驾驶24人，罚款13人，进行诫勉教育60人，宣传教育6000人次，通过协管中队的大力整顿，有效防止各类交通事故的发生；五是认真抓好对加油站、民爆物品等安全监管。由于工作有力，措施得当，全办未发生一起安全生产责任事故。

【创卫工作】 一是围绕加强乱排乱放的治理工作重点。以农贸市场、村寨院落、车辆乱停放、占道经营、野广告为整治重点，强化措施，主动出击，确保重点部位卫生干净、整洁有序；二是加大宣传动员力度，把宣传动员工作作为提高“三创一建”群众知晓率、满意率的一个重要抓手，使“三创一建”工作真正深入人心，家喻户晓；三是建立完善长效机制。真正杜绝死角死面，找准容易反弹的环节，走出“整治—反弹—再整治”的怪圈。最后，增加投入，完善环卫设施，加大对重点区域的绿化美化力度，使街道的中心区域和道路沿线容貌有明显改善。

【政务服务】 本着“便民、利民、求真、求实”的原则，建立为民服务全程代办制度，推行为民服务全程代办工作模式，着力解决群众“办事难、难办事”问题；一是设立为民服务全程代办两级联动服务机制，坚持党工委领导、行政负责，以街道党工委书记、村党支部书记为第一责任人，设立办事处、村两级为民服务全程代办综合服务点，为群众落实代办服务；二是坚持“严格值班制度，为民守事、转变工作方式，访民揽事、确保公开公正，让民监事”的“三事”原则，真心实意为民办事。切实搭建了为民全程代办的服务平台。

（撰稿人：办公室）

碧阳街道办事处

【概况】 碧阳街道办事处成立于2013年8月，办事处行政办公中心位于滨河西路。碧阳街道办事处是七星关区东大门，地处北纬27° 17′ —27° 18′ 、东经105° 12′ 之间，总面积5.984平方千米，平均海拔1442米；东抵鸭池镇庙脚村，南至鸭池镇草堤村，西临三板桥六合村和洪山街道办事处环南社区，北达麻园街道办事处望城社区及德溪街道办事处；辖大兰、流仓2个行政村，27个村民组，居住着汉、苗、彝等民族，全办常驻人口22466人。辖区内现有林地4337.2亩，其中退耕还林近1000亩，森林覆盖率达到48.32%，环境优美，适宜人居。

随着市、区行政区划的调整，毕威、厦蓉、杭瑞等高速公路的通车及以碧阳湖、南山公园为中心的新型城市住宅区的开发建设，碧阳街道办事处正逐步成为七星关区市中心，以优美、便利的人居环境和突出的区位优势强有力地助推我区政治经济文化更好更快发展。

【党建工作】 以“四个全面”为统领，以开展“三严三实”主题教育活动为主线，认真落实党风廉政建设和反腐败工作主体责任和监督责任，层层签订目标责任书，全面抓好干部作风建设，及时纠正办村干部工作、学习、生活等方面出现的不良风气，全年查办案件5起，党纪处分2人，确保全办风清气正。牢固树立抓好党建促发展理念，全力抓好基层发展型服务型党组织建设，全年发展党员4名，培养入党积极分子14名。开展在职党员进社区大型活动2次，向辖区拥有党员的非公企业下派了党建工作指导员，以辖区廉租房小区为示范点，构筑“服务网、平安网、文明网和卫生网”，换取居民的“暖心、放心、舒心和爽心”；加强后备干部培养，均派到村挂职锻炼或参与重要工作；充分发挥村党组织“一核多元”作用，围绕“七新行动”，以“范本村”创建为依托，加强村级组织自我“造血”和“输血”能力建设，创新实施“集众智，促本土思维变飞地模式；抓众筹，促闲散资金变投资股金；凝众心，集体增收变个人福祉”“三众促三变”，实现大兰村集体经济积累1亿多元，大兰村荣获七星关区“规范村”荣誉称号；为“党员创业带富”工程积极协调创业贷款，完成投资30余万元；认真抓好宣传思想文化工作，抓好中心组学习和干部职工日常学习，大力践行和培育社会主义核心价值观，以流仓廉租房小区为示范抓好居民思想政治道德教育工作，成功举办建党节“沐浴党恩、和谐碧阳”和重阳节“夕阳最美、共建小康”等活动。群团工作常态推进，利用大兰村鸿达养殖场建立“春晖创业园”；开展青少年思想道德教育活动3次，发展团员152名。完善村妇女之家建设，妇女参与经济建设的作用日益凸显，大兰村被区、市妇联推荐参加全省“五星妇女之家评选”。抓好关心下一代主题教育和法制教育，抓好青少年科技培训，按时组织“五老”及关工委学习和培训，利用传统节日组织开展老干部座谈和慰问工作。抓好信息报送工作，向区“两办”报送信息110余条，40余条信息在中央、省、市文明网及《贵州日报》《毕节日报》《毕节晚报》《七星关区信息》七星关区人民政府门户网站等多家媒体上发表。

【征地拆迁】 以全省、全市项目观摩会为重点，完成土地征收40余亩，拆迁房屋1000多平方米，化解南山碧桂园、招商地产、盛世华都、天晟房开等一大批群众堵工事件，处理南部新区建设遗留问题3起，处理个别征地拆迁纠纷、群众占用储备用地等疑难杂近20起，全力做好施工现场周边环境综合治理，为辖区项目建设顺利进行提供了坚强保障。

【“多彩贵州文明行动”工作】 对辖区公共卫生实行常态化管理，把“多彩贵州文明行动”工作职责细化分解到各站所和各村，并列入办事处年终对各村进行综合考核内容之一，大力整治辖区环境卫生，给辖区广大人民群众创造舒适整洁的居住环境。全年投入资金近50万元开展“多彩贵州文明行动”工作。公益先行，加大社会宣传力度。全办张贴文明用餐宣传画200余幅，发放勤俭节约倡议书300余份，张贴了主题为“我们的价值观”的宣传画40幅，制订并悬挂文明创建宣传横幅33幅，宣传栏15幅，为宣传工作营造了良好氛围。周密组织，加强民主建设与管理，引导辖区内具备条件的4个小区，成立小区业主委员会，实行民主自我管理。目前，主要承担了治安、环境卫生、生活秩序维护等方面的管理和服务职能。加大力度，做好辖区环境卫生整治工作，取缔违章经营63户，规范占道堆放建筑材料26处，拆除老水泥厂违章活动板房4处，取缔学院菜市场内乱搭建约10年之久的菜棚、工棚20余处，清理野广告5万余条。取得了在全区一类乡镇（街道）考核评比中，第一、二季度第一名，第三季度第二名的好成绩。

【城市建设】 针对各项目建设实际，成立专项项目保障服务工作组和土地征收工作组，划分区域，明确职责，确保征地拆迁工作顺利进行。结合实际，把“多彩贵州文明行动”工作职责细化分解到各站所和各村，并列入办事处年终对各村进行综合考核内容之一，大力整治辖区环境卫生，给辖区广大人民群众创造舒适整洁的居住环境。积极采取源头治理、堵疏结合的方法，明确分管领导，强化日常巡查，解决规划队员加班待遇，按照“无缝隙、全覆盖”的原则，采取由分管领导带领规划队员实行“5+2”的巡查模式不间断的巡查，形成高压态势，严厉打击违法建设，有效遏制违法建设的滋生。全年共查处违法建设27起，拆除面积1721平方米。

【人口与计划生育】 按照早安排、早部署、早落实的“三早”思路，通过实施“双诚信、双承诺”工程，以稳定低生育水平，控制人口过快增长，提高出生人口素质，优化人口结构为主要任务，从源头上综合治理人口出生，从根本上消化手术库存，为实现年度工作目标，奠定了坚实的基础，截至2015年9月底，新生79人，其中：政策内一孩出生54人，政策外一孩出生3人；政策内二孩出生20人，政策外二孩出生1人；无多孩出生；男孩41人，女孩38人；流出人口出生4人。完成手术任务38例。人口出生率在12.57‰以下内，人口出生自然增长率在6.20‰以内，常住人口符合政策生育率达94.5%以上，流动人口符合政策生育率达81%以上。

【教育工作】 围绕办人民满意的教育目标，着力推进教育均衡发展。2015年8月，办事处协调毕节二十二小搬迁毕节市工校水电技校校区。2015年9月10日，毕节二十二小挂牌“毕节市实验学校流仓分校”，与毕节市实验学校联合办学，实施教育集团化模式办学。争取国家薄弱学校改造资金810万元改建学校，争取区政府投入资金25万元、协调德溪公司赞助资金20万元、协调盛世华都房开赞助资金10万元，办事处投入资金20万元维修毕节二十二小校舍。2015年，全办共有小学在校学生817人，流失学生0人，小学辍学率为0%；入学率为100%；小学义务教育阶段巩固率达到91.4%；小学六年级毕业生196人实现整班交接；按照区年初下达的学前招生210人计划，全办学前学生250人，完成任务数的119%。

【卫生工作】 2015年，全办应参合人数9892人，实际参合9558人，参合率为103.6%，超额完成任务；低保户、五保户、参战人员做到应保尽保。开展冬春季传染病防控宣传教育活动，针对学校、超市、物业、饮食等人员密集单位及场所进行宣传培训，有效防控冬春季传染病的发生。开展《中华人民共和国食品卫生安全法》宣传活动，以辖区内饮食、药品经营等行业为重点进行整顿。办事处牵头辖区卫生院、卫生室开展义务为老年人进行身体检查3次。办事处组织干部职工体检1次。

【民政工作】 做到动态管理下的最低生活保障对象应保尽保、应退尽退、进退及时，全办共有城乡低保对象773人，共发放低保金1076252元；有60岁农村籍退役士兵13人，参战退役士兵19人，带病回乡军人1人，“三属”人员2人，均享受政府发放的生活补助，共发放优抚资金124880元；有五保供养人员16人，共发放资金23200元；发放城乡医疗临时救助金211627元；有困境儿童3人，均享受低保；强化组织领导、强化摸底排查、强化关爱帮扶、强化安全教育、强化责任查究，对全办32名留守儿童及15名空巢老人全部落实办干部、村干部责任包保，共开展走访慰问5次，发放慰问金12700元。

【扶贫工作】 全办按照《精准扶贫对象识别确定操作步骤》，区委区政府“一市五金多套餐”政策，认真开展遍访贫困村贫困户等各项扶贫工作，完成对3028元以下的贫困人口547人的甄别和信息补录工作，并实行动态管理。结合办事处实际，从办属各单位，各村选派办干部、党员、致富能手，结对帮扶贫困户，实现全办66户199人脱贫，全面完成净减少农村贫困人口任务。

【森林防火】 多举措抓好森林防火工作，通过“宣传教育、设卡值守、巡查督查、应急处置、落实制度”“五防范”构筑森林防火壁垒。全办成立森林防火指挥部，形成党工委书记负总责、办事处主任负全责、其他班子成员负实责的指挥防控工作体系。装配3辆森林防火宣传车，悬挂横幅标语9条，固定宣传墙2面，发放各种通知、禁令等宣传资料600余份，开展在校学生“小手拉大手活动”，加大宣传力度，增强群众森林防火安全防范意识。组建护林防火巡查组3个，加大巡查力度，在林区实行不间断巡查，设立森林防火检查站11个，严防携带火源进入林区，巡查组实行每日零报告制度，确保辖区内无违法用火行为发生。加大应急处置力度，组建30人的森林防火应急突击队，储备森林防火物资，确保能及时扑救森林火灾。制定《碧阳街道办事处森林防火责任追究制度》《森林防火24小时值班制度》等，并把森林防火值班、值守、巡查纳入对办事处工作人员、各村、护林人员的目标责任考核。实现辖区森林火灾零事故的目标，全年森林防火工作考核获七星关区一等奖。

【综治信访维稳】 办事处积极实施“加强组织领导，明确工作职责；开展平安建设，构建和谐社会；加大整治力度，维护社会稳定；狠抓“矛盾纠纷大排查”，杜绝治安隐患；强化调处，抓好普法宣”“五举措”抓实综治信访维稳工作。全年组织全体办、村干部大型维稳活动60余次，采取多种措施，确保了“9·3”、中共十八届五中全会和全省、全市、全区的重大活动、重要会议期间群众不到省进京上访；化解多年来因征地拆迁长期信访缠访闹访事件3起，处理了一大批疑难矛盾纠纷。围绕依法治区，加大普法宣传力度，做好“六五”普法总结工作；办、村、派出所多头并进、多措并举抓好社会治安综合治理，群众安全感满意度达到91.76%；落实维护稳定第一责任，成功将多起群体堵工事件化解在萌芽状态；把禁毒工作纳入重要议事日程，动态管控吸毒人员并落实好社区戒毒（康复），抓好禁毒预防、禁毒严打、禁种铲毒等工作。

【安全生产】 全办以“政策法规大宣传、矛盾纠纷大排查、社会治安大整治、安全生产大整顿”活动为契机，认真贯彻落实新安全生产法、《贵州省安全生产条例》及全区安全生产有关会议精神，切实增强工作责任感；与辖区各企事业单位和中小学校签订安全生产目标责任书，签订率达100%；强化道路交通、消防、农机等安全隐患排查治理；落实监管责任，加大监管力度，加强专项整治和隐患排查，及时消除事故隐患，排除“锦江天鹅堡”企业基坑、廉租房辖区水塘等安全隐患多起；加强安全检查，全办未发生各类安全伤亡事故。

（撰稿人：张永礼）

大新桥街道办事处

【概述】 大新桥街道办事处地处毕节城郊结合部，坐落在市中心西北部，距市中心1.5公里，总面积27.5平方公里，辖6个行政村，31个村民组，总耕地面积8527亩，居住着汉、彝、苗、白等民族。

【人口计生】 2015年度以来，在市、区两级的精心指导下，全办结合实际，按照省人领小组下达的“三按月”绩效考核为指导，着力运用“双诚信、双承诺”为助推剂，强化能力提升为保障的工作思路，完善各项工作机制，强化基层人口计生工作常态化、制度化、精细化管理，不断提高人口计生工作管理服务水平。2015年度以来全办共出生123人，常住人口政策内出生118人、政策外出生5人，符合政策生育率为95.93%。完成手术180例，无常住人口手术库存，常住人口应检640人，已检640人，妇检率达100%。在上级各部门的前三季度检查中，全办人口计生工作均获流动红旗。

【安全生产】 进一步落实办事处安全监管责任和企业主体责任，办事处与辖区内相关企业签订《安全生产工作目标管理责任书》，签订率达100%。同时，大力宣传安全生产法、消防法、道路交通安全法、《贵州省安全生产条例》等法律法规，增强全民安全意识。全面排查治理事故隐患，搞好专项整治工作和重点行业领域隐患排查治理。对全办非煤矿山进行综合整治，对烟花爆竹零售点进行安全专项整治，推进安全生产社会化管理工作。定期对1家非煤矿山企业（电杆厂）进行检查监管。从源头上加强对农机安全的管理，与各村、各农户签订安全责任书，与辖区内学校签定《道路安全生产目标责任书》，督促学校落实好安全教育。加强全办道路交通管理，时时检查危险路段，树立标牌，做好警示，保证了交通安全和地灾安全。全年无任何安全事故发生。

【民生事业】 1. 基础建设日趋完善。全办12.6公里通村公路完成6公里路面硬化，分别为小河村平湾组至天生桥村徐花屯组1.8公里、大桥村中坝至元山组2.8公里、魏家屯蔬菜基地1.4公里、硬化大桥村大水沟通组路700米，其余6公里大坡村东风组至三板桥灵峰村通村公路完成路肩建设，硬化工作正在实施中，预计明年3月底完工。通村公路的大力实施，着力兑现了美丽乡村建设“两个硬化”目标。2. 强力推进征地拆迁工作。一是成贵高铁征地拆迁工作已全面完成；二是完成东环路征地、迁坟工作，使其工程顺利推进；三是完成天生桥村留守儿童福利院及残疾人活动中心等项目征地工作，三项工程处理征地矛盾纠纷150余起；四是水库移民搬迁工作已基本完成，天生桥村移民安置房已全面完成，所有移民户已全部入住，殷官屯村两户今年完成。按时完成了水库移民后期扶持人口核定、项目实施、验收、移交等工作。化解了移民安置工作中矛盾纠纷20余起，严格兑现移民专项资金并及时补助到位。3. 农业经济稳步发展。紧紧围绕突出特色主导产业发展、促进农民持续增收目标，以转变农业发展方式为主线，以发展板块经济为抓手，全力推进科学种植，完成了杂粮种植任务3700余亩，种植马铃薯3200亩，种植玉米3500亩，其中杂交玉米推广面积3000亩，育苗移栽推广面积2800亩，样板面积500亩，技术培训500人次，投入资金4000余元。大力发展冷凉蔬菜生产：完成了500亩市级大白萝卜种植任务的要求，建设办级样板点3个，各村建立村级样板点6个，累计建设样板600余亩，全年种植蔬菜7000亩，其中，大白萝卜种植1400亩，辣椒2000亩，反季节蔬菜200亩。进行病虫害防治3000余亩，测土配方施肥2500亩。4. 农村综合环境整治成效明显。认真贯彻落实《全国城市卫生检查标准》和《七星关区创建省级卫生城市责任分解表》的内容要求，结合办事处的实际情况，开展扎实有效的创建活动。一是围绕毕官公路主次干道、环湖路沿线等公共场所进行垃圾日产日清保洁。与辖区各单位签订目标管理责任书，与沿街村民签订“门前三包”责任书，加强督促检查，发现问题，及时整改，对一些重要路段用洒水车进行清扫。二是加大资金投入，并动员整合各方面的力量参与农村环境卫生综合治理，达成共识。除固定专业清扫保洁队伍外，公路沿线主次干道居民积极配合，共清除清运垃圾436余吨，脏乱差现象得到有效遏制，群众生活环境得到极大改观。5. 森林防火得到有效控制，荒山绿化得到加强。认真贯彻省、市、区召开的森林防火工作会议精神，高度重视，扎实有效开展工作，确保全年无森林火灾发生。一是加强领导，明确分工，落实责任。党政主要领导亲自抓，分管领导具体抓，其他领导协助抓的工作机制。分工明确，责任到人，与各村、各单位签订责任书，层层落实防火责任制。二是宣传力度不断加大。防火高峰期，全办共制作了大横幅标语15条，动用100余次森林防火宣传车在重要地点进行来回宣传，发放防火宣传单5000份，张贴《毕节市森林防火戒严令》90张，制作防火警示牌35块，在坟头墓碑和林边大树上张贴防火温馨提示1300张。三是加大火源管控力度。在春节、元宵节清明节及“五一”节假日期间，办事处党工委、行政统一指挥调度全体办、村干部，在天河古城门、天生桥、徐花屯、北镇关路口等多处布防设卡。四是加强应急值守力量。从办村干部中抽调扑火经验丰富、体力充沛者30余人组成专业扑火队伍；实行24小时值班值守，确保发生火灾时能迅速出击，控制火势。五是大力实施绿化七星关项目，荒山植树造林得到大面积覆盖，年初，街道党工委组织全体干部职工、村干部、部分村民在大桥村、天生桥村、魏家屯村1000多亩范围内的零星荒山进行了植树造林，种植柳杉、核桃10万余株。

【文教卫生】 1. 科教文体卫生事业统筹推进。全年开展专业技术培训会两期，受训人数400余人次，进村入户宣传科学养殖技术80多次，受训人数1000多人；全办2015年义务教育巩固率为89.38%，义务教育适龄儿童义务教育入学率达99.89%，初中入学率达97.30%，2015年度小学和初中辍学率均为0，同比分别下降0.09%和1.45%；加强各村农家书屋的管理，实行免费对群众开放，2015年12月通过区文化局的大力支持，又为各村配送了300余册图书，使之能更好地服务于农村发展与建设，为丰富群众文化生活提供了阵地和平台；积极做好殷官屯村村卫生室与附属设施建设，并投入使用，加强疾病预防控制，对重点群体实行重点预防，对入学入托儿童进行全面预防接种登记，对未接种的儿童，校方督促学生家长及时送到指定医院进行接种，提高了学前儿童接种率，减少了各种疾病的发生；努力动员广大群众积极参与医疗保险和缴纳参合金，2015年全办参合人数为14761人，参合率达95%以上，全面完成全办城乡居民医疗保险工作任务。2. 社会保障能力不断提高。一是健全和完善了最低生活保障制度，确保应保尽保。到目前为止，全办共发放农低保资金3653274元、发放五保供养金145800元、城低保及生活补贴1004558元，90—99岁高龄生活补贴29400元，80—89岁老龄补贴发放工作正在办理中；年初发放冬春救助粮9015公斤，冬春救助款30000元，发放临时救助款20500元，城乡医疗救助款320920元。精减职工定期定量救济12000元；参战人员生活补贴223200元、退役军人就业一次性补助7200元；五保户、孤独、计生两户生活补助127820元；60岁以上农村籍退役士兵生活补助23040元；冬春救助粮共发放大米11吨；对贫困低保户送去大米15050斤、棉衣28件、棉被28床、食用油28桶；春节慰问贫困户、贫困党员、高龄老人发送大米20袋，食用油20桶，棉被20床，棉衣20件。全办1500人的扶贫任务，现已完成1297人，二是完成了2015年年底保核查减量提标工作，通过街道全体办、村干部调查摸底，召开群众大会进行评审，低保数量从2014年的1181户、2270人，降低到今年的857户、1441人。三是加强养老保险征收。截至目前全办参加城乡居民基本养老保险4840人，同比增加21.09%，累计征收养老保险费约40万元，缴费完成率71.57%，基本完成了全办60岁以上老人养老保险信息卡信息采集工作。3. 高度关注，做好“四关爱”工作。为贯彻落实好“四关爱”工作，全办分别召开2次党政联席会议和3次干部职工大会安排部署“四关爱”的摸底排查、包保和劝返等工作。一是制定了“四关爱”工作实施方案，成立专项工作领导小组；二是分别明确关爱留守儿童、空巢老人的包保帮扶干部，要求对帮扶对象每月走访一次，做到“五必问”；三是运用亲情视频、电话联系等方式开展劝返留守儿童父母工作。四是切实解决留守儿童空巢老人的实际困难，通深入调查走访，摸清情况，将生活生产确实困难的留守儿童和空巢老人纳入低保或给予临时救助等的方式切实解决困难。2015年全办排查登记留守儿童288人，空巢老人56人，残疾人1103人，困境儿童34名，街道党工委通过落实包保责任制，要求所有干部对包保的留守儿童每月走访一次，关心留守儿童的学习、健康、生活、安全等情况，并对留守儿童监护人开展劝返动员工作；留守儿童一户一档资料实行专人管理。2015年，全办成功劝返11名留守儿童的父母回乡，动员15名留守儿童的父母将孩子带在身边外出务工，目前全办登记在册留守儿童为262人，今后全办将继续做好“四关爱”工作，加大宣传动员力量，多措并举，切实做好该项工作。

【综治维稳】 社会治安综合管理工作始终坚持以创建“平安大新桥”为核心，以开展“法制六进”为抓手，狠抓落实，全面加大社会面管控工作，确保社会和谐稳定。一是与辖区各村、各单位签订了《2015年度社会治安工作目标责任书》，督促辖区各单位（部门）主要领导与分管领导、干部职工层层签订责任书。二是狠抓综合治理工作，成立了提升群众安全感工作领导小组，落实责任制，认真落实以村民组网格化服务为载体，发动干部职工深入到家家户户，为群众排忧解难，切实为群众办实事、办好事。2015，发放“致辖区居民的一封信”3000封，切实加强村民的群众安全感。三是各村成立村级警务室，并在每个村配备1名村级警务助理，负责各村社会治安巡逻防控，全力维护我办辖区社会治安稳定。四是会同派出所等有关部门开展法制法规宣传。五是扎实做好禁毒工作。全办登记在册吸毒人员138名，其中回归社会人员31名，正在戒毒场所20名，正在村社区戒毒的21名、正在村社区戒毒康复15名，死亡1名，社会面上有吸毒人员4名。六是扎实做好信访工作。夯实动态管理，严格执行日排查，化解零报告制度，坚持三级视频接访制度，到现在为止，办事处信访案件共12件，办结9件，2件正在化解中，1件属于稳控责任。七是扎实做好维稳工作。重要敏感时期、重大节日活动无上访、缠访情况发生，坚持“日排查、事化解、零报告”工作制度。八是抓好反邪防邪和国安工作。

【经济建设】 1．招商引资工作稳步推进。积极做好需求带动，街道党工委深入开展招商引资服务工作。一年来为达到引资金额新突破，利用办事处丰富的旅游资源，全办共引进3个项目:小河景区游乐园建设、小河景区水上乐园建设和大新桥街道新生幼儿园建设，3个项目总投资6.3亿元，目前到位资金2亿元，其中1000万以上项目到位资金2亿元，完成全年目标任务的100%。

2．民营经济发展又上新台阶。街道办事处紧紧围绕“以改促发展、以招促发展、以扶持促发展”的指导思想，强化举措，狠抓落实，奠定了大新桥民营经济发展基础。今年全办民营经济实现总产值10.07亿元，民营经济实体75户，其中含个体工商户66家，企业9家，完成民间投资3.003亿元，民营经济增加值实现2.12个亿。

【党的建设】 坚持以科学发展观为指导，结合学习中共十八大、十八届三中、四中、五中全会精神及习近平总书记系列重要讲话精神，认真贯彻落实“三严三实”专题教育活动，以转变和改进作风为指导，以经济发展方式为主线，以保障和改善民生为根本，解放思想，开拓创新，真抓实干。1．进一步加强基层组织服务体系建设。为全面提升基层组织管理水平和服务质量，促进村级组织设置、管理、服务规范化，切实做到基层组织办公环境改善、办事效率提高、工作作风转变、履职能力增强、服务水平提高，不断适应新形势下农村基层党建工作需要，街道党工委结合大新桥街道办事处实际，按照整乡推进“一核多元”基层组织服务体系建设的要求，一是执行“两个最严格”的制度，进一步完善村干部值班服务和公章管理制度，街道党工委每月不定期2次以上的督查，目前各村党支部值班服务和公章管制以形成常态化；二是落实“马上就办”制度，街道党工委按照村级组织“规范建设年”的通知要求，严格出台了“马上就办”实施管理办法，实行首问责任制，按照“谁受理、谁处置、谁反馈”的原则为群众做好服务工作，在6月底前，各村党支部实施“马上就办”服务300余次；三是创新服务方式，各村党支部通过开展片区服务、把驻村干部信息、服务事项、等内容制作成“连心卡”600张发给群众，以方便群众通过电话预约服务，对年老体弱、行动不便的群众，驻村干部预约上门开展服务200余次；四是壮大服务队伍，街道党工委充分利用村“两委”成员、驻村干部、党员队伍、村民组长参与村组织服务工作，以此壮大村级干部队伍，发挥村民监督委员会、村民理事会、“五老”志愿者服务队作用，切实为民做好、做实服务工作，2015年来，街道党工委为调动村“两委”成员和村民组长参与村级服务工作，制定了《大新桥街道村组干部考核办法》，每月根据考核情况给他们发放100至200元的误工补助；五是着力消除“空壳”村，发展壮大村级集体经济，增加村级集体积累，街道党工委结合各村实际，按照“支部+农户”“公司+支部+农户”等方式，首先，依托大坡村党参种植扶贫项目，建立了党参种植专业合作社，村民以入社分红的方式参与，带动大坡村50户农户共同发展致富，其次，发动和鼓励党员创业带富，在天生桥村创建了以林下草莓种植为主产业的华红经果林基地带动周边20户农户参与到草莓种植，另外，积极响应市、区关于鼓励农技人员领办、创办山地高效农业相关政策精神，在魏家屯村创建了碧秀佳蔬菜种植基地并成立合作社，直接带动周边75户农户，辐射带动全村200多户种植蔬菜，在蔬菜产业的推动下，目前魏家屯村农民人均年纯收入达7200元以上，在全办率先达到了小康村水平。而其他各村也陆续开启了发展本村特色产业的经济发展思路，如殷官屯村桃园种植基地、大桥村圆梦园林基地及小河村特色种养殖专业合作社等，都在积极探索发展壮大村集体经济和促进本地农民增收农业增效的新路子。2．党员创业带富取得成效。通过采取班子成员与创业党员结对帮扶的帮带机制，引领帮扶党员创业，实行协调贷款支持、跟踪指导技术、提供致富信息和党员强弱结对等帮扶措施，鼓励党员带头创业致富。如：天生村聂祥华家华红经果林基地，种植草莓20亩、葡萄300株、桃树2000多株、枇杷1000多株、李子500多株，一年能带来约10万元的经济收益。天生桥村简琴家具厂，得到“党员创富带富”的无息贷款后，目前生产设施购置齐全，并投入生产。魏家屯村食用菌种植基地，通过街道党工委协调贷款支持，现在每月可以收入3000元至6000元。3．考核工作不断完善。进一步加强和规范党政正职以外的领导班子成员绩效考核管理工作，充分调动班子成员的工作积极性、主动性、创造性，高质量地完成办事处各项工作，推动全办整体工作上位前移。街道党工委结合办事处实际制度了《大新桥街道办事处除党政正职以外的领导班子成员绩效考核办法》《大新桥街道办事处股级及以下干部绩效考核办法》《大新桥街道办事处村及村干部绩效考核办法》《村民组长考核办法》以及其他专项工作教育管理办法等，根据考核办法街道党工委考查组每月对各街道内站、所、股、室及各村进行一次目标任务完成情况进行考查评比，实行动态考核跟踪，并按照考查结果严格兑现奖惩。

另外，为切实改变干部工作作风和整顿工作纪律，2015年4月初，街道党工委召开党政办公会议，通过了干部职工签到签退考勤会议纪要，对全办干部职工实行签到签退周考核，对无故迟到、早退及旷工的干部职工实行罚款严惩，加大考核力度，形成常态，自该规定实行至目前，全办形成了自觉遵守上下班纪律的清正风气，扭转了部分干部的纪律涣散和作风不实。

【水库环境综合整治】 为整治水库周边环境卫生，保护好全市人民饮用水资源，街道党工委、行政高度重视，多措并举，做好水库环境综合整治工作。一是成立了由街道办事处纪委书记、分管领导、城管办主任、10名森林防火员、5名派出所干警共18人组成巡逻队，协助区综合执法大队，自今年6月初开始，对水库周边钓鱼、烧烤、旅游、野炊以及大牲畜放养进行清理。至目前工作开展取得实效，水库沿环湖路周边已看不到钓鱼、烧烤、旅游、野炊以及放牛和放马的情况，水源保护工作得到有效推进。二是街道党工委对水库周边住户进行大力宣传，在显眼的地方制作了水库环境保护宣传标语22条，利用3辆宣车每天延环湖路进行宣传环保卫生知识，并把水库环境综合整治理通过召开村民代表大会纳入大坡村、魏家屯村、殷官屯村、天生桥村的《村规民约》，将水库水源保护工作做到家喻户晓，人人皆知。三是认真做好水库周边保洁工作，在环湖路周围安放垃圾箱86个，灰池18个、15个灰斗，并进行及时清扫，目前在环湖路一线可视范围内基本未见白色垃圾，倒天河水库水质清澈，湖面如镜，水库周边环境卫生得到很大改善。四是对环湖路以下391户人家进行全面排查，其中总人口1876人，住房面积为69598平方米，大牲畜286头，家禽922只，通过办、村干部做思想动员工作，目前已取缔水库周边及一二级保护区养殖大户30余家，处理牲畜752头，鹅、鸭3500余只，其余零星散养户通过办村干部上门走访、宣传政策，目前禁养工作已基本完成。五是界线划定，由街道党工委牵头，水管所协助，通过一个星期的努力，在水库9米线内20公里定界结束，成功完成了水库9米线以下界桩勘定工作。六是加强干部职工及群众环保知识培训，街道党工委今年召开水利环保知识培训会5次，对干部职工及各村干部、驻村干部开展水利环保知识学习培训，再发动干部职工、村干部、驻村干部深入农户进行知识宣传，把环保意识传达到万千百姓中去。七是加强督查，街道办事处每周对水库周边环境进行督查，并将督查情况上报区政府办。

【精准扶贫工作】 2015年以来，街道办按照六个到村到户的要求，从结对帮扶、产业扶持、教育培训、生态移民及基础设施建设等五个方面对贫困进行精准帮扶。在前期做好贫困户调查摸底遍访的基础上，对每户贫困户建档立卡，明确记载其家庭人口、基础设施、致贫原因等详细信息。根据档案信息，通过“四看法”，将贫困户进行分类，全办划分出一般贫困户、低保贫困户、低保户和五保户四类贫困人口。经统计2015年年末，全办有建档立卡贫困户993户，2147人，其中一般贫困户138户，459人；低保贫困户183户，524人；低保户600户，1075人；五保户72户，89人。并按照“六个精准、五个一批”的要求，量体裁衣，精准发力。对低保户、五保户等贫困人口采取政府社会保障兜底扶贫；一般贫困户、低保贫困户有劳动能力的贫困人口，则通过发展产业、技术培训和改善基础设施实现脱贫。街道党工委根据贫困户档案，制定了党参种植、通讯到户、医疗救助、蔬菜种植等帮扶项目，并按照计划落实帮扶项目，2015年，通过六个到村到户帮扶，全办减少贫困人口575人，完成了2015年减贫任务。

（撰稿人：向　琼）

德溪街道办事处

【概述】 德溪街道办事处位于毕节市七星关区城区东部，于2013年9月七星关区机构改革从原流仓桥办事处撤建而来。现办事处办公点距七星关区行政办公中心500米，距毕节市行政办公中心2公里。全办总面积16.8平方公里，东临鸭池镇甘海子村和八十亩村，南抵碧阳街道办事处流仓村，西与麻园街道办事处杨家塘社区接壤，北达观音桥办事处塘房村和海子街镇红堰村。平均海拔1442米。辖5个行政村（碧玉村、德沟村、甲秀村、后河村、烂泥村），46个村民组，居住着汉、苗、彝等民族12760人；现有耕地3564亩，其中水田1020亩；天然林3003亩，其中退耕还林91亩。城市建设的提质扩容使德溪办成为城市建设的主战场；毗邻的毕节学院以及坐落的毕节市职业技术学院使德溪办成为全区的文化中心；种植优质大白萝卜、玉米、水稻、小麦、洋芋、蔬菜等多种农作物使德溪办成为毕节市菜篮子工程的重点示范基地；倒天河三期工程的治理以及成贵快铁的建设，使德溪街道办成为了从毕节通往全国，走向世界重要的交通枢纽。

【党的建设】 一是大力开展党风廉政建设和作风专项整顿。认真落实党建工作责任制，严格按照《关于开展“三严三实”专题教育、整治“为官不为”、深化干部作风建设的实施方案》，深入通过开展“三严三实”专题教育，巩固作风建设成果，全办干部职工作风明显转变，求真务实、主动作为的风气逐步形成。按照“一月一专题”的要求，围绕“为官不为、为官乱为”突出问题进行整治，深入开展民生项目铸廉整治工作，及时收集反馈群众反映强烈的“为官不为、为官乱为”问题，及时处理发现的苗头性问题。通过对各村资金进行清理和核对核查，清退多领取地上附着物款14.53万元。二是发展型服务型党组织建设。以推进“一核多元”基层组织服务体系为抓手，切实加强基层阵地建设。投入2万余元对烂泥村活动场所进行维修和改造，设置便民利民服务站、党员活动室和驻村工作室等功能室。协调资金40万元为后河村改善办公环境，购置沙发、办公桌椅、文件柜等办公用品，积极打造基层党建示范村。根据区委组织部安排考察了副科级后备干部6名，提拔了中层干部7名，发展了5名预备党员，为基层组织注入了新鲜血液，充实了力量。认真抓好同步小康驻村工作，开展调研座谈会近10次，为群众办实事好事30余件，协调落实项目资金75万元。三是创新推动考核管理工作。科学制定了《办村干部职工落实科学发展观“双考双评双挂钩”动态跟踪考核管理办法》《办村干部职工贯彻落实科学发展观“双考双评双挂钩”动态跟踪考核管理实施细则》，让办、村干部的管理有章可循、有制可行。领导班子实行工作日志月报制度，并填写工作日志月报表，每月向党政主要领导汇报一次工作开展和完成情况，及时解决问题，推动工作。结合2015年度工作目标绩效考核标准及办法，把指标量化到各部门及村、组。充分发挥考核管理工作的“指挥棒”作用，延伸考核触角，注重动态跟踪积分管理，形成了横到边纵到底的立体考核体系，实实在在调动了干部职工的工作积极性。

【项目建设】 一年来共征地1800余亩，迁坟1600所。配合房征局完成拆迁房屋414户6万多平方米，查处违法建筑120余户次，查处面积约8300余平方米，拆除面积4000余平方米。保证了辖区内的成贵快铁、倒天河三期河道治理、贵州工程应用技术学院东校区扩建工程、百里杜鹃大道东段、四号路、纬一路、纬五路、百联公司、太阳宝宝幼儿园、市国安局、七星关区电视大楼、七星关区未成年保护中心、渝大地产、闽湘地产、万晟置业等各个项目建设顺利推进。

【“多彩贵州文明行动”工作】

紧紧围绕年初制定的“多彩贵州文明行动”各项创建指标，全办精心组织，突出重点，有力地促进了“多彩贵州文明行动”各项任务目标的落实。全年共投入创卫经费40余万元，垃圾做到日产日清，规范临时菜场一个，辖区内背街小巷卫生脏乱差现象得到明显改善。在区“三创一建”工作的季度检查排名中，获得了第一季度第2名、第二季度第5名、第三季度第2名的好成绩。

【社会管理】 1．人口与计划生育工作。2015年以来，全办出生人口105人，死亡人口为38人，人口出生率为8.5‰，人口自然增长率为5.4‰。共落实各种避孕节育措施101例。完成“双诚信、双承诺”签订3217份，签约率达100%。全办人口和计划生育工作继续保持了健康稳定的发展态势。2．政法综治与安全生产工作。立足办情实际，坚持做好宣传工作，深化“群防群治”队伍建设，破获刑事案件10余起，抓获犯罪嫌疑人15人，有力保障全办的和谐平安。紧紧围绕“法治、平安、和谐、服务”主题，做好安置帮教矫正工作，减少重新犯罪，宣传与群众切身利益相关的法律法规，增强群众法治意识和观念。全年共发放安全宣传资料5000份，便民联系卡1000余张，共排查、化解矛盾60余起。共开展执法行动40余次，开展安全宣传教育活动10余次。

【民政工作】 1．城乡低保应保尽保、应退就退。一年来，全办农村最低生活保障对象有748户1189人，共发放农村低保资金1122830元，共发放城市低保资金163260元。全年共发城市低保金226955元。在办事处党工委行政的高度重视下，认真做好了低保对象的年审排查工作，从3月底开始，以“宣传发动到位、入户调查到位、评审评议到位、公开、公示到位”四到位的方法对全办的八百多户城乡低保对象进行了为期一个多月的年审排查，2015年通过低保年审核查，全办748户，1189人纳入农村低保，真正做到了动态管理下的应保尽保、应退进退、进退及时。2．救灾救济工作扎实有效。年初成立了民政工作领导小组和社会救助工作领导小组。一是及时开展春荒冬令救助工作。全年共发放救助大米20吨，解决春荒冬令期间困难群众基本生活。二是建立健全了办、村防汛机制。救灾救济领导小组在防汛期间做好24小时值班，并及时做好灾情上报。3．城乡医疗救助开展有序。按照要求，将符合条件的困难群众纳入城乡医疗救助范围。2015年上报审批城乡医疗大病救助18人，发放大病救助资金105260元，现均已全部发放到患者手中。

【农业工作】 2015年共实现粮食产量850吨，完成蔬菜种植2000亩，新建标准化基地400亩，良种推广2000亩，申报毕节白萝卜样板工程700亩，实现肉类总量689.785吨，出栏肥猪853头，推广良种禽18836只。在全办发展规模养殖户6户，着力打造甲秀、德沟两个综合养殖专业村，引进特种珍禽养殖项目落户德沟村蒋家湾。举办“四良四改三提高”等科技培训班15期次，培训2200人。

【科教文卫】 累计投入资金100余万元实施规范化学校建设工程。基础设施建设和校园文化建设取得了突破性进展，学校周边环境治理和学校规范化管理水平得到大幅度提升。大力推进占地360余亩的毕节二中建设项目、占地40余亩的德溪小学建设项目、占地40亩的后河小学建设项目目前已进入征地、迁坟阶段。深入推进“三关爱”工作，挤出5万元工作经费设立特殊人群关爱基金，落实留守儿童帮联措施。从7月份开始向全办困难留守儿童每人每月发放100元生活补贴，对其他留守儿童进行不定期慰问。实现全年城乡居民医保参合率完成104%，超过任务数9个百分点。

【武装工作】 办事处党工委、行政高度重视民兵预备役建设工作，并抽调各村民兵连长通过业务培训后主抓民兵“五项”工作，对广大民兵、广大公民进行国防法、兵役法、国防教育法、人民防空法、《民兵工作条例》等学习教育。始终做到一手抓经济建设，一手抓国防后备力量建设。在2015年民兵组建工作中，新组建30人的武装防护分队和30人的民兵应急分队。圆满完成区人民武装部分配的征兵任务，较好地完成了人民武装部门交给的各项任务。

【其他工作】 一是加强党对人大、政协的领导，认真做好统战、民族宗教工作；二是扎实推进团委、妇联、工会、关工委等各项工作；三是做好办公室日常事务工作，加强档案管理，做好保密工作，确保全办各项工作的顺利实施。切实抓好统计工作，为办事处党工委、行政的决策提供第一手数据资料。搞好办公室的自身建设，完善各种规章制度。

（撰稿人：岳 义）

观音桥街道办事处

【概述】 观音桥办事处位于毕节市城郊东北隅，703县道、工业大道贯穿全办，距城中心2公里。2013年9月行政区域调整划分后，观音桥办事处更名为观音桥街道办事处。东以海子街尚家寨乡界为界；南以青龙山为界，与德沟村接壤；西以花牌坊、大发沟为界；以小寨湾、轿顶山界为界，北与大新桥办事处、田坝桥镇毗邻。下辖五里坪、塘房、桥头边、红堰、长征、迎宾等6个行政村51个村民组，4462户，19201人。办事处驻地设在五里坪村。

【经济指标】 1. 招商引资。2015年依托“一轴两园”平台，狠抓招商引资工作。全年完成招商引资项目12个，其中新建项目2个，续建项目10个，完成固定资产投资0.8亿元（目标值0.7亿元），完成招商引资8.527亿元（目标值3亿元），其中党政主要领导完成1.07亿元（目标值1亿元）。2. 常住居民人均可支配收入。2015年辖区常住居民人均可支配收入达7526元，在2014年6625元的基础上增幅达13.6%。3. 民营经济。2015年街道完成民间投资5.2亿元（目标值4.5亿元），民营经济总产值达6.85亿元（目标值6亿元）。

【科教文卫】 1. 教育工作。完成普通高中招生115人（任务113人），完成中职招生48人（任务48人），完成特殊教育招生3人（任务3人）。小学入学率达99.82%（目标值为99%以上），辍学率为0.42%（目标值为1.8%以内）；初中入学率达98.19%（目标值为95%以上），辍学率为1.25%（目标值为2%以内）；九年义务教育巩固率91.59%（目标值为86.5%以上）；学前教育招生数596人

（任务数515人）；初中毕业生升学率达100%（目标值为98%以上）。加强学校治安管理，全年未发生一起学校安全事故。2. 文化旅游工作。在塘旁、红堰、五里坪、桥头边、等村组建了村级文艺宣传队4支，组织开展了“换了丰收年·相约在红堰”、等群众活动10余次（任务数10次）；在辖区塘房村、红堰村、长征村、迎宾村各建成一个群众体育健身广场，安装路灯、音响、长凳等价值1万元设施设备，直接受益群众达8000人次。3. 卫生工作。城乡居民医保工作，2015年，街道参加城乡居民医疗保险已缴费参保有17362人，参保率达到105.2%（目标值参合率达95%以上）；村卫生室，辖区六个行政村实现村卫生室全覆盖；食药监管工作，全年未发生一起食物中毒和药物中毒事件；“一会两站”实行挂牌管理，人员配备齐全，2015年未发生一起维权纠纷事件。

【民政工作】 一是扎实开展低保提标复核工作，目前办事处共有农村低保对象921户1225人；二是对辖区“留守儿童、残疾人、空巢老人”等特殊群体进行专项摸底排查、建档立卡，扎实开展好留守儿童家长劝返工作及留守儿童家庭遍访工作，目前全办共有0—15周岁留守儿童269人，共遍访留守儿童家庭8624人次，劝返35户涉及留守儿童60人。2015年辖区新增就业人数达120人，（目标值120人）。2015年收缴城乡居民养老保险418200元。

【农业工作】 完成新型职业农民培训20人（目标值5人）。辖区共种有13种经济作物，占地600余亩。以千名科技人员包千村为契机，建设投资500余万元的文发屠宰场，投资1000余万元的新型科技农业园和投资200余万元的食用菌种植大棚基地。宋家“辣子鸡”“德红农家乐”“凯鸿园”“民族农庄”等日平均接待客人800人左右，月均毛收入30多万元，转移剩余劳动力150余人，人均增收700余元，人均年收入创收10000元以上。响应上级政府号召，街道在五里坪村建立电子商务平台（http://www.eguanyin.com/）。目前，商品覆盖观音桥街道特色有机农产品、石材建材、家装饰件、方便食品等，正处于试运营阶段。

【生态建设】 1. 环境保护和节能减排工作。以区“创建环境保护模范城市”为契机，辖区内水泥厂、文发屠宰场、等企业全面完成主要污染物减排任务，并办理了环保相关手续，签订了目标责任书。2. 林业工作。一是优先解决工作经费不到位问题。办事处先垫付苗圃费5.5万余元；二是扎实开展植树造林活动，已完成植树造林1055.2亩（任务数980亩），退耕还林290.8亩（任务数290.8亩）。同时，采取切实可行的措施，严防森林火灾事故的发生，全年未发生一起森林火灾事故。

【党的建设】 1. 党风廉政建设。严格执行中央八项规定和省市十项规定，坚决整治“四风”方面的突出问题，进一步强化党风廉政建设主体责任和监督责任，党工委、行政一把手认真履行反腐败倡廉工作第一责任人责任，班子成员认真履行“一岗双责”。2015年，办纪委自办案件6宗，对受立案调查的违法违纪党员给予党纪处分2人，挽回经济100余万元。2. 宣传思想和精神文明建设工作。在《毕节日报》上发表新闻稿件10篇（本年任务2篇）；在《毕节晚报》发表新闻稿件9篇；在区电视台播发稿件21篇（2015年任务10篇）。紧紧围绕农村政治思想教育工作，在辖区各村掀起农村政治思想教育学习的热潮，及时地将党的好声音、正能量传递给群众。3. 统战工作。按时完成2016年统一战线杂志征订工作；作好台胞台属摸底登记工作；建立党外后备干部库，储备优秀的党外人士；全年上报统战信息12片；聘请7名非公经济人士到村担任名誉村主任，为村级各项事业发展出谋划策，带动一方发展。

【机关建设】 1. 考核管理工作。建立完善办、村干部动态跟踪考核机制。2015年，有3名班子成员，5名办、村干部在考核督办受到扣分处理和经济处罚，20余名干部在考核督办中得到加分奖励。2. 档案管理工作。2015年全面完成街道2014年文书档案、重要材料、实物档案、项目档案共计400余件材料的归档和全文数字化扫描录入工作。3. 保密工作。严格按照保密法，做好机关、单位互联网门户网站、政务办公网络平台、网络QQ群、网络邮箱、政务微博、微信公众平台等媒体的保密审查工作。全年未出现一起泄密事件。4. 信息报送工作。每周按时向区委办、政府办报送动态信息2条，向区委办信息科上报每年1条调研报告和每周2条网站信息、1条政务信息。5. 政务服务工作。建好便民服务中心，设岗定责配齐人员，规范各项服务制度，全年共接待群众3500余人次，处理问题3000余件。

【人口与计划生育】 实现“卫计”整合，紧紧围绕“双降”中心任务，扎实抓好人口计生“双诚信，双承诺”“三按月”绩效管理工作。打造红堰村人口文化大院，制定了观音桥街道人口计生考核管理办法，为摘帽升位奠定基础。全办总人口19129人，2015年，出生人口196人，全办人口出生率10.48‰（目标值为高于7.3‰低于12‰），人口自然增长率4.47‰（目标值为低于5.5‰），常住人口符合政策生育率95.65%（目标值为高于95‰），人口计生“双诚信，双承诺”目标人群应签5384户，已签5384户，签约率达100%；共完成“两术”193例，常驻人口无手术库存，流动人口手术库存10例。

（撰稿人：邵　波）

洪山街道办事处

【概述】 洪山街道办事处位于毕节市中部，地处北纬27度17分、东经105度17分之间，东与市东街道办事处、麻园街道办事处隔河相望，西与三板桥街道办事处交界、北与市西街道办事处接壤，南与德溪街道办事处、碧阳街道办事处毗邻。下辖六个社区（洪山、金桂、环南、兰苑、桂花、拥军）。总面积4.8平方公里，总人口43604人（不含流动人口）。办事处驻滨河西路下段（原毕节地区印刷厂）。

【经济指标】 2015年，全办完成固定资产投资0.52亿元，工业产值完成23.3亿元，实现工业增加值3.52亿元，落实招商项目6个，完成招商任务约6.5亿元，通过强化各种工作措施，全力推进小康社会建设。

【党建工作】 2015年，全办组织工作紧扣全面从严治党要求，围绕中心、服务大局，不断取得新进展、新成效。一是“严”字当头，作风建设有“硬度”。深入践行“三严三实”，大力整治“为官不为”，去年，通报了违反工作纪律的干部4名，解聘了招聘人员2名，在全办广大党员干部中营造了严纪严行的良好氛围。二是“实”字为本，服务群众有“温度”。深入推进“一核多元”基层组织服务体系建设，执行最严格的值班值守和公章管理使用制度，确保群众办事找得着人、办得成事。积极响应“倡导全民阅读、建设书香社会”的时代要求，在拥军社区建成了全市首个“书香社区”，让群众共享公共文化服务资源，得到省、市、区领导的高度肯定。2015年，全办六个社区中，金桂、洪山、拥军党支部书记获得全区优秀党支部书记的称号，党工委荣获省级“五好”基层党组织称号。三是“新”字发力，基础保障有“力度”。创新实施“规范·示范·典范”社区创建，对评审达到创建标准的环南社区的规范社区、金桂社区的示范社区得到了区委的表彰，分别给予规范、示范社区2万元、3万元的活动经费给予社区干部1万元、2万元的奖励，让社区干部获得激励性的新收入，找到工作的新方向，在全办形成示范引领效应，大大激发了广大社区干部的干事创业激情。探索发展壮大集体经济。在各社区党支部的努力下，在职党员进社区服务工作取得了很好的社会效应，凝聚了党心民心，一年来，共有党组织133家党组织到社区报到，参与活动的在职党员有5197人次，服务群众7600人次，开展各类活动243次，协调各类资金32.29余万元。四是“细”字着手，实绩考核有“精度”。在全办分类建立目标考核体系、细化目标考核指标，实施分类指导。解决了干部“干多干少一个样、干和不干一个样、干好干坏一个样”的问题，切实提振了干部干事创业的“动力”。

【城市管理】 加大“三创一建”工作力度，着力提高城市管理水平。在上级部门的指导下，办事处“三创一建”工作充分拓展工作思路、创新工作方法，实现了“硬件设施有突破，软件建设全达标”的目标。一是建立健全组织机构。成立了由党工委书记任组长、分管领导为副组长、相关部门为成员的“三创一建”工作领导小组，整合全办力量，明确分工，责任到人，为“三创一建”工作的顺利开展提供了强有力的组织保障。二是秉承“三下两小”创卫工作理念。全办干部职工深入居民户，了解民情，倾听群众呼声，本着群众利益无小事的宗旨，逐一将群众反映的民生问题建立台账，分步整改落实。在深入细致排查的基础上，向区政府上报申请硬化14条背街小巷，目前全部工程已实施完工。三是修复辖区内信息发布栏。2015年，办事处先后投资2万余元，对辖区内100余面信息发布栏进行修复使用，方便群众信息发布，有效遏制了辖区内残标野广告的蔓延。四是充分利用保洁资源，激发保洁员工作激情。办事处年初便制定了切实可行的保洁员管理条例，以制度出成绩，赏罚分明，极大地调动了保洁员的工作积极性。同时，充分发挥好我办14名卫生突击队员的资源优势，分工明确，协调配合，集中突击辖区卫生死角死面30余次，确保环境干净整洁。五是加强舆论造势，营造文明新风。重视舆论引导作用，利用各类媒体报道环境卫生整治40余次，借助辖区内电子屏、公示栏、广告发布栏、文化墙等优势资源，大力宣传文明新风尚，向辖区内居民发放《给市民的一封信》《文明承诺书》等宣传资料3万余份，在辖区内学校开展“城市卫生与文明”主题班会、“我家的小康”征文、关爱青少年健康进校园、“小手拉大手”等活动。六是以身作则做表率，文明劝导促和谐。办干部职工以身作则，率先垂范，大力营造“人人创建、共享文明”的浓厚氛围。组建文明劝导队，定期在斑马线路口、农贸市场等地对市民各种不文明的现象进行劝导，引导人们自觉践行文明，营造文明新风。

【民生救助】 2015年，办事处始终坚持“以民为本，为民解困，为民服务”的工作理念，努力开创社会事务工作的新局面。一是认真抓好城乡低保年度核查和提标工作。严格按照城乡低保“三环节、十步骤”开展工作，5月11日至5月30日对辖区1715户城乡低保户进行入户核查。通过核查，共上报建议暂停214户674人城乡低保（其中农村低保50户147人），入户率100%，入户见面率87.6%。截至12月14日，共发放城市低保金6100922元，农村低保金207895元。二是开展慈善救助工作。2015年以来，先后对33户特困家庭开展调查摸底工作，对82名生病患者家庭进行申报，对特困家庭开展急难救助和临时救助，发放城乡居民急难救助、临时救助款共115500元，城乡医疗救助616580元。发放农村低保季节性缺粮35户99人共3000斤，兑现五保供养金1450元。三是认真做好救灾救济和社会福利工作。冬春期间，共救助142户477人，发放救助粮7吨，发放慰问金6000元，慰问大米600斤、慰问菜油26桶、棉被80床、棉衣80件，2014—2015冬春救助款30000元。四是老龄和老年教育工作得到加强。全办有60周岁以上老龄人5483人，占人口总的12.96%。协助区老龄办为192名65岁以上老年人办理公交车爱心卡192张，协助90岁以上老人申请高龄补贴6人，发放高龄补助29人13050元。为加强老年教育工作，在环南社区成立了老年学校。五是加大对留守儿童、窝巢老人、和残疾人的排查和管理，共排查出0—15岁留守儿童125人、空巢残疾老人3人、窝巢老人22人、困境儿童14人，发放困境儿童生活补助5600元，发放2014年度残疾人机动轮椅车燃油补贴13人3380元，发放2015年度残疾人机动轮椅车燃油补贴11人2860元，发放一级重试残疾人护理补贴8400元，发放2014年度残疾人居家养老补贴7人3500元。

【综治工作】 一是深化“群防群治”队伍建设，积极落实人防、物防、单元防、技防、户防等措施，最大限度的发挥网络触角作用，为广大群众安居乐业提供一道平安防线。二是强化刑释出所人员无缝衔接、安置帮教工作，定人定责加强监护、教育和管理，做到不漏管、不失控，预防和减少重复犯罪。三是深入开展平安建设工作。办事处联合驻辖区派出所、机关事业单位开展夜间治安巡逻，有效打击了各种违法犯罪活动，切实提高了人民群众安全感和满意度。继续抓好基层平安建设工作，2015年来，共创建平安单位45个，平安社区6个，平安校园2个，平安家庭14050户。四是扎实开展“社会治安大整治专项行动”。办事处积极联系派出所、工商、宣传等部门，大力开展打击“黄、赌、毒”打击行动、收缴管制刀具整治行动、治安乱点排查整治行动及黑网吧整治行动等，净化辖区居民生活环境，有效地震慑了违法犯罪分子的嚣张气焰。五是扎实开展“无邪教示范街道、社区”“无邪教街道、社区”“无邪教模范户”等创建活动，创建工作达到预期目标。按照相关要求，认真开展打击防控、教育转化及反邪教警示教育工作，定期开展反邪教警示教育工作和反邪反邪知识进家庭工作，共发放各种宣传资料8000余份，张贴宣传标语140多条，在社区制作“一墙一窗”反邪教宣传栏10余期，使防邪反邪观念深入民心。加强对重点人员防控工作，全年未发生邪教组织、邪教人员寻衅滋事等事件。国家安全、维稳工作扎实推进，确保了社会政治稳定。六是认真开展禁毒工作。“社区戒毒”“社区康复”工作扎实推进；认真开展涉毒人员摸底排查，做到底数清，情况明，各类表册卡薄齐全，档案规范；深入社区、院落、住户、学校开展“拒绝毒品，珍爱生命”“无毒害创建”等宣传活动，禁毒工作扎实推进。在春节和“6·26”宣传日期间，组织禁毒委成员单位在人民公园、毕节四小、兰苑中学、毕节十二小等大型场合开展禁毒宣传活动，向务工返乡人员、广大群众、青少年发放《禁毒手册》、禁毒法、《新型毒品预防手册》、禁毒防艾宣传单等宣传资料5000余份，帮助解答群众咨询60余人次，提高了广大群众防毒、拒毒、反毒、防艾意识和能力。全面及时掌握社区戒毒（康复）人员的基本情况，逐人逐档登记备案。洪山社区禁毒工作得到国家和省、市、区禁毒部门及相关领导的肯定。七是创新社会治理模式。按照“健全组织、建强队伍、优化服务、创新管理、促进和谐”的要求，以“四进三零”为主要内容的社会治理模式，推行以“公共服务进中心”“民生监督服务进网格”“公益志愿服务进小区”“义务巡逻进巷道”，实现政府行政服务“零障碍”、特殊人群管理“零遗漏”、居民便民服务“零距离”，打造社区精准化服务工作模式，形成社会管理人人参与、和谐社会人人共建的局面。

【人口与计划生育】 以网格化管理服务工作为主线，以落实“三按月”绩效管理工作为抓手，以完善计生工作效能为保障，在依法行政、宣传教育、利益导向、诚信计生、优质服务等方面强化工作，确保实现人口出生率和自然增长率“双降”目标。定期开展计生政策法规宣传，发放计生宣传品5000余份，大大提高了干部群众知晓率；加强流动人口服务管理工作，为流入已婚育龄妇女提供优质服务，严格依法行政，依法办事，年初以来未出现一例计生群体事件的发生；强化“双诚信、双承诺”工作，按照“一处守信，处处受益，一处失信，处处受制”的原则，与目标人群家庭签订8079份双向承诺书。

【安全生产】 一是加强安全监管，提高安全防范意识。一是加强组织领导，完善工作制度。及时召开安全生产工作会议，传达学习省、市、区安全生产会议精神，全面分析办事处安全生产形势，对全年安全生产工作进行总体安排部署。办事处成立了安全生产委员会，各社区成立了安全领导小组。二是明确安全职责、层层签订安全责任。按照“党政同责、一岗双责、齐抓共管”的原则明确党政领导、班子成员、社区、办直各部门、辖区企业安全生产职责并与之签订了安全生产目标责任书。一年来共签订党政领导、班子成员目标责任书10份，办直部门社区15份，辖区企业21份，签订率100%。三是加大执法力度，督促企业认真落实主体责任。按时对辖区危险化学品、烟花爆竹、建筑工地、医院、学校、等工贸企业进行检查。2015年以来，共检查上述企业300余次，发现隐患370条，现场整改370条。四是突出重点时段和重大节日期间安全生产检查。组织开展元旦、春节、“两会”、清明、国庆及汛期等重点时段安全生产大检查，查出建筑工地隐患1条，消防通道堵塞隐患7条，火灾隐患5条，“三合一场所”隐患3条，非法经营烟花爆竹4处，打击非法营运窝点3处，整治学校周边秩序1处，占道经营2处，桂花市场积水1处，边坡垮塌1处，居民楼房安全隐患32户。五是集中开展“六打六治”专项行动。按照“全覆盖、零容忍、严执法、落实效”的要求，强化“党政同责，一岗双责”和“行业监管、综合监管、属地管理”以及企业主体责任的落实。专项行动开展以来，共查处非法经营烟花爆竹6起，“三合一场所”2起，无证施工1起。六是抓好“安全生产法”及有关法律法规的宣传。紧紧围绕重点时段、重大节庆安全生产月活动，向辖区居民宣传防火、防盗等安全知识。一年来，向辖区居民发放安全宣传资料800余份，悬挂宣传标语5条。

【信访维稳】 一是建立健全信访举报制度，落实领导接访、下访制度，建立信访接待中心，健全维护群众权益和化解社会矛盾机制，进一步加大矛盾纠纷排查化解工作力度。二是强化矛盾纠纷隐患排查工作。平时开展一周一排查，遇重大事项随时报告。在重大活动和节日期间，实行“一天一排查”制度，做到发现得早，处置得好。一年来接待群众来信来访121人次；排查不稳定因素及矛盾纠纷隐患675件，排查各类矛盾纠纷109起，成功调处78起，确保重大节假日和会议期间无重大事件发生。负责洪山酒店重要会议和重要活动的维稳工作，确保各类活动有序开展。

【违章建筑】 采用“堵疏结合”“分类管理”“分类打击”的办法，有效遏制了违法建筑的势头。一是落实责任包保制度，实行领导包片，做到社区不漏组、组不漏户，确保控制违法建设各项工作有序开展。二是坚持每日巡查，对违法建设做到早发现、早制止、早拆除。一年来，组织制止违法建设行为145起，拆除违法建筑39起，拆除总面积3770平方米，有效遏制违法建筑的增长。

【教育工作】 组织社区和学校全面开展失学儿童的摸底排查工作，落实工作责任制；狠抓控辍保学，不断巩固“两基”成果，确保义务教育阶段的学生都有书读。强化校园安全和卫生工作，组织人员对辖区内公民小学、幼儿园进行校舍安全和食堂卫生检查，及时消除安全隐患。全年完成学前教育招生2120人，其中学前班875人，完成区政府下达的845人的指标，同时完成撤销学前班6个的指标；幼儿园1245人，完成区政府下达的1190人的指标。一年级招生898人，毛入学率113.52%，初中七年级招生1520人，毛入学率为126.76%。九年义务教育巩固率为139.56%，小学辍学率为0，初中辍学率为0。完成中职招生201人，超额完成区政府下达的179人的指标。

（撰稿人：办公室）

三板桥街道办事处

【概述】 三板桥街道办事处位于毕节市郊2公里、草海大道旁、是326国道的必经之地，东与本区市西街道办事处和鸭池镇相接，南与鸭池镇和长春堡镇接壤，西与长春堡镇和何官屯镇毗邻，北与大新桥办事处相连。全办辖茶亭、官大、六合、灵峰、大坡坪5个村，60个村民组；3501户16231人，居住有汉、苗、彝、白等民族，少数民族占总人口的8.6%；全办总面积30.25平方公里。

【科技兴农（牧）】 2015年科学引导农民从产量型向效益型转变，提高复种指数，增加单位面积产量，积极引导群众把传统种植向经果林栽培发展1000余亩；投资7万余元，在大坡坪村建设刺梨苗圃基地6亩，培育贵农5号原生刺梨苗38万株，规范化连片种植刺梨973.5亩。扎实抓好春秋“两防”工作，继续巩固规模较大的生猪养殖示范服务基地并辐射带动传统养殖，完成生猪存栏5650头，生猪出栏3150头，大牲畜存栏120头（匹），大牲畜出栏36头，家禽存栏1.8万羽，出栏1.3万羽，增加农民收入。保证好各村“渴望工程”的正常供水和管理，在大坡坪村新建取水池、过滤池和调节池各一座，铺设饮水管道3.43千米，完成投资20余万元，解决和改善了600多人及100多头大牲畜的饮水困难问题。另外，认真开展好拖拉机年检审工作，全办年检率95%，全年无农机生产事故发生。

【森林防火】 成立森林防火工作领导小组，明确工作目标，制定目标考核方案，负责统筹部署全办森林防火工作，采取多形式的宣传，配备森林防火宣传车5辆，发放、张贴七星关区人民政府关于明确森林防火区和防火期的通告120余份，毕节市七星关区森林禁火令150余份。利用村办公楼和流动宣传车宣传森林防火政策法规，张贴森林防火标语100余条。严格对全办森林防火工作进行督查，对发现的群众铲烧土皮灰、祭祀等用火行为进行警告，严重者进行处罚，将在林区野外用火行为消灭在萌芽状态。

【招商引资及项目建设】 通过营造良好的投资环境，采取优惠政策，共招商引资毕节市全友名车修理有限公司和顺达驾校等项目共完成2.05亿元；固定资产投资完成0.751亿元。成立项目工作组，抽调骨干力量，确保征地、拆迁、迁坟等每项工作的顺利开展，完成征地801.004亩，搬迁农户79户，拆除民房9000余平方米，迁坟784冢，积极地保障了各个项目的顺利进行。规划执法中队及村干部配合不分周末与节假日，定期、不定期对辖区5个村，60个村民组进行巡查，做到发现一起拆除一起。全年拆除违法建设112起，拆除面积5424平方米，全面遏制违法建筑的修建。

【“多彩贵州文明行动”及“三创一建”】 将“多彩贵州文明行动”及“三创一建”有机地结合起来抓：一是加强领导，责任到人；二是加强宣传，营造良好的工作氛围；三是加大资金投入，夯实硬件基础，一年来，先后在全办范围内投入10余万元，对茶亭村与官大村交界处汪家坝大沟、茶亭村吴家坝排洪沟及十一中至茶亭村马路组的小河沟进行清淤，保障了村民的财产安全。与主干道沿线单位、住户、商铺签订门前三包责任书500余份，大大地改善了群众生活环境，让乡村更美了，街道更亮了。

【人口计生】 紧紧围绕年度目标任务，以稳步提高符合政策生育率为核心，以“三按月”绩效管理、“双诚信、双承诺”为重点，狠抓妇检工作和“四术”任务的完成，强化PIS系统管理工作和室内资料建设，做好人口信息收集，准确上报出生人口数，全面执行人口计划，进一步完善计划生育服务体系，服务质量和服务水平不断提高，加大流动人口管理力度，确保人口计生工作走上规范化、制度化、正常化轨道。截至年底，人口计划执行情况：出生154人，其中一孩出生92人，二孩出生61人，多孩1人。常住人口出生97人，一孩政策内出生56人（25男31女），一孩政策外出生3人（3男0女），二孩政策内出生36人（20男16女），二孩政策外出生1人（1男），多孩政策内出1人（1男），常住人口符合政策生育率为95.87%。流动人口出生7人，政策内出生6，政策外出生1人（1男）流动人口符合政策生育率91.4%。手术库存消化及手术完成情况：共完成手术138例，占手术任务121例的112.39%，补救措施2例。

【安全生产】 认真贯彻执行安全生产法律法规和省、市、区的相关文件和会议精神，紧紧围绕全办安全生产工作的中心议题，结合实际，把安全生产工作纳入全办的中心工作，与其他工作同部署、同考核、同奖惩。制定了切实有效的安全生产工作安排意见，开展了深入细致、扎实有效的工作。共开展安全巡查50余次，查出了安全生产隐患65条，及时下达安全整改通知书，落实整改。编制完善《地质灾害应急预案》，做好巡查，针对地质灾害隐患，及时上报相关部门并开展治理，消除隐患。组织企业从业人员培训230余人次，颁发从业人员资格证230余本，合格率达100%。悬挂大型安全宣传横幅36余幅，发放安全宣传资料500余份，签订各类安全生产目标责任书180份，展示安全宣传展板4期。

【消防工作】 一是加大宣传力度，在辖区企业悬挂消防宣传横幅6幅，并在群众中组织消防知识培训。二是落实消防责任，成立专项领导小组，深入推进安全网格化管理。三是加强消防工作重视力度，将其纳入工作重要议事日程，全年拨付消防工作专项工作经费5万元。

【教育工作】 办党工委、行政高度重视教育工作，一是根据本办教育教学现状，研究教育管理方案，指导各校制定行之有效的管理措施，杜绝一切事故的发生。二是坚持以教学为中心，全面提高教学质量。三是强化师风师德建设，全面推进“9-3”教育计划，打造一支作风过硬、素质优良的师资队伍，全面提高办事处教育水平，培养造就更多的优秀人才，为试验区建设及教育事业作了积极的贡献。

【城乡居民医保】 以完善医疗管理办法和措施为抓手，巩固和提高参合率，使农民医疗有保障，有效解决广大农民看病难、因病返贫等问题。2015年城乡医疗保险筹资任务数为13260人，已参合人数为14130人，参合率为106.56%，超额完成任务870人。截至年底，全办共发生住院补偿人数1638人次，总费用7558519.42元，共补偿4036620.74元；门诊补偿29410人次，总费用776191.4元，补偿648926.6元。

【民政工作】 高度重视家庭特别困难人员的生产生活问题，坚持“应保尽保、应退则退”原则，确保低保工作“公平、公正、公开”。2015年发放参战人员及60岁以上退役士兵生活补助360013元；发放农村低保金2588646元，城市低保金216940元；发放临时救助金60500元；发放农村医疗救助金284060元；发放城市医疗救助金8430元；发放高龄补助20400元；发放冬春救助金25000元；发放冬春救助粮20吨；发放困境儿童基本生活保障金14200元。按照“三关爱”工作要求，做到“村不漏组、组不漏户、户不漏人”对242名留守儿童、49名困境儿童（其中30人已获民政审批，并得到救助），62位空巢老人、467名残疾人进行摸排登记与建档立卡，实施办村干部对应包保，确保弱势群体生活有保障。

【扶贫工作】 严格按照省、市、区精准扶贫会议“一市五金多套餐”的工作要求，认真开展精准扶贫工作，加强“一市五金多套餐”的宣传，及时组织办村干部35人准确完成全办摸底排查相关工作，全办贫困户927户2264人，已脱贫的105户441人，已集中录入系统，规范建档立卡并上报，全办共审核办理政府贴息贷款29户61万元，扎扎实实地开展帮扶工作。

【群团工作】 团工委、妇联、工会多次联合行动，开展妇女儿童喜闻乐见的活动。通过开展免费送春联、法制宣传、植树节种树、纪念“五四”运动、“6·1”儿童节活动、“6·26”禁毒宣传活动、“7·1”建党节、教师节、国庆节，引导广大妇女儿童培养良好的道德情操，树立道德意识、法律意识和科学意识。

【社会稳定】 坚持“打防结合，以防为主”的指导思想，以了解社情民意、排查调处矛盾纠纷为抓手，以案发事了为信访工作的出发点和落脚点，强化抓“一个重视”（党委、行政重视），“二个突出”（突出“一岗双责”和“一票否决”），“三个健全”（健全信访联席会议制度、信访工作制度、信访工作责任追究制度），“四个到位”（一是领导、信访工作人员精力到位，二是摸底排查到位，三是包保责任落实到位，四是信访案件落实到位）。一年来，全办排查解决矛盾纠纷81起，接待信访事件8件，办结上级相关部门转办的信访事项4件。深入开展“平安村”“平安家庭”“平安校园”创建活动，发放“平安三板桥”创建工作的宣传资料1500余份，同时成立以办村领导为主，社会积极分子为辅的治安巡逻队，统一订制治安服饰、配备巡逻器具，对辖区开展定期、不定期的巡逻，有力打击了摩托车偷盗与入室盗窃行为，有效地威慑了违法犯罪行为，营造了平安和谐的社会氛围，确保了人民群众生命财产安全，不断增强广大群众的安全感，为全办社会稳定打下坚实基础。

【民生项目建设】 及时协调辖区浙商城在草海大道旁无偿提供120余平方米的门面用作便民服务中心办公用房，投资6万余元，购置办公用品，完善办公设施，大大地方便了群众办事，树立了良好的办公形象。拨付资金3万余元，对各村通组公路进行了维护；垫支7万元用于灵峰村公路勘探设计费；投入资金10万余元，征地4亩，修建十一中至灵峰村通村公路，解决灵峰村群众安全出行的问题。

【武装工作】 一是在民兵整组工作中，组建充实了基干民兵连、普通民兵连、森林防火分队、应急分队。二是努力完成军事训练。三是加强民兵思想政治教育。四是加大征兵宣传力度。悬挂大型征兵横幅6幅，张贴征兵通知50余份、挂图15套，发放征兵手册300余份。组织武装部长、干事到学校进行集中宣传，现场回答学生们的疑问；完成18岁兵役登记112人，预征数306人，完成网上兵役登记73人，16名适龄青年网上报名参军，5人应征入伍，超额完成应征任务。

（撰稿人：张德兰）

海子街镇

【概述】 海子街镇位于毕节市七星关区东北部，距区中心13公里，辖海子街、小箐沟、大湾、热水田、钻天坡、二道河、黑泥井、周家桥、果乐、七里沟、坪山、龙塘、安山、大丫口、十三亩、五十亩、树垮、擦枪岩18个行政村。全镇共计159个村民组、户籍人口总户数8343户计36228人，全镇在外务工人员共7810人，大部分集中分布在广东，江浙、福建等沿海地区，占总外出务工人口比例80%，其他地区占20%。常住人口24417人，流出人口9791人。老中青年比例为1：6：3，男女比例为100：111.4。镇域面积72.9平方公里，居住着汉、苗、白、彝等15个民族。耕地面积为19002.2亩，林地面积51600亩。全镇共有党支部26个，其中农村党支部18个，机关、事业党支部8个，共有党员668名，其中女性党员137名。海子街镇劳动力人口为12551人。

海子街镇东接七星关区经济开发区，西抵毕节主城区，南托白马山森林公园，北邻碧海温泉度假村，山水秀美、风光旖旎、人杰地灵，自然景观和人文旅游资源独具特色。海子街镇气候温和湿润，夏无酷暑，冬无严寒，常年平均温12.9℃，年降雨量980毫米，无霜期237天，海拔高度在1470—1742.2米之间，尤为适宜农作物生长。全镇粮食作物主要以玉米、小麦、洋芋、大豆为主，经济作物已形成油菜子生产和苗圃、药材、果蔬开发等多种发展势头。

2015年，海子街镇财政总收入达1745万元，完成固定资产投资1亿元，农民人均纯收入可达7210元，比2014年增长6.02%。

【工业企业】 2015年规模以下工业企业14家，全年年产值16050000元，同比增长6.16%。（企业名称：七星关区海子街镇康盛家具厂、七星关区海子街镇菲落尔门业经营部、七星关区海子街镇明刚石材加工厂、毕节市海子街卫兵页岩砖厂、七星关区海子街镇共之华家私厂、毕节市三合气体厂、七星关区海子街镇汇鑫建筑材料加工厂、七星关区兴海藤艺加工厂、七星关区海子街镇利贞干粉厂、海子街镇欣欣向荣免烧砖厂、七星关区榕鑫新型建材加工厂、七星关区鼎兴木炭加工厂、七星关区海子街镇安山村广丰家具厂、七星关区怡宝饲料油加工厂）。

【农业工作】 全镇共完成种植粮食1.8万亩，玉米样板核心板种植900亩；培训新型职业农民60人；新增人工种草面积100余亩；完成水稻种植约3500亩，完成脱毒马铃薯种植1.2万亩；养蚕90个标准张。全镇共组织推广优质玉米1.8万亩，使全镇的粮食作物品种，品质结构进一步趋于合理。农业服务中心技术人员在树垮村和周家桥村建立蔬菜基地1000亩、建设核桃种植基地2000亩，其中十三亩村800亩，擦枪岩村1200亩。在擦枪岩村实施刺梨种植400余亩，猕猴桃种植65亩。在二道河村种植莲藕100亩，花椒200亩，板栗500亩。

【基础设施建设】 完成平山村至二道河村、五十亩村包包组市计划1公里、上寨组断头路共5.2公里、总投资26万元的通寸、通组水泥路建设；完成热水田村农民健身工程篮球场建设工作，将树垮村、热水田村至果乐村、果乐沟组通村路硬化纳入硬化工程建设，预计2016年可以开工建设；切实改善了农村交通环境。

【民生建设】 一是社保工作。2015年年末常住人口33818人，全镇应参保人数为19272人，2015年目标任务数为15644人，缴费目标数为1564400元，截止2015年12月21日，实际参保人数为11855人，参保率完成目标任务数的61.5%，实际缴费人数为6288，其中新参保613人，续保率达到74.8%，缴费金额为701200元，完成目标任务数的46.2%。二是低保工作。认真实施城乡低保工作，全面准确掌握城乡低保对象中的“分类施保”人员情况，2015年，通过新实行的低保评定办法，共取消低保462户811人，新增低保156户195人，全镇符合条件的低保1091户2253人，城市低保62户120人；三是合作医疗。2015年全镇参加新型农村合作医疗任务数25164人，实际参保人数26584人，达目标总任务105.64%。自1月至11月海子街镇村级卫生室门诊有17921人次享受农村合作医疗门诊报账478880.47元，海子街镇卫生院门诊有36966人次享受农村合作医疗门诊报账1479463.9元；天佑医院门诊有880人次享受农村合作医疗报账24329.62元；海子街镇卫生院住院有2368人次享受农村合作医疗住院报账1504047.24元。四是留守儿童、空巢老人、弱势群体。全力以赴做好三关爱工作，对留守儿童、空巢老人、残疾人等进行建档立卡，实行动态管理，海子街镇要求相关包保责任每月至少进行一次走访，至今组织全镇干部进行约2000余人次走访关爱活动，进一步完善了三关爱的资料，确保数据精准，其中留守儿童669户1308人。空巢老人212人、五保户71人，孤儿25人；已办证残疾人609人，精神病患者97人。由于海子街镇关爱工作开展扎实有效，于7月18日，时任省委副书记、省长陈敏尔在副省长陈鸣明、省政府秘书长唐德智、省有关部门负责人等，毕节市市委副书记、市长陈昌旭，时任毕节市市委常委、七星关区区委书记宫晓农等有关负责同志的陪同下亲赴海子街镇黑泥井村进行调研农村留守儿童关爱工作，并对镇关爱工作给予了肯定。五是社会事业。海子街镇根据实际，每年投资30余万元在卫生清理管理上，镇域放置垃圾桶78个，镇域垃圾日产日清。对主干道及所有乡村公路两侧的垃圾，废弃物进行彻底清理、清运。据统计全镇已对重点对干道沿线18村进行了5次大规模集中整治和21次日常卫生宣传行动，农村环境整治步入规范化。每村乡村公路配1名保洁员，管理村庄道路路面卫生清洁；另在擦枪岩村修建小型污水处理厂1座，修建完成约1公里的排污沟解决了预计587人的生活污水。在10月全镇进行一次大规模环境整治行动，进一步加强18个村村庄庭前院后的环境清理，清理主干道及乡村道路沿线视野内堆放的柴草，简易厕所、猪舍，清理村庄池塘垃圾，制止乱建乱放，海子街镇接受国家级卫生文明乡镇创评成功被创评成为“全国文明乡镇”。另外大湾村在2015年12月底参加七星关区示范村、示范点评比中以优异成绩脱颖而出被评为“七星关区示范村”。

（撰稿人：办公室）

田坝桥镇

【概述】 田坝桥镇位于毕节市东北面，群山环抱，距市中心9.7公里。全镇8个村，92个村民组，4298户，21230多人，总面积63.4平方公里，有耕地18634亩，居住着汉族、彝族、苗族等民族，是一个多民族分散杂居的乡镇。

【农业产业化】 立足镇情，整合资源，围绕脱毒马铃薯、高山冷凉蔬菜、生态畜牧、特色经果林、中药材、高山生态茶种养殖，探索发展农业板块经济，多渠道提高农民收入。一是2015年全镇完成粮食种植21100亩，产量达7490吨以上，实现粮食增收的预期目标。二是完成烤烟种植3600亩，收购烟叶45万公斤，实现税收247.5万元。三是配套推广脱毒种薯11000亩，优质辣椒1800亩、油菜400亩、中药材300亩，推广反季节蔬菜1400亩；四是依托烤烟科技示范园区，大力发展农业板块经济，种植毕节大白萝卜1535亩，铁壳豌豆540亩，建成太子参种植基地600亩；五是养殖业有了实质性发展，2015年新增养殖大户11户，生猪出栏7560头，家禽出栏25480只，牛、羊出栏2428头。

【基础设施】 1. 道路通达程度进一步提高。一是全镇2015年建设完成弯腰树村、臭水井村、高桥村、十二湾村、田坝桥村、硝灰洞村通村水泥路45.756公里（其中“四在农家·美丽乡村”建设项目24.91公里），通组路建设20.635公里（其中“一事一议”项目建设5公里），实现村村通公路全覆盖；二是建设完成科技园区机耕路路面油化6.3公里；三是启动建设河边至黑甲寨旅游路3.8公里；四是完成观音桥至对坡“四改二”（四级公路改造成二级公路）项目申报，目前正在审批中。2. 人居环境进一步改善。2015年全镇共实施“四在农家·美丽乡村”建设6个示范点，涉及田坝桥、硝灰洞、螃蟹、臭水井等4个村共324户315栋房屋，目前已改造完成80%。同步实施院坝绿化、亮化324户，改厨208户，改圈206户（其中集中改圈32户），建设广场6个，打造旅游景点2处，安装路灯220盏，结合农村思想教育及“十星级”文明户评选等工作，人居环境得到了提升。3. 水利供电通信设施进一步完善。一是维修弯腰树村、螃蟹村烟水配套工程及高桥村、店子上村等农村饮水安全工程5个（处），受益群众达8000余人；二是对硝灰洞村、臭水井村部分供电线路实施改造、变压器增容提质，解决了部分群众高峰期用电电压过低问题；三是新建通讯基站1个，解决了弯腰树村、硝灰洞村部分村民组移动信号较差问题。4. 生态建设成果进一步巩固。大力实施林业生态工程，完成各类营造林17246.1亩（其中退耕还林任务数5215.2亩，人工促封7621.9亩，封山育林4500亩），行道树种植24.931公里。

【民生事业】 1. 扶贫开发成效显著。全镇现有贫困人口有897户2728人，均已建档立卡。2015年田坝桥镇完成减贫人口827人（其中落实项目脱贫的353人，不符合条件退出贫困系统的474人）。共发放贷款201户405.5万元，政府贴息83.839万元。帮扶贫困户种植经果林211户，发放苗木10400余株。组建养殖专业合作社13个，带领群众脱贫致富效果明显。2. 教育事业长足发展。农村义务教育学生营养改善工作有序有效开展。加大教育经费投入，巩固“两基”教育成果，积极实施了“9+3”教育工程，认真落实“两免一补”政策。高度重视学前教育，完成了中心幼儿园基础设施建设工程，并于9月份顺利开园。继续开展“春晖行动”，加大政府对教育的投入，2015年全镇累计划拨教育工作经费及建设费用5.5万元。3. 社会保障体系逐步完善。城乡低保实现“应保尽保”，全镇已纳入农村低保对象1008户1502人。建立“一帮一”工作机制，“三关爱”工作到位，群众感受温暖，户户走访见面，全镇累计走访3641人次，建立情亲视频聊天室，方便留守儿童和家长联系，同时加大劝返工作力度，劝返家长28人，临时救助7人，医疗救助7人。就业工作持续稳定，截至12月底，全镇新增就业77人，失业人员实现再就业77人，就业困难人员实现就业2人，转移农业劳动力就业380人。城乡居民社会养老保险参保7200人，参保率80%，其中60周岁及以上领取待遇人员2058人。4. 卫生计生事业稳步推进。通过大力宣传，细致工作，2015全镇农村医疗保险参保人数1.667万人，参合率98.6%，完成年度任务数的105%。医保基金总额达到116.69万元。保障水平明显提高。加强食品宣传和监管，全年累计宣传监管45次，未发生食品安全事故。加强公共卫生应急管理，防疫接种实现全覆盖，未发生医疗事故。2015年全镇常住人口共出生140人，常住人口出生率为8.68‰，政策内出生134人，符合政策生育率为95.71%。全区流动人口共出生31人，政策内出生29人，符合政策生育率为93.55%。

【社会治理】 1. 安全生产。“党政同责、一岗双责、齐抓共管”的安全生产责任体系全面落实，重点行业领域整治、打非治违，始终坚持“安全第一、预防为主、防治结合”的方针，牢固树立“以人为本，安全发展”理念，继续加大道路交通、非煤矿山、烟花爆竹、特殊行业等巡查，进一步完善安全生产管理体系，强化监督管理，使安全生产各项工作落到实处。今年以来全镇安全生产事故起数下降85.36%，死亡人数为0。2. 信访维稳。完善镇、村两级明、暗“双线”信访信息网络和情报制度，实行重点人员责任包保，准确把握重点人员和特殊群体信访动态。截至12月底，排查突出矛盾纠纷146件，主动处置可能引发不良影响或极端事件、群体性事件的情况20余次。健全社会治安评估研判机制，严厉打击各类违法犯罪活动，妥善处置各类群体性事件，大力推进“平安田坝桥”建设，在测评中，我镇安全感为94.7%，比去年同期增长0.24%。深入开展矛盾纠纷排查化解工作。截至12月底，排查各类矛盾纠纷589起，调处成功584起，调处成功率99.1%。截至12月底，共接待来访群众281批1254人次，现场处理和解释答复276批次，立案交办全部办结，办结率100%；化解重大突出矛盾纠纷问题2件。

（撰稿人：党政办）

八寨镇

【概述】 八寨镇位于毕节市东北部，距离市区17公里，703县道穿境而过，是黔西北进入四川的重要通道。东接层台镇，南连海子街镇，西邻田坝桥、对坡镇，北毗燕子口镇。境内地势东高西低，喀斯特地貌特征明显，峰峦叠嶂，溪流纵横。平均海拔1620米，属亚热带季风湿润气候，平均降雨量954毫米，无霜期250天左右。全镇总面积79.8平方公里，辖15个行政村，118个村民组，33040人，居住着汉、苗、彝、白、蒙古5个民族，其中少数民族人口4700余人。境内有河流4条，小型水库1个，地貌主要由山地、丘陵、坝子构成。山地面积约65%，拥有6.7万亩草山、草坡和天然林地，森林32%，林场5个，主要树种有柳杉、华山松等，土壤主要由黄壤、沙土壤构成。发展生态畜牧业具有得天独厚的优势；全镇耕地面积24600亩，其中水田2300亩，25度以上坡耕地10543亩，人均耕地0.68亩，主要农作物除玉米、洋芋、小麦、稻谷外，还盛产烤烟、油菜等经济作物，适宜种植核桃、板栗、漆树、杜仲等。矿产资源丰富，煤、铁、黏土、草碳储量较大，已探明煤炭储量6000万吨，黏土储量300余万吨，适宜发展资源型乡镇企业。

【主要经济指标】 全镇生产总值完成3.1亿元，增长7.5%；乡镇企业总产值达5717万元，增长18.2%；完成粮食总产量24923吨；完成烟叶税149万元，农民人均纯收入比去年同期增长10%以上，完成8200万元的固定资产投资任务。完成一个200万元以上的工业项目建设，243万元的工业增加值，实现肉类增长率比上年增长9%，畜牧业产值比上年增长11%。

【农业生产】 始终把农业生产放在国民经济首要地位，努力推进科技兴农工作，大力推广杂交玉米育苗移栽，全年完成粮食产量17910吨。2015年，全镇种植马铃薯1.96万亩，种植蔬菜1.1万亩，种植烤烟1700亩，收购烟叶41.25万斤，收购金额达470余万元。同时，对岩口村民种植的1400亩茶叶进行补植补种，巩固了退耕还林成果。紧紧围绕农业目标任务，加大了农业机械化的宣传和推广力度，在全年度购置农机具10台，与微耕机机手签订安全责任书68份，并对56台拖拉机、变型拖拉机进行年检，确保全年无农机事故发生。同时，抓好春秋“两防”工作，杜绝疫情发生，大力发展畜牧养殖业，加大牲畜存出栏量。此外，完成天然林保护工程，完成茅栗坪村团结组集体林权制度改革，完成全镇荒山人工造林9510.2亩、人工促进封山育林4052.8亩、封山育林1319.4亩、退耕还林979.6亩、石漠化治理680亩、天保补植补造4135亩。

【基础设施】 农村基础设施建设取得了新突破。2015年，镇党委政府完成了通村油路（水泥路）建设总里程19.278公里，涉及板厂、岩口、钟寨、金山、冷水、中厂、罗汉山、木樨、瓦窑坪9个村。这些工程都在年底全部硬化完工。同时，修通了岩口村一组至六组的机耕道路2.4公里，板厂村五级机耕道1.2公里；配合区水利局完成了总投资78.59万元的农村饮水工程，所涉及木樨村、茅栗坪村、板厂村农村饮水工程已全部竣工。此外，在区移民局的指导下，完成水库淹没区农户耕地及地上附属物的复核审查工作，为双河口水库的顺利施工提供了有力保障。

【城镇建设】 积极加大农村新建房引导控制工作，确保新增合法建筑按照生态文明家园建筑风格实施，努力达成规划区内新增违法建设“零增长”的目标。在2015年，全镇加大了对《中华人民共和国城乡规划法》等法律法规的宣传力度，并对八寨等九个村的村庄进行整治规划，同时配合上级有关部门完成了特色小城镇建设的总体规划。在城镇建设工作中，配合调解处理建设纠纷13户，成功率达100%；开展大型拆违行动3次，对辖区内的违法建设户下达停止通知书40来份，强制拆除违法违章建筑7户，并对违法违规者进行批评教育。此外，深入开展“多彩贵州文明行动”和创建国家卫生城市工作，多措并举全力推进，确保如期实现目标任务。

【产业结构调整】 按照精准扶贫“一市五金多套餐”、农业“板块经济”的总体思路，加大产业结构调整，继续巩固农业基础地位，对特色产业大力扶持。2015年，镇党委政府还从抓示范基地着手，因地制宜，以市场为导向，着力抓实种养殖业结构调整。在茅栗坪、中厂、华山、大兴等村各建1000亩区级刺梨种植示范点，在茅栗坪村扩繁马铃薯二级种薯600亩，在新艾村、劳动村连片种植辣椒600亩，在中厂村建存栏60头能繁母猪基地，在中厂村连片种植水苔400亩，在岩口村种植茶叶1500亩、猕猴桃300亩。此外，全镇还种植核桃3000亩，种植烤烟3000亩，发展苗圃地1000余亩，种植川续断等中药材3000亩。同时，注册了5个农民种植专业合作社和发展畜牧养殖场10户。以上成果，达到了示范引领，有效推进农业产业化、规模化发展的作用。

【人口计生】 始终坚持国家人口和计划生育基本国策，紧紧围绕试验区“人口控制”主题目标任务，以“三个按月”绩效管理、“双诚信、双承诺”为重要抓手，努力创新工作思路，切实加强PIS网络建设，大力完善全员人口信息，提高人口和计划生育服务质量和服务效益，确保“双降”目标任务如期实现。在2015年度，全镇新生人口总数为299人，常住出生人口273人，其中政策内生育282人，符合政策生育率达94.3%，流动人口出生26人，其中政策内出生25人，流动人口符合政策生育率达96%；完成全年度计生节育手术任务311例，其中常住手术308例，常住人口手术落实率达100%；完成全年妇检任务2511人次，常住人口妇检率达100%。在2015年度，有效控制了人口增长，提高了人口素质，如期完成了区委区政府下达的各项目标任务。

【安全生产】 加大安全生产

执法力度，强化“红线意识”和“底线思维”，严格履行“一岗双责”，认真落实“三个监管责任”，强化道路交通、煤矿、非煤矿山、危险化学品、烟花爆竹、消防、森林防火、建筑施工、特种设备、地质灾害等行业领域专项整治，杜绝重特大事故，有力实现了事故零发生率、零死亡率目标。深入开展校园以及人员密集的公共场所场所安全整治，切实保障人民群众生命财产安全；加大食品药品安全监督和执法力度，坚决维护人民群众生命健康安全。

【社会治安综合治理】 坚持打防并举，标本兼治，深入开展社会治安综合整治活动，实现了刑事发案稳中有降的目标。以“三级视频联动接访”为载体，着力化解一批信访历史遗留问题，努力控制和减少越级非正常上访。全年矛盾纠纷排查138件、成功调处126件，12件正在化解之中。发治安案件30件，办结30件；发刑事案件13件，破13件，有力震慑了犯罪分子。按照“四禁并举”的方针，将吸毒人员纳入重点人口管理。通过宣传教育，全镇无邪教组织。以三级视频接访为中心为窗口，以主动接访和入户访谈为突破口，构建和谐社会。接待群众来信来访66件次，其中，接待群众来访19件次，成功调处16件次，1件正在调处中。有力震慑了犯罪分子。通过自测、走访等方式，提高了人民群众安全感和满意度，2015年镇安全感和满意度测评名列全区第9名。

【社会保障】 农村低保工作顺利有序开展，初步建立了农村社会保障救助体系，确保人均纯收入低于2640元的贫困群众能享受国家“低保”，镇政府通过一系列教育和打击相结合的工作方式，有效杜绝优亲厚友、暗箱操作等不良行为发生。覆盖贫困人口6707人，发放农村低保金、城镇低保金、临时救助金、烈属、复退军人及优待金共计490余万元。一年来，没有因评定低保、实施危房改造等工作出现大的上访活动；城乡居民养老保险收缴工作征收有序推进，参保率已达80%。位列全区前10名。

【科教文卫】 继续巩固“普九”“两基”工作成果，小学适龄儿童入学率达到99.8%，初中适龄少年入学率达到96%，小学毕业生升入初中阶段的比例达到100%，小学六年巩固率达92%，义务教育完成率达到98.5%，小学在校学生年辍学率稳控在1%以内，初中在校学生年辍学率为1.20%。根据上级安排，实行营养餐改造计划，建立健全相关制度和台账，确保食品安全和营养餐资金安全有效运转，对校园周边环境进行整治。成立了领导小组，建立了学校警务室，并组织制订《学校安全应急预案》，抓好学校安全教育，落实各项措施。同时，新农合常住人口参合率达到99%以上，基本公共卫生服务项目健康档案建立率达到99%以上，电视普及率达到95%以上，实现了“村村通”，并逐步向“户户通”目标迈进，人民群众的教育、科技、文化、卫生意识得到了不断增强。

【招商引资】 结合镇的区位优势和资源优势，镇党委、政府积极内引外联，加大招商引资力度。一年来，毕节大曲万吨异地技改已投资建成，八寨镇鑫华砂厂已投资建成，大梨树煤矿已在本来度完成投资生产。同时，本镇还引进了罗志坚等成功人士投资建设八寨镇特色小城镇，发展华山、茅栗坪村、中厂等村规模农业。

（撰稿人：常　赟）

层台镇

【概述】 层台镇位于七星关区东北部，距区中心37公里，平均海拔1260米，年平均气温约15℃，雨量充沛，气候温和。居住有汉、彝、苗等民族，辖13个行政村140个村民组8281户34358人。全镇面积71.1平方公里，耕地面积26420亩。有上万亩天然草坡，有按国家标准建设的2万亩杉木林场，是七星关区乡镇第一大林场。煤、铁、硫黄储量丰富。层台镇所在地为明朝层台卫城旧址，当时的层台卫与毕节卫属同级政权机构，是一个政权中心和川盐入黔的重要中转站。历史上的层台，是一个卫治的政治、经济、文化中心，曾有过辉煌和美丽的历史。

【三农工作】 完成蔬菜种植1.3万亩、人工种草300亩；玉米综合样板1万亩，其中核心样板0.5万亩。完成新增劳务输出200人，劳务输出人数达到9800人，据不完全统计，寄回资金1亿元以上。落实干部教育工作，抓好教育培训，培训初中毕业生200余人，培训群众技能100人次。在加强外出务工人员技术培训的同时，提供相关信息和便利服务，让劳务输出有序化、规模化、合理化。

【产业结构调整】 2015年，拓建斯栗养猪场，养殖规模达到5000头；拓建裕农养鸡场，目前正在实施，养殖规模达到10万羽。玉龙水产养殖专业合作社已初步建成，养殖户自行筹资50万元，政府帮助融资50万元，预计年底完成建设。

【招商引资】 按照区委、区政府的安排，镇领导班子团结一心，以特色小城镇建设为契机，引资8000万元基本完成小城镇建设工作。同时，加快推进产业结构调整，引资发展冷水鱼养殖、食用玫瑰种植，水厂建设工作，累计各项引资共计1.5亿元。

【微型企业】 镇以微型企业发展为契机，积极发挥示范带动作用，切实带领群众脱贫致富。现全镇共有微型企业14家，其中支持水产养殖业发展4家，餐饮业发展2家，其他为种植及传统养殖。目前规模比较可观的是玉龙养鸡场、斯栗养殖专业合作社、玉龙水产养殖等，其中玉龙养鸡场总投资400余万元，每天能产蛋6000枚左右。

【社会事业】 小学适龄儿童入学率达99.95%，初中适龄少年入学率达107.6%以上。加强校园周边环境治理，确保校园周边200米内无“两吧三厅”。抓好学校安全隐患排查，确保师生无安全事故发生；人口和计划生育工作有序推进，符合政策生育率达95%。抓好奖励扶持政策的落实，认真做好微型企业的申报工作。认真开展干部驻村工作，推进优质的基层服务。利用一核多元加强基层组织建设，做好新农合筹资、新型城乡居民社会养老保险工作。加强民政资金管理，解决弱势群体的基本生活问题，为孤老五保户、困难户排忧解难。抓好信访、维稳、综治、禁毒工作，未发生影响稳定的重大事件，全镇社会政治大局稳定，治安状况良好，人民群众安居乐业。2015年共发放低保金252万元，城乡居民社会养老保险金200余万元，重点优抚对象生活补助资金18万元，农村医疗救助金26万元，孤儿生活补助2.4万元；发放季节性缺粮18180斤。上级所有惠农资金全部发放到位，没有出现一例拖欠、克扣、截留现象。

【党的建设】 2015年，在区委、区政府的坚强领导下，层台镇党委政府按照“基础设施建设为先导，产业结构调整为核心，农民持续增收为根本，党的建设为保障”的发展思路，把“建设发展型党组织、深化基层组织建设、推动层台经济跨越发展”作为奋斗目标，以“五好”基层组织建设为核心，深入推进党的群众路线教育实践活动，切实把党建示范点建设放在“推动科学发展、促进社会和谐、服务人民群众、加强基层组织”的新要求上去谋划。一是抓好党员发展工作，2015年共有14名预备党员转正，发展预备党员17名，接受了32名党员的组织关系，转出了15名党员的组织关系，培养入党积极分子10名，截至目前，全镇共有党员583名。二是认真开展“党的群众路线教育”活动，加强党员教育管理，不断提高全镇党员、干部文化理论水平。三是认真抓好第二轮村级活动场所建设工作，共投入资金10万余元完成13个村的村级办公场所的改造。四是以落实“双考双评双挂钩”动态跟踪管理机制建设为抓手，认真开展好执行力建设工作。党的建设不断加强的同时，层台镇经济社会发展也取得好成绩，2013年度获全区综合二等奖。

【精准扶贫】 全镇现有精准扶贫对象共涉13个村1634户4987人，其中五保户40户43人，低保户474户829人，低保贫困户

507户1866人，一般贫困户613户2249人。镇党委政府紧紧围绕“看真贫、扶真贫、真扶贫”和“六个到村到户”、总要求，通过贫困村、贫困户建档立卡、致贫原因分析制定帮扶计划。一是反复审核，精准识别。按照区精准扶贫工作要求，镇认真对各村扶贫对象进行了精准识别。二是产业带动，推动脱贫。结合贫困户情况，鼓励符合条件的贫困户参加一市五金多套餐，结合产业基础，鼓励发展合作社，按照种养结合的方式，辐射带动扶贫对象发展产业。

【通村水泥路建设】 完成了层台至冷水河、层台至红岩、幸福至燕子口庆祝的通村公路修建工程。共计29.6公里，确保道路畅通，保证了群众生产生活正常运行，我镇通村水泥路建设基本结束。

【小城镇建设】 积极争取区委、区政府支持，配合规划部门做好层台古镇总体规划，以古镇规划为中心，辐射拉动小城镇建设。2015年，10万平方米的小城镇建设规模已初步形成。细数起来，在新区建设中，一是完成了道路总长3000米的层台新大街，其中主干道800米，副街、人行街及次干道二、三、四号路等共5条2200米，和原有的道路相匹配，使集镇新增了“三纵三横”街道路网，集镇区域面积在2014年原有基础上扩大近1倍。二是在小城镇规划区建成了3000平方米的农贸市场，400米长河道改造，主干道的路基、路面水稳层、路灯、两旁行道树等基础设施已完成。三是3000平方米的文化广场，4000平方米的客运站正在建设中。四是农村商业银行正在建设中。

（撰写人：贯成学）

小吉场镇

【概述】 小吉场镇位于七星关区东北部，距离城区38公里，地处北纬27° 24′ 7″至27° 35′ 15″之间，东经105° 26′ 22″至105° 35′ 11″之间，与本区阿市乡、海子街镇、层台镇和清水铺镇相邻，与大方县八堡乡、兴隆乡比邻，与金海湖新区小坝镇相接。全镇辖26个行政村213个村民组，居住着汉、苗、彝、白等十几个民族，人口1.6万多户7.2万余人。全镇国土面积有121.3平方公里，有林地9.2万亩、耕地3.35万亩。其中，土地2.25万亩、水田1.1万亩。森林覆盖率达52%，生态良好。境内河流纵横，土壤肥沃，气候温凉湿润、雨量充沛，是七星关区主要的产粮区，其中稻谷常年种植面积达万亩以上，素有“毕节谷米之乡”之称，常年外出务工人员2万多人，属于典型的农业和劳务输出大镇。

【基础设施建设】 完成11个项目51.4公里通村水泥路建设，9个项目10.918公里的“一事一议”通组路建设，基本实现各村互联互通，循环快捷的公路交通网络基本形成。争取资金300万元投入，启动德胜村周家寨至海龙路永桥段专项公路建设，形成连接吉八公路和海龙路的快捷通道，彻底解决集镇老街公路拥堵问题。完成永兴河永丰段1380米河道治理，建成永兴提灌站建设工程和吉坪村大梨树山塘治理工程，共解决800余亩水田灌溉难问题；完成永丰小学、吉场小学等9个教学点和南山村、永桥村、永丰村和高兴村安全饮水工程，解决5831人饮水难问题；启动投资460万元资金加快城镇供水工程，集中解决集镇区2万余人饮水安全问题。按照“小而精、小而美、小而富、小而特”的要求，新区老区齐头并进，积极推进示范特色小城镇建设。自筹资金350余万元完成长1.24公里的集镇老街改造，投资130余万元建成7个文化广场，建成集镇灯光球场，完成投资138万元的政府附属设施建设，30套公租房基本完工，集镇污水处理厂管网和厂区建设快速推进。按照“四在农家·美丽乡村”要求，紧紧围绕“富学乐美”目标，启动9个示范村建设，共整合投入资金300余万元投入，实施民居改造400余户，建成山体公园一个，示范点建设取得阶段性成果；大力推进农村环境卫生综合整治，镇村面貌明显变化。

【农业产业】 以板块经济建设为抓手，多方培育现代实施主体，不断创新工作机制，农业产业结构调整逐步优化，建设示范基地5个，完成刺梨种植2658亩，核桃种植1100亩，板栗1500余亩，生姜种植300亩，羊肚菌300亩。大力发展中药材种植，种植皂角、金银花、瓜蒌、续断等近千亩，启动高兴村、龙岭村规模以上现代养殖场两个，新增生猪存栏3000余头，牛500余头。

【精准扶贫】 按照“六个精准”和“五个一批”的要求，完成建档立卡3220户6948人，实现所有贫困户遍访和结对帮扶。以“一市五金多套餐”为抓手，建立“套餐+X”精准脱贫工作机制，精心选准精准扶贫套餐小额贴息贷款农户1967户，上报贷款申请农户426户，审核放贷193户，发放贴息贷款442.2万元，贴息90.7万元，落实饲养能繁母牛113户、蛋鸭4户、蛋鸡14户、土鸡13户、黑山羊3户，种植羊肚菌5户，实现778户1773人脱贫和1个一类贫困村出列的年度脱贫目标。在市组织的精准脱贫专项督查中，镇落实脱贫措施效果评价名列全市乡镇第三名。

【三关爱】 认真开展留守儿童、空巢老人、困境儿童排查，完成留守儿童4624人、重度残疾人236名、空巢老人1571人、困境儿童86人的建档立卡，建立“三关爱”结对帮扶台账、帮扶工作制度和落实包保责任制。劝返留守儿童父母481人，落实35名临时监护人，培训了800多名监护人，签订了“三方监护协议”。建成镇村留守儿童关爱中心和留守儿童之家；落实了532名空巢老人享受低保，198名五保户分散供养，30名五保户进行集中供养。

【社事民生】 学校公租房建设和学生宿舍建设项目顺利推进，新建镇中心幼儿园投入使用，投入资金52万余元实施班班通工程24个，整合资金20余万元投入，解决永桥小学等道路硬化问题；完成村卫生室新建改扩建任务，完成养老保险和新农合参保金收缴任务。完成年度低保核查，2901户3788人纳入保障，发放城乡低保金1300余万元。新增镇村文化广场7个，成功举办第一届全民健身运动员，参加人员达900余人，各项社会事业得到有力推进。

【政法综治】 以推进“四大行动”为载体，全力推进和谐社会创建各项工作，确保社会稳定大局。抓好矛盾纠纷排查化解。不断创新社会管理，健全完善信访三级联动接访机制，排查化解各种矛盾纠纷285起，化解信访疑难案件6起，成功化解吉坪村抬尸闹事等群体性事件，完成各种重要会议和重点时段维稳工作，有力地维护了全镇维定大局。成立了依法治镇工作领导小组，制订实施方案，与各村、各单位签订责任状。结合重大政策法规出台，利用党委中心组、干部职工大会、党员活动日、送教下乡，通过发放资料、开展讲座、上门走访等形式深入开展各类法制宣传活动，着力提高群众法治意识，增强法治观念。加大社会治安综合治理力度，党政主要领导亲自带头上街巡逻守护，严厉打击涉毒、盗窃等违法犯罪，全年打击贩卖毒品人员133人，吸毒人员280人，群众社会治安满意度测评上升到91.2%，比去年上升6个百分点。

【安全生产】 始终把安全作为经济社会发展不可逾越的底线和原则，落实“党政同责、一岗双责”，层层签订责任书，实施“六打六治”和系列安全生产专项整治，加大对农用车载人、非法营运等问题的整治力度，落实对9个地灾点的巡查守护，实现安全生产双降目标。

【政治思想建设】 充分运用小广播、小喇叭、道德讲堂、“农民讲师”、同步小康驻村工作组广泛宣传社会主义核心价值观、党的路线方针政策、习近平总书记考察贵州重要讲话精神和省委、市委、区委重大决策部署，弘扬村头正能量，积极开展“十星级文明户”创建工作，深入推进“明礼知耻·崇德向善”主题实践活动和农村文明卫生“百千万工程”，不断提升农村群众文明素质。

【党建工作】 把党建工作作为推进全镇各项工作的第一保障，狠抓主体责任落实，全面推进惩防腐败体系建设，建设服务型发展型党组织，努力营造风清气正的干事创业环境。一是强化层级责任。坚持党委统一领导，党的各级组织抓落实，层层签订党建工作目标责任书，党委书记负总责亲自抓，分管领导具体抓，谁分管谁负责、谁包村谁负责，真正把党风廉政建设工作责任落实到实处，形成一级抓一级，横到边、纵到底的党建工作格局。

二是抓牢班子“龙头”。通过党政班子带头，以上率下，增强各级党组织凝聚力和战斗力。规范党政班子运行机制，完善党委委员会议议事制度，建立每周党政联席办公例会制度，班子成员定期晒成绩单，出任务单，通报工作，沟通情况，确保党委决策及时落实。严格贯彻民主集中制，尤其对重大事项、重大项目、大额资金拨付及人事任免等工作，始终坚持透明、公开决策，坚决杜绝一言堂，提高决策科学化水平。按照要求组织“三严三实”主题民主生活会，认真开展与班子成员谈话谈心制度和班子成员之间的批评与自我批评，增强班子成员间的沟通交流，共谈话交心30余次，梳理各种意见建议50余条。三是注重廉洁自律。强化红线意识，狠抓中央八项规定、省委十项规定和市委、区委有关规定的落实不放松，坚决贯彻不直接管项目、财务、人事的要求；坚决支持纪检部门落实“三转”，突出了对重点人、重点事和重点环节的监督管理，落实“三重一大”备案制度，大力抓好各级党务公开工作，推进村级“三述一评”全覆盖，严厉查处党员违纪违法行为，对5名镇村干部落实了党政纪处分。四是狠抓作风转变。以践行“三严三实”为主线，着力整治为官不为。严格执行干部驻村制度，确保工作重心向村一线下移，并实行干部作风分管领导和包村领导连带问责制度，建立经常性的动态督查和干部作风问责机制，着力整治镇村干部“慵懒散慢”的现象。镇村干部因违反考勤纪律和工作纪律等被通报10余人，包村领导因管理不到位被问责3人。突出问题导向，针对工作中不严不实问题认真梳理，着重开展以水利、公路、教育、卫生等领域为重点的民生项目建设、管理、使用情况大排查，建立台账整改，共梳理群众反映突出民生事项52个，解决了联丰村饮水安全工程因水源协调停建、大吉村陶家湾组安全饮水工程因管护纠纷长期不能正常使用、河尾村坡上组苗族村寨因与周边群众矛盾纠纷不通公路等问题，针对群众长期反映强烈的集镇供水稳定性差、水质差问题，积极争取，启动了投资460万元的集镇补水工程。五是着力固本强基。投入40余万元完善了26个村级活动阵地建设，配备了电脑、打印机、沙发、办公桌椅、文件柜等，建立了村级食堂，在镇经费紧张的情况下，落实片区党组织工作经费、村级食堂补助经费等，对村干部到镇比照区级出差标准补贴车费，落实村民组长补贴，争取经费20余万元协调解决了龙岭村公所、双林村公所等村级组织阵地的历史遗留问题，落实村级运行维护专项经费52万元，村级组织服务功能不断完善，能力得到增强。六是完善制度体系。制定出台了《七星关区小吉场镇干部职工管理制度》《关于对镇村干部职工实行百分制管理的考核意见》《小吉场镇镇村干部业务培训和考试办法》《七星关区小吉场镇包村工作管理办法》等工作制度，形成干部作风建设长效机制。

2015年，小吉场镇领导班子的工作得到了上级领导和有关部门的充分肯定，相继在小吉场镇召开了精准扶贫、板块经济、美丽乡村建设、特色城镇建设等现场会，一事一议、危房改造、通村公路、美丽乡村、精准扶贫、信访工作、政法工作、安全生产等工作在市区工作检查评比中名列前茅，一大批群众长期关心关注的热点难点问题得到解决，群众的获得感和满意度得到提升，一些工作经验得到市区媒体的关注和推广。通过办好职工食堂和职工活动中心，实施政府配套设施建设，建成职工健身广场；强化对工作的过程管理，严格奖惩机制，在干部职工中凝聚力不断增强，心和气顺、风清气正的干事创业环境进一步形成。

（撰稿人：康圣鸿）

阿市苗族彝族乡

【概述】 阿市苗族彝族乡是七星关区的六个少数民族乡之一，位于七星关区东北部，地跨北纬27° 34′ —27° 36′ 、东经105° 35′ —105° 40′ 之间。乡政府所在地距七星关区城区69千米。东北与普宜镇接壤，东南与大方县长石、兴隆等镇乡相邻，西南与小吉场相连，西北与清水铺镇隔河相望。总面积101.7平方千米，有耕地24313亩，其中水田2500亩。辖13个村162个村民组。居住着汉、苗、彝、白、布依等民族。2014年固定资产投资完成8000万元，财政总收入完成36万元，农民人均纯收入达5089元。

【农业产业】 充分利用地理、资源等优势，推进农业现代化，优化产业结构，合理规划产业布局，大力发展生态畜牧业、中药材、烤烟等特色农业。按照“依法、自愿、有偿”的原则，引导、规范农村土地经营权有序流转，培养农民专业合作社，建立健全农村土地流转服务体系，组建了以庆友、开泰为龙头的专业合作社8个，种植中药材达10000余亩，上级已投入项目资金1510万余元，完成农业投入400万余元。

【小城镇建设】 引进四川泸州泰昌建筑有限责任公司投资4500万元建设“民兴花园”大街，已完成投资4600万元。工程完工后，预计三年可增加城镇人口4000人，提高城镇化率15%以上。同时，乡集镇常住人口增加500人，全面落实门前“三包”，实行单位责任制，落实情况达95%以上，实行划行规市，全天保洁。

【基础设施建设】 完成通村水泥路建设里程29.3公里，完成“一事一议”通组路里程3公里，财政投入资金1533万元；完成中寨河堤治理，投入资金540万元；改善政府大楼办公环境，投入资金80万元；维修柳湾村、安然村、雄垮村、木拉村、丫口田村、团胜村办公楼，新建尖山村、湾子村办公楼，改善了村委会办公环境，投入资金4万元；新建丫口田村、团胜村、草坪村、雄垮村、头庄村、阿市村文体广场，投入资金24万元；完成深圳集团帮扶项目团胜村田坝组立面改造及团胜村养殖场主干道硬化，投入资金180万元。

【农村环境整治】 通村水泥路、通组路、“两个硬化”工程的实施，田坝组立面改造，安装团胜村、麻窝村、阿市村中心村寨太阳能路灯，加强农村环境综合治理的宣传、引导、监管，垃圾清理，改变群众陈旧的陋习，过去村寨脏、乱、差的环境得到有效改善，引导控制群众房屋建设，大力打击非法建筑，农村整体环境呈现新面貌。

【民生保障】 进一步完善城乡一体化社会救助体系、基层公共服务体系、社会福利服务体系。婚姻登记满意率达100%，低保核查面达100%，及时拨付低保资金，有效解决了弱势群体的生产生活问题。城乡居民医疗保险参保18440人，参合率达70%，城乡居民社会养老保险参保9482人，参保率达77.7%。坚持联户养羊、产业化扶贫，通过采取“321”帮扶措施，共完成191户753人减贫任务。全面完成306户农村危房改造工作任务，满足贫困家庭住房需求，努力营造文明和谐的社会环境。

【社会事业】 扎实推进人口和计划生育工作，按照“依法管理，村民自治，优质服务，政策推动，综合治理”的工作思路，强化“村为主”管理和“村民自治”，狠抓“四术”落实，共完成260例，常住人口符合政策生育率达95.5%，完成社会抚养费36余万元。教育工作稳步推进，小学适龄儿童入学率达99%以上，初中适龄少年净入学率达95%以上，义务教育巩固率小学达98%以上、初中达97%以上；完成区分配的普通高中90人，职业高中66人招生任务。夯实医疗卫生基础，村卫生室基本投入使用，孕产妇系统管理率80%以上，3岁以下儿童系统管理率高于上年平均水平，“五苗”接种率达95%以上，麻疹等8个重点传染病发病率为零，组织实施基本药物制度，实行零差率销售，全年未发生饮水安全、食品安全事件和食物中毒事件；认真做好地氟病后期管理工作，全面完成区下达的公共卫生任务。

【信访维稳及安全生产】 制定社会治安综合治理各项措施，建立健全相关工作机制，认真落实三级视频联访制度，认真化解和排查辖区内不稳定因素，信访接待大厅正常有序开展接访工作。制定领导干部驻村下访包案制度，共解决群众纠纷案件18件，无1例积案。认真落实安全生产包保工作，加大对非煤矿山、煤矿、非法小煤窑、道路交通安全等的监管力度，积极协助和配合交通部门开展打击非法营运工作，规范道路运输市场、加强道路安全生产监管，发生安全生产事故和越级非正常上访问题零例。

【行政效能】 强化理论武装，加强领导班子和干部队伍思想政治建设与纪律作风建设，提高干部的政治理论素养，增强了干部的政治敏锐性和政治鉴别力。强化科学发展观念，把提高领导科学发展的能力摆在领导班子和干部队伍建设的突出位置，建成了自觉坚持科学发展、善于领导科学发展的坚强领导集体。强化民主执政意识，深刻认识贯彻执行民主集中制的重要意义，把民主集中制建设摆上领导班子建设的突出位置，建立健全了民主集中制的各项制度。强化纪律作风建设。

【三严三实教育实践活动】 以党政领导班子带头践行“严以修身、严以用权、严以律己、谋事要实、创业要实、做人要实”的“三严三实”要求；通过开展“三严三实”教育实践活动，使大家清醒地认识到党中央开展“三严三实”活动的重要意义，进一步营造风清气正、干事创业的良好氛围，抢抓机遇、改革创新、奋力拼搏，把阿市乡建设成富有特色的乡镇。

（撰稿人：办公室）

普宜镇

【概述】 普宜镇位于北纬27°35′～27°37′、东经105°38′～105°41′之间。地处七星关区东北部，东与大屯乡接壤，南与大方县长石镇毗邻，西与阿市乡、清水铺镇相连，北与四川省叙永、古蔺两县隔河相望，处于两省三县结合部。人民政府驻宜兴社区，距离七星关区人民政府80千米，全镇总面积84.5平方千米。辖宜兴社区1个居民委员会，老街、新街、箐脚、摆盖、乐都、龙家、冷水、道角、木窝、双河10个村民委员会，下设7个居民小组、158个村民小组。总人口31867人，其中有苗、彝、仡佬、白等少数民族7094人。城镇常住人口9850人，城镇化率31%。地势南高北低，属典型的卡斯特地形地貌，最高点新街村半坡组申家坪子，海拔为1736.6米，最低点双河村六一组凉窝托，海拔为540米。属亚热带湿润季风气候，生长期年平均235天，无霜期年平均255天，年平均降水量892毫米。境内矿产资源煤炭储量丰富，有野猪、野山羊、猴子等多种野生动物，森林覆盖率达46%以上。

【党建工作】 进一步深化基层服务体系建设工作，充分发挥“一核多元”作用，建立健全镇村两级便民服务中心，对村（社区）办公场所进行了美化、亮化，配置了必备的办公物品，落实最严格的值班制度和公章管理使用制度；村级组织“激励行动”创建规范、示范、典范村工作稳步推进，力争2016年全镇10个村达到规范村、宜兴社区达到示范村建设标准。加强对村干部、驻村干部、第一书记的管理，实行预约服务、巡回服务等高效便捷服务。加强对流动党员的管理，高标准，严要求规范党员发展，全年共培养入党积极份子61人，发展党员15名；做好远程教育设备维护管理工作，坚持每月集中学习2次以上；深入开展“三严三实”专题教育活动，召开相关会议、完成相关资料。

【人大工作】 普宜镇人大严格坚持党的领导原则，从巩固党的执政地位的高度，自觉地接受党的领导，按照党的主张和人民的意志开展工作，建立健全并认真执行向镇党委的请示报告制度，牢牢把握人大工作的方向。

【主要经济指标】 全年农民可支配收入增幅达18%；全年完成固定资产投资1.93亿元；全年完成招商引资2.59亿元；新增民营经济实体15户。

【农村危改及“四在农家·美丽乡村”】 按要求全面完成农村危改111户、小康房9户建设工作，顺利通过上级相关部门验收；完成普宜至清水、坪子至木窝、石碓窝至垭口、梅寨至太平支线1等4条共计27.3公里通村公路建设，至此，普宜镇实现了村村通水泥路的目标；积极配合水利部门做好乐都、木窝、大湾3个学校饮水安全工程建设项目，已于9月正常投入使用。龙家村“四在农家·美丽乡村”示范点建设工作已初步成型，重点对龙家村蒋家湾组进行打造，现幼儿园、老年活动中心建设已接近尾声；民居改造工作正全力进行中；完成新街村“一事一议”800米排污沟建设项目；新建3100平方米广场一个；安装路灯20盏；新建15平方米公厕一个；完成120米花池建设；新建32平方米休闲亭两个。

【基础设施建设】 2015年，新建的宜兴社区和新街村办公楼、富民广场、宜兴体育场已竣工并投入使用；由小城镇建设拉动的恒隆购物广场、建材市场、七星塑业制品厂、普怡山泉水厂等一系列企业建成投产；兴普路、富民路、小康路、迎宾路路网已基本形成；民贸小区、普宜客运站已建设完毕，2015年春运以前可以投入使用；迎宾休闲公园、返乡农民工创业园、医院、学校建设工程正在进行可研编制。小城镇建设得到提质扩容，第三产业得到全面发展，促进了就业、搞好了服务、发展了经济、提升了品位，集镇服务功能不断完善，小城镇整体形象不断升级。

【农业及扶贫工作】 完成粮增工程17200亩，蔬菜22000亩，龙家村和双河村合计种植经果林5000亩，摆盖村和木窝村种植牧草共150亩。农业板块经济规划了样板点：一是脱毒马铃薯一级种薯种植。摆盖村300亩、木窝村50亩、道角村50亩、乐都村100亩、箐脚村50亩、冷水村50亩；二是辣椒种植。新街村300亩、双河村50亩、龙家村100亩。三是老街村已完成中药材百合种植120亩。购买微耕机8台，提前做好土地翻犁等准备工作。畜牧板块工作：新增猪15000头、羊500多头、牛1900头。精准扶贫“一市五金多套餐”共办理扶贫贷款240户，发放信贷资金552.8万元。实施了219户养牛、17户养鸡、3户养羊、1户大棚设施蔬菜种植，精准制定1390人的脱贫措施；全面落实箐脚村100万元壮大村级集体经济养牛项目及30万元猕猴桃种植项目。

【社会事业发展】 一是教育工作，小学适龄儿童入学率99%，初中适龄人口入学率98.6%，小升初升学率99.5%，九年义务教育覆盖率达97.5%。完成普通高中和职业高中招生任务，做好中小学义务教育阶段营养改善计划。二是人口计生工作，顺利通过2015年度省计生年终检查；完成“四术”285例以及其他各项工作目标；完成孕前优生健康检查100对；完成社抚费征收30余万元；完成妇检3500余人次；发放92户独生二女户和98户独生子女户奖励扶助金；打造箐脚村、新街村人口文化大院；组织开展青春期知识进校园活动2次。三是社保工作，我镇养老保险全年缴费目标任务985805元，现已征收829900元，综合参保率为86%，续保率为85%，缴费目标完成率为86%，全区排名第九。四是医疗卫生工作，2015年参合金总任务为22860人，现参合人数为21745人，参合率达95.12%。五是征兵工作，完成征兵上站体检人数26人，最后合格9人，超额完成任务2人。六是畜牧兽医工作，完成动物检疫注射五号病和禽流感疫苗100%，确保全年无大面积动物传染病发生。

【创新社会管理】 坚持领导干部接访制度并开启视频系统，加强矛盾纠纷排查和信访积案化解；充分发挥“七个在一线”作用，对群众动之以情，晓之以理，明之以法，将各类矛盾纠纷化解在基层，消除在萌芽状态。全年镇无新增群访、进省、进京上访事件发生，共化解大型积案8件、一般信访案件30余件，治安案件受理43起，调解处理43起，调解率100%；现场调解纠纷69起，调解成功59起，调解率100%；全年无民转刑命案发生，治安状况明显好转，实现了全镇社会稳定，整治稳定。实现了“平安普宜”建设的目标。

完成“六零六好”社会治理创新工作，总结推广“新时期群众工作的十种方法”，即：加强学习，与时俱进；深化认识，心系群众；以身作则，树立榜样；放低姿态，平等交流；好事办好，实事办实；小事入手，取信于民；贴近群众，问计于民；言而有信，兑现承诺；群众参与，公开透明；清正廉洁，公平正义。狠抓安全生产工作，全年无安全生产事故发生；打击非法营运工作成效显著，坚持每月开展集中打击2次。严格落实应急值守，明确信息联络员，突发事件信息上报及时、准确。依法行政，无违法行政行为发生。组建了一支30人的镇应急分队，主要负责夜间治安巡逻，打击“两抢一盗”，处理各类突发事件，增强了群众的安全感和幸福感。

【民政工作】 2015年，全镇农村低保评审工作采取以村民组为单位召开群众会，每户农户派代表参加评议，做到了公平、公正、公开，共评出低保户2288户3329人。共发放低保金508余万元，临时救助金12.95万元，医疗救助资金34.616万元，优抚对象补助50余万元，其他补助资金15.41万元，上报农户房屋因灾恢复重建5户，政府筹资6万元为3户“五保户”新建住房。发放低保性季节性缺粮87060斤。积极做好困境儿童的关爱工作，发放7—10月份困境儿童基本生活补助14800元，并针对生活有特殊困难的家庭，积极帮助申请临时救助。

（撰稿人：赵　鹏）

大屯彝族乡

【概述】 大屯彝族乡是一个边远、贫穷的少数民族乡。但这里有丰富的少数民族文化旅游资源，境内有国家级重点文物保护单位大屯土司庄园，有全省二十个少数民族保护与建设村寨之一的三官寨，有远近闻名的大河口椪柑及大河口旅游风光，有山峦叠翠、幽谷含青的溜儿河峡谷风光，有松涛阵阵，碧草如茵的木杉林场——大屯土司庄园主余达父先生长眠于此。在区委、区政府强有力的领导下，在省、市、区各部门的关心支持下，乡领导班子认真贯彻落实中共十八届三中、四中、五中全会、省委十一届五次、六次全会及市委一届六次、七次全会的精神，以邓小平理论、“三个代表”重要思想和科学发展观为指导，深入贯彻落实科学发展观，认真学习习近平总书记系列讲话精神，按照试验区“两年明显变化，五年大见成效，十年实现跨越”的宏伟目标，团结和带领全乡各族人民，抢抓机遇，开拓创新，奋力拼搏，以“农业稳乡、文化活乡、旅游兴乡、基础强乡、产业富乡、生态美乡”为根本出发点和落脚点，带领全乡干部群众真抓实干，扎实推进各项工作，促进全乡社会稳定，经济发展，并取得了明显的进步，全面完成了区委、区政府下达的各项年度目标任务。

【基础设施建设】 紧紧围绕“保增长、保民生、保稳定”的目标，认真抓好基础设施建设，力争实现基础强乡战略。2015年全乡完成涉及三官村4.4公里一事一议通组路硬化；雅木村、大屯村、青山村等三条通村水泥路11.9公里安保工程，启动青山4公里断头路硬化工程。对辖区内的公路积极投入资金进行养护，全乡好路率90%以上；扎实抓好农田水利建设工作，涉及烙烘村、大屯村、长中村三个村的集镇安全饮水工程主体工程已全面完工；扎实抓好防汛抗旱工作，落实好工作人员，制定相关工作制度，全乡的防汛抗旱工作正常开展。

【美丽乡村建设】 按照“四在农家·美丽乡村”的建设系列规划，以突出彝族特色文化、土司文化作为方向，坚持高起点规划、高标准建设，不断完善配套设施，加强对三官寨美丽乡村建设，努力提高了我乡美丽乡村的品位。2015年度，完成三官村办公楼建设，完成三官村农民健身广场、老年活动中心农资超市工程启动工作，完成三官村53户彝族特色民居里面改造工作，大大提升了三官彝族特色村寨的整体形象。

【多彩贵州文明行动】 以“多彩贵州文明行动”、打造“靓丽大屯”为抓手，将“整脏治乱”与“三创一建”“百千万文明卫生乡镇创建”“新农村建设”“四在农家·美丽乡村建设”农村思想政治教育等工作有机结合，扎实抓好“整脏治乱”及“三创一建”“百千万文明卫生乡镇创建”工作。一是加大宣传力度，采取小手拉大手、张贴宣传标语、召开群众会等形式，加强对“整脏治乱”工作的宣传；二是加大投入力度，全年我乡共投入“整脏治乱”经费12万余元，购买垃圾设施12个，维修垃圾中转点5个，协调解决垃圾箱10个，努力打造适宜环境；三是与乡直各单位、各村签订了目标责任书，纳入“双考双评双挂钩”进行考核；四是加大责任追究制度，对不按“整脏治乱”工作责任书要求，不认真抓好“整脏治乱”工作的单位和个人，严格实行责任追究；五是加大对“五脏”“五乱”的整治力度，确保建筑工地、交通秩序、饮食摊点、校园周边环境、大纳路沿线、海龙路沿线两侧的住户、土司庄园和三官寨庆典场等重点区域不留卫生死角，努力营造全乡“净、畅、宁、和”的人居环境，提高群众满意度。

【农业产业】 始终把农业增效、农民增收作为三农工作的出发点和落脚点，积极调整产业结构，大力发展特色产业，大力抓好种养殖，努力实现农业稳乡、产业富乡。2015年，新建了一个规模养殖场即“牧兴养殖场”，现牛存栏50余头；新增了一个农业专业合作社即“大河口柑橘合作社”，认真开展了春秋两季防疫工作和乡农业产业结构调整工作。在三官村、青山村新增种植刺梨2122亩，在雅木村种植猕猴桃56亩，新增精品水果1210亩，完成粮食总产量3980吨，玉米增产工程11000亩及蔬菜种植0.6万亩任务。全乡林权改革工作已全面完成，无林权纠纷。严厉打击破坏森林资源的违法行为，由于党委、政府高度重视，宣传到位，管理到位，全乡未发生森林火灾事故。

【扶贫开发】 深入推进扶贫开发工作，在区直部门的集团帮扶下，继续采取开发式扶贫、救助式扶贫，着力抓好整村推进，劳动力转移培训、产业化扶贫三个重点，帮助贫困群众改善基本生产生活条件，拓宽增收门路，推动经济发展与人口、资源、环境相协调。2015年大屯乡紧紧围绕促进农业增效、农村发展、农民增收目标，认真按照“六个到村到户”要求和省、市、区委关于开展精准扶贫工作的相关要求，认真抓好调查研究，召开好群众会，围绕群众需求，制定了全乡发展规划，对全乡的贫困人口实行了精细化管理。全乡精准扶贫建档立卡已全部完成，全年净减少贫困人口1040人，引导精准扶贫户积极实施“一市五金多套餐”项目，完成200户农户贴息贷款，落实项目191个，分别在大河、青山成功建成互助组养鸡场。

【科教文卫】 一是教育工作。全乡完成学前招生任务223人，完成学前招生386人，完成中职招生169人，学校周边治安秩序良好，学校安全事故及维稳应急处置及时有效，无群众越级上访，完成学生宿舍、教师公租房等学校教育工程正常实施，大屯中学改扩建工程已完成。二是卫生工作。完成大河、青山等四个村的村卫生室维修改造工程建设，乡卫生院及计生服务站整合为卫计服务中心，各项卫生事业工作正常开展，群众看病难、看病贵的问题得到了一定遏制；抓好疾病预防控制工作，“五苗”接种率达94%；认真抓好食品药品监督工作，2015年以来，全乡境内未发生一起食物、药物中毒事件；抓好孕产妇住院分娩工作，住院分娩率达95%；积极组织实施基本药物并实行零差率销售，未发生乱收费现象。三是文化体育广播电视及旅游工作。加大对旅游资源的宣传，积极挖掘、整理大屯乡丰富的彝族文化，成功参加全区农村文艺大展演，乡参演的毕节市第七届“民族原生态乐器演奏”荣获全市七等奖。乡党委政府积极投入资金5万余元对三官村小学的学生校服按彝族特色进行制作，并由乡财政聘请彝族教师，开设好彝文课和彝族舞蹈课，乡财政支持5万元成立大屯土司文化艺术团，对全乡彝族文化、土司文化进行挖掘整理和传承、保护等；成功承办了“中国彝风·魅力毕节”中国摄影家大赛赴土司庄园和三官彝族村寨摄影采风活动，积极协助申报藏、羌、彝文化走廊申报的相关工作。

【人口计生】 一是采取“七个环节”（村民组长、包组乡干、计生特岗、包村领导、计生办、站内业务人员、督查考核组），强化乡村干部包村管户。二是严格实行“三按月”管理，每月对乡村干部进行量化绩效考核，严肃考核纪律。三是明确了各村支书、主任、人口计生主任、计生特岗和育龄自管小组长在计划生育工作的职责。四是加强政策开道，积极宣传新的人口与计划生育政策。五是采取集中突击与经常性工作相结合，动员在家的、追踪外出的落实计生手术。六是积极落实计划生育“双诚信双承诺”及计生精细化管理。通过努力，2015年全乡出生人口165人，人口出生率8.24‰，人口自然增长率4.77‰，完成避孕节育手术197例，占年任务的98.5%，完成社抚费征收25.5万元，占年目标任务的283.33%。

【民政工作】 一是民政工作正常开展，全面准确掌握城乡低保对象中“分类施保”；建立健全农村低保和城市低保台账，各项民政资金按时发放到群众手中；婚姻登记、基层政权建设、灾情上报、医疗救助、村务公开、敬老院管理等各项工作正常开展。二是社会性保障工作得到加强，2015年实现新增就业人员登记29人，60岁以上养老金及时发放，三是健全关爱服务留守儿童、空巢老人、残疾人“三关爱”工作制度，对全乡三类重点人员进行摸底排查、统计建档立卡和实行“一对一”结对帮扶，督促相关赡养人、抚养人落实监护责任，对无监护人的落实干部包保代理监护，让特殊人群切实感受到社会主义大家庭的温暖。

2015年，全乡共发放农村低保金3029718.00元，发放城市低保金282032.00元，五保供养金329150.00元（含已入住老年公寓对象），2015年共开展医疗救助31人，发放救助金217020.00元，发放老龄补助金42600.00元（90周岁以上的老年人，含百岁老人补助），共发放农村退役士兵及参战人员补助448660.00元。各项惠农资金按时全部发放到群众手中，民生工作得到着力改善。2015年共发放60岁以上城乡居民社会养老保险金2469719.41元。

【政务服务】 2015年度，全面启动大屯乡政务服务工作，通过对工作人员服务理念的提升，服务意识的提高，大屯乡为民服务的工作跃上了新台阶。一是建立健全首问责任制、服务承诺制、领导带班制等制度；二是将该进驻便民服务中心的单位全部做到授权到位，工作人员全部实行挂牌上岗，制作了大屯彝族乡便民利民服务手册，方便群众办事，三是按时报送报表。

【政法、综治和信访维稳】 一是加强矛盾纠纷集中排查及信访积案化解工作，2015年，成功化解了长中村光明组因通组公路建设导致群体上访的事件，维护了社会的和谐稳定。二是妥善处理人民矛盾，认真做好涉及民生及邻里纠纷调解工作，2015年排查出矛盾纠纷121件，通过乡、村、组积极调解，成功调解群众纠纷87件。三是认真抓好禁毒工作，乡村干部深入田间地块扎实排查，四是认真抓好反邪教工作，五是依法打击各种犯罪活动，加强群防群治工作力度，层层责任明确。

【安全生产】 一是大力开展道路交通百日整治工作及时调整充实交通协管中队，由派出所、农业服务中心专门人员在乡主要道路上严查，严禁农用车载人，严格打击非法营运，对辖区内的车辆建立台账进行管理，包村干部实行对路段实行包保、劝导点设置危险路段交通提示标语、标牌等；二是对非煤矿山、人员密集场所消防、民用爆炸物品等工作进行专项治理；三是定期不定期加强巡查，2015年以来，共组织集中开展巡查35次，共查出安全隐患点24处，整改24处，对保障广大群众的生命财产安全起到积极的作用。四是扎实抓好地灾防治工作，对全乡各地灾隐患点立牌管理，聘请专门人员进行监测，制定各隐患点防灾预案，开展汛期巡查监控工作并开展应急避灾演练工作隐患点100%演练到位。五是认真抓好消防工作，与乡直各单位签订消防安全责任书，由安监站、派出所等单位定期、不定期对重要防火单位进行检查，根据检查结果要求限期整改，对整改不力的单位进行责任追究，进村入户对农户用火、用电、用气及住房安全进行生活安全常识宣传教育，提高群众安全防范意识及能力。2015年来全乡和谐发展，未发生过重大安全事故。

【党的建设】 1．加强发展型服务型党组织建设。为确保高标准、高质量地建设好发展型、服务型党组织，扎实认真抓好各项工作。一是加强学习教育，利用集中学习与个人自学相结合的方式，及时对中共十八大、十八届三中、四中、五中全会及毕节试验区全面深化改革推进大会等中央、省、市、区重要会议精神的学习，促使党员干部的思想政治素质不断提高；二是加强组织建设，选好配强村、学校及机关各党组织书记，开展业务知识及业务能力培训，投入资金配备各村电脑、打印机、办公桌椅等设施，建起了驻村食堂，扎实推进党的基层组织服务体系建设工作，进一步增强党组织的凝聚力、战斗力，提升了为民服务的能力和水平。三是认真落实党风廉政建设责任制，强化主体和监督责任。乡党委书记履行反腐倡廉工作第一责任人职责，与班子成员签订党风廉政建设责任书，带头讲廉政党课和对苗头性人员适村开展廉政谈话，党政班子成员认真履行“一岗双责”，结合分管工作与部门负责人签订责任书，对分管行业党风廉政负责，本年度无违纪违规行为发生，对村“两委”干部加强廉政教育和加大违纪案件查办力度，强化涉农资金使用和管理的监督检查，对驻村工作及村开展“三述一评”。2．扎实开展“三严三实”教育实践活动。一是积极准备，有条不紊开展“三严三实”教育实践活动；二是认真组织学习，确保学习质量；三是认真听取意见，做到立查立改；四是认真查摆问题，开展好交心谈心活动。撰写对照检查材料，开展批评与自我批评等活动，为专题民主生活会及专题组织生活会的召开做好充分准备。五是开展“组织创先进，党员争优秀，群众得实惠”等主题实践活动，开展“为组织争光、为党旗添彩、为群众服务，争做焦裕禄、文朝荣式好党员，好干部”大讨论及演讲比赛等活动。3．宣传思想工作和精神文明建设。以加强和改进未成年人思想道德建设为突破口，以农村思想政治建设为抓手，不断加强全乡未成年人及干部职工的思想道德建设，进一步深化与全国、全省、全市、全区同步建成全面小康的共识。4．认真抓好双拥工作和武装工作。一是紧密结合当前形势和广大军民的思想实际，有针对性地进行以弘扬爱国主义精神和拥军优属拥政爱民光荣传统为主题的国防教育；二是搞好双拥先进典型培养和宣传，充分发挥先进典型的示范和引导作用，增强政治上的坚定性、思想道德的纯洁性和履行国防义务的自觉性。三是认真开展2015年夏季征兵工作。

（撰稿人：党政办）

龙场营镇

【概述】 龙场营镇位于毕节市东北部，距七星关区中心108公里，是两省（贵州与四川）三县（七星关、金沙、大方）交界之地，东与金沙县马路乡接壤，南接大方县长石镇，往东北十余公里，便是四川古蔺马蹄，西北分别接本区大屯乡、田坎乡，辖区总面积57.1平方公里，9个行政村，112个村民组，共7351户27321人。2015年来，以“保稳定、抓重建、强三农、壮支柱、促发展、创辉煌”的总思路，按照“强镇、活村、兴业、富民”的工作思路，根据“科学发展、后发赶超、同步小康”的总要求，唱响试验区“加速发展、加快转型、推动跨越”主基调，抢抓国发2号、国办函35号文件实施机遇，以践行党的群众路线教育实践活动为行动指南，继续以打造边陲重镇为目标。通过全镇干部一年的共同努力，抢抓机遇，求实苦干，经济社会发展稳中有进、稳中向好，呈现出“经济提速转型、民生持续改善、社会和谐稳定、干群精神振奋”的大好局面。

境内崇山峻岭，蜿蜒起伏，地势高低不平，南高北低，海拔差距较大，平均海拔1075米，最高处的黄金村高达1540多米，而最低处的卧牛村仅有610多米，以山地为主，地势由东南向西北倾斜，垂直气候明显，土地肥沃，气候温和，雨量充沛。镇内有一条较大河流——卧牛河，河流落差大、河水清澈、水流量大；据水利部门常年测算，年平均径流量达到80立方米/秒，比较适合水电梯级开发，水力资源较丰富。

【农业产业结构】 坚持把调整农业产业结构、壮大农村经济作为农民增收致富的重要途径，按照“两年明显变化、五年大见成效、十年实现跨越”的目标，大力实施年初提出的“工业强镇、农业稳镇、商业活镇”三大战略，创新农业发展思路，拓展农业发展空间，转变农业发展方式、改变产业发展模式。

种植业：积极引导农户种植优质玉米和优质水稻，人均粮食产量到达595公斤，同比人均提高5公斤。2015年，全镇15万公斤脱毒马铃薯循环栽种，栽种面积达1600多亩，年产量在2000吨以上，年产值约360万元左右；在元岩村建成2000余亩脆红李基地，其中1472亩已纳入扶贫项目，预计补助资金达84.2万元；在黄金村建成670亩中药材基地，并已纳入扶贫项目，预计补助资金达50万元，全部做到精细化管理，现在基地苗木长势良好，中药材已全部采收销售完毕。

养殖业：龙场营村彭垣养殖场年出栏生猪达到2000头以上逐步产生规模效益，带动各村年出栏生猪达50头以上的小规模养殖场已达30余家家，新增就业岗位60余人。强有力推进畜禽品种改良和科技推广，进一步提高了良种的覆盖率和养殖效益，大大提高了存栏量与出栏率，使部分村民快速富裕起来。继续加大对小微企业扶持、农村党员创富帮扶、农村妇女小额创业贷款等各种政策进行扶持，促进农村劳动力转移由短期型、体力型、就业型向长期型、技能型、创业型转变，不断发展劳务经济；鼓励返乡人员回乡创业，回乡创人员40余人。通过农业产业结构的规划调整，促进了农业增产、农民增收，改善了干群关系，为2020年与全国同步实现小康社会打下坚实基础。

【基础设施建设】 一年来，全镇切实加强农村基础设施建设，以新农村交通、水利、小康寨、小城镇等基础设施建设为提速转型、支撑产业发展的重要抓手。道路：努力推进全镇道路骨架建设，投资1000万元建设安顶村至元岩村、川山村，至大方县长石镇18.7公里通村水泥路，至此镇9个村通村水泥路全部硬化完毕，联通了由集镇经长石接321国道的捷径，基本形成了我镇四通八达的交通网络，解决了百姓出行问题，有力促进全镇经济发展。水利：完成全镇范围内山塘水库扩容修缮工作，使今年农业喜获丰收。“四在农家、美丽乡村”：突出试点示范，推进新农村建设。2015年，全镇努力推进上黄、卧牛村两个提升型乡村和黄金20普及型乡村建设、作为提升型乡村上黄村，投入15万元建设一个文化小广场，投资15万元安装50盏太阳能路灯，投资3万元建设幸福园；作为提升型乡村卧牛村，投入30万元建设一个文化小广场，投入6万元安装20盏太阳能路灯，投资27万元建设上黄村0.9公里通组路；作为普及型乡村黄金村，投资15万元建设一个文化小广场，投入150余万元硬化5公里通组水泥路。通讯电视：加强网络设施建设，推进有线电视联网工程，提高广播电视覆盖率，继续加强“村村通”“户户通”工程建设，确保全覆盖，丰富群众精神文化生活；有效推进数字电视建设工程，让群众近距离了解市区相关政策。集镇配套工程：投资近1000万元、建筑面积达5000平方米返乡农民工创业园已全部完工，翔龙大道工程有序推进，现进入尾期完善阶段。各类基础设施的改善，为镇经济社会全面发展、为2018年与全国同步实现小康奠定坚实基础。

【重大项目】 以“宁在苦中干、不在苦中熬、宁可站着睡、不让目标废”的工作作风，以优化项目发展环境为核心内容，高度重视投资软环境的整治工作，努力营造诚信、公平、公正的投资环境，加大宣传、拓宽投资渠道。

基础实施项目：进一步加快村镇规划建设，不断完善公共基础设施建设，完成了全镇9个村的详细规划，推进村内旧路改造大力推进道路硬化、亮化、绿化工程，新增黄金、上黄、卧牛3个村村内主干道路灯安装和绿化带建设。投资1000余万元实施的18.7公里通村水泥路已全部建成投入使用；投资800余万元的60套3636.08平方米政府公租房及其附属工程，已全部建设完工；投资近1000万元的5000平方米返乡农民工创业园，全面建成投入使用；投资600万元龙场加油站已建成投入使用；投资100多万元建设的700平方米卫生院干部职工公租房已经建成入住；投资1798.75多万元，建筑面积达13252平方米的中、小学公租房、学生宿舍已全面竣工，全部投入使用；翔龙大道工程有序推进，现进入尾期完善阶段。

农业产业结构调整项目：2015年在元岩村投资80多万元，在原有2000余亩脆红李基地基础上新种植1000余亩脆红李、带动元岩村其他农户种植1000余亩皮球桃，1000余亩何首乌；带动黄金村群众种植500余亩青脆李，形成了良好的产业发展态势。

实施多项开发，推进扶贫工作发展：围绕各级扶贫工作会议精神，树立“大扶贫”和“精准扶贫”理念，健全扶贫机制，强化扶贫责任。“大扶贫”推进产业开发、科技扶贫和社会帮扶等多项扶贫开发项目，2015年，全镇实施扶贫开发项目5项，元岩村3000亩脆红李基地建设，黄金村5000亩农友生态园、水利基础设施建设，道路及路灯建设等多项民生工程；“精准扶贫”累计发放贷款700户，发放贷款资金1600万元，不断改善了群众生产生活条件，全镇扶贫工作取得阶段性成效。

【社会管理】 围绕“保增长、保民生、保稳定”的要求，把维护社会安定稳定工作摆在更加突出的位置，强化各项措施的落实，2015年，没有发生安全生产事故。深入开展倾听群众诉求活动，及时化解各种矛盾纠纷，2015年全镇共接待群众诉求131批次，调解成功125件，调解成功率达95%，镇村成立夜巡队，实行常态化夜巡；矛盾纠纷得到及时化解和有效巡查震慑，有力地维护了一方的稳定。

【人口计生和社会保障】 人口和计划生育工作扎实开展，深入开展“计生服务”活动，狠抓村为主工作机制的落实，群众享有计划生育优惠政策落实到位，完善农村部分计划生育家庭奖励扶助制度。深入推进民生工程，抓好党和政府的各项惠农政策，养老服务中心进一步提质扩容，五保老人集中供养率逐年提高。

人口计生：人口和计生工作走上规范化管理轨道，注重依法行政，强化优质服务，截至到2015年年末，全镇7351户27321人，全年常住人口出生率控制在6.4‰，人口死亡率5.14‰，人口自然增长率1.34‰，全镇人口出生政策符合率达95%。

民政工作：城镇最低生活保障户数98户，人数166人，支出5.2万元；民政部门资助参加合作医疗966人次，共支出5.4万元；农村最低生活保障户数415户，人数794人，支出186万元；农村五保集中供养30人，农村五保分散供养140人；农村医疗救助62人次，农村临时救济42人次，支出33万元。

新农保工作：全面实施农村新型养老保险，参保率达98%；自2015年1月份到2015年9月份，全镇到龄人员为140人，实际开卡人员为140人，社会化发放率为100%。截止到2015年9月30日，镇领取待遇人数为2841人，共计发放养老保险资金为223.03491万元（其中丧葬补贴发放金额为3.06611万元）。

【文教卫】 进一步加大了文化事业的发展，倡导民间文化的崛起，加大教育投入力度，改造薄弱学校，注重加强教师队伍的建设和管理，切实推进素质教育，教育教学质量不断提高。鼓励新办条件成熟、技术过硬的民营医院，加大力度改善村级卫生室就医条件；继续加大新型农村合作医疗的收缴力度，加强新农合资金管理使用，无弄虚作假、虚报冒领、骗取套取资金和截留、挤占、挪用资金情况，无克扣参合农民住院补偿费用问题及滞留资金等问题。

文化：省图书馆充实各村农家书屋图书共27件，共计27000元；上黄村农民体育健身工程投资40000元；综合文化站免费开放投资资金50000元。

教育：中、小学4000余名中小学生吃上放心的营养餐。

卫生：公共卫生、医疗事业健康发展。积极开展科技、文化、卫生“三下乡”活动，配合上级主管部门开展打击非法行医专项整治行动，净化了医疗市场和药品、食品市场。积极推行新型农村合作医疗制度，全镇参合率达100%。2015年年末，各级各类医疗卫生机构11个，公办卫生院1所，病床60张，专业卫生人员230人，其中执业医师3人，执业助理医师5人，注册护士17人；民营医院一所，病床80张，专业卫生人员26人，其中执业医师12人，执业助理医师2人，注册护士12人。

【民兵武装】 积极宣传国防兵役法，增强公民国防观念。以经费保障为前提，积极开展全民国防教育活动，发放征兵宣传资料800余张，张贴标语18条，挂横幅10条，张贴宣传画27张，利用宣传车深入各村进行宣传，全民国防意识进一步增强，保质保量完成兵役登记、冬季征兵工作，完成7名有志青年应征入伍工作。

【干部队伍考核建设】 一是强力推行镇干部与村干部绩效考核挂钩，消除部分镇干部对包村工作持有干好干坏一个样、都是村干部的事的极端思想，切实转变工作作风，改进工作方法，充分调动工作积极性，提高工作效率，全镇出台了对镇干部激励考核管理机制，把事业单位中层干部的绩效考核与个人平时发挥的作用结合起来，根据工作职责分工进行考核。考核分为四类，一类是包村事业单位干部，考核结果与所包村的成绩挂钩，所包村排名在前三名的为“优秀”等次，在4、5、6名的为“称职”等次，在7、8、9名的为“基本称职”等次。第二类是办公室工作人员，采取副科级以上领导、村支书、主任和站所股室负责人测评形式来确定等次，领导测评占60%，村支书、主任、站所股室负责人测评占40%，根据测评情况，评出“优秀”“称职”和“基本称职”。第三类是有相关依据的病假人员，按照不定等次计发。第四类是不在本单位上班，借用到城区的事业单位干部，不享受绩效工资。镇干部的考核除了与村干部的绩效工资挂钩外，还与村干部和领导班子的测评、考勤、工作成绩等挂钩，通过激励考核机制，每名干部在工作中均“有目标、有担子、有责任、有压力”，干部“被动接受指令”转变到“主动创新方法完成任务”。二是推行赶集天到镇集中办公模式，进一步落实驻村工作，切实解决村支两委干部和驻村干部食宿问题，提高基层工作效率。完成了“一室一堂”工程，即：全镇9个行政村分别建立休息室和食堂。采取乡镇补贴一点、村级配套一点，干部适时出资一点的方式，在村级组织活动场所开办小食堂和完善住宿设施，镇财政共出资5万元为各村统一购置炊具和住宿用品，同时要求各村健全运行制度确保了工程良性常态有效运作。该工程实施后不仅有效的解决了村支两委干部、驻村干部早、中、晚三餐和住宿问题，减少了干部往返家中花费的时间，增加了为民办事的时限，方便了办事群众，切实提高了工作效率和服务群众水平，也加强了基层党组织阵地建设。“一室一堂”工程顺利实施为包村干部、村干部提供了就餐和休息环境，保障了群众不耽搁正常生产劳作也能办好事办成事，有效提高了基层党组织服务群众的水平和效率，也使服务群众、联系群众的前沿阵地真正扎根基层。

通过激励考核机制，温馨的后勤保障，让每名干部在工作中均“有目标、有担子、有责任、有压力”，干部“被动接受指令”转变到“主动创新方法完成任务”，又让干部无后顾之忧，使全镇干部群众思想统一、目标一致，干群向心力、凝聚力、战斗力得到增强。

（撰稿人：陈家伟）

田坎彝族乡

【概述】 田坎彝族乡位于七星关区东北角，两省（川、黔）三县（区）（七星关区、金沙县、古蔺县）七乡（镇）（七星关区大屯乡、龙场营镇，金沙县马路乡、清池镇，古蔺县马蹄乡、建兴乡、椒圆乡）结合部。大（方）纳（溪）公路途经乡西北角的白沙河村，横跨湾潭大桥入川，是七星关区北大门的重要出口通道。全乡总面积57.9平方公里，有耕地12446亩。所辖7个村，92个村民组。乡内主要居住汉、彝、白、苗等民族。到2014年底全乡总人口达18268人，总户数4682户，其中农业人口17949人，约占总人口98.25%。少数民族人口4581人，约占总人口25%。境内地势西南部高，东北部低，呈三级阶梯地形。山峦起伏、沟壑纵横，地表切割深，地形破碎，山地、丘陵、洼地、山间坝子交错分布，属典型的喀斯特地貌。最高海拔1397.7米，最低海拔470.6米，平均海拔934米。全乡的支柱产业主要以发展种植、养殖产业为主。

2015年完成社会固定资产投资0.21亿元，完成招商引资0.62亿元。从整体上来看，全乡经济社会呈现出良好的发展势头。

【民生事业】 1．教育工作。一是全面完成学前教育招生301人和义务教育阶段招生1112人；二是加大各校点基础设施建设力度。幼儿园建设工程已全面竣工并于9月3日开园投入使用，各校教师周转房及学生宿舍建设工程均竣工并已投入使用。青杠小学教学楼拆除重建工程已得到上级部门批复，完成地勘设计，拆除重建工程正在建设中。2．新型农村合作医疗。全年总任务为11376人，现已参合人数为11576人，参合率达101.76%。3．食药品安全监管。一是针对辖区内农村群体宴席及食品生产加工小作坊、食品摊贩等做好登记备案工作；二是督促辖区内各学校食堂及时办理餐饮服务许可证，持证率均达100%。4．城镇新增就业。完成全年城镇新增就业任务为84人，完成率100%。5．养老保险。全年收缴城乡居民养老保险任务为539060元，共征收401900元，综合参保率为78.94%，续保率为89.55%。6．精准扶贫。一是全面完成对2736元以下的贫困人口，贫困村甄别和信息补录工作并实行动态管理；二是充分利用财政扶贫资金及群众自筹资金实施茨竹村能繁母牛养殖315头，饲养绿壳蛋鸡15000只，建设优质椪柑基地300亩；新建河边组通组公路2.7公里开挖新建田坝至茨竹、沙包坪连接线公路2条5公里，完成通组公路建设9公里。三是按照七星关区《“六个到村到户”1+7精准帮扶工作方案》规定内容，编制好农户脱贫规划，对识别出的贫困人口实施一对一的帮扶，净减少农村贫困人口600余人。7．“四在农家·美丽乡村”建设。完成小康房建设5户，完成小康寨建设村庄整治工程5个，完成“四在农家·美丽乡村”示范村创建1个，全面完成区下达的2015年危房改造任务80户并通过验收。8．“一事一议”财政奖补项目。全年“一事一议”工程中，涉及田坎村、大元村、白沙河村、青杠村、茨竹村共7.27公里通组公路硬化工程全面竣工；完成田坎村沙坝组广场硬化、公厕修建、排污沟修建及太阳能路灯安装等工程。9．“彝族特色小城镇建设”。现已完成了彝族特色小城镇街基基础、路灯安装、街道绿化、排污系统、排洪沟等工程建设，并已顺利开盘。10．林业工作。全面完成1500亩“绿化七星关”任务和4880亩退耕还林任务，全年未发生过1起森林火灾。

【执政能力建设】 1．党风廉政建设和反腐败工作。认真贯彻落实中央八项规定和省、市、区十项规定，全年没有出现过1起利用职务之便谋取任何私利、大吃大喝、铺张浪费、公款旅游、吃拿卡要等现象。2．考核管理工作。健全和完善乡村干部考核管理机制，制定具体目标考核体系，全年开展动态跟踪考核18次。3. 档案管理工作。全乡2015年以前的各类档案均收集齐全、整理规范，无积存档案，归档目录完整，电子目录匹配。4. 农机安全。进行农机安全生产知识宣传教育5次，发放宣传册1500份，开展农机安全检查36次，纠正违章2次，全年未发生过1起农机安全事故。5. 消防安全。加强重点行业领域火灾隐患整治，配备必要的灭火器材装备，开展广泛的宣传活动，做到家喻户晓、深入人心。共张贴宣传标语210条，出黑板报9期，乡、村、组召开宣传会议16次，受教育群众13850人。截至目前未发生较大以上火灾事故或亡人火灾事故。6. 道路交通安全。积极落实道路交通安全主体责任，开展道路交通安全知识培训4次，开展道路交通安全行政执法和重点整治道路交通安全隐患行动16次，全年未发生过1起特大交通事故。7. 安全生产。始终将安全生产工作列入重点监管对象，采取定期和不定期结合的方式，对全乡安全生产进行大检查，截至目前，共开展安全生产大检查36次，彻底消除安全生产隐患。8. 应急管理。一是及时报送突发事件信息，做到信息不迟报、漏报、瞒报和误报；二是实行领导带班制度，应急值守，无缺岗、漏岗、电话无人接听、非正式工作人员值班、日常工作情况不熟悉等现象，并认真做好值班记录；三是针对突发事件处理，确保有续报、结报。9. 地灾工作。一是针对每个隐患点制定防灾预案和应急预案；二是隐患点落实防灾责任人和监测人员；三是隐患点树立地质灾害警示牌；四是开展地质灾害汛前排查、汛期巡查、汛后复查；五是指导、督促监测人员做好地质灾害监测监控工作（汛期每周监测1次，非汛期每月监测2次）；六是按照上级部门的要求于今年4月底组织开展了一次突发性地质灾害应急避险演练。10. 人口与计划生育。落实国家政策，深入群众，切实加强优质服务，创新工作方法，很好地完成了各项目标任务。全乡计生工作基础牢固，符合政策生育率为95.65%。

【社会治安综合治理和维护稳定】 一是紧紧围绕创建“平安田坎”为主题，坚持“打防结合，预防为主”的工作方针，着重抓好综治维稳工作。全年全乡刑事案件共9起，破6起。治安案件29起，处罚2起，拘留1起，调处26起。矛盾纠纷29起，成功调处26起，全乡3年来刑释解（戒）22人，2015年2人。二是领导高度重视，责任落实到人，目标明确，全力维护社会稳定，认真排查各类问题50多个，解决实际问题40多个；三是采取认真摸查，取缔邪教组织和认真抓好流动人口工作等措施，全力维持稳定，并通过采劝“严打”和整体联动防范和平安创建工作，进一步维持稳定。

（撰稿人：赵　凯）

何官屯镇

【概述】 何官屯镇位于毕节市西北部，全镇辖19个村，165个村民组，11578户，47323人，其中农业人口46353人，占总人口的97.95%。全镇面积115.7平方公里，耕地面积4.5万亩，现镇政府驻地在龙滩村，距城区9.2公里。何官屯镇海拔在1580米（官屯河出境处）至2158米（坝口村落魂台峰）之间，相对高度578米。全镇由四大岩石结构组成，其中石灰岩与白云岩约占20%，紫色岩与泥质岩约占80%。境内海拔差异大、地形地貌复杂，为发展立体农业、开展多种经营提供了有利条件。全镇115.7平方公里的土地面积，合173550亩，除去耕地、水域、道路、村镇建筑用地和难利用的石质山外，尚有56000多亩林地、荒山、荒坡，为农畜牧业的发展提供了有利的条件。丰富的煤、硫、石灰石等矿产资源不仅促进乡镇企业的发展，而且为农民增收、就地解决剩余劳动力、招商引资提供了得天独厚的物质条件。

全镇国民生产总值从2014年的28747.47万元增长到2015年的31622.217万元，增长率达11%；工农业总产值从2013年的45829.17万元增长到2015年的51786.96万元，增长率达13.05%，其中工业总产值1839.62万元，农业总产值2633.52万元，乡镇企业总产值达9825.15万元，粮食总产量达36330吨，2015年年末，人均占有粮食850千克，比2014年增加40千克；畜牧业总产值达到2352万元，比2014年增加151万元；2015年全镇共完成财政收入684.3万元，农民人均纯收入达2554元，比2014年增加204元。

【农业产业结构调整】 坚持把“三农”工作放在重中之重，在工业化、城镇化深入发展中同步推进农业现代化，巩固和发展农业农村好形势，进一步促进农民增收、农业增效，大力调整产业结构。2015年，在猫猫洞村创建了高产玉米种植示范基地1200亩，完成烤烟种植3000亩、蔬菜1.2万亩、马铃薯4万亩、马铃薯种薯种植500亩，杂交玉米3.5万亩，为农业经济的规模发展打下了坚实基础；以板块经济为依托，实行“一村一品”，在全镇高标准打造了白果村1200亩刺梨种植示范基地、唐官400亩小葱基地、后箐500亩萝卜基地、塘官300亩上海黄桃基地、大坝村400亩冬桃基地，大坝四季果园也已初步建成。在劳务经济发展方面，通过农民讲师组织农民工进行技能培训和引导型培训3000余人次，采取多种方式转移就业人员2800人，增加了农民收入。

【基础设施建设】 按照何官屯镇小城镇建设规划方案，加大对违法建筑打击力度，共清理45户违法建筑。完成了卫生院、建德小学公租房主体建设。完成了大坪子村一事一议通组路和文化广场建设，完成关口村和后箐村“一事一议”通组路建设，完成关口村文化广场建设，改善了村容村貌。完成乡村公路养护48公里，好路率达95%以上；全面完成小康房建设10户、危房改造217户，以柳家村王家庄组作为先行试点启动了“四在农家、美丽乡村”建设，打造了白果、猫猫洞、柳家、大坪子四个小康村；完成雪花屯至鲍家、大坪子至大坝，龙汉至白龙、龙官21公里通村水泥路建设。在全镇范围内大力推进农村淘宝工作，共印刷宣传广告5000余份、书写永久性宣传标语36条、出动宣传车辆20余架次进行深入宣传，成功打造了官屯、猫猫洞、白果村农村淘宝平台。

【财政税收】 2015年，全镇在以烤烟为经济支柱的同时，努力加大后续财源的培育力度，不断寻找新的财税增长点；加强税费征收及管理工作，进一步建立和完善了财政管理体制，严格财经纪律，认真执行“收支两条线”制度，以“各项支出从严从紧、保职工工资、保机构运转”为原则，缩紧开支，量入为出，切实做好开源节流工作，保证了干部职工工资的发放和机构的正常运转。

【人口与计划生育】 紧紧围绕试验区“人口控制”主题和统筹解决人口问题试点工作这一中心，以优质服务为载体，大力促进人文社会和谐发展。2015年，符合政策生育率达94.5%，人口自然增长率为12.7‰，出生人口性别比为103，全镇无常住人口手术库存，妇检率达100%，完成两术任务420例、占全年任务数的105.53%。严格落实“三按月工作”“双诚信双承诺”责任书全部签订完毕。

【安全生产】 成立安全生产工作领导小组，落实了安全生产工作长效机制、经常性工作机制。全镇始终坚持“安全第一、预防为主”的方针和“以人为本，综合整治、属地管理”的原则，紧紧围绕“杜绝重特大事故，减少一般事故，不出大小事故”的工作思路，层层落实目标管理责任制，在全镇开展安全生产大整治工作，坚持巡查、督察不放松，坚持源头治理、源头整改，切实保障了人民群众的生命财产安全。2015年未发生任何一起安全生产责任事故。

【政法工作】 一年来，全镇始终坚持“防治结合、以防为主”的方针，多形式、多渠道的宣传，使广大人民群众行使法律的观念和意识得到提高。坚决依法严厉打击各类刑事犯罪活动，坚持不懈地开展反邪教工作，深入开展严打整治斗争和禁毒帮教工作，坚决扫除“黄、赌、毒”等社会丑恶现象，切实抓好创安工作、群防群治工作，实现创建“平安官屯”的目标。信访工作方面，以了解社情民意、排查调处矛盾纠纷为抓手，以案结事了为信访工作的出发点和落脚点，强抓“一个重视，二个突出，三个健全，四个到位”，坚持领导周三接访、深入基层下访等制度，做到小事不出组、大事不出村、难事不出镇，将矛盾化解在基层；在全镇开展社会治安大整治、矛盾纠纷大排查工作，全镇共排查矛盾纠纷190起，镇村两级化解146起，请求上级部门帮助化解的44起。进一步加大了禁种、铲毒宣传教育力度，大力创建平安村寨，群众安全感、满意度大大提升。

【多彩贵州文明行动】 为全镇19个村购买保洁工具、聘请保洁员；修建垃圾池，每周坚持对车辆乱停乱放、街道环境卫生进行整治，镇容镇貌得到了根本改观，投资软环境大大优化。同时投入6000元购买手推车等工具，聘用15名群众作为2014年已经实施的25.5公里通村公路管护人员，确保了通村公路的美丽亮化。

【精准扶贫】 经过认真组织召开群众会民主评困，全镇共评出贫困户2329户、7320人，全部纳入“一市五金多套餐”扶贫机制开展问需式精准扶贫工作。目前全镇共申请项目237户，其中大棚种植1户，脱毒马铃薯种植15户，养猪1户，蛋鸭1户，养鸡2户，黑山羊养殖4户、养牛208户，1000余户贫困户申请苗木超市。在贫困户中、享受“雨露计划”的有136户，全部都享受了学校相关补助政策。

【招商引资】 镇党委、政府因势利导，充分利用我镇得天独厚的资源优势和地理优势，制定切实可行的措施为投资者建立良好的投资环境。引入并正式投产了猫猫洞村砂厂。

【社会事业】 1. 教育工作：党政重视，加强师资队伍建设和师德师风教育，教师素质和教育水平不断提高，同时，加大教育经费投入，努力改善办学条件，使全镇教育教学质量得到大幅提高。全面推进“普九”进程，达标成果继续巩固。认真结合实际，积极为学生创造就读条件。切实做好校园及周边环境整治工作，设立学校警务室，一年来无一起校园安全事故发生，教育教学质量稳步提升，全年中考成绩取得新突破，500分以上34人，一中、二中录取13人。2015年，全镇适龄儿童4825人，正常入学4821人，在校初中生1858人，小学生4876人，毛入学率为99.04%。

2. 卫生工作：为解决广大农民看病难问题，镇政府高度重视，调整了何官屯镇农村合作医疗领导小组，负责协调、调度、统筹安排这项工作。群众参合率达87%，镇党委政府高度重视流感防控工作，成立了防控工作领导小组，积极与卫生部门联系，及早安排部署防控工作，很好地防止病毒的蔓延。野生菌防治方面，年初党委政府认真落实上级会议精神，加大食用野生菌宣传、防控力度，共发放宣传资料10000余份，与群众签订不食用野生菌承诺书1万多份，签订率达100%。在全镇干部职工的努力下，全镇没有发生重大传染病，麻疹等8个重点病发病率均低于2014年；住院分娩率达到95%，孕产妇系统管理率80%，死亡率低于34/100000；没有发生一起饮水安全、食品安全事件和食物中毒事件；认真组织实施基药制度并实行零差率销售，未发生一起乱收费现象。

3. 民政工作：按规定将民政资金实行专户管理、社会化发放，没有出现贪污、截留、挪用民政资金的现象；低保核查面达到95%，建立了农村低保季节性缺粮户粮食救助制度，并按规定及时发放救助粮；按时上报灾情，建立健全倒毁房屋台账并按照要求在规定时限内完成了恢复重建任务；建立健全优抚对象统计台账，婚姻登记满意率达100%；完成了辖区内留守儿童、空巢老人、残疾人调查统计相关工作，共摸底留守儿童1680人、空巢老人535人、残疾人2388人，并实施了“一对一”和“一对多”帮扶，认真开展了“三关爱”工作。

4. 重大项目建设工作：完成了成贵铁路（官屯段）建设征地拆迁任务，丈量成贵快铁官屯段红线用地400余亩，临时用地300余亩，房屋拆迁55户，坟墓迁移258冢，化解各类矛盾纠纷

120余起，确保了铁路建设顺利推进。镇毕高速建设工作方面，顺利征用红线用地180余亩、临时用地120余亩，房屋拆迁丈量3户，化解各类矛盾纠纷63起，确保了毕镇高速公路有序推进。

（撰稿人：党政办）

对坡镇

【经济指标】 2015年，全年完成固定资产投资8500万元，雅珠石材、金源煤矿、鸿远大街、肖氏养殖场等招商引资5800万元，耕地占用税8万余元。

【“三农”工作】 2015年以来，继续加大核桃等特色经果林的推广种植力度，加快推进大堡、中心中华鲟和四鳃鱼、法泥潜龙蛋鸡以及大堡富硒黑花生等种养殖产业发展；大力推广杂交玉米营养坨单株定向等距离移栽、水稻旱育浅植等，在烤烟生产方面，通过土地流转，充分发挥烤烟连片规模化种植的优势，完成2500亩（1300株/亩）的烤烟种植任务。高度重视森林防火工作，强化宣传教育，加大森林火灾高发季节巡查和监管力度，全面落实森林防火包保责任制，全镇未发生重大的森林火灾；全力推进林业环保工作，加强荒山造林和退耕还林工作；强化对企业的环保巡查，发现问题及时整改。其次强化劳务输出，积极安置就业。受自身文化、技术等因素影响，外出务工返乡人员不断递增。全镇结合实际，因地制宜，积极组织返乡农民工进行技能培训和引导培训，切实提高返乡农民工的就业技能，转移剩余劳动力，全力支持返乡农民工就业。

【招商引资】 结合全省“同步小康驻村工作”活动及“四在农家·美丽乡村”农村环境综合整治工作的开展，不断加大优势资源的发掘和整合力度，强化对外宣传和推介，努力营造良好的投资氛围，雅珠石材工业园厂房等设施建设有序推进；对坡加油网点建成投入使用；投资3500万元的鸿远大街一期工程已接近尾声，整个项目已累计完成投资3480万元，为加快我镇工业化、城镇化进程奠定了良好基础。

【基础设施】 2015年以来，全镇申报立项“断头路”“重要连接线”通村水泥路硬化涉及4个村17.6公里，分别为新开田至板厂沟5.9公里，法泥至黑树2.5公里（已完工），田边至法泥2.4公里（已完工），建华至黄塘6.8公里，通村水泥路工程的实施建设，切实改善了全镇广大人民群众生产生活条件。鸿远大街第一期工程主干路网，电缆、排污管道安装，山体公园，农贸市场等主体工程基本完工，目前正推进附属设施建设；第二期公租房及社保大楼主体工程已经完工，正在进行室内外装修；完成中学学生宿舍、围墙等附属设施建设；投入资金500余万元完成杉寨、大堡、建华、法泥等小学公租房及大堡、嘎木、杉寨小学学生宿舍建设，完成对坡小学校门及舞台建设，校园设施设备不断完善；完成对坡村1000米排污沟建设；完成对坡村、法坭村小广场建设并投入使用；投入13.8万余元实施全面小康“美丽乡村”及“平安对坡”金波大街亮化工程，安装LED路灯50盏，切实解决群众夜间出行难的问题。

【民生工作】 2015年，正式开通了全区首家乡镇92.0调频广播，安装了40多个音柱遍布全镇绝大部分行政村，实现了中央、省、市、区人民广播电台实时直播，丰富了群众的文化生活，切实推进了党的建设。与此同时，扎实开展精准扶贫“一市五金多套餐”扶贫帮困工作，全镇共有1881户贫困户，截至目前，已全面完成遍访工作，区直第一支书及同步小康驻村工作组也参与其中，各村遍访工作得到了有效落实。截至2016年3月，全镇“一市五金多套餐”共申请289户，已发放219余户，其中：养殖能繁母牛210户，养殖黑山羊5户，种植莲藕1户，蔬菜1户，乌骨鸡或本地鸡2户，共贴息108.416万元，共贷出520.4万元。“三关爱”方面，自今年6月份以来，全力开展留守儿童、空巢老人、残疾人走访排查工作，全镇初步排查统计共有留守儿童1804人，空巢老人681人，残疾人2207

人，后续建档工作现已经完成，发放关爱卡1000余份，各类宣传资料3000余份，各村以不同形式走访慰问留守儿童、空巢老人1600余人，学校教师充分利用节假日走访关爱留守儿童1804人，对他们的生活、学习分门别类进行帮扶，对有心理障碍的进行心理疏导，对无人监护、家庭困难的给予特别帮扶和救助，形成全社会关爱特殊群体的良好氛围。全镇1642户2509人被纳入农村低保，上半年发放低保金105万余元；发放冬春救助粮35吨；发放临时救济8.8万元，参战人员生活补助30万余元，复员军人补助金20万余元，残疾军人补助金10万余元。分解完成农村小康房建设指标10户。

【社会事业】 一是人口计生迈上新台阶。以摸清人口底数为基础，以稳步提升符合政策生育率为核心，全面落实包保责任制和手术“零库存”管理，认真抓好一年四次的妇检及补检工作，不断优化生殖保健服务，以“双诚信、双承诺”为载体，认真落实利益导向各项优惠政策，全镇符合政策生育率逐年提高，人口出生率和自然增长率逐年降低。截至目前，全镇常住人口符合政策生育率达96.53%，超过考核数1.53%；流动人口符合政策生育率达96.42%，超过考核数15.42%；完成避孕节育手术388例，超额完成了区指导任务数；二女户结扎取得重大突破，占区指导任务的93.75%；妇检率达到100%。二是信访维稳取得实效。全面落实重点对象包保责任制，加大矛盾纠纷的排查调解力度及法制宣传力度，全年共排查出矛盾纠纷151起，调解成功144起，调解成功率达95%，调解各种疑难纠纷35起，调解成功32起，调解成功率达91.4%。加强对刑释解教人员、矫正对象的管教，群众安全感进一步提高。扎实开展禁毒斗争，强化禁毒宣传教育并落实帮教措施，全镇罂粟种植再现“零”种植目标。三是安全生产成效明显。以开展“政策法规大宣传、矛盾纠纷大排查、社会治安大整治、安全生产大整顿”专项行动为契机，牢固树立安全第一思想，狠抓安全生产包保责任制的落实，采取出动宣传车、办宣传栏、张贴标语等形式对安全生产有关法律法规进行宣传。2015年5月，率先在全区创建首个安全生产监管指挥平台，设置监管网络和通话话筒，建立监管台账等，对对坡加油站、凯隆火炮厂、煤矿及采石场等涉安重点单位和核心区域是否违规生产作业实行远程监管，每天对在监管平台上发现的安全生产隐患进行登记备案，通过远程话筒提出限时整改意见，及时反馈整改情况，对未按时完成整改工作的，及时向区安全生产监督管理局报告，杜绝安全事故发生。加强道路交通安全整治，定期或不定期组织开展打击黑车非驾、农用车载人等违法行为的专项整治，全镇无重特大安全事故发生。四是教科文卫得到巩固。率先在全区成立鸿远教育协会，组织企业及对坡有识之士捐赠助学资金10余万元，为推进教育事业健康有序发展有效整合了各类社会资源。加强教育教学管理，全镇小学适龄儿童入学率、初中适龄少年入学率、小学六年巩固率、在校生辍学率、小学毕业生升入初中比例等指标均达到相关要求。强化职业培训，高度重视科技科普工作，推动科技创新和技术进步，劳动者素质不断提高。积极开展冬季运动会等活动，提升干群精气神、凝聚合力。建成镇政府文化娱乐室及图书阅览室并免费对外开放。加大卫生宣传和监管力度，建立学校营养餐、餐馆监管台账12个；城乡居民养老保险筹资工作已按时完成目标任务；加强了卫生院及各村卫生室管理，有效改善群众就医难、看病难问题。扎实抓好“四在农家·美丽乡村”工作，实施“文明七星关、对坡在行动”专项整治活动，聘用公益性事业卫生保洁员7名，投入3万余元为各村购置垃圾桶650个，规范集镇市场管理，着力抓好集镇、公路沿线及村庄院落的卫生保洁工作，此项工作被区委分管领导号召全区其他乡镇街道借鉴学习。

【党风廉政建设和反腐败工作】 以加强党的思想、组织、作风、制度和反腐倡廉建设为重点，建设高素质的领导班子和干部队伍。着力实施“入监体验”警示教育活动，分批次到看守所实地了解，现场感受、亲身体验一天。对加强党员干部特别是领导干部的理想信念、政治品质、从政道德和廉洁从政起到警示教育作用。严格实行民主集中制，对重大问题实行集体研究，增强党的团结统一。着力加强基层党组织建设，完善党内关怀机制，发挥党员的先锋模范作用。以落实惩治和预防腐败体系为重点加强反腐倡廉建设，坚决查处违法违纪案件，纠正损害群众利益的不正之风，以实际行动密切党同人民群众的血肉联系。

【“三严三实”】 以“三严三实”为契机，扎实开展了“从严治党、全面小康”主题活动，共发放为民服务卡2045张，走访群众2430人次，夜巡夜访353批次，化解、调处矛盾纠纷60余件，解决群众最急、最盼望的各类需求、困难10余类共100余件。在社会治理创新工作中，首创了服务群众“户访夜巡”活动，切实提升了社会治安安全感满意度，2014年获得市委高度认可，被评为先进集体，在2015年年终目标考核中，名列全区第12名，保持了良好的发展态势，为全镇经济发展、构建和谐社会提供了坚强有力的组织和思想保障。

（撰稿人：叶　燊　丁学壤）

水箐镇

【概述】 水箐镇位于七星关区西北部，距市区23公里，地处北纬27° 17′ —27° 20′ 、东经104° 01′ —104° 07′ 。东与何官屯镇相接，西与青场镇毗邻，南与野角乡接壤，北与青场镇和云南省相连，全镇辖中营、大湾、星火、流水、东风、马鞍、黄连、水箐、干沟、梨树、燎原和新地12个村，109个村民组，总人口28369人，水箐镇四季分明，年降雨量920毫米左右，年均温度10.5摄氏度左右，年无霜期220天左右，年最高气温28摄氏度，年最低气温零下11摄氏度，最高气温月为6—7月，最低气温月为1—2月，降雨主要集中在5—10月，属雨热同季。土地总面积为9907.47公顷。其中少数民族主要为苗族、彝族，分布在马鞍村、水箐村、中营村和黄连村。水箐镇属石灰岩高中山丘陵洼地，境内南高北低，最高海拔2257.5米，北面最低海拔1587.5米，地势高而平缓，多为丘陵洼地，是有名的高山冷凉地区，土壤以地带性的铁铝质黄壤黄棕壤和灰色土为主，海拔1600米以下低洼处有马锡泥土及岩泥土分布。主要粮食作物有玉米、马铃薯、大豆、荞子、冷凉蔬菜。经济作物有烤烟、天麻、核桃、茶叶、经果林（刺梨）等。境内有丰富的煤矿资源，但还没有形成规模开采。

【经济指标】 2015年实现农业总产值9115.5万元；农民人均纯收入预计6186元；实现非公经济总产值28815万元；完成农村专业合作社注册17个，2户小微企业的申报工作，新增民营经济20户，累计完成民间投资5419万元；创业培训3期2890人；完成招商引资任务5349.1万元，占年任务数5000万元的106.9%；完成烟叶收购6640担，占任务数6430担的103.2%，实现烤烟税收184.8万元，占年任务数174.35万元的109.9%。

【农业工作】 按照全镇农业产业发展思路，重点培育烤烟、生猪养殖，积极推进土地流转，2015年种植烤烟2574亩，生猪出栏达到14208头，在继续巩固水箐村众森野猪养殖场、流水村嘉祥生态养殖场建设的基础上，在燎原村、黄连村各新增生猪养殖场1个，新增干沟村养鸡场1个；新增农业专业合作社17个；着力抓好种植杂交玉米3.2万亩，脱毒马铃薯2.7万亩，蔬菜1.32万亩。同时建立了玉米单株定向移栽样板2000亩（全部在星火村实施），烤烟样板2574亩，挂牌管理，使样板达到了高水平、高标准、高质量，让样板发挥了样板应有的科技示范辐射带动作用。根据全区农业板块经济的要求，结合我镇实际，合理规划了除茶叶外的五个板块经济，2015年重点实施了刺梨、马铃薯、冷凉蔬菜三大板块。其中：刺梨3671.2亩，分布在流水678亩，星火1810亩，马鞍1318.2亩（示范样板500亩）；马铃薯450亩，分布在干沟200亩（均为示范样板），水箐、梨树、东风、黄连、燎原各50亩；冷凉蔬菜在中营村规划了100亩的高效豌豆尖种植。并且召开了现场技术培训会8期次，培训了镇、村、组干部180人，科技示范户200人，农民5620人次，培训了科技二传手120人，组装宣传车2辆，张贴宣传标语188幅，印发资料5800余份。

【基础设施建设】 一是严格控制违法建筑，通过召开群众会、张贴宣传标语、进村入户走访等形式加大对全镇控制违法建筑及村镇建设规划的宣传力度，以村为单位实行干部包保，举全镇之力加大违法建筑打击力度，全年来，全镇无一起新增违法建筑，同时确保了规划知晓率达100%。二是积极巩固特色小城镇建设，我镇特色小城镇建设主体工程及水、电、信等附属设施工程已全部竣工，集镇农贸市场正在建设中，三是强力推进“四在农家、美丽乡村”建设，将我镇大湾村、星火村拟建为“四在农家、美丽乡村”提升型建设，将马鞍村拟建为“四在农家、美丽乡村”普及型建设，相关工作还在进行中；按要求启动我镇小康房建设8户，其中大湾村3户，黄连村1户，流水村1户，马鞍村2户，星火村1户，该项目现已全部竣工。实施了2900米干沟村长丰组通组路硬化，结束了该组人背马驮的历史；在星火村沟边组安装路灯40盏，预计12月底投入使用。

【精准扶贫工作】 一是精准扶贫“一市五金多套餐”工作，按照区《“六个到村到户”精准帮扶工作方案》及《关于创新精准扶贫帮扶机制深入推进精准扶贫工作的实施意见》的要求，完成全镇12个行政村贫困人口甄别和信息补录工作，全镇贫困发生率为23.13%，并对全镇贫困户（2282户，7173人）逐户进行建档管理，采取召开群众会，分村制定切实可行的扶贫计划，全镇共发放精准扶贫贷款645.9万元，涉及项目4个、272户，分别为养牛268户，养鸡2户，养猪1户，种植马铃薯1户。年内减少农村贫困人口143人。同时完成了69户农村危改任务并已通过镇级验收；二是通村水泥路建设，镇通村水泥路建设工程（水箐至黄连通村水泥路建设工程6.2公里，鲍家至新地通村水泥路建设工程1.3公里，东风至燎原通村水泥路建设工程7.8公里）15.3公里的路面硬化已全部竣工并已通车。三是农村公路养护，一年来，在区交通运输局的业务指导下，镇安排专人对农村公路桥涵（共计61公里，50人次，投入经费10万余元）进行巡查，并针对巡查中发现的垮塌情况进行了维修，确保道路交通安全运营。四是水利基础设施建设，按要求认真做好“小康水”的调查摸底工作，全年，主要对干沟村饮水难问题进行实地了解，该项目正在积极的争取中，落实了星火村700亩的水浇地工程，该项工程正在筹备当中。同时汛期来，认真制订了防汛抗旱应急预案，成立了镇村两级防汛抗旱指挥部，扎实开展值班值守工作，全年无汛期安全事故发生。

【信访工作】 水箐镇党委政府高度重视信访工作，一是全面落实了社会治安综合治理各项措施，落实了领导包案责任，明确领导接访制度，深入开展“六五”普法工作，认真开展矛盾纠纷大排查，按照矛盾纠纷“日排查、事化解、零报告”要求把矛盾消化在萌芽状态，认真抓好重大安全隐患的排查化解工作，积极预防突发性群体性事件的发生，调处各类民事纠纷33起，调成率100%；二是认真做好禁毒宣传、毒品源植物踏查和禁种铲除工作，半年来未发生种植毒品原植物现象，做好吸毒人员的帮教工作，全年来无新增吸毒人员。严厉打击偷牛盗马，赌博等违法犯罪行为，群众的安全感和满意度得到提高。三是成立了信访维稳工作领导小组，建立健全“一岗双责”制度、信访问题首问责任制和责任追究责任制，认真坚持领导干部接访制度并开启视频系统。坚持每月一次的矛盾纠纷大排查，对所排查的矛盾纠纷实行包案到人进行调处，做到小纠纷不出村，大纠纷不出镇，矛盾不上交。同时通过政策疏导和困难救助等方式，各种信访问题得到了妥善处理，全年实现了零非访工作目标。确保了辖区内大局稳定。

【安全生产】 一是坚持“安全第一、预防为主、综合治理”的方针，牢固树立以人为本、安全发展的理念，以保障人民群众生命财产安全为出发点，以非煤矿山、民爆物资、食品药品卫生、校园周边环境、重特大事故隐患排查整治为重点，认真开展安全生产大检查和专项督查行动，使各项工作取得一定的效果，先后对4个非煤矿山、2个地质滑坡隐患点进行多次隐患排查，并签定安全责任书96份，全镇保持了零事故、无非法采煤、采矿行为等良好局面，安全生产形势趋于稳定。二是配合公安十一交警中队对无证经营车辆进行了打击和取缔，镇内无较大事故发生，安全隐患整治率达到98%。三是加强对集镇重点消防单位和人员密集场所安全检查，督促各单位落实安全生产管理责任，配备消防器材，及时对本单位开展隐患排查治理，消除各类火灾隐患，全年查出隐患和问题2条，均已得到整改。

【计划生育】 全年来，紧紧围绕区委、区政府制订的目标责任书，主要抓好以下工作：一是进一步完善全程跟踪管理服务工作；二是全面消化常住人口库存手术，完成避孕节育手术356例，补救措施9例；占年初分配任务数295例的120.67%；三是抓好常住人口妇检，杜绝政策外生育；四是抓好“双诚信、双承诺”工作，履约率为98%；五是积极按要求做好“三按月”工作，每月按时下达个案计生任务，每月及时督查落实任务完成情况，每月对计生任务完成进行双向考核（个人和村）；六是认真开展国家免费孕前优生健康检查工作，现已完成94对，占任务数94对的100%；七是统筹抓好创优、利益导向机制、依法行政、流动人口管理服务等工作。本年度常住人口符合政策生育率为94.97%，其他各项考核指标均达到目标值。无因计划生育执法不当导致的恶性案件和群众性事件发生。

【民生工作】 进一步巩固和完善城乡低保救助体系建设，实现动态管理下的“应保尽保”，保障困难群众基本生活，并按时足额发放各类补助。确保23户25人的城市低保及2503户3227人的农村低保人员补助足额发放。扎实开展医疗救助工作，共上报医疗救助52人，共发放医疗救助资金300250元，临时救助11户发放救助资金28500元。完善灾民救助工作，规范灾民救助管理，严格执行各项规章制度，坚持“保重点”的原则，确保受灾群众的基本生活。全面提高社会事务管理水平，进一步加强双拥优抚工作，确保《军人抚恤优待条例》在基层得到实施。

【教育工作】 一是学前教育和义务教育，完成学前教育招生420人，占任务数415的101.2%，完成中职招生219人，占任务数216的101.3%；小学适龄儿童入学率达99.6%，初中适龄少年入学率达95.21%，义务教育巩固率达87.12%，小学辍学率0.77%，初中辍学率1.98%。二是教育工程项目，已按要求划拨和征用学校建设用地，目前水箐弱改学校建设工作正在有序进行中。完成了星火小学教师公租房、水箐小学教师公租房、大湾小学教师公租房、黄连小学教师公租房修建并投入使用，新地小学教师公租房正在修建中。

【宣传工作】 围绕中共十八大精神、“三严三实”专项行动、农村思想政治教育工作以及全镇重点工作，充分发挥新闻阵地作用，不断加强宣传思想工作。先后在各级刊物及信息网站发表新闻稿件41余篇。围绕新农村建设和环境整治项目，广泛开展群众性精神文明建设创建活动，规划了4个文明示范村，星级文明户120户，各类创建活动有条不紊地进行。与此同时，全面做好统战、武装、群团、政协、党对人大工作的领导、统计、档案、林业、水利、卫生、文化体育、政务服务、应急管理、法制建设、依法行政、社保等各项工作，各业务单位围绕全镇工作大局，针对行业工作特点，创造性地开展各类活动并取得了较好的成绩，保持了社会各项事业全面推进，协调发展。

【党建工作】 以“三严三实”专题教育为契机，全面加强领导班子和干部队伍建设取得实效。

（一）认真履行管党治党职责，确保从严治党落到实处

一是抓班子建设，推进学习型党组织建设。健全完善各项规章制度，发扬“民主、团结”的风气，重大事项坚持民主集中制，努力协调好和班子成员之间的工作关系，打造了一个切实为人民服务的领导班子。完善了镇党委中心组学习制度，组织班子成员通过批评和自我批评12次。举办两次村干部培训班，安排30名左右优秀党员参加培训。组织好干部参加干部在线学习，开办“干部大讲堂”，实行领导干部、一般干部上讲台制度，把学习情况作为考察干部的重要内容。在干部任用方面，坚持发挥每一名干部职工的特长，根据其特点安排到最适合的工作岗位上，做到人尽其才。二是抓“四风”整改，确保问题得以落实。认真按照“四风”整治回头看的要求。在强化责任意识方面，建立完善党建工作领导、工作保障和考核评价等机制，党建工作取得实效。健全和完善党委的运行机制和议事规则，党委整体决策能力得以提升。加大违法违纪案件的查办力度，部分镇村干部违法乱纪、令不行禁不止的问题彻底解决。制定了《水箐镇党委议事制度》《水箐镇科级领导实绩考核办法》《水箐镇镇、村干部实绩考核办法》《水箐镇干部定期学习制度》《水箐镇镇村干部考勤制度》。在推进作风建设方面，制定了《水箐镇开展“三严三实”专题教育整治“为官不为”深化干部作风建设工作方案》，成立了以镇纪委牵头的干部作风监督小组，加强干部监督管理，强化监督问责，个别镇村干部不作为、慢作为、乱作为等突出问题得到有效解决，机关作风得以明显改善。三是抓理论武装，筑牢干部思想认识。深入学习习近平总书记系列讲话精神，弘扬和践行社会主义核心价值观，引导领导干部树立良好的社会公德、职业道德、家庭美德和个人品德。加强法制教育，弘扬社会主义法治精神，提高党员干部法治思维和依法办事能力。深入贯彻落实科学发展观，牢固树立正确的政绩观，严防脱离实际、急功近利。深化群众观点、群众路线和“三严三实”专题教育，摆正同人民群众关系，严防脱离群众、漠视民意。四是抓纪律教育，转变干部作风。认真学习和贯彻党章，自觉遵守和维护党章，不断增强宗旨意识和党性观念。把党性修养和作风教育作为镇党委中心组和干部教育培训必学内容。镇党委班子成员根据所联系村的实际，带头上了1次党课。制定和实施村两委班子作风建设考核办法，把作风状况作为村级年度考核和干部考察的重要内容。严格执行签到签离考核制度，严惩上班时间上网、打游戏、闲聊或做与工作无关的事的情况，使干部职工作风进一步好转，更加积极作为。

（二）开展“三严三实”专题教育，整治“为官不为”，推进干部作风建设常态化、长效化

一是制定方案抓整改。镇党委高度重视“三严三实整治为官不为”专项活动，立即召开专题会议进行安排部署，并成立了由镇党委书记担任组长的“为官不为”问题专项整治领导小组，制订了《水箐镇关于深化“三严三实”专题教育着力解决镇村干部不作为乱作为等损害群众利益问题的实施方案》，突出整治重点，落实工作责任，明确整顿阶段，确保了活动扎实有效开展。二是突出重点抓整治。在集中整治活动中，重点对涉农资金通过召开座谈会、走访群众、问卷调查、发放征求意见表等形式，查找存在问题，制定整改举措，明确整改时限，着力消除干部工作作风中存在的“只要不出事，宁愿不做事”“不求过得硬、只求过得去”等懈怠心态，切实解决“不想为”“不会为”“不敢为”“慢作为”等突出问题。三是建章立制抓长效。按照“解决一个问题、堵塞一个漏洞、立下一个规矩、形成一项制度”的要求，镇纪委督促各村、各单位在整治突出问题的同时，举一反三，深入查找制度上的漏洞和监督工作中的薄弱环节，有针对性地健全完善相关管理制度，严格制度执行，持之以恒，常抓不懈，努力实现改进作风常态化。

（三）夯实党建工作基础，提升党建工作水平

一是深入贯彻落实习近平

总书记视察贵州重要讲话特别是关于加强基层基础工作指示精神，突出开展好“三支队伍”建设、干部驻村、“一宣四帮”活动、选派村“第一书记”等重点工作，为全镇经济社会又好又快、更好更快发展提供有力的组织保证。二是制定了干部动态跟踪管理实施细则、目标责任书，建立完善干部动态跟踪考核档案，加强对镇村干部绩效考核管理，及时完善考核并按时上报区委组织部，同时严格按考核结果兑现奖惩。三是开展后进基层党组织整顿活动。按照“研究新情况、采取新举措、解决新问题”的要求，针对班子软弱涣散、战斗力不强的中营村，采取从原来班子内部自身建设和选派政治素质高、工作经验丰富的年轻同志组建工作组同步进行整治，一年来，达到了预期的目标。四是抓阵地，提升党组织服务功能。积极筹措资金12万元，按照村级延伸考核的要求，完成了全镇12个村的村级活动阵地相关配套设施建设。全面实行村干部坐班制、便民上门服务和为民服务代办等制度，不断提高服务群众的效能。加大村级党务政务公开力度，广泛接受群众监督，切实提高村级班子的公信力。五是抓队伍，强化党员管理教育。按照发展党员十六字方针，严格党员发展程序，规范党员发展标准，2015年度共吸收了62名入党积极分子，把人品好，作风正，带动力强的5名青年农民发展成预备党员，逐步改善党员队伍结构。严格落实“三评一公示”党员登记制度，对1名评议为“差”等次的党员建立了帮教台账，明确时限要求和帮教内容，确定专人，开展一对一帮教。结合“四在农家美丽乡村”建设，有计划地组织50多名镇村党员干部赴遵义县及本区田坝桥镇进行观摩学习，拓宽发展视野。六是抓载体，激活党组织发展活力。按照“以支部带产业，以产业促增收，以产业育人才”的思路，至目前，全镇共建成了水箐村畜牧养殖、干沟村畜牧养殖、流水村生态养殖、新地村冷水养鱼、燎原村中药材种植5个示范基地，党员的示范带动和先锋引领作用进一步发挥。

（撰稿人：陈　交）

大银镇

【概述】 大银镇：1949年分属对坡乡和林口乡，1954年设初都、大坡寨、保旺公社，后并入何官屯公社。1962年建大银、场坝2个公社。1984年改置大银、场坝乡。1991年合并置大银乡。1994年改置镇。清代开过银矿，故名大银。

大银镇位于毕节市西北部，距毕节市区42千米，东临燕子口镇，南临对坡镇，西与云南省镇雄县坡头镇接壤，北与林口镇毗邻，是毕节市与云南省镇雄县发展区域经济的战略要地。辖区总面积104.5平方千米，耕地28350亩，林地20000余亩，其他土地面积21000亩。森林覆盖率为42%，有13个百亩以上草地。大银镇辖羊桥、保旺、尖山、高峰、半林、黄塘、新丰、石营、半林9个行政村，共138个村民小组。主要民族有汉族、苗族、白族、穿青人等，总人口29430人。

大银镇地形以山地、丘陵和盆地为主，是典型的喀斯特地貌区，风景绮丽，境内有水质纯净的初都河，有独具神韵的月亮山景观，有千奇百怪的石门大山地下溶洞，有壁立千仞的尖山河湾峭崖。全镇平均海拔1650米，气候属亚热带湿润性季风气候，年平均气温为16℃，气候温和，四季分明。

大银镇是全国优质烤烟基地和全市烤烟主产乡镇，2015烤烟种植面积8636亩。畜牧业是全镇第二大产业，拥有燕林清片区最大的大牲畜交易市场，大牲畜平均月交易量超过1300余头。

大银镇党委政府牢固树立科学发展观，坚持以人为本，坚持全面协调发展，坚持统筹兼顾，抢抓机遇，不断完善道路交通水利等基础设施建设，科学分析评价区域资源，积极推进产业结构调整进程，全镇特有资源和特色产业得到合理开发和发展。

大银镇河流属长江流域，赤水河水系。河流落差小，深切于四周高山峡谷之中，山高水位低，利用困难，属旱作农业区。

水文特点：全镇9个村属喀斯特地貌，水源匮乏，干旱严重，人畜饮水困难，农作物生长主要靠天然降水，抗御自然灾害的能力弱。

由于受生物气候、地貌组合和人为活动的影响，大银镇土壤属地带性土壤分布的规律性。全镇土壤有黄壤、黄棕壤和棕壤地带之分，属垂直分布与水平复合分布规律。

物产资源种类繁多，主要粮食作物有玉米、马铃薯；经济作物有烤烟，干果有核桃、板栗、辣椒；畜牧业以圈养为主。

【党建工作】 一是明确主体责任，严格从严治党。落实党风廉政建设主体责任。深入贯彻落实党的相关纪律准则，建立党风廉政举报平台，强化党内外监督。落实党建工作职责。及时安排部署党建工作，明确包村领导为党建工作第一责任人、党组织书记为直接责任人，督导13个党支部开展党建述职述廉，在9个村开展“三述一评”，参加述职人员共74人，其中村干部39人，驻村干部35人。发展预备党员11人，转正4人。二是践行“三严三实”、整治“为官不为”。强化“三严三实”专题党课。组织党员干部召开专题党课学习2次，指导村党支部开展专题学习9次，让党员干部深刻认识贯彻“三严三实”和整治“为官不为”的重要性和紧迫性。从严务实，整治“为官不为”。通过树立“从严从实”的作风，切实整治“不严不实”和“为官不为”问题，督查通报村干部2人，镇干部2人，查处贪污谋私案件1件，干部不作为案件2件，并根据《中国共产党纪律处分条例》对涉案村干部进行处分。

建设发展型服务型党组织。干教和人才工作。加强党员干部的教育和管理，充分尊重党员的权力，提升党员素质。深入整顿干部思想作风，切实抓好党员干部党纪党规学习培训，组织镇、村干部全年集中学习培训12天；每个村评选1名“农民讲师”，全年培训农民2100人次；完成区委组织调训任务；完成2015年干部教育培训需求调查问卷工作。健全完善各类人才信息库并实行动态管理；完成2015年度人才资源统计监测工作，及时上报相关数据；培训农村实用人才100人次。扎实抓好群众路线教育实践活动。以开展党的群众路线教育实践活动为契机，狠抓实际工作的落实。结合镇实际，主动问需群众。变群众上访为领导下访，主动进村入户，了解群众冷暖，倾听群众真实想法，结合群众反映的意见找准工作方向。正视不足，着力找准存在的问题。二是为民办事出实招。成立村级监督机制，制定公章管理制度、值班值守制度、亲情代办制度等，着力抓好烤烟生产、通村通组公路建设、民生事业等。发挥驻村干部优势，积极协调项目，为百姓办实事。

【经济指标】 完成固定资产投资0.5亿，完成率100%；完成招商引资1.3亿元，完成率100%；完成民营经济增加值1.12亿元，民营经济总产值1.81亿元，完成率100.86%；完成民间投资1.5亿元，完成率107.6%；完成烟叶税收525万，完成率99.5%。

【农业生产】 农业现代化水平不断提高，培训新型职业农民5人，新增人工种草190亩；种植天麻400亩；种植烤烟8636亩；落实农业板块经济项目助推科技兴农，（其中：经果林9834亩、中药材800亩、蔬菜120亩、李子500亩、苦参800亩、辣椒50亩、脱毒马铃薯二级种薯300亩），为脱贫攻坚奠定良好的基础。

【基础设施建设】 一是城镇建设。辖区内年度无新增违法建筑，特色小城镇建设有序推进，城镇化率提高1.2%，完成羊桥街上至粑粑屋基段主街道硬化，并对该段地下排污进行改造，新装路灯，对银腾大街新建房屋实行严格管理，统一打造集镇建房风貌。二是道路通达能力不断提高。完成大海至尖山、石营至高峰、大银至石营和大银至黄塘4条共计33.4公里的通村公路建设，完成羊桥村、尖山村、高峰村共计7.8公里机耕道建设。三是项目建设有序推进。完成总投资200万元的“保旺村烟草扶贫新村示范项目”和投资25万元的新丰村文化广场建设，维修羊桥、保旺、新丰、木瓦4个村级活动场所；争取到资金15万元，用于集镇供水管网改造；协调变更“月亮山大牲畜交易市场”项目到尖山村实施“尖山村综合便民利民服务中心”项目建设。

【安全生产】 坚持以人为本，科学发展和安全发展理念，坚持“安全第一，预防为主，综合治理”的方针，强化“安全生产经常抓、抓落实，抓出成效”责任意识。在制度、人员、经费上给予保障，深入开展各类专项整治行动，推进道路交通、非煤矿山、非法煤井、地质灾害等领域的集中整治，全镇全年安全生产工作取得阶段性的成效。全年未发生重大安全、交通、消防事故。

【教育、文体】 教育工作稳中有进。完成学前教育招生343人，小学适龄儿童入学率达99.3%，初中适龄入学率达98%，义务教育巩固率达99%，初中毕业生升学率达98%，小学辍学率0.4%，初中辍学率控制在1.2%以内。高中阶段教育和特殊教育完成普通高中招生280人，完成中职招生228人，完成特殊教育招生4人；集镇幼儿园建成并投入使用，现有入园学生240人。

学校无安全责任事故发生，规范学生寄宿制管理，学校警务室（治安岗亭）按要求建设，管理规范，运行正常，学校及周边治安秩序良好，学校安全事故及维稳应急处置及时有效，无群访及越级上访。

卫生工作健康发展。做好食品、药品监管工作，未发生中毒事件。

重视文化体育广播电视及旅游工作。对中央农村文化建设专项资金和乡镇综合文化站免费开放，资金实行专款专用，管理和使用好文化中心设备配置。组建2支文艺宣传队，开展活动22场次；按要求完成每村每月一场的农村电影公益放映任务；认真保护、合理开发旅游资源，请宣传部、电视台积极宣传我镇月亮山景点。

【计生工作】 计划生育不断提高。常住人口符合政策生育率达95.4%，长效避孕节育措施落实率达95%；免费孕前优生健康检查目标人群覆盖率达100%。

【卫生工作】 健全机构，明确责任，成立了工作领导小组，明确各部门负责人的职责，加强宣传教育培训，严格信息报送。卫生工作健康发展。城乡居民参合金收缴工作完成20209人，完成率达100%。新建羊桥、石营、保旺三个村卫生室，维修尖山、高峰、石营、木瓦、新丰、黄塘、半林七个村卫生室。

【动物防疫】 采取严格奖惩措施，分片包保，落实工作责任，由联系村领导督导、镇包村干部和村干部配合，做好造册登记、带领技术人员入户注射疫苗等工作。

【森林防火】 通过组织学校师生上防火安全课，加强值班和火情防控、完善后勤保障等措施，加强秋冬森林防火工作，有效保护森林资源。全年辖区内无一起重大火灾发生。

【信访维稳】 耐心做好群众（信访）工作。坚持领导干部接访制度并开启视频系统；加强矛盾纠纷排查和信访积案化解。

坚持做好矛盾纠纷“日排查、事化解、零报告”工作，排查化解重大安全隐患，评估社会稳定风险和做好防邪反邪工作。开展了各类矛盾纠纷隐患大排查大化解活动，全年已化解各类信访隐患49起。工作中，坚持矛盾纠纷隐患排查和信访苗头隐患排查制度，排查率100%，对排产出来的矛盾隐患和信访苗头积极化解，有效预防了不稳定事件的发生。日常实行领导干部接访制，分系统，分片区明确责任，做到人人肩上有担子，人人身上有责任。认真做好重点时期，重点人员的稳控工作。工作中，注重利用现有的应急分队，建立巡逻队，确保全镇的安全稳定。制订了要害重点部门安全防范措施，制订了突发事件应急预案，并督促落实，加强对不稳定群体的稳控。禁毒预防宣传教育覆盖面达95%以上，人民群众对禁毒工作满意度达98%以上，本年吸毒人员新增幅率为0，吸毒人员出监所接回率100%。

本年度内未发生安全生产事故，实现安全生产“双零”目标。

【民生工程】 一是推进扶贫

攻坚。开展问需式精准扶贫，截至2015年12月31日，全镇建档立卡贫困人口2061户5740人，落实“一市五金多套餐”扶贫贷款268户1340人，发放贴息贷款629.9万元，政府贴息128.44万元，其中265户饲养能繁母牛，1户种植设施蔬菜，两户饲养黑山羊；精准制定961人的脱贫措施，做到“真扶贫、扶真贫”。通过“苗木超市”落实3□.6万株苗木种植计划。二是实施并完成农村危房改造229户，完成小康房建设8户，完成小康寨建设村庄整治工程4个；完成92口沼气池建设项目工程。

大力开展农村环境综合整治活动。镇党委、政府高度重视农村环境卫生，高定位，细谋划，精心安排，周密部署，扎实开展农村环境卫生综治工作，营造宜居舒适新环境。结合镇情村情，制定了“改善农村环境，打造宜居富饶新农村”的工作思路。今年以来，组建保洁队伍9支，动用人力1200人次，重点清理顽固垃圾堆、垃圾死角，新丰至羊桥沿线道路修建警示标志，杜绝垃圾乱倒现象。动员干部群众，建立长效机制，在全镇掀起了农村环境卫生综合整治新高潮，取得明显效果。

社会保障体系逐步完善。城镇新增就业72人。城乡居民养老保险缴费91.02万元，综合参保率84%。

（撰稿人：党政办）

燕子口镇

【概述】 燕子口镇位于七星关区东北部，距城区约50千米，平均海拔1280米，与林口镇、亮岩镇、层台镇、八寨镇、对坡镇、大银镇毗邻，703、704、705县道横贯20个村，是七星关区东北部经济、文化重镇。全镇辖24个村，237个村民组，13073户，48450人，居住着汉、苗、彝等民族，地域面积121.4平方公里。社会秩序良好，人民安居乐业。广播、电视覆盖全镇，水、电、路、信村村通。主要矿产资源以煤、硫铁矿为主。现有9万吨乡镇煤矿2个，15万吨煤矿1个，现正常生产的9万吨/年的砂厂一个、3万吨/年的页岩砖厂一个、5万吨/年的耐火黏土砖厂一个；拥有景色优美的洒鱼河山、水、溶洞风光和中外闻名的大南山苗族传统文化等丰富的旅游文化资源。全镇辖区内共有小学18所，中学1所，燕子口镇政府所在地有一集贸市场位于703县道，全长2公里，路两旁有计生办、计生服务站、派出所、卫生院、粮管所、邮政支局、电信支局、供电所、学校、土管所、兽医站、农业服务中心、供销社等多家单位。水、电、通信、光缆等公共设施齐全，卫生环境良好，是镇政治、经济、文化中心。

【“三农”工作】 一是加强农业示范建设，突出发展特色产业。引资25万元在大田村建100亩的无公害蔬菜示范点和小堡子村、沓苏、新村、金竹915亩党参中药材种植已初具成效。在小堡子村，沓苏等村发展中药材900余亩，形成洒鱼河一线中药材种植板块。在一心村、雄狮等村沿厦蓉高速两旁种植3000余亩刺梨，形成了以一心村为中心的刺梨种植板块。以阳光村为中心打造1000亩茶叶，形成茶叶板块。金竹村种植方竹笋1000亩，已初步形成规模；以云台村羊肚菌示范基地为中心，发展种植羊肚菌500亩。二是通过土地流转，由大户、农民专业合作社共同参与，打造千亩烤烟。全镇完成烤烟种植3000亩。三是通过大户带动，全力壮大畜牧业规模。全镇生猪存栏12325头、牛存栏1835头、羊存栏1225头、禽存栏42425羽。完成猪瘟、五号病、猪蓝耳病强制免疫49000针次，完成牛五号病强制免疫2560针次，完成羊五号病强制免疫3320针次，注射鸡禽流感53200羽，鸭、鹅禽流感3780羽，达到应免尽免，全镇未发生动物重大疫情。四是全镇现代农业稳步发展，全年完成2.04万亩杂交玉米种植和推广杂交水稻种植0.46万亩，完成蔬菜种植1.34万亩。完成粮食产量16590吨。五是加大新阶段扶贫开发力度，全镇贫困发生率19.3%，为三类贫困乡镇，有贫困村14个、一类贫困村7个、二类贫困村3个、三类贫困村4个，2015年净减贫困人口1100人。完成精准扶贫建档立卡工作，通过对全镇范围内收入低于2736元的农户进行核查，拟订2814户9125人为镇贫困对象，并规范化建立镇级档案、村级档案，组级档案和贫困户档案。“一市五金多套餐”帮扶机制工作开展以来，截至目前，申报贴息贷款贫困户548户，放贷落实234户，发放贷款金额合计533.4万元，贴息金额合计112.237339万元。套餐项目落实总计197户，其中409户申请养牛，现已发放贷款落实套餐项目182户，资金436.8万元，共计购买能繁母牛336余头；17户申请养羊项目，已发放贷款7户，共计购买羊132只；44户提出养鸡鸭项申请，已发放14户，发放贷款14万元；设施蔬菜栽培项目申报2户，已发放贷款1户；脱毒马铃薯栽培项目申报1户，已发放贷款1户；其他项目申请75户，落实贷款3户，发放贷款5.8万元。六是加大生态环境保护工作力度，促进人与自然的协调发展。2015年共实施荒山绿化12252亩，天保工程61898.9亩，超额完成了目标任务。加大森林防火工作，清明节期间各检查组共收缴香10余斤、蜡烛100余对、纸钱200刀、火炮60余盘。一年来无一起火灾事故发生。

【基础设施建设】 一是加大公路建设力度，改善交通条件。2015年全镇通村油路共7条，其中：燕子口至龙洞6.636公里，阳光至庆祝3公里，向家堰头至岔河口4.3公里，龙洞至大田3.8公里，沓苏至大银2.2公里，塘边至大银1.2公里，大南山至苗寨2公里，硬化全长23.136公里，1206.8万元。二是扎实抓好“一事一议”财政奖补项目，共实施项目10个，财政总投资198.8391万元。三是配合完成了厦蓉高速征地、拆迁等服务工作，确保了厦蓉高速燕子口段年底完工通车，通村公路及高速公路的修建形成了四通八达的公路网络，极大方便了群众出行。四是加大水利设施建设力度，改善生产生活条件。沔鱼河治理龙洞段2.7公里，已进入投标阶段，龙洞狗跳水库已进入征地阶段；沔鱼河村鱼塘组的山塘新建正在施工中。五是加大多彩贵州文明行动工作力度。共计投入15万元，在公路沿线每村配一至二名保洁员，切实抓好公路沿线保洁工作，投入8万元聘请15人组成保洁队伍对集镇街面及时清扫保洁，集镇街道实行“门前三包”“摊前三包”责任制，乱堆乱倒乱排等不良行为得到有效治。同时以美丽乡村建设为契机，强化各村治理交通主干线两侧农户粪土乱堆，柴草乱垛，垃圾乱倒，污水乱泼，圈舍脏乱现象，有效确保了农户居住环境整洁。加大对集镇交通秩序的整治，确保车辆停放有序，集镇交通畅通；加强对赶集天的市场管理，有序设置流动摊点，对乱扔乱倒行为进行有效的治理。六是按照上级要求大力抓好大南山旅游景点及美丽乡村精品示范点工作，各项工作正有序开展。

【招商引资】 引进贵州省毕节市七星关区永利综合建材厂共投资8500万元，现实际进资1075万元，固定资产投入1.2亿元。

【民生保障】 一是建立健全临时救助台账，规范临时救助对象认定、审核上报、救助标准和救助程序，及时发放临时救助资金，有效解决困难群众突发性、临时性基本生活困难。现共发放临时救助资金6.4万元。二是完成城乡低保核查提标工作，现全镇享受农村低保1348户2689人，月发放低保资金31.3293万元；享受城市低保96户213人，月发放低保资金4.626万元，共发放低保金382.64万元。三是积极为90到99周岁老年人申报高龄补助，现全镇共有62人享受季度人均300元的高龄补助；100周岁以上老年人2人享受季度人均900元的高龄补助。四是积极推动居家养老服务工作的开展。现已完成燕子口镇居家养老服务中心申报工作。大田、庆祝、中沟三个村的居家养老服务站正在申报中。燕子口村幸福院已建成投入使用。黄泥、沔鱼河、龙洞三个村幸福院正在建设中。五是深入开展“三项行动”，统计上报“留守儿童”3358人、“空巢老人”1081人、“残疾人”3083人，其中，“残疾空巢老人”244户272人，“残疾留守儿童”16户17人。及时上报孤儿台账，确保孤儿基本生活费及时足额准确领取。发放困境儿童资金4.86万元，优抚金215.49万元。六是按时申报年满60周岁农村籍退役士兵生活补助；及时发放复员退伍军人，伤残军人、参战退役人员、年满60周岁农村籍退役士兵等各类补助资金。七是敬老院内部精装修基本完工，全院“五保”对象集中供养22人。保障性住房，全镇共建设60套，目前，该项目已全部完工，附属工程即将启动，基本满足居住需要。小康房12户，现已全部动工，年内全面完工。八是危房改造:2015年计划实施危改400户，目前已基本安排落实，动工率85%以上，力争11月初全面完工。

【社会事业】 一是教育工作:小学、初中辍学率为0.5%和1.5%，九年义务教育巩固率92%，高中阶段毛入学率达88.3%，三残儿童入学率达90%。二是全面提高符合政策生育率和避孕节育手术及时，杜绝常住人口政策外出生。共完成避孕节育手术424例，完成年任务的100%，共出生285人，符合政策生育率为95.5%。新建2个村卫生室，改扩建维修18个村卫生室。2015年完成参保38680人，参保率达104.62%，共发放医疗救助资金38.1644万元。三是就业保障服务站建设目前已经完成选址工作。2015年完成新增就业114人。四是牢固树立“以人为本”安全理念，毫不松懈抓好安全生产工作。2015年以来，查处各种安全隐患290条，已整改290条，整改率100%。加强各类自然灾害预测预报，做好防汛、防旱和防火工作，提高防灾减灾应变能力。搞好食品、药品、供水、餐饮等卫生监管工作，保障人民群众生命财产安全。一年来无一起安全生产事故发生。五是加强和创新社会管理，扎实推进“平安燕子口镇”建设。严厉打击黑恶势力、“两抢一盗一骗”等非法犯罪行为，今年破获刑事案件20起。加大对重点部位、重点区域的巡逻防控力度，有效减少治安案件发生，人民群众安全感和满意度明显提升。按照上级要求及时完善“三个四级个案台账”管理体系，进一步畅通信访渠道，建立完善网上信访事件受理及办理制度，引导群体通过网上平台有效反映诉求。六是文化工作扎实开展。加强科技队伍和科普网络建设，大力推进科技创新和技术进步，加强文化基础设施建设，促进文化事业健康有序发展。切实抓好“有线数字电视转换”工程，加强广播电视“村村通”工作。镇综合文化站多功能厅、图书室、电子阅览室、培训室等设备齐全，大大方便了人民群众。七是治理城乡滥办酒席借机敛财不正之风。制定了关于治理滥办酒席借机敛财不正之风工作方案，成立了领导小组，各村分别通过召开会议进行宣传，将治理滥办酒席纳入并修改制订《村规民约》共24个，签订《保证不滥办大办酒席承诺书》6000份，开展治理滥办酒席检查40次，查办违规滥办酒席2件，取消酒席60桌。

【基层组织和党员干部队伍建设】 着力建设廉洁型、服务型政府，2015年内“三公经费”支出同比减少20%。一是按照民主集中制原则，进一步完善了党委议事和决策机制。二是建立健全各项制度，优化干部职工配置。三是着力推行“四议两公开”工作法，认真执行《村干部管理规范》和《村级事务管理规范》，完善了相关制度，规范村干部和村级事务管理，按照《燕子口镇镇村干部“三个按月落实”绩效考核办法》进行月安排月考核，奖勤罚懒，末位淘汰制，经过近一年的工作，充分调动村级干部工作的主动性和积极性。四是认真开展了“三严三实”、整治“为官不为”、深化干部作风建设活动，着力解决干部队伍在思想作风、学风、工作作风、领导作风等方面存在的突出问题。五是继续推进农村党员干部现代远程教育工作的开展。充分发挥远程教育在“四在农家、美丽乡村”建设中的作用，有效地加快了农村脱贫致富进程。

（撰稿人：李变娥）

亮岩镇

【概述】 亮岩镇位于毕节市七星关区东北部，土地面积78.2平方公里，现居住有汉、苗、白等民族，共12个村，159个村民组，6271户，27409人（其中农业人口26595人，非农业人口814人），耕地总面积20062亩（其中稻田2074亩，地17988亩），农业人均占有耕地0.843亩。亮岩镇地跨东经106°，北纬27.5°，平均海拔1100米，平均气温13℃—14℃，年平均降雨量680—690毫米。

亮岩镇属典型的喀斯特岩溶山区，地质构造复杂，地势北高南低，褶皱较大，山峰连绵，重峦叠障，距毕节城区60公里，与燕子口、清水铺、林口、层台等镇接壤、703县道途经核桃、亮岩、合光三个村。气候温和湿润。境内有仙人洞、古杉等自然、人文景观，亮岩村的花厂坡是燕林青苗族同胞进行民俗活动的主要场所，距今已有上百年历史，是典型的待开发的少数民族文化旅游资源。粮食作物主产玉米、小麦、洋芋；经济作物主要以烤烟为主；油料作物有油菜、花生等；煤是亮岩镇的主要矿产资源。太极茶叶是本镇特色产品。全镇现有初级中学一所。亮岩镇小城镇建设目前已基本完工，基础设施建设在不断的完善。

【**经济指标**】 2015年完成工业生产总值1192万元，完成财政税收69.5万元；农民人均可支配收入达到8150元，同比增长15.3%；完成固定资产投资9900万元；金融机构存款1789万元、贷款4372万元，年均增长11%和13.2%。完成招商引资8700万元，好乐购购物广场正常营业，方便群众日常购物需求，飞轮葡萄产业园前期工作有序推进。

【**基础设施建设**】 全镇已基本实现村村通水泥路的目标，共计完成我镇三里田、桥头、飞轮等村通村水泥路建设约26.4公里，通过积极向上级部门争取支持，在原来的基础上又新增断头路和重要连接线硬化共计4公里。通组路硬化已完成1.5公里任务，有4公里正在组织实施，预计2016年投入使用。以水利基础设施建设为契机，加强农村饮水安全工程建设。全年水利设施方面累计投入120余万元，实现了亮岩镇河道清淤、截弯取直等防洪工程改造，推进小水利设施产权普查，做好水源点GPS定位等工作，加强集镇及部分村饮水安全设施的维护维修，有效保障供水。完成投资200万元烟草扶贫新村建设，安装太阳能路灯96盏，花池1800米，通组路建设1.4公里，通村路750米，新建农村文化广场1个。

【**生态文明建设**】 利用标语、宣传栏、发放宣传资料等形式，抓住“6·5”世界环境日、重大节日活动等契机，深入全镇各村组、各厂矿企业进行法律法规和环境保护法宣传，发放固体污染防治、退耕还林、水污染防治等相关宣传资料1000余份。对企业主加强环保意识教育，杜绝企业乱排乱放，促进企业环保生产。森林防火配备了专门的森林防火宣传车走村串户进行宣传并在各村安装了大喇叭滚动播放对森林防火进行宣传。在交通要道及醒目的地方粘贴标语。清明前还在个林区及坟墓区路口张贴防火通告及禁燃烧纸钱和放鞭炮，并与各村、护林员签订了防火责任书。

【**“三农”工作**】 年初以来，亮岩镇坚持做好“一个中心”和“五大文章”，即：做好农业产业结构调整这个中心，统筹做好中草药种植、茶叶种植、烤烟种植、生猪养殖、水产养殖“五大文章”，结合正在开展的精准扶贫和农业板块经济等重点工作，结合各村的资源禀赋，按照“一村一品”的产业格局，大力发展山地特色高效农业。目前卓有成效太极生态农业示范园区已完成投资1000余万元，建设鱼塘48个，投放鱼苗35种100万尾，水产养殖已初具规模，下一步，以乡村旅游为主的山水太极农耕文化体验园项目将陆续上马，农业产业正在不断延伸其服务功能。做大做强太极贡茶产业，新成立太极茶叶专业合作社，建立太极古茶苗圃基地1个50余亩，亩育苗能力10万余株，结合退耕还林工作，实施3370亩茶叶种植，按照发展壮大村级集体经济的要求，太极茶叶专业合作社在正式投产盈利后，每年将为村集体增加3万元—5万元的村级集体经济积累，同时，茶叶种植将覆盖临近飞轮、裕民、桥头3个村和周边乡镇产茶村。继续夯实烤烟种植基础，完成烟叶种植2500余亩，完成烟叶税收30.22万元。扶持生猪养殖产业，桥头村年产4500头生猪养殖场已初具规模。充分发展好林业经济，念好山字经，亮岩村、桥头村分别新建1万羽林下养鸡场，和光村发展辣椒种植300亩，核桃村发展刺梨种植500亩，初步形成“一村一品”的农业产业格局，新发展农业专业合作社15家，稳步提升产业化经营水平，进一步促进农业增效、农民增收。

【卫生计生】 建立健全突发性公共卫生事件应急处理机制，加强疾病预防控制体系建设，切实履行党委政府和有关职能部门的职责，严密监控，加强食品卫生监督管理，执法12次，查处违法行为8起，切实提高医疗保障能力和服务质量。以人口计生“三个按月落实”为抓手，突出抓好优质服务、宣传孕前优生健康检查、综合治理出生人口性别比偏高、流动人口计划生育管理等各项工作。截止到2015年9月30日，镇总人口数为27225人，出生人口184人，同比减少7人，人口出生率6.76‰，同比下降0.29个千分点；死亡人口122人，同比减少22人，人口死亡率4.9‰，同比下降0.4个千分点；人口自然增长率2.27‰，同比下降0.53个千分点；政策外出生8人，符合政策生育率95.5%；落实避孕节育手术229例，占全年手术任务230例的97.8%。

【民生工程】 一是以精准扶贫工作为主要内容，按照“四看法”，做好精准扶贫对象的识别和建档立卡工作，全镇共识别精准扶贫对象1590户4295人。按照深入推进“六个到村到户”和“五个一批”的扶贫攻工作坚思路，利用好“一市五金多套餐”政策契机，落实好精准扶贫小额贷款115户，结合实际开展能繁母牛养殖、山羊养殖、脱毒马铃薯种植等扶贫产业，促进贫困农户有效脱贫；二是以“四关爱”为主要内容，创新社会保障和救助体制，解决好重点、难点和热点问题，目前全镇0—15岁留守儿童1297人（其中困境儿童83人），空巢老人502户，798人，残疾人1768人。采取通过劝返一批、带走一批、集中管理一批、落实重点监护一批的方式，实现了留守儿童帮扶“全结对”，建立“留守儿童之家”6个，配齐了电话、电脑、图书、音体美器材等设施设备，为留守儿童及外出务工父母通过视频、电话联系见面提供了帮助，切实保障留守儿童、空巢老人、残疾人等社会弱势群体的生存权利。确保“四关爱”工作真正落到实处。三是以低保核查为主要工作内容，对照“四有”标准，重新实施低保对象的界定和评定工作，按照应保尽保的原则，依法按章确保农村低保资金的评定和发放体现社会公平。全年农村低保数1415户2132人，月低保金315478元，占比7.09%；城市低保45户62人，月低保金21545元；四是做好医疗救助工作，本年来，共申报医疗救助51例，领取上级医疗救助资金300290元，认真落实城乡特殊疾病困难群众门诊救助政策，严格按照文件精神落实救助工作，切实解决特困群众就医难的问题。五是深化医疗卫生体制改革，完善公共卫生和医疗服务体系，积极落实农村新型合作医疗制度，切实解决农民看病难、看病贵的问题，农村合作医疗参保率达到95%。做好新农保收缴工作，综合参保率达98%以上，续保率97%以上，缴费完成率达100%，及时兑现到龄群众的社会养老保险待遇，为老有所养提供良好的基础。

【文教卫工作】 大力加强学校基础设施建设，扎实抓好义务教育阶段“两免一补”政策的落实，学校营养餐工作有序开展，2015年镇6至11周岁适龄儿童4202人，入学4140人，入学率98.52%；中学在校学生1262人，入学率99%。九年义务教育巩固率达到85%以上，全面完成教育“9+3”中职招生131人的目标任务，完成普通高中招生294人。新大街预设文化娱乐广场1个，完善文化站硬件设施。核桃村建立完善文化娱乐广场2个，大力打造核桃村花厂坡苗族“采花节”娱乐场所1个，让苗族同胞尽情展示民俗风情，丰富其文化娱乐生活。

【社会管理】 加强对煤矿、道路交通、非煤矿山、校园等安全隐患点的专项整治，坚决取缔各类非法采煤窝点、非法矿山等各类事故隐患，对地灾隐患点排查38次，应急避险演练4次，组织对道路交通安全检查45次，从源头上遏制重特大事故的发生，全年未出现安全事故。强化信访维稳工作，严格按照四级排查五步调处工作机制，加大矛盾纠纷、信访案件、信访积案的排查调处工作力度，扎实开展好矛盾纠纷大排查专项行动，一年来共排查出矛盾纠纷229件，化解228件，化解率99.5%。严厉打击“两抢一盗”“黑恶势力”等各类违法犯罪行为，全年刑事案件发案4起，破案3起，破案率75%，治安案件发案18起，破案12起，破案率为66.7%，群众安全感满意度91.4。加强社区戒毒社区康复工作，截至2015年12月31日，我镇共有涉毒人员81人，其中社区戒毒13人，社区康复6人，在场所5人，戒断巩固三年未复吸11人，管控地区不属于七星关区的39人，信息有误的7人，享受低保的2人，贩毒人员15人，大力开展禁毒预防宣传教育工作，覆盖面达95%以上。

【党建工作】 1．发展型服务型党组织建设。强化三支队伍建设，加强领导班子党委中心组政策理论学习，充分发扬民主集中制，重大事项召开党政联席会议集体研究决定；对镇、村干部实行积分量化考核，打破吃“大锅饭”局面；问责违纪干部和村干部，调整不胜任村干部，及时兑现离任村干部生活补贴；注重党员教育管理和发展工作，落实“三会一课”制度，完善流动党员联系管理制度，重要节日慰问贫困党员，发展党员11人，预备党员转正7人；加强“一核多元”服务体系建设，提高基层组织服务能力。完善服务阵地功能。维修合欢村活动场所100平方米，维修三里田村动场所145平方米，新修飞轮村活动场所200平方米；严格落实村干部值班服务制度，并规范做好值班记录、公章使用管理记录、为群众办事记录；12个村设立驻村食堂。健全服务组织。组建村民理事会，村民组长定期不定期组织村民说事议事、商讨重大事务、宣传政策法规、落实民生政策、提供公共服务、办理公益事业、化解矛盾纠纷，履行监督职能。建强服务队伍。开展同步小康驻村工作，9个同步小康村派驻“第一书记”，配齐配强村民组长，兑现村民组长补贴，发挥村民组长的“六大员”作用。强化服务保障。按时落实村干部报酬经费和村级组织办公运转经费；全面推行“四议两公开”工作法、文朝荣群众工作“六法”，落实各项民生政策。加强村级场所规范化建设。设置便民利民服务室、党员活动室、道德讲堂等，配置办公用品，悬挂值班公示牌，明确当日值班村干部或驻村干部的姓名、职务、联系电话等，方便群众办事，强化党务、村务、财务公开和临时性公开等。加强“五有”建设，规范村级服务管理。12个村级党组织认真贯彻执行“三会一课”、民主评议党员、“四议两公开”制度，深入学习中共十八届四中全会精神和习近平总书记系列重要讲话精神，让党员群众心中有党；各村制定发展壮大村级集体经济计划，认真开展党员创业带富工作，经区委组织部审核通过符合条件的6名党员发放贴息贷款共计54万元，让党员群众创业有为；加大对村级后备干部的培养，全年考察村干部1人，村级党组织培养积极分子14人，发展党员6人，让村级组织办事有人；各村把整脓治乱、道路管护、森林防火等纳入村规民约，规范约束村民日常行为，让村级组织管理有序；认真执行村干部代办制度、预约服务制度、巡回服务制度，做好服务记录。组织村党支部书记、村主任参加区委组织部举办的培训班，提高村干部服务群众的能力，转变村干部工作作风，解决群众办事难问题，让村级组织有效服务群众。2．思想政治和精神文明建设。举办“小学生文明礼仪知识竞赛”“五进五促”“积德榜”“我推荐，我评议身边好人”“明礼知耻崇德向善”“讲文明、树新风”“赶场天赛起来”活动，弘扬社会正能量。3．统战工作。对台胞台属进行摸底排查登记，建立党外副科（副高级职称）干部信息库，对信教群众和宗教活动场所进行排查和登记，12个村聘请非公有制经济人士担任“名誉村主任”，大部分“名誉村主任”发挥积极作用，及时上报统战工作信息。4．团的工作。亮岩中学组织学生参与植树造林100亩，利用重要时间节点加强青少年思想道德教育；发展团员400名，及时上缴团费540元。5．妇联工作。在各村创建妇女之家并挂牌，在核桃村打造一个示范妇女之家，关注留守妇女。开展寻找“最美家庭”推荐评选活动，抓实妇女乳腺癌筛选检查工作，并登记造册。6．老干工作。开展法制宣传教育活动，对青少年进行科技培训，组织关工委“五老”人员进行培训，并到学校与青少年交流。7．科协工作。认真开展科普宣传5场次，开展科普培训1125人次。

【其他工作】 制定出台镇、村干部量化积分考核方案，镇干部分驻村干部、办公室业务人员、特殊工作人员进行考核，设置奖惩加减分，年终得分作为评先选优和提拔使用的依据。村干部从岗位职责、岗位目标进行考核，岗位目标中有三农工作、基层组织建设、计划生育、信访维稳、安全生产、违章建筑、治理滥办酒席、文教卫生、社会保障、多彩贵州文明行动、危房改造、党风廉政、临时性工作等13项构成，还有加分和一票否决。严格按照2个方案对镇、村干部进行了量化考核。加强档案安全管理，明确专人对档案认真收集整理，共扫描文件45盒152■件，完善档案目录，科学化电子管理。对各种在网络上公开的信息严格把关，涉密计算机严禁连接外网，做到涉密不上网，上网不涉密。明确人员定期向区委办、区政府报送信息和调研文章。

（撰稿人：党政办）

林口镇

【概述】 林口镇位于七星关区北部，距区约60公里，地处云、贵、川三省交界处，素有“鸡鸣三省”之称。辖区面积136.70平方公里，地势属中低山丘地貌，海拔在730米至1930米之间，地势起伏较大。年均降雨量是1370毫米，全年无霜期为230—260天，雨量充沛，气候怡人。全镇辖16个行政村，89个村民组，总人口37051人，其中少数民族占全镇总人口的24%左右（主要是苗、彝、穿青人等）。有丰富的硫、铁、煤、锰等矿产资源和水能、自然、人文资源，天生桥溶洞、土司三眼洞遗址、土司庄园遗址和大大小小的地下河，特别是从渭河电站至三岔河有6公里的鸡鸣三省大峡谷，落差达100余米，两岸巨壁擎天，气势恢宏，具有发展人文旅游和生态旅游的绝好优势。全镇现有耕地3万亩，其中退耕还林近万亩，荒山造林5000余亩，退耕还林工程已初步获得了良好的经济和生态效益。

【经济指标】 完成财政收入90余万元，烟叶税收70万元，其他税收20万元。招商引资签约项目3个，签约资金1.3亿元，实际到位资金1.153万元，固定资产投资3000余万元，农民人均纯收入增长10%。

【基础设施建设】 社会保障中心建设工作，选址、征地和图纸设计结束，现场地已平整完毕。二里半至林光通村水泥路2.4公里、青山至白光3.2公里、林光至渭河2.8公里、大地至中坝1.2公里全面完工。一事一议完成排污沟1000米、通组路4.43公里、公厕一个，路灯正在准备灯座，280盏路灯即将安装。

【生态文明建设】 利用标语、宣传栏、发放宣传资料等形式，抓住“6·5”世界环境日、重大节日活动等契机，深入全镇各村组、各厂矿企业进行法律法规和环境保护法宣传，发放固体污染防治、退耕还林、水污染防治等相关宣传资料800余份。对企业主加强环保意识教育，杜绝企业乱排乱放，促进企业环保生产。森林防火配备了专门的森林防火宣传车走村串户进行宣传。在交通要道及醒目的地方粘贴标语。清明前还在个林区及坟墓区路口张贴防火通告及禁燃烧纸钱和放鞭炮，并与各村、护林员签定了防火责任书。

【“三农”工作】 开展新型农民工培训8人，新增种植牧草200亩。农户散种蔬菜5000亩，专业合作社种植蔬菜1200亩。2641亩刺梨种植土地丈量基本结束并与公司签订种植协议，完成烤烟种植3100亩。

【卫生计生】 卫生院、计生服务站、村卫生室改造不断加强。深入推行“双诚信双承诺”和“诚信计生卡”制度，人口和计划生育服务水平明显提升，全年征收社会抚养费53万余元，人口出生率达9.13‰，常住人口符合政策生育率达96.65%，流动人口符合政策生育率达84.8%，出生人口性别比为106.8，长效避孕措施落实率达96%，常住人口妇检率达100%。全面推行“三按月”绩效考核工作模式，设立流动人口“亲情视频”聊天室，免费提供“亲情视频”聊天300余人次。

【民生工程】 认真开展精准扶贫工作，对贫困人口和贫困村进行调整和动态管理，制定精准帮扶方案，对贫困人口实行结对帮扶。“四在农家美丽乡村”建设完成小康房5户，完成小康寨村庄整治6个，启动房屋改造198户，完工115户。危房改造128户全部分配到各村并基本竣工，扎实开展农村危房改造工程整治铸廉行动，调整和清理不符合条件的农户2户，对整改较好的危改农户及时划拨资金。严格按照程序核查农村低保，组织对全镇1654户3492人进行低保核查，确定低保户1153户2134人，在原来的基础上减少享受低保的501户1358人。

【文教卫工作】 完成学前教育招生603人，小学适龄儿童入学率99.5%，义务教育巩固率100%，初中毕业升学率100%，小学辍学率0%，初中辍学率2.16%。完成中职招生349人、特殊教育招生3人。新建2个幼儿园，一个“三通一平”结束，另一个主体工程建设完成。学校安全和环境卫生治理不断加强，聘请保安加强学校寄宿制学生管理，联合派出所加强学校周边环境整治，严厉打击危害学生安全的行为，确保学校周边治安秩序良好。开展群众文化活动12场次，配合上级建设农民体育健身场所。城乡居民医保应参合人数34947人，剔除举家外出8421人，实际参合人数25649人，参合率为96.6%，门诊报账139.73万元。加强食品安全和村级卫生室管理，对农村宴席和学校食堂进行备案登记，并定期或不定期进行调查，对存在的问题限期整改，杜绝食品和药品安全事故的发生。完成“一会两站”挂牌和配置人员，并认真开展宣传和维权工作。

【社会管理工作】 1．依法治区工作。以深入开展法制宣传教育为基础，以推进法律六进工作为载体，全面推进法治林口创建工作进程，领导干部和国家公务员依法办事、依法行政能力明显提高，基层民主法治建设稳步推进。2．矛盾纠纷大排查工作。接待来访群众76批次、92人次，群众所反映的76件事项已全部办结，办结率为100%。完成上级交办24起信访事项并书面答复信访人。排查出各类矛盾纠纷102起并建立台账，其中综治维稳中心排查上报15起（城乡建设问题4起，纪检监察问题1起，教育文体问题4起，其他问题6起），各村排查上报87起（国土资源问题39起，家庭纠纷10起，邻里纠纷38起）。102起矛盾纠纷中6起是林口镇权限内不能化解的已上报到区委群工部，其余96起已全部化解。3．社会治安大整治工作严打“两抢一盗一骗”。辖区内刑事案件发案16起，破案率100%；治安案件发案19起，办结率100%。严打毒品违法犯罪。办理吸毒案件4起，行政拘留吸毒人员4人。交通大整治工作严查非法营运车辆尤其是面包车，严厉查处黑车和超载现象，检查过往面包车、二轮摩托车200余辆，办理摩托车入户600余个，办理驾驶证500余个。

【党建工作】 1．发展型服务型党组织建设。强化三支队伍建设，加强领导班子党委中心组政策理论学习，充分发扬民主集中制，重大事项召开党政联席会议集体研究决定；对镇、村干部实行积分量化考核，打破吃“大锅饭”局面；问责违纪干部和村干部，调整不胜任村干部，及时兑现离任村干部生活补贴；注重党员教育管理和发展工作，落实“三会一课”制度，完善流动党员联系管理制度，重要节日慰问贫困党员，发展党员12人，预备党员转正7人；加强“一核多元”服务体系建设，提高基层组织服务能力。完善服务阵地功能。改扩建灯塔村活动场所200平方米以上，新建青山村活动场所300平方米以上；严格落实村干部值班服务制度，并规范做好值班记录、公章使用管理记录、为群众办事记录；16个村设立驻村食堂。健全服务组织。组建村民理事会，村民组长定期不定期组织村民说事议事、商讨重大事务、宣传政策法规、落实民生政策、提供公共服务、办理公益事业、化解矛盾纠纷，履行监督职能。建强服务队伍。开展同步小康驻村工作，6个同步小康村派驻“第一书记”，配齐配强村民组长，兑现村民组长补贴，发挥村民组长的“六大员”作用。强化服务保障。按时落实村干部报酬经费和村级组织办公运转经费；全面推行“四议两公开”工作法、文朝荣群众工作“六法”，落实各项民生政策。加强村级场所规范化建设。设置便民利民服务室、党员活动室、道德讲堂等，配置办公用品，悬挂值班公示牌，明确当日值班村干部或驻村干部的姓名、职务、联系电话等，方便群众办事，强化党务、村务、财务公开和临时性公开等。加强“五有”建设，规范村级服务管理。16个村级党组织认真贯彻执行“三会一课”、民主评议党员、“四议两公开”制度，深入学习中共十八届四中全会精神和习近平总书记系列重要讲话精神，让党员群众心中有党；各村制订发展壮大村级集体经济计划，认真开展党员创业带富工作，经区委组织部审核通过符合条件的5名党员发放贴息贷款共计37万元，让党员群众创业有为；加大对村级后备干部的培养，全年考察村主任助理7人，村级党组织培养积极分子16人，发展党员3人，预备党员转正1人，让村级组织办事有人；各村把整脏治乱、道路管护、森林防火等纳入村规民约，规范约束村民日常行为，让村级组织管理有序；认真执行村干部代办制度、预约服务制度、巡回服务制度，做好服务记录。组织村党支部书记、村主任参加区委组织部举办的培训班，提高村干部服务群众的能力，转变村干部工作作风，解决群众办事难问题，让村级组织有效服务群众。2．思想政治和精神文明建设。举办“小学生文明礼仪知识竞赛”“五进五促”“积德榜”“我推荐，我评议身边好人”“明礼知耻崇德向善”“讲文明、树新风”活动，弘扬社会正能量。3．统战工作。对台胞台属进行摸底排查登记，建立党外干部后备库，对信教群众和宗教活动场所进行排查和登记，16个村聘请非公有制经济人士担任“名誉村主任”，大部分“名誉村主任”发挥积极作用，及时上报统战工作信息。4．团的工作。由各中学组织学生参与荒山造林120亩，利用重要时间节点加强青少年思想道德教育；发展团员150名，及时上缴团费200元。5．妇联工作。在各村创建妇女之家并挂牌，在林前村打造一个示范妇女之家，关注留守妇女。开展寻找“最美家庭”推荐评选活动，抓实妇女乳腺癌筛选检查工作，并登记造册。6．老干工作。开展法制宣传教育活动，对青少年进行科技培训，组织关工委“五老”人员进行培训，并到学校与青少年交流。7．科协工作。认真开展科普宣传3场次，开展科普培训1500人次。

【其他工作】 制订出台镇、村干部量化积分考核方案，镇干部分驻村干部、办公室业务人员、特殊工作人员进行考核，设置奖惩加减分，年终得分作为评先选优和提拔使用的依据。村干部从岗位职责、岗位目标进行考核，岗位目标中有三农工作、基层组织建设、计划生育、信访维稳、安全生产、违章建筑、治理滥办酒席、文教卫生、社会保障、多彩贵州文明行动、危房改造、党风廉政、临时性工作等13项构成，还有加分和一票否决。严格按照2个方案对镇、村干部进行了量化考核。加强档案安全管理，明确专人对档案认真收集整理，共扫描文件57盒1350件，完善档案目录，科学化电子管理。对各种在网络上公开的信息严格把关，涉密计算机严禁连接外网，做到涉密不上网，上网不涉密。明确人员定期向区委办、区政府报送信息和调研文章。

（撰稿人：党政办）

清水铺镇

【“三农工作”】 2015年年初以来，全镇始终坚持农业的基础地位不动摇，大力发展生态农业、特色农业、观光农业以及乡村生态旅游业。充分利用生态优势、气候优势，抓好以橙满园水果产业园区建设，不断扩大水果产业规模，逐步扩大赤水河沿线特色经果业的发展，充分发挥规模效应和作用，着力打造清水铺镇“一乡两园”：“毕节试验区橙子之乡、乡村旅游示范园、生态农业观光园”的品牌。认真抓好“绿化毕节”行动，全面完成5942亩退耕还林和3730亩荒山造林任务，并以此为契机，充分利用好区委扶持农业特色产业发展的政策和优惠条件，鼓励和引导社会资金投入农业农村，以大地村许家沟经果林合作社为核心，覆盖全镇，栽种清脆李、脆红李，林间套种辣椒、萝卜等低矮作物，以短养长，完成7000亩以上以李子为主的水果产业发展，着力加快农业产业结构调整步伐，推进特色产业规模化、规范化、标准化发展，稳步提升产业化经营水平，进一步促进农业增效、农民增收。橙满园村民彭金文，领头成立蜜源有机蜜蜂养殖专业合作社，目前，年收入已达100万元以上；橙满园村涂国林创办图佳面业面条加工厂，投入2000余万元，年收入200万元以上。

【安全生产】 按照年初制订的工作目标任务，镇党委政府认真落实属地监管的责任，督促企业全面落实好安全生产主体责任，加强巡逻巡查，加强日常监督和管理，坚决杜绝重大及以上安全事故，坚决遏制较大事故，减少一般性事故。强化道路交通，非煤矿山、烟花爆竹、消防、森林防火的专项整治，加强客货车辆、农用车、摩托车等车辆监管，深入开展食品、药品安全整治，切实保障人民群众身体健康和生命财产安全，目前为止，全镇未发生一起安全责任事故。

【整脏治乱】 增加公路沿线和集镇环卫设施，做好“门前三包”工作，建立镇村联动监督检查队伍和环卫队伍，对公路沿线村寨和集镇主次干道做到全覆盖，加强背街小巷和机关单位办公区域整治，垃圾做到日打扫日清运，日督查，周通报，月考核，季兑现，创造干净整洁的人居环境，在前三季度检查排名中均靠前。

【教育工作】 深入实施教育“9+3”计划，以控辍保学为核心，以提升教育教学质量为重点，积极筹措和争取资金，努力加大教育投入，整合教育资源，巩固教学成果，改善办学条件，提高教学质量。切实加强教师队伍建设，严格落实清水铺镇教师管理规定，确保教师队伍相对稳定，有效提高教育教学管理水平。认真做好学生营养改善计划，结合实际制定各校营养改善计划实施方案，认真做好信息公开，加强资金监督管理和使用，确保采购、储存、加工、分配各个环节符合安全要求。进一步建立健全学校安全管理体制，切实加大学校周边及学校内部安全巡逻力度，定期不定期开展学生管制刀具的收缴，确保学校安全工作得到有效保障。大力推进学校项目工程建设，确保学生宿舍、教师周转房、幼儿园建设有序推进。

【民生建设】 加大农村贫困人口救助面，完善农村特困人口救助制度，按照应保尽保的原则，依法按章落实好农村低保资金的评定和发放。落实“五保户”供养政策，搞好现有“五保户”统一集中供养管理，解决“五保户”“特困户”住房困难问题。“四关爱”工作有序推进，党政主要领导亲自过问，分管领导具体抓，设立专门的办公室，明确专人负责此项工作；目前全镇留守儿童2919人（其中，0—14岁2691人，无监护人的14人，0—14岁无监护人的6人），困境儿童85人，空巢老人1214人，残疾人2302人。采取通过劝返一批、带走一批、集中管理一批、落实重点监护一批的方式，实现了留守儿童帮扶“全结对”，确保“四关爱”工作真正落到实处，特别是多方筹措资金10万余元，由学校集中统一管理。深化医疗卫生体制改革，完善公共卫生和医疗服务体系，积极落实农村新型合作医疗制度，切实解决农民看病难、看病贵的问题。加强各种传染病和重大动物疫病的防控，保障人民群众生命健康安全。维护妇女、儿童合法权益，关心老龄人、残疾人生活。加强对弱势群体的关注和救助，妥善解决好困难户、地质灾害点移民搬迁等群众的生产生活问题。完善新型农村医疗保障体系，巩固农村合作医疗成果，农村合作医疗参保率达到了105%。大力推进城乡居民社会养老保险工作，城乡居民社会养老保险参保率达到了90%。积极开展社会关爱行动，继续做好流浪乞讨人员、空巢老人、留守儿童、孤残人员的救助工作。

【精准扶贫】 按照区委、区政府的要求，以“六个到村到户”为抓手，整合各类项目和资金，进一步创新扶贫方法、手段和渠道，认真落实“一市五金多套餐”政策，采取产业发展带动一批、小额贴息贷款帮扶一批、政府兜底帮扶一批的方式，大力实施精准式扶贫，对扶贫对象实行动态监管，做到户有卡、村有册、镇有簿。到目前为止，共申报小额扶贫贷款112户，放贷60户，发入贷款137.6万元，贴息28.196万元。

【计生工作】 继续按照“底子摸实、阵地夯实、责任落实、工作做实”的要求，认真抓好“三按月”工作，突出宣传教育，创新方式方法，落实全程跟踪管理服务工作，杜绝政策多孩，稳定低生育水平。

【政法工作】 认真抓好信访维稳工作，健全完善矛盾纠纷排查调处机制，将矛盾纠纷排查化解工作抓实、抓好、抓出成效。进一步落实三级联动视频接访机制，加强重点人群的管控，推进信访积案和突出矛盾纠纷问题化解，杜绝进京、赴省、到市区集体访。坚持源头治理、动态管理、应急处置有机结合，实现“家庭纠纷邻里纠纷不出组、惠民政策问题不出村、群众公共诉求不出镇、法规权限矛盾不上交”的目标。强化社会稳定风险评估，建立完善维稳应急机制，确保不发生重大突发性、群体性事件。完善信访维稳信息平台，大力加强社会治安工作。以人民群众对公共安全的需求为导向，以提升人民群众安全感满意度为目标，围绕群众满意度找差距，全面加强社会治安工作，确保治安案件和刑事案件明显下降，全镇总体社会治安形势明显好转。改进和提升公安、法庭、司法、综治、窗口部门、村服务态度和服务水平，创造安定有序、公平正义、优质高效的社会环境，在全市安全感满意度测评中满意率达94%。

【特色小城镇建设】 充分用好用活全省100个示范小城镇建设的优惠政策，依托特有的地理区位优势和生态旅游资源优势，以国土部门土地整治项目和扶贫生态移民项目推进独山湖治理，着力打造生态宜居美丽小城镇。大力推进连心路建设，争取尽快启动实施连心路项目，连接和带动新老街区的进一步发展。进一步修改完善清水铺镇集镇总体规划，不断完善群众休闲娱乐广场、住宅小区、生态小公园建设。严格土地管理工作，坚决打击违法建筑，全面启动新建房屋的统一规划，着力打造美化亮化、设施一流、功能齐全的特色宜居小镇，结合特色旅游拉动饮食业，逐步提升我镇整体投资软实力，加快特色集镇建设步伐。

【基础设施建设】 一是庆坪流域治理项目圆满完成，该项目投资947万元，成功在后山村、大地村、东山村实施坡改梯、山塘治理、机耕道建设等水利工程，并配套种植经果林，有效改善我镇生态环境，实现生态效益和经济效益双丰收。二是全面启动污水处理厂建设：清水铺镇污水处理厂拟投资1062.87万元，日处理能力为800立方米污水，占地面积1690平方米，管网长度9325米，管网标准DN200—DN300，由贵州生态环境运营管理公司承建，今年八月已开工，目前建设中。三是通村水泥路建设工程稳步推进。在2014年已建成28.9公里通村水泥路的基础上，积极向上级部门争取支持，有序地启动大地、兰田、晓沟、宁家、法沙、橙满园等54.074公里通村水泥路建设。目前已完成路面26公里，形象进度达到60%左右。四是成功完成连心路建设，2015年3月启动了老街和新街连接路300米的连心路建设，投资约1000万元，该工程现已全面完工并投入使用。

【机关自身建设】 一是注重提升执行力。进一步完善依法决策、科学决策、民主决策机制，完善政府规章、规范性文件合法性审查备案制度。自觉接受镇党委、人大的工作监督、法律监督。支持纪委依法独立履行监督职责。积极支持工、青、妇等人民团体发挥作用。深化政务村务公开。积极推进便民利民服务中心设施建设，围绕“办事更快捷、服务更优质、作风更踏实、行为更规范、群众更满意”的工作目标，优化政务环境，完善服务功能，转变服务方式，简化办事程序，提高服务效率。强化政府危机管理，切实提高应对危机和处置突发公共事件的能力，妥善处置各种灾害和突发公共事件。二是注重作风转变。认真落实中央“八项规定”和省委、市委、区委“十项规定”，以深入开展“三严三实”专题活动为契机，切实解决工作中出现的作风突出问题。始终坚持解放思想和开拓创新，不甘落后、奋勇争先，敢与快的比速度、敢与优的比结构、敢与强的比效益、敢与好的比质量，努力使观念思维、体制机制、工作措施等与新的形势和要求相适应。努力营造勇于创新的良好环境，崇尚创新、宽容失败，以创新推动新一轮跨越发展。坚持深入基层、深入实际，想群众之所想、办群众之所急、帮群众之所需，从小事抓起，从细节抓起，狠抓落实、破解难题、创建佳绩，以实实在在的工作成效取信于民。三是注重廉洁自律。不断巩固党的群众路线教育实践活动中取得的工作成效，坚持走群众路线，以“干部清正、政府清廉”为目标，不断完善反腐倡廉制度体系，提高廉政风险防控管理工作水平。认真研究新形势下违纪违法案件发生的特点和规律，积极探索查办案件工作的有效途径和方法。认真落实“一岗双责”责任制，严格执行廉政准则和领导干部报告个人有关事项制度，大力推行经济责任审计制度，深入开展廉政建设和反腐败斗争，预防和严惩各种违法违纪行为。

（撰稿人：韩晓晓）

生机镇

【概述】 生机镇位于七星关区东北部的赤水河畔，地处北纬27° 05′ ~27° 56′ 、东经105° 05′ ~105° 55′ 之间，东与清水铺镇相连、南与亮岩镇相临、西与团结乡接壤，北与四川省叙永县的赤水镇、石坝乡隔河相望，镇行政办公中心所在地经703县道离七星关区城区88千米，经704县道离七星关区城区78千米；生机镇辖区境内地貌多样，地势东南高西北低，最低海拔570米，最高海拔1930米，海拔相对高差1360米，年平均气温14° C左右，年平均降雨量900毫米左右，无霜期230天左右。辖区总面积119.8平方千米，现有耕地面积31820亩，其中水田7750亩，旱地24070亩，森林覆盖率46.8%；全镇辖12个行政村（其中，葛铺村、坡上村、大寨村和镰刀湾村4个村为省级一类贫困村）161个村民组，2015年年底，共有9334户42223人，有苗族、彝族、白族、蒙古族等少数民族居住；辖区内主产玉米、水稻、小麦、洋芋、红苕等粮食作物和烤烟、油菜、西瓜、茶叶、木耳、金针菇、花生、柑橘、桃、李、梨、核桃、板栗等经济作物；矿产资源主要有煤、硫、铁、大理石等。

【农业产业化】 1. 继续抓好农业板块规划种植，拓展增收渠道，促进农民增收。完成葛铺村、镰刀湾村、耿官村和坡上村玉米粮增工程共计1500亩，补助盛农3号玉米种子600公斤；完成春播面积110990亩，杂交玉米种植21000亩，黄豆种植5800亩，杂粮种植14020亩，蔬菜种植18120亩，花生种植520亩，红苕种植1800亩，马铃薯种植24450（其中：脱毒马铃薯5000亩），水稻移栽8000亩。在镰刀湾村、谢家村规划种植软籽石榴600亩。2. 提升服务质量，加快畜牧业发展。注射猪瘟疫苗18000头，密度99.2%，其中补免4000头份；注射猪五号病疫苗17950头份，密度97%，补免2000头份；注射猪蓝耳病疫苗15960头份，密度86%，补免1020头份；注射牛五号病疫苗2480头份，密度96%；注射羊五号病疫苗930头，羊炭疽菌苗280头；注射鸡新城疫Ⅰ系、Ⅱ系苗80000羽，禽流感疫苗94320头羽。查勘理赔死亡能繁母猪2头，产地检疫运输家畜2100头，肉品检验肉尸221具，耕牛冷冻榆配320头。门诊治疗畜禽1352头，定点监测生猪养殖户5户。继续服务好引资8000万元的幸福大街建设工程，坚持以“创业优先，办厂优先，建企优先”的原则，制定了一系列帮扶激励机制，鼓励群众发展中小企业。目前已建成养鸡场4个，年产肉鸡10000羽，产蛋20000只；建成生猪养殖场3个，年出栏肥猪3000头。

【计划生育】 全面提高人口素质，促进人口与经济协调发展。牢固树立“以人为本、优质服务”的理念，认真落实“三按月”考核制度，以实现年度人口目标计划为核心，严格控制人口增长，杜绝政策外出生，实现人口出生率和人口出生自然增长率“双降”目标。建立和完善“依法管理、村民自治、优质服务、政策推动、综合治理”的工作机制，全面推行“双承诺、双诚信”的村民自治管理模式，签约率达95以上，履约率达90%以上。各类计生奖励优惠政策、资金均按要求100%兑现。

【社事民生】 1．抓好农村医疗和社会养老保险工作，不断完善社会保障体系。2015年，全镇城乡居民基本医疗保险实际参保人数31419人2199330元，参保率达98%；城乡居民社会养老保险工作应参保目标任务数为16188人，目前实际完成19454人，参保率达108.16%；缴费目标任务数为1208658元，实际完成收缴金额1164800元，完成率为96.37%。参保率、缴费目标完成率均排全区第一。2．做好民政救济工作，保障困难群众生产生活。开展2015年城乡低保审核审批工作，严格按照低保审核审批流程，对全镇12个村的低保进行了审核，目前全镇享受农村低保的有1605户3198人，享受城市低保的有12户21人，与2014年1652户3578人相比减少了47户380人。敬老院入住38人，入住率为95%。五保供养249人（其中集中供养34人、分散供养215人）。

【信访维稳】 认真落实“一岗双责”，按照“谁主管、谁负责”的原则，牢固树立“稳定压倒一切”的执政理念，正确处理改革和发展的关系，深入推进“社会矛盾化解、社会管理创新、公正廉洁执法”三项重点工作。围绕综治维稳信访目标，加大矛盾纠纷排查调处力度，着力做好信访维稳工作，特别是确保春节、“两会”等重大节假日和政治活动期间社会稳定。积极排查、化解矛盾纠纷，打击违法犯罪。成功办结了刘洪禹、张永、王加彬信访积案，促进生机镇经济社会和谐稳定。组织开展夜间治安巡逻100余人/次。

【安全生产】 认真落实“双线”目标管理和“一岗双责”责任制，扎实开展常规与节假日相结合的巡查检查、宣传教育活动，严格打击违法行为，制作、张贴安全生产宣传标语、横幅30余条/幅，安全生产宣传栏一个。截至目前，暂未发现重大安全隐患，未发生安全生产事故。

【人大、武装、党风廉政建设、精神文明】 依法开好人代会和主席团会议，保证人大各项职权得到有效行使，开展代表小组活动，组织视察调查，服务全镇工作。贯彻落实中央、省、市、区统战工作会议精神，围绕中心，服务大局，充分发挥统一战线的优势和作用。全面推进党管武装工作，扎实开展国防教育，完成征兵11人。加强精神文明建设，促进“农家书屋”及村级农民体育健身广场建设；积极配合相关部门开展“扫黄打非”；完成“村村通”工程465套，集镇街道所在地实现了数字电视全覆盖；扎实开展“百万公众网络学习”活动，累计参加人数近6000人。深化党风廉政建设责任制落实，切实加强领导干部管理，治庸提能、治懒增效、治散正气、治贪正纪，创新工作机制，在全市率先设立首家廉政教育服务中心，强力推进“四风”突出问题专项整治。加强对工会、共青团、妇联等群团组织的领导，充分发挥他们的桥梁纽带和助手作用。抓好办公室建设工作，进一步规范公文管理、档案管理、国资管理、出差管理、车辆管理和食堂接待管理，强化信息报送，严把政治关和质量关，切实做好应急、督查、机要、保密、民族宗教等工作。

【精准扶贫】 全面组织开展干部遍访贫困村贫困户，经甄别、筛查，全镇现有贫困人口2469户7885人，已全部录入精准扶贫系统2469户7885人，其中，2014年已脱贫226户941人；2015年计划脱贫523户2267人；年度内已完成523户2267人。截至12月20日，已申请“一市五金多套餐”政策扶持528户，已落实放贷189户，发放贷款440.7万元；获放贷后已落实政策157户，其中，养牛146户，养鸡6户，养羊5户。

【小城镇建设】 投资约8000万元的幸福大街建设工程人行步道地砖、绿化、排水排污修建、排污管道安装、行道树种植等工程已全面完成；已建成综合农贸市场2400平方米、公交客运中心2100平方米。继续推行扶贫生态移民工程“生机模式”，在2014年已实施241户1085人的基础上，2015年继续在幸福大街实施300户1300人。投入资金10余万元进一步完善集镇老街基础设施建设，更换节能照明路灯、购置果皮箱等，明确专人负责，落实垃圾车、宣传车等，为全镇创卫生文明城镇，树立“英雄生机”品牌形象打下坚实基础。

【基础设施建设】 在已实施镇江村、庆坪村、峨峰村、谢家村、大寨村、镰刀湾村通村水泥路硬化共计49.7千米的基础上，2015年实施通村水泥路（断头路、重要连接线）建设项目共计52.163千米，其中：联合村2.236千米项目已基本完工，其余工程正在紧张施工中。实施通组（寨）路硬化5.406千米，目前，工程已全面完工。推进赤水河沿线厦蓉高速可视范围内4个村5个点（镰刀湾村李家寨、高流村林坪组、高流村王家山组、庆坪村崔家沟组、镇江村十字坪组）以及谢家村赵家寨组“四在农家·美丽乡村”示范创建工作。小规模土地开发整理、水利基础设施建设等项目建设取得突破性进展。

（撰稿人：梅　霞）

团结彝族苗族乡

【经济指标】 2015年团结乡农村常住居民人均可支配收入增幅达11%、城镇常住居民人均可支配收入增幅达9%；完成固定资产投资4760万元，超任务完成1760万元；完成招商引资0.8亿元。

【农业产业化】 2015年，全乡共完成14905吨粮食种植；完成544吨烤烟种植；完成5103.8亩刺梨种植及日常管护；巩固了银山村300头规模化养殖场1个，全乡已成立农业专业合作社10家。发展规模养殖场13家，发展50头以上生猪养殖大户20余户，发展规模养羊4户。截止到2015年年底，全乡共有306户贫困户申请“精准扶贫小额贷款贴息资金”用于发展种植、养殖业，农商行已发放贷款225户538.3万元，政府贴息113余万。已落实套餐项目195户，其中：能繁母牛养殖193户，黑山羊养殖1户、本地鸡饲养1户。2015年计划减贫825人，贫困村出列3个，即新中、青龙、团结。

【农业板块经济】 团结乡在区委、政府的正确领导下，在上级各部门的关心支持下，紧紧围绕突出特色主导产业发展、促进农民持续增收为目标，以转变农业发展方式为主线，坚持走山地高效生态农业发展道路，坚持“生态产业化，产业生态化”的发展理念，着力发展高效生态农业板块经济，推进农业生产经营专业化、标准化、规模化、集约化发展，全面提高农产品品质、竞争力和标准化生产水平，实现农业、林业、畜牧业持续、健康、快速发展，推动农民走出贫穷、农业走向市场，为“决战贫困、提速赶超、同步小康”奠定坚实基础。目前已新增马铃薯二级种薯300亩，新增特色经果林7400亩，其中刺梨5300亩，李子1700亩，五星枇杷400亩，生态畜牧业，其中羊360只，猪1500头。新增蔬辣椒5500亩。

【基础设施建设】 完成团结至青林村、新田至新中、青林至三省界通村水泥路共21.78公里公路建设和新田村至海嘎老林边6公里断头路建设。推进新田村建设辣椒基地项目，建成广场1个，通组路9.54公里，路灯安装60盏。投资2万元实施了集镇防洪大沟维护和清淤，确保了集镇防洪安全。

【文教工作】 教育方面：扎实抓好义务教育阶段“两免一补”政策的落实，全乡小学入学率99.82%，中学入学率100%。九年义务教育巩固率达到86.5%以上，全面完成教育“9+3”中职招生198人的目标任务，完成高中121人、特殊教育4人的升学指标；搞好控辍保学，确保小学、初中辍学率分别控制在1.8%和2.8%以内，入学率达到99%和95%，建成中心幼儿园1个并投入使用。文化方面：组建了文艺宣传队1支，开展活动45场次，广播电视实现户户通的目标。

【卫生事业】 建立健全突发性公共卫生事件应急处理机制，加强疾病预防控制体系建设，切实履行党委政府和有关职能部门的职责，严密监控，加强食品卫生监督管理，执法35次，查处违法行为5起，切实提高医疗保障能力和服务质量。投资45万元新建3个村卫生室，维修2个村卫生室。

【计划生育】 加强卫生规范和改造，实现卫计合并，截止2015年9月30日，共出生人口205人，其中常住人口出生126人，常住人口符合政策生育率为95.23%；流动人口出生79人，流动人口符合政策生育率92.40%。完成四术230例。孕前优生健康检查完成47对、覆盖率104%。"双诚信、双承诺"签约率为100%。发放"两户"一次性奖励金2000元，发放2014年节育奖共32000元，独生子女保健费1920元，发放手术并发症补助12000元，发放独生子女一次性助学补助、生活补助6000元，代缴2015年参合金17640元。

【民政工作】 城镇新增就业84人，农业劳动力转移就业省内务工3284人，省外务工3811人；减少贫困人口825人，全面完成危房改造103户，完成小康房建设8户。巩固和发展农村新型合作医保，新农合2015年度的任务是17345人，实际完戒17508人，群众参合率达100.94%，年满60岁老年人养老金发放率达到100%；2015年共取消低保451户，550人，新增225户，677人。符合条件的农村低保964户1851人，城镇低保40户44人，实现了应保尽保；2015年8月至2016年5月累计申报医疗救助26例，发放医疗救助款184240元，优抚对象107人，发放优抚金238227元、五保供养153人，发放资金共计78800元，累计发放临时救助44人，发放资金104500元，发放冬春救助粮及季节性缺粮救助粮12吨，发放冬春救助金110000元，深入开展三关爱活动，通过走访调查，共排查出留守儿童1581人，其中，困境儿童111人，空巢老人719人，并分类实施了重点救助和重点监护。完成了全乡1577人残疾人的电子信息采集及录入工作，帮助499名残疾人办理残疾证，实现电子管理，温馨服务。"老少共融之家"工作有序推进，目前集中供养五保老人33人，投入9万元的日常管理经费，为全乡五保老人老有所养、老有所居奠定坚实基础。

【社会管理】 加强对煤矿、道路交通、非煤矿山、校园等火灾隐患点的专项整治，坚决取缔各类非法采煤窝点、非法矿山等各类事故隐患，对地灾隐患点排查50次，应急避险演练2次，组织对道路交通安全检查56次，从源头上遏制重特大事故的发生，全年未出现安全事故。加强对群众来信来访工作的处理力度。抓好社情民意联络员制度，切实加强社会管理创新，按照乡设"三委一组一中心"、村设"两站两会"、组设"一组一室"的模式，实现信访工作重心下移、关口前移，切实将矛盾纠纷排查化解在基层、消除在萌芽状态。严厉打击"两抢一盗""黑恶势力"，严打各类违法犯罪行为，加强禁毒工作，禁毒预防宣传覆盖面达95%以上。

（撰稿人：党政办）

鸭池镇

【概述】 鸭池镇地处七星关区城郊，距城中心7千米，地域面积91.1平方千米，东临双山新区梨树镇，南接双山新区岔河镇、七星关区朱昌镇，西连千溪乡，北抵碧海街道办事处及碧阳街道办事处和德溪街道办事处。全镇共26个行政村224个村民组，居住着汉、彝、白、苗等民族14059户，63396人（不含流动人口），人均可支配收入8432元。

辖区内有省市区重点项目68家（石桥物流园区、远航物流园、顺泰烟叶物流园、万丰国际商贸城、创美农产品交易市场、黔西北农产品批发市场等），有粗放型乡村旅游景点2个（野鸡河乡村旅游景区、哈啷红色爱国主义教育示范基地），有农业产业以刺梨、高山冷凉蔬菜、蛋鸡、生猪、肉牛养殖为主。共有党的基层组织45个，辖党委1个，党支部44个（其中：村级党支部26个，机关事业单位党支部7个，非公企业党支部11个），有中共党员1160名。

【项目建设】 "项目兴镇"是实现鸭池同步小康取得了显著成绩。服务好项目建设是全镇的重要工作，鸭池镇将重点项目建设作为提升经济发展后劲、建设经济强镇的重要措施来抓，千方百计为企业解决项目建设中的难题，确保重点项目顺利建成。完成项目建设5个（倒天河河道改造项目、七星关区污泥处理中心、七星关区中水回用项目、等离子垃圾填埋场项目、同心大道一号加油站项目）。积极开展以情招商、以商招商，以招大引强为目的，引进了一批科技含量高、带动能力强的大型企业全年完成招商引资项目5个，共投入资金6.8亿元。固定资产完成13.1亿元。

【产业结构调整】 产业结构调整是农业增效、农民增收的有效途径，是一项需不断完善的系统工程。鸭池镇第一产业从业人员12315人，第二产业从业人员9663人，第三产业从业人员15126人，外来从业人员15126人，第三产业继续加快增长，比重不断提升，批发零售业增长领先。镇党委政府2015年不断引导全镇广大干群立足实际，面向市场，建设基地，与时俱进地抓好产业结构调整工作。鸭池镇党委、政府转变职能，从管理型政府到服务型政府，把工作中心放在企业服务上。定期召开有企业、私营业主参加的座谈会，听取他们的心声，了解他们的情况，积极想办法解决企业在发展中碰到的困难和问题，千方百计营造更加宽松的发展环境，做到留住“经营者”，鼓励“投资者”，吸引“观望者”。做好家电、汽车摩托车下乡工作及农机具购置补贴工作。通过加大对企业周边群众的教育力度和对破坏企业正常生产秩序行为的打击力度，为企业发展营造良好的周边环境。帮助引导人们积极投资创业，创办个体、微型和企业，通过小投资、实用技术、经营管理和劳动投入，造就大量的个体和中小业主，形成资产积累，在全镇范围内形成创业光荣的良好氛围。全镇实现工业总产值13.4亿元，比去年增长20%，工业企业38家。2个农贸市场，50平方米以上的超市10个，住宿餐饮业企业6家，经济比去年增长18%。

【商业发展】 2015年，镇党委、政府按照“工贸农”的经济发展思路，准确定位，牢固树立“商贸重镇”意识，全镇各级干部站在全局的高度，在工作上自觉地服从于、服务于商贸经济发展的需要，努力做好“商贸重镇”这篇文章。为鸭池镇商贸经济发展提供优质服务和创造宽松的发展环境，激发了商贸流通企业和业主加快发展的热情；在重点行业上，着力抓好了餐饮、食品、日杂、电器等四大支柱行业，该四大支柱行业产值占全镇年内商贸经济总量的50%以上。在重点行业上，通过改革、挖潜和加强管理，着力培育远航物流园、顺泰烟叶物流园、石桥物流园、万丰国际商贸城、创美农产品交易市场、黔西北农产品批发市场骨干企业，使之做大做强。强化畜禽和生猪屠宰定点管理，让人民吃上放心肉，打击乱宰杀，注水肉。加强创美农产品交易市场、黔西北农产品批发市场商品流通监管，对进入市场流通商品严格检验。进一步规范商品流通，现代流通方式进一步发展，使全镇商贸经济保持快速、健康发展的良好势头，也取得了可喜的成绩。

【城镇化建设】 全年基层建设投资近2500万元，以德溪新区、碧阳大道、碧阳二道、西互通、南互通、石桥物流园建设为契机，新增城镇建成面积0.5平方公里，新建或改扩建通村水泥路9.8千米、通组路10.14千米、连户路8.6千米，铺设污水管网1.82千米。头步集贸市场、南箐集贸市场集镇建设完成投资83万元；完成石桥至朱昌哈啷村的通村水泥路6.3公里，鸭池村至干堰塘村的通村水泥路2.0公里的建设。启动建设“一事一议”通组公路10.14千米已全面完成，安装亮化路灯60盏；修复了头步桥老街道路1.3公里路面。全面完成农村饮水安全工程3处；积极争取安装10千伏及以下变压器7台，改线16千米；实现了村村通电话、宽带、广播电视、邮政网点；启动了下坝村、上坝村棚户区改造建设项目；建成农村文化广场2个，建成村级卫生公厕3个，排污沟500米，修建了垃圾池和安装了垃圾箱52个，基本实现了垃圾处理；规范化建设了26个村的村级服务阵地和群众卫生服务体系，提高了政府行政效能，基本解决了群众看病困难的问题，农村居民生产生活条件大幅改善。以“三创一建”活动为抓手，深入开展“整脏治乱”和

"多彩贵州文明行动"等活动，城镇综合承载能力明显提升，城镇化率比去年提高3个百分点。

【农业产业化】 结合市、区坚决守住生态底线目标要求，大力实施林业生态工程，在鸭池镇辖区内杭瑞高速、毕威高速两旁所涉及的石格村、石桥村、王家湾村、哈啷村、下坝村等11个完成区下达的刺梨种植任务9683.1亩，退耕还林1158.1亩。实施粮食增长工程，全年实现了粮食总产13300吨，虽然总量在去年的基础上有所减少，但是单位面积产量是有所增加的，主要是受耕地面积逐年减少的缘故，出栏生猪30000头，家禽50000羽，鲜蛋200万枚，蔬菜75万吨。积极引导土地流转，发展适度规模经营，紧紧围绕"哈啷—下坝—上坝—煤冲—干龙滩—核桃—场坝"一线农业产业化示范带优势，在巩固和提升原有基地的基础上，新发展种养殖大户11户、建成养殖标准厂房2000平方米，优质果园300亩，蔬菜基地200亩，培训了农民技术员800人。以农业产业示范带建设为载体，积极引导农业产业集聚发展，农业发展基础设施不断完善。

【精准扶贫】 结合"一市五金多套餐"，要按照"1234+X"的农业板块经济发展计划。使扶持对象精准、项目安排精准、资金使用精准、措施到户精准、因村派人（第一书记）精准、脱贫成效精准上想精法、出精招、见精效。始终坚持因人因地施策，因贫困原因施策，因贫困类型施策，区别不同情况，做到对症下药、精准滴灌、靶向治疗，不搞大水漫灌、走马观花、大而化之。整合市区发展刺梨产业的相关精神，结合鸭池实际，建立"石桥—石格—哈啷；王家湾—哈啷—下坝—上坝—煤冲—干龙滩"两条10000亩高标准示范带，充分做大做强刺梨产业；加强荒山造林和环城绿化建设，并扶持发展林下养鸡、种草养畜等林下经济的发展；加强4800亩扶贫核桃种植和管护，使林业经济发展为鸭池镇又一经济支柱。以"六个到村到户"为抓手，全力开展问虚式"精准扶贫"工作，对全镇26个村1882户5978人贫困人口进行了识别的建档立卡，制定帮扶计划，对189户722人实施了"一市五金多套餐"项目，完成贴息贷款401.5万元，项目实施规范。完成减贫2600人，核桃、河坝等2个村实现了减贫"摘帽"。

【民生事业】 以"三严三实"专题教育活动为契机，深入基层扎实开展济贫帮困活动。对农村低保户及五保户供养实现"应保尽保"，全年发放了城乡低保资金共579.7万元，农村低保户中缺粮户救助粮共16260万公斤；2015年发放城乡居民医疗保险住院补偿费用1653万元，大病救助金58.5万元；城乡居民社会养老保险参保人数达到25499人，参保率93.4%，6244人享受到城乡居民社会养老保险待遇，月享受资金达47万余元，3045人享受到被征地农民养老保险，享受资金达58万余元；有365户农户享受到棚户区改造；积极推进教育均衡发展，小学在校学生5728人，入学率100%；初中在校学生5748人，入学率98.1%；升入高中997人，完成高职招生978人；深入推行"双承诺、双诚信"制度，大力提升人口和计划生育服务水平，常住人口符合政策生育率97.5%，培育计生诚信户5680户；实施了卫生、计生整合工作，实现了26个村级卫生服务室全入住，建立了医疗卫生服务体系。

【社会治理】 按照"党政同责，一岗双责"的要求，积极配合参与区政府开展"六打六治"专项行动，排除大隐患，防止大事故安全生产检查，全年全镇无较大安全生产事故发生，较好的完成了与区委、政府签订的安全生产目标责任书中的各项任务。注重加强和创新社会治理，加大对治安重点区域和重点治安问题的整治力度，从严打击各种违法犯罪行为。成立了1个应急处突队，26个村治安巡逻队伍，512个义务巡逻队员，实现"打防控"一体化的系统工程。全年全镇没有发生特大恶性刑案、暴力事件、重大群体性事件和重特大安全生产事故。紧紧围绕"三有一满意"的目标，认真落实矛盾排查化解以及领导接访制度、领导责任制和责任追究制等制度。一年来，全镇共发生刑事案件发55起，破获24起。治安案件245起，破获211起。共排查各类矛盾纠纷202起，调解成功200起，调解成功率99%，群众安全得到了保障。全面落实安全生产责任制和责任追究制，扎实开展安全生产、食品药品安全和消防安全隐患排查整治，致力提高群众安全感和满意度。

【基层组织建设】 完善党委议事规则和学习制度，选派14名党政班子成员任村级党支部“第一书记”，推行“一线工作法”，切实把抓基层党建工作责任制落到了实处。以整乡推进农村基层组织服务体系建设为契机，立足本镇实际，着力强化村级组织规范化建设。“真金白银”抓村级投入。先后投入140余万元，对无办公场所的河坝村和办公场所不足80平方米的银河村等5个村进行改扩建。给予每个行政村1万元经费，用于规范办公设施及建立便民服务站，实现26个村“有场所议事、有阵地服务”，使活动场所真正成为联系党员群众的“桥梁”，服务党员群众的“窗口”。在区委专题教育活动领导小组的关心指导下，鸭池镇深入开展“三严三实整治为官不为，转变干部作风”专题教育活动，及时制定了实施方案，成立了领导小组和督导小组，召开了动员大会，全镇44个党支部全部参加专题教育活动，参与覆盖面达100%，活动组织党员干部开展集中学习32场（次），适时组织召开廉洁自律民主生活会并观看“反腐倡廉警示教育片”，使干部和群众更好地了解“三严三实整治为官不为，转变干部作风”专题教育活动，整顿作风，加强督查考核，切实转变“四风”，改变“有令不行、有禁不止”的现状。建立四级便民服务网络，实施“代办代诉，协办协诉”便民服务制，各便民服务站采取不同形式，积极为群众办实事、办好事，全年共办理各类服务项目7846件，着力营造风清气正的良好政治生态环境，为推动全镇经济社会跨越发展作出新的贡献。

（撰稿人：党政办）

朱昌镇

【概述】 朱昌镇位于毕节市区东南，距市区13公里。东与大方县接壤，南与纳雍县相邻。境内地形地貌类型多样，大部分地区属高原丘陵、高原高山地带，西南部与全县最高山脉——乌箐大山相连，南部紧靠梅花箐梁子，西北部与沙垮梁子相依，境内溪沟、槽谷、坝地纵横交错，最高海拔打磨冲梁子2177.3米，最低海拔哈唧村罗家寨1490米，相对高差687.3米，一般海拔为1600—1800米，地势由西南向东北方向倾斜，耕地主要分布在槽子、坝地和斜坡地带。全镇坡耕地面积1.4万亩，梯坪地1.4万亩，水田0.45万亩，气候条件优越，森林覆盖率31.5%，朱昌镇属亚热带气候，年均温12.5℃，最热月（7月）平均气温22.0℃，最冷月（1月）平均气温2.3℃。极端最高温32.8℃，极端最低温-9.5℃，≥10℃，年积温3689℃，年降水量987.4毫米，无霜期246天，年辐射量90.42千卡／平方厘米，年日照时数1340.3小时，主要灾害性天气有旱灾、暴雨、冰雹、倒春寒、秋风秋雨、低温等，其中冰雹、干旱、低温对农作物危害最大。土地资源丰富，宜种作物广泛，农业基础条件好，人文资源丰厚，对发展生态农业和生态旅游观光极其有利。全镇现有14个村，147个村民组，11706户，47286人，农业人口45519人，少数民族人口2268人，居住有汉、彝、苗、白、布依等民族。全镇基础设施教为完善，水、电、路、讯设施完备，水资源丰富，朱昌镇草炭资源储量为1亿吨以上，主要分部在朱昌盆地的双堰村和宋伍村。全镇人饮工程基本完成；10千伏高压输电和220伏低压输电网络覆盖全镇145个村民组；毕纳路横贯全境，杭瑞高速公路在朱昌下匝，通村路92公里，实现油（水泥）路硬化，全镇绝大部分通组实现水泥路硬化，使全镇交通体系四通八达，通信设施完善。到2015年年末：农民人均纯收入7871元，财政税收达325万元。粮食实现恢复性增长，总产达到1.83万吨，人均粮食达389公斤。合符政策生育率达到94.7%，人口自增率11.3‰。

【特色农业】 紧紧抓住省“5个100”工程项目之一现代高效农业园区建设这个中心，创新农业对外合作模式，重点加强农产品加工、储运、贸易等环节合作，开展技术培训、科研成果示范、品牌推广等各项服务工作。一是要紧扣《现代高效农业园区规划》，继续加大蔬菜产业、种养殖产业的开发力度，用活用好用足招商引资政策，引进竞争实力强、市场占有份额高的农业企业入驻建设，年内，引进深联控股投资1.2亿元入驻现代农业园建设灵芝基地；二是继续沿用行之有效的土地流转方法，创新农民以土地入股以及以土地和劳动力入股等土地流转新模式，为客商入驻提供适应农业现代化进程的劳动力资源；三是流转土地2000亩，启动建设七星关区唯一一个以刺梨为原料的刺梨产业园，同时完成了高速公路沿线8600亩刺梨基地规划建设；四是实施“一市五金多套餐”，其中苗木超市土地流转1000亩建设七星关区唯一一个以苗木生产、销售为主的苗木超市，帮助各村2014年识别贫困户175户贷款700万元发展养殖业。启动实施花厂、白泥绿壳蛋鸡养殖和八亩客观因素扶贫项目。

【基础设施建设】　一是实施朱昌至发启、花厂至茨竹、茨竹至岩湾等8条通村公路共30.6公里道路硬化，运用其他项目资金启动建设山脚、螺蛳、青杠3条约6公里的重要通组路硬化。二是着力实施好荒山绿化、退耕还林、天然林保护、石漠化综合治理工作，完成荒山绿化造林6450亩。三是完成白泥村、小屯村文化广场建设并投入使用。四是服务大项目，做好碧昌大道路建设的前期准备工作。五是按照分时段、梯次推进，全面建设的部署，启动建设最后一批青杠、哈唧、八亩、螺蛳、白泥、花厂、山脚、发启等8个村小康社会建设工作，力争到2018年全面完成小康社会建设工作。六是争取上级“以奖代补”的资金支持，启动建设朱昌集镇农贸市场，使市场和公路成功分离，并进一步完善和培育市场体系，促进市场运行常态化、规范化。七是要全面推进农村人居环境整治，完善村镇体系规划和村庄规划，整合财政奖补“一事一议”工程、“美丽乡村·四在农家”、“两硬化”等工程项目。

【民生事业】　一是抓实精准扶贫：加快扶贫攻坚的步伐，推进“问需式”精准扶贫，制定并落实建档立卡的贫困村和贫困户帮扶措施，实施整村推进、乡村旅游扶贫等工程，健全社会扶贫组织动员机制，搭建社会参与扶贫开发平台，完善干部驻村帮扶制度，年底减贫2240人。二是推动教育惠民：继续巩固好义务教育成果，抓好教育“9+3”计划和“4+2”教育突破工程，大力提高教育教学质量和学校管理水平，确保学校无安全责任事故发生，小学学生入学率达99%，巩固率达86.5%，辍学率小于1.3%，寄宿率30%以上；初中学生入学率95%，巩固率86.5%，辍学率小于2.5%，寄宿率70%以上。强化“三关爱”工作，实施全镇留守儿童、空巢老人、残疾人的建档产工作，并成功接待了全省“三关爱”现场会，成功接待民政部困境儿童调研。三是做实社会保障工作：进一步做好失地农民就业安置工作，积极引导回乡创业，鼓励大学生创业，支持青年创业、妇女创业，城镇就业新增600人以上。新型城乡居民医疗保障体系参保率达98%以上。做好城乡居民社会养老保险工作，完成缴费目标任务150万元，实现续保任务87万元。四是统筹推进各项事业发展：积极推进卫生计生整合，加快乡镇卫生院达标化建设和村级卫生室改造，努力构建“四位一体”服务保障体系，提升基层医疗机构诊疗水平。全面推进“双诚信双承诺”人口计生基层群众自治工作，使人民群众从中受益。

【产业发展】　继续调整农业产业结构，优化产业部署，全面禁止和杜绝不符合现代高效农业园区建设的项目进驻，大力推进农、林、牧产业，尤其是高端农、林、牧产业发展，加大农业招商工作力度，引进和扶持农产品加工企业发展，加强动物发病防控，提高农畜产品质量，充分发挥农业专业技术人才作用，引导和支持农村专业合作组织发展壮大，助推农民增收致富。一是依托“两带”（毕纳公路蔬菜产业示范带和万亩刺梨产业示范带）发展项目将朱昌打造成毕节的“菜篮子”。二是依托“三区”（伍坪养殖园区、王家冲种养殖循环经济园区和朱昌、宋伍农产品深加工园区）发展项目将朱昌打造成毕节的“肉架子”。

【社会管理】 加强社会管理创新，有效防控风险：维护社会稳定，为经济社会发展营造良好环境激活发展动力，打造和谐稳定平安新朱昌。一是切实加强社会治安综合治理：坚持“打防结合、预防为主”，加大对重点部位、重点区域的巡逻防控力度，有效减少治安案件发生，确保人民群众安全感和满意度明显提升，强化反邪防邪宣传教育，坚决打击各类邪教组织活动。加大对外流贩毒等毒品违法犯罪行为的打击力度。进一步推进社区戒毒社区康复“阳光工程”等项目建设，做好吸毒人员帮教、管理和就业安置，最大限度降低复吸率，减少新增吸毒人员。二是积极推动社会治理创新：进一步巩固和拓展好党的群众路线教育实践活动成果，加快“六零六好”朱昌经验推广运用；进一步畅通信访渠道，认真贯彻《信访条例》，建立完善信访信息综合平台，坚持干部联系群众、接待群众、包案督访下访等制度；进一步强化基层基础设施建设，提高为民服务的能力；进一步深入开展农村法治宣传教育，增强领导干部法治观念：引导农民增强学法遵法守法用法意识。健全依法维权和化解纠纷机制，引导和支持农民群众通过合法途径维权，理性表达合理诉求，并通过村民议事会、监事会等，引导发挥村民民主协商在农村社会治理中的积极作用。三是毫不放松安全生产：进一步强化“红线意识”和“底线思维”，严格履行“一岗双责”责任制，认真落实“三个监管责任”，督促企业全面落实好安全生产主体责任。进一步强化道路交通、烟花爆竹、森林防火、建筑施工、地质灾害等行业领域专项整治，杜绝重特大事故，遏制较大事故，努力降低一般事故总量和伤亡人数。

【党的建设】 紧紧围绕党的建设的伟大工程，以“为是、务实、清廉”为总要求，以服务民生为根本，以“三严三实”为施政标尺，抓实基层党建工作，加强竞的执政能力建设，巩固执政基础，建设适合新形势发展的镇村干部队伍。一是认真贯彻落实党要管党、从严治党的要求，加强以党组织为核心的基层组织建设，充分发挥基层党组织的战斗堡垒作用，深入整顿软弱涣散基层党组织，不断夯实党在农村基层执政的组织基础。二是要继续完善镇村干部管理机制，向管理要效益，用管理求发展，尤其是村级管理，要依法建立对级自我管理、自我发展、自我服务的工作机制，优化村级工作平台、服务平台和服务功能，推动村级工作制度化、规范化。三是要健全和完善镇村便民服务体系，树立全心全意为民服务的思想，极大地发挥首问窗口，便民服务体系的巨大作用，尽最大可能降低人民群众办事成本。四是要按照中央、省、市、区关于建设发展型党组织的要求，结合我镇实际，认真开展建设发展型服务型党组织工作，不断增强镇村党组织的战斗堡垒作用，带领群众发展经济的能力和维护社会稳定的职能，要适时培训村“两委”班子，要坚持标准，积极发展党员，特别是发展年青党员、妇女党员和少数民族党员，不断优化党员队伍。五是要努力建设廉污型政府，认真开展反腐倡廉活动，落实党风廉政建设责任制，健全惩治和预防腐败体系，全面推进从严治党。狠抓“四项清理”，严格控制“三公”经费支出，坚决制止铺张浪费和奢靡之风。坚持用制度管权、管人、管事，充分发挥监察部门的专门监督作用，扩大监督覆盖面，严肃查处违法违纪案件。

六是认真开展依征行政工作，教育广大干部职工认真学法、守法、用法，在工作中依法行政，对不作为、乱作为、不依法作为的现象要坚决纠正，造成严重后果的要依法予以惩处，建设一支作风过硬、敢为人先、风清气正、多为群众办实事、办好事的镇村干部队伍。

（撰稿人：陈绍伟）

田坝镇

【概述】 田坝镇位于七星关区西南部，距市区38公里，是一个汉、彝、苗、白、仡佬、穿青、布依等多民族杂居的农业乡镇，其中少数民族人口占全镇人口的11.53%；总耕地面积12835.34亩，其中水田2000亩，人均占有耕地0.57亩；行政区域面积66.32

平方公里，全镇辖8个村89个村民组，共7256户28536人；全镇有12个党支部465名党员。

田坝镇地形北高南低，东面高中间凹，形成“撮箕”形，大部分地区海拔高度在1500米左右。整个境内属亚热带季风气候，具有夏无酷暑、冬无严寒的特点，年平均降雨量为967.5毫米，平均日照时数为1376.2小时，无霜期250天左右。境内溪流纵横，水源丰富洁净，森林覆盖率达39%。河流沟渠最终汇集于盘挪河流域总溪河，属六冲河水系。地下资源有铁、硅砂、煤矿等；地面气候温和，雨量充沛，主产玉米、小麦、水稻、马铃薯等粮食作物，盛产烤烟、油菜、大蒜、柑橘、核桃、玛瑯樱桃、李、板栗、杨梅等各类经济作物和水果，适宜种植天麻、杜仲、半夏、党参等名贵中药材。境内森林植物有乔木、灌木、蕨类、菌类等。野生动物有两栖类、爬行类、鸟类、兽类等，其中属珍稀动物的老鹳有几十只，栖息于兴旺村十组。丰富的水资源和上万亩荒山草坡有待开发利用。

境内交通便利。镇政府所在地距市中心约38公里，宋猴油路穿境而过，40分钟便可从毕节到达。全镇8个村的通村水泥路已修通并硬化，完全可以驱车而入，是理想的投资旅游之地。

结合市场需求，田坝镇人民在当地党委政府的带领下，生产出许多质优价廉的农产品，受到市内外朋友的广泛好评。尤以兴旺村的杨梅，苏嘎、新民、兴旺、沙炭沟、盘挪河十组的烤烟，田坝、先进村早熟马铃薯，田坝、盘挪河村玛瑯樱桃，田坝、先进村的金秋梨，兴旺、茨朗村“马血泥”田产出的优质稻米，盘挪河村的柑橘、夏橙，苏嘎村早熟核桃，田坝村五指山养殖场的放山鸡肉质鲜美，畅销市内外。盘挪河村大河内的细鳞鱼因其味道鲜美而全区闻名。

田坝镇地处七星关区西南边境，地跨北纬27°02′—27°10′、东经105°8′—105°15′，地形北高南低，东面高中间凹。大部分地区海拔在1600米左右，海拔最高的沙炭沟村尖包包箐2004.6米，最低的盘大河河谷出境1218.8米，相对高差785.8米，属亚热带季风气候，冬无严寒夏无酷暑。年平均降雨量967.5毫米，多年平均日照时数1376.2小时，无霜期250天。属石灰岩，紫色砂岩、高原丘陵地貌。境内有三条溪流，水源丰富洁净。河流沟渠最终汇集于盘挪河，流入总溪河。属六冲河水系夹岩位于田坝镇与纳雍维新镇交界处，岩高80多米，最适于建坝修水库，得到历届水利专家的青睐。

【党建工作】 1．基层组织建设。以“三严三实”专题教育活动为载体，不断提高党的执政能力和引领经济发展能力，进一步深化“五好”基层党组织的创建申报活动。一是加强镇、村两级领导班子建设，认真贯彻落实党的十八届三中、四中全会和省市区有关会议文件精神；二是按照“为民、务实、清廉”的要求，紧紧围绕改革、发展、稳定、和谐大局，努力构建“学习型、发展型、创新型、服务型”领导班子；三是全面开展“一核多元”基层组织服务体系建设，全面提升农村基层党组织服务水平，不断完善各种社会组织参与的基层组织服务体系，村级组织活动阵地作用得到了充分发挥。2015年，投资3万余元完成8个村级组织活动场所的小食堂建设和办公硬件建设。四是着力发挥夹岩水利枢纽工程临时党支部和库区移民事务群众工作站的作用，继续抓好库区移民矛盾纠纷协调化解工作。2014年9月以来，在夹岩水利枢纽工程临时党支部和库区移民事务工作站的帮助下，共协调化解了库区移民矛盾纠纷164起，确保了库区移民各项工作顺利推进。

2．镇村干部队伍建设。一是充分利用区委党校和镇流动党校的阵地作用，抓好镇、村两级干部的政治理论和农村实用技术的培训；二是创新培训方式，大胆探索菜单式、研讨式、案例式教学，提高了培训的针对性和实效性，2015年，全镇共举办各类培训班6次，共培训镇、村两级党员干部450余人次，提高了干部的素质和带领群众致富的能力；三是优化干部队伍结构，坚持实行中层干部竞争上岗方案，今年共推选中层干部三名，增强了中坚力量。

3．党员队伍建设。一是按照党员发展“十六”字方针加大党员发展力度，2015年全镇发展新党员12名，培养入党积极分子5名；二是加强对广大党员的教育培训和流动党员的管理力度，切实抓好党员权利保障工作；三是进一步深化党员先锋工程和贫困党员帮扶工作。

4．基层党内民主建设。一是完善了干部激励机制，健全了干部岗位目标责任制，实行了中层干部竞争上岗制和驻村干部双向选择制，推行干部绩效工资制。二是健全了镇、村各种会议制度、议事规则和民主决策制度，全面实行了党务、政务、村务公开。

5．新《干部任用条例》贯彻执行情况。2015年，镇党委认真按照区委组织部的要求，加强对《干部任用条例》的学习贯彻，干部任用坚持“德、能、勤、绩、廉”的要求并严格贯彻执行，对政治思想素质不高、工作能力不强、工作主动性、创造性不力、工作实绩不好、廉政状况差的镇中层干部和村级干部，坚决不予任用和向区委推荐。

6．党管人才工作情况。一是建立人才工作责任制领导小组，采取形式多样的宣传手段加大人才工作宣传力度；二是加强对人才工作的统筹规划和宏观指导，建立了农村实用人才工作信息库，并适时请专家对他们进行了分类培训，充分发挥他们在同步小康建设中的作用。

【党风廉政建设】 1．执行党风廉政建设责任制情况。一是党政领导重视，把党风廉政建设工作纳入党政工作重要议程；二是根据工作实际对党风廉政建设工作进行了分工，形成党委统一领导，党政齐抓共管，纪委组织协调，部门各负其责，依靠群众支持和参与的工作格局；三是签订了目标责任书，使党风廉政建设责任制工作切实做到年初有计划、年中有检查、半年有小结；四是充分利用广播、电视、会议、墙报等宣传手段加强对党风廉政建设的宣传学习；五是加强对党员干部党风廉政建设知识的教育培训，切实增强全镇党员干部反腐倡廉的自觉性。

2．领导干部作风建设情况。按照“三严三实”的总要求，紧密围绕整治“为官不为”、深化作风建设的主要内容，深入贯彻落实省市委书记关于“三严三实”的专题党课要求，紧密聚焦“四风”突出问题，紧密联系工作实际，创新工作措施，对2014年开展的群众路线教育实践活动采取“回头看”的方式，从抓整改、促落实、建机制等方面狠抓作风建设，严肃整治“为官不为”，达到了预期的目标，取得了明显的成效，干部作风明显转变，工作效率、服务意识明显增强。

【宣传思想及多彩贵州文明行动】 1．党委中心组学习情况。一是党委班子按照年初计划认真进行专题学习并撰写读书笔记；二是组织机关干部、村干部进行理论学习；三是创新载体，组织花灯队等宣讲团到全镇各村对十八届四中全会精神进行巡回宣传。今年6月，我镇组建的民间花灯团参加了毕节市乌蒙文化节文艺表演大赛，并取得了优秀奖的优异成绩。四是共刷写各类宣传固定标语63条。2．多彩贵州文明行动工作情况。一是健全组织机构，强化责任落实，做到划片到人；二是加大宣传力度，积极营造创建氛围，引导全民参与，共同推进多彩贵州文明行动工作；三是加大资金投入，实行绩效考核，提升环卫工人工作积极性。四是配合区委关于“四大专项行动”的决策部署，扎实开展政策法规大宣传，完成了各项工作任务。

【构建和谐社会工作】 1．政策法规大宣传情况。一是中心组和干部职工每月开展一次政策法规学习，二是以道德讲堂为载体，每月开展一次政策法规宣讲活动，三是利用场天发放宣传资料、到村放映电影等方式开展政策法规大宣传活动，四是在中心、小学开展法律知识竞赛，增强儿童的法律意识。2015年年共刷写固定标语16条，发放宣传资料5000余份。2．矛盾纠纷大排查情况。一是实际到村到组，按照“横到边，纵到底”的原则进行地毯式、拉网式排查，不漏单位、不漏组、不漏户、不漏项、不漏人，共排查出矛盾纠纷213起，并建立台账。二是对排查出的问题进行积极化解，目前已调处化解170起，信访案件14起，已办结12起。3．社会治安大整治情况。一是镇村组巡逻队、派出所巡逻队定时不定时、定点不定点进行巡逻，群防群治地推进了社会治安和重点地区排查，二是加大了对特殊人群的排查、建档，建立了帮扶措施，三是加大对公共安全的隐患排查整治。2015年共发生刑事案件17件，已结案6起，发生民事纠纷56件，调处56件，调解率100%。全镇实现了“发案少，秩序好，社会稳定，群众满意”4．安全生产大整顿情况。一是贯彻国家、省、市、区安全生产工作的决策部署和有关领导批示、指示、讲话精神，落实了人员、经费、装备问题，开展了标准化建设、专项整治、宣传教育培训、隐患闭合管理等工作。二是实行“党政同责、一岗双责”，层层签订了目标责任书，做到“三级五覆盖”，对企业安全生产责任做到“五落实、五到位”；三是做好日常监管工作的同时，做好重点时段、重点行业领域的监管，特别是加大对甲岩水利枢纽工程施工区域的巡查、监管。5．“三关爱”工作情况。政府组织领导干部、教师对全镇留守儿童、空巢老人、残疾人进行不漏户、不漏人、不留死角拉网式排查，共摸排出农村留守儿童1559人，其中0岁至5岁431人，6岁至15岁1128人；空巢老人319人；残疾人1719人。

【统战、群团等工作】 一是加强统战工作宣传力度，形成了党委重视、全社会支持统战工作的社会氛围；二是认真做好宗教工作，切实加强宗教场所的安全管理，维护社会稳定；三是积极发展团员，上半年共发展团员152名，按时缴纳团费，做好“推优入党工作，实施“阳光家园”工程2个，深入开展“春晖行动”，创建青年突击队3支；四是镇妇联进一步加强妇女儿童的维权工作，在全镇范围内认真开展好“双学双比”和“巾帼建功、创业成才、文明行动”等工作。

【经济目标】 1．主要经济指标。2015年全镇农民人均纯收入5760元，人均增加534元。完成固定资产投资2000万元，招商引资工作实际完成6200万元。完成烤烟种植1000亩。2．农业产业化发展。2015年上半年镇农业产业化根据本镇实际，大力发展蔬菜种植和早熟马铃薯种植，大力发展农业产业化。下半年完成夏粮食增产工程14760余亩，夏粮产量达到3897吨，秋粮产量达到4584吨；烤烟种植1000亩，已完成收购94435.65公斤，蔬菜种植0.2万亩，中草药种植400亩。3．畜牧业发展。2015年镇生猪出栏完成6040头，肉牛出栏完成125头，小家禽养殖任务数5万只，实际完成4.12万只。4．其他经济目标。劳动力转移完成340人，农民工培训完成652人，扶贫攻坚任务1200人，实际完成1200人；新增农村专业大户5户，新增城镇就业完成46人。

【精准扶贫】 全镇开展精准扶贫工作以来，以严格的民主评议方式，评出全镇的贫困户，让真正困难的人得到帮扶。同时成立了以镇镇长为工作组组长，相关镇领导为副组长，全镇镇村干部为成员工作组，精准扶贫工作开展以来全镇8个村共有35名驻村干部，40余名村干部，15名包村干部迅速深入8个村开展贫困户工作。

【基础设施建设】 1．通村水泥路。全镇2015年通村水泥路苏嘎村至苏嘎一组（大水沟）建设共1.2公里，现已完工；一事一议通组水泥路硬化，苏嘎至双坑1公里、兴旺至扣家寨子0.7公里、新民小学至简家寨子0.9公里道路建除新民至简家寨子外已全部完工。2．黔西北夹岩水利枢纽工程。田坝镇境内的夹岩，因其在总溪河上游的两边相对而立，成了拦截滔滔河水的有利地形，历来受到水利专家的青睐，2011年，贵州省水利厅决定在这里修建水库。取名黔西北夹岩水利枢纽工程，该工程是贵州省继黔中水利枢纽工程之后的又一大型综合性水利枢纽工程，是贵州省十二五期间重点建设的水利工程项目，是《贵州省水利建设生态建设石漠化治理综合规划》和《西南五省重点水源规划》的重点建设项目，贵州省委、省政府对该项工程的建设高度重视，将其列为贵州省水利建设的“一号工程”。黔西北夹岩水利枢纽工程的拟建坝址位于六冲河干流七星关区与纳雍县的界河上，初选坝段位于七星关区田坝镇潘家岩脚，坝址以上集水面积4369平方公里，库容15.63亿立方米，估算总投资140亿元。工程实施后，最长输水主干线路约240公里，可覆盖毕节市除威宁自治县及百里杜鹃风景名胜区之外的七星关区、双山新区、赫章县、纳雍县、织金县、金沙县、黔西县及遵义市中心城区、仁怀市、遵义县县城供水，年可供水量10亿立方米，解决灌溉面积126万亩，供水人口300万人，该工程于2013年10月20日在田坝镇潘家岩正式开工，目前该工程正在施工中，镇涉及此项工程的1000多户农户，以搬迁300多户。

【人口计生】 全镇人口与计划生育工作，继续以稳定低生育水平，提高人口素质为核心开展工作。全镇上半年完成手术238例。全年共发放计生宣传品3200余册，张贴宣传标语80条，宣传画12幅，全镇共出生人口149人，其中常住人口出生141人，流出人口出生8人，符合政策生育率为93.49%。全镇享受奖扶政策54户102人，农村独生子女户19户，少生快富对象2户，手术并发症1户，按规定已全部享受了相关奖励扶助政策。

【安全生产】 2015年全镇安全生产工作做到人员、经费、责任三落实，健全完善了各项规章制度，按照“横向到边，纵向到底”的工作原则，全面完善安全生产监管网络，认真开展了道路交通百日大整顿、地质灾害点排查、水上交通安全隐患排查、库区安全隐患排查、化学危品、食品卫生安全等专项整治活动，加大了节假日和日常安全生产的检查、监督力度，实现了上半年安全生产“零”事故的目标。

【社会事业】 1．小康房（危房）建设。2015年全镇共实施小康房8户，目前已全面启动；实施危房改造125户，涉及7个村79个村民组，已基本竣工；“四在农家.美丽乡村”创建点苏嘎村苏嘎湾子，创建工作已做好宣传发动工作等前期准备工作，并由苏嘎村委会按一事一议组织实施。2．科教文卫工作。一是做好“十二五”广播电视村村通工程工作。二是切实做好突破学前教育工作和农村寄宿制工程。2015年共修建田坝、先进等小学教师周转房，主体均完工，现进行内外装饰；修建田坝中学教师公租房、学生宿舍，目前已投入使用；三是积极配合做好接受文化部对“全国文化先进单位”复查工作，按照区文体广旅局的要求，镇文化站已建设完成并已投入使用；四是做好村级卫生室改造工作。镇新民、沙炭沟等两个村的卫生室已于全面开始维修中。3．民政工作。民政工作常规推进，认真搞好困难群众和农村低保困难补助的发放、复员军人定补、农村危房改造等惠民工作，切实解决贫困人口温饱及住房问题。半年来，通过实际调查，积极深入到8个村89个村民组进行核实受灾对象，做到底数清、基数明，共核实五保对象83户121人，解决了低保对象1008户1620人生活基本保障；医疗救助22人次，137360元；临时救助18人次，4.5万元；发放冬春救助款209户，3.5万元；冬春救助粮1063户，30吨，基本解决了灾民和困难群众的生活需求。4．科技、办公室和应急管理工作。一是加强科技工作的宣传教育培训力度，大力推广科技种田技术培训，充分发挥协会的作用，在全镇范围全面开展科技兴农活动，为镇科技发展提供了科技保障；二是充分发挥办公室的窗口和桥梁纽带作用，切实做到上为领导分忧，下为百姓解愁，扎实做好办公室办文、办会、办事工作，综合协调好部门工作，为全镇经济和社会事业健康发展提供后勤保障；三是成立民兵应急分队并加强培训，结合实际，制定了防洪、安全稳定抗旱救灾应急预，准备充足的应急资金，为应急管理工作提供切实可靠的组织保障和经费保障。

（撰稿人：党政办）

阴底彝族苗族白族乡

【概述】 阴底彝族苗族白族乡位于毕节市七星关区西南面，距县城50公里。地跨纬度在27°4′—27°20′、东经105°0′—105°7′之间。海拔1450—2000米，政府所在地海拔1684米，属亚热带季风气候，雨资源丰富，年均降水量为850—1000毫米，日照量1200小时左右，无霜期250天左右，冬无严寒，夏无酷暑。东抵田坝镇，南抵纳雍县姑开镇界，西南抵赫章县古达乡界，北抵千溪乡界。总面积117.4平方公里，有耕地26634亩（其中农田1900亩）。

居住着汉、彝、苗、白、布依、仡佬等民族。总户数9792户，现有人口43977人。（农业人口42870人）其中少数民族13156人，占总人口的29.94%。阴底彝族苗族白族乡人民政府驻阴底街上，辖阴底、箐口、高潮、马场、大丰、治中、红星、罗雄、对河、先锋、踏石朗等12个行政村，154个村民组。主产玉米、水稻、小麦、豆类、杂粮等农作物。次产烤烟、油菜、大蒜、花生等经济作物。宜种漆树、核桃、板栗、桃、李、杏、花椒、杜仲、板蓝根等经果药材，荒山草坡多，比较适宜发展养殖业。

乡内矿产资源有煤、硫、铁、锌、高岭土等，植被覆盖率达50%以上。

【项目建设】 启动先锋至对河、箐口至大丰、水塘寨至没得都、戈座至治中近17公里通村水泥路建设，目前先锋至对河已全面完工，其余三条力争年底全面完工，全面实施六项行动计划，启动治中村、踏石朗村、阴底村等小康示范村建设，完成第一批农村危房改造249户，启动第二批农村危房改造161户，启动阴底乡社会保障服务中心建设，着力打造箐口村“四在农家美丽乡村”建设，切实落实学校安全饮水工程，解决各村校师生饮水困难问题。投入资金300万元新建卫生院业务大楼，占地500平方米。

【农业产业化】 进一步落实强农惠农富农政策，不断加大科技兴农工作力度，政府投入资金10万元购买良种，全面推广良种良法，切实提高粮食生产能力。完成大丰村、路朗村各300亩白萝卜种植，启动箐口村300亩青脆里、先锋村500亩苦参、高潮村150亩马铃薯、阴底村100亩马铃薯、罗雄村50亩马铃薯的板块经济种植。继续巩固优质烟生产基地，加大生产投入，加强质量管理，着力提高烟叶质量和市场竞争力，2015年全乡种植烤烟1100亩，实现产值408万元，完成烟叶特产税90万元。继续加强畜牧业发展，着力抓好生态畜牧业，以养牛、羊、猪、禽等为主导，积极拓展其他特色养殖业，发展生态养羊大户25户，发展生猪养殖大户35户。提高森林覆盖率，完成荒山绿化9760亩，树苗成活率达80%以上，着力保护生态环境，促进经济建设与生态建设的协调发展。认真贯彻落实省、市、区关于加快民营经济发展有关精神，切实加大招商引资工作力度，2015年完成招商引资5000万元。加大调整农村产业结构，千方百计拓宽农民增收渠道。积极配合瑞兴煤矿加大投入力度，完成煤矿技改工程，顺利投入生产运行，全乡经济结构不断优化，经济增长速度稳中有升。

【防火防汛工作】 1．森林防火各项措施及责任落实情况。组建应急分队，发挥积极作用，乡成立了森林火险应急处置队伍；着迷彩服，随时整装待命，负责早上和夜间巡逻。各村成立了30人的森林防火应急队伍，应急队伍的建立，确保了森林山火发生时，反应更为敏捷，并能够有组织、有纪律、在最短的时间内赶赴现场，开展扑救活动，遏制山火的迅速蔓延。加强24小时值班，为了确保信息畅通，乡切实加强森林防火、防汛抗旱工作值班，一是政府安排值班人员24小时值班；二是林业站安排人员24小时值班。实行24小时巡山守护和各进山路口的检查、登记，按照预防为主，切实控制的原则和“打早打小打了”要求，对进山人员进行询问、盘查和宣传，并作好登记。同时，加强巡山护林力度。严禁一切野外用火，在交通要道、重要林区悬挂大幅标语10幅，书写小标语100余条；利用森林防火宣传车，沿林区公路全天宣传动员，各巡山护林人员在山的路口进行把守，严禁一切野外用火；各巡逻人员于早晚分别在有林村进行巡逻，对野外用火人员进行教育和惩处。2．防汛工作各项应急措施落实情况。年初，乡人民政府成立了防汛抗旱工作领导小组，制订了防汛抗旱工作预案，组建了防汛抗旱应急处置队伍，配备了防汛物资。乡党委政府明确了人员负责塘、库、沟渠等水利工程的防汛工作；负责地质灾害、路桥、房屋的防汛工作；负责卫生防疫和救助工作；负责企业安全和危险品管理工作；负责移民防汛安全工作。各村成立了20人以上的防汛抗旱应急处置队伍；乡组织人员对各自辖区内的山塘、水库、沟渠、路桥、房屋、企业、危化品生产管理和移民建房等进行了一次全面的安全大检查，进行了防汛工作责任分解，对重点水利工程安全防汛工作明确责任单位，安排专人负责；对地质灾害重点防治点群测群防任务进行了分解；对企业汛期安全重点隐患整治工作进行安排，明确责任人和联系人；对汛期24小时值班人员进行了调整。通过这些有力的措施，确保我乡汛期无险情发生。

【党的建设】 1．认真落实管党治党职责，完善责任体系取得新成效。一是认真落实党建工作责任制，带头履职尽责，形成党委抓、书记抓，一级抓一级、层层抓落实的格局。二是坚持以严的标准要求干部、以严的措施管理干部、以严的纪律约束干部。三是严把选人用人关，按照好干部“20字标准”，善用信念坚定、为民服务、勤政务实、敢于担当、清正廉洁的人。严格执行《干部任用条例》，真正以铁的纪律确保选人用人风清气正，按照要求考察推荐中层干部2人。四是加大纪检监察力度。截至12月下旬，乡纪委共发现问题45个，立案查处6件，结案5件，查处党员干部共6人，其中党内严重警告2人、记过1人，进一步提升了廉政、履职意识。2．践行“三严三实”，深化干部作风建设，整治“为官不为”取得新转变。一是转变工作作风。领导带头深入村组、改进作风，密切党群干群关系，真正以干部转变、群众实惠、基础设施改善来换取群众的满意。二是切实做好民生工作。摸清群众的第一需求，开展好精准扶贫、夹岩水利枢纽工程移民、板块经济等工作，积极发动群众参与通村水泥路建设，实施危房改造及“四在农家·美丽乡村”建设等，改善群众的居住环境，提高群众的收入水平。三是狠抓作风建设。以“为官不为”问题为核心，以持之以恒纠正“四风”为重点，持续加强对中央“八项规定”和省市区“十项规定”、七星关区干部作风“七严禁”“七不准”等作风建设系列规定的贯彻落实。针对在工作中出现“互相推诿、办事拖拉、效率低下”“门难进、脸难看、话难听、事难办”和“门好进、脸好看、话好听、事难办”等对群众态度冷漠问题的干部一律严格按照考核办法问责。对群众反映的强烈问题，如“滥办酒席”、乡村两级干部“吃、拿、卡、要”和优惠政策不兑现、不落实等问题一律由乡纪委牵头查办，一经核实严格按照相关规定惩处。今年，乡在深化干部作风建设，整治“为官不为”过程中已查处干部6人。3．大力夯实党建工作基础，推进基层组织服务体系建设取得新成果。一是强力推进“一核多元”建设。重点围绕服务阵地、服务队伍、服务平台、服务保障等方面着手，投入资金近20万元，使“一核多元”基层组织服务体系建设工作有序推进，成效明显。12个村办公场所均不低于90平方米，配齐了办公设备、精简了标识标牌、加强了食堂建设、增强了驻村工作室功能；组建了村务监督委员会、成立了村民理事会、划分了党员服务区、组织了“五老”志愿者队伍、配备了“第一书记”、村民组长、农民讲师等，充分发挥了其参与和监督村级各项工作的作用，确保村级各项工作得到强力推进；严格执行好村级值班制度、公章使用管理制度及民生事务代办服务制度；完善村规民约，将治理滥办酒席、支持国家大型水利枢纽工程、照顾子女、赡养老人等内容写进村规民约，强化村民自治，并积极推行“四议两公开”工作法，强化群众的参与和监督，确保村级重大事项得以在“阳光”下运行。二是加强整顿软弱涣散基层党组织。针对乡大丰村、红星村存在党组织班子配备不齐、支部书记长期缺职、工作处于停滞状态的问题及箐口村党组织服务意识差、服务能力弱、群众意见大的问题。乡采取“撤、换、育、派”等方式，加强软弱涣散党组织班子建设。同时，以整乡推进“一核多元”基层党组织服务体系建设为契机，增强服务队伍，加强制度建设，完善服务阵地功能，解决好服务群众“最后一公里”问题，增强了党组织的凝聚力、向心力和战斗力。干部干事创业更有激情，软弱涣散、工作滞后、服务意识不强等问题得到有效解决，3个软弱涣散党组织面貌焕然一新。三是认真按照发展党员的“十六字”方针，严把“入口”关，按要求上报党员预审材料，确保发展的每一名党员符合《贵州省发展党员工作规程（试行）》，政审合格、材料齐全。目前，全乡现有入党申请人11

人，积极分子37人，发展对象1人，新发展党员7名，预备党员按期转正10人。

【工青妇工作】 一是以妇联牵头编制《致留守儿童家长的一封信》，将信邮寄到留守儿童家长手中，共寄出信件750份，让这些家长认识到对孩子关爱、教育的重要性，并成功劝返留守儿童家长23人。二是以团委、妇联牵头，成功开展了“慈善一日捐”活动，号召全乡干部职工、企业、社会爱心人士等为患急性脑膜炎的阴底乡大丰村初二学生杨丽捐款，并积极争取区妇联、团区委、区房征局、区卫计局等单位的支持，共筹得资金41152.5元，并长途驱车前往贵州医科大学附属医院将善款送到杨丽父母手中。

【档案工作】 一是明确兼职档案员负责具体工作，加强对档案人员的政治业务培训，不断提高其自身素质，明确档案管理工作的目的意义，提高业务水平及管理水平；二是制订了各股室的工作职责，建立健全档案管理制度，加大了对档案借阅工作的管理，做到借阅档案由分管领导亲自审批；三是加强硬件建设，创造必要的物质条件。乡在原有基础上加大对档案工作的经费投入，选择了一间防潮、防水、防火、防爆条件好的办公室作为专门的档案室；添置了10余组档案柜；投入资金26500元，采购扫描仪及紫光软件，现已到位并投入使用，极大地改善了档案保管条件，为档案的管理、利用提供了良好的物质基础；四是加强软件建设，实行了规范化管理。我乡档案管理工作始终坚持高标准严要求进行整理，2002年以前的档案已整理归档移交档案局，从2003年到目前为止，乡综合档案室收集卷宗总数为16569件，其中：文书档案5559件，会计档案114件，危改档案1920件，科技档案2437件，婚姻档案5126件，低保档案1413件，各类档案的立卷归档均符合规范化要求；同时认真落实“八防”措施，坚持测量并记录库房温湿度，添置防虫、防霉药剂，定期进行安全检查，发现问题及时处理。2015年10月23日，七星关区档案工作推进会鸭朱阴片区现场观摩会在我乡召开，乡分管领导汪寿军同志在会上作了经验交流发言，档案工作思路清晰，措施有力，方法得当，得到推广应用。

【计划生育】 围绕“双降”目标，以开展“双诚信、双承诺”工作为载体投入，投入资金10000元，印制《“双诚信、双承诺”应知应会手册》8000余份，大胆创新工作方法，严格按照“三个按月落实”工作的要求，投入资金26000余元，书写永久性宣传标语70余幅，认真宣传贯彻计划生育法律法规，完善利益导向机制，提高群众自我管理、自我约束、自我发展的能力和水平。截至目前，全乡共完成手术363例，为区下达的全年度指导任务数的107.7%，实现了手术零库存的目标，统计上报出生人口331人，人口出生率为10.26‰，其中常住人口出生293人，符合政策生育率为95.22%。流出人口出生38人，符合政策生育率为86.84%，依法查处违法生育案件，征收社会抚养费56.42万元，加强流动人口管理，建成流动人口亲情视频聊天室，完成国家免费孕前优生健康检查110对，继续巩固创“国优”工作成果，为全乡育龄群众提供优质的技术服务。

【文明创建和宣传教育】 1. 加强文化事业发展。提升文化站综合服务功能，不断规范和完善村级农家书屋的管理，为广大人民群众打造良好的学习和娱乐的精神家园。成功举办阴底乡“祖国好.家乡美”系列活动和阴底乡庆祝“七一”建党节94周年系列活动，凝聚全乡人民的智慧和力量，追逐全面建设小康社会的“中国梦”。2. 大力发展教育事业，不断提高教育教学质量。一是确保入学率，提升教师素质。2015年适龄儿童入学率达到97%；教育设施逐步完善，教师队伍素质普遍提高，办学体制改革进一步深化，校点布局更加科学合理。二是积极做好学生营养餐改善工作，加大校园周边环境整治力度，切实抓好校园安全工作，维护良好的教育教学秩序。

【党管武装工作】 为切实做好武装各项工作，人武部注重做请示汇报工作，凡人武系统有重要工作，都会及时向党委、政府报告。对于需要党委、政府投入大量经费或拍板的重大工作，提请党委会专门开会加以讨论，不断增强武装工作在乡工作中的地位和作用，确保武装工作的制度落实。按照上级武装部的安排，在乡党委、政府的领导下，圆满完成了年度各项工作任务，合理调整民兵组织，精干民兵队伍，认真组织培训，提升民兵队伍素质。今年，乡党委、政府对征兵工作非常重视，成立征兵领导小组，召开征兵工作专题会议，对年度征兵工作作出具体部署和要求，我乡完成预征人数34人，入伍12人，超额完成上级分配的征兵任务。

【民生工作】 医疗卫生事业不断加强。加强医务人员的教育培训，切实提高医疗服务水平。一年来住院补偿895人次，补偿金额473138.25元，门诊补偿12838人次，补偿金额526963.7元。加强公共卫生服务，积极开展食品卫生监督管理，无食品安全事故发生，切实保障人民群众生命安全。扎实做好新型农村合作医疗参合筹资和养老保险收缴工作，2015年全乡参合人数达29570人，常住人口参合率达100%；2015年参保人数15771人，综合参保率达78.68%，缴费人数9396人，收缴养老保险953800万元，缴费目标完成率66.63%，重度残疾人（一、二级）、计生两户财政代缴100元参加保人数123人；城乡居民养老保险金领取人数3897人；死亡注销人员丧葬补助及个人账户清退165人。建立健全农村低保动态核查管理等制度，及时按相关程序落实国家社会救助政策，抓好临时救助和弱势群体的长期救助。一年来发放低保救助6943859.95元，惠及农户2968户4070人，发放临时救助金43500元，农村医疗救助金356750元，优抚对象补助金553371元，发放季节性缺粮32吨。积极组织和动员鳏寡孤独老人、留守儿童等弱势群体入住老少共融之家，让党和政府的温暖更多惠及极贫极困人群。

【精准扶贫】 严格落实省、市、区扶贫工作会议精神，按照“六个到村到户”的要求，精心组织，统筹安排，启动踏石朗村精准扶贫养牛项目，共投入资金50万元，惠及50户贫困户。切实做好全乡3938户8432人的建档立卡工作。符合贷款贫困户1923户，已申请贷款820户，已对589户贫困户发放政府贴息贷款1413.6万元，同时抽调2名技术人员跟踪对其防疫和治疗。

【三关爱服务】 认真深入贯彻落实区“三关爱”工作各项部署，以关爱留守儿童和困境儿童，使其健康成长；关爱空巢老人，使其安度晚年为“三关爱”工作出发点和归宿，通过各种形式做了大量工作，把“三关爱”工作纳入乡工作的重要内容。一是建档立卡抓系统录入管理，加强“三关爱”工作基础。“三关爱”系统录入完毕，为了便于管理，在基本数据汇总的基础上，根据工作需要，对三类人群中的特殊对象情况进行了区分，分门别类进行造册登记，做好动态管理，增强了工作针对性。二是明确责任，责任到人，确保工作有人抓、有人管，抓管到位。三是“三关爱”社会氛围进一步形成，切实加大宣传力度，扩大“三关爱”社会影响及知晓率，通过各种形式，扩大了宣传影响，提高了群众知晓率。

【社会治安综合治理】 着力抓好矛盾纠纷大排查。政法综治工作坚持打防并举、标本兼治的方针，立健全了维稳信访逐级负责制，严格按照“一岗双责”的要求，实行了乡领导包保，明确责任部门和责任人的职责，加强矛盾纠纷排查调处工作，力求小事不出村、大事不出乡，定期排查信访矛盾纠纷，及时处理突发事件，一年来共排查矛盾纠纷210起，调处210起，信访案件办结率达100%。切实抓好夹岩水利枢纽工程前期实物指标调查工作，做好矛盾纠纷调处，涉及夹岩水利枢纽工程矛盾纠纷217起，成功调处153起，调处成功率达70%。社会治安综合治理形势良好，社会和谐稳定，一年无重大刑事案件和影响较大的治安案件发生，无集体访、越级访，无邪教活动，无种、贩、制毒现象发生，全乡政治稳定、社会安定。

【安全生产】 一是加大投入，确保经费落实。乡政府千方百计挤出资金满足安全生产工作所需的必要开支，确保全乡安全生产工作的正常开展。二是加强领导，确保责任落实。确定专人落实安全生产工作，与各村、企业、高危行业、经营业主、车主签订目标责任书，层层落实责任。三是强化宣传，坚持“安全第一、预防为主、综合治理”的方针，充分利用专栏、传单、标语、会议等形式大力开展安全宣传教育；以道路交通百日整顿为切入点，加大对道路交通的巡查治理。扎实开展安全文化建设活动。四是加强安全隐患排查治理。对各村、各学校、各施工单位采取不定期地进行排查，发现隐患就地排除。做好汛期地灾隐患监测监管工作，认真开展煤矿安全、非煤矿山安全的监管力度，落实“一岗双责、党政同责”齐抓共管的工作格局，加大对学校营养餐的督查，实现全乡安全形势平稳好转。

【夹岩水利枢纽工程】 全乡涉及夹岩水利枢纽工程淹没区共有七个村46个村民组，涉及移民1136户5542人，淹没土地8080.93亩，安置点征用土地184.26亩。由于乡涉及移民人口多，面积宽，点多面广，因此特成立移民办公室，专人负责移民办公室日常事务，并投入车辆4辆，抽调22人组成移民工作队日夜奋战，加大移民工作的推进力度。现已基本完成移民人口认定工作；完成112户移民补偿协议签订，完成涉及分散安置、后靠安置、淹地不淹房（1265米水位线下）等补偿投资1个多亿。

（撰稿人：龙媛媛）

千溪乡

【概述】 千溪乡位于毕节市西南部，距市区21公里。全乡辖5村92个村民组，居住汉、彝、苗、白等民族，总人口6021户22337人；全乡国土面积54.68平方公里，其中耕地面积3.04万亩（水田4092亩、旱地2.6308万亩），林地面积3.6207万亩，园地面积1248.8亩，未利用土地1.0765万亩；全乡地处亚热带季风湿润气候区，气候温凉湿润，全年平均气温10至12.8℃，年降雨量990至1010毫米；境内地形起伏较大，平均海拔1790米；全境属喀斯特岩溶地貌，土壤多为紫色砂页土和黏性土，物产资源种类繁多，矿产资源有煤、铁、硫矿、硅矿、铝矿和镐等，以煤、铁为主。

【经济发展】 2015年，完成烟叶税35.73万元，其他税收18万元。农民人均纯收入同比增长11%，达7321元。2015年，全乡加大招商引资工作力度，引进新项目1个，中屯石材园区续建项目1个，实际到位资金2200万元，招商引资工作成效明显。完成工业产值0.26亿元，实现工业增加值0.104亿元。制定了民营经济发展规划，发展民营经济8户。认真做好控制违法建筑工作，城乡规划知晓率达到100%，规划区以外实现新增违法建设零增长。认真贯彻落实上级有关精神，切实抓好生态文明家园建设工作。乡党委、政府高度重视，明确专人负责，抓好落实。加大对集镇的规划管理，环境整治成效明显。集镇休闲广场、客运站已经建成，力争在年内投入使用。完成通村公路建设9.7公里，路肩9.7公里、形象进度5.4公里。投入5万元对全乡通村公路进行维修养护，维修养护通村公路10余公里，通村公路好路率达65%以上。积极开展打击非法营运工作，规范道路运输市场，加强对道路安全生产的监管。全面完成“一事一议”通组路建设2453米，安装路灯90盏。

【“三农”工作】 1. 农业产业示范带工程。完成板栗种植2000亩，累计达19173亩；发展养羊大户4户，养羊300只；出栏猪4685头、牛223头、羊342只；种植杂交玉米4800亩；新增种植草莓、葡萄各20亩；种植脱毒马铃薯2850亩；完成烤烟种植800亩，完成收购烟叶6635公斤；完成法朗村、兴荣村、中屯村板栗种植技术培训298人次，发放务工补贴费9000元；法朗村规划300亩辣椒种植地块，中屯村200亩核桃种植；沙垮村、法朗村种植板栗2750亩。2. 粮食增产工程。完成粮食总产量9244吨的任务。畜牧业产值比上年增长10%以上。3. 精准扶贫工作。一是按照“两议三公开”精准识别2736元以下的贫困人口共839户2645人，并对建档立卡工作实行动态跟踪管理；二是按照“一市五金多套餐”惠民政策落实项目促农增收，贴息放贷206户491.4

万元发展养牛，已落实的187户370头；通过苗木超市落实中屯村200亩核桃连片种植，落实沙垮村1400亩板栗补植补种；通过大病医疗垫底周转资金13.3万元，帮助2户7人进行大病救助；通过产业发展基金落实种植大户1户，在法朗村流转土地300亩种植蔬菜，带动184户643人贫困人口发展。三是编制好2015年农户脱贫规划，对识别出的贫困人口实施一对多的帮扶，净减少农村贫困人口904人。4．农村危房改造。全面完成区下达的整区推进的任务数63户。5．劳动保障工作。全乡新增就业任务数70人，现已全部完成并录入系统，完成率达100%。社会保障服务站预算总投资41.22万元。

【生态文明建设】 1．深化集体林权制度配套改革。认真做好森林保险宣传工作，组建了1个林业专业合作社。2．森林覆盖率。认真做好森林管护工作，完成各项工程造林和补植补造3137亩的任务。3．森林防火。乡党委、政府高度重视森林防火工作，认真、扎实做好森林防火工作，全年无一起重大森林火灾发生。4．环境保护和节能减排。认真开展对企业环境的监管工作，开展对集镇、村寨的环境综合整治工作，辖区内企业污染没有超过控制指标，没有发生环境污染纠纷和事故。

【社会事业】 1．人口和计划生育工作。人口出生：全乡总人口22337人，共出生134人，符合政策生育率为96.3%，出生人口性别比为107：100。手术完成情况：全乡共完成避孕节育手术206例。双诚信、双承诺工作：全乡签订“双诚信、双承诺”责任书3408份，签订率达100%。2．教育工作。一是按上级指标要求已全面完成学前教育和义务教育阶段招生任务；二是按要求划拨和征用学校、幼儿园等项目的建设用地，积极为本地教育建设提供良好的施工环境，现乡幼儿园已正常投入使用；三是大力加强学校安全工作，规范学生寄宿制管理，管理规范，运行正常，学校及周边治安秩序良好，学校安全事故及维稳应急处置及时有效，目前无群访及越级上访及安全责任事故发生。四是新建千溪小学学生宿舍1800平方米、公租房36套1260平方米、千朗沟小学学生宿舍600平方米、公租房12套420平方米、中屯小学学生宿舍800平方米、公租房16套560平方米、法朗小学学生宿舍400平方米、公租房16套560平方米、沙垮小学的学生宿舍400平方米、教师公租房12套420平方米；新建千溪中学教师公租房1栋1200平方米。五是附属工程建设：千溪小学堡坎130立方米投资3.9万元；千朗沟小学围墙、舞台、旗台、厕所及场地硬化总投资59万元，贵州省政协出资20万元、区老干局出资3万元修建中屯小学饮水工程。3．卫生工作。新农合工作：全乡参合率达95%以上。疾病预防控制工作：“五苗”接种率达95%以上（即卡介苗、脊灰苗、麻疹苗、百白破、乙肝苗）；麻疹等8个重点传染病发病率低于上年水平。妇幼保健工作：住院分娩率达到95%以上，孕产妇系统管理率75%以上；3岁以下儿童系统管理率高于上年平均水平。食药卫生监督工作：扎实抓好食药卫生监督工作，没有发生一起饮水安全、食品安全事件和食物中毒事件。4．文化体育广播电视及旅游工作。认真做好旅发大会宣传及服务工作。完成广播电视“村村通”、农村调频广播建设工作。进一步加强了对文化市场的管理，没有一起违法违规现象发生。5．民政工作。按规定将民政资金实行专户管理、社会化发放。认真做好低保核查工作；建立了农村低保季节性缺粮户粮食救助制度，并按规定及时发放救助粮。按时上报灾情；建立健全倒毁房屋台账；按照要求在规定时限内完成恢复重建任务。建立健全优抚对象统计台账，及时更新和报送优抚对象死亡等相关信息数据。认真做好婚姻登记工作，婚姻登记满意率达100%；认真做好辖区内孤儿、留守儿童调查统计相关工作。老年公寓相关配套设施齐全，入住率达90％。乡敬老院入住五保老人8人，对入住五保老人实行集中供养，民政兜底。6．留守儿童工作。6.09事件后，本乡严格按照区委、区政府要求，对全乡留守儿童进行排查，全乡共排查出流守儿童1373人，对排查出的留守儿童按照“四个一批”要求实行动态跟踪管理，在2015年8

月联系社会爱心团体伴你成长微公益群在全乡开展了两次活动，在2015年11月1日再次组织认真摸底排查，其中劝返父母回来2人，带走6人，全乡现有留守儿童1365人。对现有留守儿童继续按照“四个一批”实行长期动态跟踪管理，并进行一对多结对帮护。7．民族宗教工作。切实维护少数民族权益，积极处理民族之间矛盾纠纷，没有发生民族冲突事件。认真做好宗教领域稳定工作，无群体性事件发生，认真开展打击非法宗教活动，没有新建非法宗教场所。8．统计工作。认真组织统计人员参加区统计局各类统计业务工作会议，按时向区统计局报送各类统计报表，按时按要求完成区统计局安排的各项调查任务。

【社会稳定】 1．政务服务工作。进一步完善制度建设，严格挂牌上岗制度。制作便民服务手册免费发放给群众，得到社会好评。2．信访工作。全乡没有发生1起到上级非正常上访和集体访，在规定时限内认真完成市、区交办件。正常开展三级联动视频接访工作，认真排查调处矛盾纠纷，切实做好信访工作。全年处理10余起积案，初信初访调解成功率达98%。3．维稳工作。乡党委、政府加强对维稳工作的领导，落实维稳责任制和责任查究制，建立健全工作机构、制度，加大矛盾纠纷排查调处力度，积极开展和谐“三区”建设，扎实抓好维稳工作。4．禁毒工作。加强组织领导，建立健全机构，制定了相应的工作措施，并且切实抓好落实；认真抓好禁毒预防工作；认真开展禁吸戒毒工作；切实抓好禁毒严打和无毒创建工作。5．社会治安综合治理。认真贯彻上级政法工作会议精神，切实抓好上级有关文件的落实。结合实际，深入开展平安建设活动。加强治安防控体系建设，深入推进社会管理创新，加强公共安全和处置工作，加强和完善自身建设，加大平安建设的宣传工作力度。社会治安形势较好。6．安全生产。一年来，始终坚持以“保安全，促发展”作为了全乡工作开展的重心，一是认真落实安全生产包保责任制，建立健全安全生产责任制、巡排查报告制度和举报奖励制度，严格执行责任追究制和奖惩制，加大对非法小煤窑和非煤矿山私挖滥采的打击力度。同时联合相关部门对摩托车、三轮车、农用车机动车辆进行专项整治，共处理了无证驾驶车辆40余辆；二是开展安全生产宣传活动，共出动宣传车辆60余驾次，切实增强了全乡各煤矿、非煤矿山企业及广大人民群众的安全生产意识。三是建立了地质灾害防治目标责任制，编制防灾预案，建立了巡排查制度、领导带头值班制度、速报制度等，切实做好地质灾害隐患点群众的搬迁工作，确保广大人民群众生命财产安全。四是全面抓好民爆物品、消防、建筑等方面的安全生产工作，形势比较平稳。五是加大经费投入，确保安全生产工作顺利开展。一年来，全乡未发生安全生产事故，安全生产形势趋于稳定。7．应急管理。乡、村、学校及辖区内企业单位预案编制率达到100%。发生突发公共事件发生后，按程序及时向区政府应急办报送信息，无迟报、漏报、瞒报情况。做好应急物资储备工作；组建了应急救援队伍。利用安全生产宣传月、全国防灾日等有利时机，组织开展应急管理知识宣传教育活动。研究制定风险隐患排查措施。8．普法工作。认真抓好普法工作，普法经费列入财政预算，专款专用；认真做好行政复议、行政应诉工作，认真履行行政职责，行政执法人员在执行公务中没有违法违纪行为发生。9．武装工作。按要求完成民兵整组、征兵工作任务，做好战备物资储备并建立了台账，严格出入库登记管理。全年对中小学进行了两次以上国防教育，成效明显。

【机关建设】 巩固提高“双考双评双挂钩”考核管理工作：健全和完善乡村干部考核管理机制。制定了相关实施细则及考核标准。加强对乡村干部的绩效考核管理，乡、村干部有量化考核结果。村干部的绩效工资按考核结果发放。同时做好考核工作信息报送。

【党风廉政建设】 认真贯彻落实上级有关精神，制订党风廉政建设工作安排意见，和乡直各单位、各村、机关干部职工签定责任书，落实工作责任。建立健全相关制度，认真学习、执行有关规定。加强党风廉政建设工作，认真开展执法监察工作，加大对涉农资金监管工作力度，按时完成上级交办的各项工作任务。

（撰稿人：曾　艳）

长春堡镇

【概述】　长春堡镇位于毕节城区西部，镇政府所在地距离市中心13公里，326国道线贯穿胜地，是毕节市七星关区大镇之一，地处北纬27°09′—27°18′、东经105°07′—105°16′之间。海拔最高处为2086米，最低处1510米，平均1627米，属亚热带温润季风气候，年平均降雨量994毫米，日照率为31%，无霜期250天左右，夏无酷暑，冬无严寒。地势从东向西逐渐倾斜，东与鸭池镇、三板桥办事处接壤，西与撒拉溪镇、阴底乡相连，南与千溪乡毗邻，北与何官屯镇、野角乡交界。总面积134平方公里。辖20个村，152个村民组，分布有汉、彝、苗、白等民族。居住15005户人家，总人口61796人。属喀斯特地貌，土壤多为黄棕色泥土，以种植业为主，粮食作物以玉米、水稻、小麦、大豆、马铃薯为主；经济作物以烤烟为主，同时生产天麻、半夏、牡丹、芍药、玄参等名贵中药材；矿产资源主要有煤、铁矿、岩页等。

【党建工作】　一是抓好干部队伍建设。2015年以来，镇党委、政府大胆探索创新，在广泛深入调研的基础上，选派6名镇干部到村任支书，大胆培育、选拔了一批经济型、带富型村党支部书记，优化年龄结构，每村都有一名30岁以下班子成员，党支部书记平均年龄41岁，整体素质明显提高，加大从优秀驻村干部中选拔提拔干部的力度，有4人已得到提拔到副科级岗位，形成了干部在一线培养的机制。二是抓好党组织组建工作，不断扩大党的工作覆盖面。以“让群众好办事、为群众办好事”为服务理念，推进“一核多元”基层组织服务体系建设，夯实党建工作基础。镇始终坚持把发展贯穿于党的思想建设、组织建设、作风建设、反腐倡廉建设和制度建设全过程，使党的建设与中心工作在指导思想上相一致、工作目标上相协调、工作部署上相衔接。2015年以来，长春堡镇以村级活动场所规范化建设为契机，强化村级阵地建设，加大村级活动场所基础设施建设的投入力度，先后投入350余万元对干堰、清塘、沈家屯等18个村级办公场所进行新建、改扩建，使每个村级活动场所达200平方米以上，具备便民服务、学习培训、农村远教等功能。全面推行“1+1+N”工作法，即在村党支部的领导下，设立一个理事会，下设N多个协会，即养殖业协会、种植业协会、运输业协会、“计划生育协会”、法律法规宣传协会、“三关爱”协会等多个协会，对农村能人创业给予政策、经济等方面的扶持，带动一批贫困户脱贫致富，培养出一批有觉悟、懂技术、善经营、会管理的农村经济发展带头人和能发挥示范带头、技术指导作用的专业型农民技术骨干，培育了一批实用人才，创建了一批产业基地，带动了一批产业的兴起。并结合实际，因地制宜，按照一村一策的发展思路，整合各方力量，采取村、企业、农户“三级联动”的模式，发展壮大集体经济。以清塘村、王官村为例，清塘村通过出租闲置土地给园区企业倒土收取租金20万元，用于开办利民超市和流转土地带领农户发展种植业，年增加集体经济10万余元；王官村通过出租闲置房屋引进企业办食品加工厂，年增加集体经济5万元；蔡官村采用公司+基地+农户+村集体的方式发展食用菌种植30余亩，每年可为村集体增加收入8万元。2015年，清塘村、王官村分别获得了“示范村、规范村”称号。2015年清塘村被民政部和司法部授予“全国民主法治示范村”称号，王官村被省委、市委评为“五好基层党组织”。

【经济指标】　全镇牢固树立“一切为了发展，一切服务于发展”的理念，凝心聚力搞建设，一心一意谋发展，全镇经济建设发展取得了丰硕成果。大力开展精准脱贫攻坚工作及招商引资工作，全镇国民生产总值完成71130.5万元，同比增长14.6%；社会固定资产投资完成7.7亿元，同比增长18%；烟叶税收178.75万元，占任务的

100%；农村常住居民可支配收入7280元，增幅14.83%；招商引资到位资金3.2亿元，同比增长14.8%。充分发挥资源优势、地域优势和交通优势，大力开展招商引资工作，2015年全镇共引进招商项目5个，完成招商引资任务3.2亿元，超额完成全年招商引资各项工作任务。完成民间投资2.6亿元，民营经济总产值5.6亿元。

【基础设施建设】 长春堡镇以项目建设为突破口，重点加大道路交通、文化广场、人畜饮水、水利设施、烟水工程等基础设施建设。毕龙高速长春段有序推进；投资金200万余元完成裸依养老院改扩建工程，新增床位60个；投资50余万元修建裸依生态文化广场，占地面积2000平方米；投资250余万元建成干堰村、清塘村、王官村生态文化广场建设；投资710万元硬化长春村至水营村通村公路6.9公里、犀牛村至干堰村通村路7.3公里已全面竣工；自筹资金360万元干堰村环湖路和景区公路1.8公里全面完成；投资112万元建成通往垭关寒泊羊养殖基地水泥路1.2公里；投资40余万元建成垭关寒泊羊养殖基地人畜饮水工程；投资137.2万元的松营村、合桩村烤烟种植机耕道建设6.86公里已全面竣工；投资35万元建设长春集镇提水站1个，解决长春村6000余人饮水困难问题，投资600余万元的返乡农民工创业园及附属用房已完成主体工程；投资150万元新建长春客运站1个；投资48余万元修建人资源和社会保障服务中心380平方米。投资420万元的王丰小流域一期农业发展项目共治理河道4公里，二期建设总投资450万元，已全面动工建设。极大地改善了长春堡镇的人居环境，提升集镇品味。

【工业园区建设】 利用城郊结合的区位优势和丰富的页岩和石材资源优势，在清丰村、清塘村、王官村建成以钢材、木材、石材等为主的产业园区，特别是建设好以生产、销售一条龙服务的石材建材企业和木材加工销售企业。大力开展清丰建材产业园区建设，除引进多个企业入驻产业园区外，镇党委政府积极协调相关部门，对园区公路进行了油路改造，进一步完善了园区建设的配套功能。2015年，投资1.9亿元，全长7.8公里的清丰建材产业园园区公路正在有序施工建设，目前企业总产值达到4亿元以上，累计完成固定资产投资12亿元以上，新增就业人员500人左右；2015年，新引进企业泽源建材、丰源建材等4家企业，累计完成工业总产值2200万元，固定资产投资4000万余元，帮助解决就业人员300余人。

【农业产业化】 一是加快农业产业化调整步伐，大力发展现代农业。认真落实国家支农惠农政策，围绕农民增收、农业增效两大目标，切实加大资金、技术投入，大力发展农业板块经济，推进农村经济稳步发展。2015年，全镇按照“北畜、南粮、中蔬菜”的规划部局，在稳定水稻、玉米两大传统主导产业基础上，重抓生态畜牧业、蔬菜产业、刺梨产业、中药材、茶叶等产业，全面推广烤烟种植、蘑芋种植，全年完成烤烟移栽2600亩，粮增工程1万亩，新增人工种草4000亩，新增种植茶叶0.1万亩，种植蔬菜2万亩；种植特色经果林核桃12200亩，车厘子672亩，刺梨12300亩；完成荒山造林10358.6亩，完成率为100%。全镇完成退耕还林4088.1亩，重点区域绿化耕地造林11935亩，完成率为100%。大力发展生态畜牧业，积极做好春秋“两防”工作，辖区内无重大动物疫情发生，投资3000万元的垭关村寒泊羊养殖基地现在进入圈舍、厂房施工阶段。鼓励农民工返乡创业，建成裸依大棚蔬菜种植基地1个，年创收180余万元。二是精准脱贫工作有序开展。自开展“一式五金多套餐”精准扶贫工作以来，紧扣区委、区政府扶贫攻坚主题，精心编制“六个到村到户”1+7精准帮扶工作方案，围绕“精准识别、精准施策”开展扶贫工作。按照一村一策，一户一策的扶贫工作思路，将农业板块经济与精准扶贫有机结合，大力发展山地农业，生态畜牧业，夏秋反季节无公害蔬菜种植。工作中，各村创新扶贫方式。如垭关村大弯组16户贫困户自愿组织建养牛场，采取“放伙牛”的方式发展养牛脱贫致富。自10月份以来，承办全市精准扶贫现场会观摩会1次，全区精准扶贫现场会观摩会1次，其他县、乡镇现场观摩会20余场（次），5000余人。领办市委组织部扶贫干部培训班、村干培训班现场观摩教学5期（次），1000余人。

【社会保障】 长春堡镇高度重视民生问题，把关注民生的各项工作列为党委政府的首要工作来抓紧抓好落实，切实关心群众的生产生活，为构建和谐社会奠定基础。将农村低保、临时救助、医疗救助、救灾救济、五保供养、政务服务等工作纳入民生工作的重点，实行片区领导和分管领导首问责任制，切实帮助群众解决生产生活中存在困难和问题，为构建和谐的干群关系打下坚实基础。2015年，在农村低保、留守儿童、空巢老人、残疾人的关爱工作中，全镇开展全镇"一盘棋"关爱行动计划，按照村不漏组、组不漏户、户不漏人要求，开展对全镇所有家庭大走访活动，对所有家庭进行建档、立卡，落实帮扶措施。在镇中学、长春小学设立阳光留守儿童救助中心，实现全镇困境儿童全部集中供养。并全部建立的档案和帮扶措施，实现了留守儿童家庭、学校、村组和镇管理的无缝衔接。

【人口计生】 着力抓好人口计划生育工作，进一步夯实人口与计划生育工作基础。在区委、区政府的正确领导下，在区人口和计划生育领导小组的指导下，长春堡镇大力开展人口和计划生育工作，人口出生率和人口自然增长率与去年同期相比都明显下降。以"三按月"绩效管理为抓手，强化"双诚信、双承诺"管理机制，提高人口和计划生育工作管理水平。2015年，符合政策生育率达到95.37%。

【安全生产】 着力抓好安全生产工作，为构建和谐文明乡镇保驾护航。按照"党政同责、一岗双责、企业主体"的总要求，以"零事故、零死亡"为目标，安监、国土、农机、公安等多部门协调配合，齐抓共管，加大非法采煤采矿的巡查和打击力度，对合法煤矿和企业进行严格监管和不定期检查，有力提高了广大干部、企业管理人员、从业人员及人民群众的安全生产意识，全镇未发生生产安全事故。强化对煤矿、非煤矿山、烟花爆竹、道路交通等的安全专项整治和监督检查，强化对非法采煤采矿、非法营运等的巡查和打击，确保全镇安全生产形势稳定。一年来，全镇未发生任何安全生产事故，实现了"零事故、零死亡"的目标。

【文化、教育、卫生】 以中共十八大精神为指导，深化教育改革，改善办学条件，提高教学质量，切实抓好教育卫生文化等工作，大力推进公共服务均衡化发展。各学校教学质量进一步提高，长春中学中考成绩名列全区农村中学前列。以教育基础设施建设为重点，突出抓好卫生和文化旅游工作。投资109.2万元，新建干堰小学、滑石小学、下午小学公租房各280平方米；投资74.1万元新建下午小学学生宿舍570平方米；协调资金27万元，对犀牛小学、合桩小学、下伍小学围墙进行改造；协调民盟中央美术院对镇中小学捐资20万元图书；完成了沈家屯小学、下伍小学、裸依小学等烂尾工程建设，进一步夯实了教育基础设施建设。投资30余万元新建垭关村、沈家屯村卫生服务室300平方米；投资10万元对阳鹊、宋官、下午、蔡官、松营、滑石卫生室进行维修改造；投资50万元新建人力资源公共服务平台480平方米。进一步改善了医疗卫生环境，城乡居民医保达95%以上，养老保险综合参保率达90%，城镇新增就业132人；大力开展文化旅游工作，在民盟中央和各级民盟组织的帮扶下，打造干堰村民族风情旅游景区，完成景区公路、环湖路、广场建设和其他配套基础设施建设。2015年，共开展群众文化活动12场次，筹集资金55万元，完成干堰、王官、清塘、裸依、水营农民体育健身广场建设。

【新农村建设、整治创建、城镇建设】 强力推进社会主义新农村建设，加大对集镇环境建设、村庄整治力度。以"四在农家·美丽乡村"小康寨行动计划为依托，2015年规划实施"四在农家·美丽乡村"小康寨行动计划11个村13个自然村寨，其中实施小康寨建设示范型2个，提升型8个，普及型3个，"四在农家·美丽乡村”建设示范点8个，已完成民居改造105户，通村、通组路建设30.5公里，排污沟建设3200米，新建广场3个、公厕2个，安装路灯377盏。对城镇建设进行合理规划，有效地利用国土资源，加大对违法用地的打击力度，做到保护与开发并重。认真开展小城镇建设规划，加大对违法建设的打击力度，有效地控制了乱搭乱建现象的发生。

【社会治安综合治理】 坚持稳定压倒一切，始终把确保一方平安作为我们的首要任务来抓。逐步加大对综治工作经费的投入，强化公民法律意识，“平安镇（村）”创建工作成效显著。进一步完善了政法、公安、司法、治保调解等一系列防控体系，并强化管理。始终坚持矛盾纠纷排查调处工作，充分发挥镇村调解组织作用，及时化解群众矛盾纠纷。妥善处理各类信访案件，按照“诉求合理的设法予以解决、无理取闹的坚决司法打击、法律解决的引导诉讼”的方式，化解各类矛盾纠纷。分区域组织社会治安义务巡逻队3个加强巡逻，有效控制了各类案件的发生。积极开展创建“无毒村、无毒单位、无毒学校、无毒家庭”为重点的“四创”活动，建立对吸毒人员帮教档案，签订帮教责任书，落实帮教措施，加强对吸毒人员的法律、法规和党的政策教育，提高他们的法制观念，确保了社会稳定和人民安居乐业，为打造平安、和谐长春奠实了基础。2015年，以清塘村为试点，开展全国民主法制示范村创建活动，以“民主、法制、和谐”为主题，强化民主建设，突出法制宣教，2015年4月，民政部、司法部授予清塘村第六批全国民主法制示范村称号。

（撰稿人：刘　承）

撒拉溪镇

【概述】 撒拉溪镇位于毕节市七星关区西南部，政府所在地离城区33千米，东与长春堡镇接壤，南与千溪乡、阴底乡毗邻，西与杨家湾镇相连，北与青场镇、野角乡交界。326国道过境全长22千米，毕威高速公路经过杨柳、沙乐、撒拉、龙凤、水营、兴隆6个村。全镇辖19个村137个村民组，共计18474户72091人，居住着汉、彝、苗、白等民族。国土总面积149.3平方千米，其中山区面积占90%以上，耕地总面积40447亩。粮食作物以玉米、小麦、马铃薯、芸豆、大豆、水稻为主；主要经济作物为烤烟；畜牧业以蛋鸡、猪、牛、羊为主。

2015年，全镇粮食播种面积6.4万亩，完成杂交玉米种植3.9万亩、马铃薯种植3万亩，粮食产量达16万吨。连片种植优质烟4500亩，完成烤烟收购107万斤，实现烟叶产值1400万元，税收达278万元。完成固定资产投资8500万元，完成招商引资1亿元，农民人均纯收入达7023元，较2014年同比增长14%。

【农村环境综合整治】 以推进水、电、路、信等基础设施建设为重点，全面推进小康社会建设。一是全力打造“四在农家美丽乡村”建设，改善民居环境。2015年，镇政府按照“富、学、乐、美”要求，进行高起点规划、高标准建设、高效率推进。全力打造龙凤村“四在农家.美丽乡村”示范点建设，完成贵州民居风格亮化美化改造380户，共投资2300余万元；完成小康房建设17户，危房改造176户。二是基础设施建设成效显著。全面完成326国道提级改造重大工程项目建设22公里，强力推进全长2公里特色小城镇碧溪大道建设，目前该项目正在如火如荼建设中，力争2016年5月投入使用；同步推进路网建设，其中通村断头路7.4公里、小康路34公里、通组公路硬化9公里、龙凤核桃产业园采果道建设17.333公里、沙乐村刺梨基地观光道（机耕道）建设4公里，实现了村村水泥路全覆盖；投资50万元建成400平方米镇区社会保障大楼；完成毕赫11千伏双回路电网改造工程；投资800万余元实施兴隆、龙凤村中央财政小型农田水利灌溉工程建设，完成小水窖普查登记310个；全镇农户移动宽带、移动通讯网络实现全覆盖。

【农业板块经济建设】 一是创新方法，全面推进精准扶贫“一市五金多套餐”工作。2015年，镇政府紧紧围绕农业增效、农民增收这个中心，结合“一市五金多套餐”精准扶贫工作新举措和板块经济建设，先行启动永丰、冲锋、钟山、朝营4个村养牛经济板块。共发展饲养能繁母牛368户760头，目前放贷金额已达879.9万元；在兴隆村发展蛋鸡养殖78万羽，日产蛋量高达70万枚，年收益突破3000万元，带动了100余户精准扶贫户投资入股。有效解决了返乡农民工创业难、就业难的问题。二是大力实施农业板块经济，切实助农增收。在龙凤村新建30万羽蛋鸡养殖场1个，冲锋村发展林下养鸡3000只，在沙乐、双龙、雄嘎冲锋等村种植核桃40000余亩，种植刺梨6884亩、种植食用玫瑰花1800亩、种植脱毒马铃薯8600余亩，在小龙、昌营等村发展高山冷凉大棚蔬菜种植，建绿色有机蔬菜标准化种植基地400余亩，发展中药材种植500亩，带动了200余户一般户和困难户发展致富。三是民生事业取得全面进步，社会事业发展取得新进展。

【人口计生】 以“一升双降”为中心，以完善个案精细化管理为重点，以创建“国优”为载体，坚持“依法行政、政策宣传、流动人口管理、督查指导、诚信计生”的工作机制抓好人口计生工作。全年度人口出生共393人，其中一孩312人，二孩78人，多孩3人，男200人，女193人，出生人口性别比103.6，政策内生育生育370人，符合政策生育率达96.5%；常住人口出生324人，流动人口出生9人，常住人口符合政策生育率达94.5%，流动人口符合政策生育率达100%，人口出生率达5.73‰；征收社会抚养费61万元。

【多彩贵州文明行动】 着力解决农贸市场、公共厕所、背街小巷、公路沿线、楼群院落及建筑工地等区域脏乱突出问题，创建优美环境，解决乱停乱放、乱穿乱行、流动摊点、占道经营等问题；评选出400余户“十星级文明户”，创建优良秩序；解决农贸市场、公厕等基础设施建设，提升城镇承载功能；解决政务服务、医疗卫生、供电等公共服务行业存在的办事程序繁琐、效率不高、服务意识不强等问题，创建优质服务；大力开展“农村思想政治教育”活动，农村环境卫生综合治理取得较好成绩，全面提升农村居民素质，努力提升群众满意度，全面提升“多彩贵州文明行动”工作质量和水平。

【教育、文化、卫生】 大力实施教育“9+3”计划，完成中职招生624人。普通高中升学415人，学前教育招生828人，小学适龄儿童入学率达99%，初中适龄少年入学率达99%以上，义务教育巩固率达85%以上，小学辍学率控制在1%以内，初中辍学率控制在2%以内。全镇农村义务教育阶段学校营养餐计划实现全覆盖，农村合作医疗保险参保人数相比2014年明显增加，城乡居民医保参保人数突破52215人；镇卫生院医疗卫生服务体系逐步完善，农村医疗设施环境呈现极大改观。

【社会救助】 完善社会救助体系，深入开展“三项行动”，切实解决留守儿童、孤儿、流浪未成年人、空巢老人等特殊困难群体学习和生产生活中遇到的问题，加大敬老院规范化建设及“老少共融之家”创建工作力度，努力营造文明和谐的社会环境；作好农村低保户核实评定工作，实现“应保尽保应退尽退”，全年共发放城市低保款39.644万元，发放优抚款84.19万元，发放农村低保款502.1万元，发放春荒救济款7.3万元，发放冬令救济款4.8万元，发放衣物264套，发放低保户季节性缺粮54.33吨；全面完成2015年秋季征兵工作任务，17名优秀青年应征入伍。

【创新社会管理】 在镇级设置“三委一组一中心”即群众工作委员会、民生事务委员会、民生项目监督特派组和便民利民服务中心；在村级设置“两站两会”，即群众工作站、便民服务站和民生工作监督委员会、自治组织协会，提高群众社会管理参与率与支持率；实现信访工作重心下移、关口前移，切实将矛盾纠纷排查化解在基层、消除在萌芽状态。

【信访维稳】 合理调解碧溪大道建设、326国道提级改造重大工程项目建设矛盾纠纷10余起，接待来访群众500余人，全年排查矛盾纠纷120起，化解113起，上级转办信访案件50件，结案45件；发生民事纠纷20起，调解20

起；圆满完成了各类特殊时期的信访维稳工作任务。

【社会治安综合治理】 全面落实社会治安综合治理各项措施，深入开展“平安撒拉溪”创建活动。依法严厉打击各种犯罪活动，作好防邪反邪工作，全镇无邪教人员，严厉打击“黄赌毒”等社会丑恶现象。人民群众安全感满意度达90%以上，达到区要求的指标。全年刑事案件发生21起，破18起；治安案件发生86件，处置82件。作好毒品原生物踏查，实现零种植。社区戒毒40人，社区戒毒康复26人，刑事解教帮教15人。出办毒宣传栏4期，开展防邪反邪禁毒知识培训6次4000人。

【安全生产】 建立完善安全生产监管体系和“隐患排查治理、重大危险源安全管理、日常检查督促、重点时段安全生产监管”等机制，突出以煤矿、非煤矿山、道路交通、危险化学品、烟花爆竹、消防（火灾）等领域，有效防范和遏制安全事故发生；组建专职消防队伍1支，聘用道路交通安全协管员7名，加强道路交通日常巡查排查。

【机关建设】 依法行政提升到新的高度。镇政府紧紧围绕“务实、清廉、为民”的要求，依法行政、廉洁从政，不断加强政府自身建设；深入推进党的群众路线活动和“三严三实”专题教育，不断完善服务功能，切实转变服务方式，努力提高依法行政水平和办事效率；不断规范行政审批事项和程序，为服务对象提供优质、高效便捷的服务。大力加强廉政文化建设。切实履行“一岗双责”，强化执纪监督，大力整治“滥办酒席”，狠抓“四风”整治，“三公”经费支出大幅度下降，严格按政府权力运行清单和责任清单开展各项工作。考核体系逐步完善。年初，成立镇实绩考核办，制定了撒拉溪镇镇村干部“双轨制”考核管理机制，将全镇各项工作纳入常态化管理。

（撰稿人：全登梅）

杨家湾镇

【概述】 杨家湾镇位于毕节市七星关区西南角，全镇总面积94.5平方公里，辖16个行政村161个村民组，现有人口13715户55345人。全镇森林覆盖率达41.2%，境内属喀斯特地貌，矿产资源丰集，辖区内蕴藏大量原煤、大理石、铁矿、黏土等资源，原煤理论储量8亿吨，大理石储量0.8亿立方，黏土储量居全区之首。境内自然风光神奇秀丽，人文景观历史悠久，具备发展文化生态旅游得天独厚的条件，有“中国森林氧吧”称号的拱拢坪国家森林公园，高峡平湖的夹岩水库七星河库区，更有诸葛亮祭七星的神秘传说，古驿道、摩崖石刻等文物古迹，有革命烈士夏曦纪念碑为中心的红色教育基地，昭示革命先烈的光辉，更有穿越百年的桥梁群落，在七星河上记录着时代的变迁。全镇属北亚热带湿润季风气候，境内气候独特，具有冬无严寒，夏无酷暑的特点。年平均降水量987毫米，日照率约32%，无霜期长达280天以上，耕地面积62400亩。地面气候温和、雨量充沛，适于玉米、水稻、小麦、薯类、豆类等粮食作物及半夏、天麻、金银花等中草药生长，且盛产烤烟、茶叶、大白蒜等农特经济作物，其中大白蒜闻名遐迩，远销至东南亚、西欧等国家和地区，素有“大白蒜之乡”的美称。

2015年以来，在区委、区政府的坚强领导下，认真贯彻落实中共十八大、十八届三中、四中全会精神，坚持科学发展观，按照“四个全面”战略部署，认真落实党风廉政建设责任制，全力推进板块经济建设、“一市五金多套餐”问需式精准扶贫等中心工作，全镇固定资产投资完成1.5亿元，同比增长15%，农民人均纯收入达6552元，同比增长4.3%，经济保持平稳较快增长，各项社会事业全面发展，人民生活水平显著提高。

【党的建设】 坚持党要管党、从严治党，严格落实“三严三实”工作要求，以深入推进“一核多元”基层组织服务体系建设为抓手，投资四十余万元对各村村公所进行提级改造，设立食堂等，让驻村干部、村干部真驻实干，打造了1个“规范村”，以示范引领发展，切实解决“空壳村”；创新考核机制，培养和选拔了一批群众认可、实绩突出、作风过硬的干部，点燃了干部干事创业的激情。

【产业发展】 一是扎实推进板块经济建设。2015年，全镇共种植玉米25135亩，马铃薯16536亩（其中：脱毒马铃薯1000亩），蔬菜13252亩，在环七星河生态农业经济带种植杨梅、车厘子、枇杷、脆李等特色经果林1900亩，在塘边—营盘特色农业经济带种植刺梨8000亩，大白蒜600亩，板栗1090亩，黄柏等中药材种植1200亩，在环拱拢坪特色林业经济带种植茶叶500亩，畜牧业方面，结合建成1个20万羽标准化蛋鸡养殖场，1个骟鸡养殖场，1个养牛场，牛存栏量3218头，羊2165头，猪9875头，鸡81361羽，鹌鹑15000羽，着力推进农业六大板块经济建设，农业产业化稳步推进；二是加大招商力度，大力发展民营经济。把招商引资作为加快发展的重中之重，主要领导亲自部署亲自抓，召开新年茶话会，邀请50余位杨家湾镇籍成功人士参加，聘请16名成功人士担任村经济发展顾问，落实招商引资项目5个，招商引资到位资金1亿元。启动预计投资1.5亿元的七星关区石材工业园区规划建设，完成玉金采石场、寨子山采石场、太平采石场的矿权整合，实现企业兼并重组、发展壮大，引资900万元建成归去来蓝莓种植园，全年共新增中小企业7家，民营经济发展显现活力。三是城镇化步伐加快。对城镇规划进行编修，城镇新区建设通过与国道改扩等项目有效整合，投入资金近1000万元，目前已完成征地拆迁、征坟等前期工作；完成杨家湾村茅草坪集镇和七星村中心广场建设，启动投资10亿元的七星古城建设，城镇配套设施逐步完善。四是生态旅游不断提升。依托拱拢坪国家森林公园、周驿茶场生态农业观光园和夹岩水利工程七星关库区建设，投资386万元完成林场公租房56套3360平方米建设，充分利用电视、网络等形式提升“古驿桥乡·七星故里”品牌影响力，生态旅游初具规模。

【基础设施建设】 完成鸭子塘小二型水库改造、松山大塘除险加固工程，解决三合、站坡等11个村级小学师生的安全饮水问题，完成16个村200余个农村小型水利工程产权摸底调查；投入1494万元实施39个小康寨建设，新建3个文体活动场所，安装路灯388盏，新建通寨路21.274公里、连户路2.12公里，垃圾处理设施4个，排污沟1.3公里，“四在农家·美丽乡村”建设稳步推进；投资219.81万元实施危房改造256户，群众生产生活水平得到大幅提高；投资2750万元完成5公里G326国道改扩建工程，投资730万元完成开林、松山、杨箐等村通村公路14.6公里，通村公路实现全覆盖。突出生态理念，完成退耕还林11000亩，大力改善人居环境。

【政法综治】 围绕“六零六好”工作目标，利用道德讲堂、农民讲师巡讲等平台，开展“政策法规大宣传、矛盾纠纷大排查、社会治安大整治、安全生产大整治”专项行动，探索公道评说等创新工作方法，排查各类民间矛盾纠纷180起，调处176起，化解历史疑难信访件3件，深入推进“法治杨家湾”建设，加大治安管理、刑事案件等的打击力度，刑事案件立案24件，破13件，治安42起，拘留吸毒人员35人。

【精神文明建设】 以“百千万工程”为抓手，多彩贵州文明行动取得良好成效，乡村环境得到进一步改善。以“十星级文明户”创建为载体扎实推进农村思想政治教育，在各村开展“十星级文明户”创评工作，大力开展“七个起来”活动，活动覆盖全镇16个村。认真开展道德讲堂、宣传部部长上讲堂等活动，参加的干部群众党员达1500余人次。以“四在农家美丽乡村”创建为契机，大力宣传新农村、新农民、新风尚等，着力提升群众的整体素质，增强致富能力。全镇社会主义核心价值观的墙体标语达120余条；大力开展整治滥办酒席不正之风专项行动，促进乡风文明大进步，张贴通告20余份，发放通告1000余册，取消100余桌。

【安全生产】 继续保持高压态势，扎实推进安全生产工作。推进安全生产两个主体责任落实，严格党政同责，认真抓好“五级五覆盖”工作，大力开展“六打六治”打非治违和“除大隐患、防大事故”大检查等专项活动、排查整治各种隐患，组织综合执法25次，取缔非法采石点2个，组织销毁烟花爆竹50余件；打击非法载人车辆150辆，教育驾驶人员300余人；责令非法生产经营企业停产停业3家，完成“农村道路交通安全监管云平台”车辆录入2024辆，驾驶人员3208人，全年无重大安全事故发生，实现双降工作目标。

【社会事业】 始终把民生改善作为经济社会发展的基本出发点和着力点，加快民生事业发展，全力提高群众生活水平。1. 突出教育发展。优化配置义务教育办学资源，推进新一轮薄弱学校改造工程，强化控缀保学和校园安全两条红线，投入资金537万元，建成公租房88套4080平方米，全面提升中小学教育教学水平。2. 提高医疗卫生水平。加大卫生事业基础设施资金投入，扎实改善医疗卫生条件。累计投入200余万元，新建卫生院职工大楼，投资50万完成周泽、杨家湾、站坡、杨箐卫生室修建工作，切实提高基本医疗服务保障能力。3. 扎实推进人口计划生育工作。坚持把人口计生工作放在统筹社会发展的首位，按照“三个按月落实”工作要求，全面落实孕前优生健康检查、妇检查孕等工作，全年落实“四术”措施602例，符合政策生育率达96%，实现“双降”目标。4. 扎实做好民政救济工作。认真做好困难群众和农村低保困难补助的发放、军人抚恤等惠民工作，切实解决贫困人口温饱及住房问题。共发放城低保2166户540902元，农低保4414人6246104元，各类救助金1477859元；发放低保户季节性缺粮30吨2000包，采集及录入残疾人信息3358人。5. 社会保障体系进一步完善。大力抓好城乡居民医疗保险及新型农村社会养老保险工作。新型农村社会养老保险参合人数40837人，城乡居民医疗保险综合参保人数14277人，综合参保率64.18%，续保率83%。6. 有序推进精准扶贫工作。完成311户1175人的年度减贫计划。

（撰稿人：张　权）

放珠镇

【概述】 放珠镇距离城区62公里，位于七星关区西北部，政府所在地海拔1601.05米，北纬27° 09′ 49″～27° 18′ 24″、经度104° 52′ 01″～104° 59′ 49″，东西最大距离12.5千米，南北最大距离15.9千米，全镇总面积为82.6平方公里，其中耕地21795亩、水田2500亩、沙地5106亩，弃地、住房和水沟等33579.5亩，旱地19295亩、荒地10450亩，有林地31156.5亩，其中果林18331亩，森林覆盖率为29.2%。全镇辖14个村 1 个居委会，128个村民小组，9376户，36751人。2015年以来，放珠镇以深入践行“三严三实”为契机，进一步健全机构，明确工作目标，根据工作实际制定切实可行的干部管理办法，扎实推进各项中心工作，全镇上下团结一致，凝心聚力，各项工作进展顺利。全年完成财政收入132万元；招商引资5020万元，其中投资3000万以上项目一个；固定资产投资4300万元；新增民营经济7户，个体工商户26户，新增民间投资6000万元；农民人均纯收入同比增长确保达12%，达到6964元；2015年度工作目标考核获全区农业生态型一等奖。

【农业产业化】 完成种植蔬菜1.21万亩，杂交玉米种植1.33万亩，马铃薯种植1.73万亩；对农民工技能培训6次，新增人工种草150亩；在天桥、海螺等村新增特色经果林0.3万亩，在天桥村新增种植精品水果300亩，毛家屯村500亩；完成刺梨种植4541.5亩，完成荒山绿化2209.2亩，完成1500亩人畜封育林；缴纳森林保险金110715.53元，参保面积46203.5亩；加大森林防火宣传力度，投资7.1万元在全镇15个村（居）建立“乡村小喇叭”广播站，组装宣传车100余次，张贴宣传标语500余幅，明确专职护林员14名，组建义务扑火队14支，全年无森林火灾发生；发放退耕还林太阳能617台；完成烤烟种植609亩，产值210万元；召开春防秋防工作会，注射猪瘟11546头，注射猪五号病11328头，注射蓝耳病11245头，注射猪三联苗762头，注射牛五号1763头，注射牛出败485头，注射羊五号2010头，注射禽流感27531羽、鸡新城疫30012羽。

【基础设施建设】 投资436.33万元，修建政府干部职工公租房面积2880平方米；投资135万元建设2014年政府公租房配套基础设施建设；投资70万元建放珠镇客车站；投资100万元建设放珠镇明珠加油站；投资110万元新建基层就业和社会保障服务平台；投资1350万完成通村公路建设8条27公里；完成“一事一议”普惠制项目11个（天桥村通组1.8公里，放珠村排污沟1000米，天桥村广场建设1个，天桥村路灯20盏，永安100盏），投资95.7万元，完成区级安排天桥村“一事一议”通组路建设项目3个，投资240万元。完成水库移民征地1403亩，其中伏流区281亩已签订用地协议。库区需移民13户68人，2015搬迁3户11人；投资680万元在长沟村、毛家屯村、邵家村建通水管网道；协调资金20万元建设小水窖80余口，解决2000余人安全饮水问题。

【民生事业】 始终把文教卫生、民政救济和社会保障工作纳入党委政府重要工作日程。全镇现有幼儿园1所，教学点5个，完全小学9所，初级中学1所，现有专任教师302人，在校学生5322人，小学适龄儿童入学率达99.1%，初中适龄少年入学率达95.3%，义务教育巩固率达87.4%，初中毕业生升学人数达98%以上，小学辍学率控制在1.8%以内，初中辍学率控制在2.8%以内；成立一支文娱队，现有15余人，以美丽乡村建设和依法治国等内容为素材，编排话剧和小品到法桥、播乐沟、毛家屯等村宣传党的方针政策。城乡居民医保全年参合率达96.9%。投资42.3万元维修9个村卫生室，已全部验收投入使用。全年城乡居民已参保10260人，完成率74.29%，目标续保任务6364人，已续保5180人，续保率81.39%；缴费目标任务107.66万元，已征收养老保险费54.28万元，缴费目标完成率50.42%；为3225名60岁以上待遇人员发放养老金金额约290万元。2015年共发放低保金671.46万元，其中农低保1839户2549人，共发放低保金486.01万元；城低保192户651人，共发放低保金185.45万元。提高敬老院服务质量，敬老院床位利用率达95%以上，现有19位老人入住，将符合孤儿、留守儿童、空巢老人纳入“老少共融之家”管理范围。救助资金和物资发放及时到位，发放医疗救助金33.74元，发放冬春救助款4万元，冬春救助粮45吨，低保季节性缺粮32吨；临时救助6.95万元，优抚金25.11万元。婚姻登记满意率100%，完成辖区内3060名留守儿童、773名空巢老人、残疾人2430人、困境儿童100人调查统计、建档立卡工作。完成小康房建设15户；完成小康寨建设村庄整治工程6个。投资176.8万元打造邵家村五六组，加大对示范村广场、通组路、串寨路、公厕和排污沟、幼儿园等建设。完成190户危房改造工程，发放2014年危改资金206.86万元。

【精准扶贫】 始终把精准扶贫作为党委政府核心工作。完成369户1500人脱贫，对全镇1899户4930人贫困户建立一户一档。全镇申报扶贫项目10个，申请财政扶贫资金862万，已实施验收7个。按照区委区政府对“一市五金多套餐”精准帮扶机制相关规定，已有650户贫困户在农商行贷到贴息贷款共1143.5万元，其中有407户贷款养牛，买到母牛720头，有29户贷款养鸡，买到鸡苗9000羽，有7户贷款种植大棚，已建大棚2420平方米，有养羊和养鱼各4户，农产品加工、建农家乐、养兔、种药材各1户，种马铃薯199户。

【社会治安综合治理】 通过召开政策法规大宣传、矛盾纠纷大排查、社会治安大整治、安全生产大整顿专项行动工作会议，对专项行动进行安排部署。一是加强政策法规宣传力度；通过广播、横幅、标语、道德讲堂、网络平台等渠道加大宣传力度，切实开展好政策法规大宣传，确保政策法规宣传取得实效；二是做好矛盾纠纷大排查、社会治安大整治活动。成立专项行动工作领导小组，明确牵头单位，做到责任落实到人，做到及时发现问题，及时介入处理；三是做好安全生产大整顿，加强道路交通安全和非煤矿山安全检查。由司法所、派出所配合在放珠中学、放珠镇各村小召开14次法制宣讲会。政府出资聘请三名律师，无偿对矛盾纠纷及涉法涉诉人员提供免费法律咨询服务，同时，政府对贫困涉法涉诉人员实行每诉讼一起提供500元的诉讼补助。以依法执政、依法行政、公正司法、社会法治、全民守法、依法监督等为重点，集中时间对依法治镇的重点工作和群众普遍关心的热点问题进行重点宣传，力促重点问题解决，推动依法治镇水平不断提高。全面深化禁毒宣传和预防教育，严厉打击吸贩毒违法犯罪活动，深入推进“无毒村（社区）”创建工作，“无毒村（社区）”创建率达到100%。

【重点工作】 人口与计划生育工作，总出生人口256人，其中男孩132人，女孩124人，性别比为106.4；政策内238人、政策外18人；共完成节育手术310例。多彩贵州文明行动，各村通过召开群众会，“乡村小喇叭”全天滚动播放“多彩贵州文明行动”宣传广播，学校召开主题校会、主题班会、青年志愿者上街打扫卫生等加大对“多彩贵州文明行动”工作的宣传力度，进一步提高群众环境保护意识；抓好辖区内办公区域、单位厕所、公路沿线、河道沟渠、村寨、集市、楼群院落、背街小巷、食品摊贩的环境卫生整治，投入资金10余万元，新增加垃圾箱40个，维修垃圾池6个，维修公厕1个，对辖区内环境卫生全面进行整治，清运生活垃圾800余吨，清理“野广告”1200余条（幅）。安全生产工作，纳入镇党委、政府重要议事日程，建立完善各项规章制度，全面落实“双线”管理责任制和领导包保责任制，目标责任书签订到村组，行业签订到部门、生产经营单位、车主及驾驶员等，企业签到班组及从业人员，签订率达100%，包保责任落实到人，组织开展地质灾害应急演练11次，共计1.5万余干部群众参与，排查处地灾隐患点7处。全镇共开展安全生产执法检查792起（处），排查各类生产安全隐患453条，整改453条，整改率100%。与群众签订安全生产承诺书7000余份，同时，与镇直各单位、各村（居）、各企业、经营单位100%的签订了安全生产目标责任书，督促14个行政村和1个居委会分别与各自的村名小组签订了目标管理责任书，共签订了128个村民组，签订率100%。在6月“安全生产月”活动期间，我镇大力宣传，共挂出安全生产的宣传标语10余幅。审农用车55台，开展农机安全督查35次，隐患排查28次，打非治违31次。签订农机安全责任书145份，发放宣传资料380份，张贴宣传标语18条，帮助5名农户作好农机购置补贴工作。

【党建工作】 落实中央八项规定，践行“三严三实”，进一步转变干部作风。2015年以来，备案民生项目80个，备案民生资金2736.62万元。加强权力清单运行备案制度的落实，对党委、镇政府及相关部门研究的重大决策、重要人事任免、重大项目安排、分配使用1万元以上项目（财政）资金进行备案。2015年我镇登记备案的权力清单运行责任监督备案共120件，其中重大项目安排8件；大额度资金运作92件；重要人事任免19件。重大决策1件。认真开展治理滥办酒席活动，召开工作部署会1次，修改村规民约15个，开展检查20次。大力推进民生铸廉行动，发现问题23件，其中已解决问题16件，其余7个问题正在整改中。深入开展作风明察暗访活动，每月明察暗访两次，并将情况上报区党风政风监督室。坚决整治“四风”方面的突出问题。

【亮点工作】 完成天桥村种植车厘子500亩、枇杷500亩种植。完成毛家屯村300亩红富士种植，同时打造生态养牛专业村，现已养牛250头。投资600万元在长沟村、毛家屯村、邵家村实施灌溉管网工程建设，惠及800余户群众；投资240万余元在长沟村实施野生天麻、乌麻种植312余亩，带动周边群众种植100亩；在放珠村建10万羽肉鸡养殖基地，存栏3万羽，前期已投资280万元。依托“云上放珠”平台和“一市五金多套餐”的政策支撑，放珠镇在服务环境和服务路径上下工夫，构建了天网、地网、人网“三网”合一的服务平台，实现党建服务无死角。“天网”即对网络硬件成熟的放珠村、邵家村等10个村接通网络，安装了摄像头，实现宣传政策，服务监控、电商平台；通过电视屏、电脑屏、手机屏“三屏”合一，实现了基层服务的规范化，现代化，通过“云上放珠”信息服务平台，在任何地方、任何时间对各村值班情况、服务情况进行不定时督查，极大地提高了基层组织的服务质量；“地网”即通过“云上放珠”综合信息服务平台成立了电商物流平台，可以适时地向全国展示放珠的美景、美食等；“人网”即组织各村（居）包村干部、村干部开展了电脑技能培训，争取实现了村村通网，人人触网。2015年10月20日，七星关区政府在邵家村召开档案管理工作现场会；2015年10月29日，威宁自治县六桥街道办事处组织相关人员前往邵家村参观学习。

（撰稿人：张达华）

野角乡

【概述】 野角乡位于北纬27°14′00″—27°20′30″、东经104°58′45″—105°11′15″，地形东西低，南高北低，中部高，呈倒“U”型，平均海拔1650米，东连长春堡镇、何官屯镇，南邻撒拉溪镇、杨家湾镇，西接放珠镇，北依青场镇、水箐镇。乡人民政府驻西桥村学校组，电话号码0857，邮政编码551718，距七星关区城中心37千米。2015年辖沙拉槽、大麻塘、郎家塘、邓家湾、西桥、大水、元华、天星、白龙、北山、茅坪11个行政村118个村民组。总面积125.5平方千米，总人口26519人。

【经济指标】 实现烟叶税收310万元，完成任务数281.325万元的110%。实现招商引资到位资金1.1179亿元，完成任务数1亿元的112%。2015年实现常住农村居民人均可支配收入6836元，与2014年5944元相比，增长了15%。实现民营经济民间投资0.22亿元，完成任务数0.1亿元的220%；实现民营经济总产值0.37亿元，完成任务数0.2亿元的185%。

【党的建设】 为切实抓好党的基层组织建设，2015年野角乡党委牢固树立习近平总书记提出的“抓好党建就是最大的政绩”的政绩观，紧紧围绕建设学习型、服务型、发展型的马克思主义执政党这个总目标，采取“三个着力抓好学习、三个着重抓好服务、三个着眼抓好发展”的“三三”党建工作法，强基固本，务实为民，锐意革新，统筹推进“三型”基层党组织建设。

【产业发展】 一是促进农业发展，2015年野角乡完成种植杂交玉米1.8万亩，开展种植、养殖、防疫培训500余人次，新增人工种草211亩。完成种植蔬菜1.46万亩，新增核桃种植0.3万亩。大力实施农业板块经济，规划种植中药材示范样板300亩、马铃薯二级种薯扩繁种植示范样板600亩。完成烤烟种植4092亩，收购烟叶103.6万斤，其中上等烟叶达70.29%。完成2016年烤烟种植规划面积5500亩；二是加大扶贫力度。首先按照“四看法”“比较法”要求，及时完成建档立卡和信息录入工作。其次按照中央、省、市、区精准扶贫方案和“五个一批”的要求，认真做好贫困户的脱贫计划，实现全乡3个贫困村出列，1100个贫困人口脱贫。再次创新提出“四到户四把关九措施”管理办法和“三合三分”养牛模式，全力推进精准扶贫“一市五金多套餐”小额贴息贷款养牛项目落实，目前，已发放贫困户贴息贷款418户1003万元，购买能繁母牛800余头。三是城镇化步伐加快。一是做好已建成的旺角大街、快乐大道及其配套设施的管理、维护和服务，完善了野角农贸市场的管理，彻底结束了野角乡政府所在地不赶场的历史、实现了野角乡小城镇建设“零的突破”和从无到有的跨越。二是投资65万元新建停车场1个约1000平方米、投资110万元实施生态公园二期工程山体公路420米、投资120万元新建快乐大道二期工程600米、投入20余万元完善小城镇建设安全人饮工程等，目前各项工程主体已完工，部分工程已投入使用。三是已完成了集镇建设供电工程、垃圾处理工程、河堤治理工程等的项目申报。

【基础设施建设】 2015年完成通组路硬化3条7.1公里、排污沟1条1.98公里、公厕1个、文体广场2个的建设，投入资金45万元维修改造了白龙、西桥、邓家湾、郎家塘、大麻塘、沙拉槽、大水、元华、北山9个村办公场所，投入资金50余万元新建茅坪村、天星村两个村级活动场所，投入资金20万元，规范了办公场所功能设置和设施设备。总投资500余万元的60套3600平方米的保障性住房建设主体工程已全面完工，保障性住房附属设施正在建设中。2015年乡255户危房户的危改工程已全面完成。

【政法综治】 2015年 利用道德讲堂、农民讲师巡讲等平台，开展“政策法规大宣传、矛盾纠纷大排查、社会治安大整治、安全生产大整治”专项行动，进一步深化“平安野角”“法治野角”建设的重大举措，平稳有序地推进了社会治安综合治理工作的开展，全面提升人民群众的法治意识，引导广大人民群众依法维护自身合法权益，着力化解矛盾纠纷，维护社会治安秩序，为全乡经济社会持续发展提供有力保障。

【安全生产】 认真履行安全生产职责，全面落实安全生产责任制度，强化安全生产目标管理，乡政府与各行政村签定目标管理责任书11份、与乡直各单位签订目标管理责任书17份、企业向政府签定承诺书11份，各行政村与辖区村民组签定责任书118份、机动车驾驶员或车主向村委会签定承诺书176份，2015年，加强对企业安全生产监管，共出动车辆107台次，人员562人次，对我乡非煤矿山、建筑施工、烟花爆竹、医院、学校、道路交通、非法采煤采矿等行业和领域开展检查275次，严格落实隐患排查治理制度，实行隐患闭合管理。

【教育文卫事业】 始终把民生改善作为经济社会发展的基本出发点和着力点，加快民生事业发展，全力提高群众生活水平。教育工作：实现学前教育招生396人，实现小学适龄儿童入学率达100%，初中适龄少年入学率达99%，义务教育巩固率达98%，初中毕业生升学率达99%，小学辍学率控制在0.2%以内，初中辍学率控制在1.32%以内，全面完成了各项指标任务和控制要求。文化旅游工作：完成安装农民健身工程2个，农家书屋11个，免费开放图书室、电子阅览室各1个，建成多媒体活动室1个，休闲文化广场1个，完成村村通工程308套，开展群众喜闻乐见的文化活动12场次，极大地丰富了群众精神文化生活。卫食药监工作：实现城乡居民医保参合率达100%（举家外出务工人员除外），完成村卫生室改扩建3个，村卫生室使用率达100%，认真做好食品药品安全监管，认真做好辖区内农村群众宴席及食品生产加工小作坊、食品摊贩的登记备案工作，各学校食堂餐饮服务许可证持有率达100%。做好辖区内诊所、药房等的监管，无任何医药事故发生。完成了“一会两站”挂牌和人员配置，做好宣传和维权工作，食品质量卫生安全投诉事件投诉处理率达100%，未发生食品安全事故。

【民政工作】 全面完成城镇新增就业72人。养老保险应续保6201人，实际续保5980人，续保完成率96.44%；新增参保623人，综合参保完成率90.06%；实际缴费76.42万元，缴费目标完成率达100.08%。在民政工作中，扎实做好城乡低保提标核查、“三关爱”摸底排查、困境儿童帮扶、困难群众医疗救助和临时生活救助等各项工作，落实了1355户2240人的贫困农户低保救助和68人困境儿童救助，发放临时救助金12.55万元、医疗救助31人22.873万元、因灾倒损房屋补助2户4000元，为1050户2161人贫困群众发放季节性缺粮大米60吨，认真抓好老年公寓管理和服务工作等等。

（撰稿人：林丽莎）

青场镇

【概述】 青场镇位于毕节市七星关区西部，地处云贵交界，毕节—镇雄公路横穿其境。青场镇距毕节市七星关区47千米，最高海拔2167.6米，最低海拔1358米，平均海拔1762.8米，政府所在地海拔1433.6米，总面积104.61平方千米，总耕地面积22898亩。全镇辖13个村148个村民组，总户数9994户，总人口39842人，男20807人，女19035人；乡村乡村户籍总人口25258人，城镇人口14584人；2015年我镇农民人均纯收入6623元，较2014年人均增加658元，增幅达12%。2015年镇固定资产投资1.761亿元，招商引资2.3807亿元。

【“三严三实”】 结合“三严三实”教育活动的开展，进一步抓好“四风”整治回头看工作，切实改进工作作风，提升党员干部为民服务意识，一心一意做实事。一是开展“三访三帮”行动，通过集中访集中帮，投入10万元修建大寨便民利民室成功解决了青场小学占道历史遗留问题；化解了矛盾纠纷175起，对3起历史上访案件进行有效化解。二是按照“为民、务实、清廉”的要求，紧紧围绕改革、发展、稳定、和谐大局，努力构建“学习型、发展型、服务型、务实型”领导班子。三是全面推进“一核多元”基层组织体系建设工作，筹集资金30万余元，再次对村级组织活动场所建设提质扩容，充分发挥村级组织活动场所“凝聚民心、服务发展”的核心作用。四是全面提高村干部的报酬待遇，在原有报酬基础上按照正职提高1300元、副职提高1000元，使村干部的报酬待遇从原来的1000元和1200元提高到现在的2000元和2500元。

【农业经济】 转变经济发展方式，大力发展农业产业化。一是发展集体经济。探索脱贫攻坚新路子，按照“资源变股权、农民变股民”的要求，加快发展壮大村级集体经济。青坝村将土地资源变成股权，组建专业合作社，新建玛瑙红樱桃基地500亩，项目见效后，按照股民占60%、合作社占30%和村委会占10%的比例分成。二是农业板块经济取得新突破。按照镇同步小康规划，以农业板块经济发展为契机，在全镇重点打造千亩以上白茶种植、规模生态畜牧养殖，广泛吸引社会资本投入种植，积极培育专业合作社、生态畜牧基地、种养大户等新型经营主体开展规模经营发展。目前已创办初都村白茶种植500亩板，火冲村生态畜牧板块养牛基地（养牛规模为100头），青松村白茶种植500亩板，7个村级1400亩脱毒马铃薯板。并有序发展海寨村200亩白茶种植；新沟村100亩蔬菜种植；青松村、上寨村各400亩白蒜种植；青坝村300亩刺梨种植。三是全年完成粮食增产工程13000亩，烤烟1700亩，蔬菜种植12500亩，新增白茶种植1000亩，核桃扶贫种植3000亩，中草药种植420亩。我镇生猪出栏完成9570头，肉牛出栏完成700头，小家禽养殖完成25360只。

【重大项目建设】 2015年全镇重大项目建设保障有力，高速公路拆迁安置做出突出成绩。一是特色小城镇建设。累计投资2.05282亿元，建设新区道路400米，创业桥（30米×7米），返乡农民工创业园综合楼2146平方米，客运站6000平方米，小桥流水工程2000平方米，农村直营超市1100平方米等。投资5026万元建设青场城镇综合体主体。截至目前，景观池塘、示范小城镇省级高标准基本农田建设土地整治项目、污水处理、高速公路青场匝道、镇区风貌建设工程、半沟桥等项目建设有序推进。二是高速公路征地拆迁。2015年全镇高速公路征地已完成1400余亩，已付土地补偿款4千余万元；房屋拆迁245户，已付补偿款4千余万元；迁墓170余座，已付补偿款19万元；其他地面附着物付款2千万余元；一年来，成功解决高速公路征地拆迁工作中各类矛盾纠纷200余起。同时规划实施青场镇海寨、青坝、青场3个异地移民安置点项目建设。启动建设高速公路拆迁集中安置点（青坝和海寨），安置规模分别为77户248人、296户913人；启动建设青场集镇中心安置点为易地移民扶贫安置点，安置规模为84户339人。

【民政事业】 民生重点协调发展，三关爱、民生救助扎实推进。一是全镇完成留守儿童摸底统计1491人（困境儿童33人），空巢老人491人，残疾人2802人；发放留守儿童补助金50400元。教育辅导留守儿童1053人次，心理健康疏导378人次。发放高龄补助30人共计38400元；对五保孤儿对象发放供养金28.155万元；发放残疾人补贴10万元；救助流浪人员7人次。二是认真搞好困难群众和农村低保困难补助的发放、复员军人定补等惠民工作，切实解决贫困人口温饱问题。2015年全镇1717户2812人低收入群体为低保对象；发放城乡最低生活保障金500余万元；解决困难群众医疗救助金共65.14万元；

救助临时困难群众185户，救助金额共15万元；对参战人员、60岁以上退役士兵等共发放55.4164万元；发放农村低保户季节性缺粮40吨，冬春救助季节缺粮40吨，510洪灾发放救助粮5吨、食用油100桶和棉被200余床；投资14万元建成上寨、青松和鲍家村农村互助幸福院。

【绿化工作】 深化“全民动员、绿化青场”活动，巩固退耕还林成果特色经果林项目建设1.12万亩，完成退耕还林抚育管护工作，天然林保护工程森林管护面积43697亩。将镇村环境卫生综合治理和红沿河治理与村庄绿化结合起来，继续推进2015年5649亩荒山绿化工程，人工造林2800亩，通村公路绿20余公里。同时该镇还结合各类民生项目，打造毕龙高速公路沿线、集镇中心绿化点，建成一片绿树成荫的和谐家园。

【土地确权及不动产登记】 投入20万元完成全镇13个村的航拍工作，并对试点初都村350户农户的承包土地进行确权，确权面积2400亩。按照工作程序，完成试点初都村486户不动产登记。

【精准扶贫】 全面完成省级减贫摘帽工作目标任务1720人，其中火冲、木山和青松三个贫困村出列，全镇贫困发生率减少4.75个百分点。精准扶贫贷款600余万元，为270户贫困户购买能繁母牛，为养鸡和种植药材、蔬菜农户贴息贷款6万元，办好事实事90余件，形成了帮扶脱贫的强大合力。实施“雨露计划”圆梦行动，对40名学生进行资助共计20万元。

【科教文卫】 完成青场图书分馆和文化分馆建设，提升广大群众的精神文化水平，同时促进全民素质的提升。完成学前教育招生535人，小学适龄儿童入学率达99.8%，初中适龄少年入学率达98.25%。做好村级卫生室改造修建工作。全镇投资38万余元完成上寨村、鲍家村和粮都村卫生室的修建，并于2015年6月投入使用。医疗保障参合人数达28756人，完成总任务的100.1146%，城乡居民基本养老保险参保11905人，领取待遇人3467人，续保率89.24%。

【“四在农家·美丽乡村”建设】 努力推进新沟、青坝村美丽乡村建设。投资170万元完成村主干道水泥路面硬化、绿化、亮化、广场砖铺设及排污管道下埋工程，投资100万元完成电网改造工程，投资30多万元修建集镇街道两侧各长1700多米的排污沟，投资60万元建设集镇道路边沟整治2公里。完善“户集、村收、镇运”垃圾收集网格体系，建设村级垃圾收集点7处，制订村规民约与农户签订门前三包责任制。推进红沿河道整治，提高防洪标准。创建4个小康村；完成小康寨创建16个（其中三改三治55户、垃圾处理1个、污水管1230米、公共厕所2座、安装路灯160盏、文化活动广场4个）。

（撰稿人：张秀娟）

大河乡

【概述】 大河乡属七星关区43个镇乡办之一，地处两省（云南、贵州）三县区（镇雄、赫章、七星关）的结合部，东与本区放珠镇相邻，西与云南省镇雄县中屯乡、泼机镇接壤，南与毕节市赫章县哲庄乡相连，北与本区青场镇毗邻。人民政府驻双桥村岔河组，距七星关城区74公里。大河乡辖下沟、青杠、鸡姑、柯乐、双桥、官房、拉乐、官代河村8个村民委员会；下设65个村民小组。2015年年末，辖区总人口23101人。

【经济发展】 完成粮食总产量6300吨，占任务数6620吨的95.1%；完成蔬菜种植7000亩，点任务数7000亩的100%；完成马铃薯种植9000亩，占任务数9000亩的100%。完成烤烟种植4500亩，超额完成了年初下达的4000亩烤烟种植任务，其中连片种植1000亩；完成烟叶收购56.5万公斤，超出任务数6.5万公斤；完成烟叶税收330万元，超出任务数55万元。2015年底实现农民人均纯收入7757元，比2014年的6574元增长18%。年内完成固定资产投资2000万元。

【农业产业结构调整】 认真开展科技兴粮和新增人工种草工作，完成了培训新型农5人，新增人工种草160亩。完成蔬菜种植11000亩，其中包含早熟蔬菜3000亩，新增特色经果林2200亩。完成烤烟种植4600亩，超额完成了区人民政府及烟草部门下达的种植任务。自乡实施农业板块经济建设以来，各项工作进展顺利，截至目前，全乡建立了6个板块。其中下沟村、鸡姑村完成高山生态茶叶种植基地建设300亩，鸡姑、柯乐中药材种植300亩；青杠村二坪完成300亩大白萝卜种植；柯乐村种植黄花菜150亩；官房村完成4000平方米大棚蔬菜种植基地建设；拉乐完成了300亩脱毒马铃薯土地规划、平整。种植玉米10800亩，洋芋11200亩，杂交玉米10000亩，早熟蔬菜4000亩，玉米育苗移栽8600亩，（其中单株定向移栽8600亩），麦苞分带2000亩，芋苞分带8000亩，蔬菜种植7000亩，脱毒马铃薯9000亩。烤烟样板4500亩，挂牌管理，使样板达到了高水平、高标准、高质量，充分发挥了科技示范辐射带动作用。召开了现场技术培训会8期次，培训了乡、村、组干部180余人，科技示范户200余人，农民5620人次，培养了科技二传手120人，组装宣传车2辆，张贴宣传标语188幅，印发资料5800余份。

【生态文明建设】 扎实开展对集镇、重点村庄等重点区域的环境综合整治工作。一是对新华贵采石厂的废物堆放及噪声污染进行环保检查，同时联系相关部门对其进行停业整顿。二是进一步加强对乡境内两个生猪养殖场的环保检查，年内，未发生环境污染纠纷。完成涉及全乡8个村20000余亩的退耕还林工程摸底排查工作，4497亩退耕还林补助款全额兑现。大力开展绿化工作，完成1000亩荒山造林工程，圆满完成区下达的绿化任务。认真做好森林管护工作，进一步健全森林防火工作组织领导和落实责任，按照“山头有人包、坟有人管，路有人守”的原则将全乡所有林区实行干部包保，有效对境内森林资源进行保护。一年来，全乡未发生林权纠纷，未发生森林火灾。

【基础设施建设】 全乡2015年通村水泥路建设任务分别是放珠至大河、青杠初都河至拉乐田坝、双桥至拉乐、双桥至官代河，共计32.31公里。截至目前已完成放珠至大河、青杠初都河至拉乐田坝、双桥至拉乐的项目建设，双桥至官代河的通村水泥。

【扶贫攻坚】 完成了全乡8个行政村2736元以下的贫困人口、贫困村甄别和信息补录工作工作，并对贫困户逐户建立精准扶贫档案，实行动态管理；严格按照七星关区《“六个到村到户”1+7精准帮扶工作方案》规定内容，编制好农户脱贫规划，对识别出的贫困人口实施一对一的帮扶。自“一市五金多套餐”精准扶贫计划实施以来，全乡组织了符合条件的2146户农户申请苗木超市，其中贫困户1324户，种植面积9659.2亩；苗木品种主要以核桃、板栗、刺梨、本地杉、李子为主；小额放贷贫困农户283户，发放贷款592.2万元，贴息124.36万元，其中养牛的276户，养猪的1户，种植大棚蔬菜的4户；鸡姑村李正卫中药材种植基地完成建设190亩，柯乐村张聪伶完成中药材种植建设基地100亩，青杠村二坪组完成300亩大白萝卜种植，柯乐村完成150亩黄花菜种植，鸡姑完成300亩茶叶种植基地建设，拉乐完成300亩脱毒马铃薯土地规划、平整，下沟完成300亩大白萝卜种植，在鸡姑、青杠、下沟、拉乐完成2016年两个千亩烤烟连片的土地流转。正在申请养牛专业合作社1个，落实措施到户1200户。目前，乡精准扶贫工作正在全面有序地开展中。

【人口和计划生育】 一年来，紧紧围绕区委、区政府制订的目标责任书，主要抓好以下工作：一是进一步完善全程跟踪管理服务工作；二是全面消化常住人口库存手术，完成避孕节育手术195例；占年初分配任务数的92.8%；三是抓好常住人口妇检，杜绝政策外生育；四是抓好“双诚信、双诚诺”工作，履约率为97.2%；五是积极按要求做好“三按月”工作，每月按时下达个案计生任务，每月及时督查落实任务完成情况，每对计生任务完成进行双向考核（个人和村）；六是认真开展国家免费孕前优生健康检查工作，现已完成任务50对，占任务数50对的100%；七是统筹抓好创优、利益导向机制、依法行政、流动人口管理服务等工作。本年度常住人口符合政策生育率为95.7%，其他各项考核指标均达到目标值。无因计划生育执法不当导致的恶性案件和群众性事件发生。

【多彩贵州文明行动】 大河乡大力宣传多彩贵州文明行动，以整脏治乱等专项整治活动为契机，组织干部职工清理进行环境卫生整治，并筹集10万元用于改善环卫设施，通过整治，大河乡人居环境得到了极大的改善。

【社会保障】 2015年度全乡城镇新增就业任务数为72人，完成76人。完成城乡居民养老保险收缴355600元，参保7050人，综合参保率68.55%，续保率65.6%，缴费完成率达50%。

【教育工作】 完成幼儿园招生118人，小学适龄儿童入学率达100%，初中适龄少年入学率达99.5%，义务教育巩固率达99%，小学辍学率0%，初中辍学率1.3%。按要求完成普通高中招生、中职招生及特殊教育招生工作。已按要求划拨和征用学校建设用地，目前中心幼儿园建设工作正在有序进行中。另外大河小学学生宿舍、大河小学教师公租房、鸡姑小学教师公租房、下沟小学教师公租房、柜乐小学学生宿舍均已正在修建中。一是加强学校及周边治安管理，一年来，共组织学校及周边环境集中整治30余次。二是做好营养餐监管工作，全乡全年无一起营养餐安全事件发生。三是大力加强校园环境卫生整治及安全教育工作，一年来辖区内所有学校均未发生校内师生安全事故。

【卫生工作】 本年度全乡城乡居民医保参合人员16278人，参合率100%。大河乡已于2014年完成了全乡所有村卫生室的改扩建工作，且村卫生室的使用率为100%。本年度乡共开展了2次食品药品安全大检查，检查过程中组织了工商、卫生院、派出所、农业服务中心、安监站、中学、中心校等单位或部门对全乡食品、药品、用水等进行了详细的排查。一年来乡无食品安全事故和医药安全事故发生。乡按要求完成了“一会两站”挂牌和人员配置，并认真做好宣传和维权工作。

【民政工作】 进一步巩固和完善城乡低保救助体系建设，实现动态管理下的“应保尽保”，保障困难群众基本生活，并按时足额发放各类补助。确保20户24人的城市低保及1931户2374人的农村低保人员补助足额发放。扎实开展医疗救助工作，共上报医疗救助29人，共发放医疗救助资金194680元，临时救助19户发放救助资金81500元。完善灾民救助工作，规范灾民救助管理，严格执行各项规章制度，坚持“保重点”的原则，确保灾区灾民的基本生活。全面提高社会事务管理水平，进一步加强双拥优抚工作，确保《军人抚恤优待条例》在基层得到实施。

自6月以来，根据市委、区委的要求和统一安排部署，乡党委、政府将“三关爱”工作作为一项十分重要的工作，扎实进行摸底排查，全乡0—14周岁的留守儿童有1377人（其中已入学的869人）无监护人或监护人监护能力弱的困境儿童23人，空巢老人639人，残疾人1554人。根据摸底排查的结果，主要做了以下工作：一是认真贯彻落实7月27日全市关爱留守儿童工作电视电话会议精神，充分认识做好“三关爱”工作的重要性，切实增强做好工作的紧迫感和责任感。二是运用法治思维和手段，认真落实家长的监护责任。三是加大宣传力度，营造全社会关注、关心、关爱特殊人群的良好氛围。四是对无监护人或者监护能力弱的困境儿童实行兜底保障。五是充分用好用足一类乡镇的扶持政策，加快产业结构调整步伐，确保群众在家门口就业，减少留守儿童等特殊群体数量。六是严格落实“七长”负责制，确保三关爱工作落到实处。

【社会管理】 对所有应进驻事项均全部进驻便民服务中心，并做到百分之百授权到位。乡便民利民服务大厅建立有健全的首问责任制、一次性告知制、AB岗工作制、服务承诺制、限时办结制、领导带班制、工作人员行为规范等。全体入驻大厅工作人员均实行挂牌上岗，全年无脱岗、未挂牌等现象发生。每月均按时按要求报送事项办理报表，无漏报迟报等现象发生。

【政法工作】 一是认真开展法制宣传活动，一年来共组织法制宣传活动4次，制作法治宣传专栏4期，并采取向群众发放宣传资料等方式进行法制宣传教育。二是认真加大各类矛盾纠纷的排查调处力度，按照矛盾纠纷“日排查、事化解、零报告”要求把矛盾消化在萌芽状态，认真抓好重大安全隐患的排查化解工作，积极预防突发性群体性事件的发生。三是依法打击和取缔“法轮功”等邪教组织，切实维护社会稳定和国家安全。四是认真做好禁毒宣传、毒品源植物踏查和禁种铲除工作，一年来未发生种植毒品原植物现象，做好吸毒人员的帮教工作，一年来新增吸毒人员2名。五是严厉打击偷牛盗马，赌博等违法犯罪行为，提高群众的安全感和满意度。本年度乡群众安全感和满意度为94.46%，名列七星关区第三名。

【党风廉政建设】 2015年，乡纪委自办案件3宗，涉案金额5.5万元，处分3人。

【党建工作】 实行“1+1”服务管理模式助推社会管理创新。大河乡设置了鸡姑、双桥两个片区管理分中心和党工委。乡党委、政府在社会服务管理工作中，树立以网格化理念统揽工作全局的思路，推行以片区网格化服务管理分中心+片区党工委“1+1”的社会服务管理新模式，由一名副科级领导任分中心主任和片区党工委书记，推动全乡社会管理工作。

大河乡设置了鸡姑和双桥两个片区网格化社会服务管理分中心。在片区网格化社会服务管理分中心探索建立片区党工委。在全市群众安全感满意度测评中，大河乡满意度上升为97.3%。设立片区网格化服务管理分中心以来，两个片区网格化服务管理分中心为260户463人办理了事项，受理群众咨询1100余人次，为群众办实事267件（次），为群众节约办事成本4万余元。2012年以来，全乡重点管理人员56名，其中刑释解教人员7名，吸毒人员44名，社区矫正人员5名，为5名刑释解教人员和吸毒人员落实了再就业。

【群团工作】 本年度创建了一个“春晖创业园（红豆杉）”，建立了1个100余亩青年林，组织发展团员180名，上缴团费450元，重要节日均组织开展了相关活动。完成两癌宣传工作，上报两家两例两癌病例，加强妇女儿童维权工作，正常开展“三八”等相关节日活动。按照“五好目标”建立结对帮教花名册，并建立健全相关工作措施，充分发挥“五老”作用，实现“三无两有”；按要求认真开展主题教育活动5次，开展法制宣传教育和青少年科技培训各两次；组织“五老”队伍及关工委工作人员培训3次。

【人大工作】 通过精心组织，在2015年3月份召开了七星关区大河乡一届七次会议，按程序完成各项议程。二是组织召开了两次主席团会议、二次代表视察、二次代表小组活动。组织两名政府副乡长和派出所、计生办、社事办两个部门进行述职。三是组织人大代表为政府提交议案，并督促政府给予人大代表圆满的答复，推动政府为群众多办好事、办实事。四是圆满完成上级人大交办的各项任务。

（撰稿人：蔡　娟）